孟森著作集

孟森政論文集刊

上

中華書局

圖書在版編目(CIP)數據

孟森政論文集刊/孟森著;孫家紅編. —北京:中華
書局,2008.4
(孟森著作集)
ISBN 978 – 7 – 101 – 06060 – 7

Ⅰ. 孟… Ⅱ. ①孟… ②孫… Ⅲ. 政論 – 中國 – 近
代 – 文集 Ⅳ. D693.09 – 53

中國版本圖書館 CIP 數據核字(2008)第 037266 號

責任編輯:俞國林

孟 森 著 作 集

孟森政論文集刊

(全三册)

孟 森 著

孫家紅 編

*

中 華 書 局 出 版 發 行
(北京市豐臺區太平橋西里 38 號 100073)
http://www.zhbc.com.cn
E – mail:zhbc@ zhbc.com.cn

北京市白帆印務有限公司印刷

*

880 × 1230 毫米 1/32 · 40⅛印張 · 7 插頁 · 920 千字
2008 年 4 月第 1 版 2008 年 4 月北京第 1 次印刷
印數:1 – 3000 册 定價:98.00 元

ISBN 978 – 7 – 101 – 06060 – 7

孟心史先生七十大壽紀念合影

同排：右一胡適，二林徽因，三姚從吾，五皮名舉，八趙萬里，九魏建功，十鄭天挺，十一梁漱溟；左一蔣夢麟，二馬衡，三顧頡剛。後排：右一羅常培，三陳寅恪，五鄧之誠；左一毛准。前排：坐右一商鴻逵。後二排：右四鄧廣銘。

孟 森 著 作 集

出 版 説 明

　　孟森(1869—1938)，字蓴孫，號心史，江蘇武進人。早年留學日本，就讀於東京法政大學。歸國後，於 1913 年當選爲民國臨時政府衆議院議員，爲配合議會活動，曾撰寫時政論文；與此同時，相繼發表有關清代歷史的專題考證文章，在當時學術界引起很大反響。1929 年，就聘於南京中央大學歷史系，主講清史課程。1931 年應聘北京大學歷史系教授，講授滿洲開國史，至七七事變止。

　　孟森先生的清史研究成果，主要在於對清先世源流考定、滿洲名稱考辨、八旗制度考實、雍正繼統考證、清初史事人物考辨等，對明清史的研究有着較深遠的影響，被史學界譽爲我國近代清史學派的開山祖。

　　我局此次出版《孟森著作集》，除收有孟森先生《清朝前紀》、《心史叢刊》、《滿洲開國史講義》、《明史講義》、《清史講義》、《明元清系通紀》等專著外，其餘散篇論文分別輯爲《明清史論著集刊》、《孟森政論文集刊》、《孟森政法著譯輯刊》、《心史文錄》，共十種。

中華書局編輯部

2008 年 2 月

前　言

孫家紅

1938 年 1 月 14 日，一代史學大家孟森（心史）先生在日本人佔領的北平齎志以殁，距今正好七十周年。關於孟森先生的生平志業，筆者曾專門寫過一篇文章，並在該文結尾做了這樣的概括：

> 他的一生，不管是爲學，還是從政，皆貫穿着"愛國"這樣一條主綫。他東渡扶桑，尋求的是新知，爲的是富國强兵；主張君主立憲，希望地方自治、司法早日獨立，爲的是中國能夠自立於世界强國之林；著書立説，倡憲政民主，反獨裁專制，興辦雜誌，提倡實業，也是爲中國的興旺發達；乃至晚年勤於考證，求真是，辟訛説，絲毫不存狹隘民族成見，在大是大非面前，行得穩，站得牢，大義不屈，"先天下之憂而憂，後天下之樂而樂"，真正體現了中國知識份子的優良品德。①

筆者的一個基本看法是：孟森先生固然是中國明清史學第一代的傑出代表，但是，如果僅將孟森先生看作"學院派"的歷史學家，未免過於簡單，甚至是"有眼不識泰山"了。然而，遺憾的是，幾十年來，人們對於孟森先生的定位大多停留在歷史

---

① 孫家紅：《師之大者：史學家孟森的生平和著述》，《書品》（2007 年第二輯），中華書局，2007 年。

學家的層面上，對他的認識也大多局限於明清史學研究領域。對於孟森先生早年在政治學、法律學等方面的造詣和成就，以及他在若干重大政治和社會變革運動中所扮演的角色，所發揮的作用，很少有人能説個究竟。較好一點兒的，也就是吳相湘了，他在《我的業師孟心史先生》一文中，將孟森先生早年政治法律活動第一次做了大體勾勒①。

如今，筆者能夠有幸從事孟森先生政法類文章著述（包括譯著）的整理工作，並將之貢獻給學界諸君，也算是機緣巧合的事。2001 年 9 月，我從江西財經大學考入北京大學歷史系，攻讀中國古代史專業清史方向的碩士學位，算是與孟森先生有了一點兒淵源。2003 年"非典"剛過，我應李貴連教授之邀，參與"北京大學法學院百年院史"的整理、研究和編寫工作。整整一個暑假，在北大的圖書館、檔案館查閱了衆多民國時期政治法律類書籍和檔案資料，這其中赫然發現多種孟森先生早年的政法類著述和譯作，便萌生了整理和研究孟森先生早年政治法律活動的念頭。但當時自己正忙於做碩士論文，也缺乏適當的條件，只得暫時作罷。2004 年暑假，北大校史館的楊琥先生組織人手編寫《北大的大師們》一書，得知我對孟森比較感興趣，並掌握了一些新材料，提議由我來給孟森先生寫一個較爲完整的傳記。那時我碩士剛畢業，博士還没入學，比較空閒，也就欣然應命。幾個月下來，便有了《孟森——明清史學大師》那樣一篇文章。經過若干删改，尤其在將行文語句通俗化後，於 2004 年底正式發表②。翌年 5 月，此文的"原始版"在《中華

---

① 吳相湘：《我的業師孟心史先生》，《傳記文學》第一卷第一期，傳記文學出版社，1962 年。

② 孫家紅：《孟森——明清史學大師》，《北大的大師們》，中國經濟出版社，2004 年，第 1—17 頁。

文史網》上以《明清史學大師孟森傳略》的題目公開發佈，隨後
被多家網站轉載，並引起一些人的注意，其中就包括中華書局
的俞國林先生。當時國林先生正在進行《孟森著作集》的編輯出
版，在他讀到這篇文章後，輾轉用電話聯繫到我，向我瞭解孟
森先生的生平狀況，尤其對孟森先生政法類著述表示了濃厚興
趣。電話中，我們談得甚是痛快，而且深有同感：應該將孟森
先生這一部分著述進行整理出版，讓世人更爲完整地見識這位
史學大師的豐功偉績。最後，國林先生提議將之列入《孟森著
作集》的出版計畫，並由我負責整理，一拍即合，君子協定就
這樣達成了。

　　在這之後，我利用功課間隙，不斷地進行孟森史學以
外——其實也包括《明清史論著集刊正續編》未能收入的一些史
學類——文章著述（包括譯述）的搜集和整理。兩年下來，發現
的內容相當可觀，借用孟森先生當年《明元清系通紀》序文中的
說法，真可謂"自詡其多"了。此次出版的兩種（《孟森政論文集
刊》與《孟森政法著譯輯刊》），總數已近一百八十萬字，也只能
算是階段性的成果。還有相當數量的文字，"天假成書"，有待
將來陸續整理和發表之。現將兩書所收錄的內容作一簡要
説明。

　　其一名爲《孟森政論文集刊》，收錄清末至20世紀20年代
孟森先生發表在《法政學交通社雜誌》、《預備立憲公會報》、
《東方雜誌》、《外交報》、《法政雜誌》、《教育雜誌》、《申報》、
《興業雜誌〔附〈改正條約會刊〉〕》等報刊雜誌上面的文章，共
215篇。雖然個別篇章屬於譯作，或者專業性、學術性較強，
但都是針對時政有感而發，用"政論文"來概括，似乎並不爲
過。其二名爲《孟森政法著譯輯刊》，收錄（1）著作五種：《廣西
邊事旁記》，由嚴復題寫書名，並作跋文，商務印書館初版於

光緒三十一年(1905)七月;《地方自治淺説》,商務印書館初版
於光緒三十四年(1908)二月;《諮議局章程講義》,光緒三十四
年(1908)十二月付印,宣統元年(1909)正月由預備立憲公會發
行;《各省諮議局章程箋釋〔附〈諮議局議員選舉章程箋釋〉〕》,
署名孟森、杜亞泉合纂,光緒三十四年冬月由商務印書館發
行;《新編法學通論》,宣統二年(1910)正月由商務印書館發行
初版。(2)譯作三種:《統計通論》,日本橫山雅男原著,孟森
譯述,光緒三十四年四月由商務印書館發行初版,今將其中有
關政法部分采入;《日本民法要義》,日本梅謙次郎原著,宣統
二年(1910)十二月初版。該書共五冊,分總則、物權、債權、
親族、相續五編。其中《總則編》和《債權編》由孟森譯述①,今
將這兩編一併采入。

　　從發表時間來看,以上文字主要集中在清末預備立憲運動
(包括法律改革)時期和 20 世紀 20 年代。衆所周知,這也是近
代中國變化十分劇烈的兩個重要階段。在前一階段,古老的中
華帝國艱難地進行着地方自治、議會民主的嘗試,欲圖模仿列
强,改革政治和法律,找回民族的自尊和自信,重新踏上大國
崛起之路;在後一階段,中國四分五裂,軍閥割據,北洋政府
不足以駕馭諸侯,廣州政府亦不足以底定全局,南北交相爭
鬥,犬牙參互,國内外形勢波詭雲譎,整個社會醖釀着大革命
的狂瀾。而在這兩個階段,孟森並沒有"躲進小樓",而是積極
投身於社會的洪流當中,踐履着知識份子"天下興亡,匹夫有
責"的時代使命。在清末預備立憲運動時期,孟森成爲立憲派
中重要的一員,活躍於上海、北京等地。除參與衆多的政治活
動外,孟森還主編雜誌,著書立説,闡揚君主立憲、地方自治

①　此外,《物權編》由陳承澤、陳時夏譯述,《親族編》由陳與燊譯述,《相續編》
　　由金泯蘭譯述。其中,陳與燊後參加黄花崗起義,成爲七十二烈士之一。

的道理；介紹域外法學新知，關注國計民生，爲近代中國法學
的發展做出巨大貢獻。在 20 世紀 20 年代，孟森不僅身體力
行，興辦實業，或利用報刊，或創辦雜誌，爲中國擺脱内外交
困的局面而奔走呼號①。單從孟森先生 1923 年至 1924 年間在
《申報》所發表的文章來看，這一篇篇激揚的文字，或針砭時
弊，對軍閥、官僚和政客們倒行逆施的做法大張撻伐，極盡嬉
笑怒罵之能事；或入木三分，對政治、法律和社會的現實問題
勇於揭露，足顯經邦濟世之氣概；或頻發壯語，對國家和民族
的前途命運充滿信心，坦露書生報國之豪情。一言以蔽之，我
們絶不應忽視這些滿含激情的文字。

　　以前有一種比較流行的看法，即孟森在進入民國後，便不
再關注政治，而將全部精力傾注於明清史研究。今日看來，此
論大謬，《申報》以及《興業雜誌〔附〈改正條約會刊〉〕》上面的文
字就是最好的證據。上述内容，足以説明民國初以至整個 20
世紀 20 年代，孟森對於國家社會、政治法律、内政外交的熱
情，絲毫没有改變，或者説是一以貫之，或者説是有增無減。
在筆者看來，如果一定要説孟森先生何時才將主要精力轉移到
明清史學研究上面，大致應自南京中央大學任教開始，距離孟
森先生去世，前後不過八年左右時間。事實上，孟森先生有關
明清史研究的幾種大部頭著作，也都是在 1930 年代以後寫就
的。綜合來看，孟森先生除幾百萬字的傳世經典史學著作外，
政法類文章著述（包括譯述）又有如許之多，真令我輩汗顏不
已！當然，可以預言：孟森先生這些政法類文章著述也一定是
可以傳世的。但它們的意義不僅僅在於傳世，事實上他們早已
成爲記録中國近現代歷史演變的重要資料。因此，我們説孟森

①　參見孫家紅：《師之大者——史學家孟森的生平和著述》，《書品》2007 年第二
　　輯，中華書局，2007 年。

先生一生不僅在閱讀歷史、研究歷史和書寫歷史，他更是一個歷史的積極參與者。在這個積極參與的過程中，他不僅創造了自己的歷史，也使中國近現代史的內容變得豐富和生動起來。

對於如何評價史學著作和史學家，清代史學家章學誠曾在唐代劉知幾"史學三才"（史才、史學、史識）的基礎上，增加一個標準——"史德"①，很受後人稱道。如果以史才、史學、史識、史德這四個標準來衡量孟森先生以及他的史學著作，無疑都是具備的。然則，筆者猶以爲不足。因爲，以今日視角觀之，上述這四個標準基本上是針對"學院派"的史學家，或者說是"象牙塔"裏面的標準。而孟森先生的成就和貢獻，除了史學之外，至少還有兩個重要方面：第一，撰寫了大量的政治法律類文章著述（包括譯述），其實還有一些關於財政學、軍事學、統計學、銀行簿記學、紡織印染等方面的專業文章；第二，親身經歷並積極參與到社會變革的潮流當中，並且發揮突出的作用。前者屬於專業知識領域的拓展，對於一些肯下功夫並興趣廣泛的學者來說，並非不可企及。對於後者，可能有人強調歷史機遇"可遇而不可求"，孟森也不過是生逢其時罷了。其實不然，機遇往往是垂青那些有準備的人，對於一些乾喫坐等的懶漢來說，從來是没有機遇可言的。而綜其一生，孟森先生可謂是一個地道的"有心人"。這裏的心，是經邦濟世、憂國憂民的赤子心；這裏的心，是達則兼濟天下、以天下爲己任的報國心；這裏的心，是追求真理、獨立思考的求知心；這裏的心，是不畏時艱，投身社會變革的洪流，積極參與歷史、創造歷史的勇敢心。透過孟森先生如此汗漫的文字，我們既見識了一代史學大師學識的豐贍，更深切體會到他滿腔的愛國熱情和追求

---

① 　章學誠：《文史通義》，內篇三《史德》，中華書局，1994 年。

真理的執着精神。因此，在上述四個標準之外，似乎還應加上
"史心"一條。如果没有心靈上的主動和高標準，"史才"可能會
被濫用，或者無法發揮出來，寫出的總是枯燥乏味和無精打采
的文字；"史學"便不易獲得，或者受到視野的局限，盲人摸象
般，永遠看不清事情的整體和全貌；"史識"更無法獲得，因爲
見識深淺與思考是否主動，二者是密切相關的；"史德"也就無
從談起，一個没有才、學、識的人，單純有德，毫不用心，除
了做"老好人"，還有什麼用？

　　孟森先生的確是值得紀念的，但是，應該如何紀念，卻又
是一個需要思考的事情。近幾年經常看到和聽到一些名人紀念
會召開的消息，有時也曾到現場"見習"，總覺得有些紀念會開
得不倫不類。發言——合影——吃飯——散場，幾乎是固定的
套路。而且發言的時間，大部分被一些無關的領導佔去了。除
此以外，竟也很難聽到像樣的發言。甚至有些紀念會的氣氛開
得就像是追悼會，整個過程死氣沉沉的。如果給孟森先生也搞
這樣的紀念會，竊以爲，不舉行也罷。因爲，類似的紀念會多
半不是爲了逝去的人，而是爲了活人的眼目。最好的紀念，實
也不在於這些形式上的東西，而在於有人來繼承和發揚先輩學
者的真精神。如果没有人能夠將孟森的史學精神繼承和發揚下
去，賡續孟森先生未竟的事業，並有新的開拓和進步，紀念會
開再多次也没有用。

　　不管怎樣，在孟森先生逝世七十周年之際，筆者還是有心
做點事情。一來將孟森先生政法類的文章著述加以彙集，讓世
人較爲全面地領略這位大師的風采，二來借此表示一下後學對
前輩的景仰之情。因此，也就有了現今這兩部書。對於這兩部
書的史料價值和學術價值，自無需多言，明眼者一看便知。全
書整理，儘量遵依原稿，對於一些舊時譯名亦保持原貌，如美

温(今譯梅因)、薩比尼(今譯薩維尼)、委内瑞辣(今譯委内瑞拉)等。主要在以下兩個方面，略有改動：(1)將原稿由豎排改爲横排。(2)相應地，原文"如左"、"如右"等字樣改爲"如下"、"如上"。但如果屬於(A)原文引述(B)譯述，皆不作更動。此次整理，由我一人獨任，兹事體大，錯訛誠所難免，還請讀者諸君不吝賜教。

最後，感謝中華書局俞國林先生。他在本書體例編排上花費不少心思，現今的模樣，與原稿相比，真有脱胎换骨之感。而能夠有幸合作完成此帙，也是很值得紀念的事。此外，北京大學歷史系尚小明副教授、北大校史館楊琥先生對此書的整理一直給以關注和鼓勵，北京大學圖書館師曉峰老師、蔣剛苗老師爲此書原始資料的獲取提供了不少幫助，在此一併表示感謝。

謹以此文、此書紀念孟森先生逝世七十周年暨誕辰一百四十周年！

丁亥歲末於北京大學暢春園

目　　錄

法政學交通社雜誌

公司注册章程詮釋

爲法學者致力之處有二，曰譯曰著。譯他國之書，以與本國之書相比較，而後知所取捨，其效極大，要猶是述者之事耳。本國有法，貫串之，補苴之，糾正之，是必淹通他國之法，又寢饋於本國之法，而後舉而措之，悉由心得，此則作者之列矣。吾國未有法，學法者無用武之地，是宜其著述之少。《商律》頒行既數年，僅日本學者松本氏批評一過，吾國人固無此識力，不可諱也，然亦安知非無人焉以倡之。故心醉目眩於各國之法學，無暇返而自鏡，又習於舊說，不輕易以草茅干涉法制，故爲是謙退歟。吾新律大致有所本，誠未可以其不同於日本，而遂疑吾立法者。要其用法之本意，則與法治之國大異，往往有某條文非徒萬國所無，亦吾舊學所不屑道。吾議法人之知識如是，宜其視憲法如蛇蝮，悚於國步之蹙與輿論之難平，欲以陽予陰奪之計愚天下，而不自知其去安而即危也。商律爲一大法典，未敢率爾卒此大業，今姑就新章之簡單易瞭，詮釋一種，以開此學著述之路。篳路藍縷，誠知其陋，然必有此陋焉者先之。其賡續者固所以張吾學，其指斥者亦非無爲斯學求進步，則留一招譏集罵之稿於楮墨，猶賢於默爾而息也。

《奏定公司注册試辦章程》十八條

此在日本謂之商業登記，屬於非訟事件手續法之一種。曰試辦，則定法時之有待討論也可知。專屬公司，則又爲商業登記之一種。

一　本部於光緒二十九年十二月初五日，具奏《商律》之
"公司"一門，業蒙欽定頒行在案。凡商人經營貿易，均可照例
載合資公司、合資有限公司、股分公司、股分有限公司，此四
項中，認明何項，在本部呈報注冊。無論現已設立與嗣後設立
之公司、局廠、行號、鋪店，一經注冊，即可享一體保護之利
益。所有注冊章程，茲特釐訂於後，以資開辦。

商律，律也。四項公司，明載律文。此稱例載，殆印刷
之誤。

四項公司分項之法。合資公司，當各國之合名會社。合資
有限公司，爲萬國所無。惟德國《商法》中有限責任會社稍類似，
而用法之疎密大異。此項公司，已爲日本學者所詬病，因其不
在登記範圍內，略述之不能備也。股分公司，亦各國所無，獨
英有之，而亦已不適於用，存者極少，特其弊不至如合資有限
公司之甚。股分有限公司，乃當各國之株式會社。是四項公司
中，萬不可行者一，不必行者一，與多數國家商法所定之會社
合者僅兩項。其各國所行之合資會社，與多數國所行之株式合
資會社，則茫乎未有其議論，均不在本篇範圍之內，俟詮釋
《商律》時詳之。現已設立與嗣後設立，均在應注冊之列，則招
商局之至今始議注冊，固已晚矣。日本新聞中乃載招商局注冊
時，郵傳部梗之，未知確否，若確則亦一不可思議之異聞也。

《公司律》第二十三條，凡現已設立與嗣後設立之公司，及
局廠、行號、鋪店等均可向商部注冊，以享一體之利益。據此
條文中"及"字、"均"字，則局廠、行號、鋪店又非公司矣。

一經注冊，可享一體保護之利益。夫注冊乃保護公衆之
事，在注冊者本身，所受者間接之保護。公衆知注冊者營業之
能力爲可恃，然後安心相往來，安其心即保護之謂也。注冊者

應告知公衆之事，既已無所不盡，公衆猶以未告知時故見待之，乃得與之對抗，是爲間接之保護。本章程指注册者一方面言之，則是以大部之護符，有以取利益於公衆也。夫法律行爲而必得有力者爲之保護，此非光天化日之下所宜有。不法行爲而可以納資求保護於大部，則是以大部爲天下之惡之所歸也。二者必居一於此矣。

二　注册局即於本部設立，遴選廉正明幹之司員，專管公司注册事宜。局中立有公司注册案檔，分類編號，按照《公司律》所載各項，詳細注寫，不得疏漏。

注册局設立於本部，在各國學説，謂之集中主義。多數國皆不用此主義，而用分立主義。惟英國《會社法》，三王國各置一登記所，瑞典《株式會社法》止設一登記所，北美合衆國之州法中，則頗有止設一所者。地大民衆如吾國，交通不便如吾國，且括一切局廠、行號、鋪店，又不第若英與瑞典之專指會社而已。日本學者謂此爲過渡時代之現象，是尚於吾國慣習有所未稔。吾國固以部册部文爲獨一無二之創制，初無理論之可言也。

廉正明幹，乃程度問題，非法律所能擬制。本部能遴選廉正明幹司員，試問本部堂官能保其必廉正必明幹否？夫所貴乎法者，貴其無從爲不廉正不明幹也。各國登記，官吏乃器械的，據法律之所規定，與商人之所開列，録之登記簿，即登官報以告公衆。其官吏爲下級，其地多爲區裁判所。惟西班牙與英國，設特別官廳。設官容有不同，要其必爲公告則一也。德國法系之公告，即由登記所爲之，法國法系之公告，乃由當事者自爲之，此德法系勝於法法系之顯然者。日本《非訟事件手續法》第百四十四條第一項云"已登記事項之公告，要於官報及新聞紙上至少必爲公告一次"，此即用德法系，規定由裁判所爲之者。夫如是，則登記之官吏，即不廉正不明幹，又將奈何？不任法而任人，其任人又任一二高座者之遴選，而不任億萬當事者之監察，即立法時之部臣皆大賢，吾不敢保後此終無一徇私失察之部臣也。則此所謂遴選廉正明幹之司員，在立法者以爲周密，實與法治主義背道而馳者也。

分類者，各種注册，各歸專簿。日本商業登記簿分十類：一，商號；二，未成年者；三，妻；四，後見人；五，支配人；六，合名會社；七，合資會社；八，株式會社；九，株式合資會社；十，外國會社是也。編號者，日本登記所所謂見出張。凡此皆當有詳細之規定，本章程殆挈其大綱，一切手續，尚有待於別定乎。

詳細注寫，不得疏漏，此二語爲訓示注册局員耶？專管此事，職守所在，且當置之官吏職掌中，不當夾雜於此，爲訓示當事者耶？則既來注册，豈肯疏漏，致注與不注同也。此語與"章程"二字絕不相類，秉筆者於此見其草率從事矣。

三　凡公司呈報本部注册，所應聲明各項如下：（凡屬公司，無論局廠、行號、鋪店等，均須准此。）此注語若依二十三條文，當以"無論"爲句，局廠、行號、鋪店乃不在公司界限之内。

一，公司名號。

二，公司作何貿易。

三，公司有限、無限。

以上三項，係各項公司通共應注册事項。

四，合資人數及其姓名、住址。

五，資本合共若干。（係指有限者言。）

以上二項，係合資有限公司應注册事項。依《商律》、《公司律》第七條，設立合資有限公司，先期十五日呈報商部注册，方准開辦。則合資有限公司，方爲一定注册之公司。此二項自應爲合資有限公司應注册之事項，然其第五號原注云，指有限者，則第四號乃兼指無限者可知。蓋合資公司之注册乃隨意爲之，如果注册，則用此第四號耳。

六，公司股分總共若干。

七，每股銀兩或銀圓若干。

以上二項，係股分公司、股分有限公司通共應注册事項，見《商律》、《公司律》第十二條及第二十一條。《公司律》第十二條云，設立股分公司者，應將第十一條各項，先期十五日呈報注册。故十一條所舉事項，即十二條事項。

八，每股已交銀若干。

此項爲股分有限公司與股分公司應注册之事項。

九，創辦人及查察人姓名、住址。

此項爲兩股分公司應注册之事項。

創辦人，在日本法謂之發起人。發起人至公司成立時，即爲消滅，蓋已舉有董事及查帳人也。日本株式會社登記，止有取締役及監查役氏名、住所。取締役即董事，監查役即查帳人。依《公司律》，股分公司注册在股東會議之後，若以創辦人注册，而轉遺董事，則股東總會中選舉董事之效力何在？若謂發起人即公司成立後之董事，則《公司律》第十八條明言公司招股已齊，創辦人應即定期招集各股東會議；又第六十二條明言公司已成，初次招集衆股東會議時，由衆股東公舉董事數員名，爲董事局創辦人，固決不得爲即董事也。此律文之不可解者一也。又查察人之名，據《商律》必與查帳人不同。《公司律》第十八條，創辦人招集各股東會議，即由衆股東公舉一二人作爲查察人，查察股數是否招齊，及公司各事是否妥協，此其人適當日本《商法》之檢查役。《公司律》第五節之查帳人，乃當日本《商法》之監查役。查察人爲暫任，查帳人乃常設之機關。注册時又舍查帳人，而取查察人，此律文之不可解者二也。

十，公司總號設立地方。如有分號，一併列入。

此項以理言之，當爲各項公司應注册事項。在多數國用分立主義，即就公司所在，分號所在，各地方各爲注册，而於本公司注明尚有某某地方之分號，於號注明爲某某公司所分，固已足矣。此章程用集中主義，故以地方爲注册之事項。

十一，公司設立後，布告各股東及衆人，或登報或通信，均須聲明。

此項兩刻本對勘，皆連下一項"設立之年月日"六字，此必印刷之誤。《公司律》二十一條不誤，本章程前載册式，亦將公告自爲一項。

以布告之法注册，便於利害關係人之觀聽也。嗣後讀某報或檢郵局及他通信機關，時留意該公司有所布告與否，知布告之所以爲公衆，益知注册之爲公衆矣。吾黨於是惜立法者之買櫝而還其珠也。

此項爲各項公司通共應注册事項。

十二，設立之年月日。

十三，營業之年月日。（如無期限，亦應聲明。）

以上二項，刻本無不錯誤。未知部頒之本，究作何狀。今爲列清，以便觀覽。

就以上十三事項觀之，吾甚痛吾國立法者知識之劣也。注册章程應詳注册手續，其應注册事項，自規定於《商律》，非注册章程所宜贅。即使贅焉，亦當與《商律》相符，且必將各項公司各應注册事項，分别明白。乃混合模糊，反因有章程而需反覆比對，以知所指。而又與《商律》所載事項互有出入，將使人從律文耶，從章程耶？以條理而論，律爲主，章程爲輔，則章程與律不符，非徒蛇足，且訂章程時自有違律之罪矣。今舉《商律》所定注册條文，相對照於左。

《公司律》第七條　設立合資有限公司，集資各人，應立合同，聯名簽押，載明作何貿易，每人出資若干，某年某月某日起，期限以幾年爲度。限先期十五日，將以上情形呈報商部注册，方準開辦。

此合資公司注册事項之規定也。首提設立合資有限公司，則合資公司並不在内。而章程中之册式，則又兼兩合資爲規定。且所定事項第五項，注明專指有限，是其餘必爲無限者所通用也。此本條首句之不可通也。

“以上情形”四字中，包括“集資各人”句，則合資人數及合資人姓名爲有着矣，而住址則未可知也。是注册事項之第四號，得其大半也。包括“作何貿易”句，則第二號又有着。包括“每人出資若干”句，則第五號所謂指有限者而言之項，又有着。包括“某年某月某日起”句，是爲第十二號設立之年月日。包括“期限以幾年爲限”句，是爲第十三號營業之年月日。此合資公司注册事項，以解釋而得之者也。夫待解釋而得之，則非較若畫一之旨矣。

《公司律》第二十一條　公司呈報商部注册時，所應聲明者如下：一，公司名號；二，公司作何貿易；三，公司總共股分若干；四，每股銀數若干；五，公司設立後，布告股東或衆人之法，或登報或通信均須聲明；六，公司總號設立地方，如有分號，一併列入；七，公司設立之年月日；八，公司營業期限之年月日，如無期限，亦須聲明；九，每股已交銀若干；十，創辦人及查察人姓名、住址。

此股分公司注册事項之規定也。首提“公司”二字，似乎各項公司之通則。然十號之中，無一合資公司應有事項，則知此爲專屬股分公司。專屬股分公司而不標分别之文，漫無眉目，何名爲律？

　　章程有公司有限、無限一項，律文無之。若以律文為重，則章程為蛇足。若以註冊一事規定於特別法，當責備於章程，而不責備於律文。則律文竟可省之，何得掛漏夾雜？

　　十四，鈔呈合同規條章程。

　　此項在《公司律》，規定於第二條，自合各項公司為通共註冊應有手續。

　　前十三號俱為應註冊之事項，惟此為註冊手續。則本條所云應聲明各款，與此號殊不相應。依各國商法，註冊事項當入法律本文，註冊手續當列註冊章程之內，則義類方為明晰。

　　註冊事項，有絕對、相對之不同，有列舉、概括之不同，此皆當於詮釋《商律》時詳論之。但就章程與律文之複沓差違而言，尚未暇論註冊之本義也。

　　註冊手續，關於應鈔呈之書類，不止合同規條章程已也。亦就本章程言之，以此為申請註冊之一手續耳。

　　四　公司所擬出之股票款式，應於呈報註冊時附粘一張存案。其票式照律載第二十八條列入如下：

　　一，公司名號；二，註冊之年月日；三，總共股分若干；四，每股銀數若干；五，股銀分期繳納者，應將每期所交數目詳載；六，附股人姓名、住地；七，其票必須公司董事簽押，加蓋公司圖記編號，並登發給之年月日。

　　此條非註冊章程，乃規定股票之式。股票既規定於《公司律》二十八條，何故復出於此？且何故不附股東名簿等各種書類，而附股票？股票既編號，應抽出何號附粘？附股人已有姓名、住址，加蓋公司圖記，又登發給年月日，則此票非其模形，乃實在有股東收執者。招股既有定數，股票且載明總共股分若干矣，則既不應有重號，又不應強某股東獨以一票絆存商部，則附粘已不可通。而其復述《公司律》第二十八條，無故重规定股票形式，即股票可以钞粘，亦不当爲此蛇足。若不然，则前條所謂钞呈合同規條章程，又何故不復載合同規條章程等一切形式乎？此條不削，天下有以測立法者知識之程度矣。其股票尚有請改爲無記名等方法，種種窒礙，又關律文之未備，更不足於此贅論也。

　　五　凡各省各埠之公司、局廠、行號、鋪店等，一經遵照此次奏定章程，赴部注册給照後，無論華洋商，一律保護。其未經注册者，雖自稱有限字樣，不得沾《公司律》第九條、第二十九條之利益。

　　此條爲吾國法律思想最幼稚之現象，今爲分别論之。給照一層，非注册中必有之事也。各國注册，即登記皆有公告之法。德國法系，即由登記官吏自爲公告，此法之良者。日本近時法學，全趨重德國派，夫豈無故？從日本登記手續而觀，全國登記，皆登官報。而每一登記所，又必於每年指定就近一種新聞紙登之。若該新聞紙有停閉休業等情，臨時别指一種。若鄉僻無新聞紙地方，則揭之門前。蓋純爲公衆計，非爲一注册者計也。吾國以部照爲絶大之護符，苟得之則可以爲民父母，褻瀆名器。吾考日本法，申請登記時，有添附之書類，則登記官吏給以受領證，此爲必有之物。若登記當事者願得登記濟證，則登記所亦當給之，此爲隨意之物。在法律凡有行爲，此授彼受，必有證明之據。受領證與登記濟證，用意初無區别，特登記自有官報及新聞紙之公告，故可隨當事者之意。當事者有求於此，則官吏不敢憚煩。否則省此手續，且此手續固以省之者爲多。其視吾立法者以照之給否爲威福程度，烏可以道里計也。

　　保護一層，前已言之。本條所云保護，更有疑竇。觀其所謂未經注册者，雖自稱有限字樣，不得沾公司律第九條第二十九條利益，則止有限公司得注册之利益。無限公司同爲注册，即同受保護，其保護之法，固必有出於抵賴債項之外者矣。夫以抵賴債項爲保護，商部之對於有限公司，既自爲不法行爲，以誘導有限公司爲不法行爲，此當於下文詳論之。若其對於無限公司明示保護，而又別無方法，是不過使商人能營業於法律之下，不遭蹂躪焉耳。納資注册，然後不遭蹂躪，此爲何等號令，吾不忍言也。

《公司律》第九條，合資有限公司如有虧蝕、倒閉、欠賬等情，查無隱匿銀兩訛騙諸弊，衹可將其合資銀兩之儘數，並該公司産業變售還償，不得另向合資人追補。第二十九條，股分有限公司，如有虧蝕、倒閉、欠賬等情，查無隱匿銀兩訛騙諸弊，衹可將其股分銀兩繳足，並該公司産業變售還償，不得另向股東追補。據律文，公司之所以爲有限，不在其内部之組織，與外部之所以取信，於債主但有二種方法，一自稱有限字樣，二加之以注册，則將來虧蝕、倒閉、欠賬，合資人與股東即得逍遥事外矣。夫曰查無隱匿訛騙，何人查之，何時查之？此不可不深究也。現今多數國惟株式會社爲有限，即吾《商律》之股分有限公司，此公司内而重股東之監督，外而堅債主之擔保。資産負債，坦然公布，積立金先儘債主，則已有資本額四分之一。負債不得過資本之額，資本虧及半額，董事有報告之責。資産與債務不相抵，董事有呈報破産之責，股東無追補之虞，而董事則有過怠之罰。有限公司之所以爲有限，先使之無從隱匿訛騙而後可。《商律》之所謂查能如是，以股東債主爲查之之人，以公司成立以後，日日皆爲查之之時，則於情理本不得爲追補，與注册不注册無涉。若查之於倒閉之後，又查之以利害不相及之官，則處心積慮之姦商，既無從指其家財爲隱匿訛騙之據，而吾國之所謂官數千年大略可覩，又不足置諸言論之列者也。此以注册爲收費之地，彼以被注册爲護身之符，立法者用意必不如此，無奈其法文則已如此。不得文明國法意，而藉新法以病民，蓋非徒一注册章程矣。

六　公司注册，應按照律載，在開辦十五日前，呈報本部，方可開辦。各公司呈報注册，應扣算程途遠近，郵寄遲速，早日呈報到部，隨到隨辦，以免阻滯。

此用集中主義之煩累也，各國無有不當日即爲登記者。至扣算程途遠近，郵寄遲速，則如雲貴邊省，非經年累月不達。該公司組織未備，資本未齊，不敢輕擲巨貲，先行注册。組織備矣，資本齊矣，徒以注册一事，守至經年累月而後開辦，人事變遷，恐非將本求利者所能待。且其所謂扣算，能必如其期乎？所謂隨到隨辦，別有過怠之制裁從其後乎？抑以此四字著之章中，爲已足乎？各國之法，以不登記爲不足示公衆，故不聽其開業。吾《商律》之主意安在？吾商人注册之效力安在？綜前後觀之，可以知其根本之不同矣。

七　凡公司設立之處，業經舉行商會者，須先將注册之呈，由商會總董蓋用圖記，呈寄到部，以憑核辦。其未經設有商會之處，可暫由附近之商會，或就地著名之商立公所，加蓋圖記，呈部核辦。

此亦集中主義所生之一階級，蓋又多一周折矣。

八　合資公司，凡合資營業，未聲明股本若干者，應繳注册公費，悉如後列之等次。

甲，凡公司注册聲明，合資人不過二十名者，繳銀五十圓；（每圓合庫平銀七錢二分，以下照此。）乙，合資人逾二十名，在一百名之內者，繳銀一百圓；丙，合資人數如過百名外，每多五十名，或不足五十名，均加繳銀十圓，依次遞加；丁，凡合資人數聲明無限者，即不論其人數多寡，繳銀三百圓；戊，凡注册報明人數後，如欲續加合資人數，每加五十名，或不足五十名，均加繳銀十圓。惟連原繳之數，統計不得過三百圓。

注册公費之名，在各國法謂之登錄稅。登錄稅也，與登記所無涉，特其事項爲應登記之事項，由登記所審覈之而已。其納此稅也，五百圓以下用印紙，五百圓以上得以現金納之稅務署。登記所非收稅之地，若以爲公費，則非國家爲商政而設官，乃商人醵貲以雇傭矣。夫注册局以注册爲職務，應有常給。有常給而復有婪索，固不可以爲訓。即無常給而仰給於公費，注册事項無定數，其所以自贍之道，亦太不可恃矣。

本條所規定，乃未聲明股本若干者，則合資有限公司，不在其內。合資有限公司，是否用股分公司所規定章程，乃無明文。此亦一疑竇也。

即在合資無限公司，現在亦必有應出資本之數。特嗣後有不敷時，可任意爲增加耳。日本法合名會社，乃吾法所謂合資公司。合名會社登錄稅，以財産爲目的之出資價格中千分之三，乃其應納之稅額，合名會社增資時亦同。則未聲明者可使之聲明，何爲而以人數計之乎？吾學淺陋，未及盡窺萬國登錄稅法，不敢謂今世無以人數計額者。然以條理言之，合資公司以二人爲最少數。二人至二十人爲一級，二十一至百人爲一級，百人以上又以五十人爲一級，是何其相距之遼遠而且不齊也。又況合資公司出資之額本不均，一若多至數十百人，成何分配？蓋事實上已無此遼遠之距度，則是故使之遼遠，令二十與二十一二等數，納費加倍，直罔民財焉而已。

丙號末句依次遞加之下，當有"加至三百圓爲止"一句，依丁、戊兩項可推也。

據册式，據律文，皆有合資人數，並有合資人姓名、住址，則並無無限人數之説，且據理亦不得有無限之合資人。營業自有範圍，利益自當分配，若爲無限之人數，天下恐無此散漫之公司矣。

九　股分公司，凡股分營業者，應繳注册公費，悉如後列之等次。

甲，公司注册，聲明股本不過一萬圓者，繳銀五十圓；乙，股本過一萬圓外，每多股本五千圓，或不足五千圓，均加繳銀十圓，以至二萬五千圓爲率；丙，股本過二萬五千圓外，每多股本一萬圓，或不足一萬圓，均加繳銀三圓，以至五十萬圓爲率；丁，股本若過五十萬圓，每多股本一萬圓，或不足一萬圓，均加繳銀半圓；戊，如已報明股本若干，注册後續加股本，每加一萬圓，或不足一萬圓，均照以上丙、丁所列，加繳銀數。惟連原繳之數，統計不得過三百圓。

此條衝突甚多。甲號股本不過一萬圓者，繳銀五十圓，依律文第十條股分公司、第十三條股分有限公司，皆以七人起數。而其第二十五條，每繳銀數至少以五圓爲限，惟可分期繳納。則七人各出資五圓，合三十五圓之股本，營一商業，即爲公司。又《公司律》第十二條股分公司，有注册方准開辦字樣，是不注册而開辦爲違法也。股本在一萬圓以内，無至少之限制。自依律文，以三十五圓爲至少。以三十五圓之成本，令繳注册公費五十圓，此甲項之相衝突者一也。

據乙號，股本至二萬五千圓，注册費當繳八十圓。據丙號，股本至五十萬圓，當繳費二百二十四圓。據丁號，股本若加至二百零二萬圓，當繳費三百圓。據戊號，續加股本注册費，連原繳之數不得過三百圓，則初入股時爲得過三百圓耶？若得過三百圓，續加時非徒無庸納費，且將收回其已過之數也。若亦不得過三百圓，則股本至二百零二萬以上，即無注册費，且後此任如何加股，均無注册費矣。此乙、丙、丁、戊各項之相衝突者二也。

律文第二十五條，既云股銀可分期繳納，則所云股本若干萬圓者，指全額而言耶？抑分期所繳之額耶？據日本法株式會社之登錄稅，爲現時已付集全額千分之四。夫以千分之幾爲比較，則無偏枯之弊。而其資本增加，與第二回以下每回之付集，皆以千分之四納稅。我《公司律》本取法於日本，而間參以各國，獨此注册章程，與登記法大異。其所異者，多不可通之條理，是可怪也。

十　注册公費，均按銀圓注册。如股本係銀兩者，其注册費即應按兩數計算平色，並從其股本爲准。

銀以兩計，本草昧之政策。此別一問題，姑置弗論。若依日本登錄稅法，以千分之幾定額，又何至有此條之蛇足？

十一　凡公司遇有緊要情事，報明本部立案，或按《公司律》應呈報注明立案者，每件應繳公費銀三圓。

緊要情事，未詳其所指。於律文細求之，一百三條云：公司有重大事件（如增加股本及與他公司合併之類），招集股東，舉行特別會議。若議決權行，限一月内復行會議一次，以竟其事，議畢施行。此所謂重大事件，意即本章程之緊要情事，其究爲何事？則僅注中之略文所謂，增加股本及與他公司合併。夫增加股本，在律文第一百十六條，規定於決議後十五日内，呈報商部，此未知即所謂按《公司律》應呈報注明立案者否？檢前第九條戊號，有續加股本之規定，則又不應重出於此意。惟合併爲可以當之，律文恍惚，令人不可究詰。今據日本登錄稅法比對之，商業登記款下，商事會社一條，恰與我公司注册章程相當對。除設立登記之外，出資之增加，及株金第二回以後之付集，稅率與初出資初付集無異。此當我章程第九條之戊

號，自除又有因合併或因組織變更之設立。因合併之資本增
加，其稅率皆爲千分之一。發行債券，則照債權總金額千分之
一。設置支店，一所十圓。移轉本店或支店，一件五圓。選任
支配人又消滅代理權，一件五圓。登記事項之變更及消滅或廢
止，一件五圓。依《商法施行法》，新增應登記事項，其登記作
爲登記事項之變更，登記之更正或抹消，一件五圓；解散，一
件三圓；清算人之選任解任又變更，一件一圓；清算之結了，
一件一圓。觀於此，知章程所云緊要情事，不能外此種種。定
商律時，絕不計及注册。且律定事項，亦止有停閉一款。其中
一見合併，數見清理而已。日本學者議我《商律》於登記一端，
僅知有設立之登記，是誠然矣。推其受蔽之由，立法者惟以注
册爲得賄包庇之變相，初不知此事爲保護公衆而設。夫保護公
衆，以使公司受嚴密之監督，似於公司有不利。其實使商人易
於作姦，不如使商人謹於操業，爲商人維持信用起見，乃所謂
君子愛人以德也。若夫登錄稅乃國民負擔國稅之天職，非止商
人有稅，依文明法律，民法中動産、不動産凡，將以所有權對
抗他人者，無不有登記，即無不有登錄稅。吾民法不備，依舊
來之法，契稅每兩三分，即千分之三十，所稅不爲不重。文明
國法律完密，民法中登錄稅，依事理爲輕重。若遺言贈與，凡
所謂無償而取得者，稅率較重，至千分之四十。其以有償而得
者，則稅輕於我遠甚。吾法學尚在草昧，今此慕傲各國法而爲
之者，猶且如是，是可見錮蔽之不易驟去也。正其名曰稅，則
爲國民負擔之國用。今章程謂之注册公費，則是剝商人之膏
血，豢養此堂上所祖庇之廉正明幹司員也。其偏重於設立者，
以爲商人欲有營業，勢必樂求大部之包庇。若解散等事，彼方
無所受於其業，吾無從而斐索之耳。嗚呼！此其視注册一事，
豈復有絲毫公衆之見存耶？變更等之疏漏，尚爲立法者宅心仁

厚，不爲已甚之舉。吾常謂各國不可缺之政令，在我國今日能缺，即爲寬典，此亦不忍卒言者也。人與人自以情理相集合，安見商人必恃符以抗公衆，一則曰報明立案，再則曰注明立案，不維持其與公衆爲大公，而維持其與公衆爲抗敵。政府惟日有此心，故視憲政爲蛇蝎，吾商民恐不盡具此涼德矣。

十二　公司開辦後，如有該公司股友，或他體面商人，欲至注册局檢視某公司注册詳情者，每人繳費一圓，準其檢視一次。

各國登記所，即採集中主義者，亦必便於任何人之檢視。吾國幅員之廣，交通之難，官長之尊大，吾知赴注册局檢視者，決無京師土著以外之人，則此條本可以不論。今試作萬一有檢視者觀之。

"體面"二字，乃程度問題。如何而後爲體面，注册局中是否懸有格式？夫商人無有不體面者，分其餘瀝，即豢養廉正明幹之司員，謂豢養人者體面乎？謂受豢養者體面乎？此種意思，吾於《商律》已會之矣。《公司律》第四十四條，附股人不論職官大小，或署己名，或以官階署名，與無職之附股人，均衹認爲股東，一律看待。其應得利，暨議決之權，以及各項利益，與他股東一體均沾，無稍立異。此條文日本學者所謂一讀一莞爾者也。以公益而言，則法人與自然人各有權利之分限，以營利而言，雖萬乘與齊民何別？若以吾國禮俗言之，公儀相魯，不爭困夫工女之利。職官若知自重，不營商業可也。今章程所謂體面，大約即此職官其人耳。職官原無獨不體面之理，然得爲職官於我政體之下，則非所敢知也。

日本法商事非訟事件第百四十二條："登記所無論何人，許閱覽登記簿。又若納手數料，則可以其謄本或鈔本付之。"第二項云："登記所於疏明登記上利害關係而爲申請者，限於其有關係之部分，許閱覽登記簿之附屬書類。"第三項云："若納付郵送料，而請登記簿之膳本又鈔本者，則登記所當送付之。"代鈔代膳有手數料，閱覽無手數料，蓋登記本以供閱覽也。今之檢視，即彼所謂閱覽，大部以收費，而許體面商人檢視，爲不世之曠典。故曰準其檢視一次，商人雖已體面，繳費維及一圓，當其檢視，蓋猶懍懍焉芒刺在背矣。

十三　如公司股分或他體面商人，欲鈔錄某公司在本部注冊全案者，一百字内應繳鈔費銀一圓。過一百字，每百字遞加銀半圓。所紗之件，如更須蓋用印信，以爲證據者者，除鈔費，每件繳銀五圓。

日本法法人及夫婦財產契約登記簿之膳本鈔本等手數之件第四條，依《非訟事件手續法》第四十二條第一項，此即前條詮釋所錄之商事非訟事件，爲本文所當引用者。又第五十七條第一項之規定，此爲民事非訟事件，非本文所引用者。請付以書類之膳本者，其膳本一紙，當納手數料金十錢。以二十行每行滿二十字爲一紙，十一行以上作一紙算，十行以下作半紙算。日本十錢當我一角，一角之費，可鈔四百字，則吾法爲酷矣。然此不足計，吾法將使商人不遠千萬里而來鈔此重寶，其旅費有數十百倍於此者，爲此瑣事能不遠千萬里而赴闕，此必天下之大豪。索費一圓，乃其廉之至也。

蓋用印信則可爲證據，此證據用之何所？蓋可於言下得之各國之登記，本有公告日久之後，公告之報紙積壓難檢，乃就登記所錄之，此屬等閒事耳。吾國之注冊，在注冊者恃此爲護符，在鈔其注冊者必將瞯其注冊事項之罅隙，而後有以中之，惟恐中之而不足以相斫，故出重價，購印信以自輔。故其取公費也，爲得賄而包庇，而其售印信也，又爲得賄而輸情於敵。反覆如此，吾知注冊局一差，必非廉正明幹之司員所樂居矣。

各國以登記所爲坦示之地，吾國以注册局爲交鬮之資，立法者知識如此，奈何與世界爭人格也？

十四　注册局之設，原爲利商起見。凡商人欲查問事件，儘可隨時赴局會晤。除章程載明注册公費外，餘無他費。

各國登記，有公告而無會晤。蓋登記屬器械的，除登記之外，別無他職。商人來請登記，則爲登記，來請閱覽，則供閱覽，來請鈔謄，則與鈔謄。日本學者謂會晤則弊生，彼且如此，吾章程於職務之注册，索重費，論體面，刁難惟恐不至。職務以外之會晤，既無他費，又可隨時？夫注册局無裨益商人之能力，其與商人相密接而受請託者，意惟有變亂其所注之册耳。

十五　注册局收取各費，當即掣付收據，蓋明商部注册局圖記，以昭信實。

此等費，在各國皆無登記所收取之理。登錄稅固歸稅務署，即手數料亦貼用印紙。吾國組織不備，此不能責之注册局。但其掣收據，蓋圖記，乃當然之事。法令之文，亦不應兼自稱譽，“以昭信實”四字，無乃贅乎？

十六　公司呈報注册到部，查明如不合式，立即飭令更正。其應行照準者，即給發執照一紙，蓋用印信爲憑。

就所呈報以查明之，此各國學說所謂形式的審查主義也。給發執照，日本法中所謂登記濟證也。

十七　無論何國商人公司，在本部呈報注册，悉以譯成華文爲憑。本部注册給照，亦均用華文，以歸一律。

注册所以保公衆，外國公司設立於本國，以注册公告本國之人，自以用華文爲定理。夫外國公司之應規定於商律者，不過辨別其本店所在地耳，其他不應有異。《公司律》第五十七條，規定外國人附中國公司股者，作爲允許遵守中國《商律》及《公司條例》，日本學者嘗痛論其謬矣。此並於注册而計及文字之異同，抑何其不請法律，而惟知畏蜀如虎也。此其可恥之甚者也。

十八　如上所列，作爲公司注册試辦章程。開辦後仍當酌量情形，隨時增改，賴有此耳。

附　論　兩　則

各國登記所，多即爲區裁判所。商人之請求裁判所，其事夥矣。吾《商律》以注册局設於商部，亦往往以商部下侵區裁判之任。《公司律》第五十三條，衆股東會議時，如有議決之事，董事或股東意爲違背《商律》或《公司章程》者，均准赴商部稟控核辦。惟須在一月以内呈告，逾期不理。至股東稟控，必須將股票呈部爲據。吾國幅員數萬里，公司中人一言不合，裹糧赴闕，瀆稟大部，即日可由商會寄呈，亦周折已甚。按之事實，萬萬不可行矣。律又明定稟控在一月以内，此一月以内，在各國區裁判所，本近在咫尺，原可定此期限。吾商律所云，則將爲遞呈者起程之日耶？風雨疾病，行千萬里之遠，其中延滯，何可勝計？此又期限之難定也。商部受此稟控，何以爲核辦之法？律無明文，商部既無特別之裁判所，將移之法部耶？將發還地方耶？此誤以商部當區裁判所，其不可通者一也。又《公司律》第一百二十二條，公司停閉之時，如衆股東不克公舉清理人，可呈請商部派人清理。第一百二十三條，有公司股本全數十分之一之股東，若以清理人辦理不善，可呈請商部派人接辦。天下之大，公司停閉時，輾轉之多，派辦接辦，使節遍於天下，供億何出？謂仍派公司所在地之人耶，則商部何以知其必能清理？謂即從呈請時所指定耶，又何必假商部之手以派之？此誤以商部當區裁判所，其不可通者二也。

章程第十一條，凡公司遇有緊要情事，報明本部立案，或按公司律應呈報注明立案者，每件應繳公費銀三圓。據此，則本部立案之文，雖不明言注冊局，而既列入注冊局章程，則此案必爲注冊局所掌明矣。由此推見商律所云呈報商部存案者，當無不屬於注冊局。且以公司律第二十三條，證明第一條及第三條注語所云局廠、行號、鋪店乃離乎公司而言之。是《商人通例》中之存案，可指爲即注冊也，因併論列於此。按《商人通例》第三條："凡業商者設上無父兄，或本商病廢而子弟幼弱，尚未成丁，其妻或年屆十六歲以上之女，能自主持貿易者，均可爲商，惟必須呈報商部存案。"第四條："已嫁婦人，必須有本夫允准字據，悉照第三條辦理，呈報商部，方可爲商。"此兩條本於各國之商業登記，有無能力者登記與妻登記也，此尤可證其存案之即用注冊法。夫盈天下之未成年者未成年者與妻，從事貿易，即赴部存案，文牘纍纍，用意何在？各國之登記，使公衆知之，安心與爲貿易，不慮未成年者與妻，以無能力爲籍口，由後見人與夫任意取消其債務等關係耳。吾國幅員之廣，千萬里外有一無能力之商，是否注冊必赴部，查閱律文，又無限制，但稱經營商務貿易。賣買、販運貨物者，皆爲商人，《商人通例》第一條文。不似日本《商法》明定小商人不適用此。則自《商律》行，而天下婦孺之以經紀逐利自活者，不存案固無一非犯法之人，即存案而他人必不願以其甚微之交易，裹糧萬里赴部。查其虛實，則正惟人有法律思想，不復肯與無能力者相往來，自招任意取消之損。而於是吾國婦孺之生計，將有不忍言者矣。

　　　　（《法政學交通社雜誌》第四號，光緒三十三年三月初一日）

預備立憲公會報

論中國今日有可以速開國會之理由

本會於前日國會研究所提議各節，所謂用極不完備之手續，而又無背於法理者，爲實地之請願，令當事者有所率從，誠非坐言不可起行之比。竊思無背於法理云者，謂各國有先例可援云爾。今日之欲急開國會者，普天下人心之所同，其謂不能遽開國會者，本出於頑錮蔽塞之流，而偏有學者之説印證之。蓋謂國會議員必由選舉，選舉必在《戶籍法》行之後，始能比較人數，以定當選之額。且普通選舉，無人不有選舉、被選舉之權，此人民程度極高、教育極普徧之國乃可行之，今各國大概多未及此，則制限選舉宜矣。制限選舉，莫如以財産爲制限。財産定於所負擔之國稅，則且當俟《稅法》定後，乃可徐議國會。由是國會無期，而適以過求美備之心，轉揚頑錮蔽塞之燄。按之吾國岌岌之勢，非急開國會無以成君民一體之治。列強環伺，其所以強者何在？不過其人民各自組織政府，以爲保障，故以政府之痛癢爲痛癢耳。無國會則縱有極慈惠之君師，極馴良之民庶，僅能造不識不知既愚且魯之一境，使數萬里之幅員，數萬萬之人口，負責任者止最少數之政府，餘無痛癢相關之人，致對外常處必敗之地。又況今日時局，一再激刺，處人民之上者，不盡上智，處政府之下者，不盡下愚。夫惟有摯愛於君國者，乃始爭求國會，其激宕者方且幸國會之不成，立憲之無實，使天下絕望，以遂其樂禍之心。吾黨雖不問各國之先例，自我作古，但使人民有參政之事實，即所以救眉睫之藥，尚何暇引經據典，爲博士賣驢故事乎哉？然即論先例，亦頗有說。

第一，當解決組織國會之主義。今世界各國，除民主國會、聯邦國會別有組織之外，其與我國相當者，斷以君主國國會爲歸。計今世界之君主國，無有不開國會，而有文明國家之資格者。其組織大概皆爲兩院制，惟瑞典、那威爲一院制。而瑞典於一千八百六十六年，即我同治五年，亦改爲兩院制。一院制之僅存者，在歐洲止有那威而已。其兩院制之故，蓋以一國之人恒有利害互相反者，或爲貴族與庶民，或爲富人與貧民。其貴族之中，又常有教士參與其間。國情之不同如此，無非相爲抵制，互保其權利而已。吾國今方有資政院，似爲朝廷所勅任之上院議員，果爾則不過以已入仕之一流，與未入仕一流爲抵制。然竊謂上院之組織果備，則蒙、藏等處之議員，亦必有喇嘛應加入者，未必如日本之絕對禁止教士，不准與於一切議會也。夫資政院固爲不規則之上院，吾民選之議院亦正當以不規則者先之，然後由不規則之議院中，再逐年組成規則之議院。此在歐洲，其變更議院組織之先例，多至不可枚舉。今謂一組織即可終古，此仍是向來墨守成法之宗旨，絕非今日進步日改良之理想。且上院大率當由勅任，但知其必出於兩院，即組織已爲一定，其餘不能越俎與不可刻舟之事不必預言也。

第二，當解決成立下議院之主義。既以資政院爲上院，則今日之國會，但得下院成立，即爲具體之國會。論者每苦於分配議員之無善法，則請舉英國爲先例。夫英之國會，固由地方代表主義，漸變爲人口比例主義者也。吾國求合人口比例之主義則不足，求合地方代表之主義則有餘。英昔時始創兩院制之國會，謂之模範國會。今吾國情勢正同，一面伸張國力以救急，一面即爲組織國會之國會，《戶籍法》與《稅法》，胥於是乎出，且萬不能不由是出。二十二行省之大，所得稅、所有稅、營業稅等情事之繁，不由人民自理之，直終古無舉行之日。夫各國民自定其賦稅，以組織國家而自庇，視其不足庇也，則爭節縮其衣食以圖之。設官養兵，皆人民求自庇之私計，並無所謂食毛踐土等空恤名義之設。故國無分貧弱，總以足自庇爲量。況吾國本非貧弱，且爲富甲全球者耶？今日不開國會，萬不能舉一實政，並學者所希望之完全國會，亦必無措手之地。自解決兩主義中，可擇地方代表之主義以自遂，則數千年郡縣之制，皆吾國會之根柢矣。

　　第三，當解決選舉之主義。此主義有普通與制限之不同，直接與間接之互異。人民程度未能齊一，宜用制限主義，取其身家較贍者，所負擔於國家者多，即利害緩急之相需者切。吾國《稅法》既未定，且既用地方代表主義，則以地方之財產爲財產。州縣額徵之數，固有籍可稽。今就最瘠之縣得舉議員一人而計之，則額徵倍於瘠縣者舉員倍，數倍者亦數倍。將來爲國家擔任者，本以此定義務之重輕，自當以此定議員之多寡，則財產有準而制限選舉之制行矣。至人民程度之更不齊一，尤宜暫用間接主義，先選選舉之人，再由其人選當選者，則選舉人知識已爲衆人之所推，其所選當選之人，衡鑒當較有準。今吾國於選舉手續，一無所預備，幸各處已皆有功令所定之學會、商會等，恒爲一方開通人士所薈萃，則已潛行第一次陶汰於前。且是等處所尚習熟選舉之名義，以衆開通之人之心理，推擇一二最滿意之人，以爲一方之代表，必有能識民生疾苦者，足膺其選。至天下之大，各屬議員之多，大會輦轂之下，必更有才秀者立說於前，而一般知識足辨黑白之人贊成於後，人材之盛，何必愧於各國乎？夫假手於地方已有之團體，以行選舉，則知識較粹，而間接選舉之制又行矣。議員由地方公舉，其資斧即由地方暫任，再於國會中擔任國稅時，定國會費用爲專款，以成經濟，此亦輕而易舉之事也。

夫持以上三種之解決，在人民所預備，朝廷之召集，及朝廷召集以前之所有事者，業已盡有可達之目的，即吾黨請願之事，不爲陳義過高，不可見諸實事矣。自餘惟建築國會之場所、釐定會場之規則，皆有各國圖籍可憑，且爲形式上之物，手續之事，有司存焉，似非吾黨所必慮及也。

（第一年第七期，光緒三十四年四月二十八日）

諮議局調查員演說詞

中國人民，自周衰以後，二三千年，大多數人不能自謀興利，自謀除弊。即使有各業董事、各鄉圖董事等代謀，其初公舉之事，已有名無實，後來又無議論董事之是非，以爲監督之地。且爲董事者，亦止能爲力於一業一鄉一圖，所謀有限。其中大利大弊，恒無過問之權，至官長政治不善，然後飲恨吞聲。問官長之本心，亦不盡安心害我人民，祇因我民欲言而無其位，官長斷無盡通民隱之神識，遂至上下隔膜如此。今從各國政治，考驗有得，始復三代聖王之本意。凡有行政之職官，必設監督之議會。議會中設議員，其最大之作用則有二端：

一曰立法。凡不良之法，民受其病。從來立法之人，非受病之人，故本意欲立良法，適得不良之結果，而不自知。至我民受病既深，幸而有公正之巨紳、明達之言官，爭論糾正，又必有虛心之官長，然後肯改，其間已受害者無數矣。民有議員，自己公議，然後立法。法有未善，又自己公議，即可改法。國會監督全國之立法，九年後開國會，後年即先以資政院代之。諮議局監督一省立法，凡法之關係一省利害者，由我自議其良否，便益已多。此係朝廷特旨許我人民，並非我民自己強行干與諮議局之關於立法者一也。

二曰理財。凡我民應出錢糧，原爲扶持國家，即所以自保身家。若於我民無益而有損，或情理不應由我民供給之款，從前官長籌款，不問我民願否。現在既有議會，先使我民公議，然後承認，斷不容一二官長或紳董逼勒我民。將來國會，固監督全國財政，今日奉旨設立諮議局，先監督一省之財政。凡我一省人民所特別擔任之賦稅，皆當由諮議局議員議決。凡我一省之用款，皆當由諮議局決其當否。此亦朝廷特旨所許，並非我民自行多事。此諮議局之關於財政者二也。諮議局有此兩大利益，須由議員擔任其事。議員固不過一百二十一人，然選舉之權終在我民，不似從前紳董之非出民意。故我民為眾所信而被舉，人人皆可有為議員之權，並不待官長或巨紳之提拔。即未嘗被舉，亦可舉自己所信之人，代我主持。以我民信服最多之人，充諮議局議員，議員受我民之選舉，自當為我民盡力，與從前紳董多仰承官長之意者，自然不同。故選舉權即是我民最尊最貴，生命以之之特權，萬萬不可放棄者也。

　　但今日初行選舉，朝廷尚恐我民不知此選舉權之可貴，所以定五項資格之人，乃與以選舉權。凡我父老兄弟，能合此五項資格，萬萬不可自棄。同人身任調查之責，專查父老兄弟之有此資格者造冊，作為選舉人名冊。能入此冊，即能自舉議員，自保身家。且其餘無此資格之人，亦恃此有資格之人，代為選擇可靠之議員，使人人受立法、理財之益。各國皆謂此為國民之特權，父老兄弟萬勿輕視。設或調查員耳目不周，吾父老兄弟必須自己出頭，報告於調查員，列入冊中。須知朝廷立此諮議局之法，某府、廳、州、縣選舉人多，即該處應多出議員。我人民固不當捏造名冊，亦萬不可自己漏載冊內。自己一人放棄，其弊尚小，使一府、廳、州、縣少出議員，坐視他處人民多得主持利弊之人材，將來議事，依多數而決，則少出議員之地方，其勢往往隨人俯仰。若地方本小，選舉人本少，尚無可抱怨，豈可有選舉人而自己掛漏並貽害地方乎？

　　若我父老兄弟，自己不在本地，則家族戚友亦須代為報告，以備選舉時本人回來投票。即使本人未必能回，亦必報告列册。督撫照册中人數，分配各府議員額數。止要有資格人多，即所出議員亦多。關係緊要，切宜留意。

　　入册之後，即爲選舉人，至選舉期，能往選舉，必須親往，其關係隨後再陳之我父老兄弟。今日且講論調查，以應目前急務。須知現在爲諮議局選舉人，一經當選，明年即爲資政院選舉人。明年再經資政院當選，每省議員中奉旨選出十分之一爲資政院議員。吾士民，識見足知民生利弊，而爲衆所信服者，兩年之後，即成資政院議員。其功效，亦非局促一官者可比。父老兄弟，其各勉之！欲保此特權，必始於今日輔助調查員，勿自放棄。遵章自按其資格，以無漏載於選舉人名册。千載一時，何等幸福？父老兄弟爲家爲國，傳相勸告，公益無量。

　　　　　（第一年第十六期，光緒三十四年九月十三日）

讀地方自治章程

去歲諮議局章程初頒，談者爭論列其是非。憲政館遇事不背輿論，頗知所補救。凡諮議局章所貽爲口實者，於自治章程中一一糾正。以故自治章程久頒，訾議者甚少，蓋其彌縫罅漏，得力於前此所經驗者爲多。如選民消極資格，去"身家不清白"一項，而改"不識文義"爲"不識文字"；又"品行悖謬、營私武斷"之下，加"確有實據"四字，亦稍杜任意攻訐之漸。此皆意思周密之顯然可見者。

至其積極資格，則變籍貫主義，爲住所主義，全無本籍、客籍之分。此固緣負納稅之義務者，應享選民之權利，一經以負擔租稅爲標準，自不能復以籍貫爲拘牽。然上年之諮議局章，究何由而必用籍貫主義，且並以省籍推至廳州縣籍，層累加以草昧之見解。由今思之，豈不啞然失笑乎？蓋本章程之積極資格，明以本國之籍爲界畔，此何等斷絕葛藤也。

其精細已甚者，積極資格第二項，以"素行公正、衆望允孚"八字爲特別資格之一，而因於選舉章程第三十一條，明定投票人應準於選舉票附記格內，將所選舉人素行如何公正，附記一二事，爲衆論所稱道者。此項文詞繁冗，似爲其人作生傳。雖條文稱應準，並非强迫以必然，然究與審簡毋煩之意不合。彼官銜、職業、住所等，乃爲同姓名人作分別之用。若衆所稱道之公正事實，在章程第十六條第二項之規定選民資格，既言此項素行公正、衆望允孚之人，因不備第三、第四款內，居本城鎮鄉接續至三年以上，及年納正稅或本地方公益捐二元以上，亦得以城鎮鄉議事會之議決，作爲選民。則當其作爲選民之前，既經公衆議決，及其作爲選民之後，始入選舉人民冊。凡在冊內之人，何必於選舉票內，一一追其資格之從何而得？仍以官銜、職業、住址等項作分別文之用，亦足以濟事矣。此其可商者也。

其變地方稅之名爲公益捐，捐者抛棄之意，專制國强取於民，不使人民與聞輸財之何用，則概名之曰捐，既經迫令抛棄，無論其願意與否，要無所謂負擔於事前，與監督於事後之意義。今明明爲居民共擔城鎮鄉之義務，則何爲用抛棄之名詞。且名之曰公益捐，似明告吾民此非國家開捐輸事例之用意，毋望報酬，但顧公益，其爲樂輸之意，大約相同。乃按其體例，又純乎附加稅、特別稅之成法，並不能各從心願，多少任便，爲向來地方樂善好施者之所爲。其向來樂善好施之款，章程第九十五條，明定“私家捐助”字樣，且限其動用之性質。捐助即法學名詞中所謂寄附，在章程與公益捐明明大異，又何得混而同之？

若夫自治經費之內以公款公產當基本金，以公益捐當附加稅與特別稅，又以夫役、物品統於特捐，而初不規定使用料、手數料之相當替代名詞，致地方籌費，少一情理正當之款目，動輒以地方稅强制行之，更與保全地方之意相背。觀章程第五條所定自治事宜，略不規定職員對於居民私事之方便，故手數料若無可發生。豈知風俗習慣之上，如田產租賃賣買之中費酒食等項，向靡費於二三地痞者，豈不可施以公法，取自治團體爲公證之所在。諸如此類，可定手數料者正多。若以公共營造物利益居民之事，章程內已甚夥，又何爲不收使用料以充經費乎？

章程第十八條云，以第十六條第三項資格，作爲選民者，有選舉自治職員之權。若不能自行選舉權者，得遣代理人行之。夫投票本以不準代理爲原則，而以此條文爲例外，觀選舉章程第二十七條可見。然所云第十六條第三項資格，即多額納稅之謂。納稅或公益捐多於本地選民內納捐最多之人，則雖不爲男子、不及成年、不久居本城鎮鄉，皆可爲選民。此與前所稱素行公正、衆望允孚之資格，同爲例外。而其所不必求備之資格，則並男子與成年，皆可不論。是必有婦女、童孩亦足以及格者，得倩代理正指此耳。然獨不及法人，此最難行於實際。夫法人固尚未得承認於法律，以故民間亦多未習聞法人之名，立法者因而舍置之。抑豈知既行自治制，必論地方之負擔，苟無負擔之人，烏有自治之政，此豈能如諮議局章，以嗜富尚利爲嫌，而他有標準乎？選民定資格之原則，必以年納二元以上之稅捐爲入格之起點，多額納稅與捐又爲例外之資格，此何一非計負擔以爲限制。吾國向來慣例，如典業之類，任公益捐最多，並非間接稅，亦非一人一家之名義所納。凡類乎此之以商號、公司，爲地方認大宗義務，而又稟准立案，有繼續性質，非隨意寄附之比。此在自治制行之後，當仍收取之乎？抑拒之乎？籌自治經費者，當必不以上項捐稅爲不義，而不屑受矣。然於選民資格，則靳之。即非實爭權利，要不能禁其藉口。以私論之，“法人”二字，縱不見明文，亦何妨從多額納稅項下，“不備第二、第三款資格”一語，更增“或不能以一人之名義納稅納捐者，亦得作爲選民”。夫選舉權非一人所獨有，則行使此權者必爲代理，或以一人代數人，或以數人之外之別一代理人，皆無不可。今章程不爲法人地，吾知各地方之辦事人，必不能不推廣其代理之範圍，以容納此多額納稅之法人。正恐多額納稅之法人，反藉口於章程不爲明定，自欲拒此選舉之權利，以規避其負擔之義務。故與其令各地方通融於章程之

外，不如由大部引伸於章程之中，明爲補一義而通飭各省遵
行，此事實上所不能不出以要求者也。且法人當《民法》定後，
亦斷不能不認。認之於綱紀有何不便，而故爲是深閉固拒耶？
説者曰：法人者新名詞也。然則地方自治亦新名詞，立憲政體
尤新之新者也。

　　因此思多額納税之資格，又與等級選舉之制有關。選舉章
程第五、第六、第七等條，詳載等級之法。惟其第七條之第三
項云，若甲級選舉人數，少於該級應出議員額數者，除各舉一
名外，其餘額歸入乙級選舉之。此與日本等級選舉法不同，似
爲限制富人之意。名爲就所納税捐額，足當選舉人全數所納總
額之半者，爲甲級。然使一人所納已當總額之半，則一人自爲
一級，其名甚優。而一級仍祇舉一人，其實甚薄。苟用法人之
制，此等事，往往而有。如墾牧公司、礦務公司之類，其資産
附着於地方者甚密，而所負擔於本地方者亦必甚多。不但所納
足當總額之半，或且奄有十之七八，照兩級選舉之制，已不能
於選舉議員半數之上復有優待，乃因其爲一個法人，章程遂限
制之，使止舉一人，此豈足以持權義之平耶？又況不規定法人
之選舉權，則法人將止有義務而無權利，人爲刀俎，我爲魚
肉，此事烏可長也？有如地方開一礦，用外來之資本，濬土著
之生計，利已溥矣，業已無負於地方，乃私人之資生已遂，公
益之責望尤多。吾國法度，本罕平等，營一實業，輒以官權濟
之，是敝俗也。然使資本家果以平等爲心，與爲對待者，亦正
多不恕之處，自治制復可從而煽其燄乎。日本法文，兩級選
舉，一級即選舉議員之半，若恐其太不平均，以一二人而占半
額之選舉，則以三級法限制之。一二人而當一級，在三級制中
所占不過三之一，則已稍劑其平。必令一人止舉一人限之，是
未計及多額納税中，自有多至非常，可逾總額之半者。將來實

際，必有窒礙。至謂此種非常之多額，恒爲法人負擔，章程本無法人，以故可以不論，此則理不可通，其如前説，不足致辯。然則本章程第一百十一條，所豫計增删修改者，此或在先務當亟之列矣。

至於自治期限，籌備太寬，海内多有論者。近觀民政部，自辦京師地方自治，分作三期。自今年三月初一日始，經兩星期爲第一期，第一期畢召集之事。再經兩個月爲第二期，第二期畢研究之事。又經三個月爲第三期，第三期畢實行之事。實行期内前一月粗具規模，後兩月一律完備。蓋由内外城巡警總廳，所予各區勒定期限者如此。此或緣户口調查，警廳已有成效，故以五個半月，蔵籌備清單中五年之事。各省就城廂及屯鎮、村莊、市集等甚小之範圍，實力調查，所延長於京師者，度不過一兩月而止，又何不可以民政部所辦爲法，而必遷就清單期限乎？彼調查户口之綿亘四年，其遷延與否且勿論，要爲别一籌備事宜，無庸與自治相混。急起直追，是在吾父老兄弟加之意耳。

（第二年第四期，宣統元年閏二月十三日）

皇室經費古今義

陸君煒時常言，天下人無恒業，因無生計。人之操業所得報酬，除供求相應之一公理外，餘無行政上所定相當之經費。夫供求之相應，其理雖公，然一時求過於供而價昂，一時供過於求而價貶。當其價昂之時，正鼓舞所供之物以致貶，價貶之時，即奚落所求之物以召昂。此爲人生興奮之劑，當與經久之制，相濟爲用。吾國所謂經久之制，則或沿自數十百年前，如官俸、兵餉之類，萬不足以贍其人；或草創於數年之內，如小學教員之流，則月俸多者至以數十百圓起數，抑又萬難爲繼。彼小學教員，乃國民一種專業，即國家應有一種經制之俸給，非可聽其如獻新之魚蔬，居奇於一日之間，而屈一國之善士，以厚脩足以自贍，遂甘心就小學之聘，其實宏才碩學，無所用之。彼智足以識數千之文，辨足以移乳臭之聽，的然小學之良師，乃因脩無定值，材無恒等，遂爲宏才碩學所淘汰，而無以謀一飽，豈非生計之大厄？欲爲國民謀生計，當定人生執業之相當俸給，欲定相當俸給，當指一最普通之國民生計爲標準。古者以農，今則各國皆以工。當吾國以農爲標準時代，百畝之糞農分五等，庶人在官者，其禄以是爲差，下士與庶人在官同禄。小學教員當以下士爲起點，積資積勞，乃升中士、上士，以至大夫之俸。要必恒其業而不遷，終身不離乎國民教育一途，老則給以退隱之料，此教育之行政則然。若夫天子之卿，受地視侯，而大國之卿，四大夫。自大夫以降，大夫倍上士，上士倍中士，中士倍下士。自卿以上，君十卿禄，則國無

大小皆同，天子亦十其卿禄，即十倍於大國之君禄。古以農夫
爲生活之標準，推其極即皇室經費亦由此而定焉。陸君之言如
此，此考定皇室經費之緣起，其端蓋自陸君發之。

秦漢以下之君主，力征經營之所得，土地爲其資産，人民
爲其佃傭，設主計之臣，以徵收盡民事，舉今立憲國度支、民
政而一之。聞所謂皇室經費與國用爲二事，則且笑爲不經，駭
爲不道。迄今乃聞列强以此規定於憲法，抑豈知吾儒豔稱三
代，語治法必以三代爲歸，而皇室經費之確定於三代以上，固
可歷舉夏、商、周之典制，以爲今世定額之準乎？試徵諸吾國
國粹，以示皇室經費之古義，更徵諸各國憲法，以示皇室經費
之今義，與國之人相質正焉。

一　皇室經費之古義

夏　　制

《王制》一書，實具夏制。康成注云：此地，殷所因夏爵三
等之制也。殷有鬼侯梅伯，春秋變周之文，從殷之質，合伯、
子、男以爲一，則殷爵三等者，公、侯、伯也，異畿內謂之
子。周武王初定天下，更立五等之爵，增以子、男，而猶因殷
之地，以九州之界尚狹也。周公攝政，致太平，斥大九州之
界，制禮成武王之意，封王者之後爲公。及有功之諸侯，大者
地方五百里，其次侯四百里，其次伯三百里，其次子二百里，
其次男百里。所因殷之諸侯，亦以功黜陟之，其不合者，皆益
之地爲百里焉。是以周世有爵尊而國小，爵卑而國大者，惟天
子畿內不增，以禄群臣，不主爲治民。

康成所指"此地"，即《王制》所云，天子之田方千里，公侯

田方百里，伯七十里，子、男五十里。不能五十里者，不合於天子，附於諸侯曰附庸。天子之三公之田視公侯，天子之卿視伯，天子之大夫視子、男，天子之元士視附庸。凡此分地之制，皆爲夏制。然康成不逕云夏制，而云殷之所因，孔疏謂：禹會諸侯於塗山，執玉帛者萬國。若不百里、七十里、五十里，則不得爲萬國。經文不直舉夏時，而云殷所因者，若逕指夏時，則下當云萬國，不得云凡九州千七百七十三國，故以爲殷所因夏爵三等之制。據孔釋鄭義，由殷因而見夏制，賴此經矣。

其所以必非殷制者，殷無子、男爵。以夏爵雖分五等，然百、七十、五十，分田實祇有其三。殷人尚質，爰定公、侯、伯爲爵三等，去子、男爵不用。康成引鬼侯梅伯，證殷之爵名。而二王之侯稱公，則孔疏又援以證殷有公爵。“鄭志”載張逸問：殷爵三等公、侯、伯，《尚書》何以有微子、箕子？鄭答：微子、箕子實是畿內采地之爵，非畿外治民之君，故云子也。此鄭君所主張之殷爵三等，無子、男也。殷無子、男，則王制有子、男，更可明乎其爲夏制也。

鄭君所云，春秋變周之文，從殷之質，合伯子、男子爲一，是爲殷無子、男之又一證。此義蓋見於《公羊傳》，桓十一年九月，鄭忽出奔衛。忽何以名？春秋伯、子、男一也，辭無所貶。何休云：春秋改周之文，從殷之質，合伯、子、男爲一，辭無所貶，皆從子。春秋之時，伯亦得稱子，子亦得稱伯。今鄭是伯爵，忽若稱子，與成君無異。則不見在喪之降貶，故在喪降而稱名，非爲貶責稱名，故云辭無所貶。據此則公羊家以爲春秋，亦止有爵三等。公侯始即位，降而稱子，伯無可降，故鄭忽不當貶而名之。變周從殷之通例如此。

以上證明“王制”之有子、男，必非殷制。而既稱“王制”，所輯必係一代之定制，決非周初列爵惟五、分土惟三之暫制。

是故就王制推得夏時皇室經費焉。

　經曰：天子之卿視伯。又云：制農田百畝。百畝之分，上農夫食九人。又云：諸侯之下士視上農夫，祿足以代其耕也。中士倍下士，上士倍中士，下大夫倍上士，卿四大夫祿，君十卿祿，次國之卿三大夫祿，君十卿祿，小國之卿倍大夫祿，君十卿祿。則國有大小，大夫以下，制祿無厚薄，而君與卿之祿，又恒爲十與一之比。天子之卿，既與侯國有比例，則夏之天子十倍於次國之君祿。列表如下：

上農夫食九人

下士＝上農夫

中士＝二上農夫

上士＝四上農夫

下大夫＝八上農夫

次國之卿＝二四上農夫

次國之君＝二四〇上農夫

而

次國之君即伯又＝天子之卿

故天子之卿＝二四〇上農夫

即

推

得

天子之祿＝二四〇〇上農夫

九

乘

之

足

食

二一六〇〇人

　以是知夏之皇室經費，爲二萬一千六百人之食。人食幾何？據漢《食貨志》李悝所云爲率，俟後詳結論中。

殷　　制

　孟子言周室頒爵祿之制，以諸侯惡其害己，皆去其籍。據所嘗聞之略，以告北宮錡。今考其文，與周官無一相合。《周書》武成言武王克商，大賚於四海，列爵惟五，分土惟三，則與公侯皆方百里，伯七十里，子、男五十里，三品之制，悉合經文。又言乃反商政，政由舊，則大端悉仍殷制。所必特舉其異同者，分土三而列爵則有五。蓋以夏爵爲準，其餘自在由舊之例。殷爵本三等，而土亦三品，武王既不改分土之制，可知除增爵子、男之外，其餘皆由商舊。此孟子書之所舉爲殷制。其證一也。

　　周禮爲周公致太平之書，自劉歆能舉其文，東漢諸儒爲是學者輩起。就而考見周制，乃無一與孟子相合，而孟子獨合武成。孟子言伯七十里，又言七十里爲政於天下者湯是也，則七十里之國，周官所無。而殷因於夏所有，且武王初定天下，既以由舊悅天下，豈能紛更殷世對國之里數？孟子既指爲周制之略，又必周因於殷之得數可知。此孟子所舉之爲殷制。其證二也。

　　武王克殷後，不過六年而崩。“書序”稱十一年伐殷，而《書》稱十有三年春大會於孟津。“大戴禮”云：文王十五而生武王。《禮記·文王世子》云：文王九十七而崩，武王九十三而崩，則武王少於文王僅十四年，後文王而崩者僅十年，不得有十一年、十三年等情事。周自虞芮質成，諸侯並附，爲受命之年。《武成》又云：我文考文王誕膺天命，以撫方夏，惟九年大統未集。又《無逸》云：文王享國五十年，是則文王在位不止九年，武王在位不及十一年。故孔安國傳，謂周書所紀武王之紀年，皆從受命之年紀元。九年而文王崩，時武王八十三歲，十一年而武王已在位二年，適除喪而伐紂，十三年而在位。四年，渡孟津，作《泰誓》，一戎衣而有天下，時武王已八十七歲。又二年，而有疾弗豫，周公作《金縢》乃瘳，時八十九歲。又四年，而九十三，武王遂崩。然則耆定日淺，豈暇議禮制度哉？康成注王制謂周公成武王之意，斥大九州，封國盡拓故境，又謂武王初定天下，定爵五等，增以子、男，而猶因殷之地。孟子既舉武王初定之制，即除五等爵名外，餘皆殷制無疑。其證三也。

今更就《孟子》推得殷時皇室經費。本書云，天子之卿，受地視侯，是爲殷與夏皇室經費之異點。其餘三等之國，卿禄不同，大夫以下，皆與農夫爲比例，君禄則十倍於卿，此與《王制》無別。惟孟子言農有五等，庶人在官者，禄以是爲差，則庶人在官之禄，尚不盡等上農夫。而本書又言，下士與庶人在官者同禄，下士之受禄，殆難盡以上農夫爲準。趙歧注云：庶人在官者，未命爲士者也。其禄比上農夫，士不得耕，以禄代耕，又注其禄以是爲差云。庶人在官者，食禄之等差，由農夫有上、中、下之次，亦有此五等，若今斗食、佐史、除吏也。尋趙氏本指，漢之斗食爲庶人在官之上級，佐史則其下級，未命爲士同，而上級乃將命爲士者。將命爲士，與甫命爲士者同禄，即下士應與上農夫同禄。故先言禄比上農夫，後言亦有五等，不相牴牾也。

又顏師古注《漢書·百官表》，引漢官名秩簿云：斗食月俸十一斛，佐史月俸八斛，此斗食爲上級，佐史爲下級之證。注稱除吏，疏稱屬吏，“除吏”二字，蓋非庶人在官之秩名，故不見於班書。劉昭注後漢《百官志》，引漢官洛陽令諸曹掾史之名，其員吏七百九十六人中，除四百石者十三人外，有鄉有秩、獄史五十六人，佐史、鄉佐七十七人，斗食、令史、嗇夫假五十人，官掾史、幹小史二百五十人，書佐九十人，循行二百六十人。又志文言鄉置有秩、三老、游徼，有秩所掌，鄉小者置嗇夫。亭有亭長，里有里魁，民有什伍，什主十家，伍主伍家，庶人在官之秩名盡是，亦可證趙注之指矣。

更就孟子推得表式如下：

上農夫食九人
下士＝上農
中士＝二上農
上士＝四上農
大夫＝八上農
大國之卿＝三二上農
大國之君＝三二〇上農
而
大國之君即侯又＝天子之卿
故天子之卿＝三二〇上農
即
推
得
天子之禄＝三二〇〇上農
九
乘
之
足
食
二八八〇〇人

　以是知殷之皇室經費，爲二萬八千八百人之食。人食幾何，均詳於後。

（第二年第六期，宣統元年三月十三日）

皇室經費古今義

周　　制

　　《周官》詳制禄之法，然地官司禄一職，有目無文。孟子言
諸侯惡其害己，皆去其籍，在周末已然，宜漢時傳周官之學
者，無從求其佚簡也。此亦《周官》有合《孟子》，而非出僞託之
一證。不料後之疑周官者，正就禄籍不存，而滋異議。歐陽氏
謂：官多田少，禄將不給，於是周官爲叢疑積謗之書。自乾隆
初吴江沈彤著《周官禄田考》，核算周匝，以官數合田數。就王
畿千里之中，去其山陵、林麓、川澤、溝瀆、城郭、宮室、塗
巷，爲三之一，此從《王制》。又通其一易再易，爲二之一，此
從本經大司徒制都鄙條，即本經小司徒之均土，地遂人之辨野
土。大司馬之以地制賦，所稱上地、中地、下地之別，餘存三
分之一，爲方百里者三十三有奇。姑以三十二計之，百里萬
井，得三十二萬井。一井九夫，得二百八十八萬夫。一夫受田
百畝，八私而一公，得受田者二百五十六萬家，公田三十二萬
夫，是爲可以制禄之田。蓋已止計畿内地不足三之一，其數少
於宋人所計者如此。

　　其稽官也，五官去婦官，去公孤，去鄉遂郊野官，存二千
六百二十九人。五分取一，約爲冬官所闕官數。五官之在官庶
人，即府史胥徒，其爲數二萬一千七百人，五分取一，約爲冬
官所闕在官庶人數。又加所去之婦官、公孤及鄉遂郊野官，共
爲五萬九千四百餘人。夫沈氏之稽官，較宋人不計鄉遂屬吏

者，加多二萬餘人，而可以就公田制祿數，綽綽乎有餘裕，亦可見疑謗之非中理矣。

其制祿也，天子之公田三十二萬夫；公三人，人食二千有四十八夫；孤卿十四人，人食五百十二夫；中下大夫三百三十七人，人食百二十八夫。此據本經、小司徒經土地文及其注，又載師注。上士千一百五十人，人食三十二夫；中士四千四百九十六人，人食八夫；下士萬九千五百有七人，人食二夫；庶人在官者二萬一千七百有三人，人食五十畝，此以遞降一等，遞減爲四之一之例推之。又沈氏推知經無定數之爵，上士十一人，中士千有八人，下士五千有三十九人，更以五官五分取一，推得冬官有爵者食七千餘夫，冬官在官庶人，食二千一百七十夫，通計二十萬六千七百四十餘夫。公田之所餘，尚遂於三之一。天子之祿，十倍於公食，二萬有四百八十夫，此仍據孟子王制所云。其外九萬二千七百七十餘夫，以食他有爵之官，及在官庶人，以給國中及鄉遂郊野之法用，故曰寬然有餘。沈氏之考祿田，足闢宋以來妄疑古經文之過也。

由此推得周時皇室經費，列表如下：

一夫受田百畝，此百畝渾
上地中地下地而言
而
庶人在官食二／一夫，此二／一夫已
通一易再易而約之
則
官庶人之二／一夫＝一夫正合
以上中下各農爲差之意
以
四
遞
乘
下士＝二夫

中士＝八夫

上士＝三二夫

大夫＝一二八夫

卿＝五一二夫

公＝二〇四八夫

十

乘

之

天子之祿＝二〇四八〇夫

九

乘

之

足

食

一八四三二〇人

以是知周之皇室經費，爲十八萬四千三百二十人之食。人食幾何？亦見下。

三代皇室經費結論

夏商能有皇室經費之數，皇室經費之中，所供用者何項？皇室經費之外，國家尚有法用，於何取給，則不能詳。周官則於本經大司徒文，諸公之地，封疆方五百里，其食者半；諸侯之地，封疆方四百里，其食者參之一；諸伯之地，封疆方三百里，其食者三之一；諸子之地，封疆方二百里，其食者四之一；諸男之地，封疆方百里，其食者四之一。此爲外諸侯之貢，康成以爲即土均均邦國輕重之等，若今度支經用，餘爲司農穀云。又小司徒經土地注，都采地食者皆四之一。其制三等，百里之國，凡四都，一都之田，稅入於王；五十里之國，凡四縣，一縣之田，稅入於王；二十五里之國，凡四甸，一甸之田稅入於王。此爲內諸侯之貢。外內諸侯，有貢以供朝覲、聘問、巡狩、會同之事。凡天子諸侯，因國事而有所費者，於此取給焉。此不入皇室經費之範圍，猶今度支部之歲入也。各國所謂國用者視此。

　　其皇室經費之所供用，本經宮正，比宮中官府次舍之衆寡。後鄭注官府之在宮中者，若膳夫至府內宰內史之屬；次諸吏直宿，若今部署諸廬者；舍其所居寺，則宮中官屬，設專官領之，當今之內務府。夫內務府，與外國之宮內省，均爲獨立之官署。而古爲太宰之屬官，則外廷轄及宮官，三代聖王之不自私，而以國務大臣爲重者，有非今之立憲國所能及矣。膳夫以下，掌飲食財用之官皆屬此。又宮伯掌王宮之士庶子，凡在版者。先鄭注：庶子，宿衛衛之官。後鄭注：王宮之士，謂王宮中諸吏之適子。庶子，其支庶也。參以賈疏，先鄭以今之侍衛府當之，後鄭以今之太子官屬若已裁之詹事府者當之。而今之王府官屬，蓋亦可入此範圍。古者就官就封，則王子弟別有國邑。今無所謂就封，惟就官爲有應食之祿。今查日本宮內省官制，有主殿寮，當我宿衛，蓋掌皇宮警察。又有東宮職及皇族職員，正合古意。秦漢以來，以宿衛及太子諸王官屬歸外朝，則非三代遺制。引而伸之，文學侍從之臣，亦無關國務。日本宮內省，即有侍從職，及宮中顧問官、文事秘書局等，此又宮中府中之分，加慎於我之古代者。又內宰掌書版圖之法，以治王內之政令，均其稍食，分其人民，以居之。後鄭注："版，謂宮中閹寺之屬及其子弟錄籍也。圖，王及後世子之宮中吏官府之形象也。政令，謂施閹寺者。稍食，吏祿稟也。"人民、吏子弟，分之使衆者就寡，均宿衛，此與今之總管太監相類。然非奄人所轄，則宦官、婦官及專供上用物功作之官，皆在其列。

　　綜觀周有六官，明以來政歸六部，意在法古。然工部及光祿寺所掌，有一部分屬宮中。在周官皆宮正所轄，宮正當今之内務府大臣，而長官不過下士，其輕之如此。其不以宮中飲食財用及次舍等便安之物資，供張於外廷者又如此。自内宰以下，專轄婦寺，乃當總管内監之職。然實以士大夫爲之，自内小臣始爲奄官。其附屬之官而非奄者，所職皆婦功之類。復以宿衛及太子諸王官屬，悉隸宮伯，截然與外廷國務官分途，一以皇室經費充用。此與各國宮内省官制絶近，而非近代吾國官制，内外往往混淆之比。周制固鑿然可考如此，夏殷惜不可一得而詳。要之三代相因，損益可知，其用意則大略類此已。

漢《食貨志》李悝作盡地力之教，其言有曰：一夫挾五口，治田百畝，歲收畝一石半，爲粟百五十石。按周之畝，約當今三分畝之一而弱。周之石，約當今五分石之一。此別有歷代儒者所考定，文繁不具録。綜言之，周時所盡者，爲今北省之地力，以古溝洫之政極備，所收如悝所云，則試合今之畝石，約爲畝收一石而稍贏耳。又云：除十一之稅十五石，餘百三十五石。食，人月　石半，五人終歲，爲粟九十石，餘有四十五石。石三十爲錢千三百五十，除社閭嘗新、春秋之祠，用錢三百餘，千五十。衣，人率用錢三百，五人終歲用千五百，不足四百五十。不幸死喪疾病之費，及上賦歛，又未與此。此農夫所以常困，有不勸耕之心，而令糴至甚貴者也。悝所言已無公田，民從百畝分内出什一之稅，以石錢三十計之十，五石適值錢四百五十，則悝之所謂不足。周之盛時，以公田行徹法，自無慮此。又其計衣之需錢，亦爲閔農而言。夫耕婦織，或有可自兼之道。悝又言治田勤謹，畝益三升，此皆上農所以得食九人之故也。一農夫之所得，計算之法如此，由庶人在官，直推至皇室經費，其爲計數之根據，蓋瞭然矣。

以上爲古皇室經費之制，三代皆以農夫爲標準。農夫以歲收百五十石，當今之三十三石爲標準。夏制二千四百倍於上農夫，計合今粟七萬六千八百石。周末之粟，石三十錢，若合今量石需錢九十餘文，若更合今價。近年米貴，粟者穀也，各省漕折係米而非穀，寬估之爲七萬六千八百石之漕價，足以當夏時皇室經費額矣。殷制三千二百倍於上農夫，計合今粟十萬零二千四百石。周制二萬零四百八十倍於上農夫，計合今粟六十五萬五千三百六十石。蓋三代之極盛，皇室經費不過江浙一兩府之漕額。而所供用，則除各省國務大臣所領國家之事務外，無所染於國用之正額焉。

又其餘意之可申言者，古有奄官，今爲萬國所無，此獨不能援古以存奄制。古者有腐刑，自是刑制之尚未進化。既經腐刑之人，仍不擯其登用之途，乃有奄而給事宮掖之制，正先王之不輕棄刑人也。此與刖者守閽，皆爲因其材而用之。觀周官轄婦寺者，本爲士大夫，可見其非防閑男女之意。匹夫匹婦，恒有待人執役之時，不能盡天下之爲雇傭者而宮之。豈有母儀天下之貴，需此扃戶撤灰之智也哉？腐刑既廢，奄制猶存，非常之舉。待我聖明，爲蠲除肉刑以來二千年之帝王解穢，正善體三代所以用奄之意也。

（第二年第七期，宣統元年四月十三日）

皇室經費古今義

二　皇室經費之今義

各國皇室經費之額，就本項言之，最大者英吉利，而最小者荷蘭，此以君主之國言之也。若民主國之大統領，則所費更少。其中美與法較，則美之統領費尤少。然此不足定多少之標準也。必合全國之歲出，與皇室經費作比例，而後知其國元首之玉食，當國用幾分之幾。蓋各君主國皇室經費，恒爲國用百分之一左右，多者至百分之二以上，少者乃千分之五。夫此千分之五之皇室經費，即向所謂最少額之荷蘭。荷蘭本以少額聞，其比例率固亦宜少矣。乃英之以多額聞者，論其與國用之比例，實亦不過千分之八。蓋皆在百分之一以下。今據日本小林丑三郎所著之《比較財政學》，載有"十一國皇室經費比較表"，轉錄如下：

國　別	額數以日本圓爲單位，每圓合金二分	對於歲出總額之千分率
英國皇室費	15,730,000	8
法國大統領費	480,000	0
普國皇室費	7,540,000	22
俄國皇室費	12,800,000	24
美國大統領及副統領費	116,000	0
奧國皇室費	3,720,000	16

國　別	額數以日本圓爲單位，每圓合金二分	對於歲出總額之千分率
意國皇室費	6,420,000	24
西班牙皇室費	3,700,000	10
荷蘭皇室費	650,000	5
比利時皇室費	2,028,000	10
日本皇室費	3,000,000	11

　　上表法、美二國，大統領之費甚少，不及千分之一，故在千分率中爲無數。其各國計數，乃西曆一千九百年度所調查，當我光緒二十六年，即日本明治三十三年。又皇室經費既與歲出爲比較，表中所謂歲出，皆指經常歲出。方之吾國今日，方負條約所訂大賠款，人民負擔雖增，而政府並不獲行政之用，故不得謂之國用，以非經常之歲出也。此皇室經費之所由定者一也。

　　皇室經費，固專充皇室之用。又有所謂御料者，即皇室世襲之私産。日本之皇室，恃此爲憲法以外之取盈。而歐洲各國，則昔時國用本皆出於御料，後以政事日繁，非御料所能給，始則收賦稅以益之，卒乃盡推出御料於國庫中，而通國庫所入，明定一皇室經費額。民主之國，除經費外，一切動産、不動産皆爲國有。大統領任滿之日，絲毫不能自私。君主世襲之國，則皇宮動産，往往爲皇室所私，不作爲國有之物。若皇宮以外之土地、山林，惟日本與俄羅斯之皇家，當頗有保存者。

　　原日本保存御料之由，以國有榮光而增進財用也，則臣民每分其餘瀝以媚一人，在臣民以此示愛戴，而君主欣然受之，予取予求，不汝瑕疵。國小民貧，彼此待儻來之物以饜其慾，至可鄙也。日本維新以前，政在武門，君主守府，私產亦甚微末。廢藩之始，大收諸侯封土。舊時諸侯，所自取饜足，而與人民資產相離者，一切由國家沒收，以大宗為國有而分少許分潤其君，美之曰藩侯獻地，此御料之一。甲午中日之戰，乘我文貪武嬉，飽其谿壑而去，闢台灣為國土，受二萬三千萬兩為賠款。當時銀價合日本金圓，幾及三萬六千三百萬圓。是役既慶大功，又提二千萬圓為天皇壽，蓋所得約為賠款十八分之一。是彼之國威上為光榮，財政上為寒乞，而在我則總之為臥薪嘗膽之紀念而已。日本《皇室典範》第八章規定世傳御料，第九章規定皇室經費。御料則杜分割讓與，以謀永保，皇室經費則特定常額，使內國庫支出，蓋世界立憲之國之特色也。

歐洲諸國，舉英、法、普、俄四國以概其餘。

英之大憲章發布最早，然惟其早也，並未確定皇室經費之制。距有憲法後四百四十五年，當千六百六十年間，始區別國家與皇室之經費。前乎此者，但規定尋常補助金，共有三款：（一）償朕躬，（二）朕最長子加冠，（三）朕最長女婚姻。其補助金非經國會議准，不得徵收，見大憲章第十二條。至千六百六十年之區別也，乃就原有之御料，定為皇室經費。御料不泛充國用，而國家法律徵收之款，亦不以補助御料。然御料甚富厚，除皇室之用外，尚於國用款項內，擔任官俸、軍費二宗。時在吾國順治十七年。至千八百三十九年，為女皇維多利亞即位之第三年，始以世襲財產移為國有，而國定一定之金額，供皇室之用。時在吾國道光十九年，為英國無御料之始。

法當千七百九十一年，始定憲法。其第六十五條云：國王即位之時，所既有之私有財產，則為萬世不易之國家財產。在位以後，以國王私有之名義所買求之財產，雖得自由使用，然至讓位時，若尚未用盡，儘其所有，當加入國家之財產。是為法國無御料之始，時則爲吾國乾隆五十六年，法猶君主。至千八百七十一年，當我同治十年，改共和政體，定大統領每歲金額，是爲今制。此與美制相等，不足復言皇室經費矣。

普當千八百二十年以前，爲有御料，時在我嘉慶二十五年以前。據普憲法第五十九條云：以千八百二十年一月十七日，法律所規定官地森林之税入，屬於王家内庫。原注云："定王家經費。"普憲法定於千八百五十年一月三十一日，距千八百二十年法律定爲官地森林時，已三十年。蓋當時即已推御料爲國有，而以其歲入充王室之用。至憲法定時，更申明之以憲法。近于式枚氏解釋普魯士憲法，於此頗證明之。謂普有王室世産，始於千七百三十三年。腓立威廉第一創於前，腓立威廉第三繼於後，皆出於節儉所餘。至千八百二十年，腓立威廉第三，以之歸國家管理，而就其歲入仍充王室之用。是普之無御料，實始於千八百二十年也。于式枚氏又言其他王室私財，未歸國家管理者，以向不公布，無從確知。然普王室在諸國中有貧民，而親王中則有極富者，蓋得親族遺産，或婦家奩贈也。如今太子妃攜嫁資八千萬，其最著者。然此類財産，他日即足益王室之私用，不以減國家之歲供云云。式枚以向不公布疑王室之有私財，然據日本譯普憲法注文，引斯德蘭氏云"其他王宮及動産及寶石，其由於世傳者，皆歸王家"。則式枚所謂不公布之私財，不過王宮動産寶石之類而已。又所云贈嫁及遺産，此本王室經費内自相挹注之事，得他國之厚奩，即亦有贈厚奩於他國者，此何足侈言普王室之富，總之爲無御料云。

惟俄國以專制酷烈聞於世，自前年千九百六年五月八日，始定憲法。憲法第二十條云："屬於皇帝之所有者，稱爲御料。其關於此財産之贈與於他，或分割及讓與，皆所不能，由皇帝以詔勅及命令定之。凡御料及其他之財産，不負擔一切租税。"

是爲俄有御料之明文，然別無他皇室經費。且憲法上明定，不
得別請求經費於國庫。蓋其第十五條云："《皇室典範》雖本有
根本法之效力，然皇帝得以前記之手續，改訂增補之。但限於
不關係他一切法律，及不須別請求經費於國庫之範圍以內。"此
所謂前記之手續，即第八條所記皇帝於立法諸項有發議權。上
院及下院，由皇帝之發議，於帝國根本法，得加修正，乃手續
也。觀此條非但現在不仰經費於國庫，並定將來改正根本法，
均不得有所請來，是仍御料與皇室經費，兩不相兼。其兼者獨
有日本，且以寒乞得之者也。又俄憲法第二十一條，皇帝爲皇
族之首長，故據《皇室典範》，處分皇族之財產。定宮內大臣所
管理營造物制度之組織，及其管理手續。據此則皇族財產，皆
括於御料之範圍。而宮內省之俸給及營造物等，皆與國庫無
涉，是爲有御料而別無經費之制。此皇室經費與御料之關係，
其標準之所由定者二也。

（第二年第九期，宣統元年六月十三日）

皇室經費古今義

夫各國之皇室經費，與御料之不相兼，其相兼者獨日本，既如前述。更就日本皇室經費之範圍，考其所供用之處。此非徒於國用之界劃，大有關係，並於官制之廢置，更有提撕。試述如下。

日本之統計年鑑，於歲出表中分九類，皇室經費獨居一類，其餘八省各居一類。是謂國務，八省所不相統屬而直隸天皇者，皆從大藏省計費。如內閣，如樞密院，如會計檢查院，如統監府皆是。上下兩議院，雖非官廳，而共需經費，亦計其歲出於大藏省。自餘七省及其所屬，雖經費之總綱，挈於大藏省，而款目則各係其所職掌。獨宮內省名爲一官廳，款目不列於歲出，蓋由皇室經費內支給之。國用與皇室之用，以此爲界。是可核知日本皇室經費，其動用之方法，凡有三種。

一，天皇自由自奉之用。天皇自奉，在宮內省自有豫算，自有皇室會計審查局。宮內省官制第十六條："宮內大臣於所部官吏及委員、補助員、顧問員、評議員、勤務華族等，得以豫算全額內爲報酬或賞與。"又第二十一條："宮內大臣，不得關涉帝室會計審查之實務。"又皇室法令中有《皇室會計法》，規定預算、決算等事。又《皇室典範》第四十六條："編入世傳御料之土地物件，諮詢樞密顧問，以勅書定之，宮內大臣公告之。"則增殖御料以爲子孫計者，亦無所禁。

二，天皇法定自奉之用。天皇所收養之皇族，以法定其財產歲費等。皇室經費第六十一條，皇室之財產歲費及諸規則，別定之是也。又宮內省別有官等俸給表，由宮內省布達，自餘一切宮內省定法支給者皆屬此。

三，天皇報効國家之用。專制時代，君主即國家。臣民爲君主私事而受役，爲君主私費而被歛，亦得稱報効國家，其君主亦可以國家之名義徵求之。自皇室經費與國用分途，固無復臣民混以報效國家之心。私報效其君主，即有意外之進奉，亦當別白於國家之外，以表專愛戴其君主，而不惜稍割國家之公益以獻之。如以索償兵費之款，提十八分之一，爲天皇御料，即其例矣。顧天皇之於國家，則正有報效之事，與臣民之對於國家同。皇室經費，歲由國庫支給三百萬圓，而天皇則有時取其若干成，以還之國家。若報効海軍經費，每年三十萬圓是也。當日本第四次國會中，議興海軍，議員與政府抵抗，不肯負擔，事將決裂，天皇乃認此每年三十萬之報效，召見政府與議員，親爲和解。於是政府歲俸，議員歲費，咸捐其十之一以爲倡，海軍之議乃成，蓋繼續六年而後已。事在明治二十六年至二十七年甲午，與我開釁，次年締約，遂得鉅額之償金。於是天皇之扶助海軍，果止需此六年，此報效國用之例也。

又其宮內省之當我內務府，所屬各課、各職、各寮、各局、各所，以及圖書館、博物館、學習院等，當我內務府之各司及上駟院、武備院、奉宸苑、御茶、膳房、文淵閣、武英殿、修書處，及咸安宮、景山。若官學等，固無論矣。

其餘又包吾國不屬內務之一切衙門。則一切衙門之經費，皆統之於皇室經費，而國庫中無時時擔任皇室私用之理。今更就官制略與比較如下。

一，吾國有此衙門，而性質不屬於日本宮內省者。

吏部　此衙門當日本內閣書記官之職。查日本內閣書記官係奏任，承內閣總理大臣或書記官長之命，而掌九種事務。其第六種爲關於各廳高等官之履歷事項。蓋勅任官及地方長官之任命及進退，必經閣議，見内閣官制第五條。故所屬書記官，必有各官履歷之職掌。方之吾國魏晋以來，設吏部一官，本係中書省屬吏，體制正同。明廢中書而獨留其六曹，轉附會周之六官，而以吏部當冢宰。不知周之冢宰，實立憲國之内閣總理。若如今之吏部所掌，確爲一書吏之事。日本以此事屬内閣書記官，正合吾國有吏部之本意。故不裁吏部以並於内閣，勢必屈國務大臣爲一書吏。羞朝廷而輕當世之士，莫此爲甚。

都察院　此衙門爲專制國之代表。風聞可以言事，則無從查其證據。科道各自獨立，衙門並無連帶，則無從負其責任。方之各國行政訴訟法意，都察院果以搏擊爲事，庶司百執事祇可俯首受禍，竟無對抗之時。此其無限制之威權，斷非人與人相處之道。所怙者，職司雖似專橫，而進退實無法律可恃，與今各國司法官不同。故乾綱振則爲人主肆吹求，已非士大夫自重之道；乾綱不振，則又爲執政作鷹犬，更非言官稱職之本心。況議院既開，庶政公諸輿論，言官何所用之乎？不裁都察院而開國會，是外視輿論之公，而以君相位置之少數私人，蔽天下之言論也。此官在各國無可比附，直謂之專制國代表而已。國不甘於專制，即都察院不得爲官矣。

二，吾國已無此衙門，而性質實宜屬於宮内省者。

皇后宮職　古有大長秋等官，今已無。日本宮内省有此職。

東宮職　前數年尚有詹事府，爲翰林院升轉之冗官，今已裁。日本宮内省有此職。

三，吾國有無數衙門，而性質止可歸併於宮内省者。

宗人府　日本謂之皇族職員，屬宮内省。

禮部　科舉之禍人家國，禮部掌之，當時禮部爲有國務之

關係，不盡屬宮內省職員，固已。自科舉罷而學堂之出身隸學
部，選舉行而掄才之規則屬民政部，於是禮部一官，純然爲日
本宮內省所屬之式部。且其新官制所並入之三寺，光禄爲宮內
省之大饍職，太常、鴻臚爲式部之重台。其有涉及京師地方之
祠廟者，當與直省祠廟同並入民政部。夫祠祭本禮部之一司，
昔時沿歷朝之制，又設太常以示將事之重。此即歐洲之尊祭
司，與古者太史令位在百官上之意，皆以神道天象之虛無，凌
駕人事之切近，猶存初民草昧之觀。自前年併歸禮部，已見政
界一大進步。更以皇室經費既定，舉古人所稱之禮，與國務分
而二之，統之以宮內省，示不以皇室私事，擾及國家。又樂部
即式部中之雅樂部，此與我之隸於禮部者正合，併入宮內省，
確當無疑。若禮學設館，此當由內閣設編制局。即在吾國，亦
本非禮部堂司各官，能自任此。雖然吾國所謂通禮，大半本係
王禮。日本宮內省原有帝室制度調查局，可以當之。古之儒
者，謂禮不下庶人，通禮中所定民禮，直千百之一二。夫無與
於民，即非國務。因改政體而改官制，此宗旨固不可不辨也。

　　陵寢衙門，本屬禮部，亦有屬舊工部者。今舊工部此類職
掌，已分別併入內務府與禮部。日本宮內省，自有諸陵寮，工
部陵寢職併入內務府，於立憲國官制已合。更裁禮部，而內務
府盡隸專司，取給於皇室經費，則宮中、府中之別瞭然矣。

　　翰林院　若論學者所得之學位，當屬學部，不得別爲衙
門。若論文學侍從，得爲人主近臣，此宮內省之屬員。日本宮
內省有內大臣，師保輔弼之任也。有宮中顧問官，經筵日講起
居注等職也。有侍從職，有文事秘書局，各齋入直及國史等館
之待遇也。

　　欽天監　此本日本文部省之中央氣象台。在吾國當屬學
部，非宮內省職，特類附於翰林院之後。

太醫院　日本謂之侍醫局，屬宮內省。

侍衛處　日本謂之皇宮警察署，屬宮內省之主殿寮。

鑾輿衛　各國本無此項事物，若有則必屬宮內省。

（第二年第十四期，宣統元年十一月十三日）

東 方 雜 誌

第五卷第七期

光緒三十四年六月大事記

初一日　津浦鐵路北段開工。　督辦大臣呂海寰、直隸總督楊士驤以下，來觀禮致祝詞者甚盛。此路受洋款，歸官辦，在滬杭甬未成議之先，當時四省大譁，而已無及。近該路用人行事，或者頗有違言。收之桑榆，賴有監者，官以開工為頌禱之始，民以開工為糾察之始。在北言北，願津人士先無忘其天職也。呂大臣以長厚聞，或正樂有糾彈，以為對外之後盾耳。外款官造，覆轍相尋，其可忽諸？

初二日　鄭孝胥等電政府請開國會。　見"憲政篇"。

初三日　賞給前國子監祭酒王先謙內閣學士銜。　獎宿儒也。

初五日　皇太后諭給帑銀十萬兩，賑廣東水災。　五月以來，兩廣鄂浙，水皆成災。東南各省，同患水，惟粵為最甚。英香港守官，已於初四日助賑三萬元云。

外部與瑞典使臣訂立通商條約。　共十六條，訂明一年內交換，故此時尚未宣布。

河南請願代表到京。

初六日　學部奏設女子師範學堂。　京師至是始有女子師範學堂，餘惟天津辦此。部臣不甚以女學為然，至今始有此摺，聞尚希慈宮意也。

日本西園寺首相辭職。　西園寺內閣傾覆，復為桂內閣。責任內閣，全體視首相為進退。吾國組織內閣，時機已近。考彼中遞嬗之事實，政界健者，必有事焉。又西園寺之敗，積因甚多。攻之者曾及對我之交涉，謂間島及新法路等當猛不猛，辰丸之當寬不寬。後來者欲見好輿論，恐於我正影響非細。

初八日　安徽旅滬路礦公會舉方皋入京，爭銅官山礦案。見"銅官山礦務篇"。

初九日　于式枚又上阻撓憲政摺。　五月二十日，式枚上《立憲必先正名摺》，至是復以保守漸進等說進。

初十日　資政院奏擬院章。　資政院大臣奏院章共十章，先成兩章，見"法令類"。又奏懇飭度支部撥開辦費四萬兩，奉旨照數撥給。

十二日　王善荃上請開國會摺。　見"憲政篇"。

十三日　鄭孝胥等再電政府。　見"憲政篇"。

十四日　命查驗人才大臣停止丁憂人員查驗。　從御史趙炳麟奏也。炳麟以丁憂人員赴部報到，故言。

河南省呈遞國會請願書。

十六日　吉林公民保路會成立。　旗民押產籌款，自造吉長鐵道，以杜覬覦。旋電爭此路，不認中日合辦。

十八日　法部奏規畫司法統計大略。　並進第一次統計表。自上年三月十七日至十二月，罪刑人數三千四百九十有奇。

二十日　以張之洞充督辦粵漢鐵路大臣。　粵漢商路也，而有督辦。發之於湘人陳啟泰，又似徇紳意。聞粵人頗疑之。

二十一日　諭達賴喇嘛來京陛見。

二十二日　以唐紹儀充美國專使大臣。　謝美減收賠款也。

二十三日　江蘇、安徽請願代表到京。

二十四日　憲政編查館、資政院會奏《各省諮議局及議員選舉章程》。　見"法令類"。

二十七日　革法部主事陳景仁職。　以參于式枚阻撓憲政也。始式枚一再瀆奏，士論不過鄙之，至是乃稍稍激憤矣。

二十八日　湖南第二次請願代表到京。

憲　政　篇

自立憲諭旨詔天下爲預備者，既二年於茲矣，今年始有出其預備之所得，作請願國會書，迭請代奏者。而士民之呼號，朝廷之風議，尤以本月爲機括相對。切劘漸近之會，其間爲國家計萬世之安者，固朝野略無異論。然以鄙夫褊淺測我，兩宮故爲遲且難之説，甚或悍然立於反對之地，以身冒天下之不韙。而窺測上意，冀逢君之惡而食其報者，亦所在多有。兹事體大，不可不有所紀也。國會請願，首爲國民發未申之意者，實惟湘人。熊範輿單銜倡於前，雷光宇代表全湘以和於後，自湘潭楊度應召，尤竭力以國會利益陳説於諸公之間。此數月以來之事，其人皆新自田間來，風采固應如是。京朝先達，專摺請開國會者，以翰林院侍講學士朱福詵爲始。今特全錄其摺稿於下，重始也。

摺曰：竊維近年以來，宮廷鋭意求新，勵精圖治，薄海内外，莫不歡欣鼓舞，想望治安。然而外交多見失敗，内政日益紛更，甚至上下交徵，公私俱困，獸鋌狼顧，事變堪虞。中外諸臣，蓋莫不心知之，而以保全禄位之心，莫肯爲朝廷一言者，臣竊痛之。竊計近來外交諸事，其大者如日俄戰後之議約，東三省之主權；其小者如各省之路礦，西江之捕務，無一非退讓不遑，坐失權利。當軸每以國勢太弱無可與爭爲言，臣以爲正惟國弱，不能不以文字口舌爭耳。他黎蘭之於法，加富爾之於意，皆所謂受任敗軍之際，奉命危難之間者也。他黎蘭之言曰：“國無論大小强弱，而權利不能不均。”卒以挫敗之法，並列於四强國之間。加富爾外交英法，内結國民，卒能力抗强鄰，以漸成意大利統一之業。向使二人以國弱不爭，則法、意一蹶而不復振矣。又外務部近有漏洩密電一案，牽涉至多。此種要電，何能委之學生之手？疏忽之咎，豈得復以國勢爲

解？臣又觀外部之於交涉，每以延宕爲詞，不知外交輹
轕，不早予解決，即多所要求。前定各國約章，本多不合
之處。竊謂國際公私法，不能不早加研究也。

臣觀近世紀中各國政策，皆在工商競爭，即日本維
新，亦以殖物產、興國益爲首務。我國首設商部，復改爲
農工商部，後又設郵傳部各衙門，最爲得其要領。然各部
初建，不爲民人興利，不爲國家理財，而但爲衙門籌經
費。至其所辦之事，非取財於民，即與民爭利。按斯密氏
《原富》之言曰“商人之事，應聽商人自爲之”，即史遷所謂
“上者因之”也。今非但不因之而已，即凡利導整齊教誨之
事，一概不爲，而惟攘奪商民之利，以爲己利，所謂最下
者與之爭也。此豈我皇太后、皇上增設各部之本意哉？教
育之事，貴於普及。今於農工商實業，甫在萌芽。而成立
之學校，畢業之學生，人材難得，流弊滋多。京官子弟，
至有以入學堂爲戒者。民政一部，經費至繁，考其設施，
多未完備。即如衛生之事，消防之隊，尤爲切要，乃者火
災屢告，疾疫頻仍，絶不聞有所戒備。至於探訪一局，尤
開告訐之門，以視東西警章，利害相去懸絶。綜而論之，
各衙門辦事之失宜，由於其始用人之不當。自設立新部以
來，人人爭言運動，其所用之人，非紈袴即市井耳。其中
津貼最多者，所營之事，惟備飾車馬、衣服，及徵逐、冶
游、豪賭耳。在朝廷不惜寬籌經費，以行新政，破除資
格，以求人材，而適以便諸臣植黨營私之計，爲若輩居官
行樂之方。臣所爲痛心疾首者，此也。

抑臣更有請者。凡內外官方之不飭，各衙門之事，所
以紛亂無紀者，由無法律以爲之範圍耳。夫惟法治之國，
用人行政，一一皆在法律之內。而欲爲法治之國，則非開

設議會不爲功。臣請得而條舉之。前聞海牙平和會欲抑中國降等，藉口於法律之不完，中國方汲汲修律，而民刑訴訟，動遭掊擊，刑法草案，復見吹求，所謂築室道謀，終於無成者也。況民商私法，尤中國所不經見，鄉曲之士，必且駭怪。將來編定六法，惟於議會通過，則各直省自可一律推行。此議會之利一也。今天下所最重者，財政耳。無論民窮財盡，勢將生變，竭澤而漁，源且立涸。既設議會以後，人人知租稅之出，所以保治安，則取之而不爲怨。且地方自治，必先振興實業，則可以取之不竭，用之不窮。此議會之利又一也。國家銀行與夫交通儲蓄勸業銀行之設，以集資本爲第一義，必有議會而後銀幣鈔票可以得國民之信用，如此則財用足而實業興。此議會之利又一也。且議會能監督行政，非人民能監督行政也，乃以國家之法律監督行政也。此與昔之諫臣所謂"言及廟堂宰相待罪者"，其體制尤爲過之。各國政府所稱爲法律上之內閣，即此義也。此議會之利又一也。議會之參預政務者，但有其議論耳。夫以鄭國僑之賢，而不毀鄉校，以諸葛亮之宏毅忠壯，忘身憂國，而猶開誠布公，集思廣益，使政府而開明也，固樂得議會之贊成，政府而未盡開明也，亦正賴議會之攻錯。總之，議會者所以助政府之進行者也。此議會之利又一也。或謂今之國民，皆持排外主義，恐其干涉國際，臣竊以爲過矣。春秋之義，內其國而外諸夏，排外者，我孔子春秋之旨也。今歐美日本，國民無一不排外者，是排外者，又國民之性質也。且使議會文明，排外不過託之空言，但足爲政府之後盾，而決不能礙政府之方針。即如近者津浦之約，已愈於滬甯；江浙之約，又勝於津浦，使非國民力爭，未必其肯讓步也。西江捕權之案，英人頗非議其政府，使非國民力爭，彼豈肯翹其政府之短，慰吾民仇視之心哉？若是合群之力之有效也。此議會之利又一也。各省徵兵，無外國徵兵之資格，而以外國徵兵之身分自居，平日奉之有如驕子，屢與警兵衝突滋事。勇於私鬭，必怯於公戰。設有議會，則無人不入學堂，當兵乃其義務，有軍國民之資格，斯能收軍國民之實用。此議會之利又一也。今之議者，輒謂國民程度不足，不知議員從民間選舉而來，並非人人皆得參預。既被選舉之員，則程度之優可知。臣以爲預備立憲，則開設議會，有百利無一害也。又今州縣方將停選，寄其責於外省，有議院則君權獨尊，而必無外重內輕之弊。我國家億萬年有道之長，方基於此，當出自宸衷之獨斷，而不待外省之請求。矧今各省之請開國會，已接踵而至哉。

嗣是而有巡警廳丞王善荃之摺，有度支部郎中劉次源之呈，皆以三年內召集爲請。王摺諄諄於國權內治。分別言之。

略云：臣靜觀時局，默體輿情，必速開國會而後國權乃可擴張，內治乃可整理。謹請爲我皇太后、皇上縷晰陳之。

何言乎國會之關於國權也？臣竊考之歷史，驗之當世之務，凡列強並立，其國權之作用，一爲外交，一爲軍事。歐洲中古各國，往往以君主之尊，任外交之長。及於近世，立憲主義，漸加進步，外交事務，亦爲內閣之責任，且有以締結條約之一部分責之國會者。普國憲法第四十五條有云："貿易及國民擔負之條約，須得兩院之同意，始有施行之效力。"可見，國會與國權有相依相輔之勢。中國自海禁既開，列強麕至，其因昧於敵情，怯於國勢，而受條約之損失者，何可勝道？然近年以來，如粵漢鐵路之廢約，蘇杭甬津鎮鐵路之改約，皆以我民氣漸伸，可爲政府之助。外人因是之故，亦稍稍就我範圍。若能因勢利導，明定條文，而後人民之擁護國權，與國家之締結條約，影形響應，相與爲援，即遇事體繁重，極費磋商，而有國會以輔助之，其勢亦轉圜較易。此猶爲法律上之解決也。至於根本上之解決，臣觀於日俄之戰而知之矣。俄爲近今強國，其器械之精，船礮之利，歐西諸雄，猶然憚之，而甲辰之役，獨見敗於日本者何哉？蓋以專制之國，與立憲之國遇也。立憲而人民始知有國，專制而人民惟知有家，專制之國民與外國人戰，其戰也迫於公義，立憲之國民與外國人戰，其戰也如赴私仇。此其勝敗之數，豈待交綏而後知之哉？俄人自敗衄後，即已宣布立憲，召集國會，蓋亦鑒於地球之趨勢，不能不出於此。我國自丙午之歲，簡派大臣，分赴各國，考察政治，立憲之詔，迭沛綸音，而國會之召集，尚無時日，此豈可不及早圖維哉？臣所謂國會成立而後國權可期擴張者此也。

何言乎國會之關於內治也？臣竊考一國之收入，不外國家稅與地方稅兩種，而要皆出於人民之擔負，憲法所謂人民有納稅之義務者是也。然專制之國，其取於民也寡，而常苦其煩苛，立憲之國，其取於民也多，而能收其實用，一則中飽之弊寶難除，一則利害之關係縈切。然非使預算、決算之案，每年提出於議會，則中飽之弊寶，無自而除；非使國家之歲出、歲入，人民得以協贊，則利害之關係不覺其切，是二者皆立憲國所收之實效也。臣竊見數年以來，朝廷舉行新政，不爲不銳，部臣疆臣之計畫，不爲不深，然勉强而舉一事，不能計日而成功者，何哉？則財政奇絀爲之也。故言乎教育，則普及綦難；言乎交通，則機關未備；言乎實業，則發達遲緩；言乎軍政，則經整需時，其餘應興應革之端，待理者更僕難數，無不因財力支絀，扼腕徒嗟。大抵國度日趨於文明，而行政之經費，亦日覺其浩大。非增加人民之擔負，則收入無由而多；非召集國會予人民以參與之權，則不能增加其擔負。蓋强制之徵收，不如協贊之貢獻，此理易明而事可徵者也。臣所謂國會成立而後内治可期整理者，此也。由是言之，則召集國會，非爲今日亟宜籌畫、不容稍緩之要圖歟！

抑臣更有進者。我國之人民，於政治之真際，素鮮考究，故其立憲也，與各國不同。各國之立憲，求之自下；中國之立憲，施之自上。求之自下者，則年限雖遲，而社會之進行，仍無障礙。施之自上者，則年限須速，而國是之確定，庶免游移。矧自朝廷宣布立憲，而兆民聞風興起，群有政治之思想。誠使在上之人，於關係國會之事，切實籌備，如諮議局之設立、户籍之調查、立議員選舉之法、訂兩院議事之規，而謂三年後國民自治之能力，尚復薄弱，其文明之程度，猶不足以召集國會者，臣可決其必無之事矣。擬請宸衷迅斷，頒發明詔，定期三年，召集國會，上以垂經世之憲法，下以順望治之民心。我國家億萬年有道之長，實基於此。

劉呈反覆言三年内不可不開國會，力破藉口日本者之持之有故。

略云：議者之説，謂昔日本對於國會問題，限期十年，故得以從容整理行政各件，成爲欽定之憲法。今我國地方大於日本十餘倍，若必限以三年召集國會，則爲時太短，或者將來於憲法一方，必多遺憾。是説也，誠不爲無據。然而謀國者，必通考環球之大勢，洞察各國之歷史，熟揣彼己之情形，而後斟酌於緩急之間，審愼於去取之際，方爲有效，徒事膠柱以鼓瑟，無當也。夫論我國之情勢，比於日本較易者有其四，而論我國之境遇，則比於日本較難者有其三。將來欽定之憲法，擬於日本可也，而謂國會之期限，必規規於日本不可也。職請爲我皇太后、皇上縷晰陳之。

何言乎我國之情勢，比於日本較易也？日本之政權，向來操於將軍，而天皇不過守府。及至倒幕而後，薩長諸藩，雖相率奉土歸朝，改置郡縣，而人民之習慣，尚不免有閥閲之見存，意圖觀望。故非先開元老院，牢籠藩侯，不足以一全國之觀聽。其當日命令權之薄弱，於此可想，而事機之遲滯，此爲其大原因。我國則大權向來統於朝廷，詔旨朝下，日未晡而天下響應矣。本應天順人之心，以召集國會，主動在我，決無留難。所謂比日本易者此其一。日本疆域雖小，然向習諸侯管轄，阻山扼川，各自爲制，往往不逾百里，而其風俗已如異域遐方，殊與國會制度大有障礙。故欲混一其禮教，整齊其社會，非漸摩以歲月不爲功。加藤宏之所論，自是當時實在情形。我國轄境雖大，而山陬海涯久遵一王之制，故自停廢科舉以來，至今甫及三年，而學校已屬林立，則其人民程度之齊一，於此可見。所謂比日本易者此其二。日本雖屬島國，而向來確守鎖港主義，倒幕以後，攘夷之聲，尚不絶口。及至征韓黨敗，識時之士，始稍稍知所轉圜，然守舊一派，其勢力猶爲强盛。迨至頒布憲法之時，尚且用調停主義，將守舊之徒，安插西京。則其憲法未頒以前之歲月，大都皆爲涵濡若輩而設。而其稽延國會之故，實所以防新舊之衝突。我國咸、同之時，曾、左諸臣，已倡師夷之説。及至於今，確樹頑錮之幟者，已不概見。而議院一端，又爲我唐虞三代固有之學説，故一爲提倡，不期年而附和者遍天下。則其國會之雛形，隱伏於人之心理也久矣，刻下即開國會，亦斷不虞秩序之擾亂。所謂比日本易者此其三。日本起於亞東，當其時與之同洲而國者，無一不爲專制。其君臣雖屬豔羨歐美之富强，意如欲行憲法，究苦於見聞未確，疑信參半。故考察之使四出，輾轉譯述，煞費經營。而於國會一端，怵於英法之前事，尤屬毫無把握，故不可不遲回審顧，以規全勝。我國則起於日效之後，衣帶一水，風俗文字，大略相同，轉相仿傚，勞逸倍蓰。所謂比日本易者此其四。

至於我國所處之境遇，比日本較難者，亦有可得而言矣。日本開港以後，西人循軌而行，卒無有覬覦要挾之事，歷久漸忘，人民亦無若何刺激。其立憲原爲自强之策，而非救亡之策，故國會可以緩開。而列强之於我國，則狡焉思啟之心，無日無之，外交之道窮，有非開國會、核輿論以爲後援，必無以折衝樽俎者。此其所處之難於日本者一也。日本征韓之役，西鄉之徒，雖有反對政府之舉，然不久即滅，尚非腹心之患。自是以後，四境晏然，人民輯睦。我國則伏莽遍布，乘間竊發，滇粵長江，半被煽誘，非速開國會，則不足收已散之人心。此其所處之難於日本者二也。日本自倒幕以來，武官出於一途，國家已奠於磐石，即不立憲，亦不失爲治安。其人民雖有要求國會之舉，亦多為權利之説所歆動，初無財産性命之憂以相逼迫，得之固為利，不得亦無所害。我國則當此危亟存亡之秋，人民皆以國會為急救之策，此次之請願，均挾破釜沈舟之計而來，一有不遂，大勢瓦解。此其所處之難於日本者三也。

夫以情勢論，則我國可以早開，而日本不可以早開。以境遇論，則日本可以不早開，而我國則不可不早開。可以早開而故作疑難之詞，是為罔民；不可不早開而謬為延宕之説，是為誤國。存亡所關，爭此片刻，職頗具有知識，何敢隱忍不為瀝陳？伏惟我皇太后、皇上，聰明天亶，既洞知天下之大勢，非立憲不足以立國，初不待人民之請求，即毅然詔示天下，預備立憲。此其聖智之卓越，比之於明治，又何多讓？即如國會一事，其端純然發之於上。讀去年八月二十三日之詔，所謂務使議員資格日進高明，庶議院早日成立，則盼望國會之至意，久已宣播於全球。而謂於通國請願之時，反復靳之以歲月，以負四萬萬赤子喁喁望治之心，度我聖人必不出此。伏乞乾綱奮斷，遠拓萬世之規模，俯順億兆之請願，刻期於三年内召集國會，宣示天下。並請將整理行政機關一節，飭下會議政務處，迅速決議，請旨施行。生靈幸甚！宗社幸甚！

而在野最負清望之士夫，電政府籲懇者相屬。尤以豫備立憲公會鄭孝胥、張謇、湯壽潛等，先後兩電為最切摯。

月之初二日電云：北京憲政編查館王爺、中堂、宮保鈞鑒。近日各省人民，請開國會，相繼而起。外間傳言，樞館將以六年為限，衆情疑懼，以為太緩。竊謂今日時局，外憂内患，乘機並發，必有旋乾轉坤之舉。使舉國人之心思耳目，皆受攝以歸於一途，則憂患可以潛弭，富強可以徐圖。目前宗旨未定，四海觀望，禍端隱伏，移步換形，所有國家預定之計畫，執行之力量，斷無一氣貫注能及於三年之外者。若限期太遠，則中間之變態百出，萬一爲時勢所阻，未能踐行，是轉因慎重而致杌隉。縱秉鈞諸老，心貫日月，亦何以見諒於國人？孝胥等切願王爺、中堂、宮保上念朝事之艱，下順兆民之望，乘此上下同心之際，奮其毅力，一鼓作氣，決開國會，以二年爲限，庶民氣固結，并力兼營。勢急則難阻，期短則易達，措天下於泰山之安，其策莫善於此。現上海紳商聯合研究開設國會之次序，俟有成稿，謹當繕呈。區區憂國之愚，不避冒瀆之罪，伏候鈞裁。預備立憲公會鄭孝胥、張謇、湯壽潛等謹叩。

十三日又電云：北京憲政編查館王爺、中堂、宮保鈞鑒。前電意有未盡，謹披瀝再陳，冀蒙垂聽。開國會者，特利用國民之策而已。中國之國會，與萬國不同。無論何國之政治家，究其學識，無足以裁決中國國會適當之辦法者。何則？以我之國大俗殊，爲歷史所無故也。今欲集中國之學者，裁決此事，雖虛擬年限，要皆隨意揣測，不足以爲定論。但問朝廷欲開國會否耳，果欲爲之，則宜決然爲之，直以最捷之法，選舉召集，固非甚難。胥等所謂二年即立與施行之謂，如以二年爲簡率，則雖五六年至七八年，亦與二年略等，未見其遂爲完密也。遲疑顧慮，終於無成，實中國積弱之錮習，必先除去此習，乃有圖存之望。時不可失，敵不我待，當世雄傑，或韙斯言。不勝憂憤，伏祈薑察。預備立憲公會鄭孝胥、張謇、湯壽潛等百叩。

自餘各省，以地方團體名義，簽名屬稿舉代表齎呈者，無日無此事。今以抵都者計之，則有湖南催問都察院何以不代雷光宇等陳奏之代表，曰蕭鶴祥，曰胡抱琪；有河南請願代表曰胡汝霖，曰楊懋源；有江蘇請願代表曰雷奮，曰孟昭常；有安徽請願代表，曰許承堯、曰方皋，曰潘世傑，曰竇炎；有湖南第二次請願代表，曰陸鴻第，曰仇毅，曰廖名縉，曰易宗夔。其各省領銜紳耆河南爲蔣艮，江蘇爲繆荃蓀，安徽爲蒯光典，湖南第二次領銜爲黃忠浩。其未抵都而方在規畫者何限？此皆請願之士民，持積極之義，以期國與民俱泰者。政府則持之，有集衆會議之事，而或五六年或七八年或一二十年之説紛然矣。又聞有詢各督撫意見，以六個月爲答覆之期者，惟督撫亦間有奏請速開國會之舉。

天視民視，天聽民聽，輿論所積，綸綍從之，遂奉二十四日之諭。見法令類。天下臣民，雖以仍無確定年限爲歎，然猶存希望於憲法、議院法編輯具奏以後。其中集議各員，敢於主張五六年以後者，大不理於清議，尤以閩人高種獨主二十年爲國民之大辱。最奇者則爲考察憲政大臣吏部侍郎于式枚，一再阻撓，痛詆各國立憲，並有憲法當求之中國等語。國民醜之，爭欲訟言其辜恩溺職、安危利災狀。二十七日，法部主事陳景仁以電劾式枚，奉旨革職，輿論益嘩。然自兹以往，入都之代表，上奏之請願書，泚筆待記者必日多。而于式枚、高種之流，以名氏浼我楮墨者必日少。此則所謂國民之程度焉矣。

滇　事　篇

　　滇邊民皆散漫野居，思茅、蒙自各關外，山水險惡，觸瘴即生凶變。治滇者僅於沿邊各隘，設市埠而守之以兵，其餘一委之各土司。平時伏莽蠢蠢，恃險出没，官兵惟守各關及市埠要地，餘棄置不顧。此慣例然也。革命亂黨習知之，故在紅河對岸越屬老開地方，招集醜類，陸續入滇地，勾結散在各邊外之土匪，次誘合沿鐵路散處之工人，最後由土匪導之，與邊關內地之會匪相結合，蓋非一朝夕之故矣。自桂邊鎮南關受創後，黨目黃和順、關仁甫、梁金秀等西竄滇，潛運餉械圖一逞，事未集。官吏亦微有所聞，狃於故見忽之，於地方未有絲毫整備意。徒以滇越接壤，法人又有鐵道事業在滇，駸駸有干涉緝捕之勢。該黨迫而走險，不暇卵育嘯聚，爲漸蝕計，於三月二十九之夕，由越之保勝境暗渡河口，攻襲營壘，立佔河口城，殺斃警察委員蔡正鈞及其巡目。城內管帶官岑得貴退守山半礮台。砲台本副督辦自守，四月朔，下午六時，陷副督辦營。河口副督辦兼南防營務處王守鎮邦陣亡，其次子王由森死之。岑得貴擁護王守，手斬匪目黃華廷，力竭被執。十營管帶黃體良率餘兵弁從逆。初四日，匪分二股內竄，一泝紅河攻蠻耗。初六日，官軍管帶柯樹勳迎戰不利，匪進逼新街，樹勳及曾管帶國楨、馬管帶廷芳登山自守。匪撲蠻耗，霸洒管帶李美率全營兵弁下河口獻槍從逆。初八日，蒙自派援之新軍管帶周國祥來會，鏖戰獲勝，官軍乃有起色。是爲西路。一由東路攻古林箐趨開化，於初八日破南谿，官軍管帶胡華甫率全營降。是爲東路。初六日，匪又分股由河口趨蒙自。初九日，開廣鎮總兵白金柱率三營來戰，匪勢未遽促。是爲中路。先是藩司劉春霖方奉命陛見，未抵京，會督臣錫良電奏河口警耗。廷旨以革命徒黨響應，集合至五千人，志在大舉，非尋常匪徒踞擾一隅可比。蒙自爲滇省門户，滇殆大局殆，速簡軍隊救援。劉春霖著以三品京堂候補，准其專摺奏事，雲軍統歸節制調遣，無論行抵何處，迅即折回滇省，以期早日奏功云云。劉春霖旋已抵都，滇路遠，自都往滇需多日。初八日，又電諭滇督云："滇省關係大局，孫氏攻陷河口，毋任久踞。劉春霖現已到京，往滇當須時日，著白金柱暫代，速赴前敵，隨帶銀五萬兩，以備賞犒。錫良責無旁貸，速出督師。一面逕飭龍濟光帶軍前往協剿，並著端方、陳夔龍接濟軍械，度支部籌濟餉款。凡在臣工，自應不分畛域，以副朝廷顧念邊陲之至意。將此通諭知之。"錫良旋電告出省視師，暫駐通海縣，並派白鎮金柱暫兼提督，督辦全滇軍務。前後添令統帶共十餘營，分兩路進軍。一由蒙自大路，一由開化西南出墨灣之後，至近河口二十餘里之黃柯等處地方，期與大軍會合夾擊。時匪股已別抄小路逕趨開化，開軍不遇匪，已抵河口近地。匪懼絕歸路折回，開軍迎頭擊之，匪大潰，開化解嚴。其上竄蒙自之匪，因官軍厚集，逡巡退竄。初擬勾結緬甸人，假道西竄思茅、騰越各關，緬不爲匪用。匪又畏瘴，乃并力竄開化一路，至是潰散。而西路亦經以調到之西軍三營、川軍二營，從霸洒西南距河口三十里之上村進逼河口，漸成三路合圍之勢。而西路新軍旋復新街、龍膊等處，二十三日，進攻田房。匪首黃八（即黃和順）糾悍黨數百，合霸洒踞匪來抗。我軍四路登山痛擊，斃匪甚衆，奪復田房。田房距霸洒三十五里，霸洒又距河口四五十里。西路統將直隸州知州趙金鑒，自田房捷後，進規田霸間最險要之小龍膊。二十五日，率隊進攻，探悉匪首黃和順於田房之戰，受傷而逸。師行不遇匪，越小龍膊。二十六日，薄霸洒，匪不戰而

潰，追剿至晚，縶曼莪，距河口僅三十里矣。中路之軍，統領
爲普洱府知府王正雅。十二日，復三壑河險要，進攻老范寨，
東路白鎮軍自古林箐來會。正雅聞西路已得手，疾攻老范寨，
克之。匪退竄泥巴黑地方，據險死拒。中、東兩路會剿，十七
日會戰，槍斃匪首黃東成。二十四日復克之，仍會攻車河地，
地距南谿十五六里，是夜即分軍徑攻之。二十五日未明合戰，
匪再卻再前，卒乃大潰。平碉壘八座，槍斃僞統領熊達卿一
名，餘淹斃、槍斃匪數百名，大小南谿俱復。二十六日，電
諭：“以西路霸洒之捷，先賞趙金鑒勇號。”二十七日，西路軍
復河口，匪餘黨遁入法領地，降於法之守備軍，納其武器而監
送於老開。蓋匪事畢而交涉之事起矣。

　　敗匪竄越之際，官軍追捕臨邊。五月初三日，法鐵路衛隊
土官一員，弁勇若干名，忽遭槍斃。據上海《太晤士報》轉載西
六月二十七號越南東京法報，謂革命黨戕斃法軍，並舉情事曲
折，歷歷如繪。而西貢電則云該土官爲中國官軍所斃，於是大
肆要挾。五月二十二日，天津《泰晤士報》，載法國駐京公使十
六日照會外部，要求五款：一，處罰犯罪之人指殺害法國大尉及兵
之人；二，雲貴總督、雲南提督均須撤換；三，賠償損害銀十
萬元；四，此次雲南擾亂，法國鐵道不能通行，當由中國政府
賠償損失；五，准法國正太鐵道，接續陝西西安鐵道之權。西
報既載之，又力斥之，謂一與五兩條尤無理。并聞五款之外，
並索雲南開採礦山權利七處。七處者，光緒二十八年，英法所
合成之興隆公司，曾與我政府訂立合約，開採雲南府、澂江
府、臨安府、開化府、楚雄府、元江州、永北廳，七處礦山。
該條約之第二款，載明該公司三年間不能開工，即將合約作
廢，全部礦山事權，交還中國。後該公司既逾期限，不能開
工，自應廢約。前年已經該省紳商稟請自辦，以保利權。今法

政府除去英國關係，獨向中國要求。故法之所索，或稱五款，
或稱六款，要其非理，召興論之譁，非徒我士民爲然，東西各
報皆竊竊議之，不可以僂指計也。吾士民謂法以鐵路助亂黨，
而法報則竭力言其助我平亂。法人執言斃法軍官者爲我兵，而
在法報已不一其說，吾士民亦正得反脣稽之。凡此皆非確查不
爲功。先是督臣已派提法使世增、臨安開廣道高而謙，詳細查
覆。世、高皆精法語言文字，老於交涉。聞查得此次擊斃法官
兵，係敗竄匪黨所爲。當河口收復後，王、趙、賀各軍在紅河
沿岸搜捕餘匪，偵知有匪一股，匿附近蠻谿之那發地方，各軍
即分途圍剿。當在那發下臨地方遇匪，匪潰，渡紅河上游之金
水河而逸，各軍乘勢窮追。近日越屬沿紅河一帶，由越督派出
師團旅團，在各交通地方分駐，嚴行查察，辦理對汛。此次各
軍越界捕匪，並未先行照會法官，有背邊界定例。而匪黨被追
至越界，爲猛梭偵查之法營官兵阻止，勒繳槍械，將處置之。
時匪黨前後交逼，恃其衆尚數十人，抗不繳械，竭力内竄。法
官兵阻止益力，匪即發槍，法官兵寡不敵衆，被擊斃數人，匪
黨即向附近十洲各地遁去。我軍早退回金水河滇邊之内，世、
高當將查明各情詳報，一面商同查訊懲辦抵償之法。而法使不
以爲然，遂向政府交涉，至所索並罪及督臣，士夫大憤。而
《字林報》謂從外務部得有消息，祇允斟酌其所求款中之二款：
一，給撫恤銀與法人被殺者之親屬；二，中國官吏之失職致此
暴舉者，宜懲治之。惟兩國先宜派幹員，共查此事。至其餘各
款，均已拒絕。五月二十七日之《大阪每日新聞》，所載略同，
惟稱第五款，部意以匪亂前已經提議，當別爲問題。而我政府
亦以五款要求於法：一，交付罪人之相互條約；二，改修滇越
鐵道條約；三，居留雲南法商，當使嚴守中法條約事件；四，
法國當訓令安南地方官，嚴禁以軍器借給匪徒；五，撤退雲南

境界之法兵。《文匯報》所載同。交涉條件，大略如此。又聞政府擬派梁侍郎敦彥赴越覆查，而法人亦納他國忠告，頗已就範，此則未知確否。

各報載我政府向法人要求五款，其中以第二款"改修滇越鐵道條約"，尤爲久遠之計。查法在安南，原有雲南及印度支那鐵路公司，又有雲南鐵路建築公司。蓋鐵路公司業轉運，而建築公司則業建築。該建築公司，費財一億佛郎，造成路綫九十二啟羅密達。由老開達蒙自，其間山路險峻，工事甚難，今已工程逾半。四月二十二日，該建築公司突然解散。二十八日，河內海防各報，均責安南總督府，於此種重要事件，何以不早宣布？或謂因雲南亂事而老開以北之車停駛，工人四散，歸其鄉里，蓋多兩粵產也。工場因危險而閉鎖，工師等亦各避難於蒙自、老開，建築公司受損甚鉅，不得不自放棄。法領事方確查其損害，將向中國要求重大之賠款。此法人要求第四款之由來，而亦正爲吾政府要求第二款之機會。夫滇人之痛心疾首於此路久矣。滇人士議之，滇京官內閣侍讀吳炯等發之。炯所請代奏"滇越鐵路關係重鉅，請改約收回自辦，以固危疆而維大局"一呈，略謂"雲南雖邊瘠，實西南門戶，自緬淪於英，越陷於法，藩籬盡撤，防衛已難。自戊戌立約，又許法人修築滇越鐵路，外患之來，深入腹地，於是西南門戶洞開。雖外部與法人訂立滇越鐵路章程，有此項鐵路，專爲經理商務之明條，而近日法人舉動，則無一不爲軍事上之經營。且英人每藉口利益均沾，要求滇緬鐵路，幸外部與滇省大吏，極力主持自辦，未遂所欲。若不設法將滇越一路收回自辦，則英人仍有所挾，斷非一勞永逸之計也。查滇越路辦法，中國但任購買滇境以內地段，保護路工，一切修築管理，概不與聞，損失主權，莫此爲甚。職等再四籌商，惟有與之改訂條約。所有由滇省邊境以至省城鐵路，歸中國收回自辦，與滇緬鐵路畫界各條辦法相同。庶足以杜法人之狡謀，亦可免英人之藉口。至法人當日勘路之費，及修理已至滇境內者，約不過百餘里。按每里需資本若干，計里而賠償之，需款當亦不至過鉅，即由滇籌還，亦易爲力。相應請旨飭下外務部、郵傳部，速與法人磋商改約，收回自辦。其現在賠償之款，及將來修築之費，滇人當傾竭貲産，共效毀家紓難之誠，以盡爲國效忠之義"云云。嗣是滇省紳民亦開大會，協議力爭贖回自辦，並議籌集資本之法。旋電致京官，謂此路關係全國安危，宜京外協力以保全局。此目前情事也。

銅官山礦務篇

　　光緒二十八年四月，安徽巡撫聶緝槼任內，由商務局與英商凱約翰以倫華公司之名，訂歙縣、銅陵、大通、甯國、廣德、潛山等六處勘礦合同二十三條。以八個月爲限，先後連展四限，每三個月一限，扣至二十九年十一月止。是冬將屆限滿，凱約翰來皖，願將原訂他五處刪除，改爲開辦銅陵縣之銅官山一處。皖撫誠勳，以其年期太久，占地太多，相持未敢定議，久之乃將全案咨請外務部辦理。旋於三十年四月十一日，由外務部奏改定銅陵縣礦務合同一摺，奉硃批："依議"，欽此。嗣於二十二日畫押，由是二十八年之原合同及二十九年之展限合同皆廢。而凱約翰所代表之專勘銅官山礦者，易名爲安裕公司，以承接倫華公司之業，是爲今日逾限自廢之合同所自始。合同見本雜誌第一年第九期。此合同訂後，至三十一年四月，皖人以期滿未辦，請外部向英人聲明作廢。英人謂限期未滿以前，已派工師前往開工，均照合同辦理，不能作廢等語見覆。

嗣是往返辯駁，迄無成言。英工師名麥奎者來皖勘辦該礦，皖撫函領事禁之，領事以安裕公司不允合同作廢相抗。其實凱商無力任此，至三十三年，凱函請李紳經方爲華總董，自願撥與華商合辦，當以合同已廢拒之。經方時方使英，外部令就近商凱撤廢合同辦法，皖人亦公要之，迄未就範。而凱有欲得四十萬鎊，聽皖人贖回自辦之意。今年四月，忽稱倫華已與日本三井商締結合同，合辦該礦。於是日、英兩使迭照會外部，外部各以正當理解覆之。其文如下：

四月二十日，日本阿部代使照會外部云：爲照會事。茲奉本國外務大臣文開，據日商三井洋行現與中國政府前次批准開採安徽省銅官山礦之英商倫華公司，訂立合同，分擔安裕公司營業資本，並經理一切業務。查安裕公司係爲經營銅官山礦曾經設立者，訓令將以上實情，轉達中國政府知照等因前來。相應照會，即請貴親王查照，速將前因通知該地方官憲，並希轉飭隨時照料，是所盼切。須至照會者。

四月二十一日，外部致日本阿部代使照會云：爲照復事等因。查英商凱約翰，爲安裕公司總董，承辦安徽銅官山礦務。所訂合同，於光緒三十年四月十一日，奏准畫押。該合同第五條載明，其開辦限期，自奏准簽字之日起，限十二個月。如逾限不開，即將合同作廢。報效銀兩，亦不得索還等語。迨三十一年，四月二十三日、五月初八等日，本部據安徽巡撫來電，以銅官山礦定限十二個月，至今未來開辦，現已逾限，應遵章將合同作廢，報效銀兩，照章充公，執照一並繳回等情，照會英國薩前大臣在案。嗣皖省京外紳商，紛紛函呈本部，均力主逾限廢約之説。又歷經本部先後照會英國駐京大臣有案，距今三年之久。雖該商多方託詞，不認廢約，而本部主持此説，始終無異。重以英國大臣迭次爲該商爭論，特令駐英李大臣就近與該商和平商結。迄今所商雖未就緒，惟銅官山礦產，照章未便再由該商凱約翰承辦，已確然不移。本月初三日，接准英朱大臣來照，謂倫華公司與日本三井洋行訂立合同，經理銅官山礦務。本部業經聲叙全案，照復該大臣，以爲節外生枝，與原約相背，本部斷難允認。兹准前因，相應照復貴署大臣查照，即將此案詳細情形暨本部不能允認緣由，轉達貴國外務大臣飭遵可也。須至照復者。

五月初三日，英朱使照會外部云：爲照復事。倫華公司與日本三井洋行訂立合同合辦銅官山礦產一事，四月二十九日接准復文，以本部斷難允認各等因在案。本大臣查凱約翰所立開礦合同，皖省視爲作廢，英政府始終未經允認，且仍堅以原立合同爲憑。來照謂安裕公司上年願撥股分，售與華商，該省不認合辦云云。查皖省既未肯合辦，是以該公司現與日本商人訂立商務場中之辦法，來文謂與原約相背，而原約並無限定僅英商入股之條，何得謂之相背？至李大臣與凱約翰商議各節，本大臣不過得知李大臣近願將原合同贖回，而該公司未肯照辦。故本大臣祇能再請貴政府，令皖省不得再行阻止，並請從速嚴行該省大吏，竭力襄助，是爲切盼。須至照會者。

五月十五日，外部致英朱使照會云：爲照復事等因。查銅官山礦務逾限未辦，按照原定合同，理應作廢。雖英政府未經允認，而本部迭次聲明作廢之説，並安裕公司情願撥與華商合辦之辦法，亦不許可，確係正當理解。至李大臣與凱約翰商議一節，不過係中國格外通融，以期和平了事之意。乃該公司不待商定，輒復與日本三井洋行另訂合同，置本部迭次作廢之說於不顧，本部何能允認？緣兩國辦事，既有合同可憑，自應執定合同辦理，不能一意抗行也。來照謂係商務場中之辦法，既稱爲商務，自於兩國交涉無干，貴大臣即不必照請本部允認。又謂原約並未限定，不知逾限作廢，即原約亦無效力，又何論約內有無限定？且必謂原約無所限定，而即可任意牽引他國商人，並需中國襄助，則是凡原定合同所不載者，皆可以無限擴之，該合同更無可依據矣！貴國政府又何爲堅以原立合同爲憑耶？總之此事無論如何商結，本部斷無再認三井洋行之理，相應照復貴大臣查照可也。須至照復者。

五月初六日，日本阿部代使照會外部云：爲照會事等因。查貴部謂安徽省與倫華公司所訂銅官山礦務合同，該省大吏因該公司逾限未開，早已聲明作廢，現仍由駐英李大臣與英公司商議結束辦法等語。惟聞該公司及英國政府，未曾承認安徽省大吏聲明以開礦權利作廢，且該公司深信其有效，英國政府亦決計竭力贊成。李大臣現向英公司提議買回，該公司不允。貴部又謂因原訂合同，無日本商行在內，三井洋行合辦之事，礙難承認。查原訂合同內開安裕公司集資一事，並無限制明文，倫華公司可以任便招別商行合資開設公司。所以本國政府，以三井洋行與倫華公司訂立合同，分擔安裕公司營業資本，爲正當有效也。況如此項事業，不止日英出資者，中國人民，亦可同享其利。本署大臣甚望早日實行，中外取益。爲此請貴國政府虛衷坦懷，審思此事關係，速飭該地方官毋再阻礙該公司事業，且予照料一切，是所切盼。須至照會者。

五月十五日，外部致日本阿部代使照會云：爲照復事等因。查安裕公司所訂銅官山開礦合同，逾限應廢，雖未經英政府允諾，而本部執守此意，確無他説。凡兩國辦事，總期彼此允協，豈有中國視爲已廢之合同，而猶能允認該公司與他國訂立合同，以爲正當有效也？緣原定合同，業經照章應廢，更何論合同内有無限制明文？況上年二月准英國朱大臣來照，謂安裕公司情願撥出股分，分與華商，以爲合辦，皖省紳商以合同已廢，并合辦亦不承認。是中國人民尚不能分擔資本，更何論他國商民？此事無論原訂合同無日本商行在内，本部不能允認，即倫華公司亦不能以中國視爲已廢之合同，尚有權招集他商資本，並希冀中國允認。該三井洋行與倫華公司如何訂立合同，實非本部所知也。爲此照復貴代辦大臣查照。須至照復者。

觀以上往復之文，倫華、三井私相授受，顯背礦章，外部折之，不患無詞矣。惟合同作廢之故，部員尚不無異議。先是外部考工司員某作銅官山説帖一通，略云：

銅官山礦務，自三十一年四月本部據皖省去函，在限期未滿以前，且以派工師前往開工，均照合同辦理，不能作廢等語。照復，往返辯駁，相持至今。麥奎既未離山，凱約翰亦未讓贖，英政府與中國之交涉，惟以此事爲最注意，且添出日本以爲之助。而皖省中外紳商，第以廢約爲言，并合辦亦不許可，始終無一辦法。本部空言搪塞，究亦無裨。據李大臣最近來函云：凱謂該礦所出之鐵，可獲利八十萬鎊，中國欲行贖回，須有四十萬鎊，渠已用去四萬鎊。又鈔録海格森勘礦報告云：礦井業已鑿成，地面亦

已轟開，礦砂可有一千萬噸，每噸合售四鎊十二先令三本
土等語。皖撫來電，亦謂該處每日有五六十人作工。（中
略）我但虛言廢約，彼則實行開礦，不特肆無顧忌，利權
盡爲所攘，萬一累及地方，另生枝節，將來愈難收拾。似
宜通盤計算，密籌一對待之辦法，以期有所結束。其辦法
大約四端：一廢約；一贖回；一合辦；一讓辦。廢約極是
正辦；贖回則需款過鉅；合辦、讓辦，則皖紳皆不認。
（中略）擬請由本部堂憲約集皖省鉅紳，定一辦法宗旨，再
由皖撫剴切示諭在籍紳耆，俟折衷審定後，即逕由本部與
英使商結。云云。

海格森報告云者，倫華公司曾托海格森公司於一千九百三
年十二月，勘驗銅官山礦。其報告中有說帖所載數語，凱商據
爲早已動工之證，而該司員信之以入說帖者也。文繁不具錄。
　惟一千九百三年十二月，爲光緒二十九年十月，此正六縣
礦約四限將滿之時。如果成效已著，何以逾半年始定今合同。
且合同中又訂明一年不辦作廢之語，亦斷非已有成效語氣。據
凱商言，亦止云一千九百零五年以來，我等在銅官山礦地及礦
之附近，作工不懈。見後。則海格森報告之不足憑，已可概見。
其實在施工與否，皖人身處其地，烏能無所聞見？觀其致函在
京鄉老，專就此說帖爲之分疏。略云：

　　此次說帖，似根據外人之言擬出，並非該礦實在情
　形。查該礦合同之確當逾限，早經皖中官紳迭次解決，至
　詳且盡，部中當有檔案可稽。何以云在限期未滿以前，派
　工程司前往開工，均照合同辦理，不能作廢？邇日英使照
　會外部，以該商將運炸藥到山轟礦，請飭地方保護。夫炸

藥尚未到山，又何以云礦井業已斲成？地面亦已轟開，更
何以知礦砂有一千萬噸之數，且知該礦所出之鐵，可獲利
八十萬鎊？況該山刻下並無尺地爲凱所得，而凱亦並未按
照合同，交價與地方官，購買礦地。試問何井之可斲？何
地之可轟？并礦砂之於何見出成數？可知外人此等狡詐之
詞，皆屬憑空結撰，並非該礦實在情形。即皖撫每日五六
十人作工之電，亦係指在該山修路之工而言，並非開挖礦
井。今考工司所擬説帖，似僅據外人一面之詞，恐非確
論。至辦法四端，廢約而外，曰贖回，曰合辦，曰讓辦。
竊以爲合同如不應廢，自應按照合同辦理，何三者之足
云？合同既應廢，亦應按照合同辦理，又何三者之可議？
且該山尺地既未曾售賣，何以云贖？即謂礦砂價值甚鉅，
亦吾中國土地之産，與彼何與？譬猶據人之物爲己有，經
人索還而猶按照所據物之價值，要人贖取，有是理乎？讓
或外部所不忍言，合亦不讓之讓。自來中外合辦一事，中
國鮮有不受虧者。矧該礦經麥奎騷擾以來，地方受其凌
辱，口不忍言。百姓之憤怒，積之愈深者，後來必發之愈
烈。倘此時稍事遷就，不與力爭，一經開辦，恐禍患之
生，將莫能測。大局之危，非僅皖人之危，與其貽悔於事
後，固不如堅持於幾先也。云云。

則逾限廢約，並無疑義。函中所言麥奎騷擾等情，別有事
實，今皖人已舉員駐山監視之矣。其由駐英李使，承外部之
命，與皖同鄉之囑，將與凱約翰在倫敦議結一節。李使以凱久
未來見，不便輕往就商，致啟意外要求之漸。嗣至五月初三
日，凱始來謁。李使當將外部疊次來電，剴切告知，令其廢
約。凱謂該礦探實所出之鐵，可獲利八十萬金鎊，中國設自行

購回，非有四十萬鎊不可。李使以其要挾無理，祗得將此約逾期，應行作廢，反復辯論，並告以未曾奉諭贖回，毋庸議及。實欲堅執作廢一層，待其轉圜求贖，方易下手。彼此辯論多時，毫無頭緒，怏怏而去。十一日，凱又來言，前次所談一切，已會商倫華公司及日本三井物產會社代表人，彼等不允廢約，理應由英、日兩公使在北京會商辦理。李使駁詰再四，彼面陳英外部歷次致彼之函稿四件而去。四函皆右凱之詞，文繁不錄。去後，復來一函，詞意相同。凱在英蓋小有權力，銅官山一案，外部知照朱使，令凱到使館，與李使議結。凱得信後，即密告外部，謂李使既爲公使，又係皖人，公誼私情，於此案必不肯稍示通融，不願來議，故英外部久不來文知照。迨李使到處宣布，謂凱約翰銅官山一案，過期應行作廢，奉中國外部諭示令與開議。凱自知理屈，不敢來見，猶復任令礦師麥奎强至該處築路興工，多方騷擾。紳民忿怒，不久恐釀生事端，英政府似宜早爲禁止。此言日久傳播，凱知不來非計，始由外部司官致函與洋參贊柏卓安，請其轉達李使，可否准其來見。李使當令次日來館。及晉謁時，貌頗恭順，但言及廢約一層，則多方狡執。購回一層，係其自行提及。凱屢稱銅官山礦地，數年之久，已費四萬鎊，今始得此好礦，其欲以四萬鎊博一鉅款購回，情形頗露。其與日人作僞，正復爲此。後復致李使函，略云：“照本年西二月二十二號，倫華與三井物產會社所訂之合同，倫華公司將安裕公司之股分撥售與三井物產會社，爲數甚多。查安裕公司，共有資本五十萬鎊。按原訂合同第五條，僅一萬二千鎊。一千九百零五年，曾經中國政府核准注冊在案。貴公使與僕兩次所談，已轉達與倫華總辦及三井物產會社代表人。今奉告貴公使，所有廢約一事，彼等固不能遵允，即購回一節，亦不願從。自一千九百零五年五月以來，我等在銅官山礦地及礦之附近，作工不懈。此時計雇用華人，約一百七八十名，築造一路，由礦地前達江邊。倫華與三井物產會社，仍在該礦照常作工。該處所出之鐵砂，可裝數船，現正堆積待運。故現願依英外部來函，將此事由駐華英日公使在北京議結"云云。

政府與使臣，交涉所得者如此。至皖人士函電徧海內，其最有理致者，莫如近日覆京官一函。函云：

本月初七日，祗奉琅函，並承開示各檔案。雒誦之餘，敬服無斁。竊謂銅官山一案，爭議數年，迄未解決。外部與皖撫文牘交馳，京官與籍紳奔走相告，以內外官紳之力，不能敵一英商。禍患之來，鐫於肌理，此非特皖人之恥，實通國所大辱也。諸公垂念桑梓，於此案關係，盡力爭持，不稍假借，銅官命脈，賴以苟延殘喘，實諸公之力也。近承外部屬諸公擬妥善辦法，諸公不自專決，辱垂詢問。以諸公明達，此案利害得失，計籌之素稔，何容某等之喋喋者？惟如來示所云，事關全皖大局，而某等亦同攖此剝膚之痛，故遵命於初八日開路礦公會職員會，異口同聲，僉以銅官山事件，既不能受英、日兩國合辦之實禍，更不能允四十萬鎊賠款之要求。今日為挽救計，除堅持廢約自辦外，無他長策。查光緒三十年凱約翰以英國商人名義與外部訂銅官山礦務合同二十三條，照第五條"自奏准簽字之日起，限十二個月。如逾限不開，即將合同作廢。報效銀兩，亦不得索還"，凱約翰所持以要索之理由，全然失其根據，則原訂合同，皆無可以研究之價值。惟英公使及凱約翰藉詞飾說，故不能不詳舉之以折其非。合同第三條，謂"公司應設華總辦一員，英總辦一員"，是該公司原爲華英合辦之性質。去年凱約翰函請李伯行京卿爲華總董，皖人及伯行京卿均拒絕之，是合辦一層，自難置議。原訂合同第五條，謂"目下已糾集資本英金一萬二千鎊"，是否集有此數，不得而知。姑就此數計，以一萬二千鎊之資本，乃要索人賠償至四十萬鎊，藉端射利，其居心險詐，蓋不可問矣。原訂合同第十七條，載："此合同係遵照光緒二十八年二月初八日外部奏奉旨批准礦務新章酌定，倘有未盡事宜，合同內未及備載者，亦均遵此項奏定礦務章程辦理"。查光緒二十八年二月及光緒三十年二月，先後經外務部、農工商部奏准通行礦務章程，對於華洋開辦中國內地礦產，俱被限制。光緒三十年礦務章程第十四條，載："原稟領照人，無論開辦以前或已辦之後，如欲將執照轉移他商，應具稟本部聽候准駁。倘私相授受，一經本部覺察，將原稟領照人從嚴懲罰，礦照撤銷，礦工入官"。據此，則無論凱約翰無權可以開辦銅官山礦，即姑作爲有權開辦，則按此條辦理，外部原訂合同，亦祇認安裕公司。今安裕公司與倫華公司及日本三井洋行相勾結，謂"倫華與三井合籌辦礦資本，並代安裕經理一切"，（四月十三日及四月二十日英、日兩使照會所云）此即中國礦章所謂私相授受者也。英、日之私相授受，即有效礦務合同亦在注銷之數，而況其爲已經作廢之合同耶？英朱使五月初三日照會，謂："來文謂與原約相背，而原約並無限制僅英商入股之條"。五月初六日，日本阿使照會，且強詞謂："倫華公司可以任便招別商行合資開設公司，爲正當有效"。夫外部與凱約翰原訂合同，載明遵照礦章辦理，礦章載不得私相授受，即明明示以限制，何得謂原約並無限制僅英商入股之條耶？觀此，則廢約一層，及英、日要求合辦或曠款兩層，外部既無照准之明文，皖人更當盡力爭之責任。惟堅持廢約自辦，非空言可以程效，必得一極有效力之裁決，使兩方面冰釋凍解，事乃有濟。查光緒三十年奏定礦務章程第二十八條，載："凡因事爭執，若全係華商，就近地方官，當秉公判斷。如兩造不能平允，准具呈本部核辦，不使兩有虧損。至華洋商遇有糾葛，應由兩造各舉一人持平判斷。倘判斷人意見彼此未洽，應再合舉一公正人，不論局內局外，皆可從中調處，兩國國家均無須干預"。本公會據此條礦章，決議第一層辦法，由京內外皖紳合舉通英文、諳法律者一二人，徑赴倫敦，會同李伯行京卿，迫令凱約翰爲正式之談判。如凱約翰用狡獪手段，避不與議，則惟有將此案先後情節及凱約翰、麥奎種種不法行爲，直接向英國裁判所控告。此事純屬兩國商人訴訟之事，礦章所謂兩國國家均無須干預，則中、英兩國外務部，均無所用其國際交涉矣。五月初三日，英朱使照會言"查凱約翰所立開礦合同，皖省視爲作廢，英政府始終未經允認，且仍堅以原立合同爲憑"云云。查此案原訂合同，外部爲當事者之一方，凱約翰爲當事者之一方，此合同效力，祇能及於當事者之兩方面，英政府決無權可以干涉。中國外部既聲明照原訂合同第五條作廢，英國政府即不能強迫吾國外部必履行此合同。況原訂合同，凱約翰先自不能履行，合同遂自然失其效力。然則合同之作廢，是合同自廢之，不待外部及皖紳之斷斷爭辯也。又五月初三日，英使照會言："查皖省既未肯合辦，是以該公司現與日本商人訂立商務場中之辦法"云云。五月十五日，外部照會駁之，謂："來照謂係商務場中之辦法，既稱爲商務辦法，自於兩國交涉無干"云云。外部駁之是已。此案徵之礦章，既兩國政府無須干預，徵之英使照會，爲商務場中之辦法，則由京內外皖紳合舉代表，赴倫敦控告凱約翰不法行爲，實最正當、最切實之辦法。凱約翰雖不服從中國法律裁判，彼爲英人，自不能不服從英國裁判。昔年張燕謀侍郎於開平礦務一案，即在英國裁判所收回，此確證也。銅官山訴訟辦法，言之成理，行之無礙，應請諸公贊成此舉，毅然行之，無涉游移，無悚外勢，倘得挽回利權，守而弗失，則諸公造福於梓鄉者大矣。除先行電達外，並公舉方皋入京，會商一切。此次訴訟經費，擬由京內外同鄉合籌，並請皖省礦務總局先行擔任。礦務總局以保礦爲目的，責任所在，義不容辭。惟目下礦務總理尚無替人，應請諸公電知皖撫暨在省紳士，先撥若干，俾從速舉辦此事。總期堅持到底，無俾貽患將來。諸公熱心桑梓，當無不表同情也。銅山西崩，憂心孔亟，金台北望，引領爲勞。伏希諸公爲家國珍重，不盡所言。

此函去後，代表方皋亦抵京。法理如此，事實如彼，結果若何，此當與海內拭目俟之者也。

教　務　篇

平民，民也。教民，亦民也。民與民以相友相助爲天職，而亦不保無相嫌相忌之事。以故鬬毆、罵詈、竊盜、人命，刑律皆有以繩之。其犯此律之事實，謂之刑案。案定而治以應得之罪，雖有至仁，不過哀矜勿喜焉耳。

自有所謂教案者出，辦案者乃易哀矜爲觳觫。愈觳觫，教民之燄乃愈熾。綜觀各直省奏報，雀鼠之爭，紛起沓至。王道蕩蕩之中，其稱匪警而煩兵力者，什八九皆起於民教之嫌。哀哉斯民，死者既塗其肝腦，存者又竭其膏血，而名之曰卹款。甚至喪失險隘，缺我金甌，僅乃寢事。以此咎外國，外國並無歧視我民教之約章；以此咎教宗，教宗並無干涉我民事之性質。教猱升木，遂成大錯。本雜誌向列"宗教"爲一門，所載皆我同胞相賊相殺之事，誠傷之也。今時機將熟，羅馬教既爲各國所厭棄，而政府亦悔其前此之失當，漸改弦而更張之，則教案非教案，民事而已。以近日政府之綢繆教務者著於篇，有司百執事之倫，共體部臣之意，則披雲見天之日近矣。

按光緒二十五年，總理衙門奏明地方官與教士往來事宜一摺："認總主教之品秩，至與督撫相當，當時以此爲聯絡之用。而由此則教士僭用儀仗，教民倚恃護符，錯處之民，隱然成一敵國。而又平民之赴訴官長，遠不如教民赴訴教士之易。即彼此赴訴，官長又恒壓民以媚教，而教士則必祖教以自張，爲教毆民，蓋非一朝一夕之故。本年春二月，外務部專摺奏改地方官接待教士章程，略謂該主教等在華傳教，本無官職可言，實非與督撫等官，同其品秩。自該章程通行以後，該教士等競有僭用地方官儀仗情事，以致無知愚氓，輒多誤會。相應請旨，將前總理衙門所奏教士與督撫、司道、府廳、州縣等官按照品秩各節，即行一體撤銷。嗣後地方官與教士往來，應仍查照約章，以禮相待"等因。初十日，奉硃批："依議"，欽此。原摺入"法令類"。越月餘，西報論其事，大韙之。蓋教士在華，本歸該國領事管轄。乃其直接中國大僚，領事所不能得者，教士獨得之，殊非該外交人員所樂受也。錄《時報》譯《字林報》原文如下：

　　羅馬教士享受中政府官職虛銜之權利，屈指已屆九載。現忽聞有取銷之廷議，是不可不注意者。中政府研究此問題，已有一年。凡與北京當道有密切關係之人，莫不熟知之。

　　按羅馬教民與平民衝突之數，指不勝屈，其中以西歷一千九百年南昌教案爲尤烈。有識華人，均謂羅馬教士在中國所處之特別境地，實有以生起種種誤會之原因。其有損中國權勢之處，較其他交涉爲尤鉅。試以羅馬主教四十六人、其他教士一千一百人而論，使人人實施其應享權利，則中政府行政上困難情形，已可不言而知。若准主教與督撫平行之例，則羅馬主教之享受督撫榮譽者，當占五與一之比。有時主教竟應享盡，纖悉靡遺。內地主教出行，輿從之盛，威儀之嚴，目擊者莫不心炫神耀，歎爲未有。至於尋常教士與知府平行，則一境之內，所有中國官員，均莫之與競。其實教士所享之職銜，乃屬虛譽，本無須濫用其虛儀，以生種種假境，此當爲人人所共認者。惟外人見教士如此情景，胸中原無別意存焉。乃在華人視之，則大有關係。教民甚至倚勢假威，利己欺人。即就此端而論，則中政府取銷優待教士之舉，實能免除民教失和之惟一大原因，亦未始非計之宜然者也。

　　查准給羅馬教士官銜一事，原由裕庚與北京樊總主教定議，後由前總理衙門奏請批准施行。當時兩造磋議良久，始行定局。若論當時，此舉爲必不可少之事，亦尚可說。惟目下情變勢遷，大非昔比。羅馬教士，若不允讓還，於理恐有未足。觀於當年十月間耶穌教士大會，決議不欲此項權利一事，則知反對此舉者，亦尚有人。此外當時法人輿論，亦均不以樊總主教此舉爲然，而駐華各法國官員，詆議此舉，尤形顯著，其理易明。譬如法國主教之權利就名義而論，當歸駐在該處之法國領事管理，迺主教得與督撫平行，直向督撫交接一切，領事反與道台交涉，其所處之境，徒招人怨而已。除法國外，德、意、葡均有保護中國羅馬教士之關係，然該三國公使領事所處之境，不似法國官員所處之奇離境地遠甚。查法國所享保護中國羅馬教之權利，係據前與羅馬教皇所訂現已作廢之契約而得。當法人未廢該約之前，已有人主張不欲保護羅馬教。目下法政府舍棄此項權利，既見諸明文，則中政府今日取銷優待教士之議，當無他國起而責難也。

再考中政府此舉，爲益羅馬教之處，亦匪淺鮮。回憶西歷一千八百八十八年，中政府欲與羅馬教皇開直接交涉，合肥李相特遣英人藤君前往斡旋。法國聞而不願，脅迫教皇，謂如與中政府直接交涉，當將保護羅馬教之契約即行作廢。現該約既早作廢，法國當無反對之理。而前教皇李華第十三世所以爲然者，其接任教皇，亦當贊成之。在中國則多添一交涉政府，亦無關緊要，祇求管理教士得法，爲福中國，已不淺矣。

中政府現雖遽行發表此議，當亦早經預備對付外國責難之策，所幸各國尚未見有反對舉動。但望此舉非惟有益於中國，即羅馬教亦當受益不淺也。

嗣部又議磋商各國公使，應將各國所有教會，按會公舉代表一人，作爲主教。該會教士，概由主教分派。如派至某省傳教，須由該國公使，頒給執照，呈遞外部簽押後，經各主教查驗明確，加給銜名圖記文書，飭赴各處傳教，俾有約束，民教庶可相安，云云。此議行否未可必。要之，對付教士，以查照約章爲根本。各國條約之涉於傳教者，多不過十餘條。彙録一紙，遍示有司。自知民教涉訟，止問其訟，不問其教。教士干涉如前者，據理謝絶之。往時猶束縛於按照品秩之部章，今既撤銷，以我法繩我民足矣。嗚呼！教本無案，自縱教殃民，激民仇教，而後大獄興焉。毁及教産，戕及教士，乃成交涉，無事自擾，甚且燎原。今而後其將免乎？嗣是削宗教一目，俾知此爲民事焉耳。

第五卷第八期

光緒三十四年七月大事記

初二日　江蘇、安徽兩省呈遞國會請願書。　見"憲政篇"。

初三日　革內閣學士文海、載昌職。　禁煙大臣奏：二人夙患煙癮，自注確無嗜好，跡涉朦混，故有是命。禁煙一事，各國定期於十二月間派員到上海會議。聞吾政府擬派禁煙大臣恭親王赴會。其限制鴉片入境之法，由西歷明年起，自印度來之鴉片，每歲不得過四萬三千二百箱，每月不得過三千六百箱，而又逐年減少其數。當減少時，必須三個月前商定施行。此關於國際者。大臣中又擬簡丁振鐸、景星查察各省。禁煙大臣又與民政部會議，自九月初一日起，編京師煙籍，逐漸推行各省。又通咨各省督撫，限九月內造送禁種罌粟清冊。又擬選派偵探委員，密訪政界中吸煙未戒之人。無論京外，訪有此項藐視朝旨之大員，在十人以外者，即行專折奏獎。此關於內政者。言官中有御史石長信折，略言禁煙一事，不但爲國家強弱所關，且已訂試辦之約。設使十年吸食栽種如故，或僅十減二三，則賠償鉅款，勢所難免，是又爲國家貧富之所關。即以京師論，膏店零賣如故，商賈販運如故，所禁僅煙館，然亦不無私設。京師如此，外省可知；賣者如此，種者可知。應請飭下禁煙所大臣、度支部、各省督撫都統將軍，亟求簡易之法，將販賣、栽種，劃清界限，分年遞減，嚴定章程，各省一律推行，各州縣並以此項禁煙事定爲考成。若仍此因循，歲不我待，噬臍何及云云。當奉廷寄各省妥籌章程，迅即遵照辦理。

初四日　皇太后賑湖北水災，給庫銀六萬兩。　督臣陳夔龍疊次電奏，查明黃岡、麻城、黃安三處被災最慘，漢陽府屬之夏口、黃陂、漢川，荊州府屬之江陵、監利、石首，安陸府屬之潛江，宜昌府屬之興山，均多被淹。故有是命。

初五日　北京日本使署衛兵圍東四牌樓十一條胡同張姓

宅，捕張壽芝入日使署。　張與陸軍部諮議官丁錦同居。東報言張係日人，名川喜多，曾爲大尉，以日本秘密地圖售於俄國陸軍部，故被捕云。張操中國語，莫知其爲日人，納一妓爲婦，他無眷屬。被捕後即由火車至天津，登日本船而去。傳聞已因受捕時槍傷而死。無論輦轂之下，以中國主權內地域，日人乃有擅入人家搜捕之權，時方日午，日本衛兵公然劫人於市。事後由外部詰日人，日惟遜謝而已。今外部之責言未已，聲言兩國必互訂駐使有捕犯權之約。日使與日政府何以自解，未可料也。

初六日　京師士民孫毓文等，直隸士民劉春霖等，均呈遞國會請願書。　見"憲政篇"。

初九日　欽定白金柱諡忠果。　金柱原任雲南開化鎮總兵，河口之亂，金柱與兵事，事卒而金柱以病歿，遂膺特典。此役據官中文電，已錄其首尾事實於前期本雜誌。論功似在西路，而不在白軍。報載彼中人言，尤以金柱等爲冒濫，然亦意在爭功。要之中國軍務，兵、匪兩不足觀，況在今日，況在滇省？易名之典，自周以來有之，始有褒亦有貶，後漸專主於褒，且並不以清議褒之。如金柱之流，身膺閫寄，所糜餉械，皆國民汗血之資，本非揭竿烏合之寇所能比，乃疏防則無罪，遷延時日，兵集而匪自退，會逢其適，生受上賞，歿享令名，亦云幸矣。

度支部請飭妥議幣制。　自去年以來，議訂幣制。用金用銀問題，解決尚有待。用圓用兩，則不可不定。自學者及商人皆主用圓，説帖累數萬言，部臣頗有同意，爲一二異議者所持，必欲以兩爲圓，混衡法、圜法而爲一。部臣心知其非而不敢專斷，擾擾年餘，尚請飭妥議以冀不終致壅閣。計之臣苦矣！

十一日　考察憲政大臣達壽自日本歸覆命。　見"憲政篇"。

十二日　八旗士民恒鈞等，吉林士民松毓等，山東士民于洪起等，均呈國會請願書。見"憲政篇"。

十四日　土耳其使到京。　土耳其舊有憲法，有國會，具文而已。近方由土皇誓守憲法，重開國會，爲列國所注目。其使來華，挾回教之名，華人凡奉回教者承迎之。西報又稱德國願代土國保護土民之在各國者。或疑土使之來，將有商議締約等事，甚或牽涉宗教，別生支節。其實政、教本非一事，各處回民，亦從無土耳其人厠其間。政府近方約束西教，具有條理，非向日總理衙門之可欺。土國無保護傳教之可言，以其政與教混。國使也，而受教民之承迎，適見其政體與教派，兩俱草昧而已。奉佛者不膜拜印捕，奉天主耶穌教者，亦未嘗向西人之入境者而盡頂禮之。獨此回民，夢夢滋甚，奉草昧之教，益成草昧之民，其可哀也。

會議政務處提議組織新內閣問題。 組織新內閣，發端已久。近言事者上書暢言之，而考察憲政大臣達壽亦以之人奏。夫責任內閣之制，本與國會相輔而行。故內閣總理大臣，可以引其所親，遍樹要地。舉凡會議政務之國務大臣，皆由總理操其進退，君主但責其成功而不掣其肘。而彈劾之權，則寄之國會，此交相爲用之道。專制之朝，務摧散朋黨之漸，諸司分職，除睿斷之外，無獨操予奪之人，而尚以都察院司糾劾焉。自責任內閣既成，都察院不在議政之列。議政之國務大臣，又以黨援爲職務，非言官所能箝制。不有國會，何以自安？日本亦先有內閣而後有國會，伊藤博文爲組織內閣之始，嗣黑田清隆爲內閣總理，乃始發布憲法，召集國會。達壽援以促責任內閣之成，既負責任，天下自當以責任加之。此固欲有責望於政府者所樂聞也。

十五日　各省呈遞國會請願書之代表，聯名上憲政編查館書。 見"憲政篇"。

勞乃宣進呈"簡字譜録"五種。 摺言令人民不入小學，僅習簡字，亦准爲公民。聞張相極以爲然，請旨交學部議奏，簡字於此有實用。古人言書足以記姓名，選舉投票等事，必出其手書，乃足表示其意思，主張權利，其用正爾非細。天下能文之士，往往薄簡字爲非要務，豈知欲具爲詞章美術之用，簡字固不足，欲就利害相關之時，表示意思，以代口語之承諾與否，原非以筆墨爲生，但令人生多一種能力。猶之矢口能作語言者，不必皆有四方專對之長，要視瘖啞爲大異。公民權與著作權截然兩事，勞作此譜録，以補教育不易普及之憾，而文人挾己之所長以訾議之，誤矣。夫即普及教育，亦豈望人人爲著作家乎？權利義務之承諾與否，僅僅口語，不足盡法律行爲之能事，有字跡乃可覆按，此其關係甚大，公卿俱能用心及此，幸也。

十六日　山西國會請願代表常松壽、李鳳翔、劉懷瑛等抵京。 見"憲政篇"。

十七日　諭禁政聞社，嚴拏社夥。 始陳景仁以言事革職，詞連政聞社，未遽波及同社也。至是乃奉諭查禁，並拿社夥。聞之者研究論文，有此項社夥云云，知爲承上文悖逆要犯而言，以此定應拿與否之準，殆亦保全善類之意。

十九日　漢口《江漢日報》館因登華僑請願國會書被封。

聞書係康有爲、梁啟超等主稿，又有請歸政、請遷都之説，或遭時忌，報館因登載而被封，則未知其別有因由否也。

二十二日　浙江國會請願代表葉景萊、邵羲、蔡汝霖抵京。　見"憲政篇"。

山西呈遞國會請願書。　見"憲政篇"。

二十三日　皇太后振湖南水災，給帑銀四萬兩。　督臣陳夔龍亦疊電奏明，此次水災，澧州最重，石門次之，餘如安福、慈利、安鄉、南洲、龍陽、沅江、古丈坪，沅陵等廳縣均多被淹。復有是命。

諭胡國廉總理瓊崖墾礦事宜。　國廉，福建永定人，僑於新加坡，以商致富。農工商部侍郎楊士琦之撫慰南洋華僑也，雅重國廉，歸以人材薦，代陳集資創興瓊崖地利辦法，有一綱十目等規畫。當於本年三月初八日，奉特旨："花翎鹽運使衛胡國廉，著賞給三品卿銜"。先是，農工商部於上年八月十三日奏核議礦務章程，奉旨允行。又片奏該章程施行日期，自奉旨之日起，扣足六個月，以本年二月十三日爲宣布施行之期。（章程及摺片均載戊申本雜誌四册。）至本年二月初十日，副都統李國傑奏振興礦務宜設法招徠以泯商人疑慮一摺，略言"興辦礦務，當先招勸股商。華僑之經營於南洋群島者，大半以開礦爲業，閱歷既深，觀摩益善，外人服其精敏，不惜優給利益以羈縻之。近聞華僑眷念桑梓，亦頗有思展所長，爲祖國濬利源者。祗以適彼樂土，久安於章程寬簡之習，今欲遷地爲良，自不得不格外愼詳，期保將來之名譽。礦業苟能開辦，事權無所掣肘，則鳩集巨款，勝算原有可操。所慮者，按照現章，商人承辦之後，或不免與官吏多所交涉。若措施偶有窒礙，不惟難與人爭衡，且將無以保血本。此中關係，實啟商人疑慮。擬懇飭下農工商部，會同外務部，將現定礦章再行詳細查核，通盤籌畫。如有現時須行變通之處，應即斟酌損益，請旨施行"。奉旨："該部知道。"嗣於三月初八日，楊士琦所陳國廉辦法折，並一綱十目單，又奉旨交農工商部議奏，部電國廉來京面商。至五月十九日，農工商部會同外務部奏新定礦章擬請酌予變通一折，略言"興辦礦務，誠宜招勸股商，推廣開採。而華僑挾資內嚮，尤賴維持保護，俾得一意經營。上年奏定礦務章程，副都統李國傑原奏，以華僑習安寬簡，疑慮滋多。體察情形，華僑歸辦礦務，苦文法之束縛，畏官吏之苛擾，原屬實情。即各省商民採礦，現在風氣尚未大開，雖經竭力提倡，或猶不免觀望疑阻。既據該副都統奏稱礦章宜酌予變通，擬請將新定礦章詳加查核。如有可以變通，與商民多資利益，於公家並無妨損，亦不至別滋弊端之處，即斟酌損益，量予通融，以順商情而資鼓舞。其有關係外交之處，外務部亦應酌量變通，以期融洽而免爭論"云云。奉旨："依議。"國廉旋遣代表人張維藩赴部，至是部臣始就單開一綱十目，分別陳奏。瓊崖一島，古儋耳、珠崖等，郡地炎瘴崎嶇，自古未經墾闢。其地內屏兩粵，外控南洋，與香港、小呂宋、西貢等埠，勢若連雞，爲海疆重鎮。外人艷稱其土脈膏腴，便農而又富於礦，貨棄於地，視者耽耽，可爲悚惕。國廉能見其大，財力信望，又足以濟事。其一綱十目，以開銀行爲綱。十目曰興礦業，曰清荒地，曰廣種植，曰講畜牧，曰興鹽務，曰長森林，曰重漁業，曰築馬路，曰設輪船，曰開商埠。部議從國廉所規畫，分別緩急辦理。略言有宜亟辦者五，有宜次第舉行者三，有宜暫行緩辦者二。查原單內開銀行一條。百業以資本爲根源，而資本以銀行爲樞紐。蓋有銀行，則散者可使之聚，滯者可使之通。西人經濟專家之言，至以銀行爲實業之母。故銀行勢力所及之地，實業即隨之而興。徵之列強，成效可覩。該公司擬在瓊州設勸業總銀行，俾商民尺幣寸金，皆得有所儲蓄，血汗所易，不至隨手耗失。而凡辦墾礦事宜者，亦皆有所告貸補助，以資周轉。雖目下地利未盡，不妨小試其端，而他時百廢俱興，即力圖擴充之計，經營瓊島，良爲要圖。此臣等所謂宜亟辦者一也。又原單內興礦業一條。瓊崖礦產饒富，地不愛寶，而人棄之，至可惜也。今既力圖開闢，則開採礦產，亦其要矣。擬將瓊崖全島各礦，俱歸該公司勘探，或由該公司轉招他商承辦。利源既闢，風氣益開，成績所彰，殆可逆覩。惟是維持商業，首在體恤商艱，所稱礦章限制太嚴，租稅徵收過重，擬請通融辦理各節，自是實情。現在新定礦章，已經奏明重加釐訂，將來邊遠之地，有難一律遵行者，均可准予變通。胡國廉前請辦儋州、那大等處錫礦，亦經臣部核准量予變通有案。該公司勘探全島礦產，規畫尤屬爲難，欲求全體之振興，必予以特優之利益，所有該公司照費、年租、出井稅等款，均可按給照年限，一律豁免，以資鼓勵。至出口稅關繫正款，仍飭令照章完納，庶幾商力不困，而常課無虧，利國利民，無如此者。此臣等所謂宜亟辦者二也。又原單內清荒地一條。瓊崖十三州縣，井里寂寥，動憂土曠，振興農業，必始查荒。惟是清丈事關地方，稍一不慎，易滋騷擾。應由兩廣總督嚴飭勸業、瓊崖兩道，督同該管州縣，會商該公司，將全島荒地分段查勘，分別官荒、民荒，妥籌辦法，總以釐正經界，毋擾居民爲主義。一俟查勘完竣，即由該公司承領開墾，並測繪詳圖，擬訂章程，具報臣部及兩廣總督會商核奪。庶幾疆場可正，溝洫可治，阡陌可通，物宜可辦，而農利乃可言矣。此臣等所謂宜亟辦者三也。又原單內廣種植、講畜牧兩條。樹畜爲農政大端，若必俟全島清荒事竣，方能舉辦，則天時、地利、物力均廢棄可惜，自宜取考查有得、著手較易者爲最先之試辦。如棉花、蓖麻、甘蔗、蘿蔔、洋薯、樹膠、椰子、胡椒各品，於瓊崖土性適宜，擬先從瓊澄、臨儋、定安境內先行種植。畜牧則先選購牛羊佳種，擇水草佳處爲畜牧場，並製造皮毛，化生爲熟。數年之後，以次陸續推廣，滋生蕃衍，博碩肥腯，必有可觀。或以供製造，或以資販賣，細之足以裕小民之生計，大之可以增全島之利源。事有似微而實宏似緩而實急者，此類是也。此臣等所謂宜亟辦者四也。又原單內興鹽務一條。瓊島濱海，本係產鹽之區，現由胡國廉設立僑豐公司，擬即廣闢鹽田，精求製法，與廣東鹽運司議訂章程，業經兩廣總督批准專辦三十年在案。事關鹽法，應由兩廣總督咨明度支部辦理。此臣等所謂宜亟辦者五也。又原單內長森林一條。林業獲利最優，而收效較晚。瓊崖地方遼闊，嶂巒層疊，森林地位，本極相宜，惟旦旦斧斤，遂致難期長養。居民樵採已慣，一時禁令必有所難周。體察情形，似不能趕期並舉，應俟清荒之後，公事辦有頭緒，再行陸續興辦。此臣等所謂宜次第舉行者一也。又原單內重漁業一條。漁業關係海權，至爲重要。所稱置備輪船，改良捕法，講求醃製，以廣銷路，辦法亦極允洽。惟創辦既多耗費，獲利亦未可預期，應俟該公司氣力稍充，勢能兼顧，再行廣集資本，切實講求。此臣等所謂宜次第舉行者二也。又原單內築馬路一條。籌瓊以築路爲要著，原奏內亦曾聲明，明臣海瑞、前督臣大學士張之洞先後均經籌辦。然披荊蓟棘，其事絕艱，備料程工，需款尤鉅。擬從農礦開辦之處，先行籌築，隨後逐段擴充，庶幾款不虛糜，路不虛設，歲修之費，亦有所資。至或由官辦，或由商辦，應飭該公司會商地方官，妥爲布置。此臣等所謂宜次第舉行者三也。又原單內設輪船一條。瓊島孤懸海外，必須自闢航路，以便交通。所稱創設輪船，爭瓊港往來之利，誠具卓識。惟實業未盛，運貨無多，公司屢有虧折。應俟以上各項漸次發達，然後相機措辦，屆時禀商郵傳部辦理。此臣等所謂宜暫行緩辦者一也。又原單內開商埠一條。瓊州海口，早已設關，客貨無多，收稅未旺。該口沙磧飄蕩靡常，潮退之時，難容巨舶。榆林港在崖州西南，人煙稀少，出產甚微，目前尚難建築。該公司擬別擇良港，自闢商埠，誠爲保守利權之計。應俟商務漸盛，再行體查情形，由臣部咨商外務部辦理。此臣等所謂暫行緩辦者二也。又言該公司負非常之責任，抱無窮之希望，志業偉大，良足嘉尚。雖經臣等酌量緩急，定措施之次序，然工艱費鉅，任重事繁。投資本於蠻煙瘴雨之鄉，期成效於曠日持久之後，非予總公司以特別之權，不足以資提倡。重以漢黎雜處，主客異形，開辦之初，慮多阻撓。惟賴朝廷主持於上，地方官協助於下，寬稅則以紓商力，簡文法以順商情。將來百貨萬商，駢闐充溢，公司蒙其利，國家亦坐受其成。萬一權多旁掣，功廢半途，前者寒心，後者裹足，事機一誤，隱患方深。臣等擬仰懇天恩，俯念瓊崖事體重要，明降諭旨，特派大員督辦瓊崖墾礦事宜，以重事權，並請飭下兩廣總督，督飭勸業道及瓊崖道實力保護。並由臣部隨時稽察，遇事維持，俾策全功而收實效。末言"此項墾礦章程，爲發舒商力、鼓舞僑情起見。且創辦各商，均熱心祖國，夙負重望，自不妨格外從寬，以盡地利。而將來流弊，亦不可不預爲之防。該總公司係完全商辦性質，任事各員，悉由股東公舉，他日輾轉易員，至十數年數十年以後，倘有攙合外股、借用外款等事，仍由臣部及兩廣總督暨兩廣諮議局隨時稽查。一經覺察，所定章程，作爲無效。並飭該公司將此條訂入專章，以期永守。至於未盡事宜，及各項詳細辦法，統俟該公司妥訂章程，呈由臣部核定辦理"。奉旨即以國廉爲總理。（原文見"法令篇"。）方是時，國廉已粗定條理，以事體艱鉅，非厚集商力，不足相與有成。擬先設總公司，爲開闢瓊崖根本，一面招致僑商，分設各項小公司，廣興實業。資本不足，總公司資助之，俟其獲利，則總公司酌提津貼，以示報酬。大小相維，厥效自著。現已招股一百萬元，設立僑興總公司，先辦墾礦、畜牧、匯兑事宜。又招股一百萬元，設立僑豐公司，專辦鹽務，以候選道區昭仁專駐瓊崖，綜理一切，以道銜張維藩佐之。又有四品卿銜吳卿吳梓材，候選同知鄭瑸，鹽運使銜胡夢青，分駐香港、霹靂等處，同心規畫。梓材亦楊士琦所保人材，以花翎候選道與國廉同賞卿銜者也。南洋各埠，與國廉同志頗多，方議陸續招集股股，以圖大舉。地不愛寶，國民所當樂觀其成者也。

二十四日　浙江呈遞國會請願書。　　見"憲政篇"。

憲　政　篇

六月之末，諮議局章程已布，而國會請願之士民，方陸續詣闕。天下以爲定憲法、開國會，指顧間事。七月初二日，江蘇、安徽兩省，繼河南士民之後，呈遞國會請願書。初六日，直隸及京師呈遞請願書，湖南亦於是日呈遞第二次請願書。十二日，八旗、吉林、山東均呈遞請願書。十五日，在京已遞請願書之各省代表，又合詞上憲政編查館書。是爲以前請願之士民一小結束。十六日，山西請願代表到京。二十二日，呈遞請願書，簽名者二萬餘人，爲各省冠。代表到京之日，三晉京官多赴車站歡迎，即延代表寓驛馬市三晉會館。山西紳民，知救國之急也如是。是役也，湘人爲覺之早，晋人爲需之殷，皆特色也。是日，浙江代表抵京，二十四日，呈遞請願書。自餘各省，在八月初一奉諭之後，其有請願，必將有異乎前者之言，是爲本月士民心乎國會之見象。若大員之電奏，疆臣中則有湖廣總督陳夔龍、兩江總督端方、河南巡撫林紹年、四川總督趙爾巽，皆以請開國會爲言。使臣中則孫寶琦、胡維德、李家駒三人，又皆以中外觀聽所繫，請速定年限，免外人笑。立言婉切各不同，同以國會爲急，是爲本月臣工心乎國會之見象。惟官以窺伺爲隱，不盡如士民之純白爲國。傳聞樞府中亦有阻撓國會者，事秘不盡得實。疆臣有升允之電請切勿輕准國會，致貽後悔，固鑿然反對。即侍從之臣，如喻長霖等，往往茹吐互見，篇幅冗濫，了不足觀。其最有關係之章奏，莫如考察憲政大臣達壽所上三摺一片，錄之足以觀考察大臣之所得焉。一考察情形，具陳管見摺。

摺曰：奏爲恭報考察日本憲政情形，具陳管見，仰祈聖鑒事。竊奴才於上年十月，恭荷恩命，出使日本，考察憲政，迄今半載。覘其經國治民之規模，叩其學士大夫之議論，隨時記錄，積有成篇，業經繕寫清本，分訂成册，進呈御覽。惟時日短淺，所得無多，而綜此半年考察之情形，參以奴才管蠡之窺測，有不能不爲我皇太后、皇上縷晰陳之者。

數年以來，朝野上下，鑒於時局之阽危，謂救亡之方，衹在立憲。上則奏牘之所敷陳，下則報章之所論列，莫不以此爲請。朝廷亦既宣布詔書，明定立憲期限，此真非常之功，震鑠前古，薄海內外，感戴同深。然則我國家將來之必爲立憲政體，無可疑矣。雖然，立憲之爲利爲害，不可以不明；期限之宜短宜長，不可以不審。苟其本源之未澈，必至議論之多歧，挾成見者固可以危辭而惑聖聰，昧大局者又將以目論而敗至計，盈廷聚訟，一是莫衷，此則不可以不辨者也。夫世運未有不由鄙野而進於開明，國家未有不由弱小而臻於强大，而求其致此之故，則端在於政體之改良。故萬車連軌，不能容一乘之退行；列國爭强，不能聽一邦之終弱。苟其外與世運對逼，必召陰謀，內與民意相違，終成暴動。東西歷史，具有明徵，緬前事而堪師，實近今之宜法。奴才竊願我皇太后、皇上，今日所宜綜覽時勢、亟仰宸斷者，有二事焉：一曰政體之急宜立憲也；一曰憲法之亟當欽定也。政體取於立憲，則國本固而皇室安；憲法由於欽定，則國體存而主權固，此皆有百利而無一害之事。敬為我皇太后、皇上剴切陳之。

夫所謂政體者，何也？政體云者，蓋別乎國體而言。所謂國體者，指國家統治之權，或在君主之手，或在人民之手。統治權在君主之手者，謂之君主國體；統治權在人民之手者，謂之民主國體。而所謂政體者，不過立憲與專制之分耳。國體根於歷史以為斷，不因政體之變革而相妨；政體視乎時勢以轉移，非如國體之固定而難改。例如日本，君主國體也，一姓相傳，已歷千載，而維新之明治，雖盡變其歷古相承之制度，究之大權總攬，仍在天皇。故政體雖盡其翻變之奇，而國體實未有毫髮之損。我國之為君主國體，數千年於茲矣。《易》曰"天尊地卑，乾坤定矣"，《春秋》曰"天生民而樹之君，使司牧焉"，五倫之訓，首曰君臣，此皆我國為君主國體之明證也。國體既為君主，則無論其政體為專制，為立憲，而大權在上，皆無旁落之憂。蓋國體者，根於歷史而固定者也；政體者，隨乎時勢而流動者也。世或以政體之變更，而憂國體之搖撼，於是視立憲爲君權下移之漸，疑國會爲民權上逼之階，猶豫狐疑，色同談虎，此皆大誤者也。國體、政體之辨既明，然則奴才所謂政體之必宜立憲者何也？考歐洲憲法之發生，其淵源有二：一由於歷史之沿革；一由於學說之闡明。而其結果，皆爲人民反抗其君，流血漂杵而得者也。歐洲中古，本爲封建制度，各私其土，各子其民，威福日增，漸流橫暴。其在英也，則有英王約翰、英王查理斯、英王威廉三次之革命，遂訂權利法章、准權大典、權利請願三次之憲章。其在美也，則因英國賦斂殖民之虐，遂起脫離母國之心。十三洲逼而稱兵，華盛頓舉爲領袖，糜財鉅萬，血戰七年，卒開獨立之廳，遂定成文之法。統領由於公選，政治取於分權。其在法也，則其憲法之完成，實經三次之革命，爲禍最烈，流血獨多，影響遍於歐洲，蔓延及於列國，斯固未有之奇禍也。考法蘭西第一次之革命，實由路易十四世而發生，暴橫甚於嬴秦，殘酷浮於桀紂。觀其"朕即國家"之語，實背民爲邦本之經。於是三級人民，大開會議，自《人權宣言》之發布，實立憲政體之初基。後以路易背約，更逞陰謀，通款外邦，欲引回紇而平安史；大招民憤，乃合孟津而誓諸侯。此第一次之革命也。其第二次之革命，則因查理斯十世，解散國會，壓制平民，廢印刷之自由，削議會之權利。於是報館學生及勞動者，集一萬之衆，建三色之旌，佔據市街，攻毀牢獄，闔城鼎沸，舉國驛騷，衛人起逐其君，厲王出奔於彘。史家所稱"巴黎七月大革命"者是也。其第三次之革命，則因人民要求改正《選舉法》而起。其時適當二月二十二日，學生、勞動者集衆數萬，會於廣場，高唱改正萬

歲，大收武器，直逼王宮，逼王退位，別立新君。以臨時
政府之委員，革民主共和之憲法，統領之任，定爲四年；
選舉之方，取於直接。帝政既倒，民權益張。史家所稱
"巴黎二月大革命"者是也。法蘭西既有第三次之革命，而
影響所及，遍於普、比、奧、意諸邦，如火燎原，不可遏
抑。其在普也，則有柏林三月之變、柏林六月之變。其後
普王雖欽定憲法，採用民權，而當國會修改之時，正君民
爭權之際，幾經協議，僅乃成功。其在奧也，以梅特涅爲
宰相，實專制界之巨魁。鞫獄之酷，過於張湯；法網之
嚴，甚於羅織。禁同偶語，剥言論之自由；律等挾書，奪
出版之權利。然而丈水決防，自然汎濫，同盟雖聖，終乃
無功。避朱泚而幸奉天，罷林甫以謝天下，乃頒欽定之憲
法，意欲修好於國民。大亂初平，王又背約，後因一敗於
意，再敗於普，王乃鑒外交之逼迫，悟民意之難違，終發
布憲法焉。其在意也，則有加富爾、加里波的、瑪志尼
等，共謀建國，統一諸州，轉戰數年，乃告獨立。黨名燒
炭，終揚羅馬之光，人慕自由，共奉沙王爲主，頒布憲
法，行之到今。其在比也，則始因人種問題，久思脱荷蘭
之軛，繼受巴黎影響，乃謀興革命之軍，悉逐防師，一清
境土。是時荷蘭請援於普，比亦請援於法。然普爲封建之
制，其應募者盡屬傭兵；法乃共和之邦，其來援者全爲義
旅。卒之兵未交戰，勝敗已分。經五國之調停，許比人以
獨立。歐洲憲政，其淵源於歷史之沿革者，既已如是。而
所謂淵源於學說之闡明者何也？自十八世紀以來，歐洲人
士，競談新學，所謂權利、自由、獨立、平等諸説，次第
而興。當時之君，固亦視同妖言，斥爲邪説。其後大勢所
趨，終難箝塞矣。英國首採其説，疊次改正憲法。如臣民

權利自由之保障也，裁判官之獨立也，國會參與立法、議決預算也，徵收租稅必依法律也，國務大臣負責任也，君主無責任也。凡此舉舉大端，莫非創始於英國，而實以學者之議論，爲之先河。其後法人孟德斯鳩，考究英國政治，著《法意》一書，創三權分立之論，而盧梭又著《民約論》繼之。三權分立者，謂行政、立法、司法三權，宜各由特別之機關，獨立對峙，互相節制之謂也。而《民約論》之大旨，則主張天賦人權，謂人本生而自由，不受壓制，惟當共結社會契約，以社會之總意，分配權利於人民，人民對於總意，受其拘束，此外悉可自由。此二氏立論之大概也。自孟德斯鳩之書成，而歐洲列國之政體，咸以是爲基礎；自盧梭之論出，而拉丁民族之國體，咸因此而變更。蓋學說之力，足以激動人心左右世界者，有如此矣。

考之歷史則如彼，徵之學說則如此。本理論而遂生事實，藉爭鬬而乃得自由。觀其數十之條文，實捐萬民之身命，緬懷列國，真可寒心。而於是日本之睦仁天皇，乃應運而起矣。考日本昔爲封建制度，幕府專政，垂數百年。歷代天皇，虛擁神器，其去東遷之周室，未造之炎劉，殆無幾也。自美艦東來，要求開港，幕府既與結約，遂失民心，守蛙見而始欲攘夷，咎戎首而轉思覆幕。迨至將軍歸政，王室復興，志士尊王，列藩奉籍。於是朝廷之上，忽分二黨，即王政復古黨與王政維新黨是也。其主張復古者，即前之攘夷派也；其主張維新者，亦前之攘夷派，後知夷不可攘，乃思應時會而亟謀變法者也。復古黨以國粹爲重，誤以變更政體爲有礙名分之尊；維新黨以國體自存，今即百度更新，實無損秉乾之治。卒賴天皇果敢，英斷獨抒，先酌古而斟今，決從人而舍己。乃遣其臣木户孝

允、大久保利通、伊藤博文等，先後馳赴歐美，考察憲
政。當其瓣香告廟，特頒五誓之文；戒旦臨朝，未許萬機
之暇。求賢等於飢渴，圖治同以勵精，上下同心，君臣一
體。其如火如荼之氣象，覘國者早決其必強矣。雖然，民
心猶水，就下之勢難防；時運如花，向春之苞難遏。當預
備立憲之日，正民權最盛之時。守舊者方執口實以聳朝
廷，維新者欲憑威權而謀鎮壓。鹿兒犯命，藩士伏屍，江
戶陳書，黨人下獄。斯時日本之國勢，蓋岌岌乎殆哉。然
而人民之於君，猶赤子之於父母也。索餅餌而遽施以夏
楚，則啼哭愈以不休；請權利而轉壓以威稜，則叫囂決其
益甚。於是御前會議，乾斷獨裁，縮短發布憲法之期，亟
定開設國會之限。詔書一下，萬姓歡呼，乃於明治二十二
年布憲法，二十三年開國會焉。蓋自伊藤博文等考察憲
政，歸朝以來，相距不及七年耳。於是一戰而勝，再戰而
勝，名譽隆於全球，位次躋於頭等。非小國能戰勝於大
國，實立憲能戰勝於專制也。

　　綜觀以上之所陳，則世界立憲之大概，與日本立憲之
情形，可以得矣！而奴才顧謂立憲可以固國體者何也？今
天下，一國際競爭之天下也。國際競爭者，非甲國之君，
與乙國之君競爭，實甲國之民，與乙國之民競爭也。故凡
欲立國於現世界之上者，非先厚其國民之競爭力不可。國
民之競爭力有三：一曰戰鬥之競爭力，一曰財富之競爭
力，一曰文化之競爭力。備此三者，而後帝國主義可行。
帝國主義者，聚全國人民之眼光，使之射於世界之上，高
掌遠蹠，不爲人侮而常欲侮人，不爲人侵而常欲侵人。故
軍國主義者，即戰鬥之帝國主義也。殖民政策也，勢力範
圍也，門戶開放也，利益均霑也，關稅同盟也，即財富之

帝國主義也。宗教之傳播，國語之擴張，風俗習慣之外展，即文化之帝國主義也。今之列國，或於此三主義中，取其二焉，或並取其三焉，而要以戰鬬、財富爲尤重。大抵欲行帝國主義者，咸以財富、文化爲先鋒，而以戰鬬爲後盾，此爲今日世界列國之公例。循是者興，反是者亡，無可逃矣。立憲政體者，所以厚國民之競爭力，使國家能進而行帝國主義者也。何以言之？中國古時，鎖國閉關，獨自爲治，其所稱爲外患者，不過沿邊之小部落，而又以越國鄙遠爲戒。故其時，常重内患而略外憂，雖得君如秦皇、漢武、唐太宗、元世祖，得臣如張騫、甘英、房杜、耶律楚材等，而文化祇及於域中，武功終屈於海外。何也？蓋無國家主義之競爭，無國民主義之行動，祇須一二之賢君相，指揮號令於上，而是時之民，不過作君相之機械而已。今也不然，八宇交通，萬國並峙，其競爭也，常取於國家主義；其行動也，常取於國民主義。苟其國家國民，依然祇有機械之資格，則欲以一君一相最少數之人，而與五洲萬國無量沙數之人對抗，以云鬬力，不啻蚷之撞鐘；以云鬬智，湯武其猶病之，此固可以斷言者矣。

然則立憲政體之所以必能厚國民之競爭力者，則又何也？夫立憲之國家，其人民皆有納稅、當兵之義務，以此二義務，易一參政之權利。君主得彼之二義務，則權利可以發展。國民得此一權利，則國家思想可以養成。斯時也，君主又爲之定憲法，爲臣民權利之保障，而臣民又得於國會，協贊君主之立法，及監督國家之財政。上下共謀，朝野一氣，一休一戚，匪不相關，如家人父子者焉。夫如是也，以云戰鬬，則舉國團結一致，爲對外之舉。所謂"臣三千，惟一心"者是也，而戰鬬力足矣。以云財富主義，則平日君主政府，常藉國力以獎勵其殖民，保護其貿易，戰時則以國家之信用，募集内國之國債，而人民因欲保其身命財產也，不得不先割其財產之一部，以應國家之要需。所謂"百姓足，君孰與不足"者是也，而財富充矣。以云文化，則教育之事，地方可以各出財力以自謀，政府常爲監督而獎勵之。義務教育既易於普及，則進而上之，爲文學，爲宗教，爲道德，爲風俗，爲言論，發揮其固有，鎔鑄其新知，聖學逐漸以昌明，異端無庸於置喙，寖假行於全國焉，寖假行於各藩屬焉，寖假行於本洲焉。所謂"聲教迄於四海"者是也，而文化盛矣。夫戰鬭、財富、文化，既爲帝國主義之要端，而是三者，則斷非不立憲之國，所可以夢想而幸獲。何也？不立憲，則其國家之機關不完。其在上也，不能謀國民之發達，而下之國民，亦因被上之拘束，不能自謀其發達。夫國民之不能發達，則其競爭力不厚，競爭力不厚，則不足以立於國際競爭之場，而於此獨謂能行其國家主義者，此地球之上未曾有也。昔奥大利曾謀久以專制立國，結神聖之同盟，卒之一敗於意，再敗於普；俄國爲世界著名之專制大國，一遇彈丸黑子之日本，竟至喪師。今則普、奥二國，既先後立憲矣。普自勝奥勝法之後，鐵血宰相之政略，久足以懾寰球，而俾士麥則亟亟於發布德意志帝國之憲法。日本自幕府歸政以來，版籍奉還，廢藩置縣，中央集權，日形鞏固，亦何嘗樂於立憲哉？然外有國際競爭之劇烈，知非立憲而謀國民之發達，則不足以圖存。蓋大勢所趨，終難久抗。祇因其見機之早，故不必如歐洲列國之革命流血，竟告成功，此誠其大幸者也。夫日本之立憲，距今將二十年矣。此二十年來，世界列強，政局又屢變不一，而今日之亞東大陸，適爲環球視綫所趨。當此之日，縱使憲政即行，而事既後於日本二十年，機又危於日本數十倍。將來成敗，猶未可知，況乎兵欲渡河，猶作宋人之議論哉？

　　以上所陳，皆立憲可以固國本之説也。而奴才更謂立憲可以安皇室者，又何也？夫專制之國，其皇室每與國家相牽連，故往往國家有變，其影響必及於皇室。日本從前亦復如是，觀其大寶令之所載，可以知矣。自維新以後，大改制度。凡於人民發達有直接關係之事，則移諸國家，而於天皇有直接關係之事，則歸諸皇室。皇室、國家之劃分，純以責任爲標準。有責任者，天皇使國務大臣負之；無責任者，則命宮内大臣任之。蓋政治之事，依於國民之狀態而時有變遷，國務大臣隨其變遷而達政治上之目的。而皇室之事，則關係天皇，永無改變，並無責任之問題，故以宮内大臣掌之。日本宮内省官制，凡涉及國家之事，宮内大臣與國務大臣協議而行，而令國務大臣負其責任。所以然者，蓋恐宮内大臣若對國家而負責任，一有不慎，或貽皇室之憂。以是之故，宮内大臣之職務，全超然於國家政治之外。宮中官吏，有時被選爲貴族院議員者，則祇許其擇就一職，所以防國家政治上之風波，影響及於皇室也。凡此區分，名曰間接政治。間接政治者，謂依據憲法以組織施行之機關，由此機關，間接以行政治也。蓋君主國體，皇位本爲世襲，其間難保無一二失德之主。若非行間接政治，則施發號令，一拂民情，便危皇位。故一夫不獲，時予之辜，萬方有罪，罪在一人。在昔方引爲美談，而其實以君主一人自任天下之重，苟非堯舜，則未有不危殆者。吾國自湯武以來，征誅之局成爲慣例者，大率以此。而現今立憲各國，則内閣旦夕有更迭之事，君主萬年無易位之憂，責任所關，可以覩矣。或謂若行間接政治，則君主所管者祇有皇室事務，而國家事務全在大臣之手，如是，則君主不將徒擁虛位，而大臣不將竊弄權柄乎？斯言也，奴才竊亦疑之，及詳細考究而知其不然，試引一例以言之。今有一商人，其先第就家室之內，經營商業，久之家政與商業相混，於是家之存亡，一係於商之贏絀。後知其法之不善，乃別設公司於外。公司之中，有理事，有株主。商人出居公司，則居於理事長之地位；入居家室，則居於家督之地位。公司有公司之章程，家室有家室之規矩。家政、商業，兩不相關。如是，則公司雖有虧折之虞，而理事、株主，人人有責，彼商人之家室，固毫無影響也。惟國亦然，皇室者家室也，國家者公司也。君主對於皇室所處之事務，亦猶商人對於家室所處之事務；君主對於國家所處之事務，亦猶商人對於公司所處之事務。商人經營公司，可以居理事長之地位；君主創業垂統，自當握總攬之大權，皇室則愈見安全，權力固未嘗減少。考諸憲法之實際，足以徵信而無疑。

舊時憲法之精神，在於三權之分立。三權分立之說，在昔孟德斯鳩本有誤解。彼之所言，謂國家立法、行政、司法三大權，宜各設特別之機關而行使之，互相獨立，不受牽掣。是說由今觀之，不能無弊。何也？夫所貴乎國家者，以有統治之權力也。統治權係惟一不可分之權，若其可分，則國家亦分裂矣。故擘分國家主權爲三事，而使分任之者，各自爲其權力之主體，此種理論，實爲國權統一之原則。大抵近今立憲國家，固以孟氏之論爲基礎，然捨美國實行分權制度外，餘則未有不曲加改良者。其在日本，則如司法之裁判所。其法律本爲君主所定，裁判官特以君主之名，執行法律。故裁判官直轄於天皇，不受他機關之節制，以此謂之司法獨立，非謂裁判所別有法律，雖天皇不得干預其事也。此司法獨立之未嘗減少君權者一也。至於立法之議會，在日本議會，不過有協贊立法之權耳。其裁決與否，屬天皇之大權。至法律案關係重要者，政府猶得用種種之方法，操縱議員，以求其通過。而最終尚有命其解散或停會之權。其議會提出法案，雖亦憲法所許，然其議決上奏者，天皇可下內閣審議。內閣若以為有礙政府施政之方針，則不奏請裁可。於是議會提案，遂以未經裁可，不得成為法律。此立法獨立之未嘗減少君權者二也。若夫行政之內閣，則尤為完全屬於天皇施政之機關。自表面觀之，內閣大臣，事事宜負責任，其權似較天皇為尤大，而實際則不然。日本憲法，國務大臣之負責任也，非對於議會負責任，實對於天皇負責任，故天皇有任命大臣更迭內閣之權。而關於皇室國家之事務，其應如何區分，一任天皇自由之判別。天皇對於皇室之事，固可自由處置，而對於國家之事，苟其不背憲法之條規，皆得以命令其內閣。內閣大臣對於國家之事務，苟其稍涉重大，則無一不宜奏請而後施行。夫英國，議院內閣也。其內閣大臣權力，宜較大於日本矣。然千八百五十年，宰相巴氏，因未經奏聞，擅認拿破崙三世為帝，女王維多利亞遂罷免其職。英國如此，日本可知。此行政未嘗減少君權者三也。君權未嘗減少，而此間接政治，既可以安皇室，又可以利國家，元首為其總攬機關，皇室超然於國家之上，法之完全，無過此者。以上所陳者，皆立憲可以安皇室之說。奴才所謂政體急宜立憲者，此也。

所謂憲法之必當欽定者，何也？考憲法制定之歷史，有東西各國之不同。就形式以爲言，有三種之區別，即欽定憲法、協定憲法、民定憲法是也。欽定憲法，出於君主之親裁；協定憲法，由於君民之共議；民定憲法，則制定之權利在下，而遵行之義務在君。大抵君主國體，未經改革，或改革未成之國家，其憲法仍由欽定，如日本與俄是也；已經改革，或經小變亂，而未變其君主國體之國家，其憲法多由協定，如英、普、奧是也；既經改革，而又盡變其君主國體，或脫離羈絆，宣告獨立之國家，其憲法多由民定，如法、如美、如比是也。憲法制定之形式，既有三種，而政治運行之實際，亦遂不同，即學者所稱大權政治、議院政治、分權政治是也。大權政治者，謂以君主爲權力之中心。故其機關雖分爲三，而其大權則統於一。其對於內閣也，得以一己信任之厚薄，自由進退其大臣。其對於議會也，則君主自爲立法之主體，而議會不過有參與之權。議會雖有參與之權，而君主實仍操裁可之柄。其對於裁判所也，其裁判權雖寄於裁判所，而大赦、特赦、減刑、復權之事，仍屬天皇之自由。此大權政治之大概也。議院政治者，以議會爲權力之中心，立法之權，既全歸於議院，而行政之權，亦間接而把持。君主行政，必須內閣大臣之同意，而內閣大臣之進退，又視政黨意見之從違。蓋立法、行政之權，皆混同於議會之內矣。此議院政治之大概也。分權政治者，其大統領則有行政權而無立法權，其議院則祇知立法而不問行政，界限分畫，兩不相侵。此分權政治之大概也。雖然，後之三種政治，實與前之三種憲法，有因果之關係焉。何也？蓋憲法由於欽定者，未有不取大權政治者也；憲法由於協定者，未嘗不欲行大權政治，其終未有不流於議院政治者也；憲法由於民定者，則大權政治，議院政治，皆所不取，蓋皆行分權政治者也。
故日本之憲法，欽定也，而大權政治生焉；普國之憲法，
協定也，而不能行大權政治；英國之憲法，亦協定也，而
議院政治生焉；法、美之憲法，民定也，而分權政治
生焉。

考此三種之政治，不能卒斷其短長，儻持國體以為
衡，實以大權為最善。而欲行大權之政治，必為欽定之憲
章。夫憲法之中有大端，即君主、臣民、政府、議會、軍
隊是也。此五大端者，皆無害於國體，而無損於主權。然
憲法苟非由於欽定，則此五者，皆不免為流弊之滋。何
則？查歐洲各國君主，雖亦稱為皇帝，實不過其歷史相沿
之敬稱，而未必即為握有主權之元首。例如德國君主，亦
皇帝也，而其實際，乃聯邦最高之機關。皇帝與帝國議
會、聯邦議會，實立於同等之地位。比利時憲法，認主權
出自人民，故其國王大權，每為憲法所制。其他法蘭西諸
國，係君主之地位，大抵與比利時相同。推其原因，皆其
憲法咸出於協定，咸出於民定耳。惟日本憲法，由於欽
定，開章明義，首於天皇，而特權大權，又多列記。匪特
列記已也，即其未經列記之事，亦為天皇固有之權。今試
就其列記者言之：一曰裁可法律之大權，二曰召集議會及
開閉解散之大權，三曰發行法律勅令之大權，四曰發行政
命令之大權，五曰定行政各部官制及任免文武之大權，六
曰統帥海陸軍、定其編制及常備兵額之大權，七曰宣戰、
媾和及締結條約之大權，八曰宣告戒嚴之大權，九曰授與
榮典之大權，十曰恩赦之大權，十一曰非常處分之大權，
十二曰發議改正憲法之大權。凡此大權，皆為歐洲各國憲
法所罕有，而日本學者，尚謂有漏未規定時啟疑問之端。

中國制定憲法，於君主大權，無妨援列記之法，詳細規定，既免將來疑問之端，亦不致於開設國會時，爲法律所制限。此欽定可以存國體而鞏主權者一也。

至於臣民之權利，規定於憲法內者，實自美國始，而法國繼之。自後歐洲日本，制定憲法，皆專設爲一章。如所謂身體自由，居住、移轉自由，信書秘密自由，信教、請願自由，言論、結社自由，住所不可侵，所有權不可侵，不知者方謂其民權之伸張，已達極點，充其所至，實可貽犯上作亂之憂。而豈知日本憲法，其揭載臣民權利自由者，莫不限之以法律。如言論、出版、結社、集會之自由也，則歸於法律範圍內有之，是則出乎法律範圍外者，可以禁止無疑矣。如所有權之不可侵也，則解之曰認爲公益必要之時，當依法律所定，則是必無關於公益必要者，方許以不可侵之權無疑矣。其他如住所、如信書秘密，亦必以無反法律之所定，方許其爲不可侵；信教自由，必限以無背義務，無害安寗；請願自由，必從別定之規程，守相當之敬禮。而際戰時及國家事變之頃，猶有不得礙天皇施行大權之明文。據此而言，則臣民權利自由，實不過徒飾憲法上之外觀，聊備體裁，以慰民望已耳。何也？臣民之權利自由，必間接而得法律命令之規定，非可由憲法上直接生其效力也。且立憲國家，未有不重行政之命令處分者。當行政權行使之時，臣民未嘗不負服從之義務。故臣民權利，受其限制者極多。英國，民權發達之國也。而治安判事，尚兼行政、司法、裁判之職權，遇有違反行政規則者，得行其強制之力，所謂強制權者是也。而日本之《行政執行法》，亦於明治二十三年，以法律敕令明定之。此國家對於臣民有強制權之明證也。強制權之外，又有所

謂非常權。非常權者，謂人民苟以暴力抵抗命令之時，事
小者用警察，稍大用憲兵，再大者用軍隊，尤大者天皇可
以宣告戒嚴焉。當施行戒嚴令之時，則舉其平日歸於司法
行政所保護之臣民權利自由，一切置諸軍隊處分之下。以
民權最大之法國，猶爲此戒嚴制度之濫觴，是後各國，從
而仿之。此國家對於臣民有非常權之明證也。或疑中國人
民，本來安靜，一言權利，未免囂張。不知歐洲各國之憲
法，或協定，或民定，其人民權利既無制限，而義務亦多
自由。日本爲欽定憲法，苟不規定臣民權利，既違憲法之
原則，亦何以責其納税、當兵之義務乎？且其所謂權利
者，如居住、如轉移、如言論、如信教等，皆中國所視爲
固有之權利，而日本皆定憲法之中，其操縱之意可知矣。
雖中國制定臣民權利，不必盡如日本，而操縱之法，則必
使出於上之賜與，萬不可待臣民之要求。此欽定可以存國
體而鞏主權者二也。

　　政府者，政治之府也。在立憲國之政府，必置國務大
臣，又以國務大臣組織內閣，而國家行政上之機關乃備。
自表面而觀，國務大臣之權，似爲甚大，而不知立憲政體
之妙用，即在此焉。蓋君主神聖不可侵，既爲憲法上之原
則，倘萬幾自負責任，則苟有違憲之事，必爲指摘所歸。
故日本憲法，明定國務大臣有輔弼天皇之責任，而一切命
令，均副署焉。蓋不明定於憲法，則責任不能專。責任不
能專者，政府即不能成立，而在上或不免專斷之失，而在
下者更難免委卸之心矣。且國務大臣，雖爲輔弼君主之重
臣，而君主毫不受其拘束。英國，議院政治也，而凡內閣
決議之事，一切均須上奏。美國，分權政治也，而任免大
臣之權，仍操於大統領之手。比利時憲法，純爲民定，而

比王對於憲法上所定大權範圍之內，尚得自由行其方鍼，如國防也，海外貿易也，殖民政策也，皆自選英賢，詢以大計，而內閣向不與聞。夫以議院政治、分權政治之英、美、法、比等國，其君主對於大臣，猶有莫大之權，而所謂大權政治之日本，益可知矣。日本之國務大臣，不對議會而負責任，乃對天皇而負責任。大臣失政，則天皇自由罷免之；大臣奏事，則天皇自由准駁之。其所以異於專制國者，則大臣若以天皇所下命令，有背憲法，不敢擔負責任，可以拒其副署，不經大臣之副署，則天皇命令終不得施行，此則所以防專制之弊者也。雖然，不經鳳閣鸞台不得爲敕，我國自古封還詔書及署紙尾之事，已數見而不鮮，史家皆傳爲美談，明主亦樂其獻替。可見中西制度，不謀而同。今日若設內閣，不過復中書省之舊制而已，豈有損君權於萬一哉？此欽定可以存國體而鞏主權者三也。

大凡君主國體而取大權政治者，其國會，與民主國體取分權政治或君主國體而取議院政治者，判然不同。英國國會，實握有立法、司法、行政之三權，故有萬能議院之目，名爲立憲，實則國會專制之政治也。如美，如法，如比利時，亦皆以國會種種之權，列諸憲法之上，而有未曾列記者，亦視爲國會固有之權。蓋民主國以主權在民，故以代表人民之議會爲主權之主體；而君主國則主權在君，人民實居於客體，雖以代表人民之國會，亦不得不居於主權之客體焉。且也，歐洲各國，其國會恒與君主立同等之地位，共握有立法權者，亦各有其歷史之關係，餘波流衍，以至於今。故君主與國會，猶平分其立法之權利，英國如是，法美可知。苟其國體向爲君主，則國會之權限，萬不能與君主相侔。昔普魯士因預算案一事，議院欲上奏

彈劾政府，普相俾士麥揚言於議場曰：國會苟以此上奏，
是要求普魯士王室，舉其憲法上之權利，讓於國會也。此
亦可以見普國國會之權限矣。日本國會權限，舍憲法上所
規定者外，別無他權。其所定於憲法上者，一則協贊立法
權，一則議決預算案。其餘如上案，如建議，如受理請
願，雖屬國會之職權，而其采納與否，權在天皇，非國會
所得以要挾也。法律案之提議，國會雖亦有之，而裁可仍
聽之天皇。至於改正憲法之權，解釋憲法之權，亦全操於
天皇，非國會所能置喙。蓋天皇統治權之行使，為國會所
參與者，實不過法律與預算而已。若夫開會、閉會、停
會、解散、緊急命令、獨立命令，無一不屬於天皇之大
權。若非純粹欽定憲法，安得有此？世或有疑國會可以侵
君主之權，掣政府之肘者，誠知其一而不知其二矣。此欽
定可以存國體而鞏主權者四也。

　　夫國家之不能無軍隊，此其故，亦無待煩言矣。雖
然，軍隊之經營，國家之經營也；軍隊之行政，國家之行
政也。行政之事，屬於政府。行政責任，屬於國務大臣。
而國務大臣之職守，與軍隊之目的，乃常生扞格之勢。何
也？國務大臣之職守，以發達國民為目的，務在省其經
費，以輕國民之負擔。而軍隊所需之經費，則務在求多，
此扞格一也。國務大臣之職守，以力圖國內生產為目的，
故凡可為生產之要素，全國壯丁，募集務求其可。而軍隊
目的，則常欲厚其兵額以固國防，此其扞格二也。抑國家
事務，無論大小，其責任皆國務大臣負擔之，而協贊預算
之權，亦專屬於國會，此二者，立憲之大原則也。今苟以
軍隊行政權屬於國務大臣行政權之下，則軍隊之勢力，必
有流於薄弱之憂。如美，如法，是其例也。若以軍隊統帥

權置諸國務大臣管轄之外，苟其常備兵額，漫無制限，而預算所繫，又安能以責任委諸國務大臣。故欲定兩者關係之何如，其問題實爲最困難矣！查美國之制，文武不分，大統領以文職統帥陸海軍，陸海軍之將校，亦皆文職。其平時兵額不過六萬，猶不及日本警察官之總數。且其兵爲義勇，介於僱傭之間，非視爲國民當盡之義務。以是之故，美之兵力，最爲薄弱，倘遇戰爭，易敗難勝。其所恃無恐者，則因財力雄厚，雖經一二挫敗，猶可以爲持久之謀。法國自定共和政體以來，軍隊之權，屬於行政權之下，其大統領雖有統帥權，常令陸海軍大臣當指揮之任。於是統帥事務，亦屬之國務大臣。故其軍人反對此等制度，而國會則贊成之。且恐國家多啟戰爭，增長軍隊勢力，以爲苟又有拿破崙之雄主，則難保不改弦易轍，重其統帥之權，以覆共和之政體也。英國軍隊，本屬王家。自克林威爾內閣以來，乃以軍隊置諸國務大臣監督之下。自古利米亞戰爭以後，議院又有特設調查軍隊之委員，於是軍隊又間接而受議院之監督矣。以上代國王統率之司令官，猶須隸屬於國務大臣職權之下，故層層掣肘，全失軍隊行動之自由。要而言之，英之憲法，由於協定，萬能國會，常攬大權，其統帥權之不能獨立者，實受議院之監督也。若美、若法，民定憲法，其用意更別有在。日本之憲法，欽定者也。故其憲法第十一條曰"天皇統帥海陸軍"，第十二條曰"天皇定陸海軍之編制及常備兵額"，第十三條曰"天皇宣戰、媾和及締結各種條約"。觀此三條，則知日本軍隊統帥之權，全握於天皇一人之手。蓋以國家事務與統率事務，互相獨立，而使戴同一之首領，以調和聯絡於兩者之間。其軍隊之行政事務，雖屬於國家事務，而天皇則本爲國家之元首矣。其軍隊之統帥事務，不可以附麗於國務大臣也，而天皇則實爲軍隊大元帥矣。維持二者之權衡，聯絡二者之關係，立於國家元首之地位，則行其國家行政之大權；立於軍隊大元帥之地位，則行其軍隊統帥之大權。而又恐文武兼裁，力有未及，於是置國務大臣、樞密顧問，以輔文治，設軍事參議院、陸軍參謀本部、海軍軍令部，以佐戎機。本其萬乘無對之尊，立於輔助機關之上，下則分途共治，上則挈領提綱，界限分明，事權統一，此其制度之善，實爲各國所無。日本之所以克强者，全在乎是矣。夫我朝兵制，超越前古，統帥之權，本在皇帝，而軍隊行政，分寄之部臣疆臣，不獨前代藩鎮之弊，可以掃除，即日本憲法所謂天皇有統帥海陸軍大權者，我列聖天錫智勇，固已開之先例矣。自咸同軍興，曾、左、胡、岑諸臣，督師剿匪，而疆臣間掣其肘，遂以兵權委之督撫，其後遂成慣例。循此以往，則統帥權與行政，必致兩相混淆，蹈美、法諸國之弊。今若採鄰邦之新制，復列聖之成規，收此統帥之大權，載諸欽定憲法，則機關敏捷，既足徵武備之修，帷幄運籌，實可卜國防之固。此欽定可以存國體而鞏主權者五也。

抑奴才尤有請者。憲法者，國家之根本法也。是一言國家而皇帝亦包括在內。故歐洲各國，凡關於皇室之事，或詳定於憲法之內，或不見於憲法之中，此由國體不同，故制定之法亦異。日本參酌二者之間，憲法第二條，止載"皇位繼承，以皇男子孫"之一語，而繼承之法，以《皇室典範》另詳之。皇族之事，以皇室令規定之。蓋以皇位爲國家之主體，亦即憲法所由來，不將皇位明定於憲法之中，即不能劃分皇室於國家之外。其分於國家之外者，所以保皇室之安寧；其存於憲法之中者，所以明國家之統緒。故日本臣民，對於《皇室典範》，與日本《憲法》同視爲國家根本法者此也。中國自禹湯以來，已開家天下之局，故國家之治亂，即爲皇室之安危。日本國體，舊與中國相同，而其皇室未嘗改移者，實以大權之不在君主。及明治廢藩，大權獨攬，似乎可仍前例矣。乃因內鑒於本國諸侯之興替，外觀於各國皇室之永存，毅然決然，改從新制，此其故可深長思矣。國家制定憲法，則皇室之事，自應與憲法同時制定，以爲國家之根本法。或詳載於憲法之內，或如日本，另以《皇室典範》規定之，非奴才所敢妄議。惟茲事重大，國本攸關，擬請慎擇廷臣，多設顧問。又開皇族會議，原本我朝之家法，參酌列國之新章，損益因時，折衷至當，恭候我皇太后、皇上欽定，垂爲典要，與憲法同尊，則我國家萬年有道之長，豈止比隆周漢也。

　　奴才身受厚恩，躬膺寵命。簡書在畏，本未敢以懷歸；邦國所覘，亦有聞而必録。情既通乎彼己，事每較其短長，確知非實行立憲，無以弭內憂，亦無以消外患；非欽定憲法，無以固國本而安皇室，亦無以存國體而鞏主權。大權政治，不可不仿行。皇室典章，不可不並重。伏願我皇太后、皇上，覽此國家多難之時期，深維祖宗創業之匪易，大施英斷，咸與維新，措天下於治安，與黎民而更始。所有奴才考察日本憲政情形，恭折具陳，伏乞皇太后皇上聖鑒。謹奏。

　　右摺純由日本學者穗積八束等所灌輸之知識，所論帝國主義及三種競爭力云云，尚得大概。蓋破空之論，固易爲工，泛泛言之，無所用其瞻顧。然如文化競爭，非極言論思想之自由，安足以當發揮固有、鎔鑄新知二語？己則甚野而自以爲文，方日就消耗之不暇，何競爭之足云？摺語不探其本，則雖空論中已不免有所顧忌矣。至涉及吾國政體各節，自是日本老博士見解，較之於式枚憑臆詆毀者，大有徑庭。日之後起英傑，極不謂然。但在今日，吾國自必多納其言，此亦不可逃之階級。備録之，可以衡量後此發布之宗旨，或猶賢乎此，則庶幾神明之胄，不爲東方耄學所束縛，局促如轅下駒也。此則關乎立法者之程度矣。達壽所考察者爲日本，宜其言如此，正在官言官之意。又有國會年限無妨預定憲政預備不可過遲摺，破除程度不及一言，專以預備不周爲説，與憲政編查館所頒預備年限，頗沆瀣。又奏先立内閣統一中央行政機關一片，此亦屢經提議尚未解決之問題。其注意尤在行政機關完備之後，乃發生國會，使國會將來少干涉各種公法之餘地。另折奏考察事件，呈明所得爲穗積八束、有賀長雄及貴族院書記官長太田峰三郎等師説，所已講者爲"憲法歷史"、"比較憲法"、"議院法"等，聲明行政、司法、財政三類，歸後任李家駒接續講論，進呈考察事件五類十五冊，均以七月十一日入奏。均奉旨："憲政編查館知道"，欽此。至各省請願國會，上書時領銜及代表人，除豫、蘇、皖、湘已見前篇而外，直隷領銜爲劉春霖，代表爲王劭廉、胡家麒、王法勤、烏澤聲、康士鐸、温世霖、孫鴻儀七人；京師領銜爲孫毓文，代表爲馮恕、孫壯二人；八旗領銜爲恒鈞，代表爲常文、黄榮惠二人；吉林領銜爲松毓，代表爲文者、慶山二人；山東領銜爲于洪起、錢金榜二人，代表爲宋紹康、陳命官二人；八旗山東，領銜亦在代表之列，蓋皆親賚赴院者。山西、浙江兩省，領銜未詳，代表人山西爲常松壽、李鳳翔、劉懷瑛三人；浙江爲葉景萊、邵義、蔡汝霖三人。其事實違異者，封江漢日館，查禁政聞社，或別以嫌忌故。惟都察院之收受請願書，而又不爲代遞，憲政公會之歡迎代表，而又以運動過激，恐生阻力，吹散繼起者。台官視政府之意爲進止，則非台綱，政黨視政府之意爲前卻，亦恐非會約。允許與否，上之權力；請願與否，下之知識。以各省士民之資格，處預備立憲之時代，上請願國會之呈詞，謂有不韙，夫孰喻之？至八月朔詔下而情事又一變矣。

第五卷第九期

光緒三十四年八月大事記

初一日　欽定開設國會年限。　是日，憲政編查館、資政院、王大臣會奏，進呈憲法議院選舉各綱要，暨議院未開以前，逐年應行籌備事宜，奉旨云云，恭錄"法令篇"首。按照逐年籌備節次，以九年爲限。其憲法及議院選舉各法，既奉諭將來編纂，即以所定綱要爲準則。此館、院諸臣之責，吾士民未容過問。惟九年籌備各事，士民有可以助力者，有即不能助力，亦當如期懸望。既自驗各省之程度，亦藉以時時相告勉，漸近國與民休感相共之會。以故本雜誌"憲政篇"中，即按年臚列欽定籌備事宜以爲綱，而按月彙其成績，爲吾士民獎其及格者，而督促其遲迴不遷進者。相觀而善，君子或有取也。

革職拿問綏遠城將軍貽穀等到部。　本年春二月，歸化城副都統文哲琿奏參貽穀敗壞邊局、欺矇取巧、蒙民怨恨各款，當派協辦大學士、軍機大臣鹿傳霖、度支部左侍郎紹英等前往確查。嗣據貽穀奏參文哲琿等侵吞庫款，亦諭令鹿傳霖等一並查辦。鹿傳霖、紹英於是月初十日請訓，並奏調隨員人等，檢帶度支部案卷，二十九日行抵歸化城。途次，先電致陝西撫臣恩壽檢齊有關河套墾務案卷，馳送歸化行館，又札委吏部主事王憲章馳赴陝西榆林府調閱案卷，就近赴烏準、杭錦各旗訪查。抵歸化後，又派度支部主事劉澤熙前赴包頭南站等處采訪輿論，並守提包公司文書簿籍，一面咨會該將軍，凡參案有關之卷宗，悉令檢齊咨送，以憑查究。並摘傳墾局及綏遠城在事各員面詰，彼此印證。於四月初二日覆奏，指原參有虛有實，情節有重有輕，蓋傳查所得，尚有浮於原參之外者，括以二誤四罪，臚列甚析。奉旨："貽穀著革職拿問，由山西巡撫派員押解來京，交法部審訊，監追治罪。文哲琿亦有侵挪庫款之狀，且始與同罪，並著交部嚴加議處。山東候補道斌儀、雲南候補直隸州知州景禔、五原廳同知姚學鏡均革職，拿交法部監追治罪，餘革職治罪有差。"旨下，久不報到，辯誣之書盈天下。

至是，原查大臣鹿傳霖復單銜奏劾，略言"歸綏至京，不過半月程，乃經數月，迄未報到。聞其藉交代名，抽卷捏帳，自刻冤欹數千分，廣爲散布。從來逮問大員，無此膽大。臣與紹英查辦此案，固不敢見好，亦何至苛刻？據實直陳，貽穀竟出怨言，逗遛京外，率子姪肆意營謀。果有冤抑，可至法部質訊辯駁。其巧立公司，爲侵吞之確據。請飭下法部，速提該革員等到京訊辦。如須查卷，臣等封存歸綏署之五箱，雖有抽換，尚可於彌縫未周處得其實際"云云。摺上而貽穀亦到，同到者有斌儀、姚學鏡，景禔尚在逃云。

直隸諮議局開辦選舉事宜。

諮議局章程頒自六月二十四日，詔甫下，士民稍稍擬議，尚未有所實行。官長則漠然若有所待，稱開辦自直隸始，且所開辦乃選舉事宜，則即調查編造選舉人名册等入手方法可知，較之後來各省遍委司道各員，空張一籌辦處門面而自稱開辦者，尤有虛實之別。并聞籌措經費，規畫甚偉，見"憲政篇"。

陸軍部奏兵艦巡歷南洋辦法。

光緒三十三年秋，特命農工商部右侍郎楊士琦充考察商務大臣，考察南洋華僑商務。逾冬及春而返，頗有所論列薦舉，陸續見前各期雜誌。於三月十八日，復奏海軍人員請補實官一折，並附片奏請每年派軍艦巡歷南洋。並於四月二十七日，由陸軍部會同南北洋大臣議覆，得旨允行，至是始定辦法。摺言"電商總理南北洋海軍事務廣東水師提督薩鎮冰，據稱北洋巡洋艦僅有四艘，每年巡歷南洋，衹能派兩艘前往，巡閱三個月，以冬令爲宜。今歲十月，因接待美艦隊，勢必運行，故巡歷幾埠，此時未能預定，屆期再行妥酌。臣等查該提督所擬妥協，嗣後每年十月初間，即照章辦理。本年俟接待事畢放洋，屆時知照農工商部遴派妥員同往"云。僑商遠適異國，以一見中國兵艦爲樂，此亦由各國國旗所到之説激刺而然。而今而後始獲見漢官威儀，不可謂非一大紀念，然慰情勝無，乃醉人爲瑞之意。士琦原奏，稱上宣威德、下慰商僑云云，蓋於華僑之外，尚有震懾懷柔之作用。説者謂威且未可恃，至欲使外人戴德，或者期之尚早也。

初二日　會議組織新內閣。

此問題議不一議。是日之議，見各報有此確定之日，姑記之。原吾中國古來政體，雖不知憲政爲何物，然責任政府之意，則早有成憲。周官太宰，綜攬庶政，甚至轄及宮中，此豈後世吏部，掌一停年格簿籍，爲胥吏之所爲者，而可忝竊天官之職號耶？秦漢尚有丞相，魏晉已後，政歸三省，諸曹尚書，乃其屬吏，中書政本，無所不統，以迄宋元，大體未改。明初懲藍、李之獄，以置相爲一代大戒，以六部上擬六官，實與周官大異。中葉以後，所謂大學士者，始爲侍從之臣，後爲大臣所借襲之名，而內閣之勢重於真相。我朝始設內三院，猶明中葉之制，後真以大學士爲相，而實權已漸移於軍機處矣。要而言之，古不諱言置相，而專制之下，易竊威福，固未嘗無權姦挾相位以禍國家者。然稍或得人，則以天下爲己任，相業正非近世可比。明不置相，而大學士、司禮監之禍國，烈於往古。我朝置相而桎梏之，實權皆落於無責任之地，其用意蓋與明同，何謂無責任？古人公然立相，天下之望治者，功罪俱有所歸。明以來大學士、軍機處之流，分如天子之幕職，手秉宸筆，口銜天憲，功罪皆莫識主名。蓋自明祖廢宰相以來，受煬竈之福，則與古同，而“相業”二字不復見於五百年來之史冊。江陵綜核，微有可稱，猶假手於奄竪以自固，蓋以一身繫宮中、府中之重，如漢唐宋之時之有所謂社稷臣者，迥不相類。猶是讀聖賢之書，而大臣之風掃地。嗚呼！豈盡士大夫之無良，亦國家本無責任政府之制度故也。今即不欲遽師法外國，吾與當軸言古制，抑亦當知所變計矣。

初五日　著御史秦望瀾回原衙門行走。

望瀾封奏爲貽穀辨誣甚力，並將貽穀所刊送之《蒙墾帳略》，幾全文敘入，以爲並無侵吞之據，讀者望而知爲有所受之。奉旨斥爲有意開脫，殊屬冒昧，難勝風憲之任，原摺擲還，著回原衙門行走，以示薄懲。望瀾由民政部主事保送御史，今仍回民政部。議者以爲樞臣擬旨，尚有所瞻顧而縱也。貽穀以巨贓聞，四月二日拿問之旨，即指其勒收地價至四百餘萬兩，除支撥有案及代爲約計用款外，查無用項者尚有二百餘萬之多。其寄頓處所，已諭所隸旗籍及步軍統領順天府府尹等查追。據稱稱挾同隱飾，未易究詰，具此資力，復與慶邸有連，疑議之詞，道路藉藉。其子吏部郎中忠編，訟冤之書數上，情詞頗工。貽穀屢經審訊，親供亦狡執，父子訴詞皆牽涉江甯布政使樊增祥宿怨，以增祥爲查辦大臣隨員，覆奏出其手也。今尚以景禔未到未定案。景禔始在逃，後已就獲，由山西巡撫解京矣。

初七日　吏部奏改選章程。

見“法令篇”。吏部冒周官之太宰，其職固大異。即魏晉所掌之銓政，當時爲宰相一屬僚，專備夾袋之用。自崔亮作“停年格”，吏部乃真胥吏之用，自古以爲詬病，而卒以賢不肖無別，同受器械之作用，尚足杜專制國任意黜陟之弊。新政以興論爲本，而用人亦當復古時自辟僚屬之意。近時議裁吏，實滌除宿垢之第一義。今雖裁部尚有待，先以此空其所事之事，殆亦抽薪止沸之所爲，而吏部之窟穴漸去矣。

初十日　學部片請嚴核游學畢業生。

時議頗不信留學日本學生，至是部有是奏。定爲考試之前，先由部考驗普通學大要及日文日語，以爲淘汰之計，而其有普通畢業文憑者則免。夫中材達官，若以考試爲可恃，則考時自有優劣。若自知以耳爲目，而特於考試之外，藉端以苦之，則學問自有不關普通學者。中、日本係同文，日語更無論也。士必求試，試士者即以此作難，倘由是激動學者爲社會盡力之意，則專制國以野無遺賢爲盛美，以剝奪人民之能力者，或稍稍破除乎？學人之致用，必局於得一官以自效，此尚足與今世各國相角逐耶？觀"法令篇"所載，前月三十日，部臣所定畢業請獎執照章程，以詞訟註誤等至不肖之護符相市，又强迫請獎，令文憑之外，必輸費若干，始有護符之用。嗚呼！强迫教育，未知行於何日，先有强迫獎勵，以斂此少許之財。教育經費乃國民應負擔之大宗，不早定財政豫算之制，而出此下策，學部之所知僅此，宜其所謂嚴核游學畢業者，亦以大而官職，小而護符，噩噩然以腐鼠嚇之也。夫亦過矣。

　　十四日　軍機處分電各省促舉要政。　各報載電稱，急應欽遵諭旨，將逐年應備之事，妥速籌議。諮議局爲憲政基礎，迅速籌辦云云。樞臣尅期頗信，疆吏似有爲梗者，吾士民可以仰體朝旨相助爲理而不爲，如各省諮議局之寂寂無所聞見。彼疆吏之爲梗，所謂有公私相反之利害，其營私而不恤誤國，猶人情耳，士民之久寂寂也何居？

　　十六日　賞給出使大臣寶星。　外務部奏言："從前奏定寶星章程，專贈各國人員，以示聯絡，各國通例。外交官佩帶寶星，必先本國而後外國。有初膺任使經他國先給寶星者，本國亦必補給。酬酢之際，典禮攸關，以本國寶星爲主，而他國爲輔。吾國既以獎外人，而他國所贈亦准收受，獨無本國寶星，殊失體統。"並附片賞專使大臣唐紹儀頭等第三寶星，均允行。是爲使臣例給寶星之始。

　　十七日　中日合辦鴨綠伐木公司詳細章程，在盛京簽押。　前訂章程已載第七期本雜誌，以有條約性質，入"法令門"，此詳章尚未見全文，遲當搜録。據章程言，該公司即於九月初一開辦矣。

　　土耳其專使出京。　赴津略駐，定二十日赴保定，經河南彰德，假道四川等省歸國。西陲各省，纏回與漢人不甚雜居，而人口甚夥。土使挾教中聲氣，往聯絡之，其意別有所爲。今之外部，遇此等事尚不至大誤。外間喧傳土使將藉宗教生心，而德國介其間以取便利，報載回民亦有引以爲國家之患者，然俱未必確也。特遇事能防未然，國民關心於國事，亦進步之可觀者。

　　二十四日　江蘇全省士民大會，於上海議呈督撫催辦諮議局。　聞先一日蘇撫陳啟泰已約二十六日設籌辦處，是尚有動機。江督端方夙以踴躍新政名，且親赴各國考察憲政，乃並未爲陳啟泰之所爲，是日上海《申報》即著論疑之。責備賢者，道固宜爾，然聞寂然如故。

京師士民會議致謝美使。　是會兼祝賀初一日諭旨。其致謝之法，係制匾額贈美使館。其致謝之由，以美國前索庚子拳禍賠款，共二千四百四十四萬零七百七十八美金圓，計損失實數，止及其半。美總統命將餘額退還中國，計共還一千一百六十五萬五千四百九十二美圓。政府已派專使唐紹儀赴美申謝。京師士民此舉，似無可取。夫《辛丑條約》已成，所得賠款之利，自是勝家強權，因其數浮於實數，仗義退還，亦為與國公道，國家專使謝之，在交際固應爾。京師士民非受私惠於美，但當永誌此國恥紀念。雖於美感情較厚，豈當以內國之民，戴外國之德，而頂禮之？國與國為好，專使乃國之代表，無庸以京師士民與美使為私交地也。再西報詳論此項退還款中，美政府又後悔，扣留二百萬美圓，令受損之人補報取足，更有餘則再還我。於是有與聯軍之役無與，而爭思染指者。蓋美以議定退款故，派員駐中國北京、天津兩處，招商民補報損失。具報之數至三百三十萬圓，該員等核減為一百五十萬圓。而於同時接美外部電諭，以四十萬圓給某人，眾訝其無因，或赴外部檢案，無所得。詰外部大臣露的，露亦茫然，窮究之，乃知交華爾後人者，眾以露為不了了，不暇質問，急究華爾款之所由來。華爾者，當咸豐末至華，隨官軍討粵匪後歿於陣者也。華爾女姪亞未頓，自華歿後，屢向我政府索款。據言華爾從軍，與主者約，每克一地，給賞三萬圓。歿時自言未領者尚有十萬元，而我政府不認。華爾之妹以其糾葛交女姪，屢提議作不了之案。四十年來，自以六釐計息，增至四十萬元，事已閣置。及是亞未頓乘機復托前任外部大臣科士打運動，由外部電達北京駐使康格，致書慶邸，自述中美之誼，次及華爾之款，謂使無缺望，美益感德云。其餘補報美人民，以教士為最多，並有請翻案者，有請添給者。而《紐約時報》，深譏美政府為德不卒。前宣布退還之額，由議院與總統復核無異，果後有遺漏，咎在政府，政府當自償之。以風義始，以反復終，可鄙孰甚？《靴道報》言補報之說已離奇，節外生枝，更不成體統。補救之計，惟有將補報人姓名、日期、原由判斷，詳細公布，並留候下次議院重議，再由政府償之。所扣二百萬圓，則統還中國，庶全譽望。美人之評論此事蓋如此。

二十五日　江蘇士民續會議諮議局事。　見"憲政篇"。

二十七日　專使美國大臣唐紹儀請訓。　致謝還款一事，略具二十四日年紀。中外均喧傳別有中美聯盟一事，或者謂係國際工商業同盟，與攻守及他政事無涉。此亦國際一大問題，俟發布後徐紀其實。日本人其忌此舉，其國內報紙譏嘲無所不至。以大局論，日人爭小失大，所與我交涉者，往往足傷我感情。東三省之鹵唪，間島地新法路之欺脅，辰丸已事，召粵人之抵制。近年，留學日本者較多，而諸生雖受其教益，然激刺之甚，與日人彌不平。美以還款事與我相結，並冀以其教育灌輸於我。聞擬訂約，五年內每年派生百人，五年外、十年內每年派生五十人。工商業同盟，未知究作何狀。日人嘗自詡欲操中國教育權，今美之所爲，均足爲敵，而日並不足以當之，宜其社會之疾視而無如何也。

二十八日　江蘇常州府士民議編造本區選舉人名册實行調查。　是日宣布手續，推定調查員剋竣事之期。城廂附郭，約以九月望前畢事。詳見"憲政篇"。實行調查之事，直隸所謂八月朔辦選舉事宜者，今未知如何。自餘各省當以常州士民爲最重公權矣，特紀之以重始也。

憲　政　篇

自八月初一日奉旨以九年爲預備國會年限，並頒發逐年籌備事宜，於是前兩月以請願爲憲政動機者一轉而進之以籌備。雖延期較長，然官吏士民，從此有措手之地，剋期以程效。舍此安所從事？謹開列本年應籌備事項，而甄録本月官民所籌備之事實。比各地而觀之，或亦收互相督促之益乎。

光緒三十四年第一年

一，籌辦諮議局；各省督撫辦

一，頒布城鎮鄉地方自治章程；民政部、憲政編查館同辦

一，頒布調查户口章程；民政部辦

一，頒布清理財政章程；度支部辦

一，請旨設立變通旗制處，籌辦八旗生計，融化滿漢事宜；軍機處辦

一，編輯簡易識字課本；學部辦

一，編輯國民必讀課本；學部辦

一，修改新刑律；修訂法律大臣、法部同辦

一，編訂民律、商律、刑事民事訴訟律等法典。修訂法律大臣辦

　　右本年應辦事宜共九項，即初一日諭旨所云，將此項清單附於此次所降諭旨之後，刊刻謄黃，呈請蓋用御寶，分發在京各衙門。在外各督撫、府尹、司道敬謹懸掛堂上，即責成依限舉辦。每六個月將成績臚列奏聞，遇有交替，前後任各有考成。並著言路訪察，糾參其逾限不辦或有名無實，按溺職例議處者也。就今年應辦九事而論，第一事已在必辦，而各省或未有聞見。第二、三、四事，在館、部以外無可著力，惟有翹企其頒布而已。第五事於民籍無關，但拭目變通旗制處設立之旨，以驗籌備之又過一節。六、七、八、九各事，今年尚爲館、部員司之工課，外間無所容其程督。故今年所可程督之事，自止前五項，而尤以籌辦諮議局爲日起有功可以指數之績效。其餘則日夜望三種章程次第頒布，及變通旗制處明奉設立之旨焉耳。彙録本月所得如下。

　　一籌辦諮議局　　自六月二十四日頒發諮議局章程，七月之初馳播報章。海内快覩而督撫寂然，意吾國公布法令，不屑以官報爲憑，必見書吏塗鴉之跡，始奉之如神明。外國凡有法令，恒以官報到日發生效力，行政之程度不同如此。旋奉憲政編查館咨，各省通設籌辦處，督撫仍不遽應。七月中旬，士民稍稍論列及之。直隸以輦轂之下，得氣最先，定於本月朔開辦選舉事宜。聞督臣楊士驤擬以直隸諮議局爲各省之模範，籌的款七十萬金爲開辦經費，已派員勘造局地址，並調查日本下議院建築規模，將以十二萬金爲建築費，五萬金爲選舉費。以地方之財力爲地方計，資用既充，集事自易，固不當議其費也。籌辦處辦事規則及期限，亦首先發布，別見"調查門"。南、北洋大臣，或謂有古者周召分陝，以長諸侯之意。北洋不自菲薄如此，南洋何如？江蘇士民自設調查會，首發通告，爲天下先。力就開造選舉人名册，爲第一步著手，極合次序。山西得藩司丁寶銓力，奉諭後即照會員紳，辦理此事，定章四條，似混合講習、研究等事而爲一。考欽定章程，及憲政編查館咨，當以籌辦爲專責，其餘助長之道，別有組織，不當並爲一談。籌辦處應如何程督各選舉監督，即府廳州縣之官長，節次勒限，以赴事機，此自行政一部分職掌，豈暇兼任教育？寶銓負時望，責備賢者，不憚辭費，期之厚也。福建則有旅滬同鄉會致電籍紳，促督臣松壽亟奉詔，遂於二十一日開設籌辦處。廣西則撫臣張鳴歧電調蔣、陳、王三紳回籍襄辦諮議局。廣東則由自治會仿江蘇調查會通告式，轉輾印送，聞福建亦如之。江西則月之二十日，奏准改舊設諮議局創辦處爲籌辦處。折中聲言據《政治官報》施行，尚不墮書吏故習。山東則撫臣袁樹勳有行知各府州縣速辦選舉事宜，並擬訂章程之舉。浙江則旅滬紳商周晉鑣等呈請籌辦，並陳辦法十一條。統查各行省之已應詔者，有直隸、江蘇、山西、福建、廣西、廣東、江西、山東、浙江九省。直隸、山西、廣西、江西、山東由官主動，餘四省由士民主動。而江蘇、福建則官已應之。江蘇一省之中，有督有撫而又不同城，撫臣已勉應故事，督臣端方係親赴各國考察憲政之人，於此事寂寂不一動。湖北則督臣陳夔龍札屬謂原設諮議局，朝廷以人民程度不及而改爲籌辦處云，報章傳以爲笑，則又一奇聞也。

　　各報載士民集議遵旨輔助督撫設立籌辦處者，以江蘇爲較力。八月二十四、五等日，連日大會於上海。而江蘇各屬中，尤以常州府、武陽兩縣爲天下特色。二十三日開會，二十四日赴上海會，二十六、二十八、二十九等日，日有會議，步步進行。已推定各區調查員，不日即有人民冊，足爲中國開闢以來第一告成之冊。當武陽士民錢以振、于定一、徐寯等赴上海會時，報告他日如以武陽而延誤全省，武陽甘受全省之唾叱，倘他州縣有如是者，亦願全省人有以督責之云云。任事之勇，聞者悚然。武陽得籍紳惲祖祁首任籌墊巨款，充調查費，商會勸學所助之，不仰成於籌辦處，亦其所以得占人先之故。尊重公權之知識，區區武陽，乃爲國民程度之標的耶。突而過之，會有健者，此則中國前途之福也。

　　二城鎮鄉地方自治章程　未頒布。

　　三調查户口章程　未頒布。

　　四清理財政章程　未頒布。

　　五請旨設立變通旗制處，籌辦八旗生計，融化滿漢事宜。

未請旨。變通旗制處尚未設定。始聞軍機處會議此事，擬先由軍機大臣公推大學士世續主持處務，奏派以專責成。嗣聞該處暫不別設，附屬於政務處。此關於設立者。其融化滿漢辦法，聞擬請重申前令，明降諭旨，滿漢官民均可通婚。又聞籌生計及融化滿漢詳細辦法，約有七事：（一）歸併八旗爲兩翼；（二）裁汰大小冗缺；（三）賜復老姓，泯除形跡；（四）選練新兵，以便安插；（五）專設工廠及習藝所；（六）推廣小學堂，實行強迫教育；（七）平均各部官缺，以化畛域。其工廠則聞擬創立四處，由內務府撥給款項，並以世中堂充總理，以內務府大臣繼禄爲提調，專收閒散旗民子弟，教授工藝，以資謀生。已派員擇妥西四牌樓報房胡同，及後門外等處地方，預備開辦云。

秋　操　篇

　　戊戌以後，朝廷鋭意練兵，始有武衛各軍之名。蓋自粤、捻、回各匪既平，軍政盡寄督撫之手，至是始有徵調統一之意。而各軍多湘、淮老朽之餘，實無一足以供用。庚子之役，百度大變，武衛軍存者亦僅有孑遺。嗣是新軍以教練著稱者，首推直隸，次則湖北，後起者爲江南、廣東。拮据數年，乙巳以來，始有秋操之舉。是爲光緒三十一年，第一次會操於直隸之河間府。明年復舉行於河南之彰德府，皆由直隸、湖北新軍，藉爲試驗之地焉耳。是年改定官制，設陸軍部。三十三年，由部奏請暫停秋操一年。自陸軍設部，又漸思綜攬軍政，釐天下之軍爲若干鎭，分配各省，屆期訓練。特苦無國會，無豫算案，陸軍部有綜攬之名，其實尙仰成於各省。觀於今年舉辦第三次秋操，尙由會操省分，擔任經費，甚至由一省獨指稅釐，抵借外債，從事於此。日言集權，而規畫如彼，所異於前兩次秋操者，不過有指調之命令，會議之形式而已。綜觀中央各部，除法部爲司法獨立所迫，純乎集權之作用外，餘當以陸軍部爲有此思想，而尙爲軍興以來事事旁落之習慣所囿，固緣目光之短，亦憲政因循之所以難於應手也。今先排比其事實與條教，供閱者瞭其事前之條理，然後課其會操所得之成績焉。本年秋操由陸軍部指調湖北陸軍爲南軍，兩江陸軍爲北軍。南軍以第二十一協爲主力，以第八鎭各隊酌量並入，編爲混成第十一鎭；北軍以第九鎭各隊爲主力，以駐蘇步隊第四十五標、駐江北步隊第二十五標一律並入，編爲混成第九鎭，期以十月會操於安徽太湖縣地。聲明從前河間、彰德兩操，均在北方平衍之地，於南省地形，尙少歷練。並去年德、日諸邦舉行大操，部皆派員參觀，於其籌備之周，運用之妙，隨時隨地爲轉移，益有心得，故所調發期會如此。其校閱由部遵章奏請，欽派大員，其一切計畫規則，及應行舉辦事宜，由部督飭軍諮處，就前兩次成案而增益之，並先行咨調會操省分重要軍官來部，將所辦各條及前兩次應加改良之處，悉心研究，會議數次。

　　會議人員：議長陸軍部各堂　總參議馮國璋　副總參議哈漢章　參議盧靜遠、馮耿光、章遹駿、周家樹、姚寶來　記載員陶雲鶴、龔尚義　江甯議員舒清阿、孫銘、陳懋侑、王遇甲、劉全業、程干青、丁鴻飛、張仲元、方咸五　湖北議員黎元洪、劉錫祺、寶瑛、龔光明、楊開甲、吳光麟、齊寶堂、黃家麟、鐵忠、吳紹璘　江蘇議員張祖祎、周錚、王宏儒、傅應璜　江北議員石佳華、倪文翰

　　會議事件：(一)開議訓詞　(二)會議綱領　(三)編制　(子)司令處及本署　(丑)各隊附礮隊編制研究　(寅)衛生隊　(卯)架橋隊　(辰)電信隊　(巳)軍樂隊　(午)編制報告要領，附表二，限七月報告　(四)軍紀　(五)戰術　(六)大操前應行之野操　(七)閱兵處勤務條規摘要　(八)大操發令摘要　(九)閱兵式教令摘要　(十)參謀旅行計畫説略　(十一)陪觀規則摘要　(十二)雜件

　　議既定，飭各員逡回準備。而由部據會議所得，定教令四十二條、閱兵處勤務條規三十條。

秋季大操教令

　　第一節　大操日期

　　第一條　大操日期開列於左：十月二十五日，第一日會操；十月二十六日，第二日會操；十月二十七日，第三日會操；十月二十八日，閱兵式。

　　第二節　開設閱兵處日期，及選派該處陸軍警察隊、軍樂隊、衛兵傳令人員等辦法

　　第二條　閱兵處於十月二十二日在太湖縣城內開設。

　　第三條　閱兵處之陸軍警察隊、軍樂隊均由兩江督練公所酌量編成，衛兵人員馬匹由湖北督練公所編成，於十月二十二日以前先行馳抵太湖縣，陸軍警察隊則赴閱兵處報到，軍樂隊衛兵則赴綜理司報到聽候差遣，其額數如下：

　　一　陸軍警察隊：隊長一員、官三員、目六名、兵十五

名、馬四匹。

　　二　軍樂隊其人員編制遵照奏定營制。

　　三　衛兵：衛兵長一員、馬一匹。

　　　　步隊：官一、目二、兵二十八名（內號兵一名）。

　　　　馬隊：官一、目一、兵十名（內號兵一名）、馬十
　　　　　　　二匹。

　　第四條　由第八鎮、第二十一混成協各選派馬隊官長一員、目二名、兵九名，並由第八鎮選司號長一員、號兵二名，以備閱兵處傳令之用。該人員等於十月二十二日下午，到太湖縣閱兵處聽候差遣。

　　第五條　各軍十月二十三日於齊集地方，選官長一員、馬目一名、馬兵五名、步目一名、步兵四名，以供專屬審判官傳令之用。如專屬審判官再請多派數員，亦應按照所請辦理。

　　第六條　凡選充傳令之馬步、目兵，均以伶俐敏捷，口音清楚爲要。馬目兵尤須馬術熟練，步目兵尤須足力矯健，各該鎮協均應慎重挑選。

　　第七條　閱兵處衛兵及傳令馬步、目兵之供給，歸綜理司辦理。惟屬於專屬審判官者，則歸該鎮司令處辦理。

　　第三節　通信

　　第八條　閱兵處及各鎮，均置電信隊一隊，攜帶行軍電話機、電報機兩種，以備通信。

　　第九條　各電信隊即冠以所屬各處之名稱，如閱兵處電信隊、第某鎮電信隊是也。

　　第十條　鎮司令處於該鎮各隊之電信，均可任意使用，以通聲息。

　　第十一條　閱兵處電信隊之編制及服務等事，另有條規。

　　第十二條　閱兵處電信隊之人員、馬匹、車輛由近畿督練

公所，選第六鎮之工程隊編成。限五月上旬內，將其花名清冊報告陸軍部，聽候指示。

第十三條　各鎮電信隊之編制由各督練公所酌定，限七月內報告陸軍部。至其服務等事，參照閱兵處電信隊條規酌定辦理。

第十四條　閱兵處電信隊會操間，須視為中立。

第四節　信號

第十五條　號音照野外勤務書下編所定辦理，並用號球，以通聲息。

第十六條　號球隊由直隸調用，限十月二十三日以前，先行馳抵太湖縣，至閱兵處之中央審判處報到，聽候差遣。

第十七條　號球隊表示安設位置之記號及其符號，另有定章。

第十八條　各隊當留意號球隊之動靜，見有信號時，號兵聽軍官命令隨之鳴號。若號球隊先鳴號，亦應隨即揭揚。

第五節　禁止

第十九條　會操各隊除鎮司令處、協司令處外，不准佔用官民房舍。

第二十條　凡屬閱兵處之宿舍，馬號電綫均不准擅用，及有阻礙情事。

第二十一條　敵軍所設之電綫，不准略奪毀壞，虛演則可。

第二十二條　凡安設號球隊之處，不得施放槍砲及喫煙等事。

第六節　閱兵處與兩軍之連絡

第二十三條　由閱兵處所派之兩軍專屬審判官，除遵照野外勤務書所定責任辦理外，應保持閱兵處與該軍之連絡。

　　第二十四條　兩軍主將，凡呈報閱兵處關於作戰之命令報告等文件，悉交專屬審判官轉達。該文件之函面記號，南軍當畫一紅綫，北軍當畫一藍綫，以示區別。

　　第二十五條　兩軍主將未發命令報告以前，務將其決心及處置之大要，迅速通報附近之審判官。

　　第二十六條　兩軍主將所決意見，儻臨時有改變之處，應即再行通報附近之審判官。

　　第二十七條　兩軍統制限十月二十八日內將作戰一覽圖、每日會戰略圖呈送閱兵處。再大操畢，歸營之後一月半內，應將該軍大操記事，呈由該督練公所，轉報陸軍部。其記法照野外勤務書所載要領辦理。

　　第二十八條　記載、命令、報告及其他操演諸事所用地名，均照秋季大操地圖辦理。其在此圖以外者，則照百萬分一之一覽圖辦理。

　　第二十九條　專屬審判官及隨員之宿舍、馬號，應由各該軍在其司令處附近準備。

　　第三十條　中央審判官及隨員，或其他閱兵處人員，有時須駐於兩軍宿營地之時，兩軍應允其所請，爲之準備宿舍、馬號。

　　第三十一條　前條所揭諸員及馬匹之供給，由該兩軍隨時照料。

　　第七節　賠償土地物產之損壞及豫防危害

　　第三十二條　人民之土地物產，凡因大操致有損壞者，統歸閱兵處賠償。各鎮司令處，如見有係該鎮軍隊損壞之處，務速將其地段及損壞之多寡報告閱兵處。設有不當損壞而亦遭損壞者，則其賠償應責成該軍隊辦理。

　　第八節　大操應用軍需及軍械彈藥

　　第三十三條　各督練公所，須爲各該軍隊準備大操所用空子。其數每槍五十，每砲八十，機關砲空子尚須多備。

第三十四條　軍械、被服、馬匹、車輛、帳棚等項籌備情形，至遲限於七月內，由各該督練公所報明陸軍部。

第九節　大操時供給

第三十五條　大操日期內，各隊人員除照平日所給糧食外，另給乾糧，由各督練公所酌量準備。

第三十六條　大操時，閱兵處就兩軍每日宿營地附近設立糧秣，集積所預購米豆、柴草。十月二十五日起至二十八日止，每日均由該所分配各隊。各隊大接濟內，均帶一日分之米豆。就宿營時，須派員先領柴草爲當日之用，後領米豆補充大接濟。

第三十七條　前條所開米豆、柴草之費，由陸軍部發給。其餘一切供給之費，概由各省自行籌備。

第十節　服裝旗幟

第三十八條　凡參與大操之軍人，各按原充軍職著用。制定之軍服官佐，則用藍色常服、青色禮帽（金銀辮），目兵則用禮服。其餘人等均一律行裝，不得濫用軍服。參與閱兵式時亦然。

第三十九條　南軍諸隊自十月二十四日薄暮起，至二十七日操畢止，均加土黃色帽罩。

第四十條　審判官及所屬人員左臂均縛白布，其餘閱兵處人員左臂均縛黃布。惟交通司人員在黃布上另附紅絨車輪記號，電信隊人員在黃布上另附紅絨丫字記號。

第四十一條　隨觀員左臂均縛赤布。

第四十二條　各隊須照野外勤務書下編攜帶假設旗。假設步工隊一隊時，用旗一面、兵丁四名。假設馬隊一隊時，用旗一面、兵四名。假設砲隊一隊時，用旗一面、砲一尊，附以一砲應用之人馬。

秋季大操閱兵處勤務條規

第一章　總綱

第一條　閱兵處辦理大操期內審判，及一切設備事宜。

第二條　閱兵大臣統監兩軍，總理閱兵處一切事務。

第三條　總參議輔助閱兵處大臣經理閱兵處應辦事宜。

第四條　閱兵處之勤務，應按左列各項職司分任責成：一，中央審判處；二，兩軍專屬審判處；三，綜理司；四，交通司；五，外賓接待司；六，警務司。

第二章　中央審判處

第五條　中央審判處設長官一員，審判官及隨員若干員。

第六條　中央審判處掌管、統裁、指導大操之細務，並接收兩軍作戰實施報告，使用信號等事。

第七條　審判官凡已經判決各事，應隨時報由總參議，轉呈閱兵大臣，並將關於本日會操上之意見及所判決之理由簡明記載，每晚九點鐘呈交總參議。

第八條　中央審判處設傳達官一員，隨員若干員，掌管印刷發送之事。凡方略、作戰命令等要件，迅速印刷，分送於閱兵處各員，及中外隨觀人員。

第九條　中央審判處附設號球隊一隊，以通聲息。凡大操統裁上所需之信號，由號球隊長受閱兵處派定之審判官及隨員指揮按時施用。其記號及用法，另有規則。

第三章　兩軍專屬審判處

第十條　兩軍專屬審判處各設長官一員，審判官及隨員各若干員。

第十一條　兩軍專屬審判處掌管、頒發方略，及閱兵處之命令、限令、通報等事項。隨時將該軍之命令、報告各件，交中央審判處，轉呈閱兵大臣。除該軍指揮官之決心，及統裁大操上重要事件，應隨時報告外，即該軍頒發命令或呈送報告之前，亦應將其要旨迅速通報中央審判處。（譬如該軍行軍命令中所載宗旨，軍隊區分法，前護隊、支隊、大隊或各縱隊等運動開始之時刻、地點、進路、任務，各項均應通報。）

第十二條　兩軍專屬審判官，將其已經判決各事，務須速交中央審判處，轉由總參議呈報閱兵大臣。並將關於本日會操上之意見及所判決之理由簡明記載，每晚九點鐘呈交總參議。

第十三條　閱兵大臣如調集兩軍主將，該專屬審判官亦須同時前往。

第十四條　專屬審判處均由該軍遣派官長一員、馬目一名、馬兵五名、步目一名、步兵四名，以爲傳令之用。如不敷用，再請該軍添派。

第十五條　專屬審判處各員住所、馬棚，均歸該軍預備。

第十六條　專屬審判處如有遷徙，當速與通信所連絡，以便與閱兵處通電。

第四章　綜理司

第十七條　綜理司設長官二員，綜理官及隨員各若干員。

第十八條　綜理司掌管事務如下：一，準備閱兵處駐紮處所；二，預備外賓宿舍及馬棚事宜；三，承管閱兵處購辦之件，及收發一切會計事宜；四，照料閱兵處人員及外賓之伙食供給，馬匹之餵養；五，經理賠償物產各事；六，與地方官交涉各事；七，管轄軍樂隊；八，照料隨觀員；九，照料報館員。

第十九條　凡外賓及隨觀員、報館員人數，或臨時別有事故，應由綜理司隨時通報中央審判處，轉知傳達官。

第二十條　照料報館人員，專管關於報館員一切事項，並任説明戰況、通知要件、檢察報章各事。

第二十一條　照料報館員人員，准將經過之戰況詳細宣示，惟不得涉及兩軍秘密之件（如兵力、任務、軍隊區分之類）及操演上未來之事，以免登載洩漏。

第五章　交通司

第二十二條　交通司設長官一員，遞運官、通信官及隨員各若干員。

第二十三條　交通司掌管各項事務如下：一，鐵路運輸各事；二，水路運輸各事；三，陸路運輸各事；四，通信各事。

第二十四條　掌管鐵路及水陸運輸各員，籌備閱兵處及外賓之運輸，並監督軍隊運輸等事。

第二十五條　掌管通信員，專司電信隊之使用、馬匹之分遣，及關於電報、電話等事。

第二十六條　閱兵處電信隊所設之電話，除閱兵處官員外，其餘不准擅用。

第六章　外賓接待司

第二十七條　外賓接待司設長官一員，接待官及隨員各若干員。

第二十八條　外賓接待司掌管各項事務如下：一，款接外賓；二，繙譯情況、命令，並印刷傳達等事；三，引導外賓往復操演地界。

第七章　警務司

第二十九條　警務司設長官一員，辦事官及隨員各若干員。

第三十條　警務司附設陸軍警察隊、巡警隊、衛兵，堂管各項事務如下：

甲　陸軍警察隊

一，陸軍警察隊長受警務司長之指揮，遵照野外勤務書，盡其職務，並擔任閱兵大臣行轅之守衛及出入之警備；

二，警務司長在大操期內有監督兩軍陸軍警察隊之責。

乙　巡警隊

一，巡警隊長受警務司長之指揮，掌管大操地段及閱兵處所指定各重要地方之警備；

二，巡警隊按照隨觀規則，指導地方人民、學生，毋許有踐踏妨礙等事；

三，巡警編制，另有定章。

丙　衛兵

衛兵長受警務司長之指揮，專任閱兵大臣之守衛及出入之護從。

又派閱兵處官長，名單如下：

秋操閱兵處官長銜名單

總參議、軍諮處正使馮國璋　副總參議（兼理中央審判官長事務）、軍諮處副使哈漢章　中央審判官長、近畿督練公所教練處總辦唐在禮　南軍審判官長、軍學司司長良弼　北軍審判官長、第一鎮統領官朱泮藻　綜理司司長、軍制司司長易迺謙　湖北候補道孫廷林　交通司司長、軍諮處第一司司長盧靜遠　外賓接待司司長、南洋洋務局總辦、分省補用道溫秉忠　警務司司長、軍法司司長丁士源

又定電信隊條規二十三條：

秋季大操閱兵處電信隊條規

第一節　編制

第一條　電信隊之編制如下：隊長官一員，乘馬一匹，

正、副目八名，正、副兵二十四名，夫役二名，車夫二十名，單輪小車十輛。計人員五十五，馬匹一，單輪小車十。

第二條　電信隊器械分列如下：行軍電話機八副，預備行軍電話機四副，桌上電話機三副，攜帶被覆電綫五十啟羅密達，攜帶水底電綫一啟羅密達，此外所屬諸器具。

第三條　電信隊分爲八班，各班編制如下：班長，正目或副目一名，正、副兵三名，車夫二名，單輪小車一輛。

第四條　各班器械之數隨時酌定，或以桌上電話機代行軍電話機，派赴遠處者須帶預備行軍電話機。

第二節　職責

一　隊長

第五條　隊長整理該隊一切事務，承交通司通信員之指示，速開設電話通信所，務以交通靈便爲專責。

第六條　隊長巡視各通信所，監督其服務，尤當於電綫之架設、電話機之安置並其使用等法上嚴加考察。

第七條　除前所述之外，該隊一切庶務隊長自行區處，立日記簿。凡關於電話通信一切事宜，即所受之命令、器械之分配運搬、電話綫之架設撤收、通信所之設置轉移撤回、各通信所人員服務之情形等，均須逐日詳載，並附記關於將來之意見，俟歸營後一星期內，呈報陸軍部。

二　班長

第八條　班長承隊長之命，指揮部下，專管綫路之勘定、電話綫之架設撤收、電話機之安置、通信之實施等事。

第九條　班長督飭部下勿論晝夜交通不可斷絕，俾通信得以迅速確實。各種器械均應保護。倘有損壞等事，隨即設法修補，如不能自補，即速稟報隊長。

三　正副兵

第十條　正、副兵聽班長之指揮，任電綫之架設、撤收及通信等事。

第十一條　正、副兵中須常有一名在電話機傍。即電話未來之時，亦決不可擅離。通信之時，如有疑惑，不能了悉，應即報明班長。

第十二條　正、副兵應各保全所管之器械，若有損壞等事，隨即告知班長，聽其區處。

四　夫役

第十三條　夫役專管喂養馬匹，聽班長以下之指示，服各項之雜役。

第三節　服裝

第十四條　電信隊員之服裝及佩帶軍器等，均與工程隊無異。惟大操期內，官長用藍色常服、青色禮帽（金辮），目兵則用禮服。

第十五條　電信隊員均於左臂縛黃布，上綴紅絨丫字記號。

第四節　給養

第十六條　電信隊人馬所需各件，由閱兵處綜理司供給。其供給或以現品，或以實費均可。

第五節　電綫之架設、通信所之開設及撤收

第十七條　隊長關於電綫之架設、通信所之開設等件，均承交通司通信員之指示，即照所指示分配材料於各班。其應詳細教示班長之事，開列如下：一，應架設電綫之區域及概定之綫；二，向架設開始地點出發之時刻；三，架設宜完結之概定日時；四，架設電綫之後，應開設通信所或應到之地點；五，開設通信所之後，應隨即報告之事件；六，通信所轉移或撤去之日時；七，分遣中之供給細件；八，撤去後應到之地點；

九，此外應當注意之件。

第十八條　綫路不宜迂回，須擇捷徑，且不准在道路上架設。

第十九條　架設電話綫之時，班長應先定各兵之任務。其架設法大概如下：一，班長，勘定綫路之方向，引導班員前進；二，甲兵，執捲綫器漸次放鬆，隨班長前進；三，乙兵，執懸綫杆，掛電綫於地上各物（如樹枝、屋脊、木杆、竹杆等）；四，丙兵，隨單輪小車行進，陸續供給所需器械；五，丁兵，隨從諸兵整頓懸設之電綫前進。

第二十條　開設通信所之時，班長速往隊長所告知，之審判官或閱兵處員駐處，受其指定之後安置電話機。

第二十一條　轉移通信所或撤收電綫，須遵隊長之教示或命令而行。否則，即遵審判官或由隊長所告知之閱兵處員命令而行。

第二十二條　撤收電綫之時，班長先定各兵之任務，然後略照左列各法行之：一，班長，指揮各兵，將已設之綫取下前進；二，乙兵，持懸綫杆，跟隨班長，將已設之綫完全卸下，使毫無牽掛而後前進；三，甲兵，徒步持捲綫器，跟隨班長及乙兵捲收電綫前進；四，丙兵，將撤收之器械電綫裝載小車後，再行前進。

第二十三條　撤收之後，班長將一切材料檢查清楚，以便下次隨即使用。

又定軍官及學生、人民並報館三種隨觀規則：

陸軍軍官隨觀規則

第一條　本年秋季大操，隨觀員應由陸軍軍官中選派其額數，每省以一員爲限。惟近畿各鎮，准其每鎮各派一員。

第二條　隨觀軍官無論官階大小，均可帶僕從一名。

第三條　各處所派隨觀軍官，應於八月內將其職衛、姓名及僕從之有無，呈報陸軍部。

第四條　隨觀軍官應於十月二十三日齊集太湖縣，赴閱兵處綜理司報到，並領紅布記號縫綴左臂，以示區別而便照料。

第五條　隨觀軍官應按照現充軍職，著用制定藍色便服、金辮禮帽。閱兵式時，應著貂緯冬帽，仍穿藍色便服。

第六條　隨觀軍官自十月二十三日起至二十八日，由綜理司供給。

第七條　隨觀軍官所需地圖、方略、訓令、限令、命令、情報各項，均由中央審判處發給。此外，關於隨觀軍官之指示通知各項，亦由中央審判處分送。

第八條　隨觀軍官就宿舍後，應就宿舍內輪派值日官一員。所有圖書文件及指示通知各項，即由中央審判處派送該員分發傳布。

第九條　隨觀軍官如有願隨兩軍進退宿營者，可由綜理司報明中央審判處，再行分派。所有圖書文件及指示通知各項，發由該軍隨觀員之高級官長受領分布。

第十條　凡中央審判處之指示、通知各項，該隨觀員均當遵照，不得違誤。

第十一條　隨觀軍官可赴兩軍各級指揮官處探聽命令、報告，及考查一切布置。惟不宜瑣碎，免滋煩累。

第十二條　閱兵時，隨觀軍官應在閱兵式職員及閱兵處諸員之後，不准隨帶僕役。

第十三條　宴會時，須於所定之時刻到宴會場。其入場證據由綜理司發給，屆時攜帶入場繳還。

第十四條　隨觀軍官所有關於大操之聞見及其心得，務於年內經由該管長官轉呈陸軍部，以驗該軍官之程度，並爲軍事參考及改良之用。

學生人民隨觀規則

本年十月，在安徽太湖一帶舉行會操。凡各處學生、人民自應准其隨觀，俾增進軍事之知識，以養成尚武之精神。惟在會操地段，若非格外檢束，不免損害地方，妨礙軍隊。除飭陸軍警察隊協同巡警隊，按照下列各條及臨時所發訓諭明白指導外，合行先期詳細曉諭隨觀學生、人民等，務須聽從陸軍警察隊及巡警隊指示，嚴守規則，是爲至要。

第一條　學生、人民不得填塞道路，妨礙軍隊運動。尤不得紛擁路外，踐躪耕地。

第二條　學生編列隊伍，應在軍隊後面行走，不可過於逼近，以免妨礙。

第三條　學生、人民或行或止，不得當戰鬥綫之前，以妨軍隊射擊，並自招意外之險。亦不得當援隊及備分隊之前，以妨軍隊增加及前進等事。又不得當尖兵之前，以致彼軍誤認。

第四條　學生、人民於夜間不得在前哨綫或露營地附近群聚露宿，以助敵軍推測。

第五條　學生、人民服裝有與軍隊相混者，應即更換，否則不准接近戰綫。

第六條　學生、人民均應肅靜無譁，以免淆亂口令。

第七條　學生、人民如遇陸軍警察隊及巡警隊等指定停止或隨行之位置時，即應遵照赴該位置爲要。

第八條　閱兵大臣，爲朝廷特派代閱兩軍操演之大員，凡隨觀者均應行禮致敬。

第九條　軍用電綫爲軍隊交通緊要之物，若隨觀者偶因憑高望遠，誤使電綫脫落，致有踐踏損壞之事，或詫爲罕見，故意搖撼切斷之時，貽誤軍隊，必非淺尟。一經查明，當即分別情節，酌令賠償。其故意損壞或截斷竊去者，查明嚴辦不貸。

第十條　此外如有續定之條，屆時另行曉諭。

報館隨觀規則

第一條　本年秋季大操時，各報館有願隨觀者，准每報館派遣筆記者一人、照像者一人。

第二條　各報館所派人員，應於八月內將姓名、年歲、籍貫、履歷，並本身像片一張，呈報陸軍部軍諮處，聽候核奪。其允準隨觀與否，均在九月中旬以前分別頒示。

第三條　核准隨觀之報館員，如欲更換，仍須於九月內呈明候核。

第四條　各報館隨觀員經陸軍部核准後，務於十月二十四日齊集太湖縣城，至綜理司報到。並領閱兵處制定記號，懸掛胸部，以爲允許隨觀之證。

第五條　報館隨觀員應一律著換短衣。其善騎者，准其攜帶馬匹，乘之隨觀。惟不得任意馳驟，以避危險。

第六條　報館員需用馬匹、宿舍、伙食等項，由綜理司備辦。

第七條　報館隨觀員所需地圖、方略、訓令、情報各項，由傳達官發給。

第八條　每日會操前，齊集之地段、時刻均由照料報館員通知。當日會操畢後，准其向照料報館員詢明作戰經過之概要。

第九條　報館隨觀員遇照料報館員通知檢查之件，均應恪遵，不可故違。

第十條　報館隨觀員在兩軍會戰地區時，無論有無引導，不得妨礙軍中之動作。

第十一條　報館員或發電報，或發日報，均由照料報館員轉送中央審判處。傳達官檢定允許後，方准發遞。儻有不合之處，即應更正。

第十二條　報館員如有不遵規則命令者，由總參議即行禁止隨觀。

又分頒南北軍命令，並江、鄂兩省分擔修理道路條規。旋於八月二十六日，奏派端方、廕昌爲閱操大臣。部臣擘畫之可見者如此。

始部定太湖縣爲操地，皖撫憚煩費，以士民意籲懇別定，部斥不准。皖煩費究亦無幾，惟境內略有平治道路等事，施功仍在本省，皖人不爲虛擲。江、鄂則共費百數十萬金。兩江屢商借户部銀行款，無成議，卒由海關項下動撥四十萬，滬道認籌七十萬。而湖北竟無可挹注，以稅釐抵借日本銀行款五十萬兩，九四五扣，年息八釐，限五年攤還云。

當會議時，頗指摘前兩次籌備秋操缺點甚夥。觀會議人員所報告，於戰術訾警尤甚。一則云，當年彰德之操，於步隊散開一端，甚爲可笑。有一標一營即行躍進者，有三營齊進者，散綫不散，適足飽受敵彈。此次須以一排躍進爲宜，未散開前，不可用一齊射擊之法，後宜注意。又援隊隊形，橫排宜廣，增加散兵綫，時機宜早。蓋久在後方，無以避彈，不如早加戰綫，以增火力。此皆自日俄戰時，經驗而得。又本年演習地形甚爲複雜，其傳遞搜索法等事，全賴馬隊。前年大操，因馬隊偵探之法不善，貽誤之處甚多。又礮隊始終輔助步隊，且選定主攻點，尤爲至要。日俄戰時，俄常用假設礮台以拒日，此次可照用，各節云云。蓋戰術得於日俄一戰實驗爲多，餘亦稍經加意，要爲偏裨之進步而已。主兵既委之江、鄂，陸軍設部之意謂何？江鄂之民負擔獨多，鄂且委折扣利子於外國，而增人民五年之束縛，財政、軍政蓋兩失之。

第五卷第十期

光緒三十四年九月大事記

初一日　大學士孫家鼐奏籌辦諮議局須兼顧民力。　略言：時艱至此，非推行新政，預備立憲，不足圖強。茲爲第一年應籌設諮議局之時，益以新政最要之興學、練兵等事，預算本年京外應支各款，較諸承平之世，實已數倍。無論部撥也，公債也，外債也，究其要仍取之於民。聞直隸因辦諮議局，籌款多至六七十萬。以全國計，此費須千數百萬。統計九年內預備各項之費，非數萬萬不辦。憲政必須實行，民艱必需深體，仰懇飭下京外大小臣工，撙節核實，統籌並顧，毋圖強而速患云云。聞摺上，袁尚書甚不謂然，請旨留中，此見於各日報所載。嗣有廣西咨調回省籌辦諮議局之唐、蔣諸公，自津門來，言曾調查直隸籌辦經費。據該處云尚無詳細預算表，計司選員二十四人，每人月薪七十金，每州縣選舉費三百金，建築及器具費約八萬金，綜計約十八萬之譜。然則所云六七十萬者，傳聞之誤也。各省辦法，照上開三項費目，大約未必多有。以江蘇論，各屬調查，多自任經費，造成人名冊而後送官，則司選員之用甚少。間有數屬非官催莫應者，酌委士紳，給以旅費，即足集事。建築一項，多謂議員人數，多不過百餘人。爲公開准人旁聽計，擇較寬敞之廨宇，暫假用之，俟開局後議籌，亦無不可。至選舉費之三百金，各省恐未必能省。選舉經兩次，初選之投票區、投票所，可以多至十處。辦理人員固屬名譽職，中間不能無役使之人。自調查起，紙張筆墨，謄寫印刷，色色需費。特如江蘇各屬，人名冊多由地方造成，則費或可減。至籌辦之分科宜省，用人宜精而專，不事事之委官宜汰除，皆爲省費之道。平心而論，吾士民向無公權，所謂公門、公差之類，但挾一"公"字所魚肉於無公權之士民者，費不在少。一旦披雲見天，移冤毒苦痛之資，爲擔保確實之用，較之向來力求撙節，以爲愛養之計者，措意正未必苟同。士民無監督財政之權，出一文亦病誅求，有監督財政之權，則豐儉惟力是視，取足辦吾事而後已，無庸拘昔日撙節愛養之套語，以短辦事者之氣。壽州元老，今世量出爲入之至理，未必復能悟及。願天下通人之持論，但以閒冗濫竽，鞭策各省籌辦處，勿議及薪費之多寡，致識者疑爲管仲之器也。

初二日　先儒顧炎武、王夫之、黄宗羲從祀文廟。　　禮部

等衙門奏請先儒顧炎武從祀，其王夫之、黄宗羲應否一律從祀，請旨辦理，諭："三人均從祀"。另奏曾國藩從祀事應緩議，旨："允"。觀王、黄之必待請旨，知部臣於《原君》等篇不無惴惴，樞府竟贊成之，立憲前途，影響在是。曾文正從祀議緩，誠以門生故吏數十年來之推挹，今雖存者漸稀，然其欽仰曾門者，尚未脱前日標榜之餘習。文正好爲人師，以劉武慎之年輩，尚不免終執弟子禮。然則羅山不死，未必無北面時也。孔門箸録三千，無此聲勢，宜數十年來，請從祀者相望。乾隆間，山東按察使沈廷芳奏增祀曾子、孟子弟子及湯文正斌，得旨：增祀之事，議論紛如聚訟，亦無實際政要，故不爲也。旋又諭："從祀增損，無裨實政，昔人紛紛聚訟已屬無謂，乃摭拾經生家言，連篇累幅，徒爲條奏塞責。國家激勸人才，信賞必罰，尚不能捷如影響，況以已往之人，用虚名進退，遽望其轉移風尚，直所謂不揣其本而齊其末耳。沈廷芳原有好名習氣，觀此可見積習未除，其平日居官究竟何如，著傳諭阿爾泰，令其據實奏聞"。尋奏："沈廷芳人本迂腐，自以出身鴻博，每拘牽文義，喜尚虚文，於政事未能實力殫心，且有好名習氣，兼時有疾病，一切察吏明刑，終難望其整飭"云云。諭："既無大過，尚可姑容。"次年南巡召見，卒追論其請增從祀，沿明季陳腐惡習，在枲不言枲，而喋喋於此，其蹄仟曠誑必多，著原品休致。純廟論從祀，並不以爲人心世道有所裨補，其見輕於主權者如是。習於曾門者推曾，文章道德，後世自有定論，必假朝旨以競兩廡之位次，且必乘今日聲氣未泯之時，其計甚左。名譽之予奪，本與政治無關，專制之下，士夫目光不同。兩廡俎豆，亦可以氣力得之？豈知趙孟所貴，趙孟能賤之。愛文正者無爲請祀於目前，徐以俟百世之定論可也。

初三日　達賴嘛喇抵京。　　國家經營西藏，本雜誌本年第八期曾載

言論一篇，紀述頗詳核。自明以來，尊喇嘛以佛號，義取懷柔。國初以佛爲蒙古所迷信，得達賴一朝，喀爾喀可不勞而定，而恐其不來，爰厚禮以致之。康熙末葉，以兵力平藏亂。雍、乾兩朝，約束浸密，至定活佛掣籤法，以干涉其繼統，命大臣駐藏，統佐領驍騎校，一如内地駐防例。嗣是以後，若早輸以文化，收爲郡縣，何待今日？今乃爲英、俄狡啓所迫，陰雨而始綢繆。誠以藏地形勝，據亞洲大陸之脊，俯視印度，旁控英、俄所屬諸回，利交通，勤教養，盛征繕，此其建威銷萌，乃對待全球之計畫。然改革藏事，不得達賴輸心，未易就範，勞費猶其小者。自藏、印通商約成，英人已有插足之地，欲純以威力相壓，其間支節横

生。乘人覲以與熟商，事理祇應如是，稍稍優禮以示籠絡，或者以爲訛病，何其懼也。將來國會與議財政，非知國家大計，何以共濟？國無政黨，人人就其目光所見以發言，則適成橫議而已。故國家近日之摧抑政黨，非自利之道也，彼橫議者何足責乎？至藏事之能否就緒，尚當徐觀其後。

派貝勒毓朗、外務部右侍郎梁敦彥勞問美艦。　　此亦近日一大交際。往謝之使在途，來游之艦日近，中美之間，方謀兩利之道。此次勞問禮頗隆，當徐紀其事，亦一故實也。

貴州巡撫龐鴻書集士紳會議諮議局籌辦事宜。　　發問題凡八，懇摯可喜，爲各省所罕見。特紀之，詳具"憲政篇"。

于式枚奏考察普德憲法及《普魯士憲法解釋譯要》。　　見"憲政篇"。

初四日　農工商部奏遵設統計處編成第一次農工商統計表冊。　　略言：綜核各司卷宗，自光緒二十九年七月臣部開辦之日起，至三十三年十二月止，所有歷辦各項要政，約分農、工、商三大綱，酌定子目，如式填列，年經月緯，立總表以挈綱要，訂分表以紀事實。又言："臣部開辦之初，首以集合商會、提倡公司爲整理商政之基礎，創訂《公司律》、《商會簡章》、《公司注冊章程》，奏準頒行，俾資遵守。猶慮商情未盡鼓舞，先後釐訂爵賞商勳、獎勵公司等第，以示獎勸，遴派顧問官、商務議員、商務隨員，以資聯絡。比年以來，統計各直省暨外洋各埠，設立商務總會四十四處，商務分會一百三十五處。其農、工、商各項局廠公司之呈部注冊者，集股合貲一百七十八家，獨資三十七家；呈部立案者，集股合資、獨資一百四十家。分年立表，遞有增加，足見風氣日開，漸有起色。自三十二年九月，奉旨改爲農工商部，遵將河工水利船政核銷諸政，逐項列入。三十三年九月間，奏定農會章程，通飭興辦。餘如農業、學堂、農事試驗場、農業各局廠公司之報部立案者，亦均擇要編列，農政權輿，已可概見。工政項下，除臣部原辦之鐵路、電報、輪船劃歸郵傳部辦理，不再列表外，以礦務爲大宗。迄經臣部奏定礦務章程，遴派礦務議員，奏設礦政調查局，廣闢利源，嚴杜流弊。統計各直省礦務報部核准給照者一百十處，其未經給照而由礦政調查局報告到部者，現開之礦四百十處，未開之礦三百八處，已停之礦二百二十處，以及工業各局廠公司之報部立案者，罔不條舉件繫，按表可稽。至臣部綜理實業，爲中外觀聽所繫，歷經奏辦農事試驗場、工藝局、高等實業學堂、藝徒學堂、勸工陳列所，並設立繡工科、銀器科、印刷科、商務官報局，經營擘畫，樹之風聲，建首善於京師，示通國之模範，各立專表，俾稽成績。統計農、工、商三項，得總表四，分表四十九。而臣部職官經費、各局所辦事員，亦各另立一表，以備考核，業已編校完竣，一律告成。謹彙輯六冊，恭呈御覽。其各直省未經報部之農、工、商事宜，業由臣部釐訂表式，通飭調查，應俟報告到時，陸續彙齊填報。總期綱舉目張，實事求是，以仰副朝廷振興實業、纂輯政要之至意"云云。綜觀所奏，農工商部自光緒二十九年七月至三十二年九月，原稱商部。尚書載振，頗以能洽商情著。今觀奏中所稱經理商政，恒以聯絡鼓舞爲主，實有浹洽商人之意。自餘文牘之查核，建設之鋪張，蓋無復有與國人相見以心者。振貝子之遺愛，夫豈偶然。上年以御史趙啟霖指兒女子游戲事訕其私德，齮齕去之，啟霖方以風力聞天下。吾國公私之界畔不瞭，往往如此。至奏中既稱工政，又言劃歸郵傳部，郵傳部豈能代管工政？況營利事業，無論國有、民有、官有，必有公司局廠，屬商政之範圍，奏中並不復言之。外國遞信省、農商務省，原吾設官之初意，豈非取法有自，胡獨於職制不一詳考。且即以舊章而論，六部各有名義，其互相關聯之政，有會同辦理，無劃出不問。此爲曠職，彼爲侵官，皆行政法不講之故。明年籌備事宜，有釐訂京師官制之項，倘以此與？

初八日　派達壽、張蔭棠照料達賴喇嘛。

初九日　上海租界第二次掣閉煙館，又四之一。　始吾國朝野皆議禁煙，租界不爲助，吸煙之徒，幾以租界爲逋逃藪。泊外人察我禁煙非口惠，則丁寧分四以禁盡。東租界廷卧而籤掣之，掣應閉者即閉，不寧有異言。此舉爲第二次掣籤，談者謂吾內地煙禁之屬，初不逮也。惟吾國於此舉尚有真意，是月初四，禁煙大臣調取理藩部咨送情形可疑人員，內有筆帖式啟綬、候補主事文陛。啟綬以土膏擦衣上，咀吮過癮，並與文陛串通授受。立奏請將啟綬革職，並銷除本身旗檔，特旨依議，仍著該大臣等隨時認真查驗，毋任欺矇，以除痼習，並由禁煙大臣咨行理藩部照章參處文陛。至十五日，由部奏請將文陛休致。此亦震動耳目之一端也。

中日合辦鴨綠伐木公司，行開業禮。　中外官商到者甚衆。

初十日　湖北紳民開會於貢院，議川漢路事。　大學士張之洞前督湖廣久，奏此路歸鄂自辦，一切以官爲政，不假手於士民，遂歷年無成效。至是郵傳部以整理藏政，非川漢路成不可，自宜昌以東之川漢綫，即前奏所謂歸鄂自辦者，恫嚇鄂人，將以京漢路利由部辦此。張相仍爭鄂辦，主借外債由官辦其半，鄂民以租捐爲商股承其半。蓋部尚懾以虛聲，張相則以官力壓商力，以外資杜內資。其所謂官商合辦者，又强徵不營商業之農民，而並名之曰捐，以示使民抛棄之意，鄂人見遠者心非之。又召數紳爲代表，至京與議，故有此會。夫代表不由所代表者推舉，乃由其相爭議之一方，指名索召。幸而近年士紳稍憚清議，既加以代表之名，不敢不先取公衆之同意。若數年以前，且未必有此會矣。是日有于浦泉意見書，主商辦最力，且規畫頗周密，文繁不具錄。

　　十一日　諭定畫一幣制。　　諭見“法令類”。始議幣制，商民及度支部，均以行七錢二分之銀圓爲便，樞廷多主庫平一兩重幣，議久不決，樞臣中大學士張之洞更主一兩足成。至是始具奏，盡駁七錢二分之說，而以應否足成請旨定奪，遂以用一兩不用足成，勒爲經制。夫已往之辨論不足言矣，苟“畫一”二字可恃，究勝於今日之漲落無定，民無以聊其生。然此次政務處所奏，諭旨所定，並未及法價之數，與補助貨之起點。將來銅幣之與銀相配，究準何時銀價，究用何種銅圓，以爲值不滿五分銀幣之物之代價？是否仍以銅幣一枚，當舊日制錢之十枚，而以制錢一枚爲起點？銅幣與銀幣之法價是否一定，抑別鑄一種銅圓，爲銀銅比價之用？均無所取準。是今日之所謂“畫一”，其結果止得銀塊、銀幣不相漲落之一便。如近日滬、甬兩埠，用銀用圓不同，因生賣空買空之病，此可免矣。若江蘇之丁忙改章，官持徵銀解銀之說而民苦之，此乃銀銅比價之問題。繼自今，所得益於此次之畫一者，了不可見。小民生計，畸零之關係爲多，恭奉此諭，並未見德意之所在，意此在度支部籌備中乎。然觀政務處原奏，本擬用十成足銀，加三分雜質，此所加之虧耗，指抵各款中，有銅圓餘利在內，豈尚將鑄無制限之銅幣耶？鄭重乎欽定幣制，乃補助貨階級不完。民間物價，尚在不可思議之地。大旱之雲霓，未知何日應吾民之望也。

　　十四日　郵傳部奏訂匯豐、匯理兩銀行借款合同，又奏公債章程。　　爲贖京漢鐵路之用。京漢路爲中國國家產業，所謂國有鐵道是也。還本收利，事係財政，與郵傳部無涉。此次借款自以國家爲主名，指抵各項，又皆地方所負擔，未知何以由郵傳部具借？往者江浙拒款事起，英據外部約言，強我承借，人民不受，勉由郵傳部轉圜，猶曰路政與部有關，姑代辦路者作調人耳。今爲國有財產籌收贖，其責任當由度支部爲主，而郵傳部在咨會之列。至國債更非度支部不當發行，今變其名曰公債，以影射若地方團體者然。要之債務必有撥還之抵款，郵傳部指路作抵，則此路究係國有，抑爲郵傳部有乎？指國有財產借債，非國債何？以似此大有關係之財政，不由國家理財之專部當之。十日以前，農工商部劃工商之政歸郵傳部，越十日而度支部又以財政歸之，識者竊疑中國之政府，一郵傳部足以了此矣。嗚呼！明年籌備釐定京師之官制，其又以此與？十日之間，而兩部忘其職掌，如政體何？

十七日　吉林自治會解散。　吉林自治會會長松毓，隸旗籍而洞達治體，竭力補助憲政，發人民愛國心，提倡之力甚偉。此次以請縮短國會年限，政府斥爲浮囂無序，解散是會，並停其所出《公民報》，天下惜之。據聞發難者爲染指不遂、挾嫌訐控之張松齡。憸人何地蔑有，即政府亦並不究其所控，明正其罪，但曰請縮短國會年限而已。以意度之，吉長保路一會，亦取厭於官之道乎？吾聞專制之世，有離析士民不許族談者矣。國方立憲，屢挫鼓吹憲政之人，抑又何也？

二十日　達賴喇嘛覲見於仁壽殿。　俟兩宮辦事召見大臣後，已初入宮。達賴跪拜時，皇上起立，旋即賜座頭。憶國初達賴入京，廷議相見禮，滿大臣主張皇上跪迎，漢大臣譁然，世祖獨斷從漢大臣。乾隆以後，活佛勢力固大殺，然吾内地不早被以聲教，至今尚類化外。非徒藏民崇拜達賴如帝天，蒙古猶然，是吾國家自留其宗教之餘威。今爲邊圉計，優禮以示羈縻，道固宜爾。聞達賴以通兩藏鐵路爲急，並陳整頓六策。大致係請頒禮教法規，宣布印藏界址於保和會，請由薩拉起首，漸次開採各礦，並增設各項學堂，妥訂保藏政策，重訂傳教約章等。又聞達賴於提議整頓藏事，始頗唯唯諾諾，有不置可否意，嗣已就範。又達賴通俄文，言事恒以俄文屬草，晤各國外交官，惟俄使不用通譯，能縱談云。其進方物，被賞賚，皆故事，不足紀。聞甚至有近畿僧徒，以廟產往往供公用，訴於達賴者。經巡警驅逐，並傳知達賴以釋疑。佛教不振，其愚如此。達賴從者頗有不檢，有司以科律繩之，朝廷輒不問。是亦各盡其道也。

二十一日　津浦鐵路擬洛口建橋，祭告黄河，行開工禮。
督辦大臣吕海寰主建橋於此。吕亦山東人，山東士紳頗異議，説帖紛馳，今尚未定。此亦工事、河防、地理諸家一研究點也。

驗看學部考驗游學畢業生陳振先等若干人。　給出身有差。

二十四日　湖北紳士開質問會。　湖廣督臣陳夔龍，始遵旨改原有諮議局爲籌辦處，札稱以程度不及而然，聞者笑之。既設籌辦處，一切委官，士紳置之膜外，不復有知其所辦何事者。是日集會黄鶴樓，束請籌辦處總辦以下諸人，問其何以措手。總辦爲道員喜源，會辦爲知府黄以霖等，互有詰難，喜源詞窮，不終會而去。士紳仍以章程及憲政編查館咨文爲根據，究其何以不奉法焉。夫諮議局，士民言論之地也，選舉資格惟士民能自調查。鄂大吏於調查選舉，一切倚官而辦，深閉固拒，惟恐士民與知，豈將來開會，亦能以官代士民乎？即論調查，人名册宣示之後，更正之權將仍由官任意准駁乎？此本士民之事，官特執義務於其間，不欲勞我士民，或出於摯愛，至不使士民與知，殊不可解。充其阻撓之力，不過令隔膜之官，糾擾其間，更正訴訟，造成無窮支節，或至誤開會之期而後已。豈知支節生自士民，則士民職其咎，摽士民於門外而生支節，煌煌功令，豈鄂官能以意撓亂耶？夫亦太憒憒矣。

二十七日　湖北紳民再開大會，議川漢路事。　初十日一會，商界到者無幾。張相官商合辦之説，衆論互有異同。中無投資者，雖有欲主商辦之人，亦無所示其能力。至是特遍約軍學紳商大會，決議商辦，認股約四百萬，路綫改張相所定，大致從于浦泉説，避漢沔低窪之患，並商定對付張相之形式。先電京，張相意旨未可知。近日報章專電，乃或言張相樂贊成商辦，而郵部不從。夫果得張相悔禍以玉成，鄂之福也。

二十九日　諭未列九年籌備單内各衙門，照前格式，分期臚列九年應有辦法。　諭文見法令。

憲政篇

九月初三日，有考察憲政大臣于式枚，考察普德憲法成立情形，及《普憲法解釋譯要》呈覽兩奏。式枚始抵德之奏，極爲公論所不與。此次具奏，首述憲政編查館開送考察憲政要目，曰成立前之歷史，曰組織時之情形，其意蓋牽綴門目，以爲敷衍篇幅之地，剽襲普德史書，寥寥數千言，了無關立憲宏旨。察其言中之意，蓋有識解庸謬，而自以爲足怙已過者二事。一，推論普之善政，往往在未立憲以前，以示國家不必因立憲而始臻上理。夫此言真茫然於政體與君道之辨者。三代以下，願治之君，何必不如三代以上？讀《尚書》“西伯戡黎”篇，祖伊之戇直，商王受了不介意，不過不納而止，較之唐太宗之遇張蘊古何如？古惟專制未勒爲政體，桀紂之暴，有時爲漢祖唐宗之所不能爲。至一二盛德善政，秦漢而後，史不絶書，而儒者終介介憂其無以逮於古，擁護專制，而後丐其仁政，雖堯舜之聖，所成就者，多不過漢文帝、唐太宗而止耳。夫草芥寇讎之喻，貴戚異姓之言，三代之季世，儒者猶可昌言於大廷。以孔子之事君盡禮，而時人則以爲諂，衰周人士之眼光，豈今之君主立憲國所能及，蓋幾乎共和矣。吾試以此詰式枚。今尚有不以犬馬奴隸，穀觫自投之臣子乎？人縱傲如丹朱，有以盡禮於君爲諂者乎？至《孟子》一書，設今有立論相同者，何論大廷？但幽獨萌此一念，一爲仇家訐告，大獄株累，可以鈇鑕斧鑕，瓜蔓數十百人矣。明太祖以金陵士人元夜製燈謎爲樂，有用“淮西婦人好大腳”一方言，觸馬后之嫌，遍戮其同巷，事見明人筆記。明祖非以創業垂統爲百世法者乎？謂不立憲亦有善政，式枚陰以此示阻撓，吾則謂正惟不立憲乃有仁政。立憲以後，立法在民，民自以其所公便者，扶植國家以行吾自定之法，南面者恭己無爲，乃爲極治。且即如我國家，一旦立憲，豈以爲列祖列宗之良法美意，皆戛然而止乎？故式枚之微詞，非有阻撓憲政之能力，祇見其得罪於祖宗而已。二，推論日本學者所言普之憲法，由愛國心而生，與法以革命購得者不同。由今觀之，則心即出於愛國，跡已近於革命，以示國家言立憲則不免危疑。惟不言立憲，則天下不許有愛國之心，朝廷自不震於革命之跡。此又自式枚言之則可，何也？以其本不知國之可愛也。天下人民，無智愚賢不肖，激刺於外國之環向，無一非國與民爲一體，痛癢相合，知覺運動相並。以微息噓我四萬萬散沙，野馬也，塵埃也，有血氣心知者受之，烏得不愛其國以自愛。朝廷與民同欲，日夜注意憲政，自足消革命之漸而有餘，惟恐人民之不愛國耳。革命之有跡無跡，其權在上，恫嚇何爲？另摺所呈普憲法解釋，取日本人箸述，斷章取義，取足遂其護前之病者。則草草錄數條，所引德儒之言，其實亦竊自東籍。中日同文，剽竊甚易，意其輔行中，必有曾學於日本者，希大使之旨，爲刺取三五條合於式枚宗旨者，以迎合之。

式枚膺特簡以當曠古所無之任，始終無一語心得，久之爲鼠竊之技以報命。式枚已矣，孰選任之？觀此兩摺，尚能爲式枚解乎？惟前此夏間兩摺，有與今日之言，絕不同者。前摺指斥揚推憲法者，謂其至視日本、普魯士爲不足道，方高望荷蘭、英吉利等國，以新學爲亂黨之階。今此則引日本伊藤博文之說，謂日本憲法原非憲法之至隆。近來中國新學日盛，正如伊藤言，競欲仿效立憲之至隆，取法過高，責難太急，固亦出於忠愛，而實遠於事情。夫始曰亂黨，今而目爲責難，爲忠愛，爲至隆，充其文致之罪，不過遠於事情而已。數日之間，持論大變，吾不能不服其進德之猛。浸假體會數年，安知其不鄙英、荷之不廢君主爲民主乎？自來閉塞之夫，驟與開目覩世界種種色相，最易目迷五色，回皇遷變。式枚不足異，吾異夫非常之任，乃委之從未張目之人，造此笑柄耳。兩奏鄙淺不足觀，論列其大旨於此，其詞則削而不登，以惜紙幅。嗚呼！考察憲政大臣上考察憲政之摺，而當籌備立憲之時，天下宜如何注目側耳。想望顛倒，乃四萬萬中有一人，已頹喪失望如此。倘其餘三萬九千九百九十九萬九千九百九十九人，或不與不佞同意，尚有愛讀此兩摺者在，此非徒式枚之幸，使不辱命，亦政體之光也。書以質之。至憲政瑣聞，則如八月初一諭發之謄黃，業已用寶發回憲政館。向館中議辦《憲法叢報》，頒發全國，聞擬附政治官報館，以節經費。又聞政府擬請飭下京師行政衙門，將往來文牘及執行各政，鈔送報館登錄，准其評論，並准士庶集議研究，呈遞說帖於該管地方衙門，以備採擇云。

　　本篇體裁，自前期始，專以九年籌備事宜爲目。于式枚考察之奏，以憲政名義言，非可恝置，輒復論列如上。以下仍符前例，著於篇。

　　一籌辦諮議局　八月以前各省成績已箸錄。自入九月，凡憲政編查館之督促，天下官民應詔之勤惰，及有誤會與否，臚列如下。

自奏訂諮議局章程以後，咨各省設籌辦處，咨定預算決算辦法，咨催速辦，咨籌辦必須紳士爲政，咨覆籌辦處質問，皆憲政編查館爲政，事理尚一綫。惟軍機處一咨，略言“各省諮議局現已絡續奏設，即應妥籌善法，隨時改良整頓，先將各省諮議局坐辦一差，改爲局長，以資治理而示優異。各省限於年內將諮議局長履歷造具册結，一律詳報，以憑核辦。其未設局所者，亦應詳細聲明咨報，再爲核奪議辦”云云。查軍機大臣，即憲政編查館之王大臣，而文牘之不符如此。軍機處文內有未設局所一層，則其改坐辦爲局長者，自指前已設局之省而言。諮議局有欽定章程以後，事關國民選舉大政，王言如綸，全國應有所體會，況在樞府，尤當政本之位乎？不由選舉之諮議局，一切自當作罷。遵此次定章組織後，自有議長、副議長、常駐議員、議員等名目，一一發生，本無坐辦，又何勞改稱局長，以示優異？八月間憲政編查館咨文，明言現在諮議局尚未成立，各省應就省會地方先行設立該局籌辦處，所有各省現設之諮議局應一律改稱諮議局籌辦處，俾免混淆。俟一年內籌辦就緒，諮議局成立後，即按照此次奏定章程辦理。原文見前期“法令類”。憲館指示分明，各省原有不合法之諮議局，今已改爲籌辦處，且非但改其稱謂已也。籌辦自籌辦，選舉等事是已；諮議自諮議，將來議員照章所行之職務是已。故一經改稱，事任大異，原名諮議局者立與消滅，盡易能通選舉法者，專司籌辦之事，是爲一定之理。今軍機處若未覩諭旨者然。各署文告齟齬，樞廷尚有此失，何論其他，洵乎行政之難也。憲政編查館以各省諮議局奉旨一年辦齊，明年端陽節前，即須入奏，又咨各省從速辦理，並將籌款及選舉諸大端，先行咨報云云，此關於督促者。又以各省籌辦處，有奏派候補官總理者殊失諮議局本意，且於局事恐難獲益，必須紳士爲政而以官員副之，電咨各省云云，並限年内一律成立，不得委諸款項難籌，任意遲延，此關於委任而兼督促者。據此則各省濫委官員爲非法，如首府首縣之得入籌辦處尤爲茫無辨別。以身爲初選複選監督，當受籌辦處之督策，並自有調查選舉等重大之責者，乃強令舍田耘人，爲他府州縣之指縱，而坐荒其本務。又遇其本務之應與籌辦處辨難者，先與以參決之權。蓋外省積習，督撫恒倚首府縣爲耳目，而忘其於此事性質不同。館咨泛論委官，已謂非諮議局本意，又豈料委官之中，更有害理者在乎？至湖北籌辦處之純用官而屏紳，至紳開質問之會，如“大事記”所云者，又未知於館咨之意云何也。若其電咨督促，則雖僻遠之省，度亦不當久於弁髦，然今各省固猶有無所聞見者矣。

依法理，據功令，督撫於籌辦處，不得已而後用官，當加意延訪士紳以應詔。京官士紳之當政地者也，咨奏調取，或商請推薦，最爲督撫所應爲。顧各省少此舉，惟廣西巡撫張鳴岐行之，事有足法。廣西人官京朝者，御史趙炳麟以風力著，鳴岐請之。炳麟有文紀其事，録以爲天下勸。

《送陳竹銘樹勳、唐星航尚光兩編修及蔣伯文繼伊檢事回粵籌辦諮議局序》

文曰：光緒三十四年，歲在戊申，聖天子特頒明詔，設立各省諮議局，行選舉法，以謀地方興革利病。九年預備召集議院，薄海臣民，歡欣鼓舞。吾粵西風氣樸僿，籌辦尤非易易。張鳳生中丞，問炳麟以桂省人才，孰可當是任者，炳麟薦陳竹銘、唐星航兩太史，及蔣伯文檢事。中丞奏調回籍，籌辦選舉各事。少宰唐師，約同鄉旅京數百人，餞之於京門。少宰曰：茲事體大，不可不贈以言。因命炳麟握管。炳麟竊考政無中外，大抵聖哲肇興，未有不勤求民隱者，所謂東海西海，理同心同。吾國古時雖無議院之制度，而帝世之四聰四目，王朝之詢危詢遷，隱寓與民同治之意。孟子生當戰國，王政不綱，群侯放恣，民命炭炭，故孟子發明政治，無一不從保民入手。曰所欲與聚，所惡勿施，曰樂民之樂，憂民之憂，曰人君進賢退不肖，必察之於國人微言奧義。雖西國政治家，如盧梭、孟特斯鳩、伯倫知理諸大儒，莫能外其範圍。我朝龍興東土，聖聖相承，勤政愛民，涵濡二百餘載，雖曰君主專制，然深仁厚澤，察吏安民，以視泰西歷史所紀西國專制之帝王，固迥不侔矣。祇以各國自改革政體以後，無不上下同心，日闢百里，而我則官失其政，民失其教，內憂外患，形勢巇然。神聖見幾，與民更始，舉數千年古聖先賢所發明之治理，未能施行者，將定爲制度，一一見諸實事。國家億萬年不拔之基，其在此乎？諸君回籍籌辦此事，責任不可謂不重矣，顧吾粵西兵燹粗平，土地荒蕪，四民失業，衣食且不足，遑論教育。是以民間沈迷煙賭，不知讀律讀書，而官吏亦以治匪者治民，不以教養爲事。數十年來，凡殺人如麻，暗無天理者，多稱能吏。以道德法律觀之，皆不容於聖祖世宗之世者也。近日張中丞始欲從事教養，謀奠南服，而積重難返，人才闕乏，吾所謂籌辦尤非易易者此也。諸君應辟還鄉，佐中丞興利除弊，良民何以安，莠民何以化，地力有未盡者何以闢之，學校有未立者何以倡之，酷吏枉殺茕弱無愬者何以伸理之？願諸君持以堅忍，處以鎮靜，毋以任重地難，稍生旁貸之志，執守法律，百折不回。他日吏治秩然，民風丕變，西南門户，不至洞開，朝廷南顧之憂可以少息。此則旅京數百人延頸企踵以望諸君者也。諸君勉乎哉。戊申八月，全州趙炳麟序。

　　山西應詔籌辦，乃有禁煙章程發布，聞者駭然。國家方以選舉定經法，而官吏妄以非選舉之委員，冒諮議局名義而濫預政事，烏乎其可？嗣又有直隸灤州礦務亦以諮議局名義發布公啟，此雖與山西之實行議決本省單行章程權限者有間，然此時即有諮議局之能力，無乃太早。能力由選舉而生，選舉未行，何由成法律上之諮議局？意者直隸、山西之所謂諮議局，乃舊有非法律之諮議局乎？然官所施行士民所願欲，何局所何團體不可以附麗，乃必犯館咨所謂混淆之弊，不可解也。至直隸之籌辦處設立最早，方爲天下楷模，固無間然矣。

　　《政治官報》載，山西諮議局創辦所章程，其必改籌辦處爲創辦所，爲故與館咨立異耶，一可疑也。所設職員，有所長一員，由藩憲選訂，撫憲派充，俟諮議局成立，即爲局長。云局長即與議長不同，云選訂派充，即與投票選舉不同。今日之籌辦，撫藩權力，固可及籌辦處，推言成立以後，乃亦由撫藩爲政耶，二可疑也。所內分幹事、議事等部，委曲繁重，已覺不倫。又有地方興革事宜，當爲條陳者，得以三人以上之合議，投意見書於本所所長，察議其能否施行，於開會時提出公決，以符庶政公諸輿論之實云云。山西撫藩所設之創辦所，究是何物，三可疑也。末又規定其解散，言本所係創辦所，仍俟資政院定章頒布，詳訂諮議局章程，諮議局成立時，本所即行解散。夫館咨諮議局成立，籌辦處即行裁撤，今不言裁撤而言解散，與諮議局之法律上解散相混，是謂不詞。諮議局章程奏定頒行在六月二十四日，山西撫藩置此不顧，乃云俟資政院章，四可疑也。側聞山西政務，多出藩司丁寶銓手，巡撫之倚重，晉民之屬望，一在寶銓。乃至陝甘協餉，督臣升允不與晉撫爭，專與晉藩爭。寶銓之有能名，天下皆見之矣。今奉詔籌辦諮議局，乃憒憒如此。山西士民又不知諮議局係切己之事，爲之糾正，甚乃以其謬種咨告中央，致列《政治官報》。中央又憒憒，莫或繩以法律，此豈惟三晉之患，天下之觀望係之，吾烏能不爲之辨。寶銓服官有政聲，且吾鄉之望也，尤不能不痛惜之。

　　憲政編查館又通咨各省諮議局預算決算辦法，文見"法令類"。自有此咨，明年之諮議局乃爲不監督財政之諮議局。夫遲以一年猶可言也，咨又言交局議決預算事項，應以各本省之地方辦事費用爲限，國家行政費不在其內，聞者駭然。謂地方之費，地方自有團體議之，九年籌備事宜中所謂廳州縣與城鎮鄉者是也。諮議局非地方議會，且亦不能越俎以代地方，議決其辦事之用費。館咨費解，議員之職務自此而不確定，非過慮也。學者或解之曰，督撫統治一省，省亦地方耳，凡非直輸部庫之款，自省之名義言之，皆爲地方辦事用費，按之政體誠然。然館咨稍含混，將來督撫必有造預算案時伸縮其範圍，與議員相對抗者。此議員應爭之事，非今日籌辦中之所及。憲館能預爲之計，更申明其所謂地方辦事者何指，則所大幸。要之，縱不申明，亦斷非指廳州縣以下之公費，自犯其地方自治之界畔，則可信也。廳州縣公費在有爭執時，可由諮議局判斷和解。判斷和解，非議決也，凡爲議員者識之。

　　各省籌辦處應遵照館咨，如有疑義，隨時咨詢，以便詳爲解釋，俾免歧誤。此事僅江蘇一爲之。錄往來電文如下，此亦法令之解釋不可不注意也。

　　蘇撫致憲政館電文云："蘇省諮議局籌辦處業經遵照奏定章程，遴選明達官紳創辦，已於本月十六日開局。所有辦法章程，及各員紳銜名，容即咨呈立案。頃據籌辦處官紳詳稱：查《諮議局選舉章程》第四十一條，投票人以列名本屬投票所之投票簿者爲限，對於被投票者並未明定界說，疑義乃叢。在甲説被投票人與投票人同以本屬投票區爲限，乙説被投票人以本屬初選區爲限，丙説被投票人以本屬複選區爲限。甲説最狹，自不可據，乙説最廣，亦非初選時應據，自以丙説爲近。但有同城州縣之處，如蘇人籍貫在長邑，住所在元邑，造冊時應入何邑之冊？依籍貫則在長邑，並無住所，何從定其投票區之所屬。依住所而執丙説，則投票者將不得選其同籍之人。且蘇垣三邑同治，昔日科舉不分畛域，故籍貫、住所都不相同，彼此任事亦幾統三邑而爲一，故投票於長邑各區者有選舉某人，元吳各區必有同舉某人者。設以二十票爲當選票額，某一人於三邑各得十九票，俱不得爲當選人。彼得二十票於一邑者，方可爲當選人。是五十七人信仰之效力，轉不如二十人信仰效力之厚，似亦非情理之平。此種關係有同城州縣之處皆然，非第蘇城也。開票檢數，自以各本區爲限，無併算之法。然在有同城州縣者，似實際不得不併算。可否准同城州縣於開票檢數後，互以票數知照，一體併算，則投票區域即可依住所爲定。若不併算，則或依籍貫，或依住所，皆有窒礙。現正調查造冊，究應如何辦理，謹候飭遵。又第五十四條有姓名不符云云，投票用無名單記法，投票簿與選舉票對照，何從別其姓名之符否？如僅指姓名之數，則與下文放棄選舉權何所區別？以上兩端，懇請電達北京憲政館等情前來，特肅詢敬懇電復，以便飭遵爲禱。"憲政編查館復蘇撫電文云："養電悉。查《諮議局選舉章程》第二條，初選舉以廳州縣爲選舉區，則選舉人、被選舉人應均以籍隸各該廳州縣及其寄居人合格者爲限。至投票區之設，專爲投票人便利起見，故投票人當屬何投票區，自應以其住居所在地方爲準。若住居不在本籍，而本籍又無住宅，無從定其所屬者，可列入其現住相近之本籍投票區名簿內，即以該區爲其投票之地。似此辦理，即同城州縣之處亦無窒礙，種種疑義自然冰釋。其五十四條'姓名不符'四字，係指票數與名數多寡不同而言。惟放棄選舉權情節，卻非四字所能賅括。即如空白投票，檢數雖符，而仍與不投票者無異。故補足一語，以期周密，希即轉飭遵辦。此復。"

各省籌辦之成績，九月之上半月，上海《申報》有列表附說一篇，簡括可喜，録以代叙述之用。

各省籌辦諮議局進行表

（各省第一步有畢事者本報再造第二種表式）

籌辦處			選舉人名冊						分配當選名額及宣示人名冊
			編　造			造　成			
士民動議	士民呈請	官長設立	士民動議調查	士民實行調查	官長調查	幾初選區先成	幾複選區先成	全省告成	
		○奉天 ○吉林 ○黑龍江 ○直隸			○直隸				
江蘇	江蘇	江蘇蘇屬	江蘇 武陽崇明揚州	江蘇武陽					

續表

籌辦處			選舉人名冊						分配當選名額及宣示人名冊
			編　造			造　成			
士民動議	士民呈請	官長設立	士民動議調查	士民實行調查	官長調查	幾初選區先成	幾複選區先成	全省告成	
			蘇州						
安徽		江西	江西						
浙江	浙江								
福建	福建	福建	福建						
		○湖北							
		○山東							
		▲山西							
		▲新疆							
廣東			廣東						
		○廣西							

　　上表以十四日本報所見新聞爲限。今將各省比而觀之，直隸已至第六格，程度最高。所定辦法，條理秩如，足爲天下法，而純乎由官主動。次則江蘇，蘇屬已至第五格，甯屬亦有至第四格者，然純由士民主動。蘇屬僅僅使官爲第一層之被動，即僅設立籌辦處，甯屬則竟無被動之官，此不可解者一。再次則江西、福建、廣東，士民能力，已及第四格。然第三格以前，江西由官主動，福建由士民主動而官爲被動，廣東則似並無被動之官，此不可解者二。又次則奉天、吉林、黑龍江、湖北、山東、廣西六省，俱由官主動而達第三格。又次則浙江由士民主動而達第二格，又次則安徽亦由士民主動而達第一格。其餘除山西、新疆兩省尚在疑似外，並不見於此表，官之罪耶，士民之恥耶？雖道遠或未盡得實，姑就所得者課之，則湘、豫、陝、甘、四川、雲、貴七省謂非官民兩失而何？

　　新疆巡撫奏言：紳民不足入諮議局，暫一切委官，此

似未奉章程以前之諮議局。山西則明定局章，在奉欽定章
程以後，然有自治研究所等夾雜其間，以尅期程效之事，
而能節外生支，好整以暇，始已疑之。近見諮議局禁煙詳
文，則山西諮議局已成省垣一局所，爲行政之駢支，絕非
議會體統，且與籌辦之部文大異。吾不解此詳文果在奉文
籌辦以後而發生耶，抑從前之事而傳者混合爲一耶。若如
傳者所云，則山西之官負上違詔旨、下欺人民之罪，其罪
浮於膜視而不動者，指鹿爲馬，爲趙高之所爲，所謂雅負
時名之丁方伯，所爲固若此乎？故曰尚在疑似云爾。

　　綜觀表中事實，由官主動者，一舉手即效力及於全
省。雖廣西、福建之虛應故事，不能不謂爲已設籌辦處
也。由士民主動者，此屬踴躍，彼屬觀望。如江蘇有已及
第五格之武陽，即亦有素號開通，而今竟不顧詬病之上
海，以直隸之有官，不能太息痛恨於各省之無官。而最奇
者，江蘇之士民所合詞呈請之分設籌辦處，合設諮議局之
呈稿，其效力能動蘇撫，竟不能動江督。江督與直督合稱
南北洋，而北洋如彼，南洋如此，江督又與蘇撫同轄江蘇
士民，蘇撫尚虛與委蛇，江督竟置之不顧。嗚呼，江甯省
會其淪於化外乎？

　　章程併順、直爲一省，而直督不能轄順天。近見府尹
咨直督，以順天府屬選舉事隸督臣，則順直之名正矣。

　　東三省由徐督奏請變通辦理，曰以旗制未改故。然章
程第二條案語，明言東三省旗漢一律辦理，以爲實行化除
畛域之倡，則徐督所請，豈非蛇足？然吾於“變通”二字，
輒有所感觸焉。東三省旗漢問題無庸變通者也，陝、甘、
雲、貴、四川、新疆之交通不便問題，不得不變通者也。
期限如此之迫，此數省士民何坐視己之鄉里，以成立逾

期，貽誤通國，或變通選舉方法以集事，或請示憲政編查館以執行。此數省豈無京官，豈無旅居各地親見各省辦法之士民？何默默不爲之所，是可怪也。

　　按：是篇言廣西虛應故事，時奏調諸公未到，處中尚無事可爲故也。

嗣是以來，江甯已奉文設籌辦處，皖、豫以大吏有更動，權任者存五日京兆之見，後皆真除者至，將有進行。湘撫奉詔，有飭司議詳之文，視大政爲虛文，瞢於治理，手足無所措，姑循例委之司詳，門外漢之可憫如此。顧湘人士非屛者，請願國會，爲天下先，於此事一任大吏之敷衍，不能不任放棄之咎。貴州巡撫龐鴻書，於九月初三日，爲日曜休假之日，率同司道，集士紳假兩廣會館，會議設立籌辦處事宜。黔報載是日提議案，勤懇足法，全錄如下以美之。

　　一，宗旨。案准憲政館咨，欽奉諭旨，各省就督撫所駐地設立諮議局。貴州派定議員三十九人，自應遵照辦理。惟諮議局之設，必先明定選舉人，有選舉人而後有議員，有議員而後可選議長、副議長各員，諮議局乃能成立。現在選舉人尚未查明造冊，其中層級尚多，諮議局自不能率爾開辦。故館咨先設諮議局籌辦處，期限一年，妥爲預備，此設立籌辦處之大意也。二，處所。籌辦處須擇地爲辦公之所，能求一寬廣之區，將來即以籌辦處爲諮議局，固屬甚善。若未能猝得，則宜先定處所，俟將來諸事就緒，或再議建築諮議局，或另圖修改，均無不可。惟就現在省城而論，籌辦處當就何處設立，諸君熟悉情形，望共酌定。三，員額。案照憲政館咨，籌辦處可選明練官紳爲辦事員。此項辦事員既非議員，亦非議長、副議長，但在籌辦期内，和衷商權，爲種種之豫備耳。究竟應定官紳各幾員，用何名目，處内應設之幹事、書記、庶務共須幾員，官由省城實缺候補人員委充，紳額須由諸君公同選舉。四，經費。籌辦必有費用，究竟出於何處，或開辦先由官帑撥給，以後應如何籌備。每月薪工火食雜項，亦須公同預算，額定數目，以杜浮濫。五，章程。諮議局章程除遵照館章外，一切辦事細則，自應俟籌辦處成立再擬。而籌辦處章程則不能不先爲擬定，應由官紳各選一人，會同主稿。官由撫院遴委，紳中應選何人亦望公舉。六，答復。上列各條略舉大綱，到會各員均須於第五日分條答復，應選各紳亦望秉公選舉。表同情者，不妨共陳一牘，否則各自記載，封由撫轅巡捕官送入，以憑查閱。七，決定。諸君共謀公益，自無參差，然各人意見亦難强同。所擇之地、所舉之人俟答復送齊後，由撫院督同司道，公同開拆，然後發表。八，宣布。諸君答復後，由撫院核定籌辦，咨明立案，一面由所舉書記員編記大略，登之黔報，以俾周知。

右案與山西所定章程，昭昭昏昏，適成反比例，拈出俾資提撕。他山之石，可以攻玉，吾爲丁寶銓誦之。雲南亦由督臣錫良電商憲館，從事籌辦。今日不可知者，獨陝、甘、新疆而已。其間名存實亡之籌辦處，所在多有。尤可笑者，湖北私諮議局爲官業，勞士民開會質問，已見“大事記”。江西視諮議局爲傳舍，款留外賓，以騰出洋務局爲巡撫馮汝騤藏嬌所，致與前護撫藩司沈瑜慶大閧。將來憲法史中，得此軼聞，頗不似日本人講學理，所謂乾燥無味者。浙江籌辦，役員似太多。江蘇蘇屬，則士民督促，恒先於籌辦處，用力最簡。司選員等職，直所用無幾，其機關在調查會。九月中，江蘇調查會發布一表，録以資各省士民之觀感。是會督課之表，不止此次已也。

江蘇籌辦諮議局進行表

▲蘇州府屬	長元吴	九月初十開會，現正調查。
	常　昭	上年已立地方自治會，調查甚易，聞約半月可以卒事。
	崑　新	聞定於九月廿三開會，籌議調查。
	江　震　太　湖	
▲太倉州屬	太　鎮　崇　明	九月初三開會稟縣，未奉批。
	嘉　定	九月十六開會，籌議調查。江橋一處已調查。
	寶　山	城鄉調查已畢。九月十九日開會，籌議調查各鄉。
▲松江府屬	華　婁	擬開會。
	上　海	士民稟奉縣尊照會於九月十七日開會，現在調查。
	青　浦	現正籌議調查。
	奉　賢　南　匯　金　山　川　沙	
▲常州府屬	武　陽	城廂調查已畢，各鄉限九月卒事。
	錫　金	現正調查。
	宜　荆	現正調查，約十月初十卒事。
	江　陰	士民動議調查。
	靖　江	
▲鎮江府屬	丹　徒	擬開會。
	丹　陽　金　壇　溧　陽　太平廳	

　　按上表武陽最早，宜荆次之，一限九月卒事，一限十月初十卒事，可謂勤奮矣。其次錫金亦當不遠。此豈惟士民之力，賢有司實贊成之。若曰，此奉旨限辦之事，爾士民能早建議甚善。嗟乎，誠如是，則四境歡聲雷動矣。長元吴居全省之首，樹之風聲，官民可告無罪。上海稟縣則

如響斯應，崇明稟縣則置之不答，何其不相侔也？表中所
注，以華婁、丹徒擬開會爲最不滿人意。擬者，未定之詞
也。其未注者，恐是諏訪之不備。若江震等處，固不應寂
寂。三十六廳州縣，動議者已經過半，未動議者以松、鎮
爲多。或曰，松守不樂，蓋別有故，鎮守開通，抑又何
耶？松屬文明，一發軔即至。常之靖江，鎮之太平洲可慮
哉。以三十六廳州縣，萃於交通便利之處，而猶不能恪遵
功令，限正月十五日行初選舉，固吾蘇屬之恥。然或爲一
二縣所牽掣，則泄沓之咎，將誰歸哉？

上表發布於九月二十以後。嗣此各屬之進行，以偏於一
省，不具列。

江浙籌辦處已有辦事規則發布，大致就法律範圍，斟酌期
日。自前期登載直隸籌辦章程，以重其始，餘可例推。然他省
尚無此文告，有者獨荒謬已甚之山西創辦所耳。即以江蘇論，
蘇屬五屬，設一籌辦處，道里之近，交通之便，才秀之多，無
一不超乎各省。然至今人名冊之告成，去之尚遠。將來分配名
額，籌定投票區，以至實行選舉，待冊成而後可爲者，其事甚
夥，竭蹶以從事，或僅而有濟，顧他省則何如？不能不爲優游
卒歲者危也。嗚呼，此士民之責也。

二城鎮鄉地方自治章程　未頒布。然民政部咨行各省督
撫，略言"自治爲我國創舉，事理備極繁賾，非詳加討論，不
足昭鄭重，盡美善。城鎮鄉自治章程甫經審訂就緒，尚未奏請
欽定頒行。近來迭接各省士紳稟報，開辦自治，私擬章程，多
未合法，甚有誤解自治字義，舉動軼出範圍者。倘不慎之於
始，必致流弊叢生，轉失朝廷講求憲政之本旨。嗣後各省紳民
在自治章程未經頒布以前，應安心靜候，不得輕舉妄動，致出

紛歧。除直隸、天津等屬辦理在先，所有章程業經奏咨有案，暫應照常辦理外，其餘尚未奏准開辦各地方，應俟本部章程奉旨欽定頒行後，再行遵章辦理"云云。則部臣所欲收畫一之效者，於自治制甚明。乃於諮議局章程已頒行後，竟有軼出範圍之山西省，其謂之何？

三調查戶口章程　未頒布。

四清理財政章程　未頒布。

五請旨設立變通旗制處，籌辦八旗生計，融化滿漢事宜未請旨。據本月所聞，慈宮曾垂詢軍機變通旗務一事，並諭授田歸農，降旨年餘，何以各省奏報籌辦者寥寥。現在預備立憲，融化滿漢最為要政，世續情形較熟，應歸爾一人實力籌議辦理云。並聞有廷寄電催各省切實速辦。而樞府會議變通旗制處辦法，皆謂此項人員不妨破格拔選，凡昔日對於旗務有所研究，或曾條陳變通旗制融化滿漢者，皆當調用，以資襄助。醇邸尤注重此事，主張速定章程，九月內即須開辦，否則今年必不能辦成。奏定逐年應行預備條件，第一年即有變通旗制處之設立。倘一遲延，各衙門必致以為藉口。某日會議，擬先將京旗各固山副都統奏裁，後再將各省與將軍同城之管旗各官裁併。其裁併管旗各官所節之款，專辦裁旗授田，及給與一切生計之用。又議於明年始，裁去都統，後年裁去將軍，旗籍歸督撫兼管。凡某省駐防，即歸入某省籍。至國會開設時，不使再有八旗之名稱。又議由京外大員飭屬條陳辦法，又議庫藏奇絀，另闢一處，必致另請經費，諸多掣肘，莫如暫行附入會議政務處兼辦，事專費減，俟三數年後，再設專處。又聞議定變通旗制處辦法，准十月十五日入奏。此皆積極消息也。又聞在旗各大臣及部屬司員人等，多謂憲可立，國會可開，旗籍萬不可裁，旗制可改，糧餉可裁，老姓萬不可添等語。政府亦有被其搖惑者，以此説爲然。甚有謂將來編定憲法，可以特定旗人額數。而樞府以該處之成立，極難得人，裁旗一端，黨派紛歧，主張各異，若使薰蕕同器，萃於一堂，不惟無益，又恐轉生枝節。并聞侍郎寶熙，常以難得其人爲慮，特邀對於旗務向有研究者數人，均以主義難同，且屬怨府爲辭，率不肯往。此爲消極消息。於是政府有謂示以一定方針，議論始免紛擾，且既易府怨，尤當慎選其人。擬先規定旗籍是否銷除，糧餉是否裁撤，諸大綱目，然後有可下手。並謂糧餉裁撤，固意中事，而旗籍亦萬無不消除之理。今之滿漢人士皆當注意世界大勢，與內國情事，勿作一方面之主張，以爲事梗云。

第五卷第十一期

光緒三十四年十月大事記

初一日　雲南諮議局籌辦處，以諮議局選舉章程，電詢憲政編查館。　電見"憲政篇"。並有前一日卅電，報告籌辦處於九月二十四日成立。雲南地處極邊，腹地人士，頗代爲顧慮。今知籌辦處成立確期，且亦能以研究條文入手。南徼有人，書以志幸。

初四日　諭專大學士張之洞督辦粤漢鐵路事權。　見"法令類"。以樞相之尊，督辦一鐵路，尚慮事權之不專，無亦深知商辦諭旨之不易弁髦乎？樞臣口銜天憲，欲專斯專，今而後莫有議其後矣。

修律大臣沈家本等議覆朱福詵奏慎重私法編，別選聘起草客員。　福詵原摺在上年十一月二十二日交到法律館，所陳約有三端：一，法典內容宜法日本，尚德法而絀英美；二，民商法合爲一編；三，請聘日本法學博士梅謙次郎爲民商起草員，而以中國法學生參與。館臣議覆大旨，於第一端無所異同，第二端則議駁。駁之是也。商法受世界競爭之影響，進步較易，民法則牽涉禮俗，隔閡新舊，非有商法獨立於前，民法且無扶掖俱進之具。民商合編乃人民程度已高，視尋常日用，與重大商行爲無別，法律思想，習與性成，乃可言此。歐洲其猶病焉，日本人則徒懸高論已耳。往者新刑法草案出，反對者數起，最力者爲學部。夫禮教之事，欲以斧鑕威之，道德齊禮之謂何？忠孝者，人心所自有，若緣畏罪而後不敢不忠，不敢不孝，宜亂臣賊子之接跡於天下，特欲越乎法律範圍之外，而天良則無所動也。晚近士夫，見解止有此量，度非一朝夕之口舌所能爭。惟是法律不良，中國法權將永無獨立之一日，事棘如此，而彼悍然以衛道自任者，方且持之有故。吾以爲吾國即定民法，當緩定親族等編，而他法典如刑法之類，關涉服制等律，亦皆當提開。將來別爲親族等法之罰則，現且無庸議及。我行我法，守閉關時代之舊，去其泰甚，即爲幸事。先就其內外國人可以共守之律，勒爲成文法典。各國國際通例，身分權原各從本國法處斷，如此分別定法，或尚可免斷斷之爭，而救目前危亡之禍。故就民商法而言，今日尚更宜分析，即素不分析之刑法，亦當創例分之，庶或有濟。福詵據學者一端之説，以爲完美，其去事實遠矣。聞者疑吾離析刑律之言乎？依公理，法律進步，原貴各有專編。凡設有罰則者，不更入于刑律，悉照本則處理。如海陸軍之別設刑法，更無論矣。選舉法設有罰則，日本新刑法即刪去關于選舉之刑，此可爲證。今日先議他法，留婚姻、服制等律，沿用舊日閉塞之罰，以解目前之紛。待法意漸明，衆心既厭舊法，然後與棄棄之。而吾他律已釐然略具，收回領事裁判權之效率，或可速奏。有奏事之責，如朱福詵之流，若能以此爲建白，否則法律大臣，自採此意，分編法典，以避今世士大夫爭名之徠，私衷之所期望者如此。第三端則覆稱延聘外國法律名家一節，上年憲政編查館于請派修訂法律大員摺内，"聲明應俟開館後，由該大臣奏明辦理，旋經臣等奏陳，俟酌定後另行具奏等情在案。臣等一再斟酌，以聘用外人，至有關係，不得不加意慎重，遂于今年三月，館事粗定後，派令臣館提調大理院推事董康，前赴日本，詳細訪察。該員在日本將及半載，深悉梅謙次郎爲該國政府隨時顧問必不可少之人，斷非能輕易聘用。訪有日本法學博士志田鉀太郎，爲商法專家，名譽甚著，稟經臣等公同商酌，聘充臣館調查員。電請出使日本國大臣胡惟德，妥定合同，約其來京。此外另訂舊在京師之日本法學博士岡田朝太郎、小河滋次郎、法學士松岡義正，分任刑法、民法、刑民訴訟法調查事件，以備參考。臣等仍督同編纂各員，限定課程，分類起草，一面派員調查各省民商習慣，隨時報告"云云。此奏爲吾國現時修律進行之度，叙述加斷，以質天下。

　　農工商部議整頓實業。　　議覆御史謝遠涵奏也。遠涵原奏，請多造就藝師技手，部臣鑒于北洋工藝局派生赴日本工廠學藝，日廠但令專供操作，製造之法矜祕不宣，獲益殊淺。而本年九月二十一日，學部會同農工商部、郵傳部，議覆御史俾壽摺，稱嗣後京外各中學堂以上畢業生，擇其普通學完備，外國語能直接聽講者，出洋學習實業。即參照此奏，此項學生在工校畢業者，必須各就學科所近，再入工廠實行研習，無庸另派學徒云云。

　　初六日　諭結雲南官兵越界滋事案，正法、監禁、遣革有差。　　諭見法令。滇事原委，詳本雜誌第七期"滇事篇"。所載法人要索五款，並加索雲南鑛山權利七處，論文即允其處罰罪之人一款也。并聞其他要索各端，賠償十萬圓，允支給；鐵道損失賠償金，兩國再行調查覆議。是並本日論文，爲共允其三事。又雲南鑛權，須照舊章辦理，中國不加窒礙。夫此鑛若照舊章，

則已逾限廢約矣。又稱中國不加窒礙，似又允其婪索，含糊不甚可解。惟延長正
太路至西安，及斥革錫督兩款，則未置議。

美艦隊抵廈門。　別見專篇

初十日　皇太后萬壽聖節。

頒發憲政謄黃，即九年籌備事宜清單。是日，京師各衙門始敬
謹懸掛。

加封達賴喇嘛，遣回。　　前照舊制，封達賴爲西天大善自在佛，兹
特加封爲誠順贊化西天大善自在佛，並按年賞給廩餼銀一萬兩，諭見法令。其遣
回也，以藏亂故。先是初四日，駐藏大臣聯豫、趙爾豐會銜電致軍機處、外務部
請代奏電。略云："全藏僧衆，以傳聞將改行省，聚衆呈請代奏，將改省事從緩辦
理，並給帑修葺寺廟，早經豫咨呈軍機處代奏。而該僧等以未奉明諭，疑豫未爲
陳奏，約齊多人抗拒臣爾豐，勢將暴動，亦經臣豫電奏在案。現該僧等見臣爾豐
將到，集聚萬餘人到處焚掠，形同反叛。臣爾豐此時若即退避，則適啟戎心，藏
事尚何能爲？若仍前進發，則愚蒙無知，衆寡不敵，臣遭不測尚不足惜，其如大
局何？情形危急，究竟作何辦法，應否厚集兵力，痛加剿滅，臣等未敢擅專，伏
候聖裁訓示遵行。"兩宮覽奏，頗爲震動，當日軍機面奉諭旨："藏衆無知，抗官焚
掠，滋事堪虞。著即剴切曉諭，解散脅從。倘仍怙惡不悛，意存反叛，朝廷惟有
厚集兵力，痛加剿滅。並責成趙爾豐酌調川軍，迅速赴藏，相機進剿，總期無任
蔓延，致礙治安"云云。當即電傳諭旨賞遵。至初七日，樞垣復連接聯豫、趙爾豐
三次電奏藏亂情形，約有千言。是日軍機處急電寄諭趙爾豐、聯豫，略云："僧衆
暴動，難免軍務，已諭飭四川總督妥速調兵援助。惟鄰邦咫尺，務須格外謹慎，
毋稍疏忽，致起交涉。仍責成趙爾豐妥慎布置，切勿任令藏亂蔓延"云云。並交諭
理藩部侍郎達壽、外部右丞張蔭棠，轉商達賴，速電藏僧等解散亂黨，毋再煽惑
滋事。初八日，慈宮即傳諭達賴速即回藏。嗣趙爾豐又電奏鑪關、打箭鑪等處藏
衆未散，逞兇煽惑，勢極岌岌，應請旨速飭黃忠浩來藏，毋任推諉觀望。樞垣議
致電湘撫，促黃入川，黃蓋先由川督趙爾巽電調也。爾豐又電奏藏衆愚頑難化，
兼有外人暗助，即免軍務，驟難撤防，軍需費鉅且急，請飭部速撥鄰省協款。電
諭著照所請，已飭度支部酌量接濟，仍嚴密防範，勿任疏忽。旋電告藏亂已靖，
而傳聞朝議亦擬緩議西藏改省矣。至其會議改革各事，聞各軍機暨各部堂官，係
分部與議，兹將各部所議大綱錄下：外務部議印、藏、英、俄邊務及傳教通商各
條約實行後之布置；理藩部議核照順治初年，欽頒藏藩教規，欽定藏屬會典，重
訂藏僧教法規律，並劃清達賴與欽命大員之權限，及添官設治各事；陸軍部議邊

防軍備，是否純用唐古忒兵隊，或參用川軍；度支部議藏中圜法，素極紊亂，應會同外理兩部按照條約，確認西藏爲中國屬地，以期抵制外國錢幣，並核照內地限制他國銀洋紙幣辦法，使一兩新幣，設法流通，其新定度量衡亦應會商農工商部，按照各省辦法，一律通行藏境；郵傳部議川藏路電郵政各事，惟目下最注重者，尤在軍用電報，擬先添設新疆迪化府屬綏來縣至阿爾泰山十六站之軍電，並另接支綫直達川省，再添川藏幹綫，以期軍機神速；農工商部議除會同度支部，實行度量衡輔助幣政外，將金銀各鑛設法開採，以擴利源云。今皆未有成言，當徐觀其後。其沿邊設施之跡，則有八月間川督暨駐藏大臣趙氏兄弟會奏一摺一片，略言"藏疆區部之繁，以川省爲根本，而川藏經營之略，以邊務爲關鍵。查鑪廳以西，盡爲蠻部，其間山川之險阻，夫馬之艱難，不似腹地鄰封，遇有籌商，計期決議。而自巴、裏兩塘及鄉城、稻壩、鹽井、中渡等處，改土歸流而後，所有應興應革諸務，幾與內治同一般繁。奴才等忝膺殊遇，不敢不通籌全局，先事圖維，深慮區畫偶疏，即無以上紓宸念。事無鉅細，疊次熟商，以爲事必權其所宜，策必先其所急。綜其要略，約有四端，敬爲我皇太后、皇上陳之。一曰劃清界限。查打箭鑪廳爲川藏樞紐，所有運用出關之件，必於鑪城改製皮包，挨站遞達。其換用之烏拉，皆須調自土司部落，往往以權限不屬，呼應不靈。牽制多方，遲延糜進，固由道途之多阻，抑實總轄之無人。今欲齊一事權，擬請將打箭鑪廳外屬地，悉歸邊務大臣管轄，俾無掣肘。而明正、霍爾、五家道、塢冷磧名蠻部，亟須開化，則由邊務大臣漸次行之，庶權界明而指揮定矣。一曰增設官屬。蠻地幅員遼闊，道員分理，政權之散漫堪虞，非設一二統治之員不足以資考成而防隔閡。惟設官之製，或謂宜仿照蒙疆參贊辦事領隊之例，而不用'大臣'字樣，以便邊務大臣統轄者，或謂宜用東三省新官制表。今請仍以內地制度行之，擬改巴塘爲巴安府，打箭鑪爲康定府，裏塘爲裏化廳，三壩爲三壩廳，鹽井爲鹽井縣，中渡爲河口縣，鄉城爲定鄉縣，稻壩爲稻成縣。設兵備兼分巡道一員，並加按察使銜，兼理刑名，名曰鑪安道，駐紮巴安府，統轄新設各府廳縣。康定府設知府一員，管理地方錢糧詞訟，以裏化一廳、河口、稻成二縣隸之。巴安府設知府一員，以三壩一廳、鹽井、定鄉二縣隸之。貢噶嶺設縣丞一員，隸於稻成縣。裏化設同知一員，三壩設通判一員，四縣設知縣各一員，並管監獄。以上新設各缺，悉由邊務大臣奏請由外補用，惟康定府會同四川總督遴員請補。各缺皆定以三年邊俸，俸滿由邊務大臣酌量應否調回內地候升，或在任候升，隨時具奏。關外各缺，並准由邊務大臣向川省及各省實缺候補試用各班人員，擇能奏調。各員除俸銀照例支領外，擬請鑪安道每月定給公費一千五百兩，巴安、康定兩知府每月定給公費一千二百兩，三壩、裹化兩廳每月定給公費一千兩，鹽井等四縣知縣每月公費銀八百兩，貢噶嶺縣丞每月定給公費銀五百兩。既定公費，即毋庸再支養廉。除公費外，亦不准於地方別立名目，私取分文，違者立予撤參，計贓科罪。以上擬設各官，與奴才爾豐前奏稍有不符，既經奴才等悉心會籌，再三考察，不得不重加酌議。其他各處，應否添設縣治，俟察度詳悉，再行奏請，期無缺濫。一曰寬籌經費。關外事當創始，需款繁多，部議僅准開辦費銀一百萬兩，常年經費，遂無的款。部議既請益而未允，川款亦挹注而無從。現雖舉辦油捐，亦爲數有限。奴才爾巽到任，復飭加辦糖捐，多少尚難預計。將來收入兩款，俱作爲關外常款。外間但能盡一分心力，決不肯使部臣爲難。無如通計兵餉官俸，與夫製造軍裝、轉運腳費等項，實屬不敷鉅款。祈求聖慈飭部添籌的款，以資接濟，兵則虞其譁潰，官則人皆裹足，此尤籌邊切要之圖也。一曰協濟兵食。關外向不產米，祇種青稞，磨面炒熟，以水拌食，謂之糌粑。內地兵勇食多不慣，以致腹疾者，比比皆然。自巴塘用兵，皆由川省購運大米，另加腳價，每斗合銀一兩九錢不等。而於各營每斗祇扣價八錢，其餘悉公家代付，以恤兵艱。此款一年所費不貲，斷非持久之道。曾於上年飭令墾夫種稻，乃皆秀而不實。蓋地利未盡開闢，雖經迭試，難望速成。因復札飭糧台將大米、青稞兩種，給發各半，冀使漸成習慣，能否稱便，尚不可知。仍當分飭墾夫，考驗試種，開田引水，勉期從容著效。惟此一兩年中，巴塘各營尚須川省照常協撥米糧，方能有濟。俟糧稻可成，再行停止。此又變通兵食不得已之情形也。至於採礦、勸工、練兵、興學皆爲邊藏要政，容奴才爾豐出關試辦，隨時奏陳。以上會擬四端，實爲關外目前當務之急。奴才等籌維再四，未敢視爲緩圖，合無仰懇天恩，俯允所請，以固初基，大局幸甚。其餘未盡事宜，容再續陳。"附片云："再查巴藏地方，經營伊始，其一切查勘路綫，安設電桿，招民屯墾，設台轉輸，在在需人差遣。若悉由內地調用，無論極邊苦寒之地，非人情所樂從，即經費所需，亦苦難籌措。歷來臣工獲罪，非在不赦，均蒙恩發遣軍台新疆等處效力贖罪，並准援例捐贖，誠隱寓實邊之至計，而並予罪臣以自新。今巴藏邊苦，逾於新疆，可否仰懇天恩，准予嗣後凡應發遣新疆軍台人員，准其一律改發巴藏効力贖罪。其已發在途者，亦准就近呈請地方官請咨改發。其有願捐贖者，亦准援新疆軍台贖罪例，就近繳由川省捐贖，留充巴藏經費。似此一爲轉移，實於籌邊固圉，不無裨益，而懷才負咎者，亦不至屏棄終身"云云。此籌畫藏邊之大略也。又聞改建行省從緩，現擬先設版籍局，決定展至三年後，藏事亦可就緒。屆時藏民即行開化，再議改省，或較易於入手。又各國內地傳教，載在約章，原所不禁。現在《中英藏印通商條約》業已簽押，日前英使朱邇典往謁外務部，復議英藏傳教條約，以資遵守。聞達賴意頗反對，謂西有羅馬教皇，東有達賴，宗教相安已久，況西藏地居邊徼，非内地可比，甚不願耶穌教侵入藏地，反啟民猜忌，致淆宗教，有失神權。惟外務部以傳教自由，各國定有通例，礙難拒絕。現與英使直接開議，而達賴終以英教入藏，日久必生交涉，諸多不便，刻商由理藩部轉咨外務部會訂英藏傳教條約。藏地決計不認添設教堂，暨地方保護之事，以示抵制而免混淆。聞外務部擬與英使商訂專條，尚未答覆。又聞軍機處袁尚書以趙爾豐遠駐拉薩，成都相距太遠，中隔巴塘、裏塘，實爲川藏咽喉，雖設有巴安府，不足控制，擬再派大臣一員駐紮巴塘，以爲藏中聲援云。編修朱汝珍奏藏僧應加入資政院爲議員，尚未議覆，聞亦欲與達賴一商辦法。

　　厦門大宴美艦隊員。

　　合衆國選舉總統，當選者爲兵部大臣塔孚脱。

　　十五日　唐紹怡自日本起程赴美。　紹怡羈日久，傳聞於中日在滿韓各交涉頗有所商榷，然殊未定。其可告成功於政府者，封禁留學生數種報紙而已。紹怡甫行，而日本《二六新聞》即發現美日協約四條，以扶持中國現狀爲宗旨。據言此約久已商定，俟新總統一承認始發表。又聞政府得美日共盟扶持中國消息，電駐日胡使問其詳，胡使覆言不確。美日交涉，中國使臣何以能斷言不確，以此等大有關係之條約，日本報紙豈肯憑臆造謡，自毀面目。紹怡使美，外間幾有中美協約之風聞，豈知大功告成，正在留日數學生之報紙。直至十一月朔，紹怡始有行抵舊金山之電，茲録《二六新聞》所載如下：

　　第一條　日本國皇帝陛下政府及北美合衆國政府，因鞏固兩國之友好，且消除將來兩國誤解之原因，訂結協約如下。

　　第二條　日本國政府及合衆國政府，保全中國之獨立及其領土，並於中國之各國商業人民互表同情，尊重平等之待遇。因現在各國所執之一切平和手段，互約維持現狀之永遠繼續，及擁護其主義之確立。

　　第三條　日本國政府及合衆國政府，於他一方人民新於他一方之政府領土内從事勞動者，恐阻隔日美兩國之友好關係及將來誤解之原因，欲其互相一致，故關於將來是等條件，另訂别約。而約兩國相互政府之領土内，不送己國勞動者之事。

　　第四條　右協約爲證，由兩國政府委正當之員記名簽押。

日本大使高平小五郎　印

美國外務卿　羅　脱　印

上記協約之交涉，原始於本年初夏，而定於近日，但因與列國攸關，故未曾

發表。今記其協約成立之次第。蓋駐華盛頓之日本大使高平氏前遵小村外務大臣
之電訓，新訂日美之關係。值日本大博覽會延期，日本因表感謝美國之情，而造
成日美協約之素質者，則在西歷八月下旬。美大總統羅斯福氏既表個人贊同之意，
然尚有一部分之美人未解日本之意見。加之美國選舉大統領時，競爭異常激烈，
亦致日美關係問題束之高閣，荏苒至今。其間若紐約黑刺爾德報章，懷有他種之
目的，而唱中美聯盟之說，太平洋沿岸之美國人，和之者甚多，以致排日之熱復
熾。其影響，以致北京政府及中日關係而有疎隔之虞。後至新任伊集院中國公使
赴任之前，對於此事深懷憂慮，故待日本外相之意見明瞭，始克赴任，而中美同
盟之說亦漸次閒冷。茲美大總統選舉已定，高平大使遂復提起前此協約之議，次
期大總統就任，日美必須結一協約。高平大使數日前特致長電於日本外務省小村
外相，遂與伊藤公協議此事，當可遂行。惟是目下當局者，則似尚未公認此協約
之成立云。

　　十九日　　山東諮議局籌辦處成立。　　以有成立確期，故書之。

　　二十日　　授醇親王攝政王令嗣皇帝入宮。　　諭文俱見法令。

　　二十一日　　酉刻，帝崩。　　　遺詔：“以攝政王之子令嗣皇帝入承大
統，餘惟飭京外文武臣工，恪遵前次諭旨，各按逐年籌備事宜，切實辦理。九年
後頒布立憲，克終未竟之志，藉慰在天之靈”云云。恭繹末命，猶祇立憲一事，簡
在帝心，負戴聖明，呼號莫逮，嗚呼痛哉。

　　以攝政王為監國。　　奉皇太后懿旨，俟嗣皇帝年歲漸長，學業有成，
再由嗣皇帝親裁政事。懿旨見法令。

　　土耳其國會開會。　　據宣布立憲時定期如此，至其結果，尚俟續查。

　　二十二日　　尊皇太后為太皇太后，尊兼祧母后皇后為皇太
后。太皇太后命內閣各部院會議攝政王監國禮節。

　　諭御名缺筆書寫法。　　上一字仍舊書寫，毋庸改避。下一字敬缺一
撇，書作“儀”字。

　　太皇太后命軍國政事均由攝政王裁定。　　昨降旨特命攝政王監
國，軍國政事，稟承訓示，裁度施行。至是太皇太后以病勢危篤，復有是命。

　　未刻，太皇太后崩。　　遺誥追溯前年宣布預備立憲詔書，本年頒示
預備立憲年限，今舉行新政，漸有端倪云云。兩宮末命，皆殷殷於此。兩日之間，
天崩地坼，億兆悲駭，不知所云。

二十五日　定明年建元年號。　軍機大臣奉硃筆圈出"宣統"二字。

二十六日　諭停止一應貢獻。　並食品亦不准進呈。諭見法令。

安慶馬礮營兵變。　二十六日夜，馬礮營叛轟城，並劫藥庫。檄蕪湖援軍未至，江中兵輪開礮擊叛兵，相持至次日，叛兵始潰。叛首隊官熊成基竄竄未獲。報載該逆昌言革命，沿途剽掠，迄未知其起釁緣由也。

二十七日　秋操事畢。　十七八以來，南北軍會戰期已迫，突遭國恤，電樞府問應否停操，得復止罷宴會，並暫停三日。二十五日始會戰，二十六日續戰，復得安慶警信，是日畢事，蓋頗草草。閱兵大臣於二十八日，即分投覆命回任云。

憲　政　篇

立憲前途，遼遠實甚，以九年之久，今方在第一年。本月二十一二兩日，我大行兩宮，抱億萬年福我中國之睿慮，竟不及觀九年之成，十二時中，先後奉升遐之電，萬方號泣，感與哀並。蓋追繹自古未有之德音，益動生民所無之永慕。重以恭讀大行皇帝遺詔，陳援立嗣皇帝之外，惟以立憲為言，朝我京外文武臣工，精白乃心，破除積習，恪遵前次諭旨，各按逐年籌備事宜，切實辦理，庶幾九年以後，克終朕未竟之志，在天之靈，藉稍慰焉等因。子孫臣庶，敬聽斯言，若猶是不自外於名教，知以繼志述事為勗者，其孰不踴躍籌備，俾九年之限，萬無或踰，並各矢血誠，以冀籌辦各事宜，不待九年而集事，立憲早頒布一日，在天之靈即早慰一日乎？再讀大行太皇太后遺誥，一則曰前年宣布預備立憲詔書，本年頒示預備立憲年限，萬幾待理，心力俱殫；再則曰舉行新政，漸有端倪，是前此不息之強，與後此無窮之願，亦俱於憲政是毗。今上得攝政王之輔導，光大前謨，速臻上理，以彰聖孝之至隆者，固舍此無以措手。而吾士民，於號慟擗踊之餘思，所以效涓埃之報者，不竭力於籌備事宜以自盡，其又奚道之從耶？今仍按前數期例，彙次本年籌備事宜如下：

一籌辦諮議局　九月以前各省成績已著録，自入十月，凡前已興起之省，於理應有所進行。然比較各省，直隸自以官力提倡在前，江蘇士民見事尚不後，浙江頗得巡撫之力，而士紳尚足以濟之，山東近始踴躍，其餘皆敷衍不足觀，未知屆期集事，成效何若。山西官長信望幹力，本足濟事，而任意傾錯，流弊恐有甚於敷衍無成就者，自宣布期限清單，稍覺近理。廣東舊有自治會，頗知注意諮議局事，而至今墮落在各省之後。官長隔膜，可恨如此，各省類此者多。官不足責，終皆咎其士民。公權乃士民切己之事，官果隔膜，士民當據法律耳提而面命之。即官更有意刁難，吾士民猶當執法律，以與從事。不見夫江蘇士民，事事導官之先路乎？又不見湖北士民，開質問會以詰官邪乎？

四川與雲、貴、陝、甘、新疆等省，均以道路僻遠屢衆慮，然督臣趙爾巽賢者也。籌辦詳情，道遠不得其詳，報載籌辦處早成立。外府州縣各地方官，踴躍開辦者固多，而因循觀望，寂然無聞者亦殊不少。督臣嚴定考成，凡在三月以內遵照辦理者，除飭記大功三次外，仍專摺以異常勞績奏保，違者立予嚴參，並先行撤任示懲。一時雷厲風行，各屬奉命惟謹。併聞通省經徵稅項，奏明將統由諮議局試辦，是其振作固不可及。而四川礦稅之弊，非由地方自辦以剔除之，固終爲苟且之計。第苟非純白之心，爲民爲國，終不肯空官之窟穴，以自貶其威福之能力。觀其勇於勻定公費，即與籌辦宗旨，相輔而行，別見“調查類”。將來議決財政，廓然大公，此爲嚆矢。議員職權之模範，或當以四川一省充之，蜀有賢有司，蜀之福也。

甘督升允，因甘肅舉辦諮議局，本省紳士多徘徊卻步，頗
焦灼。特電請甘省京官，代選甘紳，回甘襄辦，以重要政。升
允向以勇於阻撓新政聞，此次落想，乃與張鳴岐同，殊難得。
今之無所見聞者，蓋惟陝西、新疆而已。

自江蘇蘇屬首詢憲館解釋章程以後，踵行者有雲南、浙
江、江蘇之甯屬、山東等四處。以理而言，當爲法律上有效之
解釋，備錄其文如下：

　　滇督致憲政編查館電："憲政編查館鈞鑒：承准頒發
諮議局章程，並選舉章程後，當即設立籌辦處，遴派司道
紳士，分任總協理及參議各職務，於九月二十四日開處治
事。查定章載，每屆選舉年限以正月十五日爲初選期，三
月十五日爲複選期，又選舉人名冊於選舉期六個月以前告
成。今距選舉期僅三月餘，爲時甚迫，若按照定章日期，
舉行初選、複選，辦理斷趕不及。現飭迅將選舉前應辦事
宜，限明年三月終一律辦竣，擬定四月初二日行初選舉，
五月二十二日行複選舉，仍遵章於九月初一日開諮議局會
議。雖與定章微異，然滇省交通不便，且事屬創辦，不能
不援照臨時選舉辦法，酌量變通。以後初選、複選，仍照
定章日期興辦。所有設立籌辦處及變通初選、複選日期，
除另行咨報外，謹將大概情形上聞。錫良。卅。"第二次
電："憲政編查館鈞鑒：選舉章程第九十八條，所謂'選舉
關係人'者，指何種人而言？一百一條二項云'其所漏洩非
事實'者，應作何解？又，五十四條所謂'姓名'，是否指
被選人言？查被選人資格，寬於選舉人，被選之人似不以
選舉人名冊爲限，姓名之符否，如何對照？又，本章投
票，採無名單記法，若此姓名指選舉人言，更無從對照。

敬請鈞示，以免誤解。錫良叩。東（印）。"憲政編查館覆電
云："南制台錫鑒：卅、東兩電均悉。諮議局事屬創辦，
滇省交通不便，自係實情，但使不誤九月初一日開局日
期，所有初選複選日期，以本屆爲限，酌量變通，尚無窒
礙。至選舉章程第九十八條所載'選舉關係人'，指爲游揚
被選舉人者而言。又一百一條第二項所載'其所漏洩非事
實者'一語，謂漏洩之姓名係屬捏造，以其足以淆惑聽聞，
故併處罰。又五十四條所謂'姓名不符'，此'姓名'二字應
作名數解，謂對照票數與名數多寡是否相符，非指被選舉
人而言。此覆。憲政編查館。微。"浙撫致憲政編查館電：
"憲政編查館鈞鑒：據浙省諮議局籌辦處稟，諮議局章程
內有疑義數端。如初選舉時，被選舉人誠如貴館復江蘇
電，以籍隸各該廳、州、縣及其寄居人合格者爲限，惟複
選舉時，是否亦照初選舉時辦理？又，文武官被參革而開
復原銜者，應否有選舉權？未考之廩生，是否以生員論？
請示復飭遵。韞復查停止選舉權及被選舉權條內，有'本
省官吏'一項，如提學司、公所各科科長，是否在本省官
吏之限？又，'巡警官吏'一項，凡本省士紳襄辦警務者，
是否以巡警、官吏論？倘紳士因襄辦警務，即停止選舉及
被選舉權，恐明達士紳不肯出襄警務，於提倡警務有礙。
其已出襄警務者，不能與選，於議員得人亦有礙，可否以
實授巡警道及有專職人員爲限？均乞核示。增韞。齊
（印）。"憲政編查館復電："複選舉被選舉人，以籍隸各該
府、直隸廳、州所屬廳、州、縣及其寄居人合格者爲限。
文武官被參革後，業經開復原銜者，應與開復原官一律，
准有選舉權。未考之廩生，得以生員論。至停止選舉權及
被選舉權條內所謂'本省官吏'，專指本省實缺、候補各員

而言。其學務、警務公所等處所設科長、科員文職，例准本省士紳充當者，應與教官一例，不在此限。惟巡官、警長仍應停其選舉權及被選舉權，以防流弊。"江甯諮議局籌辦處致憲政編查館電："憲政編查館鈞鑒：甯屬諮議局籌辦處，於十月成立，除將本處章程、職員名單另行咨送備案外，所有應行請示各條，臚陳請核。〔甲〕生員以上出身，文武是否一律？〔乙〕參革職官，設其人有他項資格，如中學畢業及生員以上出身，是否一併銷滅？〔丙〕非本省人須寄居十年有一萬元財產，非本府本縣人，是否一律，有無差別？〔丁〕被選舉人既無規定資格，設所選之人或出於人名册之外，其票是否有效？〔戊〕小學堂教員停止被選舉權，查現在各屬小學堂教員皆係開通秀異之材，且多合他項資格，設停止其被選舉權，竊恐人人辭職，於教育普及，極有影響。可否暫爲變通，無庸停止，如果被選爲議員，令其辭教員之職？〔己〕管理選舉員不得與於選舉人之列，查管理員既無薪水，又停止其公權，省會及府城或可以候補各官充之，偏僻州縣，每屬管理員極少，亦須一二十人，且非公正明達者不能勝任，誠恐無人肯充，應如何變通辦理？以上各條，均請核定電復。"憲政編查館復電："電悉。所詢各條，核復如下：〔甲〕生員以上出身，應以文爲限。〔乙〕參革職官，所有中學畢業及生員以上出身，應一並革除，至其他項資格，不在此限。〔丙〕寄居人資格，非本府本縣人，與非本省人，均係一律。〔丁〕初選被選舉人，即爲複選選舉人，自應以人名册內所載爲限，其票始爲有效。複選被選舉人，本無人名册，自不可拘。〔戊〕小學教員，應仍停止被選舉權。若不停被選而令當選後辭議員之職，恐有重選之煩。〔己〕管理選舉員，不得與

選舉及被選舉一節，係爲預防流弊起見，似仍以限制爲
是。查直隸辦法，有以巡警、官吏、小學教員等項充當管
理員者，似可仿辦。東撫致憲政編查館電，原文未見。憲
政編查館覆電："勘電悉。舉貢生員，應以文爲限，武舉
等不能列入。孝子順孫，曾經旌表者，得比照孝廉方正，
以舉貢論。'吸食鴉片'一項，固指本身吸食者而言。惟種
煙及賃田與人種煙等户，現值屬行禁煙，如逾本省煙禁年
限者，自應一併削奪其選舉權。'身家不清白'一項，以向
例不准考試出仕者爲斷。至案語'等'字，專指娼、優、
隸、卒四等人而言。其偶然文明戲曲，並非以此爲業者，
自不得列入優人之内。勞動者爲正當之工人，更不在案語
'等'字範圍之中。即希轉飭遵照。"

自各電發布後，選舉人名册調查一事，外間遵章解釋，寬
嚴微有不同，要亦出入無幾，自以改從館員指示爲合法。惟江
甯電丙項"寄居人資格，非本府本縣人，與非本省人均係一
律"，此解釋頗與章程相悖，雖館員亦不當任意判斷，致與欽
定章程相刺謬。蓋章程止有非本省人用寄居資格章程第四條，其
餘稱籍貫者，皆止稱"凡屬本省籍貫"章程第三條、第五條。諮議局
本以省爲區域，本省人入本省諮議局，權利、義務所關繫者既
同，何庸別其府廳州縣之界？且籍貫主義本係最頑固時代，同
胞自相胡越之惡習，諮議局章程逐漸破除籍貫之弊，識者頗頌
諸公之開明，自江甯一電，頓復草昧之舊。觀夫章程業經欽
定，既有裁可公布之效力，豈復能以館員草昧之解釋，變更欽
定文明之法律？議員以權利義務之關係爲主，固不得不分省
界，必故繩以籍貫主義。使投票時備嘗困難，以苦我公民，試
問於國家有何益處？往者科舉盛時，上之人以利禄爲之招，應

試者本皆冒利之夫，苦以籍貫，不患其不奔波以就我。今國與民相依以爲命，民以愛國而翕然來，國乃戾民而驅之使去，其咎館員實尸之。聞江蘇籌辦處擬尊法律，不從解釋，蘇人究有特識，非盲從者可法也。

二城鎮鄉地方自治章程　未頒布。

三調查戶口章程　未頒布。

四清理財政章程　未頒布。

五請旨設立變通旗制處，籌辦八旗生計，融化滿漢事宜未請旨。聞政府議派肅親王專管變通八旗制度事宜，又以變通旗制處責任重大，擬俟成立後奏請明降諭旨。所有在京各部院尚、侍，在外各督撫、將軍，一律加旗制處會辦大臣兼銜。而又因籌辦旗丁生計，爲裁旗事宜之首要，恐款鉅難籌，政務處與度支部會商，擬奏辦公債，即以所節旗餉爲償債之款。並俟變通旗制處成立後，通飭各省設旗務善後局，認真經理旗丁生計，所有將軍都統即可酌量裁撤。又擬先開辦內外蒙古農礦，以爲茲事之助。裁汰旗兵，即令赴內外蒙古謀生，就設工廠，俾入習藝云。此皆擬議而未見實行之事。歲云暮矣，第一年籌備事宜，僅有諮議局章程督促籌辦之一事，足以應清單期限所云。而其頒布實先於籌備清單者一月餘，特清單中追認爲籌備事宜耳。其餘必應發表者尚有四事，悠忽坐忘。今年不過五十日，政府其尚有意乎？大行皇帝之末命，有餘恫矣。假國恤大事以延緩要政，度非今日士夫所忍出也。

美　艦　篇

本年夏，美國定以太平洋艦隊，游歷太平洋一周。其所到各埠及啓椗日期，預經總司令官開列行程表，呈美總統批准。

蓋自六月初九日由舊金山啟行，六月十八日抵火奴魯魯；六月
二十五日發，七月十三日抵奧克倫；七月十九日發，七月二十
四日抵雪梨；八月初一日發，八月初三日抵新金山；八月初十
日發，八月十六日抵亞爾孛尼；八月二十二日發，九月初七日
抵斐列濱群島；九月十六日發，九月二十三日抵橫濱；九月三
十日發，十月初五日抵廈門；十月十一日發，十月十四日抵小
呂宋。蓋自小呂宋屬美，此爲太平洋中美轄地之止境也。小呂
宋距廈門近，吾政府指廈門爲招待之地，故艦隊經小呂宋抵
廈，招待禮成而後歸，以表睦誼。按表所經各埠，凡火奴魯魯
等地，略無足道。九月下旬，如期抵橫濱。表稱二十三日，實
以二十四日晨，抵橫濱港外。先是日本海軍省議定歡迎次序：
（一）美國艦隊椗泊之際，於橫濱市建設臨時上陸場二處。並於
水上警察署前及公園停車場等，設立案內所五處。每案內所均
設郵便局、自動電話所、兌換店、無費通譯場等。（一）於司令
長官之旗艦內，設電話機器。（一）司令長官入京時，市長當至
新橋停車場迎接，並致歡迎之辭。（一）奉天皇陛下特旨，賜美
艦司令長官以下九員在芝離宮駐節，並賜馬車一輛。（一）政府
爲該艦長以下，在帝國旅館準備寢室三十七間、大應接所一
間、馬車三十七輛，供其使用。（一）美艦隊椗泊，將所有該艦
隊之準士官，均送以東京橫濱間、橫濱國府津間、橫濱日光間
免資車券。（一）美艦下士以下，送以東京橫濱間、橫濱鎌倉間
鐵道火車免資之票。惟係指定之車，每人日祇一次。（一）每日
特備專車，往來數次。（一）東京橫濱間各電車，凡美艦隊中人
概不收資。（一）著大倉喜八郎氏，每日開美術館，自上午九時
至下午四時。（一）於三越吳服店內，設休憩所，並備茶點以款
待之。二十三日，日本水師副提督率領兵艦兩艘，駛往橫濱口
外，預備迎接美國艦隊。下午用無綫電報往探消息，夜半三時

接得復電，知翌晨七時可到。天未明時，遙望西南角濃煙幾
縷，美艦隊已鼓浪而來。六時半進口，計有戰艦十六艘。有名
空納克結格篤者，爲美提督坐船。日本兵艦當即升礮十三門，
以表歡迎之意，美艦答如禮。另有日本兵艦一艘，即駛回口內
報信。其餘各美艦，由日本戰艦兩艘陪送進口。一時港內兵商
各船均黏有"歡迎"二字，岸上觀者如堵。至八時半，美艦升礮
二十一門，日艦答如之。然後美提船上復升礮十五門，以致敬
日水師提督。是日天氣甚佳，風平浪靜，美艦船身皆係白色，
桅杆爲黃色。其時日本戰艦各水手齊呼萬歲，並奏國歌歡迎，
美提督船亦回奏日本國歌答之。是時港內計有兩國兵艦三十五
艘，各船均高懸旗幟。十時，日本提督上空納克結格篤船拜
會，美艦當即還升十三礮。至下午，美提督及各將弁乘坐馬車
往拜日總督，即就花園中款以茶點，並行日本跳舞戲。當美提
上岸時，沿途行人異常擁擠，皆搖帽爲禮。後美、日水師約三
千人，共集於總督花園，日水師頌歡迎辭，略云"美國艦隊，
航海東來，行往橫濱，是處居民，深爲榮幸。憶五十年前，美
水師名貝來者曾助日本政府開闢口岸，藉得與各國通商，於此
五十年中，兩國交誼愈覺親密。且日俄戰爭時，又承竭力調
停。日本開賽珍會時，亦承力爲贊助，殊深感激"云云。美提
督施貝黎答辭致謝，中云"我美水師今日得至日本，深爲喜悅，
且鄙意亦極願此一萬三千人，與貴國水師相見。近二十年，日
美邦交卻更增親密。我美前助貴國政府整頓一切，並代爲收回
治外法權。觀此，我兩國交誼當更增和好也"。後至大飯廳赴
宴，彼此互祝二國國君。及至晚間，兵艦均燃電光，照耀如白
日。至二十五日，美艦隊總司令官施貝黎少將及諸海軍長官，
皆至東京，日皇召見，設宴宮中，禮成而退。是晚，海軍省復
大宴，以示歡迎。次日，寺內陸軍大臣邀請午餐。午後，東鄉

海軍大將特開園游會。晚，桂首相復請晚餐，並開夜會。美艦隊總司令官，接美總統謝電一通，即轉致日政府，日皇亦即覆電答謝有差。日本招待之禮，大略如此。夫日本交通既便，設備亦較有素。吾廈門一役，驛騷數月，了無矜重之觀。事後各報，嘖有煩言。蓋政府竭忠盡歡，以事交際，此意或當爲外人所諒，要其倉皇之態，正不可掩。今次美艦抵廈前後情狀，以相對照焉。始政府指廈門爲招待美艦地，閩大吏即就廈摒擋，地方官不足以任此，外務部委專辦員以繼之。時專使尚未定誰某，傳言將派親王貝子以重其事。承辦之員，於招待正文外，又兢兢以親貴行宮，爲見好之要點。招待之外又有招待，而承其役者苦矣。督臣松壽意主節約，其先頗以招待糜費爲嫌，以故廈道等皆視爲畏途。部委麥道信堅，原係留學美國學生，諳語言，嫻交際，副以外部員外郎謙豫，與松壽有戚誼，冀無隔閡，將以豐其廩給，暢其游觀，盡聯絡之能事，籌款四五十萬金。其所經營，繁瑣不暇紀。九月初三日，奉旨派貝勒毓朗，外務部右侍郎梁敦彥勞問美艦。月中抵廈，預備接待禮單，先交美領事，內開“十月初六日，美艦隊抵廈門。是晚八鐘，美領事署宴請美艦隊司令官，及中國接待美艦隊人員。初七日，接待美艦隊兵士三千人登岸。九句三十分鐘，蹴球。十二句三十分，午膳。午後二句三十分，賽船。五句三十分，中國南北洋海軍總統薩鎮冰軍門給獎。六句鐘，角力武技。七句鐘，華式筵席，宴待三千人。初八日，午刻午膳。下午四句，備茶點。初九日，接待美艦隊三千人登岸。九句三十分，蹴球。十二句鐘三十分，寓廈西人設筵款待美艦隊將校及中國官員，同時三千人在操場用膳。二句三十分，球戲。三句鐘，開運動會。五句鐘，美艦隊將校，及中國官員，在公設運動場用茶，由寓廈西婦招待。六句鐘，角力武技。七句鐘，晚餐，演戲款賓。九句鐘，外國俱樂部舉行跳戲後，大放燄火。初十日，中國皇太后萬壽，接待美艦隊兵士五千人登岸。九句三十分，蹴球。十一句三十分至十二句三十分，華官開歡迎會。午後一句，午膳。二句三十分，球戲。七句鐘，宴請美艦隊將校兵士及寓廈西人。九句三十分，毓貝勒發給蹴球及球戲獎賞，並放燄火。十一日，美艦隊起椗離廈"。十月初六之晨，美艦始至，影片見册首。總司令官施貝黎少將，由日本直赴小吕宋，校閱打靶。來廈美艦係第三分艦隊，内分二隊，一歸依模利少將統率，旗艦爲魯意三那號，其他一隊則歸希洛達少將統率，旂艦爲韋斯康新號。計旗艦魯意三那號、旗艦韋斯康新號、維及尼亞號、伊利腦伊號、密沙利號、基亞沙其號、哇海哇號、根德基號共八艘。既抵埠，由中國飛鷹兵輪引導，泊於外港。總統薩鎮冰率巡洋艦四艘、礮艦一艘，歡迎如儀。午前，互相拜會。入晚，華官在招待場讌請依模利少將及諸軍官，水兵則在操場宴之。艦隊到時，觀者甚衆，而招待場則華官發給入場券，限制甚嚴，外人頗不滿。宴飲間，毓貝勒致辭歡迎，盛述中國重視友誼之意，依模利答辭亦謂美國當常爲中國之良友，美艦各弁兵受此厚貺，心感無既云。初七日午正，美艦隊司令官依模利少將在魯意三那旗艦，邀請中國接待諸大臣等午餐。午後，在操場舉行大運動會。入晚，華官在招待廳邀請美艦大小軍官晚餐，其餘美兵三千名，則在廳外曠地設筵款待，各艦均遍燃燈火誌盛。初八日爲星期日，故無酬酢，各水兵亦均不准至城内鼓浪嶼游玩。初九日午正，旅居廈門西人在鼓浪嶼西商總會，接晤美艦隊軍官及中國接待諸大臣等，後即款以午餐。午後，西人貴婦令孃復開會款待各軍官，以誌歡迎。初十日，爲皇太后萬壽聖節，午前，南北洋海軍總統薩鎮冰軍門，特在海圻兵艦款待來賓。所有中美各兵艦，均滿飾旗幟，鳴礮致敬。旋由華人商務總會,邀請各軍官及諸西人小食。午正,水兵三千名集食於招待所。席間由梁敦彦侍郎舉杯恭祝皇太后萬歲,美司令官依模利少將旋即起祝毓貝勒健康,經毓貝勒答謝有差。午後,舉行賽船,爲美旗艦魯意三那號所勝。入晚,廈埠西人復開晚餐會,即由毓貝勒贈給錦標,既畢,大放燄火,始各散休。是日,美艦隊司令官依模利少將,以皇太后萬壽聖節日,特致電北京,藉表賀忱。十一日,舉行末次角賽踢球,魯意三那號敗北,維及尼亞號獲勝,當由華官贈給銀杯誌勝。所惜者,初十晚施放烟火時,不料遺火於青年會所搭天幕,即遭焚如,所有預備分贈美兵之煙捲、明信片等,均遭燒失。十二日晨,美艦啟椗。在廈時,各省官民、軍商學各界及報館等,均致電表歡迎意,美艦隊先後答謝有差。宴飲茶會各節,均有影片載冊首。禮成,專使亦返。據廈門通信所述,則致不滿於是役,具載各報,於麥道尤多有責言。招待之難如此,詞煩不具錄。視日本之從容,殊不及也。

第五卷第十二期

光緒三十四年十一月大事記

初一日　專使唐紹怡抵美國舊金山。

初七日　始遞封奏。　宮中大事以來，十五日內例不奏事，故記載亦稀。先是初四日，大學堂總監督劉廷琛以早遞封奏，傳旨申飭，諭見法令，至是滿十五日之期。是日，外務部始遞封摺二件。

初八日　香港驅逐華商出境。　十月初八、九等日，香港以抵制日貨起釁，搗毀市肆數十家，皆售日貨者。聞其原因，係自二辰丸案結後，粵人憤懣，日久稍懈。會日本人有提燈會，燈以萬數，上有"制服中國"字樣。粵人本有所謂敢死會者，排日最力，至是有觸而鬨。警察不能禁，多遭毆擊，至發槍自衛，且幾宣布戒嚴令，僅乃寢息，捕獲滋事者數十人，餘黨尚離港散布危言。蓋其風蔓延於澳門等處，而港埠則事平已匝月矣。至是由香港政廳以疑似逐華商數人，並華報主筆二人。《商報》主筆伍某在被逐之列，刊送留別書，謂政廳侵奪個人自由。吾人幸弗投貨港埠，以就危道。政廳怒，收繫之，卒以抵制日貨事無佐證，英人亦不直政廳所爲，其事乃解。旋由日使指目廣東自治會，爲抵制之主動力，照請粵督查辦，同時又請外務部電粵查禁。督臣張人駿不欲摧抑民氣，但申誡該會而已。嗣粵人聞日皇親爲我大行兩宮持服二十一日，頓棄宿嫌，以志睦誼。嗚呼！觀於國際近事，各國對我一變前日挾制之方法，往往於虛文曲示籠絡，非惟足以愧倡我政府，並足以消釋我人民之惡感。至利害所在，乃親犯不趨以脅取之，仍時時深情厚貌以怠我，外人之術狡矣！今日列強之暱我，知感者固人情也，抑尚有知懼者否乎？

初九日　今上登極。　大赦，明年改元，諭見法令。

四川設全省礦務總公司。四川總督趙爾巽奏："川省礦產豐富，向因道路險阻，外省商人不肯輕投鉅資。本省紳商間有集股開採，皆以資本不充，心志不一，成效甚鮮。夫資本不充，故不能聘礦師、購機器，以爲大舉深入之計；心志不一，故不能絕疑猜、泯紛爭，以收協力合謀之益。而地方姦猾，又復覬覦厚利，不守礦章，流弊百出，甚可慮也。況川省出産以土藥爲大宗，現在實行減種，利源驟絀。欲求桑榆之補，除極力獎勵農桑外，非將全省礦産，合全省商民財力，速籌開採，不足以濬自然之利，而鞏久遠之圖。奴才前在湖南巡撫任内，曾經奏將阜湘、沅豐兩公司併設總公司，辦理近頗著效。現經督飭礦政調查局，傳集本省素有名望紳商，爲之剴切開導，衆情踴躍，仿照湖南成案，籌設全省礦務總公司。除現在官辦各礦及華洋商人禀準已開之礦而外，凡川省未開礦産，概歸總公司承辦經理。此後無論本省、外省、外埠紳商，有願開辦四川之礦者，祗準指定礦區作爲總公司之分公司。用人理財，總公司並不干涉，但不得另有總公司名目。一切章程，悉遵礦章及總公司定章，用歸劃一。總公司先集華股銀三百萬兩，如有不足，或由官量籌補助，或再續招股本。一面徧查礦地，議價收買；一面擇要先採，所有提成納稅，均照礦章辦理。擬將全省礦産區分五路，成綿道屬爲中路，建昌道屬爲上南路，永甯道屬爲下南路，川東道屬爲東路，川北道屬爲北路。每路派總協理各一人，分任其事，仍合辦總公司一切事務，用專責成而期聯絡。並由奴才選委監督官一員，檢察稅項財政。將來公司成績漸著，尚須附設礦業銀行，以資利便。奴才已於正紳中遴派内閣中書劉紫驤爲中路總理，陝西補用知府王道平爲協理，内閣中書王廷佐爲上南路總理，分省通判張習爲下南路協理，候選知縣楊朝杰爲東路協理，優貢湖北知縣李儀文爲北路協理。其餘各路總協理自應從速延訪委任，俾公司得以早日成立，籌畫開採"云云。光緒三十四年十一月初九日，奉旨："該部知道"，欽此。

　　《美日協約》批准發布。　　前月本雜誌十五日大事記，已據日本《二六新聞》載協約之交涉，並略具其條文。至是協約正文已定，略有出入。以余觀之，日美之交，如日新内閣總理桂太郎任事，以財政萬窘，展緩萬國大博覽會之期，首荷美國贊成。其後美艦隊之東來，日本歡迎詞尚以贊成展緩德美，此兩國交際之談資也。嗣以太平洋之關係，發起協約。在日本之意，以日俄戰後，嗽取吾國民膏血以自肥，口吻太利，遂以壟斷見忌於列强，意不自安，欲以此示開放之意。要其視吾國爲童稚，則各國皆有同情，故公然敢以保持中國獨立，領土完全等詞，明著條文而無所怍。若易地以觀，他國以此文詞蔑視日本，日本人之裂眥碎齒當何如？聞約未簽押時，美國使臣先示我政府，我政府無異言，至是發布，各國迭表贊同。蓋其以我爲利市，而於條約中明定利益均霑之外，各國間又自相媢嫉，爭以漁獵爲快。日本舍棄其兵力所得之優先利益，與衆同之，各國宜均滿意。而日本則主此事者爲外部青木氏，前外部大臣林董則深讃之，謂此協約於日本有損無益。蓋移民問題爲東方之國所最疾首於美者，日以開放利美，美並不爲日弛移民之禁以相酬報，殊非事理之平。始由林董創此議，報館尚以其前後任之私怨爲言，蓋震於美之名，以得一協約爲幸。既而輿論漸譁，政友會群肆揢擊，日政府乃解釋此約之作用，謂非互索報價之道，實以國際處置，不得不然，則仍顯見其不欲見疾於列強，以此表其退讓焉耳矣。夫日與美締一協約，日已受虧，勢爲之也。外國與外國相協約，乃以我國爲角逐之場，甚且加以保全等語，日本報又若以此市德於我者然。嗚呼！人民無謀國之能力，知恥之心，則未忍後於有位，有涌被之道而不爲，此則吾高座者之無以喻我人民者爾。

唐紹怡覩美總統。　　中國專使來覩《日美協約》發布之盛，非久頓彼都，措辦封禁報館等無上大事，不能會逢其適如此。

初十日　諭申明九年籌備期限。　　以宣統八年爲限。諭見法令。

萬國海法會開會。　　以英京倫敦外部衙門爲會所，預會者英、德、法、俄、奧、意、日、美、荷、日本共十國，各派專使赴會。提議編纂萬國海務公律，俾海牙萬國捕虜裁判所，得以據法判斷各案。吾國近亦頗加入萬國各種公會，此會則無從過問，固無所施吾海上之能事也。謂此國非幼稚之國，其誰信之？

江蘇上下忙徵銀解銀，另收公費，議作罷。　　江蘇丁忙銀價，每兩作二千文，解庫不過每兩作千數百文。以其贏餘，贍州縣辦公之用，此本州縣之厚利，並非規定若干額數，爲隨止加徵之公費也。近日銀價較昂，贏餘較少。去年已據情奏加每兩二百文，自今年上忙起徵。而各州縣又據從前銀賤時窟穴，謂丁忙銀內，應有每兩六百文之公費，懇徵銀解銀，另收公費錢六百文，朦稟大吏入奏。蘇藩司瑞澂更極力見好屬員，代爲請命，力請督臣端方電奏即行。督臣以加賦事大，非軍務匪情，可以電取進止者比，仍繕摺於九月二十七日具奏。至是奉部議覆，略言“甯、蘇兩屬地、蘆等項，折徵忙錢，歷有年所。近因銀貴錢賤，蘇屬州縣辦公竭蹶。前據該省督撫再三籲請規復公費二百文，經臣部於上年十二月內奏准，令將蘇屬徵忙自三十四年上忙起，每兩加收二百文，試辦一年。如年內錢價漸就平復，即當奏明停收，以紓民力，行知遵照在案。茲復以銀價繼長增高，每兩合錢一千九百上下，蘇屬之二百文，加如未加，而甯屬州縣賠累與蘇屬等。奏請將甯、蘇兩屬地、蘆等項正耗銀兩，自本年下忙始，改爲徵銀解銀，每兩隨收公費六百文，抵補賠款二百文。第暫加二百文之奏，尚未經年，遽爾更張，非惟無以取信於民，似亦無此政體。伏讀九月十一日上諭‘銀幣重量，著即定爲大銀幣一枚，計重庫平一兩。又多鑄庫平五錢重之銀幣，以便行用。並附鑄減成之庫平一錢暨五分小銀元，以資補助。此項銀幣，京外大小衙門，庫款收發，悉歸一律，永不准再有補平、補色、傾鎔、火耗、平餘各名目。所有地方官及經收官吏，辦公經費、飯銀並管解川資，著各省督撫體察該省情形，詳擬辦法，咨明度支部彙核釐定，應增應減，均須明白宣示，永絕胥吏隱射侵漁之積弊'等因，欽此，自應欽遵辦理。應請飭下兩江總督、江蘇巡撫，仍遵前旨，先將該省地、蘆等項及經費各款，詳擬辦法送部，由臣等核明應增應減，酌中釐定，再爲咨行照辦。本年蘇屬下忙錢糧，仍令查照上年臣部奏案徵收，其甯屬仍照舊章辦理。所請徵銀解銀各節，應毋庸議"。十一月初十日，奉旨："依議"，欽此。始加賦議起，藩司據蘇州府縣禀詞，謂省紳已會商允洽，自願負累，力要督撫。事聞於外，省紳大譁，謂官自剝民，又捏紳名以斂怨於鄉里，函電呼籲，表白甚力。並聲明州縣果有爲難，允俟諮議局開會時公議。且銀貴之由，以銅元充斥之故，商民日夜哀銅元之濫出無度，物價沸騰，民不堪命。大吏貪其餘利，至部飭停鑄，猶稱銅斤已向外洋購定，隱然挾交涉以脅國家，而銅元廠工作如故。惟州縣徵收，亦受銀貴之禍，則創徵銀解銀另收公費之説以取盈。士民允公議設法，而官長又不見信，必乘諮議局未成立時掩取之。哀我蘇人，若非大部稍存國體者殆矣。

十一日　御史奏請規復署名舊制，並請以攝政王總統禁衛軍。　皆趙炳麟所奏也。原奏規復署名舊制摺，稱"臣於光緒三十三年六月十八日上疏請清源，規復軍機署名之制，又於是月二十三日復請之，皆未見施行。伏讀乾隆三十三年閏二月上諭'向來軍機大臣寄信諭旨，該督撫等覆奏時，止稱接准廷寄，並不書寫承旨銜名，於體制殊未允協。嗣後各省督撫等，接准軍機大臣等遵旨寄信傳諭，有應具摺覆奏者，俱著將寄信內所開承旨人名一一開寫，不得但稱廷寄及軍機處字樣。可於奏事之便，傳諭各督撫一體通傳應行奏事之各該衙門遵照'，欽此。三十六年二月，駕巡山東，大學士尹繼善、劉統勳、協辦大學士尚書劉綸，俱未隨扈。經軍機處奏請，面奉諭旨：'清字寄信著書福隆安署名，漢字寄信著尚書于敏中署名'，欽此。推聖人立法之心，深鑒唐代之墨敕斜封，明室之口傳中旨，皆流弊無窮，故令承旨者署具銜名，責有攸歸，政本自能清肅。東西國副署之制，亦同此意。近日欽奉大行太皇太后遺詔，命攝政王監國，是攝政王代行君主統治之權，應署衙不署名。凡宮內事件，應用皇太后懿旨者，必有'攝政王面奉皇太后懿旨'字樣；凡行政事件或簡授官缺應用諭旨者，必有'攝政王傳諭旨'字樣；凡批答臣工章奏應用交旨者，必有'攝政王傳旨某衙門議奏'或'知道'字樣。在攝政時，無攝政王署衙者，無論如何，皆無效力，如是則政權統壹，京外臣民皆曉然於是旨也，確係遵大行太皇太后遺詔。經攝政王之裁決者，非大臣所專擅，亦非內監之口傳，天下之信用克堅，海內之覬覦自息。至軍機大臣寄信交片，亦應遵照乾隆時祖制，於諭旨之後，一一開具承旨銜名。部院督撫有應具摺覆奏者，應開寫'某年月日接到軍機大臣某某等字寄，奉攝政王傳旨'等字樣，如此則與祖制悉合，而一切流弊皆可杜絕。擬請明頒諭旨，布告天下，以清政源而昭信守，不勝悚惶待命之至"云云。奉旨："內閣各部院併案會議具奏。"旋訂入監國攝政王禮節，並於本月二十六日實行。原炳麟建白之意，援據祖訓，即隱寓責任內閣之制於其中。所稱承旨人名，當由勑定一人爲署名之大臣，則他軍機有參與之權，而責有專歸，不似前此之易於分謗。今則軍機大臣恒全體署名，未必合奏請原意。如所云東西各國之副署，本係內閣總理署名，惟其事關涉某部，則該部大臣加署。若如今制，雖署名亦與向來渾稱軍機處者無別。或將來有意見各執時，得分別署否以專責成，不復以領袖一人之主持，而衆人代爲任過，則未始非一進步。至總統禁衛軍，禮節清單，已擴張用憲法大綱，則總統全國海陸軍矣。

　　日公使通告美日協約。　　聞近日外務部以此約關係甚大，飭各司會議研究其得失云。

　　十五日　月食始不循例救護。　　由監國攝政王交諭，國民承風頗踴躍，謂攝政王能破除俗解故見，必有非常興革，足契憲政之至精者。一啟口而頓長中國之名譽，以文明震動全球，非終此蹈常襲故之局也。特今則愧我臣工，猶未能將順其美耳。

　　美國華盛頓議院開會。

　　上大行皇帝尊謚、廟號。　　謚曰景皇帝，廟號德宗。以第一立憲之主，造萬世一系之麻，與僅僅守文者同謚，而或且以興元纂蒙之主擬之，天下頗議議禮諸臣，忠愛容有未盡。此或未必如是之甚，要其蔑視憲政，故不以大功歸我先皇，此無能解免者也。

　　諭催定攝政王監國禮節。　　論文見法令。

　　十六日　大學士張之洞奏調湘鄂人員來京，議定鐵路借款。　　原奏略謂："粵漢鐵路，於湖北、湖南界內者約一千七百里，需款過巨，籌措不易，萬難坐視。臣前督兩湖時，曾與英領事議過借款修築，當經咨達外部，嗣以未得外部覆准，旋即中止。曾與英商約定，如果借款，先儘英商承借，現如津浦等路之借款合同，與路權毫無窒礙。粵漢路長費鉅，不得不借款修築。迭經商之外務部，並電商湖廣督臣陳夔龍、湖南巡撫岑春蓂，意見相同。即中英公司經理人濮蘭德到京後，與臣晤商，亦已允洽。擬派引見來京之曾廣銘，並調湖北提學使臣高凌霄，尅日來京，與濮蘭德開議。現京漢車行數日即達，擬旬日內訂定合同，再行詳細奏陳"云云。奉旨："依議，並片交外務部、吏部、度支部、郵傳部陳督、岑撫知道，原摺鈔給閱看。"聞摺中繼不明言借款若干，但外間傳述有借英金三百萬鎊之說，年息四釐，九幾扣未定。又聞張相國以粵漢路兩湖已商訂借款，粵路股東必允，擬附借五十萬鎊，會商外部。袁宮保謂民氣漸張，蘇杭甫借款幾起風潮，不如先商粵紳再辦，張相即電粵督轉詢集股情形。蓋爭回粵漢之局，不全翻不止也。

美議院宣讀前總統羅斯福報告書。

美國下議院昨日開院集議，由前總統羅斯福頒到報告書，是日向衆宣讀。書中縷述國勢興盛之狀，且將彼所反對託辣斯之意見重行申說，一面復諮誠國民，共興實業，以固國本。其餘可分六大段：（一）司法。邇來各法司常因拘守小節，以致時有玩法失公之事，遺憾孰甚。（二）外交。所謂外交政策，須以公正個人間通行之公理爲基礎。（三）海軍。新造戰艦四艘，務求亟早竣工，而創設海軍參謀本部，亦屬當今必不可緩之要圖。（四）運河。新鑿之巴拿瑪運河，工程異常迅速，殊堪欣慰。（五）日本。書中盛贊日本進步程度之高，且以日人接待美艦隊，極形歡洽，特爲述明感謝之意。（六）中國。報告書中附有照片多張，歷將中國北方一帶衹顧砍伐林木，不務樹藝所致之荒涼情狀，詳述無遺，俾國人作爲殷鑒云。

十九日　日本撤減駐我近畿各軍。

日本伊集院大臣減撤衛隊照會云："爲照會事。照得我國政府，決定北清駐屯軍減大半一節，前經行知貴王大臣在案。茲奉本國政府來電，撤兵一事，規定於十二月十二日（陰曆本日）起，按照次序，將應行撤退部隊及酌留部隊，開始輸送等語，相應照會貴王大臣查照可也。須至照會者。（一）訂於十二月十二日，應酌留北京兵隊，將校以下共一百三十名，由天津來至北京。（一）訂於十二月十二日，應酌留山海關兵隊，將校以下共三十名，由天津前往山海關。（一）訂於十二月十七日，應由天津撤退兵隊，將校以下共一百六十名，前往秦皇島換輪回國。（一）訂於十二月十七日，應由北京撤退兵隊，將校以下共二百六十名，前往秦皇島換輪回國。（一）訂於十二月十七日，應由山海關撤退兵隊，將校以下共一百四十名，前往秦皇島換輪回國"云云。聞餘定明年西正月撤盡。

二十日　湖北再開會議川漢鐵路大會。

是會衆論游移，士民之氣索矣。商以投資逐利，能自利乃能利國，必以卵石之勢，上抗樞部，置貨本於危道，令捐棄以徇主權，原不可存此奢願。今見樞部，持故見甚堅，資本家故應卻步，一卻步則全局解體宜也。獨不解迫我商民解體，以暱就外人則又何也？

上大行太皇太后尊謚。　　謚曰孝欽顯皇后。全文見法令。

定攝政王監國禮節。　　諭旨見法令。

東三省總督徐世昌奏設奉天諮議局籌辦處。　　各省設諮議局
籌辦處，久已數見不鮮矣。世昌所奏，則延宕隔膜，不能不特予糾正。原奏略言：
"前準吏部咨開，內閣鈔出光緒三十三年九月十三日奉懿旨：'著各省督撫在省會
速設諮議局，慎選公正明達官紳，創辦其事'等因，欽此欽遵，咨行前來。旋於上
年冬間，就奉天省城設立諮議局。奉省經前將軍趙爾巽奏設合省自治局，內分考
訂、調查兩科。又附設調查員養成會一所，係選錄士紳肄業，以豫備實地調查之
用，與諮議局有直接之關係。當經臣將原設自治局歸併該局辦理，旋准憲政編查
館咨，知業經會同資政院，將諮議局章程，奏允頒發，其現設之諮議局應改爲諮
議局籌辦處等因，並恭錄諭旨，計刷原奏清單，頒行前來。臣欽遵辦理，立飭該
局改爲諮議局籌辦處，以歸一律。惟是諮議局爲豫備立憲之機關，而根本尤在地
方自治。臣於本年夏間，正在計畫，適准民政部咨催，將地方自治研究所速爲籌
辦，遂即札飭民政司使張元奇，就該處舉辦。一面分飭各府廳州縣慎選端正明達
士紳，送省迭經考驗，取錄得學員一百八十名，於八月初十日開學入所，講求地
方自治制度及各國憲法、議員法、選舉法等。以六個月爲一學期，限兩學期畢業，
遣回各屬原籍，推廣傳習，務期風氣漸開，人人知以盡義務爲己責，則邊氓之程
度，日進文明，庶憲政之萌芽漸臻發達。至籌辦處應用經費，業由度支司籌撥，
作正開銷。除將簡章分別咨送憲政編查館及資政院、民政部外，所有原設諮議局
改爲諮議局籌辦處，並附設自治研究所緣由，理合恭摺具陳"云云。奉旨："該衙
門知道"，欽此。此摺前叙從前未奉章程時，所辦不規則之諮議局，此無足怪。後
叙憲政編查館咨到諮議局章程原奏清單，欽遵辦理，則意其所欽遵者，必爲今年
之調查，明年之選舉，及九月初一之開會，無可疑也。豈知所稱舉辦之端，絕與
本事無干。諭旨及館咨在籌辦諮議局，世昌所謂舉辦乃在自治研究所。夫籌辦事
已繁重，附設他項局所於其中，已屬不知緩急，乃其所入告，轉曉曉於附設之物，
而正事一字不提，豈非夢囈？大吏如此，該省人民未知有警醒之能力否？又未知
奉行之民政司，有辨別之知識否？陪都爲發祥重地，眷言國本，怒焉憂之。

　　二十一日　甯夏將軍台布等奏戒煙辦法。　　是奏頗獲異聞，
不得不特揭之。原奏略言："查戒煙斷癮，若無專方妙藥，以除其疾，祗知雷厲風
行，强迫立戒，不過使吸煙者結一團體，以下蒙上，專賴一二人之耳目，萬難清
查，是禁猶不禁也。十年遞減栽種，嚴飭各省查報，年減一年，此特官面文字耳。
昨閱度支部比較近三年各省出産與本銷一摺，其清單所開，甘肅一省，三十三年

本銷祇四十五擔，倘使實係四十五擔，自可見地方官查禁之認真，吸者、種者均較前二年有減無增，此十年遞減之說。無如本年部中所派調查之員，查甘省者至八月半方到甯夏，彼時煙花早已割收淨盡，無從清查。不過灃州縣冊報並各稅局徵收捐稅數目，萬不足憑。祇甯夏滿城，每年即非二十萬兩煙土，不敷吸食。四十五擔，祇七萬二千兩，並區區一滿城尚不足，而謂全省本銷止此，將誰欺乎？度支部祇憑此報，遂謂吸煙之人業經銳減。以目前情形計之，數年之內，當可盡袪沈痼。朝廷若以此言爲然，至十年限滿之時，其損失不知伊於胡底矣！又江西之德化縣，冊報歲出土漿六百六十兩。查上地一畝，年出漿總在二百兩上下，若如所云，是德化一縣祇有三四畝地種煙。質諸路人，其誰信？甘省與江西如此，他省之敷衍可知。奴才等自前年奉旨後，即各處搜求，總擬得一奇方，立除痼疾，必使人人見信。現在出售戒煙之藥，名目不爲不多，非不能除癮，即不能離藥，焉得謂之戒斷乎？幸天佑中國，訪得一山東民人名趙國俊者，其師在日，即以茶膏爲人戒煙，後得一方，未竟施爲，遂已身故。趙國俊以其方配合，爲人戒癮，竟能一日而除。無如既乏資本，又鮮提倡，未能見信於人。奴才等派人將其聘至甯夏，並由京將藥配齊，已於十月初一日到城。奴才志銳，自二十年出口，雪窖冰天，寒瘴侵人，曾經吸食，因思以身爲率，於設局後首先服藥戒之。服後始嘔繼瀉，汗出如漿，祇及六小時，遂服其補藥，服後安眠，直至翌早，其患若失。連日飲食并且大加，實係戒斷如神，毫無流弊。遂於初五日按旗指傳，每班以二十人爲限，五日一班，現已三班，共戒斷兵丁之吸煙者六十名，其聞風而至者不在此數，統計半月間已戒過八十五人。奴才等尚欲擴充局所，俾每班可戒五十人，統計滿營有四月工夫，可以戒盡，將來冊報禁煙大臣，即可任其調查矣。查洋藥之害，已數十年，據度支部調查各省大數，暨洋藥進口之數合之，每年約在十七萬餘擔，共合二萬萬兩上下，以一人一年百兩計之，已不下二千萬人吸食。其私運私銷自種自吸者，尚不在此數。一旦欲戒之淨盡，其勢實不易爲。且所定遞減栽種章程，亦必不能一一遵守，不過章程愈嚴，欺瞞愈甚，十年限滿，徒喚奈何？萬不能舉當時查辦不力之官員，盡數懲治。且十年之久，升調病廢，不一而足，必致無法辦理，實可傷也。奴才等再四思維，如能將甯夏滿城，戒之盡絕，此藥可爲戒煙之一專方，擬到時奏請明旨，推廣辦理。於各省祇專戒官員、衙役、兵丁，若專立章程，實心任事，必能有效。至百姓則數多於卿，未能按冊而稽，祇有各省一律禁種之方，一年之內盡絕根株，十年之內祇有外洋遞減運進之數，自可吸食日少。否則如此敷衍，年復一年，限滿之時，各省必仍然栽種，是中國真不能有爲矣。奴才等世受國恩，此事關係至重，固不敢爲有激之言，亦不敢蓄欺飾之見。如各省所奏之設局所、定章程一切虛文，均所不尚。除咨明禁煙公所外，先附片將大概情形慨切陳明，擬俟滿城戒淨後，實效果臻，再行具奏一切推廣辦法，請旨施行，實亦中國之一大幸也。伏乞聖鑒。至藥方秘密，萬不肯傳，揣其私心，殆欲專利。統俟滿城收效後，再行具奏請旨，合併陳明"云云。奉旨："該衙門知道"，欽此。所云度支部調查摺之不足據，恐係確語。此項調查清單，具載前月本雜誌，得此糾舉，殊用爲快。惟所稱趙國俊之秘方，一日除癮，事出創聞，果其可信，豈非大妙。然云秘密萬不肯傳，則試問此種神奇乃全球所無，何難以國家保其專利，而必聽其每日至多能戒五十人，已屬鄙誕。又稱俟甯夏滿城戒絕，請旨推廣，各省專戒官員、衙役、兵丁，百姓則以數多於鯽而棄之，尤足令人噴飯。其形容神效，志銳等且以身實之，似乎可信，惟誕謾不經之習，在豐鎬世家爲最甚。紀此以諗當世，倘有就甯夏一考其事實者乎。

二十二日　前武英殿大學士王文韶薨。　文韶相業猶人耳。予

告後尚有一二爲民請命之舉，不盡以林下自放，在耆舊中爲難得。攀龍而去，東南惜之。

二十四日　設立變通旗制處。　此本年籌備事宜中九事之一。九

事中當發表者又祇五事，歲除伊邇，籌備之可見者此爲第二端。餘三事想指日並見矣。諭文見法令。

土耳其國會開會。　前期據各報載土國宣布立憲時，所定期日在十月

二十一日，大約彼爲召集期，此爲開會期也。是口，土皇特乘御車赴會，沿途土民均爲高呼萬歲。土皇當行開院禮時，始終竚立以待。旋有某大臣代述土皇頌辭，略謂："今日得以恢復憲政，朕實欣慰。惟望百廢俱興，朕志彌堅，皇天后土，其共鑒諸。所惜者，勃牙利竟致背棄祖國自立，而奧國復將波色立、愛爾色哥文二省强行併入己國版圖，實屬背棄條約，有乖國際信義。但望友邦出爲調停，俾各問題得以和平議結，則天下幸甚"等語。又先數日下詔："今後兩年內，各大臣所行政事，悉歸議院監察"，是爲卓然有價值之立憲。《文匯報》載倫敦電，英國下議院各領袖議員，擬公致賀詞，以美土國民之能福其國。簽名者已有三百五十人，首相愛斯奎士及反對黨首領貝爾福，亦均列名云。

御史奏電徵方物，難昭大信。　十月二十六日奉上諭："各省督

撫、鹽關，向有呈進方物。現當哀痛之時，食處皆所不安。著通諭各省督撫、鹽政、織造、關差等，一應貢獻，概行停止，即食品亦不准呈進，俟三年之後再候諭旨"，欽此。至是內務府電徵方物如故，御史葉芾棠奏言："前有旨著各省停進方物，乃內務府急由外部紛紛電致各省徵物。如已奏明，則失信天下；如未奏明，

則顯違朝旨。此爲新皇第一次恩詔，如竟視爲具文，以後何以號令天下？況現在皇上服素，無須綢緞。粵閩等省又係災區；亦當體恤民艱。應請飭令仍遵前旨，停徵方物。"奉旨："應進、應緩方物，著內務府開單咨送軍機處，請旨辦理"，欽此。二十七日，軍機大臣又奉諭旨："前據御史葉芾棠條陳，現當亮陰，請免進方物一摺，當經降旨飭內務府將前次照案奏請各省方物，分別應進、應緩清單呈請核定。茲據開單覽悉，除有關於祭祀供鮮貢品，仍著准其呈進外，其餘一切貢品均著概行停止，仍俟三年後應候諭旨"，欽此。

　　附：赴美游學學生奏准按省分派。此亦葉芾棠所奏，奉旨："學部知道"，欽此。事在十月十七日，前期未載。

　　因類記葉棠奏事，附記於此。緣美國減收賠款移作學費一事，浙江士民曾請大吏以按省派生入奏，大吏以部未行知卻之。不知言官已奏荷俞允，有志游學者所當注意也。

　　二十五日　申諭各衙門遵九月二十九日諭旨。　仍責令各衙門分期臚列籌備憲政九年應有辦法。諭見法令。

　　上皇太后徽號。曰隆裕皇太后。諭文見法令。

　　諭飭豫籌津浦路股。　津浦路所謂將來官商合辦云云者，官自入奏，商不與知，入奏後由官自訂招股章程，由官自照會四省之總理協理，憑何信用而使人繳股？且股息五釐，即以資本家投資而論，股息七八釐之商辦公司尚未絕跡於中國，即資本家欲指定鐵路一項投資，各省商辦公司亦無不給息七釐。主津浦路事之官，當始訂借款合同時，憑空代英人認購債票二百萬兩，路權、路利盡歸中英公司，強我民以可生七八釐息之款，購英人五釐息之債票，視我民金融情況，如倫敦之富人，事已奇矣。英人購中英公司票，尚有能力監督該公司，苟其信用不足，債票即可不售。吾人民對於中英公司，直接則見壓於政府，間接則見壓於英使，乃強我購票，以省該公司倫敦出售之煩。出售於倫敦之票既少，則其信用愈饒，爲中英公司計則得矣，如吾民何？滬杭甬之約既定，當事者亦以購債事相鉗，江浙人方有代表在京，不墮其術。而津浦則已由官爲認定，及見民無應者，始由四省官墊以對外人，再由官敲剝人民以歸所墊。今山東濰縣等處有勒令商會認購債票，動致拘押者矣。故其所謂勸股，又有先取還官墊購票之款之巧。無如民即可欺，起而自顧其蓋藏，亦非力之所及。督辦大臣呂海寰乃率以疑畏觀望，請旨申明永遠官商合辦，以廣招徠。試問"官商合辦"四字，民所喜乎？永遠官商合辦，即永遠增民之大戚。又以五釐息峻拒人民萬一之受欺，吾不解其是何用意。此十年中，商預入股，而路歸督辦，則需作十年費資本無營業之股東，亦無此理。

然且朦奏以假重於朝旨，欺民無術而又欺君，海寰之罪大矣！諭見法令。

二十六日　始用鈐章署名之制。　監國攝政王禮節清單，至是實行。

撤銷頤和園輪船電燈官役。　天下望治之民，所已獲稍慰者，有此諭及停進方物之諭。停進方物，後又分別應進、應緩，説已見前。惟此則聖慈節儉之實矣。然若早定憲法，皇室經費劃出國用之外，則此官役之撤銷與否，本與國民無涉。即方物亦無所謂呈進，豐儉從心，灑然自便。配天立極之大計，又本不在煦煦之仁也。

二十八日　達賴喇嘛回藏。　藏事殊無歸宿，未知有後命否。

二十九日　日本召集國會。　以是日上議院分部屬，下議院舉議長。

憲　政　篇

自上月德宗皇帝、孝欽顯皇后先後升遐，遺命均諄諄以立憲爲言，衆望既孚，一時攀號莫逮之痛，具述於前期雜誌中矣。入本月以來，初九日今上登極，初十日即奉諭申明九年籌備期限，二十五日又申諭各衙門遵九月二十九日諭旨，分期臚列九年應有辦法，繼述之意，昭示方隅。本篇用仍按前例，排比本年應籌辦事宜，作歲終之考覈焉。

按本年應籌備者九事，而其應發表者則有五事。五事中第一即諮議局章程，已發表於未定籌備清單以前，其餘僅本月二十四日之設立變通旗制處，餘尚茫然。十二月僅有三旬，未知民政、度支等部作何應付。至人民鵠望新政，一奉部文，尚知竭力趨赴，特苦於可以著手之事寥寥無幾耳。有章程斯有遵守，今舉其成效如下：

一籌辦諮議局　各省設立籌辦處，前月尚杳無影響者，有陝西、新疆二省。旋見十月上旬陝西官報，撫臣恩壽已准憲政館咨，札司妥議遵設籌辦處開辦事宜，則月餘以來，必有事宜可觀矣。合各省觀之，士民能補官力所不逮者，則調查告藏已近，如江蘇是也。全恃官力，事未可知，幸憲館督促尚嚴，各省不敢不勉應功令。或至明年九月，雖名實未必相副，而開會則當有大多數耳。

奉天由總督徐世昌奏報籌辦處成立，語多隔膜，已見大事紀。山西頃於成立時亦爾，後辦事乃頗入格。願奉省亦有奉行之人，或不爲一隔膜之總督所誤。

各省籌辦處質問憲政館文電，疊紀前兩期雜誌矣。本月所得尤多，彙錄如下：

　　浙江巡撫致憲政編查館電：“憲政編查館鈞鑒：元電所示寄居人合格者，是否專指諮議局章程第四條，所謂外省人寄居本省者而言，請速復飭遵。增韞。皓。”憲政編查館復浙江巡撫電：“杭州增撫台鑒：皓電悉。複選舉被選舉人，諮議局議員，其資格之限制，較之初選舉時選舉人、被選舉人不同。凡他省寄居本省人，但以合於諮議局章程第五條所載，寄居十年以上、年滿三十以上之男子即爲合格，與第四條無涉。此覆。憲政編查館。箇。”浙江巡撫再致憲政編查館電：“憲政編查館鈞鑒：箇電祇悉。據諮議局籌辦處稟，號電問元電所云‘寄居人’三字，意在凡係此府廳州縣人寄居他府廳州縣者，可否亦包含在內？乞示復飭遵。增韞。漾。”憲政編查館復浙江巡撫電：“浙江撫台鑒：漾電悉。‘寄居人’之義，凡此府廳、州、縣人寄居他府、廳、州縣者，本包含在內。此覆。憲政編查館。徑。”

以上係浙籌辦處見甯籌辦處之往復電，其丙項所答寄居資格，與章程止分本省、非本省者相背，特指條文，以令館員猛省。又恐甯電與浙無干，特借前次電文中有"寄居人合格"字樣，並條文發問，用意頗摯。館電答非所問，浙又以漾電申之，謂將啟其悔心，乃適重其怙過之念。國籍之不知，惟廳州縣籍是問，可歎如此。

江蘇巡撫電："憲政編查館鑒：奉沁電，內開查諮議局選舉章程第二條，初選舉以廳、州、縣爲選舉區，則選舉人、被選舉人應均以籍隸各該、州、縣及其寄居人合格者爲限等因，遵即轉飭照辦去後。頃據籌辦處詳稱：長元吳紳士潘祖謙、華婁紳士謝葆鈞、馬超群、武陽紳士惲祖祁、惲用康、宜荊紳士任錫汾、太鎮紳士錢三畋、顧鎧、楊莫、江震紳士金祖澤、錢崇威、常昭紳士殷崇光、昆新紳士陳觀瀾、方還、錫金紳士華鴻模等呈稱：查諮議局選舉章程第二條，初選舉以廳、州、縣爲選舉區，而於同城州縣並無特別規定，惟念同城州縣多建置於雍正之初，當設官時即定分治之制，故其區畫衹存於官府名義之上，至歷史、地理、人情、風俗，及利害關係，生活根據，初無彼此之別。即辦事界限，與各人相互間之信仰力，亦毫無岐異。如教育會、勸學所、商會等公益團體，凡在同城州縣，莫不併合爲一。今選舉時，必令同城州縣分額各選，實最窒礙難行之處。如田廬、墳墓、財產以及親戚故舊皆在乙縣，則其關係利害，與所欲舉之人亦在乙縣，徒以籍隸甲縣，遂不得舉其所信仰之人，是以籍貫之虛位，拋棄其信仰之實際。且同城州縣往往有父子兄弟異籍者，彼一家之關係，尚不以籍貫而異，自更不能因籍貫之不同，而分畫全城之關係，彰彰然矣。特聯名懇請電商鈞館，准將同城州縣合造一册，併額通選。初選監督，應辦各事，俱會銜會印，庶於事實較便，而於法意亦不致牴觸等情，詳請電商鈞館前來。理合電請鈞示，求速電覆，以便飭遵爲禱。啟泰。佳。"憲政編查館覆江蘇巡撫電："蘇州撫台鑒：佳電悉。查諮議局選舉章程，初選舉區既以廳、州、縣爲準則，無論同城與否，自應一律。蓋同城州縣所異於尋常州縣者，不過城內地方之一部。此外各鄉，便與尋常州縣無異。彼此辦法，未便兩歧。來電所稱各節，乃選舉區大小之問題，即稍有不便，亦係小選舉區所通有，不獨同城州縣爲然。且選舉議員，與辦理地方自治不同，諮議局爲代表一省輿論而設，利害關係，不必專就一州一縣立論。將來擬定自治章程，於同城州縣自應另定辦法，諮議局議員選舉仍以照章辦理爲宜。即希轉飭遵照。此覆。憲政編查館。咸。"山東巡撫電："憲政編查館鈞鑒：冬電敬遵。惟武舉一項可否比照文七品、武五品之例列入？舉人爲文武通稱，按之原章亦不相背，武生仍不列入，以示限制。又參革人員，擬應留其出身，向例褫職者，仍准重赴鹿鳴筵宴，爲參革不及出身之證。現在初辦選舉，應否稍寬資格，以資激勸。至削奪停止各項，仍從其嚴，以副朝廷精取慎擇之至意。統乞鈞裁電示。樹勳叩。覃。"憲政編查館覆山東巡撫電："山東撫台鑒：覃電悉。查諮議局章程，舉貢生員以文爲限者，立法之意，在以此爲學識之標準，原章按語，業經説明。武舉等如無他項資格，自不能在其列。參革人員向例併及出身，至重赴鹿鳴之事，須賞還原銜乃能與宴，礙難援以爲證。此覆。憲政編查館。咸。"浙江巡撫致憲政編查館電："憲政編查館鈞鑒：據諮議局籌辦處稟，諮議局議員選舉章程，如初選不足額，照章應再選舉。倘複選舉不足額，似應再選，未有明文。又選舉訴訟呈控及上控期間，照章共計四個月，而初選複選距離僅止兩月，是否一面訴訟，一面複選？均請明示，以便飭遵。增輯。元。"憲政編查館復浙江巡撫電："杭州撫台鑒：元電悉。複選舉當選即為議員，議員額數本有一定，一次投票不足，應即再三投票，至足額而止，自不待言，故條文從略。至選舉訴訟，本可一面訴訟，一面複選。若當選後被控確實者，可作為當選無效。即希轉飭遵照。憲政編查館。咸。"浙江巡撫致憲政編查館電："據諮議局籌辦處稟呈，初級師範完全、簡易兩科，自係均與中學同等。惟據部章，在初級師範學堂未盡設以前，得設傳習所，該所似與該學堂同一地位，其畢業得有文憑者，亦應有選舉權等因。請核示飭遵。增輯。諫。"憲政編查館覆浙撫電："諫電悉。查初級師範完全、簡易兩科畢業得有文憑者，自應有選舉權。至師範傳習所，部章畢業期限，至多不過一年，畢業後亦無獎勵。該所畢業生如無他項資格，僅恃此一畢業之文憑，遽行比照完全簡易科畢業人員辦理，尚欠平允，礙難照准。即希轉飭遵辦。憲政編查館。"山西巡撫致憲政編查館電："諮議局選舉事宜，已飭照章籌辦。茲尚有應詢各條，開列於左：（甲）選舉資格中，辦理學務及其他公益滿三年以上著有成績者，三年之期，當繼續計，抑可間斷合前後計？學務、公益兩項可否合計？成績又以何為標準？（乙）中學同等之學堂，如法政、師範、簡易、講習等科是否在內？（丙）曾任實缺職官，實缺是否對虛銜與候選候補者而言？'曾任'二字範圍，是否包署任在內？（丁）五千元營業資本及不動產兩項，可否合計？（戊）

按章程，初選投票人須親到所自行投票，而於投票被選人尚未有親到之限制。晉省交通不便，南北相距二千里，士商民之合格者多在省垣，若概令返籍投票，有妨公事職務，困難極多。可否於投票人遵章親到，被選人雖不到亦准被選，至複選時皆須親到，其投票始爲有效，以昭實在而免重選之煩？（己）按貴館答江甯丁項内複選被選人，本無人名册，自可不拘。是否複選被選人，不限於初選被選人，凡於複選區内合格者，皆得被選？以上各條，統乞詳爲解釋，迅賜電示，以憑飭遵。寶棻。咸。”憲政編查館覆山西巡撫電：“咸電悉。所詢各條，核覆如後：（甲）辦理學務及公益兩項，不能合計。著有成績，學務以合於尋常勞績保獎之例，公益即以繼續三年並無遺誤爲標準。（乙）師範簡易科，如係照學部定章，二年以上畢業，得有文憑者，可視爲中學同等之學堂。其法政講習科，如係一年半畢業者，亦可照辦。惟師範傳習所，僅一年以内畢業者，不得援以爲例。（丙）實缺職官，對虛銜與候選、候補者而言。‘曾任’二字，包署理及代理在内。（丁）五千元營業資本或不動產，得合併計算。（戊）被選舉人本可無庸親到，其票均爲有效。（己）複選被選人，不以初選被選人爲限。凡於複選區内合格者，均可當選。即希轉飭遵照。憲政編查館。”

　　以上各電，惟山西往復電最不合法。甲項條文明無“繼續”字樣，而該籌辦處竟憑空多事而有問，館員亦竟任意篡入字樣於奏定章程之内。戊、己兩項，疑所不必疑，程度可知。天下本無事，庸人自擾之。今日公民資格，本係草草規定，豈足爲訓？多一無謂之往復，即削奪幾許公權，顯違定章，與民爲難，正不知於政體何關，於館員何益？噫可異矣！

　　又憲政編查館咨覆湖廣總督文："爲咨覆事。准咨稱
案據湖北諮議局籌辦處申稱，准本處參事法部主事姚紳晋
圻函稱，諮議局章程第三條第四款，職官資格，類以實缺
爲斷，而不逮於廢員，此亦具有深意。然自咸同軍興，
發、捻、回疆諸役，材官伍卒，往往以苦戰累功，積保至
提鎮崇階，或且賞有翎枝勇號並黄馬褂，而終身並未一履
參游之實缺。夫健兒性直，逮年衰事定，徒手歸田，自儕
舊侶，苟非緣端發見，誰識腰鐮杖策中，乃有故將軍乎？
此類楚人至多。方今國家正殷猛士之思，顧令此輩名材，
垂老而不得與一曾經尸位浮沈之徒伍，於理安乎？世職一
途，名既非官，復與舉貢生員之應格者殊，亦與軍人警士
之停權者或異。雖曾定爲入營入學之法，而年時已過，或
家累難除，蓋亦有不能悉遵成例者。此其家世可念，似不
能一概屏之也。調查之際，偶相邂逅，即位置無從，棄之
於事義殊乖，録之於定章不適。似應將此議，照前咨疑義
隨時咨詢之文，詳詢以得確據，用便遵行等因，爲此申乞
察核施行等情。到本部堂據此，查章程第三條第四款曾任
實缺職官云云，既以未被參革，劃出界限，似乎'職官'二
字，意義内本含有文、武候補各員在内。惟既以實缺職官
相連而叙，究未能斷定兼指候補。至該主事專論武職提
鎮，仍嫌疏漏。自應並文、武各員，統行論及。是否文自
七品、武自五品以上候補各員，即賅括於此條之内？'實
缺職官'四字分爲兩項，抑係不得列入。提歸一、二、三、
五各條核計，其世職未經入營、入學者，應比照何項？疑
義既未瑩澈，辦理恐多窒礙，相應咨呈。爲此咨呈貴館，

謹請查核見復施行等因前來。查諮議局章程第三條第四款所載，曾任實缺職官，專指曾在實缺之任者而言。如署理、代理等類，尚可包含在內。若尋常候補各員，一概不在此例。其世職未經入營、入學者，應援用本款武五品以上辦理。至軍興時有保至提鎮崇階，究非實任，惟從前曾充統領營官者，其職任與綠營武職五品以上無異。至賞有勇號及黃馬褂者，係曾在軍營立功，與辦公益事務著有成績者一律，應均准有選舉權。其未充統領營官及僅賞有翎枝者，不在此例。似此辦理，尚無窒礙。相應咨復貴督，查照轉飭遵辦可也。須至咨覆者。」

以上咨文強以翎支與勇號黃馬褂區分，當係一有捐例、一無捐例之故。至勇號黃馬褂可論公益，是否仍應照章，在本省地方辦此公益，乃可比照，不然則又破壞章程，自亂其例矣。館員任意答覆，冒昧如此，可懼也。

諮議局開局以後，經費照章程當由督撫籌指專款撥用，則爲作正開銷之款無疑。夫諮議局爲常設之局，則選舉爲局中常有之事。近直隸總督以建局經費及選舉經費一併奏請，乃度支部允建局費而不允選舉費，理不可解。此事爲各省所通有，爭之耶，抑聽之耶？責在督撫，非士民所當問。惟目前辦法，往往由各屬急公之士民，釀私財以從事調查。照章程係例外之事，似不可久。此或當在諮議局中決之，今錄度支部咨如下：

度支部咨憲政編查館、直隸諮議局籌辦處建局經費准作正開銷等文云：「爲欽奉事。制用司案呈，內閣鈔出直隸總督楊奏創辦諮議局，先行設立籌辦處一摺，光緒三十四年九月二十八日奉硃批：『該衙門知道』，欽此，欽遵到部。原奏内稱：'諮議局關係緊要，就天津設立籌辦處，由該處籌定辦法。其建設諮議局屋，必須規制宏整，營造合法，該處所需一切經費，已飭司局籌撥。至各屬選舉經費，應由該地方自備，慮有遲延，致誤期限，一併飭撥濟用，均請准其作正開銷'等語。查諮議局所需建局一切經費，自應照准，作正開銷。惟現在款項支絀，辦理各項新政，重在實際，不重在外觀。所有該局建築房屋，觀瞻所繫，規模固宜宏闊，然亦不可過事鋪張，致滋靡費。至各屬選舉經費，概由司局籌撥，公家財力，實有未逮，仍應由各屬就各該地方舊有公款自行籌備，以期衆擎易舉。其建造該局預估工料銀兩若干，開辦常年一切經費共需若干，在司局動用何款，應令專案聲晰報部，並將籌定該局章程一併送部備案，以憑核辦。仍俟工竣，將用過銀兩實數造具清册，並保結圖式，分送本部及民政部核銷，毋得遲延。相應恭録硃批，咨行直隷總督遵照，並咨呈憲政編查館可也。須至咨呈者。"

綜觀近日籌辦各事進行之度，各省已設處殆徧。而需用經費，建局用國帑，選舉係外銷，計臣規畫，已微與憲政館、民政部等相應，略見政府合謀、官民交勉之成績。雖未盡愜乎人意，以視他政令之具文，則頗勝之。此為籌備憲政之第一事，或尚能體朝廷之德意。明年九月，樂觀其成，得為盛世之民，親見代議之制，其期近矣。

各省專額議員。江蘇以各屬調查，將次就緒，先由蘇籌辦處牘詢甯籌辦處。言京口駐防，區域在蘇，而又隷屬於江甯將軍，應否歸并甯屬專額選舉之内，抑以所駐地方為斷？旋由甯籌辦處咨呈督撫，請示辦法，並請照章查照學額，定專額之數。浙江則籌辦處亦已詳請咨會杭州將軍辦理，他省未詳。

選舉章程所定初選、複選區域。各省地望不同，勢多窒礙。今已定變通之策者，有山西、吉林兩省。山西以口外十二廳向歸歸綏道直轄，附入大同、朔平二府，諸多未宜，由籌辦處議以歸綏道爲複選監督。撫臣已札道遵辦，並分咨憲政編查館、資政院查照備案。吉林先由士民痛陳困難，由籌辦處員紳集議，取決多數。詳稱："吉林甫改行省，東南一隅，初經設治，如蜜山、濛江，雖稱府州，而其地方情形，實不如雙城、磐石等廳縣之較爲發達。故定議凡屬設治，不論府縣，均列初選，各以設治委員，爲其監督。又如延吉、綏芬，本無屬縣，例應以附近之府爲複選監督。惟查該各廳最近之府，一爲依蘭，一爲吉林，相去均在八百里或千里以上，距離既嫌遼遠，人民尚稱繁盛，似可定爲複選區，而各以教佐辦理初選。其餘區域，胥有定章可循，毋庸再事更變。茲定全省複選區爲七，初選區爲二十二，另列圖係，各守範圍"云云。旋由撫臣會齊各議案，分別奏咨立案，並通飭各屬一體遵照。似此辦法，各省土地，華離寫遠，所在多有。除山西、吉林外，寂無所聞，何也？

聞憲政館以章程尚有缺漏，各省情形不同，時時電詢辦法。張、袁二軍機擬飭續訂專條，並添案語，以爲完全之解釋。果爾，則續訂時或當詳慎從事。今之率爾電復，一復則掉以輕心，再復又出以成見。草菅人權，弁髦奏案，庶稍免乎？

諮議局籌辦人員宜官紳並用，憲政館已不啻三令五申。湖北質問會之風潮，督臣陳夔龍知難而退，騰爲口實，前已詳之。近又聞四川之設籌辦處也，本以全省自治局改設，川督趙爾巽於改設時，委三司爲總辦，委駐省三道爲會辦，轄自治局舊紳以爲理。士民大譁，舊紳盡引退，乃調停之，留一藩一道，餘用紳士，乃始相安。夫調查選舉本純乎紳力，爾異所理財政，頗能綜覈，故以能名，乃有此笑柄。蓋舊時吏治之良，以云知大體則未也。

二設立變通旗制處 已於二十四日請旨，所發明諭已見法令。此事在籌辦清單爲本年第五事，而發表之序，則在第二。聞裁旗減糧，尚擬暫緩，而惟首重八旗生計。提議辦法約有三端：（一）裁撤八旗餉額，必須寬定年限，期限之內，由官代籌營生之路。（二）飭令各省督撫選派專員，前往各該旗駐防，會同地方官專司辦理。（三）飭各省設立旗務善後局，核辦一切事宜，以免散漫無紀。

三城鎮鄉地方自治章程 未頒布。聞已由部擬定送憲政館核奏。

四調查戶口章程 未頒布。

五清理財政章程 未頒布。已由度支部具奏，交憲政館復核，復交該部改訂具奏矣。吾國向時籌計國用，本不足言財政，今方謀清理。然近見度支部咨行文件，並無統覈外省財政之意，惟時時推出款目，令督撫以外銷自遁。如直隸所請諮議局經費，則通咨除建局費外，餘歸外銷，又其咨復江寧地方自治局經費，又有不得挪及正款之文。夫同出新政之費，何謂正款，何謂雜項？總之民之所輸而已。不能提各種入款，皆成正款，尚何清理財政之可言？附錄原咨如下，亦將來辦自治時一案牘也。

爲欽奉事。制用司案呈，內閣鈔出兩江總督片奏，江寧省城設立地方自治總局開辦及月支各經費，並研究所補助經費，均由財政局籌給一片，光緒三十四年九月二十二日奉硃批："該衙門知道"，欽此，欽遵到部。查原奏內稱：現查該局開辦經費共支銀八百餘兩，按月額支、活支並附屬之自治研究所補助經費，月共需銀二千兩，均由財政局設法籌給等語。查設立自治局係屬地方行政，若皆動用正款，公家財力實有未逮。應令飭司在於雜項款內設法籌撥，不得挪及正款，仍將動支何年何款，報部備查。並將開辦經費、月支經費，飭司造具詳細清冊，報部立案，以備查核。嗣後凡屬此類新政用款，均須由該省自行籌備，不得再請由財政局動支，以重款項。相應恭錄硃批，咨行兩江總督遵照，並咨呈憲政編查館可也。須至咨呈者。

如上云云，部臣以推作外銷爲了事，疆吏遂得以壟斷雜款爲私圖。總之外銷之名不革，財政終無可理之日。以放棄職守之愆，爲搏節庫帑之計，計臣之擘畫如此，財政尚可問乎？

第六年第一期

光緒三十四年十二月大事記

初一日　度支部奏擬清理財政章程。　　先是十一月二十八日，度支部奏清理財政宜先明定辦法一摺，奉旨：「著會議政務處妥速議奏」，欽此。至是尚未議覆，而部已奏所擬章程，爰奉旨：「著憲政編查館迅速核覆具奏」，欽此。摺見"憲政篇"事件。

初二日　學部奏覆核山東高等學堂正科畢業試卷可疑，擬令來京覆試。　　摺略言：「東撫奏援案請獎，奉硃批：'該部議奏'，欽此。經臣部咨取學生筆記成績等送核，詳加校閱。其算學各卷於解析幾何之第三題，有十三本錯誤俱同；日本語各卷所有更改、增減並錯誤之處，亦大致相同；中文譯英文各卷，又盡行雷同，如出一轍，非試時任其互鈔，即係將平日功課照錄一過。非將該堂學生十六名全數送京覆試，不足以嚴考核而得真才"云云。奉旨：「知道了」，欽此。夫各省有名無實之學堂，何可指數。偶經此次部中指駁，將來爲請獎計者，自必另造成績以送部，徒多一作僞之門，於事何益？不能提倡學風，使校與校爲名譽之競爭，而欲於紙片中討生活，此以科舉思想施之也，吾知其難矣。然挑剔學業，此實創舉，驟觀之，方若大部之實事求是，莫善於茲。

初四日　申諭變通旗制事。　　諭以變通之宗旨，在變通應改之制度，盡力妥籌教養之方，及一切生計。所有錢糧兵餉照常，無使八旗妄生疑慮云。文見諭旨。

初五日　郵傳部奏訂變通鐵路免價減價章程。　　光緒三十二年始設郵傳部，其時曾奏定火車免價減價章程五條，聲明廓清官場免價舊習。但當時專指客票，未定運貨章程。各部省辦公人員，於官用物品，多請免票。部以吾國鐵路，多舉債以辦，擔負甚重。且各部省往來員役解運物料，夫馬運費本有開支，無庸損此益彼。自光緒三十四年十二月初十，即西曆千九百零九年正月一號起，一律停發免票。各部省巡警、查稅、文報各項局所員司，若慮買票延緩，准其給予憑照，月底彙算收款。即本部因公出差員司，及應用物料，概令照支公項，遵章購票。此外如有親貴大臣奉命往來者，由部代購車票，一律作正開銷云云。奉旨："依議。"詳章八條，別載"新法令"，大意盡具於此。

初六日　大學士張之洞兼督鄂境川漢鐵路。　論文見諭旨。

初八日　派端方赴滬會議禁煙事宜。　定宣統元年正月十一日，開萬國禁煙大會。

外務部奏與各國議允定期禁止販運莫啡鴉辦法。　略言："莫啡鴉一物來自外洋，係鴉片所煉之精，原爲西醫藥料所需，而華民每用莫啡鴉藥針刺入肌膚，以抵煙癮，其損體傷生，爲害更烈於鴉片。當光緒二十八年中英續議商約，即與訂明禁止莫啡鴉販運來華，載在約內第十一款。嗣中美續議商約，亦於第十六款訂明此節，並禁及刺入肌膚之莫啡鴉藥針。惟照該各商約，須有約各國均已應允，方能施行。若待各國商約續議齊全，尚需時日，而此項莫啡鴉近年進口日多，流毒日廣。臣部因與各國提議，先行一律應允禁止，迭次照會各國駐京使臣，據各使先後照復，均無不允從之意。臣部遂於本年九月初四日，通行照會各使，擬定自西曆一千九百零九年正月一號，即中曆本年十二月初十日起，所有莫啡鴉及刺莫啡鴉之藥針，概行禁止運進中國各口。並聲明其爲醫藥所必需者，另照所擬辦法辦理。凡有外國醫生欲運莫啡鴉進口，應在本國領事署具立切結，聲明實爲自用，或爲某醫院專用。凡有外國藥鋪欲運莫啡鴉進口，亦在本國領事署立切結，聲明非有外國醫生藥單，不得出售，即有藥單，亦僅以些須小數出售。該領事署將切結並運進確數，知照中國海關，俟海關發出專單，方准將貨起岸。倘查有不遵照所擬具結者，以後即永不准其再運。至進口應納稅則，即減照百抽五完納。如進口未領專單，由海關將貨充公。若有於一千九百零九年正月一號以前，在外國已落船之貨，由中國海關按程途遠近之定期限，限內仍准進口。其應納進口稅，亦仍照現行稅則，不在減少之例。又中國允許禁止中國鋪戶製造莫啡鴉及藥針，各國亦允許禁止各國商民在中國境內製造莫啡鴉及藥針等語。此項擬具照會所擬各辦法，係按照中英商約第十一款而更加詳細。至莫啡鴉進口稅，前於光緒二十八年與各國續修進口稅則，訂定每重英平一兩，徵稅銀三兩，原意在藉重徵以爲禁止。惟體察近年情形，徵稅過重，偷漏轉多，茲既祗准醫藥需用，此外概不准進口，自可減輕稅則，照百貨例，一律值百抽五，以示平允而免偷漏。現在各使均已復文照允，應即屆期施行禁令，除已由臣部咨稅務處，飭總稅務司將海關應辦事宜妥籌辦理外，應請旨飭下民政部、步軍統領、順天府尹暨各省督撫，嚴行稽查，一律示禁，不准販運製造，以期永除民害"云云。奉旨：
"依議"，欽此。

　　初十日　京漢鐵路管理權始向比國收回。　郵傳部具奏。略
云："京漢鐵路，前議及時收回，當將籌辦情形，歷次分別奏陳。並函照比公司，
聲明俟全款還清，迭次所訂借款、行車各合同悉行作廢。各在案。嗣與比公司商
定，一切應還款項，統在法京交付。准本年十二月初六日，即西曆一千九百零八
年十二月二十八號，全數付清。當商由出使比國臣李盛鐸，專辦此項交款事宜，
隨時將所籌各款，督飭交通銀行，分起陸續籌匯。茲據李盛鐸電稱：所有應交本
息、經手費各項，共法金一萬二千七百四十萬零一千零四十一佛郎三十三生丁，
業已如數交清。又照合同應交回比公司蘆保三年官息二成，共銀圓二十四萬零一
百二十九圓九角，亦先由臣部付訖。當於十二月初十日，即西曆一千九百零九年
正月一號，派令鐵路局長梁士詒、京漢鐵路監督鄭清濂，將比公司經手各項文卷、
帳目、款項、材料一併點收，並將抵押卷據悉數收回，迭次合同全行作廢，即於
是日爲臣部收回京漢全路管理權之始。本年十月間，比公司尚藉口比政府從前墊
交該路賠款之擔保，另歸外務部與比國駐京使臣公斷，各事均未了結，聲言西明
年正月一號不能交回該路管理權。復經臣等援據合同，辯駁至於再三，至十二月
初九日，比國駐京使臣始照會外務部，定初十日先將管理權交出，注銷各項合同。
其餘爭執諸節，隨後再行議結。竊思此路借債逾四千萬兩，比人干涉已越十年，
茲幸仰稟聖謨，得以完全收贖。此後工程行車，各項應行布置之事方多，容臣等
隨時妥籌悉心辦理，總期路務日臻完善，藉副朝廷慎重交通之至意。"又片請改該
路監督爲總辦，仍以鄭清濂充之，銷毀舊給監督關防，另刊關防，節制華洋各員，
督飭養修諸工。均於十五日具奏，得旨允行。嗣後外部忽又據法使咨稱：中國鐵
路總局係法國使館地界，前經借用，現已期滿，應索還等情。當由外部咨行郵部，
郵部查得京漢路局確係借用法國使館地界數段，此刻若索還，勢必將房屋盡行拆
卸，殊多未便。因派本部鐵路局局長梁士詒與法國駐京巴使協議，訂立合同五條。
大致係所借地段，自京漢管理權收回之日起，再行借用八年，不取租費，仍先就
其中讓還兩處。現已繕就華洋文合同各一份，簽押爲據云。

　　頒布調查戶口章程。　此爲第一年應發表籌備事宜之一。民政部摺
單，均見"憲政篇"專件。

　　政務處覆奏度支部清理財政辦法。　諭再交度支部妥慎斟酌，
另行具奏。摺見"憲政篇"專件，諭見"諭旨"。

　　是日爲陽曆正月一號。　吾國用陰曆，凡事從曆法而有畸零之不便。

議者以日本維新，首改陰曆爲陽曆，頗指陳其得失矣。當事者狃於正朔之說，若謂此亦國粹，毋或更張。今試觀本月大事，若禁止莫啡也，收回京漢也，凡與西人交涉之事，無不從陽曆爲起訖，乃至鐵路免價章程亦奏明用西正月一號爲起點。律以正朔之義，或亦蹩然。爲民生趨於至便，莫如改從萬年不變之陽曆。必爲舊曆所拘，於法律、制度、學問、經濟皆有窒礙之處。向嘗深論之，刊入《法政交通社雜誌》，今遇事輒復發焉。法律施行之期，動以西曆爲起訖，則我之正朔固已不可恃矣。改之則以我年號冠於陽曆之上，即我之正朔行於陽曆，何嫌而不爲？

　　十一日　袁世凱開缺回籍。　　諭見"諭旨"。是日以那桐爲軍機處學習行走，諭亦見"諭旨"。世凱開缺之原因，傳言不一。中西報章，咸有評論，然未可據爲信史也。聞事後各國公使，咸疑世凱開缺後，我國於外交政策有所變更，爭向外務部詢問。旋經外務部明白答覆，而各國亦無後言云。

　　憲政編查館奏設考核專科。　　專司考核議院未開以前逐年應行籌備事宜。遴派總辦以下各員，遵照欽頒九年定限清單，屆期先事督催，報到則予考察，由該館王大臣分別奏咨辦理。務使九年限內各項籌備事宜一律辦齊，無誤頒布召集議員之期。並定章程六條，其摺單均詳"憲政篇"專件。自設此科，於籌備清單則有所考核矣。此清單果足應籌備之序與否，乃爲別一問題。有如地方自治，大端仍吾鄉約保甲之舊，特其職務權限有所規定而擴充之，又加一正式選舉，以矯往時董保邪正雜糅之弊而已。選舉已根諸議局而來，有駕輕就熟之便，既得自治職員，與以權限而責其職務，即爲成立。若論自治規模，自三代以來已具之二、三千年矣。清單中自頒布自治章程後，籌辦一年，續辦二年，皆不許其粗具規模，至第五年，特以"粗具規模"一語大書特書，爲籌備之標幟，又次年方許成立。由此觀之，誤籌備者必此清單。舉一以反其三，庶政之延緩，而立憲之迂迴，負我景皇帝之發憤自強者，實此清單階之厲矣。考核云乎哉。

　　十二日　以梁敦彥署理外務部尚書會辦大臣。

　　十四日　諭定景皇帝陵名。　　貝子溥倫等奏看得西陵附近金龍峪地上吉，定爲崇陵。諭見"諭旨"。

　　大理院編成第一次統計表冊。　　奏略言："獄訟繁簡，隱與教養相關。東西立憲各國，每於一歲，綜覈人民犯罪之緣由，豫籌次年之補救，或嚴禁令，或謀生計，與時消息，先事防維。是以於統計之法，視之至重。中國自古慎重刑章，見諸經史。周之歲終計獄弊訟登中於天府，宋之類次大辟奏上朝廷，即是統計之意。臣院於上年奉旨後，遵即設立統計處，遴派敏練司員，專司其事，按照職掌釐定各項表式，咨送憲政編查館核定。曾於本年正月十二日，將設立情形奏明在案。查臣院承辦現審案件，分任刑科四庭，民科二庭，所有宗人府會審案件，各高等審判廳判結不服之上控案件，關於國事重罪案件，特旨交審案件，各衙門奏交案件，均歸審理。統計上年辦過現審案件二百七十九起，分刑事月表、民事月表、已定罪斬絞各犯月表、銷案月表、案數犯數年表、已結案件分類年表、已決人數罪名年表，凡七種。臣院前與法部會同奏定辦事權限，凡各省死罪案件分送供勘，由臣院覆判後咨行法部覆奏，其情罪未符應行指駁者，由臣院擬稿咨送法部會奏。此項覆判事宜，至爲繁賾，總匯於奏設之詳讞處。自上年六月至十二月，共辦過七百二十九起，絜其綱要，分月表、年表二種。現審案犯暫行羈禁之區，名曰看守所。凡男女人犯名數，區別其案情輕重，與在所待遇之差等，以及病故出入之多寡，各有登記，要以恤罪囚、出輕繫爲宗旨，分月表、年表二種。另列職官表一種，經費月表、年表二種，以備考核。計自光緒三十三年三月，臣院接辦法部移交現審案件起，至十二月止，綜核卷宗，釐定體例，共成總表七種，分表七種。編校竣事，謹彙裝十二冊，恭呈御覽"云云。監獄統計，實爲道德統計之反映，不得以繙日簿書程督之意行之。摺首數語，略有統計學淵源，未知所造表冊如何。要之明刑弼教，必自監獄統計始。具此規制，逐漸改良，政治之大進步在是矣。

　　十五日　諭憲政編查館議覆度支部清理財政摺，仍交度支部詳慎妥酌，再行具奏。　　摺見"憲政局"專件。

　　郵傳部奏滬甯鐵路工程完竣情形。　略言："滬甯鐵路，光緒二十九年二月與英國銀公司訂立借款合同，聲明五年竣工，即於是年八月勘定路綫開工。自上海寶山縣境之義袋角起，至江甯省會之下關止，中經三十七車站，軌道計長六百三十餘里。另車站環道、岔道約九十餘里，嗣併入淞滬一段。統共車站四十一處，正軌道六百七十里。自上海至丹陽段內，河道紛出，地勢平迆。自丹陽以西，路綫漸高。又西至鎮江，路綫漸平，在寶蓋山麓橫穿隧道。自鎮江，自龍潭，均在山旁繞越。將近江甯數里，地勢畸嶇，頗難工作。其最高之處，軌面平綫上下相差，英度九十一尺二十八分。全路惟丹陽鎮江以西略有山嶺，其餘多半水鄉，橋梁渠洞節節相屬。上海至蘇州一段，須備雙軌，橋工更多。統計全路，大橋二十五座，小橋二百七十七座，渠洞四百零五座，尤以青陽江大橋、寶蓋山隧道工程最爲艱鉅。按段授工，已於本年三月通車至江甯省會。此外如建機廠以製物料，設儲棧以運漕糧，並沿路各處頭、二等車站亦均次第竣工。此滬甯鐵路全路通車，工程完竣之大略情形也。臣部查滬甯路綫爲中外官商往來要區，銀公司代辦工程，不無過求全備之處，用款比各路倍增，而工料完固，亦較各路爲能持久。現在工程完竣，全路暢通。此後核實用款，以節虛糜，擢調華員，以資控馭，及籌畫運輸，變通釐稅各節，應由臣等隨時督飭鐵路總局局長梁士詒，及該路總辦，次第妥籌辦理。除工程用過各款，另行列冊奏報外，所有滬甯鐵路全路工竣緣由，理合恭摺具陳"云云。此奏當與上年第九期本雜誌"調查類"所載滬甯鐵路工程報告參互觀之，則摺中所言用款冊報云者，已無煩更覓冊文矣。至其營業之況，則據近日《字林西報》言，滬甯路當蘇滬開車時，僅長一百十四英里。維時每里於每星期收洋一百五十五元七角，搭客平均數約三百八十七人。後開車至一百五十九英里，每里每星期所獲之數及搭客數目，無所增減。按平常他路，展綫愈長，則每里收資及搭客之數均將減少，蓋因沿路少戶口稠密之城鎮也。今此路適相反對，全路開車後共長二百零三英里，去年十二月二十五日止，該星期內共有搭客七萬九千零八十九人，共收車費洋三萬四千二百八十八元。平均計之，每里共有搭客三百九十人，收洋一百六十八元六角八分，此實開車以來未有之盛也。然則此路糜費雖多，而業務尚盛，書以識之。

度支部會奏預撥、加撥己酉年東北邊防經費。　　會奏者，會同外務部也。奏略言："光緒六年正月，戶部會同總理各國事務衙門具奏，籌撥東北邊防經費銀二百萬兩。即自光緒六年爲始，由各省關地丁、釐金、六成洋稅、鹽釐、糧道庫各項，分別指撥解部，限五月前批解一半，年內全數解清。嗣後每年循案指撥各省關銀數，均由戶部分別核定，會奏請旨。飭下各直省將軍督撫監督等，遵照報解。光緒二十五年二月，戶部以原撥邊防經費不敷應用，奏請每年添撥銀五十萬兩，將通商各關徵收稅釐，每百兩開支傾鎔折耗銀一兩二錢。自二十五年起，減半開支，每百兩准其留支銀六錢，餘銀六錢，提出解部，每年約可提銀十餘萬兩。此外四十萬兩，即各照原撥邊防經費銀數，加撥五分之一，由原撥各省關，自二十五年起，一併分批解部。二十七年八月，戶部具奏加撥邊防經費銀五十萬兩，應改抵新案賠款。自二十八年起，由各省關改解江海關道，另款存儲，以備提用。其原撥邊防經費銀二百萬兩，仍由各省關依限解部等因。各在案。今查己酉年東北邊防經費原撥銀二百萬兩，應循案指撥解部，以備餉需。加撥銀五十萬兩，亦應循案指撥改解江海關道，以抵新案賠款。臣等謹照歷年成案，指撥山東省地丁銀十二萬兩，加撥銀二萬四千兩；山西省地丁銀十萬兩，加撥銀二萬兩；浙江省地丁銀八萬兩，加撥銀一萬六千兩；江西省地丁銀五萬兩，加撥銀一萬兩；安徽省地丁銀十萬兩，加撥銀二萬兩；江蘇省釐金銀八萬兩，加撥銀一萬六千兩；江西省釐金銀八萬兩，加撥銀一萬六千兩；浙江省釐金銀八萬兩，加撥銀一萬六千兩；安徽省釐金銀五萬兩，加撥銀一萬兩；湖南省釐金銀八萬兩，加撥銀一萬六千兩；湖北省釐金銀八萬兩，加撥銀一萬六千兩；福建省釐金銀八萬兩，加撥銀一萬六千兩；江海關六成洋稅銀十萬兩，加撥銀二萬兩；江漢關六成洋稅銀十萬兩，加撥銀二萬兩；夔關常稅銀四萬兩，加撥銀八千兩；湖北南糧米折銀四萬兩，加撥銀八千兩；閩海關六成洋稅銀十萬兩，加撥銀二萬兩；湖北糧道庫漕項銀四萬兩，加撥銀八千兩；四川鹽釐銀十五萬兩，加撥銀三萬兩；兩淮鹽釐銀十二萬兩，加撥銀二萬四千兩；四川津貼銀八萬兩，加撥銀一萬六千兩；山東糧道庫存銀五萬兩，加撥銀一萬兩；廣東釐金銀八萬兩，加撥銀一萬六千兩；粵海關六成洋稅銀十二萬兩，加撥銀二萬四千兩；各關開支傾鎔折耗，共提銀十萬兩。以上已酉年邊防經費，原撥銀二百萬兩，加撥銀五十萬兩，應請飭下各省督撫、各關監督等遵照，即將原撥銀數，依限分批解部，其加撥銀亦各分批解交江海關道，均毋遲逾短少，致誤要需。如有延欠，即由度支部照貽誤京餉例，指名嚴參」云云。奉旨：「依議」，欽此。方今朝廷清理財政於上，人民豫備監督財政於下，遇此等摺件，多採錄焉，亦以備檢查之要也。

十八日　憲政編查館更正解釋諮議局章程之誤。　選舉資格，止有本省、非本省之籍貫，不似向來考試惡習，廝州縣自爲畛域，以漸趨統一之路，意甚善也。自江甯籌辦處問所不當問，而館員遽達章限制同省之選舉人，各省競質其故，而館員殊有護前之意，具詳前期「憲政篇」矣。然海內爭之不已，江蘇執定章程，不從辯釋，幾欲目爲風氣，而安徽無湖上紳則用公牘爭乎。至是轉圜，其通電各省文見「憲政篇」。日月之食，民皆仰之，書以識館臣改過之美。

十九日　浙江旅滬學會電浙撫，懇電催政府本年應發表之籌備事宜。　電見「憲政篇」。

二十日　諭頒清理財政章程。　此亦爲第一年應發表籌備事宜之一。度支部、憲政編查館各摺單，均見「憲政篇」專件，論見「諭旨」。

豫備立憲公會等五團體，電催憲政編查館籌備事宜。　是日所未頒布之籌備事宜實，止有城鎮鄉地方自治章程一種。顧初十日之調查戶口章程，未奉電諭。本日甫見清理財政章程，俱非南中所及知。故五團體及昨日之旅滬學會，皆有催電。後自治章程亦於二十七日頒布，政府自不失信，而士民亦能尅期籲懇，議者兩美之。電亦見「憲政篇」。

二十二日　郵傳部奏定統計章程表式。　奏略言：「臣部職司四政，皆有營業性質。舉凡交通之靈鈍，貿易之盛衰，按年工程之遠近，各省局所之增加，已辦者如何改良，未辦者如何推廣，尤必列表繪圖，樹爲標準，方能警目警心，力求進步。臣等當於署中設立統計處，擬訂辦事簡章，由司員中遴選提調、纂協修各員分司其事，將四政應有之範圍分門別類，各繫以表，俾已成之政得按條以究其利弊，未成之政得懸格以冀其完全。開辦迄今，列撰表式，計成二百五十餘種。臣等督率司員，再三研究，作爲暫行試辦，一俟憲政編查館核定表式，再行遵照辦理，以期盡善。除將現成之表，由臣部咨明憲政編查館查核，一面刊刻表式，發交臣部所轄四政各局所，按表照填，並飭司員就部中現有卷帙報告，一律先行填注，以期參觀互勘，早日成書，再行續咨憲政編查館，以備統計年鑑之用外，應將統計處章程，繕具清單，謹呈御覽，恭候命下，即由臣部欽遵辦理。並擬由臣部刊刻木質關防一顆，發給統計處，以昭信守。"奉旨："著依議"，欽此。詳章別載"新法令"。

諭發帑銀，拯義國地震災。　義國南境，震災重甚，發帑五萬兩，諭外務部交義國駐京使臣，迅寄災區。

新疆巡撫電憲政編查館，請該省緩辦諮議局。　新疆人民之難符選舉資格，誠如電文所云。然有無變通之法，同列行省之中，獨格籌備之期限，恐或非宜。電見"憲政篇"。館員覆電，尚未知允否如何也。

二十五日　度支部奏妥議清理財政辦法。　此蓋遵初十日諭旨，妥慎斟酌，另行具奏者也。財政所繫者大，一章程，一辦法，皆經三往反而後定，慎重可知。摺見"憲政篇"專件。

度支部奏指撥內務府經費。　片略言："內務府經費，前於同治四年十月間，奉上諭：'內務府奏，內廷需用銀兩缺乏，通盤籌畫，妥議章程一摺，著戶部會同內務府妥議具奏'等因，欽此。當經臣部會同內務府，奏明自同治五年起，每年指撥各省關銀三十萬兩，徑解內務府應用。嗣據內務府因用款較繁，奏請再行添撥。經臣部核議，自同治七年起，每年添撥銀三十萬兩，統計每年應撥銀六十萬兩，均於年前預先奏撥在案。現屆辦理己酉年內務府經費之時，自應照案指撥，以資供應。至臣部前代內務府墊放光緒三十三年分中正殿並八旗兩翼及祈穀壇、常雩壇等差口分並鋪蓋公費，共銀四萬三千四百五兩六錢六分。又查本年五月間，臣部議覆內務府奏請由部暫行借墊銀二十萬兩摺內，請自己酉年起分作四年，由各省關應解經費銀內，劃撥歸墊，均應照案在於己酉年內務府經費內如數抵扣，歸還部墊，以重庫儲而清款目。謹將擬撥各款分晰繕具清單，恭呈御覽。並請旨飭下各該督撫轉飭藩司、運司、監督等，務於來年開印後分批勻解，均限於六月前解到一半，十二月初間掃數解清，不得稍有蒂欠"云云。奉旨："依

議"，欽此。附單開載：廣東鹽課銀五萬兩，福建茶稅銀五萬兩，閩海關常稅銀十
萬兩，閩海關洋稅銀五萬兩，江海關洋稅銀五萬兩，九江關常稅銀十五萬兩，以
上各款徑解內務府應用；兩浙鹽課銀五萬兩，此款應令全數解部，歸還部墊；太
平關常稅銀十萬兩，內以四萬三千四百五兩六錢六分批解部庫歸墊下，餘銀五萬
六千五百九十四兩三錢四分徑解內務府應用。是爲同治年間之指撥案。又查本月
十七日，度支部先奏循案另籌內務府常年經費摺云："光緒十九年十月間，奏奉諭
旨：'內務府每年借撥戶部銀約五十萬兩，嗣後著戶部按年於各省關項下另籌銀五
十萬兩，解交內務府應用。並傳諭內務府，有此專款，毋得再請由部借撥'，欽
此。當經臣部欽遵辦理，在於各省關應解京協各餉外，共湊撥銀五十萬兩，作爲
二十年添撥內務府常年經費，開單奏明在案。嗣經臣部將二十一年至三十四年各
年應撥內務府常年經費，均按照二十年指撥之數奏撥，亦在案。今應撥宣統元年
內務府常年經費銀五十萬兩，自應按照歷年指撥數目，仍在各省關分別湊撥，以
供應用。謹將擬撥各款分晰繕具清單，恭呈御覽，並請旨飭下各該督撫，轉飭藩
司、運司、監督、關道等，按照臣部指撥數目分批報解，仍遵向章，於六月前解
到一半，十二月初間掃數解清，不得絲毫蒂欠"云云。亦奉旨："依議"，欽此。附
單開載：山東省銀二萬兩，山西省銀二萬兩，河南省銀二萬兩，江蘇省銀二萬兩，
廣東省銀二萬兩，四川省銀二萬兩，陝西省銀一萬兩，江西省銀二萬兩，浙江省
銀一萬兩，福建省銀一萬兩，湖北省銀一萬兩，湖南省銀一萬兩，安徽省銀一萬
兩，蕪湖關常稅銀六萬兩，江海關洋稅銀一萬兩，浙海關洋稅銀一萬兩，杭州關
洋稅銀一萬兩，粵海關洋稅銀二萬兩，秦王島關洋稅銀二萬兩，宜昌關洋稅銀二
萬兩，閩海關常稅銀二萬兩，鎮江關洋稅銀二萬兩，長蘆鹽課銀一萬兩，山東鹽
課銀一萬兩，兩淮鹽課鹽釐銀二萬兩，兩浙鹽課鹽釐銀二萬兩，河東新加鹽引銀
四萬兩。統計指撥各省關共銀五十萬兩，應分照數籌解。是爲光緒年間之另籌案。
兩共由部撥歸內務府用銀百一十萬兩。憶乾隆間，純廟以累年經營苑囿，曾以內
府用度，宣示臣工，言當時每年以餘款撥歸部庫者幾及百萬兩。今則由部撥府者
百一十萬兩，相距之數何如？奏言循同光成案，其間年月數目歷歷可稽，則損上
益下，原非祖訓之意。今方議勒定皇室經費，此亦國民所宜措意也。

　　二十七日　諭頒城鎮鄉地方自治章程。　此亦本年應發表籌備
事宜之一。蓋此章既頒，第一年之清單爲不失信矣。諭見"諭旨"，憲政編查館摺
單見"憲政篇"專件。計月中頒布章程三種：調查戶口，徑由民政部奏定；清理財
政，則辦法與章程均由館部三往返而後定；自治章程，則部奏交館核議，經百五
十日之久，而由館奏定。朝廷措注之重輕，可以觀焉。

諭賞外交官均佩本國寶星。　　事由外務部於八月十六日奏准，見戊申第九期本雜誌大事記，至是實行。所賞者爲總理外務部事務慶親王奕劻，給頭等第二寶星；外務部會辦大臣大學士那桐、署外務部尚書會辦大臣梁敦彦，均給頭等第三寶星；外務部左侍郎聯芳、署外務部右侍郎鄒嘉來，均給二等第一寶星；出使德國大臣廕昌，給頭等第三寶星；出使英國大臣李經方、出使俄國大臣薩蔭圖、出使法國大臣劉式訓、出使美國大臣伍廷芳、出使日本大臣胡惟德、出使和國大臣陸徵祥、出使奧國大臣雷補同、出使義國大臣錢恂、出使比國大臣李盛鐸，均給二等第一寶星。

二十八日　專使唐紹怡由美啟行回國。

憲　政　篇

自上年八月初一日，奉頒布籌備清單之諭，天下注目於憲政，蓋有定點，日夜懸一本年應發布之事目，以爲程課。第一年僅有五事，至歲將終而尚缺其三，海內皇然，懼或失信。泊十二月二十七，始副第一年國民之望，乃知杞人所憂，不無或過。然使上有衡石之勞，而下無雲霓之急，徧國中木石鹿豕，誰與造立憲之國家，此必非聖明繼述之本意也。今舉月中朝野所合力程督者如下：

十二月十一日，憲政編查館會同資政院奏遵旨奏設專科，考核議院未開以前逐年應行籌備事宜，擬章程六條，呈請御覽，奉旨：“依議”，欽此。此就籌備清單，以施考核。清單次序之是否合宜，所不計也。說見大事記。是爲在上之程督，摺單附本篇末(略)。

十九、二十等日，上海各團體以歲終祇餘旬日，籌辦事宜尚有應頒布之重要章程三種，爰迭電籲催。蓋其時雖有已頒之調查戶口章程，以未明發諭旨，故無電傳消息，而官報則尚未到滬也。十九日，浙江旅滬學會電浙撫云：“撫憲鈞鑒：恭查

欽定立憲籌備事宜清單，本年頒布城鎮鄉地方自治章程、調查
戶口章程、清理財政章程。現爲日無多，群情盼望甚切。謹求
將下情代達政府。浙江旅滬學會叩。"二十日，五團體電憲政編
查館云："憲政編查館王爺、中堂鈞鑒：自恭讀欽定立憲籌備
次序之後，日月以幾，有如望歲。本年應頒布城鎮鄉地方自治
章程、調查戶口章程、清理財政章程，轉瞬歲闌，飢渴之思，
不能自已。謹合詞上達，喁喁待命。預備立憲公會、江蘇教育
總會、上海商務總會、上海商學公會、浙江旅滬學會同叩號"。
是爲在下之程督。

　　夫上下互相程督有如此，此不可謂非憲政前途之福。其籌
備之實際，幸無延誤。今仍循清單開列次序，分列如前各
期例。

　　一籌辦諮議局　各省設立籌辦處，先後互有不齊，辦事勤
惰工拙亦不一。然除新疆以外，各省皆力任無誤。九月初一之
開會，致爲可喜。始外間輿論，頗爲陝、甘、雲、貴、四川、
新疆諸省，慮其交通困難，或誤要政。既知黔撫於此事頗有條
理，而滇督亦尚能赴機，謂可稍釋顧慮。乃若湘若粵向多健
者，此次獨事事後人，殊出意外。憲政館於十二月十五日指名
籌辦不得力之各省電催，其中乃除陝、甘、四川、新疆之外，
又有廣東、江西、湖南、奉天、吉林五省，則館臣所意爲不可
恃者，必有所見而然。顧電致九省，覆稱不致誤期者，有川、
吉、贛三省，而新疆則徑稱遲以四五年，乃可籌辦。錄往來電
如下：

　　　十二月十五日，憲政編查館發奉天等省各督撫電云：
　　"奉天、成都、廣州、蘭州各制台，吉林、南昌、長沙、
　　迪化、西安各撫台鑒：查諮議局章程，明年正月十五日爲

初選舉日，三月十五日爲複選舉日，開會係自九月初一日
起，期限極迫。所有一切應辦事宜，亟應迅速依限舉行，
免致貽誤要政。希將現辦情形，尅日電覆。憲政編查館。
刪。"十七日，憲政編查館收四川總督電云："憲政編查館
鈞鑒：初、複選舉已飭趕緊照辦，約可不誤九月開局之
期。巽。銑"。同日，收吉林巡撫電云："憲政編查館鈞
鑒：刪電敬悉。吉省諮議局籌辦處已於九月初一日開辦，
現正派員分往各屬調查選舉資格，並按館章明定期限，尅
日趕辦。甫於前日專摺具奏，除將所定章程表册等件另交
咨送外，謹此電覆。昭常謹肅。銑。"同日，又收江西巡撫
電云："憲政編查館鈞鑒：刪電敬悉。江西諮議局籌辦處，
派委藩學皋爲總辦，候補道吳慶燾、在籍前甯紹台道喻兆
蕃爲會辦，分選舉、文牘、庶務三科，派在籍郵傳部主事
賀贊元、候補府王以敏、席業爲科長，各委科員辦事，官
紳並用，並照會吏部主事陳三立等爲參議。現正擬定選舉
調查規則條文，通飭各屬趕辦選舉事務所。惟明年初、複
選舉日期，應請援照蘇、浙辦法，稍爲展寬，以昭愼重。
所有現辦情形，統限年内奏咨，斷不遲誤。謹覆。馮汝
騤。銑"。二十二日，收新疆巡撫電云："憲政編查館鈞
鑒：刪電敬悉。前准貴館咨，奉諭旨統限一年，一律將諮
議局辦齊，並頒發諮議局曁選舉章程等因。准此，業經嚴
飭遵辦在案。惟查諮議局章程，要在選舉，選舉之員，重
在土著。新疆地處偏陲，種類龐雜，一切迴殊内地，選舉
一事，尤爲甚難。如土爾扈特、布魯特、哈薩克諸部落以
游牧爲生，家無恒產而又自爲風氣，自爲語言，不能行選
舉者無論矣。即就北路各屬論之，土著少而客籍多，客籍
之中又漢民少而回民多，族類各殊，性情隔閡。兼之此種

門牿，大半商賈及下苦謀生之人，來去無常，有今歲居此，明年即棄而之他者。加以地屬遐荒，人不識字，自設提學使以來，雖極力勸導，入學者不過五六千分之一。且多係童蒙，微特有被選之資格者無幾，即有選舉之資格者亦無幾。南路悉爲纏回，語文皆異，現設學堂，公家出費，然非强迫不可。執此生獠野蠻，驟語以選舉，皆茫然不解其何故。惟此等要政，事在必行，又不可操之過急，擬照東西各國治邊疆屬地特別之法，如英、德諸國之治阿非利加，日本之治北海、沖繩諸政，現奉部飭改諮議局爲諮議局籌辦處。擬先籌辦培植議員之法，於省城中學堂添課法制一門，並飭各地方官於宣講所，將自治之書籍、章程，隨時宣講，以開民智。至於選舉議事各事宜，則期以四五年後，學堂畢業，民智漸開，人格漸高，再行次第籌辦等情。據三司等詳覆前來，本部院詳加考核，均屬實在，業於本年五月設立諮議局籌辦處，謹先將回民大概情形咨呈在案，合肅電覆，伏乞鑒核。聯魁叩。效”。

章程中籍貫亦爲選舉資格之一。其籍貫止有本省、非本省之別，合一省而設諮議局，原無同省內府、廳、州、縣之畛域。自江甯籌辦處與館員往復電，鑄成一錯，遂勞海內無數筆舌，疊見戊申第十一、第十二兩期本雜誌“憲政篇”矣。幸館員卒自悔悟，改過不吝，識者韙之，已見大事記。茲錄其自行變通之各省通電如下：

十二月十八日，憲政編查館發各省督撫電云：“各省制台、撫台鑒：查諮議局選舉章程第二條，初選舉以廳、州、縣爲選舉區，複選舉以府、直隸廳、州爲複選區，是選舉及被選舉人自應各以籍隸各該區者爲限。每屆選舉之期，選舉人自應各歸本籍投票，此係採用籍貫主義，不得不然之辦法。故寄居異府、異縣者，若不願回籍，祇能照局章第四條寄居人資格一律辦理。此事迭據各省電詢，業經本館詳細聲復在案。惟各省來電，屢以如此辦理，於選舉人多所不便爲言，本館斟酌情形，自應量予變通，以期便利。今擬凡本省人，具有局章第三條資格之一，而寄居異府、異縣者，若於寄居地方確係定居，且置有產業，准其在寄居地方投票。其寄居年限及產業多少，均可不論，惟須由本人呈請本籍選舉監督，聲明願在寄居地方投票，其本籍選舉權及被選舉權即行撤銷。經批准後，應將批詞作爲憑證，呈明寄居地方選舉監督，乃可歸入寄居地方，行其選舉權及被選舉權。其未經呈明批准者，應仍照本館迭次電復，照寄居人資格一律辦理，庶於變通之中，仍寓限制之意。至外省寄居人，應照本館明定章程，不得援以爲例。即希通飭遵照，憲政編查館。嘯"。

以上憲政館多一繫鈴解鈴之周折，謬始於江甯之不當問而問。其後經浙江之諷刺，江蘇之唾棄，安徽之力爭，而得館員自行改正之結果。甯、浙、蘇事已詳前兩期，安徽力爭電中，又發明一寄居滿二十年，得照本籍人一律辦理之方便。復錄其往復電如下：

十二月十一日，憲政編查館收安徽巡撫電云："憲政編查館鈞鑒：虞電敬悉。當即轉飭遵照。茲又有疑義待質者。按局章第四條，於寄居人選舉權之資格，以滿十年及有萬元以上之財產爲限。近據各屬稟稱，皖南各州縣，前經髮逆變後，土著無多，客民僑寓置產納稅，歷數十年，似與尋常寄居人有別。若律以現章，必須財產萬元以上，恐本籍人數既少，客籍限制又嚴，合格者寥寥，懇請設法變通前來。例載考試成案，凡寄居人民，於寄籍地方納糧稅契滿二十年者，准其入籍應試等語。選舉係人民公權，可否酌核皖省情形，比照考試成例，凡寄居人除官冊、學冊仍填注原籍勿庸議外，其滿二十年以上，有丁田廬墓者，各項選舉權資格，概照第三條各項本省人一律辦理。如未滿二十年者，仍遵原章，以示區別。又據蕪湖商務總會皖南教育會稱：蕪湖為皖省鉅鎮，各屬紳商籍，如旌、涇、太及廬、和等州縣，久旅蕪地，幾同土著。此次調查選舉資格，若照寄居人之例，非本府、本縣人與非本省人一律，則於十年以外又須財產萬元，資格未易悉合。如令遵章回籍投票，或因久居於外，於本籍關繫較疏，遠者或逾千里，往還不便，勢必拋棄選舉權。即使選舉，而情形未熟，亦難適當。且現在既以寄居人之資格，限制其選舉權，將來辦理自治，凡各項應擔之義務，恐難責其與本籍人一律，揆諸事實，窒礙良多。懇請電詢貴館，可否祇以本省與非本省為別，不以本府、本縣與非本府、本縣為別，俾便執行等情。查寄居人名義，前經貴館電覆浙撫，解釋至為詳晰。惟據該會所稱各節，亦屬皖省實在情形，應如何酌予變通之處，統候鈞裁，電示飭遵為盼。家寶。蒸。"十七日，憲政編查館覆安徽巡撫電云："安慶撫台鑒：蒸電悉。寄居人如滿二十年以上，例准入籍應試者，得照本籍人一律辦理。其未滿二十年者，仍不得援以為例。至同省以內，寄居異府異縣者，辦法已另電通行，即希轉飭遵照。憲政編查館。霰。"

　　前皖撫電所謂虞電，乃其前詢得覆之一電，其中又發明當選票額之半數，可以親到投票人數算之，無庸以有選舉權人總數計算。此本社會所主張，江蘇籌辦處即擬自爲功令者，得館電益釋然。錄如下：

　　　　十二月初三日，憲政編查館收安徽巡撫電云："憲政編查館鈞鑒：皖省諮議局籌辦處，業經遵照奏定章程，遴選明達官紳創辦其事。所有辦法章程及各員紳銜名，容即咨呈立案。茲據籌辦處稟稱：查咨諮議局章程第三條第五項，在本省地方有五千元以上之營業資本或不動産者，細繹條文語意，似以五千元爲得有選舉權者最低額之標準，而以'以上'兩字爲加多之數，其非每有五千元即給與一選舉權可知。近聞各處調查此項資格時，有殷富之家可分析五千元配與同居子弟選舉權之議，竊疑此説似未妥。設有資産十萬元，亦將析爲二十選舉權，令其一家子弟握有多權，恐滋流弊。究何適從，應請明示。又諮議局選舉章程第五十六條，初選以本區應出當選人額數，除選舉人總數，將得數之半爲額。按照條文解釋，以選舉人總數爲標準，雖甚平允，惟現在風氣初開，創行選舉，投票實數恐不能與選舉人數適符。設選舉權者過少，票數自然減少，若以少數實投之票而仍據選舉人總數，以定當選人票額，恐票額愈未易滿，不免再選之煩。可否略予變通，以本區當選人額數，除本區實在投票總數，以得數之半爲當選票額，似與原章不甚相懸，而行使選舉時諸多便利。又諮議局章程第三條第三項，生員有選舉權，如高等小學堂畢業獎勵之廩、增、附生是否與生員一律？以上各端，懇請電憲政館詳細指示，俾便執行等情前來。特此奉詢，敬懇電示飭遵爲禱。家寶。東。"初七日，憲政編查館覆安徽巡撫電云："安慶撫台鑒：東電悉。查諮議局章程第三條第五項，五千元以上云云，蓋以五千元爲最低額之標準，非謂每五千元，即可有一選舉權。凡富家資產，並未分析，則子弟雖多，不能按資產分配，令一家占多數之選舉權。第五十六條當選票額，來電所慮，卻係實情。雖檢票以後，臨時除算，稍多周折，而可免再選之煩。所有初選舉以本區當選人額數，除本區實在投票總數，以得數之半爲當選票額，似此解釋，尚與條文不背。至複選舉當選票額，亦可用同一解釋。又高等小學堂畢業獎勵之廩、增、附生，自應與生員一律。即希轉飭遵照。憲政編查館。虞。"

以上資產五千元以上之疑，先已發自吉林。緣浙江調查規則，其財產資格謂富人得另以五千元立有字據給與同居之子弟，令取得選舉權，原指立分析字據之子弟言。吉省誤會其意，乃質之憲政館，館已電正之。至中學以下亦可得選舉資格，據學部高等小學獎勵，有廩、增、附等出身，致成疑竇。此意同時又有山東巡撫電，言之較詳。茲錄吉林、山東兩省往復電如下：

十一月二十四日，憲政編查館收吉林巡撫電云："憲政編查館鈞鑒：諮議局章程第三條第五項，五千元以上云云，似應比照他條所定。'以上'意義，其資產雖屬共有，無論多至若干，祇准一人行使選舉權。惟浙江解釋，若一家有資產萬五千元，除本人取得一權外，餘得指定未分析之子弟，各以五千元取得選舉權。兩說孰是，請即裁復。昭常謹肅。養。"二十七日，憲政編查館覆吉林巡撫電云："吉林撫台鑒：養電悉。諮議局章程第三條第五項，五千元以上云云，其資産若未分析，則子弟人數雖多，衹準一人行使選舉權。浙省解釋，似屬太濫。且與一人富有資産，並無子弟，衹得一權者，相衡亦未得其平。本館未接浙省來文，固不得援以爲據。此覆。憲政編查館。沁。"

十二月初八日，憲政編查館收山東巡撫電云："憲政編查館鈞鑒：據諮議局籌辦處詳稱：章程第三條舉貢生員得有選舉權。查學堂獎勵定章，高等小學畢業分別給予廩、增、附出身，是否與舊時生員一律？如其一律，則章程中學以上畢業得有選舉權之條爲無效。如不一律，則同一生員名稱，同係學識上之資格，録舊而遺新，更足阻向學之心。細案條文，實無兼顧之理。東省高等小學，獎勵上項出身而又合年齡資格者，實繁有徒。應如何通融辦理之處，乞咨請示遵等情。謹據奉達，伏候鈞示。樹勳叩。魚。"

十一日，憲政編查館覆山東巡撫電云："濟南撫台鑒：魚電悉。查高等小學畢業，照章獎給廩、增、附者，即係有生員之出身，其爲合格，自不待言。惟奏定學堂章程，高等小學畢業，考試列入下等及最下等者，但給修業憑照，及考試分數單，概不給獎。是小學畢業，不必皆得生員出身。此項人員，按照局章，即不在有選舉權之列。至中學以上之畢業生，則不問其有無獎勵，但令得有文憑即爲合格，局章本極分明。即希轉飭遵照。憲政編查館。真。"

其餘關選舉資格各電，如：

十二月初三日，憲政編查館收閩浙總督電云："憲政編查館鈞鑒：據福建諮議局籌辦處稟稱，中學堂同等程度，如法政講習所、師範簡易科、留日法政師範速成科，各畢業生是否有選舉權。又寄居之同府異縣、異府異縣舉貢生員及職官，若歸本籍投票，路遠不便，必多放棄選舉權，可否就其現住所之投票區投票，請示飭遵等因。理合電請核示電覆。壽。東。"初五日，憲政編查館覆閩浙總督電云："福州制台鑒：東電悉。師範簡易科，如係照學部定章二年以上畢業，得有文憑者，可視爲中學同等程度。其法政講習所及留日法政師範速成科，如係一年半畢業者，亦可照辦。至選舉既已分區，則選舉人自應各歸本籍投票。其願附入寄居之區投票者，應具備寄居人資格，方准投票。此項本館於上月初八日覆浙撫來電，業經聲明，登載官報在案。即希查照飭遵。此覆。憲政編查館。歌。"

以上論學業資格，已見前期所載浙江、山西等往復電。其論籍貫資格，則方在館臣護前之時，今已作廢，故此電略無足訓矣。至消極資格，有各省皆已剔除，而浙省獨主張有效者，後因疑致問，得復如下：

十一月二十八日，憲政編查館收浙江巡撫電云："憲政編查館鈞鑒：據諮議局籌辦處稟稱，現在各衙門書吏未盡裁撤，前奉文電，本省官吏專指本省實缺候補各員而言，則書吏自不在範圍之内。而鈞館原章，官吏幕友外，並無限制書吏明文。應否准其有選舉權及被選舉權，抑比照幕友辦理，乞示遵飭。增韞。勘。"十二月初三日，憲政編查館覆浙江巡撫電云："杭州撫台鑒：勘電悉。查官吏幕友停止其選舉及被選舉權，所以防曠職及干涉勾通等弊，原章第七條按語業經聲明。書吏係在官之人，其本身現充者，自一律停其選舉及被選舉權。憲政編查館。江。"

尚有四川、湖南、廣西等省所發各電，乃明見章程，無庸質問者，是爲蛇足無價值之電。過而存之如下：

十一月二十五日，憲政編查館收四川總督電云："憲政編查館鈞鑒：查諮議局章程第三、第四條規定選舉資格，第五條定被選舉資格，似被選舉議員不必限於選舉人名。惟查選舉章程四十五條投票用無名單記法，五十四條檢票時，應先將選舉票與投票簿對照姓名。六十六條複選人名冊，其冊內惟載事項，除照第十九條外等語，查十九條所列五項，即第三條選舉資格左列五項，又似被選舉議員必限於選舉人名冊內之三十歲以上者。又議章第三條第五項，又第四條，所稱有營業資格及不動產者，現在登記法未行，應用何標準，確定爲某人所有權。以上二義，據籌辦處官紳呈請解釋，據爲調查。乞電復。巽叩。漾。"二十七日，憲政編查館覆四川總督電云："成都趙制台鑒：漾電悉。查諮議局章程第三、第四條所定選舉資格，包初選選舉人及被選人兩種而言。第五條所定被選舉資格，專指複選被選人而言。選舉章程於被選人名冊並無明文，惟初選選舉人與被選人其資格既係一律，則被選人自不能出於初選人名冊之外。至複選被選人但合第五條資格，則凡屬於該複選區者，均可被選，不必以複選人名冊爲限。其選舉章程第五十四條，所謂選舉票與投票簿對照者，在查核票數與選舉人名數是否相符，非對照被選人是否在投票簿內也。此條業經本館電復江蘇、雲南等省，登載官報在案。至營業資本及不動產，應以所納捐稅爲標準。即希轉飭遵照。此覆。憲政編查館。沁。"十二月初三日，憲政編查館收廣西巡撫電云："憲政編查館鈞鑒：諮議局議員是否衹可在初選當選人名册之外，抑並可在初選時所造選舉人名册之外？乞詳示。岐叩。冬。"初五日，憲政編查館覆廣西巡撫電云："桂林撫台鑒：冬電悉。諮議局議員，但合局章第五條所載資格者，均可被選。其在選舉人名册及初選當選人名册之内與否，均可不拘。此覆。憲政編查館。歌。"十二日，憲政編查館收湖南巡撫電云："憲政編查館鈞鑒：謹按現奉章程，係複選法。第二章第二條按稱：先由選舉人選出若干選舉議員人，更令選舉議員人投票，選出議員等語。是初選當選人，亦必以有選舉資格兼有複選舉資格爲限，而複選爲議員人，不必以初選當選人名册爲限，衹須以初選選舉人名册爲限，抑並不須以初選選舉人名册爲限，乞明晰詳示。春蓂。真。"同日，又收該撫電云："憲政編查館鈞鑒：按選舉章程第二條，初選舉以廳、州、縣爲選舉區，複選以府、直隸廳、州爲選舉區，是初選無論分若干投票區而挑舉之人，不必以投票區爲限。凡同廳、州、縣之合格者，皆可舉。惟複選是否亦不以初選舉區爲限，凡同府、直隸廳、州之合格者皆可舉，祈核示。春蓂。真。"十六日，憲政編查館覆湖南巡撫電云："長沙撫台鑒：真兩電均悉。查初選當選人即係選舉議員人，故以合於局章所定選舉人資格者爲限。複選當選人即係議員，故以合於局章所定議員資格者爲限。議員資格既與選舉人資格不同，則複選當選人自不必在初選選舉人名册，並不必在初選當選人名册可知。至被選舉人自以選舉區爲限，不以投票區爲限。初選時，凡同廳、州、

縣之合格者，皆可舉。複選時，凡同府、直隸廳、州、縣
之合格者皆可舉。此覆。憲政編查館。諫。"

又關於專額辦法，近日始迭見各電，內惟黑龍江電略涉區
域耳。錄如下：

十二月十二日，憲政編查館收黑龍江巡撫電云："憲
政編查館鈞鑒：江省諮議局籌辦處現在籌辦選舉事務，詳
核本省情形，有為奏定章程所未備載者，分條開列，敬請
鈞示：一，選舉區域，既以府廳州縣為限，如江省未經設
治之布特哈及鐵山包等處，現以總管協領管轄地面者，應
否以該管各旗為初選舉區，諸總管及該協領所轄全境為複
選舉區，抑以該總管及該協領所轄全境為初選舉區，或附
隸於就近之府治為複選舉區？一，本省舊設及新設各道，
所轄府廳縣均各不相屬，可否以本管道為複選舉區，所轄
各府廳縣為初選舉區，抑仍以府之本管地方及附近之廳縣
為初選舉區，而以府治所在為複選舉區？如概以府治為複
選舉區，則一道所轄僅設廳縣而未設府治者，如何辦理？
又府屬本管地方而未設屬縣，其附近又無廳縣，並為複選
舉區者可否於同一區類舉行兩次選舉，抑照直隸廳無屬縣
之例，併入附近之府為複選舉區？一，江省廳治有兼領蒙
旗地面者，該旗札薩克協理梅楞各台吉等，既非本省官
吏，應否有選舉權？如准有選舉權，應以何級為限？一，
不識文義者不得有選舉權，至本省旗蒙人等單識滿蒙文，
不識漢文者，似不得以不識文義論，應如何酌定辦法？
一，各轄廳生，既准比照生員出身辦理，本省各項世職自
應一律照辦。就中如世管各佐領，分旗管轄人地，抑以世

職論，抑以本省官吏論？一，本省各旗員，是否在本省官吏之例？如不在其例，則旗員之現任實缺者，是否應有選舉權？一，僧道不能有選舉權，本省所轄蒙人均係信崇佛教，其充當喇嘛者是否概以僧侶論？以上各條，統希鈞酌示覆，以便轉飭遵辦。模。真。叩。"十六日，憲政編查館覆黑龍江巡撫電云："齊齊哈爾撫台鑒：真電悉。江省未經設治之布特哈及鐵山包等處，現以總管協領管轄地面者，其區域既不在他府境內，自應即以該管各旗爲初選舉區，以該總管及該協領所轄全境爲複選舉區。其新設各道所轄府廳縣各不相屬者，應即以本管道爲複選舉區，所轄各府廳縣爲初選舉區。府無屬縣，附近又無廳縣者，可即於同一區內舉行兩次選舉。其初選監督，仍照選舉章程第四條第二項，由該知府遴員派充。廳治兼領蒙旗地面者，該旗札薩克等既不當行政之任，自應准其有選舉權、被選舉權，其資格仍照局章第三條及第五、六等條辦理。旗蒙人等僅識滿蒙文，不識漢字者，仍以不識文義論。各項世職，自應照廕生辦理。至世管佐領及本省旗員如係印官，現於該旗佐領實當行政之任者，應以本省官吏論。其非印官而於該旗佐領非直接當行政之任者，不在此限。蒙人惟現充喇嘛者，則以僧侶論。即希轉飭遵辦。憲政編查館。諫。"二十七日，憲政編查館發黑龍江巡撫電云："齊齊哈爾撫台鑒：本館諫電所稱旗蒙人等僅識滿蒙文不識漢字者，仍以不識文義論一節，惟江省此類旗蒙之人，處所廣狹，人數多寡，希即分別電知，再行核辦。憲政編查館。沁。"十一月二十五日，憲政編查館收杭州將軍浙江巡撫電云："憲政編查館鈞鑒：據諮議局籌辦處稟，查局章第七條，本省官吏暨常備軍人及續備後備軍人停止其選舉權及被選舉權，而駐防人員大抵不分官吏或軍人，若亦加此限制，恐有選舉權者必至減少等情。飭據杭乍左右八旗協領公議，均稱駐防人員若准此限制，非特有選舉權者必至減少，且恐議員專額亦成虛設，旗人將全無預聞政治之權，當非期廣設議員專額之初意。惟駐防官吏是否在本省官吏之列，章程並無明文，擬自佐領以上，凡係印官，向於該旗佐領實當行政之任者，應照第七條章程本省官吏一項，一律停其選舉權及被選舉權。其自防禦以下，凡非印官而於該旗佐領非直接負行政之任者，應與教官一律不在此項。其駐防人員，雖多軍人，且非徵兵，章程於停止選舉權及被選舉權條內，僅載常備軍及徵調期間之續備預備軍人，而於駐防旗人既未明定限制，當不在停止之列。擬請凡駐防旗人，應與非徵調之續備後備軍人一律不在此限，稟請示遵前來。謹請示復，以便遵飭。瑞興增韞。漾。"二十七日，憲政編查館覆杭州將軍浙江巡撫電云："杭州將軍撫台鑒：漾電悉。京旗及各駐防既特設專額議員，第七條第二款之限制，自應不在其列。惟印官實當行政之任者，始限制其選舉權及被選舉權，亦屬妥適。希即飭遵。憲政編查館。沁。"又於十二月二十七日，憲政編查館發直隸等省各制台及杭州等省各撫台電云："天津、南京、福州、廣州、武昌、成都、蘭州各制台，杭州、開封、太原、西安、濟南各撫台鑒：本月二十三日，本館具奏京旗駐防專額議員選舉事宜一摺，內開各省駐防由將軍都統城守尉，就駐防旗員中，於投票開票管理員外，酌派會辦選舉管理員一員，會同該管地方官辦理旗人選舉。所有頒發告示及知會等事，仍由各該地方官專辦，以免紛歧，奉旨：'依議'，欽此。除咨行外，希即迅轉各將軍都統及駐防衙門，飭屬遵辦。憲政編查館。沁。"

　　憲政館於上年秋間通咨諮議局辦理豫算、決算，須俟籌備之第三年，並稱其議決範圍，以各本省之地方辦事用費爲限，國家行政費不在其內，原咨見戊申第十期本雜誌"法令類"。當時頗分析言之，語見是期"憲政篇"中。近奉度支部清理財政章程，始知館咨用意無誤。清理財政章程附本篇後。觀其第十四條，以廉俸軍餉解京各款以及洋款協餉等項，爲國家行政經費，以教育、警察、實業等項，爲地方行政經費。又其第二十、第二十六兩條，明定此地方行政經費之豫算、決算，必交諮議局議決。是清理財政章程中，所指爲地方行政經費者，即前館咨所稱爲地方辦事用費者也。議員宜注意。

　　十二月二十三日，憲政編查館奏準順天府屬，即以府尹爲複選監督，並規定京旗及駐防投票開票管理員。略言："選舉章程，複選區域，府以知府，直隸廳州以該同知、通判、知州爲複選監督等語。順天府特設府尹，職分較崇，原不同於直省知府。惟其管轄地方，則仍自爲一府，是順天複選事宜，即應責成府尹方爲妥愜。蓋首善之地，體制本宜崇隆，況益以八旗選舉事務繁重，應有大員爲之綜理，故複選區域允宜定在京師，複選監督亦應使府尹身任其職，以昭優異。應請將順天府屬各州縣選舉事宜，以順天府爲複選區域，順天府府尹爲複選監督。京城內及城外京營地面人民，應遵章由大興、宛平兩縣辦理初選。其京旗專額議員，按照原定選舉章程，應附於相近之投票所開票所舉行。自可即以大、宛兩縣爲京旗初選監督，順天府府尹爲京旗複選監督。惟京旗各事，向有該管衙門主持，一旦選舉事宜，驟以府尹與大、宛兩縣充爲監督，其中情形，不無隔閡。應由京旗諮議局籌辦處王大臣，於京旗投票開票管理員外，在八旗左右翼内，每翼各遴派一員，充爲總管理員。於初選、複選時，分別會同大、宛兩縣及順天府府尹辦理。至各省駐防，亦可仿辦。但事務較簡，由該將軍、都統、城守尉，就駐防旗員中，於駐防投票開票管理員外，酌派管理一員，仍會同該管地方官辦理。其總管理員及管理員，應行會同之處，以旗人選舉之事爲限。所有頒發告示、執照及知會等事，仍由各該監督專辦，以免紛歧，而通情勢。事關京旗選舉及順屬複選區域，自應奏明請旨遵行，俾昭審慎。其值年旗商請自行派員監督之處，應請毋庸置議。"奉旨："依議"，欽此。

江蘇專額議員，照取進學額，每十名設專額一名外，又併計翻譯生員額，多設專額。已由督撫將軍決定辦法，並謂電詢憲政館，恐別生支節，即準情酌理定之云。

二城鎮鄉地方自治章程　二十七日頒布。

三調查戶口章程　初十日頒布。

四清理財政章程　二十日頒布。

五設立變通旗制處　已設立。

上五事爲第一年籌備清單中應發表之事宜，幸俱如限發布。其有成績可言者，僅一籌辦諮議局事。餘三章程，發布時日甚淺。即變通旗制處，設立稍久，其所可見者，不外以妥籌生計爲宗旨，如初四日上諭所云而已。諭見"諭旨"。

第六年第二期

己酉正月大事記

初一日　始稱宣統元年。

初二日　那桐補授軍機大臣，梁敦彥補授外務部尚書會辦大臣。　前月十一日，袁世凱開軍機大臣外務部尚書會辦大臣缺。新官制：外務部必兼軍機。是日即以外務部會辦大臣大學士那桐在軍機大臣上學習行走，次日以外務部右侍郎梁敦彥署理尚書會辦大臣，至是皆補授。

初六日　憲政編查館電催各省簽注刑律草案。光緒三十三年六月初九日，法部大理院會奏妥擬修訂法律辦法摺，奉旨："著考察政治館議奏"，欽此。考察政治館者，憲政編查館之舊名。欽命王大臣赴各國考察政治，事在光緒三十一年。明年考察大臣回國，廷議將於政治大有改革，乃設此館，時猶不欲亟標憲政之名也。法部等奏修訂法律辦法之日，該館尚以考察政治名。不及一月，於七月初五日，即奉諭改為憲政編查館，是為憲政理事繫於職制之始。至九月初五日，館臣覆奏各項法典，先編草案，奏交臣館，由館分咨京外酌立年限，討論參考，分別簽注，咨復臣館，彙擇核定云云。而刑律草案則已先於八月間奏進"總則"，館臣奏復奉旨後，即將草案咨送各衙門各省，令加簽注，並聲明於文到六箇月咨復。又是年十二月間，修訂法律大臣復奏"分則草案"，奉旨交憲政編查館，館臣復循案咨送，予限仍止六月。年餘以來，覆到者在京惟學部，在外惟廣東、直隸、安徽三省。至是館臣以上年籌備清單，期限彰彰，不敢如向來之玩惕，乃有電催各省之舉，電見"憲政篇"。

十一日　萬國禁煙會開會。　上年十二月初八日，外務部奏美國約請各國在滬會議禁煙事宜，請派員與議督率一摺，奉旨："著派端方屆時赴滬，督率開會"，欽此。此旨已載前期大事記矣。是會緣起，據外務部原奏，略言："臣部於上年五月間，接准駐京美國使臣柔克義照會，以美國政府約請東方有屬地之法、德、英和日本等國政府，各派專員考查鴉片情形，詢請中國願否派員會查。
經臣部答以此項章程辦法，均未詳悉，無憑核覆。嗣美使又來照會，聲明此次考
查鴉片，不惟欲考究販運與吸食者表面之結果，且有專門用格致之法，詳細調查
與鴉片有關之一切。其已允派員協查之各國，均係於亞洲向有屬地。各該屬地之
鴉片，或由自種，或由他國運售，均以禁止爲最要機關。並非派員會商，即爲已
經允從，亦非照會員所擬之法，抑勒遵行。各員謹將查出實情，詳報各本國政府
核辦等語。臣部因允其所請，並派本部丞參上行走直隸候補道劉玉麟爲會議此事
專員。嗣因各國所派議員不止一人，因添派北洋軍醫學堂總辦、直隸補用道徐華
清，臣部儲才館學員、試用州同唐國安，並由南洋大臣端方派江蘇布政使瑞澂、
江海關道蔡乃煌，均爲會議專員。又派臣部司員、候補主事吳葆誠，會同辦理。
查中國禁煙之舉，各國均甚注意，亦無不贊成。此次美政府約請各國派員會查，
意在使凡各國在亞洲境內之屬地，與中國同時一律禁絕鴉片之害，用意固堪嘉尚。
所擬會議調查辦法，亦聽各本國政府自爲主持，在我正可藉資協助。現定於西曆
明年二月一號，即華曆明年正月十一日爲會議之期，以上海爲會議之地。除由臣
部飭令該員等屆期前赴上海，與各國所派之員悉心考查，隨時報告，並由臣部詳
核妥辦外，應請簡派大員屆時赴滬，督率開會，以昭慎重而資聯絡"云云。至是開
會，先由部派來滬各員，擇定租界內南京路口匯中旅館爲會所。各國會員名單
錄左：

　　中國代表大臣　端方　專員　劉玉麟　唐國安　徐華清　瑞澂　蔡乃煌　襄
理委員　茄萊　謙爾末斯　吳葆誠；英國專員　克萊門的斯密斯　化西君金　勃
倫葉脫蘭特腦　襄理委員　克萊門的　排恩斯；美國專員　勃倫脫　爾拉愛脫
丁嘉立；法國專員　巨籟達　勃納里厄　康里倫；德國專員　賴斯納　裴里區；
日本專員　宮岡　田原　高木；荷蘭專員　巨恩威脫姆；波斯專員　李齊甫；俄
國專員　闊雷明；暹羅專員　森脫　高珊　梅里脫

　　此外尚有葡萄牙國，聞即以駐滬總領事博帝業，及澳門繙譯官宋次生，爲其
代表。而美代表丁嘉立亦未能躬與，將另派代之者。會期以一月爲度。是日午前
十一時，會員及與禁煙有關係之官紳咸莅。端方首述謝詞，繼復演説，大約主倡
專賣。甫莅會時，先攝一影，影片見册首。廣東、福建、蘇州等處，皆有賀電至
會。旋即閉會，然後由會員提議要務。蓋是會不准旁聽，祗各國會員得與。吾國
各省自稱代表，非由朝命者，不在會議之列也。是日所議決共三事：一，推定美
國專員勃倫脫主教爲議長；二，議定會中文牘，全用英文；三，議定以後決議事
件，用投票法，每國祗用一票。説者謂萬國會議，例用法文，此次特爲國際法中

一變例。蓋以美爲發起，又以其專員爲議長，而吾國亦以用英文爲便也。

十四日　度支部奏幣制宜策萬全，請仍飭會議。上年九月十一日，會議政務處會同資政院奏幣用庫平一兩之制，補助貨則分不減成之五錢重幣一種，減成之一錢重五分重幣兩種，計不減成之兩種用九八足銀，減成之兩種則用八八足銀。奉特諭申明畫一之旨，當時度支部實主張鑄七錢二分重之幣，屈於樞議而姑聽之。諭文鄭重言畫一，獨於法償之數，與補助貨之起點，了無所云。是所畫一者，僅僅改圜法合於衡法，徒失圜法之本意。而銀價上落之危險，與未畫一時等。樞臣不知妄作，貿然請旨，貿然擬旨，度支部初不與聞，蓋已極不贊成矣。至是請再議，諭允之。聞會議時仍多主庫平一兩之説，謂用兩則不便較少。夫苟離乎補助貨之起點以言幣制，則無論一兩與七錢二分非所當爭，即銀圓之鑄否亦與民生國計無涉。若知有起點在，則七錢二分之幣每圓可限作千錢，即銅幣百枚，盡停各省銅圓局，就現有者謹權其子母。至向來用兩之俸餉、税則、物價等等，各視行用之平色，一律改從銀圓，即爲一勞永逸之計，何所用其嘵嘵。苟以兩計，必能確定一銀與銅之比價，或改鑄大銅圓，使每百枚足值一兩。否則定舊銅圓每若干枚當兩，每若干枚當錢，起點一定，亦誠無病乎用兩矣。特今日之銀價，以銅圓充斥之故而驟低，江河日下，尚未知其所底。主議諸臣，究憑何日之銀價，定其銅圓之值。若遲徊不決，無寧從七錢二分之便，勒定每圓之值爲銅圓百枚，即制錢千枚，其勢甚順。至於十進之便，足勝於歐洲幣制猶餘事耳。度支部此次請飭再議，意必提起銀、銅比價問題。主用兩者有以解決之，雖用兩亦何害。若仍如上年九月十一日之所謂畫一，則無爲多此一議。且吾見主持七錢二分之度支部，其不通幣政，正與主用一兩者之憒憒等也。

十六日　諭處分郵傳部參案。　御史謝遠涵奏參郵傳部尚書陳璧虛糜國帑、徇私納賄各款，當經派令大學士孫家鼐、那桐秉公查辦。至是查明覆奏，原參大致多確，特諭陳璧著交部嚴加議處，同罪各員分別革職及革職永不叙用有差。陳璧不足道，郵傳部爲比年奔競之淵藪，以大利所在之故。郵傳部之利，乃國家鐵路之利。往者計臣不能收權，聽一部獨以國利爲私利。陳璧會逢其適，挾郵電、輪路諸務，不治其政令而競其營業，則侵農工商部之權，自有營業而自募外債。自募公債，自設銀行，則該部幾乎獨有財政，視國家箸財之度支部，蔑如無物。政體之不善，養成此日之罪狀。頃度支部頒清理財政章程，頗能清出權限，政務處尚狃於窟穴而撓之。幸聖明不爲所動，此後吾國財政，庶乎就理。會陳璧之罪，亦於是時始暴，天威所震，速杜旁出之利孔。言官自舉有罪，然不啻爲計臣綜覈核之前驅矣。

諭憲政編查館，定禁革置買奴婢之法。　從御史吳炳緯奏也。
始兩江總督周馥先有是請，業已准行，特未專設條例，至是炳緯以爲言，故有是
諭。國家方訂民律，民律必首定人權。疆臣與言官，先後均有是請，足爲公理漸
彰之驗。

改定禮部職司及署門字樣。　自宣宗朝，始特諭御名僅下一字改
避示敬，以符二名不徧諱之義，歷朝欽遵成憲。上年十月二十二日，申諭及之。
至是禮部就本衙門職司，與官署通有之門名，先具奏改定。略言："儀制司改爲典
制司，改鑄司印。恭遇大祀，部臣侍儀，改稱侍禮。太常司典儀一官，改爲典容。
又衙署之儀門，通改宜門。其餘各衙門有應敬避者，由各衙門自行改定，奏明辦
理"云云。奉旨："依議。"

十七日　諭京外各衙門綜覈名實。　考核奏調咨調各員，裁汰
兼差薪金，釐定各衙門官員薪費，諭見"諭旨"，大致似爲郵傳部而發。特今日各
省之糜費冗濫，如南北洋之乾脩，動以數十萬計。北洋近爲報館所揭，頗議淘汰。
加以清理財政之章頒行後，京外未免惴惴，議淘汰之舉，他省亦浸有動機。蓋諭
旨雖嚴切，初不及計臣收其職權之能中要害。立法之效，固非空言所可及也。

十八日　革郵傳部尚書陳璧職。　吏部議復稱："臣部處分，例
止革職"，以溺職私罪革職例定議。上意亦從寬，以此蔽罪。而以正黃旗漢軍都統
李殿林，暫署其缺焉。

給事中李灼華奏請復歲科兩試。　灼華所奏，未知內容若何。就
交旨內摘由，稱係因國文將廢，中學就湮，擬請暫復歲科兩試，則竟係復從前童
試，以爲漸復科舉之地而已。藉口國文中學，若童試科舉等進身者，即可以振國
文而昌中學，今試持不出於科舉者之文學與灼華輩較，恐非之範圍固未必爲灼華
所夢見。即與談文，謂能華能抗今日青年之學了者，其人必未見世界之人者也。
旨交學部議奏，正當視其結果如何。

十九日　徐世昌補授郵傳部尚書，錫良授欽差大臣，調補
東三省總督。　此俱內外要任。陳璧既敗，轉輾相代者如此。至錫良所遺雲
貴總督缺，亦當邊要，特起李經羲補之。此皆中外所注目，不可不觀其受任之成
績也。

二十日　批准中美公斷專約。　外務部奏請旨批准，奉旨依議。
條文尚未發布，要爲國際一大故實，據本日事由單特誌之。

二十二日　奉册寶恭上孝欽顯皇后尊謐。謐曰：孝欽慈禧端佑

康頤昭豫莊誠壽恭欽獻崇熙配天興聖顯皇后。

二十三日　頒奉上孝欽顯皇后尊謚恩詔。　詔見"諭旨"。

二十六日　諭催京外各衙門簽注新訂刑律草案。　初六日，由憲政編查館電催。至是申以特諭，彌見朝廷不肯失信之至意。

山東自治研究所開會。　此亦各省今年籌備事宜之一。自治之設所研究，各處皆有之。疆吏視爲私人聚談之地，不甚措意，甚或由地方官摧抑之。獨山東鄭重開會，大吏畢至。遵章附屬籌辦處，與諮議局事銜接，定於二月初一日開班授課，踴躍籌備爲天下先，書以美之。

二十七日　諭各省一律成立諮議局，俾資政院依限開辦。

朝廷重視九年之籌備，度諮議局一事，尚不至過慮宵旰。然他事宜正難言也，海內士民何以答聖明之期望乎？諭見"諭旨"。

諭修訂法律大臣修改宗旨。　以舊律關倫常者不輕變更爲宗旨，從學部等言也。諭見"諭旨"。

二十八日　奉册寶恭上景皇帝尊謚。　謚曰：同天崇運大中至正經文緯武仁孝睿智端儉寬勤景皇帝。徽號曰：德宗。

二十九日　頒奉上景皇帝尊謚恩詔。　詔見"諭旨"。

諭籌畫海軍基礎。　肅親王善耆奏請籌辦海軍基礎，上納之，特諭肅親王善耆、鎮國公載澤、尚書鐵良、提督薩鎮冰安慎籌畫，並著慶親王奕劻隨時總核稽察。諭見"諭旨"。

憲　政　篇

憲政略依九年籌備各事宜爲標準，上年十二月，政府所應發表者既盡發表，而各省與憲政編查館之往復亦以是月爲多，既備載於前期"憲政篇"矣。新紀元以來，上年籌備所應接續各事，皆爲今年籌備之所有事。顧今年所勒限籌備者，事更繁而期又甚急。輒援前例，開列今年籌備事項如下：

宣統元年第二年

一，舉行諮議局選舉，各省一律開辦；各省督撫辦

一，頒布資政院章程，舉行該院選舉；_{資政院、各省督撫同辦}

一，籌辦城鎮鄉地方自治，設立自治研究所；_{民政部、各省督撫同辦}

一，頒布廳州縣地方自治章程；_{民政部、憲政編查館同辦}

一，調查各省人戶總數；_{民政部、各省督撫同辦}

一，調查各省歲出入總數；_{度支部、各省督撫同辦}

一，釐訂京師官制；_{憲政編查館、會議政務處同辦}

一，編訂文官考試章程、任用章程、官俸章程；_{憲政編查館、會議政務處同辦}

一，頒布法院編制法；_{憲政編查館、修訂法律大臣同辦}

一，籌辦各省省城及商埠等處各級審判廳；_{法部、各省督撫同辦}

一，核訂新刑律；_{憲政編查館辦}

一，頒布簡易識字課本，創設廳州縣簡易識字學塾；_{學部、各省督撫同辦}

一，頒布國民必讀課本；_{學部辦}

一，廳州縣巡警限年內粗具規模。_{民政部、各省督撫同辦}

上本年應辦事宜共十四項。就此十四事項而論，第一事係接辦；第三、第五兩事係吾民當與官長共辦，其負責與第一事同；第二、第十二兩事必待部院有所頒布，吾民乃與官長共辦；第六、第十、第十四等三事，所辦必有成績可言，而未必假手於吾民；第四、第九、第十三等三事，靜待館部之頒布；第七、第八、第十一等三事，則爲館部之功課，外間無所用其程督。今合官民所事之事，有可用吾程督者，分列如下：

一，官民共辦者三事：

甲　舉行諮議局選舉，各省一律開辦。　選舉期，此次變通定章，最早亦在閏月朔日，始行初選舉，現尚無可言者。至開辦則定章在九月朔，更無論矣。

正月二十七日，諭各省一律依限成立諮議局，俾資政院依限開辦。憲政之上厪睿慮如此，諭見"諭旨"。

諮議局籌辦事宜，上年大致已備載。近事可紀者寥寥，惟有一關係選舉人資格之件。報載浙江籌辦處通告，其都董、圖董等項，是否作爲公益事務，質問憲政編查館，館電以不作公益事務論，浙籌辦處遵飭各屬剔除云。此事大有可疑，蘇人不能解。問之浙人，乃知浙之都董、圖董非經制之鄉黨職，遇有地方公務，凡地方號爲紳者，皆有過問之責，除城市善堂等處外，鄉間幾無董事之名，間有之則與差保無別，即此所謂都董、圖董是也。故是否公益，浙人以爲疑，而館電竟剔除之。吾蘇則各地方除巨紳爲官所就商，間有不能不預地方各事者外，自餘士紳，類以不問公事、不見官長爲高。其農田水利、道路橋梁，以及鄉里之仲裁，痞賭之禁令，團結守望，整齊規約，一切將來自治所有事，在在以鄉圖董司之，自治之基礎較浙爲密。此次定選舉資格，久以鄉圖董爲公益資格，官民舉無間言，恐見浙電而致疑，爲書其分別如此。

據正月二十六日官報，甘肅籌辦處直至上年十一月二十日始行開辦。然據陝甘督臣升允所奏，以如期藏事自任，則一律成立，除新疆外必可無誤。

新疆巡撫聯魁，電商憲政館，該省諮議局選舉，緩期四五年後，俟學堂畢業，人格漸高，再行次第籌辦，並請仿照東西各國治邊之法辦理等情。聞憲政編查館等處諸王大臣，擬定再電新撫，統將轄境土爾扈特、布魯特、哈薩克等諸部落，及歷年客籍中之回漢民族，並各土著，是否通習漢文，以及大致丁口，先行咨報，以便稽核調查，酌擬辦法。其十二月二十二日效電，請照英德諸國之治阿非利加，日本之治北海、沖繩等辦法，是否變通，併爲電聞云云。

憲政編查館於京旗選舉事宜，經京旗籌辦處呈值年旗王大臣咨請核示，意在變通，館員仍主張遵章詳細調查。錄咨復文如下：

　　爲咨覆事。准管理京旗諮議局籌辦處事務值年旗王大臣咨稱，據本處總辦雙浚等呈稱："職等詳細尋繹原章程，所載被選舉各項資格，外省易於舉辦，京旗略有不同。擬請將京旗候補候選人員歸入曾任實缺一項內一體選舉，並將京旗不同之處逐款聲明，請咨行憲政編查館查核示覆"等因前來。查款內所開各節，自係實在情形。惟選舉各事皆握要於調查，本館奏定諮議局章程時，亦知各項資格皆屬不易清查，不獨京旗難辦，外省之府廳州縣尤爲棘手，故議員選舉章程第十七、第十八、第十九等條皆列調查方法。京旗固屬散漫無紀，至辦理公益及學務人員，當自不少。舉貢生員無論是否曾在學堂畢業，除不滿二十五歲者外，仍應詳查列入選舉簿。五千圓營業資本，八旗誠屬無多。而不動產之土地房屋所在皆是，應仍各宜遵章詳細調查，不使漏略，方屬妥洽。至旗人在各部院衙門當差官員，本非本省官吏，自不在限制之列。惟八旗官員應以參佐、正印人員爲限，照本省官吏，停其選舉及被選舉權。其餘無論實缺、候補、候選，但合諮議局章程第三條資格之一者，均得有選舉及被選舉權。本館前覆杭州駐防沁電，亦即略同此意。總之選舉事屬創始，辦法極爲繁難。惟有切實調查，方足以昭公允而維選舉。相應咨行貴處查照飭遵可也。須至咨者。

順天府咨商憲政編查館，請援照八旗等辦法，亦派總管理員，會辦選舉事宜。館復以事屬創始，姑予變通。錄咨復文如下：

　　爲咨覆事。接准咨稱，據大、宛兩縣，稟陳京營地面，未能直接，情形隔閡，呼應不靈。所有初選事宜，擬請咨呈貴館，援照奏定八旗左右兩翼，及內外城巡警總廳，各派總管理員一人辦法。咨由步軍統領衙門，於京營地面，亦遴派總管理員各一人，會同該兩縣辦理各等情到府。據此，查所稟各節，委係實在情形。除稟批示並分咨查照外，相應鈔錄原稟，咨請貴館查照核辦，迅賜見覆等因前來。查本館原奏，不及城外京營地面者，以京營各員所掌，多係辦理緝捕事宜。至選舉之事以人民賦稅爲主，乃地方官行政之責，故令該兩縣專辦，以清界限。茲復據稱不能直接辦理，事屬創始，姑予變通，暫由步軍統領衙門，亦派總管理員二人，會同辦理城外京營地面選舉事宜。相應咨覆，即由貴衙門逕咨步軍統領衙門查照辦理可也。須至咨覆者。

館臣又通行各省，刊印答覆詢問諮議局章程，分咨備考。錄咨文如下：

　　爲通行事。光緒三十四年七月十七日，本館通行奏定諮議局章程文內，聲明諮議局關係重要，選舉事宜尤屬創辦。此次所訂章程頭緒繁多，條文細密，各省如有疑義，應隨時咨詢本館，以便詳爲解釋，俾免歧誤等因。嗣據各省陸續咨電，詢問各項疑義，業經本館隨時答覆各在案。查此項答覆，各省自應一律按照通用，免涉紛歧。茲特刊

印成本，分咨各省，以備參考。嗣後續有答復，仍隨時咨
行查照通飭遵辦可也。須至咨者。

　　乙　籌辦城鎮鄉地方自治，設立自治研究所　籌辦自治，
據奏定章程之摺所載，仍以籌辦諮議局之籌辦處，司發縱之
責。一月以來，僅山東籌辦處開會特設研究所，遵守甚力，已
於大事記中誌其美矣。然自治研究所，所在多有，雖未奉章
程，研究未必切實，然躍躍之誠，初不可没。或私相講論，未
經官廳認可，或因經費爲難，籌款之法未當，經官駁斥，又或
有荒謬之守令，反對封禁，如浙江紹興府守劉嶽雲之類。開辦
最早固在山東，然他省苟一提倡，研究所必甚夥，所難者蓋在
籌辦而不在設所。籌辦之所以難，實在章程第一百零九條所云
本章程施行之期，遵照欽定逐年籌備事宜清單辦理。夫清單已
足爲地方官仇視自治者之藉口，章程又從而黏合之。或者謂館
臣所定年限，一自治必亘六七年之久者，爲苗猺雜處之黔粵，
蒙回糅錯之新疆等省而言，若我江蘇，籌辦數月而可告成立
者，館臣斷無抑勒使退之理，清單及章程皆不當以詞害意。是
或然，然並未分別言之，則自治後是否與官之窟穴有關，與羊
謀皮，而假戢戢者以護符，安肯輕易就範？各省熱心之士紳，
因此束手坐視，視諮議局事宜之一鼓作氣，迥若兩種世界，揆
諸朝野望治之心，滋戚戚焉，則館臣職其咎矣。山西初設籌辦處即
附設自治研究所，並無章程，空名研究，當時笑其不切於事。然既奉章程，就所
研究，其勢甚便，是又在山東之先矣。
　　丙　調查各省人戶總數　此事亦深足爲籌備清單之污點。
調查戶數時，竟不許順道並計其口數。今年調查，明年彙報，
所得一戶數耳。隔此彙報戶數之一年，後年然後調查口數，又
次年乃彙報，尚復成何事體？官民視此兒戲之清單，則此項調
查之且束高閣宜也。

二，官民皆有所待而後可辦者兩事：

甲　頒布資政院章程，舉行該院選舉。　章程未頒布。至此項選舉，乃諮議局之職務，九月開會後，一舉了之，得人與否，則爲別一問題。

乙　頒布簡易識字課本，創設廳州縣簡易識字學塾。　課本未頒布。至學塾之創設，目前未始不可豫備。然審學部編輯課本之辦法，似所謂簡易云者，字數可多至三千二百，則吾黨終日掉書袋之士，不免望洋而歎。以此課一字不識之人，未知所造就者何意，不能不姑待之。摘錄部摺如下：

臣等審籌熟計，至於再三。竊以爲簡易識字課本，所以教年長失學之愚民與寒畯之家，力不能入初等小學堂者之子弟，期於日用尋常可以應用。其文字淺深次序，大致由單字進於短句、短文。所選教材，無取精深，即就倫常日用，易知易行之事物教授之。俾其卒業以後，能再入學校固善。即無力更求深造，亦可藉以謀生，不至流於邪僻。惟是寒畯之家，肄學年限不能預定，勢難以一種識字課本限之。謹擬編爲三種：其第一種識字課本，凡道德知能之要，象數名物之繁，詳徵約取，備著於篇，約三千二百字，期以三年畢業；第二種識字課本，則於第一種課本中，去其理解稍高深、事物非習見者，約減爲二千四百字，期以二年畢業；其第三種識字課本，但取日用尋常之字，目前通行之文，約之再三，定爲一千六百字，實屬無可再減，期以一年畢業。令小民自爲忖度，擇其力所能至者肄習之，庶可免半途自畫之譏，漸致凡民入學之盛。此編定簡易識字課本之大略也。

三，官辦者三事：

甲　調查各省歲出入總數。　各省多有設調查所者，其成績未審。惟度支部又於正月十四日具奏清理財政限銷舊案辦法，略言："清理財政，自以考核現款爲要圖，而尤必先以銷結舊案爲入手。臣部奏定清理章程第一條，即以截清舊案、編訂新章爲言。第五條内載各省出入款項，截至光緒三十三年年底止，概作爲舊案。各省舊案，歷年未經報部者，分年開列清單，併案銷結等語。誠以舊案不截清，則款目易於混淆，不銷結，則帑項無從稽考，此一定之理也。查各省報部核銷之案，往往任意玩延，有遲至數年者，有遲至十餘年者，壓閣益久，造報愈難。即從前業經報銷之案，或行查而未據聲覆，或駁減而未經遵删，年復一年，案復一案，上屆未聲覆，則下屆仍須行查，前案已駁删，則後案無憑據準，塵牘山積，紛如亂絲。故現在欲清理財政，非先將舊案勒限銷結，終無著手之方。惟查向來報部册式，倍極繁細，其册籍或至百餘本及數十本之多。今欲將陳年積壓之案，立限掃數報銷，若仍令其分造細册，則時日既迫，亦恐赶辦不及，未免强以所難。臣等公同商酌，款項固須核實，辦法無妨變通。相應請旨飭下各省將軍、督撫等，遵照臣部奏定清理財政章程第五條，各飭將光緒三十三年以前未經報部之案，分案據實開造詳細清單，限於宣統元年十二月以前，陸續送部核銷，勿庸開造細册，以期速蔵。其歷年奉部駁查未經完結各案，將何項必須變通，何項漏未立案，何項尚可酌量核減，何項礙難遵照删除各情由，限文到三個月内一律查明報部。由臣部酌量情形，奏明分别銷結。俾天下曉然於朝廷銳意更新，破除隔閡欺隱之積習，而相見以誠，庶足以立清理之始基，而爲憲政之大本。如再遲延不報，致逾期限，則是有意延宕，臣部定行指名嚴參，以爲玩視奏章者戒。抑臣等更有請者，立法固貴乎寬，用款必期於實。此項舊案，既經准其開單報銷，寬其既往，而各將軍、督撫等受國厚恩，亦當念時會之艱難、款項之不易，實用實銷，毋得稍涉浮冒。其歷任經手人員，如有侵蝕等弊，即須破除情面，參追完繳。倘扶同徇隱、蒙混銷結，或別經發覺，或臣部派出監理各員，訪查得實，定將矇銷之員，奏明加等治罪，以儆官邪而重庫款。"當日，奉旨："依議"。

乙　籌辦各省城及商埠等處各級審判廳。　未見籌辦。

丙　廳州縣巡警限年內粗具規模。　廳州縣城每有已設巡警之處，其或設或否，未見調查。其所設是否合法，亦未能審。

四，靜待館部頒布者三事：

甲　頒布廳州縣地方自治章程。　未頒布。

乙　頒布法院編制法。　未頒布。

丙　頒布國民必讀課本。　未頒布。然學部已奏定編輯之法。此本是否合於國民讀本之意，略可加以研索。摘錄部摺如下：

　　國民必讀課本，較簡易識字，尤爲重要。顧名思義，似應敬輯列聖諭旨及聖賢經傳，以示標準而資遵循。擬謹編爲二種課本：一種理解較淺，範圍較狹，徵引書史較少，其天姿較高者期以一年畢業，遜者一年半畢業；一種理解較深，範圍較廣，徵引書史較博，其天資高者期以二年畢業，遜者三年畢業。其編輯之法，擬各分上、下二卷。上卷慎采經傳正文，以大義顯明者爲主，兼采秦漢唐宋諸儒之說以證明之。正文之下附以按語，凡群經大義，切於修身之要者，前史名論，益於涉世應事之宜者，以及諸子文集，外國新書，於今日國家法政、世界大局有相關合者，皆爲今日應用之知識，均可擇要采取，推闡發揮，以淪其智慮，拓其心胸。下卷敬輯列聖諭旨，凡有關於制度典章之大者，慎爲輯録。仿聖諭廣訓直解之例，敬附解釋，俾易領會。蓋有聖訓及經傳大義，以堅定其德性，復有解釋發明，以開瀹其知識，既合古人正德厚生之教，更符近世德育智育之法。庶幾鄉曲愚氓，皆明於忠君報國之義，而識字較多，智識較靈，並可藉以爲謀生學藝之資矣。此編輯國民必讀之大略也。

學部於此項課本及前載之簡易識字課本，又加總結云："竊維此項課本關係極重，爲人心風俗之本原，教育普及之樞紐，實不可稍緩之舉。而稽之載籍，古無其書，采諸異方，未適於用，深恐稍有疏舛，貽誤全國人民。惟坊間所編，既多流弊，臣衙門各員所擬，亦未能遽臻精善，用是稍稽時日，未能速成。現經臣等博訪通人，多考成式，手定體例，隨時商榷，本月內甫經商定辦法。此全國學術初基所繫，臣部職任所關，不敢不再三審慎，務求妥善適用。一俟編輯成書，先在京師地方教授數月。如果易簡理得，士林稱便，再由臣部奏明請旨，頒行各省，一體遵用"云云。於上年十二月二十八日，奉旨："依議"，欽此。則課本成後，尚以京師爲試驗地，又經數月而後頒行。所謂創設簡易學塾者，其事固甚緩也。

五，館部自行程課者三事：

甲　釐訂京師官制。　頒布新定內外官制，乃第五年之籌備宜，則此項釐訂可亘三年。其可見者，則各部院近准憲政編查館咨，調取現行官制奏案，是爲釐訂之見端。録咨文如下：

為咨行事。照得本館奏定議院未開以前逐年應行籌備各事一摺，業經奉旨欽遵通行在案。所有本年籌備事宜，其釐訂官制一項，係由本館會同會議政務處辦理。查各衙門官制，於光緒三十二年有經總司核定官制王大臣奏定者，有未經總司核定官制王大臣奏定者。嗣各衙門均有自行核擬奏請變通之處，本館刻屆釐訂京師官制期限，急待彙考，應請將迭次奏案，各檢齊十份，於十日內咨送到館。將來如有續行奏改，亦即隨時咨明本館，以資考核。相應咨行貴　查照辦理可也。須至咨者。

乙　編訂文官考試章程、任用章程、官俸章程。　照清單明年頒布。

丙　核訂新刑律。　刑律草案，外間久有印本。迭經學部及廣東、直隸、安徽三督撫簽注，皆斷斷以家族觀念反對世界觀念，道德觀念反對法律觀念。粵督張人駿、皖撫馮煦，尤咀嚼於文字之間。而人駿特甚，如"猶豫執行"等字樣，以為大怪，是為無理取鬧。古無以"猶豫執行"定入法文者，是烏能不創一名詞？就舊律文論，如閹割火者，如採生折割人，其字句亦何嘗習見？蓋又不如學部以觀念之歧而持之有故矣。內外衙門簽注未遍，正月初六日，憲政館通電各省催之，是為館員之督促。錄電文如下：

奉天、福州、南京、雲南、武昌、成都、蘭州各制台，齊齊哈爾、吉林、南昌、蘇州、杭州、太原、開封、長沙、濟南、西安、迪化各撫台，熱河都統鑒：光緒三十三年九月初五日，本館議覆修訂法律辦法原奏，內稱各項法典，先編草案，奏交本館，由本館分咨在京各部堂，在

外各省督撫，酌立年限，討論參考，分別簽注，咨覆本館
彙擇。又上年奏定憲法大綱逐年籌備事宜，本年核訂新刑
律草案，以備明年頒布等因。查修訂法律大臣先後奏進刑
律總則分則草案，當經本館於三十三年九月及十二月，先
後咨送各省簽注，並各聲明於文到六個月咨覆本館在案。
迄今事隔年餘，依限送館者僅有數省，其餘各省或尚未咨
覆，或咨請展限，或僅送總則未送分則，爲日已久，急需
核辦。事關籌備年限，勢難再延，希即從速籤注送館，以
便彙齊修訂，是爲至要。憲政編查館。魚。

二十六日，朝廷又特諭京外各衙門催令簽注。是爲諭旨之
督促，諭見"諭旨"。是諭爲法部等奏請而發，觀原奏則知京外
已簽注者，尚有郵傳部、農工商部，及四川、雲貴兩督、貴
州、浙江兩撫，並熱河都統云。

二十七日，又奉上諭，申明修改宗旨，頗據學部等意見爲
言，末復及現行刑律一節。蓋修訂法律大臣，以草案猝難定
議，奏請於新刑律未實行前，編訂現行刑律，暫爲去泰去甚之
計。當奉旨交憲政編查館議，館未覆奏，故併及之。諭亦見
"諭旨"。聞近議以日本人岡田朝太郎所起草案，多遭奏駁，恐
再改再駁，延誤期限，擬更聘英美等國法律專家從事云。

以上爲今年籌備事宜。其上年清單所列，不見於今年單
開，而實未嘗不方在籌備中者，則惟變通旗制一事。此事宗旨
已奉明諭上年十二月初四日諭，近時辦法不外妥籌生計而已，不備
列。其渾言憲政者，則亦有一事，足徵政府籌備之力者。近日
憲政編查館通咨各省，調查局不必停待表式。錄咨文如下：

爲咨明事。光緒三十四年十二月初三日，准東三省總

督咨開，省城設立調查局，開辦情形，前經咨明在案。現
據司道及府廳州縣各衙門呈報，統計處均已次第成立。惟
未奉到頒發表式，所有調查各事，無從填報，咨請速將表
式頒發等因。查本館奏定各省調查局辦事章程第十條，凡
調查局調查所得之件，應按類編訂，呈由本省督撫咨送本
館。第十二條，統計事項，按照本館所定表式，飭各衙門
添設統計處，分別列表，彙送調查局。各等語。是調查事
件與統計事件，應分兩項辦理。統計所辦事宜，應候本館
頒定表式。而調查所得事件，本兼法制、統計兩項在內，
應即隨時按類編訂，咨送本館，不必盡待表式。且統計事
件，亦須以調查事實為先務。現准各部先後送至表冊，均
係照舊辦理。除督飭館員，先將核定統計表式，剋日奏請
頒行外，誠恐各省調查局事件或有停待稽延，合即通咨照
辦，以符原章而免誤會。除咨覆外，相應咨明貴督撫查照
辦理可也。須至咨者。

　　若外省之籌辦諮議局，亦有宜予以針砭之處。略舉其著
者，以資談助。

　　安徽南陵縣俞令，以選舉投票紙內，似應編號填簿，俾可
杜本人自舉之弊等情，稟奉朱撫批云："據稟已悉。查投票法，
有單記、聯記、記名、無記名之別。惟單記及無記名法，經東
西國法家論定，謂為利多弊少，展轉仿用。日本前取聯記及記
名法，今亦一律改用。館章採用此制，本極精審。然法律家每
言立法無論若何詳慎，不能謂完全無弊，亦惟權其輕重，因時
施以補救而已。該令慮開票後無憑稽核，恐啟投票者自舉之
弊，擬請編號填簿，以便檢查，原為慎防流弊起見，所擬甚為
周妥。特事關重要，全體應歸一律，法理亦不厭詳求。仰籌辦

處迅速核議，通飭各屬辦理，並轉飭該縣知照"。據批雖飭核議，然似意在許可。以無名單記之制，忽被破壞，自犯選舉章程中暗記之罪，恐或非宜。旋見該省投票細則，竟實行編號矣。奇哉！

　　貴州平越州李牧，奉龐撫頒發諮議局章程後，每以選舉人不能及格爲慮。其所謂不及格者，係以五項選舉資格併於一人之身爲的解，雖經調查員前往宣講，李終不以爲然。其所屬某縣令極表同情，信函商酌，中有"平原獨無，不失爲佳話"等語，事見黔報。該牧能作雅語，頗有風趣，故爲憒憒，思以曲解貽誤所治之地，殆與某令同有憾於棠疆耶？否則書癡不曉事，仇視新政，而甘以一身之謬妄，自謂爲國家留一片乾淨土者也？奇聞足以破睡。

第六年第三期

憲　政　篇

前期歷數本年籌備事宜，多至十四項，又有一不見於本年之清單，而未嘗不用其籌備者一項。就十四項中，分五種性質，具如前述。今仍以次列之，視其有所進行與否。其十四目原列之序，並五種性質之所由分，具詳前期。

一，官民共辦者三事：

甲　舉行諮議局選舉，各省一律開辦。　選舉之事，最早在閏月朔，故盡二月之末，尚未見選舉成績。然各省調查所得之選舉人數，及分配議員之各複選區名額，已有所覩。亟輯錄之如下：

江蘇省蘇屬籌辦處分配選舉議員文牘

一分配議員　查選舉章程第六十七條，載"複選當選人爲諮議局議員。其各複選區應得議員若干名，每屆由督撫按照各複選區選舉人名册總數，以全省議員定額分配之"。第六十八條，載"複選當選人分配之法，由督撫於各複選區選舉人名册報齊後，按照名册，以該省議員定額除全省選舉人總數，視得數多寡，定若干選舉人得選出議員一名。再以此數分除各複選區選舉人數，視得數多寡，定各該複選區應出議員若干名。其各複選區有選舉人數不敷選出議員一名，或敷選若干名之外，仍有零數，致議員不足定額者，比較各複選區零數多寡，將餘額依次歸零數較多之區選出之。若兩區以上零數相等，其餘額應歸何區，以抽簽定之"。各等語。茲查五府州選舉人總數，共五萬九千六百四十三人，以定額江蘇議員六十六名除之，定九百零三人得選出議員一名。依法開列如左：

（甲）蘇州府屬十一廳縣，共一萬二百四十八人，應選出議員十一名，外餘零數三百十五人。

（乙）松江府屬八廳縣，共一萬三千零十八人，應選出議員十四名，外餘零數三百七十六人。

（丙）常州府屬八縣，共一萬九千零九十八人，應選出議員廿一名，外餘零數一百三十五人。

（丁）鎮江府屬五廳縣，共一萬零一百二十三人，應選出議員十一名，外餘零數一百九十人。

（戊）太倉直隸州及所屬四縣，共七千一百五十六人，應選出議員七名，外餘零數八百三十五人。

以上五府州，共計應選出議員六十四名。尚不足定額二名，照章比較零數，分歸太倉直隸州選出一名，松江府選出一名。

二分配初選當選人　查選舉章程第二十六條，載"初選當選人額數，按照議員定額，加多十倍。每屆由複選監督遵照督撫所定該複選區議員額數，十乘之，爲該複選區當選人額數，分配於各廳州縣"。第二十七條，載"初選當選人分配之法，由複選監督以該複選區應出當選人額數，除全區選舉人總數，視得數多寡，定選舉人每若干名得選出當選人一名。再以此數分除各初選區選舉人數，視得數多寡，定各該初選區廳出當選人若干名。其各初選區有選舉人數不敷選出當選人一名，或敷選若干名之外，仍有零數，當選人不足定額者，比較各初選區零數多寡，將餘額依次歸零數較多之區選出之。若兩區以上零數相等，其餘額應歸何區，以抽簽定之"。各等語。茲查蘇州府應選出初選當選人一百一十人，以之除所屬十一廳縣選舉人總數，每九十三人得初選當選人一名。

（子）太湖廳選舉人三百四十二人，應選出初選當選人三名，外餘零數六十三人。

（丑）靖湖廳選舉人一百零四人，應選出初選當選人一名，外餘零數十一人。

（寅）長洲縣選舉人一千一百八十四人，應選出初選當選人十二名，外餘零數六十八人。

（卯）元和縣選舉人一千一百三十八人，應選出初選當選人十二名，外餘零數二十二人。

（辰）吳縣選舉人一千七百四十人，應選出初選當選人十八名，外餘零數六十六人。

（巳）吳江縣選舉人一千四百四十七人，應選出初選當選人十五名，外餘零數五十二人。

（午）震澤縣選舉人一千零零四人，應選出初選當選人十名，外餘零數七十四人。

（未）常熟縣選舉人一千二百四十五人，應選出初選當選人十三名，外餘零數三十六人。

（申）昭文縣選舉人七百二十九人，應選出初選當選人七名，外餘零數七十八人。

（酉）崑山縣選舉人七百四十八人，應選出初選當選人八名，外餘零數四人。

（戌）新陽縣選舉人五百七十七人，應選出初選當選人六名，外餘零數一十一人。

　以上十一廳縣，計應選出初選當選人一百零五名。尚不足應選額數五名，照章比較零數，分歸昭文縣、震澤縣、長洲縣、吳縣、太湖廳各選出一名。

　松江府應選出初選當選人一百五十人，以之除所屬八廳縣選舉人總數，每八十六人得初選當選人一名。

　（子）川沙廳選舉人四百七十人，應選出初選當選人五名，外餘零數四十五人。

　（丑）華亭縣選舉人一千二百八十一人，應選出初選當選人十四名，外餘零數七十七人。

　（寅）婁縣選舉人一千六百十二人，應選出初選當選人十八名，外餘零數六十四人。

　（卯）奉賢縣選舉人一千零九十人，應選出初選當選人十二名，外餘零數五十八人。

　（辰）金山縣選舉人六百七十六人，應選出初選當選人七名，外餘零數七十四人。

　（巳）上海縣選舉人三千七百七十二人，應選出初選當選人四十三名，外餘零數七十四人。

　（午）南匯縣選舉人二千二百三十七人，應選出初選當選人二十六名，外餘零數一人。

　（未）青浦縣選舉人一千八百七十三人，應選出初選當選人二十一名，外餘零數六十九人。

　以上八廳縣，計應選出初選當選人一百四十六名。尚不足應選額數四名，照章應比較零數，分歸華亭縣、上海縣、金山縣、青浦縣各選出一名。

　常州府應選出初選當選人二百一十名，以之除所屬八縣選舉人總數，每九十人得初選當選人一名。

（子）武進縣選舉人二千九百十六人，應選出初選當選人三十二名，外餘零數三十六人。

（丑）陽湖縣選舉人二千五百三十二人，應選出初選當選人二十八名，外餘零數十二人。

（寅）無錫縣選舉人二千六百二十九人，應選出初選當選人二十九名，外餘零數十九人。

（卯）金匱縣選舉人二千七百六十五人，應選出初選當選人三十名，外餘零數六十五人。

（辰）宜興縣選舉人二千零七十一人，應選出初選當選人二十三名，外餘零數一人。

（巳）荆谿縣選舉人一千四百五十四人，應選出初選當選人十六名，外餘零數十四人。

（午）江陰縣選舉人二千九百八十七人，應選出初選當選人三十三名，外餘零數十七人。

（未）靖江縣選舉人一千七百四十四人，應選出初選當選人十九名，外餘零數三十四人。

以上八縣，計應選出初選當選人二百一十名，適敷額數，並無不足。

鎮江府應選出初選當選人一百一十名，以之除所屬五廳縣選舉人總數，每九十二人得初選當選人一名。

（子）太平洲廳選舉人三百八十八人，應選出初選當選人四名，外餘零數二十人。

（丑）丹徒縣選舉人二千六百十五人，應選出初選當選人二十八名，外餘零數三十九人。

（寅）丹陽縣選舉人三千零八十五人，應選出初選當選人三十三名，外餘零數四十九人。

（卯）金壇縣選舉人一千八百七十七人，應選出初選當選人二十名，外餘零數三十二人。

（辰）溧陽縣選舉人二千一百六十三人，應選出初選當選人二十三名，外餘零數四十七人。

以上五廳縣，計應選出初選當選人一百零八名。尚不足應選額數二名，照章比較零數，分歸丹陽縣、溧陽縣各選出一名。

太倉直隸州應選出初選當選人八十名，以之除本州及所屬四縣選舉人總數，每八十九人得初選當選人一名。

（子）本州選舉人一千一百十八人，應選出初選當選人十二名，外餘零數五十七名。

（丑）鎮洋縣選舉人八百十八人，應選出初選當選人九名，外餘零數十七人。

（寅）崇明縣選舉人一千九百三十八人，應選出初選當選人二十一名，外餘零數六十九人。

（卯）嘉定縣選舉人二千一百五十七人，應選出初選當選人二十四名，外餘零數二十一人。

（辰）寶山縣選舉人一千一百二十五人，應選出初選當選人十二名，外餘零數五十七人。

以上五州縣，計應選出初選當選人七十八名。尚不足應選額數二名，照章比較零數，分歸崇明縣、寶山縣各選出一名。

再京口駐防專額議員二名，初選當選人應得二十名。照章附於鎮江府複選，丹徒縣初選，理合聲明。

福建省籌辦處分配選舉議員議案

福建諮議局籌辦處於二月十六日開大會議，督憲軍憲與議紳會議分配議員之法，其議案詳列於左：

選舉章程第六十六條云：“複選當選人分配之法，由督撫於各複選區選舉人名册報齊後，按照各册，以該省議員定額除全省選舉人總數，視得數多寡定若干選舉人得選出議員一名。"

謹按福建議員七十二名，而全省選舉人共五萬零零三十四名。照章程以七十二之議員額數分五萬零零三十四之選舉人額數，得數爲六百九十四（餘六十六人爲賸數）。是每選舉人六百九十四人出議員一名，此分配全省議員之方法也。

又同條云："再以此數（指前得數）分除各複選區（指某府、某直隸州）選舉人數，視得數多寡，定各該複選區應出議員若干名。"

謹按福州府選舉人共一萬零九百零八人，應出議員十五名，其零數尚有四百九十八人。

興化府選舉人共二千八百六十七人，得議員四名，其零數尚有九十一人。

漳州府選舉人共四千五百九十二人，得議員六名，其零數尚有四百二十八人。

泉州府選舉人共八千三百六十一人，得議員十二名，其零數尚有三十三人。

延平府選舉人共二千七百四十五人，得議員三名，其零數尚有六百六十三人。

建甯府選舉人共四千九百七十六人，得議員七名，其零數尚有一百一十八人。

邵武府選舉人共一千八百九十八人，得議員二名，其零數尚有五百一十人。

汀州府選舉人共五千六百三十四人，得議員八名，其零數尚有八十二人。

　　福甯府選舉人共二千四百二十七人，得議員二名，其零數尚有三百四十五人。

　　永春州選舉人共一千八百八十八人，得議員二名，其零數尚有五百人。

　　龍巖州選舉人共三千七百三十八人，得議員五名，其零數尚有二百六十八人。

　　此分配各複選區議員之方法也。

　　又同條云："其複選區有選舉人數不敷選出議員一名，或敷選若干名之外，仍有零數，致議員不足定額者，比較各複選區零數多寡，將餘額依次歸零數較多之區選出。若兩區以上零數相等，其餘額應歸何區以抽籤定之。"

　　謹按各複選區中零數較多者，以延平府六百六十三名爲最，邵武府五百一十名次之，永春州五百名又次之，福州府四百九十八名又次之，漳州府四百二十八名又次之，五複選區均應增議員一名。今即以所賸議員五名之額，分配五區，最爲公平。蓋以各複選區無相等之零數，自不必用抽籤，此分配議員定額之方法也。

　　又二十六條云："初選當選人分配額數，按照議員定額，加多十倍。每屆由複選監督照督撫所定複選舉區議員額數，以十乘之，爲該複選舉區之初選當選人額數，分配於各廳、州、縣。"

　　謹按福州府初選當選人爲一百六十名，分配於所屬之十縣；興化府初選當選人爲四十名，分配於所屬之兩縣；泉州府初選當選人爲一百二十名，分配於所屬之五縣；漳州府初選當選人爲七十名，分配於所屬之七縣；延平府初選當選人爲四十名，分配於所屬之六縣；建甯府初選當選人爲七十名，分配於所屬之七縣；邵武府初選當選人爲三十名，分配於所屬之四縣；汀州府初選當選人爲八十名，分配於所屬之八縣；福甯府初選當選人爲三十名，分配於所屬之五縣；永春州初選當選人爲三十名，分配於本州及所屬之兩縣；龍巖州初選當選人爲五十名，分配於本州及所屬之兩縣。此定各複選區所屬當選人額數之方法也。

其分配初選當選人，據報各初選區之選舉人，尚未確鑿，不具列。以上皆以閏二月朔爲初選舉期者。

江蘇省之甯屬籌辦處，亦有送齊之選舉冊，及分配員額，見之報章。其初選期爲閏月十一日。錄各屬選舉人數如下：

江甯府屬共二萬零八百一十五人，上元得三千七百六十五人，江甯得四千零五十七人，句容得二千三百九十五人，江浦得三千八百八十五人，六合得二千四百六十九人，高湻得二千一百人，溧水得二千一百四十四人。

揚州府屬共二萬五千四百零八人，江都得四千六百四十五人，甘泉得二千八百八十一人，儀徵得三千零五十三人，高郵得三千二百二十五人，寶應得一千七百五十九人，興化得二千七百八十七人，東台得三千六百七十二人，泰州得三千三百八十六人。

淮安府屬共一萬七千六百五十四人，山陽得三千零五十七人，清河得二千八百零二人，鹽城得三千二百十四人，阜甯得三千零二十人，桃源得二千零零六人，安東得三千五百五十五人。

徐州府屬共一萬八千九百六十六人，銅山得三千三百九十一人，宿遷得三千零四十人，睢甯得二千一百四十六人，邳州得一千九百六十四人，豐縣得二千六百人，沛縣得二千一百八十二人，蕭縣得二千零十人，碭山得一千六百三十三人。

通州屬共一萬零一百四十八人，通州得四千零四十六人，泰興得二千六百四十七人，如皋得三千四百五十五人。

海州屬共七千六百一十人，海州得二千八百二十人，沭陽得三千七百六十三人，贛榆得一千零二十七人，海門一廳二千二百二十九人。

計甯屬四府二州一廳，共有合資格者十萬零二千八百二十九人。

更錄江督致蘇撫電，所詳分配額如下：

江督致蘇撫電云，甯屬複選區六處選舉人名總數共十萬二千八百二十九人，以甯屬議員五十五名除之，每一千八百六十九人得議員一名。江甯府屬共二萬八百十五人，應得議員十一名；揚州府屬共二萬五千四百八人，應得議員十三名；淮安府屬共一萬七千六百五十四人，應得議員九名，徐州府屬共一萬八千九百六十五人，應得議員十名；海州屬共七千六百十人，應得議員四名；通州屬共一萬二千三百七十七人，應得議員六名。尚餘二名之額，應以零數較多之通州、揚州各得一名。

此外尚有未見確定之初選期，而全省人名已造竣者。據奉天籌辦處公電，計全省四十五初選區，合格人數五萬一千七百五十七名，定三月行初選舉，四月行複選舉。其僅有初選定期而未見名冊總數者，則有山西之三月十五，雲南之四月初二，

浙江之四月十五，湖南、四川、河南之五月初一，廣西之五月
十五，廣東之六月初一。二十一省皆以籌辦諮議局爲要政，獨
新疆奏請緩辦，已見本雜誌本年第一期，嗣是迄未知其解決
之狀。

　　督撫籌辦之力否，視其督責所屬之寬嚴。江蘇頗以是記州
縣功過，湖北則勒定期限，凡遇交替，各專責成。而廣西融縣
知縣殷有鑒以諮議局選舉事宜毫無豫備，竟奉旨革職，巡撫張
鳴岐可謂知當務之急。夫守令至漠視第一次選舉，豈尚足寄以
行政之任，或止視爲尋常延誤，以四參勒限等具文例之，辜恩
誤國，莫此爲甚。

　　各省籌辦經費，以廣西請銷九萬七千兩爲鉅，蓋建築費尚
不在內也。度支部覆奏以山西僅一萬二千兩，山東三萬七千
兩，應飭按照晉、魯兩省，從實核減，報部覈定。奉旨依議。

　　本月各省電詢憲政館者，亦有數起。其關於資格者，有奉
天來去電：

　　　　東三省總督兼署奉天巡撫電云："憲政編查館鈞鑒：
　　諮議局章程於宗室選舉事宜，未有明文。奉天爲龍興之
　　地，可否於宗室除第六、第七、第八等條例禁外，不依據
　　別項資格，一律有選舉權、被選舉權，或仍照第三條、第
　　五條之資格，方有選舉權及被選舉權，乞電復示遵。世
　　昌。宥（印）。"憲政編查館復電云："盛京總督：宥電悉。
　　宗室及歲時均係武四品，本可照第三條第四項資格，一律
　　有選舉權。至被選舉權及各項限制，應仍照第五、六、
　　七、八條辦理。憲政編查館。東（印）。"

　　其關係當選票額者，有江蘇來去電：

　　江督致憲政編查館電云：“憲政編查館鑒：據前電示，當選票額以投票人實數計算。惟各省初行選舉，仍慮不能足額。如須重行選舉，或至三次、四次選舉，是否均照初次投票人實數計算，抑各按照每次投票人實數計算？各省風氣未盡開通，重行選舉，投票人數必較初次爲少，選舉次數愈多，投票人數亦必愈減。概照初次投票人實數核算，恐有終不足額之虞。究應如何辦理之處，祈酌核明示。”憲政編查館覆電云：“電悉。當選票額，既以投票人實數計算，如須重行選舉，自無庸照初次投票人之數，可照每次投票人實數，核算辦理。此復。”

其關係名額及資格，雖未見去電而已由籌辦處稟請電詢者，則有江西。其稟牘如下：

　　敬稟者，頃據司選員問議員定額，除甯、蘇及東三省、新疆外，其餘各省，皆以學額總數百分之五爲準。查江西學額二千一百七十三名，宜出議員一百零八名。局章定爲九十七名，係以何項爲準？又局章第七條常備軍人，所謂軍人者，是否專指士卒，抑爲將校至士卒之統稱？第六條‘身家不清白’一項，查館復山東電開以向例不准考試出仕者爲斷。惟考試向例以三代爲限，現辦選舉册內，概不填寫三代，是否以本身爲斷，抑照向例辦理等因。據此，理合稟請憲台俯賜察核，並乞轉電憲政編查館示復，以便遵示。敬請鈞安，伏乞垂察。籌辦處謹稟。

其專係名額者，又有江蘇之去電：

江督蘇撫致憲政編查館電云："頃接甯屬士紳張謇等三十四人，聯銜呈稱，按諮議局章程按語，甯、蘇議員名額之標準，於學額外兼取漕糧。考各國選舉，皆視稅額多寡、戶口盛衰，以定議員名數。查漕糧誠甯輕蘇重，而江蘇財賦大宗，莫如鹽務課釐，計每年徵解六百數十萬兩，其產出自甯屬所轄之地。以館章增額之例推之，鹽漕同為國家歲入，此甯屬議員應行酌加者一。又查選舉名數，甯得十萬二千餘人，蘇得五萬九千餘人。以戶口衡定額之多寡，此甯屬議員應行酌加者二。況以兩屬分額參差，於一省既苦不平均，於合議又動多窒礙。細繹館章案語，聲明不得已參酌定額之故，其用意非不留待更端。所慮一經選舉遂成定案，不得不合詞呈請，據情電奏，籲懇飭館加定甯屬員額，使與蘇等等情。核其情詞，實屬持之有故，似應量予變通，以昭公允。謹先行奉商，乞賜電復，以憑遵辦。"

其關係投票區者，據章程，凡各地駐防旗人，雖暫另設議員名額，然投票選舉皆附於所在地之初選、複選區域，一律辦理。前有以旗民同區投票為不便者，擬另設投票區所，咨請憲政編查館查復。近江督准館咨，以事屬可行，所有各省向有滿城地方，可酌劃為一投票區，設匭以便初選投票。至開票所仍照章辦理，不得另設，請轉各將軍都統及駐防衙門照辦云。

至因選舉調查而啟轄境之爭者，其理論甚短。如江蘇海門廳之世與通州有嫌，欲自為複選區；邳州以數州縣距徐州府城稍遠，欲自為複選區，皆經駁斥，可以不論。惟揚州府屬之興化、東台兩縣，糾葛頗多。蓋甯屬諮議局籌辦處，前以興化、東台兩縣因丁谿、草堰、劉莊等七場界在東、興之間，致名冊久未成立。疊據東台彭令、興化吳令函稟，暨興化調查事務所公啟，皆各執一詞。曾札揚州府派委江都袁令往查，嗣經袁令查明電稟，稱東興所謂七場，實祇丁谿、草堰、劉莊三場，其歸併丁谿之小海，及附近之沈灶，歸併草堰之白駒，及附近之西團，皆屬鎮廛，計三場四鎮，均在串場河以東。民糧全歸東邑，有達部冊案可憑，學籍悉隸興邑，有兩邑志書可證。其行政範圍，則東邑約居十之七八，興邑僅居十之二三。按興邑志圖，係以民田經界爲主，故就河西分界，東邑志圖係以行政範圍爲主，故在河東分治。而種種習慣，無不錯雜紛歧。如乾隆三十三年，揚州分析東台縣治，東台學額僅分十名，興邑乃有三十餘名之多，加以商籍混淆，趨多避少，習慣自然。東邑士人，自顧學額，亦不問七場鎮考籍，致貽今日之爭。目前辦法，自應先查界綫。惟選舉期迫，若俟界綫勘定，恐誤投票時期。現已會商兩邑官紳，除界綫習慣及籌議以後辦法，所有七場初選，擬通融支配，暫照兩邑界綫大勢以調查。劉莊、白駒兩場鎮，各項資格三百四十六人，無論有無東邑民糧，應暫歸興邑冊報。其丁谿、草堰、小海、沈灶、西團五場鎮，各項資格三百二十人，無論是否興邑學籍，應暫歸東邑冊報。似此通融支配，與兩淮鹽志所載場塚，大致亦不刺謬。東邑士紳均已許可，興邑士紳則仍固執己見，始終爭衡云云。已由該處詳請江督照袁令所擬辦法，飭下兩縣通融辦理，俾無誤選舉之期。至將來分界後辦法，尚須再行酌核等情在案。近又據興化縣稟，擬請將白駒、丁谿、草堰等三場另爲一區，以息兩縣爭執。籌辦處批云："查各場鎮糾葛情形，或據民糧，或依籍貫，均各言之成理，持之有故。欲平其爭，非派員調取志書，參考成案，會同履勘，判決斷難平允。該令所稟各情，可備勘界時之參考。至所擬白駒等三處另爲一區，本處於未據稟復之先，恐誤初選程限，已呈奉督憲批准，暫照袁令辦法，確定清冊，業經另行札知，未便任意更改。仰即仍遵前札辦理。此係權宜一時之計，並不據爲典要。況複選選舉，係合府通選，於名額並無出入，無所用其顧慮。應即勸諭紳董，毋任爭執，至該處界綫，現在既啟爭端，自未便聽其膠擾，應候選舉事竣，由該令等另文稟司請勘。仰即查照，並移知東台縣"云云。此地方政事糅錯之積弊，不遇事故，不知清出之利，亦可見地方苟爲自治主體，則斷無可以苟且歷百數十年者也。

又其關於更改選舉區者，則有湖南長沙府屬新設之株洲廳。籌辦處據諮議局選舉章程第一章第二節，札該廳以"所管地方爲諮議局議員初選舉區，其複選事宜仍隸長沙府複選區辦理。所有本處自開辦以來疊次通飭暨各項規則、章程、簿式，應即檢齊全份補發，除呈報暨分行長沙府湘潭縣知照外，合亟札飭。札到該丞即便遵照，將奉發各項章程悉心研究，即在該署設立辦理選舉事務所，並遴選正紳，設立選舉調查事務所，趕速依次遵辦，毋稍延緩。限文到兩日內，先行具復查考。再各屬調查經費，係由徵解稅契項下撥領。該廳甫經移設，稅契無多，所有核給該廳調查選舉經費錢三百串文，仰即出具印領，徑赴善後局具領應用"云云。

若其關於資格之爭論，則莫糾紛於福建福州之英華、格致兩書院畢業生，被擯於選舉調查一事。始福州調查選舉人資格，多所遺漏，其中公益團體如去毒社之類，學堂畢業如要塞、礦科之類，初皆未予入冊，旋因力爭而後予之，該兩書院亦力爭之一。聞調查事務所本擬允爲增入，而英華書院主理高智、格致書院主理弼履仁，皆美國人，既自具書函致籌辦處代爭，又囑美領事葛爾錫加函更致籌辦處。籌辦處嫌外人干涉吾國公權，轉據學部前咨各省，有外國人在內地設立學堂者無庸立案之文，遂以各衙門無案可稽礙難照准云云，批兩院學生原稟，又以此意電憲政編查館。又聞館電亦與籌辦處表同意，而美使又代該兩書院干求，儼然一中外之交涉。然該兩書院畢業生全體公啟，則又云"英華、格致兩書院，設立於福州數十年，其課程與外國中學埒，且於吾閩樹學校之先聲。畢業學生，經京師各省並閩中中學堂聘為師資者不尟。然則英、格畢業之程度，其不亞於吾閩各學堂可知。閩省諮議局於本屆初選之際，竟將兩院畢業生選舉、被選舉之權一概剝奪。按該局章程，兩院畢業之資格，未嘗偶有所違。當時集合全體，按國民應爭之資格，出而與初選監督力爭，亦曰公權所在不可棄耳。至兩院主理與諮議局爭論之處，則係保全兩院之價值。宗旨各別，吾全體實不與聞"，似亦非挾外人以自重者。吾國法律不備，致領事裁判權橫梗於國中，遇事輒犯嫌忌。兩院畢業生於選舉權，爭之宜也，爭而不得，似亦祇可聽之，以全國體。且公啟中言選舉權、被選舉權概被剝奪，似亦未確不入人名冊，特無選舉權耳。籌辦處何嘗標該兩院為消極之資格乎？吾不為此事病，吾病夫法律之不易改良，即嫌忌之終難消釋。此則可為而不為，不能不歸咎於當道者也。

　　乙　籌辦城鎮鄉地方自治，設立自治研究所。　此事籌備之限太長，誤在館臣，既如前期所述。各省遵館臣指示，將由諮議局籌辦處，籌辦自治，則期限本大可從容。而諮議局選舉一事，又正在督促旁午，日不暇給，以故籌辦之效，尚無可觀。

　　至自治研究所，則設立時有所聞，有由省會籌辦處設立者，有由廳州縣或城鎮鄉設立者，範圍有大小，學科有繁簡，皆不甚足以為訓。報載民政部已訂研究所章程，所定八種科目，差為近理：（一）法學通論；（二）憲法大綱；（三）議院法選舉法要領；（四）諮議局章程及選舉章程；（五)城鎮鄉地方自治章程及選舉章程；（六)自治籌辦處所定各項籌辦方法；（七)調查戶口章程；（八)嗣後奏定有關自治及選舉各項法律章程。據以上科目觀之，第一科“法學通論”，在外國法政學堂，亦恒以此爲諸科之冠。然部章所指之“法學通論”，必非任取外國法學家所著之“法學通論”，以充講貫之用。何也？餘七科皆中國法文，所謂通論，必切合吾國變法之宗旨，與新立關於自治各法之源流，庶與各科目相應。其第八目云云，則指廳州縣自治章程，以其尚未頒定，故渾括其詞。且諮議局之是否即省議會，亦尚未定，則省議會或別有章程，未可知也。本部章各科目以爲研究，或切近有益，不似山西所設自治研究所，泛泛作法政講習所觀。餘如山東、四川、陝西等省，皆有設立，山西科目泛及國際公法、警察學等科，餘則未知其科目如何矣。

　　山西咨部之文有不甚可解者，往者設立諮議局創辦所，其中即有自治研究所等名色。當其施措之始，原在諮議局章未布以前，固無庸苛求。迨其遵章改創辦所爲籌辦處，而中間辦法，仍用其創辦所之舊，齟齬萬狀，且夾雜自治事宜。本雜誌戊申第十期已頗論之，度社會相糾正者，亦必不一其人。以故晉撫後有咨部之文，若與往日糾正之言，隱相剖辨。其言曰：“名自治研究所者，非籌辦處兼籌辦自治也。立憲之事，千端萬緒，而皆基於地方自治。立憲國一曰法治國，自治即法治之肇端。故有自治之人材，斯有代議士之人材，未見有舉動野蠻，而以負有選舉資格，遂足充代議士而勝任者。且代議士而不明自治，騷擾議場，持論輕率，雖有議事之規則，足以取締。然知之已晚，成效無多，則何如研究於事先，俾顧名而兼使思義。此籌辦本處之研究會，與養成議員之自治研究所之大概情形也”云云。晉撫一切政事，倚藩司丁寶銓而辦，此文亦據司詳。平心論之，寶銓亦係健者，惜新政尚未能融洽。咨部之文，篇幅甚尤，占《政治官報》多葉。諸如此類，以自治爲養成議員、免於野蠻騷擾等情，其於"自治"二字似少領會。山東巡撫袁樹勳，於憲政之籌辦頗勇，足爲各直省之冠。寶銓用意亦頗不讓樹勳，然言乎融洽，則似尚遜樹勳一籌。蓋一則倚法政專門之士，一則直情徑行不自悟其非也。行政之官，踴躍如寶銓者難得，不憚再三申說，爲局外之忠告，亦責備賢者之意爾。

甘肅新疆巡撫聯魁，前奏請緩辦諮議局，今尚未知其究竟。近聞又以漢回雜處，風氣蔽塞，奏請緩辦地方自治。此則可見其阻遏新機，不願人民有參政之識，以遂其魚肉邊民之故見矣。夫自治則何地不可行，且部章期限太寬，本不宜於腹地。聯魁於新政一概阻撓，其人可想，委以邊寄，能不寒心？又聞民政部業已奏駁，並請旨催其速辦，嚴禁藉口遲延，未知確否。

至憲政編查館之督策籌辦自治，則已有通咨各部院、各省將軍、督撫、都統之文，見二月初一日《政治官報》。錄之以資遵守，其文如下：

爲恭錄通行事。本館核議民政部奏城鎮鄉地方自治，並另擬選舉章程一摺，業於光緒三十四年十二月二十七日具奏。奉上諭："憲政編查館奏核議民政部奏城鎮鄉地方自治，並另擬選舉章程一摺。地方自治爲立憲之根本，城鎮鄉又爲自治之初基，誠非首先開辦不可。著民政部及各省督撫，督飭所屬地方官，選擇正紳，按照此次所定章程，將城鎮鄉自治各事宜迅即籌辦，實力奉行，不准稍有延誤。尤須將朝廷惠愛閭閻、官民共濟之意，剴切曉諭，

使知地方自治，乃輔官治之所不及，仍統於官治之內，並
非離官治而獨立之詞。周之比閭族黨，漢之三老嗇夫，其
來自古，惟選舉自治之職員，責在州縣，而選擇州縣，責
在督撫。官紳皆得其人，方能有實效而無流弊。此外憲政
館奏定各衙門應歸第一年籌辦之事，現已據陸續具奏，至
明年以後，所有分年應行籌備各事，並著內外各衙門按限
妥籌，次第舉辦。毋得始勤終懈，疲緩延擱，以致貽誤實
行立憲之期，用昭大信而慰民望"，欽此。查地方自治為
民政部本管事務，創辦之始，各省於該章程如有疑義，應
隨時咨商民政部決定。其民政部不能解決者，再由民政部
諮詢本館辦理，相應刷印原奏，咨行貴　欽遵查照辦理可
也。須至咨者。

　　丙　調查各省人戶總數。´　調查期限，延長無理，說見前
期。就部省之著手籌備論，民政部已將原奏及章程表式各件，
咨各省切實遵辦。而各省遵辦之情狀，以江蘇之江寧省城為最
早最密。現江南籌辦地方自治局，就總局內設立總調查處，其
辦公人員即於局內各課員選充。俟元、寧兩縣戶口調查完竣，
城鎮鄉地方自治成立之日，戶籍冊分別移交後，即行將該處撤
銷。已擬定調查戶口簡章五章十五條，調查處辦事簡章四章十
五條，調查處辦事規則四章二十條，宣布周知。此清查戶口之
大有規模者，惟以元、寧兩縣為限，並不通飭各屬照辦，未知
何意。

　　其電部請變通章程者，則有熱河都統致民政部一電，略言
"辦理地方自治，及選舉議員定額，按照憲政館地方自治章程，
與大部調查戶口章程所載，均應歸巡警道為總監督，未設巡警
道省分，以布政使為總監督。惟查口外風俗民情，與內地不

同，直隸藩司與口外州縣向不接洽。本都統於該藩司，亦無統屬之權。不若以熱河道爲總監督，似覺地近責專，揆之定章，亦無甚違礙之處”云云。其所謂辦理地方自治，及選舉議員定額，按照章程亦歸巡警道爲總監督，此在章程並無是語。而清查户口章程，則第四條正如是，所請變通，固亦近理。

又貴州以功令有不便清查之障礙，特由巡撫龐鴻書奏除成例，片略言：“嘉慶十九年十二月二十四日，欽奉上諭：‘編查保甲一事，著各直省州縣於秋後覆查。責令各該管道府、直隸州親往抽查，稟報督撫，交兩司核對，具詳督撫，於歲底彙奏一次’，欽此欽遵在案。伏查黔省漢苗雜處，向祇編查漢民户口，苗寨係責成土司稽查。嗣因客民附居苗寨買當田産者漸多，清查客民户口田産，編入保甲，不准續增。每年秋收後，將客民舊户遷徙若干，現存若干，其舊户内有子孫分户另居若干，歷經按年覆查奏報在案。臣惟清查保甲，限於歲底彙奏，原以覘户口之增損，知人民之狀況，立意甚盛。相承既久，遂爲成例，往往援依奏報以卸責成，而切實考求，多非事實。如黔中因客民附居苗寨，不准續增，於是各屬每年詳報，率皆比照上年，不敢多所出入。如光緒三十三年，貴陽府詳報客民遷徙回籍者六十一户，三十四年則報遷徙回籍者六十三户；興義府詳報光緒三十三年舊户子孫分出另居一十七户，三十四年則報分出另居一十二户，歷稽數年，無如此。問其遷徙係何姓名，分居若干名口，則皆不能指實。若恐據實核造，反干駁詰者，向來如是，非現在各屬之獨敢蒙混也。臣思朝廷舉行新政，無一不當求實在。户口爲統計大宗，尤不可稍涉含糊。客民附居苗寨，如果尚能相安，亦可漸次開化，於教育普及等事較易爲力，似不必嚴爲限制，致生隔閡。擬請嗣後無論漢苗土客，由各屬按季清查，切實詳報，歸入户口表册，一併咨部。

不准比較往年，依式填寫，爲歲底彙報之虛文。如造報不實，責之地方官，稽核不實，責之司道。臣既總其成，亦不敢辭咎。臣爲實事求是起見，是否有當，謹附片具陳"云云。宣統元年二月十一日，奉硃批："著照所請，該部知道"，欽此。因清查户口一事，黔省即發見一積弊。吾國數千年之典章文物，大抵如此，上下相蒙，揭破即成笑噱，是烏能不改絃而更張也。

二月二十日，憲政編查館奏定民政、財政統計表式。所謂民政即指清查户口，別見本篇所附專件。

二，官民皆有所待，而後可辦者兩事：

甲　頒布資政院章程，舉行該院選舉。　選舉固未到期，章程亦未頒布。報載章程已定稿，由總裁協理諸大臣校閱，入奏日期，約在三月下旬。又載資政院擬仿英國議院制度建築，已電咨駐英欽使調取詳細圖樣，經費亦經擬定云。

乙　頒布簡易識字課本，創設廳州縣簡易識字學堂。　課本未頒布，編輯辦法已見前期雜誌。近聞學部因本部本年應辦立憲事宜，各省先開辦簡易識字學堂，以期造就人民普通知識。現已咨行各省督撫，飭提學使先於省會地方，設立簡易識字學堂，並飭府州縣官將所屬各境人口數目調查清晰，以便按照人數多寡，應設學堂若干處，速行查明報部。俟本部擬定後，遵照於本年九月内，一律開辦。

三，官辦者三事：

甲　調查各省歲出入總數。　從前各省間有設局調查者，大約爲塗飾新政計，非真有和盤托出之心。自上年十二月，度支部頒布清理財政章程，各督撫乃竭蹶辦理。聞度支部又電催各省，迅速開辦財政調查所，務期二月内一律成立，不得再行展緩。除光緒三十三年分以前用款，僅開單報查外，所有三十四年分均須分晰詳細，造册報銷。其自宣統元年始，並須按季造報云。

部臣咨行各省之文。一則指示財政統計辦法。略謂前曾咨會各省，請將出入款項分別國家、地方兩稅，詳細核算造報。又請將外銷各款，及特別經費，切實報告，以憑核辦，均經札行遵照在案。按前咨原文未見，據此可以補其情節。惟查各省所收稅項，雖可統以國家、地方名目，劃分內銷、外銷，照例開報。然其中亦有地方自籌款項，舉辦地方公益事宜，向不混入公款內報銷者；又有各處公學、公產及地方公產，專指辦理該地方公益事項，亦不統歸外銷款項內混同核計者。現在清理全國財政，款無鉅細，均照統計。故不論一省所收之捐稅，各官署公家所收之入款公產經費，及地方辦理公益自籌之經費，公款公產，統須一一詳細調查報告。應請即分為全省財政統計、某處某地方財政統計，內仍分別國家稅各種名目、地方稅各種名目，該內銷款項若干、該外銷款項若干，屬於全省公家支給者若干、屬於地方官署一地方自行支給者若干，又公家特別支給經費若干、地方特別支給經費若干，逐行開載詳明，以便彙同核定，酌定決算預算實行方法，通頒各處照辦。其又一則將整頓國稅、地方稅兩事，並分出舊有額收各稅、新增未定各稅兩大種。除新增一項，須俟酌定妥當辦法，陸續計辦外，其舊有額收各稅，宜先將各省徵收實數，逐行按年調查清晰，比較定數，酌定畫一辦法，一律頒布實行，俾為立憲清釐財政之預備。所有屬於國稅、地方稅舊有額徵種類，凡地丁、漕糧、屯糧、旗租、土司貢賦、常關稅、海關稅、府關稅、鹽茶課稅、礦稅、參稅、蘆稅、魚稅、土藥稅、契稅、牲畜稅、印花稅、落地稅、牙帖稅，及各項新稅，又一般貨釐、鹽釐、糧捐、房捐、籤捐、膏捐、煙酒糖屠及各項雜捐皆屬之，應即照畫國家、地方兩項，分列詳冊，核實按報，不得稍涉含混脫略。其有各省新增各稅，亦須照國家、地方類別，隨時添列詳細報告，照行各省，轉飭司局按辦云。

二月十八日，農工商部奏請將該部款項送交度支部庫收存，奉旨："依議"。農工商部自畫出一部，分別設郵傳部以後，尚無大宗款項，壅於該部。礦山林業，尚無由部官有之發達營業。度支部現議統一財政，以杜旁出之利孔。其總攬各省之財權，責無旁貸。而在京各部院衙門，亦有收其已放之權之議。此蓋注意在郵部，而農部首先自陳請自隗始，其立荷俞旨宜也。聞度支部方議清釐財政，當自京師始。屢與政務處議訂辦法，先調查各部院常年經費統一表，現已大致訂有端倪，不日頒行，以備調查京師財政需用確數，庶各省亦不難措手。又議各省財政凌雜，有與本部直接者，有與本部間接者，又有與各部院徑行交涉者，欲實行統一，大非易易。嗣後凡關於財政事宜，均歸度支部核銷，不得與各部院直接交涉。故又咨催各省速行清理，造具詳細表冊，迅速報部，以為實行統一財政基礎云云。舊時行政之法，固未其備，然何至漫無權限如今日，屢經變遷，未受維新之益，而適便緬規錯矩之私。惡其害己，則去其籍，欲清各省之財，先專計臣之柄，大部之奮發有為，國之福也。籌備之目，則曰調查各省歲出入總數，其所以致力於籌備者，殊不在此。吾烏能不探源以紀之。

三十日，度支部又奏定清理財政處各項章程，奉特諭施行。諭見"諭旨"，摺單見本篇專件。報載此章程內有特簡之監理官，由部奏派之副監理官，某督某撫等密電某相取進止，某相誡以遵旨辦理云云。計臣所持者正，所本者立憲國財政之良規，故某相有遵旨辦理之語也。

報又載樞府寄諭各省督撫："勻定州縣經費一事，於吏治民生均有關係，亦籌辦憲政應行豫備之事，豈得延緩？現除川、桂等省奏報籌辦外，餘均尚無隻字奏覆，實屬玩誤要政。經此次通諭後，限六個月通盤籌畫，遵旨迅辦"云云。夫勻定州縣經費，本以恤官，而官初無意於蒙此大惠。如吾江蘇州縣則方慫恿上官，任意變亂丁漕舊章，爲取盈之計。誠知受恤於功令，必不及染指於民生者，爲無制限而可以藏身也。酌定外官公費，已定於清理財政章程第二十七條，今更以廷寄督促之。吾儕小民，誠足仰體朝廷之德意。然竊謂嚴旨稠疊，終不敵章程之實行。監理速至，議紳得人此指部章所定清理財政處之議紳，則癥結盡解，空言督促無益也。

　　憲政館已奏定民政財政統計表式，說已見前，別列本篇專件。度支部又會同學部奏設財政學堂，亦可見其重視乎此矣。

　　各省遵照部章所設之清理財政局，寂然無聞。其積弊尚淺，不憚陳身者，獨有熱河都統廷傑一摺。所奏係請遵旨設立熱河清理財政局，即就求治局改設，並陳明熱河財政情形，足廣聞見。節錄如下：

　　略言："本年正月初四日，准度支部咨，遵旨妥酌清理財政章程一摺，單一分，於光緒三十四年十二月二十日奏奉上諭一道，恭錄行知，暨鈔咨原奏章程到熱。伏查奴才衙門所管財政，如園庭官兵俸餉等項，向由園庭銀庫領放；駐防八旗並額魯特官兵等俸餉等項，向由右司領放；地糧、旗租、雜稅、各官廉俸、工食等項，向由熱河道庫收發，此熱河財政舊制也。光緒二十八年，經前都統錫良奏設求治局，責成籌款，由是歸併四稅，創辦酒捐。凡墾礦課釐均隸該局，奏明稅捐礦課所入，分別撥充兵餉軍械、各官津貼、緝捕經費等用。該局設總辦、幫辦、提調，以挈其綱，設墾務、礦務、稅務、捐務、文案、收支六科，分股辦事，以爲之佐。自此奴才衙門，始有財政之可言。而該局出入款目較多，事務較繁，亦遂隱爲熱河財政總匯之區。奴才到任接續辦理，督飭該局推廣墾礦，整頓稅捐，歷年入款遞有增加，而各項出款則必求核實，不敢稍涉虛浮冒濫。光緒三十四年，遵照憲政編查館奏設調查局，奏明附入求治局辦理。奴才復以該局設立以來，用款均未報銷，當即飭局按款勾稽，查檔列册，逐年造報。所有光緒二十九、三十、三十一等三年分用款，已經奏蒙敕部核銷。續於上年十二月，奏銷三十二、三十三等兩年分用款，奉批敕部覆核欽遵，其園庭右司道庫各款，由奴才督飭照章分別奏咨報銷。至光緒三十三、三十四等年止，核諸此次部定章程，是熱河財政舊案界限，已經如限截清。惟應遵照新章，自光緒三十四年起，調查出入確數，分年分季編造各項報告册表，按照各省定限送部。奴才查清理財政事體繁重，非有總匯之區，劃一事權，明定職任，難期實力奉行。熱河收支各款，本屬無多，而分隸各該衙門者，仍統於奴才衙門。與其另設專局，多滋糜費，人員且苦不敷差委，何若即將求治局改爲熱河清理財政局。如蒙俞允，擬暫按舊設六科，派原充求治局總辦熱河道爲該局總辦，仍由奴才督飭認真清釐。一俟部定清理財政局辦事章程頒到，再行查照辦理。其調查局併擬仍附清理財政局之內，以節經費"云云。宣統元年二月十二日奉硃批："允行，該部知道"，欽此。

乙　籌辦各省城及商埠等處各級審判廳。　此項籌辦事宜，據清單，原指明法部與各督撫同辦。頃聞法部主張各省設提法司，直屬法部，樞臣尚不謂然。則多一審判廳之名，不過多無數發審委員之開支，便地方官之尸素則有之，何當於司法之獨立，即何補於憲政？其號稱籌辦者，山東巡撫袁樹勳，見之奏報，不過改法政學堂之速成科爲司法講習科，並聲明仍候法部訂章，會籌辦法。蓋此事原非督撫獨任之責，在東撫止能如分而止。江蘇巡撫陳啟泰則擬別設籌辦處，又聞擬將發審局遵章改爲高等審判廳。此則變竄名目、點染新政之故智，不足齒數矣。

所尤奇者，湖北之籌辦審判廳，倡自江夏縣，聞上年業已開辦，將從前公堂略改形式，一切仍舊。近又考之日本制度，準之京師審判各廳辦法，證之湖北地方情形，據稱擬有完全辦法。以首邑論，省城市政廳未設，姑以警察七局代之。擬於城內置檢察廳一處，以武昌府爲檢查長，每審判廳置檢事一員，置初級審判廳一處，判事一人，書記二人，廷丁十人。在城以典史兼執達吏，在鄉以巡檢兼執達吏。三鄉置初級審判廳四處：青山一處，以滸黃司巡檢；五里界一處，以鮎魚司巡檢；金口一處，以金口司巡檢；山坡一處，以山坡司巡檢。每審判廳皆附設登記所一處，又置警察派出所二十處。每所置所長一人，所正一人，巡士十人。又置自治分會十二處，每分會置會長一人，副長一人，會員四人。每警察派出所必置自治分會者，所以監督警察行政。警察派出所，所以維持治安，皆受成於行政官，而行政官又有贊助審判獨立之責任。行政官衙門，擬設行政事務所，分自治、統計、實業、慈善、會計、庶務六股。選本地人分股辦事，每股置股長一人，股員一人。又一縣之大，交通不便，平治道路，非急切可成之事。擬請設自有電信，每一派出所，皆置一通報處，每處置報生一人。至於籌辦之法，以正大而又普及爲率，無如田房兩項。以本地之人，辦本地之事，用本地之款，與往時籌款情形原有不同。特以茲事體大，不能遽定。約計地方警察，歲需錢二萬五千串，地方自治，歲需錢一萬五千串，擬收田房兩稅供之；檢察廳歲需之款不能預定，擬收登記稅供之；初級審判廳歲需銀二萬元，擬辦官印刷局收其餘利供之；行政事務所歲需銀三千元，擬挪出江夏之豬捐供之；自有電信歲需銀五千元，擬於本境貨物釐金項下抽附加稅供之。凡此皆常年經費，其開辦經費尚不在內，此完全辦法也。但查逐年籌備憲政清單，本年但籌辦省城及商埠等處各初級審判廳，明年始限成立。其府州縣城治審判廳成立，在宣統五年。廳州縣地方自治成立，在宣統六年。鄉鎮審判廳，在宣統七年。是年鄉鎮巡警始限完備。而實行地方稅，乃在九年制定預算案之後，是本年斷無提議地方稅之理。況審判、自治、警察三者，清單內年限不同，更不能一時舉辦。如果提前倡議，無論地方人民不肯承認，即按之籌備憲政次序，亦多窒礙。因再籌一簡易辦法，於江夏縣署西偏建一初級審判廳，置判事三人，檢事、執達吏、書記、廷丁名色咸備。遵照奏案，審理笞杖以下案件。所有傳喚、拘引、搜查等票，仍蓋江夏縣印信。其詳章則參以京津等處成法，稍為改易云云。刻已據情會同稟復，當經臬司楊文鼎批，以"查該令等所議甚是。此時經費無著，年限尚未完全，殊難舉行，祇可籌一簡易辦法，仿照天津暫設初級審判廳試行辦理，以為將來基礎"云云。所謂完全辦法，已淩雜難解。如典史、巡檢為執達吏，則行政官供審判廳之奔走。武昌府為檢查長，則檢事又為行政官之下屬。其中設置之名目，一則曰警察所，再則曰自治分會，則審判又兼民政，又統稱受成於行政宮，則純乎官之無知妄作耳。而申之曰行政官又有贊助審判獨立之責任，夫審判獨立與否，恃行政官來相贊助，則推之立憲與否，亦當仰成江夏縣之意旨，誤謬可想。既而以經費難籌，籌備年限難縮，然後更定一簡易辦法，其爲非馬非驢，自應與完全辦法等。吾獨怪憲政館之籌備清單，固爲國民所詬病，乃並此愚而自用之江夏縣，亦以爲嫌。枭司從縣令之夢囈，與之俱入睡鄉，不有法部之飭遵，郢書燕説，伊於胡底？豈知吾法部且尚未能伸其獨立之旨，則籌辦云乎哉！

丙　廳州縣巡警限年内粗具規模。　此事之進行，僅見袁樹勳奏報籌辦一片，以"設立巡警學堂爲省城之籌辦，設立巡警教練所爲府廳州縣之籌辦，而府廳州縣又並未遽設教練所，亦併設省城，以樹基礎而待擴充"云云。他省更無所聞見，且未知粗具規模之界説如何。若樹勳所奏，謂已及籌辦之目的否耶，則各省之更不如樹勳尚顧項目者，又居何等，皆非吾之所敢知也。

四，靜待館部頒布者三事：

甲　頒布廳州縣地方自治章程。　未頒布。

乙　頒布法院編制法。　未頒布。按此法當即日本之裁判所搆成法。有裁判所搆成法，乃可知裁判所在國家爲何等地位。今法部尚不自知審判廳之性質，並不知司法之是否獨立。則此法不頒，所謂籌辦審判廳者，微論廳州縣以上之囈語不足道。蓋督撫固茫然，而法部亦且啞然，又何言籌辦審判廳乎？

丙　頒布國民必讀課本。　未頒布。其編輯辦法，已見前期。

五，館部自行程課者三事：

甲　釐訂京師官制。　照清單，第五年頒布。

乙　編訂文官考試章程、任用章程、官俸章程。　照清單，明年頒布。

丙　核訂新刑律。　自刑律草案定後，内外各官皆以能翹其疵病爲取媚要人之妙訣。近江蘇又逐條加注，洋洋大文，流傳天壤矣。大約核訂一事，衹可暫作無望。樞部及館臣，皆以修訂現行律爲事，聞三月間可入奏。吾國法權，即改法後亦未易驟振，徒以希望之私，託之改法，令且已矣。閉塞之敎宗，終必有時而破，特遲以數年，其間正未知事變如何耳。

內閣侍讀學士甘大璋奏：“編訂憲法，宜本禮敎。中外憲法不同，君權、民權亦有分別，新舊政學界意見，亦復不一。先帝遺詔，亦云博採良規，毋違禮敎。乃禮學館但編纂書籍，不知修明禮敎；法律館任聽客卿所爲，僅錄彼國已成之律；憲政館偏重出洋學生，步趨日本，不顧禮敎，致禮成無用之冊籍，律成無禮之法律。憲法編成亦無所用，徒添數種譯書，於事何濟？應飭禮學、法律、憲政三館，將關於倫禮等條，提出互相討論，另案妥議，毋壞數千年禮敎大防。”奉旨：“禮部、法部、憲政館會同議覆。”聞禮學開館，果採此議。中國認刑爲法，故古來右禮而薄法，各國乃納別嫌疑、辨上下、定民志等精義一歸於法，故法可以該禮。至禮中別有草昧時代神道設敎之作用，圜邱方澤，明堂祫禘，可以聚訟千餘年，此事則非法學家所知。大璋謂禮成無用之冊籍，禮不納之於法，其無用固宜。吾將視其所以使之有用者，果安在矣。現三館會訂法律，牽制無可措手，則定法一事，暗中宜且作罷論。

國籍法以荷屬華僑急電，乃議速定，其事見前期雜誌。蓋自上海商會電去，農工商部電覆言已奏請速定國籍法云云。二月十八日，外務部即會同修訂法律大臣，奏擬訂國籍條例，繕單呈覽，奉旨：“著憲政編查館速覈議具奏”，欽此。聞覈議時於前數條稍有更易，不日入奏。此不在本年籌備之限，因事故而特先之者。

此外應籌備而不入本年清單，惟變通旗制處一事。本月仍猶豫無所進行，不足紀述。若其係於憲政大體者，今上新即位，群小妄意逢惡，以損聖明繼述之孝。如李灼華、俾壽、常徽等，皆以言官而公爲宵小之行，或爲請復科舉之漸，或啟節滿漢排擠之端，伺隙而動，僉人響應。二月十五日，嚴諭杜絕嘗試，宣示國是已定，期在必成等因，王言昭灼，薄海大慰。諭見"諭旨"。報又載御史某明託撟節，暗寓阻撓，監國攝政王以儉德爲天下先，閱之頗動。然卒留中，原摺未獲見，無從臆論。

考察憲政大臣于式枚，向所陳論，頗不滿於人意。本月二十二日，又奏譯注《普魯士憲法》全文，繕呈御覽，大致以擁護專制爲宗旨。全文未見，論列俟之後期。

憲政編查館近又電催各省督撫，略言："第一年籌辦各事宜，除魯撫已奏咨外，其餘均未見，限二月內一律奏咨，以便四月內彙核具奏"云云。魯撫者，袁樹勳也。樹勳於籌備憲政，爲各行省最，實有足多，任事既勇，尤中窾要。其奏陳第一年籌備情形一摺，有條不紊，可爲各省楷模。略錄如下：

　　查憲政編查館原奏考核專科章程第三條，內載"九年籌備事宜，責成內外臣工，每屆六個月，將籌辦成績臚列奏聞，並咨憲政編查館查核。應自光緒三十四年八月起，至十二月底止，爲第一屆。以後每年六月底暨十二月底，各爲一屆。限每年二月內，及八月內，各具奏咨報一次"等語。又查憲政編查館原奏九年籌備事宜清單，內載第一年期督撫所應辦者祇一項，第二年期督撫所應辦者共七項。今遵奏定考核專科章程，每年分兩屆奏報，是本年二月所奏報者應屬於第一年期。茲將第一年期所已籌備，及第二年期應籌辦而已預備者，敬爲皇上臚陳之。查山東籌辦諮議局選舉事宜，於上年十月間設立籌辦處，當將開辦

情形奏報有案。該處參用官紳，並延派嫻習法政、辦事素
有經驗者爲參議，文牘庶務，分科辦事。據該處所定期限
清單，十一月初考取司選員，演講諮議局章程，浹旬而
畢，分赴各府直隸州。再由各州縣選派明白耐勞之士紳，
赴該管之府直隸州，聽司選員演講，亦浹旬而畢。聽講之
後，各回本選舉區實行調查。仍慮人數不敷，得由各州縣
加派義務調查員，以資贊助。蓋山東風氣未盡開通，選舉
法制，蚩蚩者瞠目相顧。經此次輾轉演講，群疑漸釋，阻
力自消。復慮各州縣或不盡曉事，而司選員或需索供張，
仿照直隸辦法，由該處籌給各州縣選舉經費，暨司選員夫
馬薪水，期於絲毫不得擾民，以免藉口而專責成。復將初
選舉畫分三期：一爲選舉人名草册告成之期；二爲選舉人
名經審查判定，清册告成之期；三爲初選舉投票之期。每
屆一期，飭各該州縣電稟該處，以便督催而免延誤。自上
年十二月實行調查，現據各屬陸續稟到，人名草册均依限
告成。其有事前稍涉觀望者，亦經臣隨時訪聞，嚴加訓
斥。目前情形，依照東省所定選舉期限，不至後時。並擬
俟複選舉事畢，召集被選各員，於九月開局以前，先期研
究一月，爲議案之預備，亦即爲籌辦選舉之結束。該處開
辦以後，一應經費，均經遵章籌撥，於上年十二月附片具
陳在案。此屬於第一年期已經籌辦之實在情形也。其有事
屬於第二年期而目前已分別預備者，如原奏清單，籌辦地
方自治、設立自治研究所一節。上年冬間，臣即與司道籌
商，以爲欲實行自治，必先濬人民自治之知識，並養成人
民自治之能力。自應先在省城設立研究所，飭知各州縣，
每邑選派兩人到省聽講。正在札飭間，欽奉諭旨，頒布城
鎮鄉自治章程。本年正月奉文後，即遵將上項章程列入研

究所，分期演講，業於二月初一日開課。並查照憲政編查館原奏，責成諮議局籌辦處，兼理地方自治籌辦事宜，正在另案奏咨辦理。此關係地方自治之預備者一也。又原奏清單，各廳州縣巡警年內粗具規模一節，查山東巡警業設專官，並先於光緒二十九年開辦警務學堂，大致參照直隸辦法，經前升任撫臣周馥奏咨有案。三十一年、三十二年，歷經分派該學堂官班學生及兵班學生，赴各州縣分充巡警官教弁等職。上年臣到東後逐加考核，以此項學堂歲糜鉅款而缺憾滋多，自非大加改良不足以資任使。嗣準民政部咨行奏定各省巡警學堂章程，內開“高等巡警學堂，各省城須設一處，巡警教練所，府廳州縣須設一處。又高等巡警學堂，為目前警官需人計，得附設簡易科。其各省已設有巡警學堂者，均按照此次奏定章程辦理，並限期設立，由各督撫具奏咨部”等語。臣於奉文後，即諭飭該學堂改為高等巡警學堂，並將已辦各班分別考驗，畢業給憑。仍按照新章，另行招考，暫定為正科學額八十名，簡易科學額一百二十名，俟次第招齊，即日開課。惟定章府廳州縣各立巡警教練所一節，照章每處至少一百名，以山東一百十七府州縣計之，同時舉辦，學額將萬二千名。不特此項教員，有乏材之患，抑慮經費支絀，同無米之炊。但巡警為憲政最要之圖，自不得不從長計畫。現於省城先設巡警教練所一處，學額寬定在二百名以上，一俟招齊，即行開課，以資模範而圖擴充。其各府州縣，從前本派有學生襄辦警務，但學識究未完備，擬陸續抽換回省，使之補習而宏造就。所有遵章辦理情形，亦當另案奏咨辦理。此關係各府州縣巡警之已豫備者又一也。又原奏清單，調查歲出入總數，度支部、各省督撫同辦一節。查上年十二月，度支部奏遵旨妥議清理財政一摺，內稱“決算、豫算報告各冊與從前報銷舊案不同，自應另訂冊式，現擬逐一釐訂，交清理財政局遵式填送”等語。此項調查，既須度支部會同辦理，自應候另訂冊式遵照填報。惟臣自上年到任後，曾將東省財政異常困難情形，於六月間奏明在案。嗣與司道等籌議，以為不能開源，不能不從事於節流，遂將各項差務逐一考核，可裁者裁之，可併者併之，可減者減之。計各局所學堂二十餘處，較前歲省銀四十餘萬兩。惟目前新政日增，在在均需款項，經臣核實撙節，任事人員，但求餼廩之稱，力祛調劑之私。兼差概不兼薪，擇人斷非擇地，舉辦伊始，怨謗叢生。但臣忝膺疆寄，未報涓埃，倘取錙銖而用泥沙，即毫無飽橐之私，於國計民生所妨已大。東省歲虧甚鉅，此項節省經費，杯水車薪，誠慮無濟。然塞從前已漏之卮，汲來日方長之綆，得尺則尺，得寸則寸，舍此殊少良圖。此關乎調查歲出入總數之已豫備者又一也。又原奏清單，籌辦各省省城及商埠等處各級審判廳，法部各省督撫同辦一節。查審判一項，本係專門之學，吾國舊制，各廳州縣兼理刑名詞訟，不特用非所長，抑亦日不暇給。現在九年籌備，凡各省舉辦事宜，無不責成州縣，若再兼理審判，貽誤恐多，此審判人才所以尤亟亟也。現在遵章籌辦，自以養成審判人才為第一要義。查東省法政學堂開辦已久，上年准學部咨行各省法政學堂畫一辦法，應照奏定京師法政學堂章程辦理等語。當經臣飭該學堂，即遵照定章辦理，並將原有速成班，分別認真考驗，增益課程，改為司法講習科，專為養成審判員之地。新招之講習班，亦准此辦理。似此略一變通，於定章固無出入，於事實或有裨補。此關乎幫辦各級審判廳之已豫備者又一也。以上在第一年期已籌辦者一項，查第二期應籌辦而已豫備者四項。至於頒布資政院章程，舉行議院選舉，應候資政院同辦；調查各省人口總數，應候民政部同辦；頒布簡易識字課本，創設廳州縣簡易識字學塾，應候學部同辦云云。

山東所奏報者如此，各省待催而後應，或且催之而未必能應，此可以覘督撫程度之高下矣。是爲憲政編查館既設考核專科之明效。

至在京衙門之奏報者，亦僅見法律館摺單一件。略錄之，以慰國民渴望爲法治國民之意。

光緒三十四年八月初一日，內閣奉上諭："欽奉懿旨：憲政編查館資政院會奏，進呈憲法議院選舉各綱要，暨議院未開以前逐年應行籌備事宜一摺，單開逐年應行籌備事宜，均屬立憲國應有之要政，必須秉公認真，次第推行。即責成內外臣工，遵照單開各節，依限舉辦。每屆六個月，將籌辦成績臚列奏聞，並咨報憲政編查館查核"等因，欽此。十二月二十七日，內閣奉上諭："明年以後，所有應行籌備各事，著內外各衙門按限妥籌，次第舉辦，毋得始勤終懈"等因，欽此。仰見朝廷繼述前規，慎重憲政之至意，莫名欽服。伏查憲政編查館、資政院會奏清單，內開一修訂新刑律，法律大臣法部同辦；一編訂民律、商律、刑事民事訴訟律等法典，修訂法律大臣辦等因。除修訂新刑律一項，會同法部另行具奏外，所有編訂民律、商律、刑事民事訴訟律等法典係臣館專責，謹將自開館迄今已辦事宜，繕具清單，恭呈御覽，並咨報憲政編查館查核。臣等仍當督同館員接續擬訂，依限奏陳，以期妥速而免延誤云云。宣統元年正月二十六日，奉旨："憲政編查館知道"，欽此。清單如下：

修訂現行刑律　擬訂民律親屬法總則及第二章　擬訂民律承繼法總則　擬訂民事訴訟律草案目次及注解　擬訂民事訴訟律草案自第一條至一百三十九條，及其理由注解　擬訂刑事訴訟律草案目次　擬訂國籍條例，會同外務部辦理　釋法律名詞，以現擬民訴草案所有名詞爲標準

譯《日本商法》全部　譯《德國海商法》　譯《英國國籍法》　譯《美國國籍法》　譯《德國國籍法》　譯《奧國國籍法》　譯《法國國籍法》　譯《葡萄牙國籍法》　譯《各國人籍法異同考》　譯《比較歸化法》　譯《日本民法》（未完）　譯《德國民法》（未完）　譯《法國民法》（未完）　譯《奧國民法》（未完）　譯《西班牙國籍法》　譯《日本票據法》　譯《美國破產法》　譯《美國公司法論》　譯《英國公司法論》　譯《親族法論》　譯日本加藤正治《破產法論》　譯《羅馬尼國籍法》　譯《義大利民法》關於國籍各條　譯《德國改正民事訴訟法》（未完）　譯《日本條約改正後關於外國人之辦法》　譯《德國強制執行及強制競賣法》（未完）　譯《日本改正刑事訴訟法》全部　譯《日本改正民事訴訟法》全部　譯《日本現行刑事訴訟法》全部　譯《日本現行民事訴訟法》全部　譯《法國刑事訴訟法》（未完）　譯《奧國法院編制法》全部　譯《奧國民事訴訟法》（未完）　譯《裁判訪問錄》　譯《國籍法綱要》，及《調查員志田鉀太郎意見書》　譯《日本民事訴訟法注解》全部　譯《日本刑事訴訟法論》全部　譯《日本民事訴訟法論綱》　譯《德國高等文官試驗法》　譯《德國裁判官懲戒法》　譯《德國行政官懲戒法》　譯《國際私法》

第六年第四期

憲 政 篇

　　憲政之進行，在程度較淺之國民，往往風行而後草偃。閏月內，疊奉朝旨。如初四日諭，責成各部院堂官、各省督撫，督率所屬，認真辦理豫備立憲各事宜。<small>諭見"諭旨"。</small>同日又諭言官屏除邪説，當以李灼華等爲戒，則冀復科舉之爲阻撓憲政，朝廷方以邪説擯李灼華等，示與衆共棄之意。<small>諭亦見"諭旨"。</small>外此硃批章奏，時時以憲政督策臣工，訓詞深厚，更爲前此數十年來所未見。廟堂之上，都俞吁咈，一以憲政籌辦之得力與否爲準，以故窺伺意旨之徒，咸有革心自效之象，此事莫著明於考察憲政之于式枚。式枚於二月十二日奏譯注《普魯士憲法》摺，略言："准憲政編查館開送考察憲政要目，曰憲政條文及附屬法，又曰憲法成立後之改革。查《普魯士憲法》，首爲國家領土，次曰普人權利，三曰國王，四曰國務大臣，五曰國會，六曰司法權，七曰非裁判之國家官吏，八曰財政，九曰鄉市及省府縣聯屬，十爲通則，十一爲補則，共十一章百一十九條。其法多原於比利時，所異者，比憲法首明主權出於國民，普憲法則特著主權爲所自有；比憲法所不載者，其權皆在議院，普憲法所不載者，其權皆歸國王；比憲法既行，從前舊法多廢，普仍遵用如前。所具列百十條文，不過揭示大綱，俾國民執爲保護權利之據。畢士麥謂英、法、比三國憲政，爲暴力要索之

條款，與普之惠與者不同。然與索雖殊，其爲交換之條款，則
無以異矣。憲法定後，國民獨於選舉法頻年爭論，請改不已。
因當時本有改定之諭，日久迄未議行。既經允許於先，宜有責
言之及。此外各條，均無異詞。惟於新定法律，與憲法原文，
偶有歧互，或更周密者，削除數條，無關宏旨，故其改革之
跡，不似英法之多。日本憲法，又本於普而删併爲七章七十六
條，尤爲簡括。伊藤博文自爲義解，於普法頗有異同。如升天
皇於首章，以明臣民統屬之義；後大臣於國會，以示原本輿論
之公；譏箝制君權之偏見，爲仿法比憲法之慎；舉廢棄預算之
變例，爲非奧美立憲之正；不必載事變專律，愈見特權保全之
真；不備列鑄幣諸條，益徵大權包括者廣；大臣無別設糾彈斷
罪之法，議院不可有提出議案之權；租税議決，不必限定一
年；議置攝政，不必召集兩院。其所駁議，具見別裁，固由後
起損益之彌工，亦見東方情勢之本異也。普自立憲以來，憲法
遂爲專門之學。憲文本簡，所重最在解釋。近年各處所譯普國
憲法，但有正文，而詞意又多誤會，或致抵觸，且於削除各條
均未備載，致莫詳其改革之由。前年考察政治大臣戴鴻慈、端
方所譯普國憲法，獨有注語而不甚詳。當時徧考各國政治，普
憲不過一端，又爲時甚促，故未能盡備。西人稱憲法爲根本
法，考憲政者自須博考政治，尤以憲法爲本。兹就正文逐條譯
注，根據歷史，參稽律令，博採諸儒解説，附爲論説，删繁舉
要，期於詳明。其削除各條，仍查譯原文，以備考證。近譯各
本，間有附載議院選舉勅令，及戰時停止憲法專律者，因與憲
法有關，故附於正文之後，遂謂之附屬法。其實關於憲法如此
等專律甚多，本非憲法正文所有也。其選舉法案牘至繁，由臣
別案具奏。先將譯注憲法正文十一章百一十九條，繕列清單，
恭呈御覽，應請飭下憲政編查館存案備查。至憲法内如國王大

權、大臣職任、人民義務以及國會、司法、財政、地方自治各事，憲政編查館開送考察要目內，皆已備列，均由臣分別專案奏報"云云。綜其大意，以憲法爲君民交換之條款，雖普魯士之藉口惠與，以圖擁護君權，然爲大勢所驅，不能不履交換之途轍。以視上年第一摺，痛詆立憲之意爲何如？又言憲法既經允許，臣民即宜有責言，然則吾國民自奉預備立憲之詔，因有請願國會之人，無庸喋血於報館學堂，而加以逆黨之名，怵以俄法之禍。至嘖嘖於伊藤博文之義解，亦但從有憲法之後，磋磨以減民權，非從無憲法之前，冥頑以戴專制。所云東方情勢本異，誠飢渴易爲飲食，但有欽定憲法，吾民未必爭其所得之多寡。然此言東方之民易欺，則情勢良確。若自爲造福東方之計，則保障民權，而後發皇民氣，以與各國爭膨脹之力，舉朝廷所本欲推而與之，以爲億萬年計者，亦何必若茹若吐，藉一二臣工窺測之私見，留若干專制之餘烈，而自謂得計耶？伊藤義解，爲日本學者所不道，彼有取爾。式枚又襲其故智，以隘吾德宗天地之量，此則式枚自抵德第一摺以來，雖進德至猛，而終不免以小人之腹度君子之心者也。所譯注之普憲法，文繁不具錄，特揭其意向如此。

就本月十七日，赴英考察憲政大臣汪大燮，亦奏陳考察情形。英爲立憲之母國，若一一尋其義蘊，不免于式枚所標亂黨之名。大燮於憲政本旨，一字不著，惟以成書十四種敍目入告，若與措大爭伏案之長，可謂巧於避忌。原摺似四庫館之簡明目錄，與本篇文義不相中，止可略之。

就九年籌備之範圍，而有所推暨者，本月十八日，農工商部、郵傳部皆奏訂籌備事宜。二十三日，民政部奏妥擬逐年籌備未盡事宜各摺單。二十四日，理藩部奏籌備藩屬憲政，本年應辦事宜，分別緩急，擇要推行一摺。二十七日，吏部、法部奏訂逐年籌備事宜各摺單，均奉旨："著憲政編查館知道"，欽此。此皆遵旨推廣籌備於清單以外者。民政部、吏部、法部摺單尚未見，餘均見本篇專件（略）。

本月初四日，諭令滿漢服制，統歸畫一，此亦變通旗制之一事。融合滿漢，特設旗制處，事見上年清單。本年續辦，而清單不更復見。恭讀諭文，知此項籌辦，未嘗不深荷簡任。諭見"諭旨"。至其列於本年籌備清單者，仍援前例，臚列如下：

一、官民共辦者三事

甲　舉行諮議局選舉，各省一律開辦。　本月朔日，江蘇之蘇屬及福建省，已行初選舉。十一日，江蘇之甯屬行初選舉。事屬創行，選舉人之不諳章程，多所牴牾者，誠觸處皆是。即如初選當選，於求爲議員之本意，有何關涉，而各處乃以運動劇烈聞，無謂可想。江蘇以上海爲各報館所萃，蘇藩司所屬地，密邇上海，笑柄之傳布尤夥。十目所視，十手所指，蘇人有焉。監史既近，攻錯有資，由此猛著先鞭，未始非蘇人士之福。其間有實行訴訟，有虛騰謠諑，事多細碎，且所競不過作一選舉人，蓋無足累我楮墨，是非曲直，自有行政官之審判。而初選舉當選之姓名，亦於議會尚無直接關係，皆不足贅。

選舉人提起訴訟，情事繁多，固不勝記載。至有關於訴訟方法者，則錄之可作將來各省模範。（一）江蘇蘇屬籌辦處牌示云："查選舉章程九十一條，凡選舉訴訟，初選舉應向府直隸廳州衙門呈控，複選應向按察使衙門呈控等語。現在各屬甫經初選，如有訴訟事件理宜遵章赴該管衙門呈控，不得逕向本處申訴，以致無憑核辦，仍須札飭該管官查明審判，致多轉折也。合行牌示，仰即一體遵照。"此申明選舉訴訟之該管衙門，不以例外督促進行之籌辦處，轉爲告訐者開方便之門也。（二）

江蘇松江府知府戚升淮具稟各憲，以"辦理諮議局初行選舉事宜，如有訴訟者，須令本人親自前來投呈。若由郵局遞呈稟詞，概不准理，以杜妄控"，請通飭遵辦。奉江督批云："據稟請申明選舉訴訟，須親自前來呈訴，凡郵遞稟詞概不准行，自係爲嚴杜挾嫌妄控起見。仰按察司會同藩司核明飭遵具復。"此申明訴訟必用正式，不得以選舉初行，便宜從事，輕視法定之制度，而誤以上書言事之意，施之於膚受之愬也。

訴訟之結局，不過定當選之無效與否者，既不錄入，至於選舉無效，則關係較大。報載初一日福建省之初選舉，侯官縣有兩區無效。侯官分投票區十區，初七日僅開八匭，北嶺區、南嶼區兩匭，因該所監察員有舞弊情事，將開匭時，管理員向初選監督聲言其狀，並云如必開匭，請不擔責成，初選監督因判爲無效，飭令改選，俟改選定後，合併已開之匭統算，故擬定不足額之重選期。直至二十日云，報又載十一日江蘇甯屬之初選舉，揚州府屬東台縣官紳，以是日所開之票，請託及冒名頂替等弊，不一而足，爰將選舉作爲無效，復定十八日投票，二十日開匭。

各屬身爲選舉監督之官，能領會章程者本不多見。其臨事貽誤有實蹟者，則江蘇蘇屬之太倉州知州，身爲複選監督，有製發投票紙之責。所屬崇明縣何令，早遵籌辦處定期，出示各投票區，並由事務所印刷知單，知照各選舉人，以期一律。而投票紙直至二月二十六日尚未發到，即專派幹役到複選監督處承領，及二十九日接覆，謂已於二十三日交遞，由文報局轉寄。迨至三十日仍未接到，何令以崇邑投票區之最遠者，有離城二百餘里之遙，且係隔海，投票紙既未奉到，勢必延誤日期，遂邀集調查事務所各職員集議，議決投票紙由縣署另紙蓋印，星夜派差前赴各投票區給發，仍以初一日爲初選之期。一

面專僱本地朝陽輪船，貪夜到吳淞發電，稟督撫憲及籌辦處列
憲，以昭鄭重。夫關防慎密之件，可以草率遞寄，已屬不合。
至專差具領，仍以空言作覆，此複選監督不爲無咎。

其初選第一次投票後，當選人不足額，又生一補救問題。
錄蘇撫與憲政編查館往來電文如下：

蘇撫致編查館電云："查貴館復江甯諫電，重行選舉，
照每次投票人實數核算等語，自應遵照辦理。惟原選所得
票數，與重行投票時所得票數，若合併計算，難免有重複
之弊。若每次另算，恐重行投票時仍不足額，難免有至再
至三投票之煩。應如何變通辦理之處，乞即示遵。"憲政編
查館復電云："支電悉。票數應每次另算，如仍不足額，
祇能再選三選。此復。"

自蘇有此電，於是各屬重行投票，有多至五六次者。查原
選舉章程第五十七條，不足額得再行投票一次，以期足額。籌
辦處據條文"一次"二字，定知會當選之期日，以爲複選期日之
豫備。逮館電准再選三選，而各屬事實，乃並至五選六選。於
是三選以後，能照章各就原投票處重行投票者罕矣。蘇州府屬
選舉人，有以三選僅就縣署設一投票所，爲訴訟者。官長窮於
審判，而訟者亦無可深求，則辦事之難也。

前期僅載江蘇甯屬各複選區分配議員額數，茲補錄其各初
選區分配初選當選名額如下：●江甯府　初選當選人一百十名
上元縣二十名　江甯縣二十一名　句容縣十三名　江浦縣二
十一名　六合縣十三名　高淳縣十一名　溧水縣十一名●揚州
府　初選當選人一百四十名　甘泉縣十六名　江都縣二十五名
泰州十九名　儀徵縣十七名　興化縣十五名　高郵州十八名

　寶應縣十名　東台縣二十名●淮安府　初選當選人九十名
山陽縣十六名　阜甯縣十六名　鹽城縣十六名　清河縣十四名
　安東縣十八名　桃源縣十名●徐州府　初選當選人一百名
銅山縣十八名　宿遷縣十六名　豐縣十四名　碭山縣九名　睢
甯縣十一名　沛縣十一名　蕭縣十一名　邳州十名●海州屬
初選當選人四十名　分配未詳

　　江蘇甯屬電請增議員名額，電文已載前期。館電不允所
請，茲補錄其覆電之文如下：

　　　　憲政編查館復江督蘇撫電云："豔電悉。查各省議員
　　定額，均以學額爲標準。甯蘇員額，據漕糧加增，本屬例
　　外。若甯屬再因鹽課議加，是於學額之外，添出兩種加額
　　之辦法。産鹽省分極多，獨加一省，殊欠平允。至選舉人
　　數較多，現當初次調查，各處辦理，未必一律，亦難率爾
　　以變定章。總之議員定額，本以比照戶口多寡爲最當。惟
　　戶口既尚無確數，故照學額、漕糧定其多寡。將來按照籌
　　備年限，各省彙報人口總數以後，標準既有一定，自可再
　　行據此奏改，現在礙難輕事變更。即希轉飭遵照。"

　　江蘇以一省而有二種議員名額，特爲變例。由是蘇人便安
鄉土，而思分全省之諮議局於蘇。至蘇人持論稍合一，而甯人
又以名額多寡爲疑，擾擾者至今未定，爰有甯屬請求增額之
舉。館電如此，其理甚長。然甯屬乃益倡分局之説，此事非取
決於館臣，蓋無解紛之道矣。

　　以上爲已行初選之省，其餘各未行初選者，籌辦成績，遲
速不同，宜別爲叙次。

　　查奉天當本月初正在分配名額，前期據該省籌辦處公電，

載合格人總數。茲據東督所致憲政館電文，又增益九百餘名，且因分配而有所質問。錄電如下：

　　東督致憲政編查館電云："憲政編查館鈞鑒：奉省選舉資格人總數，業經電覆在案。茲據各屬補報，實數五萬二千六百七十九。其當選人額數，刻正照章計算分配。興京廳複選舉區，應選出議員一人，十乘之，該廳全區應出當選人十名。查該廳五初選區，共計合格人數一千四百六十一，通化六百一十七，懷仁五百六十五，興京二百零五，輯安六十一。據以上四區比較分配，已足選出十名之額。尚餘臨江一區，合格者僅十三人，照章不敷選出當選人一名。若竟令其停止投票，該區有選舉資格者無故停權，現在初次籌辦選舉，恐不足以昭大信。若令附於別區投票，均相距路途窵遠，且無論如何牽算，皆難配及。請迅賜電覆，以便飭遵。"憲政編查館覆電云："盛京總督：魚電悉。查諮議局選舉章程第二十七條第二項，於初選區選舉人數，不敷選出當選人一名者，定有明文。臨江初選區選舉人數，既不敷選出當選人一名，應照章附於別區投票。若路途較遠，可另立一投票區，俾便投票。至票數應仍與所附之初選區總算，以符定案。此覆。憲政編查館。佳（印）。"

　　其已定分配名額者，則有吉林籌辦處之公布。錄其文如下：

　　現據吉林全省報到選舉人總數一萬五千三百六十二名（除吉林賓州選舉人數已確定外，其他各區人數尚有更動者），以議員定額三十名除之，應五百十二名選舉人得議員一名。再以五百十二之數分除複選區選舉人總數，而各複選區應得議員之數如下：

複選區	選舉人總數	議　員	所餘零數
吉林府	四二六〇	八名	一四六
長春府	五一三一	十名	一六
新城府	三三九八	六名	三二六
依蘭府	二〇七	不足分除	
賓州廳	二〇八三	四名	三五
綏芬廳	一八〇	不足分除	
延吉廳	一〇三	不足分除	

以上吉林、長春、新城、賓州四複選區，共得議員二十八名。按照定額，尚缺二名，應分配於依蘭、綏芬、延吉三處。至於如何分配之法，尚未議定。

吉林應出初選當選人八十名，長春應出初選當選人一百名，新城應出初選當選人六十名，賓州應出初選當選人四十名。再以各該複選當選人額數，除各該複選區選舉人總數，視得數多寡，定每選舉人若干名得初選當選人一名。吉林應五十三名選舉人得當選人一名，長春應五十一名選舉人得當選人一名，新城應五十六名選舉人得當選人一名，賓州應五十二名選舉人得當選人一名。再以各複選區應得初選當選人數，分配於各初選區如下：

（吉林）

各初選區	選舉人數	當選人數	所餘零數
吉林府	二四五四	四六	一六
敦化縣	八〇	一	二七

續表

各初選區	選舉人數	當選人數	所餘零數
磐石縣	四七九	九	二
伊通州	一一三九	二一	二六
濛江州	八七	一	三六
樺甸縣	一九	不足分除	

　　以上六區共得當選人七十八名，尚缺二名，照章應依次歸零數較多之區選出。表內零數惟敦化、濛江較多，則他區零數，應歸併濛江、敦化二區，選出二名。

　　（長春）

各初選區	選舉人數	當選人數	所餘零數
長春府	二六二三	五一	二二
農安縣	二二〇二	四三	九
長嶺縣	三〇六	六	

　　以上三區當選人，適足一百名之數。

　　（新城）

各初選區	選舉人數	當選人數	所餘零數
新城府	八六五	一五	二五
雙城廳	六〇〇	一〇	四〇
榆樹縣	一九三三	三四	二九

　　以上三區，共得當選人五十九名，尚缺一名。表內零數惟雙城較多，則他區零數，應歸併雙城選出一名。

　　（賓州）

各初選區	選舉人數	當選人數	所餘零數
賓州廳	一一三三	二一	四一
濱江廳	一三四	二	三〇

各初選區	選舉人數	當選人數	所餘零數
五常廳	六〇六	一一	三四
長壽縣	一二〇	四	二

以上四區，共得當選人三十八名，尚缺二名。表內零數惟賓州、五常較多，他區零數應歸併賓州、五常二處，選出二名。

江西籌辦處稟請電詢議員名額標準，已見前期。嗣得館電云：咨查禮部復稱江西原設及永遠加額共二千一百三十名，查與所報尚無歧異，應即定爲一百零六名。此與江蘇之請增額效果不同，所持之義，館無可遁故也。各省聞之，亦各自一檢其本省學額乎？

湖南新設株洲廳，奉籌辦處札文，別爲初選區，已見前期本篇矣。旋該處又據湘潭縣報告，株洲甫經設立，一切尚未布置，該洲團紳已齊集湘潭縣城研究章程，分任調查，請仍由縣辦理以期便捷。當經籌辦處核准暫歸該縣併辦，俟下屆辦理選舉，所有劃歸株洲廳管轄地方，仍照章由該廳辦理，以清界限。

浙江籌辦處更正籌辦日期，將複選提前半月。其間知會給照及訴訟審判等情，均各縮短數日。原擬六月十五日複選，改爲六月初一舉行。具見籌辦踴躍，不狃於已定之期限。

已略定全省選舉人總數者，直隸十七萬五千有奇，山東十一萬有奇，均尚未見其詳數。

各省因諭旨催辦甚嚴，始本膜視者旋亦振作。近日據報載各處籌辦，參革勒限，列入交代，種種督促，略有端倪。惟湖南籌辦處詳院，稱："本處通飭各屬勒限申覆文件，截至正月底止，計初選區未報一次十八處，僅報一二次、尚未報設所調查者十四處，應如何分別懲處，乞核示祗遵"。湘撫岑春蓂批飭："未報一次者記過二次，空文申覆、並未設所調查者記過一次，以示薄懲"云云。牧令之玩視憲政，至於此極，而撫批寬緩如此，固知非牧令之敢於玩視也。湘中吏道之窳敗，有由來矣。

諮議局建築工程，以山西為蕆事最早。聞用款兩萬餘金，屋係西式，觀瞻頗壯。二月下旬，籌辦處即入內辦公。其餘已勘估者，為直隸、河南、陝西、江蘇、湖北、浙江、福建數省。直隸估費最鉅，聞需十五萬金，樓舍規模，均仿照日本下議院辦理。浙已挑掘基址，汴亦於月之初一日行開工禮。其包工合同，閧定為四萬八千兩。原係貢院改築，其從前考舍磚瓦等物，尚需貼與工程師云。湖北亦議改貢院為局所，惟尚俟考查議院形式之劉佐清部郎回省後，再籌款改建。江蘇則方由上元縣定價購地。福建則聞就貢院之供給所勘估云。

乙　籌辦城鎮鄉地方自治，設立自治研究所。　此事籌辦期限之寬，誤在籌備清單，既屢論列之矣。顧民政部為專辦自治之主務官廳，而京師為各行省之表率。民政部由內外城巡警總廳，直接辦理京師自治事宜，予限不過兩月又兩星期，即入實行之限。實行後限一個月粗具規模，三個月一律完備，共五個月加兩星期。其兩個月加兩星期之限，則係以兩星期為第一期，期內主召集。召集者，就章程第十六條資格相合之人廣為羅致，以備議員、董事之選，則似所謂召集，即是造成選舉人名冊也。召集後又以兩個月為第二期，期內主研究。研究分二種：（一）學理，（二）事實。研究後即入第三期，期內主實行，實行三個月而完備。至其第一期之起限，則在三月初一日。然則本年八月望日以前，京師之自治已勒定，必與籌備清單第六年所定城鎮鄉自治之成立期相符合矣。總廳札飭各區遵辦原文，詳載其事，詞繁不備錄。夫民政部自辦京師自治迅速如此，知必非以籌備清單之延緩，影響於自治之進行。吾各省父老兄弟，凡有造福於地方之美意者，倘亦聞而興起乎？京師定召集不過兩星期，當以內外城戶口已清之故。外省於此一節，未能似此神速。然城鎮鄉區域甚小，苟立事調查，竣事亦必甚易。各查各區，旁無停待牽掣之處。吾知苟有能者，其爲期亦不必遠逾於京師。但京師由廳丞主政，督促之力已全，外省雖有踴躍之士民，不能不資提挈於官長，此則不能不穆然思賢有司矣。

　　各省督促自治之總機關，憲政館原奏已寄之現設之籌辦處。然各省多有前設自治局名目者，位置冗員，本不辦一事。而籌辦處因彼局自有專責，未便越俎，轉置奏案於不顧。在自治局員，果能顧名思義，亦何必定仰成於籌辦處。無如辦理諮議局事，籌辦處具有經歷，且處員多妙選士紳，相助爲理，機杼材力，皆非向來官設局所之比。自治局未經振刷，純然一尸素窟穴。今各省於自治一事，寂然無聞，往往坐此之故。近惟兩湖皆經館部飭銷自治局，專責籌辦處辦理，當有起色。報載湖北自治局，去春即有道員春源爲總辦，經年不事一事，而用款已十餘萬金，部咨督臣裁併，始有移交之舉。新政之現象，大率如此，言之恨恨。又載湖南自奉自治章程，始委道員朱益濬爲自治局總辦，並札行籌辦處俟諮議局成立後，改爲自治局，接續開辦。夫奏案明責成籌辦處辦理自治矣，湘撫必多此周折，是誠何心？旋奉部文，內開自治局毋庸設立總、會辦名目，乃始去此贅疣。蓋近日政府於新政之理路頗清，而外省糜費請託之窟穴亦稍破矣。江蘇等處，向非膜視新政者，一爲自治局所格，籌辦處縮手不敢越俎，自治一事，歷久杳然。他省已有著手辦理者，錄近日各省與民政部質問之電如下：

　　熱河都統致憲政編查館電云："查城鎮鄉自治章程第八十五條，內開各鄉因執行各事，有應設各項辦事員時，由鄉董遴選派充，不限以選民，但須經鄉議事會之公認等因。竊思立法之意，蓋任人雖由鄉董，而認可仍須議員，互相監制，所以防專濫之弊，法至善也。又查第六十六條，內開城鎮董事會因執行各事，有應設各項辦事員時，由總董遴選派充，不限以選民，但須經董事會之公認等語。竊思城鎮鄉之等級雖有不同，而組織防弊之法，似應一致。鄉董之用人，既須由議事會之認可，城鎮董事之用人，何以不須議事會之認可？此項六十六條，'但須經董事會公認'句內之'董'字，是否爲'議'字之錯誤，抑係其中別有精要，乞貴館酌核示復。廷傑。真。"又致民政部電云："前准憲政編查館咨開，地方自治爲民政部本管事務，各省於該章程如有疑義，應隨時咨詢民政部決定等因。敝處因城鎮鄉自治章程第六十六條內，'但須經董事會公認'句內之'董'字，疑係'議'字之譌，抑係其中別有精義，當經電請憲政編查館核示。行電時漏未檢查館咨，茲准館電覆，業將敝電照章送貴部辦理等因，應再電請，即希核覆。廷傑。篠。"民政部覆熱河都統電云："篠電悉。查自治章程，各鄉止有鄉董、鄉佐各一人，無董事會，故任人改由議事會公認。城鎮既另設董事會，職員較多，自可自行會議取決，毋庸再經議事會公認。來電所稱第六十六條內之'董'字，並非錯誤。此覆。"

　　浙撫致民政部電云："據兼理地方自治諮議局籌辦處稟稱，查憲政編查館奏定逐年籌辦事宜清單，本年應行籌

辦城鎮鄉地方自治，設立自治研究所，有'民政部、各省
督撫同辦'字樣，浙省現已籌辦。惟此項研究所章程及辦
法，貴部是否已有定章，抑由各省自行擬定，請示飭遵。
增韞。嘯。"民政部覆浙撫電云："嘯電悉。自治研究所章
程，本部業於本月十三日具奏，奉旨：'著憲政編查館核
覆'等因，欽此。俟該館覆准後，再行知照。此覆。"

據以上電文，各處所設自治研究所未必合法。組織設所，
宜也，章程則尚需姑待。雖有省府廳州縣等種種自定之章，恐
難爲訓，暫不錄入。

自治之已告成立者，直隸當未有部章之前，先有自治團
體，雖頗以官力行之，然議事會、董事會之名頗具。本月十五
日，督臣楊士驤特奏此事原委，節錄如下，亦自治制中一段
事實。

奏略言："直隸自治，開辦較先。光緒三十二年六月，
經前任督臣袁世凱奏明試辦在案。先於天津府自治局派員
宣講，刊行《法政官話報》，設研究所，招集津郡七屬士紳
聽講，令各歸本籍傳習，擬定試辦天津縣地方自治章程，
創辦閤縣選舉。是年七月，成立議事會。上年七月，成立
董事會。兩年以來，規模粗具。並飭由提學司札知各屬，
選送士紳，來津講習。擇其優勝者一百六十餘人，派赴日
本，一面入校聽講，一面游歷府縣郡市町村，調查自治制
度，歸國後各在籍開辦自治學社，講演勸導，頗資得力。
自經疊奉諭旨，飭辦自治，臣熟思審慮，目覩成效漸著，
亟應逐漸推行，期臻完善。復與司道等商榷推廣預備方
法，於上年四月間改爲直隸籌辦地方自治總局，與諮議局

籌辦處同設一處，專派按察使何彥升，暨籌辦處總辦、直隸補用道祁頌威，道員用翰林院檢討金邦平，督理其事。取其事理相因，機關統一，與憲政編查館原奏，責令籌辦處兼理自治一應籌辦事宜，宗旨相符。又以前定學社通則，尚未完備，復飭該局另定自治學社通行章程，通飭各屬，一律試辦。現在呈報成立學社者，已有五十餘處，此次遵照奏定名稱，改爲自治研究所。其未報成立者，亦經嚴飭速辦。此直隸試辦自治之實在情形也。正在籌辦未及奏報間，准民政部咨到奏頒城鎮鄉自治章程，當即發交該局，研究辦法，剋期舉行。大抵城鎮鄉自治，較難於府廳州縣，窮隅僻地，智識多未開通，董勸難期速效，不可因循躗事，尤不可操切圖功。揆厥先務，應由劃分區域入手，已飭札催各屬趕報本境村莊戶口圖表，由城而鄉鎮。直隸百餘縣治，幅員遼闊，經費尤艱，既曰自治，必須就地籌款。東西各國辦理自治，每於國稅、地方稅外，收基本財產息金，不足更收附加稅充之。方今官制未改，稅則未定，安得大宗的款，取用得宜。現在自治經費，臣爲一時權宜之計，飭司局暫行籌墊，仍飭該局撙節動用，核實呈報。俟籌定地方款項，再行劃還。疊經告諭該局，於定規則、慎選舉、籌經費之事務，以公正和平爲主。明其權限，示以範圍，迺能蠲流弊而不失之濫；取諸公產，用之地方，迺能奏近功而不病其苛，庶於憲政初基，籌謀鞏固。再府廳州縣自治，已於天津一屬試辦，業經奏明，仍飭照常辦理外，其餘各屬，專俟籌備第二年期內，部頒府廳州縣自治章程到後，再行依限辦理"云云。奉硃批："該衙門知道"，欽此。

丙　調查各省人户總數。　此項籌辦，仍視前期所載，無所進行。惟前期載憲政編查館奏定民政統計表式，摺內有"民政以清查户口爲最難"一語，以爲表式多爲調查人户而發。及表式具載官報，乃知其不盡然。附記於此。

二，官民皆有所待而後可辦者兩事：

甲　頒布資政院章程，舉行該院選舉。　章程未頒布，如前期。

乙　頒布簡易識字課本，創設廳州縣簡易識字學堂。　課本未頒布，如前期。

三，官辦者三事：

甲　調查各省歲出入總數。　各省以奉旨清理財政，官樣文章，先將部章札行各署局查照，此不足紀。本月十四日，度支部奏請派充清理財政各省正監理官，諭特賞劉世珩等五人三品卿銜，餘十五人賞四品銜。十六日起，每日三員，預備召見。在外省者，迅速來京，預備召見。諭見"諭旨"。

各省正監理官員名清單　硃筆派出　直隸右參議劉世珩湖北候補參議程利川　江蘇候補參議郎中管象頤　雲南郎中奎隆　山東郎中王宗基　廣東郎中宋壽徵　甘肅郎中劉次源　陝西員外郎谷如墉　河南員外郎唐瑞銅　四川幫辦土藥統稅事宜、候補四品京堂方碩輔　浙江丁憂開缺直隸按察使王清穆山西山西銀行總辦、前廣東南韶連道樂平　貴州廣西候補道彭穀孫　江西江西九江府知府孫毓駿　安徽前四川重慶府知府鄂芳　新疆丁憂甘肅候補知府傅秉鑒　廣西署殺虎口監督、山西試用知府、分省補用道汪德溥　東三省分省補用道熊希齡　福建分省補用道嚴璩　湖南江蘇候補道陳惟彥

正監理官派定後，連日召見。所奉監國攝政王諭，皆以破積習，杜隱匿朦混爲要，而尤諤諤於並非搜括，不可誤會朝

旨云。

二十四日，度支部又將各省副監理財政官派定入奏。　直隸陸世芬　江蘇景凌霄(甯)　王建祖(蘇)　梁致廣(淮)　河南蹇念益　山東章祖僖　山西袁永廉　江西潤普　雲南余晉芳　湖北賈鴻賓　廣西謝鼎庸　湖南李啟琛　福建許世棻　甘肅高增融　陝西薛登道　貴州陳星庚　浙江錢應清　廣東胡大崇　安徽熊正琦　四川蔡鎮藩　新疆梁玉書　東三省欒守綱(奉)　荊性成(吉)　甘鵬雲(黑)

報載度支部奏設各省監理官，並遴選明於財政紳董，在局諮議，以期清釐財政。並訂簿記票式表式，共分七種：（一）收入支出流水簿各一種；（一）另有總彙收入支出簿各一種；（一）收支對照表；（一）各庫收支各款票；（一）丁漕監課關稅釐金各種雜稅徵收表。

熱河都統廷傑，前奏就求治局改設清理財政局，已見前期。本月二十六日，復片奏自二月十六日奉到硃批，作爲成立日期，而粵督則亦於二十四日奏報成立清理財政局云。

憲政編查館奏定財政統計表式，此自係久遠統計之政，與一時清理之用不同，然亦可資提挈。文繁不及登，別載商務印書館之《宣統新法令》。

勻定州縣公費，已辦者四川，陳明不辦者廣東等省。自酌定外官公費，明見於度支部清理財政章程，朝廷體恤督撫，督撫體恤屬員，皆成不刊之令典。然如江蘇州縣，甯慾患徵銀解銀以剝民，不就勻定公費以邀福於國，吾未解其何意。報載攝政王對於民間困苦，異常關念。前日特諭詢樞臣，勻定州縣公費一事，各省奏報籌辦者已有數省，樞臣面奏現覆奏者仍屬寥寥，並非有意因循，實在不易辦理。攝政王諭：此事於吏治固有關係，於民困亦影響甚大，應通飭各省從速辦理，不准再緩。樞臣遂擬旨廷寄各省，略云："勻定州縣公費，關係吏治民生，亦憲政中應行籌備之事，豈得視爲緩圖？除川、貴等省已經奏報外，其餘各省，迄今尚未議覆，實屬玩視要政。自此次通諭之後，著予限六個月，一律恪遵諭旨，迅速籌辦，並將籌辦情形明白覆奏"，欽此。此江蘇諮議局議員，所應據以與告困之州縣相辨論者。惟清理財政章程內，載明定公費之故，亦係在官俸章程未經奏定之先，暫紓官困，見該章程第二十七條。官俸章程，在本年籌備單內，別見下文。

各省前議公費，尚僅指州縣而言。清理財政章程，則併督撫公費，亦由會議政務處議籌，見該章程第二十七條。報載政府近議此事，以各省督撫缺分，繁簡不同，署內所派辦事各員，因亦互有多寡，刻既未能遵照新官制，一律分科辦事，而署中辦事人員，須有一定實數。如洋務交涉各事，將來改歸交涉司辦理，自應於各督撫署內所派辦事人員及其權限詳細調查，按照繁簡，釐訂職掌，始能酌定公費數目。已咨飭各省詳列具報云。

清理財政，至規定皇室經費而止，是爲專制國自秦漢以來所無之計畫。孟子言君十卿祿，而天子之卿，受地視侯。又曰公侯皆方百里，則下士與庶人在官，其祿皆準五等之農夫，二之爲中士，四之爲上士，八之爲大大。大國之卿四大夫祿，則四八三十二農夫爲大國之卿祿。君十卿祿，則三百二十農夫爲公侯之祿。即天子之卿祿，天子更十倍之，即三千二百農夫之所入，乃古時皇室經費之確數。後儒言孟子用夏、殷制，周官祿田自有定制，吳江沈氏著《周官祿田考》，擴張天子祿數，亦不過二萬餘倍於受田之民。經傳具在，三代聖王，皆有皇室經費之制。二千年來，獨我德宗皇帝，毅然以立憲救國，始復提此久湮之令典。議者懍懍於其數之未敢輕定，無亦君爲三代以上之聖，而臣爲秦漢以後之庸人故耶。自籌備清單載確定皇室經費，爲第八年籌備之憲政，不敢輕定者，終有確定之日。今爲時尚早，然因清理財政不能不與相關連。近日報載政務處會議，以現在舉辦清理全國財政，外而各省督撫司道州縣，內而京師大小衙門，悉將各項經費查明咨報度支部。而內務府爲皇室供用之署，不在度支部財政清查範圍以內，應另行辦理。惟近年內務府財政與度支部財政多有混淆之處，當速劃定界限。擬由內務府、度支部兩署，將國朝所定則例，供用皇室經費，係出何款，詳細查明，以憑核議，奏明請旨，以爲辦理預算之基礎云云。此因清理財政而先及皇室經費者也。

　　乙　籌辦各省城及商埠等處各級審判廳。　此項籌備，當由法部與各督撫同辦。今各省並無法部之指縱，言人人殊，徒增謬種。湖北所辦之非法，已論列前期。聞彼中尚矻矻爲之不已，本月二十五日，並已入告，奉硃批："該衙門知道"。此不過爲政界一種張皇而已。奉天早設提法司，雖轄於督撫，與司法獨立之旨，終無由合。然近日有檢察廳退還司法巡警一奏，略言："臣於光緒三十三年十二月創設奉天省城各級審判檢察廳，調普通巡警八十名，隸於司法部分，分布各廳遣用，名曰司法巡警。原係仿照京師審判檢察廳初時辦法，本一時權宜之計。嗣經法部、民政部會奏司法警察章程，京師審判檢察廳遂將司法部分所有巡警悉還警廳，其關係司法警察事務，統歸警官擔任。而審判廳法庭上所用之人，祇另募庭丁，以備任使。於是警廳有完全之職權，司法收助理之效用，實爲正當不易之辦法。茲據提法司吳鈁，轉據高等審判廳廳丞許世英，署高等檢察廳檢察長汪守珍，呈稱審判廳爲預備立憲重要之圖，按照年限添設，不容遲緩。若每廳必須專用司法巡警，匪特款項支絀，力難籌辦，且所用人數有限，亦決不能舉地面搜查、逮捕之事，並顧無遺。誠不若警察之布滿城鄉，耳目心力，較爲周至。是以司法巡警事務，皆應以行政官廳任之，毋庸於巡警中特標司法之名，亦毋庸於司法中另立巡警一部。此各國之成規，部院之所由取則也。查警察一官，有代表國家保護公益之責，職務甚繁，廣土衆民，決非少數之檢察所能盡其事，故必以行政官廳爲補助。自各廳撥用巡警以來，巡警局之巡官長警，於此中權限職守，未必盡人皆知。或以爲司法既有專官，則緝捕非復己事，恐習焉不察，將至行政官以放棄而溺職，司法官因乏助而鮮功。設不及時變通，勢將兩受其害。夫司法警察權本係法部監督，而委任檢察廳以執行，檢察廳爲司法巡警之長官，故有指揮巡警及印佐、兵弁之權，蓋檢察、巡警實有息息相關之誼。東三省試辦審判檢察各廳，實爲各行省司法分立之先聲。若以輔助之未良，致使推行之寡效，影響所及，關係匪輕。揆諸法理，徵之事實，擬將各廳撥用巡警，悉數還之警局，而使各巡官長警，遵照部章，擔任司法警察事務，受法司之委任，承檢察之指揮，庶畛域不分而訴訟易理。所有對於巡警局辦事章程，均經遵照光緒三十三年法部民政部會同奏定章程辦理。從前奉省咨部之檢察廳對於巡警局辦事簡章，概行廢止等因，呈請奏咨前來。臣覆加查核，按之各國辦法，既已從同，揆之兩部定章，亦皆符合。應如所請辦理。"閏二月十九日，奉硃批："該部知道"，欽此。此尚爲辦事漸有頭緒之現象。二十七日，法部奏統籌司法行政事宜，就九年應有辦法，分期開單呈覽，奉旨："著憲政編查館知道"，欽此。原摺尚未見，未知於獨立之旨云何，俟後再論列焉。

　　丙　廳州縣巡警，限年內粗具規模。　本月又有河南、四川兩省，亦以巡警學堂塞責，餘尚無聞見。

　　四，靜待館部頒布者三事：

甲　頒布廳州縣地方自治章程。　未頒布。

乙　頒布法院編制法。　未頒布。近日法部所陳司法行政，未知於此云何。

丙　頒布國民必讀課本。　未頒布。

五，館部自行程課者三事：

甲　釐訂京師官制。　照清單，第五年頒布。

乙　編訂文官考試章程、任用章程、官俸章程。　照清單，明年頒布。近日報載樞臣擬此項草案，仍由憲政編查館編定，脫稿後由政務處核訂，會銜具奏，進呈欽定云。

丙　核訂新刑律。　此事已為眾咻，不復可望有成。近惟又增若干省籤注，淆亂宗旨而已。獨山東巡撫袁樹勳，不以毛舉希時旨，專為法律館原奏引伸。末復聲明該省所以應功令為籤注者，非該撫本意，見解獨為中理。特錄原摺如下：

　　奏言："臣伏讀本年正月二十六日上諭：'戴鴻慈等奏請飭催京外各衙門籤注新訂刑律草案一摺，著京外各衙門照章籤注咨送，以憑核訂而昭畫一'等因，欽此。仰見慎重刑律，圖進文明之至意。查原奏我國刑律不能不改之故有三：曰怵於時局，曰鑒於國際，曰懲於教案，無非以我國法律未修、輕重失宜為藉口。三者之中，或誤以領事裁判權為治外法權，文義上之解釋，原奏已明。或更誤以教案為交涉，遇民教兩造訴訟之案，往往牽入國際，外人亦利用而愚弄之。數十年來，不特外國住居之人民，不受我國所屬地法律之支配，尋至我國內地人民，恃外國住居人一二為護符，亦將不受我國法律之支配。原奏所謂入教愚賤，氣凌長官，闇於交涉，絀於因應。臣愚以為此非暗於交涉也，本非交涉而誤為交涉則暗矣；非絀於因應也，無可因應而與之因應則絀矣。何怪裁判權之移於領事，保和會之抑居三等，桁楊改色，椠敦無光，羞朝廷而重蹙吾民之生命耶？故居今日而言刑律，變固變，不變亦變。但變在我，則或有桑榆晚景之收，變不在我，將愈釀塗炭生靈之厄。觀於通商各埠，外人對於中國罪犯，請復笞責。刑罰不中，民無所措手足，嗟言及此，可爲痛心。臣細繹修律大臣所訂刑律草案，變通之事例凡五，內如酌減死罪，或議其太輕；删除比附，或疑其太渾。其所以酌減及删除之理由，實皆採取歐美列邦之學説，參以中國舊時之習慣，斟酌損益，頗具苦心。原奏均已詳言之，無可議亦無可疑也。臣竊竊然議且疑者，則不在枝葉上之討論，而在根本上之解決。根本維何？中國如不改訂法律，尚能適存於列强競爭之世紀否？尚能範圍此住居衣食之人民否？原奏所稱不能不改之故，固不待智者而自明也，此所謂根本上之解決也。雖然，我國現用之刑律，已成何等之時代？我國今日之時代，應適用何等之刑律？原奏於不可適用之處，則別爲暫行章程。又恐暫行章程之或有窒礙也，則曰‘擧行警察爲之防範，普及監獄爲之教養，罪重法輕之弊，可無顧慮’等語，蓋臣之顧慮即在此矣。夫各省擧辦警察，僅存形式耳，或並形式而未備耳。上年民政部始頒行警察學堂及巡警教練所章程，按照九年籌備期限，今屆甫在擧辦。若監獄爲籌備清單內所未及，似不能即屬於籌辦審判之一部。其實監獄如不改良，則雖受極文明之裁判，而仍處以極不文明之監獄，與新訂刑律乃真有直接之關係，其弊尤甚於巡警之不完備也。刑律枝葉之討論，縱極完密，事實之障礙固已多矣。臣聞刑法之沿革，先由報復時代，進於峻刑時代，由峻刑時代，進於博愛時代。我國數千年來相承之刑律，其爲峻刑時代，固無可諱。而外人則且持博愛主義，馴進於科學主義，其不能忍讓吾國以峻刑相殘也，非惟人事爲之，亦天道使然也。原奏所謂警察爲之防範，監獄爲之教養，即由峻刑而進於博愛之證也。論者不揣改訂刑律主義之所在，而毛舉峻刑時代之習慣，瑕指而瘢索之，毋怪格不相入也。故爲我國今日計，既不能自狃於峻刑主義，則不能不援取博愛主義。警察所以强制未犯罪之人不得爲非，監獄則並教養已犯罪之人復歸於善，亦曰感化主義。是二者在刑法上爲旁義，而在新刑律實行之先，則非有切實之預備，至某年巡警辦有規模，某年監獄均已設立，則新刑律終不可得而施。我國新政變甲而不變乙，並甲亦不效，大都然也。就東省情形而論，曹、兗數府以强悍聞，殺人於貨，相習成風，治斯土者，亦惟嗜殺爲能，殺愈多而盜亦並不減少。故夫刑罰者，最後之制裁也。日以刑罰加諸民，則制裁之道窮而樂生之意少。老子曰：民不畏死，奈何以死畏之。故峻刑主義之不得不轉入博愛，理有固然，亦勢有必至也。如是則今日京外衙門對於刑律，不必從枝葉討論，仍當從根本上解決。既如原奏刑律不能不改，則惟有預籌未施行此項刑律之先，應用何種助長之方法，使之易峻刑而進博愛，易威嚇而用感化，似非僅如原奏空言法律知識所能辦。此臣疆寄忝膺，不敢爲苟且之圖，亦不敢存凌躐之見。擬在東省擇地先辦一寬大之監獄，經營伊始，難在籌款，尤難在得人。蓋必須擇宅心公正，具有慈善之願力，而尤樸實耐勞，有監獄之經驗學識者，綜理其事，始不至視爲例差，有如傳舍。臣智短才疏，不敢謂辦理必有效果，而默察施行新刑律之入手，非經此階級不可。無論東省財政如何支絀，然上體天

心之仁愛，下傷民命之顛連，蕩滌瑕垢，咸與維新，臣斷
不敢不勉爲其難。一俟計畫稍有端倪，另款奏報。其刑律
草案經飭知按察使胡建樞查照，分別簽注。茲據詳覆並簽
各條，臣察閱之餘，亦係從枝葉上討論，聊備千慮一得之
用。除分咨查照外，芻蕘之見，是否有當，伏乞聖鑒。"奉
旨："修訂法律大臣、法部彙議具奏"，欽此。

又聞修律大臣與法部會議，以大清律與蒙古例迥然不同，
一國而設兩種法規，各國所無，似屬缺點，雖實際不能統一而
形式必歸整齊。此次編訂體例，宜合成一集，分列三編。其内
外通行者列上編，僅行内地者列中編，僅行蒙古者列下編。至
苗蠻猺獞等專條，概宜删去，以後悉照三編辦理。

國籍法本在籌備清單，爲爪哇華僑所迫，竟於本月初七日
奏定，令吾民多一依據，庶知自勉爲有國家之民。見本篇
專件。

核訂民律商律，本爲第四年事宜。然法律館近派編修朱汝
珍，赴各省調查商習慣。本月至上海，發問題百餘事。按照日
本商法五編，分爲五章，首總則；次組合及公司，以當日本之
會社；次票據，以當日本之手形；次各種營業，以當日本之商
行爲；次船舶，以當日本之海商。核其所問，發問者未免隔
膜，而受問者亦殊少片紙對策之能事。必厚意温詞，鼓舞以顏
面之所在，促令開答問研究之會，商人特推專員，兼聘法學家
爲顧問，一一求問題之所根據，而後徐會其經歷之所得，以相
印證，或者有相說以解之樂。今館員無延訪之實意，商人無酬
對之特別組織，館員視商人爲萬能之神聖，商人視館員爲一闋
之過客，則交相爲僞而已，於立法宜民之意，豈有毫髮之
補哉！

　　至豫備編纂民法，前經通飭各省，將各地方風俗民情之文野，按合各項法律，以資編訂。現在各省報告，頗多缺漏，不足供考查資料，因將應行詳查之事，續行增加各項，合定表式，分行各處，再行咨催准照查覆。兹特詳誌如下：一爲社會户籍人口實數；二爲各户口已治生業人數與未治生業人數（生業分官、士、商、工、農、兵，以及游幕、游學之類）；三爲各户口男女入學人數（凡男女已得何項學級程度，及現入何項學堂，曾畢業何項學科）；四爲各户口男女婚數（男女婚數年歲遲早，以男女平均何項年歲爲多。現在各户口中，已婚之男女若干，未婚之男女若干，又地方婚嫁各事，其所需費奢儉多寡若干，執何項原因。以至已婚之數現有若干，未婚之數現有若干。其婚嫁時一切奢靡習俗限制濫費，某項宜加以節約，某項宜全行革除，均須逐查列明）云云。

　　本月各省奏報第一年籌備成績，就已見官報者類計之。奉天、直隸、河南、安徽、四川五省，皆以諮議局事宜當之，亦尚係實情。廣東則牽入自治研究所及巡警事宜，語涉敷衍。江西得館電催報，徑以長電作覆，敷衍尤甚。所列五目，其後兩目，至以簽注刑律當一種籌辦，私塾改良會、師範補習等地方固有之事項，亦當一種籌備，可謂取諸人以爲善，奈答非所問何？湖北於諮議局一項之外，有地方自治、調查户口、清理財政、籌辦審判廳及巡警五事，空發膚淺之論，並無理路可觀。吉林則覼縷第一年已經籌備者一項，第二年現已籌備者二項，現正籌備者二項，先期籌備者二項。所謂已經籌備者，即上年所辦之諮議局事宜；所謂現已籌辦者，一爲今年續辦之諮議局事宜，一事分作兩目，未免好張門面，二爲歸併自治局於籌辦處及設自治研究所。所謂現正籌辦者，一調查户口，二清理財政。曰現正籌辦，即尚無成績之代名詞。所謂先期籌辦者，審判廳本吉省官制所有，巡警亦已具名目。此皆事實之偶合，引爲籌辦，又未免貪天之功。綜觀各省奏文，詞有工拙，其績效亦大略相等。

直隸、江蘇又以設立會議廳入告，是爲實行新官制之一端。諮議局將開，官先會議，以謀抵制，亦一政界之進步。

報載樞府提議，以中國內監制度，本爲聖德之累，擬奏請電飭駐各國欽使，妥速調查各國宮內官制，詳細速報，以資取法，而爲裁撤內監之預備。此事雖不見於籌備清單，然果速行之，一洗數千年之穢跡，其功亦不在毅然立憲下也。

第六年第五期

憲　政　篇

　　監國攝政王承先帝付託之重，手造一立憲政體，爲聖清迓萬世一系之休。前已斥莠言嘗試之言官，示天下以正鵠。本月又諭樞臣："前飭各部院衙門，應行遵照先皇遺旨，舉辦憲政，各部院應將逐年舉辦事宜，先期籌備，期按年依次實行，俾屆九年期限，各事宜皆已爲憲政完全程度，方不負先皇遺意。現除學部、郵傳部外，各部院籌備按年舉辦各事宜，尚未一律開具簡明單奏，殊屬因循。宜再飭各部院將籌備逐年舉辦事宜，速行具奏"云云。此督促九年中剋期之效者一。又第一屆憲政籌辦事宜，業據各部院各省遵限奏報。

　　攝政王旋諭政務處王大臣，謂此項摺單，關係憲政前途，至爲重要。應飭憲政編查館悉心勘核，體察現在情形，倘有徒事鋪張、難期實行之處，指條簽注，並將各省籌備成績，逐細比較、列表呈覽，以便分別殿最，宣示中外，用昭核實而資觀感。現該館正在遵諭詳核，約於五月節前彙奏云。此考核第一年實踐之績者二。提綱挈領，親勞負扆之尊，雖諸臣未盡一德，而大致尚有進行，伊誰之賜？重臣中最敢於阻撓新政者，莫如陝甘總督升允之狂肆。近日奏稱朝廷實行立憲，乃時勢所趨，原非先太后、先帝兩宮本意，逞其蔽塞，謗及先朝。兼旬以來，監國尚優容之，殆不輕以言論罪人，實立憲國之精意，故但硃批"殊不可解"四字以斥之。然布衣可以頑錮傲天下，身任兼圻，意向足徵治忽，豈終以無意識者爲梗於其間？賢王好惡同民，知必不久稽罷黜也。

九年籌備範圍所推暨，除補登民政部、吏部、法部各摺單於本篇專件外，更有學部、禮部等摺單，亦載專件。

變通旗制一事，自設處以後，清單不載其逐年督促之事，而外間自有事實之進行。觀本月江浙兩省駐防之來往電，知旗民尚不甚樂於變通，倚賴性質，固非易破。彙錄電文如下：

杭州將軍致江甯將軍電云："洪密。變通旗制，關係甚大，各處均無良策。風聞貴治，將次實行，辦法必占優勝。第謠傳文道所擬條款，諸欠妥善，致下情異常惶恐，而敝防亦因之大受影響，興深爲記念。雖執事自有高見，必能計出萬全，惟事關全局，務請賜示磋商，期盡完善，庶國恩可以永受，而八旗忠裔，獲福無窮。目下究竟若何辦理，尚祈電復。興。霖（印）。"江甯將軍覆瑞將軍電云："瑞將軍鑒：文道條陳係創稿，故未宣示。兵初不知，現登《南洋官報》。其望影生畏者，多由愚而失教，因易受欺，或誤會耳。錫覆。"杭州將軍致江督電云："洪密。變通旗制事，關係甚大，聞甯防將次實行，而上下因文道條款諸欠妥善，以致稍有枘鑿。雖清帥另有高見，必能計出萬全。而節麾在邇，尚請力爲磋商，始終維持，俾得有最完全之善後，爲各防模範。祈電復。興。霖（印）。"江督覆瑞將軍電云："洪、霖電悉。變通旗制，關係至重，文道前稿，不過抒其所見，自應與清帥詳加籌商，期臻妥善。一俟議定辦法，再行奉聞。方。效（印）。"杭防紳學界上江甯將軍電云："江甯將軍鑒：聞貴治因撤防事，稍有風潮，敝防多爲震恐。雖事在必行，幸計出萬全，庶不致以國家美善之政策，反成滅種之慘禍。杭防紳學界等電叩。"

其列於本年籌備清單者，仍援前例臚舉如下：

一，官民共辦者三事：

甲　舉行諮議局選舉，各省一律開辦。　本月十五日，爲照章複選之期。各省之能如期而辦者，僅一江蘇之蘇屬。錄其所得議員如下：

　　蘇州府○金祖澤　錢崇威　方還　孔昭晋　費樹達　王同愈　俞亮　丁祖蔭　蔡璜　江衡　陶維坻●松江府○金詠榴　張家鎮　雷奮　朱祥黻　穆湘瑤　張開坼　謝源深　黃炎培　朱家駒　盛之驥　顧忠宣　黃端履　姚文枏　朱開甲　秦錫田●常州府○朱溥恩　儲南强　孟昭常　莊殿華　于定一　胡麗榮　孫靖坼　顧鳴岡　孟森　錢以振　蔣鏞　吳鴻基　蔣士松　黃應中　劉廷燨　趙衡　蘇高鼎　謝保衡　瞿樹窊　王楚書　秦瑞玠●鎮江府○狄葆賢　馬敬培　馬良　吳佐清　何恩煌　王士傑　陳慶年　陳允中　史耀堂　趙瑞豫　姜光輔◎京口駐防○崇樸　延祥●太倉州○陸祖馨　洪錫範　夏曰琦　顧瑞　林可培　蘇雲章　潘鴻鼎　嚴師孟

以上爲定額六十六人，又專額二人。先是江蘇巡撫爲豫備候補複選當選人，致電憲政編查館云：

　　憲政編查館鑒：選舉缺額必以候補當選人遞補，而候補當選人之難得，無異原額。緣初選不足額而行再選三選者，大都僅僅足額，而無候補當選人，以致辭職後無人推補。蘇省各屬現辦情形，大率如此。複選關係甚大，苟同初選，勢必議員缺額，照章雖可補選，究覺繁重。可否量予變通，於議員定額外，酌定候補當選人若干名。如應出十名議員之複選區，得預備半數五名之候補當選人。倘屆時選出僅敷議員，或雖有候補當選人而未滿此項預備之數者，准其爲候補當選人重行選舉，至足數而止。複選之候補當選人，原以備補議員，今以原有選舉議員之人，同時選舉候補當選人，可免後日補選之煩，而與章程原義亦無大背。應否照准，伏乞迅賜覆示。

旋得館電准行。蘇籌備處又致電憲政編查館，請示投票法。錄電如下：

　　蘇撫致憲政編查館電云："憲政編查館鈞鑒：複選候補當選人加半預備，蒙照准。現複選重行投票，均已遵照第五十七條初選舉辦法。至爲候補人投票，是否即以複選第一項次多數，照應備候補額數，加倍開列，投至足額而止。急乞示遵。皓。"憲政編查館覆電云："洪、皓電悉。複選候補投票，即照來電辦埋，希飭遵照。憲政編查館。漾。"

投票方法既定，各屬一律皆有半數之候補選人。錄如下：

　　蘇州府○劉永昌　邵松年　楊廷棟　蔣炳章　潘承鍔
費廷璜●松江府○顧言　謝葆鈞　許其榮　秦始基　王
豐鎬　黃繼曾　沈樹敏　莊禮柔●常州府○屠寬　俞復

章際治　黃錦中　吳增元　俞霖　華文川　朱頡雲　華申祺　張洵佳　華堂●鎮江府○王承毅　陳義　林懿均　鮑心增　茅謙　任璪◎京口駐防○桂芳　奎照●太倉州○錢淦　黃守孚　李汝恒　顧暄

本月已行初選舉者又有奉天省，於十八日一律投票。照前定期限，吉林、山西亦於本月初選，今尚未知果否。其已有分配名額之表者，則爲山西、直隸、湖北、山東、浙江五省。就各報所載，照錄如下：

山西全省選舉人名表：

複選區	選舉人額數	零　數	議員額數
太原府	六千八百六十七名	四百六十七名	十一名
平陽府	五千零四十二名	五百六十二名	八名
璐安府	三千一百四十八名	五百八十八名	五名
汾州府	四千零九名	一百六十九名	六名
大同府	六千六百八十四名	二百八十四名	十名
朔平府	一千八百九十三名	六百一十三名	三名
甯武府	一千二百五十八名	六百一十八名	二名
澤州府	三千零五十八名	四百九十八名	五名
蒲州府	三千一百六十九名	六百零九名	五名
遼　州	一千二百六十五名	六百二十五名	二名
沁　州	一千二百六十一名	六百二十一名	二名
平定州	一千八百九十五名	六百一十五名	三名
代　州	三千二百名	無零	五名
忻　州	二千零五十四名	一百三十四名	三名

續表

複選區	選舉人額數	零　數	議員額數
隰　州	六百四十一名	一名	一名
保德州	六百二十一名		一名
解　州	一千八百九十八名	六百一十八名	三名
絳　州	二千零六十名	一百四十名	三名
霍　州	一千八百九十六名	六百一十六名	三名
歸綏道	三千一百五十名	五百九十名	五名

　　直隸諮議局籌辦處，因京旗及內外城等處，以調查繁難，未能將選舉人名冊依限報到。茲已調查就緒，特詳請總督分配各屬議員名額。計全省有選舉權者，凡十六萬二千五百八十五名。以順直定額一百四十除之，得一一六一，實一千一百六十一名得議員一名。以此數除各複選區選舉人總數，各複選區應得議員額數並應分零數，列表如下：

複選區	選舉人總數	除得數	應得議員數
順天府	二一○七三名	一八·一五	十八名
保定府	二一二○二名	一八·二六	十八名
宣化府	八八六五名	七·六三五	七名，分零數一名，共八名
河間府	一二三四七名	一○·六三	十名，分零數一名，共十一名
正定府	八一五八名	七·○二六	七名
廣平府	一一一一○名	九·五六九	九名
順德府	八九○一名	七·六六六	七名，分零數一名，共八名
大名府	一三一九九名	一一·三六	十一名

續表

複選區	選舉人總數	除得數	應得議員數
承德府	三四九六名	三・〇一一	三名
圍場廳	九五二名		分零數一名
永平府	一一三九六名	九・八一五	九名，分零數一名，共十名
朝陽府	三九二五名	三・三八〇	三名
天津府	七一三二名	六・一四二	六名
趙　州	四一六五名	三・五八七	三名，分零數一名，共四名
深　州	三六一二名	三・一一二	三名
冀　州	八一二七名	七	七名
遵化府	三九〇七名	三・三六五	三名
定　州	六八七六名	五・九二二	五名，分零數一名，共六名
易　州	二五四四名	二・一九一	二名
赤峰州	五五九名		分零數一名
口北三廳	一〇三九名		分零數一名

　　湖北諮議局籌辦處，因據各屬申送調查選舉人名冊，計有選舉權者，總共十一萬三千二百三十三名。以議員定額八十名除之，應每一千四百一十五名又八十分之三十三出議員一名。茲將各府議員名額分配列表於下：

府名	選舉人總數	應出議員	零數	應得餘額	共出議員
武昌府	一六三六四	一一	七九九	一	一二
漢陽府	一零九三三	七	一零二八	一	八
黃州府	一三一三五	九	四零零		九

續表

府名	選舉人總數	應出議員	零數	應得餘額	共出議員
德安府	一一零零六	七	一一零一	一	八
安陸府	一二零三三	八	七一三		八
襄陽府	一三七四六	九	一零一一	一	一零
鄖陽府	五零九六	三	八五一	一	四
荊州府	一三一四二	九	四零七		九
宜昌府	七二七三	五	一九八		五
施南府	四九六七	三	七二二		三
荊門直州	五五三八	三	一二九八	一	四

　　山東籌辦處統核各屬申報選舉人數，暨更正期內添補人數，除刪去不合資格一百零五人外，確定全省實在合格總數，共十一萬九千三百二十一人。已按照定章，將各屬應得議員額數，與初選當選人額數，分別配定，彙列細表，分飭各府州縣，一律知照。茲將通飭各屬議員分配額數表，照登於後。

複選區	選舉人總數	應出議員	零數比較	應加額數	應出議員數
濟南府	一七三〇九	一四	六〇七	一	一五
東昌府	九八二五	八	二八一		八
泰安府	一四四〇一	一二	八五		一二
武定府	七七九二	六	六三四	一	七
臨清直隸州	三五三九	二	一一五三	一	三
兗州府	五九〇八	四	一一三六	一	五
沂州府	一四五五七	一二	二四一		一二
曹州府	七九九八	六	八四〇	一	七

續表

複選區	選舉人總數	應出議員	零數比較	應加額數	應出議員數
濟甯直隸州	三九五八	三	三七九		三
登州府	一三四九五	一一	三七二		一一
萊州府	五三三七	四	五六五		四
青州府	一〇二三〇	八	六八六	一	九
膠州直隸州	四九七二	四	二〇〇		四
總數	一一九三二一	九四		六	一〇〇

　　上表以山東議員定額一百名，除全省冊載選舉人總數十一萬九千三百二十一名，每一千一百九十三名得選出議員一名。

　　又青州駐防專額議員二名，德州駐防專額議員一名，不在山東百名定額之內。

　　浙江諮議局議員分配名額表：

複選區	選舉人數	除得數	餘數	增加數	應出議員數
杭州	一三三四二	一六	六七〇	一	一七
嘉興	六五五三	八	二一七		八
湖州	九二一二	一一	五〇〇	一	一二
甯波	八四六八	一〇	五四八	一	一一
紹興	一三八九九	一七	四三五		一七
台州	一二六六二	一五	七八二	一	一六
金華	九五〇八	一二	四		一二
衢州	四〇三一	五	七一		五
嚴州	三一六六	三	七九〇	一	四

續表

複選區	選舉人數	除得數	餘數	增加數	應出議員數
温州	四九三五	六	一八三		六
處州	四四九九	五	五三九	一	六

共計選舉人九〇二七五，以議員額數一一四除之，計每選舉人七九二名得選議員一名。

未見詳列之表而已有分配之確數者，則有廣西、貴州兩省，錄來信如下：

廣西諮議局議員名額五十七名。其全省人名册，合共四萬零二百八十四人，每七百零十人應選議員一名。桂林府占八名，平樂府占十名，梧州府占十一名，鬱林州占四名，柳州府占四名，慶遠府占二名，思恩府占三名，潯州府占五名，南甯府占五各，太平府占二名，泗城府占一名，歸順州占一名，百色廳占一名，鎮安府不足一名，缺之。定以五月十五日行初選舉，七月初五日行複選舉。

貴州全省選舉人總數，計四萬二千五百二十六名。額設議員三十九名，以三十九除四萬二千五百二十六，約千九十人而得一。計貴陽三名，安順四名，興義二名，大定三名，遵義六名，都勻三名，黎平二名，石阡三名，鎮遠四名，思南四名，平越三名，銅仁一名，思州一名，共三十九名。已由撫憲照章分配，行知各複選監督矣。

其僅有全省選舉人總數者，據安徽諮議局籌辦處詳院文，綜計全省選舉人數計七萬七千九百零二名。照章以議員八十三名之數除之，計九百三十八人得分配議員一名。

　　江西議員增額，已誌前期。茲補錄其來往原電，以備考查。

　　　　贛撫致憲政編查館電云："北京憲政編查館鈞鑒：洪。據諮議局籌辦處司選員，詳稱議員定額，以學額總數百分之五爲準。局章江西九十七名，查照本省學額，似應出議員一百零八名，請示前來。飭據提學司查復江西學額，計各屬原額一千三百三十六名，定額四十四名；又捐案及嬰城固守加永遠七百五十名；廣一次額，二十七名，總共二千一百五十七名。按百分之五計算，應得議員一百零八名。倘除去廣一次額二十七名，應得一百零六名等語。鈞處原定九十七名，未知如何核算，謹請示。汝騤。蒸。"憲政編查館復電云："南昌撫台：洪。查諮議局議員額數，定章以學額百分之五爲準。前准蒸電，所稱與部咨原冊數目核算不符，當即咨查禮部。茲准覆稱江西原設及永遠加額共二千一百三十名，查與提學司所報尚無歧異，應即定爲一百零六名。至暫廣一次之額，自不應計。希即轉飭遵照。編查館。宥（印）。"

　　其一省有分局合局之辯難者，僅見江蘇一省，前期略述梗概。本月十四日，果由督撫致電憲政編查館請示，旋得覆准合。自此設局問題解決，江蘇士民亦得預於研究議案之列矣。錄原電如下：

　　　　江督蘇撫致憲政編查館電云："北京憲政編查館鈞鑒：江蘇諮議局，經方等在江甯蘇州，派委員紳，設立籌辦處，分頭籌辦，並將辦理情形，奏咨在案。茲據兩籌辦處總協理會銜，呈稱諮議局爲指陳通省利弊之地，江蘇省實括寧、蘇兩屬而言，不得析爲兩省。因督撫分駐，又各有藩、學兩司，遂有主分之論。紳等以分合問題，事關全省，應與全省人謀之，爰函商京外各紳，徵集意見。統計寧蘇主合者三十八人，主分者二十八人。開摺呈鑒，乞電請鑑示等情。綜核摺呈各條，主合者實居全數之大半。所持之說，有謂寧、蘇本是一省，斷不能設兩局者；有謂寧、蘇行政機關初未剖分，就此議決，亦宜合不宜分者；有謂交涉事件歸江督主政，地丁奏銷歸蘇撫主政，實爲寧、蘇不能分之確據者；有謂寧、蘇政治多同，自應合議，一國無兩國會，一省安可設兩議會者；有謂發達教育，提倡實業，擴張商務，與其就五屬之力爲之，不如合大江南北之力爲之者；有謂寧、蘇本同省，省設一局，名義上應合，畛域泯則意見融，團體大則力量厚，事理上宜合，該局爲發表意思之地，宜求統一，法理上宜合者；有謂寧、蘇分局，如有爭議，將援局章第二十九條，請資政院議決乎，何如共處一堂，意見可期融洽者；有謂局章所稱應興應革事件，及預算決算等，皆統全省而言，如其分局，將全省權利、義務有難以統籌者；有謂寧、蘇合局，就建築經費而言，亦足輕吾民之擔負者。核其情詞，均言之成理，持之有故。至於主分者，以名額不均，恐合議之時，人數不敵，致礙權利。有謂督撫所駐之地，並應設局，即有持督撫同城，無並設兩局之理以駁之者。其餘或謂江南北風氣不同，會議恐生困難，或謂縮小團體範圍，精神易於貫注。雖亦有所執持，大抵因名額分列一端發生，否則局於一隅之利病，其義似較狹隘。查局章雖名額分列，並無分局之明文，亦無一省准設兩局之明文。一省一局既係通章，現在士紳意見，復顯有注重，即主分者亦多兼籌聯合之法，並有請要求更正者。諮議局本官紳同負責任之事，似宜即群情之向背以定辦法，庶合公諸輿論之意。今距開局之期不過數月，辦法不定，無以為召集之預備，非由鈞處審計熟籌，折衷至當，予以切實之解決不可。特此據情，詳晰奉商。如荷允准，將江蘇諮議局按照通章，合設在甯。務懇即於此時，迅予指定，從速電示，俾利進行，至為盼禱。方、啟泰。寒（印）。"江督得憲政館電云："南京制台、蘇州撫台：洪、寒電悉。甯、蘇二屬議員，既據兩籌辦處，呈稱京外各紳多數皆主併入一局，持論頗正，亦與定章無違，應准如所議。設江蘇諮議局於江甯省城，其甯、蘇議員額數，仍照定章，分別選舉，希即飭遵。憲政編查館。巧。"

諮議局粗具議院形式，頗與各地方議會不同。觀政府通電局所之建築，鄭重可知。錄電如下：

憲政編查館致各省督撫電云："奉天、天津、南京、廣州、武昌、福州、蘭州、雲南、成都各制台，安慶、齊齊哈爾、杭州、吉林、開封、蘇州、濟南、南昌、長沙、太原、迪化、貴陽、西安、桂林各撫台鑒：各省財力厚薄，及諮議局議員人數多寡，各有不同。所築諮議局議事廳，或從新創設，或將就改造，均無不可。其新建者，則宜倣各國議院建築，取用圓式，以全廳中人能彼此互見共聞為主。所有議長席、演說台、速記席，暨列於上層之旁聽席，等皆須預備。若改造者，亦應略倣倣此意辦理。至議員席，須照現在該省議員額數加多，以為將來酌增議員之地步。其工程無取過事華美，亦須備各有規模，以求適用而具觀瞻。憲政編查館。江。"

館電去後，報僅載河南巡撫吳重憙覆電。録之以見豫省局房規制：

電云："豫省諮議局房屋，現議就貢院舊址改建，已核實勘估。議事廳一所，用圓頂，多開門窗，以合光綫聲浪，廣可容三百餘人。應設各席及演説台等，均已預備。其他宿舍庖湢，約共二百數十間，但求堅固，非敢壯觀。憙電叩。"

奉天三月十八日初選，據興京廳申報，彌見該省之鄭重將事。該廳初選當選額祇一名，而鋪張甚盛。録申文如下：

興京廳呈報奉省籌辦處文略云："憲局札發事務期限表解，内載申報應選人姓名、職銜、票數及初選情形時，應分呈本處。卑職遵於投票先期，督同管理、監察各員，將投票、開所一切事宜，均布置妥協。門外交升龍旗，懸燈結綵，所有入口、出口、簽字、領票、寫票、投票各處，皆用長紙標明。至三月十八日投票，仿考試進場式，門前雇用鼓樂，並升礮三次。升頭礮，所有辦理選舉人員必須一律到齊。八點鐘升三礮，開門投票。凡係出入地方，皆設警兵。大門以外，添撥警兵二十名彈壓。有來投票者，由警長指引入口。入門後，凡簽字、發票以及寫票、投票，處處有監察員指引，直至事畢出口。卑職與候司選員，時在各處監視。自上午八時始，午後六時止，計全區選舉人數二百零五名，親到簽字一百八十五人，此選舉投票情形也。三月十九日早八點鐘開票，張貼榜示，並知會各選舉人到所參觀。是日早七點鐘，由投票管理、監察員用彩亭將投票匭送交開票所。前有警兵列隊導引，次則鼓樂，再則執事各員，以及紳衿，均衣冠隨行。到時，由開票管理、監察員接置開票台上。至八點鐘開票，仍升礮作樂。按照開票規則，管理、監察員分司其事，卑職、侯司選員左右監視，當台將投票匭啟封，檢點選舉票與投票薄，對照數目，均屬相符，遂挨吹唱名，並用紅紙選字小簽記數。唱名畢，總計一百八十三紙，以得半計算，非一人得票滿九十二票以上不得爲初選當選人。查點得票計算單，有恒孚一名得一百三十一票，已滿當選票額以上，應爲初選當選人。當時即將當選人姓名及所得票數，由卑職在票台親筆書妥，將衆榜示。是日開票室三楹，除東壁開票台外，台前橫列，均是參觀席，足容二百餘人，然非選舉人不能入此座。另在開票台兩旁，設有來賓參觀席。卑職於開票完竣之後，人衆未散之時，復將選舉之利害關係，反復演說。此選舉開票之情形也。卑職回署後，即備當選知會書。次日得恒紳孚復書，情願應選。遵照議章，當選人確定後，發給執照，並於三月二十二日，復將當選人姓名、職銜、票數再行榜示。現在初選完畢，除分報外，理合具文呈報。"

至各省所請變通辦理各事，黑龍江則請變通選舉資格，廣西則請變通當選票額。雖未見明文，備錄所聞，以觀其後。

黑龍江巡撫電詢憲政編查館，以奏定選舉章程，須精通中國文字，方有選舉資格。現在江省多沿蒙古舊習，熟於漢文者甚屬寥寥。凡通滿蒙文字，可否變通選舉。聞憲政館、王大臣現已電覆允行，然止爲一時初辦權宜之計，日後決不能援以爲例。

廣西巡撫以初選期轉瞬即屆，特將爲難情形，函商憲政館云："地方邊遠，風氣閉塞，居常政團，根荄未具，臨時思索，有類探籌，票少人多，胡由足額，其難一。土曠人稀，交通不便，一山阻隔，畛域遂生，被選之人，非親即故，法定票額，終不得達，其難二。票數不符，自應照章再選。然其理既不能家喻户曉，其勢尤難強制執行，藉令到者寥寥，或竟抗違不到，罪無可罪，傳不勝傳，一之已難，何況於再。然使似此者僅三五屬，辦理雖難，猶可勉強設法。萬一各屬投票皆不如額，均須再選，選舉人復均不肯來，期限一違，雖舉各牧令而盡劾之，於事仍無補救。若不預謀通變，臨事必致周章。可否仰懇俯念廣西風氣蔽塞，特予變通，准其采用單純比較多數制度，以免當選足額爲難。仍以此次爲限，俟下屆選舉，即當遵照定章辦理。論法律效力，固當普及全國，未可因一隅而紊定章。側聞新疆因文化未開，本屆選舉事宜，已蒙准其展緩，具見釣館因時因地，各制其宜，用敢縷細上陳"云云。現接憲政館覆電，已允變通辦理。

其申明覆選區變通辦法者，報載憲政編查館查諮議局選舉章程，以廳、州、縣爲初選舉區，府、直隸州、廳爲複選舉區。其直隸廳無屬縣者，止作爲初選舉區，其複選舉區應以附近之府充之。兹接吉林巡撫來電，以新城、吉林、長春、賓州、依蘭、綏芬、延吉七處爲複選舉區。吉省府、廳、州、縣疊經增析建置，此次分割之法，是否與定章相符，特於前日電詢吉撫。嗣准陳簡帥電覆如下：

　　吉林巡撫電云：“吉省初、複選舉區，本擬照章劃定。惟因原定行政區域，與他省不同。所有府、直隸州均有本管地方而無屬縣，所有廳、州均不隸於府、直隸廳、州。其東南一隅之依蘭、密山兩府，綏芬、延吉兩廳，轄地面積，實占全省之半，府廳之距離，又多在千里上下，勢不能照內地情形，一依定章辦理。曾飭籌辦處集議，屢次熟籌變通之法。不得已，遂以依蘭府爲複選區。其本管地方及臨江、大通兩州縣，即爲其區内之初選區。密山雖稱爲府，因甫經設治，人民極少，作爲初選，而以綏芬爲其複選區。延吉一區，包括琿春在內，爲現今邊疆極重之地，若歸依蘭複選，則距離在八百里以上，若附於吉林府複選，則距離在千裏以上，乃議定爲複選區，以其本管地方作爲初選。其他新城、吉林、長春三府，賓州一廳，皆有章程可循，故皆定爲複選區。而以榆樹縣、雙城廳，及新城之本管地方，歸新城；以敦化、磐石、樺甸三縣，伊通、濛江二州，及吉林之本管地方，歸吉林；以農安、長嶺，及長春之本管地方，歸長春；以濱江、五常二廳，長春一縣，及賓州之本管地方，歸賓州。共分七複選區，二十二初選區。全省選舉區域，似此分配，尚覺勻稱，而於章程亦無大變更。去年十二月間，據籌辦處檢同選舉區域圖表詳報，當經具奏，並咨呈貴館在案。茲承電詢，遵即述聞。謹請查照去臘原咨及圖表，迅賜核示，毋任盼禱。昭常謹肅。篠（印）。”

　　其關於各省駐防專額，館臣自申章程不足之意，以謀旗額之廓張，則近有通咨各駐防等衙門文。略謂查外省駐防之設，本爲昔日因時制宜辦法，有全省俱無者，有一省一處者，亦有一省數處者，省既不同，制亦各異。諮議局章程"各省駐防"一語，本指駐防住所而言，並非合全省數處駐防，均祇限於三名以内。是各省之駐防，凡將軍、都統、副都統、城守尉各定專轄區域者，地方既相隔越，學額亦復舊有。應各查照議員選舉章程，學額在十名以内，選舉議員一名；在二十名以内，選舉議員二名；在二十名以外，選舉議員三名。

　　乙　籌辦城鎮鄉地方自治，設立自治研究所。　自治一事，各省頗少進步，其故因各省諮議局選舉事未畢。其已畢者爲江蘇蘇屬，似可移其籌辦諮議局之手腕，督促自治。豈知江蘇正以自治局爲害，籌辦處有籌辦之布置而無所用，自治局無籌辦之布置而有其名，於是袖手不事事，靜待諮議局開會後，或當有以處之。疆臣之隔膜，貽害無窮。蓋此事本人民所共與有成，而吾泚筆竟無可記録，爲之喟然。

　　本月十六日，憲政編查館奏核覆自治研究所章程，各省辦研究所有可遵守。摺單見本篇專件。

　　研究所章程第五條定研究科目，共有八項，其第八項爲自治籌辦處所定各項籌辦方法。則各省之諮議局籌辦處，諮議局選舉事畢，當即改爲自治籌辦處，以籌辦爲責任。近各省勒限辦自治者計有二處，山東由籌辦處定限，江蘇蘇屬乃由會議廳定限。會議廳無執行督促之機關，撫臣故束縛籌辦處之能力，而一以空文了之，蘇人之厄也。

　　報載政府以地方自治，最忌各分畛域，決意實行改土歸流之策，因電催各省督撫將所有土司酌改縣治，並須速辦毋延云云。土司屈服於官府威力之下，業已數十百年。從前威信未孚，驟議改流，或偶有嗾其土民負嵎抗拒之事。土客錯處既久，中華文物，柔服列強雖不足，震動土司尚有餘。土司所轄之士民，苦土官無理之徵斂，知非流官所敢出，則赴省控諸大

吏，其事往往而有。甚或闕而去其官，請省大吏設委員彈壓土
境。蓋土官威望已掃地，土民日夜望改流，徒以民力散漫，土
官則以其厚歛所得行賄於官，爲之布散謠言，言改流必且發
難。傳舍其官之俗吏，無論有賄可得，且代爲鼓吹虛詞，即未
嘗得賄之大吏，亦多疑信參半，不欲多事。以故土司猶貽傳至
今日，皆國無人民膨脹力，一聽官之所爲。官則地方通塞，於
己無所加損，不如先求無過之爲愈。吾於桂邊各土司，頗目擊
其事實。今以辦理自治而議改流，痿痺之各地，漸有痛癢之知
覺，政事之有益人國也如是。

　　查民政部奏逐年籌備摺，本年除已訂定自治研究所章程
外，尚擬專訂京師地方自治章程，請旨欽定，又籌設京師議事
會、董事會，又核定各省自治區域，又指定各省繁盛城鎮地
方，督催照章籌設該城鎮議事會、董事會。全摺單見本篇
專件。

　　丙　調查各省人戶總數。　此事仍無所進行。惟報載民政
部決定自八月朔起，清查京師戶口。查民政部奏逐年籌備事
宜，本年督催各省將該省省會，及外府所屬各首縣，並商埠地
方人戶總數，照章調查，一律報齊。

　　二，官民皆有所待而後可辦者兩事：

　　甲　頒布資政院章程，舉行該院選舉。　章程未頒布。報
載現設之資政院官，與憲政編查館會訂議員選舉法。聞以該員
半由君主委任，須經下院認可，半由下院議員公舉，請君主裁
可。至下院議員，則純用民選制度，由各省諮議局投票公選
雲。此係報館電傳消息，確否固未可知，且觀其後。至該院久
設總裁、協理、幫辦等官，論其職掌，爲籌辦資政院而設。然
章程迄未頒布，近爲言官所劾，聞始奉攝政王飭速擬定云。

　　乙　頒布簡易識字課本，創設廳州縣簡易識字學堂。　課

本未頒布。查學部奏分年籌備事宜摺單，今年以頒布創設，並有如限之責。又需列爲普通教育中之一分目，而與師範教育、實業教育、專門教育等共爲四項教育表，預定分年籌備事宜，按年列清，限年内送部核定。表内將辦法次第及成立期限，並按年推廣之法，一一列入。而其行查各省人民識字義者若干人，則始於宣統五年；奏報人民識字義人數，則始於宣統六年。全折單見本篇專件。

三，官辦者三事：

甲　調查各省歲出入總數。　此事關係極大，士民之所望，而官則甚憚之。自前月簡定各省監理官後，聞度支部尚書手定監理官辦事宗旨數則。言此次清理財政，以考核各省出入款目，使之明白的確爲主，絕非多方搜括，及有意吹求，官民即不生疑忌云云。竊謂民間疑忌，事實所無，並深信部臣無搜括之意。至官之疑忌，則未可知。各省奏銷，若有少許真面目，吹求何害？顧皇皇然均若有大慮者然，正未知其何故。

又清理之法，注重現時收支款項，豫備整頓將來，並非追咎既往。凡多年之案卷，循例之奏報，事屬空文，毫無實際者，均不必搜求，致生糾葛，反與實事無濟。以上兩事，聞皆監國攝政王面諭，該尚書飭各監理官遵照辦理云。

報載政務處王大臣會議，商飭各省財政監理官，俟將該省財政事務辦有端倪，須將該省開設之銀行，便中調查，所有之存款、貸款，是否與所報之資本相副，以免虧耗虛空等弊。度支部澤尚書云，監理官有清理各省財政責任，而無驗查銀行之權，故此事俟他日再行妥商議訂，各王大臣亦均以爲然。此關於銀行之清理也。夫銀行如大清銀行等，皆有股東會爲監督機關。雖未知其内容如何，然就本具之機關，完其功用，原不藉監理官一朝之察察。特未知外省官營之銀行事業，並無監督機關，而既營貸借匯兑之業，並可任發紙幣者，有無流弊，其維持信用之道若何，或當在計臣所謂妥商議訂之範圍内乎？

又度支部澤尚書，因清理財政，奏定先由外債入手。日前會商外部，擬自後各省辦理新政，必須就地籌款。如必息借外債，應遵照奏定辦法，咨明外務、度支兩部，核實籌畫。所訂合同，由外部查照各國借債通例辦理。其付還本利一節，由度支部會同各該借債省分督撫妥籌後，方可具奏。又聞借用外債，前經部定限制，咨行各省，查照在案。惟度支部以從前各省所借，並應行代國家償還各借款，現實不資，且關係外款，倘不確核預籌，一旦延緩，貽誤甚多。現按款咨行各省詳查，計開所借外款，分爲各省自借外款、國家償款即賠款鎊虧等、地方償款如地方交涉賠償等、鐵路借款及一切借款。每款現實共欠若干，如何分期籌還，該款係就何項下所出，均逐一詳細查開咨覆。現已列單，咨行各省查照矣。此爲關於外債之清理。

報又載度支部爲清理財政起見，日前特飭司員，將各項行政經費，分別查核：（一）京師各衙門，（二）新設各行省，（三）內地各省，（四）蒙邊各地。務須按照四項，切實調查，不可稍涉敷衍。似此則各衙門移交款項，各省派員監理之外，本衙門仍勇於勾稽之事。

又載度支部以鹽政弊端，多由督銷所致，俟清理財政監理官出京核實後，即由部派員督銷。鹽政自軍興以來，由內府移屬督撫，而解還內府人員舊解之額。前之弊在鹽政，後之弊在督銷，總之均不直接於國庫。計臣今日，庶眞知中央集權之道矣。至外省借運鹽斤，中有流弊，聞度支部現查光緒三十四年份，所有廣東省借運別省之鹽款二十餘萬兩，湖北、河南等省借運之各二十萬兩，深恐其中釀生流弊，擬飭暫緩奏銷。一俟該省之正副監理官到省後，代爲勘察，是否屬實，再行報部核銷云。此爲關於鹽務之清理。

監理官在京集議各節，報章頗騰口實，以非定議，未必作爲根據，故不贅錄。惟部臣飭辦各事，錄報載各專電以資考核：（一）飭監理官到省後，嚴汰藩署書吏，以清積弊；（二）飭丞參速造各省虧空冊，令監理官帶赴各省澈查；（三）通電各省督撫，速將辦理財政人員報部，以便監理官接洽。又聞監理官經部飭不准攜帶隨員，以免浪費招搖云。各衙門、各行省之對於清理財政一事，在京先由農工商部奏將款項交度支部後，近他衙門皆絡續奏交，尚未定議者不過一二衙門。

法部堂憲會議，各省所收罰金一項，統計一千五百餘州縣，爲數不資。前部章每縣年提一二百金報部，原爲入手試辦之計。但罰金係懲罰之條，與租稅不同，現擬通飭各省，將此項收入額，按月詳報部省，宣布通衢，俾人民知其數目及用處，可藉免胥吏侵蝕之弊。此爲屬於法部衙門之清理。

外省則浙江財政局辦法最詳。新訂章程十二條，以藩司充總辦，運司、關糧等道，及現辦鹽餉局之候補道員爲會辦。內分三科：曰調查，曰會計，曰編制。撥開辦經費一千兩，常年經費一萬四千兩，由藩糧、運關、鹽餉等各署局，共同籌撥。聘定議紳陸元鼎、張元濟、湯壽潛、劉錦藻、周晋鑣、林丙修、李塏、盛炳緯、余朝紳、楊晨、陳敬第、吳震春、沈鈞儒、陳豪、王廷揚、程大廉、阮性存、譚獻、葉誥書等十九人。此項議紳，未必悉親其事，然視各省，實獨爲鄭重。他省絡續奏報設局，本月所見摺件較多，不及遍載。

外省理財之擘畫較偉者，四川總督趙爾巽奏設經徵局，勻定州縣公費，早見上年本雜誌第十二期。本月十五日，又奏變通辦理情形，略錄原摺，爲各省勸。

　　奏略言："查經徵局之設，近之爲飭吏安民之計，遠之爲阜財裕國之圖，創始經營，本不能驟躋盡善。況希冀礦稅之婪吏，與畏難苟安之庸流，往往冀其事之無成，以快其心之所欲。查礦稅之爲害，能使上司專以調劑爲事，屬吏專以趨避爲能，地方永無好官，即有好官亦不能久於其任。此而不革，民困何日可蘇？是以經徵之事，經奴才督飭在事各員，殫竭智能，持以毅力，開辦數月，推行無阻，官心以安，民心大定。現截算上年冬季稅契收數，已達五十萬兩有奇，以之撥給公費，提補額款、續增、新加三項稅契，尚足敷用。惟現辦章程，與撥款辦法，公費數目，較原奏不無損益，謹將更定情形，爲我皇上陳之。查原定稅契章程，於僅用屬印未黏司尾之小契，限半年內完納半稅。嗣因民間無尾之契甚多，飭納半稅，恐滋煩擾，當改令予限四個月，呈換官契，但繳工本，免納半稅。其買契投稅期限，原定兩月，爲時過長，改爲限二十日。其依限投稅者，提取稅釐獎賞。官契工本，原章每張收銀一兩，嗣因民間有價值十千以內之契，納銀一兩，未免過多，改爲契價十千以內者，另黏小契執據，其工本改爲每錢一串，納錢五十文，以便貧民。此更定稅契收稅章程之實在情形也。州縣公費，原定共銀九十二萬六千兩。茲查尚有不敷開支，應行加給者，如江津、涪州、宜賓、漢州、三台、江北、忠州、梁山、隆昌、樂山、西昌、金堂、灌縣、綿州、廣安、開縣、雅安、達縣、資陽、南充、郫縣、新甯、鄰水、長壽、名山、閬中、榮昌、南川、鄲都、合江、綦江、太平、射洪、梓潼、青神、樂至、蓬州、納谿、羅江、昭化、城口、營山、平武等四十三廳州縣，應每年各加銀一千兩；廣元、雲陽、江油、劍州等四州縣，應每年各加銀二千兩，統共計加銀五萬一千兩。並均定爲遇閏照加一月，以示體恤。此又更定州縣公費之實在情形也。公費未定以前，院司道府之巡捕、幕友、監印各執事，年節及謁見等事，向有酬應，督署用人既多，需款尤亟。去年雖經奴才禁止收受，捐款墊給，究難持久。各司道無力墊支，更須妥籌。是以前督臣丁寶楨設局辦理鹽務，曾經籌定院司道府公費，防微杜漸，具有深心。兹定於官契工本每張銀一兩項下，除去照原章撥解藩司二錢地方局署分支三錢外，由司局詳請另解督署銀三錢。其各署年節酬應，一律裁免，由局按節分款籌解抵補。又稅契原章以五成之三作爲正款，以二成作爲經費。正款專供公費，及提補額解稅契攤捐之用，經費專供局用。兹查正款不足而經費有餘，自應將經費湊撥公費等項，以資把注。又稅契原章，房稅應一律歸公，本爲州縣戶房所得。提稅之後，房書辦公無資，亦所當恤。現定分別提還一二釐，俾免枵腹。此又稅契正雜各款分別開支之實在情形也”云云。三月十五日，奉硃批：“知道了”，欽此。

又山東巡撫袁樹勳，奏請豁除歷年提款，另定公費，亦有與州縣更始之意。其抵補公費之款，及各缺如何勻定，雖尚未詳，撫臣當已有成算。更略錄原奏如下：

奏略言：“東省州縣虧累，萬分難支。於二月間遴派精於會計委員，分往各屬調查出入款項。適於閏二月十四日，承准軍機大臣字寄，宣統元年閏二月初十日奉上諭：‘有人奏請豁免州縣攤款等語，各省攤款實足爲地方官之累，著各督撫查明司道府各衙門攤捐款項，分別是否重要政務必需之款，應否裁除，詳晰妥酌，奏明辦理。原摺著鈔給閱看'，欽此。遵將各州縣歷年提款，請予一律豁除，並爲酌定公費，以缺之繁簡爲衡，不以地之腴瘠爲準。免提盈餘一項，款目極鉅，由臣督飭司道另籌抵補。"二十四日，奉硃批："著按照所奏妥慎籌辦，期收實效，以清治源"，欽此。

以上兩奏，在疆臣中爲差强人意。夫官俸章程，必需另定，已見籌備清單。公費一層，本係苟且一時之計。但今日銀價驟長，寖無止境，州縣苦累，不可不救其急。最妙莫若早定幣制，停鑄銅圓，然後籌濟急之公費等。此非一省所能獨爲。度支部於理財著著進行，獨根本之圖，久甘延宕，雲霓之望，且爲奈何。

報又載度支部初議飭各省將漕糧折銀解部，尚書澤公恐京師米價昂貴，有礙旗民生計，諭飭照舊辦理，此説未知確否。南漕改折，於國計民生，均有大益。今以京師米價有礙旗民生計爲言，則非詳查南漕是否充京師民食，未易決此問題。聞漕米抵京，並不徑給旗丁。旗丁領餉，仍係折錢買米。而倉米則除白糧外，招商分別變價。蓋耗蝕霉變，大半不復充食用。似此情狀，願與當事者一覆核之。

報又載憲政編查館因内廷財用與國家財用淆混不清，頗與立憲國相背，昨特咨行度支部與内務府，會同查核内廷經費，款項幾何，支銷若干，係從何項撥出，仍照度支部章程，分別新案舊案，由宗人府詳列表冊，覆核彙奏。此又爲清理財政而涉及皇室經費之漸。伏讀本月十一日上諭，隆裕皇太后懿旨，免交年節另款，諭見"諭旨"。又讀樞廷電寄粵督諭旨，並檢粵督張人駿請軍機處代奏原電，略稱："前准內務府咨開催進端陽貢品，正督飭辦就間，適奉鈞處函開面奉諭旨：'凡有關祭祀之貢，准其呈進外，其本人之貢，一概永遠停止'等因，欽此。竊維內務府前咨與此次諭旨稍有未符，且此項貢品限期甚迫，考成極嚴。現在是否照舊進呈，抑或遵旨停止，祈代奏請旨遵行"。軍機處電寄云："奉諭旨：電奏悉。著仍遵前旨，一概停止。"朝廷昭示儉德，薄海同欽。此聞有某御史奏內外各衙門辦理新政，需款繁多，籌措乏術，請先酌定皇室經費，稍從節省，騰出款項，專爲辦理新政之用。此亦可謂將順其美之忠悃，君明臣良，千載一時之會也。

　　乙　籌辦各省城及商埠等處各級審判廳。　此事各省因本年籌備清單，有此項目，已頗有以意爲之之處。本月法部奏司法行政分期辦法，乃知法部之所以依限籌辦者，亦不甚有主腦。籌辦自籌辦，而法官與行政官，方將於明後兩年明定爲互相陞轉。直至第八年始加修改，第九年乃定法官爲終身官，始符司法獨立之義，則無怪各省之自爲風氣。蓋目前之籌辦，特令各省張一審判廳名目而已。惟審判廳試辦章程，據稱光緒三十三年業已具奏，請旨交憲政編查館核議，至今館臣不予覆奏，遂致頒布無期。今各省隨意自定，苟有部章可循，或冀彼之稍善於此，而館臣又故遲之。月中蘇省有籌辦清摺，亦係勉顧期限而無所遵守之辦法。各種編制，俱不足論。惟臬司左孝同原詳，於滬鎮商埠審判檢察廳辦法云："各商埠亦仿照省城辦法，選任警察巡官，兼充初級審判廳推事，附設檢察廳。倘或初級審判廳不由警察巡官兼任，須另行設立，亦隨時斟酌辦法，仍添設地方審判廳推事長及刑科、民科推事，與夫典簿、主簿、所官、錄事等官，亦附設檢察長、檢察官及錄事，一如省城之例。凡華人與華人控訴民事、刑事之案，不論是否居住租界，均由地方審判廳審理。若華人訴洋人、洋人訴華人案件，仍暫歸會審公廨審辦，核與約章亦不相背。此層應請兩院憲會同奏咨，由外務部照會各國公使，飭知各領事遵照。俟將來官制大定，法律修妥頒行，各國收回治外法權，彼時高等審判廳亦可成立，再一律改歸各級審判廳辦理"云云。此項問題甚大，未知督撫何以應之。

　　丙　廳州縣巡警限年內粗具規模。　本月大略無所進行。惟浙江巡撫增韞奏籌辦五事，並規畫水巡各節，尚見辦法。其五事言："（一）創設全省警務處。查直隸巡警在各省之先，其收效最早，良由在省設立警務處，以任提倡之責。現經飭在省城倣設浙江全省警務處，選派通悉法政警務人員，分科辦事，業於上年十月十五日開辦。一切警政，即責成該處，隨時稟承奴才籌畫辦理。將舊有之警察總局改爲省城巡警總局，專辦省城巡警事宜，以爲各府廳州縣模範，仍受警務處節制。（一）全省保甲事宜，均歸警務處主持。浙省各屬，如瓶窰鎮、黃湖鎮、餘東關、大嵐山等四處保甲，向歸臬司管理；而甯波府屬南田保甲，則向歸藩司委員前赴該屬辦理；又省城水旱各城門委員，專司稽查，亦係臬司派員經理，辦法殊多紛歧。經奴才飭將全省保甲，及稽查各事宜，統歸警務處管轄。應派之員，亦由該處主持。（一）附設警務研究所。浙省原有巡警學堂，招考學生百餘人，於光緒三十四年四月間畢業。嗣該學堂即行停辦，畢業學生，投閒置散，殊爲可惜。經奴才飭於警務處附設警務研究所，令從前畢業生，先赴省城各巡警局區實地練習，兩個月後調入該所，練習一切應用課程，於本年正月間，一律派赴各府廳州縣，充當巡官教習。現該所尚在續招畢業學生入所研究，以備將來陸續派出。（一）劃分各府廳州縣區域。各屬創設巡警之始，若令城鄉同時舉辦，則恐籌款爲難，且巡警非身受教育，難保不藉端擾民。經奴才飭擬分期辦法，先就各府廳州縣城廂辦起，爲第一期，考選合格巡警入教練所，一面量予教練，一面實地練習。俟略有程度，再行舉辦鎮埠巡警，爲第二期。其第二期考選之巡警，仍調入教練所，即以第一期已受教育之巡警派分各鎮埠，作爲模範。其第三期四鄉巡警辦法，以此類推。（一）遴選公正明達紳士，充當巡董。各府廳州縣創辦警務，係爲地方保持治安起見，自應就地籌款。現飭各屬，除巡官教習由警務處札派警務畢業人員充當外，即以各府廳州縣官爲該管巡警總辦，並飭公舉公正明達紳士充當巡董，協助就地籌款各事宜。此外，內河水路巡警，經奴才飭分浙東、浙西爲兩路，先行擬定規章表式，札發各屬於所管轄內可設水巡區域，據實填報。一面派員前往調查，其沿海水路巡警，擬俟內河水巡辦有端緒，即當續行擴充"云云。三月初一日，奉硃批："該部知道"，欽此。

報又載民政部近因奏定推廣巡警辦法，限令各省所屬府廳州縣，一律遵照擴充警務。惟警務既已擴充，所需警察官吏人員，當較前更形加多。前定擬於各府廳州縣自治員內，酌設警務長官。該項警官選用辦法，自宜切實籌訂，通行各省照辦。當即詳擬辦法，開列詳單，專摺具奏。經已奉旨允准，現已將奏定選用警官辦法詳單，分行各省云云。果爾則自治員受警務之委任，將見明文矣。

四，靜待館部頒布者三事：

甲　頒布廳州縣地方自治章程。　未頒布。

乙　頒布法院編制法。　原單謂"憲政編查館、修訂法律大臣同辦"，法部固無立法之權，前記所陳逐年籌備事宜，其於審判廳制度，若待第九年而後如式者然。夫一切憲政，原無必待九年而後如式之理。況司法既期獨立，尤與他行政無涉。

盡可我行我法，先成完善之審判廳。法部之爲此紆遲，正緣未見法院編制法，冥行索途，不得不故迂其徑以待之。則該部所謂審判廳試辦章程具奏於光緒三十三年，而憲政編查館至今未核覆者，吾知必與法院編制法本意有未適合。故俟頒布本法時，於法部原章爲不復覆而自覆核。即法部所訂各期限，有此法而亦未必可拘。吾於此法之頒布，在憲政中司法一項有大願存焉。議院未開，立法權寄之法律與憲政兩館。法部固守法之官廳，各行省更無論已。

丙　頒布國民必讀課本。　未頒布。聞學部飭員擇地於後門外什刹海廣華寺開辦編纂處，派員編纂，以期速成。編纂員派至二十人。體例擬分上、下兩卷，上卷專用經史，下卷專引列朝聖諭。此課本出，吾國民皆學通經史，足以抗希古人，又較學堂之讀經，於古學更普遍矣。猗歟盛哉！

五，館部自行程課者三事：

甲　釐訂京師官制。　照清單，第五年頒布。惟此項釐訂事宜，原單開載“憲政編查館、會議政務處同辦”，乃近日吏部奏籌備事宜，以酌擬此項草案，爲該部本年所有事，蓋欲以吏部之舊名義，竊釐訂官制之新職掌，然後有事爲榮，冀保此無謂之衙門於立憲之世。豈知官制一經釐訂，則國務大臣之重，斷不能雜廁一停年計格之吏道乎？古之六官，太宰實內閣總理。魏以來之曹部、吏部乃中書屬員，以吏事責吏曹，原無不合。明廢中書，竟以吏部代古之冢宰，相沿至今，尚在政務處議政之列。吾不知此所謂釐訂，將以立憲國國務大臣爲標的乎？抑無意於國務，而爲吏部、禮部、都察院、翰林院等衙門作保存計乎？在吏部不能無此希冀。其宗旨視有釐訂權者定之，抑能早定裁撤此等部院之期，亦憲政進行之一大助也。

乙　編訂文官考試章程、任用章程、官俸章程。　照清單，明年頒布。亦係憲政編查館、會議政務處同辦，而吏部亦自稱酌擬此項草案，説已見前。設將來尚有吏部，但奉行此一種章程而已畢事，不委之内閣一小吏，而重煩特置一國務大臣。立憲國之設官，固若是其宂，而吾民負擔國用，固若是其好浪費乎？

丙　核訂新刑律。　各省希時旨任意簽注，獨山東巡撫臣袁樹勳稍持大體，摺已録前期。本月又見東三省督撫臣徐世昌、陳昭常、周樹模等，合詞奏懇飭下館部，即據草案編定新律頒布，較之袁樹勳所奏，尤少抑揚趨避之致。亟録如下：

奏略言：“詳繹總則草案之宗旨，大抵以生命爲重，以平均爲義。以宥過爲本旨，故過失皆得減刑；以人格爲最尊，故良賤無所區別。約舉數端，皆與立憲政體適相吻合，非若近今刑名家之密布法網，而待人以不肖也。臣細核各條，或遵守成規，或擇取新説，雖條文互有出入，而綱要實主平均。謹就各條，有未完備及應酌改，並伸明其理者，簽注呈覽，或冀有所補助。乃或者謂人民程度尚低，不能適用，遂不免陽奉陰違，互相觀望。但奉省自開辦各級審判廳，除命盜重案外，概不用刑訊，開庭可以觀審，判詞付之公布，民間稱便，而結案猶較内地爲多。是知舊日問刑之官，無法理之思想，非民之無良，殆官吏之不足與言法學也。查修訂法律大臣原奏修訂大旨一摺，業經聲明强盜、搶奪、發塚之類，別輯暫行章程，以存其舊；謀反、大逆及謀殺祖父母、父母等條，俱屬罪大惡極，仍用斬刑，別輯專例通行。蓋亦深知現在之風俗民情，與草案微有不合。但立法宜垂久遠，豈能狃目前之習，以薄待將來。故以新律著爲常經，以專章暫資遵守，施行以漸，既無躐等之嫌，公理所存，安用一偏之議，此臣以簽注爲補助，而深願贊成者也。抑臣更有請者，世界大同，文明競化，均以法律之大同，覘權利之得失。向以我國律例與歐美異宜，故各國之有領事裁判權，載在約章，遂爲放棄主權之缺陷。今以立憲之預備，改定法律，果能變通成規，集取新法，使各國商民之在我領土者，均以訴訟爲便。則宣布實行，或有變改舊約，與各國躋於同等之一日。若或調停遷就，煩簡互異，新舊雜糅，非但乖政體，一經宣布，恐非立憲之良規，亦爲外人所騰笑。此又國際之關係，而不能意爲輕重者也。仰懇飭下憲政編查館，會同修訂法律大臣暨法部，迅將各項暫行章程編定頒行，以濟目前之用。一面即據新刑律草案，編定新律，宣布天下，上以副朝廷明慎用刑之意，下以慰臣民殷然望治之心，實於立憲前途，大有裨益"云云。

至現行刑律，近始查得與違警律罰例，頗有衝突，本月由民政部會同修律大臣奏定一折衷辦法。此關刑罰出入，不可不錄資遵守。

　　奏言："臣等前奏違警律草案，業經憲政編查館核議，奏准通行在案。施行以來，尚無窒礙。惟查違警律第三十五條第二款載：當衆罵詈嘲弄人者，處十元以下、五元以上之罰金。第三十七條第一款載：加暴行於人，未至成傷者，處十五日以下、十日以上之拘留，或十五元以下、十元以上之罰金。又查現行律載：罵人者，笞一十；毆人不成傷者，笞二十。現行律於詈毆各條，處罰甚輕，而此等案件，大都置諸不問，百不一見。今違警律加重拘罰，自係因時制宜之意。誠以詈毆乃訟獄之原，欲謀閭閻安謐，勢不能不多界警察以管束之權。若照‘斷罪依新頒律’之例，自應以違警律所定爲准。惟查違警律罰例，係與新刑律草案，互相銜接。現在新刑律尚待考訂，一時未能實行，則現行律範圍，自亦未能遽越。若令警察官署照違警律辦，而地方官署仍照現行律辦，則處理未免兩歧。若執此一端，即將現行律所載刪除，亦有顧此失彼之慮。茲擬折衷辦法，凡屬前二款情形，悉劃歸警察官署管理，而罰例則暫從現行律，一俟新刑律頒布後，再行劃一辦理。其所犯有關官吏、尊長及特別情節，罪在徒刑以上者，仍移交地方官署治罪，庶輕重不致失宜，而權限得以清晰。至違警律罰金折拘留之法，係以一圓折拘留一日，現行律則罰銀一兩折作工四日，雖折合日數，未免懸殊，而罪質既異，即罰例不必強同。其關於違警律者，自可照違警律辦，此外仍照現行律辦，兩者併存，似尚不致相妨。以上各款，臣等往復咨商，意見相同。如蒙俞允，即由臣等通行辦理。”三月初四日，奉旨：“依議。”

　　如上云云，則違警罪之辦法，忽加入笞責二條。依“名例律”四折除零，笞一十與笞二十，相差實止一板，事既近於兒戲，而警官又備刑杖，由文入野，如政體何？犯罵詈毆打之罪之人，實多憚違警律之罰例，而不甚恤四板五板之責。國民法律思想本低，新法律又有所牽掣，而誘使出於不恥體罰之途，推原禍本，阻撓新刑律者之誤國，足以恫矣。又自奏訂國籍條例後，聞憲政編查館復將中外入籍婚娶條章，及本館對於中外互相入籍婚娶之權限，通行京外各衙門一體遵照。（一）條章：外國人准其入中國籍，中國人准其入外國籍，及中外國籍人婚娶時，應各出具保結、甘結。（二）權限：須將保結、甘結及詳情，呈報本館核辦。

其他憲政瑣聞，紀不勝紀，並無明文，難資法守。惟其中有大關係者數則，錄之以課後效。

初二日政務處集議，係關於憲政事宜。憲政館提調侍郎寶熙，商承軍機大臣世續，因各部院分年籌備憲政，業已陸續具奏，惟分任事宜，有各部連合籌備之事，應先妥擬會辦之法。議由憲政館編訂會辦清表，交由政務處，每於會議時，各部大臣按照分年次序，會議商辦，以免互行文移，遷延時日。聞即日擬辦。此關於督促者。民政部各堂現因核閱憲政館所定民事統計表，該部實司其職，無如內外權限不清，呼應不靈，往往查辦一事，經年不覆，實於憲政前途大有妨礙。擬請仿照度支部例，派員出駐各省，監理調查，按期造報，以免延誤。此關於部員駐外監理者，然恐難辦到。

聞民政部因警察業經徧設，通電各省督撫，飭令所屬府廳州縣，一律將差役裁撤，嚴禁陽奉陰違。此事未知確否。

度支部幣制，聞擬豫定金幣三種：（一）淨金四錢四分，合銀元二十元；（一）淨金二錢二分，合銀元十元；（一）淨金一錢一分，合銀元五元。現行銀幣主幣二種，一元銀幣重量六錢五分，易新銅幣一百枚。元半銀幣，重量九錢七分五，易新銅幣一百五十枚。輔幣三種，五角、二角、一角，分量價值，照上遞減。白銅幣一種，每二十枚合銀幣一元。銅幣五種，二十文、十文、五文、二文、一文，以百文易一角，千文易一元。聞已定議，不日實行。此事爲民生國計，刻不容緩之舉，能速實行，國之福也。

農工商部籌議推廣農林，本月初九日，奏簡明章程二十二條，別見商務印書館之《宣統新法令》。又擬通飭各省，仿照京師，設立農事試驗場，廣採中外植物種類，按照本省水土性質，試驗布種何項，最獲豐饒之益，然後曉諭農民，以收美利。又以部中已辦統計，所有各省商務盈虧，均應調查比較，特飭各省商務總會，將戊申年商務詳細調查，造冊報部。又以各省荒廢田地甚多，前已通咨各省，飭屬廣爲開闢，日久尚無成效。現又飭各埠商會，勸令資本家廣爲墾闢，以興實業。又於閏二月二十八日，奏設製造用器工廠，以造劃一之度量權衡。據原摺言，外省於此事之籌辦情形，令各省派員調查，酌留舊器一種，先爲一省之統一。待官器頒行，再行全改新器。此本四川辦法，部採其意飭各省。嗣據熱河都統覆稱已經照辦，直隸、吉林、廣東等省亦在推行云。

　　各部院所奏籌備事宜，另列本篇專件，外省奏籌備各摺。甘肅則督臣升允奏諮議局尚能依期成立，貴州則撫臣龐鴻書言籌備各事。按其實際，亦祇一諮議局耳，不復贅。

　　近日新政佺傯，而中間最奇妙者，夾一考試優拔事宜。湖南、廣東等省，皆以其有礙選舉爲苦。山東則撫臣專奏請停，然不能止也。

第六年第六期

憲 政 篇

報屢載監國攝政王擬開憲政討論會，並聞已由某樞臣擬定宗旨，略分二則：（一）研究各部院籌備事宜，分別增減；（一）考查各省籌備事項，是否切實舉辦，以示勸懲云云。果爾則朝廷力行憲政，可謂念茲在茲。且設科考核等事，猶不過以官治官，今則主權者親預討論，較之僅僅委任以責成功者，親切萬倍。

憲政編查館奏考覈各省籌辦憲政，謂："新疆人民乏選舉資格，准如該撫所奏，從權試令於二年內備齊，俟二次選舉，如期照辦。蘇省獨能如期複選，議員猶得餘間討論，實端方、陳啟泰督率有方所致。以選舉爲州縣考成，能將籌備事宜提前趕辦者，桂撫爲最認真。調查歲出入，以東撫爲最覈實，俟考核二期時，再行分別殿最，奏明辦理。事貴實行，所望部臣疆臣，實心毅力，以辦憲政。臣館擬不時派員分赴各省，抽查與所奏是否相符，再行據實奏報"云云。此爲考覈設科以來，所得之成績如此。江蘇士民勇於鼓吹選舉一事，至以令名施及督撫，可謂不負長官。

本月初三日，憲政編查館奏派一二等諮議官六十餘人，又片奏調入館數人，並片奏派考核科總辦、會辦、幫辦、正副科員等若干人，均奉旨："依議"，欽此。此亦憲政進行之象。報又載攝政王交諭樞臣，以"近來交議事件，往往任意因循，殊屬不合。嗣後如有關於憲政者，仍限五日；重要者，限半月；即尋常者，亦不得過一個月，以免延誤"，藉此知憲政交議期限之敦迫。變通旗制，雖不載本年籌備清單，然聞該變通旗制處議決，宣統七年裁撤旗檔十分之三，八年裁撤十分之七，九年間全行裁撤，盡歸民籍，是爲變通之辦法。

其列於本年籌備清單者，仍援前例臚舉如下：

一，官民共辦者三事：

甲　舉行諮議局選舉，各省一律開辦。　前月十五照章選舉之江蘇蘇屬議員，既登前期本篇中矣。本月行複選舉者，初五日有江蘇之甯屬，初六日有福建省，二十四日有奉天省。今列各省本月已選出之議員如下：

江蘇甯屬議員：

江甯府〇王乃屏　張智周　陶保晋　仇繼恒　蔣鳴慶　吳榮萃　侯瀛　王嘉賓　唐慶昇　方瑜　嚴懋修●江南駐防〇忠俊　錦山●揚州府〇夏寅官　周樹年　梁莊　張允顥　張鶴第　朱莘生　譚慶藻　顧詠葵　汪秉忠　凌鴻域　周紘順　凌文淵　馬士傑　趙鉦鋐●淮安府〇張延壽　莊其仁　王錫爵　王化南　王以昭　陸官彦　朱繼之　周虎臣　趙承霖●徐州府〇高梅仙　李鴻籌　段慶熙　朱方曾　王立廷　張伯英　張鳴鼎　葉蔚　陳士髦　馮珍文●通州〇孫寶書　龔世清　張鑒泉　沙元炳　沈臧壽　張蔭穀　張謇●海州〇施雲鷺　許鼎霖　耿兆豐　邵長鎔

福建省議員：

福州府〇黃乃裳　黃鍾灃　楊廷綸　游肇源　劉崇佑　吳廷楨　趙錫榮　鄭錫光　林石薌　董藻翔　余鍾英　施

景琛　李駒　李仲鄴　陳位衡　林仲喬●福州駐防○椿安
錫楨　楊長餘●福甯府○王邦懷　吳鴻樞　孔昭淦●興化
府○黃紀星　陳義　鄭田龍　張步青●龍巖州○劉志和
謝受殷　連賢基　俞光華　蘇壽喬●泉州府○黃謀烈　葉
福鈞　黃必成　林逢喜　洪國器　洪鴻儒　許贊虞　施炎
林輅存　林邦楨　李慕韓　陳士霖●延平府○高登鯉　周
文麟　黃羲　范宗福●建甯府○楊豫　謝滋春　潘紀雲
高士龍　王子懿　李迪瑚　孟思培●邵武府○上官華蓋
陳梅勳　鄧幾●汀州府○黃金鑾　藍德光　熊秉廉　康詠
張選青　伍春蓉　鄒含英　盧初璜●永春州○周壽恩　蘇
春元　賴其俊●漳州府○楊慕震　林天驥　陳之麟　鄭藻
山　陳錫鵬　李鍾聲　張國寶

奉天省議員：

奉天府○張程九　鹿鳴　書銘　孫百斛　桂森　高瀛
海　王玉泉　張煥棫　劉東烺　福珠隆阿　陳瀛洲　毛椿
林　楊鴻序　宋聯琦　任聖之　牟維新　永貞　徐珍　紀
鳳翶　周連昌　袁金鎧●昌圖府○王文閣　劉興甲　鄭宗
僑　王伯勳●新民府○惠如霖　董成珠　王化宣●海龍
府○金正元　杜燮銓　王蔭棠　王在鎬●錦州府○齊賡雲
　吳景濂　溫廣泰　吳國珍　杜贊宸　蕭露恩　薛俊升
王星原　馬芳田●鳳凰廳○董之威　楊雲淑　王香山　華
錦堂　殷廷璋　英桂　杜培元●興京○辛酉山●洮南府○
李冠英。

自江蘇蘇屬之複選，加半預備候補當選人，各省大率多援
以爲例。顧此項候補當選人，不盡見報，雖近在江蘇之甯屬，
海州即不詳其候補當選人，江甯亦止知其第一次選出之孫啟椿

一人。故一概不登，以免掛漏。

　　候補當選人之有關係，現已發現者正不少。江蘇蘇屬議員，蘇州府屬王同愈辭職，以劉永昌遞補；常州府屬莊殿華辭職，以屠寬遞補。甯屬議員張智周撤銷，大約亦必以孫啟椿遞補。餘有無變動，未詳。

　　本月已行初選舉者，山東、安徽、貴州皆初一日，浙江、湖北皆十五日。獨湖南初選期通省不一，最早者長沙府之長沙縣，在本月初一日；而其同城之善化縣，即在本月二十一日；省外各屬，大率縣自爲政，各自定期十五、二十等日不等。聞原定通省五月初一日初選，嗣因本年考試優拔，定五月二十日取齊。籌辦處恐誤試期，因飭提前趕辦，長沙縣遂自定初一日。籌辦處飭與善化同日舉行，而邑紳又不欲停待，遂致各屬參差如此。并聞長沙縣投票紙，檢得被舉者有楊翠喜及本城某戲旦等名，夫即不知公權爲何物，放棄之亦足以自絕於國民矣。偏以游戲示反對，湘人之頑梗無禮，固舉國之所無也。

　　本月所見各省之分配名額表，有江西、湖南、廣西、安徽四省。

江西錄諮議局籌辦處電如下：

　　南昌府議員十四名，初選當選人一百四十名：南昌三十四，新建十九，進賢十八，奉新十一，靖安七，武甯十，義甯二十一，豐城二十一。　瑞州府議員四名，初選當選人四十名：高安十五，新昌十六，上高九。　廣信府議員八名，初選當選人八十名：上饒十五，玉山十四，廣豐十七，鉛山七，弋陽十四，貴谿九，興安四。　南安府議員三名，初選當選人三十名：大庾五，南康十一，上猶六，崇義八。　吉安府議員十四名，初選當選人一百四十名：廬陵二十，蓮花七，吉水十六，泰和十八，萬安十八，龍泉二十二，永新十七，永甯三，永豐八，安福十一。　贛州府議員十三名，初選當選人一百三十名：贛縣二十五，雩都十二，信豐十，興國十九，龍南十，虔南三，定南五，安遠二十八，長甯十二，會昌六。　南康府議員三名，初選當選人三十名：星子六，都昌十一，建昌七，安義六。　袁州府議員十二名，初選當選人一百二十名：宜春三十三，分宜十一，萍鄉二十七，萬載四十九。

建昌府議員五名，初選當選人五十名：南城十四，南豐十四，新城八，廣昌九，瀘谿五。　臨江府議員四名，初選當選人四十名：清江十八，新淦七，新余九，峽江六。

饒州府議員八名，初選當選人八十名：鄱陽十七，餘干十七，樂平九，浮梁十六，德興四，萬年七，安仁十。九江府議員四名，初選當選人四十名：德化十三，德安五，瑞昌七，湖口七，彭澤八。　撫州府議員十名，初選當選人一百名：臨川二十二，崇仁十八，樂安十八，東鄉十二，金谿十八，宜黄十二。　甯都州議員四名，初選當選人四十名：本州十七，瑞金十五，石城八。

湖南録諮議局籌辦處分配額如下：

湖南全省選舉人，現據各屬賷到名册，確定十萬零零四百八十七名。照章分除議員定額八十二名，每選舉人一千二百二十五名應配議員一名，再以此數分除各複選區選舉人數。分配定後，計議員不足定額八名，應於零數較多之岳州府、永順府、澧州、長沙府、辰州府、桂陽州、沅州府、靖州依次配出。兹將各數照列如下：

長沙府選舉人三萬七千七百二十七名，分配議員三十名。所餘選舉人零數九百七十七名，補配議員一名，確定議員三十一名。　寶慶府選舉人一萬零零十七名，分配議員八名。所餘選舉人零數二百十七名，無補配。　岳州府選舉人四千八百五十七名，分配議員三名。所餘選舉人零數一千一百八十二名，補配議員一名，確定議員四名。常德府選舉人五千四百六十四名，分配議員四名。所餘選舉人零數五百六十四名，無補配。　澧州選舉人四千七百零一名，分配議員三名。所餘選舉人零數一千零二十六名，補配議員一名，確定議員四名。　衡州府選舉人七千三百八十八名，分配議員六名。所餘選舉人零數三十八名，無補配。　永州府選舉人八千零二十六名，分配議員六名。所餘選舉人零數六百七十六名，無補配。　郴州選舉人四千二百五十九名，分配議員三名。所餘選舉人零數五百八十四名，無補配。　桂陽州選舉人三千三百三十五名，分配議員二名。所餘選舉人零數八百八十五名，補配議員一名，確定議員三名。　辰州府選舉人四千六百零五名，分配議員三名。所餘選舉人零數九百三十名，補配議員一名，確定議員四名。　沅州府選舉人三千二百九十六名，分配議員二名。所餘選舉人零數八百四十六名，補配議員一名，確定議員三名。　永順府選舉人四千八百五十五名，分配議員三名。所餘選舉人零數一千一百八十名，補配議員一名，確定議員四名。　靖州選舉人一千九百五十七名，分配議員一名。所餘選舉人零數七百三十二名，補配議員一名，確定議員二名。　統計選舉人十萬零零四百八十七名，分配議員七十四名，補配八名，確定八十二名。

廣西錄巡撫飭各屬電文如下：

分配議員額數，照章由本部院核定電飭，本以閏月二十日爲限。嗣因鎮、歸、百色三屬，不敷議員一名之額，經籌辦處電飭覆查，並展緩至三月初十日爲限。茲已屆限，除百色電覆略有增補外，鎮安未據查添，歸順稱無遺漏，仍按原稟人數分配。據該處列表呈核前來，查表內開：桂林府屬六千零五十七名，平樂府屬六千九百四十七名，梧州府屬七千七百六十一名，柳州府屬二千九百七十名，潯州府屬三千五百二十八名，南寧府屬三千四百一十三名，百色廳屬四千三百九十名，鬱林州屬三千零八十名，泗城府屬六百五十七名，鎮安府屬三百一十七名，太平府屬一千四百五十七名。以議員五十七名除算，每七百零六名選出議員一名。桂林府屬應選出議員八名，平樂府屬應選出議員九名，梧州府屬應選出議員十名，柳州府屬應選出議員四名，慶遠府屬應選出議員一名，思恩州屬應選出議員二名，潯州府屬應選出議員四名，南寧府屬應選出議員四名，太平府屬應選出議員二名，共選出議員四十八名，尚餘九名。以零數比較多寡，潯州應得議員一名，共五名；梧州應得議員一名，共十一名；泗城應得議員一名，平樂應得議員一名，共十名；慶遠應得議員一名，共三名；南寧應得議員一名，共五名；思恩應得議員一名，共三名；歸順應得議員一名，百色應得議員一名。連桂林八名，柳州四名，鬱林四名，太平二名，合足五十七名定額。鎮安以零數比較，仍居少數，未能分配。仰各府直廳州，按照議員額，分配初選當選人額數，轉行所屬遵照。撫。真。

安徽録籌辦處分配總表如下：

複選區	選舉人數	議員額數	初選當選人數	每出初選當選人一名應有若干選舉人之數	餘數
安慶	六七一七	七	七〇	九五	六七
徽州	五九八九	六	六〇	九九	四九
甯國	七五五八	八	八〇	九四	三八
池州	二七三八	三	三〇	九一	八
太平	四二八五	五	五〇	八五	三五
廬州	九九〇一	一一	一一〇	九〇	一
鳳陽	一二一〇九	一三	一三〇	九三	一九
潁州	一一九五七	一三	一三〇	九一	三七
廣德	一一六九	一	一〇	一一六	九
滁州	三八四四	四	四〇	九六	四
和州	三〇四一	四	四〇	一〇一	一一
六安	四〇一〇	四	四〇	一〇〇	一〇
泗州	四五八四	五	五〇	九一	三四
合計	七七九〇二	八三	八三〇		

　　上表第二列選舉人數，及第三列議員額數，係遵選舉章程第六十八條，分配之法，已詳列於前次分配議員表中。第四列初選當選人數，係遵選舉章程第二十七條，按照議員定額，加多十倍而分配之。第五列每出初選當選人一名應有若干選舉人之數，係遵選舉章程第二十七條第一項，定選舉人各若干名得選出初選當選人一名而分配之。其第六列餘數，不過藉備算核，而於分配各初選區初選當選人之額數，則無關係也。

山東、吉林兩省，亦依浙江例，不泥於原定期限，縮短複選舉期。山東定五月初十日，吉林定六月初一日。

本月尚發現一質問選舉資格之電，則爲江西電詢"身家不清白"一事。查江西籌辦處，曾以此項資格稟巡撫請電館詢問，已見本年第三期雜誌本篇。當時未得其問答原文，近始得之補錄如下：

江西巡撫致憲政編查館電云："憲政編查館鈞鑒：據諮議局籌辦處面稱館覆山東電，'身家不清白'一項，以向例不准考試出仕者爲斷。惟既經改業，例有寬典。此次事係創辦，自改業之人始，應下逮幾世方可有選舉、被選舉權？謹請示復。馮汝騤。有（印）。"憲政編查館覆電云："南昌撫台馮：有電悉。'身家不清白'係指娼優隸卒，舊例不准考試出仕者而言。至改業以後，舊例雖有報捐應試之限制，然選舉議員則非報捐應試，實無舊例可循。且不用三代履歷，自可無庸援引比附，於報捐應試之外，更剝其選舉權。除報捐應試自應仍照舊定世次限制辦理外，至選舉議員之限制，應斷自本身。如改業後，其子孫即不在章程第六條第七款限制之列。希轉飭遵照。此覆。憲政編查館。冬（印）。"

其關於專額議員者，有憲政館通咨各駐防等衙門文，略謂："查外省駐防之設，本爲昔日因時制宜辦法。有全省俱無者，有一省一處者，亦有一省數處者，省既不同，制亦各異。諮議局章程'各省駐防'一語，本指駐防住所而言，並非合全省數處駐防均祇限於三名以內。是各省之駐防，凡將軍、都統、副都統、城守尉各定專轄區域者，地方既相隔越，學額亦復舊有。應各查照議員選舉章程，學額在十名以內，選舉議員一名；在二十名以內，選舉議員二名；在二十名以外，選舉議員三名"云云。按從前已行選舉之省，奉、吉本無專額，山西則有綏遠城及歸化兩處，江蘇則有江甯、京口兩處，山東、湖北、浙江、福建皆止一處，安徽、湖南、貴州皆無駐防。江蘇以分屬選舉而不甚起專額是一是二之問題，山西則未知如何，得館咨固概無疑義矣。

駐防止可謂投票區，不得爲一初選區，更無論於複選舉區矣。獨浙江駐防，自爲初選、複選區域，聲明雖係違章，而得將軍、巡撫之允許，不知其何所取義。夫專額議員，本係無法之法。籍貫不同，居址亦異，原無利害之關係，何所用其合議之體裁。特政府委曲造就旗民，藉選舉一事，爲旗漢漸生共同關係之朕兆。杭防必深閉固拒，以畛域自封。國家爲旗民籌久計，獨杭防未能領會，宜其對於變通旗制，多有違言也。

新疆奏緩設諮議局，事竟實行。略録原奏，以供討論。

　　新疆之民，種類之雜，品格之卑，較之內地，相去奚啻倍蓰。取諮議局選舉章程，與新疆現在民格詳加比較，實有不能不因地制宜，量爲變通者。新疆向設義學，均歸官辦。近改義學爲學堂，爲時未久，辦理學務者，亦多客籍。其他公益事務，籌辦尤少。欲求如第三條所載，曾在本省地方辦理學務，及其他公益事務，滿三年以上，著有成績者，實無其選。此選舉之難一也。新省無出洋游學生，惟省城於光緒三十一年設高等學堂，學司抵任，因學生程度過低，改爲省立中學堂，迄今尚未畢業。此外府廳州縣開辦初等小學堂，萌芽方始，求如第三條所載，曾在本國或外國中學堂及、與中學同等或中學以上之學堂畢

業，得有文憑者，更無一人。此選舉之難二也。新省鄉
試，向附甘肅，僅取中一名。前撫臣饒應祺奏增一名，而
科舉旋即停止。至全省府廳州縣，惟鎮西、迪化、昌吉、
綏來、阜康、奇台六屬，設有學額。通計改設行省以後，
取進僅數百名，概皆流寓，名成多返其鄉。又或充本省幕
友，或充各學堂肄業生，或充小學堂教員，仍應按照第
七、第八兩條，分別停止其選舉權及被選舉權。此選舉之
難三也。新省曾任實缺職官，文七品以上無人，武五品以
上者，亦不過數人，大半幼習戎行，不識文義。查照第六
條，不得有選舉權及被選舉權。此選舉之難四也。新省迭
經兵燹，地瘠民貧，無富紳巨賈。如第三條所載，本省地
方有五千元以上之營業資本或不動產者；第四條所載，凡
非本省籍貫之男子，在寄居地方有一萬元以上之營業資本
或不動產者，亦屬寥寥。即間有寄居富商，然皆自營其
業，與本籍人恒多隔閡。且北路回多漢少，而回漢素相水
火，畛域難化。此選舉之難五也。然此猶就北路言之，若
南路纏民較多，其性之愚頑亦較甚。言語不同，文字不
同，宗教不同，飲食衣服、性情嗜慾亦不同，求其能操漢
語識漢字者，亦未易多覯。執此生獠野蠻，而遽畀以民
權，與謀國是，政與習異，法與心違，則必冥然而莫知其
所以然之故。而舞文之猾吏，專橫之鄉官，且將籍勢弄
權，益肆其貪刻殘毒之心，以蠹民而病國。前之回疆阿奇
木伯克頭目，依附官勢，魚肉同類，等於豺虎。前撫臣劉
錦棠置省之初，洞悉其弊，奏請革除，言之縷切。至今二
十餘年，民智未開，進化無聞，略與前同。至哈薩克、布
魯特諸部落，以游牧為業，遷徙靡常，鄙野尤甚，更難與
言自治。有此數難，是以不揣冒昧，謹就新民程度，酌擬

變通實行之法。查東西各國治理屬地，多用特別之法。如英之於印度，法之於安南，日本之於台灣，皆爲專制政體。而英之殖民地，制度尤詳。約略言之，其種有三：第一爲王領殖民地，第二具代表機關而未有責任內閣之殖民地，第三具代表機關而且有責任內閣之殖民地。第一、第二之制，凡施行於白人少而土人多之地者皆是，即所謂王領殖民地也。第三爲自治制度，凡施行於白人多而土人少之地者皆是，即自治殖民地也。自治爲殖民特別制度，因母國之人移住者多，而文明程度先有自治之能力，故國家界以自治之主權。若驟施於土人多、白人少之地，則白人不能支配土人，必有破壞秩序、擾害治安之變。故殖民地經營之次序，必先經由王領土地制度，以漸達於自治制度，如英於澳洲、加拿大、拿達爾是也。法國初以民選議會制度，輸入殖民地，但必視其地爲無關重要，乃用其制。德及荷蘭，則皆未有責任內閣之權。蓋歐洲殖民地自治制度，乃專屬之白人同種之人，其他則未有不用專制者。誠以憲法與民品，二者消長往復，相需而成，交相爲功，民品待憲法之美而後隆，憲法亦待民品之隆而後美。今擬查照各國屬地立法評議等會辦法，官紳並用，官由司局愼選諳通法政之員，呈請派委，紳由本省籍貫及寄居之漢民，具有選舉資格者，公同推擇，呈明地方官，轉呈司局，詳請派委。一面由學司嚴飭各府廳州縣，實心興學。南疆一帶，於初等小學堂外，並多設漢語學堂。俟各學堂學生畢業，通漢語、漢文者漸多，屆舉行第二次選舉之時，再體察情形，酌量辦理。務期由專制而自治，由自治而統一，上副聖主孜孜圖治、好惡同民之至意云云。四月二十四日，奉硃批："該衙門知道"，欽此。

據上摺所陳辦理之難，容或可信。至以殖民地待新疆，則殊可愧。入版圖者百數十年，新疆開拓尤早。自設行省以來將三十年，院司道府疊轄於上，廳州縣羅列於下。三十年爲一世，教養之效，將隮土著而受均等之文化。豈尚宜存主客之見，歧視新民，至今而尚以各國屬地爲比倫，自忘其久爲郡縣之制？此直出人意外之言也。

聞政府近擬定解散議會專律，或稱以此防督撫之濫用權力，又或謂以此限議員干預之範圍，要之兩皆在意。但諮議局章即是行政官與議員之權限，舍此而更訂專律，意將有出入於原章者乎？果爾則何以示信，若不然又何必多此重台？濫用權力與否，朝廷可以原章繩之，議員干預之不當，督撫自斷不容讓。吾見積威所劫，議員皆將有不稱其職之恥，未見其踰越定章，敢與督撫爲難者也。若果有對抗而煩解散，國家之幸福方大，何惴惴爲？

乙　籌辦城鎮鄉地方自治，設立自治研究所。　自治一端，各省泥於籌備清單，似非亙五六年不能程效，此固官之樂於延宕。然察士民之能力，其稍强幹者，大半從事於省諮議局，亦有不能并力兼營之勢。以故奉頒自治章程，幾及半年，並無辦事之效。各省所屬府廳州縣，往往有設所研究者，亦祇講習法政之變名。其所進步，不過前此泛稱法政，無從知其實用。今以自治爲標的，所學即所行，自較爲親切耳。除直隸、天津自治制早行於定章之前，此外有尅期督促之事實者，山東則有期限清單，江蘇蘇屬則有限期籌辦次序表。錄之以供參證如下：

山東籌辦地方自治期限清單

宣統元年（照憲政籌備案清單，本年爲籌辦城鎮鄉地

方自治，及設立自治研究所）

正月初六日，設立全省自治研究所。以一年爲卒業期限，每縣二人。

正月二十六日，全省自治研究所開學。

四月初一日，地方自治籌辦處設立編制科，編輯《地方自治淺說》、《城鎮鄉地方自治章程釋義》等書，及編製調查表，預備札發各府廳州縣。

四月初十日，由籌辦處行知濟南府，於全省自治研究所內，附設濟南府自治研究所。及選送各屬自治研究員，限七月初五日以前，一律到所，以六個月爲卒業期限，每縣十人。歷城縣加送四十人，不別設縣研究所。

五月初一日，行知各府廳州縣，調查各城鎮鄉原有之區域，及其名稱與人口，限至九月初一日一律報齊。

七月初十日，濟南府自治研究所開學。

九月初一日至十一月初一日，編定各城鎮鄉區域及其名稱及發表之。

十一月初五日，行知濟南府，督飭歷城縣設立自治公所，籌設城鎮議事會，限至次年四月初一日成立。其籌設次第，屆期另飭妥擬期限清單。

十一月初十日，諮報城鎮鄉自治區域於民政部。

十一月初十日，行知各府及直隸州，限於宣統二年正月初六日，一律設立各府及直隸州自治研究所，辦法悉仿濟南府自治研究所。

十一月二十日，頒發《地方自治淺說》及《地方自治章程釋義》於各州縣，並咨送民政部。

十二月初一日，全省自治研究所卒業。

十二月初五日，札委全省自治研究所卒業生分赴各府州自治研究所充當教員，每府四人以上。

十二月初七日，諮報全省自治研究所卒業生名册於民政部，並呈送各科講義。

十二月初十日，行知濟南府，督飭各州縣，於宣統二年正月初六日，設立濟南府下各州縣自治研究所，以三個月爲卒業期，限每縣百人。

十二月十五日，濟南府自治研究所卒業。

十二月二十日，札委濟南府自治研究所卒業生，分赴濟南府屬各州縣自治研究所充當教員，每縣四人以上。

宣統二年（照憲政籌備案清單，本年爲續辦城鎮鄉地
　　　方自治，及籌辦廳州縣地方自治）

正月初六日至正月二十日，各府及直隷州自治研究所，限一律成立。

正月初六日至正月二十日，濟南府各州縣自治研究所，限一律成立。

正月二十日，諮報濟南府自治研究所卒業生名册於民政部，並呈送各科講義。

正月二十日至四月二十日，編輯《廳州縣地方自治章程釋義》。

二月初一日，督催濟南府首縣城鎮議事會、董事會如期成立。

二月初一日，各府及直隷州自治研究所，及濟南府各州縣自治研究所，限一律開學。

三月初十日，行知濟南府，督飭各州縣設立自治公所，籌設城鎮議事會、董事會，限至八月初一日成立。其籌設次第，屆期另飭妥擬期限清單。

四月初一日，派員分赴各府及直隷州及濟南府各州

縣，視察各地方自治研究所成績。

四月初一日，行知濟南府，督飭歷城縣籌設縣議事會、董事會，限八月初一日成立。

五月初一日，頒發《廳州縣地方自治章程釋義》於各縣。

五月初一日，濟南府屬各州縣自治研究所限一律卒業。

五月初十日，行知各府及直隸州，督飭各州縣設立各州縣自治研究所，限七月初一日以前一律成立。辦法悉仿濟南府屬各州縣自治研究所。

七月初一日，各府及直隸州自治研究所，及濟南府屬各州縣自治研究所，一律卒業。

七月初一日，行知濟南府，轉飭所屬各州縣，於各鄉設立宣講社，宣講《地方自治淺説》及《地方自治章程釋義》等書。即以自治研究所畢業員，充宣講員。

七月初十日，各州縣地方自治研究所，限一律開學。

八月初一日，督催歷城縣設議事會、董事會如期成立。

八月初一日，督催濟南府所屬城鎮議事會、董事會如期成立。

九月初一日，諮報各府自治研究所卒業生，及濟南府各州縣自治研究所卒業生名册於民政部。

九月初十日，派員分赴各州縣視察各地方自治研究所成績。

十月初十日，各州縣自治研究所，限一律卒業。

十一月初一日，行知各府，督飭各州縣於各鄉設立宣講社。辦法同濟南府各州縣。

十二月初十日，諮報各州縣自治研究所卒業生名册於民政部。

宣統三年（照憲政籌備案清單，本年爲續辦城鎮鄉地
　　　　方自治，續辦廳州縣地方自治）

二月二十日，行知各府及直隸州，督飭各州縣設立自治公所，籌設城鎮議事會、董事會，限至八月初一日成立。辦法以濟南府爲模範。

三月初一日，行知濟南府，督飭所屬各州縣籌設所屬各鄉議事會鄉董。

四月初一日，行知各府及直隸州，督飭所屬首縣籌設該縣議事會、董事會。

八月初一日，督催濟南府所屬各州縣籌設之各鄉議事會鄉董，如期成立。

八月初一日，督催各府及直隸州所屬城鎮議事會、董事會，如期成立。

八月初十日，督催各府及直隸州所屬首縣議事會、董事會，如期成立。

宣統四年（照憲政籌備案清單，本年爲城鎮鄉地方自
　　　　治限年內粗具規模，及續辦廳州縣地方自
　　　　治）

四月初一日，行知各衝繁廳州縣，籌設該廳州縣議事會、董事會，限至八月初一日成立。

八月初一日，督催各衝繁廳州縣所籌設之該廳州縣議事會、董事會，如期成立。

九月初一日，行知各府及直隸州，督飭所屬各州縣籌設鄉議事會鄉董，限至次年二月初一日，一律成立。

宣統五年（照憲政籌備案清單，本年爲城鎮鄉地方自

治一律成立，及廳州縣地方自治限年内粗具規模）

二月初一日，督催各州縣鄉議事會鄉董，如期成立。

四月初一日，行知各偏僻廳州縣，籌設該廳州縣議事會、董事會，限至八月初一日成立。

八月初一日，督催各偏僻廳州縣所籌設之該廳州縣議事會、董事會，如期成立。

以上如有未籌事宜，及須臨時斟酌之處，得以隨時修改添入。

蘇省會議廳議決城鎮鄉地方自治限期籌辦次序表

城鎮鄉同爲下級之地方自治，苟能同時舉辦，令一二年之間，各廳州縣全境之地，無不規模具備，豈非上願？然而教育既未普及，知識自有不齊，鄉間之風氣，不及城廂之開明，無可强也。因勢利導之法，宜令各廳州縣先就城廂地方興辦自治，以動鄉民之觀感，然後自鎮而鄉，以期逐漸推行，總以不誤籌備之年限，當無不可變通辦理也。今將酌定分年籌辦之次序如下：

宣統元年

一由地方官推舉城廂公正明達之紳，設立自治公所。五月初一至六月初一

一以城廂固有之境界，定爲城之區域。　六月初一至七月初一

一調查城之區域内户口總數。　七月初一至十月初一

一調查城區域内之合格選民，造選舉人名册，呈報地方官。　十月初一至十二月十五

宣統二年

一舉行城議事會選舉。　正月十五至三月十五

　　一舉行城董事會選舉。　　三月十五至四月初一

　　一開辦城議事會。　　四月初一至五月初一

　　一開辦城董事會。　　五月初一至六月初一

　　一就城之區域外各繁盛市鎮，設立自治公所。　　六月初一至七月初一

　　一公推辦事紳士，調查市鎮及各鄉戶口總數。　　七月初一至九月初一

　　一人口滿五萬以上之地，定爲鎮之區域。　　九月初一至十月初一

　　一調查各鎮合格之選民，造選舉人民冊，呈報地方官。　　十月初一至十二月初一

　　宣統三年

　　一舉行鎮議事會選舉。　　正月初五至三月十五

　　一舉行鎮董事會選舉。　　三月初五至四月初一

　　一開辦鎮議事會。　　四月初一至五月初一

　　一開辦鎮董事會。　　五月初一至六月初一

　　一覆查各鄉戶口總數。　　六月初一至八月初一

　　一劃定鄉之區域。　　八月初一至九月初一

　　一調查各鄉合格之選民，造選舉人名冊，呈報地方官。　　九月初一至十二月初一

　　宣統四年

　　一舉行鄉議事會選舉。　　正月十五至三月十五

　　一舉行鄉董、鄉佐選舉。　　三月十五至四月初一

　　一開辦鄉議事會並任鄉董、鄉佐之職。　　四月初一至六月初一

　　一於僻地人戶稀少、不便合併之區域，設鄉選民會，並選舉鄉董、鄉佐。　　六月初一至八月初一

一調查城鎮鄉户口詳細確數，造具清册。　　八月初一至十二月初一

右日期表，係參酌各議員之意見書，經議長、副議長決議，呈請撫憲核奪而定者。所有分期籌辦事宜，應遵照所定限期，認真辦理。至於各屬風氣通塞不同，籌辦自有難易，得由各府州召集廳州縣會議時，照此限期内應辦事項，酌量地方情形，稍從變通。但必依此定限，祇准提前，不得越後，庶免延誤，以期一律。

以上兩件，其爲定限同。所定之限，泥於籌備清單亦同。然山東之限，由籌辦處定之；江蘇之限，乃定於會議廳。會議廳無考覈之機關，無批答之作用，意必仍將議案交籌辦處辦理。然今日諮議局籌辦處，既以蘇不設局而決裁，自治籌辦處又止派道府數人爲總會辦，餘則省城三首縣中，派數紳爲參議，既與各屬隔膜，且並無分科辦事之機杼，則雖有限期之表，猶空言耳。

據廣西巡撫張鳴岐一奏，獨能不泥館單，限省城城鎮鄉自治，於年内一律粗具規模，以爲外屬推行之準，此實今日辦自治之要著。就人材較多，足敷展布之處，於空文研究之外，與以實地之練習，則日苦自有親驗。而他屬一面研究，一面健羨已辦自治之城鎮鄉，黑闇盡破，事業勃興，躍躍欲試之機，較諸講義所得爲遠勝。略録其摺如下：

略言："廣西僻處邊陲，風氣素稱錮蔽，人民責任心之薄弱，地方生産力之凋敝，遠在内地各省之下。臣深知廣西辦理自治之難，而又知爲憲政始基，辦理不容稍緩。是以於光緒三十三年九月，奏明設立全省自治局，以爲籌

辦總匯之區，並於局內附設自治研究所。先考選桂林府所
屬紳士，入所研究，以爲著手進化之本。旋因臣出省督
師，稍有停滯。該局於光緒三十四年三月開辦，研究所於
四月開辦，截至上年年底，綜計入所研究畢業者，共一百
九十人。一切章程名册，已於上年十月咨送民政部有案。
此在未奉分年籌備清單以前，廣西即已籌辦自治之情形
也。迨奉清單，本年應籌辦城鎮鄉地方自治，設立自治研
究所。桂省幅員寥闊，交通不便，若省城設立一所，既苦
於山川阻隔之爲難，令各屬自行設所，又苦於經費人才之
無著。經臣督同局員詳加體察，議將全省劃作三區，以
桂、柳、慶、思爲第一區，設所於桂林；以平、梧、潯、
鬱爲第二區，設所於梧州；以南、太、泗、鎮、歸、百、
上爲第三區，設所於南寧，按屬分配名額。飭令閤省各廳
州縣，考選品學素優之士紳，入所研究，於閏二月一律開
學，教以自治制度及與自治有關係之法政學科。以十個月
畢業，畢業後即令回籍傳習研究，以期普及。此廣西遵照
清單，切實籌辦自治之情形也。城鎮鄉地方自治粗具規
模，清單本定在宣統四年。城鎮鄉地方自治一律成立，清
單本定在宣統五年。推原立法之意，或因事屬創舉，端緒
紛繁，若凌節而施，欲速轉虞不達，故特寬其期限，俾得
從容籌備，而不遽責以定成。臣愚謂凡事百聞不如一見，
以今日人民之不識負擔義務，官吏之未能悉解提倡，若不
先行試辦一二處，示以模型，轉瞬即屬一律成立之期，倉
猝恐多敷衍。是以臣復飭局選派上年優等畢業學員，分任
臨桂縣屬調查宣講之事，期將臨桂縣城鎮鄉地方自治於年
內粗具規模，一以樹外屬之風聲，一以驗推行之利弊。此
廣西遵照清單提前籌辦自治情形也。以上辦法，於養成人

才，標示模範，固可稍提綱領。然不爲各屬定一推行之準，仍難植積小高大之基。現飭各廳州縣於城治各設一地方自治籌辦公所，遴派正紳主辦，爲一邑籌辦總匯之區，經費就該屬原有之地方公款撥用。該公所辦事，約分兩期，第一期召集闔屬士紳，調查戶口總數，爲劃分城鎮鄉區域之預備；第二期稟派幹員，設立城鎮籌辦事務所，爲地方自治之實行。廳州縣自治事宜，俟奉到奏定章程，亦即責成該公所，繼續籌辦，以資熟手。事務所，俟城鎮鄉議事會成立後裁撤；籌辦公所，俟廳州縣議事會成立後裁撤。除臨桂縣籌辦公所定於四月初一日開辦外，其桂林府所屬各廳州縣及梧州、潯州、南甯、龍州各屬，均限以本年九月初一日爲籌辦公所成立之期。此外各屬，均分別後先，以次飭令設立。此又廣西遵照清單及奏定章程，引申籌辦自治之情形也。至憲政編查館原奏，有令各省諮議局籌辦處兼理地方自治事宜之語。查廣西奏設全省自治局，在開辦諮議局籌辦處以前，與原奏令籌辦處兼理，俾資提挈，用意正同。該局籌辦各事，略有端倪，循序圖功，當可漸期就理。可否免其改併，俟諮議局成立時，即將諮議局籌辦處裁撤。擬請飭下憲政編查館核覆施行。"四月初五日，奉硃批："該衙門知道"，欽此。

以上各辦法，固合廣西地理民情而言之。然急就一二處，其餘逐漸推行，各省實不得不出乎此。雖官之籌辦，不用此種方法，士民與其責官之延宕，不如以身作則，自辦一區，其功爲大。否則勉應館單，意本出於敷衍，所謂成立之效，蓋可覩矣。

各省質問民政部之電，本月有湖北、廣西兩處，而廣西電亦至切要。彙録如下：

　　鄂督致民政部電云："民政部鑒：據湖北諮議局兼自治籌辦處禀稱，奉札發憲政編查館復核自治研究所章程，內講授科目有'現行法制大意'一門，範圍頗難臆定。若詳言法制，則第四、五、六之三項已列專門，第七又賅一切，所餘法制無多。若統言大意，又似包入第二科。究竟如何酌定，請電詢示遵等情，合電達，祈示復。龍。虞。"民政部覆鄂督電云："湖北制台鑒：虞電悉。'現行法制大意'，指現行一切制度之概略而言。如官制、軍制、審判制度之類，既與第二項'法學通論'專講法理者不同，亦與第四、五、六項解釋單行法規者各別。希即轉飭遵照。此覆。民政部。灰。"

　　桂撫致民政部電云："民政部鈞鑒：查自治章程第十六條選民資格，以稅捐二元爲要件。但數人合開之商店商號，年納稅捐滿二元者，是否可作爲選民，其行使選舉權之方法如何？第三項所謂具備第二款資格，自應包女子在內，但各種公司對於所在地方負擔頗重，是否可通用本項之規定？第十六條所謂公益捐係確定資格之方法，九十二條所謂公益捐係分別捐項以種類，惟附捐特捐應由議事會呈請核辦，俱帶強迫性質。現在議事會尚未成立，調查納捐資格，究以何者爲範圍？如各地教育會捐、商會捐及其他慈善事業之施，與本非總供自治之需用，而不能謂與自治無關，是否可以作算？以上各款，請大部逐一示覆爲盼。岐叩。沁。"民政部覆桂撫電云："廣西撫台鑒：沁電悉。數人合營一種商業，年納稅捐滿二元者，即由數人自行公推一人爲選民。至各種公司，可以援用第十六條第三項規定。此外教育會、商會及他種慈善事業均係自治事宜，議事會未成立以前，調查納捐資格，即以各該事項捐款爲範圍。此覆。民政部。陷。"

觀廣西來去電，法人雖無明文承認，然已予以代理投票之權。公益捐之疑竇已祛，調查庶較有措手處矣。

丙　調查各省人戶總數。　無所進行。大約當隨自治之籌辦爲動止。

二，官民皆有所待而後可辦者兩事：

甲　頒布資政院章程，舉行該院選舉。　選舉必在諮議局開會之時，期日已迫，而章程未頒，外間盛傳館院大臣有變更上年奏定本章程之前兩章情事，報紙因屢載之。夫前章既未及全頒而即改，當時何以奉特旨宣示天下，將謂先帝之睿哲，有不及今茲各館院者耶？三年無改之謂何，吾決流俗揣測之不足信也。

乙　頒布簡易識字課本，創設廳州縣簡易學堂。　課本未頒布。

三，官辦者三事：

甲　調查各省歲出入總數。　中央政府所辦新政，以此事爲最有力量，且最合立憲國理財本意。"集權"二字，意者真有把握矣。國利民福，在此一舉。所揭破者，中間爲梗之官。昔日本之維新也，倒幕而後尊王。吾國積重之勢，盈天下不止一二幕府，竭民之膏血，以供揮霍，民力不任，則以朝命壓民，國難待紓，則又以民怨抗國，不能洞徹其財政之暗昧，國與民安有相見以心之日？計臣以全力辦此，吾士民亦正以全神注之。羅縷本月事實如下：

聞度支部尚書澤公建議於監國，謂各省派遣監理財政官，部中設立清理財政處，原爲財政上之刷新，欲收統一之效起見。乃各部院之中，竟有主張一部中財政獨立之説者，此不惟祖制所無，亦豈各立憲國所有。現今既以憲政爲進行之準，惟有倣效各立憲國成法，財政統歸度支部管理。外而督撫，內而部院，不得另設銀行，濫發鈔票，鼓鑄銅元，致再釀財政混淆之現象。攝政王甚然其説云。此事爲國民所渴望，計臣有此主張，監國有此嘉納，國有賴矣。顧遲遲尚不以明詔天下何也？

度支部各堂官近會議清理財政事宜，澤公又謂清理財政，雖妥訂章程，限期造報，然中國向來出納款目，何嘗不造冊報部，究之所報者乃官樣文章，奉行故事。今既簡派監理官實行清理財政，宜將從前腐敗積習，一概廓清。於本部財政處組織《清理財政官報》一所，將各省財政監理官按期造報者，一一圈誌顯豁，登諸報端，公諸輿論，以便各省財政人員研究，而資改良。惟此項官報之內容，除各省按期造報，雖細如衙署局所學堂、修造工程、職員薪水，及一切雜費之出入數目諸表，均當照登外，凡關於各省財政之沿革，及各國政治家對於財政之學説，或采取輿論，或參以本部意見，以收集思廣益之效。其他新聞，於清理財政無何等之關係，概可從略。定每月一冊，酌收報資。頒行各省清理財政各員，以及商會、自治會、諮議局，一概分派，以昭大信，而便研究，以期財政早日就緒云云。夫報告財政，本爲將來編統計年鑑時應有之義，今就清理之始，即以其成績與天下共之，憲政本原於是乎在。中國維新之命，烏得不推度支部爲首功也。

其設施已見明文者，則爲各省財政統歸藩司一奏。本月初六奉特諭："嗣後除鹽、糧、關各司道經管各項，按月造冊送藩司或度支使查核外，其餘關涉財政一切局所，著各督撫體察情形，予限一年，次第裁撤，統歸藩司或度支使經管。所有款項，由司庫存儲，分別支領。即由各督撫，督飭該藩司等，將全省財政通盤籌畫，認真整頓。仍著度支部隨時考核，分別勸懲，以副綜覈名實之至意”，欽此。大哉王言！先由各省集權，然後由中央直轄，執簡馭繁之要在此。夫財政一切局所，固軍興以後之糾紛，鹽、糧、關各司道，則承平時固非今制，然亦不隸藩司，本非確當之政體。今承鹽政、漕督、關監督皆廢之後，恰以藩司爲中心，正亂極待治之會，明良一德，舉數百年渙散之弊，一旦綱紀蟄然，非得憲政以爲前提，雖有聖明，或未足以語此。惟此時尚有未盡之意，大約以予限一年，目前尚非實行明諭之故。蓋藩司既統一財權，當明定爲直屬度支部之官，無庸以督撫爲之間隔。此應申明者一。藩司既加重其財政之職掌，且直屬度支部，若復理民政，則既委積以才力之所難，復隔越其受成之所屬，終非設官分職之本旨，似宜專責以財政，而民事別有專官司之。此應申明者二。意者於釐正外官制時，一舉而盡彌此缺失乎？部臣此奏，引雲貴護督臣沈秉堃電請云云，示表同意，此則適逢其會耳。又聞樞廷會議添設各省參贊一事，亦緣澤尚書奏請，以便用人行政，分藩司職務之半，並請劃清藩司與參贊間權限云云。則上所言未盡之意，計臣早籌及之。特參贊是否必設之官，民政是否宜統以參贊，恐非經久之制。奉天向設參贊，近由督臣奏裁，而吉、江兩省則設民政使，似於吾國現狀爲合。將來民政使即直屬民政部，以收集權之效，亦一便也。

各省所派之監理官，其始會議以不負責任爲諉卸，繼則略有建白，皆得之傳聞，不甚足據。聞會議之結果，已將前此部定清理財政專章增訂十二條，由澤尚書核定後具奏云。

報載鄂督陳夔龍電詢，清理財政監理官是否駐省，度支部覆謂伊有調查財政責任，駐省與否，督撫未便干涉。讀此知部臣實事求是，一洗從前內外扶同欺飾之弊。

其考核之期限，前由憲政編查館會議政務處會商度支部，令各省分報財政分類表。茲擬定自宣統元年起，迄本年六月杪，即由各省監理官會同各該督撫造報一次，再自七月初一日至歲暮造報一次，作爲定章。聞尚須會奏一次，以便遵行云。

其關於統一紙幣者，度支部咨行各部、各省，凡商辦、官立各銀錢行號，所通用銀錢票係因幣制未定以前，准其暫時發行。刻本部銀幣已議劃一辦法，如各行號仍照舊通用銀錢票，似與銀幣制度有礙。限接到部咨之日起，盡半月內，所有未發行之票不准發行，已發行之票陸續收回，以歸劃一。

至所籌幣制劃一辦法，前由部奏請幣制宜策萬全，不遽以一兩、半兩爲定議，政務處覆言宜設幣制調查局，至是奏請開辦。略言："此次設局調查，凡於國家財政情形，民間生計程度，各省市面習慣，世界金融消息，乃至各國現行幣制及其改革成法，無不詳稽博考，以便取資。其各省調查之任，即責成各省監理官，一面仍鑄通用銀幣，成色分量，一如其舊。如蒙俞允，臣部即將此項通用銀幣，飭廠鑄造，俾官民一律行用"云云。四月初六日，奉旨："依議"，欽此。是爲不劃一之劃一。七錢二分之銀幣，今日仍爲明定之圜法，而欲決寢一兩幣制之議，則留以待調查後之建白云。

各省清理財政局，已多奏報開辦，監理官亦陸續抵省。清理之效如何，當泚筆以從其後。

乙　籌辦各省城及商埠等處各級審判廳。　此項籌辦，迭見奏報，而了無合法之處。近始見廣西巡撫張鳴岐摺，籌畫周匝，實有一司法獨立之制爲根柢，而於法度缺略之時，批隙導窾，思想獨絕，雖收效未可逆覩，實已有通盤籌算之能。略錄原摺，以供各省觸發之用。

　　奏略言："司法獨立之說，雖近沿於泰西，而其制實早開於中古。周禮秋官所屬，自大司寇以迄司隸，皆專掌獄訟之官。如六鄉之獄，則以鄉士主之；六遂之獄，則以遂士主之。復有縣士，以掌外野之獄；有方氏，以掌都家之獄；有訝士，以掌四方諸侯之獄，均係隨地設官，專司其事。其州長、縣正諸職，略視今之州縣，則統系別屬於地官，職掌多關於教養，無兼治獄訟之事。降及漢唐，治獄雖尚有專官，然行政、司法權限，已多混合。沿至今日，州縣均以行政官兼任司法，於是濫用司法權，以逞其私者有之；牽於行政，不能盡其司法之職者，亦有之，以致獄訟未盡得平，外人且藉口要索領事裁判權，失國家統治之柄。我孝欽顯皇后、德宗景皇帝準今酌古，特改審判制度，與天下更始，限以分年籌辦，明罰勑法，薄海同欽。臣疆寄忝膺，敢不循序程功，勉圖尺寸，茲謹將籌辦情形，爲皇上陳之。查廣西六十五州縣、四直州廳、四同知、一通判、一州判，共計七十五屬。查照法部奏定各級審判廳官制，及體察本省各屬道里遠近情形，除高等審判廳外，統計全省應設地方審判廳約七十餘所，初級審判廳約二百餘所，檢察廳數亦如之。應設員缺，亦按定章，從至少之數核計，約共二千餘人。此事造端宏大，頭緒紛繁。自本年起以至宣統七年，逐年均有應籌辦、應成立之處。若無一總匯之區，提綱挈領，按限督催，深慮不無延誤。現擬設一審判籌備處，以爲提挈督催之所。該處定於四月初一日開辦，以臬司爲總辦，加派嫻習法政人員充幫辦、編制、審查等差。俟全省審判廳一律成立，或臬司衙門官屬已照新章改設科員後，即將該處裁撤，以免縻費。此通盤籌畫，著手辦理之情形也。司法官屬，需員如此之

多，則儲養人才，實爲籌備第一要義。臣上年即已籌慮及
此，是以有分年揀發人員來桂之請。惟目前尚無到者，祇
可暫就現在法政學堂肄習別科、講習科各員，設法培植。
別科本有大清律例、民法、刑法、商法等學科，自本年
起，已飭該堂分別酌加授業時刻，並加入民事訴訟法、刑
事訴訟法兩項。講習科則加入大清律例、商法、民刑訴訟
法等科，以期畢業學員，堪備司法各官之選。此預儲異日
人才之情形也。法政學堂增訂學科，雖足儲異日之才，然
畢業需時，仍難應目前之急。按照分年籌備事宜清單，省
城及商埠各級審判廳，應於明年成立。廣西商埠三處，連
省城併計明年應成立高等審判廳一，地方審判廳四。初級
審判廳，每城治至少姑以二區計，共應設官一百二十餘
員。需才既多，爲時復迫，勢不能不別籌儲備之方，以資
急用。查省城讞局，向歸臬司直轄。凡全省上控提審要
案，均由該局審理。局中承審幫審人員，不乏明於聽斷之
才。惟新制未能嫻悉，現擬將該局移設審判籌備處内，並
設一研究所，令局員於審理案件之餘，入所研究審判檢察
制度及中西法律學説，復延攬曾習法政、品粹學優之士，
來局派充幫審，俾資實習，總期渾融新舊，無礙推行。至
現在本省投効，及照章不入學堂之同通州縣佐雜，亦尚有
可用之人，並擬挑選文理優長者，入廳研究法律，入局參
觀審判。俟屆明年成立審判廳之時，即儘以上各項人員，
按其原官及成績高下，分別挨次委署推事、檢察、典簿、
主簿所官、録事等職。試署一年期滿，果能稱職，再請實
授。此儲備明年應用人員之情形也。凡事非財莫舉，而刻
期舉辦之事，尤非有專款不爲功。本年、明年尚在未經試
辦預算以前，款項若不預籌，臨事慮多牽掣，飭據臬司預

算本年審判籌備處及附設之研究所，需用經費約共一萬兩。明年省城各級審判廳擬於四月開辦，商埠各級審判廳擬於七月開辦，連籌辦處經費並計約共需十一萬餘兩。廣西財政困難，本無可指之款。惟籌辦審判，關繫重要，不能因無款遷延。臣現已督飭司處，設法騰挪，並將他項局所，力加裁併，籌定的款十二萬兩，專供籌辦審判之需，俾要政得以依期集事。仍飭該司，但有可以撙節之處，均須切實節省。此籌備經費之情形也。據署按察使吳徵鼇，會同署布政使王芝祥，詳請奏咨立案前來。此外未盡事宜，容臣督飭該司等，悉心妥籌，隨時奏咨辦理"云云。宣統元年四月初四日，奉硃批："該部知道"，欽此。

鳴岐又片奏請先定任用司法官屬暫行章程，此事責在中央，而關係籌辦甚大。查法部所奏統籌司法行政事宜，今年當編訂法官進級章程，法官補缺輪次表，明年實行於京師，後年實行於各省。而法官考試章程、任用章程、官俸章程，又編訂於明年，而頒布於後年，蓋與普通文官考試章程、任用章程本來有別。鳴岐所奏，似未見法部閏二月二十三日原摺。但法部雖另有期限，亦在宣統三年。廣西期以宣統二年成立省城商埠各級審判廳，部章實仍不及事。觀鳴吱奏請大旨，不過欲稍捐本籍服官之例禁，此事固可咨商法部，於編訂時留意。而廣西則先部章而行之，無窒礙也。

片言："文官考試章程、任用章程，按照分年籌備清單，應於本年編訂。司法官屬亦文官之一項，應如何考試任用，憲政編查館、會議政務處必已早有權衡。第此項章程，須至宣統三年實行，而明年值成立省城商埠各級審判廳之期，需用司法人員頗衆。倘專於需次各官中遴用，就廣西情形而論，人數甚苦不敷。揆之他省情形，當亦有與廣西同一爲難者。查吏部奏定新章，佐貳雜職，准其在本籍服官，以此類推，則審判廳內各項官職，可用本籍人員者，正自不少。可否仰懇天恩，飭下憲政編查館會議政務處，於文官任用章程未經頒布以前，先定一任用司法官屬暫行章程，俾資遵守。恭候聖裁。"宣統元年四月初四日，奉硃批："該衙門知道"，欽此。

江蘇臬司左孝同，詳定審判廳籌辦方法，前期已登其略。近江甯藩司樊增祥，意見頗有異同，就左臬司原詳，指摘應籌商者十事，條陳兩院，則原詳不邃足訓矣。文繁不具列。

丙　廳州縣巡警限年內粗具規模。　各省廳州縣以向來之保甲，改辦警察，本已有年。但就其已辦之警政，按各廳州縣而數之，勉應本項籌辦名目，殊非難事。然各省尚少奏報。如兩江則專報省城地面警費，此似與籌備事宜無涉。惟湖廣總督陳夔龍一奏，尚見湖北現有之巡警辦法。略錄如下：

奏略言："鄂省警察學堂，業於光緒三十一年，經升任督臣張之洞，就武昌省城籌款開辦。額選學生四百人，分甲、乙、丙、丁四班，每班一百人，定期兩年半畢業。於三十三年冬間，該堂學生畢業三百零二人，一律飭赴各局見習。三月期滿，先後派委襄辦省城暨各屬警務，頗著成效。茲准部咨，即將該學堂改爲高等巡警學堂，賡續開辦。惟鄂省幅幀遼闊，警政需才孔多。部定每省學生須滿五十名，就鄂省而論，此數不敷派遣。因增定爲一百名，以五十名由省城考選爲甲班，業經招試如額；以五十名由各屬申送爲乙班，已取定四十名，於本月先行開學。宜、施、鄖三府離省過遠，尚未申送到省，因留額十名，以待補試。甲、乙兩班名殊級同，均遵章三年畢業。其分年應習學科，查照部章所列名目，分科教授。惟查原章第七條，內載高等巡警學堂，爲目前警官需人計，得附設簡易科，以一年半爲畢業期等語。鄂省現用警務人員，皆取材於原辦警察學堂畢業各生。該堂原定兩年半畢業，較部定簡易科一年半畢業之期，已屬加增。其學程既以稍優，其人才尚足敷用。所有簡易一科，自可暫不附設。此遵章改辦高等巡警學堂之情形也。溯查湖北舉辦警政，始自光緒二十八年。其時百事草創，新募警勇，率多不諳警章；因先派警務學生，赴日本學習警政，於二十九年回國。光緒三十年，復經選派文武員弁四十七員赴日本，入警視廳學習一年，旋改入警察學校，於三十三年八月畢業回國。又於三十二年春間，考選候補正、佐各官三十一員，入省城警察學堂學習，定兩年畢業。至三十三年冬間，省城警察學堂甲、乙、丙、丁四班，一律畢業。計先後派赴日本畢業回國者凡兩次，本省官班及學生畢業者凡兩次，均經分別錄用。規模粗定，因議擴充辦法，先就畢業各生中，選赴各屬，以爲先導。自上年十月派荊州一府學生，十一月派襄陽一府學生，本年二月續派漢陽、德安各府並補派武昌、黃州各府學生，閏二月派安陸、宜昌、施南、鄖陽、荊門州、鶴峰廳各處學生，計大縣二人，中小縣一人。通商大埠及華洋雜處之區，如荊州之沙市，光化之老河口，襄陽之樊城，暨宜昌府等處，加派五六人、三四人不等。現已一律派竣，隨同地方官襄辦警務。按各廳州縣稟報已具規模者，計五十一廳州縣。其設巡警在一百名以上者六縣，八十名以上者四縣，六十名以上者三縣，五十名以上者三縣，四十名以上者四縣，三十名以上者五縣，二十名以上者十一縣，十名以上者五縣。其餘十八廳縣，甫經籌設，尚未具報。就目前警政詳加考核，雖成立有先後之殊，員弁有多寡之異，而皆出於省城所派遣之學生，爲之提倡。爲目前謀統一，已見其端，爲日後求擴充，尚易爲力。此鄂省現辦警政之實在情形也。竊維民政爲憲政要領，而警政尤爲民政之根本，然必立有初基，而後可謀進步。鄂省現擬辦法，即以派遣學生爲推行警政之基礎。各屬需用警員以此，即各屬應辦巡警教練而需用教員亦以此。俟布置粗定，應由臣札飭各屬，將遵章應設之巡警教練所，一律尅期舉辦。"四月初十日，奉硃批："該衙門知道"，欽此。

四，靜待館部頒布者三事：

甲　頒布廳州縣地方自治章程。　未頒布。

乙　頒布法院編制法。　未頒布。

丙　頒布國民必讀課本。　未頒布。報載學部以編訂各書，事關憲政，宜籌妥善辦法，飭員編輯。因面諭圖書局長袁嘉穀，通飭各局員，於月之初八日，在本部會議一切辦法。則編訂且未有把握也。

五，館部自行程課者三事：

甲　釐訂京師官制。　照清單，第五年頒布。

乙　編訂文官考試章程、任用章程、官俸章程。　照清單，明年頒布。

丙　核訂新刑律。　京外紛紛簽注，今尚未已。近復有都察院一奏。

國籍法提前告成。近聞憲政編查館以此法名詞多屬創造，議仍准各省向館質問。

條約非法律也，而國與國既訂約文，臣民自奉公布以後，有各爲國家遵守之義務，蓋與法律同其效力，故學者恒與法律同論。吾國向於條約無所謂公布，遂致違約以啟責言，其事所在多有。樞廷前片交外務部，令檢查歷年損失國權利權之條約，彙案呈進。其所舉之要目大概有四：（一）裁判權。領事裁判權既未收回，混合裁判權又遍各商埠。（一）關稅權。各國皆行國定稅，我國則限於協定稅，以致不能增加稅目，增高稅率。（一）郵政權。中國各商埠外人皆可設立郵政，侵我交通行政之主權。（一）貨幣權。各國貨幣無用外國貨幣之理，外國貨幣充斥，於中國財政上大有關係。其餘警察權、土地所有權、礦山採掘權、水陸運輸權、內地營業製造權，種種有無損失，均需詳細研究，標識於歷年條約之末，以便設法補救。此朝廷注意已及條約之事實也。

至各衙門各省奏報籌備成績，前數期頗已節登。本月見憲政館考核第一屆籌備成績摺，經館臣考核之後，自屬最高機關之評判。摺中並言第二期考核後當一並區別殿最，奏明辦理。略錄其摺如下：

奏略言：“現屆第一屆考核殿最，分別彙奏之期，謹督率臣館考核專科各員，詳加檢核。所有上年八月起至十二月底止，第一屆限內京外各衙門應辦各事，如設立變通旗制處，頒布城鎮鄉地方自治章程，調查戶口章程，及清理財政章程，應由軍機處、憲政編查館暨民政、度支等部分別籌辦者，均已遵限奏明，請旨辦理在案。至學部編輯簡易識字暨國民必讀各課本，修訂法律大臣與法部修改新刑律，修訂法律大臣編訂民律、商律、刑事民事訴訟律等法典，各省督撫籌辦諮議局各項，照清單內，本非限於第一屆內應行頒布成立之事，現已各據奏咨，正在分別舉辦，尚與限期無誤。惟新疆撫臣聯魁，以諮議局選舉一節，施之新疆，人民品類既異，尚乏合選舉資格之人，勉强行之，亦恐成效難覩，酌擬變通辦法，具摺奏陳，奉旨：'該衙門知道'，在案。臣等查該撫所擬辦法，官紳並用，慎選派委。新省地處極邊，情形既與內地不同，自當從權試辦。一面再由臣館行催該撫臣，將應辦事宜於三年內急爲籌備，屆舉行第二次選舉之期，即應如期照辦，以應九年實行預備之詔。以上皆京外各衙門第一屆籌辦憲政成績，經臣館考核之實在情形也。至第二年應行籌備各事，現雖未至考核之期，臣等謹照考核專科原奏先事督催之恉，但就已見諸奏報者，參以見聞，比較得失，謹爲我皇上陳之。度支部調查各省歲出入總數，現已分別簡派奏派正副監理官分往各省，風聲所樹，可望漸次清釐。修訂法律大臣頒布法院編制法，已將草案咨送臣館覆核。其各省諮議局選舉一項，均已遵照開辦。但查選舉章程，原定正月十五日爲初選期，三月十五日爲複選期。去歲各省紛紛咨稱時期太迫，必須展限，當皆聲明不誤九月初一日開局之期。此時核計各省初選舉正在籌辦，惟江蘇一省能於三月十五日行複選舉，所有議員如數舉齊。江蘇事繁地廣，獨能遵照奏章按期複選，使各議員得以餘間爲議案之預備，實爲兩江督臣端方、江蘇撫臣陳啟泰督率有方之證。廣西撫臣張鳴岐，專以辦理選舉爲州縣之考成。融縣知縣殷有鑒，至以辦理疲緩，奏參革職，而籌備事項，且將清單所載提前辦理，最爲切實認真。又查各省籌辦城鎮鄉地方自治、設立自治研究所一項，雖前後奏咨有十一省，而成立於三年前者則惟直隸，成立於民政部頒發章程之先者則惟奉天、吉林、山東、江蘇、安徽、湖北、兩廣等省。又查各省調查歲出入總數一項，雖奏咨設局者已有十一省，而惟山東撫臣袁樹勳爲較有核實辦法。又查各省廳州縣巡警限年內粗具規模一項，諮報者僅有六省。各省籌辦省城及商埠等各級審判廳一項，諮報者僅有四省，其早經開辦，則惟直隸、奉天。以臣等聞見所及，該兩省審判立於州縣之外，不獨斷結迅速，人民稱便，即教民外人遇有訴訟，亦多照章陳訴，就我範圍，尚無窒礙。以上謹就內外之見諸奏報者而言，其未諮報應行籌備之部院及各直省，亦擬由臣館分別咨催，以慰宸廑，統俟第二期考核，一並區別殿最，奏明辦理。惟臣等猶有不能已於言者，查籌備憲政，頭緒既繁，程限踵接，固宜如期舉辦，尤貴核實圖功。若徒塗飾目前，一奏塞責，縱令依限成立，仍非朝廷注重憲政再三誥誡之心。此次第一屆應行籌備事宜，既據京外各衙門奏報興辦，尤望部臣疆臣行之以實心，持之以毅力，庶幾名實相符，始終無間。至臣館職司考察，尤屬責無旁貸，嗣後除京外各衙門按期奏報之件，再由臣館彙核具奏外，其有辦理未盡允協者，應照考核定章分別奏咨，指令更正。並擬由臣等不時選派妥員，分赴各省抽查實在情形，核其與奏章是否相符，據實奏陳，請旨辦理，以促進步而求實際。”四月二十九日，奉旨：“着依議”，欽此。

第六年第七期

憲 政 篇

本月籌備之效，進行者自進行，留頓者自留頓，惟風行草偃之喻，國民蘄向，端自朝廷。初六日諭准陝甘督臣升允開缺，有"預備立憲，係奉先朝明諭。朕御極後，復行申諭内外大小臣工，共體此意，翊贊新猷，毋得摭拾浮言，淆亂聰明"等因。説者謂升允之得罪，不盡由於阻撓憲政。然究未嘗以阻撓憲政，爲能巧伺上意，而開衆不肖轉藉頑固爲僥倖之門，此亦于式枚之流所較爲喪氣者。

二十八日，又奉硃諭："前經憲政編查館奏定憲法大綱，内載統率海陸軍之權操之自上等語，已奉先朝諭旨頒行。朕今欽遵遺訓，兹特明白宣示，即依憲法大綱内所載，朕爲大清帝國統率陸海軍大元帥，現在沖齡典學之時，尚未親裁大政。所有朕躬親任大清帝國統帥陸海軍大元帥，一切權任事宜，於未親政以前，暫由監國攝政王代理，以合憲法"等因。查憲法待宣統八年頒布，大綱所定，民間或未審爲將來之事實與否，今以明詔先自守法，以厚憲法之效力。且中國君權本無限量，攝政王代皇上行其君權，亦即本無限量，豈藉一大元帥之稱，而後可以統率陸海軍。天下知此諭爲鞏固憲政、杜絶窺伺而發，以故視大權之可以先期行使，益知臣民權利義務之定在大綱者，亦已有保障之可言。涣號既頒，群情大奮。昔明武宗自稱總督軍務威武大將軍，後世傳以爲笑。《御批通鑑輯覽》謂：
"武宗身居九五，乃豔慕人臣爵號，忽假名降勅自封，冠履蕩
然莫辨，實千古未有奇聞。且以至尊而下齒臣工，體統之凌夷
已甚。名不正而言不順，徵兆實屬不祥，較漢成帝之稱張公
子，唐莊宗之稱李天下，誕妄更甚"云云。祖宗之垂訓如此，
亦以武宗之無理取鬧，非有臣民權義與君主大權對舉，則假號
弄兵，豈非兒戲？今者取法列强，發揮憲政，天下自翕然無
間。吾獨懼臣民之不自愛其權利，不自踐其義務，轉以至尊之
守法，有類於御批所云假名降勅之爲，此固臣民放棄之罪。抑
政府不以憲法大綱之權義督促斯民，罪有甚於蚩蚩者矣。

　　臣工章奏之最有關於憲政者，本月初七日，出使日本考察
憲政大臣李家駒，奏陳立憲官制管見一摺。其言責任内閣猶是
人人之言，至言行省與帝國之關繫，不當用日本府縣之體制，
以馭此地大物博之華夏，則爲創論。夫世言大清帝國，以其包
有滿、漢、蒙、回各族之故耳。今并與行省對舉，以完"帝國"
二字之義；就統治之勢而言，頗得臂指相稱之道。夫"帝國"亦
新民詞之一，國家本未嘗以此自號。自本月實行憲法大綱一
諭，赫然有大清帝國之文，此與家駒之奏有無關係，雖不可
知，第就其原奏有足供政學家研索之處，錄其文如下：

考察憲政大臣李家駒摺

　　奏爲考察立憲官制，錄繕成書，敬陳管見，恭摺仰祈
聖鑒事。竊維考察日本憲政事宜，經前大臣達壽與日臣伊
藤博文、伊東已代治等協同商酌，按照憲政編查館開送考
察要目，綜爲六類：第一類，憲政史；第二類，憲法；第
三類，立法；第四類，行政；第五類，司法；第六類，財
政。其第一類、第二類、第三類，業由臣達壽編輯奏進。

其第四類、第五類、第六類，均由奴才接續考察，仍延聘專家，先就第四類逐日講論。查行政第一類，其關繫憲政爲最要，而其條理亦最繁。就行政機關而言，則有官制，有自治制。官制之中又析爲中央行政官制，與地方行政官制。其關於官制之各項法令，則有文官任用令、分限令、懲戒令、官吏俸給令、官業服務紀律、文官試驗規則等類，日本統稱之曰官規，此其大較也。日本官制諸書，我國早有譯本，其現行之各種官規，亦經奴才譯錄，咨送憲政編查館在案。惟是考察外國制度，不徒貴徵其條文，尤貴研其義例。是以奴才與日本法學博士有賀長雄、清水澄等，討論官制各事，必研求原理之所存，以推見立法之本意，並按切中國情勢，應採何種制度，始爲適宜。又日本制度，經驗成蹟，有美有惡，我國采用所宜，舍短從長，計編成《官制篇》、《自治制篇》、《官規》各種。又就日本現行制度，釋其義例，參之歐洲各國，較其異同，計編成《日本官制通釋》、《日本自治制通釋》、《日本官規通釋》、《日本行政裁判法制通釋》各種，都三十餘萬言。全書譯繕告竣，尚需時日，兹謹先將《日本官制通釋》三册、《官制篇》二册，附《中國內閣官制草案平議》一册、《自治制篇》一册、《官規篇》一册，錄繕成帙，恭呈御覽。並請將奴才管見所及，敬爲我皇上縷晰陳之。

　　凡釐定官制，必依其國之政體爲標準，即循乎憲法之本義，以爲編制是也。日本爲君主立憲政體之國，其憲法爲欽定憲法，綜七章七十六條之文，一言以蔽之曰，重君主之大權而已。其始也，立憲政體之規定，發之自上，是爲以大權操縱人民，而非以人民參與大權。其繼也，憲法條文之制定，裁之自上，是又以憲法待大權而行，而非以大權由憲法而生。故日本憲法實以君主大權，立諸行政、立法、司法三機關之上。其於行政權也，不惟任免官吏，操諸朝廷，即釐定官制，亦屬大權，而非議會與法律所能左右。是故政府也者，乃君主行使大權所設機關之一，決不以君主爲政府之長，所謂君主無責任也，此其本義一也。《日本憲法》第三條，天皇神聖不可侵，伊藤博文解之云，君主固當尊重法律，而法律則無責問君主之力。惟君主無責任，乃必有負責任之國務大臣。凡法律上之責任與政治上之責任，皆以國務大臣當之，善則歸君，過則歸己，苟有違法，及失政情事，責問彈劾，實職其咎，言思擬議，不及於君。惟全國結一心尊戴之誠，斯皇圖保萬世不拔之固，此其本義二也。立憲官制，首明責任，準此而編制之，其通義有四。日本官制，各大臣入贊閣務，謂之國務大臣，出領省務，則謂之各省大臣，以其責任有所不同，斯其名義乃各有當。責任有二：一曰憲法之責任，國務大臣負之；一曰行政法之責任，各省大臣負之。憲法責任，惟限於國務大臣。至關於行政之施爲，則地方長官亦與有責。蓋國家之歲入有限，而應舉之事無窮，何事在所當舉，何費在所必需，必有主持計畫之人，此其人非負責任不可。是故國家政務，無論大小，必以有責任之官吏主之，此其通義一也。國家政務，分別部居，固各有主任之人。而行政之方向與次序，則互有關繫，是必協議於先，乃能施行於後，此立憲國家所以必取內閣之制也。日本內閣，以國務大臣組織之。凡政務，協議既定，然後各就所主任之事，以命其屬。是負責任者，必爲國務大臣，此其通義二也。各部政務，主任之人，即負責任之人。其任事也，依其心所深信不疑最爲美善之法行之，以期協乎國家之主旨，決不容枉己徇人。故主任者必歸一人，否則互相牽掣，抑互相推委，其失惟均。是故各部政務，負責任之大臣，不可無一，不可有二，此其通義三也。凡負責任之大臣，必有監督所屬之權。日本有取消訓令、指令、升降、懲戒、處分之制，所謂監督權也。惟是以上臨下，則監督也易。至於位分相等，則監督也難。日本制度，天皇發令，雖屬統帥事務，亦必經由海陸軍大臣。韓國統監，望重位尊，而承旨及奏事，必經內閣總理大臣或外務大臣。蓋必曲盡監督之權，方不戾責任之旨，此其通義四也。由是而分配行政事務，斯有一定之準則。考建置部省，多寡之數，各國不同，大率與其國行政事務之類別相副。國家行政事務，大別為五：曰內務，曰外務，曰軍政，曰財政，曰司法。五者之中，有必不可析為二部者，若外務行政，若財務行政，若司法行政，皆惟一而不可分。至軍務行政，本有陸軍、海軍之殊，即可分設二部。其在並無海軍之國，則但設陸軍一部已足。其或雖有海軍，而事簡不須設專部者，亦但設一兵部兼統其事，此則分合視乎國情者也。內務行政，範圍最廣，各國大抵分設自二部以至五部不等。日本分為四部：曰內務省，曰文部省，曰農商務省，曰遞信省。當開闢北海道之時，曾設拓殖務省，略如英法等國之殖民部及理藩部，然未幾尋廢。今則并台灣、樺太事務，悉隸內務省焉。歐洲重宗教之國，有特設一部，專司宗教教育者，日本則但於內務省設宗教局。又有專設鐵道部者，日本但有鐵道廳，舊隸遞信省，今改為鐵道院，隸內閣總理大臣之下。又有并鐵道、土木、道路、河梁諸工事，專設一工部者，日本則以土木等事隸內務省之土木局。又有區農、工、商三事，各設專部者，日本則統於農商務省焉。當明治初年，設省凡六，厥後遞增，至明治十八年始定爲九省，宮內省尚在其外。此九省者，亦非一成不易之數，因時損益，理無不可。然損之至極，不能少於五省，以內務、外務、軍政、財政、司法五者缺一不可立國也。至增益之限，亦不逾上文所舉之外，以內務行政勢難再析也。要之立憲之國，凡於行政事務，無須獨立而負責任者，即無庸特設專部，而與於國務大臣之列，此一定之準則也。由是而組織內閣，斯有一定之權限。日本內閣官制第一條，內閣以國務大臣組織之。國務大臣云者，除宮內大臣外，合內閣總理大臣與各省大臣之稱也。英國有額外大臣之制，日本內閣官制第十條，亦云各省大臣之外，若奉特旨，亦可使其爲國務大臣列入閣員，如伊藤、大木皆曾以樞密院議長特命入閣，是其例也。美國爲共和制度，行政事務，悉委任大統領，故不須別置責任內閣。德國爲聯邦制度，惟宰相一人爲眞國務大臣，其餘皆聽命於宰相，第爲之佐而已。此外各國，大抵行組織內閣制度，各省大臣皆爲閣員。其組織之例有二：一由總理大臣集合同志組織之，一由君主任命之。英國用前例，故有議院內閣、政黨內閣之稱。日本國法，任命大臣，權出大皇，則用後例。但總理大臣亦得薦舉數人，陳於天皇，以備任用。天皇以閣員政見必須統一之故，往往如其所請。惟是組織之法雖異，而各省大臣必須與閣員之列則同，此組織之要義一也。日本制度，置內閣總理大臣一人。蓋國家政務殷煩，各省大臣各有計畫，輒爲財政所限，不能同時進行。故必有總理大臣，本國家之主旨，以審各部政務之輕重緩急，分別而經營之，務令用財少而成功多，此則國是之所在，政策之所行，總理大臣所以必須也。英、法二國，皆爲議院政治，故其總理大臣之政策，必以議會之意嚮爲標準，遂不免爲所束縛。至日本、德、奧諸國，總理大臣所定政策，不惟不受議會之束縛，且可以操縱議會。則總理大臣之能事也，或於各部大臣之中，使一人兼任，或於各部大臣之外，專任一人。各國制度雖異，而總理大臣衹有一人則同，此組織之要義二也。內閣職權，日本官制規定綦詳，隱括其義，厥有七端：一曰定大政之方向。一國行政，有謀通常之利益者，如警察、裁判、普及教育之類是也。有謀特別之利益者，如擴充軍備，所以伸國力於境外，實則方向所在，以助成國內之事業爲歸。又如致力於鐵道、航業等事，所以圖交通機關之完備，實則方向所在，以振發農工商業爲的，皆所謂間接之利益也。此其先後緩急之序，法令既未有規定，則惟由總理大臣因時制宜，以定方向。方向既定，然後各部行政之計畫，乃能相須而成，各大臣之政見，自不至互相齟齬。故立大方向，以統小計畫，是爲總理大臣之權。至於各大臣之行政，固當循其方向，又當各自樹立，以定各部之計畫，要以不背大政之方向爲限，是又爲各大臣之權也。二曰凡國務必經內閣。通常政務無論矣，即有關責任之大權事務，仍由內閣具案，奏請裁可施行。凡施行大權之形式，如詔書、敕令、書敕，皆須總理大臣副署。三曰凡臣工入對必經內閣。閣員之中，惟總理大臣得隨時入對，其餘必先商承總理大臣。至於閣員之外，許其入對與否，必開閣議決之，仍由總理大臣或某省大臣領同入覲。英國嚴守此例。日本前鐵道總裁後藤新平自俄羅斯歸國，有所陳奏，請覲日皇，嗣經閣議不允其獨對，使外務大臣領之。日本元老重臣，向可隨時入對，今亦先商內閣。所

以必如是者，蓋不使無責任之人任意奏對，致與內閣政策
有所矛盾而滋紛擾也。日本制度，凡政治上之入對，必經
內閣，惟統兵元帥及凱旋大將，皆可直接入對，此時日皇
乃以大元帥之資格見之，非以政治上之君主臨之也。至於
樞密院顧問官，每星期進謁一次，亦與政治無關，但入宮
問安而已。四曰凡臣工入奏必經內閣。各大臣遇有單銜上
奏事件，將奏章呈送內閣，由內閣代遞，此外概無上奏之
權，悉由內閣代奏。其不經內閣者有四：一樞密院上奏；
二議院彈劾政府；三會計檢查院上奏；四陸海軍統帥事務，
此皆有明文規定爲例外者也。五曰外交事件必取決於閣議。
凡國內之行政事務，皆可以法律命令規定之。至於外交事
宜，則非法令所能豫定，必由政府隨時審議，始能因應適
宜，不獨和戰訂約，非常之舉爲然也。凡屬國際之事，幾
無不取決於閣議，然後由外務大臣行之。六曰統一各部事
務。統一之法，其要有五：一各部重要官吏之進退，必經
內閣；二各部經費，必經閣議；三各部權限遇有爭執，取
決內閣；四各部所發命令與其所處分者，如有不合，內閣
得停止之，以待敕裁；五內閣得發訓令於各部，凡此皆實
行其統一之權者也。七曰特別職權。例如建築鐵道，有時
須據土地收用法，買收私人之土地者，其必須收用與否，
則取決於閣議，蓋以事關人民之所有權，而審慎出之也。
此外尚有不屬各省專管之事，權隸總理大臣者，如馬政局
之類；又有以便宜之故，而隸總理大臣者，如鐵道院之類，
此則非所必應有之職權也。日本官制，除責任大臣外，更有
各種獨立機關，如樞密院則與國務大臣，同爲憲法上之機關；
如元帥府、軍事參議院、陸軍參謀本部、海軍軍令部，則皆
爲統帥事務之機關，然以不負責任之故，皆不得爲國務大臣。

至於會計檢查院、行政裁判所等，皆爲特設機關，不屬政府範圍之內。我國官制，此類較多，釐定之時，或依類併省，或改部爲院，應以有無責任爲斷，凡以協乎立憲之本旨而已。以上所陳，屬於中央官制，即我國之京師官制。

　　至於直省官制，則所謂地方官制是也。各國制度大別有二：一曰中央集權，一曰地方分權。中央集權者，凡行政事務，悉由中央政府頒發法律命令，使地方官遵行之。其對於人民執行法令之事，日本謂之處分，亦由政府委地方官吏行之，而政府仍有取消及改正之權，固無所謂地方法律也。中央政府制定豫算，舉地方之行政經費，悉納其中，而統於內務省。支付之時，則委任地方官吏行之，亦無所謂地方豫算也。此中央集權之制也。地方分權者，除軍事、外交、郵政、鐵道、電信、貨幣等項，爲全國統一事務，歸中央政府施行外。其餘一切事務，無論大小，悉由地方政府，與地方議會，各以其地方之法律行之。此地方分權之制也。二者皆趨於極端，與中國國情不合。溯自封建易爲郡縣，既二千年，雖歷代建置，屢有因革，內外之間，迭爲輕重，然行省名義，本繫中書，督撫受事，仰承朝命，內外相維，權衡至當。即欲如瑞士等國，地方各自爲制，勢必不能，是純乎地方分權之制不適於用也。中國廣土衆民，分省而治，各省政務統於疆臣，行政區域不能不廣。設如今日復秦漢初制，郡縣直達京師，則全國千五百餘州縣，分區行政，既散渙而無紀，且地方事務悉待部臣一一指揮而經營之，亦復勢有不及。日本國境，略與中國一大省相當，所置府縣凡四十七，又其國交通利便，故地方政務統轄於內務省而綽然有餘，然必非我國所能仿效，是純乎中央集權之制不適於用也。謹按逐年籌備事宜清單，已分全國豫算決算與各省豫算決算爲兩事。又按諮議局章程"職任權限"章，諮議局有議決本省豫算決算之權，又有議決本省單行章程規則，增删修改之權。夫豫算與法規皆地方與中央關繫最要之端，即爲直省官制準的所在。綜其關繫之要義有三：一曰帝國行政，與各省行政之關繫；二曰帝國法律命令，與各省法律命令之關繫；三曰帝國豫算，與各省豫算之關繫。所謂行政之關繫者，何種事務應歸中央政府執行，何者應歸地方官府執行。區而別之，約有四類：其一，中央政府制定法令，特設官吏，使行之於各地方者，是爲直接官治事務；其二，中央政府制定法令，不須特設官吏，即使地方官吏行之者，是爲間接官治，事務；其三，地方官府制定法令，使地方官吏奉行之者，是爲地方官治事務；其四，使地方自治體，依國家法令行之者。凡法令，不問由中央政府制定，或地方官府制定，皆爲國家法令，惟不使官吏奉行而委諸自治體，是爲地方自治事務。以上四類，綱領已具，乃就國家行政事務，依類隷之。一曰軍政，二曰外交，此二者皆對外之事，不能依據法令，使地方官奉行者，當由中央政府直接管理而負責任。三曰財政，中央政府所掌財政，如編制豫算之類，當爲直接官治；徵稅之類則爲間接官治，或爲直接官治。其地方官府，依所定法令而行之財政，當爲地方官治。四曰司法，司法事務必須全國統一，當爲直接官治。司法大臣所掌者，司法行政也。其各地方裁判所，則以獨立之故，由司法大臣特設官吏行之，不委諸地方官焉。五曰民政，即內務行政也。其事最繁，其屬於地方行政者亦最多。就中應歸中央行政者有三：凡必須全國畫一之事項，如民衆行政及郵政、鐵道、電信、度量衡之類，當以中央法令行之者，爲直接官治或間接官治，或間接官治，此其一；凡權利及於全國之事項，如版權、專賣、特許商標登錄之類，皆以權利許人，而其效力及於全國者，當由中央政府主行，而爲直接官治，此其二；凡非地方民力所及，必合全國之力而後能舉之事項，如大學校、大博覽會之類，當由中央政府以國稅經營之者，爲直接官治，此其三。三者之外，其可屬諸地方行政者大宗有五：一警察行政，惟保安及司法警察，應歸中央；二衛生行政；三教育行政，惟大學校應歸中央；四實業，如農、工、商、礦、林、漁等；五善舉，如救災、卹貧、勞動、保護等。此二宗之規模，大者應歸中央，小者悉屬地方。至於徵兵、賦稅、戶籍之類，雖屬直接官治，然亦可委諸自治體行之，日本習用此法。此帝國行政與各省行政之關繫也。所謂法律命令之關繫者，一國之中，既有帝國法律，又有各地方單行法律，則兩相衝突，在所不免。墺制，各州法律與帝國法律，效力相符，此因各州本爲獨立國之故。中國不宜倣行，自以帝國法律效力在各省法律之上爲是，否則不能收統一之效也。更參酌德國之治阿撒羅連省事例，於官制中明定標準。其例有三：一除全國公益之事項，應以帝國法律規定之外，其餘或以國律，或以省律，可斟酌定之；二除地方尋常事項，應以本省法律規定之外，其餘或以省律，或以國律，可斟酌定之；三國律與省律規定之事項，兩面並揭，其所未載者，臨時酌定，而以規定在先者爲有效。至於區分事項，其最便之法有二：一凡經費必由國庫動支之事項，以帝國法律規定之，其地方所能支辦者，則以省律規定之；二釐定官制之先，即規定某事可由各省自行酌定，或開議會之時，於法律之中規定某事可委任於各省之立法機關，除未經載明之事，將來中央政府可以勅令定之外，其已經載明者，則不得以勅令變更之。考德制帝國勅令之效力，在地方法律之上。平心而論，則緊急命令、執行命令、委任命令三種，皆應有超越地方法律之效力。惟所謂獨立命令者，似不應有超越法律之力，然亦有辨。大抵關於全國公益之勅令，可以超越省律。若但屬於各省尋常事務，或雖關全國而牽及該省者，如該省本無此項法律，則勅令爲有效；如該省本有法律，則不得以勅令變更之。如是區別，似較允當。夫偏重帝國勅令之制，則失建立行省之本意，而偏重地方法律之制，又與中央統一責任之制相妨。欲劑其平，惟有於各省設參事院，隸於督撫之下，隨時審議。凡事或從法律，或依勅令，由督撫奏請裁奪施行，庶免偏重之弊矣。此帝國法令與各省法令之關繫也。所謂豫算之關繫者，帝國豫算與各省豫算，雖分兩事，而辦法則必歸一律。第一，宜先訂會計法。會計法之要義有三：一會計年度，二歲入歲出款項節目之區別，三分設出納官吏，不以一人兼管收支是也。第二，宜定國庫制度。國庫之制有三：一置國庫於中央，二置國庫於各省，三中央及各省各設國庫是也。今欲採用，自以第三種制度爲適宜。至於中央豫算與地方豫算之分配，仍以官治之類別爲衡，約可分爲三種：第一種，直接官治之豫算，由中央政府特設之官吏，編纂概算書，呈送政府。第二種，間接官治之豫算，由各省督撫編纂概算書，咨送各部。此二種概算書，中央政府即據以編入帝國豫算案內，與地方豫算無關者也。第三種，地方官治之豫算。其收入之款約有八宗：一國稅之附課稅，二本省自行徵收之稅，三本省所收手數使用免許各料，四省有財產之收入，五本省所營官業之收入，六過怠金及寄附金，七簽捐之數，八本省公債是也。其支出之款，即屬地方官治事務之經費，此不必概由本省收入項下支用也。日本恒委之自治體，例如府縣所設中小學校經費之一部分，可令其自行籌辦，似此之類，當以明文規定之。此帝國豫算與各省豫算之關繫也。明乎三者之關繫，則直省官制之準則在是矣。編制大要，分爲四種：一曰省務大臣及其官屬。督撫爲全省行政長官，即爲省務大臣。其下置輔助官吏，設次官一二人，視京部左右丞；設各局，或曰各司局，各設長一人，局員若干人，分曹治事，視京部各司；其餘委用之官稱是。又廢司道分設衙署之制，官吏治事，咸集一所，如京部之例，凡次官以下，均受督撫節制。二曰中央政府特設官吏。此種官吏，專理直接官治事務。有通省祇設一員者，如巡警道之類；有不止一員者，如關道之類；又不止一級者，如鹽運司、鹽大使之類。惟其所事，則皆不屬省務之範圍，而直接京師，受京部大臣節制。其有應由督撫就近監督者，特別定之。三曰地方官吏。擬倣日本制度，不以府轄州縣，凡府廳州縣，均爲同等之地方官。凡府縣同治者，或裁府留縣，或裁縣留府，各視其宜。直隸州有屬縣者，亦如之。凡府廳州縣知事以下，均設補助官吏，所事直達本省督撫，受督撫節制。四曰參事院。各省設參事院，隸省務大臣之下，爲全省行政會議之機關，又爲聯絡中央行政與地方行政之機關。議長一人，督撫兼充。此外設參事官若干人，選任之途有三：一以中央政府特設官吏兼任，二以本省次官及局長兼任，三專任參事官，則以合格專員任之。其職務亦有三：一調查本省法律案，二調查督撫所發命令案，三依特別委任議決之事。凡立憲政體，以多設合議機關爲宜。德國阿撒羅連省，於省議會之外，復設參事院，實爲善制，所宜取法。蓋有此院，則省律不至與國律衝突，法制方能統一。又雖督撫更迭，而本省新舊章程，不至前後相戾。此種編制，事屬創舉。其前三種，則第就舊制變通而已。此直省官制之大要也。其中尚有要義一端，則督撫之責任，應如何分別規定是也。直省行政事務之中，直接官治事務一種，純由中央政府主持，即由國務大臣負其責任。其間接官治事務，雖未特設官吏，然既由中央政府制定法令，委任直省官吏執行，則其責任仍應以國務大臣負之，殆無疑義。惟地方官治事務，督撫有直接處理與監督之權者，即屬督撫之責任，而國務大臣不與焉。如督撫對於本省立法機關，則有監督諮議局之權，有召集、停會、解散之權，有提出議案及裁奪施行之權；對於地方行政機關及所屬官，則有指揮、監督、訓令、懲戒之權。凡在責任範圍以內之事務，即可自爲行政之計畫，並有上奏之權，殆與各部大臣無異。惟直接官治事務，必由中央政府上奏；間接官治事務，由督撫咨報各部。應否具奏，則由各部酌定耳。總之，權限以責任爲衡，而責任又以分配之事務爲準，此則同條而共貫者也。或謂直省行政，在在與中央行政相關，似應令督撫與於國務大臣之列。然而中央與地方事務既已畫分，而内閣之大政方向，與各部之行政計畫，又屬中央政府之職任權限，本不涉於督撫。且閣議隨時舉行，督撫遠駐各省，無從預議，縱列閣員，亦屬有名無實。惟是直省與中央，此省與彼省，互相關繫之事甚多，誠不可無聯合之機關，以謀統一。擬倣日本地方長官會議之意，每年定期，督撫咸集京師，會同國務大臣，集議一次。其交通不便省分，與臨時有重要事務不能與會者，得遣次官代行，此則於實事深有裨益者也。

以上內外官制，觕舉大綱，至於細目，未遑縷述。惟是變革伊始，事出非常，群情顧慮，不無疑難。或謂我朝列聖相承，庶政悉仰宸裁，百工各安職守。即辦理軍機處，亦但掌書諭旨，職在承宣。今若行責任內閣之制，則大政施行出自閣臣，朝命必待副署而行，章奏悉經內閣而進，保無大權旁落之患，致啟竊弄威福之漸乎？不知君主立憲之國，國務大臣上對君主負其責，下對議會當其衝，黜陟進退，權在朝廷，議會彈劾，恒隨其後。且大臣奏事，則君主自由准駁之，大臣失政，則君主自由罷免之，國有大事，仍歸乾斷，軍謀兵柄，悉屬統帥大權，更非閣臣所能妄干。至於敕尾署銜，閣臺所職，封駁詔書，掌於門下，斯又輔弼之古誼，抑亦憲政之精神矣。或又謂建武罷丞相於前，事歸臺閣，洪武廢丞相於後，權分六部，一王之制，固有然矣。周以冢宰統六官，貳以少宰，漢置左右丞相，更建三公，唐宋相職，分寄三省，平章參政，其人非一，自來當國重任，無取乎專。漢臣何武有言，古者民謹事約，輔佐賢聖，猶備三公，今政事煩多，才不及古，而丞相獨兼其事，所以大化未洽也。方今國事煩難，百倍漢時，而內閣總理祇設一人，縱無專擅之嫌，獨無竭蹶之患乎？不知內閣以各部大臣組織，同心輔政，體敵位均，總理大臣，第為領袖，我國設部逾十以上，閣員之數不嫌其少。若夫內閣職權，不過合中書出令，門下審駁，尚書受成，統而一之已耳。宋臣司馬光詳論三省分隔之弊，力主通同職業，歸一政事，允推卓識，今之責任閣制，正與符合。而況上有宸謨之秉承，下有諸司之佐理，治法修明，治人具備，舉而措之裕如耳。

　　抑奴才更有請者，立憲國家雖以三權分立爲體，實則司法機關，孑然獨立，無關運用。獨政府與議會兩相對待，恒爲國家進行主動之樞機。其關繫至深，其衝突亦最激。故操國柄者，必調劑維持於其間，而爲正本清源之計，則訓練人才，不令偏重，其尤要矣。假使人才集於政府，而議會人才不足以副之，將有以行政權干涉立法權之弊。假使人才萃於議會，而政府人才不足以副之，將有以立法權干涉行政權之弊。則夫豫備立憲之國，造端之始，尤以訓練人才，同時並進爲要義，斷可知矣。伏讀上年六月二十四日諭旨，先於各省設諮議局以資歷練等因欽此，洵不刊之聖訓，爲薄海所同欽。逐年籌辦事宜清單，各省諮議局定於第二年一律開辦。現在各省選舉業已陸續舉行，而資政院召集，亦復近在明年。是立法基礎，有開必先，人才輩出，指顧可待。惟釐定官制，尚復需時。至第五年而頒布，第七年而試辦，第九年而後實行，從政之才，無所歷練，偏重之弊，竊恐寖成議院政治之局。此則區區之愚，不無過慮者一也。諮議局章程"職任權限"章，凡十二款。第一款，議決本省應興、應革之事；第二款至第五款，爲監察財政之事；六、七兩款，爲參與立法之事。資政院此項章程尚未奏定，然事關全國，則議員權限範圍，當必較廣，可揣而知。第就諮議局職權各款言之，官制不先定，則責任政府無由成立。於應興、應革之事，既無實行之機關，而各省事件紛紛議決，何以處之？且官制不定，內外行政權限尚未分明，即督撫且不知某種事務，究當誰屬，而況諮議員將以何者爲標準，從而議之？此不能無慮者二也。官制不定，則內外行政事項無從分配，國家財政與地方財政即無從清釐。以我國財政向無中央與地方之分類，今欲就現在歲出入之款項名目，區以別之，試問歲入項下，何者當爲國稅，何者當爲地方稅？歲出項下，何者屬於中央行政費，何者屬於地方行政費？既無官制以爲標準，又不能憑臆爲斷，則所謂本省豫算決算者，將何從而議決之？此不能無慮者三也。諮議局爲各省立法機關，顧立法機關之權限，恒與行政機關之權限相緣。官制者，所以立行政組織之規模，即爲法令施行之關鍵。官制不定，則一切法令亦不能定。在督撫，且無所據以提出議案，而況諮議員更將何據以議決本省之單行章程規則乎？此不能無慮者四也。由是言之，釐定官制，本當在諮議局開辦之前，然後行政事務倚之爲範圍，立法機關據之爲標準。否則議案先成，官制後出，無論各省議決在先之件，苟有與官制牴牾者，必將一律廢棄。即一切法制，先官制而發布者，苟有違異，亦必大費修改，殊非計之得也。爲今之計，惟有將內外官制，速行釐定，提前試辦，以爲目前之準繩，即以杜日後之流弊。查日本頒布憲法，在明治二十二年，而官制則自維新以來，迭經改正。至明治十八年，責任內閣之制，即已實行。蓋自廢藩置縣，中央集權之局已成，其所謀畫，不出中央行政機關之外，端緒初不甚繁，制度乃歸簡易。然編制則肇自十數年前，實行之期，亦距立憲六年以上，遂能使大小臣工同心協力，豫備之事著著進行，大權操縱綽有餘裕，此又近事可師者也。惟是官制既經頒行，官方亦必整飭。日本當行新官制之初，即發布整飭綱領五條，於是各部省據以裁汰冗員，併省局署，一時官吏失職者過半。我國將來頒行新制，似此情形，亦必不免。應請一併將弼德院提前辦理，以之位置勳舊重臣，上備朝廷顧問，略如日本樞密院之例。至國朝沿前明舊制，設内閣大學士，例兼殿閣崇銜。將來釐定新制，大學士雖不爲閣員，似可仍留此官，倣有宋朝殿學士故事，無吏守，無典掌，以寵輔臣之去位者，或現任國務大臣，亦酌予兼銜，以示優異，此則因官制連類而及者也。奴才職在考察，苟有所知，不敢不言。用是披瀝上陳，伏冀聖明垂察，無任屏營之至。再奴才現在東京，將司法、財政兩類，接續考察。豫計本年秋間，可以一律竣事。合併陳明，伏乞皇上聖鑒訓示。謹奏。

宣統元年五月初七日，奉硃批："憲政編查館知道"，欽此。

考察憲政大臣亦有得消極之考察者。于式枚之使德，始以立憲爲大逆不道，未幾稍閟其惡聲，又未幾而昌言憲法爲君民交換之條款。先經允許，不能不慮後有責言，若嘲若諷，茹吐之間，不敢顯作悖詞，自落邊際，而與窺伺之巧相戾。迨至本月，乃又封奏諮議局之必爲亂階，聞某相大歡賞之。夫諮議局之能力，果足以懾壅遏民氣之流，而觸阻撓憲政者之忌，則國家之福方大。如今日議員之龐雜，方仰息於于式枚等之不暇。吾病式枚等之高視諮議局耳，於其言何尤？

本年籌備事宜，在本月所表見者，仍循前例分別列舉。其變通旗制一項，本不見於本年清單，事實亦少進步。近聞該處以教育普及爲入手，嚴定強迫教育章程，通飭各省駐防，一體遵照。又初二日廷寄各省督撫："前飭變通旗民生計，至今籌辦者寥寥，刻已設立變通旗務處，該省速將籌辦詳情諮報，以便核辦。須知此事勢在必行，倘再因循玩忽，定從嚴懲處"云。

一、官民共辦者三事：

甲　舉行諮議局選舉，各省一律開辦。　本月初十日，山東行複選舉。舉定後製一題名表宣布，頗清晰。照錄如下：

山東全省議員題名表

姓名	資格	籍貫	姓名	資格	籍貫
汪懋琨	進士，曾任江蘇上海縣知縣	歷城	仇純吉	廩生，山東法政學堂畢業	長山
楊秀嶺	增生	平原	劉鵬齡	附生	鄒平
李廣居	董事	長清	高鴻文	曾任四氏學教授	新城
張殿卿	長山官立高等小學堂堂長	長山	王昱祥	附貢勸學總董	長山
張良弼	副貢	淄川	霍省三	董事	禹城
魏壽彤	歲貢	德州	張燦之	廩生	齊河
艾矜郎	保甲總董	濟陽	竇培增	附生	陵縣
張清廉	附貢	平原	金毓珍	增生	清平
張連彙	歲貢	莘縣	王賡颺	增生	莘縣
周祖瀾	廩貢	聊城	呂上智	廩生	博平
趙陽山	附生	冠縣	劉清範	廩生	高唐
金玉桐	歲貢	高唐	俄方楷	增貢	東阿
弁宗海	舉人	萊蕪	張允符	舉人	東阿
左序誥	舉人	平陰	張壬弼	舉人	萊蕪
朱承恩	附生	泰安	李傳煦	廩生	肥城
汪岱霖	舉人	泰安	尹祚章	增貢，山東法政學堂畢業	肥城
鞏象臨	恩貢	東平	范德如	廩生	東平
畢松齡	拔貢	萊蕪	郭逸科	廩貢	商河

續表

姓名	資格	籍貫	姓名	資格	籍貫
董廷榮	廩生	惠民	姚際元	舉人	陽信
張樹庭	舉人	海豐	孝錫恩	增生	濱州
李訪賢	廩貢	利津	趙光勳	歲貢	利津
王九州	附生	武城	馮紹京	拔貢	夏津
李蔭棠	廩貢	臨清	李瞻泰	廩生	陽穀
孔昭苯	增生	陽穀	蔣鴻斌	舉人，京師法律學堂畢業	滕縣
梁協中	廩生	汶上	徐書年	拔貢	鄒縣
莊餘珍	拔貢	莒州	袁清臣	財產	沂水
張志淵	附生	郯城	鄭熙嘏	舉人	日照
鞠　芙	廩生	沂水	劉誠袷	附生	沂水
王東玕	廩生	蒙陰	王景禧	翰林院編修	費縣
顧石濤	附生	沂水	王峻範	舉人	蘭山
陳毓海	附生	費縣	于樹封	廩生	莒州
張光第	附生	菏澤	孔廣淇	附生	定陶
彭占元	附生	濮州	張咸之	廩生	曹縣
安作賓	廩生	曹縣	于廣慶	廩生	鉅野
楊振清	廩生	范縣	楊毓泗	翰林院編修	濟甯
杜朝賓	廩生	嘉祥	王玉年	附生	魚台
曲卓新	進士	甯海	王學錦	廩生	黃縣
姜宗漢	附生	福山	丁世嶧	廩貢	黃縣
王治薌	廩貢	黃縣	蓋有均	廩生	萊陽
于　墉	附生	文登	溫式曾	附生	招遠

續表

姓名	資格	籍貫	姓名	資格	籍貫
陳命官	舉人	蓬萊	孫孟起	拔貢	萊陽
孫丕承	舉人	招遠	王鍾芳	附生	掖縣
尚慶翰	舉人	平度	于善源	進士，曾任安徽靈壁縣知縣	濰縣
杜榮楨	舉人	掖縣	崔亦文	副貢	壽光
王永貞	廩生	樂安	王煒辰	舉人	諸城
王志勳	日本宏文學校普通畢業	壽光	劉儒珍	歲貢	益都
張介禮	舉人	安邱	周樹標	舉人	安邱
張其偉	廩生	安邱	劉漢會	廩生	昌樂
邱桂喬	舉人	膠州	趙貴三	附生	膠州
鄒染卿	舉人	即墨	周正崐	附生	即墨

駐防議員名表

緒恩	附生	鑲紅旗青州駐防
述培	附生	鑲白旗青州駐防
常全	附生	德州駐防

上表計山東全省議員一百名，駐防議員三名。

又表列議員姓名，均係各府及各直隸州由電報告。如有訛誤之處，應准隨時更正，合併聲明。

廣東濱海，交通甚便，然以辦理遲滯聞。本月始由籌辦處稟報全省選舉人名數，並分配議員名額。節登如下：

全省選舉人共十四萬一千五百五十八名，以本省議員定額九十一除之，計選舉人一千五百五十五名，應出議員一名，所餘零數五十三名。廣州駐防定設專額員三名，共選舉人三百六十九名。謹擬分配各複選區議員額數如下：（廣州府）選舉人數五萬五千五百三十八名，選出議員三十五名，零數一千一百一十三名。（韶州府）選舉人數四千八百二十名，選出議員三名，零數一百五十五名。（肇慶府）選舉人數一萬四千四百六十五名，選出議員九名，零數四百七十名。（惠州府）選舉人數一萬零二百一十二名，選出議員六名，零數八百八十二名。（潮州府）選舉人數一萬六千七百二十三名，選出議員十名，零數一千一百七十三名。（高州府）選舉人數七千五百四十八名，選出議員四名，零數一千三百二十八名。（雷州府）選舉人數一千六百六十六名，選出議員一名，零數一百一十一名。（廉州府）選舉人數二千五百五十八名，選出議員一名，零數一千零零三名。（瓊州府）選舉人數七千二百八十一名，選出議員四名，零數一千零六十三名。（嘉應直隸州）選舉人數五千八百零八名，選出議員三名，零數一千一百四十三名。（羅定直隸州）選舉人數四千一百五十五名，選出議員二名，零數一千零四十五名。（南雄直隸州）選舉人數二千五百名，選出議員一名，零數三百六十名。（陽江直隸州）選舉人數三千九百二十七名，選出議員二名，零數八百一十七名。右共分配議員八十二名，尚餘九名，遵章比較各複選區零數多寡，將餘額依次歸零數較多之區選出之。至崖州、連州，其原數均不敷選出議員一名，應統歸入零數比較。（連州直隸州）原數一千三百四十九名，應得餘額一名。（高州府）零數一千三百二十八名，應得餘額一名。（潮州府）零數一千一百七十三名，應得餘額一名。（嘉應

直隸州)零數一千一百四十三名，應得餘額一名。（廣州
府)零數一千一百一十三名，應得餘額一名。（崖州直隸
州)原數一千零九十一名，應得餘額一名。（瓊州府)零數
一千零六十三名，應得餘額一名。（羅定直隸州)零數一千
零四十五名，應得餘額一名。（廉州府)零數一千零零三
名，應得餘額一名。各原數及零數較多者依次比較，共得
餘額九名。茲復將各複選區總計，廣州應出議員三十六
名，廣州駐防應出議員三名，韶州府應出議員三名，肇慶
府應出議員九名，惠州府應出議員六名，潮州府應出議員
十一名，高州府應出議員五名，雷州府應出議員一名，廉
州府應出議員二名，瓊州府應出議員五名，嘉應直隸州應
出議員四名，羅定直隸州應出議員三名，南雄直隸州應出
議員一名，連州直隸州應出議員一名，欽州直隸州應出議
員一名，陽江直隸州應出議員二名，崖州直隸州應出議員
一名。以上廣東省額共九十一名，廣州駐防專額三名
如額。

　　其僅行初選舉者，本月初一日，直隸初選。京師、大宛兩
縣，定投票三日，直至初六日始開票。而安肅縣並有選舉人械
鬥一事，亦奇。是日，河南、江西亦行初選。廣西則於二十日
初選。

　　其關係各省議員額數者，報載憲政編查館以各省選舉議
員，原定辦法，須比照戶口多寡定額。現在清查戶口章程，雖
經奏定頒發，該章程內清查限期，係定第一年清查人戶總數，
至第三年始克查明人口總數，所有按照戶口酌定員額，自當於
三年後方能切實舉辦。現下各省諮議局已經籌議辦理，限期設
立，自不得不略爲變通，即照學額定數，通行各省照行。此尚

暫行辦法，將來戶口查明後，即須按照改辦。乃近日各省誤會斯意，紛紛以議員額數，請比照完納各項國家正稅數目，酌行增加，殊與定章不符。應仍照原定暫行辦法，切實舉辦，均不得輕行變改，致涉紛更。現已照行各省，請即按照一體遵辦云。

其關係優待華僑，特予以與聞政事之權者，則有憲政編查館咨江督文如下：

文云：接准咨稱，據廣東石城縣商務分會總理柳龍章稟稱，海外華僑，統計不下數百萬名，本屬中國赤子。現在實行憲政，可否稍示懷柔，予以與聞政事之權。擬請准予華僑一律照章選舉議員，懇咨核議等情前來，相應鈔錄原稟，咨行貴館查核辦理，並希見復等因。查華僑選舉，前準粵督電詢辦法，當經本館於本年三月初三日江電復準，凡營業外洋，願回籍得有選舉權者，應准變通入冊投票在案。茲復據該商會總理稟陳，就華僑所在地方調查人數，限定名額，公選議員一節。查營業外洋，離國較遠，一經被舉，勢不能回籍應選，窒礙殊多。蓋必有選舉區之隸屬，而後選舉能行，亦必有諸議員之列席，而後決議有效。所稱遇有條議事件，就近稟明使館核辦之處，究與定章所指議員名義不符。至選舉議員以本省之人為限，所稱南洋各埠附近粵東，日本各埠附近閩浙，應令就近分隸各該省諮議局，尤與定章多所未合，礙難照准。惟華僑人數其多，關心桑梓，若於本省利病興革事件，一概不令與聞，自不足以昭平允。本館詳加察核，應准令各埠華僑按照人數多寡，酌量公推公正紳商若干名，作為各該本籍省分諮議局參議員。遇有應行條議事件，即由參議員臚陳所

見，呈由本國駐使咨送該省督撫，交諮議局提議。似此辦
理，華僑既得與聞本省之政務，而於諮議局章程亦無抵
觸。除僑民願回籍得有選舉權者，應仍照本館前復粵督電
辦理，並咨復農工商部暨出使各國大臣轉飭遵照外，相應
咨行貴督查照。

文內所言石城商務分會稟請云云，該商會於稟南洋大臣
外，亦稟農工商部，部得館復同上，即札外洋各埠商會遵
照云。

其各省與憲政館往復之電，湖南有擬照江蘇加半預備候補
當選人之請。此係必准之件，雖未見覆電，可決其無異詞。去
電因亦略之。

又湖南有電詢重選舉方法之文，原電未見，錄館電如下：

魚電悉。選舉章程第五十七條所云，應出當選人額
數，指當選不足定額，應行補足之數而言，非指應出之總
數。例如善化縣初選當選人額數爲四十名，初次投票得二
十三名，則不足之十七名，即爲應行補出之當選人額數，
加倍開列，即三十四名也。如是每次遞減，投至足額而
止。至除算票額，每次均以應出當選人總數爲準，不得遞
減除算。又得票者票數每次各算，不能將各次票數積合計
算。即希轉飭遵辦。憲政編查館。真。

按據上電，加倍開列及每次各算兩層，即本雜誌第四期所
載閏月初旬江蘇電詢重選舉票額之往復文義。惟中言除算票
額，每次均以應出當選人總數爲準，不得遞減除算云云，是每
次重選，皆用本區當選人之全額，除本次實投之票，不得因所

缺之當選人，遞減其數，但就缺額以除票數，致當選票額遞
高，益難足額，蓋深諒多次重選之煩也。然江蘇某屬重選，正
用此法計票額，爲籌辦處所駁，致又多一次重選，當時未有憲
政館明文，衹可遵籌辦處命令行之。惟果用館電辦法，各處重
選多行一次，必投票人遞少一次，設竟少至投票人不敷當選人
全額之倍，則當選票額可低至一票以下矣，似亦非法。館員蓋
未知各省投票人，重選愈繁憚煩愈甚之實狀耳。

　　其各省辦理諮議局之特別可紀者，山西籌辦處通飭初選監
督，發給初選當選人至複選區川資文。略云：按照晉省情形，
南北幅員，既形遼闊，山川阻越，尤礙往來。加以複選期間，
早經排定，臨時不容挪移，先事自必預備。綜計複選最要之
件，莫過於初選當選人親至複選投票所投票一節。乃徧查各屬
初選當選人，道路之遠近，旅費之困難，互有參差，自非由各
初選監督備給川資，飭赴複選投票所投票，未易一律整齊。然
此項川資，概由各屬自行酌定，不但藉事推諉，複選斷不能懸
期而待，即爭多較少，亦慮啟紛爭之門。本處因此酌擬初選當
選人至藉選投票所往來川資清單，計數無多，但使該地方稍能
自給者，不難據以辦理。若地分繁簡，量爲減增，有此清單，
以作標準。該當選人來往道途，諒亦不至畏而卻步。除由本處
詳明撫憲示遵外，合亟札發遵辦。計發清單一紙，五十里以內
不給，五十里至百里給銀一兩，百里至百五十里給銀二兩，百
五十里至二百里給銀三兩，二百里至二百五十里給銀四兩，二
百五十里至三百里給銀五兩，三百里以外酌量給加。以上係就
通省初選當選人赴複選投票所，按道路遠近，預爲約略籌給。
初選監督，可遵照清單，斟酌地方情形辦理。至該初選區實屬
貧瘠，未易就地籌款者，則於每初選當選人各給官騾一頭，以
作往來代步，庶親赴投票，不至困難。但此節該屬稍能設措

者，不得援以為例。交通不便，乃有此種周折。然該省籌辦，亦殊密緻。

局中經費，章程第五十三條，應由督撫籌指專款撥用。各省已由籌辦處請示督臣者，則有直隸；徑由籌辦處會議應否自行籌定，詳請鑒定者，則有福建，餘無所聞。開局在即，似亦不可久懸。

直省名為開化已久，頗多華夷雜居、聲教未訖之處。其中客籍寄居之夥，土民程度之低，足供國人尋味。近見四川松潘廳文生陳朝璽等，以廳屬地界華夷，此次選舉宜變通辦理等情，稟呈諮議局籌辦處核示。當經該處駁斥，言該廳地處邊陲，行商衆多，與內地情形迥別。然商人性質，自不能賡續長住，如係本省之外府州縣人民，則可援照本處去臘通飭十二月十九日所奉之憲政編查館咨電辦理。祇須具有資格之一者，由本人呈請銷去本籍之選舉權，並不限制其年限產業多寡。如係外省商人，雖朝來暮去，決不至無一定住居，因該廳舉步皆夷巢也。則其有一萬元以上之資產，而在該廳來往貿易已逾十年以外者，應照住居十年註冊。惟附近熟番，倘能稍通漢字，自寫票上姓名，即未便視同化外。但用夷字投票，繙成漢文，易滋弊端，所請未便准行云。

各省士紳直以諮議局名義發起豫備會者，有浙江、江蘇、福建、湖南等省，餘無所聞。

前各報屢載湖南選舉人之荒謬，湘人之旅於奉天者，大有責言，並有逕稟資政院及憲政編查館設法救濟等情。旋由長沙管理監察各員常洛等六十六人，以被誣請究。稟之選舉監督，所有投票時謬填優伶倡妓之名，俱並無其事，即有其事，亦不能責管理調查員云云。夫選舉人之填票兒戲，誠不當咎辦理選舉之人。至兒戲亦並無其事，則湘之人造謠以污選舉，亦見士習之卑陋矣。

又湖南自選出初選當選人，已由此當選之八百二十人，公電樞部，爲湘省爭利害。蓋緣粵漢路之湘省一段，樞臣持借外債甚急，急不暇擇，人民已共迫初選當選人爲全省請命，此固不可以職權常理論者。不擇音而號，亦可哀也。

福建議員七十二人，小學堂教員頗多。經籌辦處電詢憲政編查館可否遷就，未得復。又漳州府當選議員林輅存，前曾入籍日本，當其被舉爲閩路議董，閩人訐登廣告，林乃辭退。今則舉爲議員，或言林於上年已嚮日領事呈明出籍，領事未允。人言藉藉，以此爲福建議員之污點。報載云然，恐非事實。夫林果尚係外籍，則諮議局議員之選，乃絕對不許及之，閩人不應僅指爲污點而已。至林之一再被舉，必其財力或資望有足取重之處。吾國國籍條例既頒，其施行細則第二、第三、第四、第五、第六、第七等條，自爲對內、對外皆有效力之法律。林果自願退出日籍，何容日領不允？此本無待爲種種復籍之手續，而始爲回復國籍之確憑。以意度之，於林之當選，嘖有煩言，恐出於忌者之口也。

乙　籌辦城鎮鄉地方自治，設立自治研究所。　近日各省於籌辦自治，較有進行之機。其各廳州縣之分屬籌辦者，日有所聞，大率以能合省籌辦處之期限爲準，文繁不具載。惟載各省之全省籌辦如下：

山東與江蘇之蘇屬，籌辦自治期限清單，已見前期。本月又得奉天及江蘇之甯屬兩清單。

奉天籌辦地方自治辦法簡明單

第一期　開辦全省地方自治研究所，限宣統元年十月畢業。編輯《地方自治研究所講義》。編輯《地方自治章程及地方自治選舉章程釋義》。編輯《城鎮鄉應辦各事淺説白話報》。調查全省城鎮鄉自治區域。

　　第二期　籌辦奉天府各屬自治研究所。派遣全省研究所畢業學員，充奉天府各屬研究所教員。籌辦奉天府各屬城鎮議事會、董事會。調查譯輯外國自治法典規則，及其自治之成績。札發《地方自治章程及地方自治選舉章程釋義》於奉天府各屬自治研究所。編制全省城鎮鄉自治區域。咨送全省自治研究所畢業學員名册及講義於民政部。

　　第三期　奉天府各屬自治研究所畢業。奉天府各屬城鎮議事會、董事會成立。襄助指導奉天府各屬城鎮議事會、董事會，辦理本地方自治事宜。籌辦奉天府各屬鄉議事會。籌辦外府及直隸廳州衝繁各屬自治研究所。籌辦外府及直隸廳州衝繁各屬城鎮議事會、董事會。頒布全省城鎮鄉自治區域。咨送全省城鎮鄉自治區域於民政部。札發《地方自治研究所講義》於外府及直隸廳州衝繁各屬自治研究所。札發《地方自治章程及地方自治選舉章程釋義》於外府及直隸廳州衝繁各屬自治研究所。札發譯輯之外國自治法典規則及自治成績於奉天府各屬城鎮議事會、董事會。

　　第四期　外府及直隸廳州衝繁各屬自治研究所畢業。外府及直隸廳州衝繁各屬城鎮議事會、董事會成立。奉天府各屬鄉議事會成立。籌辦外府及直隸廳州衝繁各屬鄉議事會。襄助指導外府及直隸廳州衝繁各屬城鎮議事會、董事會，及奉天府鄉議事會，辦理本地方自治事宜。籌辦外府及直隸廳州偏僻各屬自治研究所。札發《地方自治研究所講義》於外府及直隸廳州偏僻各屬自治研究所。札發《地方自治章程及地方自治選舉章程釋義》於外府及直隸廳州偏僻各屬自治研究所。札發譯輯之外國自治法典規則及自治成績於外府及直隸廳州衝繁各屬城鎮議事會、董事會，及奉天各屬鄉議事會。

第五期　外府及直隸廳州偏僻各屬自治研究所畢業。外府及直隸廳州衝繁各屬鄉議事會成立。籌辦外府及直隸廳州偏僻各屬城鎮議事會、董事會及鄉議事會，定於期內成立。指導襄助外府及直隸廳州衝繁各屬鄉議事會，及外府直隸廳州偏僻各屬城鎮議事會、董事會、鄉議事會，辦理本地方自治事宜。札發譯輯之外國自治法典規則及自治成績於外府直隸廳州衝繁各屬鄉議事會，及外府直隸廳州偏僻各屬城鎮議事會、董事會、鄉議事會。咨報全省地方自治成立及成績於民政部。

附則　以上各期籌辦事項，均扣照部頒籌辦地方自治期限內，一律竣事。各期籌辦事項，著手告竣日期，均於著手之時，體察情形，擬定逐日辦事清單。凡簡明單內未盡事項，均須臨時擬定布告。凡簡明單內所載籌辦事項，如有改正辦法，及更動次第之時，亦於改正更動後隨時布告。凡外府及直隸廳州有呈請於籌辦期限前自行先事預備者，得由籌辦處體察情形，以定准駁。

江蘇甯屬酌擬籌辦地方自治總局及各屬辦事次序表

謹按：籌辦自治，條理紛繁，日本變法之初，以其事聽之府縣，不能辦理者，官不之強，惟已經成立者不許撤銷而已。我國立憲期限之迫，與各地財政之艱，較之日本，難尤倍蓰。憲政籌備清單，自光緒三十四年至宣統六年，歷七年之久，而後廳州縣以下自治，一律成立，良以其事至難，非諮議局之籌辦，僅僅一調查一選舉者所可比也。本表以設立研究所為入手辦法，次之以調查戶口以定其區域，又次之以清理公產以覘其財力，又次之以籌設各級議事會、董事會公所以植其基礎，而後以選舉終焉。總以循序漸進，不誤自治成立期限爲主。爲表如下：

計開：

第一年　宣統元年　遵照憲政籌備清單，本年應籌辦城鎮鄉地方自治，設立研究所及調查人戶總數。一設立省垣自治研究所，通飭各屬選送學生入所肄業，業於去年辦成，並區別官費、自費，分班先後畢業。一遵照民政部調查戶口章程，實行調查，並將元、宵兩縣提前趕辦，業於本年分別區段，實行調查。一遵照部章編訂調查細則，頒發各屬，已辦。一通飭各屬劃分區段，設立調查處，已辦。一通飭各屬遵章設立研究所，限五月發行。一頒發調查表式於各廳州縣，限六月發行。一各屬設立總調查所，籌議調查戶口事宜，限七月籌議。一各屬劃分區段，設立分調查處，並申報情形於本局，限九月報齊。一各屬實行調查戶數，限十月闓辦。一各屬籌設自治研究所，並申報情形於本局，限十二月申報。

第二年　宣統二年　遵照憲政籌備清單，本年應續辦城鎮鄉地方自治，籌辦廳州縣地方自治及彙報人戶總數。一各屬研究所一律開學，限正月開辦。一通飭各地方官，督同紳士，調查地方公產，限正月發行。一各屬籌議調查公產辦法，並豫定分期調查表申報本局，限四月申報。一各屬實行公產之調查，限五月開辦。一各屬申報戶數冊，限七月報齊。一審定各屬戶數冊，限八月辦齊。一各屬實行調查口數，限八月開辦。一各屬研究所肄業生一律畢業，並將名冊講義申報本局，限九月申報。一彙報各屬人戶總數於民政部，限十月呈報。一各屬調查公產竣事，並分類造具四柱清冊，申報本局，限十二月竣事。

第三年　宣統三年　遵照憲政籌備清單，本年應續辦城鎮鄉及廳州縣地方自治，並調查人口總數。一通飭各地方官，督同紳士，清理地方公產，並豫定分期清理表，呈報本局，限正月發行。按：地方公產與附加稅賦課並爲自治入款大宗，其公產多寡及收支實數，雖已於上年調查冊報，然各處公產名存實亡者頗多，其爲私家把持，或借公產名義增殖私產，因而公產、私產含混不清者亦所在多有。若非豫爲清理，則雖自治團體成立，必致因財政之轇轕，一事不能舉辦。且其清理方法，與其俟之將來，徒生衝突，亦不如於籌辦時官紳合力，較易見功。一各屬按照自定分期清理表，實行清理本地公產。每一期清理畢，即將清理情形申報本局，限二月開辦。一各屬清理公產竣事，限十二月竣事。

第四年　宣統四年　遵照憲政籌備清單，本年應續辦廳州縣地方自治及城鎮鄉自治粗具規模，並彙報人口總數。一籌議各屬城鎮鄉附捐辦法，限正月開始。一各屬以本地方國稅種類數目，及其徵收方法，並地方負擔情形，申報本局，限二月申報。一通飭各屬籌議城鎮鄉自治公所設備事宜，限二月發行。一編訂城鎮鄉自治細則頒發各屬，限三月發行。一通飭各屬造報口數冊，限四月發行。一各屬籌議城鎮鄉自治公所設備事宜，並將其款項及籌議情形申報本局，限五月申報。一各屬申報口數冊，限六月申報。一各屬分割鎮鄉自治區域，並將所屬鎮鄉數目及各鎮鄉內人口總數申報本局，限八月申報。一審定各屬口數冊，限九月竣事。一籌定各屬城鎮鄉附捐辦法，限九月籌定。一彙報各屬人口總數於民政部，限十月呈報。一各屬分調查處應按照已經劃定鎮鄉區域分配戶數冊、口數冊，豫爲編訂，以便移交自治公所，限十一月竣事。一各屬城鎮鄉自治公所設備一律完竣，限十二月竣事。

第五年　宣統五年　遵照憲政籌備清單，本年城鎮鄉自治一律成立，廳州縣自治於年內粗具規模。一通飭各屬調查城鎮鄉選民人數，限正月發行。一通飭各屬籌議廳州縣自治公所設備事宜，限正月發行。一籌議各廳州縣自治附捐辦法，限二月開始。一頒發城鎮鄉選舉期日表於各屬，限二月發行。一各屬申報城鎮鄉選民冊，限四月申報。一各屬籌議廳州縣自治公所設備事宜，並將其款項及籌議情形申報本局，限五月申報。一各屬籌議城鎮鄉自治公所費用，並鄉董、文牘、庶務等員薪金數目，限七月籌定。一籌定各廳州縣自治附捐辦法，限八月籌定。一城鎮鄉自治一律成立，限十二月成立。一廳州縣自治公所設備一律完竣，限十二月竣事。一分調查處移交戶數冊、口數冊於自治會，限十二月移交。

第六年　宣統六年　遵照憲政籌備清單，本年廳州縣自治一律成立。一通飭各屬調查廳州縣選民人數，限正月發行。一頒發廳州縣選舉期日表於各屬，限二月發行。一各屬申報廳州縣選民冊，限四月申報。一各廳州縣籌定自治公所費用，並各員應支薪金之數目，限七月籌定。一廳州縣自治一律成立，限十二月成立。

上表所定，係分年進行之大綱。查籌辦自治，頭緒紛繁，不特一州縣內，不能猝然解決者其事甚多，而大之如境界之混淆，小之如財產之轇轕，牽涉兩州縣以上者，亦時時有之。境界不定，則區域無由劃，財產不定，則權限無由分，此皆籌辦時所宜豫爲解決，且其解決非可以旦夕冀者。憲政籌備清單所以延長至六年之久，正非無故。惟六年期限，係舉辦事最難之地方而設。本局爲籌辦全省自治機關，自不得不遵照定章，寬立程限。其各州縣如有辦事較易，不必遲至六年者，尤應加緊辦理，以期早日成立，毋遷延以致觀成之無日，亦毋操切以致形式之徒存，是在地方官與士紳，神而明之而已。至籌備事體繁多，本表僅能粗舉大端。其詳細辦法，當就各處情形，隨時斟酌辦理。如廳州縣自治章程頒布後，有應行續籌而爲本表所未列者，亦俟臨時籌議續辦。

又聞憲政編查館王大臣，因此次奏頒各省地方自治章程，曾經聲明如有於各省地方風俗民情窒礙之處，應准隨時將詳細情形咨覆，以便酌量修改。惟現在各省咨請修改者寥寥，深恐未能實力奉行，已於日昨特又電致各省。略云："地方自治爲本年籌辦之要政，應速飭知所屬詳細調查有無應行酌改之處，迅即遵章辦理，幸勿遷就遲延"云，以號召各省咨請修改章程，爲督促之方法。較之前日籌辦諮議局時，更少予智之習，亦政府之一進步也。

自治籌辦處之對於各屬籌辦，各省多聽其自謀，不復頒畫一之程式。惟直隸由自治總局擬定簡章，並定各屬籌辦機關，名曰地方自治預備會。錄簡章及詳文，以供他省參考。

直隸自治總局詳擬定地方自治預備會簡章文並批

爲詳請事。竊維地方自治爲立憲之根本，前奉憲台札發城鎮鄉地方自治並選舉章程，飭令迅速通行各屬，遵章切實辦理各等因，仰見憲台孜孜圖治之至意，欽佩莫名。職局職司籌辦，自應通飭各屬，實力奉行，以免臨期貽

誤。惟直省幅員遼闊，重以自治體大事繁，如城鎮鄉區域
之分劃，選格之調查，以及戶口、習慣、交通、財力之所
宜，在在非先行預備，不足以爲實行之地。職局督飭在事
員紳，反覆籌商，擬令各屬先設地方自治預備會，以本地
多數之人，籌議本地自治之事，仍由職局隨時查，嚴定考
成，庶不至有所流弊，而可收自治推行之效。謹擬地方自
治預備會簡章十六條，繕具清冊，呈請憲台鑒核。如蒙俯
賜批准，擬即通行各屬，一律遵照辦理。所有擬定地方自
治預備會簡章緣由，理合備文具詳，伏乞照詳施行。

謹將職局擬定地方自治預備會簡章，繕具清冊，恭呈
憲鑒。

計開：

第一條　本會爲預備實行地方自治而設，故名爲地方
自治預備會。

第二條　本會每廳州縣各設一處。凡本會開會前一切
布置，均由自治研究所辦理。其未設有自治研究所者，均
由勸學所代理之。

第三條　本會由本廳州縣地方官監督之。

第四條　本會會員額數，按照各廳州縣區域廣狹定
之，大治至多三十人，中治至多二十五人，小治至多二十
人，由會員互舉一人爲會長。

第五條　前條所定會員額數，應按巡警區域，平均分
配，由各本區人自行推舉。推舉會員，先由自治研究所擇
定各該區適中地域，由地方官定期，按村遍行傳知紳商學
界，屆期齊集各該處辦理。

第六條　本會會員應於城鎮鄉地方自治章程施行細
則，加意研究，公同會議，擬具先後辦法，繕就說帖，呈

由本地方官轉詳自治總局核奪。

第七條　施行細則第三條，城鎮鄉之區域，由本會就本境區域體察户口、習慣、交通、財力之所宜，劃分若干鄉，公同會議，繪具圖説，呈由本地方官轉詳自治總局核定。

第八條　施行細則第七條，分別城辦、鎮辦、鄉辦，由本會就本境内之公款、公産，分別某項爲一城所有，某項爲一鎮一鄉所有，公同會議，擬具表册，呈由本地方官轉詳自治總局備案。

第九條　本會會員於本屬自治研究所未設立者如何籌辦，已成立者如何改良擴充，並如何推舉所員，一一公同會議，擬具條款，呈請本地方官辦理。

第十條　凡本會會議，以到會會員過半數之同意爲議決。可否同數時，由會長決之。

第十一條　本會得隨時開會會議，由會長於開會前三日通知各會員，非三分之二到會，不得開議。

第十二條　凡關於地方自治調查選舉事件，本會得承地方官之委任辦理之。

第十三條　本會得借城内公共房屋爲事務所。

第十四條　本會成立後，應刊刻圖記，呈報本地方官並自治總局啟用。

第十五條　本會會員均爲名譽職，其會中一切費用，由地方官酌量撥發，交會長核實支銷。

第十六條　本會會議規則、辦事規則，應由會中擬訂，呈由地方官轉詳自治總局核定。

督憲那　批："詳册均悉。所擬簡章，甚屬妥善，應准照辦。惟第十五條，會中費用由地方官酌量撥發，應改爲酌量妥籌撥發。仰即改定，通行各屬，一體遵照辦理。
此繳。"

其以自治籌辦處自行發表其辦事細則者，則惟浙江，亦錄
之以供印證。

浙江地方自治籌辦處辦事細則

第一章　通則

第一條　本則凡本處人員到處後，皆當一律遵守。

第二條　本處設辦公處一所，分設督辦、總理、協
理、參議、科長、科員、書記等席。凡到處辦公者，各就
席次辦事。

第三條　本處督辦遇有重要事件，隨時到處核辦並
會議。

第四條　本處總理、協理、參議，每日按時到處，籌
辦各事。

第五條　本處科長、科員、書記，每日按時到處，分
任各事。

第六條　本處辦公處設考勤簿，總協理以下，除休假
日外，到辦公處時，均各於該簿內親筆書到。

第七條　本處除休假日外，每日辦公時間，春季、冬
季午前九時起，十一時止；午後一時起，四時止。夏季、
秋季午前八時起，十時止；午後二時起，五時止。

第八條　本處科長以下人員，得督辦、總協理承諾，
在本處外兼有他職者，每日辦公時間，得預定午前或午
後，按照定時到處辦公。但遇有重要事件，除第七條及前
項明定時間外，仍應不拘定時，到處辦公。

第九條　本處人員，在辦公時間內，非有關於本處事件，不得隨意會客。

第十條　本處除過有重要事件，須繼續辦理外，休假之日如左：(一)星期；(二)節假：端午、中秋休假一日；(三)暑假及年假，時間臨時酌定；(四)萬壽日，休假一日。休假日，收發科科員及書記，仍須有一人輪流駐處辦事。

第十一條　本處科長以下人員，有不得已事故者，應具理由，向總協理請假。若假期繼續在三日以上者，須自請本科或他科人員代理。

第十二條　本處經費於每季首支領，由總理存儲浙江銀行。需用時，庶務科科員開具數目，請總理發給憑條，加章持往支取。

第十三條　本處人員薪水，自總理以下，概於每月十五日發給。

第十四條　本處人員薪水，不得先期預支，及隨時向庶務科借貸。

第十五條　本處人員每員火食費，由庶務科於發給薪水時照數扣除，轉給廚役。

第十六條　本處人員概不得留客在處住宿。有留膳者，其膳費均由自給。

第十七條　本處公役，凡門號房及收送公文之役，均歸庶務科科員管理稽查，概不得收索規費。

第十八條　本處茶爐，每晚限十點鐘封火。至燈燭除公用以外，無論何室所用，均限每晚十一點鐘息火。責成庶務科科員管理稽查。

第十九條　本處各科皆按所任職務，有起草辦稿之責。

第二十條　本處所辦通行稿件，必用定式稿紙，經督辦總協理畫稿後方可施行。

第二十一條　本處起草辦稿所用筆墨，科員以上均由自備，書記則由公家發給。

第二十二條　本處人員辦公時，需用稿紙，隨時開單，向庶務科領取，庶務科則照單登記以備查核。

第二章　辦發公文順序

第二十三條　凡本處辦發公文順序如下：一、掛號。每日收到一切公文，由收發科先行拆封，就定式號簿，逐件編列號數，摘由登記，再於該公文表面蓋用文到日戳記。二、送閱及分配。總協理每日到辦公處時，由收發科科員，將已經掛號登記之公文同號簿，送請總協理逐件披閱，書明日期蓋章。由駐處總理或協理認爲應交何科辦理者，即加蓋交某科戳記。三、辦稿。各科人員就應辦文件限定時日，辦稿處由書記清稿後，復加核定，各蓋本人圖章於稿尾，標明日期。如頒發各府廳州縣之章程規則及各種程序，並應由參議審定蓋章。四、畫稿。總協理就各科所擬稿件，查照原文，復加核定畫稿，即交收發科，飭差送請督辦畫稿。五、分繕。督辦畫稿後，由收發科送交書記繕錄。六、核對。書記繕錄後，仍由書記彼此照原稿逐件交互核對。其印刷校樣，仍送主管科員復核。七、用印。收發科將書記業經核對無誤之文件，交書記蓋用關防。八、登錄。將已經蓋用關防之文件，按本處制定各簿，照章分別登錄，即時發出。九、歸卷。各種文件辦發後，即將原文並所辦各稿，分別歸併，黏貼本處制定卷宗之內，分別存置備查。

第二十四條　前條規定，除緊要事件不拘成例，即時趕辦外，尋常辦發順序，約定時日如下：（一）自掛號至送閱及分配約一日；（二）辦稿畫稿約二日；（三）分繕核對、用印、登錄、發出約二日。重要事件，須待會議後核辦者，不拘前項約定日期。

第三章　統計

第二十五條　本處設置各項制定之統計專簿，隨時登錄備查。其種類如下：（一）人員統計；（二）公文統計：（甲）批札統計，（乙）稟詳申報統計，（丙）移咨統計，（丁）函電統計；（三）經費統計。

第四章　附則

第二十六條　本規則施行期，自本處開辦之日爲始，至裁撤之日爲止。

第二十七條　本規則如有應行增刪修改者，隨時由本處議定，稟准施行。

四川以原有之地方自治局，籌辦自治。督臣趙爾巽奏明諮議局籌辦未畢，暫留該局，俟諮議局成立後歸併，並奏設自治研究所。摺言“務期全川自治早日觀成”等語，奉硃筆加圈褒美，足知朝廷提倡之意。

其勒定自治研究所章程者，則有江蘇之蘇屬。錄如下：

江蘇自治研究所章程

第一章　宗旨

第一條　本所謹依憲政編查館奏準定章之辦法，以教授關於地方自治諸學科，養成辦理各廳州縣研究所人才爲宗旨。

第二章　學科

第二條　本所教授學科如下：一，憲法綱要；二，法學通論；三，現行法制大意；四，諮議局章程及選舉章程；五，城鎮鄉地方自治章程及選舉章程；六，調查戶口章程；七，其他奏定有關於自治及選舉各項法律章程；八，自治籌辦處所定各項籌辦方法。

第三章　學期及授課時間

第三條　本所畢業學期定爲八個月，以四個月爲一學期，兩學期畢業。

第四條　本所授課時間，每星期以三十小時爲度，每學期課程，表列於左：

學科 第一学期	時間 （每天上午九時至十二時 下午二時至四時）
法學通論	同前
憲法綱要	同前
諮議局章程及選舉章程	同前
城鎮鄉自治章程及選舉章程	同前

學科 第二學期	時間 （每天上午九時至十二時 下午二時至四時）
現行法制大意	同前
調查戶口章程	同前
關於自治及選舉各項法律章程	同前
自治籌辦处所定各項籌辦方法	同前

第五條　本所學員，定八十名。通飭各府廳州縣，每

屬選送二人。惟長、元、吳三縣爲省會之區，須寬送幾
人，以宏造就，但至多不得過四人。至京口駐防，當咨請
都護酌送，亦以四人爲限。

　　第六條　本所附設研究會，凡各屬士紳，向辦地方公
益事務而有資望者，每月會聚一次或兩次，選任講員，講
解自治學理及其辦理之方法，俾實行地方自治時，可免紛
歧陵躐之弊。

　　第七條　各屬選送學員須具左列資格：一，在該地方
繼續住居三年以上，及有職業者；二，年齡須在二十五歲
以上、五十歲以下者；三，品行無虧者；四，文理清通
者；五，身體健全者；六，未犯國律明載之刑罰者；七，
不染嗜好者。

　　第四章　入學及退學

　　第八條　凡各學員由該管地方官選送到所時，經本所
覆加考驗，須合於第七條所列資格者，方得取入肄業。其
不合格者遣歸，飭令補送。

　　第九條　凡經本所覆考錄取各學員，須填寫履歷書及
志願書，呈由本所查核，其格式臨時發布。

　　第十條　凡學員遇有左列事情，由所長呈明總會辦提
調，酌令退學：一，行爲不良；二，荒廢學業；三，學期
試驗成績有三學科以上不及格者；四，身有疾病，不耐勤
學者；五，不遵守本所規則及命令者。

　　第十一條　凡各學員中有遇不得已事故，自願退學
者，須具理由書，由所長呈請總會辦提調許可後，得令
退學。

　　第五章　假期

　　第十二條　本所假期，悉遵部定章程，如年假、暑

假、星期、國慶、聖誕節日，照例停課。此外如每逢本局開辦及本所成立之日，亦放假一天，以表紀念。

第六章　試驗

第十三條　本所試驗，悉照部定學堂試驗章程辦理，亦分臨時、學期、畢業三種。臨時試驗，於每學科授畢時行之。學期試驗，於第一、第二學期末行之。畢業試驗，於兩學期外，呈請撫憲考試，以昭鄭重。

第十四條　凡臨時及學期試驗，由各教員校閱成績，彙請總會辦、提調核定揭示。惟畢業試驗由撫憲蒞所出題面試，合兩學期及大考成績，統計平均分數之多寡，以定等第之優次。八十分以上爲最優等，七十分以上爲優等，六十分以上爲中等，不及六十分者爲下等，四十分以下爲最下等，不及二十分者爲不及格。

第七章　獎勵

第十五條　凡各學員於試驗成績較優或已及格者，概由撫憲發給自治研究畢業文憑，藉資鼓勵。

第十六條　凡有畢業文憑之各學員，由本所詳請撫憲，飭知本籍地方官查照，得有選爲各屬研究所講員及管理員之權。

第十七條　各學員在修業期間如有功課勤奮，確守本所規條，並能匡正同學過失者，由所長商承總會辦、提調，酌加考語，呈請撫憲予以名譽褒獎。

第八章　罰則

第十八條　本所學員，悉照部章所定各學堂之罰則辦理。

第十九條　各學員中若有平日功課未能勤奮，於畢業時平均分數又不及格者，祗給修業證書，以示區別。

第九章　職員、教員等職務權限

第二十條　本所設所長一人，監理所中一切事務。

第二十一條　本所設教務長一人，管理教科一切事宜，如分配學科、編定課程表，及稽查學員功課勤惰，試驗時總核分數評定甲乙等事。

第二十二條　本所教員應聘若干人，當視學額之多寡而定。惟擔任何種學科，須於開課時會同教務長商議，各從所長者分任之。

第二十三條　本所設監學一人，監察學員在學之行檢，並管理關於課堂秩序之一切事宜。

第二十四條　本所設書記二人，掌理所中函牘及鈔寫、印刷講義之事。

第二十五條　本所設庶務一人，管理不屬於教務之一切雜務事宜。

第二十六條　本所設會計一人，管理所中收支、預算、決算之一切事宜。

第十章　經費

第二十七條　本所經費，分開辦、經常、臨時三種，由總會辦、提調核定數目，稟請撫憲，批准撥充。

第十一章　附則

第二十八條　本所學員，概不留宿，僅備午飯一餐。惟外府廳州縣學員，住宿需費，每人每月津貼三元，以示體恤。若住居本城者，不在此例。

第二十九條　本所講義，均由教員自編，以恪守奏定章程、不越範圍爲要義。俟編定後，呈請撫憲核准，始作定本，以昭鄭重。

第三十條　外府廳州縣及地方士紳，自願照章設立之研究所，其教授課本，應由本所頒發，以歸一律。

第三十一條　本章程稟候批准後，即行實施。俟有應增、應改之處，仍由本所呈撫憲核奪施行。

廣西籌辦自治情形，已詳前期。近聞廣西所屬梧州府，設立梧郡籌辦自治局，經撫臣電飭改爲蒼梧縣自治籌辦公所。梧守志琮電爭，以統捐處調查所與該局並辦，聲明俟自治成立即行裁撤，撫臣仍不允。復由紳士電請變通，以實有便利爲言，始奉電允行。查自治制以城鎮鄉與廳州縣爲兩級制，原無府之階級。桂撫斤斤於籌辦之始，雖專爲倡導而設者，亦不許無此自治階級之官干與自治之事，誠慎之也。至紳亦以爲言，則因民便而許以變通，蓋知非官爲爭權而欲闌出法律之外，爲辦事應手計，則固無所嫌矣。

福建尚未設定自治籌辦處，近由諮議局籌辦處會議辦法，分兩大綱：（一）籌辦城鎮鄉地方自治，（二）籌辦自治研究所，頗具要領。想該省選舉之事早畢，移諮議局之籌辦於自治，已有端緒矣。

丙　調查各省人户總數。　無所進行。惟聞民政部咨行各省，另編教民户口表，凡奉何國何教，何年月入教會，須一一注明云。又江蘇有一會議廳之議決案，錄供參照。

蘇省籌辦憲政會議廳議決案

（甲）户口合爲一次調查之決議　辦理地方自治，以調查户口爲入手，與編纂户籍法之調查户口，目的雖異，而調查則一。惟部定清查户口章程，户數、口數分爲兩項，即使不虞紛擾，未免多費周轉。兹議定户口合爲一項調查。宣統元年籌辦城廂自治，即查城廂户口；宣統二年籌辦各鎮自治，即查各鎮戶口。至各鄉戶數，本可俟宣統三年，籌辦各鄉自治時，再行調查。惟因逐年籌備事宜章程內，載明宣統二年須彙報各省人戶總數，不能獨遺鄉戶。今擬將各鄉戶數，提前於宣統二年，與各鎮戶口一并調查。俟宣統三年再覆查城鎮鄉口數，以之辦理自治，則按日程功，以之彙報民政部，仍可分人戶、人口兩期造冊。一舉兩得，與部定第三年即宣統二年，報齊戶數；第五年即宣統四年，報齊口數，章程兩不相背也。

（乙）分配區段設調查處之決議　城之區段，以巡警分管之區域，設調查處，分任調查事務。以各廳州縣衙署爲總匯，照章以布政司爲總監督。俟各廳州縣調查後，彙報藩署，藩署應派委專員，管理此事，俾得直接。至調查時，有巡警地方，由該地方官督率巡警，並請公正紳董，會同辦理；無巡警地方，遴選紳董承辦。此事爲憲政初基，必須開誠布公，俾民間不至驚疑，方爲妥善。

（丙）宜編區段名稱及標明號數之決議　城鎮鄉區域，既暫作固有之境界，所有區、都、圖、甲之名稱及號數，亦擬暫仍其舊。將來自治區域如何劃分，再隨同更正。

（丁）宜分戶數類目之決議　原案所謂衙署、局所、學堂、善堂、會館、祠廟、工廠等項，無正戶、附戶之可言者，宜各從其原有之名目，以爲分類之調查。惟會館、祠廟，往往附有人家住宅，應照章程第十一條之規定辦理，方爲核實。

（戊）登記方法之決議　調查戶口之方法，不難於實數之確查，而難於變動之登記。如生死、遷移、婚嫁、繼嗣、扶養等事，若不設法登記，不數月而人戶皆非，此冊即不適用。現定責成各區調查處，隨時查考，另設一簡便登記方法，按季由各廳州縣總匯處，彙報藩署一次，以昭核實。

（己）別製表册式樣之決議　調查戶口，首在表册式樣。調查事務之完備與否，視式樣之精密與否爲斷。但屬於居民部分者，部有定式，應遵照辦理。惟衙署、局所、學堂、會館、祠廟、工廠等類，非特別創製，不足以昭美備。宜由各調查處擬一式樣詳報，核定采用，以期一律。至於客棧及住客之飯館，往來人數，尤爲雜遝，宜編製循環薄册，令其每日將往來人數填注入册，於月終循環送繳。如城廂地方辦有警察者，則送巡警局以憑稽查。鎮鄉地方未辦巡警者，則送調查處備查。蓋此項爲地方治安之關係，與編訂戶籍及辦理自治，無直接之必要也。

（庚）定外國籍調查之決議　向章由各該地方官查報，毋庸另擬辦法。

二，官民皆有所待而後可辦者兩事．

頒布資政院章程，舉行該院選舉。　章程久未頒布，選舉更無從擬議其舉行，近爲言官所劾。聞樞臣建議，以資政院孫相國年已衰暮，精神難以兼顧，嗣後該院應辦要政甚多，擬請添派副總裁一人以資襄助。惟各樞臣以資政院責任重大，一時尚難決定云。查資政院之開辦，實係該院之設籌辦處耳。自孫中堂等派爲總裁、幫辦等職名，遂成耆年退老之地，幾與古之祠官、今各國之郵局長等職同。今始覺其並非冗散，事已被延，然且未加振作。惟臣工條奏，如李家駒考察憲政折中，明以弼德院爲優老之所，似欲移資政院之作用於弼德院，以存資政院之本意。國家不遺故舊如此。

報載攝政王近與樞府王大臣等，議定公舉資政院議員之期，擬於各省諮議局成立一月之後，限十月初一日，著各督撫監督各該諮議局議員舉行選舉。被選者即為資政院學習議員，定於十一月初一日到京，預習議政，以備諮詢，為實事練習之地。此議不久，即發表明諭。又載政府議飭各省，俟諮議局成立後，選舉資政議員來京。茲聞舉定之員，定名為各該省諮議局全體代表如直省即日直隸諮議局全體代表員，餘類推，以避上議院議員之名。俟九年國會成立時，再改各省代表為資政院議員，以示預備實行之別。又聞該院章程，已經訂妥，分呈倫、孫兩總裁，及軍機處憲政館各堂鑒核。奏頒之期，不過六月下旬，以符逐年籌備憲政清單云。

乙　頒布簡易識字課本，創設廳州縣簡易學堂。　課本未頒布。江蘇有一會議廳議決案，錄供參證：

蘇省籌辦憲政會議廳議決案

（甲）設塾師補習所之決議　簡易識字學塾之設，所以謀教育普及而實行強迫之主義。學科編制雖未奉部定明文，其大旨必較初等小學為尤淺。蓋初等小學有年齡之制限，簡易識字學塾，未必限定年齡。初等小學不僅識字，而此則僅學識字，以啟人生應有知識為宗旨，以使全國人民識字日多為成效，故辦法不嫌簡單。則此等塾師，不必備有如何資格，但能通解文理，略諳教授法，而品行端正者，即為合選。如蘇屬初級師範生，各屬傳習所學生之已畢業者，皆可先行選充，庶廳州縣簡易識字學塾，成立較速。至於省城宜另設塾師補習所，以為將來改良學塾之預備。

（乙）設模範學塾之決議　模範學塾，除省城另擬設置外，各廳州縣如籌款困難不設亦可。至普通學塾，本年應

從各廳州縣城廂辦起，應設立若干所，以城廂之戶口多寡
爲率。學額每所多則四十人，少則二十人。此外學制及一
切辦事章程，當以省城辦法爲標準，以歸一律而免紛歧。

　　（丙）推廣各鎮鄉學塾之決議　創設鎮鄉簡易識字學
塾，係宣統三年應辦之事。此次決議分年籌備地方自治，
宣統二年查鎮鄉戶口，宣統三年覆查城鎮鄉戶口。是鎮鄉
戶口至宣統三年一律調查完備，而兒童之學齡亦得其實數
矣。屆時當按照戶口，明定應創設若干所，目前所謂推廣
辦法者，不過應預爲籌備而已。

　　（丁）經費籌劃之決議　按城鎮鄉地方自治章程第五條
所載，凡中學堂以下之學務，皆屬自治之範圍，則設此等
學塾之經費，應屬本地方應盡之責任。但自治職未成立以
前，當由各廳州縣長官，商同勸學所董事，設法籌撥。

　　以上四項，悉照原案，於目前籌備及將來計劃者，逐
項解決。至該學塾學科之門類，學生入學之年限，部頒課
本時當另有詳章，自應遵照辦理。惟必立一分年考核表，
與調查戶口冊比例考較，以覘成績，方與逐年籌備清單內
所列，某年須得識字義幾分之幾者，不相懸殊。

三，官辦者三事：
甲　調查各省歲出入總數。　本月各省正、副監理官，大
半皆已蒞事，清查之效，尚無所聞。報略稱河南副監理寋念益
頗露圭角，餘未見朕兆。

　　其附屬於監理官之事項，則有數端：（一）政府提議各省州
縣人員病故，任內所欠公款，應行照例追償。惟其中情節不
一，擬嗣後核查，凡屬因公拖欠者，一律免追，以示體恤。然
此事若由本管督撫派員勘查，容有不實不盡。現擬嗣後如有此

項情形，即責成本省監理官查報，以憑核辦而杜流弊。(二)度支部尚書提議，以劃一各省幣制後，平餘一項，必至折銷。惟此款核計，每年每省有二百萬兩之譜，實爲一大宗的款。若不預行抵補，將來必至棘手。聞已於日前交諭各省監理官及各部員，預行統籌抵補之法，呈堂核辦。(三)度支部尚書與各王大臣，在政務處會議，以現在各省財政監理官，已陸續赴任。所有劃一幣制事宜，俟監理官到任後，體查各該省情形，與各督撫妥商，然後將劃一幣制宣布決議，再行入奏。

本月十八日奉諭旨："御史蕭炳炎片奏，辦理新政，務當節省經費，所有收支數目不得由外籠統奏銷，須一律詳細造册，報部考核等語，著度支部知道"，欽此。此清釐歲出入之出自上意者。

籌定州縣公費問題，聞經政府決定三項辦法：(一)各省州縣常年辦公經費，宜按其缺分，判爲大中小三等，明定其數；(二)所有錢、漕兩項中飽，一律提解歸公；(三)豁免各項攤派，已經通咨各省迅速妥議，詳細奏報，以便核辦。此清釐歲出入之出自廷議者。

因近日京外大官體恤州縣之盛意，不得不釐剔州縣攤扣之累。其所最難解者，如上海《太晤士報》，經南洋大臣奏明，派蘇屬行銷百份。近日蘇藩司札飭各屬，略言："此項撥費即於養廉項下扣解。除於三月二十八日堂期，在耗羨款內作放，宣統元年分司廉銀一百兩，各府廳二百兩，各州縣一千六百五十兩，統共銀一千九百五十兩，就數提收《太晤士報》費，存儲彙付外，合行札知"云云。夫衆擎之舉，數不爲多，然何術而能使江蘇司府廳州縣悉能讀西文報？西文報若爲欲悉外情而足重，則何不讀出版於西國之報，而以西人在上海所出之報札行勒派？各省爲抵制民報起見，動輒自辦一種官報，以民脂民

膏，爲造作聲名對抗輿論之用，派銷擾累，州縣呼冤而督撫勒
逼，笑柄時有所聞。今又爲外人盡力如此，舉一反三，攤款安
得而不重？夫官報爲切身之利害計，損人利己，猶爲不肖之恒
情。至蠹州縣以媚洋員，乃反而剝民以報州縣，如徵銀解銀等
謬說之所由來。世有真知卹官以救民者，其何以解於此。

自徵銀解銀之奏，經度支部議駁後，言官又詳論外省攤捐
之累。江督遂奉寄諭，飭查各州縣攤捐之款，無論已未達部，
詳細查明，並酌核何者關係重要，何者亟宜革除，籌議候核。
近得蘇藩會同學、臬兩司詳復，略謂州縣攤款名目不同，其弊
不外累民與累官二者。累民如差徭、夫馬、頭會、箕斂之類，
北省恒有，蘇省無之，此層可不必慮。累官者約分二種，曰特
別攤款，曰常年攤款。常年凡大閱考試，安銜換季等項，有關
年限，首尾銜接。近因州縣困累，早經停豁，併作一款，分年
攤補，約計數十年後，即可攤竣，不勞再攤。特別則凡修理衙
署，開浚城河，以及辦新政，辦自治，辦選舉，各項要政，事
在必行，既未便絲毫取民，又未敢請發公帑，不得不由地方官
自行籌備。獨認則力有未遑，分任則輕而易舉，故必分忙分
漕，或三年，或五六年，稟明上司，批准而後流攤。此等攤
款，係官與官之交涉，前任與後任之交涉，實皆萬不得已之
需，即爲必不可少之用。寄諭所謂原奏稱庫雜漕折、奏銷紅
簿、督撫後攤、道府堂役，蘇省無此名稱，恐係指他省而言。
其憲幕節壽、佐雜津貼兩項本干禁令，間有不肖官幕，私餽私
受，毫無證據，從無公然列攤之案。惟院試經費一項，本係奉
部提解之款，經周前升學司援照浙案，詳請咨免，截留解司，
撥充蘇省學費。雖未奉部核准，數年以來，未奉行提，似已邀
允。一再行催，僅據錫、金、宜、靖四縣，解到錢四百餘千。
此外並無處遵解，似未足爲州縣之累。總之州縣困難，不在攤

捐之多寡，而在銀價之漲落。從前銀價平減，縱多攤捐，不以爲苛。當此銀價奇昂，即無攤捐，亦不免於困。原奏請將向來州縣各項攤款一律豁除，其所得錢漕平餘，提解歸公，分別缺分繁簡，明定辦公經費，此即勻定公費之說，立意甚善。但近年蘇省州縣因銀價賠貼，收不敷解，額征、忙漕兩項，絕無平餘沾潤。私言之則爲平餘，公言之則爲公費，既無平餘可提，何有公費可勻？況公家庫儲奇絀，一籌莫展，安有此數十萬公款爲州縣勻缺之用，是欲勻定公費，實屬無從入手。此事已於另詳議復，姑不具論。至州縣攤款，皆爲重要政務所必需，一時礙難豁免。惟有嚴杜浮濫，遇有州縣稟攤工程案件，認真查覈，不得率行批准。如係實用實銷，仍須照章責成承辦之員，先認四成，餘再酌核分年攤抵。似此申明定章，各州縣不敢嘗試，亦不致貽累。最後之任，似亦整飭吏治之一道云云。督臣以所詳於各州縣捐攤共有幾款，係何名目，爲數若干，未據逐一查明，似涉空衍，與諭旨詳晰妥酌之意不符，殊難據以入告。至稱州縣困難，不在攤捐之多寡，而在銀價之漲落，從前銀價平減，縱多攤捐不以爲苛，當此銀價奇昂，即無攤捐，不免於困，固爲透闢之論。惟近來銅元充斥，銀價斷無平減之望，而地丁、蘆課等項，徵銀另收公費賠款一事，又經部駁，現在惟有減免攤捐，尚可爲各州縣省累之一端。應再詳細復查，按款開列清摺，分別能否減免，詳候核辦。據稱遇有州縣稟攤工程案件，責成承辦之員先認四成，餘再分年勻攤，亦未盡善。應自此次奉旨之後，無論何項捐款，均不准其攤抵，以杜糾葛。批飭再行會同甯藩，妥爲核議云云。江蘇兩藩司之於恤官要政，不憚含混其詞，使廷寄飭查之流攤款目，毫無指實，而手揮目送之巧，惟在徵銀解銀，言外示舍此別無辦法。督臣所駁，正未知後來核議云何。

州縣呼號苦累，與江蘇應和最力者，莫如江西。然該省長官之忍於民而不忍於官，似稍遜於蘇省。近以州縣之相鬩，亦擬均州縣公費，派員分赴各屬調查，聞各牧令和盤托出者甚尠。藩司劉春霖聲言，綜核調查所得之款，不敷甚鉅，礙難均勻。欲徵銀解銀，則江蘇已遭部駁，欲請加賦，必爲紳民之所阻持。而牧令呼籲陳苦者雖多，面求署缺者亦不少，雖云賠累，恐亦有不實不盡之處。擬先從清理財政爲入手，俟公家財政清理稍有眉目，諮議局成立，即將此項議案交該局議員公議妥善辦法云。

各省名存實亡之款目，循例濫支，難以數計，奏銷入冊，與事實相去甚遠。舉山東一省例之，據言善後、糧餉二局，輾轉騰挪，不可究詰。更舉局中一事論之，前撫臣張曜在任，統有舊部嵩武軍，每年支銀一萬八千兩，迨後此軍裁撤，歷任仍照舊支銷，如此之類，不一而足。山東人就其所知，欲以其事之查出與否，視監理官之能力，果否與崇銜厚禄爲相稱云。

江蘇省吏之對於調查歲出入一事，有一會議廳之議決案，錄供參證：

蘇省籌辦憲政會議廳議決案

（甲）報告款項之決議　報告款項，以清理財政局爲總匯，無論正款、雜款、內銷、外銷各項，均一律造送該局，以專責成。現定光緒三十四年全年出入款項報告冊，限本年七月內造齊送局；宣統元年正月以後，月報冊各按月補造，隨同五月分之冊一併送局；六月以後則按月造報，上月之冊限於下月月內到局。惟積穀、育嬰、學堂、善舉之類，凡由官款開支者，亦照此辦法。若僅由官款補助若干者，即專就補助之一部分造報。其出於地方紳民集資辦理者，另歸調查局遵章調查，以清界限。至報告冊式，均由清理財政局編定，限四月內發交各署局所。但各處情形不同，款目互異，得由該處照式增添更改，以期核實而免掛漏。

（乙）截清舊案之決議　光緒三十三年以前未經報部之案，限本年十月內造報；奉部議駁未經完結之案，限六月內造報。各署局所應一體趕辦，以免遲誤。如並無三十三年以前未報未復之案，亦即備文知照財政局，並報院備查。

（丙）分別性質之決議　由各署局所報告各款時，隨冊說明何項應屬國家稅，何項應屬地方稅，限本年年底送局，以便彙纂說明書，依限呈部。

（丁）考求利弊之決議　凡事皆利弊相倚伏，而財政尤甚。故考求利弊，亦清理財政必要之問題。但各署局所辦理之事務不同，則利弊亦因之而異，固非計日所能考求。亦宜照前項辦法，由各署局所於造送報告冊時，附一說帖，由財政局彙總核轉，以為當興當革之依據。

（戊）鈔錄票簿之決議　各署局所有關於財政者，如何收入、如何支出，必有辦法章程。曰簿曰冊，曰票曰單，名目不同，要亦各有舊式。統限五月內各就原來所有，檢出一分，或照錄一通，送交財政局，以便彙總參考，改訂劃一程式，送部核定頒行。

以上各款辦法，與議各員，固應遵辦。即未經與議之文武大小衙門、局所學堂，均應由財政局一律通知，遵照辦理。又漕糧與款目同，亦應一體開報。

其清理財政局之報告冊式，江蘇有擬定之例文。報載其文共九條，錄供參證：

一凡各署局應送光緒三十四全年及宣統元年以後按月各報告冊，均照本局暫擬之式填送。每頁二十四行，其寬長亦須照式一律，以免參差。俟奉部頒冊式到局，另文轉發。

一開列各項報告冊，應查照清理財政第二十九條，分別門類，每類細別爲項，每項細別爲目。今擬冊式，姑舉報部正款、報部雜款、未報部以爲程。如三款不足以盡，仿照增續，每分一款，即分一四柱，以清眉目。

一各署局入款，如田賦、漕糧、鹽課、茶課、關稅、雜稅、釐捐、雜捐等項，何項向爲雜款，何項向係報部，何項向未報部，將來劃分稅項，何項應屬國家稅，何項應屬地方稅，應分別性質，酌擬辦法。出款如廉俸、軍餉、解京及洋款等項，應屬國家行政經費，教育警察、實業等項，應屬地方經費，亦應預爲劃分，仍將本款收入支出原委，及有無特別之理由，擇要叙其大略，以爲説明書之基礎。

一各署局按年填送各項出入款冊，須於句類附上年出入數目以爲比較。

一四柱冊式，每柱定爲一頁，如不足，仿續之，二頁三頁均可。

一凡有隨糧帶收學堂、善舉、積穀、串捐，及扣廉、攤捐、陋規、私費等款，亦應照式分開報告冊，送局查覈。

一宣統元年蘇屬各處報告冊，按月送局，散而不整。每逢季末，應由各署局將三個月收支各款統列季冊，同第三月之冊送局，彙造通省季總冊送部。每逢年底，由各署局將十二個月收支各款統列年冊，同臘月之冊送局，彙造通省年總冊送部。

一各學堂局所收支各款，如無從分別正雜名目，及已未報部者，不妨變通開列，總以詳細核實爲要。

一光緒三十三年以前未經報部之案，應由各署局分年開列清單，併案奏咨銷結，仍各照録一分，送本局備查。

其事屬清理財政，而不入設局之範圍者，則有度支部奏遴員考察淮浙鹽務一摺，略録如下：

略言："論鹽法者，每謂欲裕税課，必以恤竈、保商、便民三者爲要義。近來淮、浙等處，場産日衰，至於借運東鹽、蘆鹽，以濟岸食，而各岸銷市，亦頗有疲滯之區。産衰則竈困，銷滯則商困，加以運艱費鉅，售價增昂，而民間亦困，私梟乘之，影響遂及於國課。長此因循，鹽法必致大壞。近日各處留心時政人員，多有各抒所見，到部呈遞説帖，條陳鹽務利弊者。兹事體大，非於鹽場銷市引界，一切詳細情形，就地切實調查，未易得其要領。臣等公同商酌，現在兩淮、兩浙鹽務，頗形疲敝，擬由臣部遴派專員，分途前往，察看情形，推究利弊，以資考證。查有臣部署右參議晏安瀾，主事張茂炯、劉澤熙，員外郎錢承鋕，主事周藴華、吳晉夒、李思浩、陶壎，陸軍部員外郎戴兆鑑，前户部主事、直隸候補知州徐信善，均屬堪以派往。如蒙俞允，臣等即飭該員等馳赴淮、浙兩處産鹽、銷鹽及引界毗連各地，擇要調查。並知照陸軍部及直隸總督，分飭戴兆鑑、徐信善二員，即日赴部，會同前往。應請旨飭下兩江總督、浙江巡撫，轉飭所屬鹽務各官，於該員等經過之時，遇有查詢事件，均須即速切實聲覆，毋得徇隱推延。其該員等經過江蘇、浙江、江西、安徽、河南、湖南、湖北等處地方，並請旨飭下各該督撫，轉飭地方官一體照料。至該員等往返川資，均由臣部酌量發給，沿途官商，毋庸絲毫供應。一俟該員等查竣回部，即由臣

等詳細諮詢，如有可以變通盡利之處，再行籌擬辦法，奏
明請旨遵行。"宣統元年五月十四日，奉旨："依議"，
欽此。

據上摺所云，計臣似有通籌善改之意。嘗謂吾國百事多病
其無法，惟鹽獨病其有法。法以時時修改，而後合於實際，他
法不改，不過奉法者皆以爲不便，遂至陽奉陰違，有法變爲無
法而止。惟鹽法關係售價，一定之後，賣買兩造，均不能議減
議增，中間又有銀貴錢賤之關係，彼此束縛，欲求陽奉陰違而
不得。惟梟盜獨能破法，恒爲多數人民所歡迎。立一法而至於
勦絕善良，扶植梟盜，可爲用法之特色。計臣果能徹底推究，
從極簡便之處落想，定一節費省官、便民裕課之通法，識者謂
非就場徵課化私爲公不可。安瀾等知識如何，能爲國家籌久遠
之計焉否，視此行矣。

抵補洋土藥稅釐，奏請仿行各國印花稅，本係光緒三十三
年事。草程雖已頒定，而印紙尚未製成。近始奏報印成頒發各
省一律試辦，並聲明前安徽巡撫馮煦及御史石鏡潢疑沮此項稅
章，業經交部各摺，請無庸置議，奉旨已錄第四期本雜誌。本
月摺片始見發鈔，因其爲清理財政之一端，略記其事如此。報
又載東三省總督錫良，電請以奉省財政困難，物力凋殘，各項
捐稅，較別省爲重，請暫緩發行印花稅等情。部臣核議，以所
請各節，自係實在情形，有議准展緩之意。此外甘、黔等省，
亦擬一律從緩，以恤民艱云。

又聞政府令度支部管轄各省關稅事宜，部臣力辭。謂清理
各省財政，事務繁多，不暇兼顧，且稅務本應獨立，由部兼
轄，實非所宜云云。謂計臣不應轄關稅，本國法耶，抑外國法
耶？殊未知其所本。自國家設立稅務處，財政又多一別孔，計

臣又多一嫌疑。國務大臣之體統，難定如此。

又聞政府於廢止釐金一事，早經籌措，刻以中央集權之確立，實以釐金廢止爲第一要義。昨冬曾向駐京外交團開始會議，並飭令唐紹怡直接開議於各國政府，此後各國貨品輸入，但科以相當之加稅，不再征收釐金。惟各國政府對此問題，意謂欲求解決，須先將商標保護法之制定、度量權衡之統一、貨幣制度之一致實行後，方能決定，否則此事尚費躊躇云。

裁釐加稅約，定自光緒二十九年之中英約。自後美與日本繼之，申明非凡有利益均沾之約之國，一律允行，不能開辦。蹉跎至今，已越七年，蓋換約之期又近矣。各省頗以改辦統捐，爲裁釐之預備，以符約內允留銷場一稅之文。近見金陵釐捐總局，爲統捐徵收不力，申飭各局之文，略言："籌改統捐，首在清除積弊，核實扦報，不准故違定章，任意減折。開辦以來，迭經諄諄誥誡各局卡，已不啻三令五申，各局員自應整躬率屬，力臻上理，以收正本清源之效。大勝關爲長江首卡，實應爲淮河首卡，尤當切實奉行。乃訪聞委員則互相見好，司巡則勾串招徠，扦量船隻，多不足成。首卡以不代收爲市惠之地，人必不過以相繩，遂於其自收者，亦復任意通融。而查驗之卡，但求有捐可收，亦不敢挑剔來船票貨之不符，以自絕其後此之生機。況查驗本無收捐之責，首卡留其自收之捐，其歸公與否，亦在渺不可知之列，直統與未統同。此近日長江、淮河裹河港口各卡之通弊，似此行爲，實堪痛恨。值此餉糈萬急之時，亟應嚴加整頓。除不時派員密查外，並嚴飭各局卡，嗣後即以首卡代收之多寡，定首卡之功過，以次卡補罰之多寡，定次卡之功過，務須勤督司扦，核實抽收，不准私相減讓。去年改統之時，該委員等尚能力袪積弊，故收數銳增，近日漸不如前，應各激發天良，奉公守法。行經查驗各卡，查明貨多於票，顯係弊混，非當補捐，仍應議罰。倘再陽奉陰違，定即分別撤差提究，決不寬貸"云云。據其所言，局卡林立，扦報紛紜，未知所謂改統者何在，統捐之所以別於非統捐者何因？留意江蘇財政者，當有以釋此惑也。

乙　籌辦各省城及商埠等處各級審判廳。　此項籌辦，略無端緒。各省往往就發審局略加點綴，以應功令。聞署法部尚書葛寶華，近以憲政預備九年案中，今年為法部所辦者，籌辦各省省城及商埠等處各級審判廳，現已時將半載，而各省省城及商埠等處各級審判廳尚無萌芽，固緣各省督撫督率之不力，然審判人才之缺乏實其主因。今欲謀司法獨立，既非各省省城及商埠等處各級審判廳粗具規模不可，而欲具此規模，非先養成一般審判人材不可。聞日內即將專折具奏，懇請嚴飭各省督撫，於省城及商埠等處設立審判研究所，專為造就審判人材起見，其教授人員必須有完全之法政知識者充之。開辦之初，或僱用一二日員，於審判上之有經驗者，亦無不可。聞並須請旨，限文到一月開辦云。

江蘇籌辦審判廳，有一會議廳之議案，可略知其著手之意向。錄如下：

蘇省籌辦憲政會議廳議決案

（甲）職制上問題之決議　直省新官制章程，已奉頒發，司法行政自宜分立，是省城及商埠，無論初審再審，及高等審判廳，均應首先籌辦。但茲事體大，非預備造就審判人才，及設有總攬籌辦處所，以精研各廳所部之關係，勢必凌躐紊亂，易滋流弊。茲決定籌備者如下：

一推廣法學研究所　蘇省發審局已附設法學研究所，即為造就審判人才起見，應再增廣名額，添聘教員，擴充辦理。

一設審判籌辦處　臬司爲司法行政長官，凡屬審判廳所應籌辦之事，皆屬臬司爲主任。宜於臬署設籌辦處一所，選派精通法理人員，秉承臬司，辦理該處事宜。如考訂各級審判廳之編制法，及各項辦事章程等事，悉屬於該員之職務。

（乙）廳署問題之決議　直省新官制規定府縣純爲行政之長官，則審判廳似不能以府縣兼之。惟事屬初創，有謂令合府縣兼辦，恐窒礙難行者；有謂以府縣兼任，仍無異於向來之發審局幫審員者。茲擬先就蘇州省城設高等審判廳一所，地方審判廳一所，初級審判廳三所，審理民刑各事；外設檢察廳一所，管理起訴及檢查證據等事務，統限於年內粗具規模。試辦司法獨立，如並無窒礙，即可推行各屬，以及鎮鄉。倘實不可行，亦可得實在之徵驗，以爲改良之地步。至省城試辦司法獨立，土地事物管轄之界限，如地方審判廳以長、元、吳原有管轄之城廂境界爲定，初級審判廳以長、元、吳三縣分管之城廂境界爲定。惟分部增部之制度，待法院編制法頒到時，再由臬署籌辦處斟酌設置，期符定章。

（丙）職官問題之決議　查法部奏設京外各級審判廳官制章程，內開初級審判廳推事視七品，地方審判廳推事長視五品，普通推事視六品，應遵照辦理。至廳員之資格，暫以長於審判、明於法理之員選任，續後宜以法政學堂卒業者，受特別試驗，奏請補任。

（丁）審判問題之決議　審判前取用評議制度，審判時取口頭辯論及公開之制度，審判後采用確定判決之制度，均由臬司詳細規定，以備將來實行。

以上四項，皆屬省城所應籌備之事。惟茲事體大，須
咨商督帥，並會咨憲政編查館覆奪後，再轉飭遵行，以昭
鄭重。至江甯省城應否照此試辦，由臬司稟請督帥示遵。
他如上海、鎮江各商埠，或應照此辦法，或另有特別組
織，亦候咨商督院飭遵。

議案既成，江蘇署按察使趙濱彥，因有籌辦之條議，於法
律尚未明確之時，倖合揣稱，別有煩難。錄之以供參照：

署蘇臬趙廉訪呈督撫憲籌辦審判廳條議

一設司法研究所　查左前司已詳明，在蘇州發審局附
設法學研究所，爲造就裁判人才之基礎。嗣奉督憲行知，
江甯設立審判廳研究所，課程以六個月爲一學期。畢業
後，先飭往發審局觀審案件，實地練習。再稟候飭藩、
學、臬三司，分別注冊，聽候委派等因。綜核甯、蘇二
處，設所之名，雖似稍異，而用意原無不同。第籌辦設立
審判廳，爲時較促，似宜即就新舊法律緊要之處，及一切
裁判辦法，研究理由，一面再在讞局觀審案件，藉資歷
練，較爲妥速。若如蘇府讞局附設之所，以法學爲名，似
爲途較寬，轉恐未易得其要領。以本署司愚見，擬將現設
之法學研究所，即名爲司法研究所，仍附於發審局內。似
宜遴選法政學堂教員中，明於外國法規，亦兼通中律者，
爲之教授，庶幾塗轍可循，收效較速。至該所原章，分本
科、選科、預科三項，以本科爲重。今既擬從簡要研究，
爲適於應用起見，似可不必分科。惟查法部奏定直省各級
審判廳官制，高等審判廳應設廳丞從四品，推事正六品，
典簿正七品，主簿正八品，錄事從九品。高等檢察廳應設

檢察長從四品，檢察官正六品，錄事從九品。地方審判廳設推事長從五品，推事從六品，典簿從七品，主簿從八品，所官正九品，錄事從九品。地方檢察廳設檢察長從五品，檢察官從六品，錄事從九品。初級審判廳應設推事正七品，初級檢察廳設檢察官正七品，均不設錄事，酌量考取書記生。是外省各級審判廳，非特需用正印人員，即佐雜人員，亦屬不少。況各廳推事須分民事、刑事，分庭審理，一庭少則二人，多需五六人，即檢察官亦非止一人，而書記生酌量考取，則本地士子亦可取用，似均宜研究司法之事。應請將曾在法政學堂已畢業，名次較高之正佐人員，及素在讞局講求法律，長於聽斷人員，統列爲甲班。其曾在法政學堂畢業，名次較後之正佐人員，及素未在讞局之正佐各員，有願入司法研究所者，均報明首府收考，擇期面試文理，察看人才，擇尤取錄，亦准入所，列爲乙班。倘有才能出衆者，准升入甲班。其本地廩、增、附、貢各生，願學者並准收考，另列爲附班。均仿照江甯，以六個月爲一學期，兩學期畢業。如同通州縣等班，並令在讞局幫審案件，再由臬司面試，如已及格，即移會藩、學兩司，一體聽候派委。其餘佐雜及木地士子，如兩學期畢業，亦由司面試，分別辦理。以上各項人員，統共應收若干名，再由首府妥議，禀復核奪，以爲預備任使地步。

一擬設審判廳籌辦處　現在江蘇官制未改，刑名事件，仍是按察司之舊式。今既須逐年籌備，設立各級審判廳，其中法規如何搆成，建置如何形式，秩序如何編制，以及一切審度情形，籌劃經費，事務極爲繁重。必須特選精通中外法律，並熟悉地方情形人員，專理其事，庶昭周密，以免治絲而棼之譏，亦即爲將來改設提法司之張本。

擬請即在臬司衙門，設立審判廳籌辦處，暫仍自辟幕職之例，遴選堪勝此任者一人，主理一切創設審判廳各事宜，並酌派助理及繕寫三四員，隨時酌定，力袪舊日書吏之習。所需開辦薪水、紙張等項，應請憲台批飭藩司，或善後局會商臬司，酌量籌撥濟用。其餘應設各廳經費，及員薪公費、兵餉役食、究需若干，容設立籌辦處後，隨時議定，再行報明移撥。

一高等審判廳之權限　查原定官制，法部節略，內開擬分裁判為四等，於京師置大理院，為全國最高之裁判所，每省置高等審判廳，每縣置地方審判廳，視縣之大小分置鄉讞局。嗣續訂直省官制，將鄉讞局改為初級審判廳，通行遵照各在案。是裁判雖分為四等，而在外省則以高等審判廳為合議制終審衙門，自可統轄各地方審判廳與初級審判廳。蓋初級審判廳為第一審單獨審判衙門，以一人開庭，如有不服初級審判之刑事、民事案件，准赴地方審判廳控訴，須照合議制，以三人開庭。故地方審判廳，又為第一審合議審判衙門。如再不服，則准赴高等審判廳控訴，須照合議制，以六人開庭。雖此廳名為第二審合議審判衙門，然在外省由初級審判廳起訴者，實以此廳為終審。但續訂官制清單，聲明各省設提法司一員，管理該省司法上之行政事務，監督各審判廳，並調度檢察事務。既云監督各審判廳，則高等審判廳自屬於提法司，得以隨時監視其行為，督察其勤惰。所有各廳審理案件，自應各自逕報提法司核辦，並備詳兩院憲查考，應外結者似可即由司批結，應內結者仍詳請分別奏咨。第向例罪在軍流以上，均由該管道府州層遞審轉，或解司而止，或解院提勘，間亦有僅解本管上司審核轉詳，毋庸解司者，例章甚繁，雖輾轉遞解，殊多周折，需費亦屬不資。誠以罪犯由州縣一人審訊而定，難保無鍛鍊成獄之事，故必由上官層遞審轉，以昭慎重。今刑事、民事之輕微而瑣細者，由初級審判廳訊理判結，其案情較重者，應由地方審判廳審理，以三人開庭，並有檢察廳以監察糾正之，似可無虞屈抑。迨經審判已定，原被既無異詞，似應即逕詳提法司核辦。倘有不服，自必赴訴高等審判廳再行審訊，於事理並無妨礙。惟現時江蘇官制未改，警察亦未辦齊，各州縣不能不仍兼司法行政之權。所有先籌設省城商埠各級審判廳，擬以成立之日起，除細微事件，應由初級審判廳訊斷辦理，按月冊報查覈外，其重大案件，罪在徒流以上，並命盜案件，有干大辟者，如在縣署呈控有案者，仍由縣審辦。各新案在地方審判廳呈告，即由該廳審辦。各廳設有警兵，可以提傳人證。倘暫時未能熟悉，准移會該管縣官，協同提傳辦理，不得諉延。其高等審判廳，專俟有不服上告者審理之，仍俟官制改定，府州廳各處審判廳一律建設，再統歸審判廳辦理。以上各節，是否如斯，應否咨請部示，聽候憲裁。

一各級審判廳之設置　前奉法部奏定，宣統元年，籌備各省省城及商埠等處各級審判廳；宣統二年，各省省城及商埠等處各級審判廳成立等因。既指明各級審判廳，自應將高等地方初級各廳同時並立，仍照章各設檢察廳。擬在蘇城設立高等審判廳一所，地方審判廳一所，均附設檢察廳。又在城內外長、元、吳三首縣界內，分設初級審判廳各二所，亦各附設檢察廳，俾城內外小民可就近赴愬，似較方便。至高等審判廳與地方審判廳，或建設在一處，仿日本東京用寬大層樓之式，下為地方審判廳，上為高等審判廳，似亦一法，應再詳考妥定。

一審判檢察各官之選任　按法部奏定直省各級審判廳並檢察廳官制：高等審判廳，廳丞從四品，推事正六品；高等檢察廳，檢察長從四品，檢察官正六品；地方審判廳，推事長從五品，推事從六品；地方檢察廳，檢察長從五品，檢察官從六品；初級審判廳、檢察廳，推事與檢察官均正七品。此外高等廳內，有典簿正七品，主簿正八品，錄事從九品；地方廳內，有典簿從七品，主簿從八品，所官正九品，錄事從九品。初級廳內不設錄事，酌量考取書記生等語。應俟各級審判廳、檢察廳成立時，即照部定前項官制品級，於候補府班同通州縣及佐雜各員，曾入法政學堂並司法研究所畢業者，按其相當原品，酌量委任。

一審判時之制度　現在刑事、民事訴訟法尚未訂定頒行，"制度"二字，誠難言矣。東西各國，設立刑事、民事訴訟法，最爲詳密。訊理案件，雖屬於裁判員，而調查一切，尤重於檢事官。其中執行機關，必須詳定章程，分任其事，各有專責，庶幾有條不紊，一洗從前專恣任意、失輕失重之弊。由是而證據完備，情罪適當，一經裁判，即不得再行翻異上告，此所謂確定審判者是也。若口頭辯論主義，則以兩造書面上所書之事實，不能盡所欲言，而文字之間亦足使裁判官或有誤解，且書面每倩人代書，其所呈訴，往往失其真意，或故爲隱約，或有意牽扯。若僅憑書面訊問，恐於事實多所窒礙。不如提出兩造事由，召集公庭，且使各列證據，互相辯駁，而裁判官從中審訊問難，均係直接用口頭辯論，較易得其真情。現在中國官員問案，亦常用此法，即所謂口頭辯論是也。惟在外國，無異一室，彼此面談，中國則兩造跪而聽審，即恐難盡其辭耳。至公開審判，係與秘密主義相反。公開者乃大開法廷，任兩造互申辯論，他人亦得入內旁聽，所謂與衆共之，然類在民事案件，有此辦法。設因公開而有妨害安甯秩序，或有關風俗之虞者，仍得依法律或裁判所之決議，停止公開，非涉訟人所得干涉，自可臨時酌奪辦理。且公開之法廷，須寬廣肅穆，恐建築規模，亦非易易。聞京師現時審判廳，尚未臻至公開之制也。至審判前采用評議之制，此在合議制審判衙門，有數人公同審訊，則必先行秘密，互相討論，就多數之意見，從而決議判斷之法，庶期折衷至當，亦屬必要之規則。應俟設立籌辦處後，分別妥議詳章，以備遵用。此外上海、鎮江各商埠，均照章籌設地方審判廳一所，並初級審判廳一二所或三四所，專理審判事宜，不以巡警人員兼辦。惟各須附設檢察廳，其檢察官似可酌以巡官兼任，應移會上海、常鎮兩道，督飭各該地方官酌議詳辦。

丙　廳州縣巡警限年內粗具規模。　此項籌備，無所進行。江蘇有一會議廳之議案，錄供參照：

江蘇籌辦憲政會議廳議決案

（甲）采用制度之決議　巡警之職務，對於天然及人為之危害，以保護公衆安甯為目的，自宜采取散在制度為最善。省城早經采用此制，則各廳州縣當一體照辦。但須多設名額，始足分布，或有財力不及之虞。且外廳州縣與省會情形既屬不同，人居之疎密亦有差等，自可變通辦理。如有已採散在制度者，應毋庸議外，其未設置之處，亦准暫用集合法。或晝取集合，夜取散在，得斟酌地方情形以定，惟須各將辦法詳報立案。

（乙）警官選任資格之決議　警官選任之資格，定爲四等：一爲本省與他省巡警學堂及法政畢業生，一爲外國學習巡警及法政之畢業生，此兩項得由各廳州縣遴選任用，報明查考；此外或在本省中學堂以上畢業得有文憑者，或曾辦警察頗有經驗者，此兩項應由各廳州縣酌加考語，送省城巡警總局考驗後，方准派充，以昭愼重。（應先就本省巡警法政畢業生中遴選委用，如不敷遴選，或其人皆不相宜，再就以上所開有各項資格者遴選委用。）

（丙）警廳之組織及權限之決議　查民政部奏定調查戶口章程第三十九條之規定云，本章程施行後，所有從前保甲，一概停辦。則如原案所謂發布命令及執行命令者，自宜妥愼籌備，方足名副其實。查省城巡警總局之組織，兼有發布命令及執行命令之權，則凡各廳州縣應辦之巡警，宜以省城總局爲上級之警廳，受其指揮監督。今第二年籌備，限於廳州縣之巡警，則中級、下級警廳之權限，宜先爲決定。

一中級警廳權限之決議　查外省新官制，規定廳州縣衙門應分部辦事，如教育、徵稅、巡警等職務，各有專責，則將來各廳州縣巡警，必須另設一機關。惟監督權仍屬該廳州縣之長官，應責成該府州於召集各屬會議時預行籌畫，以淸權限。

二下級警廳權限之決議　下級警廳既爲各廳州縣補助警察行政之機關，則無論爲總局，爲分局，對於廳州縣之長官，自有承受指揮監督之義務。惟對於所屬之巡弁、巡記、巡長、巡士等，有監督其職守勤惰及申請賞罰黜陟之權，方足以收臂指之效。至一切條規及辦事細則，均由省城巡警總局札發遵行，以期通省一律。

三巡弁、巡記、巡長、巡士等職務之決議　巡弁、巡記、巡長、巡士等職務權限，原案解釋已明，自應一體遵照辦理。至巡士之員數，現定先辦城廂，則每縣至少須設四十名。兩縣同城者，至少合設六十名，方足敷用。如經費充裕，地處衝繁者，能多設若干名尤善。統限本年十月一律辦齊，方不至貽誤期限。以前各廳州縣所辦，或名團練，或名保甲，參差不齊，應一律將名目章程更正，以免紛歧。

四憲兵組織之決議　憲兵爲軍隊之組織，行軍事上警察之職務，則地處衝要，爲海陸軍常駐之所。凡爲警察之力所不及者，必以憲兵補助之，亦籌辦警政所不可少之機關也。惟各廳州縣庶政待理，經費難籌，姑從緩議。至水上警察，以蘇省之地屬水鄉，汊港支河，頭頭是道，實爲不可不辦之事。擬以原有之水師改編，候通籌全局，妥議辦法。

（丁）警察經費之決議　警察經費，有應屬於國家者，有應屬於地方者。現在如省城巡警，多係取給於官款。各廳州縣，有以原有之保甲團練經費改充，係取資於地方公款者，亦有無款可撥，暫由該廳州縣捐募者。目下國家稅、地方稅、國家行政經費、地方行政經費尚未劃分，礙難區定。好在本年所辦，限於廳州縣巡警粗具規模，每縣不過四十名以上，應各暫仍其舊。不敷者，責成各廳州縣籌給。

四、靜待館部頒布者三事：

甲　頒布廳州縣地方自治章程。未頒布。

乙　頒布法院編制法。　未頒布。此法之久不頒布，妨害甚大。各省籌辦審判廳，不但督撫不敢確定辦法，並法部亦無從指示各省。然籌辦則已入清單，豈非苦人所難。

丙　頒布國民必讀課本。　未頒布。

五、館部自行程課者三事：

甲　釐訂京師官制。　照清單，第五年頒布。本月考察憲政大臣李家駒奏，官制宜提前急定，爲憲政之根本，摺已見前。近聞憲政編查館於此事主張稍變，緣遵照清單，今年須釐訂京師官制，明年須釐訂直省官制。頒布內外官制，則在宣統四年，其責任憲政編查館與會議政務處負之。日前該館曾將此事會議一次，僉以釐定官制在先，頒布官制在後，中間且隔一年，始行頒布。在當時立案之意，期使釐定臻於完美之域，然後請旨頒行。但理想與事實往往不能相謀，今欲使官制之釐訂，臻於完美之域，莫如利用此中間一年之間隔，釐定完畢，即行試辦。試辦一年，如有窒礙，重行更改，更改妥洽，再行請旨頒行，既與立案之意不相違背，且可補立案時籌慮之所不及。日來該館已咨商會議政務處云。

乙　編訂文官考試章程、任用章程、官俸章程。　照清單，明年頒布。

丙　核訂新刑律。　此律已成之草案，在京各部院，在外各督撫，既以職權簽注，而京職中例得奏事各員，亦往往任意指摘，而忘國家所以改律之本意。聞日前攝政王面諭各軍機，略謂預備九年案中，今年爲核訂新刑律之期，刑律上之要義，無分中西，在歷史上均以輕刑爲美譚。朝廷改訂法律，固爲收回治外法權之預備，但以中國數千年之文明，刑律日趨於酷虐，今反使歐美各國詆我爲野蠻，其如人道之謂何？此次核定，須先將主義拿定，完全以世界爲主，期合於人道之大凡，方不負先朝修改刑律之美意。聞各軍機已將此旨宣告憲政編查館各員云。

又聞修訂法律大臣沈、俞兩侍郎督飭館員，彙擇京外各衙門簽注新刑草案奏咨，遵照諭旨酌中改妥，會同法部，分咨禮學、憲政兩館請核，以便奏訂。刻聞憲政編查館已將咨核改訂草案核妥，由寶侍郎呈明慶邸，該草案改訂適宜，請堂簽注閱定，即行咨覆云。

至其對於民商各法之豫備，則近聞沈、俞兩大臣與軍機各堂議商，大旨以人類通行之習慣各因其地，苟反而行之，則必爲人所擯斥而不相容。故各地方之習慣，亦有强制力含其中者，是以國家法律承認之，或採之爲成文法。然所謂習慣，有一般習慣與局地習慣之不同，一般習慣可行於國內之一般，局地習慣祇行於國內之一部。國家當交通機關未發達時代，往往局地習慣多於一般習慣。我國現時修訂法律，似宜承認局地的，採爲成文法，庶得因應而便實行。俟各省一律交通，法律逐漸改良，然後注意一般習慣，於修訂法律甚爲便利云。

若其因外交而涉及法津之政談，報載日本公使伊集院氏，依該國商人在湖南長沙營業之要求，照會外務部咨行湘撫，令其許可日人居住。梁尚書與侍丞參各堂會議，略謂權利有關涉於國際公法者，亦有關涉於國際私法者。關涉於國際私法者，一爲外國人之公權，一爲外國人之私權。何謂公權？如官吏、議員等是也。現今文明國，其所採用國際私法雖平等，然未聞有以公權予外人者。我國則稅關多用外人，是明予以關吏權也；外人可設巡捕房，是明予以警察權也；可設工部局，是又予以市會議員權也。何謂私權？私權之種類甚多，然最要者，莫如土地所有權、鐵路運輸權、航路運輸權、礦山採掘權、內地營業權。各文明國，皆不許人享此權利，其或有一二，亦必有特別原因。且各國之對於吾國領事裁判權既未撤去，凡非通商口岸，皆不能任聽外人居住及營業。湖南長沙省城內，既非屬通商口岸，自不能任聽外人享此私權，居住營業之理。而日本同文醫院，設在金綫街，純是營利性質，並無特別原因，若不令其遷移以符定章，未免有損主權而壞國體。擬按照條約公法，切實駁覆日公使伊集院氏，一面電致湘撫竭力堅拒云。按吾國現有租界，以居外人，外人不准居住內地，自訂在條約。不居住又何能營業？國際之所遵循，條約爲先，法律爲後，照約與辦，原無庸涉及公私各法。所載梁尚書之言，吾國種種失權自是確論，惟謂內地營業權爲文明各國所不許外人享有者，此語殊可詫。文明各國，本無租界，安有所謂內地？各國既不拒外人居住，豈有禁住民不准營業之理？此蓋傳者之過，非尚書發言之真相也。

第六年第十三期

憲　政　篇

　　本雜誌以人事牽率，於紀載憲政，輟而不爲者既數月矣。籌備限迫，第二年又將告終，政府考核之效有可見者，有尚未可知者。吾社會程督之責，未敢久久放棄，急渾括七月以來事實，並今年籌備之成績，與海內共屬目焉。

　　自國與國相較，而後政體有優劣。自舉國有優勝劣敗之懼，而後欲變專制政體爲立憲政體。立憲與專制之所以異，百凡皆其枝葉，惟輿論乃其本根。法定輿論之機關惟有議會，數月以來，有已成立之諮議局，有將成立之資政院。國民知諮議局之見厄於政府，資政院又爲非驢非馬之議會，俱不可恃，因有聯合請願國會之舉。十一月間，直隸、奉天、吉林、黑龍江、山西、山東、河南、湖北、湖南、江西、安徽、浙江、福建、廣東、廣西，合之江蘇本省，共十六省之代表議員齊集江蘇境內之上海，會議半月，分道北上，期以十一月月終集於都中。請願之文，尚未發布，十一月初六日，爲呈遞請願之期，代奏則尚無的音，要爲民間對於憲政一大進行。政府之因應如何，此則視乎其愛國之程度矣。

附：請願速開國會各省代表在上海會議記事

　　宣統元年十月初五，各省代表陸續到滬，集於跑馬廳

預備立憲公會事務所。議從初六日起，每日午後，各代表
定時到所，會議一切，謂之請願國會代表團談話會。推福
建諮議局副議長劉崇佑君爲主席，江蘇諮議局議員孟昭常
君、福建諮議局書記長林長民君爲書記。初七、初八兩日
休會，自初六至十三日止，開會六次。所議事項：一，定
會中席次，以到滬之先後爲序。二，定十五日爲正式代表
會日期。三，彙集各省簽名簿。四，定此次簽名，以各省
諮議局議員爲限。五，推舉呈稿起草員。六，定遞呈領銜
之人。遵照"會典"所列各省次序，以直隸爲首，直隸代表
三人中，公推孫洪伊君領銜。七，議對付都察院新章之方
法。都察院新訂章程，凡遞呈請代奏者，具名之人必過半
數到京親遞。蓋近來各省人民請願之事日多，故立此制
限、對付之法。決議此行請願，苟以簽名之人到京未能過
半而格不得上，則祇列到京各代表之名，直於呈中叙明簽
名實數，以示衆志所屬。曲從新章，非得已也。八，決定
進京日期，以開大會後部署數日，即行就道。九，定進京
代表團規約。規約凡十二條，大略在約束各代表進京後行
動之整肅，進退之一致。十，推選代表團幹事四人，方
還、羅傑、劉興甲、劉崇佑四君當選。十一，謀各省諮議
局聯絡之法。有議設通信機關於上海者，有議每年六、七
月間諮議局開會之前，各舉代表至上海，會議關於牽涉各
省之議案，以謀一致者，獨此議未決。十五日大會，議決
呈稿，更推修正者會同起草員修飾之，並將前十項談話會
所議者一一正式通過。最後各省聯絡之法，主席請延會，
於十六日夜更續一談話會議，衆贊成。前後到會者，凡十
五省，五十有一人。決定代表進京，直隸三人，孫洪伊、
張銘勳、王法勤；江蘇三人，吳榮萃、方還、于定一；山

東二人，周樹標、朱承恩；湖南二人，羅傑、劉善渥；湖北一人，陳登山；河南二人，彭運斌、宮玉柱；浙江三人，應貽誥、吳廙廷、鄭際平；福建三人，劉崇佑、王邦懷、連賢基；江西二人，閔荷生、聶傳曾；廣東一人，沈秉仁；廣西一人，吳賜齡；奉天二人，永貞、劉興甲；吉林、黑龍江兩省一人，李芳；安徽、山西人數未定；陝西、甘肅、四川、雲南、貴州，遼遠不及與會。電告之各省簽名議員，非代表，未到滬者，不及備載。限於議員者，人民所舉，示國人之所嚮而已。請願大旨在速開國會，於二年內召集之，明年先開臨時會一次。其反覆辯論，詳於呈稿，一時未布也。

十月十三日，申諭籌備憲政事宜。十四日，又以各省奏報州縣事實，嚴諭督促憲政，諭均見諭旨。説者謂朝廷於清單所載，並無淡忘之意。伏查憲政編查館爲督促憲政之總匯，館中所設考核專科，又爲督促憲政之中樞。十月二十九日，館臣奏遵限考核京外各衙門第二屆籌辦憲政成績一摺，合之四月一奏，是爲籌備清單奏定以來，疊經樞機之地，所加以程課者。查原摺臚舉成績十四項，仍照上年館臣所訂清單項目，上年九月二十九日諭旨，明定未入單內各衙門仍應照前奏格式，即已入單內之民政部、度支部、學部、法部等衙門，亦尚多未盡事宜，著統限六個月內，各以九年應有辦法，分期臚列奏明，交憲政編查館會同覆核，請旨遵行。嗣於本年閏二月內，奏經奉旨。外間得見發鈔者，共有吏、禮、農、郵、藩、民、學、法八摺。三月初，又有不在上年諭旨督促以內之大理院一摺，皆不在館臣考核限內，別詳篇末。惟考核之方法，以吾在野之所見，有不能以爲然者。夫在京各衙門所不與外省同辦各事，已辦與否，簡單易顯。若一涉外省，各省能力不同，績效大異。本年四月間，館摺奏考核第一屆籌備憲政成績空洞無物，時以為第一年籌備事宜，本無甚優甚劣可言，僅僅一籌辦諮議局，為臣民趨事赴功之準，故考核之效亦稀。本屆則事多徵實，如城鎮鄉地方自治也，調查人戶總數也，調查各省歲出入總數也，省城商埠各級審判廳也，廳州縣巡警也，皆非可約略其詞，以相為容隱者。夫有殿最之謂考，有比較之謂核，館臣一律掉虛，以各省未奉清單之先，一二闒合之舉動，侈為成績。若直隸、廣西之自治，四川之清查戶口，東三省及天津之審判廳，直隸、奉天之巡警，皆與清單所定之籌備無涉。除此之外，可指為成績者遂渺。其以奏報文飾憲政者，浙江之籌辦水陸巡警，湖北之改設武漢審判廳，或未見實效，或並傳謬種，此外更大半不著一字，間有數項，以想像之語渾括之。尤可異者，監理財政官，夏間僅乃到差，清理財政局亦於是時設立，而館摺言江蘇各屬春、夏季報已得過半之數。至近日乃聞江蘇季報未到，監理官有指斥藩司之事，震於甘藩毛慶蕃之革職，稍稍畏憚，後或有瘳。推原其故，前疆吏善架虛，所謂季報者不必果有是事，後疆吏同一膜視憲政，而又不善欺誑，則以冊報逾限聞矣。僅據紙片以為考核，前後矛盾乃如此，考核之後，略無激勸從之，此豈上年奏設考核專科之本意耶？今日以舉措示風旨者，賴有度支一部，略懲一人，以警其餘，如毛慶蕃之革職是也。憲政館之專科，不過位置總辦、幫辦以下若干人，閱半年作一若沈若浮之文字，憲政殆哉！

館臣自任考核，謂將按奏定清單，糾正庶司百執事，然於調查人戶總數一項，各省不辦則已，辦則必突過清單所期，足徵館單意主延長，以成九年籌備之緩局。他事猶可掩蓋，獨此戶與口分為兩事，當查戶時竟不使問及各戶之口，天下無此事理，故各省皆不願奉行。由此知考核重任，寄之諸君，宜其不能滿人意也。

就清單言籌備，大致尚敷衍門面，不肯顯然失信於天下。其不能不以失信示天下者，則有重定資政院章程一事。吾國憲政之有基礎，議會之有條文，自上年奏定資政院章始。當時奏明全文十章，先訂兩章，餘八章俟逐次釐訂後陸續奏聞。六月初十日奉旨："依議。其餘八章著即迅速妥訂，具奏請旨"，欽此。本年七月初八日，該院續奏全章，忽取前兩章一律更定。先朝厪念立憲，僅此章程及諮議局章程爲創業垂統之眞際，賢王監國必不至以聖智加於前代，輕變成文，微傷繼述之美，此院臣之過也。詳具頒布資政院章程條下。

兹先將本年籌備清單臚舉如下：

一、已辦者二事：

甲　舉行諮議局選舉，各省一律開辦。　諮議局爲中國有議會之始，法定九月初一日開局，各省除新疆奏明緩辦，俟明年成立外，餘尚如期。八月三十日，特降諭旨，申誡議員並及督撫，諭見"諭旨"。九月初一日，各省一律開局。本年爲第一屆創局，選舉議長不得不在九月以前，各省遂有假議長之稱，惟江蘇則否。他如常駐員選舉之遲早、行政官到會之疏數、會場之禮式秩序、議案之利病得失，各省當自有成書。綜核比較，乃國中政治學者之能事。今兹不敢妄下評判，惟以事實之經驗，不能不舉重要之癥結，疏剔以示官民，冀兩有所興起焉。

于式枚反對憲政，前後數摺，每進益上。前已於本雜誌痛予贊賞，最後詆諆諮議局章程，緣飾附會，居然洞明法意。就其立說大旨，亦不過謂中國專制餘習，雖立憲之後，尚可保全一二，因指諮議局爲太近文明，比附其與人民知識高尚之國，往往相合，以此爲館臣罪狀。就情理論，去野就文，所以救國，朝廷得式枚一疏，應褒獎原草章程各員，爲能稱職，特各員本意未必盡然，有愧於貪天之功耳。豈知朝廷尚未加獎，而館臣忽以患失之心中之，極口分疏，謂章程實主野而不主文，曲解原章以覆于奏，並刊版通行天下。式枚擁護專制，論者謂其必蒙大用，以獎其窺伺之能，豈知上有不拂人性之君，而式枚不遽得志，下偏多同希時旨之佐，俾式枚得侈然自由於天下，謂身雖不用而吾道則已孤行。要其作奏甚工，尚爲言之成理，不意復有吳士鑑其人，不辨皂白而欲與式枚爭一日之長，此則東施之捧心，雖有無所不至之鄙夫，無能爲之拂拭者已。館覆于式枚摺已入"新法令"。

　　憲政館議覆于式枚摺，爲剝奪輿論之一大作用，然覆議之文，仍有足以喚醒官民之處。其覆議決本省歲出入豫算事件，則曰議決歲出入，祇限於本省行政費，以是知"行政"二字非諮議局所應避。近時督撫，有以此爲諮議踰越權限者謬也。其覆議決本省稅法及公債事件，則曰得議決者，僅屬本省單行章程規則之徵收方法，以是知徵收方法，諮議局自有可以議決之界限。近時督撫，於財務深閉固拒，以一切推而遠之爲妙計者愚也。其覆收受自治會或人民陳請建議事件，則曰人民各具國家思想，苟實有所見，不妨上書陳請。定例在内由都察院代奏，在外由督撫代奏，已開其例。其必以諮議局代爲陳請建議者，因表示衆意所在，以備督撫採擇，以是知局章雖不明定建議形式，館臣本意實採學者之説，以建議專屬局外之陳請。且係代奏事件，與僅可由督撫公布施行者不同。凡事係國家行政，雖無議決之權，尚有建議之地，有合於外國議院法中"建議"二字本旨，則效力雖不可必，言論尚不害其發舒也。

　　政府爲督撫之積重所刼持，既欲摹擬憲政，又不敢不遷就疆臣，故以部員奉旨監理財政，亦若不使敵體於督撫。其待遇諮議局亦然，局章既舞監督議會之空文，館電更弄用劄用呈之謬巧。其實均不足收壓制之效，所足爲督撫煽其威者，則有二妙：其一，藉口於資政院未開，不容諮議局逕電中央，如有爭執，必由督撫代達，以兩造之爭執而使一造獨操上達之權，宜其萬爭而萬不得當矣。無奈官之程度太低，往往諮議局不請代達而自以非理之函電，冀藉政府以壓議會，政府雖欲嫗煦之而不得，不能不居劣敗之勢，此雖妙而督撫不善用之者一也。其二，局章片面定停會解散之文，比督撫爲專制餘習之中央政府，並無對待之裁制，宜其有常勝而無偶負矣。無奈議員之憑藉與官不同，其大多數係稍負社會譽望之人，爲公義而犧牲私利，勉就義務之職，一聞解散，機發自上，坐收伉直之名，適假休息之便。雖有一二戀棧之流，爲衆所牽，無由獨逞私智。由是督撫所恃爲恫嚇議會者，議會方爭趨之，而督撫轉覺上不得於變法圖強之朝旨，下不得於延頸待治之輿情，爭端一開，跼天蹐地，雖無實害，顏面攸關，此雖妙而督撫竟無術以用之者二也。

至今日各省所指爲詬病者，厥維館臣不許常駐員有覆議權之電。平心論之，議會以全體爲重，原不當令少數人得參意見，證之學理，館電並無大誤。且有臨時會可開，何必呼搶欲絕。所不能爲館臣諱者，議會有一定閉會之限，而督撫無一定答覆之期。環顧各行省，會期內有覆議案到局者，獨有浙省，最下者閉會經一兩月，議案如泥牛入海，消息杳然。浙撫增韞，其獨明議會本意耶，抑浙議員催問之力耶？要之疆吏賢否本至不齊，館臣未容不留意於其關係之大者，一面靳常駐員覆議之權，一面嚴督撫答覆之限，務令此項要政，官民兩足相副，則不許覆議之館電，雖舉世譁然，吾必謂之中理矣。

憲政編查館答覆質問及通行各電，另有專刻本，不復列入。餘有關諮議局奏牘，足生遵守之效力者，亦見"新法令"。

乙　頒布資政院章程，舉行該院選舉。　七月初八日頒布章程，減少原定民選議員額數約五分之二，輕變先朝成憲，具如前述。同日俞允就貢院舊址改建資政院。九月十三日，又奏定選舉章程。嗣後又經各衙門訂定各種選舉詳細辦法，俱載"新法令"，不贅本篇之內。

資政院章程頒布在本年七月初八，施行在本年九月初一。上年所派資政院總裁暨幫辦等員，自是籌辦處之職，但上年先頒之兩章，仍有總裁二人、副總裁二人或四人之語，本年續定，則爲總裁二人、副總裁二人。查院章第七章，規定會議即以總裁爲議長，副總裁爲副議長，又云議事時可否同數，則取決於議長，設議長又一可一否，事之難決可知，此爲萬國有議會以來，無此創格。且改定議員額數後，欽選、民選各百人，意取持其平耳，然議長不入表決之數，固有明文，則議長究何以位置，章程殊未明定。以全院計，欽選議員外，加欽派之總裁、副總裁，是額浮於民選議員四人矣。即以議長爲僅於可否同數時得加意見，平時乃器械之功用，然且多副議長二人，論多數取決之理，所爭祇在一人，今恒多二人，是欽選恒勝也。諮議局所議爲各省直接之利害，諮議局爭執事件，一到資政院，又去本省之議員，則關係各省之事，民選議員，數又加少，設事有數省共同，如津浦路綫之類，一回避遂將空群。而欽選之中，則世爵、宗室等四十八人，大抵利害不與各省人民相共，盲從盲決，了無關係，就章程而論，於各省最無益。若以全體名義，爲全國謬認義務，且當以代表所承諾，強我人民，是且有大害矣。凡此固非必有之事實，而正有必可發生之情理，是在爲該院議員者，有以待之。

　　尤有不可解者，院章第四章，資政院與行政衙門之關係。其中第十七條，資政院議決事件，若軍機大臣或各部行政大臣不以爲然，得聲叙原委事由，咨送資政院覆議。第十八條，資政院於軍機大臣或各部行政大臣，咨送覆議事件，若仍執前議，應由資政院總裁、副總裁及軍機大臣，或各部行政大臣分別具奏，各陳所見，恭候聖裁。此兩條自是議會與行政官爭執之常例。然其第八章紀律，其中第五十二條規定特旨諭令停會情事，其第三類爲所議事件與行政衙門意見不合，尚待協商者，據第十八條，則仍執前議，得請聖裁；據第五十二條，則所議事件意見不合，尚待協商，即須停會。所議者議而未決之謂，未決時意見不合，已犯停會，遞嬗即成解散，又何至議決以後，始有不以爲然。照章止可有議會、政府，水乳交融之議案而已。觀於院章第五十三條，規定特旨諭令解散情事，其第三類爲不遵停會之命令，或屢經停會仍不悛改者，則停會解散之機，發自政府。而政府若屢經解散議會，有無裁制，院章初不一言。此皆取法於日本，爲專制餘習之現象，初無足怪。但日本議院法，規定政府得命停會，而解散則僅據憲法，爲天皇之大權。今以院章定之，意見不合，即得停會，屢次不合，即是屢經停會，亦即是仍不悛改，豈非停會即解散之原因，而並操之政府乎？在未脫專制之國，君權爲政府所利用，事誠有之，然何至大書特書，使議會竟無可與政府異其意見之地。夫如是，則無資政院以前，國家尚無政府必行其意見之法律，有之自資政院章程始，蓋資政院乃政府必伸其意見之一助力耳。且政府不以爲然，議員仍執前議，即有奏請聖裁之文。聖裁似與日本所謂天皇裁可議案，略相比況。豈知日本憲法本規定議院之權爲協贊權，故以裁可之形式奉之天皇，其實並非取決議案。議案之取決，決於多數，既決以後，欲予翻異，惟有解散。若輕易以聖裁決已決之議，適爲政府諉卸地步，使天下知反對輿論者實出上意，政府並無堅執之權。夫豈知停會解散，政府有無窮之能力，何慮壓制之力，尚有未盡，而待元首自當爭執之衝乎？

綜觀前述各節，議員名額爲以官壓民，議事權限，爲以議會附益政府。今之已應資政院選者已有百人，宜早爲自全計哉。

院中籌辦事宜，所有與各省解釋選舉各電，皆各省間所不當問，文繁不具録。其略當籌辦之目者，則如院臣與理藩部集議明年資政院開辦，所有蒙藏議員會議時之言語恐有隔膜，致多不便，商訂疏通辦法，擬俟各旗蒙王年班到京後再行會議。又理藩部咨照蒙藏辦事大臣及各將軍都統云，明年資政院開辦，召集議員，所有蒙藏部落應速調查，有合議員資格者迅速報部，以便呈覽而備欽選。旋咨行該院云："前准資政院咨稱，本院辦理選舉議員，外藩蒙、回、藏王公世爵等級，暨蒙旗部落，應如何分別之處，開列詳單，咨部詳細調查，迅覆過院，當即分別內外蒙古、西藏、回部，造具王公世爵清冊，送院查照。今查得前送冊內，有伊克昭盟五盟旗世襲鎮國公銜頭等台吉巴圖瓦齊爾，又喀爾喀扎薩克圖汗部落附閒散公銜三等台吉色喀霄，又喀爾喀三音諾彦部落附閒散公銜三等台吉偉多布三保等三員，均係不管旗台吉，此次冊內應行扣除。且查內外蒙古似此不管旗之台吉尚多，應俟調查齊畢，彙總造送，以歸一律，應亟片行查冊扣除"云。

舉行選舉，本列今年清單，現除諮議局議員已經選出外，餘定明年選舉，則本年籌備爲已畢矣，故亦列爲已辦事件。

二、官民共辦者二事：

甲 籌備城鎮鄉地方自治，設立自治研究所。 此事其始不能不責之官長，自各省籌辦處既設，研究所自照章可辦。一千數百屬之散處，其成效殊難枚舉。總之，數千年來有家族之組織而缺公共之團體，城鎮鄉爲各人耳目相接之地，於理論爲最易浹洽，於事實乃最滋紛競，此後進行與否，既不當專恃官爲督促，即烏能不以此驗吾民之程度。就目前近事而觀，大約辦事之幹力猶易得，所最難平者城鄉之爭，苟其地有和衷之效，即成績必爲各屬之先，蓋不當以材力爭長，但以德望取重。世有此模範之城鎮鄉，他日爲逞强好勝者之借鑒，愧而知返，捐棄前釁，以赴籌備之期，此則地方之福矣。

據憲政編查館考核各省自治籌辦成績，僅有直隸、廣西辦理在部章之先，尚堪報最。其餘各省，乃以"按照章程，循次進步，屆限當可期成立"等語了之，敷衍可想。就中亦間有一隅先進者，如江蘇之通州、上海等處，皆基礎立於部章之先。即以直隸論，亦止天津爲獨擅優勝。他事皆可尅期取辦，獨自治最難勉强。使政府謂官力之干涉愈少，籌辦之功效亦愈微，吁可傷也。

其有足資辦自治之參考者，則有江蘇蘇屬籌辦處所定《自治章程疑義簡釋》，錄之以供研究：

　　一，正稅以地丁錢糧爲主。關稅、釐金等皆爲間接稅，不以正稅論。惟有營業稅性質者如醬缸捐、糟坊捐、典捐、鹽執照捐、房捐及各項牙帖稅，俱以正稅論。

　　一，公益捐以强制徵收者爲限。如積穀帶徵、串捐、清道、路燈、救火等捐，皆在其内。他如教育會、商會等捐，及各項慈善事業捐之隨意樂輸者，不以公益捐論。

　　一，所納正稅各以本廳州縣爲限。惟同城州縣得併計，公益捐各以本城鎮鄉爲限。

一，凡視學員等例准本省紳士充當之文職，概不受章程第十九條第一項之限制。

一，如有二處以上之住所，並各納相當稅捐，均入冊者聽。但住所在同廳州縣者應由本人指定一處入冊。

一，凡數人合資之商店，及公共建設之義莊、祠堂、公所等，年納稅捐總數較尋常選民所納公益捐最多之人尤多者，亦得作爲選民。此項選民權，或由股東中公推一人承受，或即以領袖之人承受，惟須合於章程第十六條第一項第一、二款之資格，且不犯第十七、十九條所列各款者爲限，否則另推。

一，學堂經費不得以稅捐論。但既能熱心學務，手捐鉅款者，自能副本地方之衆望，得照章程第十六條第二項辦理。

一，銀錢均可折合通用銀元計算。

一，花户堂名，暫與本人一律看待。如有分析而家主無異議者，應准其分得選民權。

一，議事會、董事會未成立以前，凡關涉選舉各事，應由籌辦自治公所之職員，多數決議，呈由地方官核准。章程第十六條第二項，亦應照此辦理。

一，章程第十七條各項，俱照諮議局調查成例辦理。

民政部與各省電釋章程疑義，鑒於諮議局章之屢受衝突，頗以圓通勝。彙錄如下：

六月初五日民政部致各省督撫都統電：“奉天、直隸、江甯、福州、武昌、蘭州、成都、廣州、雲南制台，吉林、黑龍江、蘇州、南昌、杭州、長沙、濟南、開封、太原、西安、迪化、桂林、貴州撫台，熱河都統鑒：城鎮鄉地方選舉章程第五十九條規定，爲選舉總董董事，二年一次，選舉名譽董事，每年一次，原文係屬筆誤。希即查照更正。民政部。微。”

六月初六日豫撫致憲政編查館民政部電：“憲政編查館民政部鈞鑒：洪。查城鎮鄉自治章程第二條，人口滿五萬以上者爲鎮，人口不滿五萬者爲鄉，是鎮、鄉惟以人口之多寡而分。今查館頒籌備事宜表，部行逐年籌備清單，均載元年調查人戶總數，二年報齊戶數，三年調查人口總數，四年報齊口數。而館表本年籌辦城鎮鄉自治，部單本年核定各省城鎮鄉自治區域，當人口未查之先，所謂鎮、鄉者，從何指定？謹請核示遵辦。重熹。魚。”

六月十一日民政部覆豫撫電：“河南撫台鑒：魚電悉。人數未能確定之先，即以舊查人數爲標準，劃分區域。如仍有窒礙，即照習慣區域暫行指定，亦可統俟人口總數報齊後，再加更改。此覆。民政部。真。”

桂撫致民政部電：“民政部鈞鑒：自治研究所學員資格，照章限於選民，但現均尚未調查，資格無憑稽考。查自治公所應設辦事員，及文牘、庶務各員，均不限以選民，似不能不預爲造就。擬請將學員資格略爲變通，以選民爲原則，以非選民爲例外，似較合宜。研究期限定章八月，但此項學員大都各有肄業，期限過長，於時日、經費兩俱不利。擬請將各廳州縣研究所每日授課鐘點，酌量增多，總以授完部定學科爲限，不必限以八月。惟省城一所，係造就師資，仍照部定期限辦理，俾得從容研究。以上二端，是否可行，請鈞核示覆。岐叩。文。”

民政部覆桂撫電：“桂林撫台鑒：文電悉。自治研究

所學員，關係重要，以有選民資格者充當，方昭慎重。尊
處現於選民資格，雖未能詳悉，查自治章程第十六條規定
資格事項，極其單簡，選擇學員之初，不難調查。至畢業
期限，原定八閱月，已屬速就，如再縮短，則恐蹈草率之
弊。應統希仍照奏章辦理。此覆。民政部。嘯。"

民政部致桂撫電："桂林撫台鑒：貴處咨送自治章程
施行細則第十一條云，納稅捐尤多者，即婦人、孺子亦得
爲選民等語，文意含混，易啟誤會。查自治章程第十八條
第二項規定，其不能自行選舉權者，得遣代理人行之。該
條應將此意詳細解釋，以期周密。民政部。旱。"

桂撫覆民政部電："民政部鈞鑒：旱電敬悉。已行自
治籌辦處遵照矣。謹覆。岐叩。銑。"

川督致憲政編查館民政部電："憲政編查館、民政部
鈞鑒：自治章程第十七條第一款及第二款云云，均不得爲
選民。又選舉章程第五章'罰則'所處監禁以上罪名，多係
有品行悖謬、營私武斷之確據者。而第七十七條又云，凡
犯本則所定各條者，於處罰後一年以上、五年以下，停止
其選舉權及被選舉權等語。或曾犯品行悖謬、營私武斷有
確據者，及曾經監禁以上之刑者，於停權期滿後仍得復爲
選民，彼此界說如何，敬請明示，以便推行。巽。嘯。"

民政部覆川督電："成都制台鑒：嘯電悉。選舉章程
第七十七條規定，凡犯本則所定各條者等語，係指選舉當
時，雖有違法情事，究屬熱心公益，其情尚可哀矜，故於
停權期滿後仍得復爲選民。至自治章程第十七條第一款、
第二款規定，指素行不端者而言，與選舉行爲，毫無關
涉。此覆。民政部。漾。"

護鄂督致民政部電："民政部鈞鑒：城鎮鄉地方自治

調查分區事宜，已飭自治籌辦處遵章妥辦，漸就端緒。惟荆州駐防人口數目，暨將來選舉投票事宜，是否附入就近之江陵縣城，抑另劃分一區，未奉大部定章核示，究應如何辦法，謹請電示遵行。護督藩司楊文鼎叩。魚。"

民政部覆護鄂督電："武昌制台鑒：魚電悉。荆防自治選舉，應查照自治章程第十五條辦理，不必另訂辦法。倘人口過多，亦可查照自治章程第十一條規定，酌量分區，統希就近酌奪。民政部。"

署粵督致民政部電："民政部鈞鑒：據地方自治籌辦處稟開，城鎮區域過廣地方，得分割若干區，刻應設之區董，是否即在城鎮選舉董事時同時選出，抑在選舉董事後另選。特許之代理人投票時，應將代理憑證呈驗，其憑證是否由作爲選民之人書立字據爲憑，抑別有給予憑證辦法。城鎮議事會議員以二十名爲額，而粵省各廳州縣所治城廂地方，居民有僅一二萬者，其議員名數是否仍照定額，抑以鄉議事會按照人口之數爲比例，遞爲減少，不論本籍、京旗、駐防或流寓，均爲城鎮鄉居民。而廣州駐防住居省城內西偏一帶，行政尚多區別，辦理選舉時是否悉照定章，抑援前五條分區方法，暫行辦理等情。請爲電詢鈞部。特此奉達，即乞示覆，以便飭遵。樹勳。真。"

民政部覆署粵督電："廣州制台鑒：真電悉。查城鎮分區細則，照章程第十一條，應以規約定之。所有選舉區董等事，應俟此次規約議決後，按照規約所定辦理。其特許代理人投票時，應行呈驗之代理憑證，即由作爲選民之本人給予，但須本人署名畫押，即爲合式。城議事會議員名數，不論該城居民多寡，照章應均以二十名爲定額。各城駐防照章程第十五條，一律作爲本城居民。所有選舉事宜，悉照定章辦理，希即轉飭遵照。民政部。"

乙　調查各省人戶總數。　以戶與口作數次調查，清單於此項最不近理。館臣既有意藉此延宕，何怪今日毫無成效可言。據館摺考核所得，四川已戶、口併查，安徽則查戶之外，查口概提早一年，吉林則所報表冊，戶口皆已明晰。可見他省爲清單所誤，並不著手者固多。苟一著手，無不以併查爲中理。館臣持單考核，當亦省然。

調查方法，民政部有咨行四件，錄之以供參考：

民政部咨催各省查報戶數照式填表送部文

爲咨行事。疆理司案呈，本部於光緒三十四年十二月，奏定調查戶口章程，內載第二十三條人戶總數，應自本年起，於第二年十月前彙報一次，至第三年十月前一律報齊。又遵旨妥擬逐年籌備未盡事宜，宣統元年，督催各省將該省省會及外府所屬各首縣並商埠地方人戶總數照章調查，一律報齊。各等因。通行在案。查豫備立憲應行籌及之事，無不以戶籍爲根本，戶籍不能尅期舉辦，庶政即無從入手。本部於今年年底，即彙造各省第一次查報戶數清冊，業經奏明有案，相應咨行貴將軍、督撫、都統查照迅辦，限於今年十月前將查報戶數照式填表送部，以符定章而重憲政可也。須至咨者。

又咨各省通行調查衙署學堂等項表式文

爲咨行事。疆理司案呈，現在籌備立憲以調查戶籍爲根本，所有衙署、局所、學堂、廟宇、醫院、報館、善堂、會館、教堂及外國旅居、營業等項人數，均在調查之

列。惟各省造册咨部者，未有簡易劃一之定式，案牘紛
繁，積久終成具文。茲特將各項分類列表頒發通行，一律
照式填注，每年十月前按期報部，以歸簡易而昭劃一。相
應咨行貴將軍、督撫、都統查照辦理可也。須至咨者。

又咨各省通行調查各項工廠表式文

　　爲咨行事。疆理司案呈，現在清查戶籍，所有公私營
業工場，若鹽務、礦產、茶絲等項，及土木、磚石一切工
作等類處所，或設於城廂，或設於山野，人類繁雜，良莠
不齊，若漫無稽查，善良無由而樂業，宵小亦易於潛蹤，
殊非所以維秩序而保治安。本部業將奏定調查戶口章程頒
行各省，其施行細則仍令各該監督因地制宜，斟酌妥訂。
至於本章程中未盡事宜，如以上各項工場，該監督等亦當
酌量地方情形，載入細則，一併調查，以期完密而便稽
核。茲特繪具調查各類工廠表式，分咨各省，一律通行，
照式核實填注，每年於十月前報部。至調查詳細冊籍，仍
留存各該省備案，無庸送部，以省繁牘。相應咨行貴將
軍、督撫、都統查照辦理可也。須至咨者。

又咨出使各國大臣通行調查游學
經商作工人等表式文

　　爲咨行事。疆理司案呈，本部於光緒三十四年十二月
奏定調查戶口章程，內載第三十七條，凡旅居外洋，無論
游學、經商、作工人等，應由出使大臣督率各該領事，照
本章程，另訂細則，分別調查，一律按期彙報民政部等
因，通行在案，並歷年咨催去後，至今尚多未能詢報。其
已詢報者，但將礙難辦理情形累牘聲明，並未酌籌辦法。

其造册咨部者，又苦於文牘之繁，未有簡易劃一之定式。本部綜核全國戶籍，祗期挈領提綱，務實事而昭劃一。茲特將游學、經商、作工人等分別列表頒發，一律通行，照式填注，按期報部。至調查詳細册籍，仍留存該各領事等處備案，無庸送部，以省繁牘等因。准此，相應繪具表式，咨行貴大臣查照，轉飭各領事及商務委員等遵照辦理可也。

三、官民皆有所待而後可辦者一事：

頒布簡易識字課本，創設廳州縣簡易識字學堂。　此事一見於館定清單，再見於學部奏報籌備事宜摺，言之殊不憚煩。而限期將畢，闃寂如故，正未知久而始具之精本，果能令人簡易識字否。

四、官辦者三事：

甲　調查各省歲出入總數。　自各省派監理官後，以私罪撤換者，湖南陳維彥也。八月初八日，另簡蔡源深爲湖南監理官。其各省行政官以牽掣財政受懲者，則有甘肅藩司毛慶蕃，於十一月初六日奉旨革職。然監理官之電部辭職，瀝陳困難者，不一而足。督撫於壓制人民，排斥輿論，則援部章以箝人口，至於冒財利，竊威福，乃視部章如弁髦。度支部統天下財政，而督撫得抗之。上年奏定直轄各省藩司，奉旨既一年，乃無一省聽命。十一月十八日再奏再允，收效可知。督撫，朝廷一守土之吏耳，以禮貌虛文，去之如草芥，而國家根本大計，欲有所整頓綜核，則對於督撫，若有所忸怩觳觫，投鼠忌器，此豈有國之成規？故朝廷之專制，苟非多殺以立威，人民並不以爲苦。至左右近習之專制，乃足以陵主權而戕民命。朝夕言立憲，必無害於貴人之窟穴，朝廷之意乃獲伸。今試問督撫何恃而敢於藐度支部，藩司何恃而敢於藐監理官，監理官大都京堂大員，據何典章而使王人隸於諸侯之下？朝廷之不信諮議局，必假手督撫以抑勒之，反諸定章設局之初意，已極可怪，然猶曰人民相去遠而情誼尚疏也。至以親貴爲計臣，乃亦防其部屬，如防盜賊，惟督撫之窟穴是保。孟獻子有言"與其有聚斂之臣，甯有盜臣"，今之督撫，誠足以當盜臣之名而無愧。度支部爲立憲清理財政，初與聚斂不同，夫豈爲深宮之玩好，而肆其掊克以應之乎？爲國理財，有何愧對疆吏，而赧赧然惟恐拂其情？此可以知利於財政之不清理者，擁督撫以爲之名，監國寬仁，固不勝姜菲之口爾。然而，時不我待，大局既覆，而左右之窟穴亦空，此千古敗亡之已事也。

各省清理財政局之組織，不能備詳。以江蘇論，固有者爲財政局，統於藩司。而藩司又爲清理總辦，猶曰部章，猶曰新章，藩司本係部屬，乃至提調亦兩局兼攝。夫清理財政，即就此財政局而清理之耳。清理之人即被清理之人，何必多設一局？監理官本係客體，就財政局以監理，與就清理財政局以監理有何區別？乃多一局又多一開支，以提調爲一局之要地，則即用弊混財政之財政局提調兼充，其餘更樂得位置閒冗以糜國帑。尤不解者，監理官情急無奈，詳請江督示遵，江督乃以"兩局同一主任，何至己與己爲難"等詞批答，語頗難堪。而監理官晏然受之，即不爲責任計，亦應爲顏面計。監理官顏面即不足惜，如大部何？督撫藩司受意於樞府，各衙署局所受意於督撫藩司，狡獪刁難，無所不至。監理官身當其衝，時有求去之言，並無決去之事，甚矣官之可爲也。鹽政乃財政之一端，然其不理乃更久於財政。財政之弊混，大半在軍興以後，餘則吾國行政法之未完。鹽政乃弊不始於本朝，軍興後如江蘇等省，且稍稍以釐正稱。要其爲一切之法，便少數之把持則相

等，加以時異勢殊，苦累萬狀。近始由度支部派員晏安瀾等行
查，十一月十九日奉旨以鹽政直隸度支部，示天下將有大變革
焉。然聞主者持就場徵稅及由官專賣二義，未決所從。今以理
財原理論之，立法使官與私角立，而吾役無數緝私之人力以敵
之，糜無數緝私之財力以勝之，孰若無官無私，從簡易之地取
稅，而以鹽與百貨同其貿易之能事。煩簡難易，得失瞭然，部
臣何去何從，當徐觀其後。

其公牘之足見清理辦法者，江蘇近有挑剔各署款目數文
件，以一部分之事，不備錄。茲錄部行一電，略見清理之形
式，蓋係電浙局者。文曰：“浙江清理財政局正副監理官鑒：
特。冬電悉。調查條款內所列六柱，專為盤查庫款而設，重在
庫中實存，現限照各署局所出入款項報告冊，係屬兩事，應另
造調查各庫存儲實數款目清冊報部，借墊歸完。雖各含有出入
二義，然皆係暫時騰挪，究照新政支銷之款，性質不同。故於
舊式四柱外，添此兩柱，凡屬借墊歸完之款，分別出入，均注
明案由細數，各歸本柱，毋庸再列收支之內。蓋緣各署局款目
往往互相借墊，非此不足以剔清眉目，惟庫款照例不准擅動。
自此次盤查後，如再有不得已而借墊者，均須奏咨有案，方能
作準，度支部。魚。”據此，則借墊歸完，清理時既各列專柱，
而盤查後再有借墊，又非漫無稽考，清理綱要，原自無誤。無
如有恃無恐之督撫藩司，非部臣所能左右。蓋朝廷之所難，莫
難於理財，猶人民之所難，莫難於自治，然欲捐自治之難，惟
有籌辦處多負責任，欲破理財之難，亦惟有監國獨奮乾綱
而已。

乙　籌辦各省城及商埠等處各級審判廳。　各省以養成審
判人材為難，或設研究所，或設講習所，均尚未見成效。其已
經嘗試者，無非以新名施之舊政，希圖蒙混憲政，謂朝廷變法

本爲愚民之計，故不行令而行其意。如湖北之辦司法獨立，爲本雜誌所非難，旋見部章不自安，奏改爲審判見習所。此見於憲政館第二屆考核摺內，他省尚無此妄作。

七月初十日，法部奏籌辦外省省城商埠各級審判廳補訂章程辦法摺，中有審判檢察廳編制大綱十二條。此殆鄂督所以不敢蒙混之故，法之不可不早定如此。全摺及單均見"新法令"。

丙　廳州縣巡警限年內粗具規模。　各省巡警道多未設立，已設者亦不知所事何事。省城巡警總局，其稱職者乃稍稍整理一城之內，蓋職掌原不及省城以外。至巡警道則宜自知所職矣，豈知專設監司，得缺者欲望已饜，正思娛樂以自慰藉，轉不如局所奉差，尚有借斗大城垣，發舒才氣以期見長者。如浙設警務公所，蘇設總監，則皆有籌辦全省之意，而績效未詳。各廳州縣，原有保甲改設之警察，雖曠缺廢弛，不可饜邇，然各屬皆有可以應名之少許游惰無賴。今年籌備成績，正不患無紙片可觀，而明年四月，又入憲政館考核摺中，爲京外策勵之妙用矣。

五、靜待館部頒布者三事：

甲　頒布廳州縣自治章程。　民政部已於十一月初七日入奏，奉旨交憲政編查館覆核。年關在邇，發布之期想已不遠。

乙　頒布法院編制法。　本年四月二十九日，館奏考核第一屆成績摺，稱此項草案，修訂法律大臣已咨送臣館核覆。至十月二十九日，考核第二屆摺，又稱司法爲憲政要鍵，編制法爲司法總綱，前經修律大臣擬具草案，奏奉諭旨交臣館覆核，現經臣等督飭館員，復加考訂，已漸就緒，年內必可具奏請旨頒行。意者發布之期，當與廳州縣自治章程同在指顧間也。

丙　頒布國民必讀課本。　未頒布。

六、館部自行程課者三事：

甲　釐訂京師官制。　此事尚有三年，其應被淘汰之衙門，旦夕當可保存。

乙　編訂文官考試章程、任用章程、官俸章程。　吏部強欲酌擬此項草案，憲政編查館不許。吏部不裁，此等衝突後當不免也。

丙　核訂新刑律。　簽注已畢，海內寂然。張相既薨，後來訾謷之聲，或當稍殺。

此外不入清單之各衙門補陳籌備事宜者，禮部、大理院兩摺，無年可分。禮部固天之所廢，大理院乃有司之事，亦可無事摺陳。其分年補單者，條目繁多，取眩人目，具見本年第四、第五期本篇專件。八月十四日，憲政編查館覆核各衙門九年籌備未盡事宜，乃詳言所陳大約不出原單範圍，徒羅縷辦法，無關宏旨，以故不入考核摺內。核之良信，館臣所謂不需考核，即本雜誌所無庸贅列者也。錄原摺單如下：

<h3 style="text-align:center">憲政編查館會奏核覆各衙門九年籌備
未盡事宜繕單呈覽摺　併單</h3>

奏爲遵旨會同覆核各衙門九年籌備未盡事宜，分別繕單，恭摺仰祈聖鑒事。光緒三十四年九月二十九日，內閣奉上諭："朕欽奉慈禧端佑康頤昭豫莊誠壽恭欽獻崇熙皇太后懿旨，前據憲政編查館資政院，將議院未開以前逐年應行籌備事宜，開單具奏，當經降旨，諄諭內外臣工，依期舉辦。伏查單開各衙門籌備事宜，係就與開設議院最切近者而言，非謂未列單內之各衙門，便可不受責成，逍遙事外。如外務部職在考查外事，作養使才；吏部職在變通選法，考核任用；禮部職在修明禮教，移易風俗；陸軍部職在鞏固國防，振興軍勢；農工商部職在提倡實業，保

守利權；郵傳部職在審度形勢，統籌交通；理藩部職在考查藩情，整飭邊務，皆與憲政息息相通，理應同時並進。即已入單內之民政部、度支部、學部、法部等衙門，尚多有未盡事宜。若顧此失彼，偏而不全，恐屆開設議院之期，規模未備，致滋紛擾。著各衙門統限六個月內，按照該館院前奏格式，各就本管事宜，以九年應有辦法，分期臚列奏明，交憲政編查館會同覆核，請旨遵行，以專責成而杜遷延”，欽此。又宣統元年閏二月初四日，內閣奉上諭：“現在朝廷預備立憲，各該部院衙門，舉凡應辦要政，及一切關於預備立憲各事宜，皆當次第籌畫，督率所屬官員，認真辦理”等因，欽此。仰見我皇上光紹前謨、力策富強之至意，數月以來，各該衙門業將本管之應行籌辦各事，陸續奏陳。先後准軍機處交，奉旨：“憲政編查館知道”，欽此。臣等伏維預備立憲，應以改良行政爲最先。中國幅員廣大，各直省自爲風氣，一切行政頗有狃於積習，難期畫一整齊者。今欲圖挈領提綱之法，自宜由該管各衙門立定宗旨，按年督責施行，則庶政修明，一屆頒布憲法之時，得以推行盡利。是此次各該衙門所奏未盡事宜，補籌備清單所未及，實爲憲政之權輿，關係至爲重大。伏讀上年八月初一日諭旨：“該王大臣等若敢扶同諱飾，貽誤國事，朝廷亦決不寬貸”等因，欽此。臣等責成所在，更何敢附會因循，以干罪戾。茲謹督率考核專科各員，就各該衙門奏到籌備事宜，按部檢核，有未盡者曲爲引伸，有過當者稍示限制，其有彼此互相關聯者酌令同辦，有與籌備原單歧出者指令更定，分別釐正，開具清單，恭呈御覽。請旨飭下各該衙門，將臣等覆核各節，應籌辦者依限籌辦，應更正者分別更正，應酌核者再加酌核，另行奏明辦理，惟是爲政之道，有準的，有辦法，準的者立定主見，可歷久而不渝，辦法者期利推行，要隨時而通變。除已列謄黃清單各項，應欽遵前奉諭旨，由各衙門依限籌備外，其未盡事宜，端緒繁賾，似宜先定籌備準的，以爲遞年實行布置之方。蓋九年中天時人事之不齊，水旱災荒之互見，必欲按期按事，一一觀成，匪特關於財政，不能逆覩其盈虧，即時會相承，亦恐多端之窒礙。臣等愚以爲，此次各該衙門所奏籌備事宜，雖非謄黃中所列憲政重要事項可比，而實爲各部院行政之準的，與立憲本旨，均屬息息相通。擬請嗣後每年冬間，由該管衙門按本年原奏清單，再將擬定次年實行辦法及預算用款數目，量財政之盈絀，爲規模之大小，先期切實奏明辦理。但使所籌事項，克赴行政準的。縱與各該衙門此次籌備清單略有出入，不妨聲明緣由，請旨允行。惟既經第二次預籌實行辦法之後，各該衙門堂官即須負其責成，按照所奏，實力施行。每屆六個月，按照仍將已辦成績，咨送臣館，由臣等督率科員，實行考核，以昭慎重。蓋與其九年並計，僅爲籠統之考成，不如按屆預籌，較切現時之情事。與其敷衍於事後，致貽有名無實之譏，不如寬籌於事前，當收得尺得寸之效。不然者，各項籌備，非財莫舉，遙揣九年財政，恐難措之裕如。當此初辦之時，如各項養成所、研究所、調查所、傳習所，僅爲籌辦中之籌備，無需鉅款，尚可勉強因應。二年以後，漸及實行，用度益繁，把注匪易。不於此時實籌辦法，屆期竭蹶，縱將該管衙門暨臣等各予處分，而於憲政前途已多貽誤矣。以上辦法，係於變通之中，預爲實行之地。如蒙俞允，即由臣館咨行各該衙門遵照辦理，以圖漸進而期有成。再，此摺係憲政編查館主稿，會同資政院辦理，合併陳明。謹奏。宣統元年八月十四日，奉旨："著依議"，欽此。

謹將各衙門奏陳逐年籌備未盡事宜覆加酌核，分別釐正，開具清單，恭呈御覽。

外務部　查外交政策，有關國際，操縱因時，化裁通變，必謂其逆料九年進步如何，預爲之地，勢所不能。計惟有預儲交涉人才，調查各國情勢，以期沈機觀變，徐收折衝樽俎之功。則原奏所謂釐定出使報告章程，暨出洋任用章程，洵爲籌備根本之要策，應由該部隨時妥爲辦理。惟外交官亦在文官之列，原定逐年籌備事宜清單內，釐訂京外官制、文官考試、任用、官俸各章程，係歸憲政編查館、會議政務處同辦，外交官未便兩歧。應令該部將現定章程作爲暫行辦法，俟將來統歸京外官制文官各章程內釐定。

吏部　查內政修明，厥惟吏治，欲期吏治之澄清，尤在賞罰之悉當。則敘補班次，處分規則，實爲勸懲之標準。查該部清單所載，將以上二項，分年分事，列表頒章，加意改良。果能祛其舊日之拘牽，條文之煩瑣，俾實心之吏無所用其遲疑，則巧詐之員自無所售其規避。至釐訂京外官制、文官考試、任用、官俸各章程，上年八月初一日欽奉諭旨，附列清單，係歸憲政編查館、會議政務處同辦，業經遵照刊印謄黃，頒行天下，自未敢擅事更張。查會議政務處、吏部尚書本在與議之列，有應查覈之處，自可隨時商度，毋庸另訂辦法。又該部單內列有改訂京外官革職、降調、罰俸、停升、記過各款切實辦法，並增訂各項處分條例，皆係文官懲戒章程之屬。文官懲戒章程，本包於任用章程之內。該部所訂各條例，應作爲暫行辦法，俟臣館與會議政務處議定文官各章程，頒布實行時，悉歸文官各章程辦理，以免兩歧。其餘單開各項，亦應作爲暫行辦法，一俟新官制及文官各章程頒布實行以後，應即酌量歸併辦理。

民政部　查該部籌備各事，如調查户口、地方自治、直省巡警，均係按照立憲籌備原單辦理，自應由該部依限籌辦，毋庸另行覆核。但發令之權，雖屬該部，而能否實行，則仍視地方官吏預備人才、籌儲經費之何若。惟在該部嚴定考成，隨時督催，各直省該管專員依限辦理，庶收坐言起行之效。

度支部　查該部奏稱："立憲籌備原單應歸該部辦理者，以頒布清理財政章程始，以制定確當預算案終。其間確查出入，明定會計，劃分國家稅，試辦預算決算，一切辦法，均已分年臚列。自應遵照單開，次第切實籌辦，而尤以清理財政爲切要之圖。除幣制一項，既經會議政務處奏交該部設局調查，應由該部另行籌辦外，其餘各項事宜，或已包括於逐年清理財政之中，或須推行於將來清理財政之後，容由該部體察情形，隨時奏明，請旨辦理"等語。查臣館會奏原單內，該部應行籌備事宜，自第一年頒布清理財政章程起，至第九年制定明年確當預算案，預備向議院提議止，共十五條，於預備立憲期內，該部應辦之事，其大端略已包舉。此外節目，自應酌盈劑虛，與時消息，難於逐一預爲制定，轉致臨時或生窒礙。應如所奏，由該部體察情形，隨時奏明，請旨辦理。

禮部　查禮教盛衰，有關風化，則修明秩序，賴有官吏之轉移，尤賴教育之默化。誠如原奏所謂，乃積漸薰陶之功，而非旦夕強迫之事。至創設禮學館，斟酌時宜，援今證古，本通禮爲權衡，垂不刊之令典。既據奏報編輯以三年爲期，自應責成該管堂官，會同禮學館總理，督率纂、協修各員，分門纂輯，計日程功，俾得依限成書，再由臣館核定，請旨辦理，以正彝倫而昭天秩。

學部　查世界文野，以讀書多少爲比例。況中國爲文明之祖，人類之多，環球未有。預備憲政，非從多數識字及增進普通教育入手，難收實效。考核該部所奏歷年籌備事宜，由粗以及精，窮源而竟委，誠屬窺見要領，條緒井然，於灌輸科學之中，仍寓保存國粹之意，尤爲能見其大。惟在該部隨時督率各省提學使，奉令承教，切實施行，勿令良法美意，徒託空言而鮮實效。

法部　查司法獨立，爲立憲國惟一之主義。該部原奏，除按照籌備原單開列外，如改良監獄，編訂法官懲戒暨進級各章程，編訂登記章程，籌辦京師外城地方審判檢察廳各節，均屬司法要鍵。惟籌辦模範監獄，僅及京師，恐各省相距遼遠，未能悉來取法，應酌定年限，令各省一律籌辦，以期周遍。又法官懲戒章程，與吏部所奏增刪承審事件處分則例相同。吏部奏稱會同法部辦理，應令該部與吏部同辦，以免兩歧。惟法官亦屬文官，懲戒章程本包於任用章程之內，該部所訂懲戒進級各章程，應令作爲暫行辦法，俟臣館與會議政務處議定文官各章程頒布實行時，悉歸文官各章程辦理。又登記章程，係與民商戶籍各法相輔而行，各項專律未頒以前，此項章程，應由該部會同民政部、度支部、農工商部編訂，奏交臣館覆核。俟頒布後，亦宜酌定京師及各省推廣辦法，以期實行。其籌辦之期，均查照籌備原單內直省審判廳成立年限辦理。又京師外城地方審判檢察廳，該部原擬係參照內外城巡警廳制辦理。惟查該部自光緒三十三年奏設京師內城地方審判檢察廳以來，兼理外城民刑訴訟，尚覺力能並舉，本年復經奏增庭數，已無人少事煩之慮。且該管案件，刑事係在徒罪以上，民事係在二百兩以上，比之初級，究屬煩簡不同，應令照舊於內外城併設一廳，毋庸另行籌辦，以節財力而歸統一。其餘單開各項，事屬應辦，仍由該部查照原奏，依限妥籌辦理。

法律館　查該館應辦之事，為修改頒布新刑律，頒布法院編制法，核定頒布民律、商律、刑事民事訴訟等法典，均已列入立憲籌備原單，自應遵照年限，按期籌辦。此外惟新刑律未經頒布以前，先行編訂現行刑律，為目前要圖。業經臣館會同法部，議准由該館修訂，應令查照原奏，迅速辦理。

大理院　查該院為全國最高法院，乃立憲國實行憲政重要之地。法廷規制，為觀瞻所繫，審判人才，為民命所關。該院所奏建築法廷、練習人才兩端，均屬切要之圖，應令該院按照前後所陳，認真辦理。

農工商部　查中國與各國通商以來，外貨輸入，漏卮無算，及今不圖振興實業，小民生計有日趨窮困者。該部原奏所分調查、籌議、興辦、編制四端，不為無見。惟籌議開墾及林業，在第二年，而實行則遲至第六年；興辦各處商會，既屬第三年，而設立商律講明所，直遲至第八年；劃一度量權衡，京都暨各省會、各商埠，定於第三年，而推行於各廳州縣，又遲至第九年，此中距離，不無太遠，應令該部酌核更定。其商業登記章程，亦應由該部會同法部等衙門編訂，奏明辦理。至中國實業所以腐敗，率由才智之士以茲事為卑賤，而廁身農工商者又多智識薄

弱之人，以至日言保護，日言提倡，率難見功。爲今之
計，惟有選派多數學生，留學歐美，分肄實業各科，俾技
能精進，思想發達，回國將其所學，見諸施行，方收實
效。現在各省各邊農業林業，待興正多，應由部商明各
省，或酌擇學成各人員，分投試辦，以驗實績；或催令開
闢田礦，種植樹木，以濬利源。此爲百務之本，必實業發
達而貨産乃能充盈，國民乃能富庶，籌備憲政，費用乃不
致爲難。是又在該部於培植人才、振興實業加之意已。

　　郵傳部　查補助實業，轉輸軍務，則輪路電郵，無一
不關要政，即無一不在籌備之列。考核該部原奏，如路政
電政，按年規畫，極見詳備。惟於船、郵二政，猶付闕
如。查輪船招商局，現已奉旨專歸該部管轄，自屬責無旁
貸。至如理船廳之劃分權限，航路航業之推廣組織，商船
學校之豫儲人才，皆其所應籌備者。即郵政之附屬稅務
司，本在未設專部以前，風氣未開，暫歸兼轄。今既有專
官，自應責成該部堂官，會商稅務大臣，籌備收回方法，
以符名實而清權限。至清單籌備郵政内叙及某年籌辦某省
電燈，此爲營業性質，無關交通要政，應設與否，以商埠
之盛衰爲斷，似可無庸議及。

　　理藩部　查蒙藏回疆，雖各自爲風氣，要皆隸我版
圖，則鞏固邊陲，實豫備憲政不可緩之舉。該部原奏所籌
備者，先從已有之王公、台吉，已列縣治之土著，豫定議
員額數，此自爲保護藩屬之權利起見。其餘事件，據稱所
設調查、編纂兩局，即爲籌備基礎。惟查光緒三十二年十
一月間，理藩部奏准核議該部大概情形摺内，聲明緩設殖
産、邊衛兩司，擬由理藩部先行調查。三十三年六月間，
該部於酌擬司員各缺摺内，聲明設立調查、編纂兩局，爲

將來添設兩司之基礎。此次摺內，該部仍以調查爲詞。查各立憲國於經營藩政，皆以拓殖爲本計。三十二年，王大臣釐定該部官制奏案，於殖產、邊衛兩司，列明職掌，如蒙地開墾、林業、畜獵、織造、皮毛、骨角、路礦、漁鹽、學務、商務等，皆爲不可緩之圖。該部現已調查數年，雖不能概責詳備，諒必已稍有端倪。邊遠即驟難考求，近邊如內蒙古諸盟，阿拉善、額濟納等蒙部，亦豈竟一無所得？擬併請飭令先將近年調查情形，詳晰認真籌畫具奏，免致年復一年，仍無措置。此關於藩政要圖，不能不亟爲籌及者也。

孟森著作集

孟森政論文集刊

中

中華書局

東 方 雜 誌

續

第七年第一期

憲　政　篇

　　自上年諮議局開，中國人民，乃有代表，代表之意思乃爲人民之意思。合二十一行省已開諮議局者而言，除本省利弊汲汲於興革而外，無不以請願速開國會爲第一義。泰誓曰"天視自我民視，天聽自我民聽"，今雖其難其愼，以覘吾民呼號之寬迫，情志之堅脆，而後有以應之。要其前日所訂籌備清單，必迂迴至九年之久者，既爲吾全國之民所不能忍，即政府猶有所靳而不遽相予，國民亦無再承認此九年之期爲一定不易之理。顧官中之所奉行，當人民未得請以前，舍是無以督促支支節節之憲政。今姑循例列今年籌備事宜，暫資爲國民程課之標準焉。

　　中國立憲，每屆年終，必顧全清單期限，頒布年内應行籌備各事宜。想見人民不能自爲督促之時，今日尚有一二預備立憲之事實，皆我景皇帝籌備一單之所賜。且今日人民所急望縮短期限者，以國會爲根本之計，刻不容緩，外此雖事多可議，而大致亦仍視清單爲進行之標幟。即朝廷立降明詔，以欲從人，何嘗舉清單而棄之。正謂無國會而空言籌備，仍多紙片之文飾，且即欲不文飾，而君民未嘗一體，財用先無負擔之實心，徒欲勉合清單。如所謂籌辦全國審判廳，籌辦全國巡警，種種大舉，豈徒手可以集事？袞袞諸公，所以侮我人民者，口

惠而實不至，自謂能希上旨，不知無國會而求加負擔，則雖以
同民之政，適嫌於專欲而難成；不加負擔而欲完清單中籌備之
責，又所謂無米爲炊，事必無濟，爲倚勢作威之徒，保持數年
專制之餘燄。卒致清單所限，其空空繫於條教號令之末者，逢
一年終而一距躍，其必以實力彌綸於率土之濱者，乃終且涂飾
以相蒙。景皇帝在天之靈，不其恫歟？聖主當陽，賢王負扆，
欲全繼述之孝，非有先期之國會，必無如限之清單，奈何以本
朝萬世之圖，徇煬竈諸臣一息苟延之計也。今除請願早開國
會，爲國家根本之計，人民性命之憂，別詳篇末外，縷列本年
籌備事宜如下：

　　宣統二年_{第三年}

　　一，召集資政院議員，舉行開院；_{資政院辦}

　　一，續辦城鎮鄉地方自治；_{民政部、各省督撫同辦}

　　一，籌辦廳州縣地方自治；_{民政部、各省督撫同辦}

　　一，彙報各省人户總數；_{民政部、各省督撫同辦}

　　，編訂户籍法，_{憲政編查館、民政部同辦}

　　一，覆查各省歲出入總數；_{度支部、各省督撫同辦}

　　一，釐訂地方税章程；_{度支部、各省督撫、憲政編查館同辦}

　　一，試辦各省豫算決算；_{度支部、各省督撫同辦}

　　一，釐訂直省官制；_{憲政編查館、會議政務處同辦}

　　一，頒布文官考試章程、任用章程、官俸章程；_{憲政編查館、會議政務處同辦}

　　一，各省城及商埠等處各級審判廳限年内一律成立；_{法部、各省督撫同辦}

　　一，頒布新刑律；_{憲政編查館、修訂法律大臣同辦}

　　一，推廣廳州縣簡易識字學塾；_{學部、各省督撫同辦}

　　一，廳州縣巡警，限年内一律完備。_{民政部、各省督撫同辦}

　　上本年應辦事宜共十四項，其有上年應辦未辦，而天下亦

無有以不辦爲詰責者尚餘兩項：一，頒布簡易識字課本，創設廳州縣簡易識字學塾。課本未見，僅於上年十一月杪，奏定學塾章程，人無措意者。此非謂簡易識字學塾，人民不願創設也，誠恐課本必由學部頒布，簡易識字必變爲煩難識字，養成全國皆爲存詩數千首之風雅士，不復有識字之人民，吾民不能不懼。一，頒布國民必讀課本。課本亦未見，天下漠然。此則國民尚自有可讀之本，學部以權力强人必讀，稍遲尚可不即束縛。雖然，此亦天下疾首於故學部大臣，有此懲羹吹齏之見耳。倘有革新之能力，車書文軌，固願統於一尊，特無嫌稍寬歲月以需之。竊願今之學部，深察外間對於清單他事宜，以必屆年終爲苦，而兩課本之頒布，乃以幸而度歲尚未强聒爲樂，則民情大可見矣。

今除編訂户籍法、釐訂地方税章程及直省官制，三項皆爲館部等處課程，外間無從督察，餘十一項條列如下：

一，召集資政院議員，舉行開院。　按單開文義，資政院選舉，原擬年前畢事，故本年但有召集開院等事。今該院議員僅有百名從諮議局選出，餘方在籌辦選舉，將謂欽選不在選舉事宜中耶？抑該院之籌備，甘心逾限耶？報載“通儒碩學”一項，當道有羅致之意。以今日政府待遇議員之情狀，及院章之條文，天下宏達之士，膺民選猶爲社會陳身，惟力是視。若作政府延攬之計，則招“通儒碩學”以資政院議員，與招虞人以旌何異？

資政院就經費内，設一速記學堂，令各省皆選生就學，半年畢業，以供議場之用。此舉有成，亦發古來所未發。其辦法，學額百名，由院招取十二人，由各省咨送者每省四人，合計八十八人。入學資格，以曾在中學畢業，或具有中學程度者爲準。學中課程四種：一，速記術；二，國文；三，官話；

四，法政大意。每星期教授三十六小時，三個月爲一學期，滿二學期爲畢業。畢業給憑後，除遴充資政院速記生外，咨回原省，候各議會之用。

二，續辦城鎮鄉地方自治。　此項成績，似以江蘇蘇屬四府一州，爲奉章以後始行籌辦者之最。蓋業於本年正月初六日，城自治會一律選舉議員；二月初八日，即一律選舉董事矣。但各屬雖皆如限，常州府屬武進、陽湖兩縣合一之城自治，則依然落後。非事力之不及，蓋由於區域之爭，城鄉情未允洽，即選民之調查，反對者故爲牽掣，事誠可惜。然城與鄉同時有責任心發達，說者謂勝於痿痺不仁者遠甚，理或然歟。雖然二千年無地方之政，及今始還我比閭族黨之能力。智足以及之，而以小嫌自爲決裂，私之爲害亦甚矣。他省除前數年已有規模者不論，餘似尚無若吳人之踴躍者。

三，籌辦廳州縣地方自治。　頒布廳州縣自治章程，應在籌備之第二年，業於十二月二十七日奏奉上諭頒布。諭見"諭旨"，章程別見"新法令"。

清單稱廳州縣地方自治，頒布之明文，乃稱府廳州縣地方自治章程，則以直省有直轄地方之府與直隸廳州無異，特增"府"字，以期完足。

府廳州縣自治章程，頒布未久，籌辦之效，尚無可言。惟各省自治籌辦處，早經設定，不似城鎮鄉自治之不易造端。

四，彙報各省人戶總數。　據清單本年始有彙報，上年宣統二年止有調查各省人戶總數一條。旋於上年閏二月內，民政部具奏遵旨妥擬逐年籌備未盡事宜，乃有宣統元年督催各省，將該省省會及外府所屬各首縣並商埠地方人戶總數，照章調查，一律報齊等語。奉旨俞允，遂於上年十二月十八日，奏報第一次調查人戶總數。摺單錄下：

民政部奏遵章調查第一次人户總數摺　併單

　　奏爲遵章調查各省人户，報明第一次總數，謹繕清單，恭摺仰祈聖鑒事。竊查憲政編查館、資政院會奏逐年籌備事宜清單，内開調查各省人户總數，爲臣部第二年與各省督撫應辦之件。除調查户口章程，業由臣部擬訂，於光緒三十四年十二月初十日具奏，奉旨俞允頒行外，本年閏二月二十三日，臣部復經具奏遵旨妥擬逐年籌備未盡事宜清單，内開宣統元年督催各省將該省省會及外府所屬各首縣並商埠地方人户總數照章調查，一律報齊等語，奉旨俞允，欽遵通行在案。數月以來，迭據京外各處陸續填送，當即督飭司員，詳加覆核。其有造報不符，或辦理未協者，即分別駁回覆查，或指令更正。現計人户總數依限報部者，則有京城八旗，内外巡警兩廳，順天府及奉天、吉林、直隸、江蘇、安徽、陝西、新疆、山東、河南、福建、浙江、湖北、湖南、廣東、廣西、雲南、貴州等省，熱河、山海關、察哈爾、青州、江甯、荆州、成都、西安、科布多等處駐防。其黑龍江、山西、甘肅、四川等省，及内務府各旗，烏里雅蘇台、伊犁、綏遠城、福州、廣州、京口、杭州、涼州等處駐防，尚未造報，業經臣部一再咨催，督飭趕辦。至密雲、庫倫等處，因填報未能如式，經臣部駁回更正，統俟造送到部，即彙造各省第一次查報户數清册，以符定章。計自本年起，調查户數以宣統二年十月前爲報齊之期，調查口數以宣統四年十月前爲報齊之期，擬請飭下各省督撫、將軍責成所屬，務各遵照定章屆期舉辦。如有違章延宕，逾限不報或查報不實者，一經臣部確實查明，惟有懍遵上年八月初一日諭旨，據實糾參，用示懲儆。現屆年底統計之期，謹將京外咨到人戶總數，另繕清單，先行奏報。所有遵章調查第一次人戶總數緣由，理合恭摺具陳，伏乞皇上聖鑒。謹奏。宣統元年十二月十八日，奉旨："著照所請，該部知道"，欽此。

謹將京外查報人戶總數繕具清單，恭呈御覽。　　計開：京城八旗，正戶十一萬九千二百五十四戶；荊州駐防，正戶六千一百一十二戶；甯夏駐防，正戶六百零九戶；西安駐防，正戶三千九百零八戶；山海關駐防，正戶一千九百二十四戶；成都駐防，正戶二千六百四十戶，附戶九百二十戶；青州駐防，正戶二千三百九十七戶；河南駐防，正戶六百九十七戶，附戶九十三戶；察哈爾所屬，正戶一萬二千八百四十二戶；科布多所屬，正戶一萬四千七百一十四戶；熱河所屬，正戶四十三萬零五百五十四戶，附戶七萬二千四百零四戶；京城內外巡警廳，正戶六萬八千九百戶，附戶六萬二千九百四十戶；順天府四廳所屬，正戶六十六萬九千一百八十三戶，附戶十三萬四千二百零七戶；奉天全省，正戶五十六萬八千六百零三戶，附戶二十七萬一千九百三十四戶；吉林全省，正戶四十六萬零一百七十戶，附戶二十七萬六千三百一十戶；陝西全省，正戶一百二十七萬八千九百四十七戶，附戶二十六萬五千四百三十五戶；雲南全省，正戶一百四十二萬二千九百八十九戶，附戶二十一萬七千九百五十三戶；直隸各府所屬，正戶一百六十三萬五千二百零五戶，附戶二十五萬零九百四十九戶；安徽各府所屬，正戶二百二十一萬一千五百六十九戶，附戶五十七萬一千五百八十四戶；湖南各府所屬，正戶一百八十四萬二千三百一十五戶，附戶一百三十八萬六千一百五十九戶；河南各府所屬，正戶一百二十四萬九千八百零六戶，附戶二十四萬六千七百四十四戶；新疆各府所屬，正戶二十二萬九千三百八十九戶，附戶四萬二千八百六十八戶；江蘇各府首縣商埠，正戶三十二萬九千八百五十七戶，附戶十二萬六千一百十九戶；福建各府首縣商埠，正戶六十一萬二千一百戶，附戶十六萬八千四百五十七戶；浙江各府首縣商埠，正戶一百七十九萬二千八百四十一戶，附戶九十五萬二千八百九十九戶；山東各府首縣商埠，正戶八十三萬九千零二十八戶，附戶七萬零九百二十六戶；湖北各府首縣商埠，正戶九十六萬三千七百八十戶，附戶三十二萬零六百八十二戶；廣東各府首縣商埠，正戶一百二十三萬六千八百二十一戶，附戶十三萬一千一百零四戶；廣西各府首縣，正戶五十萬九千一百八十二戶，附戶二萬九千零四十六戶；貴州首府首縣，正戶一萬零六百三十七戶，附戶三千九百一十五戶。

右摺單發鈔後，偶成書後一篇，錄之以質當世：

民政部奏調查第一次人戶總數摺書後

　　吾國向有編造門牌，及例報人口之故事。自憲政編查館於籌備清單內列入調查戶口一項，鄭重乎其爲憲政，必非望其嚮壁虛造，仍循前日之故事可知。今部臣據各處填送戶數，彙單入奏，天下譁然，以版籍久經涸淆，及此乃得一確數。然自按單列各數而比較之，有不能無疑者。

　　上年調查戶數，由官主政，民間略無助力之處，居然屆限具報，大部彙奏，斐然可觀。豈非賢長官勤敏之見徵，憲政奉行之實力乎？乃正惟不假手於民，而其所報之數，非吾民所與知，僅以一報紓在上之期望。於是他憲政

所謂某館部與督撫同辦者，若諮議局、若自治所辦之良否
且勿問，要必實有此舉動，見有議員到局，見有自治會發
生，而後可以報最於大部。獨此調查人戶，其審核虛實之
地，無所於託，上憑摺報，下讀邸鈔，乃曰調查所得之
數，如此如彼，夫亦何憚而不爲嚮壁虛造之故事，以力存
此上下相蒙之國粹乎？此理論上之不能無疑者也。

　　至就摺單所列，遠者吾不能悉，不相類者吾不能挈彼
以比此。江蘇，地之最近者也。江蘇所報之戶數，稱係各
府首縣商埠正、附戶之數。其同以各府首縣商埠計數者，
則有福建、浙江、山東、湖北、廣東五省，是調查標準之
最相類者也。今摘單開此各省之戶數，與留心意憲政者一
揚搉焉。

　　江蘇各府首縣商埠，正戶三十二萬九千八百五十七
戶，附戶十二萬六千一百十九戶；

　　福建各府首縣商埠，正戶六十一萬二千一百戶，附戶
十六萬八千四百五十七戶；

　　浙江各府首縣商埠，正戶一百七十九萬二千八百四十
一戶，附戶九十五萬二千八百九十九戶；

　　山東各府首縣商埠，正戶八十三萬九千零二十八戶，
附戶七萬零九百二十六戶；

　　湖北各府首縣商埠，正戶九十六萬三千七百八十戶，
附戶三十二萬零六百八十二戶；

　　廣東各府首縣商埠，正戶一百二十三萬六千八百二十
一戶，附戶十三萬一千一百零四戶。

　　江蘇不以地曠人稀聞於天下，以商埠而論，上海南北
市戶口，正、附併計已不下數十萬，此耳目所及者。若就
紙片爲比較，江、浙鄰省也。江蘇各府首縣商埠正戶之

數，當浙江各府首縣商埠正戶五分之一而尚不足。江蘇各府首縣商埠附戶之數，當浙江各府首縣商埠附戶八分之一而略相等。至其他數省之以各府首縣商埠計數者，合正、附戶而觀，江蘇當福建二之一而稍贏，當湖北適得三之一，當山東適得二之一，當廣東四之一而稍贏，此事實之可疑者一也。

又據單開廣西各府首縣正戶五十萬九千一百八十二戶，附戶二萬九千零四十六戶。廣西僅稱各府首縣而不及商埠，意者其南甯、梧州兩埠，皆本首縣地。桂省多由各府以人戶稠密見稱者絕少，然尚較之江蘇戶數略多一倍，此事實之可疑者二也。

部臣摺言督飭司員詳加覆核，其有造報不符或辦理未協者，即分別駁回覆查或指令更正。據此則今所單開乃造報相符辦理已協所得之確數。夫此調查戶口一事並無近效可覩，調查不實，亦並無驟患可怵。然實憲政之根本，戶口不清，萬事俱無所措手。督撫承辦此事，忍以吾君吾民，急切無可覆按，即仍以欺蒙之故智行之。嗚呼！庶政清澈，誠非今日督撫之福，獨使朝廷受無政事之禍。部臣之所謂受成，憲政編查館之所謂考核，其奉職固如此而已乎！

五，覆查各省歲出入總數。　上年各省清理財政局開辦，監理官到差，實行清單內所開調查各省歲出入總數一款。有上年之調查，乃有今年之覆查，上年調查之成績，即今年覆查之底本。上年於十二月二十三日，度支部奏調查各省歲出入款項總數一摺並單，其中雖聲明各省彼此協撥，一收一支，款項尚多重復，應俟一切冊報到齊，另行剔除詳核，統歸覆查案內辦

理。但歲出入之數，將來各負責任，與人户總數之可以意造者
不同。得此一單，不知經計臣幾許擘畫矣。錄摺單如下：

度支部奏調查各省歲出入款項總數摺　併單

　　奏爲調查各省歲出入總數，繕單具陳，恭摺仰祈聖鑒
事。伏查憲政籌備事宜清單，內開第二年調查各省歲出入
總數，第三年覆查各省歲出入總數，第四年彙查全國歲出
入確數等因。本年應調查各省歲出入總數，由臣部會同各
督撫辦理。誠以各省出入款目繁重，頭緒紛如，斷非一次
調查所能得其數，亦非督撫臣和衷共濟，未易求其實
際。蓋二百餘年習慣相沿之財政，驟欲澈底分明，用爲預
算基礎，其煩難固如是也。本年正當第一次調查，自各省
正、副監理官先後到差，即飭將光緒三十四年現行案依限
報告，並於本年二月、八月，將兩屆籌備事宜奏陳在案。
數月以來，臣等實力督催，文電往還，幾無虛日。究恐幅
員廣遠，冊報或致參差，當於十月間通電各省，將上年出
入總數提前電咨，以便彙總具奏。現據各省將光緒三十四
年出入總數先後電咨到部，臣等詳加考核，又經往返駁查
更正，各省協撥款項，彼此收支，其中雖多有重復，然出
入大綱，略可概見，自應先行彙奏，作爲第一次調查各省
歲出入總數，謹分列清單，恭呈御覽。竊維清理財政爲試
辦預算、決算之預備，然必歲入款目足供歲出之需，將來
試辦預算，始能措手。茲核上年各省歲出入總數大率不
敷，本年撥款加多，爲數恐當更鉅，若準諸東西各國量出
爲入，自當增加預算。惟是中國議會，現甫萌芽，遽難提
議，入款既不能驟增，而要政又必當舉辦，自非將浮濫之
款嚴行删節，別無措置之法。臣等默計各省支絀情形，長

慮卻顧，已非一日。是以本年六月，有舉辦新政宜力求撙
節之奏，守量入為出之義，為徐圖補救之方，區區之愚，
無以易此。現在除由臣部將送到報告隨時認真稽核外，應
請旨飭下各督撫將各該省出入款項嚴行考核，切實刪減，
總以出入相權，毋得稍有虛靡，以不敷藉口。方今時局艱
危，百端待理，財政一端，尤非空言所能補救。臣部忝掌
度支，責無旁貸，然舊有之入款祇有此數，新增之出款有
加無已，欲加籌賦稅，則民力恐有不勝，欲裁節浮靡，則
人情多非所願。惟賴聖明主持於上，中外大臣同心協力於
下，庶財政可期整理，而將來試辦預算亦不致為難。此臣
等審顧旁皇，不能不預陳聖聽者也。除俟一切冊報到齊，
再由臣部詳核外，所有第二年調查各省歲出入總數，並請
嚴行撙節緣由，理合恭摺具陳，伏乞皇上聖鑒訓示。謹
奏。宣統元年十二月二十三日，奉旨："知道了"，欽此。
　謹將各省電咨光緒三十四年歲入、歲出總數開具清
單，恭呈御覽。　歲入項下：奉天歲入銀一千五百八十萬
七千二百七十三兩零；吉林歲入銀四百八十五萬八千七百
二兩零；黑龍江歲入銀九十三萬三千二百五十六兩零，中
錢四百八十五萬五千四十串零，羌錢十萬二千八百三元
零，金沙三百六兩零；直隸歲入銀二千一百六十五萬八千
五百九十七兩零；熱河歲入銀八十萬六千三百八十五兩
零；江蘇甯屬歲入銀二千五百四十九萬六千八百九十兩
零；江蘇蘇屬歲入銀二千四十萬三千二十兩零；江北歲入
銀庫平十三萬二千五百二十五兩零，湘平一百五十萬六千
九百八十七兩零，錢二十八萬七百三十九千六百六十七
文；安徽歲入銀六百萬六千七百二十九兩零；山東歲入銀
一千一百三十一萬一千六百九十九兩零；山西歲入銀五百

八十七萬一千八百六兩零；河南歲入銀六百八十八萬五千
一百十七兩零；陝西歲入銀三百九十六萬三千七百二兩
零；甘肅歲入銀三百十二萬一千七百八十兩零，錢二千五
百十八千七百九十八文；新疆歲入銀三百十七萬二千三百
兩零；福建歲入銀六百七十二萬一千一百五兩零；浙江歲
入銀八百十四萬八千五百八十一兩零，銀元四百六十三萬
三千四百四十四元零，小銀元六百五十七角零，錢二十四
萬九百十四千四百七十七文；江西歲入銀，七百五十六萬
九千八百六十三兩；湖北歲入銀一千六百五十四萬五千二
百兩零；湖南歲入銀六百二萬八千一百兩零，銀元四百七
十六元，錢六十六萬二千二百餘串文；四川歲入銀一千五
百三十二萬六百五十七兩零；廣東歲入銀紋銀七百二十五
萬九千四百六十三兩零，洋銀二千一萬八千三十七兩零；
廣西歲入銀四百八十九萬六百四十三兩零；雲南歲入銀六
百一萬一千五百二兩零；貴州歲入銀一百五十三萬三千二
百七十兩零。歲出項下：奉天歲出銀一千五百五十八萬七
千八百八十九兩零；吉林歲出銀五百三十五萬五千六百五
十七兩；黑龍江歲出銀二百二十九萬九百六兩零，中錢二
百五十九萬六千四百九十五串零，羌錢一萬六千三百八十
五元零，銀元五千元；直隸歲出銀二千三百五十七萬四千
一百三十九兩零；熱河歲出銀八十四萬一千二百六十四兩
零；江蘇甯屬歲出銀二千五百七十四萬五千一百八十二兩
零；江蘇蘇屬歲出銀二千四百八十九萬餘兩；江北歲出銀
庫平十一萬六千二百四十四兩零，湘平一百十二萬六千八
百十四兩零，錢二十八萬三千三百十一千四百七十九文；
安徽歲出銀六百七十四萬一千七百七十九兩零；山東歲出
銀一千五十二萬五千九百二十八兩零；山西歲出銀六百十

四萬二百五十二兩零；河南歲出銀六百六十萬九十四兩
零；陝西歲出銀四百十二萬七千五百六十五兩零；甘肅歲
出銀三百二十九萬七百五十七兩，錢三千九百千五百三十
九文；新疆歲出銀三百三十四萬六千五百六十四兩零；福
建歲出銀六百九十四萬一千一百七兩零；浙江歲出銀八百
四十七萬三千二百七兩零，銀元四百四十八萬九千八百四
十八元零，小銀元二百八十八萬八角零，錢三十萬一百七十八
千七百二十二文；江西歲出銀七百八十九萬五千一百七十
七兩零；湖北歲出銀一千八百五十二萬一千四百餘兩；湖
南歲出銀六百四十二萬四千二百餘兩　銀元一百六十餘
元，錢五十八萬二千五百餘串；四川歲出銀一千四百九十
六萬四千九百二十六兩零；廣東歲出銀紋銀六百五十六萬
八千五百二十六兩零，洋銀二千一百四萬一千七十一兩
零；廣西歲出銀四百九十九萬二千一百五十七兩零；雲南
歲出銀六百九十八萬三千一百六十六兩零；貴州歲出銀一
百七十九萬一千五十六兩零。

　　謹案：以上所列各數，均據各省電咨彙總。其各省彼
此協撥，一收一支，款項尚多重復，應俟一切冊報到齊，
另行剔除詳核，統歸覆查案內辦理，合併聲明。

　　上單所開，係光緒三十四年歲入、歲出總數。大概歲出恒
浮於歲入，各省之困可知。摺中言中國議會現甫萌芽，遽難提
議增加豫算，計臣決無强議會橫加擔負之意，此在計臣不得不
持此大體，而議員欲取信於社會，亦必不敢輕認擔負。但人民
必以無擔負爲樂，殊形程度之幼稚，是又有各盡其道者在矣。
　　六，試辦各省豫算決算。　豫算決算，不應併在一年試
辦。清單此款文義，決算特連綴於豫算而及之。查度支部前定

清理財政章程，第十四條內開各省文武大小衙門局所，自宣統二年起豫算次年出入款項，編造清冊，於二月內送清理財政局，由局彙編全省豫算報告冊，呈由督撫，於五月內咨送到部。又第十八條，內開在京各衙門自宣統二年起應將該衙門次年出入各款，編訂豫算報告冊，於五月內送部。又第十九條，內開度支部直接所管之出入款項，應自宣統二年起，編訂次年豫算冊，奏明辦理。又第二十條，度支部自宣統二年起逐年將京外各處送到豫算報告冊，詳細核定，奏請施行。前項豫算報告冊限於文冊到部兩個月內核定。各省豫算報告冊內款項，屬於地方行政經費者，由度支部奏交督撫，送諮議局議決，並將豫算全冊送部參考。部章於今年所謂試辦豫算之方法如此。

　　若其豫算之效力，則前章第二十一條又云，京外各署出入各款，自宣統二年正月初一日起，一律遵照豫算冊辦理。凡屬出款項下，不得於定額外開支別項經費，亦不得彼此挪用，是爲今年試辦之結果。惟條文內於各省豫算，即劃分國家及地方行政經費爲二。其第十四條第二項云，各省豫算報告冊內，應將出款何項應屬國家行政經費，何項應屬地方行政經費劃分爲二，候部核定。又第三項云，前項之國家行政經費係指廉俸、軍餉、解京各款，以及洋款協餉等項，地方行政經費係指教育、警察、實業等項。此項劃分國家與地方之豫算清冊，即條文第一項，所謂本年二月內送清理財政局，五月內咨送到部者也。再查第二十條，豫算冊到部，限兩個月內核定，則七月中爲一律核定之期，恰宜劃出地方行政經費，奏交督撫，送諮議局議決。是爲今年諮議局，略與聞本省財政之始。上屆諮議局，其議案之效力，視督撫名譽心之冷熱而分，議員並無實際之爭執。今年所望於諮議局之進步者，恃清單中此款而已。

　　再查部章第三十一條，雲南、貴州、廣西、四川、甘肅、新疆六省，每年豫算報告册得展限至六月十五以前到部。然則此六省豫算，何以能經部核定，再交諮議局議決？夫六月十五到部，八月十五始屆核定之限，行到該六省，未知九月開會前能否到局。依諮議局章而論，開會三十日前，由議長通知應議事件，此項通知期限，即除雲南等六省而外，恐亦不易應合。部臣未知能力籌全局，俾清理財政之本意不落虛文否。

七，頒布文官考試章程、任用章程、官俸章程。　此項章程頒布時，可將各種考試停止，使科舉之流毒一空。學子以文憑爲學業之標準，不作仕宦之階梯，於世道人心裨益非細，中國庶有豸乎。不然，由今之道，無變今之俗，內外國文武學校畢業，歲額幾許，加以舉貢生員之考職，將見人盡爲官，全國之中，有官無民矣。嗚呼！官僚章程果定，有恒產因有恒心，官之放僻邪侈，可以稍殺理財制用之道，稍稍如法，中國其庶幾乎。

此項籌備事宜，關係如此，何以慰我？識者曰：且俟年終。

八，各省城及商埠等處各級審判廳，限年內一律成立。此事各省除東三省外，餘尚少影響。其有謬種流傳之鄂省辦法，則既不行。吾未知今年法部與督撫何以報最，所幸省城商埠爲數甚簡。

各省省城審判廳，奏報上年籌辦有效者惟河南、山西商埠審判廳；奏報上年先期成立者，惟吉林之長春，均見上年十一、十二兩月發鈔摺件。

九，頒布新刑律。　新刑律核訂有年矣，今年恰當頒布之期，適上年張文襄薨逝，反對之京外大臣既失所憑依，今年當可遇頒布之盛。此亦貞元之會合也，天佑聖清，法權有獨立之望矣。

刑律未頒布以前，近成兩種階級。一編定現行刑律。上年八月二十九日，修訂法律大臣沈家本等奏進黃册，奉旨："著憲政編查館核議具奏"，欽此。至十二月二十四日，館臣奏遵旨核議一摺，又奉旨："依議"，欽此。大致彙輯新章，删約舊例，修訂法律大臣原本，又經館臣分篇勘正，奏交該大臣依類排比，另繕黃册，會同請旨刊印頒行，今尚未繕册請旨。計現行刑律之最大進步，莫如删除賣買人口及奴僕、奴婢諸條，別有條款見"新法令"。

一憲政編查館奏請飭修訂法律大臣另編重訂現行律，原委甚詳，蓋發之於高等檢察長徐謙所奏請。事在上年十一月，奉旨："憲政編查館知道"，欽此。至十二月二十四日，館臣乃附片奏請飭另編。錄原文如下，足詳另編之旨。

憲政編查館奏請飭修訂法律大臣另編
重訂現行律片

再本年十一月十八日，欽奉諭旨："高等檢察廳檢察長徐謙奏編定現行刑律，應遵憲政籌備清單，預爲規畫，以便逐漸施行新律一摺，著憲政編查館知道"，欽此。查閱原奏，內開當奏請編定現行刑律之時，憲政籌備清單尚未具奏，新律實行年限未經宣布，故其辦法僅依修例向章，大抵删移歸併爲多，於新律少所印證。今則薄海臣民心目中，莫不有一未來之新律，雖次第見諸實行，尚在數年以後，而此數年中，無論何項規制，均當力求完善，以助籌備事宜之進行。蓋新法未實行、舊法未遽廢之時，其間必應編定經過法以調和之，編定之法，即於舊法中定明何者改從新法，何者仍從舊法，是也。其大端有五：一，分別民刑；一，重罪減輕，輕罪加重；一，停止贖刑；

一，婦女有罪，應與男犯同一處罰；一，次第停止秋審覆核。請旨飭下憲政編查館，將現行刑律參照新刑律，妥爲核訂，以臻完善而資進步等語。伏查所奏係爲溝通新舊畫一規制起見，列舉五端，均屬確有見地。惟此次編訂現行刑律，係因舊律多年未修，新章疊出，端緒紛繁，引用不便。是以按照現在通行章程，改其不合，補其未備，删其已廢諸條，以便援引，故謂之現行刑律，並未能遽與新律相接近也。新舊遞嬗之際，本非一蹴可幾。日本刑法，前後改正，凡經四次，始由舊制而純歸新派。我國當此籌備期內，自亦當逐漸進行，以免凌躐之弊。臣等因現在内外問刑各衙門，急待現行刑律應用，不便久稽，是以即就原本體裁，酌加核正，以應急需。至該檢察長所奏各節，洵屬新舊經過之交不可少之製作，擬請旨飭下修訂法律大臣，按照所奏諸端，再行考核中外制度，參酌本國情形，詳加討論，悉心審訂，另定體例，編爲重訂現行律一編進呈，請旨飭交臣館覆核頒行，以期與各新律漸相比附。俟籌備屆期，即可徑行新律，以免扞格而壓人心。再現在京外地方各級審判廳，亟須一律開辦，各該廳內應分民事爲專科。所有民事案件，業經法部於光緒三十三年會奏各級審判廳試辦章程內聲明，以審定理之曲直者爲民事案件等因，業已奉旨允准，欽遵在案。此項重訂現行律未頒行以前，其現行刑律戶役內承繼分産以及男女婚姻、典買田宅、錢債違約各條，應屬民事者，自應遵照奏定章程，毋庸再科罪刑。其查封拍賣及應判決執行者，仍照定章辦理，以符名實。是否有當，理合附片具陳，伏乞聖鑒訓示。謹奏。宣統元年十二月二十四日，奉旨已錄。

據片末數語，又知嗣後遇户役内之承繼分産以及男女婚姻、典賣田宅、錢債違約各條不科罪，但有查封拍賣及判決執行，民事、刑事於斯焉判，亦一大改進矣。

十，推廣廳州縣簡易識字學塾。　上年十一月二十九日，學部既奏定該學塾章程，以符上年清單“創設”二字之義，本年單列推廣爲籌備事宜。

上年冬間，候補京堂勞乃宣奏請簡易識字學塾中附設簡字功課，奉旨交學部妥議具奏，當徐觀其後。

十一，廳州縣巡警限年内一律完備。　此項事宜，上年籌備清單，以粗具規模爲如式。若上年不粗具，今年即不得完備可知。查上年十二月十八日，民政部奏報粗具規模之成績，意惴惴頗不自壯，“完備”二字，識者憂之。録原摺於下，俾督促憲政者有所警也。

民政部奏專案奏報各省廳州縣巡警
年内粗具規模情形摺

奏爲專案奏報各省廳州縣巡警年内粗具規模情形，恭摺仰祈聖鑒事。光緒三十四年十二月十一日，憲政編查館、資政院會奏設立考核專科章程，内開九年籌備事宜，欽奉懿旨，責成内外臣工，每届六個月，將籌辦成績臚陳奏聞。各等語。除第一年、第二年第一届臣部應行籌備事宜，業經陸續奏報外，所有籌備巡警，關係綦重，應再專案奏明辦理。查憲政編查館籌備事宜單開第二年，各省廳州縣巡警，限年内粗具規模，民政部與各省督撫同辦等情。現據各省咨部，廳州縣巡警，年内已粗具規模者，如直隸、吉林、黑龍江、江西、甘肅、湖南、廣東、雲南、熱河等省，册表均已到部。安徽省則僅將表式送部，至順天、奉天、江蘇、山東、山西、河南、陝西、新疆、福建、浙江、湖北、四川、廣西、貴州等省，均尚未據咨送冊表。有稱開辦實佔多數者，有俟下屆彙報者，有先籌設教練所者，有諮報設巡警若干處及尚待推廣者。臣部於本年六月間，業經咨催各省，將現時廳州縣巡警實在辦法專案報部在案，現在未經諮報省分，尚屬不少。總核各省籌備警政情形，實力舉辦者固多，而因循敷衍者亦在所不免，似此辦理，深恐於推行警政不無滯礙。擬請飭下各省督撫及各將軍都統等，於應行籌備事宜按照期限迅速舉辦，每屆六個月奏報之期，分別詳細列表，先期咨部，以憑彙案奏報，毋得稍涉含混，致滋延誤，以期仰副朝廷籌備憲政之至意。所有專案奏報各省廳州縣巡警粗具規模緣由，謹恭摺具陳，伏乞皇上聖鑒。謹奏。宣統元年十二月十八日，奉旨："著照所請，該部知道"，欽此。

　　其渾示勇於籌備憲政之意者，上年十二月二十日，憲政編查館奏請通飭京外各衙門設立憲政籌備處，並恭書十月十三日上諭申警籌備諸臣之詞，懸掛處內，此亦耳提面命之意。

　　自上年諮議局成立，疆臣多以壓抑為能事，而憲政館附會其間，既不能令，又不受命，進退失據之督撫笑柄百出。新春佳日，官民正各顯神通之會，天下宜憑軾觀之。上年翰林院侍讀吳士鑑奏請申明裁奪議案權限，智又出于式枚下，前已言之。十二月二十四日，憲政編查館議覆一摺，於原奏三事中駁斥其二，獨允會議廳添設審查科，審查議案之是否違背法律，是否踰越權限。以三種人組織之：一司道以下官，一通曉法律人員或現任司法官，均由督撫遴選派充；一本省士紳，由諮議局公推，呈請督撫覆選派充。細章另訂奏請，然後實行。是舉也，一鑒於江督之混指議案爲越權，再鑒於浙撫之審查爲有效，不得已而出此。

上年歲杪，有大文字發見，足爲憲政史上不磨之作，則各省代表孫洪伊等請願國會之文是也。次則八旗文耀等一作，皆爲憲政大紀念。別見“奏牘”門，書此識之。

上年十二月十八日，請願書既達天聽，二十日，奉特諭褒獎人民，而不遽允其所請。諭見“諭旨”。説者謂朝廷即有意利用民氣，亦必視吾民實有可用之氣而用之。樞府之入告，既稱人民名爲請願，實止少數代表所爲，吾民何以雪此誣衊。觀各省不撤回代表，方許其組織持久之法，衆心可知。聞代表團議定三事：一，繼續代表事務所；二，開辦日報館；三，在京設各省諮議局聯合會，每年六月開會一次。近日，御史江春霖以言事獲譴，聞代表團擬聘爲日報主筆云。

各省續派代表及代表復上書，均無確聞。惟各省不肯撤代表名義，留作常任之職，得請而後已。原設代表事務所，在京師小沙土園崑新會館，聞春間尚擬遷徙，乃爲久計。

第七年第二期

憲 政 篇

前期既將本年籌備事宜，除編訂、釐訂無實績可遽驗者不計外，順次列爲國民程督之標之矣。今更援前例，以身任籌備之責者，在民、在官、在館部各事分計之，列爲四類：（一）官民共辦者五事：（甲）召集資政院議員，舉行開院；（乙）續辦城鎮鄉地方自治；（丙）籌辦廳州縣地方自治；（丁）試辦各省豫算決算；（戊）推廣廳州縣簡易識字學塾。（二）官辦者四事：（甲）彙報各省人戶總數；（乙）覆查各省歲出入總數；（丙）各省城及商埠等處各級審判廳限年內一律成立；（丁）廳州縣巡警限年內一律完備。（三）靜待館部頒布者二事：（甲）頒布文官考試章程、任用章程、官俸章程；（乙）頒布新刑律。（四）館部自行程課者三事：（甲）編訂戶籍法；（乙）釐訂地方稅章程；（丙）釐訂直省官制。今分別條舉如下：

一、官民合辦者五事：

（甲）召集資政院議員，舉行開院。 資政院議員除由諮議局代表民選外，皆需由互選而加欽選。互選人名之已發表者，爲各部院衙門四品至七品之官。錄名單如下：

都察院互選當選人名單

度支部員外郎奎濂，年三十七歲，得六十五票；內閣侍讀額勒春，年四十一歲，得五十八票；外務部右參議、署左參議陳懋鼎，年四十一歲，得四十一票；農工商部奏派參議上行走、江西候補知府趙椿年，年四十三歲，得四十票；都察院掌貴州道監察御史齊忠甲，年四十七歲，得三十九票；民政部主事秦望瀾，年三十九歲，得三十七票；陸軍部署右參議錫嘏，年三十六歲，得三十七票；理藩部郎中榮凱，年五十歲，得三十六票；吏部左參議、宗室毓善，年三十五歲，得三十五票；民政部郎中劉道仁，年四十歲，得三十三票；理藩部郎中文哲琿，年四十七歲，得三十一票；都察院掌遼瀋道監察御史史履晋，年四十六歲，得三十一票；學部郎中張緝光，年三十七歲，得二十八票；學部郎中彥悳，年三十五歲，得二十六票；翰林院編修黎湛枝，年三十歲，得二十四票；翰林院侍講李經畬，年五十三歲，得二十三票；郵傳部丞參上行走、候補四品京堂林炳章，年三十五歲，得二十三票；陸軍部右參議、署左參議慶蕃，年四十二歲，得二十二票；民政部諮議官、候補四品京堂陸宗輿，年三十三歲，得二十二票；內閣候補中書韓臚雲，年四十二歲，得二十一票；禮部員外郎耆壽，年三十九歲，得二十票；吏部郎中鍾岳，年三十六歲，得二十票；學部郎中顧棟臣，年三十九歲，得十九票；學部郎中王季烈，年四十三歲，得十八票；度支部參議上行走、補用郎中楊壽枏，年四十一歲，得十七票；外務部員外郎何藻翔，年四十歲，得十七票；都察院掌廣東道監察御史胡思敬，年三十八歲，得十六票；都察院掌遼瀋道監察御史陳善同，年三十五歲，得十六票；度支部候補主事劉澤熙，年四十歲，得十五票；法部左參議魏聯奎，年六十二歲，得十四票；都察院掌京畿道監察御史趙炳麟，年三十四歲，得十四票；都察院掌京畿道監察御史儼忠，年五十歲，得十三票；吏部郎中張鍇年，四十二歲，得十三票；翰林院編修華焯，年四十一歲，得十三票；翰林院編修胡駿，年四十一歲，得十三票；翰林院編修范之傑，年三十八歲，得十三票；都察院掌安徽道監察御史崇芳，年四十八歲，得十二票；度支部候補主事廖廉能，年三十七歲，得十二票；學部奏留丁憂開缺試署員外郎恩華，年三十七歲，得十二票；陸軍部學習七品小京官常堉璋，年三十六歲，得十二票；陸軍部郎中華錫第，年三十三歲，得十二票；內閣侍讀學士奎善，年五十七歲，得十一票；翰林院侍讀熊方燧，年五十三歲，得十一票；民政部主事王荃善，年四十三歲，得十一票；翰林院編修李湛田，年四十一歲，得十一票；度支部候補員外郎慶琛，年三十九歲，得十一票；學部員外郎繼宗，年三十四歲，得十一票；度支部主事王璟芳，年三十四歲，得十票；都察院掌印給事中陳田，年五十六歲，得九票；外務部郎中文溥，年四十歲，得九票；吏部右參議吳敬修，年四十三歲，得八票；翰林院檢討江春霖，年五十五歲，得七票；陸軍部郎中陶葆廉，年四十九歲，得七票；翰林院侍讀學士黃思永，年六十九歲，得六票；學部署右參議柯劭忞，年五十六歲，得六票；翰林院編修郭立山，年四十歲，得六票；吏部郎中榮厚，年三十七歲，得六票；陸軍部候補員外郎繼昌，年三十六歲，得六票；民政部員外郎胡礽泰，年三十四歲，得六票；民政部左參議汪榮寶，年三十三歲，得六票；農工商部奏署左參議、內務府郎中誠璋，年四十九歲，得五票；吏部郎中張官劭，年四十四歲，得五票；陸軍部員外郎李盛和，年四十一歲，得五

票；度支部員外郎熙明，年三十六歲，得五票；內閣侍讀
文增，年五十四歲，得四票；吏部郎中劉華年，四十九
歲，得四票；翰林院檢討章梫，年四十六歲，得四票；外
務部郎中、宗室長福，年三十九歲，得四票；學部主事陳
寶泉，年三十七歲，得四票；度支部員外郎錢承鋕，年三
十六歲，得四票；法部員外郎常旭春，年三十六歲，得四
票；憲政編查館考核專科總辦、兼參議候補四品京堂勞乃
宣，年六十七歲，得三票；內閣候補中書曹元忠，年四十
四歲，得三票；內閣中書長紹年，年四十三歲，得三票；
都察院掌京畿道監察御史吳緯炳，年四十三歲，得三票；
陸軍部候補參議達春，年四十二歲，得三票；陸軍部前小
京官、現額外主事孫芳，年四十二歲，得三票；翰林院侍
讀崇山，年四十一歲，得三票；學部郎中范源廉，年三十
五歲，得三票；度支部員外郎震興，年五十七歲，得二
票；農工商部奏派參議上行走、前廣東高雷陽道英俊，年
五十六歲，得二票；內閣候補侍讀常錫，年五十五歲，得
二票；學部主事祝椿年，年五十歲，得二票；翰林院侍講
程棫林，年四十九歲，得二票；內閣侍讀陸嘉晉，年四十
八歲，得二票；翰林院秘書郎田智枚，年四十七歲，得二
票；外務部郎中保恒，年四十六歲，得二票；翰林院侍讀
學士惲毓鼎，年四十六歲，得二票；翰林院檢討蔣式惺，
年四十五歲，得二票；吏部郎中王聞長，年四十五歲，得
二票；陸軍部左參議、署右丞許秉琦，年四十四歲，得二
票；法部參事劉鍾琳，年四十三歲，得二票；法部小京官
阿林，年四十三歲，得二票；度支部左參議曾習經，年四
十二歲，得二票；度支部郎中柏年，年四十一歲，得二
票；內閣候補中書王在宣，年四十一歲，得二票；翰林院

檢討馬振憲，年三十五歲，得二票；翰林院編修陳雲誥，年三十二歲，得二票；都察院掌江蘇道監察御史石鏡潢，年六十九歲，得一票；度支部候補主事楊典誥；年六十五歲，得一票；度支部主事謙恕，年六十五歲，得一票；度支部曾任工部司務裁缺、改爲候補主事秀麟，年六十三歲，得一票；陸軍部前工部員外郎、現候補員外郎常存，年六十二歲，得一票；度支部郎中文綬，年六十一歲，得一票；都察院給事中陳應禧，年六十一歲，得一票；禮部員外郎春林，年六十一歲，得一票；禮部右參議李擢英，年六十歲，得一票；度支部主事方鑄年，六十歲，得一票；農工商部員外郎萬際軒，年六十歲，得一票；都察院給事中朱顯廷，年五十九歲，得一票；翰林院候補侍讀王榮商，年五十九歲，得一票；度支部候補主事黄珩，年五十七歲，得一票；度支部候補參議、署右參議晏安瀾，年五十六歲，得一票；陸軍部候補郎中宜楨，年五十四歲，得一票；陸軍部主事廣德，年五十三歲，得一票；度支部候補主事、覺羅瑞林，年五十三歲，得一票；内閣中書蘊厚，年五十二歲，得一票；度支部主事楊祖蘭，年五十二歲，得一票；翰林院侍讀學士恩祥，年五十二歲，得一票；禮部左參議曹廣權，年五十二歲，得一票；陸軍部候補主事吕正斯，年五十一歲，得一票；法部郎中陳棣堂，年五十一歲，得一票；都察院掌河南道監察御史葉芾棠，年五十一歲，得一票；翰林院編修喻長霖，年五十歲，得一票；内閣侍讀魁元，年五十歲，得一票；内閣中書斌清，年四十九歲，得一票；内閣侍讀福興，年四十九歲，得一票；度支部主事、覺羅峻達，年四十九歲，得一票；内閣中書、覺羅崇福，年四十九歲，得一票；農工商部員外郎崇衡，年四十八歲，得一票；度支部主事賜恩，年四十七歲，得一票；民政部郎中王守恂，年四十七歲，得一票；度支部候補主事汪應焜，年四十七歲，得一票；民政部員外郎喬保衡，年四十七歲，得一票；翰林院侍講學士楊捷三，年四十七歲，得一票；度支部候補主事陳恩洽，年四十七歲，得一票；禮部郎中麟祜，年四十七歲，得一票；翰林院編修張祖蔭，年四十六歲，得一票；陸軍部候補主事承英，年四十六歲，得一票；憲政編查館編制局局長、考核科會辦、前民政部右參議吳廷燮，年四十五歲，得一票；度支部郎中志忠，年四十五歲，得一票；陸軍部郎中光裕，年四十四歲，得一票；度支部學習主事許壽昌，年四十三歲，得一票；內閣候補侍讀廉普，年四十三歲，得一票；度支部候補員外郎多貴，年四十三歲，得一票；翰林院侍讀吳士鑑，年四十三歲，得一票；內閣中書清雲，年四十二歲，得一票；法部員外郎文淦，年四十二歲，得一票；內閣候補中書饒櫃齡，年四十二歲，得一票；法部裁缺員外郎毓秀，年四十二歲，得一票；陸軍部員外郎牛蘭，年四十二歲，得一票；內閣即補侍讀恩廉，年四十二歲，得一票；郵傳部員外郎梁用弧，年四十一歲，得一票；內閣中書慶福，年四十一歲，得一票；外務部參事郭家驥，年四十一歲，得一票；翰林院侍講景潤，年四十一歲，得一票；法部候補主事朱鴻祥，年四十一歲，得一票；民政部候補主事劉壽濂，年四十一歲，得一票；法部小京官恩興，年四十一歲，得一票。

右各部院官百六十人，欽選時當得三十二人。聞吏、禮等部，投票權放棄者多，遂罕當選者，此亦可見天然淘汰之力。

江春霖以言事獲譴，人爭票選以示傾慕之意，不得於朝廷，猶可得之於僚友。國家稍稍用選舉法，三代直道，遂不可泯，以視古人偶拂權貴之意，雖荷主上保全，而親朋遠之如蛇蠍，得一兩人存問，而此人交情氣節，千古播爲美談，當時政界之蒙昧可想。今稍趨立憲政體，其收效乃如是，非徒士大夫篤於風誼，且有所憑藉，以伸天爵之榮，鑿然示趙孟不能以意爲貴賤。嗚呼！萬世之誼辟明王，所以爲振作士氣者，烏能及此。中國作人之盛，惟我德宗景皇帝爲聖莫與竞矣。“通儒碩學”之選，聞亦將定互選人名；“多額納税”之選，已舉行、將舉行者，各省尚多先後，餘更無所聞。又部院官之當選人，聞有訐丁憂及非實缺爲不合格者，意指陸宗輿、趙椿年兩人。投票在都察院，故台臣獨少放棄，又激於江春霖之事，頗以投票爲發舒，於是台官之當選爲獨多矣。報又載春霖被謫，全台合奏保留，惟涂國盛、陳應禧不列名。閱單則應禧亦在當選之列，凡議員本以爲各方面之代表，應禧若獲邀欽選，信然。

　　(乙)續辦城鎮鄉地方自治。　續辦之效，具如前述。應合清單以爲籌備者，於此項事宜，固以江蘇之蘇藩所屬爲最早，其中則以常州府屬武陽合辦之城自治爲獨不如限。然武陽之鄉自治乃有循理一鄉，已行選舉。蓋武陽城鄉之競爭最力，以致甘心延誤，鄉又以競爭之故，獨先集事。説者謂此足見城鄉皆有表見之意思，不失爲程度獨高云。

　　江蘇蘇藩屬城自治之議事會及董事會，除武陽外，業已一律成立。其議員董事人數太多，不及備載。武陽區域之爭，迄未解決，顧將來解決之策，能不失爲文明與否，殊足爲考驗人民程度之資料，俟續聞再記。

　　(丙)籌辦廳州縣地方自治。　視前期尚無進行。

　　(丁)試辦各省豫算決算。　正月二十六日，度支部奏試辦

豫算大概情形事，奉旨：“各該衙門知道”。又片奏試辦豫算，
亟應先行籌措事，奉旨：“依議”。摺、片均尚未見發鈔之本。
旋於二十八日，遍電督撫云：“本部試辦豫算摺、片，於本月二
十六日具奏，奉旨：‘各該衙門知道’，欽此。除錄旨刷奏並總
冊式、表式咨送外，請飭各屬迅編分冊，依限送局，彙編總冊
送部，切勿遲延。儉”。電文所謂“依限”，蓋依部定清理財政章
程之限云爾。按各省清理財政局通行文件，有云：“案於宣統元
年十月間，奉度支部函開，各省豫算，照章應於明年試辦，急
宜及早籌備。所有豫算表式，本部現在編訂，俟訂定後即行頒
發各省財政局遵辦。其各省文武大小衙門局所，暨府廳州縣試
辦豫算分表，應於明年二月造送到局。所需表式，即由各省清
理財政官訂定頒發，限期趕辦，俟彙送到局，再由局遵照部頒
表式，訂成總表送部，以歸劃一而免貽誤”等因，云云。上年十
月，部臣所函稱現在編訂之表式，即本年正月所電稱刷奏咨送
之表式，外省俟咨行到後方獲共見。此近日大部試辦之事實也。

　　部函所稱：“各省文武大小衙門局所，暨府廳州縣試辦豫
算分表，所需表式即由各省清理財政官訂定頒發”云云。各省
所訂定者不獲備悉，試舉江甯一處爲例，清理財政局有通行之
豫算表式，並擬定凡例十二條，文開“按款照填，免因錯誤駁
查而違定限”等語。錄表式及凡例如下：

(某衙署局所或某府廳州縣)編造宣統三年(經收/支各項)預算表						
歲　　　　出(入)						
款	項	目	本年額數	上年實數	比較增減	
					增	減
國家行政經費 (領解各款)			共計	共計	共計	共計

續表

款	項	目	本年額數	上年實數	比較增減	
					增	減
	（　）經費 （領　款）		合計	合計	合計	合計
		（　）費 （向（）領款）	計	計	計	計
		（　）費 （向（）領款）	計	計	計	計
地方行政經費 （領解各款）			共計	共計	共計	共計
	（　）經費 （解　款）		合計	合計	合計	合計
		（　）費 （由（）解款）	計	計	計	計
		（　）費 （由（）解款）	計	計	計	計

表首：（某衙署局所或某府廳州縣）編造宣統三年（經收/支各項）預算表　　歲　出（入）

續表

（某衙署局所或某府廳州縣）編造宣統三年（經收/支各項）預算表						
歲		出（入）				
款	項	目	本年額數	上年實數	比較增減	
					增	減
總		計				
備考						

　　上表係江南清理財政局所定。原係出、入各為一表，出款有國家、地方之別，入款有領款、解款之分。茲因省紙幅，合為一表，並非謂國家行政經費必係領款，地方行政經費必係解款也。恐或誤會，聲明於此。

凡　　例

　　一，此表係試辦宣統三年歲入、歲出預算案之用。因表式尚未奉部頒發，是以先由本局擬式，分發各署局所學堂營隊，按式填寫，務於宣統二年二月二十日以前送局，由局彙編咨部。

　　二，此表現分款、項、目三類，係依部頒調查條款及由本局參酌甯屬情形擬定。然此僅略舉大概，如有表中未列款目，務須依式增加，仍於備考格内登説原委。倘表中所列款目爲該處所無者，即於本年額數格内填一"無"字以示區别。

三，表列款、項、目三類。如有定額，查案照填，否則即以宣統元年全年現經裁減實在出入數目作爲宣統三年之標準。設有必須增減，而與宣統元年不能一律者，即應預計數目，分别照填，仍於備考格内詳細注明，以憑稽核。惟此格係因説明款目性質及詳考沿革而設，如字數較多，表列備考格内不敷登説，儘可用紙粘接，總期詳細叙列爲要。

四，編造預算表，按照部章，除應列本年額數外，須於每類附上年出入數目，以爲比較。本案乃編造宣統三年預算，原應以宣統二年爲上年，但是年在預算案未試辦之前，並無收支實數可考，且現以元年數目作爲三年之預算。是以由本局擬以光緒三十四年全年收支實數作爲上年實數，務須按款、項、目分别填寫，倘有爲三十四年所無者，即填寫"無"字，以示區别。

五，本表列有比較增減一格，即以元年額數與三十四年實數兩相比較。設有增者若干，即將所增之數，填寫增之格内，減者照此。若無增減，即於增減格内各填一"無"字，以清眉目。

六，凡填造表式，應祇填寫數目等字，如一千二百三十四兩，祇填一二三四等字是也。然此表係屬創辦，如此簡單，位數設有參差，數目即有出入，轉不若詳細填寫爲妥。故本局議定，填此表時，如前列仍書壹千貳百叁拾肆兩，凡有數目字，均須大寫，以免舛誤。

七，甯屬各處，平色既有參差，錢、洋亦多併列，殊非劃一整齊之道。凡表列各項款目，無論銀、洋、錢，以及如何平色，均應化作江甯藩庫二四庫平二八寶銀。如有採購穀米，亦當按照原價，合銀列表，以期一律，仍將原來平色，及錢洋照何價合成庫平各細數，另開清摺，隨表送局備核。

八，釐捐各分卡，鹽務各分銷之員司薪水、工食、局用等項，應由該管總局查明，逐卡逐項，詳細列表。他如綠營應列之鎮協、營汛、官弁、兵丁、薪餉，防營應列之營旗、哨官、弁勇夫薪餉，新軍應列之鎮協、標署，及步馬、礮工、輜重、軍樂等營官、弁兵夫薪餉，均由該管總彙之區轉飭，逐營逐項詳細列表，彙核送局。其餘亦可照此類推。

九，宣統三年係有閏之年，而宣統元年亦係有閏，想出、入各數，當可不相上下。第查光緒三十四年原無閏月，今以該年之收支作爲上年之實數，是以無閏之年而與有閏之年比較，則收支各款即難强合。茲擬宣統元年閏月應收、應支各款，於備考格內臚舉大數，仍將各細數逐項另開清摺，隨表送局備核。

十，查各府廳州縣設立之學堂、巡警應於正表外分列，各注細數，茲由本局發給表式，如表格不敷填用，儘可自行照式添備。凡學堂仍須注明官立、私立，巡警須注明總局、分局字樣，以便稽核。

十一，查清理財政章程第十四條，內載預算報告冊內，應將出款何項應屬國家行政經費，何項應屬地方行政經費，劃分爲二。又云國家行政經費係指廉俸、軍餉、解京各款，以及洋款協餉等項，地方行政經費係指教育、警察、實業等項。各等語。茲本局擬定歲出表式，內列款目繁多，何項應屬國家行政經費，何項應屬地方行政經費，務由各處分別性質，劃分清晰，另開細摺，隨表一併送局備核。

十二，凡表列共計者，乃指款之一格之總數。合計者，乃指項之一格之總數。計者，乃指目之一格之細數。凡表列總計者，乃指全表收支大總而言。如款多而表列數頁者，祇須於末頁總計大數，以挈綱領。

凡此皆官之所籌備，直至九月開諮議局第二屆常會，其地方行政經費一部分，必交諮議局議決，是其歸宿爲官民合辦，故列爲官民合辦之丁項。又按江南豫算表凡例第九條，所慮遇閏之年，計數與無閏之年不同，此誠陰曆之大缺點。國無財政，可以我行我法，今稍一清理，已觸手生荊棘矣。授時之義，以便於人事爲主，否則七政自能運行，何勞吾人僕僕於推步？且今猶僅有國家銳意維新，而社會之無進步如故，故覺陰曆之不便者，尚止一清理財政局耳。嗚呼！不變曆法，烏足以變國情，然今且罕議及者，奈何？

（戊）推廣廳州縣簡易識字學塾。　上年頒布課本，創設學塾，皆無成效。今年無可推廣。

二、官辦者四事：

（甲）彙報各省人戶總數。　上年以調查爲籌備，歲末乃有民政部一奏，間有全省已報總數者，而省城及各府之首縣及商埠則已一律報齊。今年此項事宜，尚無可指實者。

（乙）覆查各省歲出入總數。　前期既載度支部上年所奏各省之歲出入款，聲明各省協撥各款，尚有重復，未盡剔除。本年覆查，自必逐款清澈。現就江南一處而論，清理財政局之剖析款目，劃一平色，釐剔虛糜，覆核數目，皆不可謂無所事事。惟各省督撫藩司之怒目疾視，類有同情，監理官持之有故，則久亦終占優勝。雖謠諑沸騰，卒之外官有牽掣清理而削籍之毛慶蕃，監理尚無無罪去官之事。財權之將集於中央，有徵驗矣。

江蘇監理官，獨有一正三副。是邦可謂最劇，兩淮一鹽務，至特設副監理一人。正月十六日，督辦鹽政處會奏遵旨酌擬章程摺單，又辦事章程摺單，均奉旨依議，盡削督撫管理鹽政之權。各摺單均見"新法令"。二十六日，又奏請繳銷巡鹽御史舊印。是日即奏派員赴粵查鹽務，而兩淮副監理官梁致廣已輔行矣。無督撫為之梗，則清理財政亦無事乎監。立憲之大端曰清理財政，清理之要義曰推翻督撫。日本維新，廢藩倒幕，事權一而後呼吸通，吾國步武東鄰，正以計臣為摧鋒之上將，今日亦廢藩倒幕時也。

（丙）各省城及商埠等處各級審判廳限年內一律成立。　依法院編制法，省城具備三級審判廳：一級為初級，二級為地方，三級為高等。初級為獨任制，需人尚少；二級為折衷制，即有時當用推事三員；三級為合議制，以三員為常，而可增至五員。地方審判廳以上又酌分民事、刑事庭數，以一省計，需人已多，況合各省乎？況又有相應之各級檢察廳乎？距省會遼遠之繁盛商埠，又得設高等審判分廳。其初級審判廳，雖一廳州縣之中可少至僅設一所，而法文明定為一所以上。又有酌擇繁盛鄉鎮，設初級審判廳若干所之明文。則今年每省省城商埠應設之審判廳數、檢察廳數，需用廳丞及推事檢察官數，求材既難，需費亦鉅。而編制法中，各省司法事宜，皆受成於提法司。今提法司且未遍設，未知尚以按察司權宜為之否？京師及東三省已設者不論，各省按照法律從事，不許復如上年鄂省之取巧荒謬，人力物力，已不易勉副籌備名義。一律成立之效，拭目俟之。朝廷不早開國會，誰與擔此財用，以作養招致此專門之人材，此循省法律，倖合清單，不能不爲惴惴者也。

（丁）廳州縣巡警限年內一律完備。　上年此項事宜，以粗具規模畢事。粗具之界說，原無一定，至今年所謂完備，則談何容易。清單列籌辦鄉鎮巡警於第四年，則完備之界綫，以一廳州縣之城區域爲限。雖然，非城自治先有主體，吾固未敢信廳州縣官之能識巡警爲與向來保甲、勇丁之有以異也。

三、靜待館部頒布者三事：

（甲）頒布文官考試章程、任用章程、官俸章程。　未頒布。報或載章程已具，因新官制未定，無從奏請頒布，此必不然。頒布新官制，在清單尚需第五年，而實行此文官各項章程。明年第四年中已定作籌備事宜，與今年之頒布相應。有此章程，無論用何官制，先清其得官之途，與養官之法，於求才勸士之意，稍有合焉，固無不可。

（乙）頒布新刑律。　未頒布。照清單本年頒布後，實行尚在第六年，相距者三年。此三年中，一則有上年十二月二十四日憲政編查館已核議具奏之現行律，奉旨俞允，咨交修訂法律大臣，另繕黃冊，會同請旨刊印頒行。再則，有上年十一月十八日奉旨交憲政編查館之檢察廳檢察長徐謙所奏編定現行刑律摺，亦於十二月二十四日，館臣覆奏請飭修訂法律人臣另編重訂現行律一片。即據徐謙原奏，所陳大端有五：一，分別民刑；二，重罪減輕，輕罪加重；三，停止贖刑；四，婦女有罪應與男犯同一處罰；五，次第停止秋審覆核。本此五者，將現行刑律參照新刑律編訂，以爲新法未實行、舊法未遽廢之時，中間之經過法。即於舊法中定明何者改從新法，何者仍從舊法，凡此皆在三年中以代新刑律者。今清單有此項頒布期限，而所謂重訂現行律，則未知能否早成，此國民所當屬目。

　　徐謙所陳五事，其第一事爲分別民刑，則館摺聲明重訂現行律未頒布前，於現行刑律之户役内承繼分産，以及男女婚姻、典買田宅、錢債違約各條，應屬民事者，遵照奏定章程，無庸再科罪刑；其查封拍賣及應判決執行者，仍照定章辦理，此民、刑略分之朕兆也。其第五事爲次第停止秋審覆核，則於上年十二月二十八日，館臣奏核訂法院編制法摺内，規定屬於最高審判暨統一解釋法令事務，即由大理院欽遵國家法律辦理，所有該院現審死罪案件，毋庸咨送法部覆核，以重審判獨立之權。此大理院審案之咨部覆核，已經停止者一也。又云，凡京外已設審判廳地方，無論何項衙門，按照本法，無審判權者概不得違法收受民刑訴訟案件，其有不服各該廳判決之上控案件，應查照訴訟律及奏定審判訴訟各章程審結，亦均無庸覆核解勘，致涉紛歧。此京外已設審判廳地方之覆核解勘，亦經停止者二也。又云，其外省未設審判廳地方，一應彙奏專奏死罪案件，暫准由大理院照章覆判具奏，諮報法部施行，一俟各直省府廳州縣地方初級各審判廳成立之日，均遵定律定章審結，屆時再將覆判各節，一律删除。此未設審判廳地方之覆判各節，尚待次第停止者三也。綜上三等辦法，覆核解勘之累，其能免與否，視審判廳之有無爲斷。則州縣之希望成立審判廳，以公言可以專心治理，以私言實乃解除賠累。今之賢大吏，無日不以體恤州縣爲言，亦踴躍於審判廳之籌備而已矣，欲於丁漕内巧取於民以益之，何其不愛人以德也。又館摺規定秋朝審制度，則曰現在新刑律尚未頒布實行，應照舊由法部辦理，然則無所謂次第停止，直待新刑律頒布實行焉爾。歷來秋審、朝審，曾否有益於明刑弼教之意，官亦國民，當自喻之。各省按察司以秋審爲窟穴，苦累州縣則有之。館摺一上，又累汝州縣三年，未知重訂現行律中，尚能有所救正否也。

四、館部自行程課者三事：

（甲）編訂戶籍法。　自清單將調查戶口一事，延長至四年之久，而第一年頒布章程又不在著手調查期內，故戶籍法之頒布在第五年，實行在第六年，今正爲逍遙無事之日也。

（乙）釐訂地方稅章程。　吾國前無所謂地方稅，自清單列此項事宜，而功令始見此名詞。自今年有試辦各省豫算一事，而國家行政經費與地方行政經費，將逐款細辨其性質，然後地方稅有需用之標準。此次釐訂，自必就各省地方需用之額數，再取向來不分國家、地方之入款，比附各國所定爲地方稅款目者，量出爲入，以定地方稅款目範圍之廣狹。地方之進步無窮，固不能不日加新負擔。然舊爲地方所用，政府亦必仍如其分以予之。釐訂宗旨之必可推知者如此。

然就前年頒布之城鎮鄉自治章程觀之，其第五章規定自治經費，不名之曰地方稅，而名之地方公益捐。公益捐則分二種：一附捐，即各國之所謂附加稅；一特捐，即各國之所謂特別稅。附加稅當定分數，章程定爲不得過原徵捐稅定數十分之一，特別稅當定種類，章程則置而不言。吾國捐稅之能以地方計者，以地畝爲大宗，盡一廳州縣之所入，有終歲不過萬金者，且有并此不逮者。以萬金計，再割爲各城鎮鄉區域，一區域中原徵捐稅不過數百金，即附捐不得過數十金。又實業不興，城市且不盡有業捐可起，則特捐又何所發生？然而章程中自治事宜，羅列至數十款，縱不盡能如法辦理，亦必有萬不可少之若干項。即再約言之，自治一公所，議事會、董事會或鄉董一切職員及辦事公費，豈此戔戔者所能敷。觀今年之以釐訂地方稅爲籌備事宜，知前年自治章程中之附捐分數，萬萬不足爲訓。今試舉外國地方稅稅率，爲釐訂之館部、督撫參一解焉。

日本府縣稅稅率

地租以增納三分之一爲通常限制，但儘二分之一以内，無庸別俟許可，逕自徵收。若更有加徵，則當受内務、大藏兩大臣之許可。但法律勅命中別有規定者，不在此限。

按：據此則地畝之附捐，少者三分之一，至二分之一，仍可逕自徵收。二分之一以上，乃須稟准，然尚有別爲規定者不以此爲限。則府縣稅在法律上常增收至國稅之半數，而過半之數，亦非絶對不許者也。

國稅之營業稅、附加稅，得徵至本稅十分之二。

按：吾國尚無所謂營業稅，各國以此稅爲大宗，其附加亦倍於十分之一。

又救助罹災之基本金，得於國稅之地租、營業稅、所得稅三種，皆災附加稅百分之三。

按：此又在前兩項附加之外，更有附加。僅僅一府縣稅之附加稅已如此，其他特別稅，乃當吾國之特捐，特捐本不定稅率，即亦不必取以相比。要之特別稅種類，各國本不必同，惟房捐則恒爲地方稅性質而已。

市町村稅稅率

國稅之地租、營業稅、所得稅三稅，謂之直接國稅，皆可附加至二分之一，又可附加於府縣稅之上徵收。至附加於國稅者加過二分之一，及附加於間接國稅之上者，則當受內務、大藏兩大臣之許可。

　　按：據此則市町村所征附加稅，其範圍又加大，其率數又加多，而特別稅不計焉。誠以國家爲地方之所積而成，市町村爲地方最密切之起點。市町村即吾國之城鎮鄉也。觀吾城鎮鄉自治章程，限制附捐不得過十分之一，似有藐視地方之意。夫自治有費則有事業，若局其費而又存其名，僅僅使養自治公所內少許職員，而於事則一籌莫展，是以公所爲民蠹也。或曰納稅即在人民，人民加重負擔，政府何病焉，正恐民不聊生耳。今之城鎮鄉自治章程，豈非愛養斯民，不得不爾。不知國稅、地方稅同爲人民負擔，人民負擔之中列入地方稅之款項多，即贏於此而縮於彼，非謂爭加地方稅，而盡由人民增其新負擔也。正謂從前可以用之於地方，而冒國稅之名，事事乞恩於官吏，而有應有不應，苟或應之，則官且以生死人肉白骨自詡，而吾民之膏血聽其侵漁之後，又以嚬蹙爲大惠也。夫地方稅與國稅，同隨生活程度而增，而地方稅尤無止境。持盈保泰之國，有議減國稅之時，而地方稅則不以減收爲惠。世界文明各國，地方稅額，年年增進。取世界年鑑而合觀之，地方稅額之增進常速，有明證也。歸安錢恂，昔撰《財政四綱》，中引馬兒花兒氏千八百八十九年各國國稅、地方稅額數比較表，英之地方稅幾倍於國稅。又就日本之明治二十六年計，地方稅總額當國稅總額十分之七。近時通州調查人口及測量土地皆畢，州紳張謇著論，其支支節節之地方事業不計，就警察、教育兩大端言，以人口、土地爲分配，即需費數十萬元，始應自治功令。然則

可以十分一之附捐應之乎？今年試辦豫算，別查向來用
款，分別國家行政經費與地方行政經費，就事實以配需
要，吾固信其決不執自治章程之成見矣。特舉各國之例，
敬告釐訂主任之館臣。

（丙）釐訂直省官制。　報載，京師官制，頗有裁併消息，
而其實非今年應有之籌備事宜。今年釐訂官制，以直省爲限，
頒布之期，乃合内外官制爲同時，蓋均在第五年。其可知者，
鹽務官必有更動，則以鹽政新設督辦大臣，用人行政，今已集
權於中央，而鹽法亦且將變故也。又道府必且盡裁，則以各司
必遵新制設立。司法又獨立，陸軍盡改新制，巡守道無所用
之。而法院編制法定地方審判廳，既以府廳州縣爲一級，若地
方自治，且以廳州縣爲最上級，而知府無轄地者且無可位置，
則其爲閒冗，可揚搉各新法令而得之矣。

第七年第三期

幣 制 私 議

今天下至急之計，莫不曰國無財政，不可以爲國。財政之待理不一端，而普通之所以指名曰財者，其物且尚未具行政之跡。夫政事之得行於財者，必自圜法始。吾國自太公以來，始有錢文，垂二千年，至唐人詩有"蠻方市用銀"之語，則漸由賤金類之幣，趨於貴金類矣。宋、元以來，稱錠稱貫，遂爲銀與錢並用之國。然錢有文字肉好，自來以文計數。銀乃計重爲錠，僅由礦質鎔爲等重之塊，初無貨幣之制度行其間。近年以來，浸灌於外國之銀圓，旋自行鼓鑄，以相抵制，乃稍稍有銀幣之面目存焉。嗣是而至前年戊申九月，乃有劃一幣制之明諭，卒以圓與兩有異議，銀與銅無法償，至今尚爲聚訟之淵藪。近者廣設諮議之官，博採異同之論，國幣將見實行，而言論方復焱起。私憂過計，輒以意爲之商榷，參一解於群言之中。不揣樗昧，貢議如下：

第一議：本位

古用銅爲本位，今雖用銀，然銀可權輕重以爲用，則銀亦一宗貨物。以銀市物，實以物抵物，所謂交易而退，各得其所。蓋尚沿粟布通功之舊，名爲傾向貴金，實乃破裂圜法，其效用與千年前蠻方之市無異。銖黍而衡之，分寸而剖之，藥之哺咀，銀之剪鑿，皆草昧未開之情狀。使太公以九府之遺制，周景以大錢之美利，充其識力以計慮銀之爲用，豈肯聽其漫無法度如此。顧論制度，則吾國衹可謂之銅本位，論事實，吾國乃已全國用銀，則雖非有幣制之銀本位，實已由銅本位之中，兼存一生銀之本位。夫生銀固可以正名爲本位乎哉！

今試視生銀爲已鼓鑄之銀，認吾國爲完全銀本位之國，如經濟界普通之持論，則吾嘗聞其立說約有二種：（甲）開通主義。以爲凡百制度可自爲風氣，惟幣制當從流通之範圍而定，貴金幣足以操縱賤金幣，多數所用之幣足以操縱少數所用之幣，賤金幣不與貴金幣相遭，少數人不與多數人相接，則無有影響之變動。若其不能，有如吾國公私所欠，外債纍纍，皆用金幣計值，每年清償本息，以鎊虧一項，動爲制國用者之牽掣，無豫算之可言，即無財政清理之可望，此不用金之害中於國者。海禁既開，商民營運，資本稍厚者，動關國際貿易。吾國商人，學問、經驗舉不及外商，而外商有計本科利之逸，內商多擔一金鎊漲落之危。縱有所謂投機事業，而外商就貨價一次投機，內商必就貨價與鎊價兩次投機。內商之程度低於外商，而所擔之危險倍於外商，生商戰之時，而處必敗之地，此不用金之害中於民者。（乙）保守主義。藉銀賤金貴，以產於內國計銀爲值之物，售於外國挾金爲市之商，在彼視我爲價廉而樂購，在我視彼爲金多而爭輸。凡不業洋貨之商，恒相聚而言曰，銀價恨其未極賤耳。果臻極賤，束薪皆可出洋，多一分暢銷之土貨，即多一分輸入之金融。一改用金，土貨輸出之途立窒，洋貨輸入之途更寬。何者？洋貨以鎊貴而漲價，以價漲而滯銷，此爲無形之抵制。用金以後，洋貨必且一無阻礙，而悉力灌輸也。蓋今日欲以生產吸資財，惟永定銀本位之制爲最得也。

以上二説，似皆持之有故。比而論之，當從甲不從乙。乙説之所謂土貨，皆原料耳，原料出口，祇可偶洩其所有餘，不當恃爲國際貿易之長策。國以原料予人，則四民之中可以廢工，高曾規矩，長此窳惰，國民遂罕職業之可操。其病在生活者一。外商之購我土貨，大率亦多以貨價相交易，洋貨銷滯，土貨必受影響。即如乙説，洋貨滯而土貨益暢，吾民衣食之物，騰踴而出國門，自必價值飛漲。在外人以金貴故，方踴躍樂居其貨，在國民以銀賤故，已缺乏不聊其生。加以原料盡去，民無工作，則無新事業，百物價騰而生計如故，所利者少數轉運原料之商人，所害者全國需用原料之生齒。其病在日用者二。轉運土貨之商，即亦無久擅私利之理。以一二飽煖處千萬飢寒之中，爲天下之至險，有如米麥本不當獨遏其外銷，以病農業，然爲生計短絀之人，救目前急迫之患，不得不爾，久而至於百物皆如近日之米患。一二私利之商，其身家不足惜，如填安無術何？其病在政事者三。外人挾其常用之幣，坐享吾國低值之物，國民目豔心憎，視爲天人，既無生業，又缺於給養，益屈伏於外人之享用，以爲豪侈。數十年來，媚外無恥之風，皆坐此而致。今以銀本位之制，永限吾民於溝壑而無以振拔之。其病在風俗者四。故不定本位則已，苟定本位，則必用金可無疑也。

然則，以金鑄幣，既未蓄現金，往者精琦氏所持虛金本位之説，將實行乎？是又不能不慮。夫以紙幣當貴金，苟爲不許兌換之物，無論吾國無此信用，即各國亦不敢久行，許其兌換，則虛金所抵當之物仍爲銀幣。凡本位者，收支均無限制之謂，用金本位則金幣無限制，銀、銅各幣皆其輔幣，限制皆極嚴，行用既少，私鑄無利，故低其成色而無嫌。今虛金之兌換，實即銀圓，名爲虛本位，實即複本位。當定制之初，勒定

金一圓換銀圓幾枚，若成色較低，行用又無限，已不免大便於
私鑄。再歷時而生銀益賤，私鑄益繁，私鑄一銀幣，工少而值
多，又不止如銅圓之充斥而已。複本位之制，本不易行，況金
爲虛位，而能持虛金與實銀爲一定之比價乎？不能久持，則虛
金本位，乃一時愚弄之計，徒使經濟界多一大亂焉耳。是故欲
定金本位，宜早蓄現金。自今日始，乃蓄金之日，則急猶可
濟。若藉口於蓄金，而延宕金本位之期，是又非定本位之本意
矣，然今已無奈而止可暫用銀本位矣。恭讀先朝劃一幣制明
諭，一則曰，各國以金幣爲主，以銀、銅各元爲輔，規制精
密，流通便利，但須累年經營，始克完備，皆非一蹴所能幾
及；再則曰，欲以實金爲本位，則鉅本難籌，若定虛金爲本
位，則危險可慮，自應先將銀幣整齊劃一，然後穩慎籌措，徐
圖進步，將來行用金幣，可望妥實無弊。此誠聖主洞燭情弊之
訓詞，要之臣子奉行，則當以速儲現金，爲真合先朝垂諭之
意，若徒以穩慎徐圖等字爲藉口，則大謬也。

第二議：重量

圜法本不當計重，計重乃鑄局內部所守之法律。鑄成以
後，人民但以圓計，安能復以重計？向來鑄幣，所最無理而不
可解者，無論大小銀圓，皆於幣冪載庫平幾錢幾分幾釐字樣。
謂與等重之生銀相比耶？則何如省一鼓鑄之煩，聽人民以秤戥
從事。謂拘束人民，必視吾銀圓爲有等重生銀之值耶？則吾未
嘗見京外各種銀圓，有一永定足當銀若干重之值。徒以我國爲
生銀本位之國，金融歸結之處，仍以銀計而不以圓計，於是銀
圓隨市而定值銀若干之比價，等一圓也。今日之銀值，與明日
之銀值不同，則何取於冪載重量乎？此病不除，國家雖有幣
制，而人民終無用幣之資格，此無論用兩用七錢二分，皆以不

載於幣冪爲要義者也。

　　至今日所曉曉難定者，一兩與七錢二分，各執一說。主用兩者，一則曰主權，二則曰民便，三則曰邦交。第三說最無理，新商約，各國方諄促我自定國幣，供外人在中國行用。國幣定後，向用之關平，仍比定新幣，增減合符原數，亦附載專件戊申九月劃一幣制諭中。明提此項銀幣，除與各國訂有約文，照舊核算外，京外大小各衙門庫款收發，悉歸一律。聖訓甚明，無從盲論。其尊主權者，謂國自有幣，七錢二分乃沿墨銀之舊，不當徇外人以定本國之制，此第一說也。其主民便者，謂公私習用銀兩，俸餉舊皆以兩計，用幣而仍具兩錢分釐之重，則有便利而無紛更，此第二說也。夫主權在能使國有定幣，與重量之同異無關。今但問一兩與七錢二分，孰較有益於事實？於事實有窒礙，而曰吾爭主權。假令倅合事實，專以國有幣制爲主權，分量偶同舊用之墨銀，於國家有無妨害，此當就實際決之，無庸沾沾於形式，而彼此爲無益之辨論也。第一說之解決如此。至言民便，則當先問民以有幣爲便，以無幣爲便。夫必以幣爲便民而後定制。又曲就用銀之習慣而計兩以爲幣，則必通中國之用銀，皆爲庫平，適合新幣之重，然後一兩重之幣，爲兼有生銀習慣之用。若銀平本有參差，則庫平一兩之幣，隨時隨地，皆當別作比較。不如核一定數，令每一圓永作庫平銀幾錢幾分幾釐，大小於庫平者皆就本來大小之數，合作若干之重當一圓，歸入度量權衡之全國劃一法內，合製一表，明其萬有不齊之比例，令向來用銀者一改用圓，永無再行計兩之日，豈不永斷葛藤？牽於一兩之重，其手續仍與用圓之煩相等。又況同一庫平，且有每百加二二、加二四之不同。向日七錢二分之圓，人尚知其爲圓而不計其分量之輕重，今日一兩之圓，人乃刻刻與當地之平相較量，何便之有？第二說之解決又如此。然則，前所云以實際決之者，其所謂實際安在？今試問吾國生計之現狀，購買物品，尚當從銅錢一文起數否？僅值一文之物力，所在尚多有之，則使盡廢一文之錢，加若干而爲起點，生活程度驟高，物價有驟漲之患。七錢二分之圓，可與銅幣一文，勒定作千與一之比，一兩之圓則不能也。或援歐洲各國幣制，主幣、輔幣不必定有十進之比例，是一兩銀圓之與一文銅錢，何不可定作千數百分與一分之比？不知此其淵源相沿甚遠，古代無趨便之意。以吾國度量衡各法而論，扶咫尋常之於度，豆區釜鍾之於量，斤兩銖銖之於衡，曾無一用十進者，似此者共有數十名。今惟斤兩之制尚存，有十進之數者，皆純用十進，是爲人情樂便之公例。歐洲未進化時，早定制度，故多留古時之度量衡名目。後起勝前，自不當拘歐洲不便之制爲師法。且各國流布於東方之銀圓，大率準墨銀之重，豈其本國幣法本然哉，亦以適合東方生活程度，略與制錢千枚之比價相近耳。無所不便之形式，則必曰吾不屑同外國之幣，以妨主權，有所不便之實質，乃反藉口於歐洲以爲先例，不又適相矛盾乎？前年以明諭劃一幣制，而但能定銀輔幣，竟不能定銅輔幣，遂致徒有德音，銅圓反日見充斥，官民成今日交困之局。此即爲當國諸臣，狃於一兩，而與銅錢既離十進之位，欲規定其法價而無所準，遂爲此不揣本而齊末之經制。旋復特旨令計臣覆籌，一兩與七錢二分，一有窒礙，一無窒礙，事理昭然，無待多辯。或者欲以圓半爲兩，以冀兩面斡旋，謂其巧合則有之，其實立意調停，亦尚非必然之事也。

　　往者因重量而議及成色，甚至力持足色，以鼓鑄爲漏卮，此最無識。今既不從一兩，則所謂七錢二分，亦實係約數而非的數。向來鑄圓，自有通用之成色，無勞致辯矣。

第三議：輔幣

　　輔幣之限制不嚴，其始成複本位，其後遂以惡幣驅逐良幣，致成近日銅圓出而制錢盡之效果。夫輔幣之所以不防私毀者，色重皆低，與正幣之比價，名實本不相副也。其亦不患私鑄者，行用極少，冒禁令，費工本，而爲之無暢銷之路，則無利可圖也。或者謂限制雖嚴，小本經紀之商，售物多不滿一正幣，積少成多，無禁其兌換之理，即無從除私鑄者影射之弊，疑限制仍非盡善之法。不知有幣制以後之兌換，正幣與輔幣，無攙和、強用與短作、貼水諸陋習。攜正幣則有輕賫之便，隨時行用，雖購買零星物品，固有以輔幣相交易者，亦必多以正幣聽市肆退找輔幣者。小本經紀之商，正幣、輔幣輪轉出入，即使一日之貿易不能相準，積數日仍復其故，蓋恃法償有定，意中無恐其虧蝕之念，即無急於兌換之心。其有違法以大宗爲兌換者，自非坦然共信其偶有別故，必不容許於人人。至欲私行短作，以求售於用戶，必不能冒積少成多之小商人，惟有直自認爲私鑄之奸民。檢事之所得而糾，警察之所得而逮，與受同罪，犯禁綦難，私鑄之阻礙愈多，即其事愈不合算。故慮兌換之不可盡繩以法者，乃吾國無幣制時人民之目光，既定幣制，乃知其謬。此各國兌換正輔幣之事實，確然可信者也。若其層級之數，則視今日朝議，必曲就一兩原議與否？如必以圓半斡旋一兩，則銀輔幣應鑄三級，半圓、二毫、一毫是也；鎳輔幣應鑄一級，半毫是也；銅輔幣應鑄二級，十文、一文是也。不斡旋一兩，則半圓可以無需。向有當二十文之銅圓，亦似無取。其限制，則半圓者不得用至兩枚，其餘稱是，皆以滿一圓爲限。惟一文制錢，則不得用至十枚，以滿一銅元圓爲限。至舊有銅圓，流毒已甚，非收買銷毀，無以截清充斥之害，非減折收買，無以補救重鑄之虧。減折舊銅幣，即以新幣收之，號令極信，期限極速，暫累吾民一次，以後永爲有國幣之國民，此在奉行者之能善其後矣。

　　以上三端，爲目前急救合宜之計，必以及早儲金改進本位爲全國注目之點。此今日籌劃幣制之全局也。謹議。

第七年第四期

憲　政　篇

　　每月剟計憲政，吾文若無可陳説，累月而後剟計之，以爲事實當較富矣，而寥寥者如故。今天下聚精會神，所欲得當以自效者，惟有早開國會，爲正當之負擔，以共救此遭風之舟。此而不獲請也，尚何憲政之足言？夫生爲中國之人，其敢於謂國會不應開者，豈無其人？日本立憲數十年，明效大驗，已著於世。其國中尚有低徊鎖港之世，日悼痛於用夷變夏之禍，致恨國内無尺寸乾淨土，蓄髮樓居，以送餘年，自命爲名教綱常之遺種者。果有是人，國民亦何惜尋丈之地，儋石之粟，崇奉此逸民大老，爲專制政體顯其作養之能，使史家掩卷贊歎，指爲秦皇漢武二千餘年養士之澤。然若附和立憲，輔佐繼述之孝，以與人家國事，輒援“程度未及”四字，拒國會之請願，以阻憲政之進行，則試問立憲國之人民，與專制國之官長，責任孰重？吾民至程度不足爲立憲國人民，肉食者乃自命爲遠勝立憲國之官長，一以專制行之，而可以存立於萬國競爭之會，何其倨也！其甚者，舉國内一二無秩序之事實，如毀學仇教，抗户口之調查，與夫種煙而併命，搶米而暴動，以是爲程度不及之證。豈知程度之爲程度，非可指少數奸慝以概其餘。作姦犯科之民，何國蔑有？重以有立憲之名，無國會之實，青黄不接之官吏，遇財利則爭其在官，遇政治則諉爲在民，於是一切擾

亂治安之舉，無論中外，皆為法律所不恕者。獨今日中國之
官，則可公然喻於衆曰：民與民為難，我不與知，以符新政重
視輿論之旨。嗚呼！生值此政體之下，業可以無所不為，而風
潮猶止有此數。雖謂中國人民程度高出於萬國可也，然且官不
自愧，不曰己之窟穴難破，轉曰民之程度難齊。夫程度齊則吾
國必有四萬萬內閣總理，四萬萬國會議員，此豈先朝毅然立憲
之本意哉？懸一籌備憲政清單，曰籌備完成而後予爾國會。人
有言曰，有國會而後有籌備，有籌備而後有完成，此天下之公
論也。倒果為因，曰得瓜而後種瓜，得豆而後種豆，以此為陽
予陰奪之妙用，使兩年以來之憲政篇皆成竹頭木屑之瑣瑣也
固宜。

　　就目前之憲政事實觀之，其舉動尚為得體者，則有二事：
（一）山東撫臣奏獎籌辦憲政之在籍紳士，經憲政編查館議駁，
尚知立憲以國民為主體，宗旨甚正。魯撫欲以貨取君子，非志
在愚弄人民，即昧於憲政名義，顧或者反以官吏可以得獎，士
民獨否為觖望。人心之不同，予欲無言。（二）欽選資政院議
員，明詔無庸謝恩，此亦威福不加於立法機關之意。然聞被選
各員，疑為輕己，在欽選議員，有此見解，可見程度之最低
者，惟有官耳。官為議員，而與民選之員，同列表決之數，吾
為資政院懼矣。

　　其關係較大者，則有憲政編查館奏進之行政綱目一編，於
憲政漸有部署，意雖遠於自然之盛治，然有法究大勝於無法。
今該館所陳行政事務宜明定權限酌擬辦法一摺，業於二月二十
九日具奏，奉旨：“依議”，欽此。其隨摺奏進之綱目原文，已
由館臣咨送各該衙門逐條核酌。如有尚須量為變通損益，及事
隸兩部或數部者，分別會商，詳細簽注，限兩月內咨覆到館，
再行釐訂會奏，請旨欽定實行。摺稱資政院召集在邇，若不先

期詳爲規定，恐權限爭執無已。據此則兩月之限，雖未知何日扣足，蓋訂會奏之期，又未知何日集事，要其實行在資政院召集之先，大略可想。然則吾國之將爲君主立憲政體，又添一重，規制、根據較以前爲確實矣。此爲近事之最可喜者。

綱目成於學部侍郎李家駒之手。李考察憲政，自日本返國，即上疏論此事。既兼憲政館差，悉心屬此稿，遲之又久，始獲上聞，是爲中國維新一大箸作。編中要義在分行政事類與執行機關事類有五：曰內務，曰外務，曰財政，曰軍政，曰司法。事類分則統系自明，統系明則向來無可歸宿之衙門，自然淘汰。吏部爲胥吏之事，禮部爲草昧時之祭司。都察院爲專制國不得已之設施，其實乃實權所在之附屬品。故君明則臣直，否則爲權璫權相之鷹犬，搏擊善類而使之盡者，皆台官也。明以來七卿爲治，一明其事類，七卿乃去其三。其餘特立之衙門，翰林院固爲承平之玩物，爲卿爲監，則亦自古所輕，迭經裁併而猶有孑遺，及今將如距斯脫。蓋吾黨所癒音瘝口而冀有革除者，一旦豁然見之事實，能無釋然意慰。若其所謂執行機關，摺稱具備四級：曰直接官治，曰間接官治，曰地方官治，曰地方自治。又稱，凡中央集權之國，不須設地方官治，以事統於民部之故。凡地方分權之國，不須設間接官治，以事分隸於地方之故。我國情形均難適用，故宜四級。夫所謂中央集權之國，若東西各統一國，皆幅員小而政俗不甚參差。所謂地方分權之國，若歐美各聯邦國，又各有堅確之主權，而結合之由，類於契約之爲用。今斟酌取四級之制，其實間接官治與地方官治，皆不過存一行省之階級，使督撫爲省政府之最高權，而任免則一出大權，固非各部所能去留，亦非地方所能擁戴。斡旋現行之制，以底於條理之宜，可謂具有匠心，非沾沾奉一國爲藍本者所可比。故摺言資政院暨諮議局之權限，即以此爲範圍，蓋雖有分與總之不同，要皆爲立法機關，即諮議局亦與地方議會有別。又言釐訂官制、清理財政等項，悉據此以爲準的，則督撫於省之財政，將來自有分量。若鹽法必合全國以規定者，固不當爲一省之所私，各督撫之斷斷爭論，殊未燭及久遠之圖也。原摺見“新法令”，綱目俟實行時亦載“新法令”。先爲撮叙要旨，以導吾官吾民之視綫，庶知各有分限，無所庸其惴惴焉。

以上述邇來國家對於憲政之大意，至本年籌備事宜，仍援曩例條列如下：

一、官民合辦者五事：

（甲）召集資政院議員，舉行開院。　前紀欽選議員，已經互選得票者有各部院官，旋有辭選及陞任外放應撤銷者共十一員，以得票次多數者掣補，仍足百六十員之數。錄都察院咨行各衙門文如下：

都察院咨行各衙門互選資政院議員人名
分別撤銷補入文　<small>附銜名單</small>

爲咨行事。所有各部院衙門官互選資政院議員，業將當選人名榜示，並通行各衙門在案。今據翰林院編修華焯等九員呈稱，不願應選，呈明撤銷等因。又准陸軍部咨稱，左參議署右丞許秉琦現升右丞，又吏部郎中張劭現放知府，均應撤銷。本監督按照資政院院章，以得票次多數者補入之。今掣定內閣中書連增等十一員，共補足一百六十員。除造冊咨送資政院辦理外，相應將撤銷並補入各員開單，咨行貴衙門查照可也。須至咨者。

兹將撤銷各員銜名開列於後：翰林院編修華焯，翰林院侍讀熊方燧，陸軍部郎中陶葆廉，翰林院侍讀學士黃思永，内閣侍讀文增，候補四品京堂勞乃宣，翰林院侍講程棫林，度支部主事方鑄，陸軍部候補郎中宜楨，陸軍部左參議署右丞許秉琦，吏部郎中張官劭。

茲將補入各員銜名開列於後：内閣中書連增，年四十一歲，得一票；陸軍部候補主事豫橋，年四十歲，得一票；翰林院編修楊兆麟，年四十歲，得一票；民政部員外郎延齡，年四十歲，得一票；陸軍部候補郎中曹汝英，年四十歲，得一票；度支部郎中陳錦濤，年四十歲，得一票；翰林院編修歐家廉，年四十歲，得一票；翰林院祕書郎商衍瀛，年四十歲，得一票；度支部學習主事、曾任司務趙邦基，年三十九歲，得一票；吏部候補主事、宗室慶愈，年三十九歲，得一票；内閣中書德禄，年三十九歲，得一票。

又學部擇定"通儒碩學"三十員，更録該部咨資政院文如下：

學部咨資政院遵章擇定碩學通儒議員文　附銜名單

爲咨行事。總務司案呈，查資政院章程内開，碩學通儒議員，每届選舉，由資政院於前一年九月内，行知學部，由該部通行京堂以上官，翰林、給事中、御史、各省督撫提學司，及出使各國大臣，各蒐訪一人或二人，開具簡明事實，保送該部。由該部審查，將合格人員得保較多者，擇定三十人作爲碩學通儒議員之被選人，造具清册，於選舉年分二月以前，咨送資政院等語。現在京外各衙門，業經陸續遵章保送，本部已將被選舉人員逐一稽核，擇其合原章第一條各款人員，得保較多者，切實審查，除自行辭退及著書不稱人員外，業經擇定三十人，遵章造具清冊，咨送資政院。相應咨行貴院查照辦理可也。須至咨者。

第一款清秩　勞乃宣，浙江人，候補四品京堂，六十七歲，原保十四人；王闓運，湖南人，翰林院檢討，七十八歲，原保九人；孫葆田，山東人，三品卿銜，六十九歲，原保七人；張謇，江蘇人，翰林院修撰，三品卿銜，五十歲，原保六人；蒯光典，安徽人，候補四品京堂，五十三歲，原保四人；鄭孝胥，福建人，三品卿銜，前開缺廣東按察使，五十歲，原保四人。

第二款著書　吳士鑒，浙江人，翰林院侍讀，四十二歲，原保四十一人；梁鼎芬，廣東人，前開缺湖北按察使，五十二歲，原保十五人；陳澹然，安徽人，陸軍部一等編纂官，五十歲，原保十五人；宋育仁，四川人，湖北候補道，五十一歲，原保十四人；喬樹枏，四川人，學部左丞，六十二歲，原保十人；陳寶琛，福建人，候補內閣學士，六十二歲，原保九人；吳廷燮，江蘇人，前任民政部右參議，四十五歲，原保九人；沈家本，浙江人，法部右侍郎，修訂法律大臣，七十一歲，原保八人；王先謙，湖南人，內閣學士銜，前國子監祭酒，六十八歲，原保八人；嚴復，福建人，直隸候補道，五十七歲，原保七人；江瀚，福建人，學部參事官，五十歲，原保六人；喻長霖，浙江人，翰林院編修，四十九歲，原保五人；沈林一，江蘇人，山西候補道，四十四歲，原保五人；馬其昶，安徽人，中書科中書，五十五歲，原保四人；惲毓鼎，直隸人，翰林院侍讀學士，四十七歲，原保四人；胡思敬，江西人，都察院掌廣東道監察御史，四十二歲，原保四人；陶葆廉，浙江人，陸軍部郎中，四十八歲，原保三人。

第三款通儒院　程明超，湖北人，翰林院編修，三十九歲，原保二十四人；朱獻文，浙江人，翰林院檢討，三十六歲，原保十四人；章宗元，浙江人，翰林院編修，三十三歲，原保十四人；虞銘新，浙江人，翰林院檢討，三十一歲，原保十二人；陳錦濤，廣東人，度支部郎中，三十九歲，原保十一人；錢承鋕，浙江人，度支部員外郎，三十六歲，原保九人；洪鎔，安徽人，翰林院編修，三十一歲，原保五人。

此項資格，據部咨釐爲三種。其清秩一種，大概採之時譽。著書一種最蕪雜，其中固有撰述卓卓在人耳目者，然大半迂疏甚或窒戾之流，蓋以行卷呈身，其用意可想。以欲爲于式枚而無其筆舌之吳士鑑公然首列，可知反對立憲之代表爲議院之所必收。通儒院一種，尚係固定資格，此不足論。

宗室覺羅，由宗人府行投票互選。錄名單如下：

宗人府互選當選人名單

宗人府理事官、宗室松溥，年三十八歲，得二十四票；宗人府理事官、宗室恒廉，年五十三歲，得十七票；吏部主事、宗室慶愈，年三十九歲，得十五票；丁憂開缺宗人府理事官留署當差、宗室定壽，年四十二歲，得十一票；度支部員外郎、宗室志瀚，年三十一歲，得十一票；宗人府理事官、宗室奕元，年三十三歲，得十票；正藍旗第十三族族長、宗室英凱，年五十三歲，得八票；丁憂開缺宗人府主事留署當差、宗室定秀，年四十八歲，得八票；宗人府副理事官、宗室溥恩，年三十九歲，得八票；
廂藍旗第五族族長、宗室豫錡，年五十九歲，得六票；宗
人府筆帖式、宗室世珣，年三十九歲，得五票；宗人府委
署主事、宗室載衍，年三十八歲，得五票；四品宗室勳
銳，年四十三歲，得四票；陸軍部主事、宗室續昌，年四
十一歲，得四票；宗人府筆帖式、宗室齊賢，年三十六
歲，得四票；正藍旗第七族族長、宗室扎拉芬，年三十六
歲，得四票；監察御史、宗室瑞賢，年五十六歲，得三
票；郵傳部郎中、宗室庚耆，年三十六歲，得三票；宗人
府效力筆帖式、宗室麟銓，年三十二歲，得三票；宗人府
候補筆帖式、宗室恒年，年三十一歲，得三票；郵傳部候
補參議、宗室奕壽，年三十歲，得三票；四品宗室法什商
阿，年三十歲，得三票；宗人府理事官、宗室敬祚，年六
十歲，得二票；宗人府筆帖式、宗室載岫，年五十八歲，
得二票；陸軍部候補筆帖式、覺羅景安，年三十四歲，得
七票；正藍旗佐領、覺羅寶麟，年五十二歲，得五票；起
居注筆帖式、覺羅福綿年，三十八歲，得五票。

世爵互選人員，未見官報，旋於四月初一日，諭旨明定欽
選議員，除多額納稅之當選人，各省尚未盡咨到，不及諭定
外，得議員九十六人，宗室王公世爵十四人（魁斌、載功、訥
勒赫、載瀛、載潤、溥霱、全榮、壽全、載鎧、載振、毓盈、
載燕、盛昆、慶恕）、滿漢世爵十二人（希璋、黃懋澄、志鈞、
榮全、榮塈、延秀、曾廣鑾、存興、李長祿、敬昌、劉能紀、
胡祖蔭）、外藩王公世爵二十二人（博迪、蘇貢、桑諾爾布、色
凌敦魯布、色隆托濟勒、勒旺諾爾布、特古斯、阿勒、坦呼、
雅克圖、繃楚克、車林、多爾濟、帕拉穆達木、黨蘇倫、那彥

圖索特、那木扎、木柴巴勒、珠爾拉布坦、司迪克、那木濟、勒錯布丹）、宗室覺羅六人（定秀、世珣、榮普、成善、景安、宜純）、各部院衙門官三十二人（奎濂、陳懋鼎、趙椿年、錫煆、榮凱、毓善、劉道仁、文哲珲、張緝光、李經畬、林炳、章慶蕃、顧棟臣、何藻翔、陳善同、劉澤熙、魏聯奎、趙炳麟、儼忠、胡駿、王璟芳、文溥、吳敬修、柯劭忞、榮厚、胡礽泰、汪榮寶、劉華、長福、曹元忠、吳緯炳、郭家驥）、碩學通儒十人（吳士鑑、勞乃宣、章宗元、陳寶琛、沈家本、嚴復、江瀚、喻長霖、沈林一、陶葆廉），是爲欽選議員之發表。論文又規定八月二十日爲召集之期，九月初一日開院。同日片交御前大臣，資政院，所有此次圈出資政院議員均無庸謝恩。説者謂所不滿意於此事者，資政院爲非馬非驢之議會；所差強人意者，明詔圈出人姓名，以至尊爲國民宣布代表，有辦理選舉之義，無行慶施惠之心，視古來刑賞皆強令謝恩者，用意大有不同。説並見上。

近日各報盛傳外省選舉之員，亦應加欽選，此必專指多額納税者而言。若諮議局互選人，照章經督撫依得票多寡，覆加選定，即欽選各議員之日，資政院請旨之文，亦正名爲互選議員，由督撫選定咨送，安有更煩欽選之理？

因開資政院而設速記學堂，具如前紀。二月二十四日，院臣奏開辦情形，並另片呈進蔡錫勇所著《傳音快字》書爲課本，奉旨："知道了"，欽此。即於二十五日開第一班，聲明邊遠省分未能到齊，仍咨催速送，續行開班云。

《傳音快字》一書，導源於美國凌士禮，錫勇隨使美國，研求速記，因取曲直斜正粗細之記音符號，揣合華音，增損變化之。片稱日本熊崎健一郎著有《中國速記術》，係就日本速記文字，斟酌變通，因無嫻習之人，暫未能用，則亦將來速記學粗明之日，所當參考以會其通，而冀其有進者也。

（乙）續辦城鎮鄉地方自治。　　各省向有一兩處先有自治規模者，自部章既頒，遵章成立之自治團體，計惟江蘇蘇藩屬之城自治耳。正月間一律成立，獨常州府屬之武陽兩邑，爭執區域，久礙進行。近始確照部章，以城廂爲城，各無異議，聞五月內可行選舉。武陽城自治雖遲，而鄉自治乃已有成立者。城鄉競爭，作氣較盛，無衝突必無進步，信然。

兩月以來，民政部電示自治辦法，分別錄下：

東督致民政部電　　民政部鈞鑒：奉省自治事宜，擬照蘇皖奏案，先從各屬城廂辦起，業經籌辦處擬定進行方法，制成事務期限表，督飭各屬，一律開辦。惟定章城廂議員以二十名爲率，而邊屬城廂居民有僅數百戶或數十戶者，人稀財薄，選額易滋浮濫，將來擔任公務，窒礙尤多。茲據邊屬官紳稟請，將附城村屯，酌併城廂辦理，推廣範圍。可否照准，乞速示飭遵。良叩。漾。

民政部覆東督電　　奉天制台鑒：漾電悉。附城村屯情形，未必與城廂盡同。所有城廂議員名額，未便以附城村屯居民合併。但城廂人口過少時，選額不妨暫闕。此覆。民政部。徑。

東督奉撫致民政部電　　民政部鈞鑒：漾電請示，係因奉屬偏僻州縣城廂居民，數有少至數百戶或數十戶者，非酌併附城村屯，則人稀財薄，城廂議、董各會，斷難成立。至議員名額，既有定章二十三條可遵，本無疑義。茲奉徑電，謂人口過少，選額不妨暫缺等因。查人口多寡之數，與應缺議員之名額，苦無比算之標準。且於鈞部上年十一月復廣州電，城鎮議事會議員名數，不論該城居民多

寡，照章應以二十名爲定額等因，似有出入。可否仍照漾
電所擬辦理，乞示遵。良、全。魚。

民政部覆東督奉撫電　奉天制台撫台鑒：魚電悉。邊
屬城廂自治，不將附城村屯併入，既有窒礙，應照漾電所
擬，量爲變通。希即酌奪辦理。此覆。民政部。

以上爲變通區域之一例。

東督奉撫致民政部電　民政部鑒：定章選舉納稅資
格，正稅指部庫、司庫二宗。奉省各屬，多蒙王旗地，每
年租稅，全由蒙王設局征收，故各屬內竟有全納蒙稅，不
入部庫、司庫者。若此項租稅不算資格，則減除選民過
多，鄉自治會難於成立，即於化除畛域、保存權利之義，
均有妨礙。乞示電。良、全。沁。

民政部覆東督奉撫電　奉天制台、撫台鑒：奉省蒙王
旗地租稅，亦應作爲正稅，照章計算。此覆。民政
部。支。

以上爲奉省之特例。

桂撫致民政部電　民政部鈞鑒：城鎮鄉自治章程第二
十五條第三項，父子兄弟不得同時任爲議員。所謂兄弟是
否限於同胞？同胞而出繼者是否不受限制？同條第四項規
定，若有父子兄弟現爲城鎮董事會總董、董事或鄉董、鄉
佐者，不得爲該議事會議員。第一次係議事會先成，假令
有子弟現爲城鎮鄉議事會議員，而父兄被選爲該城鎮董事
會職員或鄉董、鄉佐，是否以子避父，以弟避兄？章程無

明文，均請核示。岐叩。漾。

　　民政部覆桂撫電　廣西撫台鑒：漾電悉。自治章程第二十五條第三項，所謂兄弟，係指同胞而言，其同胞出繼者，即不在此限。至議事會先董事會成立，若子弟已經充當議員，其父兄復被選爲董事會職員時，應以子避父，以弟避兄。此覆。民政部。徑。

以上爲父子兄弟相回避之解釋。凡被選舉權之以回避停止者，當援此爲一例。

　　浙撫致憲政編查館民政部電　憲政編查館民政部鈞鑒：頃據地方自治籌辦處稟稱，查城鎮鄉地方自治章程，城鎮鄉議事會、董事會或鄉董，遇有爭議，不能議決情事，應移交府廳州縣議事會公斷，或代爲議決。惟城鎮鄉地方，係分屬二縣以上時，而府廳州縣議事會並不合併設置，是否由二個以上之府廳州縣議事會臨時協議？又上年本處稟陳城鎮鄉地方自治章程疑義數端，奉經批示咨部核示，迄未奉覆。現在城鎮鄉地方自治章程施行細則，正在編制，究應如何辦理解決之處，請示等情前來。謹請分別核定，早日電示，以便飭遵。增韞。支。

　　民政部覆浙撫電　杭州撫台鑒：支電悉。城鎮鄉地方分屬二縣以上時，府廳州縣議事會若未合併設置，所有城鎮鄉各會爭訟事宜，應由府廳州縣議事會臨時協議決定。至前準諮詢城鎮鄉自治章程疑義數端，已於正月間咨覆。此覆。民政部。

以上爲合併設置之自治區，規定其上級不合併時之辦法。

浙人雖得此解釋，可以據爲平亭爭議之用，其實就同城州縣而言，萬萬不可不合併，否則支節更多。且必豫備同城州縣，其官廳亦應裁併。既有自治職輔之行政，而司法又必獨立，何用多設衙署，以糜帑項？併二缺爲一缺，亦補救州縣困難之一端。若廳州縣自治先不合併，是吾人民亦喜多張門面，常留此不可解之糾結也。府廳州縣之自治，籌辦方始，急宜注意。

　　　　閩督致憲政編查館電　憲政編查館鈞鑒：選民年納正稅，係指直接，如錢糧、鋪捐之類。他如鹽課、酒捐，乃代官承辦，其課捐實出於需要之人，似爲間接，可爲選民否？乞電示。壽。東。
　　　　憲政編查館覆閩督電　福州制台鑒：東電悉。錢糧、鹽課，均係正稅。即酒捐，亦應以正稅論。凡年納如額者，照章作爲選民。憲政編查館。魚。

以上爲稅法未定，不問直接、間接，皆稱正稅之一例。

　　　　吉撫致憲政編查館、民政部電　憲政編查館民政部鈞鑒：據地方自治籌辦處呈稱，現在調查選民資格，亦應依據部章，明白解釋，以免誤會。惟查城鎮鄉自治章程第十六條第一項第四款云，年納正稅或本地方公益捐二圓以上者。所謂年納正稅者，不知是否與日本市町村制納地租者不設限制額相同，抑或仍須納至二圓以上。如必須納至二圓以上，則譬若有人年納正稅或本地方公益捐，併計在二圓以上，是否亦可認爲合於第四款資格？又同條第二項云，居民內有素行公正、衆望允孚者，雖不備第三、第四款之資格，亦得以城鎮鄉議事會之議決作爲選民。現在城鎮鄉議事會尚未成立，此項資格，自無從議決，然亦未便概置不問，究應如何變通辦理，似非預先指定，難免爭執。又同條第三項云，若有納正稅或公益捐較本地選民內納捐最多之人所納尤多者，雖不備第二、第三款之資格，亦得作爲選民。此項資格，照章程文義解釋，似從法律所設之公司，及其他法人，均應在內，但無明文，未敢妄決。又第十七條第一項第三款云，營業不正者，其範圍以規約定之。現在議事會既未成立，規約自無從發生。調查之初，究應由何處指定範圍，以爲標準，呈請諮詢前來。統仰電示，以便飭遵。昭常謹肅。文。

民政部覆吉撫電　吉林撫台鑒：文電悉。年納正稅以二圓以上爲合格，如納正稅或公益捐併計在二圓以上亦可。又同條第二項所指資格，定章既以城鎮鄉議事會議決爲準，現在議事會並未成立，應即暫缺。又同條第三項所指資格，凡照法律所設之公司，及其他法人，均應在內。又第十七條第三款，營業不正者，未經以規約指定範圍以前，應比照貴省選舉諮議局議員時調查營業不正者辦法，一律辦理。希即飭遵。民政部。

晋撫致民政部電　民政部鈞鑒：查調查户口及自治章程，有疑義四條奉詢：一，部頒奏定章程內有户主規定，户主蓋指家長而言，設全家並無男丁，調查時可否權以婦女填寫？一，部覆桂撫電，各種公司可以援用第十六條第三項之規定，他項團體，能否比照辦理，其行使選舉權之方法如何？一，部章第十六條第三項內，納捐尤多者，雖不備第二、第三款之資格，亦得作爲選民，此項規定，是否包女子在內？如可作爲選民，其行使選舉權之方法若何？一，一家中納捐最多者自應照章列入甲級選舉，如有人不願列入，能否將捐款勻配，令父子兄弟分有數選舉權？乞將以上四條，分晰示覆遵行。實銓叩。皓。

民政部覆晉撫電　山西撫台鑒：皓電悉。戶主照章指現主家政者而言，不分男女。凡照法律所設之各種公司，可援用第十六條第三項之規定。至他項團體，但係法人，均可比照辦理。其行使選舉權之方法，按第十八條第二項，得遣代理人行之。又第十六條第三項內，納捐尤多者，雖不備第二、第三款之資格，亦得作爲選民，其義即謂不必以男子與年滿二十五歲者爲限。若不能自行選舉權者，亦按第十八條第二項，得遣代理人行之。又納捐最多者照章列入甲級，不得將捐款勻配，令父子兄弟分有數選舉權。此覆。民政部。

吉撫致民政部電　民政部鈞鑒：據自治籌辦處稟稱，城鎮鄉自治章程第十六條第四款云，年納正稅或本地方公益捐二元以上者。查稅捐一項，我國情形與他國不同，因國稅與地方稅均未確定，且端目亦極簡單，故有每年所得及不動產甚多而無稅者。若以吉省言之，又較關內迥異，每有居民財產甚多，不獨無正稅可納，即公益捐亦無之者。如謂此類居民即不能有選民資格，則其財產上之利害關係，未免忽視，且有選民資格者，亦即未免過少。擬請變通辦法，暫爲吉省設一例外。如有不動產滿五百元以上者，亦可作爲第四款資格。又同條第二項所指資格，前奉鈞部覆電云，現在議事會尚未成立，應即暫缺。查吉省地廣人稀，能有選民資格者殊少，而各城鎮鄉自治籌辦公所現已飭屬依次設立，可否即以該公所暫爲此項資格議決機關，庶免此類居民向隅，而各地選民亦可加增額數等情，呈請電咨前來。是否可行，伏祈電示，以便飭遵。昭常謹蕭。魚。

　　民政部覆吉撫電　吉林撫台鑒：魚電悉。查選民資格，定章既以納稅捐爲要件，自未便遽准變更。其居民有財產甚多而並無稅捐可納者，如自願捐助本地方自治經費，年至二元以上，即與納公益捐無異，應一律列入選民。所請特設例外之處，應毋庸議。至第十六條第二項資格，來電一再商請變通，應即暫以各城鎮鄉自治籌辦公所爲此項資格議決機關。希即飭遵。民政部。筱。

　　以上爲正稅、公益捐可以併計之解釋。及素行公正、眾望允孚之資格，本年第一次調查選民，即可決定。至法人之名，雖未見於法文，此電實爲公文承認之始。又營業不正之標準，亦定於此。吉省發問，頗中事理。

　　魯撫致憲政編查館電　憲政編查館鈞鑒：查城鎮鄉自治章程第十六條第三項所云，不備二款之資格，亦得爲選民。其年歲不及格者，如何限制？其較本地納捐最多之人所納尤多者，於編定名冊時，是否列入甲級，與有本國籍者同等？又若父子兄弟同居，納稅捐者係父名，而子弟年齡資格均合，可否準其將納稅總額餘出之數，分爲數人有選民權？統祈鈞核電示。寶琦。蒸。

　　民政部覆魯撫電　濟南撫台鑒：准憲政編查館轉咨蒸電悉。查章程第十六條第三項所稱不備第二款資格，其義即謂不必以男子與年滿二十五歲者爲限。縱令年歲不及格，亦無限制，若不能自行選舉權者，盡可按第十八條第二項，遣代理人行之。其較本地納捐最多之人所納尤多者，一律列入甲級。又子弟年齡雖屬合格，不得以父名所納稅額餘數分爲數選民權。但業經析産或承受父産者，不在此限。此覆。民政部。

以上往復電文殊無謂，魯籌辦處似太膚淺。

東督等致民政部電　民政部鈞鑒：前因奉省偏屬居民較少，電請合併城廂附近村屯，業經鈞部電准在案。茲據彰武縣呈稱，該縣城廂調查定章，雖照合併辦法，袛得選民三十一名，萬難辦理議事會等情。擬援照第十二條第二項規定，變通辦法，僅設董事會，不設議事會，以選民會代之，董事會會員即由選民會徑選。可否？乞示遵。良、全。陽。

民政部覆東督等電　盛京制台、撫台鑒：陽電悉。彰武縣城議事會，即照來電，暫行准用第十二條第二項規定，以選民會代之。俟人口增加，選民合格者漸多，應即仍按定章辦理。民政部。佳。

以上爲選民會之一例。

各省續辦之成績，以二月二十八、九等日，民政部通電各省查詢，三月初間，各省電覆等文，足證籌辦之遲速，其中以蘇撫覆電爲最劃一。惜武陽獨後期成立，未能將城自治作結束語。具錄原文如下：

民政部致甘督電　蘭州制台鑒：查本部奏定逐年籌備未盡事宜，宣統元年，各省照章應設自治研究所，現在均已依限成立。惟貴省尚未諮報，希將設立情形迅速報部，以符奏案。民政部。勘。

　　又致各省督撫電　各省制台撫台鑒：本部奏定逐年籌
備未盡事宜，單開宣統元年各省繁盛城鎮地方籌設議事
會、董事會，當經通行各省。復於本年，因諮報者尚屬寥
寥，續行咨催在案。現屆奏報之期，事關憲政成績，未便
延誤，希即迅速電覆，以便彙奏。民政部。艷。

　　又致各省督撫電　各省制台、撫台鑒：本部奏定逐年
籌備未盡事宜，單開宣統元年核定城鎮鄉自治區域，當經
通行各省。復於本年，因諮報者尚屬寥寥，續行咨催在
案。現屆奏報之期，事關憲政成績，未便延誤。希即迅速
電覆，以便匯奏。民政部。艷。

　　直督覆民政部電　民政部鑒：艷電悉。城鎮鄉自治區
域，必須本地士紳，始能劃分清楚。直隸已於上年通飭各
屬，設立地方預備會，並由局擬定調查表式，分發各屬按
表填注，以爲入手辦法。惟各屬人材難得，具報成立者，
僅有三十餘處。現已由局派員，分往督催，並解釋章程，
說明劃分區域方法。一俟報齊，即行咨送。合先電覆。
龍。卅。

　　又覆民政部電　民政部鑒：艷電悉。繁盛城鎮鄉設議
董事會一節，查地方自治關係重要，自應擇要先辦。清苑
地居省會，業飭於上年設立自治公所，招集士紳，先從城
廂入手，遴派調查選舉諸員，照章分甲、乙兩級，舉定議
員二十二名，於十一月成立清苑縣城議事會、董事會。其
餘各屬，現正由局派員前往催辦，依限籌設。合先電覆。
龍。卅。

　　川督覆民政部電　民政部鈞鑒：艷電悉。川省前定籌
辦自治期限清單，內指繁盛城四十二處、鎮十處，飭將遴
派辦理人員，籌備開辦經費，設立自治公所等事，於元年

內選舉。業據各該屬陸續申覆照辦，本年四、五月，各處自治局皆可成立。至核定城鎮鄉區域，已先將辦妥之四十三廳州縣圖表，連同籌辦清單各件，咨呈查覈。其餘各屬未定區域，未盡妥協，駁飭另定，已嚴催趕辦，到齊續送。巽。卅。

皖撫覆民政部電　民政部鈞鑒：兩艷電敬悉。皖省籌辦自治，業於上年將略予變通情形奏咨在案。各屬城鎮鄉區域，及城廂甲、乙級選民冊，一律審定，議員、董事額數，亦經核配。二月十一、二兩日，舉行各城區議事會甲、乙級投票，十三日開票。現正在知會答覆期間，俟三月中旬，即舉行董事會選舉，限六月底兩會一律成立。謹此奉覆。家寶。卅。

江督覆民政部電　民政部鈞鑒：兩艷電敬悉。核定地方自治區域一事，前准大咨，業經通行遵辦。先以設立籌備公所，爲提綱挈領之地，截至上年十二月底止，甯屬禀報設立者，已及二十州縣。其辦理較速之處，本年即可開辦選舉，仍當隨時飭屬切實進行，以期無誤定限。謹覆。人駿。東。

吉撫覆民政部電　民政部鈞鑒：兩艷電敬悉。核定全省城鎮鄉自治區域，及於繁盛城鎮地方籌設議事會、董事會各節，吉省與鈞部籌定期限，略有變通。其變通辦法與其困難情形，前由自治籌辦處詳細呈明，業經據呈咨請查覈在案，想邀洞鑒。現正核定自治區域，三、四月內准可就緒。至繁盛城之議事會及董事會，今年准可一律成立，現已設立自治籌辦公所，籌辦一切。合併電覆，乞爲彙奏。昭常謹肅。東。

閩督覆民政部電　民政部鑒：艷兩電敬悉。閩省籌辦地方自治進行表，係定由省會推及各屬，所有調查、選舉，次第舉辦。省會則城鎮鄉同時並舉，各屬則由城而鎮而鄉。省城爲繁盛之區，調查區域居民選民，業於元年竣事。議事會本年三月，董事會本年四月，均能成立。各屬城之區域人口，均已查竣，議事會、董事會即可繼續成立。壽。東。

晋撫覆民政部電　民政部鈞鑒：艷、陷電敬悉。晋省議事會、董事會，已於去冬飭令地方繁盛之陽曲、大同、歸化、忻州、汾陽、平定、臨汾、安邑、平遥、太谷等廳州縣，遵章提前趕辦，核定自治區域。亦於去冬令全省自治籌辦處轉飭各屬，畫定區域，現飭該處即行列表咨達。至光緒三十三年民政統計表，已於二月杪咨送。三十四年民政表，遵即嚴飭迅速造報。銓。東。

署鄂督覆民政部電　民政部鈞鑒：艷電悉。鄂省籌辦地方自治第三屆成績，查全省自治研究所，本年二月舉行畢業，各廳州縣當派畢業員回籍設立。南漳、鄖縣等處，則已先設講習所。統計省內外肄業自治者，今及千人。其二班學員，前已飭選合格士紳，每縣定二人以上，五人以下，於本年正月送省肄業。至籌備自治次第，則分別繁盛、中等各城鎮，附城偏僻各鄉，分年籌備。如江夏、夏口、漢陽、沙市、宜昌五處，爲最繁盛。城鎮先行試辦模範自治，揀派畢業員，隨同該地方官，籌備議事、董事各會選舉事宜。武漢三屬，則並派候補牛令爲籌辦模範自治委員，常駐督率。沙市之江陵縣、宜昌之東湖縣，亦電飭迅將選民數目，分別甲、乙級調查。現據申報，已有規模。其餘各廳州縣，亦飭酌就城廂地方，一律籌設自治公所，刻多已據陳報設立。今仍轉飭嚴催，使無弛懈。籌辦處議立宣講所及，編印自治公報，白話告示，以爲輔助而企進行。以上籌備情形，除匯奏並咨達外，謹先電聞。瑞澂叩。東。

署粤督覆民政部電　民政部鈞鑒：艷電悉。頃據廣東地方自治籌辦處詳稱，本處籌辦廣東城鎮鄉地方自治期限清單，悉遵照民政部逐年籌備未盡事宜清單辦理，辦別繁盛城鎮、中等城鎮，未經指定之其餘各城鎮、近城各鄉、偏僻各鄉，計分伍次，逐漸進行。粤省雖屬濱海陝區，而各廳州縣亦多交通不便之處，計自上年籌辦，以迄今兹，文電交馳，辦理已有頭緒。兹據全省各屬稟報，擬定爲繁盛之城者十一處，繁盛之鎮者三十一處，合計繁盛城鎮共四十二處，現已飭令即行設立事務所，趕速籌辦。凡經民政部核定各繁盛城鎮地方議事會、董事會，務限於八月初一日一律成立，以免延誤。所有據定各繁盛城鎮地方，理合造具清册，詳請電咨，指定核覆，俾得遵照辦理等情前來。查册開擬定繁盛城地方十一處，爲南海、番禺、順德、新會、香山、三水、歸善、海陽、潮陽、澄海、石城各縣城。擬定繁盛鎮地方三十一處：屬南海縣者五，曰九汀堡，曰大瀝堡，曰官山，曰佛山，曰沙頭堡；屬番禺縣者一，曰河南；屬順德縣者一，曰石龍；屬香山縣者三，曰隆都，曰小欖，曰黃梁都；屬三水縣者一，曰四堡；屬增城縣者一，曰新塘；屬新甯縣者二，曰屋昌，曰公益；屬新安縣者二，曰深圳，曰黃松岡；屬海陽縣者三，曰龍谿，曰南桂，曰上蒲；屬潮陽縣者三，曰東三區，曰西二區，曰西三區；屬澄海縣者二，曰汕頭，曰蘇南；屬饒平縣者一，曰黃岡；屬石城縣者四，曰安鋪，曰石嶺，曰塞篷，曰青皛；屬英德縣者一，曰含洸。以上除原册另咨外，合先據詳電達，以備覆加核定，彙案奏報。樹勳。冬。

魯撫覆民政部電　民政部鈞鑒：艷電悉。東省繁盛城鎮地方，查有歷城、德州、臨清、濟寗、黃縣、濰縣、膠州各城，以及福山縣，並內之煙台鎮、長山縣，並內之周村鎮，已照章籌設議事、董事各會，限五月成立。請查照。寶琦。冬。

豫撫覆民政部電　民政部鈞鑒：艷電敬悉。豫省城鎮鄉自治區域，業由地方自治籌辦處核定九十五屬，尚餘十二屬，未經核定。其議事、董事會，按照期限清單，分爲兩次辦理。豫省之各地方，查無繁盛城鎮。應歸入第一次籌辦者，係各直隸廳州並各府首縣，均限定於本年五月以前成立，一應籌設事宜，刻正督飭進行。除諮報外，敬先電覆。意。冬。

浙撫覆民政部電　民政部鈞鑒：兩艷電敬悉。大咨尚未奉到，浙省城鎮鄉議、董兩會，不問繁盛、偏僻，均從宣統三年五月以前一律成立，已於上年四月十八日奏明，並咨鈞部有案。經將照章籌設方法，通行各屬。至自治區域，雖以固有境界爲準，然各鎮鄉向來名目紛歧，與定章以人口爲區別迥異。浙省自上年五月即飭屬填報，所有辦法，亦於上年五月奏咨。各屬填表呈報，業已齊集，惟錯誤百出，輾轉駁查，需時較久。且各屬村莊動以千百計，自應量爲合併。而沿革習慣，非地方官一人所能獨斷，當飭召集紳士，妥議允洽，並具圖說呈核，一俟報齊匯咨。核定區域，爲自治起點，亦最困難。此事解決，調查選舉，皆易著手，成立必可如期。先肅電覆。增韞。冬。

贛撫覆民政部電　民政部鈞鑒：兩艷電敬悉。江省籌辦自治，宣講調查，頗費手續。自各屬事務所開辦後，省內外城區早經查定，鎮區接續辦理，鄉區暫難劃清。省城議事、董事會三月、五月成立，各屬城議事、董事會七月一律成立。其鎮議事、董事會，如吳城、景德、樟樹、河口等處，並督催同時並舉。雖稍展時日，仍未誤第四屆期限，業於本年二月具奏第三屆籌備憲政事宜附片陳明。除分咨外，謹先電覆。汝獎。冬。

東督等覆民政部電　民政部：兩艷電敬悉。奉自治事宜，係照蘇皖奏案，先從全省各屬城廂會辦起。業飭籌辦處擬定進行方法，制成事務期限表，督飭各屬，一律舉辦，電達鈞部在案。至核定區域，必從調查入手。查奉省應辦自治各區，計四十六屬。現在城廂調查一律告竣，區域隨經劃定。如遼陽、海城、承德、鐵嶺、開原、西安、甯遠、昌圖、蓋平等九屬，城鎮鄉同時並舉者，其鎮鄉區域亦經劃定，已由籌辦處制定飭繪自治區域圖例，飭各屬一律遵轉。至籌設議、董各會一節，查奉省辦理自治之四十六屬城廂議事會，限本年五月，董事會本年六月，一律成立，決不致誤。現在居民戶口選民資格各表，均已呈到，並由籌辦處派員親往各處考察自治組織事宜。其各屬研究所亦已一律開辦，計全省學員共三千三百餘人。除備文咨明詳情外，特先電覆。良、全。冬。

又致民政部電　民政部鈞鑒：冬電內開奉省各屬學員三千三百餘人，現詳查各屬，有設額尚未招齊，或已考取尚未入學者，實在名數係二千六百八十六人。請即查照更正。良、全。江。

滇督覆民政部電　民政部鈞鑒：兩艷電敬悉。查此件去冬十月准鈞部江電，自治區域應就固有區域查明，咨部備核。當由前護督飭籌辦處，妥定細則表式，通行查報。因地方闊，交通滯，迭催尚未報齊。至繁盛城鎮，按江電似以人口數目爲準。照章本年乃查口數，即提前辦，驟難查悉，特就大概指定，城惟昆明可稱繁盛，鎮則無之。去冬即飭昆城籌設議事等會，此外並指定昆陽州等二十九城列爲中等，一律籌設，均飭本年先後成立。經羲覆。江。

　　蘇撫覆民政部電　民政部、王大臣鈞鑒：艷電敬悉。蘇省籌備自治情形，有可自舉成績者，如城之區域，除蘇、松、常、鎮四府，無本管地方外，其餘三十七廳州縣，皆已先後畫定。未設城垣之靖湖、太湖等廳，以舊時學區或平糶區爲標準。即間有一二縣猶未確定者，亦由籌辦處詳定飭遵。此籌備城區自治之情形一。鎮之區域，照章以五萬人口爲率。現據詳報，可辦鎮制者，祇有商務繁盛之區十餘處。若聯合多鄉，請辦鎮制，則一概批駁，期與固有區域之定章不背。此籌備鎮區自治之情形二。辦理鄉區自治，本以風氣通塞爲先後。現提前籌辦者亦有數十鄉，惟必令繪具區圖，並報明戶口方里，核定後方準開辦。此籌備鄉區自治之情形三。至議事會議員之名額，以該區人口多寡爲比例。長、元、吳及上海等縣之城廂戶口較多，各得選議員六十名；其餘各廳州縣，皆在二十名以上、四十名以下之數，均已公選足額，彙詳有案。即互選議長、副議長，並選舉總董、董事、名譽董事等職，亦皆依限竣事。擬俟詳報齊全，遴選總董，加劄任用後，即當彙咨大部立案，以符定章。除另行詳悉分別奏咨外，先將現辦情形電覆鈞裁。菜。江。

　　新撫覆民政部電　民政部鈞鑒：艷電敬悉。查新疆各屬劃定城鎮鄉自治區域，已據籌辦處彙册，詳經本部院於本年正月二十二日咨送在案。謹此奉覆。聯魁。支。

又覆民政部電　民政部鈞鑒：艷電敬悉。查籌設議事、董事兩會，因新省人民程度太低，普通選舉，暫難遵辦。前項各會，亦未可陵節而施，請從緩設。已於二月奏報憲政成績摺內陳明，並咨達在案。謹此奉覆。聯魁。支。

江撫覆民政部電　民政部鑒：艷電均悉。大部奏定逐年籌備事宜，單開宣統元年核定自治區域，暨籌辦城鎮議事、董事等會，早經札飭各屬認真辦理。惟江省地居邊徼，土廣人稀，自治區域，若照部章劃分，不惟鄉屯零星難於自成區域，即繁盛城鎮亦須酌量合併。惟是分之則人數無多，合之則地段太遠，諸多窒礙，迭據各屬稟報，委係實情。現擬變通部章，暫就原分巡警區域，作爲自治區域，通飭各屬遵辦，以昭簡捷。其董事、議事會，業飭龍江府先就省城組織，其餘城鎮，俟本年四月第一屆自治研究學員畢業，分派各處，辦理設會事宜，庶不至茫無頭緒。除俟合屬報齊，再行咨達外，先此奉覆。樹模。支。

黔撫覆民政部電　民政部鈞鑒：艷電祗悉。劃分城鎮鄉自治區域，各屬報到者已有多處。惟邊遠各縣，尚未依限申報，已飛飭趕速遵辦，一俟到齊，即便彙核咨送。此覆。鴻書。歌。

甘督覆民政部電　民政部鈞鑒：勘、艷三電均悉。地方自治，已於省城設立自治籌辦處，以三司蘭州道爲總辦，內分總務、選舉、調查、庶務四科，各委專員經理。研究所亦遵章成立。其應設之議事會、董事會，現派在籍法部主事劉光祖，教諭田乃畬，先於省會首縣地方辦起，以資提倡。除另文諮報外，謹此電覆。庚。魚。

陝撫覆民政部電　　民政部鈞鑒：艷電敬悉。陝省民智未盡開通，各屬辦理自治，因無五萬戶以上之鎮，均先從城區域自治入手，已於上年列表定限，咨核在案。現各屬城區域已一律劃定，自治公所成立者，計九十處，研究所成立者，計八十八處。城區域內居民選民，亦均調查清晰，並於第三屆奏報籌辦憲政事宜內，復經咨明有案。其繁盛之區應設議事會、董事會，亦先經指定咸陽、臨潼等二十二屬爲繁盛處所，飭令如期舉行。現已陸續申報成立，刻正嚴飭趕辦，一俟彙齊，即行冊報。壽。庚。

（丙）籌辦廳州縣地方自治　　廳州縣自治，大概尚無籌辦之效。聞蘇藩屬之籌辦處，又擬有一律辦法，尚未宣布。三月間，江蘇諮議局開臨時會，質問此事。甯藩屬自治總局，以空文所定期限，略照籌備清單爲準，刊有清本，隨文具覆。蘇籌辦處則觀其曩辦城鎮鄉之法，自體驗本境事實而爲之制。現擬之廳州縣辦法，雖尚未見答復諮議局之文，計必勝於甯屬，即亦恐必爲天下之先。此就已往之效而測之者也。

（丁）試辦各省豫算決算　　自度支部所奏試辦豫算謹陳大概情形一摺發鈔後，乃知光緒三十四年該部所奏定清理財政章程，其所以不盡合九年籌備清單者，確爲今日提前試辦全國豫算之用。清單開本年試辦各省豫算決算，其文義已不明瞭。夫甫辦豫算，即必無決算可辦，並在一年，成何作用？據清單，第六年乃試辦全國豫算，第七年乃試辦全國決算，則於全國之豫算決算，亦知其不在一年矣。何以於各省則併之，謂各省之歲出入可以一年兩結耶？此不可解也。清理財政章程第五章豫備全國豫算，第六章豫備全國決算，京外一律以宣統二年豫算三年之用度，至四年乃爲決算。則清單之上一年豫算，下一年決算，亦猶是不顧事實之談。一經度支部釐正，乃成可以實行之事。是以此次試辦豫算奏摺，並不標明各省與全國之別，即避去籌備清單所剋之期，但引清理財政章程爲根據，已將"各省"二字放過，直辦全國豫算而無所遲迴。蓋即據清單第七年之全國決算，推知第六年之豫算，必從第五年辦畢，亦已輕輕提早兩年。財政爲一切行政之實力，如果長度支部者，亦如各衙門之退讓未遑，藉口籌備清單，以爲觀望之地，各部割裂於中，各省偃塞於外，君民交困而督撫與一二有財權之部浮濫專擅，太阿倒持，兩年以後，正未知尚有此國家見於地球圖上否。阽危之醫國手，非計臣其誰與歸？今日督撫反對中央之集權，身受之患，無足怪也。次則督撫所豢養者，宜亦欲保持窟穴以自庇。吾獨怪主持清議之流，亦時時致不滿於計部。嗚呼！吾以忠厚待之，直謂爲無意識而已。夫計臣所持者，政治之公理，法治國之恒規，立憲政體之大本，主旨既定，視彼浮言，何足一哂？監國倚任得人，此爲負扆之所以報最者矣。如彼其專，吾無間焉。

　　度支部隨摺奏進豫算冊式及例言二十二條，附以比較表，於在京各部，寥寥數言。蓋部庫除度支一部外，餘本無難清澈，度支部既任其難，他部又何所遁飾。外省豫算，大約歲入則併計，而歲出乃以國家行政經費、地方行政經費，就所有之入款而分配之。其所分配，仍以現辦之事實爲準。性質爲地方行政，即以其用項爲地方經費。摺及表冊，均見"新法令"。又附片奏試辦豫算，請飭京外各衙門通盤籌畫，實力裁節浮糜，內稱："憲政始基，既未有議會以監督財權，即難語國民以增加豫算，將來豫算報告，設各省皆有絀無盈，則臣部實窮於質劑，計惟有及時撙節，務以豫算適合爲度。言理財於今日，究無以易量入爲出之舊法"云云。無國會之苦如此，部臣謀國計，不得不然。然吾國民何辜，生此踢天蹐地之中，坐視百廢之不舉，迨大敗決裂，則已無可收拾。萬一九年之期真可冥度，至時又何能免此負擔，則何不於陰雨未甚而急急綢繆也乎？輾轉講求，仍惟國會可以救死，吾民稍有知識，安得不踴躍赴請願之舉也。

試辦豫算，就各省言，有諮議局議決之權，故爲官民合辦之事。若全國豫算，同時試辦，又無國會得以與聞。今年之試辦豫算，民之得與者僅矣。姑列於此，爲各省言之也。

（戊）推廣廳州縣簡易識字學塾。　課本已頒布。各處間有創設者，然了無精神。今日學部之章制，與其所設之官，並鼓煽科舉之餘毒，足以剗教育之萌蘖而有餘。嗚呼！學務之關係於國家，豈吏、禮等部，日暮途遠，可以倒行逆施之比？乃累年得此數大教育家，爲管部，爲尚書侍郎，一綫之功，摧折日盡，何有於簡易識字之一端也。

二、官辦者四事：

（甲）彙報各省人戶總數。　此事有所進行，亦即自爲消沮。各處調查，每以風潮告警，讒慝之口，輒指爲程度不及之徵。以興學無效，撥其根本，以任官無法，壞其支流，恃地方有極解事之士紳而稍稍集事。而實權在握者，平時貪天之功以自利，一遇變故，則縮手養禍，以棄疾於地方，然後使阻撓憲政者有所藉口。今日人民之受待遇於官長者，不亦酷哉！

調查戶口，本與選舉之調查資格不同。部章原屬兩事，而各省往往以調查戶口與自治之調查選民並爲一談。調查戶口，兼及婦孺，並强迫使必受調查。調查選民，止及有資格者，並可聽蔽塞之徒之放棄，各爲主任，尚可專力求其得當？牽連爲一，則未易著手，且一有風潮敗及兩事，竊願司調查者分別言之。

（乙）覆查各省歲出入總數。　此事名實亦不復相副。照清單此文，曰覆查，則上年必已竟初查；曰各省，則必不遽及各部。度支部以一試辦豫算了之，各省至今未能列出豫算表，即無所謂覆查。在京亦以填出豫算表爲期，即不限於各省。故此項事宜，直可用明年第四年清單所開，彙查全國歲出入總數之目，是亦提前一年矣。凡清單列作度支部辦者，無不提前趕辦。此其能力何如？

查在京各衙門財政，已交出者四部：外務部、陸軍部、農工商部、民政部是也。據度支部逐月奏核明金銀庫收支各款摺，近皆另單開列該四部移交之款。其餘各部，不肯移交者有之，無可移交者亦有之，要以豫算填出爲查得之數。今年試辦豫算成，清單中項目可去多款。度支部之籌備憲政如此，可以相形而知憲政館之輕定清單，直約略填記，强不知以爲知，當官而行者苟以實力爲之，清單如敝屣耳。近又統一鹽政，各督撫至以死力爭執再三，監國卒不爲動，此亦明良一德之盛也。諭見“諭旨”，摺及章程俱見“新法令”。

各省亦有自理其財政者，或勻定公費，或並局所於藩司，時見一二奏報，均無關於款項實數，不具論列。惟晋撫丁寶銓先定撫署及司道公費，自取甚廉，足以矜式疆吏。

（丙）各省城及商埠等處各級審判廳，限年內一律成立。各級審判廳，限於省城商埠，以年內爲成立之期。各省今方造就學員，備充法官，而辦法及學科，頗多物議。查上年頒布之法院編制法，附法官考試任用暫行章程，已具新法令。就該暫行章程而論，考試任用，亦非各省所能以意爲之。近江蘇臬司設司法研究所，教員非其人，教科不合格，經諮議局質問，尚未答覆，如此之類，各省諒多同病。以故廣西即有咨請法部，不願受試之事，經部商憲政館不准，並咨部專案奏明通行各省，足杜各省任意派員充數審判之弊。嗣於二月二十七日，法部專奏各省籌辦審判各廳，擬請俟考試法官後一律成立，奉旨依議。錄咨摺原文，以資警省。

憲政編查館咨覆法部考試任用法官各事宜應遵章舉辦專案奏明通行各省文

爲咨覆事。准貴部咨，據廣西巡撫電稱，查憲政編查館奏考試法官章程，須由部奏請簡派人員主試。現在本省各審判廳奏明，自三月起依次開辦，所有法官若待試畢始行委用，恐來不及，可否仍照貴部頒發籌備事宜用人規條，遴員派署，咨明辦理等因。本部再四籌商，與其令各該省任便用人，有礙始基，何如使成立之期稍緩須臾，尚可收得人之效。本部擬於審判廳現未成立各省，無論曾否奏報有期，一律令其於此次考試法官後再行成立，仍以不誤本年期限爲准，庶與定章、定期兩不相背。是否可行，即希酌核迅覆，以便電覆該省，並由本部奏明辦理等因前來。查法官考試任用暫行章程，既奉欽定頒行，則貴部前奏用人條規應行作廢，自屬毫無疑義。恭繹前奉諭旨，考用法官，尤關重要，務須破除情面，振刷精神，欽遵定章舉辦等因。是貴部責成所在，未便稍事通融。該撫所請各節，萬難照准。來咨擬於審判廳未成立各省，無論曾否奏報有期，一律令其於此次考試法官後再行成立，仍以不誤本年期限爲准，誠爲扼要之論。總之，籌辦審判各廳，與考試任用法官，本係兩事。屬於籌辦者，不過經費、建築及辦事章程諸大端，盡可先期趕辦。以經費、建築之事責成各省，迅速籌議辦法，咨報貴部，遵旨會商度支部辦理。其辦事章程，關係綦重，應由貴部於審判各廳未成

以前，釐定通行，俾便開庭時有所遵循，亦免成立後自爲
風氣。至遴員派署一節，係籌辦既畢、開庭方始之事。貴
部既正籌畫考試事宜，但先將施行細則規定，京外即可次
第舉行，不必同時辦理。如各省有已籌辦就緒者，即由該
督撫諮報貴部，提前奏派人員，前往會考；其未籌辦就緒
者，亦應由貴部行文督催，均須於考試後再行開庭。既可
收得人之效，仍不誤成立之期，斯爲正當辦法。即希貴部
專案奏明，通行各省遵照，併先電覆該撫，以慎始基而期
畫一。爲此合咨貴部查照辦理可也。

法部奏各省籌辦審判名廳擬請俟考試
法官後一律成立摺

　　奏爲各省籌辦省城商埠審判各廳，擬請俟考試法官後
一律成立，以正始基而符定制，恭摺仰祈聖鑒事。光緒三
十四年八月，憲政編查館奏定逐年籌備事宜清單，內開各
省省城商埠審判廳限於第三年一律成立，業經臣部分咨各
督撫逐漸籌辦。維時法院編制法尚未奏定，法官考試亦未
有專章，是以臣部先期酌擬用人暫行章程，於上年七月初
十日奏請施行。節據各省陸續奏咨到部，其籌辦將近就緒
者，如廣西一省，已預定於本年二月間成立；即未定成立
期限者，亦正趕急籌辦，以期及早觀成。自上年十二月二
十八日，法院編制法及法官考試任用暫行章程頒發後，旋
由憲政編查館將原奏並編制法等，印刷咨部。臣等詳加核
閱，所有法官第一次考試即應於本年舉行。而原奏復聲
明，凡非推事、檢察官者，未經照章考試，無論何項實缺
人員，不得奏請補署法官各缺。各等語。是此後法官之任
用，舍考試外，更無他途。即臣部前奏用人暫行章程，亦

在應行作廢之列。蓋以審判廳開辦之初，始基宜正，而慎始之道，用人爲先。館臣原奏自係扼要之圖，惟創辦考試事宜，造端甚大，規畫宜詳。臣等現正督率僚屬，悉心籌議，即令從速趕辦，亦必俟秋後始能舉行。此時若令各督撫仍照自奏期限成立，即與任用定章相違。如於考試後始行開庭，則成立期限又不能不量加酌改。臣等當經咨商憲政編查館，據覆各省有已籌辦就緒者，即由該督撫咨部，提前奏派人員，前往會考。其未籌辦就緒者，亦應由部行文督催，均於考試後再行開庭。各等語。現據廣西電稱，開辦在即，臣等再四籌商，擬即迅速詳訂考試細則，提前奏請簡員，前往該省會考。其籌辦尚未就緒各省，無論曾否奏報成立有期，均一律令其於秋後試畢，始行開庭，仍以不誤本年期限爲准。如此變通辦理，既不誤成立之期，又可收得人之效，似屬兩有裨益。至各省高等審判廳廳丞、高等檢察廳檢察長係屬請簡之官，且於司法官中兼掌有行政職務，自非深通法律、富於經驗者不能勝任。擬仍由臣部擇員豫保，臨時請簡，各督撫亦得於該省品秩相當員中慎加遴選，出具切實考語，咨由臣部考核，臨時一同奏請簡放。其餘推事、檢察各官，仍照館臣原奏，非經考試，不得任用，以符定章而歸畫一。如蒙俞允，即由臣部通行各督撫欽遵辦理。至法官考試施行細則，刻正詳審編訂，一俟核定後，即行專摺具奏。所有籌辦直省省城商埠審判廳，擬請考試後一律成立緣由，謹恭摺縷陳，伏乞皇上聖鑒。謹奏。宣統二年二月二十七日，奉旨："依議"，欽此。

三月十七日，法部又奏法官考試任用施行細則摺單，奉旨依議，未見發鈔。

外國裁判所，恒兼掌登記之事，吾國尚未提及。惟奉天督撫臣獨於二月間，奏籌設登記講習所，經費請作正開銷一摺。奉省固爲審判廳已成立之地，各省轉瞬成立，此事要亦當務之急，次第應即籌及。錄東督奉撫原摺，以資觸發。

東三省總督錫良、奉天巡撫程德全奏籌設登記
講習所經費請作正開銷摺

奏爲籌設登記講習所，請將所需經費作正開銷，恭摺具陳，仰祈聖鑒事。竊維裁判改良，重在登記。東西各國，以登記法籍人民之財產權利而簿列之，一經爭訟，無難考察，考察既審，無難剖決。吾國向有不動產稅契章程，頗與登記相近，而其法甚簡。奉省民風質樸，財產交易，契據不完，遇案到官，動有轇轕，亟應講求登記之學，爲將來實行登記法之預備。伏查法部籌備憲政清單，有本年頒布登記法一項，則講習登記，尤不容緩。節經飭令奉天提法司吳鈁悉心核議，據呈本省去歲奏設檢驗學習所，該所內容軒敞，擬設登記講習所一處，附於該所之中，另延教員，別招學生。其管理人員，酌令檢驗學習所所長、日本法政大學畢業生劉蕃等員兼充，而以高等審判廳廳丞監督其事。並擬定通飭各府廳州縣，每屬考送學生二名，每月解送學生膳宿費各六兩。一俟學生到省報齊，即行開辦。預算該所開辦費，需銀約三百兩，常年經費，需銀五千八百二十四兩三錢二分。該所祇辦一年，年滿畢業，即行停止。所需經費，飭司籌撥，作正開銷。現當清理財政之際，特別用款，應即遵章奏咨立案。除分咨度支部、法部外，所有籌設登記講習所，請將所需經費作正開

銷緣由，謹恭摺具陳，伏乞皇上聖鑒，敕部立案施行。謹奏。宣統二年二月三十日，奉硃批："該部知道"，欽此。

（丁）廳州縣巡警，限年內一律完備。　本年尚未到籌辦鎮鄉巡警之時，然就各廳州縣而求其一律完備，已不易稱此四字。今無一省能報稱者，未知至年終作何考核也。上年十一月十九日，御史麥秩嚴奏各省警察腐敗，有礙憲政，懇飭速定民政司巡警道選任章程，當奉諭旨著民政部議奏。上年十二月二十二日，民政部議覆入奏，於嚴任用、勤巡視兩端照准施行。摺見"新法令"。同日，民部又奏釐訂巡警道職權片，亦見"新法令"。又奏請催各省迅設巡警道，並裁併原設巡警等局片，內稱："上年憲政編查館核定直省巡警道官制細則後，各省遵章設立者，計山西、山東、河南、湖南、湖北、廣東、廣西、浙江、安徽、雲南、四川、貴州、江西、陝西共十四省，其餘各省奉天、吉林、黑龍江三省警務，由民政司辦理，直隸、江蘇、福建、新疆、甘肅五省尚未設立，自應催令增設，毋再延緩，致違定章"云云。此各省巡警設官之現狀也。

三、靜待館部頒布者二事：

（甲）頒布文官考試章程、任用章程、官俸章程。　未頒布。今日無章程之亂象，舉貢奔波考試，州縣呼號困難。尤奇者，學部無往而不煽考試之燄。綜計今日十一部之行政，劣者不過無所事事，或略事事而糜費弊混耳，惟學部則亡教育以亡人民而及我國家者也。此章程早頒，或者於學問考驗，與登庸考試，俾天下知判然爲二，倘亦一綫之轉機乎？

（乙）頒布新刑律。　未頒布。即前紀之現行刑律，亦尚未奉旨頒行，至重訂現行律，更未知成於何日，此皆新刑律未施行以前之階級。爲新刑律之階級者尚不遽得，則新刑律之可望

不可即者如何？歲除時想有以慰我，但頒布亦未必實行，中間
尚隔兩種現行律之施行時代矣。

　　重訂現行律，發源於檢察廳長徐謙一奏。其中共五端，第
五端爲次第停止秋審覆核，此事已於二月二十八日由修訂法律
大臣沈家本等具奏，奉旨著憲政編查館核覆，旋於三月十六日
覆奏，奉旨依議。按沈家本等原奏，於秋朝審尚保持法官窟
穴，惟秋審停止會審，朝審停止覆核，及九卿會同審錄之制。
憲政編查館則援徐謙原奏之意，並推廣及未設審判廳之處。雖
有秋審之名，概援舊例，距省寫遠之府廳州縣，秋審人犯，免
其解省，以爲比照辦法，一律省解勘之煩累，並聲明即就現行
刑律之黃册內修正。則現行刑律指日頒行，州縣困累已有其蘇
之望矣。摺見“新法令”。

　　刑律既未頒布，而法部則於正月二十四日奏擬死罪施行詳
細辦法。此與大理院劃分權限，與刑律無涉，要亦刑事訴訟之
要端。奉旨：“著憲政編查館議奏。”嗣於二月二十九日館臣覆
奏，奉旨：“依議。”摺見“新法令”。

　　二月初七日，大理院有奏美國舉行萬國刑律監獄改良會，
派員赴會調查一摺。略言：“本年正月初九日，外務部咨稱，
准美費署使函稱‘各國每屆五年，開會一次，酌商各國刑律及
改良監獄等事。上次曾在奧國開會，今年又屆會期，本國政府
擬定西十月二號起在本國京師開會七日。其各國會員名單須先
於西二月宣布，特囑函詢貴政府是否派員與會，即祈咨商該管
部院妥定見覆。奉上英文册一本，內係會中應商各事’等因，
應否派員之處，相應將原送英文册，飭員譯漢，咨行酌核前
來。竊維近數十年來，東西各國講求刑律，規畫監獄，日求進
步，不遺餘力，大都始於專家之學説，成於彼此之競爭，優劣
因比較而知，同異因交通而泯，故設會協商，視之至重。美國

於三十七年前，創設萬國刑律監獄改良會，歐洲各國從而和之。每屆五年，開會一次，已開七次，各國均派員入會，研究罪案緣起，力求阻止防範與感化保護之法，期有以更革之，意至善也。本年八月，在美京開會，與會各國，較前增多。據譯送原冊，會中提議之件凡四端：曰刑律，曰監獄，曰阻止罪犯，曰保護童稚。刑律則重在減等，監獄則重在悔過，阻止罪犯則重在矜全，保護童稚則重在收養，條問雖繁，宗旨可見，要以有恥且格、寬仁不殺爲主。中國現正更定刑律，改良監獄，爲環球各國所屬目，派員入會，足以發抒己見，考證列邦，既爲司法獨立之取資，亦驗法律完全之進步，關係至重，未敢視爲緩圖。惟遴派人員，頗難其選，非熟諳中外法律，兼精西國語文者，未能勝任。臣等公同商酌，查有候選知府本院刑科第三庭推事金紹城，曾在英國英皇大學畢業，法政科進士本院候補從五品推事李方，曾在英國甘別立大學畢業，該員等現均兼充修訂法律館纂修，於新舊法律，貫通有素，且皆係留學西洋畢業，熟精外國語文，均可直接與議，堪以派令前往赴會。當將該員等銜名咨送外務部，轉復美使在案。現距會期尚有數月，應令該員等按照冊內問題，參酌中外情形，精研博考，以爲專對之資。所需經費，擬俟該員等起程有期，咨商外務部、度支部酌核辦理，並將起程日期一並奏報。再臣院列入籌備憲政內，爲建築法庭與練習審判人才二端，擬令該員等就便將各國法庭規制、審判辦法詳細調查，確實報告"云云。奉旨："該衙門知道"，欽此。此亦可見各國刑獄日進於美善之由來，而吾國亦漸知重視，有企望大同之意，可謂時世造人矣。

四、館部自行程課者三事：

（甲）編訂戶籍法。　頒布之期尚遠。

（乙）釐訂地方稅章程。　此項章程，自應貫徹省及府廳州縣與城鎮鄉兩級自治團體而設。前述釐訂之宗旨，惟試辦省豫算之分別性質爲可見，旋果奉部頒豫算表式。其地方行政經費，分經常、臨時兩大綱，中間分類、分款、分項，於地方所有事，而可與國家行政劃開者，此爲根據。雖僅在省之範圍，然關涉於各地方者已不少。此亦今時人民所最應注意者，節錄如下：

地方行政經費經常門

凡憲政編查館奏定地方自治章程內所列各項經費，均歸自治預算範圍以內，毋庸列入本冊。其在地方自治章程以外者，均屬地方行政經費，應分別性質，開列於後。

第一類　民政費

第一款　諮議局經費　第一項　第二項

第二款　省城及各府廳州縣巡警費　第一項 第二項

第三款　巡警學堂經費　第一項　第二項

第四款　善舉經費　第一項　第二項

第五款　官醫局及補助私立醫院經費　第一項　第二項

第二類　教育費

第一款　省城及各府廳州縣官立學堂經費　第一項 第二項

第二款　各府廳州縣學務公所經費　第一項　第二項

第三款　省城及各府廳州縣勸學所經費　第一項　第二項

第四款　圖書館經費　第一項　第二項

第五款　補助私立各學堂經費　第一項　第二項

第三類　實業費

第一款　農工商礦各學堂經費　第一項　第二項

第二款　農事試驗場經費　第一項　第二項

第三款　墾務局經費第一項　第二項

第四款　工藝局經費　第一項　第二項

第五款　礦政調查局經費　第一項　第二項

第六款　商品陳列所經費第一項　第二項

第四類　交通費

第一款　鐵路輪船各學堂經費　第一項　第二項

第二款　補助商辦鐵路經費　第一項　第二項

如各省抽收米捐、畝捐、鹽斤加價等項，專爲商辦鐵路經費者，均列此款。

第五類　官業支出

第一款　官辦礦務經費　第一項　第二項

第二款　官辦鐵路經費　第一項　第二項

第三款　造紙、印刷等局經費　第一項　第二項

凡各省官辦各項事業，其專屬行政性質者，列入實業費、交通費各類之內。其兼有營業性質者，列入官業類內，由各省分別情形，酌量填列。

以上統計經常經費共庫平銀若干。

地方行政經費臨時門

第一類　民政費

第一款　選舉諮議局議員經費　第一項　第二項

第二款　補助地方自治經費　第一項　第二項

各省倡辦地方自治，有暫以官款補助者，及自治籌辦處自治研究所所需經費，均列此款。唯籌辦處研究所附設於學堂及諮議局內者，毋庸列入此款。

第三款　防疫經費　第一項　第二項

第四款　賑恤經費　第一項　第二項

第五款　臨時補助善舉經費　第一項　第二項

第二類　教育費

第一款　臨時補助教育費　第一項　第二項

第二款　遣派出洋留學生學費　第一項　第二項

第三類　實業費

第一款　賽會經費　第一項　第二項

第四類　工程費

第一款　修繕道路、橋梁、渡船等經費　第一項　第二項

第二款　治水隄防經費　第一項　第二項

以上統計臨時經費共庫平銀若干。

以上統計地方行政經費經常、臨時共庫平銀若干。

（丙）釐訂直省官制。　自行政綱目奏進後，釐訂始有宗旨可言。今將鵠俟綱目之實行，此項籌備事宜，正可不必注目。要之綱目既定，則官制之釐訂，正不必直省先於中央。籌備清單，皆泛泛之款目，有切實經緯之者，必不能拘泥其事項。清理財政章程，行政綱目，兩俱其確證也。

第七年第五期

憲　政　篇

四月之杪，爲憲政編查館遵限考核上屆京外各衙門籌備憲政成績，入告之期，吾在野所斤斤焉懸爲程課，以相督促者。是月實爲朝廷所設之考核機關，以明文宣布成績之定限，合朝野之視綫，辨別憲政之進行。竊謂私家紀述恒苦不翔實者勢也，乃館臣之奏報，益疏闊無殿最之實。然則不能據官文書以爲憲政籌備之定評，而吾"憲政篇"之作，益不容輟矣。仍以曩例列舉如下：

一、官民共辦者五事：

（甲）召集資政院議員，舉行開院。　資政院議員於本月始悉數選定，諮議局互選之議員定於上年，欽選之宗室、王公世爵、滿漢世爵、外藩王公世爵、宗室覺羅、各部院衙門官、通儒碩學，各項議員，皆定於本月初一，名單見"諭旨"。其續行欽選之納税多額議員，定於本月十七，名單亦見"諭旨"。召集之期爲八月二十日，即見初一日諭旨之内。是本項第一齣已畢事，天下人目光所注在"舉行開院"四字，急欲觀其狀態如何。四月二十三日，御史陳善同奏，資政院開院會議，事屬創舉，請飭各議員先事實行籌備一摺，奉旨："著資政院知道"。所聞有籌備之言者僅此。近聞已飭京外有奏事之權者，豫備議案矣，倘其效歟？

　（乙）續辦城鎮鄉地方自治。　城自治一律尅期成立，惟有江蘇之蘇藩所屬廳州縣城，既如前述。夫籌備憲政之成績，貴普及不貴特殊，翹指一二處之美備，不若歷指各處之粗完。憲政館考核時，於自治一端，不懸蘇藩屬以勵全國，其設科考核之本意安在？本月之館摺，誠以上年之終爲限。蘇藩屬之自治，不張皇於事先，原無可鋪叙之處。然據摺載各省自治成績，絶無冀其一律成立之意，其所稱成績可觀之六省，如直隷則籌辦最早，此天下所公認，然非自治章程之力。又稱其設所研究，增至九十九處，另訂有各項表式，分地方自治區域、公務、公款、公産爲四種，飭屬填報。凡此皆官力所鋪張，非人民自行參政之能力，即於自治之本意相去甚遠。自治以有議事會、董事會，發生政治實效爲主，而館摺所言直隷之成立自治團體者，僅云先在清苑縣組織城議事會、董事會，以爲模範。據此，則清苑之城自治方在組織，即有資爲模範之意，其尚無意於組織外廳州縣可知。摺又稱廣西於上屆去年之上半年即將全省劃分三區，分配人數，入所研究，現將臨桂地方自治，提前試辦，期與修仁縣城鎮鄉議事會同時成立。廣西自治，辦理本在部章之先，上年十月考核摺，所謂廣西於光緒三十三年即奏設全省自治局者也。三年以來，並無自治團體告成立者。摺又稱自治畢業學員最多者爲直隷，四川次之，河南、陝西又次之，其各廳州縣自治研究所已報設齊全者則惟河南、福建兩省，其城區户口一律調查完竣者則惟陝西，以上六省，籌辦自治成績，均尚可觀云云。夫研究學員，非即自治職員，城區户口，又非即城區選民，考核之語，介乎疑似之間。而蘇藩屬之尅期成立者，初不列入，今成立已如期矣。各屬城議事會，議案燦然具備，地方利弊，居然有負責任之主體，視彼侈陳學員之數，研究所之數者，功用何如？蘇人長此推暨於鎮鄉，舉隅

於廳州縣，數年之後，必且特拔於全國各地方之上。館臣考核
之標準，願以成立與否爲軒輊，則競進猶爲有望。若舍事實而
別謀粉飾之具，籌辦之效蓋難言矣。尤可異者，本年二月之
杪，民政部以自治奏報屆期，電詢各省成績，各省覆電，就中
如直督覆以組織清苑城自治爲模範，則考核摺中已提作優異之
點；蘇撫覆以選舉竣事，城自治成立，則摺反略之。獎敷衍而
黜實行，民政部原奏之僨倒耶，抑憲政編查館考核之咎耶？觀
三月初三日民政部奏遵章陳明第二年第二次籌辦成績一摺，又
與館摺所指，無一符合，則考核科似不據該部奏報，而別有原
本，總之爲不稱考核之名實而已。

　　館部與各督撫往來電文之關於自治者，彙錄以資根據
如下：

　　　　浙撫致憲政編查館電　憲政編查館王大臣鈞鑒：杭防
　　自治區域，上年奉鈞館咨覆，按照第十一條章程，酌量分
　　區，仍力求悉泯畛域。經函商將軍轉飭遵辦，旋准函覆，
　　已諭令照章分區辦理等因，當經札飭地方自治籌辦處遵
　　照。茲據該處詳據仁、錢兩縣會詳，准駐防佐領桂林函，
　　略謂駐防能否比照京師地方自治章程，另設區議事會、區
　　董事會等語，轉請前來。查自治章程第十一條，人口滿十
　　萬以上者始得分區，杭防人口不滿一萬，應否照該佐領所
　　請，於城自治會外另行設區，祈電示飭遵。增韞。元。

　　　　憲政編查館覆浙撫電　杭州撫台鑒：元電悉。城鎮鄉
　　地方自治章程第十一條所指分區，僅得設置區董，與京師
　　地方自治章程分區得設議事會、董事會者不同。該佐領所
　　請比照京師分區制度辦理，查與定章不合，應毋庸議。希
　　仍飭照上年九月館咨，並十二月冬電辦理，毋得歧異。憲

政編查館。巧。

以上爲駐防不特分自治區域之成例。

　　署粤督致憲政編查館民政部電　憲政編查館民政部鈞
鑒：據地方自治籌辦處稟稱，查鈞館宣統元年六月魚日覆
川省電詢自治章程正稅公益捐，與十一月真日覆選舉納稅
多額議員章程正稅公益捐，兩則似稍有異。如覆自治章程
正稅云，由人民自行繳納官府，並非作爲股本及他項之
用，均謂爲租稅；覆選舉納稅多額議員章程，則云鹽茶課
釐、油酒糖捐、百貨釐稅應均作爲正稅。各等語。查解釋
自治正稅，係指直接稅。若鹽茶油酒糖捐，其出產或製造
之人，自行繳納正稅者，固屬直接稅。至於展轉販運，作
爲股本，似應列於間接稅内。況粤省各捐名目繁夥，有總
商包抽，復分商承攬者，尤間接中之間接。應如何明示界
説，或指定各正稅名目，以示標準？至公益捐或分附捐、
特捐名目，自是强制徵收性質，然如自治範圍内款，有隨
意樂輸二元以上，非按年繳納者，可否准作公益捐？以上
各疑義，均擬電請鈞部核定示遵等語前來。謹據奉達，乞
賜覆。樹勳。諫。
　　又致憲政編查館電　憲政編查館鈞鑒：前月諫日，電
請鈞館解釋地方自治章程内稅捐辦法，現粤省各屬繁盛城
鎮調查選民資格，紛來請示。乞賜核覆飭遵，至盼。樹
勳。冬。
　　憲政編查館覆署粤督電　廣州制台鑒：諫、冬電均
悉。查選舉權之必須納稅，所以示於本地方有財產之關
係，故正稅應以確知完稅本人姓名，並確係按年繳納爲

主。若攬商係攬衆人所出之財，輸之官府，既非本身出稅
之人，自難予以選舉權。惟其中如有該商自出之款，準其
自具姓名，報明數目，一律辦理。至隨意樂輸二元以上，
並非按年繳納者，自不得作爲公益捐。除咨民政部外，即
希查照。憲政編查館。魚。

以上爲正稅公益捐之確定解釋，分別直接、間接，剔除隨
意樂輸，自是正辦，足救正前此民政部覆電之含混。

　　魯撫致憲政編查館電　憲政編查館鈞鑒：據自治籌辦
處稟稱，自治選舉，自應照章遵辦。惟數人合營之一種商
店，或一人獨營之商店，年納稅捐二元以上，可由數人公
推一人，或以一人爲選民。設使此種商店，在本城鎮鄉，
其店東之數人，或一人非本地人，衹能照九十三條，於本
城鎮鄉內有不動產或營業者，即本人不在本地方居住，亦
一律徵收公益捐辦理。而案之第十六條三項，若非納稅捐
較本地選民內納捐最多之人所納尤多，則此數人或一人，
概不得作爲選民。即使所納尤多，亦衹能照十八條事項，
自行選舉，或遣代理人行之，不得有被選舉權。山東如煙
台等鎮商店，較居民占十分之九，而店東又十分之九非本
地人。如使非納稅捐尤多，不得爲選民，或以太多，僅得
有選舉權而無被選舉權，則該鎮除商店外，人物、財產兩
無可言，於將來該鎮辦理自治，似有妨礙。應如何辦理，
祈示衹遵等情。謹請鈞館鑒核賜覆，以便飭遵。寶
琦。庚。
　　民政部覆魯撫電　濟南撫台鑒：準憲政編查館轉咨庚
電悉。查城鎮鄉自治章程，規定選民資格，采用住居主

義。各城鎮鄉居民，無論籍貫是否本地人，但令居住該處接續至三年以上者，如具備第十六條其餘三款資格，即係選民。至第九十七條之規定，係對於不在本地方居住者而言，並非對於非本地人而言。貴省煙台等鎮商店店東苟係住滿三年，即非本地人，照章應有選舉權及被選舉權；其居住並不滿三年者，方須照第十六條第三項辦理，似此辦法，並無窒礙。除咨憲政編查館外，合行電覆，即希飭遵。民政部。巧。

以上爲申明本地方居住與本地人之別。

　　豫撫致民政部電　民政部鈞鑒：據地方自治籌辦處呈稱，查自治章程第十六條第三項，有年納正稅或公益捐較本地選民內納捐最多之人所納尤多者，雖不備第二、第三款之資格，亦得作爲選民等語。所謂納捐最多，是否專指所納公益捐而言，抑包括所納稅捐總數併計在內。若專指所納公益捐而言，假如某處選民內納公益捐最多者爲一元，則不備第一項第二、三款之資格者，祇須所納稅捐併計在一元以上、二元以下，轉可適用本項條文，作爲選民，恐起不平之爭執。應否將"納捐"二字，作包括正稅、公益捐兩項解釋？又第十六條第二項，居民內有素行公正、眾望允孚者，得以城鎮鄉議事會之議決，作爲選民。目下議事會尚未成立，自無議決機關，惟當創辦伊始，正賴有素行公正、眾望允孚者身任其事，自治之效乃得而舉。查豫省廳州縣自治籌辦事務所，均設有職員會，以該所辦事員及由地方士紳推舉之名譽參議組織而成，會員人數多者三四十人，少亦十餘人，擬即以議決之權界之，以期該會收得人任事之效。是否可行，統乞電示飭遵。重熹。文。

民政部覆豫撫電　開封撫台鑒：文電悉。第十六條第三項所謂納捐最多，係包括所納稅捐總數併計在內。又第十六條第二項資格，本部業經覆准吉林暫以各城鎮鄉自治籌辦公所爲此項資格議決機關，貴省事同一律，即可仿照辦理。民政部。銑。

以上爲申明納捐最多，乃包括正稅、公益捐而並計之，此義似無煩申明，或近詞費。至議決素行公正、衆望允孚之資格，前期已載吉省電矣。

魯撫致憲政編查館民政部電　憲政編查館民政部鈞鑒：據山東自治籌辦處詳稱，城鎮鄉地方自治章程第十一條，城鎮分區細則，以規約定之。又民政部復署粵督電，所有選舉區董等事，應俟此次規約議決後，按照規約所定辦理。據此，選舉區董，自應待議事會成立後，以規約定之。惟查各國市町村分設區董，其區董皆由區會選舉，無區會者由議事會選舉。我國城鎮鄉自治章程，並無區董之規定，則此項區董是否應歸城鎮議事會選舉，或由董事會總董遴選，似應預行釐定劃一辦法。否則，聽之各城鎮議事會之自定規約，保無不彼此參差，有妨統一等情前來。相應電請示遵。寶琦。敬。

民政部覆魯撫電　濟南撫台鑒：敬電悉。區董准以本城鎮選民由該城鎮議事會選舉，以歸一律。其分區及辦理區內自治事宜，仍按照規約所定細則行之。希即飭遵。民政部。寢。

民政部致各省督撫電　各省督撫鑒：現准山東巡撫電
詢選舉區董事宜，本部業經電覆，准以本城鎮選民由該城
鎮議事會選舉，以歸一律。其分區及辦理區內自治事宜仍
按照規約所定細則行之，應行通電各省，免涉兩歧。希即
查照。民政部。感。

以上爲選舉區董之畫一辦法。

閩督致憲政編查館民政部電　憲政編查館民政部鑒：
城鎮分屬兩縣，併設自治職議員數，是否至少各以二十名
爲定額，兩縣合計四十名，至多是否每縣各以六十名爲
限。希即電示。壽。感。
　　民政部覆閩督電　福州制台鑒：感電悉。城鎮分屬兩
縣，併設自治職議員總數，應仍照章程第二十三條之規
定。民政部。江。

以上爲併設自治職議員之額數。既併設矣，何又分計兩縣
而倍之？是爲問所不當問，觀部覆電，亦有不屑答之意。

川督致民政部電　民政部鈞鑒：城鎮鄉自治議事會之
選舉，如甲、乙兩級所選之當選人，有不足其本級應出議
員之額數時，是否應由本級各照缺額補選？懇即電示。
巽。沃。
　　民政部覆川督電　成都制台鑒：沃電悉。兩級有選不
足額時，應由本級各照缺額補選，至足額爲止。民政
部。魚。

以上爲甲、乙各級，各依定額選足之規定。

皖撫致民政部電　民政部鈞鑒：據自治籌辦處稟稱，自治議事會議員，城區照章二十名，偏僻州縣往往舉不足額，即勉强如額，而所舉董事會職員仍不出議員之內，終有缺額。是否必須如額補選，抑或甯缺毋濫？又諮議局議員能否兼充自治職員，請電詢飭遵等情。乞大部酌核電覆，以便飭遵爲荷。家寶。微。

民政部覆皖撫電　安慶撫台鑒：微電悉。偏僻城區議事會議員，如舉不足額，應即暫缺。又諮議局議員，照城鎮鄉自治章程第十九、二十兩條，於選舉權及被選舉權並無限制。惟按憲政編查館元年七月蒸日覆直督電，自治職員准其兼充諮議局議員，但不得兼充該局議長、副議長及常駐議員。希查照辦理。民政部。灰。

以上爲偏僻城區之議員舉不足額，可以暫缺。

川督致民政部電　民政部鈞鑒：城鎮鄉地方自治，諮議局議員，小學堂教員是否有被選舉權。乞示。巽。歌。

民政部覆川督電　成都制台鑒：歌電悉。城鎮鄉自治選舉權及被選舉權，照章程第十九、二十兩條，於諮議局議員，小學堂教員，並無限制。惟按憲政編查館元年七月蒸日覆直督電，自治職員准其兼充諮議局議員，但不得兼充該局議長、副議長及常駐議員。希查照辦理。民政部。灰。

署鄂督致民政部電　民政部鈞鑒：城鎮鄉議事會、董事會，照章應頒圖記，其不便合併處所之鄉選民會，應否一律頒發圖記？乞電示遵。瑞澂叩。魚。

　　民政部覆署鄂督電　武昌制台鑒：魚電悉。選民會應一律頒發圖記。此覆。民政部。灰。

以上皆問所不當問，雖諮議局議員兼充自治職員一層尚有關係，然亦經他省問決，已逾半年矣。

　　閩督致民政部電　民政部鈞鑒：兩級均當選人答復應甲級之選，其所缺之額，在未給執照前，是否以次多數補之？請即電覆。壽。庚。

　　民政部覆閩督電　福州制台鑒：庚電悉。兩級均當選人答覆應甲級之選，其乙級缺額，應以次多數補之。民政部。灰。

以上爲兩級均當選人願應一級後之手續。

　　閩督致憲政館民政部電　憲政編查館民政部鈞鑒：左列疑義，敬請逐條電示：甲，逐年籌備事宜，第五年城鎮鄉地方自治粗具規模，第六年府廳州縣地方自治粗具規模，所謂規模，是否指自治事宜而言，自治籌辦處於自治會成立後有督催自治事宜進行之責否？乙，第一屆城鎮鄉及府廳州縣選舉事務，應由地方官辦理，是否辦至議事會互選爲止，抑至董事會、參事會成立爲止？第一屆互選規則，是否暫由地方官代訂？丙，父子兄弟可否同時一爲城鎮鄉自治職員，一爲府廳州縣議長、副議長及參事會員，或諮議局常駐議員否？又諮議局書記長、書記得兼充府廳州縣議員，或城鎮鄉自治職員否？丁，董事及各名譽董事照章由地方官核准任用，若知其不勝任，地方官得令再選否？戊，城鎮鄉議事會有監督席否？席列何方？壽。真。

　　民政部覆閩督電　福州制台鑒：真電悉。茲逐條核覆如下：甲，查本部奏定清單，繁盛中等各議事會、董事會、參事會，均應於第五年、第六年成立，其偏僻地方亦應次第籌設。所謂粗具規模，即係指此而言。屆時自治籌辦處，即應按照憲政編查館奏案，一律裁撤。乙，第一屆城鎮鄉議事會選舉，應照城鎮鄉地方自治選舉章程第八十一條辦理。其董事會、鄉董、鄉佐選舉，應照第五十九、六十四、六十五、六十八各條辦理。府廳州縣議事會選舉，應照府廳州縣議事會議員選舉章程第六條辦理。參事會選舉，應照府廳州縣自治章程第三十九條第四項辦理。丙，父子兄弟同時一為城鎮鄉自治職員，一為府廳州縣議長、副議長及參事會員，或諮議局常駐議員，又諮議局書記長、書記兼充府廳州縣議員，或城鎮鄉自治職員，照章既無限制，應准兼充。丁，董事及名譽董事，如不得地方官之核准，應將不核准之理由宣示公眾，令其再選。戊，城鎮鄉議事會監督到會時，應列席議長席之後方。再關於自治章程疑義，應專候本部解釋，業於上年由憲政編查館通行在案，嗣後毋庸電詢該館，以免兩歧。民政部。篠。

以上閩督電詢五端，詞煩而無一扼要語，且多從章程以外，妄思限制選舉權，不知是何命意。惟所詢粗具規模之解釋，似欲破清單延宕之習，乃足愧勵館部。

民政部咨覆魯撫地方自治章程疑義逐條解釋文

爲咨覆事。民治司案呈，准山東巡撫咨，據地方自治籌辦處稟稱，查府廳州縣地方自治章程及城鎮鄉地方自治章程中有疑義數條，開單呈請咨部查照核奪等因。茲將單開四條逐一核覆如下：一，煙台等鎮商店店東如非本地人，並不住居本鎮，其營業係委任執事人管理者，應由該店東推其商店中執事人之住居本鎮三年以上者爲選民。二，府廳州縣地方自治章程第五條之規定，本謂亦得合併設置。稱"亦得"者，其義即謂並非必須合併，設置如有不便合併者，自得分立。三，區董准以本城鎮選民由該城鎮議事會選舉，以歸一律。其分區及辦理區內自治事宜，仍按照規約所定細則行之。此條已另於三月二十六日電覆。四，選舉人名冊，照城鎮鄉地方自治選舉章程第十三條之規定，應於本屆選舉年限內保存參觀。第四條選舉年限，自應每年造具選舉人名冊一次。以上各節，相應咨覆貴撫查照，轉飭遵辦可也。

以上四條，第一條較前所電詢者略殊，足開代理之一例，蓋不必納稅最多而亦有倩代之權矣。第二條無謂，第三條與前電重復，第四條略有申明之益。

（丙）籌辦廳州縣地方自治。　各省皆無所進行。江蘇以諮議局於三月間開臨時會，經議員質問行政長官，甯、蘇各自答覆。甯藩屬仍用遷延方法，借籌備清單爲口實，劣甚無足言。蘇藩屬於四月間鈔送摺表各一件，悉援籌辦城鎮鄉辦法，可爲全國籌辦自治之特色，錄之以供觀省：

蘇屬自治籌辦處擬定各廳州縣自治籌備日期詳表

一，各廳州縣地方官遴選城鎮鄉公正明達士紳，各設本廳州縣自治籌備公所，（各鎮鄉至少各有參議一人）由該管地方官申報成立。（從前批准設立之城鎮鄉籌備公所，一律裁撤）	宣統二年五月十五日止
一，各廳州縣地方官，就鎮鄉固有之境界，劃定自治區域，詳請督撫核定。	五月十六日起六月初十日止
一，各鎮鄉各選公正明達士紳爲調查員，設立事務所，（其已批准設立某鎮某鄉籌備公所者，不必多設事務所。）各於調查前流通宣講。（講調查户口及合格選民，乃專爲人民謀將來之方便，實係有利無害，且選民資格爲地方所貴重，故有選舉議員、被選舉爲議員之權，詞意須和平、懇摯並極淺近，以免鄉民誤會）	六月十一日至八月初十日止
一，各鎮鄉各就固有區域實行調查，（分户口總數及合格選民爲二册）人口滿五萬以上者定名爲某鎮，不足五萬者定名爲某鄉。	八月十一日至十月初十日止
一，各鎮鄉一律編造選舉人名册。	十月十一日至十一月初十日止
一，宣示選舉人名册，並選舉人聲明錯誤，自請更正。	十一月十一日至月底止
一，更正選舉人名册。	十二月初一日至初十日止
一，各鎮鄉選舉人名册確定，呈報地方官，并發選舉傳單。	十二月十一日至二十日止

續表

一，各鎮鄉乙級選舉人投票。	宣統三年正月初六日
一，乙級開票、檢票。	正月初七日
一，各鎮鄉甲級選舉人投票。	正月初九日
一，甲級開票、檢票。	正月初十日
一，各鎮鄉榜示當選人姓名及發知會書。	正月十一日至二十日止
一，當選人答復應選。	正月二十一日至二十五日止
一，地方官發給各鎮鄉當選議員執照，並申報督撫。	正月二十六日至二月初十日止
一，各鎮鄉議事會互選議長、副議長。	二月十五日
一，各鎮議事會選舉總董、董事、名譽董事，各鄉議事會選舉鄉董、鄉佐，均由議長呈報自治監督。	二月十六日至二十日止
一，自治監督將鎮議事會所舉正陪總董，申請督撫選任，並核准任用董事、名譽董事及鄉議事會所舉鄉董、鄉佐，一律發給執照。	二月二十一日至四月初十日止
一，各鎮、鄉自治公所一律成立，（其籌備公所或事務所，一律裁撤。）鎮董事會及鄉董、鄉佐，將本屆應議事件通知議事、會議員。	四月十一日至二十日止
一，各鎮、鄉議事會一律開會。	五月初一日

　　以上所定期限，凡偏僻各鄉戶口過少，不能設鄉議事會者應合併於同一管轄內之城鎮鄉，或如期設鄉選民會及鄉董。

一，各廳州縣長官，就城鎮鄉區域，分畫本廳州縣自治選舉區，以各選舉區人口之多寡，分配該區應舉議員額數，申請督撫核准。	五月二十日至月底止
一，各廳州縣長官出選舉告示，載明選舉區域及各區應舉議員額數及選舉日期。（告示內載明，凡居本城鎮鄉接續未滿三年、未入本城鎮鄉選舉人名冊，而居本廳州縣接續已滿三年，於出示後二十日內，一律向本城鎮鄉自治公所自行呈報補入名冊）	六月初一日至二十日止
一，城鎮總董及鄉董將確定選舉人名冊，分備副本，由本廳州縣長官申報督撫，并發選舉傳單。	六月二十一日至月底止
一，各選舉區選舉人投票。	七月初五日
一，城鎮鄉自治公所開票。	七月初十日
一，城鎮總董及鄉董榜示當選人姓名，並呈報本廳州縣長官，由長官通知當選人。	七月十一日至二十日止
一，當選人答覆應選。	七月二十日至二十五日止
一，廳州縣長官發給當選議員執照，並申報督撫。	七月二十六日至八月初五日止
一，廳州縣議事會互選議長、副議長。	八月初八日
一，廳州縣議事會互選參事會參事員及候補參事員。	八月初十日
一，廳州縣長官發給當選參事員執照，並申報督撫，並行文議事會召集議員。	八月十一日至二十日止

一，廳州縣長官將本屆應議事件通知議事會議員。	八月二十一日至九月初五日止
一，各廳州縣議事會一律開會，各籌備公所一律裁撤。	九月十六日

蘇屬地方自治籌辦處擬定廳州縣自治章程施行細則

第一條　各廳州縣長官，各設立本廳州縣自治籌辦公所一處。其應合併設置者，照章程第五條辦理。

第二條　籌備廳州縣自治，應以該廳州縣所轄城鎮鄉自治公所爲根據。現蘇屬四府一州，各廳州縣城廂自治公所，除武陽外，已一律成立。應從籌備鎮鄉自治入手，特分期規定廳州縣自治籌備公所之成績如下：

甲　以鎮鄉自治公所一律成立爲第一期成績。

（武陽兼籌城鎮鄉）

乙　以廳州縣自治公所一律成立爲第二期成績。

第三條　籌備日期另定詳表，通行各廳州縣遵照辦理。

第四條　籌備公所各設所長一人，副所長二人，參議無定額。（每城鎮鄉至少各一人）

第五條　前條各職員，均由本廳州縣長官遴選公正明達士紳任之。

第六條　各廳州縣如有區畫不便之處，應行整理者，各該廳州縣得繪具圖說，聲明理由，呈候督撫奏交民政部議定施行。

第七條　各廳州縣鎮鄉區域各以固有之境界爲準。

第八條　籌備經費，由各該廳州縣長官籌集之。

第九條　籌備公所，應各擬定辦事細則，呈由本廳州縣長官，申報蘇屬地方自治籌辦處核定。

（丁）試辦各省豫算決算。　今年已經度支部促成試辦全國豫算之年，具如前期所述矣。本項籌備事宜，已與事實不相中，憲政編查館乃仍狃於清單，以爲考核。摺稱調查歲出入總數，尚據上屆清單款目而言，而又刪去“各省”二字，若亦知所調查爲不限於各省者。然所言此項成績，則云度支部分飭各省正、副監理官，將光緒三十四年現行案，依限報告，復經該部通電各省，將是年出入總數提前電咨，以便彙總具奏。嗣經各省前後電咨該部，已於宣統元年十二月內，將各省出入總數，分列清單，先後彙奏一次在案。現查各省如吉林、黑龍江、安徽、福建、湖南、陝西等省，業將宣統元年春、夏、秋三季出入款項，造冊咨部查覈。黑龍江則稱該省於宣統元年十二月內奏明，將預算提前辦理，由財政局查照法國遞增豫算法，以上年報告之成案爲本年豫算之根據，飭屬於本年二月內實行，名爲試辦省豫算。至關於宣統三年豫算，是爲試辦部豫算。山西亦經飭局擬定豫算表式，頒發各屬，以爲試辦豫算根據。其餘各省，均經分別趕造，以期無誤部限云云，則又專就各省而言，且將度支部奏定之清理財政章程一概抹煞。部臣不爲清單所縛，而館臣但執清單以考核之，在部臣好行其志，原不藉考核爲鞭策之資，但部已定本年試辦全國豫算，直超軼清單之年限，一蹴而至第六年。館臣考核，何得充耳而不聞，徒爲延作九年之地？上蒙天聽，下辜民望，試與計部易地以處，優劣之數可知。吾故曰阻撓憲政者憲政編查館，而踴躍憲政者度支部也。夫作前日之清單，猶曰書生不習事耳，乃至有今日之考核，此其人尚足知中國憲政之果臻何度乎哉！回思光緒三十四年十二月十五日，摺奏核議清理財政章程，夫非儼然憲政編查館耶？彼時不知所定期限與清單爲牴牾，今已發生實效矣，乃夢夢如故，寄立憲之責於此輩，事可知矣。

（戊）推廣廳州縣簡易識字學塾。　據館臣考核摺言簡易識字課本兩種，已經通咨各省在案。至簡易識字學塾，除京師設有三十餘所外，廣西一省，據報成立者已達五百八十餘所，陝西全省已達三百餘所。此外專報成立各省，如吉林、直隸、山東、山西、河南、江蘇、浙江、廣東、貴州等處所設學塾，自一二十所至三四十所不等。新疆一省，因部頒課本未到，將簡易識字學塾併入漢語學堂，酌量變通。其餘各省，亦經分別籌設，或預籌集款，或注重師資，尚屬辦理無誤。此據上屆創設成績而言，今年推廣之效未詳。

二、官辦者四事：

（甲）彙報各省人戶總數。　彙報之事實，大約尚以歲暮爲限，惟調查罕合法者，以致時有風潮，近乃稍平。一緣任事者稍知懲戒，不敢仍前鹵莽，一緣人民經一次推敲，亦漸知前日之誤。但調查亦尠急效，能以勸導爲前提者卒少其人。匯報之限，未知能不虛應故事否？然於考核摺，則於上年調查一事，獨稱其成效不置。其言曰，前據民政部於宣統元年十二月十八日，將第一次人戶總數繕單奏報在案，除新疆一省據稱地方遼闊，一時難得確數外，其餘各省，均已如期辦理。其將調查人口提前一併辦理者，則惟吉林、黑龍江、安徽、四川、福建等省。浙江、湖南則稱賡續擬定查口細則，以資先導。中國幅員既廣，生齒亦繁，向無確數可循，經此次調查後，不特正戶、附戶可以按籍而稽，即人口總數亦可漸得其實，似此辦理迅速，實屬確有成效。館摺如此，與事實殊不相應、就耳目所及而論，各處以地方人士擔任此項調查者，無不户、口並查。上年所報戶數，民間初不知其何本，且十二月十八之奏，民部所報各省戶數，亦多有止報首縣或商埠者。考核摺乃渾稱各省如期辦理，已覺含混，又就民部摺報各省戶數計之，其不足深信，於本雜誌本年第一期內已著論抉摘矣。自摺報後乃有調查風潮，官文書與實事之相違異如此。

（乙）覆查各省歲出入總數。　此項事宜，包括於試辦豫算之內，後不復列入，以見清單之不足憑，而豫備立憲之功以度支部爲最大也。

（丙）各省城及商埠等處各級審判廳，限年內一律成立。以省城及商埠爲限，成立審判廳，自非難事。上海一隅，交涉爲難，又經督撫先期誘卸，據館臣考核摺，名爲考核上屆成績，其實所述皆本年尅期之事。摺言現查省城如奉天、吉林、黑龍江三省，均經先期成立。湖北省城高等地方初級審判各廳，已經工竣，尅日興辦。直隸亦於保定擇定地址，晝夜趕修。此省城之有成效可言者也。又言商埠如奉天、營口、直隸、大津均已先後籌辦成立，具有規模。此外如鳳凰、遼陽、法庫、同江、鐵嶺、依蘭、綏芬、煙台、重慶等處，現均正在籌設。漢口初級各廳秋間即可開辦，宜昌、沙市應設各廳需用地址，均經分別擇定估修，限本年八月內一律成立。此商埠之有成效可言者也。又言其有奏請歸併及暫從緩設者如湖南，則稱該省商埠均附近省城及府縣城治，似可無庸另設。兩江則稱金陵、下關商埠，附近省城訴訟事簡，擬即併入省城地方審判廳辦理。黑龍江則稱齊齊哈爾商埠商戶寥寥，擬暫不設專廳。並據兩江督臣奏稱上海商埠，先經設有會審公堂，事歷多年，勢成積重。現在籌設審判廳，尤宜詳審施行，期無扞格，已飭該關道妥爲籌議。此商埠之已定歸併，及上海獨從緩設之辦法也。又言廣西一省，奏稱擬於本年春間，設省城高等以下各

廳，秋間設梧州地方初級各廳等語。臣等查該省困難情形，既
與他省不同，擬請准其陸續籌設。惟該撫臣須將應行籌辦事宜
依限成立，不得藉此卸責。此廣西一省，僅能成立省城及梧州
一埠，他商埠不盡如限之辦法也。又言其餘各省，亦皆次第設
有審判傳習所，於畢業各員內擇尤派充，並各附設檢驗學習
所，以資練習而祛弊端。此空空言之，特無諉卸之成言，猶可
望年內如期辦理者也。

　　至本月官報所發布法部定章，足爲審判成立之所遵守者，
則有三月十七日所奏酌擬法官考試任用施行細則。全文見"新
法令"。本年八月初旬，將有考定之司法官發見。摺所言廣西
一省，奏明變通辦理者，本月有桂撫與法部往還兩電，錄之可
知其究竟。

　　　桂撫致法部電　法部鈞鑒：陽日奉到貴部奏定法官考
試任用細則，查第二十四條，試期八月舉行。桂省係由貴
部奏請變通，提前考試，自應不在此限。原定四月十五日
開考，電咨在案。兹查照細則，一應考試事宜，尚待准
備，不得不咨商展緩，擬改試期爲五月十五日，以便從容
布置。又第十條至第十二條，執事各員就提法使衙門科
長、科員中分別選派，本省提法使尚未改設，既准通融奏
派以按察使爲考官之一，應即以按察使衙門科長、科員中
選派執事。如或不敷，可否再就提學使署各員酌派？又第
二十條二項，准本籍人報考，是否本籍人可充本籍法官，
不用回避成例？又第十七條，考試場規由貴部另訂施行，
本省試期不遠，倘屆期未奉頒行，可否暫由本省取裁今昔
考試規則，酌擬條諭，臨場揭示？以上數事，統祈核明電
示。鳴岐叩。庚。

　　法部覆桂撫電　　桂林撫台鑒：庚電悉。考試展期係接
奉施行細則，慎重將事，期可從容布置。既據館部奏明提
前辦理，應准展期至五月十五日開考。屆時由本部仍照前
奏，請派監臨、考官、襄校各員，另行電知遵辦。至場內
外執事各員，如臬署人員不敷分派，既奏准學使會考，該
署人員亦可慎選酌派。本籍報考人員，將來任用，應否回
避本籍一節，本部現正與編查館會商，擬奏請變通成例辦
理。桂省儘可先行收考，俟會奏後再行咨覆。至場規一
項，本部亦正詳訂。如桂省屆期未奉頒行，准由該撫取裁
今昔考試規則，暫行酌擬揭示，仍咨部備查，統希飭遵。
事關考試法官始基，極宜詳慎，幸勿再行推緩，致與提前
辦理之旨相違，是為至要。法部。文。

　　又有四月初四日所奏詳訂檢察廳調度司法警察章程，亦見
"新法令"。此章程既行，書差之禍立洗。其第七十條言，奏准
頒行後，以文到日為施行之期。計今已在施行期內，特無檢察
廳可附麗之處，無可施行耳。審判成立，烏得不望之如望歲
也。同日又奏考試法官指定主要各科，應用法律章程，亦見
"新法令"。

　　（丁）廳州縣巡警，限年內一律完備。　　據考核摺，上屆成
績，已言直隸、安徽、廣東已將廳州縣巡警成績，咨部備核。
奉天各屬官弁、馬巡、步巡等，已達二萬餘人以上。吉林現辦
警政，不獨廳州縣粗具規模，即鄉鎮巡警亦皆次第籌設。黑龍
江亦飭各屬將鄉鎮巡警預先舉辦。廣東歷次推廣，省城商埠及
繁盛市場早已次第設立，全省廳州縣所辦巡警歲有增加。湖
南、四川、貴州均已規模粗具。浙江於上屆舉辦水巡，現查浙
西設有巡船四十餘隻，浙東亦先後籌辦。湖北全屬舉辦已在八

成以上。江蘇惟上海、鎮江成立在先。陝西消防隊已於宣統元年冬間成立，浙江亦正籌設。此外各省已辦者尚能整頓，未辦者勒限嚴催，屆時當不致誤云云。今以一律完備爲言，較上屆情形自當有進，姑儘年內以課其效。

三、靜待館部頒布者二事：

（甲）頒布文官考試章程、任用章程、官俸章程。　未頒布。據考核摺言，經臣等督同館員準酌古今，參合中外，悉心擬議，業已得其大凡。雖合釐訂京師官制而言，要可知其頒布之已有朕兆。

近日各省有已定督撫、司道等官公費者，有已定州縣公費者，有日夜呼號州縣之困難而冀苦累人民者，所望官俸章程及新幣制，兩者實行，或免於難，並改一切苟且補苴之法。其考試、任用兩章程或能革除學生考試之害，尤日望之。

現章任用州縣最無理之法，莫如本月二十六日學部所奏州縣停選，請將高等實業學堂獎勵章程變通改訂一摺，原文亦不能不見於"新法令"。夫因州縣停選，而遂爲學生籌出路，已奇矣。獨以州縣等官，爲農工商各科學生之出路，豈非怪事？設爲法政學堂學生謀位置，尚有情理可言。學部不知外官爲何物，亦不知學生爲何物，以成此舉。或者謂此昔日南皮摧抑法政之故智，理或然歟？果爾則政府受其弊，而社會轉多得辦事之材，其歸宿爲官益不肖而民益強，意本以植官權，而適得相反之效，未始非福。特無如時不我與，欲以反動致美報，已在大局糜爛之後耳。

（乙）頒布新刑律。　未頒布，據考核摺言，草案經內外臣工奏請再行妥訂，奉旨令會同法部斟酌修改。上年十二月二十三日，修訂法律大臣會同法部具奏修正告成，又奉旨著館臣查核覆奏。現正督飭館員分別考訂，俟就緒後具奏請旨頒行。此將頒布之內容，蓋已責在館臣者也。

新刑律之頒布尚有待，本月初七日，館臣會奏呈進現行律黃册定本，請旨頒行。摺、單均見"新法令"，全文別有單行本，是日奉旨見"諭旨"。蓋新刑律雖頒布而未即實行，已預備暫行者代之，且不止一種現行律。又有奏定另編之重訂現行律，應頒布實行在新刑律之前，未知何時告竣也。

四、館部自行程課者三事：

（甲）編訂戶籍法。　此事以調查戶口之結果而後成。其實有調查戶口章程而實行之，不必定恃戶籍法，內國之戶籍與國際之國籍不同，非吾民所渴望。

（乙）釐訂地方稅章程。　不有度支部之試辦豫算，試問從何知地方用款之數？然即照本年豫算表册劃分地方行政經費後，在無自治團體以前，則以此用款爲可以對付地方，其實萬不足以副自治章程內自治事宜之用。非開國會，無以爲計，館臣空言釐訂，蓋不知輕重之詞。地方者地方之地方，令地方自爲計，則各國國民此項負擔，其額有多於國家稅者。惟地方之用款愈多，其國乃愈發達，正以國爲地方所積而成，國之內政盡寄於地方故耳。此事可由人民自認，而決不可由官力强制之。館臣今日亦知欲盡釐訂之責，非與國民合請開國會不爲功乎？若本以清單爲敷衍之具，則固不足以語此矣。

（丙）釐訂直省官制。　上年清單事項，有釐訂京師官制一項。本年所釐訂者，爲直省官制，似乎京官制已定而不發表耳。據考核摺，乃言官制改革，關係重大，非從根本著想，不足以資提挈而明權限。辦法以各部現行職掌爲經，四級機關爲緯，分別部居，列爲簡表，纂成行政綱目一編，於本年二月二十九日，奏奉諭旨："著依議"，欽此欽遵在案。並聲明俟各衙門詳細簽注到館後，再由臣館詳加釐定，會同內閣會議政務處，覆核具奏，請旨欽定實行。此後籌備事宜，如釐訂官制等項，悉據此以爲準的等語。將來官制之釐訂，雖不能概行騾括於此，然事務之性質一日不明，則執行之機關一日不能敏捷。容俟各部簽覆到館後，再行請旨辦理云云。然則京師直省各官制，其實一以貫之，並非兩事。當館定清單時，虛張兩年門目，正是毫無把握之象。自今乃以行政綱目爲騾括之具，則釐訂方自今始，上年特爲制成綱目之時日。就文字言之，其次序如是，實則苟無私家著作，館臣亦正不知行政有何綱目。當定清單時，希有力者之意，延作九年，其後遂視爲持之有故，指爲對抗請願者之物。而官吏籌辦各項事宜，凡可辦而不辦，乃皆挾清單爲延宕之後盾，有能負責任之官廳如度支部者，則棄清單如敝屣，自我爲政而事乃大集。憲政編查館爲憲政之所從出，頑鈍如此，奈之何哉！

以上徧數本年籌備清單所載各事宜。在前年定清單之不合事理，猶可曰以無體驗之故。至設科考核，爲朝廷作耳目，爲官民作鞭策，乃專取敷衍清單者爲順己而獎之，有實事求是者，則付之不見不聞，以示拒絕之意。謂仍無心致此，可謂不智，設有心爲之，可謂不仁，二者必居一於是矣。

請願國會之舉，一再無效。本月正爲第三次請願踴躍赴闕之時，籍無論旗漢，居無論國内國外，業無論商學，咸知以國會爲生命，宗旨各有所在，而悉以國會爲集中，民情大可見矣。聞書稿至十通，上書期在五月初十，朝廷與民同好之意，自當有以答吾民。雖然行或使之，止或尼之，朝無藏倉，國之福也，然惴惴未敢必也。

以第一年籌備事宜見之清單者，尚有變通旗制處，設立既久，了無進行。旗民狃於目前升斗之養，蠢愚可憫，原不足怪。就中竟無少少明事理者，勇於公益，爲眾造福之人，以致自治團體，且時時爭自爲畛域，以就蔽塞之路，識者憫之而愛莫能助。駐防官長之自殃其民，可爲太息。

其不見於籌備事宜，而爲憲政一大根本，近日已定經制者，莫如幣制一事，此亦計臣之力。本月十六日，欽定幣制則例，明諭施行，別見"諭旨"。按欽定幣制，事已具於光緒三十四年時袁、張當國，所見均與圜法相枘鑿，而氣燄較盛，衆莫敢違，無如二公之識，實不足以議此。所定幣制，但有大小銀幣，竟無起數最小之輔幣，煌煌明詔，遂成虛設。當時爭用兩用圓，意氣洶洶，計臣似不勝，而實則袁、張所主乃不完全之制，民間無可遵守，留以待今日之更張。四月十五日，度支部先奏鑄造國幣應一事權一摺，略言："推行幣制，頭緒紛繁，要以統一鑄造爲先務。誠以鑄幣本中央特權，斷無任各省自爲風氣之理。東西各國貨幣條例，且以此訂爲專條，顯以示權限之所在，隱以謀圜法之整齊，用能主輔相權，而幣制之基永固。查光緒二十九年前財政處奏准在天津設立造幣總廠以後，各省所設銀銅各廠，仍復錯雜其間，所鑄形式既異，成色亦復參差。近年以來，疊經臣部一再奏咨，飭令銅幣各廠停鑄，其兼鑄銀銅或專鑄銀幣各廠，前以幣制未訂，未便遽令停止，致礙民間應用。現在幣制既經釐訂，亟應將各省所設銀銅各廠一律裁撤，專歸天津總廠鑄造。惟中國幅幀遼闊，非一廠所能敷用，擬請將漢口、廣州、成都、雲南四處之廠改爲分廠，統歸天津總廠管理。東三省情形與他省不同，擬就奉廠基址，暫改分廠一所，一俟總廠鑄數漸充，再由臣部酌量該省市情，應留應撤，奏明辦理。其餘各廠，即應一律裁撤。此次釐訂國幣，成色分量及一切形式，自與舊幣有別。所留各分廠現今所鑄，無論何項貨幣，一律暫行停止，應俟祖模頒發後，再行開鑄，以昭劃一。至裁撤各廠，出入款目，及一切機件物料，擬令各省正、副監理官會同各該廠總、會辦，點驗核算，開具詳細表冊，呈部彙核。其機件物料，存留原省，改作別用，抑或運歸總廠備用之處，隨時由臣部會同各督撫妥商辦理。如蒙俞允，應請飭下各督撫將各該省所設之廠分別撤留，遵照辦理，並由臣等札飭該監督，將各分廠總辦認真遴選，勤慎穩練，諳悉幣制人員，呈請臣部核准奏派，分往各處，尅日開工，期於新幣流通，早爲普及"云云。奉旨："依議。"次日即奏釐定幣制酌擬則例一摺，原文見"新法令"。摺及清單前十一條，不過劃定國幣分量、成色、主輔等常例。現時所尤要者，在後十三條之附則，有以處新舊之折合而蠲除其窒礙之端。摺言："請旨飭下各部院、順天府、各省督撫及將軍、都統大臣，督飭所屬，各就所管事項，遵照則例，切實奉行，不得稍有違背。一面轉諭該地商會，宣演則例大意，務使家喻戶曉，於推行幣制毫無阻礙，是爲至要"等語。今則例頒布已久，商會無起而宣演者，豈真待督撫等官轉飭而後爲之耶？完納稅項，清還債款，乃人民切己之事，奈何不自爲謀？查則例第十七條、第十九條，凡官款、民款向以錢計者，一律照本則例奏定日各該處市價，將制錢數目折合庫平足銀，再合國幣，改換計數之名稱。向用銀圓及他項錢文者，准照辦理。然則各地方之本年四月十六日銀錢定價，將於國幣未實行以前，永爲劃一之價。解紛息爭，胥繫乎此，國民謹誌之。貲產債務以此日爲定，有法律爲之保障，然後不以血汗之所得，一朝無故而喪失若干成，宣演大意，莫先乎此。

自國幣有定制後，天下生計，皆無甚變動，最受虧者惟江蘇人。江蘇人受虧，雖止此一次，然公私損失，已不可以數計。何也？銅元罔民，各省皆折價以趨於平，於是制錢與銅元爲兩種價值。則例以制錢與銀相較，各處均不受銅元之累矣。

江蘇獨爲國家保全信用，爲州縣藉口而短作洋價以困之，不顧也。大吏知州縣之累，又明目張膽，扶植州縣以困之，不顧也。一切局卡，凡可以官力刁難而收稅項者，無不短作銀洋價以困之，仍不顧也。爲國效忠，可謂有死無二，幸而今日定制，困者皆將蘇矣。官又爲官定售錢之商，强改洋碼以病蘇人，如浙鹽之行於蘇五屬者是也。蘇人無負於國家，自應受官長之蹂躪而無所控告。回憶去年蘇人士以銅元之毒集議於上海，紛紛者久之，而減折之説終不勝，致貽今日之戚。夫蘇人果因此得忠愛之名，雖受巨害，吾何敢病？所難堪者，本省之州縣，鄰省之鹽商，雜然群嗷，而議者轉疑蘇人之不情，此天下不平之事也。吾於上海上年之集議銅元，不能無遺憾矣。

又四月十六日，度支部並奏籌擬舊制銀銅各幣辦法一摺，亦新舊交換不可少之手續。在計部之籌定幣制，顧慮不可謂不密。江蘇人之受累，則好行其志之累也，吾愛之重之而已。

四月二十日，憲政編查館奏派員分赴各省考查籌備憲政實在情形一摺，此爲形式之注重憲政，視館臣之考核，而知其決無實益。又視上年之派員親蒞諮議局後，默無所加損於議會，而知其今之猶昔，然猶曰意在憲政，且考查員雖不爲功，要亦不以蠹害聞也。其事有相反者，舉貢之試，亦在是月。詔旨題名，雜出耳目之表，考查員鼓舞憲政則不足，舉貢之試，阻遏憲政則有餘。如知其非義，斯速已矣，何爲效月攘一雞之智以受實禍。近聞有停止下屆考試之説，果爾則吾不敢謂朝無人也。又聞學部並有停止學生獎勵之意，今之學部長官，果知足及此耶，則足以洗向來張、榮諸老之恥矣。若猶是道路之言，過望於今日之當道，吾願資政院開幕，以此示其風采，則亦尚爲議院之光耳。

第八卷第三號

論裁釐不可爲加稅所誤

釐金爲從古所無之虐政，無水無陸，節節設卡，留難需索，無所不至。而初無稽查之善法，故利歸中飽，而國家得其唾餘。因其無可稽查，則亦終無舉發之事。民有大病，而國無厚利，徒養千萬虎狼於國中，使同胞自相朘削而已。此其弊害，舉世類能言之。顧成裁釐之議者條約也，作裁釐之梗者亦惟條約。其中癥結所在，可得而詳述之。

條約之言免釐，自未訂新商約以前，止言洋貨子口半稅，以代釐金而已。洋商以三聯單呈驗所經各卡，已有留難之苦。且貨與單不能相離，又有限定之期，指定之地，種種束縛，自我積慣受病之商，視洋單已爲奇福，而外商則習於轉運自由，猶覺改釐金爲半稅之未饜其意。又況洋商、華商之別，衹別於單照之有無，其實持洋單分運之商皆華人耳。深入內地，距口岸較遠，則其所受病於釐金者，苟不大過於遠求伸理之費，則亦忍而聽之。故洋貨未嘗受窘於釐金，而洋商亦終以釐金爲大患。此新商約之所以要索裁釐，而不惜以加稅易之者也。

其在華商，從前轉運土貨，往來皆不過原料，以貨易錢，加以釐金，定爲成本，所被蝕於無窮之中飽者，仍取償於購用之家。但知物價驟昂，道途阻梗，馹儈或通同作弊而較輕其害，良懦乃不免非理之凌虐，以飲恨於一時。蓋猶不過租賦徭役之外，多一呻吟之聲而已。自志士謀抵制洋貨，而國家亦提倡實業，於是稍稍有製造之工商，於是稍稍有華洋貨價之比較。同制一物，洋商遠涉重洋而可以獲利，華商就地作業，而不免折本。乃知贏利之數，已爲千萬虎狼攢噉而去，國家之所得，特其中之什一。試思全國二千餘卡，員司丁役，所入優者歲數萬金，以次至數千數百金，直接養病商之人數十萬，待此數十萬人以爲養者，又數倍之。姑以百萬人計，而人歲需百金之養，坐耗者歲已一萬萬金，而況其必不止此數乎？他無可定稽核之標準，至以比較爲標準，可謂無法之至。徵收如此其費，稽核如此其疏，阻撓實業，絕華商之希望，而爲洋貨之淵叢，又如此其深且切也。則何必待外人之要求，而吾國家不當自謀去禍而求福也耶？

中國生計之窮，惟實業有以救之。而實業之無不失敗，則又惟釐金有以戕之。顧外人要求裁釐，業以加稅爲抵補。吾政府乃亦豫期此加稅之利益，然後樂於裁釐。豈知中英商約定後，已閱九年，明年即可換約，而十二國公約所孳生之商約，至今僅有英、美、日本三國業已訂定，各國遷延觀望，故生葛藤，與九年前求我裁釐之情狀大異。蓋各國自審其加稅之所損，必有過於裁釐之所益者，故藉未訂約之國爲延宕而已。訂約之國，初無催問之意，其故可知。上年在都陳請資政院提議時，見外部某君告以十二國公約，除本國外，將分十一次商約，與各國解決此事，然後實行。一國索一種權利以爲抵償，我已無以應之。而彼十一國中，有一國未定約，即實行尚無把握。然所已許定約之國之權利，則多即時授與。且利益均沾，一國所得，餘各國同之。是此裁釐加稅之爲餌，於交涉者可以索我無限量之權利，而操縱之權仍在外人，則雖傾國以易之，而未必可得。故此事爲萬萬無望也。

　　當某君言此時，猶似不欲使外人知我有此言論。謂外人知我之自願裁釐，則彼益得居奇也。謂外人知己之不值加稅，則我益難啟齒也。此掩耳盜鈴之計，外人了了於彼我之事實，必勝於我。我尚知利害所在，而灌灌言之，豈猶望十一國之心計，而不能燭此乎？且既爲萬萬無望之事矣。如某君之言，不與揭破，其無望仍如今日。然吾政府，吾社會，不自知其愚黯受人之操縱，猶希冀掩取加稅之利，再擴清釐金之害。於是日復一日，不忍割舍，以大棄我國民之生計。生計亡而國遂因之，其可痛孰甚於是？且今方將定國家稅、地方稅等法，因不舍釐金而亦不謀別稅以相抵，靜待洋貨進口之加稅，乃以易之。則他稅既定，裁釐更難着手。因釐之不裁，而他稅縱極良善，容一釐金於其間，則良稅亦有所難行。如營業稅本可創辦，然不裁釐，則商業又何可更累？故揭而出之，願勿復以外人爲可欺、吾民爲可待，與天下共曉然於此利害之所在。庶今年之政府與資政院對於裁釐一案，不至再如上年之草率，直攻禍本而去之，勿更與各省督撫紛紛以統稅等名目，朝四暮三，爲變本加屬之計，則吾民庶有蘇息之望乎。

　　今先揭外人無取乎裁釐之故。未裁釐以前，洋貨完值百抽五之正稅，而其抵內地之釐者，又完子口半稅，似乎本有值百抽七五之稅率。既裁釐以後，約載照正稅加征一倍半，則爲值百抽十二五，除二五之稅，本抵子口半稅，似所加僅爲正稅之倍矣。然據最近之宣統元年海關貿易冊，其近八年間之正稅，與運入內地之半稅，得比例率如下。

年　分	正　稅	子口半稅	比　　例
光緒二十七年	8,556,700	715,537	十二分之一弱
光緒二十八年	12,388,191	1,227,987	十分之一強
光緒二十九年	11,493,021	1,437,648	八分之一弱

年　　分	正　稅	子口半稅	比　　例
光緒三十年	12,259,381	1,371,019	九分之一弱
光緒三十一年	15,336,528	1,611,332	九・五分之一強
光緒三十二年	16,100,954	1,831,934	九分之一弱
光緒三十三年	14,879,247	1,631,383	九分之一強
光緒三十四年	13,134,509	1,387,069	九・五分之一弱

夫進口之洋貨，如盡完以稅，代釐之子口半稅，則子口半稅應常有正稅額十分之五。今觀以上比例之數，子口稅恒不過占正稅九分之一左右。則每年進口貨就口岸零銷，無需再入內地者，常有十之七八。其完子口稅者，不過十之二三。故半稅額常在十分之一以上也。夫至洋貨十有七八不需完代釐之稅，外人又何病於釐而必欲裁之，以惠華商，俾得肆力於製造，以與洋貨競爭哉？此無取乎裁釐者一也。

其所以不需完代釐之稅者何也？國中多一商埠，即多一口岸而少一內地，在口岸銷貨，自無庸完釐。而鄰近口岸之地，亦皆有零售之便，朝發夕至，予取予求，樂得購免釐之洋貨。愈推愈遠，凡經過口岸之內地人民，人人略買洋貨，自用或充贈品，以取其免釐之便宜。由是洋貨之灌輸內地，本不完釐，又何庸納稅？向以子口章程為改釐為稅之舉，今以多開口岸而成化有為無之舉矣。計今除中俄陸路通商外，口岸已達四十處，其足以零銷什七八之洋貨固宜。乃如加稅之約，則值百抽十二五，悉成正稅，無一貨能免，與口岸之多寡無涉。然則正稅徒加一倍，子口稅不啻又為補其十之七八前所已獲之逃釐妙訣。至是轉悉索以供之，此無取乎裁釐而因自悔其加稅者二也。

有以上之事實，外人必無意於促我裁釐，而自蒙加稅之損，其理昭然。謂外人或可朦者，正以見吾民之愚耳。今欲救國民，擴生計，以留幾微之命脈，非裁釐不爲功。然必離加稅以言之，則我裁我釐，無所牽制。但不加稅，則何以抵補裁釐之損失？不知此固在定稅法時，渾括釐金之現額，仍加之於商貨，但去其通過稅留難之弊，則出產與銷場兩稅皆可任擇，或可並行也。國家果如釐金之原額，改良徵收之法，使簡易可行，無由中飽，則公家毫無損失，商民已十省其八九，又驅數十百萬辦釐之狼虎使改操生利之業。其後效正未可限量，今且勿問其後效。但節當此狼虎所例應吞噬之額數，即歲以數萬萬金還之商民，商民歲得國家數萬萬金之補助，實業有不蒸蒸日上者哉？夫在新商約，中英約第八款第八節本規定一銷場稅以抵釐卡，中美約第五附件又約定一出產稅以抵內地常關，是常關亦在應裁之列。關於常關之研究，別附一篇於後幅，茲姑不贅。先詳舉釐金之現額，供取償於他稅之標準焉。

　釐金本無定額，前數年見全國冊報細數者，惟光緒新修"會典"爲最可據。"會典"第十八卷末載，光緒十三年冊報之數，爲一千六百七十四萬七千一百九十四兩有奇。內計：

奉天	四○八六三八兩有奇
直隸	三○三○五六兩有奇
山東	一○五一七二兩有奇
河南	七八五二六兩有奇
浙江	二○七六三四七兩有奇
福建	一七六○五六五兩有奇
湖北	一三一四五五七兩有奇
湖南	一一八一九七九兩有奇
山西	一九五四九○兩有奇
陝西	三八六五四七兩有奇

甘肅	四一三三八八兩有奇
安徽	四七五四三二兩有奇
江蘇	二二八一一八一兩有奇
江西	一三二三七一二兩有奇
廣東	一六八五九三一兩有奇
廣西	六七〇八七九兩有奇
四川	一六〇一七八九兩有奇
雲南	三三三四四二兩有奇
貴州	一五〇五六三兩有奇

上年交資政院議決之預算案，則釐金總數爲四千三百十八萬七千九百七兩九分九釐。較之會典所載，增多至兩倍部半以上，是爲清理財政之效。然如江蘇，則收數內應提一成作局用。以此類推，恐各省亦不能盡以上開之數入公。其留難需索之黑暗費，則與局用無涉。據資政院預算案之額，以爲標準，定稅法時取足焉，或且加多焉，以易通過之惡稅。此本年資政院之責也。

總之，天下之惡稅莫過於通過，此在萬國皆已絕跡，獨吾國尚戀戀爲籌款之大宗。揆之國體，亦太示世界以污點。蓋通過稅之爲惡，在專授員司丁役以留難需索之柄。商人雖欲束身自好，據理爭執，顧公帑而祛私弊，勢所不能。何則？釐卡之能事，不在嚴重其稅則，但有權妨礙其通過，即足以制商人之死命而有餘。候驗則稽遲其時日，抽查則掣亂其裝載，絕不待橫索一錢，而商人損失至鉅，又毫無違法之可指。因此之故，商人欲求免其奉法之騷擾，不得不相與戢法以就之。捐章不公布不問也，洋價不照市不問也，聯票不照填不問也，但能得員司丁役之歡以自保其成本，此外均非所恤。由是利入公家者什一，利歸員司丁役者什九，法固必如是，而商民乃有自全之地也，豈不痛哉？

誠能裁釐之後，再問加稅。其正稅之加一倍半，固未可必，且亦不必期之，説已見前。而其子口稅則求以代釐，釐既裁矣，此稅自可照收。但觀上表子口稅數，每年不過百餘萬兩，其得失亦不足牽動大局。估計其額，增入新定稅法之內，力行裁釐政策，一面與外人交涉，彼又何辭？且辛丑公約所生之新商約，本爲此次大償款四百五十兆兩，慮其無出，而爲之闢此財源耳。今裁釐既順外人所要求，加稅亦聽外人之延宕，則子口固有之半稅，若轉因裁釐之故而失之，即每年照數扣除償款之額，於事理亦至順。此將來之交涉，目前爲恤商救國計，正可不必問也。

按上年資政院開院，曾代江蘇諮議局草一陳請建議案，名曰“實行裁釐加稅案”。當時猶希冀以裁釐易加稅之益，故立説多未透澈，若惟恐爲外人窺破者然，己則至愚而謬以愚外人，至今思之，可勝自笑。既以外部無從辦此交涉，而此案亦遂無效。今再草此篇，以備國人豫加討論。至九月資政院再開會時，任用何種人名義再行陳請，冀終有濟焉，國之福也。篇中緊要所在，得之施理卿司使所示者爲多。去年司使未出山前，尚爲金陵寓公，因草陳請案就訪之，指示多扼要語，而以從俗有所冀倖，未盡揭破。兹爲盡發之，附識於此，不敢掠他人之美也。

第八卷第七號

銷場稅出產稅及通過稅界說

凡欲就商品徵稅，止有二種徵法，見之於吾國現行之事實：（一）徵之於商品之來路，謂之出產稅；（二）徵之於商品之去路，謂之通過稅。

凡既非產地，又非銷場，則貨物本不應停頓。蓋不納稅即不能通過其地，此不但釐金爲然。近來從釐金變相而爲統捐，爲落地捐，皆此類也。夫統捐之即爲釐金，不過並數道爲一道以徵抽，而沿途抽驗如故，即留難如故，此猶易見。至落地捐則性質複雜矣。有落地即銷售者，是即銷場稅也。有落地不遽銷售而更運他處者，在海關，則條約謂之改運，本無應徵之稅。而在內地，則既設落地捐，見落地之貨即稅。落地即行銷售者固稅之，落地仍需改運者亦不免焉。此通過稅之爲病，當從其性質之是否通過斷之，不得僅以釐金爲通過稅而病之也。

試以圖明之。甲、呷皆爲產地，乙、呒皆爲銷場，丙爲改運地，丁爲釐卡。

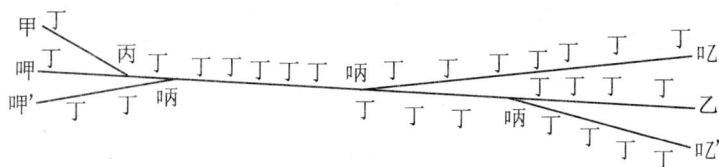

如圖，甲至乙爲由產地直達銷場，經過丁站，悉完釐金，

此釐金固爲通過稅。自甲至吅、吅'，經過各吶點，有需落地改運，其銷場終在吅、吅'，則吶爲通過地。或自呷呷'至乙、吅、吅'，經過各丙點及各吶點，均需落地改運，其銷場仍在乙、吅、吅'，則丙、吶均爲通過地。通過地而有稅，與釐金何別？吾所以必反復及此者。

舉世以通過稅爲病，而競言裁釐。其有釐之實而無其名者，設含混於其間，固非拔除病本之意。在條約則明言向設各釐卡，及抽類似釐捐之關卡，概予裁撤，於約款照行之時，不得復設云云。如果條約實行而後裁釐，原無慮此。今以加稅無望，主張不待照約而先自裁釐，則此界說不得不詳辨之矣。

抑通過稅之性質，西國從前亦間有之。後各國均知其不良，而遂掃除此陳跡。惟僅述通過稅之名，謂類似釐金之稅法，向亦曾行於西國，此殊不然。西國所謂通過稅，仍爲徵稅於外國之商品。外國以商品經國界而至他外國，以國境爲通過地而坐收其稅，謂之通過稅。後以有通過稅之國，與無通過稅之國較，國際商業，恒趨於無稅之地。而運載與屯泊之利，凡可以助市場之繁盛者，因通過有稅而驅之使繞越於異國，有損無益，乃決然去之。又有所謂入市稅，內國關稅，則合乎吾國商稅性質。此爲地方稅而並非國家稅，然亦今漸絕跡。至如計釐設卡，節節困商，星羅棋布，無一坦蕩之路，安行一旦之程，必遭留難之苦。若我軍興以來之釐金，則固非萬國歷史之所見聞也。

以通過稅爲必去，則已無待再計。惟出產與銷場，兩稅之性質，正自不能不辨。吾國向不分此兩端，出產、銷場兩稅，發源於加稅免釐之商約。原商約之本意，蓋比照向來條約之稅法，凡進口正稅及復進口之子口半稅，皆爲銷場稅。凡出口正稅及內地報買土貨之半稅，皆爲出產稅。吾國舊法，生產惟重農業，出產之稅，多納於忙漕正供之中。少數之非農產物，如向徵之釐稅，新定之礦稅等，乃有出產稅之可言。蓋古人體恤民隱之意，謂實物非農之所缺，而錢幣非民之所贏。農產之物，如米豆草束之類，以本色納稅外，罕有復可以出產論者。銷場稅則比比皆是，然亦多為地方稅。如各業業捐，皆以當地銷售之物，抽若干為公益之用，故銷場稅多為地方稅。近以國用不給，間有指某地某捐，特定為專解賠款之用者，如紹興酒捐之類，此銷場稅之漸入國家稅範圍者也。出產稅則亦有特指一項為國家稅者，如土藥稅之類。要之，商品徵出產稅者極少，以純然商品之產地，尚未作價以售錢，多無從豫征其稅。即以地方稅而論，當地出產之物，擔任當地之稅者，亦必就其銷售之時，假手牙行，抽扣於售價之內。然則產地即是銷場，凡徵稅，宜於銷場者多，宜於產地者少。此其明證，此又銷場稅與出產稅之界說也。

總之，既就商品徵稅，自以銷場稅為正當。若純粹之出產稅，則多未成為商品。自古關市之徵，皆為徵商而設，徵商則多不宜徵之於產地。外國有一已廢之弊法，謂之內國關稅；又有一將廢而未盡廢之弊法，謂之入市稅，入市稅即銷場稅，內國關稅則兼包銷場出產而言。吾國捐稅之法，隨時起議，隨事命名，雖並無統系可言，惟由關而推衍為卡，大率以通過稅為取民之常制。而銷場稅與出產稅，始見於近年之新商約，談者初不能辨其果何真相。今仍從條約中進口、出口之名義，推測知之，由進口稅、出口稅而推定銷場稅、出產稅，由銷場稅、出產稅而推定各國乃以內國關稅及入市稅之法，望之於我，為苟且補苴之策。蓋銷場與產地，即進口、出口之代名詞。本國之中而自為進出口，非內國關稅而何？以內國關稅為兩國之地方稅，且為妨礙實業之惡稅。西國所已掃除者，而望我行之，可知其本意，但在防止釐金之阻礙洋貨，非有惠於我國之工商矣。若英約則但有銷場稅，並無出產稅，是當外國之入市稅，蓋皆盡百物而稅之，中無損有餘以補不足之意。其所以優於釐卡者，用關稅進出口之例徵商，則復出口之貨，雖已稅且需給還，是不至產地，無通過稅可完。用入市稅法亦然，就市徵稅，不就交通之道路徵稅，其留難需索，皆止一次故也。但銷場稅與入市稅本同，惟有出產稅，乃成內國關稅。既論產地，即必劃區域，出乎區域之外，乃徵出產稅，如關稅出口之例。在地方稅本有區域，今以此爲國家稅，即亦不能不寄區域於地方。設如以廳、州、縣爲區域，一師關稅之意，不徵通過稅，其落地而實不售貨者，暫收其稅，至改運時照數給還。此當濟之以兩種機關：（一）各國關稅，皆有保稅之倉庫。日本法規中有保稅倉庫法，在吾國謂之關棧，其儲貨仍是棧房之營業，而由稅關指定。進出口貨，必經此棧，然後轉運或分銷。入棧者皆稅，轉運即還之，分銷則否。其本區域所產，銷於本區域之內，零星負載，不經商販，不匯爲大宗者，無庸入棧，即亦無庸納稅。如是則既可整理稅務，又可有法定之棧房。如外國之定倉庫法，盈天下皆有合法之貨棧，即棧單抵押，成一種最迅速最穩固之金融周轉事業。似此則商業銀行乃可不收押不動產，如近日大清銀行所定之方針矣。（二）仿奧國營業稅法，劃區以後，每一區設一納稅組合，責成完如額之稅。其始調查定額，以全國釐金近年之總額，准酌情實，配賦於各地方。然後令地方自設組合，照額分配於各商家，以及額爲度。在吾國謂之認捐，以省稽查之煩，從中生弊，又防隱匿之過，因而短收。要其所以能有認捐之把握，亦借各地方之保稅倉庫，共相維繫，但分任之各地方，其弊自少。若仍以國家委員司丁役爲之，則全國騷然。海關在今日，且不自信本國之人爲稅司矣，又安可以此流毒宇內乎？

　　以上爲改通過稅爲銷場產地兩稅之策。在外國以此爲大病，而在吾國，猶爲彼善於此之舉。夫外國之於本國物產，雖海關猶盡蠲其稅，以獎輸出，豈有轉推行於國內之理？但其本國物產，亦非一律不稅。斟酌各貨之性質，稅其奢侈嗜好之品，以取於有餘之家，而輕貧民之負擔，此爲租稅之公理。今既未能整理及此，則姑行內國關稅，以爲過渡之計，去泰去甚，殺釐金之毒於目前，嗣是定一物之專稅，即剔除此物於普通稅法之中。若往時鹽斤礦產之例，各種良稅法逐漸施行，即廢此過渡之苟且稅法，是又將來計學家及國會議員之責也。

　　按各國之徵商，以海關進口稅爲大宗，以此爲防止外貨任意流入之病。次則就各貨之性質，分別有力者之所用，然後稅之。較吾國從前專苦累一農民，而生活程度甚高之人，恒終身不納分文之直接稅者，其立法正相反。是爲吾國關卡之稅將來蛻化之所必至。其餘有商人之所納，而與貨稅無關者，若營業稅，則百國牙帖之類，就業而稅之，非就貨而稅之，故與貨稅各別。又所得稅中，亦稅及商人之所得，此非吾國所現行，在古則有算及緡錢者。要其稅及商人而不與營業稅相復之故，則以營業稅但營是業者皆稅，所得稅則必除去各項實費及各種公稅之後，計其淨贏滿若干數以上，乃設定率以稅之。更有印花稅，亦有微涉商事者，則但就成交之紙片，貼用印紙以爲稅，又與前二者不同。爲理財計，固可一一推行，附述其派別如此。

第九卷第五號

視察蒙古郭爾羅斯後旗報告

辛亥六月初四日，由京乘京奉車赴東，攜有日記簿，途中遇有關係處，輒識以簡短語，以留當時心所感觸之跡。閏月初二日回京，檢所記衍而明之，本意以此爲報告也。顧排日所見聞，往往將一事首尾隔斷。昨日之所見，至今日有所聞而始覺其可記，至明日更有所聞而不能不補記。且一日之見聞非一事，轉於其犖犖大者，不能團聚一處，以發明視察之本意。用是提綱挈領，最爲一篇，先冠其首。復有緣路謳吟，以代紀事者，輒於詩後疏其事實，以存當時記憶之真相。嗣此之後，乃以日記原文附焉。參互觀之，較爲詳盡，非有意爲詩文也。

蒙古在漠南者爲內蒙古，內蒙古分六盟：東四盟在東三省及直隸、山西邊外，西二盟在陝西長城以北。東四盟之在東三省者，爲最東之哲里木一盟。哲里木盟凡十旗：科爾沁分左右翼，每翼各分中前後三旗，共六旗，皆屬奉天省。郭爾羅斯前旗一旗，屬吉林省。郭爾羅斯後旗、札賚特旗、杜爾伯特旗，共三旗，皆屬黑龍江省。三省所轄之蒙古如此。其西接烏昭達盟各旗，則屬直隸省矣。

哲里木盟十旗扎薩克，蒙古人言其封爵各不同，謂之六王三公一貝子。蒙古王公對地方官，司道以下皆平行，惟對督撫用屬禮。六王三公一貝子者，科爾沁右翼中旗扎薩克，爲和碩士謝圖親王；左翼中旗扎薩克，爲和碩達爾漢親王；右翼前旗扎薩克，爲多羅扎薩克圖郡王；左翼前旗扎薩克，爲多羅斌圖郡王；左翼後旗扎薩克，爲多羅郡王，以上科爾沁五旗皆王爵。餘扎賚特一旗扎薩克，爵亦稱王，（《游牧記》稱其扎薩克爲多羅貝勒，不知何時晉王爵。今蓋據蒙古人所言也。）是謂六王。科爾沁右翼後旗扎薩克，爲鎮國公；郭爾羅斯前旗扎薩克，爲鎮國公；郭爾羅斯後旗扎薩克，爲輔國公，是謂三公。杜爾伯特一旗扎薩克，爲固山貝子，是爲一貝子。蒙旗地開放愈早，其旗愈富。科爾沁左翼中旗，當嘉慶間即設昌圖廳，民人墾佃，逐漸繁盛。至光緒初，遂改爲昌圖府。新設懷德、奉化、康平等三縣屬之，繁殖可想。是旗扎薩克今已歲入至三十萬圓，蓋墾熟之地所納之租至如此巨額也。然昌圖一府，地占左翼中旗者僅一隅耳，將來推廣，又何可勝計？其次爲郭爾羅斯前旗，亦於嘉慶初即設長春廳。當時爲理事通判，光緒八年改撫民通判，設農安分防照磨。十五年陞爲長春府，而農安亦陞爲縣。東清鐵道經長春，交迪尤便，土地墾闢，故是旗亦甚富。

　　科爾沁左翼界內有遼源州，屬昌圖府，亦舊設，似亦中旗地，然未能確審。右翼界內新設洮南府，領靖安、開通、安廣三縣，當右翼中前後各旗地，開放未久，尚未發達。其在黑龍江境內三旗，郭爾羅斯後旗地，設肇州廳；杜爾伯特旗，設安達廳；扎賚特旗，設大賚廳，皆新設未發達。蓋舊設之廳、州、縣，乃漢人移殖已繁，不設官無以理民蒙之事，應其需要而設之。在設官時，地已闢矣。新設之廳、州、縣，則以官招墾，故官雖設而墾尚寥寥也。

　　蒙旗地所親歷者，僅郭爾羅斯後旗一旗。自東徂西，皆遵陸行，所見較親切。又宿扎薩克府兩日，宿肇州廳署兩日，詢訪尤備，故能言之綦詳。然據所聞各旗情形頗相類，則所以興蒙古之利而除蒙古之害者，或亦大概相同。其尚未遍歷各旗者，以陸行至郭爾羅斯後旗西界瀕嫩江岸處，江水正驟長，天又無日不雨，地皆淹水中，不復可行，遂渡江至新城府，乘輪船而返，俟秋涼水退再往。今就肇州境內述之以見例。

　　松花江流域，縱橫各千餘里，無山，皆平原腴土。其東半屬滿洲，爲吉江省界，西半爲蒙旗界，處其中，但知有涂泥水潦，不辨山爲何物，故無木無石。屯站所在，居民尚或種樹，以取蔭而障寒，初不敷取材之用，至石材則分寸皆絕跡焉。是此營造較爲困難，而墾種則無地不宜。土人不知有溝洫，故見低地則以爲瘠薄。蓋夏季雨量極富，松、嫩兩江水驟漲，當地又多雨，故低窪之地，恒沒於水，有漂失之患。又地形稍坳，遇水即渟蓄者，水挾城質，渟其地即成城甸，能產含有鹹性之草，獨宜於牧而不宜種粱豆。土人皆以棄地視之，言墾者掉頭不之顧，此皆小農之見解宜然。若有大經營，則溝渠以洩之，堤防以禦之，酌種水田，以消納之。又必寬留牧地，以畜牛馬，爲耕犂之用。更有多餘之城地，專以資牧，則羊毛亦正大利所在。必設大公司，領大片地，相地規畫，則寸土乃皆黃金。地廣人稀，種植亦必用大農法，一犂可亘五六里，少折旋則時間省，用機械牛馬則人工省，此皆大農之事。若以小農之知識往圖度之，雖無不各饜所欲之理，然於實邊大計，殊迂遠無速效。且彼中地利，亦未可以此零星掇拾之數，狼戾之也。

　　車行荒草間，綠香撲鼻，但蚊蚋充塞，嘬人並不畏撲。其色青，蓋平時無人過，則吸草汁成青色，遇人而嘬之，饞不暇擇，且亦尚未有畏撲之機心。又有蝦蟊如蠅，螫人至痛，螫牛馬往往見血。膏腴之土，庶草繁蕪，人不利賴之，乃成蟲豸之藪。然絕無蛇虺等毒蟲，北方之所以優於南服也。荒地中偶有一二已墾處，則蚊蝱絕跡。粱豆非此類生物所依附，又飛不及遠，故荒與非荒之界域，即有蚊蝱與否之界域。除害莫如人力，天造草昧，人能董而理之，即成人世界，則棄地於蚊蝱者，誰之罪耶？逐日天氣，日中至八十五度，清晨則七十五度以上。

雨多而土濘，車行低地，水聲時淙淙然。或陷於淖，則百計求脫，費時甚久，往往至盡去所載，而後力鞭駑馬，曳之出險。故既陷之後，乘客必霑體涂足，狼狽先求脫，乃可待車之自拔於難。雖有官道，恒在若存若亡之中。其有水冲日久，成天然之溝瀆者，首尾無端，繞越既所不能，徑渡則深至三四尺以上。人必裸渡，而行李則需裸運，然後驅馬曳空車，亂流而渡。凡此皆內地旅行所未有之事，要其水草之饒，泥土之沃，正見無在非至寶。吾人聽其屯塞至此，惟有自疚而已。

數里或數十里過一屯，其門插一旗，是為蒙户之標幟。蒙人絕少種地之家，處膏腴數十百年，尚沿游牧之舊，但牧而不須游耳。漢人得托其間者，長子孫，締姻好，田連阡陌，牛馬成群，蓋無復竄人，且生殖極繁息。一家問其子女，動輒七八或十數。丁多即擇荒而墾，無地狹之患。種地又不費功力，不需肥料，衣食自有餘饒。心廣體胖，宜其生息繁多矣。偶語此輩：居此荒寂之地，亦頗思鄉否？則答曰：雖有鄉，其何敢思？以吾曹之習於安逸，與子息之累之多，若歸故鄉，皆溝中瘠矣。嗚呼，此桃源記語也，不圖於今世聞之。雖然，貨惡其棄於地，力惡其不出於身，無古今中外，視此為公理矣。惟慢藏乃誨盜，此則大可危耳。

昔者禹抑洪水，水乃由地中行，蓋以前水行地上也。吉、江兩省之大平原，濱江低下，略如江南卑濕狀。比年以水患聞，要亦名患而不名災，則以沿江為墾地者所闢，災不能及也。然從前則並無水患可言，水之來也，橫衝直決，皆在無人之境，則有患而莫或知之。嘗於肇州客舍中，遇一客係近地人，忘其姓名，問遠客來自何所，告以江南，則訝爲語音不類。蓋吉、江兩省，中間隔一江，江省以吉省爲江南也。告以僕所居江南，乃揚子江之南，非松花江之南。客忽憶南方有水田，因問南方多水，當此夏令，大雨時行，其道路之沮洳，較此間若何，告以南方無此狀。客若甚訝，詢所以，告以南方多河道。客曰：黃河乃在江以南乎？又告以河非黃河，乃各地用人力所開之河，小者爲溝澮，大者爲通川，脈絡貫通，密如罟網。客更訝甚，謂南方豈家家有大禹乎？知其狃於吉、江荒漠之故，無可猝喻，則漫應之。錄其問答，足以見彼中“水利”二字之尚未入人人夢想也。此又誰之過也？

　　蒙古放地章程，上等每晌收押租五兩一錢，依等遞減。交通不便之處，有減至三錢五分者。押租半歸國家，半給蒙旗。故放荒之始，能多放則蒙旗即獲鉅款。但押租止收一次，至五年後升科，則每晌納大租六百文，小租六十文。黑省用中錢，以五百文爲一吊，則實收三百三十文。國家得三之一，蒙旗得三之二。是故墾熟以後，蒙旗即每年坐享厚租，以故科爾沁左翼中旗扎薩克，有歲入三十萬圓之鉅額。蒙旗應得之款，又有自行劈分之例。扎薩克得四成，台吉得三成五，廟倉得二成五。廟倉者，喇嘛等所得之款項也。如科爾沁左翼中旗札薩克歲入三十萬圓，其全旗所入，乃實有七十五萬圓矣。夫台吉、喇嘛，既皆以放地爲利，則宜皆與其札薩克，竭力歡迎墾者。然事實或不盡然，中有委曲，則藉口蒙民生計，設法阻撓，亦往往而有。如郭爾羅斯後旗札薩克，負債於他旗之喇嘛，以地作抵。而彼喇嘛乃將轉售其地於俄人，官家代還款八萬六千餘兩，而令其放地，收押租，償官款。衆台吉以債由札薩克自欠，不願代償，因相率抵抗，其一例也。豈知放地時固代札薩克償欠，升科以後，利自溥及，何必把持而致兩敗。以愚計之，押租就目前止可先其所急，還官款，將來年租，或令札薩克於若干年期內，減收一成或半成，以益台吉等，則亦不爲强台吉代爲償欠，庶或可持其平，此在當局相機開導之耳。蒙地若盡數開放，各旗札薩克之爲貴族，方不似今日之有名無實。小説載英國貴族，襲其遺産，富厚無匹。吾國惟蒙古札薩克有此基礎，若今之科爾沁左翼中旗，郭爾羅斯前旗，皆已見諸實事者。但不得大力者作大規畫，畸零散碎，擇便而墾，仍循游牧時代，逐水草而居之故智，則所謂城甸水地，廢棄必多。蒙古不足惜，如暴殄天物何？彼中江水由山水下注，其流甚疾。然初無波浪，若作隄防，不似南方沿江沿海之難。且溝渠一通，水順其就下之性，即藉隄防，亦並不需高峻，坐使周原膴膴，變洪荒爲繡壤，一反手之勞，足以獲之。

　　蒙古生計之説，乃大可笑。蒙人蓋將不能有生，何暇過計？行其境，除漢人有勤動之狀外，蒙之人，什七八皆頂冠帶，冠上頂珠，青黄赤白，無所不用其極。腰繫荷包活計，足蹬官靴，行步微僂其背，舉足重滯，橐橐之聲，以靴破不甚清脆，唐人詩所謂紇梯紇榻者，頗爲近之。童時見老輩有老成端重名者，別成一種態度，以示林下風。入蒙所見，蓋無時不然。惟袍帶冠履以及掛件，則無一不垢蔽斑駁。歷年既久，又不知浣濯爲何事，汗漬泥污，狼藉如雲霞。此其人所謂台吉者也。其壯丁則謂之奴才，奴才無冠帶，分宜操作。然循例派入札薩克府當差，札薩克嘉賞之，則亦任意賜各種頂戴。於是章服亦與齊民有別，而老成持重之貴人風度，相因而至矣。今之好以官貴自標異者，惜不令入蒙一寓目。設早以蒙人之態，喻之當世，吾知學生決不應試求官，天下亦絕不復有持獎勵不可廢之說者矣。此其戕賊於虛榮者一也。

　　台吉之家，男丁生而無一非台吉，故台吉之增益無量。其奴才本尚可奮於人事，然台吉役之，札薩克役之。有時札薩克役奴才，台吉得而控諸理，蓋爭以爲各擅之犬馬也。台吉一月，例分得奴才四戶，數傳而台吉之數大增。奴才因無人權，則去而爲喇嘛，乃無貴無賤，向之膜拜，於是奴才盡以其幼子爲喇嘛。定制：一喇嘛必一正一陪，就親丁中同時剃度之。其一爲喇嘛，其一則喇嘛之奴才。故無論何廟，問其喇嘛名額，如郭爾羅斯後旗札薩克府相近之最壽篤寺，名額爲二十五。其中實在僧徒，必爲五十有一，二十五喇嘛各帶一奴才，又有一大喇嘛故也。喇嘛死，必於其親丁中頂補，喇嘛之奴才亦然。故一家既有喇嘛之後，其不爲喇嘛者，久亦相隨而去。其大喇嘛，或爲喇嘛得衆信仰而推升，或由他貴人力拔起。若台吉爲喇嘛，則可即得大喇嘛之位。大喇嘛無庸專帶奴才喇嘛，凡合廟皆其奴才。蒙人死亡疾病及有所趨避，皆延喇嘛嗹經。既嗹經，則必酬之以馬牛羊，惟利是視，是爲喇嘛之資產。喇嘛又得分放地之利，無一不優勝於奴才。以故奴才皆遁而爲喇嘛，爲喇嘛則其種亡，此消滅於迷信者二也。

　　嘗住一台吉之家，避雨因止宿。其家係三品台吉，父子叔侄，壯者以及孩提，共五台吉。問其有無奴才，云尚有一戶。此奴才家生齒繁殖，有兄弟五人，但已有兩爲喇嘛，兩爲奴才喇嘛，既去其四，餘一奴才。遇彼四人者有事故，則亦將超凡入聖。至其時，吾家奴才乃斷絕云。問以台吉家有奴才者多否，則言甚少。因憶郭爾羅斯後旗札薩克佈公言，本旗台吉二千餘人，其數遠過壯丁。正以此故，扎薩克府中厮養，皆頂戴輝耀，亦有戴翎支者，以虛榮錮此輩之身，又以迷信滅其奴才之種。無怪古所謂天之驕子，一入國朝，垂尾帖耳，生氣奄

奄，治邊之策，跨唐凌漢，有以也。無如强鄰密邇，擇肥欲
噬，患又生於所防之外，則固當時之所不及料矣。

扎薩克之富者，誠得所矣。其貧者習於昏惰，拘於體面。
如札薩克佈公家，吾見其設坐僅能如客數，而其式且不一，茶
杯亦然，玻璃與瓦，大小不等，其窮可知。然府中當差者百數
十人，冠帶濟濟，雖令一人執一器，府中恐無器皿百數十事，
然月糜口糧數百吊。札薩克因事他適，侍從必數十人冠帶而垢
敝，迫逐不舍，旅店一宿，其費即不貲。佈公又嘗游日本，亦
好作開通語。以安逸養成遲緩，晨起必嚮午，一盥漱歷數點
鐘。嘗因訟事至哈爾濱，攜三十餘蒙古，住俄人所設客寓，一
宿數百金，亦不甚知愛惜。但欲舉債，外人承迎恐後，以其地
產富也。凡蒙旗貧者大率類此，一經舉債，支節叢生。今欲促
蒙旗進步，既放其地，又必收其債權，有債則由官中代償，責
令放地自贖，庶地辟而糾葛亦清。若佈公事是也。各旗聞類於
佈者不少，收權弭患，今日之要務矣。

其尤要者，破除階級，使台吉以上無虛榮心，奴才則無暴
棄心，捐除迷信，改良佛教，勤耕耨，積產業，顧嗣續，與漢
人競生存，則邊可實，而蒙人之生命亦可延。爲國圉計固然，
爲人道計尤不能不爾。彼台吉之冠帶，其敝垢且弗論，得漢人
一錢，則奔走恐後。榮辱之原，係乎生計，頂戴無救於飢寒，
其可憐矣，朝廷今日，何忍尚以此坑之？吾尤怪蒙人處此，多
方作態，以稱其冠服之榮，則固尚自以爲得意，甯非至死不悟
者。是不能不信階級之見，爲專制國民第二天性也。

國家之處置蒙藩也，更莫妙於以盟長爲之牽制。盟長由朝
廷選定，非蒙旗所推舉，則與盟之爲盟，義無所附麗矣。然各
旗大事，非各盟長同意，乃不得行。盟長又有四人，意見更歧
出。哲里木盟，今日之盟長，其正盟長爲郭爾羅斯前旗札薩克

鎮國公，幫辦盟長爲科爾沁左翼中旗札薩克達爾漢親王，第三副盟長爲左翼中旗閒散達爾漢郡王，第四副盟長爲杜爾伯特旗札薩克固山貝子。朝廷有命令，隨時可以易置之。而一假以盟長之名，則凡係阻撓，即必有力，其名分然也。若用爲代表全盟，必不能得同意。萬一志同道合，竟有洽乎衆望之盟長，一經取舍更任，其團結立破。國家制馭藩服之道如此。今行新政，地方皆有職務，豈能長此破壞？倘能捐除故事，但令受地爲民，盟不盟聽之。且蒙漢已雜處，地方官已一律以官治，復何藉特別之法律，以維持此藩封之政令乎？通鐵路，設流官，破盟部畛域，裁理藩部而廓清之。藩屬之福，亦國家之慶也。今回藏各部，能行此義與否，尚未可定。東三省之蒙古，何爲而不以此請命於朝耶？

　　郭爾羅斯後旗地，數年來放墾已大半。然札薩克尚窮不自聊，則以放而未墾之故。江省大吏，當時勇於放荒，薄有資本者任意報領。顧但有領地之本，並無墾地之資，於是延宕坐誤，以至今日。在肇州見廳署公牘，肇東分防自治會議案，皆有關催墾之事。肇州本治郭爾羅斯後旗全境，境內經數次開放。最早係周道冕經放鐵道兩旁最腴之地，其地稍稍有墾戶，即於肇州移一經歷分防焉，謂之肇東分廳，地分五鄉，占全旗之勝。上年八月間廳丞崇組軒分守勘定作圖，其旁識數語云：“上地膏腴，以肇東五鄉及和、樂、安三牌，布拉克台一台，堪列上等。沿江荒段暨鄂多爾圖台，察普起爾台，博爾濟哈台，古魯站等四台站，時受水患爲中等。茂興站、吳蘭諾爾站兩處，地多沙積，平字牌及一順招，地多窪墟，應列下等”云。全旗地質之品評，此爲詳實。而肇東議會，議員皆地主，所利用此議事機關者，無非設苛法以逼佃使墾，且禁他人之出錢勸佃速墾者，蓋欲不費一錢而坐收熟地之利。以此期墾，墾復何

望？故無資本之地主，不可恃也。夫墾務興而蒙地設官，遂有
肇州廳憲政舉而自治開會遂有肇東等議事會令觀其議案宗旨，
皆漢人領地者盤踞議員之席。蒙人不識字，無望當選，則把持
地方者，皆客民耳。蒙人方結習如故，則豈非新政舉行，而又
多一外來之刀俎，以甘心於此魚肉乎哉？蒙漢之程度不相齊，
勢力不相競，吾未知其所終極矣。雖然，肇東今日之苛法，固
猶漢人苛待漢人。漢人之領地者，苛待漢人承佃者耳，蒙人固
尚無爲佃之資格也。

肇州道中詩

半趨半蹶越騾綱，坐愛車前衆綠香。
野草怒生聚蠅蚋，土屯零落見牛羊。
庸勳秩古家懸磬，耒耟民移畝宿糧。
饒沃近鹽天府國，可憐終古説洪荒。

州境即有鹽泡。

官台無路野無煙，積水橫流馬不前。
填道敗槽行潦窟，瞰人獰犬垝垣顚。
旄裘大長尤艱食，圉牧餘丁遁學禪。
如此川原成否塞，諸君何策詡籌邊。

廳署前水沒不可行，有一最深之缺口，增一敗馬槽，可著
人足。蒙屯畜犬，多在牆頂上，見生客則狂嗥而下。

松花江上雜詩五首

沮洳一步皆成險，蟄處天然長惰心。
但覺車輪生四角，安知尺璧抵分陰。
地無片石能爲骨，天有纖雲便作霖。

溝澮不修衢路廢，十秋虛牝擲黃金。

榆關軼蕩向東開，襁負相望事可哀。
塞下尚懸通海禁，關中自爲實邊來。
賫糧益盜生秦暴，越界驅民作楚材。
富媼有靈誰與乞，可憐皇父造汙萊。

　　山東人子身至關外，一年坐食微資，困苦萬狀。墾地至次年，薄有所獲，食其穗而爨其萁。又一年，則薄有積蓄，已移家矣。如此偉大之移殖性質，國家猶時摧折之。次帥言數年前任將軍時，尚循例專摺報並無福建人民入境，蓋意在堵塞來者。惟所防之民族，僅有閩人，尚未知燕齊之民之絡繹於此道耳。聞亦有資斧不繼，不能待墾，輾轉流至界外，遂爲俄佃，以俄之移民設備較完之故。可哀也。彼皇父何人哉？

收權大計競通航，拉雜摧燒盡棟梁。
決勝何能憑下駟，多歧祇恐兆亡羊。
縱教鉅籹謀孤注，可奈歸墟屬斷潢。
一綫生機惟錦璦，奇贏況有八千強。

　　哈爾濱設吉江兩省郵船總局，局在傅家店沿江。江心一小洲，接築碼頭，頗宏敞。總辦韓太守，爲言此碼頭甫於四月開完工，上年開始，中更鼠疫，三姓採木之道不通，頗費時糜款。計碼頭之成，共用兩萬三千元，現局用歲需萬五千圓。三姓一路，呼蘭一路，皆已有船往返。新城一路，甫擬通航。烏蘇里江口以下，已非國界。船舶非就地自造，必商購於俄人。上年由他處訂購，爲俄國海口扣留，強令拍賣而後已，虧損甚大。此次擬行新城之兩輪船，係由陶賫昭移來，船已窳敗行遲，又時需修整，處處就延，實不足競航業之勝。且寥寥數艘，遇人貨擁擠，無可增益。俄鐵路公司航行此路者計船百數十艘，緩急足以酌劑。船堅而期又定，往來迅速，人豈肯舍便利以就官輪。然則苟非大舉，以數萬成本及萬五千圓之歲費，擲之江水而已。

東清鐵道過哈爾濱，適爲呼蘭以上衆水之所歸。輪船運送，亦不過代彼供鐵路之載，我固無自行出海之路。哈爾濱地近三姓，燃料用柴不用煤，各機廠皆然，輪船其一端也。柴係徑一二尺之大木，截作二尺許之段，又劈成四五瓣。據言輪船一日需燒兩孤巴。孤巴者，俄量名，合吾國陸尺陸寸立方積。三姓購柴，俄已積久，故量名價額，皆由俄先定。每兩孤巴售貳十三盧布，每孤巴重約陸千斤，合十一盧布有半，當中國銀十四圓，則每百斤兩角三分餘耳。由三姓運哈，運費及稅，約需倍之。吉東墾務不盛，地不加辟，民不加聚，建築物無所用之，棟梁之材，夷於灰燼，可惜也。

錦璦路爲北方命脈，路綫所過，農林礦產，每歲增額，即不止全路成本總額。交通一便，萬寶皆登，田畝升科，及他稅項之增益，直接足償本息而有餘。國之邊防，民之生計，文明之輸入，皆其意外之獲耳。

陶賚昭行輪，本溯松花江而達吉林省城。東清路於陶賚昭過松花江，長春距吉省二百四十里，然乘客至長春，甯轉乘東清車至陶賚昭，再溯江而上，需二三日水程，往來者如織。陶賚昭一名小城子，客寓市場，日益興盛。吉長路將成，情狀又將變，故分船行下游之松花江。然松花江自陶賚昭以下向止行民船，此次輪船出松花江口而抵中俄行船之松花江，費盡方法，數十日乃達。松花江源出長白，自吉林省城西北流過陶賚昭至伯都訥，即今新城府。其西北爲三江口，與嫩江合，更爲一江。此江名稱不一，《蒙古游牧記》謂之松阿里江，或稱混同

江，或稱牡丹江，皆土人語。據圖籍，黑龍江下游既匯烏蘇里
江以後，名混同江。又吉東有水通甯古塔等處者名牡丹江，則
皆未可與此相混。惟松阿里之名無雷同，似可援用。然三江口
以下，公牘通稱松花江，今所謂松花江行輪問題是也。由是亦
不能不仍謂爲松花江云。

　　　　奴因佛果兩侵尋，百級讒台負累深。
　　　　獸畜昔年能戢尾，虎悵今日別生心。
　　　　慢藏可誨窮斯濫，養欲雖粗逸自淫。
　　　　記取債權關主極，迨天未雨一長吟。

　　　　衆水蜿蜒一尾閭，濱江形勝有誰如。
　　　　中分稍減飛鳴勢，退守猶持輕重書。
　　　　倚伏不妨觀塞馬，毆除何忍效淵魚。
　　　　補牢事倍功惟半，切莫桑榆計更疏。

　　東清路往時勘綫，俄人以哈爾濱及伯都訥兩處，斟酌過松
花江之地點，嗣以工事上計畫，決取哈埠。由今觀之，伯都訥
扼松、嫩兩江之口。哈埠地處下游，上游輸送，仍不能越此。
而呼蘭、通肯諸水，又匯於哈埠對岸，則哈埠實爲運送之中
心。再順流而下，去其國界不遠，又無不囊括吾運輸之利。故
知哈爾濱勝於伯都訥也。

　　自長春以下，餌日本以言和，俄自有海參崴出口。東清運
費，向長春者提價極昂，向海參崴則甚賤，逼貨物使出其途。
而近長春則運貨又轉廉，以無逆折使北而轉南之理。故在哈埠
運出口之貨，皆以下海參崴爲便，此俄人輕重之術也。

　　東清爲外國人所造，扼吭撫背，遂覺不可終日。轉而視借
款所築之路，如京奉近在呎尺，相形見彼我之跡。人至南滿

站，即服從外人，至瀋陽站，即喜見祖國。管理及錢幣，截然不同，此不過接軌處上下站爾。（南滿爲中日公共之站，京奉局不應放棄，別見日記。）故激刺於東三省，必不肯反對借款造路，無使以閉塞召外人自行干涉之漸。且行東三省，尤見鐵路之爲土地人民命脈，無交通則死，有交通則生。雖東清爲大害，然吾曹能深歷滿蒙者，實賴此矣，故亦當視爲失馬之非禍。所未敢知者，輿論甘心緩造鐵路，汹汹爲意氣之爭，不免爲淵敺魚耳。

裸　　渡

帶水盈盈病涉時，解衣裸渡且從宜。
菰蘆刺螫腨中驟，黿蛤行緣胯下奇。
迎路並無瀧吏語，渡河惟有惱公詞。
誕登未死歡聲動，頭上雲來又索詩。
渡河後即遇雷雨。

出新城府西門

馬腹泥深步不開，十鞭一動氣如雷。
邱山重負空回首，上坂鹽車未足哀。

滿天風雨別新城，矢橛叢中掩鼻行。
篳路山林吾輩事，須知攬轡即澄清。

登吉瀾官輪

汽筒輪轂放中流，衽席初登意不侔。
失喜故鄉今在望，松花江水是并州。
（賈島詩：卻望并州是故鄉也。）
吉瀾即郵船局第一次行新城者。六月十八日抵新城，待貨載至二十六日乃起椗。貨並不多，遇雨即大車難行，咫尺不能抵舟，交通不便之狀如此。

新城舟次卻寄崇組軒分守

豈意龍沙識使君，灑懷才語氣如雲。
官新百度勞開創，俗異三頭輯糾紛。
樓畝有糧春勸墾，帶刀無警夜銷氛。
劇憐七載羈窮徼，未展籌邊尺寸勳。

傾蓋相逢即素心，衙齊文譙日相尋。
一官苦說爲身累，空谷真能喜足音。
情比花潭深幾尺，饋將藥裹抵兼金。
浮屠三宿尋常事，此別無端思不禁。

崇任肇州廳同知，設官即蒞此。蒙地民有三種，一蒙二旗三漢。旗者，台站所編置之民。康熙中三藩既平，徙其人於邊，使司台站。漢人近墾地至此，三種人聲氣不同，始頗歧異，今已就理。始至肇，見地方荒寂，積水滿地，以爲官斯土者必亦不堪之材。既見乃出意外，詢墾事具有要領，且知其治胡匪有方略。臨行贈吉林參，報之以佈公所送之馬。崇治肇七年，急於求去。峴以民政司宋小濂涖仕，其戚也，告回避將得代云。

舟過肇州渡口

一渡仍思跋涉難，泥涂前路正漫漫。
卻從自在中流日，重問迷津仔細看。
前日渡此適新城。

偶　成

城漕求馬爰居處，漢廣方舟就淺深。

萬卷何如行萬里，下帷劉峻枉書淫。

日駕大車行，聞北人語覓馬騾時，謂之求牲口，始疑其求爲揪字之音。繼知凡覓取各物皆稱求，則求字之義，在南方爲文言，在北方正土語耳。於以求之，於林之下，於“求牲口”三字尤貼切，古人固語言文字不相遠哉。肇州渡見渡船係兩小船，上鋪木板，橫約二丈，縱倍之，載兩大車，行李在車上不動。馬十匹，人十一，蓋同伴而外，尚有差官繙譯及肇州護送之馬兵，故人馬均夥也。更有附載者數人。因思古人兩舟曰方，正是此制。以其形方，遂引伸爲方圓之方。方字從兩舟，故知先有方舟之形，後有方圓之義。

　　附記：在哈爾濱時，聞黑龍江臚賓府滿洲里一帶界約，棘手已甚。俄人據中上學者所著之書，指雍正五年之界，不與今同。中國邊界綫，當縮進甚遠。是處東抵額爾古訥河岸，西接外蒙古，爲無天然界域之地，當時所以以鄂博限南北者。黑省大吏，詢之外務部，無檔案可憑，故無從退讓云。案東清路自滿洲里入境，沿邊又設有臚賓府，此段地界，中俄久無異言。今忽據私家著述爲發難之端，不思雍正五年條約具在，私家之書，本無援據之價值。且所謂私家之書者，大約即何秋濤之《朔方備乘》。《備乘》有《北徼條例考》一篇，具載康、雍兩朝界約。秋濤不名之曰條約，而名之曰條例，其意中未知有國際之約章，但知有本國之則例，以爲此亦一例文耳。又有《北徼喀倫考》一篇，則荒謬實甚。喀倫即卡倫，滿洲語謂台站爲卡倫。台站隨地而有，何必沿邊。秋濤認卡倫爲邊界，書中有附載黑龍江與喀爾喀車臣汗分界各喀倫。其案語云：此雖不與俄羅斯境壤相接，然地距邊界甚近，實爲北徼要衝，故特設喀倫，以示杜漸防微之意。蓋其意謂喀倫惟邊界乃有之耳。然其本書又稱更番候望之所曰台，國語謂之喀倫，則秋濤非不知喀倫本義者，乃於《喀倫考》中雜舉至茂興等十二喀倫，謂台站亦稱喀倫，茲不具錄。蓋知茂興站之沿松花江，去邊過遠也。但既知台站皆稱喀倫，即安得搜尋喀倫之名，以充邊界之數。約文明以鄂博爲界，不以卡倫爲界。鄂博者，累石爲封，特於兩卡倫之間壘之。沿邊自有卡倫，非卡倫獨設於沿邊，此不可不辨。

　　秋濤書稱："雍正五年郡王策凌等會同俄使薩瓦勘定疆界，設喀倫五十九座，極東之十二喀倫，就近屬黑龍江將軍統轄，輪派索倫官兵戍守；迤西之喀倫四十有七，以喀爾喀四部屬下蒙古，按其游牧遠近，每喀倫安設章京一員，率領兵丁，皆令攜眷戍守"等語。此段文字，證以《蒙古游牧記》，知係雜採國史"策凌傳"及松筠《綏服紀略圖詩注》，所著俄羅斯事補輯之文。十二喀倫爲黑龍江省內沿邊地界，當或可信。然則秋濤《喀倫考》中，何以江省境內所指爲與俄接壤者，至有八九十處之多。雜引《盛京通志》、《黑龍江外紀》等書，見喀倫之名即收之，貪多務博。其喀倫或稱在齊齊哈爾城境內，或稱在黑爾根城境內，或稱在黑龍江省境內，或稱在布特哈境內，或稱在呼蘭境內，則本係距邊甚遠者爲多。惟秋濤於八九十喀倫之中，又指出十二喀倫，爲雍正間分界之處。核其注語，亦係雜採《盛京通志》、《黑龍江外紀》而得，與松筠補輯原文無涉，乃謬以證松筠十二卡倫之數。尋其注，十二卡倫中，其九皆在額爾古訥河東岸。則約文一再所言，如有山台幹河，以山台幹河爲界，何以索解？可知沿河自有卡倫，而非分界之用也。約文又言無山河空曠之地，從中平分，設立鄂博爲界，此所謂無山河空曠之處，正指今臚賓府北一帶。且指鄂博爲界，明白如此。
約文又言察罕鄂拉之卡倫鄂博，至額爾古訥河岸蒙古卡倫鄂博
以外，就近前往兩國之人，妥商設立鄂博爲界。此又界以鄂博
之複證。在約文原未載鄂博地點，但稱蒙古卡倫鄂博以外，由
察罕拉之卡倫鄂博，至額爾古訥河岸。是按其地望，實從喀爾
喀蒙古界綫，曳一平綫至額爾古訥河岸，略取其緯度相齊，故
須專設十二喀倫，再置鄂博。若所設卡倫，有九卡倫仍在額爾
古訥河以內，其餘三卡倫之中，末一卡倫，秋濤又明指爲即察
罕鄂拉喀倫，與約文合。是僅設二卡倫充無山河處之邊綫矣，
有爲遠若是之理乎？今聞鄂博遺跡尚在。東清造路之日，臚賓
設官之初，於國界久無異言。固知百餘年來，耳目早經印定，
何得復引《備乘》爲口實。秋濤著書，自係科舉對策之習。考喀
倫即拾掇喀倫之名，博士賣驢，牽引無算。條約具在，雖地無
定點，而文義自明，證以百數十年雙方承認之事實足矣。俄人
無理取鬧，固不難辭而辟之。

　　數十年以來，談西北各邊興地者，爲最當行之業，其實足
跡不出塞外一步。雖極有名之作，從無實地調查眉目清朗者。
聖武神威，腴詞滿紙，以視近日外人地志各書，奚啻霄壤之
隔。學術之不能比並於世界，憂方大耳。國界生心，謂可以理
折之。李蘭舟謂《蒙古游牧記》等書，俄人用爲課本，則其用意
更當深念也。又附劉君厚生在哈爾濱商會，調查新城至哈埠糧
食稅項運腳各費數目：

　　一，中國銀元，合吉省錢每元三吊四百五十至五百。

　　一，俄國盧布每元，合吉省錢四吊五百，合江省錢五吊
五百。

　　以上市價，皆有漲落。江省錢法，係用中錢，每吊合實錢
五百文。吉省每吊合實錢止三百數十文。而哈商會所開俄盧布

所值，在江轉高於在吉。當是哈埠係吉省地，江省官帖入吉省，又有折價之故。

新城府運糧到濱，糧食每擔合三百八九十斤。計十二布袋有餘，每布袋淨司砝秤三十斤。由新運哈輪船水力，每擔合中國銀元八角，每百斤約合兩角一分零。

民船合每擔中國銀元一元四角。每百斤合中國元三角五六分，比輪船運費大一角半左右。故尋常裝貨，皆用輪船。冬天河凍停運。

新城糧捐，按市價收七釐及四釐兩宗。共抽一分一釐，即值百抽一一。其分七釐、四釐兩宗者，以新政兩項起捐也。

糧業捐值百抽一。

斗捐粗糧每斗百文，每百斤約三百文，合中國元八分六七釐。

濱江進口稅，一火車計九百布袋，完二十一弔八百七十文。每百斤合中國元二分五釐以內。

日　記

六月初四日，隨張季直先生以江蘇實業團名義，赴東三省，兼爲熹報任考查一切政俗。晨乘京奉車，晚宿山海關同豐棧。初五日，抵奉天，偕住公署。

初六日，偕詣舊皇宮觀諸重寶。大半往年所見，惟多見一高宗立馬像，神采煥發，真氣辟易千人。

初七日，偕往試驗場，觀覽竟日。雖多往年所見，然實用機犁，試驗大農之法，則係初見。大農之法，一人可種數百畝。美國地廣民稀，以此獲盡地力。東三省必取法於是。

初八日，江蘇同鄉爲實業團開會於安徽會館。

初九日，季直先生偕數人北上。餘與劉君厚生、江君知源留奉，整備游歷蒙古各事。訪葉君黻丞，指示種種。葉君並為致介紹書於郭爾羅斯旗札薩克佈公。

初十日，購買游蒙旅行各具。

十一日，請次帥給一公牘，投謁沿途地方官，並請葉揆初京卿作書介紹於新城府劉太守。晚赴南滿車站，乘日本車赴長春。

凡乘客往來京奉間者，至奉必僅抵瀋陽車站，是為舊車站。後與南滿車站接軌，乃有新車站，謂之南滿站，名為新車站，其實皆日本人管理。張貞午司使為言南滿本中日共同之站，徒以京奉路局之放棄，遂不過問，而乘客苟但至奉天，即亦不計便否，例於沈陽站下車。其必赴吉江者，不得不假道南滿。東清路線，則始至南滿站，其意中亦以此為外國人之車站矣。此站北去之客，一切照例稱便。其由北來欲直接京奉車者，猝不知其所適從也。聞京奉局亦派員司一二人在站照料，而此一二人翩翩如乘客，絕無執事員標幟，站上並無買票處所。以是欲直接過車者，到站往往廢然。有別雇車輛送至瀋陽站者，及細詢過車方法，則京奉車實無日不至南滿站。該站既無華警察，又無有標幟之執事。更不設買票處，但於車頭之上，開一洞許人買票。又以去車例不停靠站之月台邊，到站時亦不易知京奉車之所在。然則京奉與南滿接軌，乃以便北去之客，非便南歸之客也，失接軌之本意矣。

十二日晨，到長春換東清站車，是為俄日路線分界處。昔年俄築東清路，直達旅大。日俄戰後，割棄其半，餌日以和。長春原未有站，日以長春站南之孟家屯站為終點，俄以長春站北之寬城站為終點，中間成甌脫線，乘客必別以人力運行。繼定設站於長春，為兩國共同之站，互派警察，互設票房，互置執事員役。由是兩國路線，以長春為集中。寬城子本舊市，尚不凋落，孟家屯則興也勃焉，衰也忽焉矣。

午後抵哈爾濱。李蘭舟方署濱江道，上海舊識也，訪之。知季直先生現尚寓署中。

哈爾濱第一澡塘，談者必謂不可不就浴，至則浴焉。

公園亦有名，至則盡俄人。士女如雲，通宵達旦。飲食歌舞必以亥始，至日高乃已。小說載俄京酣歌恒舞俾晝作夜之風，觀此而信，其習俗然也。

比較南滿、東清路旅行狀況。日人管理鐵路，遠勝俄人。日人綜理微密，尤其特長。而俄人則久處專制之下，人格甚卑，以輕佻側媚蓺索爲事，得數錢則作態，若取人憐。蓋其國法律，惟以箝制國民爲目的。此外一切闊疏，遁於弊藪而無所糾束。其政府亦以爲此無害於吾事，而人格遂多墮落者矣。華人之取厭於世界，日益滋甚，其故即坐此。以我視俄，竊竊怪歎。以世界各平等國民之眼光視之，華人之程度，合全體以與俄全體爲比較，實更出其下遠甚。日本亦新進國，而上下無大隱情，能設法律以糾其民之非違，其民遂多能守普通之規律。專制之國反之，其民爲萬國所賤，則長治久安之道以成。若思想高尚，有改良政俗之心，即爲不純正矣。蓋君子野人，正樂其不平等，而事權在握者，乃有無上之威福也。及其既久，淪胥以盡，則固非眉睫近事矣。

十三日，豫備入蒙各事，購買汽水、掛面等物。囑李蘭舟覓蒙語繙譯一人，並借差官一人，約十五日起行。午後閒步松花江岸。

十四日，往傅家店。哈爾濱舊係荒地，僅有地名，其有居民，尚自近年。蓋燕齊客民，自吉林腹地輾轉來此種地，約有十餘家，成一聚落。旋有傅姓，販買日用物，設小肆焉，遂又名其人烟所在之地曰傅家店。俄人經營東清鐵路，其過松花江之處，本擇兩點，或過哈爾濱，或過伯都訥，後決從哈埠。由今觀之，以哈爲勝。松花江、嫩江以及呼蘭、通肯諸水，皆會於哈。自此築路通海參崴，又截牡丹江而過，吉林東半之交通，已包舉之。江流再東，至臨江，又接俄界，則下游仍落其度內，是哈埠實可謂集中之點。古人以閉塞爲主義，營都邑必於上游，取建瓴之勢，我易往而人難來；今日以便利爲主義，欲其地之發達，必取輻輳之點，乃成殷軫之觀，文野之不同如此。世豈有各營生理之國民，而日以乘流掠奪爲事者哉？古之建都立國，其思想固未離盜賊時代也。鐵路既過哈爾濱，其用地在傅家店西。傅家店以鄰近鐵路，遂漸繁盛。庚子之亂，爲俄人所焚燬。辛丑以後，白地起建，又成市矣。觀吉江兩省郵船總局，因訪局內總辦韓吟笙太守。

十五日，午刻六時半，乘東清路車過松花江上大橋，入黑龍江境。一站至對青山，地屬呼蘭府界。下車換大車，先一日已使差官趙姓，至此雇車相待。裝車後，天已晚，臥大車中看月而行。路旁梁豆茂美，榆樹成行，五里一聚落，見牛馬歸槽，殷富可想。十五里至五站，亦名五台，爲蒙滿交界之地。滿洲先開放，故五站頗繁盛。居民至七八百家，有燒鍋，有客寓。住吳家店，食尚有米飯與烙餅，室中已無棹椅。夜睡暖炕，倦時尚不覺，至天將明，則躁熱不能成寐矣。

十六日，早六時行。車夫山東人方姓，爲言此間易謀生，不能復歸故土。其地每晌值二百五十吊，每一元值五吊云。四十里至土爾谷屯，下車喂馬，入一滕姓家小坐，烹煮雞卵而食之。滕山東蓬萊人，其父母移居寬城子，後移此，租蒙古地，以耕自給。有七子三女，有子婦五。有地七十晌，每晌取梁豆七八石，每石四百斤。斤十六兩，與內地同。然地以每石百斤計，是家歲收糧食二千餘石矣。七十晌即七百畝，所收獲之富如此，子女繁多而不病者，生計之饒可知。滕亦言家累如此，不至此間，恐難生活。且即兒女俱能勤事，亦不能使田畝驟增，惟托庇於此，道路甚寬云。旁有一老者，係其兒女親家。蓋客民聚處而耕，有子女則爲姻親。各耕地甚多，所蓄牲口，天暖則墾地，寒則拉車赴對青山出售糧石。耕不費工，而田畝又無盡藏，有力即拓而之他。熙熙然世外桃源也。土色甚黑。泥濘之地，車轍所陷，深至數尺，而皆黑土。車行豐草之間，青蚊大集，並無機心，隨手撲去，略不驚避。又有蟲，土人名之曰蝦蟊，其狀類蠅，螫人頗痛。馬牛受螫，至於皮破，亦不畏撲。一路皆爲此二物所苦。然經已墾之地，則蟲類絕跡。蓋以荒草爲窟穴，既墾即成有法之種植，彼蟲類即不樂居，且飛不及遠，他處蚊蚋不至墾處。可見廓清諸害，以人居爲天然之能力。

三十里至老爺屯。近老爺屯，見民家有插旗於門者。車夫爲言有旗之家爲蒙古，乃知一路人家，尚盡係漢人，及老爺屯乃見蒙戶。老爺屯者，札薩克公府所在，土人尊之之稱也。自此而西，所見各屯多插旗者，蓋蒙民多於漢民矣。

三時下車，入佈公府。佈公名佈彥朝克，字福五，即郭爾羅斯後旗之主，所稱札薩克者也。襲職未久。其父爲札薩克時，私以地畝舉債於他旗一喇嘛，謂之三喇嘛，爲數甚鉅。既無以償，三喇嘛乃將其地轉市於俄商，浸成交涉。官中知之，急議收回，與三喇嘛議取價之數，一面革朝克父職。卒以八萬六千餘兩，由官代償三喇嘛。今將旗地開放六十井，方六里爲一井，以地價歸官，償所墊。有餘乃歸蒙人。朝克父旋於三十一年歿。朝克應仍襲札薩克，衆台吉控之，朝克奔走訴訟，前年乃復襲職，現由官催令放地歸款。此次即知其有大宗放地，故實業團囑至郭爾羅斯，視其地果如何，冀爲江蘇人民計也。

先是葉黻丞言哈爾濱趁輪可至澇洲屯，由澇洲屯起旱，十八里至佈公府。嗣繙譯差官等，俱執言無此路徑。彼等俱曾至佈公府者，因從其言，由對青山、五站一路來此。比來此乃知葉言甚確。繙譯等自未走過，狃於平日塗徑耳。然因此多見蒙地情狀，於計亦得，但旱路多則勞頓較甚矣。嚮晚大雨。

佈公府中傳言佈往澇洲屯，浴於江水，是晚必歸，歸後再請見，先邀入對門一賓館中宿。是館正房三間，中一間空，右間爲府中大管事臥處。左間爲客坐，三面皆炕，餘輩即宿於是。右廂爲傳事房，左廂常關閉，未知何作。屋用磚牆圍頂，頂又墁板使平，且髹漆，頗光潔。磚地，有髹漆門窗。在此處爲無上之建築。晚進全羊尾，小米飯，據言全羊尾爲甚重之禮。然醢醬俱無，羊尾又不甚爛，略索鹽蘸食之，不適於口，稍領其意而已。

佈公府中頂冠束帶，掛荷包著靴者無數。頂戴各色皆具，亦有拖花翎者，惟敝垢已甚。詢之知台吉本有章服，一二三四等台吉，即一二三四品官職。即非台吉，而在札薩克處當差，札薩克即可以章服寵其所私。故青、黃、赤、白之頂珠，纍纍然。其人既有此榮飾，遂終日冠帶。行步皆遲緩有法度，衣無浣濯之事。時方盛夏，袍帶矜嚴，汗臭不可嚮邇。其衣服質料，大約數十年前物，汗漬垢穢，斑駁如雲霞。而舉止大半滯重，有林下貴人態度，其去活潑勇往，奚啻萬里。古稱天之驕子，一納於冠帶之列，遂如泥牛入海，首尾皆化。苟無敵國外患，則“縉紳”二字，固束縛天下之第一義哉。然今日入蒙古，觀此項榮施，人即熱心官貴，亦必有齴額不自禁者。惟未攜蒙地諸貴照片，以示熱中於出身考試之流也。晚佈歸，約明日清晨見。

十七日，晨起，見蒙人惟下等奴才有起者。（蒙中民人謂

之奴才。奴才如有財力，更買他旗人或戰陣所獲俘虜，又可為
奴才之奴才，其名曰黑人。札薩克以下，有資力皆可畜黑人，
其待遇尤可任意。若奴才則調府當差，尚有定例，不得過分濫
役之也。）知佈所謂清晨，為時尚遠。出館門閒望，見馬糞高
積，過於屋頂，人登其上，可以瞭遠。云糞多以示其富，殆亦
數畜以對之意。緣路行，見草坡之下，有帳篷三五。其中有
人，方刲羊，取羊肚翻去羊糞，就水窪中濯之，而復就樹根揉
之，索樹枝亂草，意將然火熏此羊而食之也。近處有羊群，知
係帳內人所攜之行裝，資財服食，皆取給焉。詢其人，乃知每
五年來札薩克府一點名籍。是其旅行本色，所攜羊群，除食用
外，並有需孝敬上司者。上司如札薩克及其所受治之台吉是
也。地本膏腴宜墾，而蒙古自守游牧之俗，其人乃尫瘠無
度云。

十時以後，詢佈已起，需盥濯乃見。本擬即日西去，頗望
早與一談，豈知一盥濯遂至十二時，正午乃見。固知此中人之
惰而迂緩也。

午見佈，佈頗談開通語，深歎蒙盟之牽制。蓋盟長有四
人，由理藩部奏定，隨時可更易之，非蒙人所自推舉。而既為
盟長則遇大事，非盟長同意不辦。因此雖京師有命令，督促新
政，如學堂、巡警之類，皆不易集事。其關係蒙民全部，謀生
計改良，或知識進步等事，更難得贊成者。談次知佈曾游日
本，並為述三喇嘛事。告以將來看地，佈欣然，為言台吉阻撓
狀。蓋此次放地償債，台吉謂債係札薩克私欠，台吉不認代
償。但官令開放，亦無由終抗。惟言地為水淹，可墾者少，以
此為延宕之計。問官令放六十井，是否此數，佈言此間承認開
放之公牘，實止三十餘井。以吾計之，稱三十餘，至少當放三
十一井，過此未敢遽應。昨今兩年水患實甚，被淹較多。今究

有若干可放，僕亦不自知，請往勘驗自見，並願派熟悉其中道路者一人，更派護從之人，偕往一觀。又謝贈物，蓋攜來綢緞等物贈佈也。佈又言辦事不易，近因辦巡警，按畝派費，漢民承佃者不服，控之肇州廳，肇州遽行文來府爭辨，謂民戶不能歸蒙旗斂賦云。

佈見客在正廳旁一間，屋尚高敞，而無器具。炕幾上設攢盒一，中有茶食、糖果及冰糖等，蠅集其上，罕見空白。炕坐兩人，佈有叔佈彥都隆陪坐，自稱王府當差者。蓋二主三客一繙譯，共六人。除炕位外，勉湊四坐，其式不等。茶杯六枚，有玻璃，有磁，有大有小。室中有棹一張，然伺應者皆頂戴花翎，冠袍靴帶，佈衣紗袍紗褂，尚新潔，與他人殊。佈有少子，數人擁護之出，貌亦白皙，不類蒙人，所謂齊王之子矣。

蒙人皆能操漢語，但以客皆南人，音多不正，轉不能解，問繙譯。繙譯廣甯人，操北音與語，即通曉無礙，並不藉翻作蒙語也。翻譯何姓，能操蒙語，有時令詢蒙人政俗，翻譯瞠目不能言，轉由佈代答。且所問稍煩瑣，翻譯輒匿笑，意似厭之，乃知蒙地本無需翻譯。翻譯苟無政治思想，斷不能翻政治語，幸而蒙漢間耳。中外交涉，需翻譯者何限？其胸中無此影，臨時遽令傳語，正不知所語云何。

興辭歸館。旋即送席來，八大八小，十六碟。烹飪甚拙，蒼蠅叢集，不敢多下箸。席間一佈彥都隆作主，並一大管事作陪。談次知哲里木盟十旗，盟長為郭爾羅斯前旗札薩克鎮國公，本與佈同族。前旗在南，謂之南公，幫辦盟長為達爾漢親王，副盟長為達爾漢郡王及杜爾伯特貝子，皆由朝廷特簡。

蒙古信佛。鼠疫後，佈公許願西廟唪經。西廟者，廟在府西，較大於府旁之最壽篤寺也。自十九日起，唪經八日，迎全盟之大喇嘛於洮南交界之地。大喇嘛亦不樂陸行，舍蒙古內地

不由。直至昂昂契上汽車繞至哈爾濱，再乘汽船至澇洲屯登
岸，交通之利，喇嘛亦知之。佈公言蒙人往西廟頂禮者方載道
也。西廟喇嘛，多至六十餘名，合奴才喇嘛又加倍。飯後倩人
導至最壽篤寺瞻仰。此爲札薩克供奉之所，寺喇嘛額二十五。
入寺無一人，有一看廟之小喇嘛，想即奴才喇嘛。門內有四金
剛，有佛坐騾車一具，供出會用，極粗笨，在彼爲莊嚴無匹
矣。正殿供三世佛，旁列十八羅漢，別有孫行者、豬八戒、沙
僧等銅像，及諸怪狀之銅像。樓上中間設千手千眼佛畫像有各
畫像。又有一幅中太極圖，次八卦，次十二生肖，共爲三周。
其上爲天堂，其下爲地獄。殿後有八角亭二，均有八角柱，各
面畫神佛各像。又進一後殿，有地藏像，旁列各塑像，有關羽
及關平、周倉像。觀此知蒙古佛教，駁雜無理，正賴改良。正
殿樓外平台可遠眺，見澇洲屯，江岸以上，一碧成海。廟在岡
上，若加點綴，景色殊佳。

　　歸館思浴。詢主者，言蒙古無此事，既無浴具，亦無浴所
乃已。其奴才尚出没水潦中，冠帶之流，則終身不近水矣。

　　十八日，晨將發，佈公送走馬，並活計。其色多大紅，針
綫劣甚。十時行，午後至一屯，問路。蓋蒙古人趕車並不識
路，時時誤入歧途。所問一叟，云保定人，吳姓，稱鄉親甚
洽。雨甚勉行，晚不及至站，宿一蒙屯。其家惟少年蒙婦攜兩
兒，云係屯長之家。屯長係奴才，而婦爲台吉女。

　　十九日，晨四時行。八時過三站，投店具食。十時過利蒙
屯。十一時過一水溝，裸渡，費時甚久。午後二時過八家子，
暴雨，闖入一蒙人家暫避，行李盡濕。雨甚於昨，久而不已，
不能行，遂宿。詢是家，知爲三等台吉，與談台吉奴才相關
各事。

　　二十日，晨四時半行。六時抵二站。十二時望見肇州一高

岡，名爲察普起爾崗。車行旋陷大淖中，馬伏不能起。雷雨驟
至，披雨衣坐車中不能下。知源有僕曰小槐，來負之使下，以
重不能勝，兩蒙古翼之，始出淖。拮據設法，午後三時至州
署。一路水没人膝，得天興店，宿焉。州署懸水中，四周無
路。與客談江南河道，竊歎水利之不足喻於此邦也。語具前。

二十一日，晨往謁廳丞。丞吉林人，漢名崇綏，蒙姓沈，
號組軒。談甚洽，留宿署內，即遷行李入焉。出圖册觀之，殊
與《蒙務要覽》不合，乃知此處放荒真相。且知地尚蒙水，無可
履勘。因改計不復深入，俟秋再往。

二十二日，住廳署。決往新城，定明日行。

二十三日，晨八時行。數里即陷大淖中，馬踐泥濘，濺人
身皆滿。下車候設法拔車起再行。數里遇大水。肇州護送之馬
隊前探水行，最淺處猶没馬腹。驅車行至中流，水泛車面，行
李有受濕者。車行泥淖水澤中，恐馬或停頓生變。車夫呼斥鼓
譟，護勇差官等和之，動心駭目。又數里間過小水數處，抵江
岸，方舟而渡。八渡人家小憩，是薑官渡，非設廳治，尚無此
物也。

渡松花江行十餘里，皆有水潦，遇雷雨疾驅抵李家園子避
雨。是日車夫係漢人，尚能疾驅，若蒙古則無此能力矣。避雨
所入之家趙姓，人口甚多，婦女亦避客，有漢人習氣。李家園
子爲低地盡處，前仰高崗，上崗即少水潦，爲新城府大道。閲
兩時許始霽，復行。上崗果皆高地，坦道大宅，嘉樹蓊然者有
小兒讀書聲。較之江北蒙地，覺此有故家喬木之觀。晚抵大灣
宿，上崗已二十五里。宿站西天增棧，內設藥肆。

未至棧，行大道中，見道旁田極肥美，有擁機犁八部耕作
者。地大而民阜，可想見也。居民氣概亦漸與蒙地不同。此爲
伯都訥舊壤，本係滿洲，設官又久，自爾有別。

二十四日，晨五時半行。近城轉低窪，水泥狼藉，並有須繞越者。伯都訥亦無水道，其肥沃故在高地。

十時半至新城。住海源棧。探詢府守，知往陶賚昭接晤巡撫及振貝子，不在署中。再詢署幕，得應裴卿其人，名彰。下午又雨，雨過往談。應君無甚瞭解，但知新城少大片荒地，惟有鵝李貢地，本禁墾。後因私墾者多，光緒間開放若干，今尚有三萬餘晌未放云。

於路見官輪招帖，反覆轉詢，知尚停城外，不日下駛。因新城無所事事，擬即行。同店有江省人張輯五名迺續者，縱談。張久奉職於江省各地，頗熟悉，曾收月亮泡魚稅數年，爲言稅額年收三十餘萬吊，棚泡與嫩江之間，而掩取之。水漲時魚來，來則柵焉，水落魚去，遇柵折回，積壓泡中，水爲之塞，層積皆魚。以銷運無地，天未冷不能致遠，俟冰而後取之，運冰運哈爾濱，故魚稅衹冬季可收。若有快輪從嫩江下駛，則隨時可捕，或就地制罐詰，亦必大利。札賚特地，東南已開，西北皆荒，月亮泡亦在焉。錦璦路當適過其地。

二十五日，晨登吉瀾官輪，出城。雨後泥濘甚苦。

二十六日，午後下駛。城中糧食托載，雨阻即不能送至舟中。待至七八日，今日始晴，又無車可載，衹能約留作下次裝運而已。相距一二里，不便如此。汽笛既鳴，男婦老幼，江干愈集愈多，踞地而觀，數時不厭。無交通之民，既閒且惰。官輪無攬載，無定期，無貨棧。四時行，見俄船碼頭有躉船，頗寬敞，有屋可作屯棧，非官輪比也。此豈是與競爭者哉？

右稿上年已登北京憲報，當時禁他報轉載，故未徧登各報。友人留得此殘稿，末尾缺如。今蒙事方急，內蒙大賚廳且有警耗。肇州與大賚貼鄰，情狀相埒，輒再登報，以供觀察。我若無眉睫之禍，蒙人豈足平哉？蕭牆之憂，最難排遣，書此致慨。報告中秋初再往，去年七月實再至其地，並至齊齊哈爾等處，在肇州經營購地事未就。至九月初，聞武漢事而返。重九日歸至長春，大雪寒甚。是行一無所就，第二次報告亦並未有暇敘次。計自前年以來，三至關東。此箋箋殘稿，則第二次行役記憶之跡也。

外　交　報

論爪哇僑民請定國籍法

　　吾國僑居外國之名，有爲外國所不許入籍者，美利堅是也。美爲新闢之土，以人少爲患，其國籍法採出生地主義，以廣招徠，在地球之上獨爲延納僑民之國，而獨對於華僑則拒之。華僑傭值廉，爲工黨所忌，例外設種族問題以相難，蓋以華僑之入籍爲不利也。近者爪哇僑民，又以議拒荷蘭之收僑入籍聞，此又外人計較利害之各不相侔者矣。

　　在昔海禁綦嚴，一爲僑民，已爲國法所不容。斯時國家爲獺與鸇，而僑民爲魚與雀，外人之得計無論矣。自吾國捐除海禁，而內地民氣漸盛，稍稍知組織團體，開設學校。影響所及，僑民亦自知設學堂，結商會，頗具自治萌芽，此見忌於外人之遠因也。前年朝廷遣重臣，撫慰南洋各僑，去年又定每屆秋冬派兵艦巡歷南洋之制度。向時國籍在存滅之間者，一旦油然有祖國之思，此見忌於外人之近因也。爪哇等島地，本吾國之殖民地，其人民以華僑爲主體，此僑民一有國籍，可以盡變爲華。有土無人，主權何恃？故香港久隸於英，以居民皆爲華人，英不允我設香港領事，懼人民政事相合并，而土地不可獨存也。爪哇之設華領事，既久議而無成，荷之用意可想。今又爲先發制人之計，乘我國籍法未定，自定新律而盡收僑民入其國籍，則永以彼法相部勒，而我議設領事之空言，自然消滅，以維持其屬地之主權。故對我華僑，其迎距與美國正相反，而趨利避害之用意則同。荷人倡之，恐凡有屬地在南洋之國，必且有起而相應者，要皆利我之無國籍法而已。

　　自出使荷國大臣陸星使駐荷以來，乃得以荷人議院之所謀，先事而使僑民爲之備。有已設之商會等團體，足應陸使之警告，而爲集議、發電、具禀種種作用之機關。此皆所謂會逢其適焉者。是舉也，足以促我政府之猛省，速定法律，由是而得受國籍法之庇，則所全者不止一爪哇矣。即不能急起直追，爪哇之僑民，已不至猝不及防，爲其新律所掩取。僑民所議對付之策，於甘心入外籍者，誠無强制之能力，止可以不與往來，示絶其人。然荷人竭其籠絡之力，欲結此歸化者之歡心，必大有予以利益之處。蓋雖僅僅誘至少數入籍之僑，而吾僑之所獲於彼者，必且稍厚其相市之值，則極而至於不由政府與之交涉。僑民今日之舉，已足以自蒙其福，且必不至盡爪哇之僑，一旦受掩取之禍矣。況吾政府時時以修訂法律標揭於天下，特設法律館，以重其職司，度未必有可以因循之餘地。而彼僑民方且示以立法之主義，曰必採血統主義以自全。夫血統主義，本近世國籍法中普通之主義。若舍此而採出生地主義，是不啻爲拋棄鉅萬華僑，而特定一自爲戕賊之法矣。吾政府固萬萬不至是，乃僑民必諄諄以是爲籲懇之端，亦可謂憂之深而不覺慮之過矣。吾政府果何以慰此僑民乎？時會逼人，國際間將生一大變遷，吾黨拭目俟之耳。嗚呼！華人之僑於外者何限，海外各島之爲吾華殖民地者又何限，他國以能殖民而擴張本國之主權，吾國以多殖民而適增益外國之生齒，此惟有法律與無法律之別也，而尚忍聞警而充耳乎哉？

　　自今綜論之，外人之對我華僑入籍，有三問題：一曰不准入籍。美國以此爲虐待華工之作用。日本人亦不得志於美，其法律家輒訾美人歧視黃白種人，不聽黃人入籍，爲不合理。此在吾僑，初無是念，蓋强以入籍而享白人同等之利益，吾僑頗有不甘，特哀籲政府，以國力人道公理，與之爭廢苛律焉爾。

二曰濫收入籍。本非僑也，端居內地，作姦犯科，俾倚洋籍爲護符，而假名於歸化。此事各國皆有，曰斯巴尼亞爲甚。顧自知吾華稍稍明交涉以來，有因日籍糾葛，臨訟由華官知照，日領事即予除籍者，此近事之可徵者也。議者倡言改籍協約以杜其患，是亦誠應有之務矣。三曰強迫入籍。今日荷人之舉是也。是惟自定國籍法，即可杜之。合三問題以觀，爭去苛律，磋商較費曲折；議訂協約，亦尚有雙方之關係，且必先有國籍法，而後可言協約，是且與國籍法爲遞嬗而生之政策。獨今日之事，事權在我，既濟爪哇諸僑之急，而又大有造於殖民之進步，事無易於此者，亦無要於此者。黃帝之子孫，以私人之力爭繁殖於海外者，全球誰與倫比？有法律以爲國力之所憑附，復有國會以維持法律，於後殖民一端，必有爲祖國騰其異彩者。特國籍法固亟，亦尚非根本之所在也。

（第二百三十七期，宣統元年閏二月十五日）

論中國之國際私法

"國際"二字，起於日本之法學名詞。同、光以來，先有所謂《萬國公法》各譯本，其範圍未及私法，而名詞亦不諦當，蓋國際公法之粗具者耳。夫法稱國際，似非一國所定之法。然正惟國際之法，言公法則今世尚無可以立法之人，祇有協約而已；言私法則斷斷爲一國之所定。綜其大體言之，則國內有法，國際無法。就國際法言之，則公法非法而强名曰法，私法本國內法而强名曰國際法。

國際私法既爲國內法，則吾國自有法以來，豈真爲歷代立法者意想之所不及。言法者自未嘗以國際之眼光，識別此法，立法者亦未嘗以顯明之章節，位置此法。於是習法學者驟習國際私法之學説，而亦頗以外國所創定者視之。

日本舊用中國法，惟中國止以刑律稱法，日本所得於中國之法意，亦祇刑法中存兼用支那法系之説，他國內之公、私法，則皆不溯源於我。獨至談國際私法，則稱原本中國，最初爲李悝《法經》之"具法"。蓋謂"具"者，具有全部綱領。一國定國內各法，其効力有時而窮，不能徑行吾法，而亦並不損吾自有之法，則必設例以通之。日本法典，除《憲法》、《皇室典範》、《議院法》、《會計法》等，斷無外國人之關係外，其餘各法，皆爲內外國人所共守。有特別之限制者，設特別法，或特別條文，以明著之。而於各法之首，揭法例三十條，内除第一、第二兩條，無關國際，餘即國際私法之條文。而日本學者以當我《法經》之"具法"者也。

日本學者有嘲我之言曰：凡文字具全部之綱領者，例置篇首，"具法"爲法之綱領，《法經》列之末篇，一何可笑此言也！在今日言之，各國之法，誠完備有勝於我。二千三百年前，當李悝之世，豈當以編次前後爲病？《法經》第六篇爲"具法"，商君傳習《法經》，無所變更，漢初蕭何定律，除參夷連坐之罪，增部主見知之條，益"事律"、"擅興"、"廄户"三篇，合爲九篇，時"具律"且在九篇之中間。古人簡質，不輕動前人著定之書，以勒於竹帛爲畢事，不爭整齊排比之長。叔孫通、張湯、趙禹以下，代有增益，至漢末乃有九百餘卷，則真糅雜無倫。原《法經》殿以"具法"之意，各法皆具，而後具其加減。自定法之後觀法，誠宜提綱於前，自創法之始觀法，各法皆有綱可提，必爲法已大備。如日本之《作法例》，公布於明治三十一年六月，時"六法"已全，法例實居最後。以事勢論，吾中國今日一法未定，僅僅成一刑律草案，而尚待簽注後再加考核，謂能先虛懸一法例，以供國際之用乎？若夫編次之宜，則亦自魏以來，早定新律十八篇，集罪例以爲刑名，冠於律首。晉又析爲"刑名"、"法例"兩篇，亦居首列。北齊合"刑名"、"法例"爲"名例"，歷隋唐宋元明，洎我朝不改。則中國之首"法例"，幾二千年，獨以成書最早之《法經》，爲日本所笑耶？此亦無謂之譏評矣。

雖然各國皆以各法之提綱，爲國際法。吾國古之所謂"具法"，今之所謂"名例律"，果有合於國際私法之旨乎？此獨不能無辨。古律文寖不可見，自唐律尚有全文，後世頗沿襲之。今之"名例律"中，其作區別文者，曰"應議者犯罪"，曰"應議者之父祖有犯"，"職官有犯"，此皆以貴賤爲階級而已，於國內尚爲不平等之法。其中惟"八議"中之"議賓"一項，有對待不臣者之意。然所謂虞賓三恪，究亦國內之人，無所當於國際。

又曰"天文生有犯"，"工樂户及婦人犯罪"，或以有曲藝，或以無能力，得別白於普通法律之外。於天文生、工樂户之有別，適見吾國藝術之陋，戔戔薄技，若慮填補無人。然婦人之有別，尤見男女之不平權，與外國專減專權者有異。是皆足為國內法之缺點，而絕無國際法之見端。今欲就中國"名例律"之文，求其有國際私法之性質者，則惟"化外人有犯"一條，足以循繹吾國古來國際間所持之主義矣。

（第二百三十八期，宣統元年閏二月廿五日）

論中國之國際私法

自唐律以前，律已不見全文，其所以馭化外人者，雖有事實而不審其法意。至唐律云："諸化外人同類自相犯者，各依其俗處置。異類相犯者，以法律論。"此時以法律不屑治化外人之意，而用屬人主義。其時代固在千數百年以前，歐洲於其時，亦正持同一之主義。吾國以地大物博，無所激刺之故，中更宋元，略無進步。而歐洲於十世紀終，勢成割據，各國莫能相尚，則各君其國，以土地爲寶，而人民隨土地爲界畔，履我國上者，即治以我法，蓋一變而爲屬地主義。屬地主義云者，知畫一法權而初無交通之想，內國之民，無所需於外國，故不必以恕道行於其間，特我行我法而已。在我中國確持屬地主義者，始見之於明律。或緣承蒙古之後，對於異族，止有裁抑而無所用其鄙夷，故不期而法意有進，乃與歐洲中古時代同。其文曰"凡化外人犯罪，並依律擬斷"，此屬地主義之明證也。

我朝定律，多因明舊，法文純沿襲之，似主義無所變更矣。乃自雍正以來，治律者往往加注小字於律文中，云以足其文義。朝廷開館修律，多所仍用，於此條"化外"之下，添注"來降"二字，遂變其義，爲凡化外來降人犯罪者，並依律擬斷云云，則化外、非化外實指歸化以後之人。緣是頓變屬地主義，仍爲屬人主義，不但復草昧之舊，且於化外人之未來降而流寓吾國者，並無法律足以拘束之，於是對於外人爲無法。檢判決之成例，則化外人同類自相犯，既依其本俗處斷，如乾隆四十六年，法蘭西水手品呧，致傷大西洋夷人啞喀喇身死案是也，是尚不失爲退至唐律之程度。乃至異類相犯，亦以彼法治彼，而我法治我，如乾隆八年，香山澳門夷人嗯吔嘘戳傷民人陳輝於身死案是也。且此案以後，並經奏准嗣後罪在民人者，照律例遵行。若夷人罪應斬絞者，地方官同該夷目將該犯依彼法辦理，免其交禁解勘。是則不待近數十年之有領事裁判權，而内國之民與外國之民，固已同犯一罪而有歧出之律矣。

夫刑律本爲國内之公法，今之世，凡有獨立法權之國，本無内外國民之別，一切當以本國法律爲適用。是苟非有特訂之領事裁判權，原不當有所遷就於外人。蓋此本非私法之範圍，而亦本無國際之名義也。顧推本言之，而所分析於屬人、屬地之主義，又何一非沾沾於刑律？即各國持屬人、屬地主義之時代，亦皆在國際私法未發現之前。而由今溯之，要不可謂非國際私法之緣起。且國際私法，正由屬地主義中，返而參以屬人之主義，以有今日之改良。吾中國舊止以刑律爲法律，外此之所謂經國家辦上下定民志者，舉屬於禮之範圍。必以近代國際私法之標準，繩我中國，原可云法家無此知識。要其兆有屬人、屬地之見端，則不能謂非國際私法之已有動機也。是蓋從吾中國純用舊律之時，所得以衡量其國際間之立法，千餘年來，已有進退之可言者也。

泊乎近三四年間，朝廷設法律館，將定各法，以與諸法律修明之國相比。首先奏進刑律草案，案有“總則”，而“總則”之第一章，正其名曰“法例”，專規定治罪法於國際之間，於是國際法之端倪爲大顯，用意既有專注，而命名亦吻合。日本所定“國際私法”之稱，是爲中央立法機關，確然問途於國際之始，亦即法學漸闢而法權與學說漸趨一途之始。顧使草案一經考核，竟予施行，則此“法例”九條，遂爲吾國之國際私法矣乎？且以各法之總例，果宜獨繫於刑律之首乎？説者謂：日本誠以法例冠各法，然歐洲初不盡然，但期於國際獲有實用，何必問其篇帙之所在，是固然矣。蓋嘗薈萃各國國際私法之位置，十八九皆列之於民法，其稱立法之總則者，僅有荷蘭。然稱"總則"，則視爲法律而不以爲調和法律之用，亦未諦當。日本最後起，乃名以"法例"，而其列於各法之首，則與荷蘭同。刑律草案沿法例之名，而以偏屬於刑法，較之歐洲多數國家偏屬民法之意，宗旨若何？是又發明國際私法之真相之一大關鍵也。

（第二百三十九期，宣統元年三月初五日）

論中國之國際私法

國際私法之條文，在歐洲以德國爲最新，而日本則又在其後。後起者襲前法而加密焉，此日本法例條文之所以獨多也。德之國際私法，亦屬於民法之部分，而謂之《民法施行法》。日本取德國之詳備，而頗訾其名稱之未當，意仿荷蘭又改"總則"之稱爲"法例"，自謂至當不易矣。平心論之，一國苟定法典，其在私法範圍者，不過民、商法，而商法又本在民法部分之內。夫用法之因內外國人而有所變通者，原不過在禮俗之間。若國內之公法，乃所以保一國之安寗秩序，豈能以內外國而有別？日本所謂"法例"；其關係國際者，豈能外民法之範圍？是歐洲各國，列國際私法於民法編者，未爲非；日本之別立法例者，未必是。而彼中爲法學者以排比之得當自豪，此亦狃於一國之所見故耳。若吾國沿日本法例之名，而繫之刑律，則先例固荷國所無，而用意亦正與相反也。

蓋刑律既屬公法，爲維持一國之公安而設，本不容於衡量本法之情實以外，別有假借之途。即從刑律草案之所以設"法例"者觀之，非定國際間有不適用本法之處，乃定國際間所可適用本法之處。制定一法，本以適用爲原則，而刑法則尤並無不適用之例外。苟不適用，即不當設此條文。既明明正以適用爲歸矣，則法即適用之法，無庸別設例以規定之。今以外國有領事裁判權於我國之故，而於無可施行之中，設一施行之策。且至最無策之時，以缺席裁判了之，又以條約改正後期之。見草案第三條案語及第二條第三款則所謂法例，乃不完全之刑律施行法，自當另編以附刑律之後，不得冒"法例"之名，以冠其前。在定草案時，乃實以仿外國之國際私法，此止可謂國際有法之第二次進步，必有民法，乃有國與國別之民。有國與國別之民，而其民又皆屬於有法之國，則以彼此容恕之意，於禮俗之不必強同，而治安之並無妨者，有時適用外國人民之本國法，是爲國際私法，專規定吾法之有不適用，以示法之例外。夫法之例外，僅僅如此，則其原則，固謂立法則必適用，不適用者自別有所規定云爾。其必如日本之名以法例，殊非不易之理。從各國之多數，仍當爲民法之法例。惟民法乃可設例，今之刑律前設有法例者，其得失且弗論。其用意之適相反對，且既非私法，即無所謂國際，蓋亦立法者目光漸及於國際之一種蛻化情狀耳。

　　然則中國古昔，其真無國際私法矣乎？是大不然。三代以上，國際公私法皆具。《春秋》爲國際公法之書，舊有言之者，不在本論範圍，姑不言及。三禮即私法所薈萃，特古人重階級之制，王禮士禮，截然有別，遂不得盡以民法爲界畛。而儀與禮又多混合，加以草昧神道之見解，猶有存者，因於祀事占禮之大部分，故驟觀之，不能知中國之禮，即外國之私法。儒者以古人之所謂法者言法，常謂習法不如習禮。試與較禮與民法之出入，必恍然今日之法議，乃并包禮學之精，非中國申韓刻覈之見解，法學庶乎有矣。至其涉於國際者，《禮經》見不一見，"曲禮"言禮從宜，"王制"言因其教不變其俗，周禮八則，六曰禮俗，蓋謂禮之爲用，守一王之制者其原則，隨習俗之變遷者其例外也。惟禮爲私法，惟私法乃可調和於國際，謂予不信，請即以日本法例之文證之。一、二兩條本無關於國際者勿論。第三條定人之能力，第四、第五條定無能力者宣告禁治產、準禁治產之効力，第六條定失蹤之宣告，第七、第八、第九條定法律行爲，第十條定權利之得喪，第十一、第十二條定債權，以上十條，皆人民質劑傅別之事。第十三至第十六條定婚姻，第十七至第二十條定親子、養子，第二十一條定扶養，第二十二條定親族關係之權利義務，第二十三條定後見，第二十四條定保佐，以上十二條，皆倫常之事。第二十五條定相續，第二十八條定遺言，以上皆恩義之事。第二十七條定國籍之關係，第二十八條定住所之關係，以上皆地著之事，在中國皆禮制之所維繫，而在外國則爲民法之所包羅。第二十九條定雖當各從本國之法，而本人若可從内國法，則仍從内國，是明内國法之終爲原則。第三十條定雖當從外國法，若反於公之秩序或善良之風俗，則仍不適用之，是又明一涉公法，即不能通融。夫苟知法與禮合，則知法學之真相，又知私法之純乎爲禮，則知國際之所以可變通者，乃純乎禮家從宜從俗之精意。此則中國國際私法之大本矣。

（第一百四十期，宣統元年二月十五日）

述我國改正條約之先例

　　昔歐人謂國際公法，不行於白種人以外，蓋除美洲合衆國本爲英種，其餘皆暗於交涉，甘心立不對等之約，以自擯於公法之外矣。既立不對等之約，因有改正之之事，泰東獨立之國，惟我與日本爾，其能奏改正之效者，獨一日本。其締結在我後，改正則在我先，此固日本能改良法律，而我至今始議改良，然且異説蠭起以阻撓之。今比較彼此改正之目的，以示先例。未知天下持異議者，感覺若何？

　　日本人之痛心疾首於舊條約也，其言曰：舊條約之必需改正，其理由不一而足，所最大者，則在法權、税權之不得獨立。嘗舉彼安政五年，日本與各國所結條約，刺取數條，以概其餘，恨恨於條文之不法，以爲法權、税權盡喪於是。今試準其文，以與我及各國結約之文對照焉。

　　吾國法權不伸，不在有約之後，昔葡萄牙人佔我澳門，西人犯罪，輒解往澳門辦理，辦法初不可問，華人有罪，則照華律懲治。此百餘年來舊例，見之刑案明文者也。道光二十二年江甯約成，第二條即定派設領事，時未明定其有裁判權，然事實上早擅行之。在我以爲當然，視解往澳門，反爲可信。以故中英續約，始定控斷明文，已在咸豐八年。而瑞典、那威之約，在道光二十七年，明定領事裁判權，而當事了無詫怪，且英人亦坦然聽其無約而不爭。越十餘年，乃入續約，蓋知吾國之暴棄，不待要索，而惟恐外人之不强橫，己國之不受虧也，恒瞠目熟視以予之。當時之情事如此。

今就最先見撓我法權之條約，以與日本並論。

中國與瑞典、那威約第二十一款云：一嗣後中國民人與瑞典、那威國等民人，有爭鬭詞訟交涉事件，中國民人由中國地方官捉拏審訊，照中國例治罪。瑞典、那威國等民人，由領事等官捉拏審訊，照本國例治罪。但須兩得其平，秉公斷結，不得各存偏袒，致啟爭端。

又第二十四款云：一瑞典、那威國等民人，因有要事向中國地方官辯訴，先稟明領事等官，查明稟內字句明順，事在情理者，即爲轉行地方官查辦。中國商民因有要事向領事等官辯訴，先稟明地方官，查明稟內字句明順，事在情理者，即爲轉行領事等官查辦。倘遇有中國人與瑞典、那威國等人因事相爭，不能以和平調處者，即須三國官員察明公議察奪。

又第二十五款云：一瑞典、那威國等民人，在中國各港口自固財產涉訟，由本國領事等官訊明辦理。若瑞典、那威國等民人在中國與別國貿易之人，因事爭論者，應聽兩造查照各本國所立條約辦理，中國官員不得過問。

條約之掣我法權者如此，後來立約，各國大旨相同。即日本之舊條約亦然，日本人由此抱一改正之目的焉。其言曰：締盟各國之人，對於日本人而有爭也，由列國之領事，據列國之法律而裁判之。日本人對於列國之爭，由日本官長據日本之法律而裁判之。斯言也，驟觀雖似公平，其實可謂蔑視國際上之原則，而爲不法之條約。蓋國家之主權，乃普及於其版圖之內者，故無論何等國民，均不能於他國之土地，行其管轄權，必服從其現在之國之主權，此國際法上之原則也。然我條約則破此原則，使締盟各國，得行其領事裁判權於我國土，而令其僑寓臣民，無服從我國主權之義務，是非不法之條約而何？但僑寓締盟各國之日本人，苟亦無服從其國主權之義務，雙方同有領事裁判權，則於此點，猶爲保其對等之地位。乃以上所舉之舊條約，獨締盟各國對我國行其領事裁判權，我國對於列國則否，是即僑寓我國之列國臣民縱不服從我國之權，僑寓列國之日本人則必服從之，此不可不改正之第一要點也。按：互有領事裁判權，惟甲午以前之中日約，癸卯以前，則變爲中韓約，今則並此無之矣。嗚呼！

若其稅權之關係，道光以前，外來之貨，爲廣東十三洋行所把持，時無所謂通商之約。道光二十二年《江甯條約》，首訂五口通商，其所定稅法之條如下。

第二款云：一自今以後，大皇帝恩准英國人民，帶回所屬家眷，寄居沿海之廣州、福州、廈門、甯波、上海等五處港口，貿易通商無礙。英君主派設領事管事等官，住該五處城邑，專理商賈事宜，與各該地方官公文往來，令英人按照下條開叙之例，清楚交納貨稅鈔餉等費。

第十款云：一前第二條内言明開關，俾英國商民居住通商之廣州等五處，應納進口出口貨稅餉費，均宜秉公議定則例，由部頒發曉示，以便英商按例交納。今又議定英國貨物，自在某港按例納稅後，即准由中國商人徧運天下，而路所經過，稅關不得加重稅例，衹可照估價則例若干，每兩加稅不過某分。

就條文言，僅有正稅、子口稅之種類，並未指明徵稅用何標準。且當時於正稅本留國定之餘地，子口稅則從正稅照加某分，亦爲隨正加徵之國定稅，並無協定之意。此約定後，定則例時，苟明各國收稅法理，即何嘗有撓我稅權之處？猶之領事裁判權，在江甯約並無規定，其後由吾國自奉之。蓋檢咸豐八年之中英續約第二十六款，固明曰"前在江甯立約第十條內定進出口各貨稅，彼時欲綜算稅餉多寡，均以價值爲率，每價百兩，正稅五兩，大概核計以爲公當"云云，則值百抽五之協定稅，並以從價爲標準，即於當時續訂可知，而子口稅則尚未明定。續約第二十八款云："前據江甯定約云云等語在案，迄今子口課稅，實爲若干，未得確數。英商每稱貨物或自某內地赴某口，或自某口進某內地不等，各子口恒設新章，任其徵稅，名爲抽課，實於貿易有損。"觀此約文，內地課稅，當時本無釐金，而水陸各關徵收洋貨之稅，實視土貨一律，則正稅雖經協定，子口稅依然國定。通商約定越十六年，始行提及，亦實緣華官收稅之法弊竇本深。又況關皆有額，需索多寡，本監督囊橐之關係乎？本條文又云"惟有英商已在內地買貨，欲運赴口下載，或在口有洋貨欲進售內地，倘願一次納稅，免各子口徵收紛繁，則准照行"，又云"所徵若干綜算貨價爲率，每百兩徵銀二兩五錢"，是爲子口半稅亦經協定之始。

條約之掣我稅權者又如此。後來各國同，日本之舊條約亦同。日本人更由此抱改正之目的焉。其言曰：輸出輸入，均由契約規則，而定稅率。故日本政府，毫無適用普通國定稅則之餘地，其侵害我主權之自由行動，更不待言。況如其稅率，又有不能徵收至百分之五以上之規定耶？此不可不改正之第二要點也。

嗚呼！我之現情，皆日本之已事。彼之目的，獨非即我之目的乎？因爲述其例如此。

（第二百四十四期，宣統元年四月廿五日）

論利益均沾之約

　　通商以來，國家之受損於條約者，除法權、稅權而外，尚有利益均沾各條。論者以此謂外人協以謀我，幾不視爲與國之交際，而視爲群噬之陰謀，此不講國際法之過也。凡條約祇問其對等、不對等，本不問其約束如何，故通商行船而外，種種同盟特約，皆任締約國之意。況利益均沾，本國際締約之通例。昔歐洲各國未定此爲締約通例之時，動輒受損。國與國以感情爲厚薄，厚於此者必薄於彼，示惠好者此一國，而疾視者不止一國矣；獲報酬者此一國，而抵制者不止一國矣。鑒於前事之失，國與國間，時以利益爲餌，則招損既如是，盡拒利益之請，而拂與國之情，又豈交際之恒理？國際法家舉一千七百三年例證，英國羊毛輸入葡萄牙，葡國減輕其稅，葡酒入英，英亦減稅報之。法國亦以酒輸入英國，而稅則懸殊，差至三分之一。法人疾之，遂重稅英之輸入品，英乃大窘。綜計所得於葡者對等之惠好，其獲有限，所喪於法者意外抵制，其損無窮。於是漸講而明之，締約時各豫存一利益均沾之條文，彼此無所用其請求，亦無所用其許與。久之無國不以爲便，而成國際一公例。謂其便於各國而適以爲屬於我也，夫豈其然？

　　就吾國設此條文之性質言之，最初見於道光二十七年之中國瑞典、那威約，後又詳於咸豐八年之中美約。今舉其詳者。中美約第三十款云：“一現經兩國議定，嗣後大清朝有何惠政恩典利益，施及他國或其商民，無論關涉船隻海面通商貿易政事交往等事情，爲該國並其商民，從來未沾，抑爲此條約所無

者，亦當立准大合眾國官民，一體均沾。"嗣是同治二年之中丹
約、中荷約，同治三年之中日約_{日斯巴尼亞}皆承其意。又咸豐十
一年之中德約，同治四年之中比約，雖加一條件，稱"日後如
無論何國施行改變，亦一體遵照，無庸再議條款"云云，留一
改變之餘地。其實仍視不對等之約文為依據，改變乃姑作空
談，則亦為承其意者。同治五年以後，稍稍改正，至光緒二十
一二年間之中日約_{日本}，則戰敗之後，又循道咸年間之舊。今
就條文尋其意味，既稱兩國議定，而所施惠政恩典利益，獨要
索於大清朝，彼合眾國即無應以利益見施之事，此之為不對
等。不對等則但有義務而無權利，古時專制之國家，以此施之
人民，而今尚以為不可，乃以與國之通好，竟任受此屈辱而不
辭。當時外交之見解如此。

所謂同治五年以後之稍稍改正者，其始即同治五年之中義
約，於利益均沾條內，加條件云"至各國如有與大清國有利益
之事，與義國民人無礙，義國亦出力行辦，以昭睦誼"，此條
件仍非對等，蓋不以義國所最優待之國待我，乃以他國苟有與
我以利益者，酌量許我。夫各國之能與我利益者僅矣，又加一
酌量之詞，雖有條件，猶之無有。然中國自此有希望利益之見
端，則放棄之狀較異。嗣是八年之中奧約，十三年之中秘約，
光緒七年之中巴約，二十五年之中墨約，則皆雙方對等。而其
中有一光緒十三年之中葡約，其第十、第十一兩款，又純乎一
面之約束，惟加一條件稱"中國如與他國之益，彼此立有如何
施行之專章，大西洋國欲援以同沾，亦允於專章一體遵守"，
則亦視國力為進退，非我議約者之進步。實奧、秘、巴、墨等
不足要挾我，特彼不要挾而我亦不沿襲他國舊約以漫然自奉
之，究非道咸以來之故態矣。其不以利益均沾汲汲入約者，除
俄國利益本不與他國相同外，英、法等則皆自處於倡索利益之

地位，似欲於既得之後，令他國均沾，不慮他國先得，然後援以請求而尚恐弗獲也。其無此條文，正蔑我爲尤甚。自光緒二十八、九年間，首與英國續議通商行船條約，美及日本繼之。今舉英約，足概其餘。其第八款免釐加税條下第十四節云"凡在中國應享優待均沾之國，亦須與中國立約，允照英國所定英商完納加增各税，並所許各項事宜，中國方能允照此條所載各節辦理"，又云"凡各國與中國，或以前，或以後，立定條約內，有優待均沾之款者，亦須一律允立此約"，又"各國不得明要求中國，或暗要求中國，給以政治利權，或給以獨占之商務利權，以爲允願此條之基礎，英國方能允照此條所裁各節辦理"。如上云云，英約止限制中國優待他國時，不得逾於所以待英者，並非要求中國優待英國，必與所與他國之優待相同，是謂消極之利益均沾約。英約除滇緬等專約外，至此始具優待均沾之明文，亦可見其不慮不得利益，特慮彼以利益與我，而他國不與我以同等之利益，則彼爲過與之傷惠耳。此約爲我國改正條約之動機，而所約束之條件，特別如此。積年受損之後，若處於大壓力之下，稍稍動展而已如登天之難。嗚呼，所由來者漸矣！

其尤無謂者，以公使等之治外法權，訂入優待均沾之約，或有對等，或無對等。當道光時，有約之國，惟英與瑞典、那威，並無遣使之例。至咸豐八年，英、美、俄、法等國，皆約明遣使。夫使臣代國，自有應享治外法權之公例。當時以我國茫然於"國際"二字，乃渾括治外法權之意，載在約章。英與俄、法約中，俱有對等，惟美獨無。但此爲國際公法，本可無庸申説於約文。故亦不以約無對等，而我之使美者，獨受非禮之待遇。蓋既已遣使，必爲國交，使臣既代國，而爲交際，所得治外法權，兩國同之，不待言也。據國際法學家言，治外法權，本與領事裁判權有別。然我條約中既以治外法權爲領事裁判權，見之光緒二十八九年間英、美、日等約，所謂中國法律改正後，允棄其治外法權者是矣。以領事裁判權，奪治外法權之名，正未知吾國治國際法學，於治外法權當定作何等名詞？是爲今日一疑問。其各國之沿用優待均沾，於治外法權之上者，又有咸豐十一年之中德約，同治二年之中丹約，三年之中日日斯巴尼亞約，四年之中比約，五年之中義約，八年之中奧約，十三年之中秘約，光緒七年之中巴約，十三年之中葡約，二十一年之中日日本約，二十五年之中墨約，皆爲對等。惟同治二年之中荷約則不然，此於國體無關係，而於約文則爲不如式。又秘魯、巴西、墨西哥等國，立約本皆對等，獨於領事裁判權則指明照最優待各國，而又爲一面之權利，不相對等。此又利益均沾之變例，與法權之損失遞嬗而生者也。

　　總之利益均沾之約，根本之解決，當問其是否對等，既如前述。而其適用之範圍，則以限於通商航海爲原則。其利益兼承受殊遇與免除苛例而言，其均沾兼現在及未來而言。日本改正條約所持之目的如此，吾國於“通商”字下，恒不稱航海，而稱行船。内地通航，奪我生計而妨我主權，此事尚非日本舊時所有，則任我如何改正，其不對等之根株，固未易盡去矣。

　　　　　　　　　（第二百四十五期，宣統元年五月初五日）

論內地雜居之預備

道光以前，中外商民之貿易，尚沿古來市舶司之制，收其市易之利，初不納其僑居之人，外人攜眷者爲犯法，輒詭言乳媼而粤海關重稅之，是爲絕對不許僑居之時代。至壬寅約成，始而三口通商，繼而五口通商，其通商皆兼開埠，馴至今日，商埠徧於各行省，無在不有外人之居留地。而其非商埠之地，則別之曰內地。外人入內地，則需護照。有時水陸名勝之所，外人娛游所至，地方士民與官府齗齗爭之，以爲違約。顧地果適於游觀，即爭之，未必足拒外人蹤跡，因而扼腕太息，視爲強權。國與國並立於地球之上，民與民共託於國體之下，並非於利害有所爭執，但自以爲止可蔽塞，而並不許他人之交通，何其不自重乃爾。

夫爲外人專設居留地，所以可許其領事有裁判權，亦惟領事有裁判權，而吾民益以內地有外人雜居爲不便。今吾國於裁撤領事裁判權，朝野亦即注意，國際且早見約章。即光緒二十八、九等年，英、美、日等國通商行船條約，所謂"俟中國法律改良，允棄其治外法權"者是也。夫至領事裁判權既撤，外人居我國，土即守我法，而爲我民，但以國籍之不同，特留婚姻、親族、相續等法之例外，其餘民刑訴訟、監獄審判，一以我法行之，自無所惡於雜居。且吾國民與彼外人，苟無可以雜居之程度，亦斷不能謂爲法律之業已改良。何者？國民視外人如蛇蝎，至以遠避爲佳，其中固亦有錮蔽者挾此成心，然在今日，則開通之士，亦不能主張內地雜居之足安於無事。是無他，以我無足御外人之法律而已。故雜居雖不見於約文，其所謂"律例情形，及其審斷辦法，及一切相關事宜，皆臻妥善"云云，其中即含有可以雜居之程度。領事裁判權之必撤，即内地雜居之必行，此固相因之道矣。

日本之廢止居留地也，屬改正條約之一端。明治二十七年之日英約第十八條，始明定雜居之文，後與各國締約略同。今録其文如下：

　　大不列顛國政府，限於本政府，可同意於左之規定：
　　在日本國之各外國人居留地，全編入其所在之日本國市區，嗣後當爲日本國地方組織之一部。
　　雖然，日本國當該官吏，當悉擔任其地方施政上之責任義務，又於同時若有屬於外國人居留地之共有資金或財産，則當交付日本國官吏。
　　且於以前記外國人居留地，編入日本國市區之時，該居留地内，目來爲營業財産之現在永代借地券，當被確認爲有效者，而對於此財産，則除該借地券所載之條件外，不别附何等之條件。但須知借地券中所有領事官，悉以日本國當該官吏代之。凡爲外國人居留地之公共目的，向來不收租值而貸與之各地所，當令永代保存。且該地所若以最初借與時之目的爲限，而使用之，則悉免其租税及徵收金，但於土地收用權，則爲可從者。

據此則内地雜居之結果，相伴而成五種事項之規定：一，向來居留地，嗣後當編入其所在之日本市區，而爲地方組織之一部分；二，其地方施政上之責任義務，當離去領事官之手，而爲日本當該官吏之負擔；三，有屬於舊居留地之共有資金及財產時，當以之移交日本官吏；四，於該居留地內各外國人所執業之現在永代借地券，當一概有效；五，向來既緣外國人居留地公共之目的，不收租值而貸與之各地，所當永代保存，而限於不變其最初之使用目的時，可免其一切租稅及徵收金，但不能不服從日本之土地收用權。

此五者爲標準，將來不撤領事裁判權則已，撤領事裁判權必予外人雜居。雜居時是否用永代借地之名，當視國內法有無不准與外人以土地所有權之法律。若有此法律，則苟不能盡收回其舊管業之居留地內土地，即亦當添此一名詞，爲物權之一種。夫永代借地，雖非所有，而亦與國內法之賃貸借地不同。若不服從國內之土地收用法，則不啻爲主權所不行，而外人以土地爲梗於國中，其弊甚於許以所有權。蓋許以所有權，轉可一切統治以國內之法，故日本於改正約中特著之。吾國既百廢俱興，日發達公益之業，土地收用法之必應即定，此自別爲一事。要其據爲廢租界聽雜居之先例，則當與留意外交家標舉及之矣。

（第二百四十六期，宣統元年五月十五日）

論外人入內地游歷之條約

中國人游歷外國，除其國設有特別苛例外，初無所謂禁遏之法也。獨外國人至我國，則有商埠及內地之不同。隨意游行，以距租界百華里爲限，逾限者有罰，罰不得過三百兩。訂約之初，非中國有以懾服外人，而禁止其入內地也。蓋外人亦以其商民輕入內地爲危險，故必由領事代請護照而後行，否者以罰金難之。此項條文，綜各國約章觀之，蓋有二例。

一，止設限制，不載罰金。其文曰：通商各口，有出外游玩者，地在百里，期在三五日內，毋庸請照。惟水手船上人等，不在此列，應由地方官會同領事官，另定章程，妥爲彈壓。是爲咸豐八年之中英續約，嗣後法、比、義、丹、荷、日、奧、秘、巴、葡、墨、韓十二國約，皆循之。其中法約稱，附近處所散步，不限百里之數，及三五日之期；韓約稱，游歷照最優待國一律辦理，是其小異。

一，既設限制，並科罰金。其文曰：如有未領領事所發中國地方官蓋印執照，赴中國內地游歷者，准該地方官將其人解交附近領事官管束外，仍應議罰。惟所罰之數，不得過三百兩。是爲咸豐十一年之中德續約。蓋咸豐八年之中德約，與各國同無罰金，至是始訂之，時尚在普法戰前，德之國勢，非今比也。後惟光緒二十二年之中國日本約循用之，而於百里之限，則明載“華百里”字樣焉。

考日本未改正條約之前，有所謂“游步規程”者，限制之法，略與我同，而其文字之鉤勒，則清於我。其所謂得自由到其所欲到者，距各居留地除有指定之地名外，率以十里爲限。日本十里，約當我七十里。其條文又申之曰十里之距離，當由各地裁判所或市廳，依陸地而測定之。每一里等於奧大利尺一二·三六七夫以德，英吉利尺四·二七五耶獨，法蘭西尺三·九一〇密達。犯此規程者，初犯罰墨銀百圓，再犯罰墨銀二百五十圓。

日本往時之"游步規程"如此，由今觀之，日人無有不病其畏外人如虎，而自示其窮屈之醜者。然就其限制之詳略言之，我稱百里，不明示當各國若干距離，亦不言自何處起算，罰有不得過之數，而不言自何數爲最小之限。日本則距離有比較，起算有定點，罰金有確數，初犯、再犯有等差，其遇事精細，當時即遠勝於我。我國文法，作法律之文，與作游戲之文無別。論內地之未能雜居，是誠百步五十步之別。論條文之優劣，則不能不謂率爾操觚之惟我爲甚矣。

近者江蘇新陽縣境青陽港地方，西人游步所至，前後起交涉數年矣。自滬甯鐵路蘇滬一段告成，其地即當孔道，始而西人欲就港賽船，邑人大譁。賽船之事，無大舉動，而來港遨游者絡繹不絶，官民斷斷致辯，西人若不聞也者。至最後乃舉條約相抗，我官民乃無如何。此以見彼有成竹，而我乃不能自檢其所根據，今而知辦外交者之不可不熟諳條約也，蓋如此。

抑吾聞之，地有名勝，邑之寶也。衛生家以之潔空氣，教育家以之競體育，政治家以之息衆勞，經濟家以之鬬生計，點綴風景，提倡游觀，裨益負販，使外人有此，方招徠游客之不暇，烏有窒塞之理。青陽港地望，以鐵路綫計之，雖不盡如西人所言，距蘇州商埠不過三十餘里，距上海亦止九十餘里，皆在百里以內，朝往晚歸，斷不需留滯五日。然蘇州至青陽港，實不滿百里，約文彰彰，徒爭何益？昔定約時，以距商埠較近之百里爲可聽外人游玩，豈非以其耳濡目染，必較開通之故。計不如師外國搆造名勝之意，因以爲利，則久之必有爭以此等地爲奇貨者。且地方自治制已頒，修飾區域以内，使地無遺利，尤其專責。新陽之人，有知其意者乎？是所望也。

獨是無照游歷，照約當受罰。各國約中，尤以德與日本兩約爲有明文。日本人小本營利，無孔弗入，冒禁違約，擅踞内地，營小商業，以聽地方之驅逐。一日未逐，則姑謀一日之利。至交涉稍稍正式，地方官稍明事理，即帖然去之，無所於損，此豈非屢見不一見之事實乎？照今約，解歸就近領事管束外，固可要求三百兩以内之罰金，然未聞有據約以爲責言者。若一經迫使離境，已爲無上之能力者。然約之所許，如百里内之可游玩，則固爭之，約之所禁，如無護照之有罰金，則無有引以相詰難者，抑又何也？

（第二百四十八期，宣統元年六月初五日）

論國際公法之得爲法律正與
吾國學説相合

　　法學家有性法、制定法之派別，爰有國際公法是法律、非法律之歧説。性法家認爲法律，制定法家則反之。其所以不認爲法律者，蓋不外二種理由。

　　甲，無命令。　謂法律必經主權者命令而始克遵行。國際間誰爲主權？故無强使遵行之力，國與國自願遵守，則爲契約之性質。法律固非盡聽人自願者。
　　乙，無制裁。　謂法律必有制裁從其後，庶足保其施行之効力。國際間之所謂公法，止能規定其應如是，無從懲罰其不如是。理所不能遣，情所不能恕，惟訴之於武力，而曲直正不必定爲勝負之所由分。法律又非可汶汶不辨曲直者。

　　制定法家持此二義，終不認國際公法爲法律，特謂外交家自成一種理論，決不以入法學之範圍。性法家則擴法學範圍而大之。吾主性法，吾非徒所受者然也，蓋嘗溯吾國法學之淵源於古，與證其事實於今，而知制定法家之説之不足泥也。
　　一，就事實以駁其無命令即非法律之説。吾國舊以至尊之口語爲法律，宜其視命令爲法律之要素矣。顧今以至尊而設自行遵守之憲法，上年僅頒憲法大綱所載之君主大權，與臣民權利義務，其所責望於臣民者，初不遽求收效，而皇上則自以憲法大綱定有統率陸海軍之權。近乃申明遵守憲法，加尊號爲大元帥。夫以吾國慣習而論，王土王臣，何慮不稱大元帥，即不能統率海陸軍乎？然且以憲法所有，已負必應遵守之責，此憲法固誰爲命令，豈非煌煌欽定者耶？不命令即不須遵守，蒙昧之民則然。法律之進步，乃知非以威人，實以福己。故君主國之憲法，皆爲無命令之法律。吾國不立憲則不知此義，僅言預備立憲，猶無實驗之可言。今非至尊實行守法之見端者乎？以命令行法律，法律之効力亦僅矣。國際公法，今已有保和會爲國際司法之機關，以國際之團體，命令其析爲分子之各國。各國以批准爲公共之裁可，以視欽定憲法之自定而自守者。孰有命令，孰無命令，法學家未嘗不認憲法爲法律，奈何於國際公法而以無命令疑之？此固性法派之所執持，亦證之吾國近事而可以共喻者也。

　　二，就淵源以駁其無制裁即非法律之說。吾國言法律之書，其有首尾可尋者，今以漢《刑法志》爲最古。志刑法也，而冠之以兵，故漢無《兵志》。其言曰："大刑用甲兵，其次用斧鉞，中刑用刀鋸，其次用鑽鑿，薄刑用鞭扑。大者陳諸原野，小者致之市朝。"此以武力爲制裁。古義一也。三代封建之制，萬國並立，共主在上，其所以糾督諸侯者，必以有命令之法律。然孟子言討而不伐之天子，其所以制裁列國者，曰一不朝則貶其爵，再不朝則削其地，三不朝則六師移之，亦以武力爲最後之制裁。古義二也。夫漢志所言，不指明其爲國際，或係懾伏莽之戎，孟子所言則確爲國際之制裁。古之大儒，曾不以此制裁爲非法。至所云勝負不盡由曲直，有如中肩之悖，古亦難免。然三代盛時，並不顧慮及此。上不失道，則方伯連帥，自足伸其奉辭伐罪之威。故古以王室陵夷，而後天討不足憑，今亦正以國際幼稚，而後武力未可恃。自今以往，國際以利害益明，信用法律之意益摯，則公組一神聖之制裁，即仍藉武力，安知不爲古者有征無戰之師乎？至國際有足用爲制裁之武力，是即古時國内之進步，由陵暴社會，進於軍國社會之現象，以軍國主義託之國際，國内乃可以有警察而去兵。就目前而論，國際已明有制裁，又何疑其難爲法律？此又性法派之所推想，逮證之吾國舊説，而並有實例者也。又不待以憲法之無制裁，爲法律不藉制裁之證矣。

中國之與於保和會也有年矣。自丁未大會以來，專使陸星使徵祥、駐使錢星使恂，皆以儲法學人材，爲裨益國際之本務。固知仲裁之設裁判所，與海陸戰之修改法規，其從事於此者究以法學家爲近。世或狃於强權之説，不甚信國際之可倚法律爲保障，此目前國際程度則然。然内國法律之修明，即不爲國際計，分亦宜爾。其一部分致力於國際者，正賴認國際公法爲法律，而相與討論之，以蘄至乎共同守法之文明時代，故斷斷爭其是否法律，非徒性法、制定法派别之所由分，直爲有進步、無進步門徑之所由判。且國際從無法而至有法，此本無制定法之可持，公擇一最長之理以爲歸，正性法用事之會，故國際公法之意匠，往往非制定法派所有。今之世，制定法派之勢力誠偉矣。吾謂論國際法者，殊未可震乎制定法派之名也。

（第二百四十九期，宣統元年六月十五日）

論中外國籍法性質之不同

《詩》曰：“普天之下，莫非王土。率土之濱，莫非王臣。”古人不認己國之外有國，故經懷人臣無外交之義，律嚴姦民通海之條，國與國常爲代相仇敵之町畦，並非迭相移轉之里貫，此亦非徒吾國爲然也。歐洲諸國，先有國籍之説，世界漸趨於開明，東方亦次第效法。今年我政府乃有《國籍條例》之布，綜其性質，與各國貌極相似，而用意實有不同。夫國家由鎖閉而至開放，其因事變激刺，鋭意借鑒外國，以期漸即於同一之標準者，日本維新於前，我國取則於後，凡事類然。而於國籍一法，則日本兩概出之，我乃一著手即成完全之條例。顧窮其義類，日本之國籍法與歐洲各國爲近，我則本旨迥殊，此其大別有二。

一，爲收容入籍之人而設，此各國之國籍法也。日本自改正條約，准外人雜居内地後，乃始定之。彼其於國内各法，大略皆具，僅無以處歸化之外人，而後制爲此法。二，兼爲防禁出籍之人而設，此吾國之國籍法也。日本於明治之初，規定内外人公然結婚之法律，時各法缺漏，略如吾國。以此定内外國人可以互相轉籍，乃迫於事實之不得不然。且無此法則輳轕益甚，必有如吾國近數年來，莠民利在無法之出籍，僑民則恐被外人所强迫而入彼籍，釀爲民生國體之患者。蓋以領事裁判權爲受患之總原因，以故同一國籍法而作用有積極、消極之别，此事勢之出於不得不然者也。

雖然，日本明治六年三月布告第百三十號之《内外通婚律》，其事勢又與我異。彼國於是時，國家立憲尚無端倪，人民公權亦無萌蘖，純以國民無法之出籍爲患，於入籍之外人，轉無所用其事制而曲防，而外人亦略無思入彼籍之道。僅兩無國籍之中國人，往往隨俗爲日本人之養子人夫而已。吾國今已有憲法大綱所載之臣民權利義務，又有資政院、諮議局等設置之實事，對於入籍之外人，不愼限其公權，將有驟致參政之權，而肇危險於政界者。此種用意，與各國制定國籍之意相同。是爲日本明治初年《内外通婚律》之所無，而改正條約，外人雜居内地以後，訂定國籍法之所有。故吾國之《國籍條例》，乃兼有日本新舊兩種限制國籍之法律者也。

試條擧以明之。條例第一章之“固有籍”，用血統主義，而於父母不盡爲外國人者，先從其父統而定國籍。父統不明，則從母統。父母統皆不明，乃用屬地主義。此與各國用血統主義者爲近。第二章之“入籍”，定入籍之資格，與入籍後之限制公權，亦與各國取得國籍之條文略同。惟章末第九、第十兩條，乃入籍之手續。在法律完備之國，移住或占籍，無論内外國人，本有普通之手續在，無庸規定於本法。吾國條例並規定及此，以補普通法律之缺，然似可入之施行細則，必列爲條例正文，而留施行細則爲專定出籍之手續，以重防禁之意。此宗旨不同，而於此已見微異焉爾。

以上爲對於入籍者收容而兼限制之意，各國設國籍法之旨多類是。至第三章之“出籍”，則於第十六條定出籍人不得享受國民之利益，此應規定於人民權利之各本法者，吾條例獨列此文。然國民究有若干種特有之利益，各本法未具，轉於本條例渾加此語，是意在防禁者一。第十二條定出籍資格，因領事裁判權未撤，而添入訴訟未結、租税未繳等限制，慮其一出籍即非法律所能治，是意在防禁者二。至第十七、第十八兩條，亦以普通法律之未備，而詳及手續，尚與前章爲同意。然施行法之專詳出籍手續，乃純對非法出籍之人而言，尤以施行法第八條驅逐出境等文，顯示其嫌惡之意，此則所謂性質之大異者矣。

若其第四章之規定"復籍"，大致與外國國籍法同。其必載復籍手續，亦與前兩章同意。總之吾國立此條例之所以殊異，一則因未有戶籍法，先有國籍法，次序本係躐等，故以戶籍中普通手續，畢具於本條例，而條文不免較多。再則因法權不獨立，名效文明開放之意，實有自固藩籬之心，輾轉顧忌，措詞不能不別有斟酌。顧斟酌之中，於對內對外之法文，要未可過示區別，蓋既許其出籍，即當與待遇平人相等。驅逐出境等作用，以視無照游歷之外人，待遇何如？且一年之內，尚有轉賣不動產等事，亦未可以驅逐了之。此則今日法文初定，立法者方號召國民來相質問。竊願以此爲微商者也。

（第二百五十期，宣統元年六月廿五日）

國籍條例與各國國籍法之比較

國籍法之設種種條件，以束縛歸化之人，爲其將爲己國國民，不可不具國民之資格。又甫爲國民，未可遽以完全之公權相畀，因又有歸化人之限制。至歸化外國之人，在我條例，謂之出籍人，自後將與本國斷其關係。彼所入籍之國，有無條件之束縛，由彼國自量其關係所在而定之。惟吾條例以法權不全，乃於出籍稍加條件，各國多無此。顧歸化本國之人，即吾條例所謂入籍人者。就其所加條件，各國不同，列舉之以相比較，亦溝通法意之一助也。

條例第三條，設入籍之條件凡五：

一，寄居中國接續至十年以上者。　此條件爲各國所恒有，以非此不足證其歸化之誠故也。日本定接續有住所五年以上，歐美各國，葡萄牙僅定一年，瑞士、匈牙利二年，瑞典、希臘三年，英、美及丹麥五年，荷蘭六年，奧大利及法蘭西則定爲居所十年或住所三年。今吾國條例，僅稱寄居，以民法未定，法律上尚無居所、住所之別。又外人尚居租界，其能稱寄居中國者，必指寄居中國主權完全之地。今惟曾經聘用爲官署、學堂等職員者，始有寄居之事。其寄居必爲住所，並無別種私法上之居所，故法文亦止渾稱之。所定年限獨長，此可以覘國情焉。將來法律改良，廢除租界以後，此文必當略有更定。

二，年滿二十歲以上，照該國法律爲有能力者。　移轉國籍爲人生之重大行爲，故以能力爲入籍之條件。日本法與此文同。其成年用己國法，其一切能力用各該國法。歐美各國，德、奧等用各該國法，以定能力，或以法定代理人補能力之缺。美國、瑞典及比利時等國，則用己國法，以定能力，成年亦能力之一種。日本獨以己國法定之。吾國尚無法律所定之成年，惟現行商律以十六歲爲可營商業，似沿俗例，以十六爲滿冠而然。其實古人亦以二十爲弱冠，今條例仿日本稱滿二十歲以上，則將來訂定民法，或即沿日本之文，此亦以己國法爲定之例。其餘能力，則照各該國法。凡國際私法之通例，能力皆從各該國法。但入籍則將爲己國之人，故各國亦有從己國法者。吾國國民能力，現尚未有規定，姑以各該國法律爲詞，蓋欲用己國法而無法可用，此又格於事勢者矣。

三，品行端正者。　國家不欲以國籍爲下流之所歸，招納浮浪，致成污點，故設此條。日本法與我同。歐美各國，德、美、丹麥等亦與同。意、俄、奧等則以不受刑事之宣告爲準，尤爲徵實。

四，有相當之資財或藝能，足以自立者。　不欲窮無所歸之人，爲歸化之國民，其意與前類同。日本法亦與此同意。歐美各國，德、奧、丹麥、葡萄牙等皆然。匈牙利則以納稅滿一定期限者爲定，俄國則以置有不動產者爲定，是專重資財之一種條件。吾條例乃同日本及德、奧、丹、葡。夫獨立生活外國，本爲公民資格之一。吾國新定諮議局及城鎮鄉自治章程，俱不載此爲選舉資格，以吾國家族之制，子弟不以終身受庇於父兄爲恥。惟於外國人之來入國籍者，則以此繩之。

五，照該國法律，於入籍後即應銷除本國國籍者。　又其本無國籍人，願入中國國籍者，以年滿二十歲以上，並具備前項第一、第三、第四款者爲合格。　一人有兩國以上之籍，爲國籍紊亂之因，故入籍人必問其本國法律，許其出籍與否。昔時歐美各國，多不許內國人民歸化外國，今惟俄國尚然。其本國既不准銷除本籍，即亦不能與以國籍，日本法與我同。至無國籍人，本無慮此。日本法但與本國法律准銷除國籍者，同列為出籍條件之一。吾條例以五條件中，第二條件有"年滿二十歲以上，照該國法律為有能力"之語，既無本國籍，即無所謂該國法律。特提出此項無國籍人，所具之五條件，於第二條件，當削去"照該國法律為有能力"一語。蓋定條文時，較日本法文為細密矣。

　　以上為入籍之初，所有條件束縛之比較。至入籍以後，一切公權之限制，各國自有異同，尚當別為詳論焉。

　　　　　（第二百五十一期，宣統元年七月初五日）

論國家之取締外國人

文明各國，法律不必盡同，要其統系必出於一。夫歐美法律之同，以羅馬爲發源，宜其統系之相合矣。日本本用中國法係，近乃一變而入於羅馬法系。然東西禮俗不同，日本之所謂名教，究與中國爲近。依國際私法通例，其關係身分者，原各從本國法處斷，故法律不爲禮俗所牽綴。蓋禮俗之難於强合，不但泰東西爲亙古所未溝通，即歐美本出一源，或迭經同化，其間尚不無微異，因有國際私法之名，以各極其心安理得之致。禮俗無所用其束縛，正法律無所用其屈撓，此文明之所以日進，而外國人之所以帖然於主權也。

雖然，進一步言，國際法之意，内外人既服從同一之法律，即無從於警察上特設取締外國人之慮。然主權有自由之行動，以扶持公安之故，特設取締之法規，不得爲侵害條約所與外人之權利。蓋有以此意明訂於條約中者，條約既言兩締盟國臣民，互與内國臣民遵守同一之法律，又往往言有特別適用於外國人之法令。日本自改正條約以後，所與各國訂約，皆有此文。試舉日俄約文爲例。此約第二條第四項云："但本條及前條之規定，兩締盟之各一方，凡關於商業與警察及公安，所有現行特別之法律、勅令及規則，可適用於一切外國人者，則無何等之影響。"此取締可以設爲專法之證。

且也，國民受憲法之保障，以有種種之自由。而外國人則保障於條約，其根原不同。故在歐洲各國，於外國人住居及移轉之自由，皆從警察法規而稍加限制。例如德國法規，規定外國人之為賭博營業，或猥褻之媒介，或無宿乞丐等類，得發驅逐出國之命令。又規定外國人被命驅逐出國，無出訴於行政裁判所之權利，與德意志帝國臣民有別。如義國則設驅逐外國人之法令，規定內務大臣，因公共之秩序，得對於義國境內經過或僅有居所之外國人，發驅逐之命令。又邊界之地方官，因公共之秩序，而認為緊要之時，對於不能明言自己身分，或浮浪無資力之外國人，得拒其入義國境內，而行與內務大臣相等之職權。又一經驅逐出國之外國人，非得內務大臣特別之許可，不得再入義國境內。又外國人別無何等過犯，但由內務大臣認為若留此人於義國境內有害公共之安甯秩序者，是亦為警察行政之處分，得驅逐之使出國。如法國則內務大臣，依法律得無論何時，以警察處分，使旅行或住居於法國之外國人，退出領土以外。因而內務大臣有得發行政命令，護送該外國人至國界盡處之規定。此皆外國人別有取締之例證也。

夫以上諸國，尚為限制一切外國人之法令。至美國之限制華僑，尤為特定非理之舉。雖法律平等，人格均一，未必能長此受侮。然國際有此先例，取締外國人，為主權之作用，誠非必以內外國民，絕無歧異為通法。世未進於大同，畛域之不能盡化也如是。

若夫護照之設，乃租界未廢，內地未准雜居，始有此制固也。然歐洲雖以無護照為慣例，亦往往使外國人特負證明其身分之義務。例如德國法規，規定旅行之外國人，若有官府之請求，其人當證明其氏名、族籍、住所等。不為證明，得暫由警察拘留之。又因戰爭或他事故，認為維持公安之故，得以勅令暫行護照之制，於帝國之全境或一定之某區域內，又或特施於由某國至德意志帝國，及由德意志帝國至某國之旅行人。此又游歷護照之未嘗不有例外施行者也。

要之，私法上之保護內外國民，恒相平等。吾國今日，猶遲遲於定法，不足以示經常之保護，遂不足以伸我法權於外國臣民之上。此於廢租界、准雜居以後，有無特別限制，固無從置論。然或疑改良法律，徒取內外均等之美名，轉不免漫無畦畛之實事。因謂東西情勢不同，未可混爲一家，而絕無籓籬以相盾。則未知公安所在，維持之責無異，爰刺取各國取締之狀況以證之，但慮法律之不改良，法權之不獨立耳。至謂改良以後，又有流弊存焉，此則大謬。蓋猶是未明完全主權之作用者，鰓鰓焉爲此過慮也。顧法律之改訂，在外人能否認爲一切允協，尤視其實行之效如何。當局者於此，固未可長此悠悠，而徒爲築室道謀之舉也。

（第二百五十二期，宣統元年七月十五日）

新商約加税免釐後土貨可徵
抽銷場税之研究

加税免釐之約，既未實行，在今日之釐金，原非條約所能限制，就本條約而論，但限制其實行之期。如光緒二十八年中英約第八款第十四節第二項云："凡各國與中國，或以前，或以後，立定條約内，有優待均沾之款者，亦須一律充立此約。"又，"各國不得明要求中國，或暗要求中國，給以政治利權，或給以獨占之商務利權，以爲允願此條之基礎，英國方能允照此條所載各節辦理。"則此其限制實行，蓋有二義：一，必凡有優待均沾之約之國，皆立此約以後；二，必立此約之國，非由中國給以別項利權而購得之。有此二限制，故至今未達實行加税免釐之目的。既未嘗加税免釐，則所謂銷場税者，亦不必求其的解。雖或誤解，亦無責言及之，以其空言非事實也。

雖然，設一旦而果實行，固未容長此不求甚解之現象矣。各省非無預爲之計者，其規畫裁釐以後，所持抵補之策，大概不外兩途：一統捐，二認捐。二者之中，因預備裁釐而改辦者，多從統捐；認捐則雖有辦者，乃大吏自緣恤商而爲之，非顧及條約之裁釐，而始注意及此。如浙江嘉湖之改辦認捐，乃在新商約未訂以前，商民實受其惠。而一二官吏之思以釐差飽慾者，則百計詆毀之，此可以知其利害之所在矣。今且置統捐與認捐之優劣而不論，但就商約本文，究銷場税命名之性質，以定將來之何去何從，此爲今日當務之急。蓋條約既定，國家有遵行之義務，非可視吾儕理論上之優劣，以爲改移。夫銷場稅乃商約中創定之名，前無所本，究爲統捐乎，爲認捐乎，爲並出於統捐、認捐之外者乎？條文不能自言。然合以上下各條文，則銷場稅之真際見矣。

約文第八款云："中國認悉在出產處於轉運時，及在運到處，紛紛徵抽貨釐，以及別項貨捐，難免阻礙貨物，不能流通，勢必傷害貿易之利，是以允願除第八節所載之銷場稅外，盡裁此項籌餉之法。"如上云云，文稱中國認悉，則當時實已認定方法，原無待於研究。然今日各省，對於此事，本旨復晦，則不能不就本文尋繹之。條文言在出產處於轉運時，此即統捐之第一卡也；言在運到處，此即所經過之各卡也；言紛紛徵抽貨釐，以及別項貨捐，此即括統捐、釐捐、貨捐各名目也，總之爲通過稅。各國以通過稅爲大戒，古有而今則已絕跡焉。故曰難免阻礙貨物，不能流通，勢必傷害貿易之利，言難免阻礙，言不能流通，非皆指通過稅之爲病乎？統捐者，計應通過之卡數，於第一卡一併完納。其間仍包含各卡之紛紛徵抽，而純然爲通過稅之性質，故知非本條文之所謂銷場稅也。

是款第一節云："中國允將十八省及東三省陸路、鐵路及水道，向設各釐卡，及抽類似釐捐之關卡，概予裁撤。於約款照行之時，不得復設。"據此則約款尚未照行，如今日者，釐金可，統捐亦可，誠無所謂不合。如果照行，則概予裁撤之文，自應不留一卡，乃爲如約。統捐能不留一卡乎？湖北改辦統捐，最先亦最力，移設改併，通省裁二十九卡，餘更不聞裁併。直併各卡之釐金，由第一卡總收之而已。此又統捐之不能概予裁撤，即非約文所謂銷場稅之一證也。

又第六節云："鹽釐名目，須改爲鹽稅，可按現徵之釐金數目，及別項徵捐，加入課稅之內。此項稅課，或在產鹽地方抽收，或在銷鹽省分進境後第一局抽收，並可任便設立各項鹽報驗公所。凡船隻按照鹽引，運載鹽者，須在該公所停船候驗，蓋戳放行，但不得徵收釐金，或過路貨捐，亦不得建築各項卡欄阻礙之具。"據此則鹽釐本無與通商洋土各貨之事，約中猶諄諄規定，以防建築卡欄等影射之漸，則豈有任我設卡收統捐之理乎？

又第八節云："中國既裁撤鹽捐，以及向有內地徵抽洋貨及出洋土貨，別項貨捐，實於進款大有所失。今進口洋貨、出洋土貨及由此口至彼口往來土貨，所加之稅，冀可酌補。惟內地土貨釐金進款之所失，仍須設法籌補。是以彼此訂明，中國可任便向不出洋之土貨征抽一銷場稅，但祇可於銷售之處徵抽，不得於貨物轉運之時徵抽。"據此則分析本自極清，銷售之處，是謂銷場。彼統捐則約文所謂徵抽於轉運之時，而明明禁止之者也。

或者曰：如上所言，銷場稅與落地稅，為異名而同物。向時落地稅亦有辦者，蓋亦由官經徵，非必由商認額。又即為節省局用起見，不由官辦，亦有一二殷商包收包解之法。何必定如嘉湖之認捐？則應之曰：此仍以條文斷之。其第八節第二項曰"此項銷場稅數之多寡，可任由中國自定，視貨物種類斟酌，即視該貨若係民生日用所必需者，則可減抽；若非民生日用所必需，及僅止富貴家所用貴重之物，則可加抽。惟同類之貨，無論是民船、帆船或輪船裝載者，均須一律徵收。"據此則約文期待於我者甚厚，為我留審定消費稅之地步，於民生風俗大有影響。此惟仿嘉湖認捐，各業自認，則其業為日用品，為貴重物，按業可稽。如珠寶之業，就業而稅，則貴重可以加抽。若就物而稅，則輕微不易查察。官辦落地稅，與個人包捐，皆不能有此進步。夫條約當明明以進步望我，我乃自拒絕之，似無

此理。今稅法議決之權，既屬之諮議局，則利國利民而不使官
及土豪把持於其間，取法嘉湖，以符條約，而早爲加稅裁釐之
豫備，固各省士民之責矣。

（第二百五十三期，宣統元年七月廿五日）

論中國近日圜法之入於國際

幣制，内政也，本非外人所能干預，即本無入於國際之理由。其有入於國際者，必彼此行用同一之幣制，以圖便利，爰有貨幣同盟之舉。吾國不然，但以國本無幣，外人苦之而求我速自制定。我則若本不亟亟於此，條約中作姑狥其請之意味，於是有光緒二十八、九等年英、美、日各商約之協定矣。

顧畫一幣制，今已數數言之，且屢奉明諭，而尚未有結束。一則上年之所謂畫一，僅有兩與錢之子母相權，與爲補助貨之銅幣無涉。致銀與銅之價，永遠相離，遂成今日銅元充斥、官民交困之大弊。一則朝議未定，名爲畫一，而用兩用圓，尚在爭論。綜其爭論之故，固不一端。其有以墨幣流行，懼外國銀行排斥龍圓，而金融握於彼手，恐龍圓無所歸納，而商民不信用者。昔於代商會上度支部書中已破之矣。又或謂海關稅則，向以銀計，不能盡改以圓計，慮用圓之不便者。前亦申言其不然，今更就國際言國際，舉條約以證慮者之非實，此亦今日幣制論中之一掃除障礙法也。英約第二款云："中國允願設法立定國家一律之國幣，即以此定爲合例之國幣。將來中英兩國人民，應在中國境内遵用，以完納各項稅課，及付一切用款。"此款條文，在美約爲第十三款，在日約爲第六款，日約中又加以"從速改定，及全國貨幣俱歸畫一"等明文。外人深苦我無國幣而有同情也。若是，論者乃疑外人必阻撓龍圓，以扶植墨幣。墨乃南美一小國耳，各國非皆墨之孝子順孫，何爲出死力以維持之，致其商民入中國貿易者，受幣制不定之害。夫以事理言，論者之無價值如彼，更與證條約明文，此層尤不足辯。夫不明謂合例之國幣，在中國境內遵用，以完納各項稅課及付一切用款乎？蓋彼所納我之關稅，且將折彼之金幣以易我龍圓，然後輸納。彼在我國之一切收付款項，皆以龍圓爲合法之幣。幣制定後，如欲擾用外國銀圓，在彼有違約之罪。外人本無墨銀，其銀行之可以收付墨銀者，正緣我之市面通行，彼不能不認爲借用之國幣耳。此意明而恐受外國銀行之把持者，可幡然變計矣。然畫一幣制之説，朝野近亦僉然。所斷斷者，獨兩與圓之問題，以爲一用七錢二分之重量，則是圓而非兩。在國內物價稅額，半有習慣之便，其半向本計兩者，亦不難自我改定，無國際協商之煩。獨至關稅定則，業已計兩，在約文雖有納稅用我國幣之文，然國幣而本爲仍舊用兩，則稅則無需更改，但令用我國幣交納而已。一以圓計，是稅則純乎不合，必且因定一幣制，而與各國牽動改約問題。其爲重累何如？嗚呼！爲此説者蓋亦不思之甚者也。今請仍以條約明之。

中英商約附件甲第一，載："議約人臣准江曹劉電，完納關稅，仍應按照向來庫平大於關平銀數，比較核算，補足平色等語，照會英議約使臣去訖"。此光緒二十八年七月十二日之公牘也。附件甲第二，載："英使馬凱覆稱劉宮太保所見，實與本大臣所見相同，諒貴國政府必設立鑄局，以鑄國家銀幣，其銀色及輕重自行定奪。此項銀幣可由商人以照重照色之銀條易換，惟須加例徵之鑄費。所鑄之銀幣，將用爲中國國家通用之銀式，並聲明此是合例之銀。若用以完納關平銀之稅項，或以遠抵關平銀之債負，衹可照其市價折算而已"云云。此照會去後，閱四日之答覆也。至美、日兩約，則於條文內加入"彼此商明，凡納關稅，仍以關平核計爲準"之句矣。

關平大於庫平，納稅時本須核計。主用兩者將以庫平一兩爲幣，因捐去關稅嚮用之關平所得平餘，而不令外人照納乎，是無故減稅也。若改用關平鑄幣，則廢棄庫平，無此政體。且外人明謂照其市價折算，則關平銀一兩，當我幣一圓加幾角幾分幾，自可照市比例。無論國幣用兩用圓，皆須與關平另作市價，何獨嫌七錢二分與關平之比例，而愛庫平與關平之比例乎？以銀條完稅，則照重照色之銀，更當加例徵之鑄費。以國幣納稅，則照市每圓作關平幾錢幾分幾算，有何更改稅則之可言？劉忠誠慮之於先，商約大臣復守之於後，何今日持用兩之說者，猶挾此爲口實也。

觀馬凱照覆之文，於納稅應照關平之外，並及我之償款，亦不能不照市核計關平。蓋彼納於我者，固應一仍舊額，即其取於我者，亦烏能因改幣制而稍讓？又況今日之所謂關平，何一非以各處市平合算者乎？則又何以轉慮國幣定後，必爲外人謀不假合算之便乎？此亦揭破而可以啞然者也。

（第二百五十五期，宣統元年八月十五日）

法政雜誌

新刑律修正案彙録書後

上年資政院初開，乃有新刑律之爭。其爭也，各有見地，各有不得已之衷。右新律者以進化爲根據，而主修正者則以耳目所及之是非爲是非。夫進化之旨，深邈不易言，而耳目所及之是非，則觸處皆可援證。不辨因果之相循環，不計正反之相對待，集同我者之說以自張，則有勞提學《新刑律修正案彙録》之傳本，其意欲家喻而戶曉，以增壅閼進化之力。夫勞君亦何仇於國民之進化，而必壅閼之，正緣所見以此爲至當，不得已而好辯，願進天下而共喻之，蓋勞君者君子人也。信勞君之爲君子，則意有所不安，又何敢默而不言，遂無由以所見就正於長者乎？輒綴所知，冀相往復。

勞君於堅執之最後點，在"和姦"及"子孫違犯教令"二條，而所嘖嘖於憲政館特派員楊君之言者，則以家族主義與國家主義之識別，以故除爭論條文之外，又牽引諸家贊美家族主義之學說，以成一編。夫勞君所爭之條文，固皆從家族主義而來，不申明家庭主義之不適於進化，無以探兩家爭執之原，則論點宜集中於此矣。

今先置一界說於此，凡論列是非者，以求明是非之本爲主。是非未定以前，各有語疵筆累，爲一時聳人觀聽之爲，與夫曲說以冀調停之處，皆不必以詞害意，而先持之以爲柄。如楊君演稿之激越，則所謂聳人觀聽者也。憲政館覆核，有教育普及等推宕之語，所謂曲說調停者也，頗爲勞君所持。要其本意有在，不必騰口舌於枝葉，特渾揭於此，後不復論。

今試問家族果吾國之古義乎？勞君所集江君易園之論，大致已明。古之親屬，屈於宗法之下，支子不祭，壓於宗子，至不敢暱其所生。宗子雖卑幼，支子雖尊長，無敢不受家督之指揮。禮絕期功，蓋不僅有國者爲然。今之持家庭主義者，於心能盡安乎？然在當時，必以爲天經地義如是，苟掉棄大宗之收養，各厚其親，各私其子，何嘗不以干名犯義病之。其末流猶有宋之濮議，以歐陽永叔爲訽病，明之大禮，以張璁、桂萼爲罪惡。宗法久廢，惟有世及之爵者猶保持之，今世禄之家猶然，謂必犂然當於人心，恐非今日所敢斷言。而勞君之言曰：春秋之世，正家法政治極盛之時也。而晉衛鄭越之已事，可列舉爲民知愛國之證。夫弦高以私人衛其國，此懷才負奇者之所爲，不足以爲全國國民愛國與否之標準。晉衛越之民，則誠如勞君所言，然勞君謂春秋爲家法極盛，初不謂爲家族制度極盛，無亦知春秋時本無謂家族制度，而特以"家法"二字，與宗法相影射乎？古惟以宗法行之，而一國爲一大宗，宗法亦即國法。其所以與宗及國同利吉者，以無家族制度，爲之離披而莫能振也，則古爲家族制度未興之時代。勞君之推本於三代，以歸美於家族制度者，非也。

又試問子壯出分，穰糒德色，所謂破壞家族制度，其流弊所極，固必至此。而較之家族制度之流弊，果較輕於此乎？家族制度既成，聞人言非家族制度之弊，則以爲儳焉不可終日，而豈無人言家族制度之弊，如所謂爲兒孫作馬牛也。所謂愛而勿勞，禽犢之愛也，此皆倚賴之積習，舉世之所恒言，視國家主義之國民，任有限之顧復教育之義務者大異。夫子以父爲馬牛，父以子爲禽犢，較之穰糒德色之不合於理道也，孰甚孰微？且賈生之言，亦但舉貧苦小民錙銖必較者耳，稍有力者，未必至此。至馬牛禽犢之通病，乃舉富貴貧賤而一之。囿於耳目之前者，聞非家族制度之不免流於凉薄，則津津而道。聞家族制度之更且大悖人道，乃視爲當然。此豈足與探制度之原者哉？親屬之相愛，本不盡由於人爲。無家族制度而獨立之中，不强其用愛而愛彌摯，有家族制度而群居之日，必責其用愛而愛彌漓，倫常之變，故子壯出分者必少於數世同居之家。古以百忍爲美德，人有百年，家有百口，無時無人，不在相忍之中，此又豈人道所宜爾。又況非家族之弊，不過分限太清，於公經濟爲無損。家族之弊，生産者一二，而坐食者什百，家族固而國家元氣耗矣。甚者以同居之久，聚族之繁，力不足以自贍，乃以義門邀獎，仰給於官，社會之蠹，莫此爲甚。此楊君所謂家之孝子慈父，即非國之忠臣，所指當在於是。家族主義與國家主義爲不相容，立説自有本原，不可以辭害意也。若勞君以移孝作忠等門面語爲攻擊之資料，則又未知忠之分際，有裨益於國之忠，有側媚於君之忠，臣罪當誅，天王聖明，此後一義也；生之者衆，食之者寡，其庶幾前一義乎？家族者，生寡食衆，反於大學治國平天下之原理。就一家言，子累其父於目前，父累其子於身後；就一國言，國累其民以昏惰，民累其國以耗亡者也。古人欲推廣孝之分際以教忠，蒞官戰陣，一納於孝之中，意可知矣。今勞君欲縮小忠之分際以誤孝，倚賴蠹家，貧弱蠹國，而自謂有可作之忠，固非楊君之本旨矣。

　　家族制度與國家主義之孰爲可以救亡，吾知之，吾不能盡言也。勞君是其所是，非其所非，牢不可破，則亦非言語文字所能奪。雖然，愛而知惡，憎而知美，天下雖鮮，或不可以不勉。勉乎此則又何待詞費勞君之學之識，固足以燭天下之至賾矣。

　　以家族主義之捍格，乃生激爭之兩端。新刑律以法律改良社會，按之古義，殊未大悖。貞節之説，大倡於宋儒。五倫言夫婦有別，別之於既定夫婦之名後耳。夫婦之關係斷絕，以舅姑而強與子婦之事，古或不然。爲夫者不以三世出妻爲病，爲妻者不以下堂求去爲嫌，傳言出婦嫁於同裏，必爲佳婦，古之覘婦德者如此。昌黎、荊公，皆大儒也，而皆醮其子婦，當時豈有今世體面之見者存耶？夫婦人淫行，誠爲惡德，然淫者之恥何緣而偏爲門户之辱，此則風俗爲之。女未及歲，自在親權之下，成年以後，予以自由。以自由之人之所爲，他人即無由代爲恥辱之理，此非家族主義之國之所同也。家族主義，無故多一可以蒙恥之緣，既累生計，又累面目，吾民囿於此風俗而莫能自拔，立法者思有以大拯之。名教也者，以名爲教，名如是而教亦不得不然。將變其名目，不能不課其實。今之所謂禮教，使周孔見之，果如其心之所欲出乎？改良刑律，未必與收還法權有關，斷不能與振刷社會無關。使吾國民於生計，於面目，俯仰皆累，踏天蹐地，負擔各國之民所可弛之負擔於國家之負擔，成弩末矣；恥辱各國之民所不應得之恥辱，於國家之恥辱成膜外矣。慈父孝子之難爲忠臣者，又如此。

　　勞君見解之歧出，其本原在無進化之思想，嘗讀其序而知之。<small>勞君序文，見本期雜誌編纂類</small>其言曰：生計有三，曰農桑，曰獵牧，曰工商。而引記所謂中國夷蠻戎狄，五方之民，皆有性也，不可推移。又引記所謂廣谷大川異制，民生其間者異俗。凡此立論，則獵牧終不可進於農桑，農桑終不可進於工商，是無異謂僿野終不可進於文明，貧弱終不可進於富強也。吳越古爲蠻夷，前人之開拓文化爲有罪，滿洲近改行省，今日之變更舊制爲非宜，此一誤也。又曰法律生於政體，政體生於禮教，禮教生於風俗，風俗生於生計。然則待生計自變，然後由風俗而禮教而政體，乃及法律，則生計爲定之於天，居第一位而非人所能增損，提倡實業之說既不合矣。且法律由層累醞釀之自然而來，即亦何用有才智之人議法、定法，而庸愚之人乃反守法乎？重視法律者之意，則何不可曰：法律生政體，政體生禮教，禮教生風俗，風俗生生計。即以新刑律而論，由開放家族主義之法律生趨重國家主義之政體，國家主義之政體生獨立自由之禮教，獨立自由之禮教生勇往進取之風俗，勇往進取之風俗生分歧發達之生計。吾以爲今日學識如勞君，且不免貴耳目而賤思想也如此，億萬蚩蚩，不有法律以矯正之，數千年之艱於進化，其成效可覩矣。先進之國，社會與法律，可以接近，則亦何必造作於生人希望之外。法學家謂幼稚之社會，多用擬制之法，正謂此也。勞君集德人赫氏之言論，以折崇尚西學者之心。微論迻譯之文，不無萬一之出入。且吾方行擬制之法，以圖社會之躍進，夫豈與社會法律兩相接近之國，商榷立法之宗旨者耶？故以獵牧、農桑、工商爲一成不變之生計，其原理與進化相反。以生計轉輾而生法律，與扶翼進化之責任，亦不相得。若勞君者流，將爲天民之先覺者，乃居萬民之後，而爲之把持其末流之弊，則又豈徒待文王而後興也。

　　勞君謂西人亦有家，惟能推廣愛家之心以愛國，非破除愛家之心以愛國，斯言殊與破除家族之旨不相中。破除家族，本非破家。家族之制，親屬以名義相累，有材力者爲百口之所噉，其不材者耗親屬之資力，脅親屬以名分，懼親屬以連帶之恥辱。國民有材力者少而不材者較多，謂此其人真有固結不解之愛情，乃人類之真道德，雖受累而猶足償其孤行之志，吾何病焉？夫欲得此真道德，謂必在家族制度已破之後，乃始信其無所爲而爲此。今之家族，勞君試思之，縱有極不相愛之實，而猶責以不敢不居相愛之名，則以不愛而貌爲愛，推之於國，苟如是，足以亡矣。西人之有家，乃實係可愛之家，用愛止乎此，盡處家之天職，而不至廢愛國之天職。其社會如是，其法律亦如是。至有所謂家制復興論者，則私人之述作，何所不可？吾向者之政俗，發揮獨見之理，往往可以得罪於名教。西人不爾，則偶提倡一家制復興，豈遂當引爲惟一無二之知己，從此相與把臂入林乎？井田封建，設吾國今日學者偶主張之，流傳於外國，外國遂以爲中國將復三代之舊，明者或笑其未必然矣。

　　且夫"禮教"二字，最堅執者可以不問其所自生。但名之曰禮教，即桎梏人之手足，禁錮人之耳目，戕賊人之心思言論以就之。外國之於宗教，中國之於名教，挾此以行之者，其例亦至多矣。勞君獨不以禮教爲降於天，根於地，而曰生於風俗，則何嘗與世之堅執者同科，所不與立法者同意。祇此改良進步之責任，願以身任之，而爲主動，與以凡民任之，而自爲被動耳。今之中國，似未宜過自謙讓，縱不能不待文王而興，亦何必盡待凡民而後興耶？齒德學問，勞君實可以居改革風俗之地望。果如勞君所言，禮教生乎風俗，則吾望勞君於禮教之母，措意改革。若吾之所云，政體生禮教，則亦請以法律維持政體。要而言之，禮教乃後起之物，則吾與勞君所公認也。道之大原出於天，乃以後起之禮教爲梗於其間，何許子之不憚煩耶？此一禮教，彼亦一禮教，宗法之禮教，已爲家族所不容。後之視今，猶今之視昔，惟留意於進化，則自得之。以質勞君，幸垂教焉。

　　　　　　　　（第一年第三期，宣統三年四月二十五日）

法　人　論

譯日本法學士鳩山秀夫原著

　　譯者按：吾國爲法學者，先取道於外國現行之法，而知有法人之定名，已視爲平平無奇，此後起之常逸於創始也。然在外國創始之時，則學説紛歧，精而且堅，視吾國新刑律之爭爲劇。蓋上下古今縱橫世界以相駁難焉。是篇徵引極富，譯之以見久久聚訟終有定論之非偶然，且其深細之致，足啟吾人論法之意緒。有辨難而無意氣，乃論學之本旨，猶可見古人説經硜硜之致。江公狗曲之語，西河善駡之名，固不足登大雅之堂也。

第一　擬制歟實在歟

一

　　法律進化之趨勢，由擬制而進於統括。其駸駸乎發展無已之社會，所生事實之現象，以從前一成不變之法律爲容器以收存之，其鑿枘不相入也必矣。然社會與法律分離，則又爲進步之社會所不許，故爲進化計，不可不授以調和之方策焉。調和之方策，如下二端，究宜何取，請與當世審之：其一，就事實的現象，矯揉造作，削足以適履；其二，改法律的容器，審端致曲，因物以賦形。美溫氏所著《古代法》之第二章，以擬制、公平、立法三端，爲社會與法律分離之調和力，誠至言也。惟

其爲目的之現象，與爲容器之法律，止有二者。二者之中，變
其何者以克副此調和，則從調和之方策中分析之。彼美温氏之
所謂公平，實指變更其爲容器之法，或假用別種容器，以加於
法之變更，蓋不待言。

　　就擬制與立法二者而言，溯其原始，本爲擬制。蓋法律之
爲容器，不易變更，故於事實的現象，從其理想，或附加以某
事實，或爲之削除其某事實，擅爲進一步之規定，以補事實之
缺陷。是爲純然之擬制，乃調和之第一步。竊名之曰解釋的擬
制，以與後文立法的擬制相對舉。（Demelius, Rechtsfiktion
P. 8. S. 75 ff. Dernburg Pand, Bd. I. S. 84 Noto 7）此種擬制，
爲矯事實的現象以適於法律，故解之爲但變更事實的現象，以
爲調和，亦無不可。然自其調和之結果而觀，則法律亦多少必
有變更其内容者，蓋其越於當然包括之分量，而至乎不能當然
適用之現象，自不能不影響及於法律之内容也。由是而美温氏
所下此種擬制之定義，則曰法律規則之於已受變更之事實，有
合符有不合符之主張也，即於不變更其名義而已變化其作用之
事實，有合符有不合符之主張也。此可謂觀察於此種擬制之結
果者矣。益利納克論擬制之作用，則謂法規之作用，不過就越
於其本來之目的者而擴張之，調和其法律中嚴格之苛酷，令訴
訟上得易於證明之解釋之一手段也，此亦見其僅以擬制爲所謂
解釋的擬制者。（Jellinek, Das Recht des M. S. Bd. 1. 2. Au-
fl. S. 156 fg.）沃思丁亦於擬制用此意義，而又加舉二種理由，
謂此爲社會與法律分離之彌縫策，又決爲原始的社會宜多用此
焉。（Austin, Jurisprudence. Lect. 36）

　　擬制之作用，如上一層，固無疑矣。然其作用非盡於是，
更有一層，竊又名之曰立法的擬制。立法的云者，乃謂其欲以
法律之變更，調和於社會法律之分離也。然其方法尚不能脫擬

制之範圍，故尚不免於擬制。彼由甲現象抽象所得之法律觀念，解釋法律規則者，欲以之適用於乙現象，是但爲解釋的擬制。反之而立法者自覺乙之新現象，有與甲之舊現象類似之點，其中雖有差異，而輒以其同一爲前提，爲之擬制，以關於甲現象之法規，務令適用於乙現象，此則立法的擬制是已。

　　解釋的與立法的兩擬制之差異，於法理之形式，亦因以不同。在所謂立法的擬制，其方法誠爲擬制，但至少亦於其形式，有甲乙二種現象之抽象的法律觀，念而以法律規則適用於當然豫見之事實的現象。故立法之根據雖爲擬制，然對於乙現象之法律觀念，在法規之上爲實在，非以無爲有。反之而在彼解釋的擬制，則對於乙現象之法律觀念，即本無此法規，因擬制而假用爲對於甲現象之法律觀念，其擬制爲終於擬制，不能變無而爲有也。

　　試採羅馬法爲一例而論之。或曰：夫婦者，一個人格也。或曰：妻者，夫之女也。或曰：母子非親族也。（Austin, Lect. 36）其謂夫妻爲一人格者，在夫妻間，不認其有可爲一定之法律行爲之能力，直於其間不規定其特殊之法律的效果，乃借他法律制度，而通融規定之之謂也。其謂妻爲夫之女者，妻立於夫權之下，恰無異於在家長權親權之下，又其相續關係，亦可與夫之子女爲同列，以此事實而規定之之謂也。然似此之法律的效果，非本於妻之事實所特有之效果，但以妻之事實爲同於子之事實，而擬制之，遂從其子之法律的效果而沿用於妻者也。其謂母子非親族者，亦爲同理。譯者按：此三語驟視之似奇特，其實正與吾國之法同。其子爲母服三年之喪者，亦尚出於近世耳。此等規定，其所本雖出於擬制，然苟已有規定之存在，則妻立夫權之下而有相續權，乃法律上之實事，特由法律認知保護此妻之事實，而與以此法律的效果耳。故法律關係爲實在，法律的效果亦爲實在也。否則若原始之法律，尚未關於妻之規定，妻之現象之法律的效果，尚未顯於法規之上之時，因解釋而擬制其妻與子爲相同，標爲前提，欲使立於家長權或夫權之下，而與以相續權，此爲純然之擬制。即余所謂解釋的擬制，擬制不能變無爲有，故於此時對於妻之夫權，法律上非有實在，即妻所有之相續權，亦無法律上之實在矣。

　　解釋的、立法的兩擬制之差異，既如上段所論，則兩者不能不嚴爲區別。至所謂法人擬制之問題，亦可一定其擬制之意義而論之，蓋不待言。更進一步論之，有謂立法的擬制，非擬制也，其可稱爲擬制者，獨有解釋的擬制。此説亦未可盡非。蓋立法的擬制，至少亦必能於形式上，謂爲抽象的與統括的。抽象與擬制之別如何？假如謂之曰放，謂之曰流，此意中所存之觀念也。然在人以花爲放，以水爲流，若不以此花與水爲前提，則不能不失其放與流之本義。此其前者爲擬制，後者乃爲抽象。抽象云者，就認識之對象，除其無關於認識之標的者，而抽出其必要者以爲言也。西文之（Drobisch）以抽象説明之，蓋謂就比較之數種對象，排除其各個特殊之性質，悉欲作爲共通（Gattungsbegriff）之作用也。（Drobisch, Neue Darstell. d. Logik, P. 19. S. 21）是故抽象結果所得之觀念，全然不存於物界。凡所謂物，所謂物權，亦猶所謂花所謂水。其爲觀念，雖不能觸於耳而視於目，然亦固非空想假設之爲，乃確有根據之實在觀念。夫所謂觀念之實在，非謂實在於物界，蓋由外界之現象心的物究爲抽象與否而決之者也。擬制爲真實之反面，謂法律觀念之本體而亦爲擬制，是必觀念之本體先不實在，觀念已爲實在，則更不能爲之擬制矣。觀念之實在，由抽象之結果而生，故抽象與擬制，爲不能兼容之事。若其抽象之方法，自爲第二段之問題，無關於觀念本體之實在與否。例如根據於人與物之間諸種關係，由此抽象，而於法律上認爲所有權、佔有權之觀念，則其觀念固爲法律上實在之觀念，非擬制也，非虛僞也。至於所以認此占有權之故，則爲權利觀念，於實在與否，無何等之影響。此余所以以立法的擬制爲非擬制，而自謂此説爲未可非也。(Jellinek, A. A. O.) 雖然，從多數之見解，則所謂立法的擬制，仍爲擬制，亦不得强謂爲不當。蓋在所謂立法的擬制，非專就現在之事實，抽象以定法律觀念。每從其想象，而以某事實附加之或削除之，以此種已受變化之事實爲基礎，而定法律之效果，此於形式上尚得謂之抽象。故謂其觀念爲之本體爲擬制，雖爲謬見，然論其實質，尚係以擬制爲基礎而抽象者。則謂此法律觀念爲本於擬制，無不可也。(Crome, System d. D. B. R. Bd. I. S. 108. Dernburg, Pand. Bd. I. S. 1. 6. Demelius, Rechtsfiktion, A. A. O.) 惟觀念不在法律上，與在法律上而本於擬制，其間截然有別，則不可不明瞭而已。此余之所以用解釋的與立法的之名詞也。

泊乎社會之組織，愈益整備，立法機關之自覺的作用，愈益發達。就各種之現象，明其特質，以之分析綜合，而定適當之法律的效果，無庸復枉其事實，擅以他法律的效果爲沿用。惟就此而綜合之，分析之，以求法律觀念。當是時也，不但法律觀念之本體，非有擬制而已。即其以擬制爲本者，亦日益減少。故曰法律進化之趨勢，必由擬制而進於統括也。

　　譯者按：自此以上，略足明以法律求進化之理。吾國欲有國民，先求有國家主義。此主義滅没於漢以後，不能不由擬制以驟復之，此近日新刑律之爭，可以借觀者也。

二

古代或未開國時，原始的法律，姑置勿論。近世文明國之法律，則法人之觀念，至少必有若干，見於法律之上，毫不容疑。蓋以自然人以外之組織體，爲權利之主體，而爲諸種之活動，乃法律所明予認知而保護之者，並非於解釋上，擬制此等組織體爲自然人，而假用關於自然人之規定。故謂其法人之觀念，本體即出於擬制，明明大誤。法人擬制之能否成一問題，限於所謂立法的擬制之範圍耳。更詳言之。法人之爲法律上實在觀念，其爲由可爲基礎之事實的現象，綜合或抽象所得之純粹觀念乎？抑於此事實的現象，更附加以某事實，而擬制爲同於他事實的現象，以爲立法者所擅創之觀念而已乎？此即法人擬制問題，所以可有商榷者也。或曰：人格之觀念，乃法律上之觀念，故法律而以人格賦與之，則無論何團體，無論何物，皆爲法律上之有人格者。此團體此物，因法律而有實在之人格，無庸特論其人格之基礎。《民法原論》上卷之上一九四頁此即闡明余所謂非解釋的擬制之理。雖然法律上人格之觀念，爲權利主體之觀念，故其意義，可因權利之意義定之。於權利觀念之上，若不得爲主體者，而法律認爲人格，則信其不妨以擬制論。此即余所謂立法的擬制之問題。當先論人格之觀念、人格之基礎，始能解決。然則人格之觀念果如何？

一，以自然人即爲有人格者。　自然人即爲人格之觀念，既於後期注釋家發其根源，得所謂天賦人權論之援，而風靡十九世紀前半之法學界焉。柴非尼浦夫、他伐莕洛等，其錚錚者。即於今日，亦尚不乏其代表之人，如(Böhlan)即以此爲論理上之所必需，(Böhlan, Civ. 56. S. 35)其論之大要曰：法律乃自然人之所創製，雖爲自然人而存在，故人格之觀念，與自

然人之觀念，必爲一致。惟自然人爲不能不有人格，即非自然
人不能爲有人格。在古代法有奴隸之制，乃歷史上之變例。今
日文明諸國，無復認此制度。在近世法有法人之制，法律究不
過本於便宜公益，設爲此項人格焉耳。

　承認爲此論者之前提，則其認自然人以外之人格，乃於自
然人以外之組織體，據想像而附加以某性質，擬制之爲自然人
耳。其所以爲人格者，不能不加以說明，是爲自然人擬制說。
否則止可如蒲凌之、勃卡等之認爲無主體權利，而但爲目的財
産說矣。

　或者痛擊擬制說，謂法律不能以人格與彼虛無。此雖似一
擊而中要害，然未可謂能推翻擬制說之根據。蓋以市町村爲法
人，其本於擬制與否，不可因土地人民存在於物界，而謂之非
等虛無，至爲明瞭。或又攻擊擬制之說，曰既謂因擬制而有人
格，是即謂事實上本無人格。擬制說縱排斥無主體權利說，謂
因擬制而創制人格，然擬制已終於擬制，法律不能變無而爲
有，是不能不謂其所承認者，竟爲無主體之權利矣。此爲攻擊
擬制說者通行之說。(Brinz, Pand. 2 Aufl. S. 194 ff. Dernburg,
Pand. Bd. 1. S. 59. Bekker, Pand. Bd. 2. S. 196. Demelius, Jahrb.
F. Dogm, IV 112 ff)然此種攻擊，亦不足搖擬制說之根柢。蓋
擬制之爲擬制，可就組織體而表白其本非自然人，因而可表白
其非本來有人格者，然未能謂爲決定人格之不存，而循環以復
於消滅。蓋權利主體之觀念，乃純然法律上之觀念，其存否亦
法律上之問題。故如爲擬制說者，縱認其於事實上不可爲權利
之主體，然法律業已認之其爲權利之主體，乃存在於法律之
上，固無何等妨礙也。余之所以不能左袒自然人擬制說者，在
其前提。夫其自然人即爲有人格者之前提，法理上果爲正當
否乎？

社會爲自然人之創製物，社會中之法，爲自然人而設，故於法之上，可認爲目的之主體者，止有自然人。此即論者之所據也。然人之有類，已萌於原始時代，而亘古存在。此爲近世社會學之所證明。美温謂(Ancient Law knows next to nothing of Individuals)，亦與近世學者之所研究無異。惟人類既萌，乃始得以生存，得以繼續，得以發達，是爲社會學上一定不移之事實。穗積博士《法理學講義》即不能不視個人與團體，均爲目的之主體。今暫不論他團體，試以國家爲例而觀之。古往今來，從無不以爲獨立之目的之主體者，法制亦均認之而爲目的之主體，則法豈專爲個人而設，不爲國家而設者耶？

更由他方面論之。法律觀念，乃由法律現象而抽象出之，則以自然人爲有人格，斷非僅以其具備手足鼻口，爲生理上之人，乃由關於自然人之諸種法律現象，抽象而說明其爲法律關係之主體。彼謂生理上之人，縱無法律上可認之事，亦當然爲有人格，殆忘其人格之觀念，爲法律上之觀念矣。《民法原論》一九一頁以下以此之故，以自然人即人格爲前提者之學說，皆爲謬誤。自然人擬制說爲然，目的財產說亦然，無主體之權利說亦無不然。

二，以意思之主體爲人格者。　人格即權利主體之觀念，與一切權利能力之觀念，同其意義因權利觀念之如何而定之。其關於權利而採意思說者，不問其歧爲意思支配說(Willensherrschaft)、意思内容說(Willensinhalt)、意思力說(Willensmacht)，又就意思力說之中，亦不論其分爲欲得力與欲能力。要之非意思之主體，即不能爲權利之主體，立說者比比皆是矣。承認此前提之結果，而以法人爲苟爲意思之主體，則其人格爲實在，苟非意思之主體，則爲立法的擬制。而權利意思說，在權利說中，今日尚最爲有力，故法人論亦於此點最爲激烈。其説有二：一曰權利意思説果正當乎？一曰法人果有意思乎？今將詳論權利意思説之當否，殊非本論之範圍，則惟略述其要領焉。按法者，規定人格者間意思交錯之關係者也。定意思所可相及之範圍，其人格者間所生權利之內容，則不問其爲公權，爲私權，爲債權，爲物權，皆爲人格者之行爲。然則權利之爲權利，不能不謂爲即法律所認知保護之意思。其發動之能力也，全然離於意思，固不能保權利之存在。然權利與意思斷非一物，可以許其以意思爲主張，或使之主張，與意思之本物，其間固有大別。設謂甲爲有所有權，非謂其當有使用、收益、處分之意思，亦非於其有意思之時，始爲有所有權，實謂有此種內容之意思之發動，由法律認知保護之。故即借益利納克之語明之，所謂因爲法律所認（Wollen dürfen）故有權利是已。權利也者，其動狀始採（Wollen）之形，其靜狀則爲能惹起此動狀之可能性，即爲（Dürfen）。蓋權利之本體，乃法律上所許其欲爲之事。換言之，即爲求即得之之法律上能力。權利主體之觀念，亦因此定之。

雖然，在法律上可許其欲爲者，又不必常具意思之能力。夫以意思之主體爲權利主體，其結果原爲不誤。但法律所可許其欲爲者，果限於自欲爲此否耶？此實至難之問題。此問題就嬰兒或狂者等無能力者，乃純取其形體焉。若權利之主體，果必爲意思之主體，則可不必有後文第三段之解決無能力者矣。

甲　權利之主體，事實上必爲意思之主體。嬰兒、狂者事實上非意思之主體，故嬰兒、狂者非權利之主體。如（Hölder）實承認此理論上之結果，謂所謂無能力者之權利，其實爲法定代理人之職務的權利。凡權利有獨立的權利與職務的權利二種，後一種有公權利的性質，而與公義務相並，法律以公法的權利，與所謂法定代理，並認之爲公法的義務，所以保護無能力者之利益。無能力者特爲受保護者，而其權利主體，則爲法定代理。（Hölder，Das Wesen der jurist. Person；－ Naturliche u. juristische Person；－in Jhering J. Bd. 53，S. 40. ff. 1908）此亦不認無能力者之權利者。然無能力者之非權利主體，終非今日法律上之所可許。許之，則如無能力者之子之相續，將有無從索解者。

乙　或曰：權利主體，事實上要爲意思主體。然嬰兒、狂者事實上亦有意思，故不礙其爲權利主體。此說之不當，無待煩言。

丙　或又曰：權利主體要爲意思之主體。然意思有自然意思與法律意思之別，嬰兒、狂者雖不具自然意思，然爲法律意思之主體，故得爲權利主體。由法定代理之表示意思，無能力者遂取得權利或負擔義務。蓋以法定代理之自然意思，爲無能力者之法律意思故也。雖然認此法律意思與自然意思之區別，無論如何，必略認此爲事實上無意思，法律上特擬制其意思，此即所謂立法的擬制矣。夫無能力者之權利，果以爲本於法律之擬制，其說乃最當乎？抑無能力者，竟不可以權利主體之觀念定之乎？

余則謂不當言意思之主體，但當言可許其欲爲此事者，即爲權利之主體。按己所不欲而許其欲之，則猶向盲者許觀其所繪之畫，向聾者許聽其所作之樂，然盲者亦可以獲觀畫爲利，聾者亦可以被許聽樂爲益。如觀者雖非即此盲，而利可歸之盲者，蓋不盲者之獲觀，乃由盲者之獲許，惟需他人代觀之而已。無能力者之許其欲之，亦不外乎此理。欲者與許者，異其主體，而許者特許其欲之者也。如法定代理某乙之行爲，以法律上效果，與無能力者之某甲，乙非自爲權利主體，亦非以乙之行爲，擬制爲甲之行爲，且亦非以甲之意思爲前提，而使乙爲之代理，乃甲自爲甲而許乙欲之自爲法律上直接之效果也。特以特別之制度而謂之代理，與普通之代理等視，則不免法理之錯綜。不具意思能力而爲有人格者，亦如此。以權利主體之觀念，而由意思之有無定之，其結果尚有謬誤矣。

　　法人之有無意思，乃意思主體之事，非權利主體之要件。則法人意思之有無，理論上與人格之存否無涉，既免糾纏於意思存否問題之中，更可論證法人人格之實在矣。惟以法人爲法律與事實之統一體，而爲目的之主體，則有不能離於意思存否之問題者。故於後段專論此範圍焉。

　　三，以法律所保護其利益之主體，爲權利之主體者。　以權利之本體爲利益，挾此觀念以立論者，謂此僅爲法律上所保護之利益(Jhering)，即訴權所保護之利益。又謂爲因意思之保護，所享有之利益(Jellinek Bernntzik)，或又謂爲人世社會中屬於人之生活資料之持分。譯者按：持分者，物之全數中己所應承受之一分也。凡此各說，僅由吾人之法律常識而觀之，亦可謂爲未能盡當。是始爲利益說所必有之結果乎？

　　按益林羿之利益說，有偏於個人主義之弊（Gierka, Deut. Pr. R. S. 465）。擺脫天賦人權論個人主義之羈絆，而以社會現象，公平觀察之，則有形、無形之利益主體，不僅以個人爲限。試以國家爲一例，國家實有離其所搆成之個人而獨立之目的，因有獨立之目的，遂有獨立之利益，而國家即有主權、舉其一種作用，例如有租稅徵收權時，其權利非即因國家而存在者乎？謂此爲因個人孤獨之利益而存在者誤也。然則國家以外之組織體，其組織果爲鞏固，亦必有統一的意思，以統一體而爲活動，於事實上爲有離其所搆成之分子而獨立之目的，乃成獨立之利益之主體矣。（Regelsberger, Pand. I. S. 238，290. fg.）似此之組織體，由社會以至於法律之上，其有獨立之目的，而爲獨立之利益之主體，乃進化之法則上，必有要求者也。蓋各自存在之人類，因其個人之力之微弱，及其個人之意思之不能全然同一，是以必合之爲一體，乃自然之理。人類亦承認之而連合爲統一體，以各個之人格，沒入於其一體之中，以其統一體爲目的之主體，即爲利益之主體。是爲人類生活之公例，非此不得望人類之維持發達焉。個人孤獨之目的以外，別有公共之目的，別有個人以外目的之主體，乃自然之需要，實在之事理。法律認此爲獨立之利益之主體，爲法律上之有人格者，此不當僅謂爲認定其人格，亦非背於事實，本於擬制而以人格賦與之。不過就事實上當以爲人格之現象，賦與以法律的性質，而以爲人格者而已。

雖人類乃自然爲統一體，更無庸分析而研究之。人類以外組織體之統一體，則雖非反於事實，亦非自然爲統一體，有必需更分析之而研究其統一之所由者。所謂統一的存在，以統一的活動爲前提，統一的活動，以統一的意思爲前提。故人類以外之組織體，終必略就第二段問題，所謂意思之存在者，論證其統一的意思之存在焉。關於此點，則區別社團、財團而論之爲便。故欲改爲第二項，然後論之。

　　譯者按：個人之知覺官骸，乃最適於生存發達之用。以故人類能自爲生存發達，以迄於今。自人有優秀於萬物之上之意，乃結合人之同類，以爲個人所重莫能勝遠莫能致之事業，此亦有人類以來早有之。而組織不備，猶之個人知覺官骸之不備，遂無永永生存發達之能力，是個人以人格自居，而不以人格望其所組織之結合體也。既欲以結合體優秀於萬物，又惡結合體組織之太完，是猶惡溼而居下矣。使結合體能自孳孳於生存發達，以能具個人之知覺官骸爲第一義。由法律認爲人格，結合體乃無異於個人，此本爲人類之自謀，故即以預謀者之能力與之，無更貼切於此者矣。國家之中多法人，即其國多勝重致遠之人，故法人之規定於民法爲不可緩。若專制之國，以君主爲國家，則國家且不自爲結合體而別成一公法人，是無人格之國家也。是奈何與優秀而有人格者遇耶？

（第一年第四期，宣統三年五月二十五日）

法　人　論

第二　社團法人財團法人

一

　　私法人分爲財團法人與社團法人，在一八一六年（Heise）始認此區別，爲學說及立法例所公認。日本《民法》亦仿之。雖然區別與統一，必爲相待。分法人爲公法人、私法人，或又分私法人爲公益法人、私益法人，而謂之財團、社團固無不可。然當其定此法人之觀念，固非根據其一部而論其全部。學者之論法人，則往往不無此弊。培在而、其而克一派之以團體人格說，說明財團法人，論旨終欠精銳，此亦其一因也。反之而爲蒲凌之、勃卡、溜美林一派之目的財產說，乃專以法人之觀念，謂當根據於財團而定之。（Vgl. Hölder, Natürliche u. Juristische Personen, Vorwort VI. ）

　　社團法人，以共同目的爲中心，由其所結合之人之集合體，成立法人。可以離其搆成之個人，而有獨立財產，有獨立之權利義務，有獨立之意思機關，以實行其權利義務焉。其有獨立之人格，而爲獨立之權利義務之主體者，何也？若但以法律賦與人格之說爲答，不過第一段之解決，更有一問題焉。當曰此受賦有人格之團體，果可爲應受人格之賦與之實體否？若其否也，則爲擬制說；若其可也，則必更以團體之特徵，與人

格之要素，比較而攻究之。凡團體，有意思組織，有目的，又
有目的與意思組織之結合，以何者爲特徵，此則有甚歧之學
說矣。

（一）擬制說　先概論人格之觀念而分之爲三種。其以自然
人爲即人格者，必亦以社團法人爲不於擬制，此不待言。以意
思之主體爲人格者之多數學說，有以團體意思而認此社團，亦
有不然者。持積極論者，即爲後所揭之團體人格論者，不如持
消極論者之多。其言曰：多數之意思，縱以同一之目的爲結
合，然非即爲異於個人意思之別一意思。所謂法定代理之意
思，事實上並非法人之意思。惟其表示，在法律上爲與法人之
表示意思者相同，恰如後見人之表示意思，與被後見人之表示
意思相同，其效果止此。後見人之意思，非被後見人之意思，
即法定代理之意思，亦非法人之意思，若然則法人無意思能
力，因而無行爲能力，其有權利能力者，一本於擬制而已。其
以權利人格之觀念，從利益求之者，既以此解爲個人之利益，
則不得不謂法人之人格爲本於擬制矣。

（二）團體人格說　培在而、其而克一派之團體人格說，因
深遠而晦澀，今不暇詳說之，僅摘其大要於此。其言曰：各個
人類之結合，乃離其個人而搆成特別之全部，爲特別之統一
體。此統一體，因其機關而自有意思，因其機關而自爲活動，
乃自有獨立生命之社會的有機體也。社會的有機體，與自然的
有機體，固非同一，即非純然之自然產出物。然由各種部分而
成立，在統一的全部之生活主體，則有共同之之性質。此其一
部與全部，兩俱可謂爲有機體。凡社會的有機體，乃有特別之
意思與特別之體軀，而爲獨立之生命焉。其特別之體軀，雖其
全部不可得見，然其搆成之部分，則明明可見之，即如軍隊之
活動、巡查，或審判官之活動，皆爲國家之所以爲社會有機體

者，示其體軀之一部者也。吾人於地球，不過見杪小之一部，而尚能知其球體，則雖僅見國家體軀之一部，固亦能認爲有全部之體軀者。夫吾人之官能，僅以個人之存在爲識認，乃極淺薄之思想。以社會有機體，又有特殊之意思，此其所以爲法律人格者也。蓋多數意思之結合，恰如谿流相合而爲河川，組成別種統一意思。此統一的意思，即爲共同者全部之意思，而非個人孤獨之意思。爲其全部爲活動之個人，自爲全部，非別爲代理其全部者。恰如自然人之一耳一目等活動，即爲自然人之活動，而爲搆成全部之機關，法定代理與機關活動，其間截然不同。此則社會有機體之存在，無論主觀、客觀，皆可以證明之矣。徵之人類發達之歷史，由國家以至市町村，並及公益、私益之私法人，種種團體，皆離其搆成之之個人而爲獨立之活動，其與個人之活動不但有分量之異，即性質亦有不同，乃歷史上無庸疑問之事實。凡權力組織也，法律也，道德也，國民經濟也，一切名詞，皆爲表示其社會有機體之活動之名詞，皆被此種現象之社會之所認耳。更由主觀論之，凡人皆不僅有一獨立之我，以自己擴張團體全部，可自爲團體之一員，認其爲全部中之一部，此爲吾人內部之經驗，斷無疑義。若吾人以自己離於各種之團體，爲單純之個體而觀察之，將不得復自認爲今日之我矣。

　　（三）法律關係說　　統治其國家之關係之說，以英國之 Blackstone（Comm. I. P. 146），德國之 Kant（Methaphysioche Anfangsgründe der Relehre § 43）爲始。在國法學者中，亦不少其數，（Zöpfl, Lingg, Zacharia, Ed. Loening）據民法上以組合爲契約關係、法律關係之理言之，實爲學者之通說。海而特而於所謂法人人格之問題，一以法律關係之理說明之。法國之 Van den Heuvel, Vareilles Sommières 所說，固與海氏不同，然亦近似此法律關係説焉。海氏之攻擊團體人格論也，則曰多數個人之共同，非有統一的意思，與統一的體軀，及統一的生命。所謂團體意思，非意思之本物爲結合，乃意思表示之結合。以我思維之作用，爲我精神内部之事實，非他人所能識認，表於外部而爲他人所能識認者，乃意思發表之結果，而非即其意思。多數意思表示之結果，可結合以爲一致，故可有共同之意思一個意識作用，不能徑成立爲一人格者所出之意思。更由他方面觀察之，則意思不能離於識認。在數人之識認爲思想一致之時，非得指此識認爲此等數人之識認，直可謂爲數人以外，更有一獨立之識認焉。其謂團體有獨立之體軀者皆誤也。吾人觀察地球之一部，尚知地球之統一與其球形，是爲吾人由所識認之現象，於學理上，當然生此結果。彼軍隊之進行、巡查，及審判官之活動，非以其當然之結果，示國家體軀之獨立。明爲法律、道德、美術等個人所搆成之社會，其活動之結果所發生，然則其社會所成立之事實，可以多數個人之道德、美術説明之，尚未能以此等主體，示其能有獨立人格之理。海氏此説之基礎觀念，蓋以爲精神與肉體不可分離，意思與權利，權利之享有，與權利之行使，亦不可分離，自然人則當然有人格之價値也。

彼等於團體、法人所説，大概如下。多數個人，固將共營共同之事業，有共同之財産，發共同之意思，然體軀則不能合一，故不能有獨一意思，不能成獨一人格。惟因共同之目的，由多數個人相互而造法律關係，立契約關係而已。法律上之組織體，悉因自然人之意思而成立，因自然人之意思而存續，而又得本於自然人之意思，變更或消滅之者也。自然人從其需要而編成組織體，因其需要消滅而消滅之。組織體非於自己身中，有其存在之價値與基礎，惟因法律關係而相連結。逮其連

結既爲鞏固，則得視之爲統一體。統一之名稱，或指其關係而
用之，或指其造此關係之主體而用之。以多數人共同目的而結
合，離其個人固有之財產，而編成共同之財產，不問其共同事
業之成績如何，皆得以當第三者權利之目的，又得使代理人代
表其共同之意思。緣此而爲統一體，固得概括於統一的名稱之
下。然其本體，固非一個人格，而爲多數人格之關係。若謂此
爲法人，是亦僅爲概括其相連結而存在之自然人耳。

　　Binder 所近著之（Das Problem der juristischen Person
1907）亦以爲法人之觀念，不過法律關係，與海而特而之説同。
其所異者，乃悉以權利主體之觀念，爲法律關係耳。其言曰：
有法律關係之觀念，必常存一權利主體之觀念，故權利主體之
本身，亦爲一種關係。又曰：近代之哲學，當以關係之觀念
（Dingbegriff），代物之觀念（Relationsbegriff）焉。此其説，海
氏則駁之曰：造此關係之主體，與關係之本身並非同物，且即
未造此關係時，主體仍爲主體。人之所以爲人格，非從有權利
以後始，從其得享有權利時，已爲有人格者矣。

　　按團體人格説之所長，蓋在凡以多數所組織之統一體，明
認爲與自然人並存，均爲搆成社會之單位。然以之連結於社會
的有機體説，則不免實驗學派之批難。蓋謂社會的組織體爲有
機體，其間略有相類之處。有如其爲由多數所成立之統一體，
其爲全部與部之一分造交互之關係而爲交互作用，即全部爲其
一部一部爲其全部互相存在而爲活動之事，其爲歷史的發達，
即所謂自然的發達，皆是也。然團體之成立發達，不盡爲自然
的。如有本於個人之意識，而成立之發達之消滅之之事實，亦
屬國家所不能不認。然則有機體之特色，認生命爲中心之繁殖
作用，即消滅一種生物而發生他種生物，以爲其存在之結果。
此等現象，不能於團體見之，此其所以與一切有機體爲有大異

也。更進一步論之。有機體、無機體之區別，在自然科學之上，尚爲未解決之問題。Wundt 所著之(System d. Philosophie, 2 Aufl. S. 616)嘗爲合同有機體之定義，則謂：一切結合的統一體，其搆成之各部分，皆自有一與全體爲同種而較簡單之統一體，併全部之各部分以爲機關者也。然此定義，如彼所自認，即謂不但有機體，於機械美術品之學術上製作物，亦可適用。Brücke(Vorlesungen ü Physiologie，I. S. 1 f.)則以於他物質有倣效之能力與否，爲有機與無機之區別。Kant (Kritik d. Urteilskraft § 75)則曰：自然之有機的産出物，其中皆以交互爲目的，而同時用其手段者也。由此各説，故余不以有機體之説，説明團體之本質，以爲純然之學問的研究法。彼謂有機體爲生活之主體，故法律須認之爲人格，此非余之所取也。(Vgl. Jellinck, Das Recht d. m. Staates I. S. 142. fg., Bernatzik kritische Studien ü. den Begriff ber J. P. im Archiv f. öff. R., V. S, 242 ff. Sonderabruck. S. 74. ff., Haenel, Deutsches Staatsrecht，S. 101，102；Michoud op. cit. P. 73, 4)

海而特而之法律關係説，可視爲其而克一派之反動，蓋以個人主義，對於社會的團體主義之反動也。其反駁團體人格説，固爲特長。然余既不能承服其前提，即亦不須論其結果矣。

余則謂社團法人之特質，乃爲其社會的利益之中心。因主張此利益，而有意思之組織，是其特質之所在也。此其特徵：第一，在具有意思組織而爲統一體；第二，在爲社會的利益之中心，即在爲利益之主體而其別於財團也。則以其意思組織，根據於搆成團體之多數自然人之全部意思之結合，即合同其所謂社員者之意思，而爲意思組織，此尤不能不謂爲第三特徵矣。法人之所以爲統一體，在有意思之組織，以此泛論公私之法人，則謂無目的之感覺者亦無團體之成立，其義固失之狹。然苟說明民法之社團法人，爲於多數自然人之間，共同成立密接之關係，固可謂組成其意思組織而爲統一體，即本於目的之感覺。然以共同之目的爲中心，所結合之多數自然人，其共同之目的，其共同之財産，其共同意思之代表等，各有同一之意思。其意思之合致，所連結之自然人，不可與分立之各個自然人等視。蓋本其相互間之關係，而成統一體也。多數合一而得成統一體，既爲學者所共認，並不容有何等之疑。房屋爲多數木石所成，而房屋則自爲統一體。國家爲多數人民所成，而國家亦自爲統一體。此二者，一爲有形之統一體，一爲無形之統一體。其有形與無形，在統一體爲無涉。惟木石不因膠砌而連結，則不爲房屋；人民不因成文、不成文之憲法而連合，則不爲國家。人之所以得認爲多數之統一，必於其多數之間，有密接之關係。蓋多數之自然人，其間有共同之目的，因此目的，而組成共同之財産，成立共同之意思時，可以包括多數之人而認爲統一體，可無疑也。其有共同之意思而得以全部對於外部以爲代表，此不但爲對內關係鞏固其統一，且得此而始可對於第三者發表其爲統一體之故。蓋合多數人而得認爲一體，非以其有形的統一，實因無形之統一，故以意思之結合，及其以意思結合發表於外部之組織，爲統一之中心，無可疑者。余故以意思組織之成立，爲統一的組織體所由成立之要素也。似此則社團既有意思組織，即得爲統一體，而此統一體得爲社會的利益之中心，既爲吾前段之所説矣。惟有意思組織者，不皆有爲社會利益之中心之資格，故如 Bernatzik 之言，謂有意思組織者即有人格，誤也。例如共有組合船舶共有、合有（Gemein-schaft Zur Gesamten Hand）等，雖亦有以過半數之決議，爲全部之意思之組織，然遽以此種關係爲法人之觀念，固非學者之所承認。因其目的之結合而有統一的目的，得認爲離其各個目.
的而爲獨一之目的，若此則可爲社會的利益之中心焉。

然則社會的統一體，乃成立國家社會之單位，認此爲法律
上利益之歸屬者，不但非憑空以人格賦與之，並非枉事實而定
其法律的性質者也。

二

以社團法人爲 universitas personrum，以財團法人爲 uni-
versitas bonorum，求其二者之差異，一爲以人之集合爲基礎，
一爲以財産之一團爲基礎，此學者之所常言也。然國家以至市
町村，不能離於領土而保其存在，所不待言。即民法中公益、
私益之法人，亦必常有供其一定目的之財産，非是則社團已失
其存在之基礎。更就所謂財團者觀之，其以財産之一團，供一
定之目的，固與社團無異。財産之本物，非其目的，而以使用
於一定之目的，爲其存在之理由，亦與社團無異。其有可以主
張利益之意思組織，又與社團無異。則其差異不在其目的財産
之價值，與其法律上之性質，實在其組織意思機關之方法。蓋
止異於余之所謂第二段問題而已。是故所設立者同爲獎學之法
人，然因其意思機關之組織如何，而可有或爲社團或爲財團之
別，非因其所採形式，於獎學或教育，有目的之輕重也，亦非
以所使用之財産能變更其法律上之地位也。所差異者僅此。而
法律所以合財團、社團二者並行者，乃在各有特殊之便益。設
立者之意思，若以不動爲標準，而預防後此之紛更，或可爲社
員者非常之多，實際難於得有總會，如是則以用財團之形式爲
有利。差異既止在此，則其可就財團之本質而論之者，惟其意
思組織之所以爲統一體耳。然欲論其所以爲統一體，自不能不
先論財團成立之要素。夫財團成立之要素果如何？

　　一　因財團之存在而能受利益者（Destinataire），爲財團人格成立之要素乎？兹所謂以財團存在之結果而受利益者，即指救貧院中之貧者、病院中之病者等是也。在德國之中世，學者中頗多以此等所謂經濟的利益者，爲搆成法人之人，即爲法人財産之主體，如（Schreiber, Thomasius）皆然。（Gierke, Genossenschafts V. I. S. 964）然此在德國已成舊說，惟就家屬財團，尚往往有用此解說者耳。（Walter D. P. R. § 89. Bluntschli § 68）又有別持一義而亦以此等經濟的利益者，爲搆成財團之人者，如法國之米修氏是已。氏非以此等人爲法人財産之所有者，又非以爲與社團法人之社員有同一之地位者，特爲解其財團爲自然人之集合（Groupement humain），並所謂經濟的利益者，與法人意思組織之搆成者，而共爲其搆成者焉。惟同是自然人之集合，而社團、財團之間，所有差異，一則以其爲權利要素之意思，與其利益屬於同一之人；一則反乎是而分離之，以爲存在也。（Michoud, La Theorie de lapersonalité morale p. 185－191）關於權利人格，而採利益說或折衷說者，多以經濟的利益之歸屬者爲權利之主體。如採米修氏折衷說之結果，即以此爲財團法人之搆成者。余固與米修氏同認此折衷說，然於財團法人要素之問題，未能心服米修。略述其理由如下：

　　（甲）經濟的利益之歸屬者，雖因財團法人之存在而受其利益，然其關係，非直接而係間接。設以鄰地有一高樓，其結果可使我之住宅得不受北風之利益。然我對此高樓，非造成何等直接之法律關係。是故貧者、病者對於法人之代表者，亦未造成何等之權利關係。法人之代表者，對於此等，初不負何等法律上之義務，不過代表者執行其業務，而受國家之監督焉耳。

　　（乙）救貧等之目的，即以社團之形式，亦得行之，不必定需財團。然在社團，則止有利益歸屬者，而無所謂經濟的利益之歸屬者，此無可辨也。乃自貧者、病者觀之，其對於財團與對於社團，初不因此而異其利益歸屬之關係。（丙）其利益之觀念，不止個人的，同時又爲社會的，離於個人的利益而有社會的利益，故能於個人以外，更有利益之歸屬者。岡野博士論文，其題爲《營利社團與商事會社》，見《法學新報》四十一年十一月（丁）所謂經濟的利益之歸屬者，其範圍爲不定。即如因有博物館與病院而受利益者，不止限於現實觀覽或入院之人，當其能與人觀覽，已有利益。（Stobbe, Hb. d. D. P. Rs. Bd. I. P. 62）米氏對此批難雖有限於有參加於財團之希望與機會者之說，亦多不足言也。

　　二　財産之存在，爲人格存在之要素乎？若其而克則反對之，謂財産對於人格之關係，惟其權利之目的而已，不得爲權利主體成立之要素。其增減無關於財團之人格，且一時即欠缺財産，其結果亦尚無消滅人格之事。（D. P. R. I. S. 648）海而特而之見解亦然。（N. u J. P. S. 242 ff）雖然，謂財産之增減，無關於人格，與自然人肉體之增減變更，無關於人格者無異，此止可證一定之財産，不若肉體之爲必要耳。若財産全然消滅，則余以爲當爲解散之理由。惟以財産之存在，爲財團人格成立之惟一要素，則目的財産說等自不確矣。

　　三　以人格之要素。爲在設立者之意思及意思組織，則如何？夫以設立者之本人，爲財團之人格，其爲謬誤所不待言。即持設立者之意思，即爲人格之說，（Stobbe, a. a. O. § 62. Zitelmann, Begriff u. Wesen d. J. P. S. 72 ff）亦非但無以解於設立者雖死而法人仍得存續之故，且竟以意思爲權利人格，亦屬謬誤。又有以設立者之意思，與其意思組織，併爲財團惟一之成立要素者。例如其而克說明財團之本質，爲獨立之社會有機體，以設立者之意思，爲其精神；以欲實行其意思所設之

人之集合體，爲其形體。（G. ，D. P. R. J. S. 647. Genossense-
haftstheorie S. 12. Regelsberger P. I. 293）此説可以證明財團人
格之永續，自較勝於前説。然此不但以意思組織之存在爲要
素，並即以其搆成者爲搆成人格之要素，有時偶缺理事，則財
團法人將至喪失其人格，且謂有意思即爲有人格，乃以管理者
爲權利主體者矣，（Behrend）則不以此説爲然。謂無論從世俗
普通之見解，從法律的觀察，權利與其主體之間，皆必有利益
相連之關係。（Behrend Die Stiftungen nach dem B. G. B.
I. 1904. S. 248）然不提意思組織之存在，專爲普通之擬制説與
目的財産説，又非得當，蓋財團固非僅指塊然之財産也。
（Michoud P. 185. et Suiv. ）

余謂財團設立之目的，與可以供之之財産，與支配之之意
思組織，皆爲財團成立之要素。此種要素不但爲雜然混合之
物，且其所以爲統一體，即由設立者之意思，先存此統括之之
點，有此意思而目的與財産，乃有不可離之關係，意思組織亦
與之合體而爲統一之一體。在設立之當時，所由成此統一者，
爲設立者之意思，即爲寄附行爲。及設立以後，所以繼續發揮
其統一者，則爲欲本於寄附行爲，以實行其目的，所設定之意
思組織，兩者相待而完成其統一。其爲統一體之財團，乃社會
的利益之主體，而爲社會搆成之單位。法律以人格賦與之，正
以其爲社會的利益之主體也，而又何擬制之可言耶？

三

財團法人與社團法人之差異，乃其意思組織之差異。在財
團法人，則由設立者之意思，定其法人之目的，與其管理之方
法，嗣後不許紛更。在社團法人，則社員之總會，爲會社之最
高機關。雖其活動要遵定款而行，而定款本據社員之意思，並

又因其決議而得變更之焉。是以此爲設立者意思之專制，彼爲社員共同之自治，此爲以現在社會一般之需要狀態爲基礎，而將來率由之。彼爲與時變遷，對社會之狀態有反撥性，因此之故，國家之監督財團與社團，自不能不大相徑庭。此在本節，所極欲簡單論之者也。就從前學說而觀，多以爲關於組合社團之設立，當採自由主義；關於財團之成立，當據免許主義。若其而克之於德國《民法》第一草案之批評，即攻擊財團自由之主義（Jb. v. Schmoler. 1888. S. 171）。又其（Genossenschaftsrecht）中之立論，則曰：財團之組織，乃以永久的價值，賦與於個人孤獨之意思。若以人爲擴張此個人意思，即爲超越其自然的範圍。又若法國之 Michoud（a. a. O. 189，194，）、Lapradelle（Théorie et practique des foundations p. 367）亦論財團當制限其設立。而 Turgot 之反對財團，又爲人所共知。德國之 Kohler 亦論國家當留保其財團支配之權，（Recht der Stiftungen in Arch. f. B. R. 1889. Bd. III. S. 228 ff.）其理由皆相似也。

　　更徵之立法例，財團自由之原則，當知其非歐洲諸國現時之趨勢。在英國雖有（Corporation sole）之觀念，然其適用頗狹，無當於所謂財團法人者。在法國則往時屬於財團之權利之主體，不出於國家及自治團體之外。革命時代，嘗沒收古代以來之法人財產，歷史甚明。即在爾後，其國家亦採制限法人之方針。據法國《民法》在一九零一年之法律以前，其國家之監督方法，未嘗於社團、財團之間設顯著之區別。其設立均必爲公益之認定，即其勢力，亦從同一之規定，九一〇條、九三七條以下其解散亦均因認可之取消。然學者則已認餘賸財產之歸屬，其在國家監督，爲有差異。至一九零一年之法律，乃於此點大加更變，於兩者之間，認其大有不同，以社團立於準則主義之下，但從法律所規定之一定要件，即爲法規範圍以内之權利主體，其取得人格，不必定經免許。財團則反之，仍從免許主義，有免許者，始取得人格，其管理亦立於國家之下焉。

當德國制定現行民法之時，爲免許主義論者，與準則主義論者之間，見有極烈之爭論。（Meurer, Die J. P. nach Deutschem Rechsrecht S. 256 ff.）而現行法卒對於社團取準則主義，對於財團取免許主義，徵之於其第二十一條、第八十條自明。即所謂不以經濟的營業爲目的之社團，但登記於管轄區裁判所之社團簿，即取得權利能力。而在財團，則寄附行爲之外，又必需各邦或聯邦參事院之許可矣。

瑞士新民法之於此點，亦頗可注目之立法例也。其主義，從現時之趨勢，大偏重於自由，蓋採準則主義爲原則焉。即如社團、財團均不必免許而後成立，其原則因登記於商業登記簿，即爲取得人格。而其例外，則公法人及不以經濟爲目的之社團，教會或家屬之財團，皆爲不必登記者。五二條、六〇條似此則社團、財團，固皆以登記爲條件而取得人格。惟在財團，遇緊要之時，必需有監督官廳之命令，其間爲有差異。八　條而其設立以後之監督，則於社團、財團之間殊有大異者在。蓋社團則並無特別規定，而財團乃特設詳細之規定，從其目的，使立於共和國或各州或市町村等自治團體之監督之下。此等官廳，不徒必注意其財產，是否從其目的而使用之，八四條且得由是等官廳之申請，徵財團最高機關之意見，而由聯邦議會或各邦議會，變更管理財團之方法，並變更財團之目的。八五條、八六條惟前所謂家屬及教會之財團，不立此監督之下而已。財團之消滅，得以法律命之。財團之目的，若反於法律或良俗之時，則裁判官亦得命之焉。八八條

雖然，亦非無遲於得此潮流之立法者，如荷蘭，其社團之人格，本於免許，而財團乃轉不必免許也。

轉而視日本民法，其監督法人之方法，止有營利法人與公
益法人之別。就公益法人，並不因社團與財團，異其監督之主
義。其設立均由免許，三四條其事業均屬主務官廳之監督。六七
條其設立許可之取消，亦不設區別於兩者之間。七一條夫其設
立，及取消其設立之許可，固可暫置不言，而其事業之監督，
在財團非更必需有效之規定者耶？法律乃於設立財團爲不完全
之寄附行爲，設補充之方法，四〇條即於其設立以後，或就事
務所之遷移，或就任免理事之方法，及其餘一切管理之方法，
有必變更寄附行爲者，必比於社團之變更定款，三八條蓋亦無
疑。此而一聽理事爲之，恐啟專橫之弊，令必從設立者之意
思，實際亦所不能，苟非據國家之監督，以處其間，則財團法
人之制度，直可信其無益矣。

　　譯者按：吾國之善堂等，皆爲董事之弊藪。讀此當知
法律不完備之害。

結　　論

實在論擬制論之第一問題，爲法律觀念存否之問題。其第
二問題，爲苟其存在，與事實現象、社會現象是否一致之問
題。使限於第一問題，則就法人而研究意思之存在，利益之存
在，抑爲無用，與其本質論不復相關。然廣其擬制論之範圍而
解之，即研究其所謂第二問題，亦不可謂超出於法律論之適當
範圍。不但一切法律現象，爲法律所認知保護之社會現象，法
律觀念乃由法律現象之所抽象者而已。且其有相互關係之法律
觀念，研究其與事實上之現象相對應否，一面又相互研究兩法
律之關係，不能不謂攻究之能得其平。例如權利與人格之關係

是也。以"擬制"字樣，解此意義，而攷究法人人格之觀念，果本於擬制與否。則一面研究權利、人格之意義，他一面不可不研究法人之社會現象之性質。就權利觀念而是認所謂折衷派之理論，併利益與意思而爲權利之要素時，則法人之社會現象，乃爲利益主體之組織體，得與自然人均統括於人格觀念之下。此爲余之所欲論證者也。

　　惟日本現行民法其一零五一條，規定云：有相續人與否若不分明，則相續財產爲法人。以此問題，限局日本民法之解釋，則非無嫌於以一大論據，與彼爲擬制説之論者。然立法者因有便宜而或破其原則之事，（Hölder, N. u. J. P. Vorwort VIII），不可僅據其一規定，而揣摩法典之原則。缺於相續人之財產，法理上爲困難之問題。假用法人之觀念而説明之，自羅馬之（Florentinus）以來，不少概見。日本立法者，亦做此例。雖以便宜之故，而假用此觀念，似亦無牽強附會之嫌。然則於此而假用法人之觀念，與法人觀念本於擬制與否之問題無涉。止於此一端，立法者用其所謂立法的擬制，法理上亦無何等受損。更以法理之問題言之，缺於相續人之財團，若並不以法人爲説明，則不但適於法理，尤爲學者之所盛稱矣。夫苟不以法人之觀念，即不能説明相續財產之管理人之地位，則胎兒非亦不能不謂爲法人者乎？

　　　　譯者按：此段攻駁日本本國法之缺點。

　　　　　　（第一年第五期，宣統三年六月二十五日）

教育雜誌

各國在中國之教育事業

我國今方以教育爲漏巵，中央與地方日謀從教育費中節減以充他項濫用，教育日就衰落，國民陷於無教育之厄。而令科舉餘毒之流，以悖謬之眼光，乘考試之心理，當祭天祀孔之潮流，又將謬種流傳，以聖賢望之童蒙，以利禄施之教旨，坐使一國教育與國民生計，相背而馳。是爲本國教育遏絶之時代。

今日舉國待借款而活朝野上下，一以倚賴外人爲其觀念。雖無他影響，國民猶傾向於外人，危險非外人不能保，言論非外人不敢暢。而況灌輸知識，傳習藝能，又無不有待於外人。憚其强權，仰其財力，更乘我殄絶教育之會，驅國民而廣被其文化，致令各國在我國境内互爲教育事業之競爭。是又爲各國教育膀漲之時代矣。

據日本人之言曰：近時德國鋭意爲中國人之教育計，在青島，在上海，在漢口，經營各學，已見事實。先習德語，再授專門，以醫學、工學爲主，並授法律、經濟等諸學。美國則致力於中國教育者最早，在李鴻章當道之時，即派遣留學美國上海之聖約翰大學出身者，於中國占一種勢力。此外則長沙有耶路大學分校，上海有設置哈華托大學分校之事。又如上海之美國大學出身者，有總會及列於禮拜六總會之中國人，皆爲美國大學出身。又因義和團事件退還賠款，設清華學堂於北京，使之預備留美，然後年年派定額之學生赴美焉。

英國亦於香港設大學，以完全之教育與中國人。現又於漢口設大學堂計劃已定。

　　日本人又言曰：中國學堂向來雇聘日本教員者頗多，今乃漸減。又留學生赴日本者亦多，歸而居中國要路者亦不少，然罕見有團體焉。或謂中日相距甚近，設學於本國，以容中國學生，較之設學於中國境內為便。然我等（持論之日人自稱）以為今日之日本，宜仿德、美、英之例，來中國設學，必尤有大效也。且我等觀各國在中國各學之教科，如醫、工等科，使日本人為之，亦實無不及之處。

　　日本人又言曰：法國亦在上海設震旦大學，而於路透電又傳法政府已決定設醫科大學於上海。今後中國政治之變革，無論若何劇烈，其以實科教育施之中國一事，各國已銳意行之，我日本豈可等閑視此哉？即於醫學一端，日本醫學士在上海行道者豈少？就在上海之日本醫會諸君，協同設一上海醫學校，豈不甚易？以此為基礎，再添他學科，豈非即設立大學之開端乎？又如工科學堂，不可聽其局於滿洲一部，當移至上海等地方，為教育中國人之機關，實為要事。中日關係甚切，此不但政治、商業為然，學問上尤不可忽。今日東亞同文書院，在中國以教日本人，使習中國之事，孰不知其有效。更推此法，就中國以教中國人，豈非中日兩國之民關係益切，而使東亞之人，在競爭場中，不甘後於泰西人，以此為表見乎？此我輩觀各國在華之教育，不能不深致感觸，而次第述之者也。以上皆複述日本人之言，我國有子弟而思就學者，讀此感想如何？居教育行政之地位者，讀此感想又如何？居一切行政之地位而與主持教育行政之人居相對之地位者，讀此感想又如何也？

（《教育雜誌》第三年第四期）

申　報

時 局 轉 機

時局之久久擾攘，孰爲之？軍閥爲之也。軍閥之久久擾攘，孰爲之？政客爲之也。軍閥不破，政客不散，時局必無轉機。曹錕者，軍閥之傀儡也。牽傀儡之綫者，理宜爲軍閥中較有武力可恃之人。曹家將數人，所謂武力可恃者，首推吳佩孚，次馮玉祥，又次王承斌。倘此數人，合牽一綫，不許傀儡本身變怪，軍閥之保存，時期較久，即時局之否塞，患苦益深。就中以馮玉祥爲尤狡，治軍頗以紀律自鳴，能僞爲激直之言，能虛飾樸誠之貌，造作不已，又懸宗教之牌號，耶穌之門面，以自標異，幾幾乎收一時之譽，假以時日，無難駕吳佩孚而上之。軍閥有後起之材，尤時局之大患也。夫曹家將中有吳佩孚，《三國演義》所結撰之許褚、典韋等耳，馮玉祥亦駸駸有徐晃、張遼等資格，乃以比肩而事丞相爲不足，以出奇而制勝，欲兼攘華歆之功，居畿輔之地，行篡奪之能，玩曹錕於股掌，一躍而爲司馬懿。曹真、曹爽之流，固不足供其一映，即吳佩孚亦爲王陵、諸葛誕之流矣。馮玉祥之計畫如是，而謂吳佩孚能始終俯首帖耳，出馮之下乎？今國內鼎峙，何止三方，合縱連橫，綽有餘地，能遽有司馬懿外捍強敵、內除異己之實力乎？吳佩孚出兩次死力，以成曹家將首領，能心服甕中捉鱉之功，令久享挾天子令諸侯之利益乎？且吳佩孚久尸曹家將之名，當其平旦，天良發現時，未嘗不以爲愧。正緣馮、王諸將相與等夷，不敢違衆自孤其勢。今驟褫其首領之威風，而仍使蒙曹家將之醜，竊恐吳佩孚雖愚，未必甘此。此軍閥必破之一轉機也。若夫政客，凡不務正業，向政治中討生活者，皆可當之。而以八百議員為固定之禍本，以民選為後盾，無黜罰之可加，以約法為保障，無刑辟之可畏。適值群小用事，自愛者竄伏之日，一國務員登台，先之以酒食，繼之以賄賂，官制以外，濫占缺額，預算以外，濫支俸給。議員有兼數職者，有化名入各機關，收兼職之實，而並不能按其兼職之名者。更以子弟親戚，遍布各署，引誘鄉里小兒，爭趨首都，染指於國民之汗血。問其鄉情何以如此之重？則曰：為下屆選舉之預備，多蓄轎班，以作扛抬之用也。閣員不肖，以議員為轎班，議員不肖，以選民為轎班，設官分職，頒俸制祿，竭四民之膏血，以養轎班而不足，安有餘暇問及國事民事。長此不已，率獸食人，人又相食，名為鬻爵，而西園無錙銖之人，人盡獵官，而終南有萬千之徑。政客之卑劣，於今而極。十年搗亂，從未至此。於是充其無忌憚之量，明目張膽，票賣總統，謹愿者且視為當然，稍問紀綱，驚為怪物。夫怪物則為非常少見可知也。今日之大幸，正在此揭破顏面，醜如曹錕，劣如馮玉祥，下賤如津、保一切要人，居然能指揮國會，選出人人掩鼻之總統。一經選出，軍閥自變於中，國民誅殛於外，政客無所容其身，自然奔迸竄伏，而更不得以法統等名相號召。今日尚在千鈞一髮之時，一日未選曹錕，國會之罪狀，一日未定。然大勢似必不可免，蓋邇來之議改選，強半由於議員之急欲出售也。此政客必散之又一轉機也。軍閥破，政客散，民國萬歲，國民何修而得此？夫使軍閥而摧殘政客，政客雖屈而益有辭，政客而抵抗軍閥，軍閥雖戢而益自固。今將并軍閥、政客為一案，而與國民共棄之，此十年來未有之佳運。有人民何患無國家，醜惡之政府，正以滌除為快。若其建設之事，或言改職業選舉，或言改考試選舉，吾以為必成職業政府而後定。當別為篇。

（1923 年 6 月 20 日）

職 業 政 府

前言當世論者，持改良選舉之説，將以救國。愚意無論若何改良，猝難有效。惟職業政府將成天然之趨勢，此實爲將來長治久安，政治駕萬國而上之基礎。今雖不能得若許可用之職業家，然亦必有過渡之職業家，可供急用。請言吾理想之所及者。

民國以來，破除資格，國務員之來歷，既非由序遷歲積而來，則一旦失職，當然向來路而去。然試問下野之人，苟非畏罪逃逸，或已被通緝有案，而能子身出都，不留一高等諮議等名目，爲吾民無窮之蠹耗者，凡有幾人？官既如是，議員亦然。經濟調查局也，統一善後會也，名色繁多，皆爲失職議員應享之權利。十年間議員之迭進迭退，不受此污辱者，凡有幾人？幸舊國會有九死還魂之魔術，年代雖多，人數尚少。若依法數年一改選，則正式國會之外，配享者又有數千人。而政府起倒頻繁，既來者決不復去，冒充名流，滿口慈善者有之，自居元老，預聞密勿者有之。利東西南北之交鬬，自稱歷年狼狽，互有綫索，則疏通奔走，往來如織，騙旅費，賺開支，其實皆巧稱形似之言，挑唆生事之舉，官僚退爲政客，政客退亦爲官僚，循環起伏，糜國用之罪猶小，爲國生蠹，其患尤深。薦任以下官，尚有一職可效，宜因以爲業者。惟此高級之官，退閒之代議士，萬無戀棧之理由者，如蠅附羶，揮之不去，此無職業之故也。

再以設官分職之原理言之，古云：庶司百執事，皆以爲民。天生蒸民，作君作師，本來因人民需此事務，國家乃設此官職。世界各國，行政法意尤顯然，但亦止較吾國爲近，而未能盡袪其虛榮之念，此萬國政治之所以未能悉符理論也。吾國有此最無臉面之官僚，造成不可終日之政局，逼至無路可走之日，與國民以猛醒之助力，發言之機會，宜速主張，非社會原有職業者，不許充政務官。假如某銀行經理，以堅執不通融取憎於人，此其人必可爲財長，其人必駭避掩耳不欲聞，而國民當合力固請之，以此而起，其人必不以酒食賄賂，自結於議員，深以不予通過爲幸。一次不通過，再易一人，其執拗同。其不以不通過爲辱，不以通過爲榮，亦同。大難當其前，輿論迫其後，雖以今日萬惡之議員，無奈之何，祇有聽其登台，而持其短長於後，然後再發表其計畫，確鑿公開，掣肘即退，不退則實行其所見，完其法定之手續，使此輩無可藉口，不認此輩爲轎夫。此輩亦自有天良未喪者，正氣漸伸，群邪自沮。而彼爲閣員者，一經退職，自有公司行號，需爲經理，或自營一業，綽有信用。一部如是，他部皆然。民間惟不習軍事，然海、陸軍本有職業之意，不甚入議員操縱之列。今海軍尚保此特性，陸軍已爲歷任不肖者破壞信用，要其主要之閣務原不在此。

　　國民向來之誤點，在希望豪傑救國，視此救國之豪傑，爲必有政治之特長，有政治之特長，即必與市井職業相遠，此大謬也。此無聊無職業之政客，所以如蟣蝨之不可爬梳也。但此有職業之人，必有世界知識，通知外國語文者，方當其選。竊恐青年學生，人數太少，又資望未成，難於驟用，其已用之學生，又已染舊習而成新官僚，故必寬其格，以求過渡之人材。但求真不願來者，而由國民敦請，以赴之來日之事。專望學子。

（1923 年 6 月 26 日）

國民不可侮

　　馮玉祥之迫走黎總統，其意蓋追蹤吳佩孚之驅逐徐世昌也。語其實力，黎之與徐，相差無幾，徐尚有王懷慶之爛兵爛將，爲之保駕，黎並此無之，末後留一無拳無勇之李根源，作崖山殉主之陸秀夫、滇粵從亡之李定國。其實李之巧猾，平日結納部屬某，恃其爲高凌霨之戚，因以求媚於曹錕。最近乃刺探吳佩孚之態度，信馮玉祥之不敢獨爲小人，乃作孤注之一擲。論黎任內政治之罪惡，李根源實尸其大半。軍閥之罪，世人不以咎黎，不問官制，不問預算，任意見好於議員，以爲固位之計，此爲李根源之首惡，而黎實縱之，恃此等宵小，糾合無數豬仔之小仔，欲以抗曹馮之顏行，可謂黎之脆弱，有甚於徐世昌矣。然何以吳佩孚一呼，而少數之議員，即下斥逐徐世昌之命，徐踉蹌避津，而不敢發絲毫不平之聲。以徐世昌之爲鬼爲蜮伎倆，什伯倍於黎，而無能加絲毫作梗之力。當時吳佩孚授意擁黎，黎遲遲不行，而全國爲之敦促，因利乘便之名流，趨炎附勢之元老，公然露面，發其救國之論調，以承吳佩孚之後塵，爲之搖旗吶喊，造成一年前之政局，舉國尚以吳佩孚爲有功，自非因後來他事之失人心。於逐徐擁黎一舉，吳佩孚可謂收其除惡之名，而絕不蒙犯上作亂之譴，此馮玉祥之所心醉而躍躍欲試者也。

　　豈知庸醫以死方治活病，一劑入腹，盧醫扁鵲成起死之功，馮王曹張變不治之症。國民之言曰：黎雖庸人，尚無爲惡之成見，民國所希望於總統者，以不作惡爲原則，本無敢存奢望於其間。而北洋軍閥則以作惡爲世業，不論其個人性行如何，養虎狼以自重，嚙我民之膏血，則涓滴皆枯，爭割據以自封，塗我民之肝腦，則千里如洗。又況曹錕遠則焚掠京邑，近則縱匪臨城，罪惡昭彰，比之於黎已有人禽之別。又況所恃以爲從龍佐命之元勳，無非營書字識，墨吏姦胥，沈酣煙窟之中，不知臉面爲何物，見慣豬仔之易與，以爲掂斤估兩，現錢可以換現貨。昔日，袁世凱尚奉一王莽傳爲腳本，以僞造民意爲開國之基，曹錕則以錢貨兩交之法爲可萬全，竟不知豬仔之後，尚有主人。馮玉祥平生狡獪，至今日竟認曹錕爲真主，原其本心，固以擁曹者毀曹，不過假此機會，以跨過吳佩孚，稍寬時日，而自取之。而初不料機會未成，底裏已顯。曹錕登殿之日，固足動天下之兵，而馮玉祥必蒙首禍之戮，即竟不登殿，馮玉祥亦已爲國民所識認，進退皆罪，如羝羊之觸藩。豬仔涎垂而不能完成其法定之軀壳，名流眼熱而不敢攫取其勸進之功名，乃至帶肚軍人，亦不肯躬冒不韙，而率先擁戴，僅僅賴一工懷慶，土使熱、察、綏三區附庸末秩，邊遠蠢奴，發一不知天高、不識地厚之妄語，益令豬仔心灰，名流氣短。此誰之力？在持異議之武人曰畏我之故，在貪天功之黨派曰職我之由，而不知我平時皂白不甚分明之同胞，實以平旦之氣勝此魔鬼。所謂持異議之武人，何嘗爲我民所寬假，一旦釋其攘取地盤之罪，而令圖片刻之功。所謂貪天功之黨派，何嘗爲我民所姑容，一旦忘其塗炭生靈之禍，而留樹游魂之敵。皆我國民神秘之心靈作用，並無人焉能發縱而指之借箸而籌之者也。夫吳佩孚亦非能本國民之意以行事者，但其失在武斷，而陰惡之罪未見，醜穢之名未彰，跡其失敗，在初得大權，即手挈財、交兩部以自與，自謂可以裕洛餉，而因此失歡於曹家將諸人。馮玉祥之狡獪，乘此眾畔親離，而得與吳分裂，自樹一幟。其迫脅湘境，猶曰臥榻之下，不能自已，乃進而圖粵圖川，做古代將帥立功之事。而不知我民今日自有同胞相愛之意，決不願視川粵之弟兄姊妹，爲一將之黷武而犧牲，以故一進一退，卒無成效。總而言之，手挾尺寸之柄者，視國民之好惡爲從違，無不如志。安福之橫暴，奉軍之鴟張，皆以國民厭惡之故，而適爲吳佩孚取威定霸之資。今日段、張交結，國民反轉其前日厭惡之念，移向曹、吳，而與作開路之針導。天下無必勝之力，惟國民之心理，爲古今常勝之主宰。昔日民氣之發舒緩，往往屈而後伸，然固無終不伸之理。今則民氣之傳達速，曹錕、馮玉祥大欲未遂，已對國民宣告其死刑。其倒行逆施，而竟有成，則處決之日也。即終無成，亦永錮之處分定矣。國民可侮乎？不可侮乎？

　　　　　　　　　　　　　　　（1923 年 6 月 29 日）

歡迎國會之心理

巨室之主人，並無親生子，螟蛉襲產之法未定，斯時吃白食、覓零錢之族長、房長，與夫無賴之姑夫，幫閒之母舅，平時主家所視爲厭物者，一時頓成奇貨，或並無女主人，婢妾數人各希扶正，亦惟此類公親族長是賴。中華民國之國民，巨室之主人也。政府，其所納之婦，或其所立之後也。當時國民無意識之選舉，則造成此吃白食、覓零錢、幫閒、無賴之一班公親族長者也。未政變時，議員日日捱罵，此視爲厭物之時也。政變以後，忽然有歡迎之聲，一方抵死截留，日日假議憲出席費之名義，以作邀請之賄賂。黃陂昔日所以抵制大選而借得之款，今日即借爲釣餌，以鈎致此輩游魂，其餘由保解來之游資節敬不與焉。一方籌備招待，亦不無金錢點綴，因其手筆較小，來者尚頭戴“正義派”三字，爲半名譽、半生計之行動，幾若可以取得善良之公親族長徽號，從此一洗其幫閒無賴之醜聲。此亦滑稽之又一幕矣。

夫主人之厭棄此公親族長猶昔，而其爲螟蛉，爲婢妾者，中於襲產扶正之慾，又有權代主人行事。又主人中亦各有所厚之螟蛉，所親之婢妾，於其間爲扶植之計，則亦出其真正主人之口吻。若曰：三黨六親，分應敦睦，不可因其幫閒無賴而忽之，此固一種作用。然返諸並無作用之主人心理，既無從別出一發號施令之法，則亦不能捨此公親族長，而別尋襲產扶正之證人，於是聽此輩螟蛉婢妾，及其所親所厚之一干人等，恭維此無賴、帮閒，無從加以禁止。其意亦曰：螟蛉終須有襲產之人，婢妾終須有扶正之事。家族思想未能破除，決不願聽街坊保正之主張，以代其公親族長之判斷。此亦爲主人者，無嫡妻親子之苦況，處於不得不然者也。

　　然吾欲以主人自處之地位，自撫此心而自問焉。今日招來此公親族長，果有相定之螟蛉，選中之婢妾，但假此輩一席之聚會，遂定我家事乎？抑我尚茫無成見，聽公親族長之來，分投自與各螟蛉、各婢妾浹洽，從中大肆其帮閒、無賴之手段，吃無盡之白食，覓無數之閒錢乎？螟蛉、婢妾不足道也，主人爲家之治亂計，豈可不先自打定主意，然後以法律上之公證，付之公親族長。吾願吾輩同爲主人者，深念付產何人，扶正誰某，用何方法表示，得何種贊成爲標準。今以吾個人意見，提一條件於主人之間。凡希望襲產者皆不可以受產，凡希望扶正者皆不可以立正，然有希望者乃可指目，既不願此有希望者，則渾渾噩噩之四萬萬主人，用何法抉擇之，而授意於公親族長，令其如我意以行事乎？今但能定曹錕、馮玉祥、王承斌、張紹曾等爲元惡，定吳景濂以下數百豬仔，高凌霨以下數十百無恥之文武官僚，曹銳以下數十百首從凶犯，指名聲討，使不容於人類。而環顧主人之中，從前所冀其或有尺寸之效者，今知賣才噉名，獻策取巧，滴滴皆爲禍水。無論盤踞京師之死灰，不可令其復燃，即散在各處，乘隙作政治活動者，皆無心如止水之能，即無謝絕此帮閒無賴之力，一經襲產扶正，便爲此公親族長所持，同流合污，更成前日之局，則又何所取而歡迎此輩爲哉？我正式之主人勿徒徇螟蛉、婢妾之意，先有自定之主張而後可。

（1923 年 7 月 2 日）

軍閥政客鬧笑話

正國民正義漸伸之日
∙ ∙ ∙ ∙ ∙ ∙ ∙ ∙ ∙ ∙

　　曹錕如餓貓被縛，死鼠盈前，對之叫跳，不敢下爪。馮玉祥輩如狗落糞坑，大慰食慾，然臭穢滿身，禍已滅頂。天津發總統之預用空白命令，北京發代總統之內閣攝政命令，北京有一個無總理之內閣，天津有兩個無內閣之總理，威風不及瓦崗寨，號令不出豬嘴關，而東破一頭，西發一毒，京、津、保之間，有五處行政首長。又有大頭國會，更爲神出鬼沒，其公然戴曹錕爲真主，擁張紹曾爲恩公者，尚爲明火執仗之好漢。乃至平時接近名流，附會穩健者，亦將於此中攫取議長，瓜分閣員，一面掛熱心議憲之招牌，留戀北京；一面具世修降表之手腕，投靠新主。國民前日所以促議員制憲者，强半欲令其心有所屬，減少其爲非作歹之程度，豈真信仰此輩？而此輩乃認國民渴望憲法之迷夢，與彼輩渴望升官發財之迷夢相等，但能制憲，不問人禽，將永遠配大龜以寶玉，享鷄鶩以鐘鼓。凡此軍閥政客，何其念我主人，辛苦鬱悶而爲此白鼻小丑之行徑，綵衣跳舞供一日之開口而笑也。國民當知我國地大物博，天然爲世界之大商場，凡我同胞，皆世界之顧客，顧客過市，市人必笑容可掬以承迎之。吾國民以大顧客之資格過市，而猶爲市人嗤鄙者，豈不曰此顧客雖綽有購買之力，然其家中奴方欺主，中冓之醜，玷污高門，蓋方日日演來富唱山歌一齣，小老婆、三小子欺凌弱主，無所不至，安得而不取侮乎？顧劣妾雖有謀死親夫之惡，究爲主人所自置，猶歷任總統猶力構一國會票選之形式，以取得公僕之職，從未有敗壞決裂如今日者。一群來富，並驅逐文二奶奶，赤身露體，奮鬪於大門之外，主雖孱弱，不能不起而吆喝之。尤妙在來富與來貴、來壽、來福、來禄正在火併，無所用其豪奴蔑主之力，主雖孱弱，尚不起而吆喝之，豈真以偌大家私，可久托群奴之手，而日高三丈，擁衾高枕矣乎？

　　軍閥政客，今亦似知世界觀聽之爲重要，欲以無主之群奴，對付鄰里，乃有議員聯名，高凌霨等會議，敦請顧維鈞就職之事。顧維鈞本不甚自愛，每一次發動，即大宴議員一次。愛顧維鈞者，召令歸鄉，固屬私人要好。若謂顧維鈞、顏惠慶輩加入曹家將之列，即能使群奴增重，主人束手，此則必無之事。以顧、顏輩有望之青年，投入笑話團中，同串一齣喜劇，於我國民有何妨礙？但於諸父老提攜捧負，畏其不壽之心，未免徒呼負負耳。故笑話團中之外交，不足介意。惟財政一端，多鬧一日笑話，即多榨一日汗血。外國銀行推託須國會通過，國會通不過，又將用聯名敦請顧維鈞之法，用之於外國債團，此笑話中之笑話也。內國銀團，雖有熱中擁戴之人，欲傲其利，在此情勢之下，亦當爲共事團員所不許。則有曹門鷹犬，散佔各省地盤，而冀攫從龍之位置者，平空取我主人疾惡如仇之本心，而倒用之，口發聲罪討逆之檄文，身納孝子順孫之貢品。各省人民何在？省議會何在？此不能如其他笑話，一概充娛耳悅目之資。即如吾蘇，豈無平素所謂有力之公團乎？豈無專留意本省財政之表示乎？正義不伸於此，其他皆空言也。

　　　　　　　　　　　　　　（1923 年 7 月 3 日）

一年來政府議員之狼狽

　　民國以來之政府，其始皆有特殊之勢力。公僕之首領，所謂出於選舉者，乃用以應付世界之門面，而實養其爛兵爛將作猛虎負嵎之勢，而收百獸率舞之功。其時議員分兩派，自命爲政客者，尚以主人翁自居，援公僕之分際，以責望於行政界。爲公僕者，絕不願受此氣燄，始而相持，續而相搏，議員爲政府所戕者有之，政府爲議員所牽掣者亦復不少。此一派也，其不敢自謂政客，而特借土豪鄉訓之資格，取得議員。從此趨終南之徑者，則初不知民國以民爲主，視彼公僕，即奉天承運之真人，欲有謀焉，堂高廉遠，因鬼見帝，難若登天，稍分殘杯冷炙之憐，亦不過盤旋於梁燕老、王揖老腳下，千依百順，始開自鬻之門。其時政界之惡濁，由首長自濁之。首長究少數人也，且實心最高公僕之一人也。黎任總統，後台無人，吹打吶喊，皆在幕外。又日感於軍閥之不易服事，勢非自噎於國會，無可以對抗武人者，其所托命之閣員，亦即出於議員生活之餘孽，尤以李根源爲最善伺候議員，其餘亦大勢所驅，不得不以議員之愛憎爲生死之關鍵。其挾曹錕爲賣品者，尚可借花獻佛，取曹錕買豬仔之成本，於中自作經紀，以市私恩。倚黎爲靠山者，不得不就地開花，取身處之地位，憑藉國家行政之機關，爲嘯聚其狐群狗黨之計。於是議員之向分兩派者，其前一派較有氣性，即成咆哮之狗，其後一派初無身分，本爲側媚之狐。嘯聚之途既開，狐狗之趨遂合，有求者無弗應。而議員爲推轂宏獎之第一流，八百人互相連合，互相交換，薦士之書，乃如潮而至矣。

　　夫昔日以貪緣賄賂、交通關節為罪惡，以故乾沒不已而身居下流者，始肯出此。今則風氣大開，謹厚者亦復為之。且其不敢為者，遂得矯誣非人情之謗。其作書也，由求官者自起一稿，由一鈎串之議員簽名，即遍向他議員求連署。其方法用上海醫生登告白之例，一大篇介紹闊人姓名，其實中間祇有一人知情，長厚之議員視此為同院相邀之義務，誼不容辭，照例承諾，亦並不知所薦者為誰某。迨某官有謝恩書簡到門，尚互相傳述以為笑，而不知虎兕出柙之過，一家哭，一路哭，已擾害幾許生靈矣！以故昔日議員與政府之奮鬥，有贊助與反對之別，今則祇有講價已妥與講價未妥之別。昔日議員與議員之奮鬥，有同派、異派之別，今則祇有討價甚高與討價較低之別。議員以分肥為權利，政府以納賂為生存，創開闢未有之局。最高權集中於國會，此英國伯力門之制也。今日議員實有此權力，而斷送國家，適得其反。故張紹曾、李根源輩之政治罪惡，苟無曹錕之異軍特起，另捐其軀命與臉面，以作刀下替死之鬼，則以黎任之情形，延長歲月，其喪失人道，破壞政綱，令人作惡之程度，當在歷任公僕首長之上也。今以曹錕、馮玉祥之罪狀集於首長之一人，不似一年以來之瓜分大小公僕以為業，遂足以動全體主人之公憤。忽然又有“人格”二字，叫醒於沈沈大夢之中，不可謂非慾海之一慈航，慘劫之一救主。將來正曹、馮之罪，實仍應錄曹、馮之功。國會且受歡迎，吾願以此惡濁之真相，布告主人之前。請於歡迎之中，預為防範之計。伯力門乎，其背後有真主人在，故能如彼。不然，八百孤寒，安見彼此之度量相越耶?！

（1923 年 7 月 7 日）

解決國事以不徹底爲徹底

曹錕、馮玉祥之變，國民忽大警醒，擬將徹底解決，不但使曹選舉不成，並有根本改造之意。故恒欲問摧毀之後，如何建設，總統之產生，用何方法，而可以得人，國會之組織，用何方法，而使不爲惡？此建設之事也。論者振振有詞，未嘗不計及此，所謂徹底解決之道如此。吾今設一問於此，國家之所以爲國家，非立法、行政兩機關對立之謂乎？假使立法機關而僅能從事立法，則如內閣之法制局，各部之參事廳，苟督察其功課，不容坐食，則必有交卷之法律，且亦何惡之能爲？然無奈此非設立國會監督政府之本意也。於是，不能不以干涉行政之事，授之立法機關。立法得干涉行政，於是爲罪惡之起因矣。再設一問於此，行政而受立法之干涉，將許其以特殊勢力爲對抗乎？抑止許其不用武力，而自以行政權限相支持乎？若果止許其用第二義，則干涉者眈眈如虎，被干涉者防不勝防，自非立刻求去，以圖清淨，則必思所以自全之道。立法機關所挾持者，牛毛繭絲之文法，行政機關所饒足者，用人理財之權能，以此之空文，索彼之實利，兩非所難，而國事之敗壞坐此。何者？政治之要，無過豫算與官制，議員要求非分之財於政府，則何從問其豫算，議員援引所私之人於政府，則何從責以官制。以故立國十二年，昔之不談豫算，爲政府所劫持，今之不談預算，爲議員所放棄，昔之偶定官制，爲政府所破壞，今之不定官制，爲議員所自甘心，此亦利之所在，不能不出之途也。

　　更設一問於此，行政可受立法之監督，其監督立法之機關者，非國民乎？國民以投票産生議員，昔之日初辦選舉，選民不知票之可售，故第一屆議員頗有偷關漏稅，逃過主人翁之把卡需索者。觀於二屆新選舉，三屆新新選舉，逆料繼此以往，辦選舉將爲地方收入之正項。最有意識之市鄉，往往公定票價，以待合格之投標。出價同者，亦間酌其人之情熟與否，及其資望之比較若何，則以可應議員之選者，尚不若選舉總統，止有一人可得，故猶得稍參以公道也。以此之故，當選爲議員者，其來路與總統同，而人格尚有高於總統者。

　　於是票賣總統與政府分肥，爲議員必至之罪惡，票賣議員與國會分肥，爲國民必至之罪惡。與國會分肥云者，即議員背後之轎夫，即議員所不得不指索政府，以糜爛官制，而破壞預算者也。政變事發，議員罵政府，國民罵議員，其中誠有不分政府之肥之議員、不分國會之肥之國民，然而明明分肥者，亦隱身人叢之中，發爲至嚴正之論調。論調維何？即徹底解決之謂。今日之徹底，無過使買總統之曹錕，人財兩空，賣總統之議員，身名俱裂，然返諸中華民國立國之根本，將遂徹底矣乎？由今之道，無變今之俗。以後爲總統者，不過曹錕之一流，爲議員者，不過豬仔之一等，爲國民者，不過豬仔之豬仔，故今之言徹底者，乃其極不徹底者也。真徹底之道，在今人所不留意之處，在即或留意而不免誤認之處。其名若何？曰：維道德。何以言今之人不留意於道德，何以言今之人誤認道德，此當於另篇陳之。

　　　　　　　　　　　　　　　　（1923 年 7 月 9 日）

代 表 民 意

　　國民所責望於國會者，謂其不能代表民意也。顧吾謂今日之國會，真能代表民意，今日留京誓不回南之議員，尤能代表民意。民意何在？曰：在賣票。民國首重議會，議會議員無一不經國民選舉，國民選舉議員，無一不出賣票之一途。吾聞議員相聚而言，必問所費買票成本若干萬元，其間出入之數甚大。大約現錢交易，別無條件者，價值較高，拋盤期貨，則比較便宜。何謂拋盤？以鄉里虎而冠資格，先爲選民說官司，結黨與，朋分公益，植恩威於事前。何謂期貨？當選以後，拔茅連茹，投我以票，報之以官，計功受賞，酬欲望於事後。合此拋盤期貨之作用，仍不能不以現金爲正當之交易。其尤爲高尚，可以建諸天地，質諸鬼神者，則曰以地方公團賣票。由地方公正紳董組織，共出若干票，售若干銀錢，稍予投票人酒食之資，其餘充地方公益之用。世以此爲無上籌款妙諦，道路、橋梁、農田、水利往往得此而舉辦。問選舉之爲何事，所選議員何用，則莫能究其所以然。但知民國之爲民國，可使民間多一種賣票之營業，於育蠶植棉等利潤之外而已。然則國民之辦選舉，純爲賣票，將來所得之議員，若不能首先代表此義，可謂忘本。

　　或曰：國民之公意，乃爲民意。賣票爲少數之國民，議員烏得僅僅代表此輩。吾以爲此說不然。凡與選舉之事者，無不賣票。其不與選舉者，果不以爲然，何不起而對抗，出而禁止，參用其間，而予以救正。但曰：吾不屑與若輩伍，放棄公民權，以自潔焉。夫既已放棄公民權，即其人已暫自外於公民，而將其權付之投票者，代爲行使矣。投票者既無不賣票，即已代表此不投票之公民，表示賣票之民意。後來議員當選，自應代表其已表示之民意，無從窺探其不表示之民意而代表之。譬諸公司開股東會，既令其開會有效，即不能以未到會之股東別出主張於散會之後，此一定之理也。

故今日罵議員賣票者爲豬仔，即國民先自承爲豬仔，豬仔之國民，非得豬仔之議員，孰能代表其意。凡行政負責之事，當此綱紀陵夷，自審無力挽救，潔身事外，不失爲高。若投票一舉手之勞，亦曰他人惡濁，我不與焉，則自與國家之根本爲仇也。無論今日明明賣票之國民，不能罵賣票議員，即未賣票之國民，當初亦自將賣票之權利讓渡於投票者，已不能超然自外，謂於賣票無關係也。

或又曰：今之議員，選舉在十餘年前。其時選民尚未盡知賣票，此種議員，多有不費分文而得之者，不應身不受賣票之害，而反享賣票之利。此又不然。議員之代表，縱代表選己之人，乃代表一般之公意。當十餘年前，民非賣票之民，議員亦未曾賣票。今日民意已純，在賣票議員，自應本其現在之意而代表之。其有不肯賣票者，或即生今反古，身充十年以後之議員，而妄欲代表十年以前之民意者也。明乎此而國民不應詬病議員，且當反省真有不賣票之意，當先在國民之間，自相取締，而不當責備議員。吾非爲賣票之議員呼冤，吾願促不賣票之國民，急思善法，以表示賣票之實非己意，且保障將來之賣票者，更不能冒用己意，以令議員爲之代表。

（1923 年 7 月 11 日）

共和國教科書民國十二年章

國體之得爲共和，必先有共和國之國民。國民今日能罵無恥之軍閥，能斥豬仔之議員，似乎綽有共和程度矣。日揭賣票之根源，尚由此真主人教導之，則國民又未可恃。是非設一共和速成之班，先使國民驟增高其程度，則雖有天授之解決機會，於事無益也。今觀目前之事實，加以評判，作共和之指針，非徒演講，并當實習。曹錕輩所供給之教材，固不在少，願國民諦聽之。

一，"最高問題"四字之解釋。　最高云者，以總統之地位言之也。此名詞見之報紙所流傳，見之國會所提之議案，似乎認爲合理之語意，國民亦未有呵斥之者。然豈忘國民生議員，議員生總統，搜其行輩，尚在第三代，何謂最高？再以國法學論，國家以三權分立而組成，國民統有三權，以選舉權爲表示，而分配此三權於適當之公僕，議員爲奉行主人意思，發號施令之公僕。行政、司法兩機關，皆稟承已定之法律，爲奉令承教之公僕。則總統本此意以爭坐位，在國民系下，可升作第二代，特序次稍亞於國會。今不稱直接國民之農事、商事、工事、教育之事、治安之事，爲最高問題，而稱選總統爲最高問題。曹錕何知？以爲一做總統，即偓然人上，而不知其上有父事之國會，更上有祖事之國民，論其輩行爲灰孫子，論其等級則《水滸傳》中拚命三郎所云"與奴才爲奴才的奴才"也。此應諦聽者一也。

二，總統命令之地位。　民國以來，總統命令，國民尚視爲前代之上諭。觀報紙揭載，皆列首行，可以代表一般之心理。世界各國，無論民主，即君主之國，亦無之。行政部之指揮公告，皆對一定之人、一定之事發生效力，既爲公僕，應有負責任之言。主人以此相委，縱不負使令，主人任用何法賞犒之皆可何故尊之爲帝天，奉之爲神聖。充其所至，遂有主人立名砥行於社會，而冀得公僕之一褒獎爲榮者。今使某家主人主婦，爲非常榮譽之事，而叩首膜拜於阿木林阿土生之前，請其品題，以爲光寵，世必以爲大惑。國民爲國家之主人，總統爲國家之公僕，何以異此？夫公僕縱欲鴟張，苟主人自尊自重，木林土生何由擠眉弄眼，窺覦房闥，顛倒衣冠，作種種不法之舉乎？今幸將攝政內閣之命令，編入新聞，與扒竊失火之事相等。以後縱有正式政府成立，可將命令列入公告專欄，勿作上諭看，暗中當維持風紀不少。此應諦聽者二也。

三，勳賞徽章之效用。　自黎任總統，每日發嘉禾文虎之章，給予議員，盈千累萬。有一人之名，旬日之內，自某等嘉禾遞升至一等，又變而給文虎，亦連日進等有差。間有非議員而得此者，則每爲外國人。議員則但視其人有請，即如響斯應，受者或猶外示不屑之意，而名見命令之內，身被燦爛之光，意亦甚得。猶憶六年議憲，已於憲法內刪去大總統給予榮典明文，其時黎已爲總統，聞此即惶急異常，謂無給予榮典之權，即何所措其手足於高座之上。然則黎之視榮典，猶趙普之"半部《論語》治天下"之道，無過是矣。而果也，以議員之所求必得，宜若可以輕視此物，而尚日夜爭之，則何異一索得男，事誠在我，迨呱呱者墮地，忽認爲乃祖乃父，示現其雖棄供養之身。議員代表國民之虛榮心，國民是否無此虛榮心，則可以罵議員之不自愛。若猶以爲望塵弗及，將以轎夫之勞力，要求所擡之議員，爲之乞恩，而得作欺壓鄉鄰之憑藉，則國民且勿

罵議員，先自問何以身爲主人，何以轉輾託阿金阿寶之流，乞
憐於木林土生之側。此應諦聽者三也。

　　共和教材，經曹錕輩收集者甚夥，姑以紙幅爲限量，任舉
三事，以例其餘。

　　　　　　　　　　　　　　　（1923 年 7 月 14 日）

策 曹 上 篇

曹錕做總統夢，做成一進退皆罪之境，其成其敗，於我國民皆不生影響。坐看軍閥之分裂，政客之出醜，以行使我曹黜罰之權，並不患彼等有挽回之路，則亦可以袖手而觀矣。何爲而有策之之舉？曰：吾之策曹，爲類曹者普加以警告也。爲乘曹之自殺而殺之者，復以政客之手腕，而不憑主人之心理，一用其巧取詭遇之術，熱中燥進之隱，取而代之，初不費力，曾不轉瞬，又使後人復哀後人，則亦我國民之所憐憫也。於是乎有策。

吾策曹之是否爲總統，抑可以不爲總統，則曰：曹必爲總統。以曹之昏憒，本爲他人几上之肉，供屠割而自以爲得計，是以空穴來風，有此攀龍附鳳之豬仔政客。事之起因，由於攀附，若一罷手，曹即甘心悔過，豬仔政客，能從飢火中燒之際，而吐其唇吻間之食乎？夫蝮蛇螫手，壯士斷腕，曹錕之憒憒，烏有此果決之概。且即欲仗大義以滅親，亦祇能誅殛乃弟及邊守靖、吳景濂等，一干無槍之走狗，其何以處馮玉祥、王承斌乎？故曹錕即稽顙泣血而求不爲總統不可得也。或乃以解鈴繫鈴之說進曹錕，此去題萬里之談。繫鈴者，豬仔政客，非曹錕也。又況興元奉天之事，乃名分已定之共主所可爲，非犯上作亂之罪人業將就捕之時所當得也。惟有冒死向前，尚可於最短之時期，羈縻一二怙惡之黨羽。故曰：必爲總統。

吾策曹爲總統之出於擁戴，抑出於選舉，則曰：當仍出於選舉。曹家將中，有擁戴之資格者，已在驅黎一幕中演過。當時認爲功首而爭之，今又覺其爲罪魁而避之，欲令他人繼續其犯罪之行爲，以完成其徼功之心願。吳佩孚等，雖至愚極蠢，豈能忍此。爲吳計者，惟有云竭誠擁戴，在依法正位之日，不敢以非法誤曹。一身不足惜，如恩帥之命運何？此亦可以告無罪於曹，而間執馮玉祥輩之口矣。然而曹之黃袍一劇，遂如泥牛入海。天下惟亂世之武夫爲最巧，蓋無軍事可資考覈，無國威可予稟承，起起者其名，而豬仔政客其實，趨利避害，誰不如吳佩孚者？故曹之欲得擁戴，其難什伯於選舉。選舉之成否，祗看王克敏之是否助曹。王克敏爲本身利害起見，借助曹之名爲澡浴之計，逆知民國官僚，無功罪是非可言，留其蠅營狗苟之身手，曹倒而後，斷無永錮之患。張勳、康有爲、楊度、梁士詒、曾毓雋之流，前事具在。故王克敏之不憚一試，無足怪也。彼操選舉之權者，國民謂之豬仔，則未免推尊太過。夫豬仔尚待誘脅而後鬻其身，今之中風狂走於京、津、保之間者，插標不售，情急欲死，有稗官中賣身葬父之孝意。一旦如願以償，必有大多數效命。而濟之以吳景濂從中舞弊，法定數不足而可使之足。果有五千元可得，恐津、滬等處尚有匍匐星奔而往者。惟乖巧之豬仔，乃或以拐賣爲不甚榮耀，已坐享其前日冰炭之敬，最後又博一潔身自好之名。此種智略，已爲八百人中之俊傑，而未必可得三分之一之數矣。故曰：仍當出於選舉。

（1923 年 7 月 18 日）

策曹下篇

　　吾策曹錕若不能完成其法定之豬仔選舉，是否可作非常之選舉，則曰：本無區別。夫曹即不出於非常。國民亦決不許其爲合法。南中以護法之美名，討逆之正義，或用非常爲詬病。而況既演之於逼宮奪印之後，出之於現錢交易之中，有何常與非常可言。今日之國會，南北皆不足法數，選出曹錕以後，則逆黨之罪案定，一律與以除名，而由候補人遞補，以成在南之法數。其中適天與其便，消除一民八、民六之釁，屆時迎黎南下，總統與國會，赫然完具，組織內閣，便成政府，通告國際，名正言順。昔時云取消北政府之承認，今則政府之名義在南，而北爲亂黨之窟穴，本無所謂承認，又安用其取消。作弊之合法選舉如是，非常選舉亦如是，曹錕登極之日，即天下發難之時。群不逞磨勵以須，主人翁端拱而俟，淮軍蛻化而爲小站，小站膨脹而爲北洋，北洋分裂而爲直皖，直既勝皖，自謂襲北洋正統之名，至此乃自剷自滅，不費主人吹灰之力。使出於非常，尚多餘幾個臨時撇清之豬仔，舍北附南，又作成一種嘴臉。惟其出於合法，則於國民聲罪之義無所減，而於豬仔受創之數有所增，或爲較快人心之舉耳。故曰：本無區別也。

　　吾策繼曹而起者，是否真取國民之同情，抑仍出於政客之翻戲，則曰：今日參加此事之國民，仍爲利用此機緣之政客。無論素以政客爲業者，方在隨風轉舵，以覓新大陸，且於著名政客之外，平添若干人物，爲時世所造之英雄，一入政客之林，即漸出於國民之外。猶之軍閥議員，誰非同占吾國之國籍者，真主人之對待若輩，於議員尚有欲問良莠之意，於軍閥已從不分首從之科。學生每成新官僚，公民豈不爲新政客。夫國民爭有參政權，則從事政治，非國民之罪惡也。但當爲政主，勿爲政客。政主者，以國權爲身家之保障，政客者，以國民爲權利之犧牲。昔越人三世弑其君，王翳逃於丹穴，國人熏而出之，號曰：天乎，余之無罪。此政主之行徑也。飛請柬以齋轎夫，附黨籍以通狗竇，拋頭露面，惟恐國人之健忘，而錯過此千載難逢之佳遇，此政客之行徑也。身無丹穴之逃，國無熏穴之迫，而叫局式之請客票，連翩飛舞，舉東方飯店、太平湖旅館之醜劇，又一一搬演於十里之洋場。正身未來，替身已至，先之以子夏，申之以冉有，謂此輩有絲毫懼禍之心，誰其信之？故曰今尚無國民表示之同情，惟有政客拿手之翻戲。

　　然則討曹者最後之策奈何，則曰：曹不須討，天已奪其魄而討之。後有聲討之資，恐又在承曹之後者。但吾國民亦不當以逆億之心相待，惟懸一格，以爲甄別公僕之用，即以卜禍患期日之短長。能信其人爲踰垣之段干，閉門之泄柳，則九頓首以請，長跪不起以相邀，吾儕爲主人之分也。若猶無此人在念，則秦越之肥瘠，蠻觸之戰爭，舉不勞我人注意。不發酵，米不爲酒，不霉變，豆不爲醬，黃金世界，斷賴此輩醖釀以成之，專恃我善良之主人翁，誰任掃除舊染之責者乎？謂予不信，試看曹錕，試看曹錕以前歷任之成局。

（1923 年 7 月 19 日）

顧維鈞與外交

今日之外交，果爲何事？曰：與財政相連帶之事。以故王克敏與顧維鈞爲近來不可分離之一物，有如張千李萬、顏良文醜、孟良焦贊、董超薛霸等等。財政何以與外交相連帶？此吾老百姓最痛心之負擔問題也。天下萬國，無財政、外交相待而後成者。惟有中華民國，惟有中華民國之軍閥，有買票做總統之惟一大政。票費攤之軍閥，弱者稍稍貢獻，強者即觀望風色，最便利、最普及者莫如敲詐我四萬萬窮主人。而直接敲詐又不敢，掀起風浪，莫妙於間接借外國之債，代我主人出名立契，更無主人承諾與否之餘地，此則外交、財政之自然合一者也。

世惟知高徐、順濟路也，賠款用金佛郎案也，包甯鐵路案也。前人種樹，後人乘凉，王克敏綽有迴旋，以故敢於嘗試，而皆非與外交部合作不辦。乃日來所聞顧維鈞之做作，又以羅文幹之獄，法官再提控訴，爲憤不就職之措辭。驟視之，似乎顧維鈞亦欲跳出網羅，借端規避。然以羅案始末觀之，則豈非奧國債票之承認，非先令羅文幹無罪不可。顧維鈞身爲此案之關係人，然則非但能助王克敏之登台，且身帶一分厚禮，來作曹朝之開國元勳耳。

王寵惠、羅文幹、高恩洪等一干人證，本爲左祖吳佩孚，而遭忌於曹，遂有包甯路案、奧債票案次第發現。事固曹家將所爲，然代主人揭穿黑幕，我主人不能因惡曹之故，而認高、羅之罪爲可末減也。同一事犯，高少助而羅多助，雖羅之助有三方犄角，而外交系之團結，實占其一方。顧維鈞之挾厚禮以

媚曹，豈真忠於曹，其中固爲自身之利害關係矣。則顧之戀戀
北京，動之以父老訓詞，激之以廬墓危害，舉不能奪匹夫之
志，謂顧維鈞果冥頑不靈，至此極耶。是故羅文幹而果有罪，
顧維鈞將終不就職，非意外事也。特將來以此之故，遂謂顧維
鈞忠於朋友，甚至謂其重視法系，注意於收回治外法權，則實
夢囈。以國務員之進退，與司法官之起訴相抗衡，其必爲尊重
法律，能作收回法權之預備也耶？

　　至於外交事件之緊急，不可負責無人。以此爲說，正袁世
凱、徐世昌輩，作惡至窘急時，輒以無政府之危險，恫嚇我主
人翁之故智。夫使國家無故，他機關健全，而獨外交停滯，誠
爲笑柄。今政府早已不存外交、財政等國務員，本在無從發生
之日。當時有政府時，顧維鈞尚知，遲回有待，非立腳稍穩不
來。今乃爲亂黨之鷹犬，較之黎元洪任命時何如？蓋其勇氣之
激增，誠知羅案之主持者爲曹家將，受黎命登台，未必足以抗
曹而救羅以自救。今日乘曹之急而登台，則所欲遂矣。而司法
官仍復執常法，而不知變通，顧維鈞安得而不大怒也。

　　吾國民當知外交之事，至無可奈何時，便成懸案。與其令
奴輩賣我，不如懸之以待異日自理，若其過怠之責，在今中華
民國中，實無人任受之。北京亂黨獨急急於外交，豈各國責望
亂黨，解決我國之國際事件耶？我主人若亦以爲外交不可停頓，
豈無力平亂，轉有力擔任外交之責言耶？臨城劫車之案，身爲
虜辱外人之事，何以外人不與責言，受撫得官，安然自得，而
外人之笑罵，直接及曹錕、吳佩孚等守土之官，間接及我主人翁
之不能別擇公僕。所謂國恥云者，即全國國民之恥也。明乎此，
則外交責任之所在，可以瞭然矣。孰能受今日外交系之詐騙乎?!

（1923 年 7 月 21 日）

民意脫離政府與政府脫離民意

原始之政府，爲民意所結合，如首出庶物，以創制之功而爲君主，如革除苛政，以獨立之倡而爲民主，皆是也。繼此之政府，不爲民意所悅服，猶爲民意所因仍。古者遠者不必言；最近如民國之初，民意尚希望強有力之政府，沿襲君政之遺，不自知其謬誤，要皆由因仍之故而來。此民意未與政府脫離之時代也。由是造成洪憲之禍，民始絕望。強者自失其強，有力者自亡其力，吾民乃由倚賴政府之舊習慣，變爲厭惡政府之新思想。除新式之政客，與舊式之祿蠹外，稍有意志之人民，皆以自覓生活，不問政府之有無爲定向。日積月累，趨勢益確，人民益不欲問政府之果爲何物。而彼有所憑藉，以處政府之地位，其人亦益不問民意之爲何物，倒行而逆施之，遂造成今日之局矣。

袁世凱以違反民意而敗，然製造民意，冒充民意，乃惟袁世凱爲最力。籌安設會，勸進成團，在在皆用民意飾之，可見人民所願脫離之政府，自名爲政府者，尚不欲脫離人民。以袁氏之粗獷，未必細讀《漢書》，而能逼肖"王莽傳"，可知古今姦慝，同此心傳，愈不合民意，愈欲以民意自文。從未有票選，公然講價，輿論討伐，不問不聞，既不答辨，亦不抵抗，視所竊之位爲與國民無涉之物。尤奇者，分應代表民意之議員，公然爲行市之交易，亦置身於國民之外。尤奇者，自稱內閣之群兒，既不敢認曹錕爲真主，而先之以擁戴，又遵奉其署置引用，作民意所斥絕之閣員。今之自命爲政府者，乃爲脫離民意之政府。

　　廣義之政府，立法與行政共之，則國會亦政府之一部分也。有四五百枚留京之豬仔，與四五個黨惡之豪奴，湊成一廣義之脫離民意之政府，謂天下之奇，莫奇於此矣！乃又有不在事犯之內，本可與民同意者，尚有數人，逐漸自投羅網。已犯實者如顧維鈞，將犯實者如王克敏，如顏惠慶，此等愚劣之人物，可恨亦復可憐。昔黨錮之盛，人或恥不爲君子，爭承匿庇黨人，冀與張儉同罪。今之顧維鈞輩，殆恥不與曹錕分亂逆之罪者也。推原其昏憒之根本，不過蔑視民意，而甘與脫離。民主國以民爲主，與君主國以君爲主，有何區別？賣主求榮，人人知爲十惡不赦。高凌霨等以曹錕爲主，知識本來顛倒，反無足責。顧、顏、張等，則身亦國民，未任事即尚保持其爲主之尊嚴，將任事亦當認清誰爲主人而效其公僕之用。曹錕者始亦一公僕，今已大得罪於主人，而爲主人所吐棄者也。尚有身受宗教薰染之功，足履民主先進之國，而以有教育自名者，不憚由主而降爲僕，且降爲將就法之罪僕之僕，具此頭腦而自稱外交系，豈謂地球各國之與我相接，亦脫離我民意，而擇其籠檻牢獄中，引一二囚人與講交際耶？！

　　夫民意欲脫離政府，此現象已近十年。所苦者，我日夜思與政府脫離，政府乃謬託知己，偏與我作戀戀不忍脫離之醜態，民雖有意，終以力弱之故，未能作決裂之表示。今何幸一干罪犯，自行宣告脫離，改組北京爲重囚禁錮之場，不復冒政府之牌，以剝我主人之顏面。我主人脫離此等惡僕之糾纏耳目，爲之一醒，豈非快事？但以忠厚悱惻之意，告我同胞，尚未點染如顧維鈞者，且勿爲撲燈之蛾，投身烈燄。非我四萬萬主人，以少此一二人爲寂寞，亦見死必救之惻隱心而已。

（1923 年 7 月 30 日）

民國以後之建設

　　近日舟車所至，恒有人相聚而談，謂國事至此，得有非常之教訓，則誠然矣。然受教訓爲一事，國民既受教訓之後，是否終須有一立國之形式，以互相庇護於其間，則是否應少作快心之談，且於無可建設之中，勉思草草建設之道？爲此説者，決非爲大選作説客也。語重心長，聞聲而辨爲老成憂世之旨。既承垂問，輒貢所見答之。

　　謂今日爲國民已受教訓，則視教訓之程度爲甚淺，是猶纔辨書本爲板片所印成，而自命爲讀破萬卷也。其與立國形式之關係，即是教訓之逐漸實施。立國有形式，固爲教訓。立國不在形式，教訓尤大。今日之建設，尚非建設立國形式之時，而正爲建設立國精神之日。立國之精神何在？曰在民族之自決。此在吾國古代，不易以口語揭穿，恒待數十百年而自顯。黄帝子孫，惟有自保其文化之決心，其間侵凌佔據，迭興迭亡，仍留四千年來之信仰，不自認爲有異族之擾越也。而世界各國，則已視此爲解決紛爭之最大原理。有亡國數十百年，民族不與所受征服之國同化，卒得復其疆索者，有國土與數國相交錯，界址不易清畫，而以住民之投票，從其志願，以定其歸屬何國者。故民主之説，非人力造成法制上之分別，乃世界進化以後，天然用爲立國之根本準的者也。今軍閥竊據，南北對峙，握政權者，日以求統一爲口頭禪，即明明自標其爲不統一之國。然國際所派駐使，在一首都，豈有厚薄於南北之間，亦曰通商貿易之便利，祇此已足行李之往來，貨物之輪轉。以好而來之推誠，以惡而來之禦侮，我國民絕不受軍閥割據之影響，如身使臂，如臂使指，故政府以未統一自待，而國民以本來統一示外人，外人即亦以統一之形式處之。由前此之統一、不統一在我國民，而不在政府，即知後此之是否成一國家，在有無國民，而不在有無政府也。此義爲世界所甚明，而在吾國尚多有未瞭然者。無論昏憒之軍閥、官僚，蔽於利慾，而甘心與民意爲敵，將造成國民以外之國家，民意以外之政府，即讀書識古今、明治忽之上流人士，猶且以舊時奉戴一尊之耳目，誤認今日分寄全體之精神，故欲復其舊來之形式，而急思建設焉。其自以爲已受教訓，正其尚待長時期之教訓，庶能漸變其印板之成見者也。又或以世界先例，欲變革一民主之首領，爲委員制之研究。其實最近時間之內，即或有委員制發生，亦是迎受教訓之一物，供試驗以聽遷流，作過渡時影戲之一幕，決非有建設之可言。立國之道，非有藍本可襲，即必無先例可援。所可信者，將來建設之確據，必在魑魅魍魎，以無所取利，而自消除擁兵之禍。隨軍閥之顚覆，而漸縮官僚之毒，隨國用之窮促，而漸散豬仔之制，隨主顧之凋零，而欲售無有受主，於是國民之憤而放棄公權者，重復興奮，知行使公權爲可以救國之實事，此時則教訓有成之效也。否則謂長此以往，恐對世界爲無置身之地，此即顧維鈞輩外交系之説客；恐對政治爲有停頓之憂，此即馮玉祥等大選派之説客。又或空空言道德，而借釋迦、耶穌爲面具，以爲信宗教者必較具向善之心，甚或以孔孟爲標榜，道學爲頭銜，則請視刻經之徐世昌，念佛之段祺瑞、葉恭綽、張紹曾，奉基督之馮玉祥，籌辦曲阜大學之張琴。所謂宗教，固今日魑魅魍魎之窟也。

（1923 年 8 月 1 日）

拆人之台者人亦拆其台

曹錕之痴夢不成，拆台之效也。孰拆之？南下之議員拆之也。方議員之未南下也，張紹曾內閣之辭職，馮玉祥軍隊之索餉，方自以爲能拆黎元洪之台。世間得拆台之秘訣者，莫彼昏若矣，豈知拆台亦須視民意所在。張、馮逆民意而拆台，適爲一部分之議員搭台，因而動一切反直派搭台之興，民本厭惡議員，因一部分能拆曹錕之台，遂又假借之。是爲國民所合意之拆台，其效如此。

今台將拆成，根本在財政無辦法，國會永不成，會借債之途，亦大受頓挫。拆台之功，於斯最大。然而議員以南下拆曹錕之台，今則吳景濂輩又將拆南下議員之台矣。非吳景濂存心拆台，乃由其窮無所之，亦將南下，果與先南下之議員混合，是即拆南下議員之台而有餘。何也？今國會不稍加淘汰，萬不足以廁於人類，淘汰不從吳景濂着手，無從毛舉個中人之罪狀而一一剔除之也。

論議員之罪狀，非筆舌所能殫罄。昔時言黨派，猶必借一門面語，爲作黨綱。自李根源在粵，組織石行會館，以雀牌飯菜爲號召，始有用人類之污點作結合黨徒之捷徑者。卒之擁戴岑春煊，聯絡徐世昌，憲法會議八次流會，遂拆廣州政府之台，而使岑春煊執梃爲降奴之長，不使劉銀得專美於前。斯時黨岑者，雖不止一石行會館，而石行會館中人，實無一不出死力以報雀牌飯菜之恩。有此方法，而一年來無數團體之結合，頗奉李根源爲師資，而有青出於藍者矣。

　　議員之結團體也，謂之拾外快。蓋以賣票爲正項之收入，而先用團體之名，爲投曹之花名冊，具此花名冊，即可領開辦費、領酬應費，不計入將來票價之內，故謂之外快。然而號召亦往往不成，大抵能投嗜好，乃能團結。於是，昔日李根源以鴉片爲雀牌飯菜之餘興者，今則鴉片又爲團體之正宗，設燈槍以便橫陳，趨者如鶩。既而吸煙之徒又多，乘空打成燈泡，納之夾袋而去。於是，巧者更結一團，訂明來吸者出門時更送煙二錢，其暗偷者仍不論，則此團體亦告成立。舉此一事，以概其餘。謂議員尚足厠於人類，雖至仁恕之君子，不能容忍矣。故曰不淘汰而可復名爲國會者，人類所不許也。

　　夫爲種種怪事之議員，未必即吳景濂等數人，且未必不因他種關聯，其人已在南下之列。又或本爲定購京滬通車來回票，兩邊領費起見，而其人之名字則已在南中。淘汰時未必能爲淵魚之察，然止須國會中有若干被淘汰之分子，即舉下流之惡，納之此輩，所謂紂之不善不如是之甚，然不得不以紂尸其名也。使今日方在籌辦大選，擁護張紹曾，歡迎顧維鈞，作種種億萬年有道之長之計，忽然因售票絕望，出席費告罄，歲費虛懸之故，幡然改圖，又合而爲南中制憲之局，此種腥穢之憲議，居海濱者，果皆逐臭之夫耶？有所淘汰，則可以千罪萬惡皆委諸此輩之身，否則用何面目對南中父老子弟。故吳景濂混入南議員之日，即南議員之台被拆之日。報載議員有擇尤除名之議案，用何方法除名，以何時日除名，均不可知。要之，爲南議員自救之道，無逾於此。雖然今日急而自救，或可勉爲之。議員之墮落，已成慣例，不轉瞬又有安福等派引誘，安知無供給烟酒牌等不肖之具，又圖結合者。若能小懲而大戒，稍稍留意，則猶無負國民暫時利用之意，亦議員稍自湔祓之一道也。

（1923 年 8 月 7 日）

職業政治

　　前數年始創職業學校時，若職業教育，爲教育中特殊之設施者，然未幾而悟矣。一切教育，無不以職業爲歸宿，此教育之漸見真相也，特未能悉符此本意耳。而政治之穢濁，方在不可嚮邇之中，已有圖窮匕見之象。覘吾國政治之癥結，皆以無業之人，用政治爲百業以外之專業，立於百業之外，遂與百業相抵觸，非但無益於百業，恒以妨害百業，壓抑百業，朘削百業爲政治之原則。乃聚此無數不務正業之人，組成行政之統系，其始果自成一豺虎之羣，狐鼠之窟，久之亦互相挨逼，無端而擴張武力以糜餉，無端而援引黨徒以糜俸，無業之人，互相侵軋。總統祇有一缺，而爭者數人，閣員祇有十缺，而爭者數十百人，全國之公職，有缺額者，無不什百倍其人數以相爭，而無缺額者又可任意安插，以造成無業之業。飯碗祇有此數，爭者恒什百倍之，本以求飽饑者恒多，本以求樂苦者恒衆，於是政治中人，亦有感覺於不如職業者矣。

　　夫謂政界不如職業，此已爲昧其原本之談。無論古來設官分職之意不如此，即近世紀綱未紊之時，有缺而後有官，雖與古意尚遠，而其可爲職業均也。古者設官所以爲民，與今世行政法之原理相合，苟非人民職業中需有此官，爲之提挈綱領，即不得更有他種疣贅。自君主政治之弊，爲百姓之意少，媚一人之意多，而爲官者亦自以事君爲榮，更無與民爲伍之念。故雖以官爲職業，終與人民之百業相遠。清之末葉，受世界之激刺，頗改官制，已使官與職業相比附。如農工商部也，郵傳部

也，皆以事任爲專官，不復附屬於户、工兩部之内，廢棄廓落
之六部，漸露職業之曙光。其間如民政部之專辦巡警，且專顧
京畿，頗多失真之處。迨改革以後，再經一次釐訂，又以廢止
君政，一洗内務府等冗濫之員役，是爲職業政治之光明，又進
一綫之時代。

　　洎乎共和十餘年，政治之與職業相遠，乃更甚於清代。蓋
官治之法度盡掃，而職業政治之意義，領會者無人。利用此青
黄不接之時機，隨意獵官而無資格可限，又其貪昧虚榮之心
理，視上下級之公僕，皆沿帝王卿相而來。百業皆自食其技
能，惟官無技能，一憑主者之愛幸，因其無技能，故不成職
業。然今日各機關中，究有不能不用技能之處，則職業之官，
亦往往出乎其間。民國以來最誤者，在信用名流，侈談政策，
視職業之官，充其量不過目爲事務官，而虚嚚不事事者，自命
爲政務官，列席閣議，專論南北黨派諸搗亂之事。有職業可以
自效者，其權益微，其跡益晦。所有發揚蹈厲，抵掌談天下事
者，皆委諸萬惡之政客，無職業者之氣燄日盛，職業政治之真
意日漓。推其禍始，實在帝制之燄未殺。官僚且勿論，革命黨
人，稍露頭角，即以偉人自居，不屑與平民齒，獵官獵總統之
興，有甚於王政之人材。天下惟職業中之地位，不甚可以巧取
而豪奪，民黨與非民黨皆以偉人名流相標榜，職業無所用之。
此今日敗壞決裂之所由來也。此爲職業政治之緒言，其詳請更
續陳。

　　　　　　　　　　　　　　　　　（1923 年 8 月 19 日）

再談職業政治

以職業爲政治，必社會有此職業，而後國家有此政治。從事政治之官，即積其資望於從事職業之日，其來也以職業歷試之，其去也職業中久已恨少此人，延頸以待其復業矣。此其人何屑以飲食賄賂，易議員之同意權，又何肯以運動留戀，自荒其所操之本業，而致以永久之生活根據，易一日倘來之位祿，此職業政治所以爲政治之正軌。然以專業爲專官，世於農商、交通等事，或易見信。假如總統、總理宜以何業爲進身之階，省長、縣知事宜以何業爲退老之地，此義未明，則吾職業政治之說，不過指少數技正技士爲正途，而仍不能破名流政客之擾攘也。請言行政之統系。

行政統系，各國俱有出入。就吾國言之，則現分政務爲九部，地方官屬於內務部。而省長之體制，又微與他國之地方長官有別，則以版圖過大，綱領之提挈，頗有分寄之處，不以尋常內務部屬員視之，是爲今省憲之說所由起源。其事體較鉅，不在本論範圍以內。要其爲內務行政之一系，則不可搖動也。夫內務行政之官，必有內務行政之職業，與相表裏。內務行政之職業，即自治職員是也。內務所需之行政，無非一自治所需之行政。自治職員之成績，即內務行政官屬之積資。無自治成績者，不得爲內務行政官，則自治之事任重，而內務行政官之流品亦清。今自治中可指之人材甚少，行且以地方意見，地痞習慣，將於自治初復之時，大肆其地方自亂之毒。此則所謂國民程度之不及，非經此一關以後，無從見吏治之澄清。則生當其間，馬弁小舅子，奴才亡八，皆與士人分百里之寄。爲士人者，以口腹之累，不能不降志辱身以與相周旋，甚且摹倣馬弁、小舅子、奴才、亡八之伎倆以爭位置。則今日之所謂吏道、馬弁道、小舅子道、奴才道、亡八道而已矣。自治有人材，然後官治有所取材。先進之國，自治經費，優於官治，自治職役，重於官治，則入官以前，何患無鑒別，罷官以後，何患無設施。此就人數最衆之內務行政一系，言其與職業相表裏者如此。

若夫農行政與農業相表裏，工行政與工業相表裏，商行政與商業相表裏，礦行政與礦業相表裏，路行政與路業相表裏，航行政與航業相表裏，郵行政與郵業相表裏，電行政與電業相表裏，司法行政與律師及應設立之法學會相表裏，教育行政與教職員教育會相表裏，財政與金融業相表裏，此皆顯而易見，無待論列。積業務之信用以從政，信用即天然之試驗。世或慨民國官方之紊亂，欲憑考試以救之。文字一日之長短，試官數人之愛憎，較之學識經驗辦事成績所取得之信用，其孰爲可恃，必不待煩言而解矣。凡此於內務、財政、司法、教育、農商、交通六系業已有說。其海、陸軍及外交三系，則陳述較繁，更請爲專論，以均篇幅。

（1923 年 8 月 20 日）

三論職業政治

行政機關中，軍事一部分，似乎政府之專業，非人民所當與聞。果爾則職業政治之界說破，非但破我偶然立說之職業政治，直破政治凡以爲民之原則，更破民主國體以民爲主，我民無事不有主權之原則。故今之以軍事爲專業者，即沿襲專制，抵觸國體之大罪，亦即萬惡軍閥之所由來也。先言陸軍。

古者言兵，本祇有陸軍。自英以海軍稱雄，舉世皆以航海規取遠利，始有海軍之專名，而轉以非海軍之軍加陸字，以分別之。儒者言去兵，當累朝自謂尊孔時，以爲孔子之言去兵去食，乃充類至義之盡耳，非有事實可期。猶孟子言行一不義，殺一不辜，而得天下，有所不爲，皆所謂理想之境界。如俗所謂，若依佛法，螞蟻不可踏殺者也。乃自英國首有憲法，君主違憲，即有相當之罪刑，甚者至上斷頭台，由人民正其法，則不義誠不可行，不辜誠不可殺矣。去兵之驗亦然。世界最小之國，無從養兵，竭全國之力以養兵，仍不禁大國一呵氣而僵，一彈指而碎，則實行孔子所謂去兵者，瑞士是也。亦有大國以無取求於國外，不必養兵，移養兵之費，盡用以開發國家之事業，遂以新進國而富強加乎世界之上，則實行孔子所謂去兵者，美利堅是也。論社會之文化，我國在各國之先，論國家與政治之組織，則各國實以地醜德齊操心慮患之故，較我國先破迷瞀而見到真際。以軍事論，古人亦言扶義興師，順民意而後動，大刑用甲兵，所謂有征無戰之方，其旨具在。然秦漢以下，直至三十年以前，其視軍事皆君相主之，勝則告成太學，爲皇帝之功，不勝則糜爛其民，殉一人之欲，如斯而已。今世界之大勢則不然。近年歐戰之禍，人皆謂文明之說爲假面，以文明濟其獸慾，殺人之害乃愈烈，是固然矣。然原其搆兵之始，即云獸慾，亦全國公共之獸慾。以工商業之相擠，金錢進出之相權，生計之相迫，與其不戰而坐受德人之超踐，不如以生命相搏，摧之於爲虺之日，而勿任其爲蛇。故方其未悔禍時，雙方皆自謂義戰。夫兵果由此等事而興，則瑞士、美利堅之不養兵固宜，瑞士以國際公法爲保障，但盡其立國之道，美利堅以地大物博爲保障，於世界處有利無害之地位。我國之地大物博，爲世界大市場，甚於美國，其不爲物先，不以非理，犯衆怒甚於瑞士，何所用其養兵？或者謂：陸土遼遠，與隣國邊界相接，不似美之自爲一洲，南隣英法之屬地，北隣俄之邊疆，彼皆以軍法部勒邊事，我與對汛數千里，不能不以同等之軍人資格相應付，則亦惟邊防可以有軍。腹地斷無一兵之需要，有時秩序亦賴維持，此則巡警之務，而自治之一端也。故吾國本可去兵。偶因滇桂之對英法，外蒙、北滿之對俄，稍稍辦更番徭戍之事，則正與巡警業爲表裏，訓練不可不精，猶之美不養兵而自小學以上即稱尚武，養成一國質直耐勞之風，不似我國士大夫胡粉飾貌，搔頭弄姿，手不提挈，足不奔波，居則頤指氣使，出則從者後車。果爾則國民皆有爲軍之資格，而職業則軍與警爲表裏也。特是歐戰以前，吾國教育界盛言國民軍，歐戰以後，此聲頓寂，似乎前之尚武乃慕德國之黷武，今之不尚武，直並美國之養成强毅風俗而亦擯之，則國民之誤會，而教育家未盡之責任也。

（1923 年 8 月 24 日）

四論職業政治

陸軍而外，復有海軍，國民向來亦視爲隔絕民業之事。夫國家之所以需海軍，豈其本意，將與各國戰爭於海洋之内哉？亦曰：世界交通，既已定通商之約，即互有僑寄之民，商船郵船，往來如織，陸地可以警察巡視之，海中則武裝之兵艦等於警士之徹巡也。又僑民所在之地，恒在濱海大埠，各望其本國之商船郵船到埠，亦即各望其游弋之軍艦到埠，是故雖居異域，與國内交通組織保護方法相同，則設海軍正所以爲商民也。吾國不然，僑民在外，近年始不以通海爲罪。而交通託之外國航船，保護託之外國法律，所以設海軍之意，乃浮慕外國海上爭霸之威權，直以能戰爲期望，而以不堪一戰爲歸宿。至其與民業相關之本意，則絲毫無之。船廠養成人材，自爲統系，出乎職業之外。及今國内不安，黨派分立，遂據有艦械，以左右望而罔市利，於是又爲國家添一不正當之職業。公民議員之賣票，海軍員弁之賣身，爲世界特殊之營業。非納之於職業之正軌，即不足以破此不法之業務而革新之。此其病本，正坐民業與之隔絕，遂聽其專有秘傳，任情匪僻，而莫有能驟取而相代者也。夫海軍人材，當與商船人材相表裏，此爲職業中一定之理。吾國始創商船，其偉大者爲招商局，主其事者李鴻章、盛宣懷，皆以倚賴外人爲先天之根性，故有海關即有稅務司，至今用外人爲之，有海舶即有船主，至今招商局船無國民任駕駛者。當其始，外人受聘辦事，或訂約薦人，亦代我國擬養成後起之才之法，故稅務學校、商船學校皆有外人擬訂之章程，勸我急辦，而李、盛力卻之。蓋以雇用外人爲可以終古，西人談者恒以爲怪。後來乃有上海另辦商船學校之議，張謇主之，唐文治亦預其事。數年以來，薄有基本之金，竟無締造之暇，近且以歸併同濟聞矣。國民視此爲不急，則食肉者更何足言？及今造就之，非歷數年，不能見效，非待商船有人材之後，不能破海軍統系之秘。要之，民國之建設，原非旦夕之事。即最掛人口之自治，亦正在利害衝突供人試驗之時，何必以海軍之入於職業爲遼遠而病之乎？所異者，自今日以前，似無有思以職業範圍海軍者，則繼續其數十年來虛耗之黃金，造成賣身之專業，爲世界增一污點，皆我國民之不知約束爲咎矣。夫極少數之專門家，相結合以潤其私計，必成世界之罪惡。陸軍之技術淺，特藉淮、皖、直等歷史以把持之。海軍之練習，較費工候，其黑黯有更甚於陸軍者，以其不易更張也。陸軍尚可以法令淘汰編制，海軍非先有同等之職業，軋其所專長，而倍蓰其人數，無由起承其乏。先養成商船之材，次就現有之商船，實收其材之用，又次擴充航綫，以廣其實習之途。將來政府之方針，正須以提倡航業，如外國種種獎勵等法以促成之。一方似注重職業，而其又一方乃以向不入職業之海軍，逼而使就職業之範也。夫吾國所謂政府，非望之據有官職者，正望之主人翁，自以整理國事爲己任。留此一事，在人人之腦中，於徹底改設時，并力爲之焉爾。

（1923 年 8 月 26 日）

五論職業政治

外交行政，近日國内以留學生數人，出任外部，一破清末總理衙門緒餘，遂發生一外交系之目。所謂外交系，不過曾習外國語言文字，再憑其圓滑能對付之精神，以結合之。此輩勇於做官，模倣官僚之習氣最重。到處換帖，以聯絡軍閥要人，醜態可掬，蓋有學生以來，勢將造成一黑暗之系統，與海軍人員作文武對峙之齟齬境界。人民無外交之正式機關，則任此輩爲離乎職業之一專系，而政治永無清明之日矣。

夫外交之才，若衹以圓滑對付爲能，則此事將永爲小人之歸，無復士大夫之風節可見。試觀外國所謂國際法學者，豈卑靡無品格至此？國際法學，不過法學中之一支一節，國家惟法學昌明，則國際法自有研究之人。研究之人多，其中乃自爲職業，以前輩啟迪後輩，以通才提挈淺學。世界交涉中開一新例，外交界定一新說，皆由此國際法學者彙輯疏通，成著作則享版權之利，定學科則崇教授之位。國有大交涉，當局者勞於應付，其研窮理論，裒集事例，折衷比附，援據引徵，皆由學者任之。夫而後外交之重心在社會，而不在政府，外交之人材在職業，而不在政治，故曰外交行政與國際法學業相表裏。昔之總理衙門仰奕劻之風旨以爲進止者，固爲行屍走肉，今之外交系竭力養成習氣以作新官僚者，亦爲清白學生墮落之階梯。國民不能駕馭之，適令國家多一蠹弊而已矣。

由此可得一結論，今之職業政治，去之尚遠。然已可證職業教育之說，亦尚誤認方針。凡倡職業教育，辦職業學校，似乎必以手工爲合格。試問國家之所需，社會之所急，所不能不用之人物，是否得爲職業？如得爲職業，是否亦需教育？吾意民國前途，非以職業政治爲趨向，何以救官僚、政客之流毒。自國民以政客爲詬病，學校之育才，家庭之授課，初擯法政而不談，以後律師是否職業，司法一系是否職業，此猶爲純粹之法律學。其法律與政治兼者，在行政，爲内務、外交兩系，在職業，爲自治員役。國際法學業之兩途，要皆不出乎法政學校之範圍。故講職業教育，而不及法政教育，是絶然未明職業之意義者也。特昔以法政爲求官之途徑，若直接科舉而來，則緣初習法政者，皆習科舉之變相。今自中斷以後，更以職業之宗旨創立之，則改造政府，變政治爲職業，斷不能不以法政爲得半之關係矣。

再以事實論，今之所謂政府，尚以司法一部爲最合乎職業。亦緣任此者有學問，有資格，其所治之事，有案牘，有當事人，其對方相鞭策者，有學問資格相等輩之律師。故近日北京政治之罪惡，他部皆已糜爛，法部除長官偶落軍閥外，其餘仍不能輕動。其次教育部，則以教育團體之監督尚較强，亦較他部爲稍清潔。然資格不似法界之謹嚴，職事亦不似法官之煩劇，冗員坐食，情面兼差，往往而有。外此乃不復可聞。以農部爲純乎職業之機關，而歷來爲二等政客之窟穴。何謂二等政客？其最得信任者，必攘取財政、交通，若信任不能逮此，而亦爲不能不重視之政客，則以農部之生發最多，取以位置其人，亦頗不遭其人之鄙薄。以此之故，風氣最壞，遂爲敗壞職業之尤。諮議顧問之員缺，動以千計。猶憶清末設農工商部，聘張謇等一二人爲顧問，不過表示其接近社會之意。今則爲議員安置轎夫之所，凡産生議員之地方，窮鄉僻壤之塾師賈豎，無不爲農商部諮議顧問者。事後思之，有不爲失笑者耶？！

（1923 年 8 月 29 日）

大選之成否

吾本謂曹錕必爲總統，爲總統必出於選舉，今又將實現矣。然在曹仍出此途，而事勢竟未可必其果就。事隔日久，肯選曹與不肯選曹兩派，意志略定。其本可以必選曹者，已南下之後，亦以南中先入之故，未必一律反汗覥顏北去。而未南下者，則頗有必不選曹之人，以從前未嘗入粤，此番亦不樂輕易來滬，能在北方相持則持之，不能則去職，以謝國人，不欲附和遷地，以形其前後之有異致，此其人殊非急遽行賄，所可轉移。故近日反對維持費之聲，正發於在北可得此費之列。夫可以選曹之議員，既南而不盡北，不肯選曹之議員，又留北而不盡南，雖在京實有若干人，其勢又必有減折。此法數之難足也。

天下惟正當之行爲，可以要約而定。既已昌言價賣總統，則干名犯義，甯不自知。夫亦曰一生幸運，自此告終，非撈摸棺材本到手，輕輕放過，必有天殃及彼，以故對包辦之人，極不情願，受分配之數，極易懷疑，五千八千，爭執方烈。試觀歷次選舉，愈近愈不脫金錢之競爭，愈有金錢之競爭愈不能帖然卒事。參議院改選議長，竟以流產終古。各省省會，當時以無議長即無會，乃勉强選一議長以自救，其選副議長即絕不可能，故無論無賄可行，即行賄亦正難妥當。此議價之難成也。

論總統之迷夢，固必一嘗此異味矣。然同一不法，用武力得之，出於擁戴，固見黨與之多。即出於軍警迫脅，亦尚見其有盜首之氣勢。較之俯首帖耳，論值付資，以買之於豬仔之手，内對國民，外對世界，究竟有何顏面？曹家將中，與其戴捐納之老土爲魁，何如戴武健之强人爲首。吳佩孚所謂移買票之費，作武力之用者，正復此意。今以王承斌之供獻，不過爲麻木不仁之局，打一嗎啡針。果能就此成豬仔之交易，去之甚遠。則以前述之二難，迫而出後陳之一義，在曹錕尚爲彼善於此之計，若並此而無人肯爲，則真絶物而已矣。

以人情論之。曹錕之急於謀總統，必不敵議員之急於賣總統，一賣之後，可以散而之他，所謂雖不得魚，無後災也。買得總統之曹錕，將如何登台，將如何登台而應此難局，將如何息天下之釁，將如何酬翊戴之勳，苟非蠢如鹿豕，必知其以若所爲求若所欲之後災矣。惟有包攬之經紀，則有大款大提頭，有小款小提頭。急於賣總統之議員，賣得之全數，不過五千八千，經紀之所得，則恒什伯其數。是故爲曹錕作興奮之劑者，莫如文武各攬頭，希望如以前之帝制報銷，作一值得通緝之罪犯，而成不成非所計也。此今日大選之各方面也。

（1923 年 9 月 2 日）

奉還大政說

章君行嚴發表論文，以約法所予國會之權，令國會自身覺悟。其不能行使此權，仍奉還國民，藉告無罪。此誠激發天良之語。吾欲觀此一課其實現之途徑，不能不更進一詞矣。

夫以國會中人，主張奉還政權，出之多數，即成國家一大舉動。若出之少數，或並爲極少數，則亦猶是無責任之言。爲今之計，與其令還者自動，不如令受其交還者主動。猶之立憲政體，非人民爲有力之要求，無上專制之帝王，何爲而犧牲其傳襲固有之大利益，而拱手奉讓乎？吾國事實之所難，難在消極之主張易於發生，積極之主張往往有無從進行之苦。假如裁兵廢督，誰不知爲要事，而欲求領兵者自裁，爲督者自廢，則豈有可能之理。國民於裁兵廢督之不爲積極運動，猶曰不可以無槍與有槍較也。區區議員，挾何威力，而袛由言論中表示唾棄，絕不能事實上明予制裁，此何故耶？

前乎此者，亦有張君君勱之《制憲論》矣。國民非不贊成，而國會得以不理之態度置之者，以國民並無受理之態度可驗也。國會所挾之惟一後盾何在？則惟十年前全國統一之選舉，此選舉爲無意識乎？共和之始，本以實行爲試驗，即稍稍學過政治，亦安能用無機之成方，治有機之變病，則當時誰爲有意識之人？要其時賣票之風未開，公民投票，大約爲參與政權，舉人代議而來，則大本固已確定。急進緩進，確分兩派，猛烈競爭，皆有政治常軌可驗。不似後來爲一黨所把持，此辦選舉，彼不承認，其辦成者亦徹底賣買，穢氣薰天。故即論無意識之選舉，亦祇有此一次，可名爲民國辦過之選舉。今日議員之罪惡，在國民有以縱之。其縱之也，即今日之雖欲奉還大政，而有不能之事實也。

惟從行嚴之說，又可爲國民進一大興奮之良藥。國民當知大政之爲大政，決不在形式之政府，更不在本非許其成形之軍閥政府，亦決不能以武力之蠻橫，抹殺國民，而自出政權。今日不法之軍閥，不法之軍閥政府，無不借用此名爲合法選舉之舊國會，以爲傀儡。即其明效大驗，國民但從其後，而議國會之是非，亦與議軍閥、議政府相等。言者爲無責任，聽者爲無利害，則以彼軍閥、官僚憑歷史之事實，國會議員憑法選之形式，皆有所憑藉而來。國民今日之憑藉，祇須有全體公意之表示，足以關軍閥、議員之口，能接收國會之政權，即能撤廢軍閥，建設政府。一鼓而下，孰敢抗衡？若國民無此結合，則行嚴所已指爲可與言者有一林宗孟，充其量自今爲始，更增一心史其人而已耳。

（1923 年 9 月 4 日）

國 會 職 權

國會最醜之語，爲自稱行使職權。職權之最大者，惟立法與預算。試問今之國會，所立何法，所定何年度之預算？議員之言曰，立法之責，誠爲國會所獨負，若預算則應由政府提出，政府亦應先有支配全國出入之權，而後可定預算案。今之政府，是否有權提案，而況議員何從以預算之責加之。夫議員若以此言卸責，須先不由己破壞預算而後可。明明有官制，則官有員缺，俸有常額，設使政府不守官制，不顧俸額，濫徇私情，應如何嚴重監督，使之就範？今之議員，日夜奔走求官，暗中分發到部，取得差委，不甚顯著者，殆不可以數計。其稱小兒求賞飯吃，舍親求賜栽培，靦顏無恥，如出一轍。此其人是否有監督政府之身分，若取得大差大缺，其始亦頗聞同院力攻，謂議員不應兼任官吏，旋復寂然。大約其攻擊也，出之嫉妬之私，初無爲國惜財之意，但能稍稍點綴，自然彼此諒解，以同院而兼同寅，更加親密，豈復有嫌？真爲國家愛惜者，大約無其人。即有之，亦無從發此不入耳之言，以爲嫉妬者取威助勢之資料。又有本人初不求官，而以田舍翁驟入勢利場，向來無人過問之人，忽有吮癰舐痔之官僚，對之大獻其醜，一日之威風，亦覺有生所未逞，恃其莫或非難，輒手滑而不自禁，一經開此方便之門，後有求者，反無謝絶之策。家人寡婦，一爲盜污，終身淫行，此柳州所以傳河間婦者也。於是議決預算之職權，變爲乞憐昏夜之職權，主人倚議員爲代表，以臨公僕之上。而孰知代表已拜倒公僕腳下，壞盡主人顏面，害猶小。

以此輩之慾望，萬一政府竟提出預算，此輩豈不若喪考妣，斷其後此衣食之根。故破壞預算，從破壞官制始。今夫預算之爲用，爲萬事之基址，社會事業，無不先問預算，而後可施計劃。其實創辦之事，預算多不盡可恃，惟國家之政治，有數十百年之成局，編定預算，無不可以實行。舍此不爲，而惟叫囂隳突，今日鬧彈劾某員，明日求賑濟某省，明知秋風過馬耳，但以空言見好於受害之人民。試問除彈劾閣員，尚可有效之外，各省之舉錯，所責望之政府，是否爲權力所及？至乞賑之卑賤，無非沿君主成例，望其開天地之恩，率亦無從分虎口之餘，以救殘喘之命。議員則曰：吾已言之政府矣，後此之屯膏壅澤，政府之事，非我所知也。若能催辦預算，則即有凶災，備豫不虞，亦有專款，何勞諸公口惠？吾謂國會之萬惡，皆自求官發生，有官可求，則一切職權皆用之以濟其欲，所謂立法之責任，安有暇晷顧及之。最可笑者，少數議員，尚感熱心法律，至議決每星期中，開一次法律專會，其始成會一次，以後永遠流會。〔至衆議院非法揭議延長任期，則即以滿法定人數聞〕諸公養精蓄銳，以逞其擁閣倒閣之能。擁閣者，求官於現任之閣員；倒閣者，求官於繼任之閣員。總之，皆爲破壞預算而設。故行使職權，即是蔑棄職權。國民不察，往往以議員之爭執囂陵，指爲罪惡。屈計一年以來之國會，所爭執者，有甚於倒閣擁閣一事否，即可知議員於求官外，尚有他事否？張紹曾之復職，至今尚爲議員報恩之惟一大事。嗚呼醜哉！

（1923 年 9 月 11 日）

謹防官僚之利用日賑

近日友人相聚，必談日本震災，鄰國宜盡急難之責。或云：日本之災，災在地震，地震之災，動人援救之熱心。我國之災，災在人震，人震之災，予人誹薄之冷眼。吾國之人震，目前有兩重難關，大約即不能度過，一關爲九月十三，一關爲十月十號。其餘小震，不可勝數，如中秋之節關，亦其一也。而官僚政客，譸張爲幻，至以日本震災爲施展手腕之憑藉。國民有急賑之熱忱，官僚用爲斂錢之機會，苟非報效大選，亦必以身發財。國家有此蟊賊，亦即人震之繼續不斷者也。向來日本遇荒歉之年，或需食米接濟，我國於是有米禁應弛與否之爭。人民堅持，不願弛禁，而其時是否穀賤傷農，又當別論。京省政府，則無不利其弛禁者，藉以得每石若干之特稅，於聚斂之策，大有裨益。今之日災，非米荒也。運輸之難，秩序之紊爲之，是否缺米，日人尚無表示，而官僚則已以開弛米禁日夜提倡矣。果使日本缺米，正應訂明需米石數，向我國購辦。而人民受此米貴之損失，政府豈不應拋棄其征收之利益，共爲救災恤鄰之舉，以爭存其顏面。故使日本果需購米，正應限定石數，照市價售與，而由海關驗明放行，逐行免稅，以完成此義舉。若以報效大選，舉費無出，而用鄰國災賑爲名，與直隸省長之金丹罰款同一作用，則愚弄國人，其惡猶爲官僚之慣技，裝點國際之慈善，以成狗彘不食之醜行，其何以對承我友誼之鄰國乎？

報又載賑災事起，又驚動慈善爲業之首領數人。熊希齡建議由關稅附加，以半充日賑，以半充國內之賑，此議未知果發自熊希齡否。熊如未有此言，宜登報聲明，具有人心，不爲此乘機劫掠之舉。慈善之事，本出諸人類之同情，不由强制，乃見高尚。若官吏可憑其行政之淫威，迫人出資，使願與不願、有力無力，舉無能免，此在盡數充賑日之用猶覺不合，即使國民願有此犧牲，應由國民自動發議，以求贊成。熊希齡何人，攝政內閣何地，而可以肆意妄言，代國民任此强迫之負擔乎？又況用其半而留其半，國內之災，何所指實，豫儲此款，以供自稱元老之少數官僚，隨便立一名目，以造成無數督辦，而沾取無限脂膏乎？平時承軍閥之餘竅，盜取國務員位置一二次以後，盤踞京師，抵死不放，窮年累月，永爲國蠧，便可自稱元老。須知國爲民國，非藩閥政治，非階級制度，本不發生元老之名。間有人以此指目，乃醜詆之詞，非褒美之語，竟用此爲資望，而獻此剝民之策，以與城狐社鼠共分此鼎臠之肥。更值所謂攝政內閣正當羅掘計窮，鐘漏並歇之時，現在國內第一需款，無過於耽耽欲逐之總統，嗷嗷待哺之議員，汲汲皇皇籌報效之攝閣，以此萬應神方，投其所急，有不如石投水奉爲神聖者乎？既冒善名，又投時好，何其巧也！然今日對國民能售此巧，吾又微有不信。

（1923 年 9 月 12 日）

哀總統之鄉里

省界之說，以近年爲最盛。因飯碗問題而排斥外省人，識者議其隘。然此普通之心理，不足怪也。至某省將產生總統，其爲此省之福耶？抑禍耶？由今事實觀之，其必爲禍無疑。就時論所最集中，人情所最衝動，事變所最急轉直下，而可以供人談柄者，莫如曹錕。曹錕之意，必爲總統。而直隸其鄉里也，捧曹錕者，官僚、政客、議員皆以直隸人爲多，其對外亦以直系爲號召。夫爲總統而值得一捧，必認此爲地方之福，而始用地方之名義，邀此寵光。所謂發祥之地，望氣皆成龍虎，蔥蔥鬱鬱之佳氣中，遂有應運而興之王省長其人，足爲直隸造無窮之福矣。

大選需費，在世界各國或有之，以奔走全國，期會召集，不能無所資用。惟吾國以惜費之故，令國會順手牽羊，作一當兩用之舉。豈知惜費正以多費，臨時成立之選舉會，敲詐之方法未熟，且賣買無固定之機關，今托之年久成精之國會，欲爲總統而猶撐依法票選之門面者，自必時值估價，無可拾之便宜。其始以爲未來之威福，可取得現在之報效，使軍閥人人帶肚，即不必問後日政治之昏濁，當可取快眼前之揮霍矣。豈知初定此議之時，軍閥尚姑以空言承認者，及今情見勢絀，無人不知今此之大選，已無倖成之理。捏造法定人數，與軍人擁戴，非法相同，而尤覺其可醜。則口稱曹家將之流，亦明料威福之無所施，帶肚之目的已失，報效之意興全灰。於是軍閥之地盤，非曹錕直轄所及者，一概觀望，不踐前言，乃不得不縮小範圍，爲魚肉鄉里之計。

　　金丹罰款，敲剝未已，各縣攤借，又責成全省縣知事一律行之。人生不幸，作總統之同鄉。若因其鄉有此破壞廉恥，搖動治安之人物，父老子弟，不能約束勸戒，開罪於全國之人，先向全國之人宣告其罰鍰之罪。其實直隸之父老子弟安有爲曹氏家門拘管此不肖兒郎之責，則亦事之大可憐憫者也。而其以地方關係，爲總統捧場之官僚、政客、議員，則無不以直隸人吞噬直隸人，必令桑梓塗炭，並毀曹氏，是何其以祖宗邱墓爲仇，而攀此必不飛之龍，附此必不舞之鳳，以犧牲此父母兄弟爲也。

　　抑奉直之相鬩，歷數年矣。奉懷必報之志，今猶未逞於武力，而此蹂躪直隸人之身手，已一一出自奉天人。王承斌以奉人長直，想其於地方疾苦，本如秦人視越人之肥瘠，溝壑宛轉，漠然無動於中，故能放手取辦，無所顧惜。設以直隸人治直，或猶未敢出此。尤奇者，承辦大選費者，以奉天人任敲剝之兇，而包辦大選者，亦以奉天人擅侵漁之利。奉天人自取自用，首吸直隸之膏血而空之。奉方有復仇之隱而不能輕發，直乃開門揖盜，倒持戈劍，授奉天人以柄。吳佩孚戮力以獲一勝，曾不如王承斌、吳景濂之假手於直，以肆其戕賊之毒，足以覆直系之根株，而且遍擾直人之身家性命也。昔帝政之末造，祝其子女生生世世勿生帝王家，今則祝我五族二十二行省，遠遠近近勿產總統。且待官僚、政客、議員一一罪惡貫盈之後，徐議其是否需此傀儡，由我主人翁斟酌定之。吾哀直隸人，吾僅豈哀直隸之人已哉?!

（1923 年 9 月 19 日）

答憨君討論職業政治

憨君以不佞有職業政治論，賜函討論，甚佩。憨君以爲刻下尋政治生活者，十八九無職業之人，而造成此無職業之機關，即由學制之不良。計自廢科舉、改學校以來，所謂法政也，師範也，陸軍也，遍地皆是，所造就不過半通不通之人才。所謂農、工、商，比較仍爲少數，且多屬敷衍，故即由農、工、商各校畢業者，仍是以政治爲生活。如京、滬各要地，占踞要津者，游手閒蕩者，不下數十萬。惟有正本清源之法，庶職業政治，不見於目前，猶可期於一二十年後，不然則徒抱此宏願而已云云。如憨君之説，所謂正本清源，端在改良學制，此誠扼要之譚。不佞以爲吾人之知識，皆由時勢造成。吾曹大約皆非身任教育之責者，不敢輕議教育家之方策。但從職業教育之議，起自近年，職業學校之興，遍於各地，而觀察之，在社會爲氣機之轉旋，在教育家實爲思想之幼稚。古代以來，佃漁罔罟，發明者皆爲聖人。聖之名何？自而成職業家，尊其師承之所自而已耳。充古人重職業之心，物質文明必遠駕寰球之上。自中古尚文，漸以已成之藝事，爲數見不鮮。一則曰藝成而下，以示其傳習之不足奇，再則曰技進乎道，以矜其神妙之別有在。於是四民本來平等，忽以士爲無上之一流，而農、工、商爲其受治者。廢科舉，設學校，本欲丕變此風，而根性故在。故未名職業教育，未興職業學校以前，猶曰教者所以造士，在教員自命爲經師人師，在學生自命爲未來之主人翁。世界之大志士，初不知主人翁爲國民之通稱，不緣就學與否而有別，以就學而自命爲主人翁，是猶將以高貴之資格，壓制彼未入學校之教育家，所謂有志正其階級之痼習而已。何謂未入學校之教育家，即古來佃漁罔罟，直接聖人之傳，而未上今世職業課堂者也。教育家以一隙之明，認今舉世之亂根，在乎無職業，乃倡職業教育。職業學校，若自別於普通教育、普通學校之外，此則所謂思想之幼稚。天下惟黷亂風紀，擾害秩序，以取得自養之資者，謂之不正當營業，不當以職業論其餘。自總統以至苦力，孰不在職業之中？改革以來，人權平等，斷不能謂總統爲貴，苦力爲賤。故以教育爲爲職業而設可也，以職業教育爲教育之別派則謬也。愛國爲廓落之名詞，職業中自有組合，積小而漸大，恒以國爲範圍。各國恒以國力保障人民之職業，我國有職業之人，自能以利害之切身，公組一身爲保障之國家，行使保障權能之政府。所謂國家，所謂政府，由此而組成。國民苟知此義，安能復認今之軍閥、官僚，妄援歷史，以冒居人上乎？吾故謂公者大私之所積而已。幅短言長，未盡萬一，聊發其端，後有賜教，願更往復。

（1923 年 9 月 16 日）

討論職業政治答胡君

胡春藻君來函：

累讀大著《職業政治論》，甚佩偉議。近閱答懋君討論職業政治，以職業教育不可爲教育之別派，所見亦甚遠大。蓋今日之所謂職業教育，大都偏重工藝。如現在已設之職業學校，僅授金工、木工、染織工等科。若謂習金工、木工、染織工者，方可謂之有職業，而習商，習農，習醫，習美術，習音樂，與夫以新聞爲業者，不得謂之職業，此不通之論也。愚謂今之職業學校，祇可謂之職工學校。無論何項學校，皆以使人有職業，或爲有職業之準備，乃可謂之職業教育。夫然後可與談職業政治。

尊文謂：惟天下蠹亂風紀，擾害秩序，以取得自養之資者，謂之不正當營業，不當以職業論是也。至謂自總統以至苦力，孰不在職業之中，則弟不敢强同。大抵職業之界說不明，實爲職業政治一大障礙。弟不揣譾陋，謹爲職業定義如下。

職業者，依本人有心得之智識或技能，供給社會上正當之需要，而終身行之以自贍者也。

准此以談，是總統、軍人、議員以及非終身服務之官吏，皆不得以職業論。

世界共和國之總統，任期由憲法規定，有三年、四年、五年之不同，皆非終身職，不得謂之職業。若總統而爲職業，是直專制魔王也。共和國官吏，爲人民公僕，在職時有職內應盡之義務，謂爲有職務則可，謂爲有職業則不可。

軍人有募兵、徵兵二種，募兵受國豢養，負有禦外安內之義務，初非有特別技能者也。其在徵兵之國家，則軍事學爲普通智識，當兵爲普通義務，在軍則有職務，退伍則各執原業，故軍人不得謂之職業。

議員任期有一定年限，與總統同，亦不得謂之職業。官吏在有秩序之國家，類皆循序漸進，按其資格，用其專長。終身任之，得受國家養老金，此等官吏，可以謂之職業。若夫吾國今日之官吏，全憑夤緣賄賂，不問是否專才。且得官既速，失官亦易，五日京兆，惟求搜括一空，不顧百姓死活。此等強盜行爲，更不得謂之職業。

總統、軍人、議員及非終身服務之官吏，在職時謂之有職務，解職後仍執行原有之職業。如法、美等國之總統、軍官、議員、官吏（指大官言，小官則以官爲業）於退職後，或爲律師，或爲敎員，或爲新聞記者，其明證也。吾國之總統、軍人、議員、官吏皆反乎此，此地盤主義、飯碗問題之所以爲亂而未有艾也。感而書此，以爲先生職業政治更進一解。未知有當高明否。

鄙作《職業政治論》登報後，累承海內賜教，知尚不爲閱報諸公所棄置。胡君有所糾正，除續登答語，再陳請正，並以原書先作代論，亦鼓吹職業政治之意也。倘更往復，討論益明，或於此事不無影響耳。　心史附識。

胡君以工業專門，具世界學識，於職業政治，及推本於職業教育，深寄同情，並爲定其界說，以示準則。於後此受教育之途徑，組織政治之方針，既正且確，無可非難。惟不佞持論之本意，則竊以爲與胡君所說，絲毫無背。請再申其指，以罄吾意。

胡君之界說，以爲可以終身奉一職者，謂之職業；供職有年限者，謂之職務。在胡君下此定義，或於講演普及，經全國認定之後，可成一種分別文。在今日吾輩一二人甫創此議，則是否如此分別，亦殊難定。就普通之意義言，擬以供生計者爲業，而職務之云者，職業家所與操作之事務也，與職工略同，不得謂職工非職業也。總統、議員、軍人不許其爲職業，此就現任之事理言之，若既納之軌物之中，則總統於在職期間，需暫停原有之職業，當以公職業補償其私職業。惟議員僅止開會期間，行代議之職，且外國之民選議員，一年一更，開會又祇數月，未至甚荒其本業，不當遽以公職業論。故外國議員，有無給者，無給則明明非生計也。總統爲有給職，與官吏同爲公職業。軍人則軍官有俸給，仍當以官吏論。徵兵之國，當兵爲義務，且與納稅爲同義，自未可以職業論。且胡君於官吏中，以終身職爲職業，有任期者爲非職業，此一說亦當有出入。假如農、工、商，不能不謂爲職業，而農以生產物自加製作，或自行販賣，工商亦多有相互之行爲，始而相互，後且改業，不能以其不終身專營一業而奪其職業之稱。私職業既然，獨於公職業別有限制，是否爲不可改移之界說，此其願商者也。

鄙作中有云，自總統以至苦力，孰不在職業之中。就文義言，此二語尚未以總統爲職業。但謂總統亦必爲國內有職業之人，與苦力同，而決不爲黷亂風紀，擾害秩序，種種不正當之業。其意如此而止。蓋如今之總統，縱不盡黷亂風紀，無不擾害秩序，與職業爲相悖，且已深望其不以總統爲業。前論具在，豈肯遽以職業獎之。上文就胡君之語奉商，則願以公職業與私職業爲分類，而未敢屏有給之總統、官吏於職業之外，誠以鄙見認職業不必終身，故有期限而得受報酬以自贍者，未嘗非期限之職業。但愚意未承認胡君之界說爲界說，亦不能自定界說，祇求國民皆以職業爲本位，知有期限者爲奪其私以急於公，給以報酬，不過補償其私職業之損失，而强代以公職業。人有性之所近，習之所專，既以世所需用，而可得報酬，仍以自適己意，久久爲之，可以遣日，可以送老。此即胡君所謂終身爲之之意，乃高尚優美之思想，非謂自營一窟，可以永遠衣食其間，便成國民無上之希望也。吾嘗於現時郵電等業之組織，見頗有青年一入其中，充練習生，苟執業無過，便有終身之保障。竊歎青年往往憑此保障，公務之外，絕不求澡雪精神之道，不執一卷，不習一技，暇輒與數友群居，以嗜好爲消遣。其於後此之家庭教育，社會道德，皆祇有墮落，而無發展。則胡君所謂終身官之職業，亦當視其性質、能力爲抑揚。如專門學術之流，於職務之中，不廢研索，故爲可尚。若業成太易，不能乘閒暇之日，少壯之年，有所增進，其知能則終身之保障，適以養其昏惰之習耳，亦未盡能以"職業"二字，爲世間最高貴之名詞也。

黃君任之，提倡職業教育之先覺者也。見胡君之所惠書，告不佞曰：中國各地方尚無，專以金工、木工、染織工爲職業學校，而對於習商、習農等認爲非職業學校，如胡君函所云云者。不佞雖與教育之務，爲不甚浹近，然游蹤所至，吾見亦多，竊以爲職業學校風行以來，不無變本加厲之處。黃君意中以爲未有，胡君目中或未可斷其必無。果若此，則是居肆成事之方，非興學育才之旨，强聘技師，而棄多數人教之，在慈善團中，監獄法中所定習藝所之名，乃可當之，決非教育正系。黃君當日憤教育之趨向政治，故以職業矯之，斯其所以爲先覺。今則以不佞之後覺，亦從見職業教育而醒悟，更從政治之昏濁而加警，願與國人共明政治之無非職業。則今日之持論教育本爲職業，已不待煩言，政治亦爲職業，將與國人共曉，過若干時，無不渙然理解。則職業也，教育也，政治也，皆異名而同實者也。黃君原有職業教育之界説，頗與胡君不同。然不佞以爲今日思想既進，職業教育當與教育爲同物，教育有界説，即作職業教育之界説，可以省此二重界説。又黃君原意分職業教育爲二類：一爲狹義，農、工、商與家事是也；二爲廣義，一切專門之精神物質科學所成之職業皆屬之。此可見黃君倡始時，已有貫徹之見地。今之未能如其本指者，爲時未久，應和者未能悉喻其真際耳。然今後將不設此廣義、狹義之分，則“職業”二字可以籠全國公私久暫一切正當之生計。世界學者，俱尚未明乎此，故有勞工學説，自以爲職業，而排斥其他者，如俄之革命，即中此毒。所可議者，俄以勞工與軍人相比，而壓制其他，則豈真職業神聖之意義哉？所謂世界專門家之講職業如此，於吾國各處職業學校之宗旨不一。吾又何尤？

（1923 年 9 月 25 日）

國民注意整理財政委員會

近日北京成立財政整理委員會，以顏惠慶爲會長。此事爲顏惠慶、顧維鈞輩國內所目爲外交系者經營已久，及今始告成功。然所謂成功者，有開幕之形式耳。問此會之效用，則固去題遼遠，杳未可卜。即其所以得有開幕之形式，能容許於當時政局之中，已不無見仁見智之異，而其實在之爲功爲過於國家，爲禍爲福於國民，乃我主人翁所絕對引爲身受者，獨未聞有若何參加之意見。此不能不大聲疾呼，願與四萬萬人共明其旨也。

先言世界各債務國整理財政之事例。昔巴爾幹各小國，皆負歐洲大國之債甚鉅。各國先後整理，各視其本國之能力，而定其整理時所受債權國高壓之程度。大約特設一機關，以吾國文字譯之，可稱爲債務院。院內官制，除各本國負責之專員外，債權國各派一人入之。全國歲出入預算，償債本息額數，及應否添募新債，以了舊債葛藤，雖有編制預算之政府，議決預算之國會，不通過債務院，不生效力。以故能扼全國財政之要，化散爲整，去害就利，債權國之取償有着，而債務國凌亂紊雜之財務亦自此而整齊畫一之。闢未濬之利源，以增收入，償債既畢，債務院亦撤消。此世界之已事也。

所謂債權國高壓之程度，各國不同者，大約由債務國自動有整理之誠意，有清償之實心，則商組債務院時，雙方諒解，幾無所用其高壓。若由債權國主動，强迫就範，則其事勢相反，各債權國所派之員，以外交官待遇，而俸給由債務國任之，則與待外交官不同。巴爾幹各邦，大率經此破產時期，而後有後來之新局。夫"破產"二字，普通認爲大戚，若掩耳不欲聞。豈知事實所趨，已擔鉅額之債，而國內又無合法之統計，誠實之籌還，一貫之辦法，則諱疾忌醫，益趨危候，固不如洞開門户，由我自主，公定一整理之方針也。

顏惠慶發起此會，用意是否如此，事前不告我國民，我國民無從深悉。其不告我國民，我國民亦未可相責難。國民總集之意思機關，當在國會。國會之信用，有如今日，不但顏惠慶輩不敢過問，即反諸國民之本意，亦豈願以此託之？今且聞國會中有饒孟任之流，已用此爲詰責。饒之品行，舉國當有所聞，以如此熱心私利之人，深忌其不能插足，以自發展，其用意固純乎軍閥官僚，決非有代表國民之資格。惟軍閥官僚所以容許此會之成立，則其慾望可得而言。顏等假道於軍閥官僚，而成此會，果否忠於國家，亦尚難定。此非國民自爲之計不可。

軍閥官僚之所望於此會者，整理之後，併諸債爲一大債，合成一若干萬萬之整數，其中可找回若干，充彼輩之流用。議員之願插身其間者，亦視此爲腥羶之所在。政府飽其慾壑，我即分其鼎臠。故顏等組成斯會，其不能不商諸軍閥官僚者，勢也。其不商諸吳景濂以及饒孟任輩者，尚可諒其非與群小謀利也。其組織有債權國推舉之委員，則可知其不但與國內公開，並與各債權國公開也。整理以後，勢必舉債，不但有併小爲大之零抹，或且於裁兵之費，治水之費，墾荒之費，造路之費，開礦之費，舉凡興利除害之需用，無不當有徹底之措注，以奠永久。倘爲軍閥官僚所流用，則一文嫌其多，爲根本改造之圖，則任舉更大之債不爲病。此國民所當知，用意與軍閥官僚所謂有見仁見智之別者也。

巴爾幹諸國，小國耳，得債權國善意之整理，而財政入軌。吾國根本不同，其市塲爲各國工商所倚賴，其物産爲各國職業所取資，其土地爲各國封域所相形而有遜色，則其整理之組織，苟出誠意，苟由自動，如今日之整理委員會，債權國不過有公推列席之委員，絕不取往時債務院嚴重之方式，取徑未爲不是。但所謂誠意，所謂自動，有國民信任之政府國會，自應由政府國會出之。政府國會必不能負今日之責，則豈可以顏惠慶輩數人之意思爲意思哉？亦豈可以此會經少數人所定之規則，任命若干委員，而即以爲國民全體之意思哉？外交系此舉，可以不朽，亦可以萬惡。但既已向國際公開，似本無萬惡之趨向。特是國際間對此重大之事項，亦不能不視我全國真實重心之所在，而應付之。今日能爲真實重心者，惟我國民，宜如何注意以持之，敬乞猛省。

（1923 年 9 月 30 日）

制憲之罪浮於大選

曹錕之運動當選爲總統，自十一年恢復國會之始，早爲議員尅定之買賣。其認曹錕爲不可爲總統，無論如何不投此票者，其人數本極有限。惟普通平正議員之心理，以爲制憲所以顧公義，選曹所以遂私圖，頗願作公私兩盡之道。此在北京爲公然不諱之事實，且以具此主張者爲最順情、最高尚之人格。而其對人不信任，絕對不舉曹錕者，則反爲遠乎人情，有過中失正之嫌。一年以來，多數議員，對此不近情之排曹者流，隱笑其少數不生效力，置之不論不議之列而已。

夫以制憲與選曹爲對待，所自命爲公私兩盡者，必欲令曹先促成憲法，而後行其賄買，以爲議員臨終之卹典。此次之必須賣票，正如官吏之起身砲，機會恰合。論實力，直系本不易抵抗，論事理，曹錕又衹配價買，論時會，議員又從此散場，故視此次賣票爲天經地義者，其實十居八九。當時衹分憲選之先後，爲主張之異同，是爲真制憲派之實未嘗不贊成大選之時代.

洎乎馮玉祥、王承斌之迫不及待，逼宮奪印，步驟與純乎選曹者爲合，斷無延待制憲之餘地。制憲派乃以主義不行，紛然南下，反與排曹之少數人，逼成一氣。此馮、王所造之孽，本以僥功於曹，而實爲曹驅散舉主，致成不可收拾之局。故第一步破壞曹錕之總統者，馮玉祥、王承斌也。設從此曹錕事竟不成，不可謂非馮、王有功於民國。即勉強湊成，從票匭躍出，曹錕之總統，亦已醜聲罪狀大暴於天下，見棄於與國。其當選也，不過爲請君入甕之資，於曹錕有害無利。推原禍本，曹錕仍不能謂葬送於馮、王，蓋同一賄選，能籠罩制憲派於賣票人中，猶爲彼善於此焉矣。

逮至今日，制憲派中又以多數爲少數所賣。王家襄之流，本以制憲派名義，隱然蒙中正高尚之面具，以自別乎純主大選之流。然始附制憲者多南下以抗曹，冀曹怵於人數，聲明憲法公布，再議大選，以挽回其公私兩盡之宏願。而王家襄輩向所稱研究系者，乃得以少數不出京之若干名，與訂假制憲之名，以助大選之實，以身出席，已足裨益選事，又用研究系名義，不無有可以號召之黨徒。其言曰：不爲權利，但不居破壞之名。此眞糞土之語。夫全國所不與，應以人類之好惡爲好惡，與衆共棄，何謂破壞？彼輩圓滑手段，第一在能扯淡，使曹錕爲總統，若全無與於國民，惟以議員之愛憎爲予奪。因曹錕但取憎於議員，由王家襄輩扯之使淡，便可從便處置，出席以成就之，並可不投曹錕之票，以示主張之貫徹。其實曹錕所難者，爲出席之法定數，不在票額。故大選派爲忘廉喪恥之笨伯，制憲派乃爲巧取豪奪之姦人。國民具有鑒衡，未必茫然不辨於此。

制憲派既有巧取豪奪之能力，一時所得之利益，自較本主大選者反優。乃近日標榜制憲，必開成憲一次，以飾制憲之顏。而憲會之人數，則反驟縮，是爲制憲派取巧之反動。本主大選者必有非常之要挾，所得於曹錕者，不超過制憲派，豈能甘心？南下之制憲派，可受王家襄之賣，留京之不制憲派，不能並受其賣也。故制憲派降曹，實曹錕多樹一敵也。爲曹錕計，惟有嗾所部不公布國會延長之議案，則十月十號以後，欲賣而無可賣，自然於八、九號爭賣，決無疑義。若並此而不能，則又曹錕之自絕於票甌也。

（1923 年 10 月 2 日）

民主國之憲法

憲法果肇始於英國乎？吾以爲非也。實始於中國，始於中國二三千年以前。夫憲法之爲法，乃最高法，一國中有最高權力之人，不受他法之制裁，則以憲法束縛之。孔子之作《春秋》，上自天王，下逮列國之君，一以褒貶爲予奪。古之儒者謂，孔子稱天而行，此義最洽。君權無上，古人信天之有帝，爲萬善之歸，以天臨當世之君，故敢行予奪。後儒謂孔子託二百四十二年南面之權，此説則有疑義，豈退世主於北面，而孔子挾春秋以南面臨之哉？《泰誓》所謂"天視自我民視，天聽自我民聽"，則天之果爲何物，古義昭然，稱天而行，乃稱民心而行之耳。孔子既没，其道益尊。漢人本以經義決事，春秋之所是非，世主亦不敢不聽。有不聽者，予以非聖無法之大罪名，孰敢不悚，則其時爲孔子制憲公布有效之時矣。

夫君主立憲之難，各國多起於革命。中國則起於萬世師表之重名以爲之鎮懾，而始有成。然至有狎侮聖人之至不肖，則制裁之效力，較緩於他國之憲。蓋孔子所定憲法之保障，在所秉是非之公，使人人積以爲非，而後寡助之至，天下叛之，非一朝一夕之事也。用實力保障憲法，則群衆之運動，必成革命，用和平保障憲法，則非聖之罪罰，或頗需時。君主立憲之難如此，理勢所在，不足怪也。獨何解於吾國，制憲於既革命之後，且革命而已改爲民主政體之後，以民人制自行使其主權之法，所謂取諸宫中而已備，復何爲遲之久而且無平正告成之可能性乎？

　　吾今而悟吾國之制憲，其前提尚未到民主國憲法之分際也。始而接近君主時代，目光未變，袁世凱當國，不待變亂國體之日，始成帝制，自爲之形制憲者，亦純以君憲之用意防制之。既用君憲之精神，則結果非身受摧殘而殉之，即力堪推倒而後成之。故第一次之解散國會，及西南起義而倒袁，皆其徵應之絲毫不爽者也。袁斃而後再議憲，其時已解除君憲之思想，然爲日既淺，究抱何種思想，且未成形。猶憶議憲時，刪除大總統給予榮典一條，議場頗有爭執。或謂當存留，以完魁柄，激者則言非但當刪，直應反面訂立條文，訂明大總統不准有榮典之名，後卒議決刪除。是時黎爲總統聞之懊喪，謂將無法駕馭，是爲今年勳章如雨之張本。當其時，彼此兩俱幼稚，去民國憲法之本題，不知幾千萬里也。

　　既歷民國第一任總統任期，遂成一國會非國會、總統非總統之局。徐世昌也，安福部也，過渡五年，前送有元首之終，後開無元首之始。以最無意識之曹錕，欲竊總統之號以自娛，乃必託生於票匭之中，不能假號於擁戴之手，形格勢禁，其所憑藉之爪牙，實逼之使出於此，則本不知有民主之意義者，反形成民主之不可干，然則吾民自放棄其主權耳。其實主權在民，雖群兇亦已飯服，吾民何爲謙讓未遑，而不制爲民主國之憲法乎？民主國之憲法，在有以制裁主權者，即以憲法制裁。吾國民使能行使此主權，而其事畢矣。

　　吾民在約法上之權利，豈不曰有選舉權與被選舉乎？憲法上制裁此選舉權，當令國民尊重之，有無故拋棄選舉權，視投票若浼者，當處以名譽之罰，則庶乎有真選民；有得賄濫用選舉權，視賣票爲職業者，當處以刑辟之罰，則庶乎無僞選民。憲法上又制裁此被選舉者，當令各選舉區得撤回其所舉之議員，且某區有不法之議員，而本區不撤回之，全國得嚴重詰責該區，庶乎議員之後盾空，而選民之本分顯。由此知議憲之任，若歸國會，適爲國會造成罪惡，而以國家殉之。猶之君主憲法而由欽定，其不釀革命之禍者鮮也。

故君主國之憲法，或可由國會代定，以國會箝制君主，理或宜然。民主國之憲法，萬不宜由冒民之名、因以爲利之國會代定。以少數間接之民，箝制多數直接之主，何可望其順軌？近有倡議員奉還制憲權於國民之説，側聞議員中頗有採是説者，苟能成會，必有提議之案，此足知真理之不可終湮。但國民則亦不可靜待其奉還，苟奉還之議不成，主人翁固當自動收回之耳。

（1923 年 10 月 5 日）

奉還大政後説

國會議員人格，未顯然爲多數已剥奪之前，其奉還爲有說，今已不適用"奉還"字義。其故由於前日之因循者半，仍由於合議之法數，不能成會，即不能表示意思者亦半，故知合議之流弊，非得多數同意，雖有善者，無如之何。今日議員之後時不足惜，將來是否仍須制憲，制憲所經懲創，是否得有補救之方針，不能不及今復一言也。

賄選未成以前，將使予者、受者聞而知戒，故有口誅筆伐之事，今則誅伐之效力可見矣。惟其不畏口誅，不畏筆伐，而成今日之行賄軍閥，受賄議員，合成一犯罪行爲，脱離國民之外。國民更不爲其拖帶混雜，薰蕕同器而無自拔之善法，此如內逼而得一利，癰腫而得一潰，稍牽涉於政治之域者，快然得一清濁之分。今後親愛和平之心理言，以四萬萬人擯棄數百人，何所用其張皇，稍假旬日，坐觀其入甕之愚，而捉此甕中之鱉。其間薄有閒暇，國民能爲根本之規定，一旦舉而措之，使無不豫則廢之弊，則大政雖無所謂奉還，而苟在滬之議員，猶能爲國民議憲之籌備員，已死之國會，猶能爲國民議憲之籌備事務處，則亦未始非責有專歸之道。所不解者，國會既死，尚分民六、民八爲各別之游魂。吳景濂、張伯烈等，孰非民八議員，以人數比較，民八本較民六爲多，此次犯罪之議員，民八自亦多於民六，是何庸曉曉辯也?! 國民正亦非必賴議員爲之籌辦，但各爲職業所限，號召奔走。倘不如向以政治爲生活者，得畢力於一時，則與其推舉代表，向各省擁兵執政者多所浹洽，何如向各公團陳述意見，促其推舉代表，爲國家共謀建設之急務之為愈也。

　民主國之憲法，當限制人民之行使主權，使入正軌而不橫決。軍閥、官僚在歷史上之餘餤，已為群愚摧毀淨盡，所以未能起而代之者，乃我國民之自怠放棄其固有之主權。數月以來，不侫灌灌之言，當不盡為同胞所不信，能形成一全國公民之表示機關，絕對為全國所信任，制成條文。第一決定如何得真正立法之機關，第二決定是否應有傀儡之總統，此兩事由國民決定，即建設之根本已完。其餘用歷年已討論之條文，斟酌選入，便成憲法。惟所云須國民決定者，乃前此委制憲權於國會時，所從未提出之議題。約法養成不法之議員，十二年來，乃始脫此桶底。夫此桶底，僅經十二年而已，脫以方二萬里之疆域，亘四千年之君政，變化之速，實已可誇耀於世界。故對吾國之政局，而有絲毫悲觀之意者，不得謂非一間之未達矣。

　至於省憲之爭，當根本改造時，愚意乃又以為轉非所急。頗聞主張省憲者，將用聯邦國之憲法，請聯邦國之學者深切研究，以充我用。愚以為此又削足適履之為，向惟病國境甚大利害，每不相共，強慕畫一之名，反多隔膜之病，故欲以省自為政，以分為合之道救之。其實為國真諦，本須注重自治，使自治之人材物力，優於官治，乃政治一定之趨向，決不以聯邦單一而殊。若聯邦國之風俗禮教，絕對不相遷就，如美之一邦，專以多妻為善俗，違反人道而莫或相非，此豈政治之福？數千年聖哲之所經營，已為吾人造成同軌、同文、同倫之大概，何取乎末造子孫一旦摧傷而破裂之。夫摧傷破裂，亦何嘗慮其果能有效，不過又增一魔障，於共同建設之時，耽誤時機，滋長口舌，殊非當務之所先耳。

（1923 年 10 月 8 日）

888

888

民國十二年剝極將復之政局

民國十二年，本爲不祥之總統，二屆任滿之年。一切政治之罪惡，將於此作一大結煞。若此結煞，猶爲戴有假面，陰肆獸慾，而陽示人形，則結煞不過五年之一關，後將每五年一結煞，別無改進之望。此國民之大戚也。吾今爲四萬萬父老昆弟諸姑姊妹乘國慶之辰，額手作告慰之詞，蓋以剝極將復之説進。所謂剝者，剝面無皮，有獸慾而無人形，使我循良之主人翁，知政界出頭露面之人，無一非魑魅魍魎，一切倚賴心、希望心、黨派左右之心、臭味離合之心無不死盡，人人知非我心無適莫之主人翁，起而自謀，決不能解決此局。且其所謂自謀，並不用荷槍實彈，以血肉之軀爲犧牲，但用良心之主張，坐以待之，自然有一言興邦之機會。然後歟聖人之作《易》，以剝爲消沈之極地，國民之熟語，正以剝盡面皮，爲貶斥之極端，字義巧合。剝極之後，將復何物？夫亦令未喪顏面之人，使黃帝之子孫，復其國基於禮義廉恥之上，所謂"四維不張，國乃滅亡"。今從已滅亡之後，由我主人翁重締造之，丁斯厄運而不以國爲異族所吞噬，此則世運之進化，與天之所以畀我者，足令世界以均勢爲利。而我主人翁亦實在未喪天良，未嘗以國內之災害，遽求庇於外人，仍留一國國民之特性，此即以其國自立於天地間之大本也。今以事實言之，本年名爲第二屆總統任滿，然第二屆實未有總統之一物。第一屆袁正、黎副爲合法之選舉，其間袁氏叛國而伏冥誅，而北洋正統之謬想，方競傳袁氏衣鉢，以爭雄長。黎在袁氏任期內，依法繼任，何足以奪北洋正統而代之？則以一身孤寄於北洋正統之上，而能屢起屢仆，浮沈至今者，在黎尚不免憤憤，其實已享忠厚之報，雖遇虎狼，而無生命之險，徒使逼宮奪印之群小，自造罪孽，而唾棄於我主人。黎倘退一步想，已可自許爲君子，樂得爲君子矣。馮國璋爲張勳所作成，藉補選爲副總統之合法基礎，得以安然代終袁任，而北洋正統，始開皖、直相擠之隙。皖、直相爭，徐世昌得利，幾欲冒北洋之正統而有之。夫以皖、直固有之野蠻軍隊統系，不能自雄而投畀於徐世昌，是即北洋系已破壞之實驗。而彼窟穴其間者，尚不覺悟，至今猶有北洋正統之名，此爲野蠻軍隊不自殺不止之一重魔障。彼昏之不醒，亦我主人之福，可於十二年國慶之中附一吉語者也。

徐世昌之通身本領，在自知冒忝北洋正統，惟有令北洋軍閥日夜交鬪，而後得假息於其間。故北洋之破碎，固緣各有獸慾，不可消弭，亦賴徐世昌爲交鬪之媒介。其始用皖制直而去馮，乃爲安福所擁立之非法酋長，繼又用直反皖而去段，復嫌直不可制，更造奉、直之釁而欲兩利之，直恃吳佩孚爲長城，一勝再勝，取威定霸。若能爲國民之所欲爲，斯時之吳佩孚或且挾武力爲後盾，以國民未醒之迷夢爲前驅，未免再振北洋之緒。乃天不祐之，使吳佩孚僅知武力，不知民意，已信用大喪，而又臨之以力，不能抗之。北洋末代首領，昏憒顛倒，雖吳佩孚亦無如之何。酋長之位，指日高陞，北洋之系，指日消滅，此又於十二年國慶中得下此定斷者也。

將截清十二年分之政局言之，則當從徐世昌伏罪竄跡時始。吳佩孚逐徐之舉，大快人心，然一鼓而下，樹立黨援，把持財、交兩部以裕己餉，其失敗乃坐此。洛與保爭餉源，曹且側目，曹家將盡反吳佩孚。吳在野蠻軍隊中，斷無統一曹家將之力。野蠻軍隊中，將領不知爲國效命之義，惟以身先家將，於奴顏婢膝中爭得雄長以爲榮，以故不借私鬭之威靈，決不能呼嘯醜類。於是王承斌、馮玉祥之流，乃得戴曹以制吳，挾其入門見嫉之私，而洩其奪食不均之恨。董康以書迃，經張弧欲引爲傀儡，反致以戲爲眞，嚴究張弧九六公債下落，爲吳佩孚所引重而推舉之，既於軍閥無淵源，又以書獃不善戀棧，自然先去。其間頗欲仗吳之威，整刷積弊，裁抑冗濫，幾爲北洋回返照之光。吳挫而吳所主張之內閣隨倒，司法、外交兩系所合組之閣，退出政局，是時正十一年之國慶時期，遂造成十二年國慶所得之稱慶事實矣。

民國之墮落，至張紹曾而極。同時國會與張閣爲狼狽，大足以喚醒國民，揭官僚政客之眞相。以前國民所疾首蹙額者，軍閥也。有張閣而教猱升木，議員忘其所以莊嚴之國會，其風氣乃如清季之佐雜官廳，請託無恥，而以票賣總統爲結穴。賣者議員，買者軍閥，賣買兩造，同毀一爐，此造物之巧也。以一以國慶爲　年度，十二年度之始，即有賄選議長之公案。十二年度之末，賄選總統繼之。經此嘗試，買票之懲創，不爲不酷。一經出手，以後欲罷則虛擲鉅費，心不能甘，不罷則捉獐失兔，永無得手之日。始則以利誘本來投靠之人，冀動反對者之慾。至反對者果挾願望而來，不得不有以應之。而所償超過於投靠之諸奴，諸奴反矣。反則轉以投靠者爲反對者，反對者爲投靠者，輾轉增價張羅，雖至海枯石爛，不能得不二價之牌號。後有野心家，鑒於十二年度之參議院永無議長，新華宮永無總統，可以不用此法。此亦自然之制裁也。

內閣之無恥，以張紹曾爲極。張閣中之要結議員，敗壞廉恥，以李根源爲極。十二年度中，北京政界，迥非人境。誰實造之？而黎猶倚李根源爲柱石，則其心目中安知有政治之綱紀。可知黎之昏庸，在十二年度中，作總統真所謂方以類聚也。觀其命令，必用駢文，亦見其胸無皂白，將以博主人翁之贊賞耶，將以動軍閥之憐才耶？要此，皆爲小節。黎之最大失着，在曹、吳擁戴之日，既已討價而不待還錢，遽從奴輩熱中之勸進，輕入白宮，遂成一籌莫展之局。假使乘曹之輕率逐徐，徐黨持國無元首之危詞，鞭策於後，而曹、吳惴惴不自安之中，黎以漫天討價而得其着地還錢，稍稍有事實以慰國民，國民之感黎爲何如？且黎以敝屣其現成之擁戴，而爲國民爭幸福，則已養成其法律總統之資格，而不必受事實總統之譏彈。天與以無上之機會而放棄之，此又躁進之一念累之也。凡事本大有希望，而自趨於絕望之途者，又豈獨一黎也？黎果在天津，始終藏拙，亦安得與張紹曾、李根源等同爲政治之罪人，使萬世談政治之昏濁者，必舉十二年度之黎任期間耶？南北政局，同此一轍。知其白，守其黑，知其雄，守其雌，後起者，勝天道之自然，自今以往，可知殷鑒之不遠矣。

　　凡此皆剝極必復之現象，而又有一已呈之佳境焉。則經十二年度之試驗，一切偉人名流，皆無搖唇鼓舌之餘地，俱吐一詞，無人不蚩爲鄙倍。偉人名流之所爲，大則塗炭生靈，小則攫取權利。前年度中，逐徐時，尚有偉人名流發言，全國人民不盡覺其可醜。今則聞其發一高論，獻一奇策，非掩鼻而過，即怒目而視，不肯復以主人翁本有之人格，爲偉人名流所假借而犧牲之。此即主人翁不自菲薄之見端也。張紹曾、李根源既去，又難得有高凌霨等一夥攝政之曹家之奴承其乏使。政府之爲政府，深印於國民之腦中，其臭穢至不忍道。而軍閥、官僚之不可嚮邇，既不虞其根株之不拔，而同時能盡毀在野之偉人名流，並不令其萌蘖之復生。掃除廓清之功，十二年之一年中，直挽回三千年之劫運。讀共和教科書百年，不及度民國十二年中之一日。古人願爲太平之民，未免倚賴性質。爲民國十二年之民，乃真合學問事實而一以貫之，人人以生值此年自慶，是真能發揮國慶者。

（1923 年 10 月 10 日）

今日爲制憲較相當之時期

今日之爲今日，國會制憲之迷夢已醒，國民制憲之事實可成。夫天下萬國，本無國會包辦憲法之先例。憲法將制裁國會，由國會制憲，必祇圖便利國會。其便利國會，決不便利所代表之人民。蓋自身之利益，尤切於所代表者之利益也。故君主國尚有可由國會制憲之理，國會受君政之箝制，用力相抗，以爲立法之標的，而國會之不法，君主得而對抗之。民主國則主權在民，民無直接行使主權之方法，則國會代爲行使，而又不受真主人之束縛，假其名義，以制政府，又脱其束縛以便身圖，自非中材以上之流，孰能皎然不欺？自念所負之職責，於主人不能究詰之時，先凜其可質衾影之志，此國會所制之憲，於理爲本不可通。然既全國迷瞀，屬望於國會，使國會無賄選之罪，所制之憲，縱不適用，亦且將姑與施行，以待坐受其荼毒之後，再用革命之方式，爲之矯正，則何如少此一波折之爲愈。又使賄選者自賄選，南下之議員，竟有多數不受賄，而在滬制憲，此憲法已爲從前草案所束縛，已通過二讀之條文所牽綴，縱極知其不適於用，亦已無可救正。經賄選之罪惡，根本取消議憲之人格，始將十年來不合國情，無法補救之憲法，徹底推翻，一則祛國會包辦之弊，二則解舊案拘束之弊，皆非經此一掃不爲功。此受曹錕之賜，小人無往而不福君子，此亦其一端也。

夫自十一年國會再集以來，頗有議員悟舊案之不適國情，大倡省憲之説，幾幾以造成聯邦國爲快。此種理想，實胚胎民

五以前，抗袁無力，自悔其集權之非，以爲清之亡，亡於各省
獨立，袁之倒，倒於省軍起義。强省以抑中央，爲國民自救之
計，且各省健者，視在本省有所主張，不似在中央之任呼不
應。以此之故，種因於抗袁，而大起辨論於袁亡以後，直至近
年未能移轉其視綫。由今以觀，中央有何威信，能御各省？有
何魄力，能抗國民？以曹錕之醉心總統，乃至必投生於全國罟
爲豬仔之手中，有何尊榮？有何倚賴？乃所部爪牙喉之不敢
動，哀之不見憐，皆使豬仔尸其惡名，而從而僥功於其後。以
如此昏昧無恥之中央，國民但有一致之表示，可以吹氣使僵，
何用間接擴張省權，分朋相角，自爲窮年累月之搗亂。其不成
者不論，幸而如湖南之成事，毀憲護憲，且爲戰事之媒。自治
之尊重與否，本與省憲無涉。聯邦國，與君主國，能重自治而
輕官治，其政治之程度自高，論政自有共趨之正軌。以前之爭
省憲，慕聯邦，實爲畏忌元首之劫制政策，絕非徹底之政論。
然不至今日不悟未悟，則我亦熱心省憲之一人，固有不必諱言
者矣。

　　若夫一國之環境之歷史之事實造成一國之憲法，決非模仿
他國，鈔襲成文，所能適用於根本之地。十年以前，政體幼
稚，自命爲稍稍窺竊於異國之學說，動以援引先例自豪。國民
亦同此幼稚，聞其似有根據，則意其或可信從。非當時之拙
也，於共和之途徑，實未夢見，並於立憲之藩籬，亦少涉獵。
未改革前，蒙於日本之憲法，幾欲爲異族造萬世一系之笑柄。
既改革以後，又浮慕美國之政體，謬附於東西兩半球之遙遙相
契，有每事奉爲先進之思，其實無往而不枘鑿。十二年來，稍
更事變，乃知政治之罪惡，假手於軍閥官僚以播之，而其縱容
軍閥官僚原動力，實在國民自身。所舉出之國會，國民又不自
責，輒對國會作怨毒之詞。吾欲問國民所以盡其爲主人之道者

何在？以賣票爲享共和之幸福，以放棄選舉權爲不滿於共和之表徵，則國民非爲共和之仇，即爲共和之賊，己則不德，而責議員，而責軍閥官僚。是否欲軍閥官僚，與彼土豪鄉訕之爲議員者，造現成之極樂世界，以娛此仇共和、賊共和之主人翁乎？且業已仇之賊之，又何爲望共和之有以福彼乎？此主人翁之行徑，是否爲世界所有，則其憲法之制裁，何可不於此注意，作基礎之規定？又民國以來，有元首時，不過能戕我共和，倒袁以後，實已無所謂總統。至黎任時期論，其人尚爲最少兇德，而論元首之名義，則已絲毫無有似處。直至六月十三而爲事實之消滅，國民亦從未有一呼籲之聲，以無元首爲有絲毫之不慊。則元首之爲元首，歆動至愚極蠢之人，搆造凶禍則有餘，於國、於民、於對內對外，無絲毫之影響。此幕至今年而始揭，亦制憲方針之最大而最應更定者也。此外對憲法條文上之意見，請俟續陳。

（1923 年 10 月 14 日）

不可無吳內閣説

顏惠慶組曹任之閣，從已往事實言之，頗有預約之痕跡。曹部下稍有意識者，大約同此主張。顏輩性質，亦自與此爲宜。所不能免者，同時有挾之競爭耳。高凌霨、張紹曾皆以駑馬自認此棧豆爲其口中之物，苟不競爭，必有天殃，故不能不多此一舉。其餘王毓芝、王承斌，甚至熊希齡等等諸説，皆去題甚遠。足爲顏梗者，自是吳景濂一名，仍挾其賄選附加之憲法、豬仔爲業之國會，暗嗚叱咤，所向無敵。曹黨茸闒，不敢追溯其包辦選舉時逼桚之惡，加罪吳景濂，以洩數月之積憤，則惟有坐受其要挾，以成賣買兩方畢生不斷之關係。雖顏惠慶輩之熱中，亦不能不三舍避之。此今日之事勢也。

吳景濂之能左右國會，非以議長之威信，正以同爲豬仔，則欲望相等。分黨分派，不過瓜分利禄之商號。五百餘口之欲望，或自行出馬，或使子弟爲卿，其大者有九國務員一議長之遺缺，足以饜健者之意。自餘京外職名，指缺相餉，何患無多數結合之代價。故吳景濂之不得於國會內部者其情，而必能助成其組閣者則勢也。以局外人之意斷之，則曹任內之所謂內閣總理，非吳景濂實不相稱。吳景濂之聲望，數月來實已轟動全球。全球知十月五號之事，曹爲買方，吳景濂等之國會爲賣方，賣買兩方，若成交即退，豈不令數月以來之醜象，有稍稍淡忘之趨向。國民鑄鼎象物，務彰魑魅罔兩之本意，其謂之何？

有當選之曹，必有組閣之吳。斯時乃成交易所注冊成立之永久紀念。曹部下津與保若干功狗，議員中民黨、非民黨，一切勳豬，紛紛作交易所中之經紀人。既有名震全球之賄選，不能無名震全球之交易所，以維持此盛舉於無窮期，與曹俱休。仿古丹書鐵券之意，當塗高奉天承運，禮亦宜之。故顏惠慶之組閣，吾猶爲舌人者流惜。以舌人之效用雖微，猶爲國有需用之物，能使不毀於交易所風潮中，亦是采葑采菲之淳意。高凌霨、張紹曾以及其他人等，雖無一足惜，而反諸觀劇者願其盡態極妍之隱，則深願北京交易所之即日開幕，使曹、吳各稱一總。又合成天地間有數之雙簧，張千李萬，顏良文醜，不得專美於前，庶乎賄選以後之大觀，可以陳列於萬國注目之所。較之浙中諸賢，僅知上配岳墳之鐵像，欲爲妻豬艾豭謀不朽者，真子輿氏所謂"子誠齊人，知管晏而已"者也。

　罪人必自討，而後人討之。撻伐之舉，在血氣方剛者流，以爲非此不快。吾獨以罪人不待撻伐，自畫供招，自入枷杻，自聲罪狀於國民之前，並及萬國之遠爲尤快。吳景濂之內閣，實爲今日天與人歸之舉。尸而祝之，社而稷之，日而月之，懸諸國門，不能增損一字。其有望視交睫，功在剛鬣之群，距今以前，尚渾渾於五百餘口之內者，此次隨吳景濂之旌旆，一一露面。孰爲遺缺之議長，孰爲被組之閣員，其人向列何黨，或附名民黨，則奉偉人爲護符，或揭櫫爲非民黨，則或借名流爲標幟，平日搖唇鼓舌，兩皆振振有詞，得吳內閣傾筐倒篋而出之。民國十二年秋冬之職員録，即若輩之爰書也。不戰而屈人之兵，是爲神武，不討而聲人之罪，甯非祥刑。或者曰：從吾子之言，天下之渴望吳內閣，誠甚於望歲矣。然吳景濂等本人聞之，得無反自懲其形穢，而趑趄不前乎？則吳閣未成而先發表此説，無乃先不願觀國之光，而爲此敗興之舉也。應之曰：不然。吳景濂若知廉恥，豈能享此數月之大名。五百餘人若知廉恥，豈能同此數月之至穢，時者難得而易失，過此將無白蹢涉波之希望。組閣不成人立而啼者，必公子彭生也。或曹黨轉以爲太失顏面，而尼曹以沮吳，則吾與諸公，又可觀吳景濂之與曹門鬪法矣。娛目騁懷，至此而極，謂非共和之幸福得乎？

（1923 年 10 月 22 日）

民主國民權之研究

民主國之民權，即君主國之君權。君主國之將亡，必其時君已無權，或移於外戚，或移於奄寺，或移於權奸，或移於親貴。根本之地，有一物代行其主權，而後藩鎮、盜賊、鄰敵等等乘之。此未改革前主權存否之已事也。改革以來，國體定為民主，而無歷史之修養。又其改革非純粹由民之實力，乃隱合古來一切亡國之具而參互行之，故初以主權予民，民無承受之經驗能力，仍循君主政體之餘習。有人焉從中竊此主權，而民且拱手相奉，而莫之能抗。此又改革後主權混淆之已事也。

君主國竊君之權，其勢可以較久。蓋其時定於一尊，有能代君主行其權者，舉國即以君主擬之。其人不必甚智甚能，憑藉共主之威，用其賞罰黜陟之柄，即足以駕馭一世之士。正名為民主而竊民之權，則點者皆可以嘗鼎一臠。所畏忌者，惟有始竊權之一人。然人人灼知其為竊權，並無一名正言順之無上實權，為其後盾，故袁世凱既竊民權以後，深知威力不可保，非規復帝制不為功。規復不成，或笑袁氏之才德為不稱帝王，而不知吾國人種之優異，民權之萌既露，自有不肯放棄主權者在。西南一呼，全國響應，袁遂斃亡。若論三代以下行不義、殺不辜而得天下，英君誼辟，不過盜亦有道之流。謂袁世凱之不稱帝王者，不過是古非今之一念耳。吾國惟人種之優異，故今日以漢祖唐宗再來強施以帝政，亦必為國人所不容。就民權加以研究，此則民主國制憲之所有事矣。

袁亡以後，醞釀有年，軍閥之威信益蹙，自相屠戮，自相搗毀，無復更竊我民權之資格，其勢必以主權還之我民。無奈我民未有承受之預備，祇循幼稚之法權主張，以代議士爲民權之表徵，議員之對軍閥，果已得乘其自弊而收權。於是向由軍閥竊取民權者，今爲議員所轉竊，而我民坐受其茶毒。此其故，緣他國國會有真爲國民所制定憲法而產生之者，吾國之革命，僅得人民默示之贊同，未得其顯示之建設。故約法以來，皆南北軍界所假借民意而定之，並未予人民真正負責之力。以故軍閥以自弊而讓權，國會起而收之，國民實有不願帝政之見徵。然無建設民主之實績，則其權不爲軍閥所竊，必爲國會所竊。民尚無功於國，安能有力於收權乎。

民何以有功於國，即自行制憲是已。始以制憲權委之國會，規定於非真出民意之約法。約法既定，當時民未表示反對，則亦祇可奉以從事。天誘其衷，竊權之國會，身犯賄選總統之重罪，與竊權之軍閥，同界一爐。約法窒礙之條文，事實上天然消滅，國民又已得十餘年之教訓。雖窮鄉僻壤，猶有渾噩如故之人，然痛苦接觸之較有知識一流，其數已不甚少。操純粹之民業，居清白之民界，足以民之利害爲利害，而不致遭國民之疑忌，視爲與軍閥議員同類者，應頗有其人，則乘此回復民權，縱未若民智均平之國，所主張之周匝，然必可得較多之民數，不至以四萬萬人爲八百人所賣。夫以四萬萬人而授權於八百人以賣我，除八百人中自相箝制外，無能遏止其日即惽淫者。則今日雖以五百五十五人之賄選，猶未及法定之實數，未嘗非自相箝制之有效。而彼安心竊權者，又用捏報人數之方法成就之。洎乎水落石出，彼賄選者交易已成，恐非主人翁自起而制裁，不能糾正，蓋箝制亦空言矣。蓋除國民自定憲法，無收權之望矣。

制憲萬不可純信外國之先例。國民於革命無大功，而於信

用民主政治則甚篤，此種現象，外國即無此先例。故外國可寄
民權於國會，吾國必於國會以外，從憲法上保留一最高之權，
始可以束縛代議士而就我驅策。夫束縛代議士，世亦有持選民
可以撤消議員之說者矣。撤消之權，誠為吾國國民所必不可
少，但國民當知身為主人，操有國家之主權，惟無瑕而後可以
戮人。若用今日之選民，求其撤消今日之議員，是又驅豺狼以
搏虎豹，以水濟水而益助其橫流也。選民惟不足自充議員以賣
國民，乃充議員之轎夫，待所舉之議員分其餘潤，與議員之選
總統、選閣員視為吃着不盡之源，有何區別？國民制憲，首收
民權。其收民權，正在約束我民之自身，絕無他求之意。其事
至順，孰能抗此？紙幅所限，其理其法，請更續陳。

　　　　　　　　　　　　　　（1923 年 10 月 23 日）

民權與選舉權之研究

政體將改革之際，學法學者，以日本學生爲多。改革以來，法律思想之幼稚，動沿君主政體之謬，對於選舉及被選舉權，其一端也。約法及憲法草案，所定人民或國民之一章，純爲規定人民之權利義務而設。規定於此之權利，謂之根本權利，是即所謂民權。其中有一項云：人民有選舉權及被選舉權。此項條文，君主立憲之國，惟恐議會之議員，出於欽派，故爭之以爲權利，用憲法保障之。民國已主權在民，豈有主人之代議士，由公僕點充之理？試觀全球民主國之憲法，安有規定選舉權於民權之列者乎？其稱有無選舉權或投票權者，乃限制某種人無此權，是爲選舉權中之分別文，而非天賦人權之根本規定。民國以來之議憲，於此條習於君憲而不悟，此謬誤之根也。

既種此根，又益以吾國國民之特性，遂成今日選舉制有不可通行之勢。吾民之特性謂何？蓋吾國自古以禮讓爲國，上流人士，以不爭權利爲自好，進一步言，且以放棄權利爲高尚。惟安心不高不尚之凡民，則趨權騖利，有如歷代史書所姍笑之事實。若今之軍閥軍僚、議員政客、偉人名流，即此自擯於禮讓之外，而在吾國笑林中演其醜態者也。夫放棄權利之爲美德，爲吾先聖哲之所留貽。今且用他國之風俗，以自菲薄，在古猶以爭權奪利爲笑罵由人之舉，今則直以運動爲公然，退避爲自暴自棄，醜惡之行爲，而名之曰新道德，於是高尚之士益厭棄時流，而不屑與伍。驗之政局中，昔尚有稍稍自愛者出其間，今則非萬惡之徒不復廁足，淘之汰之，播之揚之。正人君子，在國必絕跡京畿，在鄉必遠離省府，而至於民國所設人民之根本參政權，亦遂誤用不屑爲伍之一念，與夫放棄權利之根性，而疾視之。則選舉大事，遂爲轎夫之專業，被選舉重任，遂爲宵小之營生矣。

權利之可以放棄，不但吾國道德所尊，亦爲各國法律所許。國民當知爲公民，則爲權利，既爲權利，則保留不用之時，權利仍在。如居住、營業、言論及書信秘密等自由，不能謂旅行不定居、退閒不操業、緘默不發言及無書問往來之日，便爲喪失自由。且其不行使權利之時，無損於人，無害於國。若選舉則有定期，一度放棄，即一度喪失。喪失之結果，即令國家倚仗國民之參政而無故不得其力。國之主權業已在民，民不參政，國將何賴？全國之人，復何賴？是損人害國之尤者也。當兵納稅，通例定爲義務。若吾國擁兵之軍閥，國民哀求其裁兵而不應，則當兵之義務乃對軍閥盡之，糜國厚餉，對國遂爲權利。稅法不良，中飽者倍蓰於正用，稅局員司之以稅爲權利者，人數凡幾。是所謂義務者，頗不分明。而此選舉職務，在吾國應規定爲義務，而反其名實以用之。此所謂本實先拔，而賣票賣身，皆其枝葉之所必至者矣。

夫談法律而動援他國爲先例，亦謂情僞萬變，取他人先經熟慮之陳跡，加以考量，得收事半功倍之效耳。惟根本大法則不然。當時之事勢，從古之禮俗，均與他國不同，原無因襲之可圖，模仿之可事。故國民之權利義務中，改選舉、被選舉爲義務，然後從而督責之，即無先例，理亦宜爾。而況民主國憲法，本無以此爲人權之規定。國稱民主，而猶爭投票爲人權，此真君主末造之幼稚思想，何足復存？且選舉人之身負義務，則世界亦有明徵矣。瑞士聯邦之州憲法中，以選舉人組成一會，所任民事上之義務，其期限至滿六十歲始畢，故意不到選舉人會，且不先陳明充足之理由者，科以十法郎之罰金。此則明以選舉人爲義務性質。雖小州之普通民事，多由選舉人會議決處理，不必經州議會，與吾國選舉人專爲選舉一事者不同。然國民直接之參議權，僅此投票一事，尚不認爲義務而放棄之，一任賣票之風橫行於選舉之初，而使議員取償其票本於國會奉職之日，然而從而議其後，安得而維其永久之民國耶？至被選舉權之亦爲義務，別請陳其義於後。

（1923 年 10 月 26 日）

民權與被選舉權之研究

以最高之義理言，凡事任皆爲義務。古時君權，而經傳猶言豈其使一人肆於民上，蓋亦以義務繩之。然晚近無論中外，法文內率以有給之公職爲權利，故規定選舉權爲國民之義務可也，被選舉權則未能以義務言也。議員之能否如英國前時之無給，此又一義，今未敢遽主此說。但權利必有相對之義務，古惟君主專制，故一代之君，惟開創時無論爲篡奪，爲反叛，尚有出死入生僅而獲濟之勞，爲對其嗣主所盡馬牛之義務，而後享其太祖高皇之權利。此外則言莫予違，不但亡國時斬朝涉之脛，剖賢人之心，毒庸四海，莫或禁制。即開國有道之主，瓜蔓之抄，文網之禍，無代無之。此皆無憲法時之君權，無義務爲對方裁制，帝王之猖獗，自古然矣。

民主國主權在民，各國憲法，皆規定人民之權利義務。吾國之約法及憲法草案亦然。惟對代議士則一經當選，更無裁制之法。其故即由代議士自行立法，竟規避此條文，遂使國會之猖獗，與帝王等。對政府則如奄寺之口銜天憲，美其名曰尊國會所以尊國民，對人民則避害用爲後盾，攘利身作前茅。我民昔時受虐於君，猶有冤抑可訴，今則虐我者用我之名義，則真無呼號之地矣。論情理，天下無此奇特之事。而反觀世界民主之國，則知各國之防制此患者，早已深切著明，懸諸憲典，豈吾國民之智不及他國哉？制憲不由國會，國會自不受憲典之制裁。吾民無罪，委制憲之責於國會，乃其罪也。始也國會與我民同受厭於特殊之勢力，同舟遇風，當有急難之相恤。今則外力不足以相恤，純爲國民受禍於國會之時，則世界之國民，其所以約束國會之道，烏能復熟視而無覩也。

捷克憲法第四十六條："政府提出之法律案，被國民議會否決時，政府得將被否決之案付之國民投票，決定其應否成爲法律。"又云："凡有代議院議員之選舉權者，均有國民投票之權利。"又云："惟關於變更憲法之全部及一部，或補充憲法，此等法律案，不得由政府提請國民投票。"據此則除修改憲法別有方式外，政府於國會立法權，常有訴諸國民投票決定之事，則國民固不得挾立法權以壓伏政府，及自謀利益，而最高之權常由國民保留之也。

俄蘇維埃憲法第七十八條："選舉人有隨時召回所選代表，並另行選舉之權利。"此事爲吾民積憤於議會之後，常擬定爲此法。且於省議會議員之不治民意，江蘇南通曾有類此之表示。若如俄國之明定於憲法，則既非自我作古，何爲徒託於擬議言思之列。

葡萄牙憲法第二十一條："兩院議員，均不得兼充治埋職員，或管理及監督與國家訂立合同。有特別權利之各項公司，亦不得承辦公家工程及他項事業。如違此例，即得取消議員之職。即其所辦事件，亦歸無效。"又委内瑞辣國憲法第五十條："元老員與代議員，不能以自己或以代理名義，向中央政府包攬營造，訂定合同，亦不能代別人要求此項利益。"凡此皆議員與政府間之關防。吾國農、工、商舉無所大就，所求於政府者，惟有自己做官及代人求官。議員間亦自相攻擊，言不應兼任官吏，然始終任顯要之官而不辭議員者，且大有人。被攻甚急，則强顏縮項，置之不理。爲之解説而與分餘潤者，則曰：官制所無之官，不爲官吏。故尤以爲各項督辦爲最合式，繩營狗苟，代主人行參政權，而爲公僕之私僕。此固非僅用外國憲法之關防所可遏止，而況並不及外國關防之密者耶。此亦當加以嚴格之糾繩者。

　　瑞士辦爾納州憲法第六條規定參政權中，以人民意見爲斷者之第七項云："依本法第三十二條所規定，而有改選大議院全體議員之要求。"其第二十二條云："大議院之特別全數改選，當以人民之投票會議表決之。"其二項云："倘一萬二千選舉人，據本法第九條所規定之形式，要求召集人民投票會議，則由大議院布令召集之。"據此條文，則選舉人不但得召回若干議員，並可解散國會之全體也。

（1923 年 10 月 29 日）

民權與參政權之研究

君主國民本無權，往往因浮慕立憲，而抄撮他國法文，勉強保障其若干項自由權，僅免於非法之搜索、逮捕、羈禁等冤慘，已爲幸矣。所與人民之參政權，不過選舉一端。而吾國行使此權者，不曰參政，而曰營業。其不行使此權者，亦曰吾不屑營此業，而並不曰吾不願參此政。則我多數之國民，無諭智愚賢不肖，皆未以爲身有參政之職，與夫國曾畀以參政之權也。夫此非徒國民感覺之不靈也，亦約法以來之精神，不足喚起國民參政之職責耳。僅有選舉之勞，如果所選非人，或所選之人意見之相左，不副國民之意，法文中不爲保留絲毫干涉之餘地，則猶之爲人薦保，身無監督之權，徒負賠償之責。非挾有朋充分利之願者，自不願爲此無意識之介紹人也。

選舉之外，人民所可行使參政權，而亦見於吾國之法文者，厥惟請願。顧吾法文所定請願之意義，則與各民主國大異。《憲法草案》云："中華民國人民，依法律有請願及陳訴之權。"此項條文，根於《約法》。《約法》分爲三條，第七條云："人民有請願於議會之權"，第八條云："人民有陳訴於行政官署之權"，第十條云："人民對於官吏違法損害權利之行爲，有陳訴於平政院之權"。此其性質，皆近於訴訟於法院，不過多其申訴之途而已。又國會之權限，《憲法草案》云："兩院各得受理國民之請願。"此即《約法》第十九條第七項所云。受理人民之請願，國會肯予受理，已爲求通民隱之盛心，是明爲議會壓制人民之根柢。不思各國之請願權，乃國民自決之前提。其事項列有解散議會，而其效力則以議會不爲通過，即有强制執行之國民公決從其後，故國民之參政權高於國會。何有國會猖獗，人民無從制止之理？人民既不能制止國會之猖獗，則其自始即不願預聞選舉，以爲縱不爲功，猶免造孽。此無參政權之人民，漠視選舉之亦非得已矣。

又吾國議法之士，於解散國會，視爲政府與人民之相搏。於是以保護國會，使政府不得解散，自命爲尊重民權。而其主張以國會不信任政府，與政府解散國會，爲相互之制裁者，自命爲持平。而陽稱民黨，陰圖固位者，則以此言爲政府御用之黨，此又習於君憲之謬點。日本學者，恒謂政府之於國會，解散重選，即訴諸民意之實施，而不知受訴之民意，並不能表顯其對於事理之是非，祇用所選之爲何等議員，徵其心理之趨向。若使行之吾國，不過使選舉人多一次賣票生理，被選舉人加重一次買票成本而已。各國之訴諸民意，乃訴諸國民之參政權，非訴諸國民之選舉。國民立法，政府以爲不可行，不待濫用解散之威權，可直就國會所立之法，提請國民公決，則國民之參政權又高出政府之上。國會果本民意以立法，政府何從挾國民以相反抗？正惟國會與總統同出選舉，同受權於主人，分任其立法、行政之職，至兩相衝突，仍由主人起而裁決之。此真所謂主權在民，真所謂人民之參政權。君憲之國，不易承認徹底之民權。吾國學法學者以習於無憲法之君權，驟示以立憲之君主制，已爲喜過所望。又以日本文字與我國相同，其説易入，遂習之爲口頭禪。參政權無真面目，選舉制因而不可行，即强行之，亦徒使貪污之民攘臂，高尚之民攢眉。謂民主國通法之不適於我國者，正其未辨民主國之法意者也。夫行使主權，而曰參政，蓋謂主人不必以政務爲專業，偶用於立法、行政兩有窒礙之時，非其專業，是之謂"參"。惟其行使主權，祇

選舉用之事前，而裁決立法、行政者常在事後，身不當政事之
衝，故無濫用其權之慮。民權之所以可久者如此。從民主國憲
法釋其實例，請繼此言之。

（1923 年 11 月 1 日）

官立審計院之罪惡

吾國本無預算案提交國會之事。國會初成立時，政府戲侮議員，不提預算，議員中尚有催政府提出者。而識時務之議員則曰，彼有爾許武力，可以國事未定爲藉口，催之不應，無可如何，徒損尊嚴而已。此爲希望政府提出，與逆料其不提出之時代。一度解散之後，國會復集，即於此已不甚注意。始爲府院之爭，繼爲參戰與否之爭，經久之事，無暇過問。此爲拋開預算之時代。二度解散之後，國會又集。則其一年以來，議員索賄，政府行賄，以子弟爲替身，以安插輿夫爲永遠當選之預備。是爲政府與議員合力破壞預算之時代。財政敗壞至此，國會至三度召集而後大肆其惡，而政府中所尸其監督財政之名者，厥維審計院。審計院歷多年之變局，而巍然獨有，國民亦知其若存若亡，而不足以舉監督財政之責，而孰知其爲罪惡之淵藪也。

依外國決算之事例，審計院向國會負責。吾國既無預算，安有決算？審計院無責可負，豈非尸位？乃正惟無責可負於議會，不得不轉而盡職於政府。政府強有力之時，若以審計院爲有礙其動作，儘可不理，且可易置。然不聞有此衝突，則以審計院之存在，有益於各機關也。近據某財政當局者爲吾言，凡有報銷，一經審計院之手，皆爲彌縫罅漏，使以後不易糾舉。有附件不完，收據不備者，則爲之設法。以故審計院承受各機關之賬册，其用紙幾兼各機關之數，既代各機關修補賬目，又有自加勘語之用紙。京師南紙店，視審計院衙門爲最大銷場，欲攬審計院之主顧，不惜多方運動。而尤幸審計院衙門好尚風雅，即用南紙爲揮灑消遣之用，此亦大異於他機關之政以賄成，不失爲清風兩袖，而存承平士大夫之風趣者矣。

夫此可知審計院之罪惡，非人之罪惡，乃機關之罪惡。其人爲士大夫中之最良，而其機關則爲政府所驅策，不爲國民所倚仗，自不得不有以效忠於政府，以圖生存。而彼政府無時不造財政上之罪惡，有審計院補苴於其後，爲各機關共公豢養之造報機關。較之從前行賄於户部書吏以成報銷册者，彼尚須自解慳囊，即日仍取之於報銷款中，究爲不用於部辦即可入橐之物。今則由國民負擔，設爲特任之官，皇皇專署，不待造報人出費，而能竭其心力，爲財務機關充刮垢磨光之任。此亦官吏所享共和之幸福，非革命以前所能望也。

昔之部辦，於各省造報時，但講部費，不必見用款之册，先問造報人志願，願開銷若干萬款，即出費若干，部辦自能造成若干萬之奏銷。所開例價，一一有成例可援，無從駁詰。倘造報人實支實銷，不開一文虛賬，反可以例價不符，反覆駁斥，永無結束。任何親貴，任何功勳，除非特旨豁除，終不能逃部辦之手。今之所恐最後之詰責者，無過於國會。國會究非若部辦，挾數百年之例案以相繩，不過求其收據合符，款目不相矛盾，自無不能通過之理。審計院即懸此以爲準的，令異日設立國會，有可以卸責之程度，即爲效忠於各機關之程度。此官立審計院之天職，若果實行審計之職權，則豈有歷年如此之久，而竟能並立於各機關之間了無障礙者。一有障礙，改任一派之私人，以結一案，則反啟異日之糾紛，動成反響。不若留一有清望無系屬之人，補公共之闕遺，爲各機關合僱之磨勘僞賬夥友。又遇其無勢力者，仍然摘發其弊混一二次，以示審計之威風，則可以極盡官立審計院之能事，而與任何政府相視而

笑，莫逆於心焉矣。然其挾友最大之後盾者，則尚不受此牽
掣。若參戰處之自報自銷，交通部之特殊會計，又爲審計院所
見好不到之處，則又以見民國之政出多門，難乎其爲理財之學
也。某當局之説如此，以其爲國民前此所罕聞，且其事確而語
尤俊，樂爲述之。

（1923 年 11 月 10 日）

北京公布憲法後之巡閲使

賄選議員之公布憲法，與所選之人之立誓遵守憲法，國民視爲不值一哂，宜也。然在此類議員之本身，及其所樹立之政府，則既已懸憲法爲標幟，以售其搬演之一幕，亦必曰他人縱不信重，我自信之重也。除此一法，更無逆取順守之希望。其果否能守其所取，果否爲國民許其暫守，此爲別一義。要之，被舉則必願居此位，尸公布憲法之名，則必不願更受違憲之指摘，或者爲箭在弦上，不得不向此以爲的矣。

北京議員之《憲法》第七十五條："大總統就職時，須爲左列之宣誓：余誓以至誠，遵守憲法，執行大總統之職務，謹誓。"夫此誓辭而必規定於憲法條文之中，豈不曰强制其必遵憲法，重重加以箝束了。古之誓詞，必自下制裁，如曰"明神殛之"，曰"俾墜其師，無克祚國"。今以此咀咒之語爲迷信而不用，亦曰：神聖之國會，自能執條文以爲監督。從世界通例，安心違憲而不受糾正，即視爲叛國之行爲，人人得起而討之也。

北京議員之《憲法》第三十二條："國軍之組織，以義務民兵制爲基礎。各省除執行兵役法所規定之事項外，平時不負其他軍事上之義務。義務民兵，依全國征募區分期召集訓練之，駐在地以國防地帶爲限。國家軍備費，不得逾歲出四分之一，但對外戰爭時不在此限。國軍之額數，由國會議定之。"此條文爲該議員等所公布之憲法上軍事之規定。如其規定除國防地帶外不能駐軍，直、魯、豫、蘇、皖、贛將爲國防地帶乎？義務民兵制之限制，軍備費不得逾歲出四分一之限制，皆爲裁兵廢督之明文。各省紛擾，豈能謂之對外戰爭？故苟能實行憲法，大有逆取順守之餘地。國民雖不屑以此相望，賄選成後，所以求自贖之道，則舍此無由。非徒被選者爲然，即彼得賄而投票者，強顏尚立於人類，亦必於此加之意矣。

近來北京以遵守憲法爲口實者，蓋已有二事。一有要求榮典者，以憲法上無此條文而卻之。昔約法第三十九條，臨時大總統得頒給勳章並其他榮典，以故憲法草案第七十二條，亦云大總統頒予榮典。六年國會二讀會中刪除此條，即黎元洪所懊喪，以爲失其駕馭英雄之柄也。黎任內終以此得駕馭豬仔及扛豬之轎夫，迨其去而賄選成，公布憲法無此權限，遂用此謝絕希榮之徒，此被選者之欲以守誓遵憲爲標榜也。

又其一則從北京議員之《憲法》第九十四條："國務總理於國會閉會期內出缺時，大總統得爲署理之任命，但繼任之國務總理，須於次期國會開會後七日內，提出衆議院同意。"於是孫寶琦之同意案，如期提出，以符憲法上之責任。果如此瞻顧憲法，則豈不於憲法條文，大有借爲贖罪之意。雖一方爲吳景濂爭組閣之要求，一方爲抵制吳景濂組閣之作用，然其不違乎自公布之憲法則一也。曾不數日，而北京發表違憲之巡閱使，則以產生於賄選之人，革賄選機關之命矣。

夫憲法上大總統無頒予榮典之權，猶未有明文爲不准頒予也，然竟謹慎奉行，不視憲法爲棄物。而腹地各省之不應駐軍，與夫省各設省務院，更無此省兼轄彼省之官職。又依《憲法》第三條，國土及其區劃，非以法律，不得變更，則直、魯、豫及蘇、皖、贛之區劃，由何法律而來？本已出缺及本未設立之巡閱使，無待於裁，無待於廢，天然受自定憲法之限制，而不容復設者，乃竟自忘其假借之名號，覥然口發之誓言，而一以革命行動出之，置慶祝憲法之號令於何地？置公布憲法之機關於何地？即明明以軍閥所不便之故，甘心破壞此賄選附屬之憲法，亦必如袁世凱之徒，用一修改《約法》等手續，以障其面，從未有口血未乾而竟無其事，以革命行動而出之昏憒之中者也。

顧一方面爲革命行動矣，彼方面挾公布憲法以告國民，而冀貸其豬仔之罪者，則處被革命之地位。國民尚不承認此《憲法》之得由賄選機關，與被賄選之人物，爲之公布，則即無此事之違憲，亦豈能末減其賄選之惡。特不知彼自認爲公布憲法之徒，對此違憲革命之舉，作何感想。入芝內訌，大約於圈槽以外之事，無暇過問，則以五千元之豢養費爲造命之資。造命革命，一聽牧豬奴之意，此又國民於褫奪其人格之後，而更欲一驗其豬格者矣。

（1923 年 11 月 13 日）

調查選舉危言

　　今以省議會行將改選，又有調查選民之舉。私以為承賄選奇變以後，國民將大有所懲創，此次調查，此次選舉，必幡然覺悟，不以參政權為兒戲，一雪賣票之恥，庶被選者不為豬仔，而選舉人亦不為轎夫，從此國民行使主權，不但使選政澄清，並可實行主人之職權，置總統與國會於人民指揮之下，而不許其狼狼以為惡。此一度警戒，遂定億萬年之國基。所謂多難興邦，事莫捷於此，亦效莫大於此矣。乃頃有友人來自鄉里，目見調查事實，與夫辦理調查之心理，則殊與吾期望之意為相剌謬。

　　諸調查區之人則有言云：選舉期又到矣，茅山天竺之香信，無歲無之，其於一時期中，潤及一方之生計非細。選舉投票，各城各鎮各鄉，事最普遍。惜每間兩年而一行其事，乃與昔三年一鄉試，人競趨考，以博微利相等。倘每年一選舉，則於蠶訊外多一售繭之利，農功外多一糶穀之入，某會項可以有措，某正用可以有補，甚且造橋修路之公益待此而集資。期以三年，遠哉遼乎。蓋其指賣票之款充用，急不可待如此。蓋生計之舒促，近在目睫之前，而政體之污隆，國運之否泰，世界之榮譽羞辱，頗非窮鄉僻壤之所及知。其視前進步者，則爭為選民者日益增，仿佛知寶其參政之權，而實則人人不放其賣票之利而已。

　　信如是也。此次之選民，必更不堪於前次之選民。而前次之選民，則已漸趨漸下，大不及第一次之選民。其故惟何？第一次調查選舉，知識較低者，方畏避之不遑，以爲官府按户造册，必是假名以爲勒索之地。又聞查及資産，益疑其不利於蓋藏，百方隱匿，不自承爲公民。於通曉政治、愛重民權者，坦然膺選民之資格，無旁撓，無牽掣，大半自由投票。當時以其人曾學法政、薄有資望爲依據，選充議員。蓋緣選民之少，乃得以具有參政意識者充之。有參政意識者充選民，更無不具參政意識者爲之攪混，則有前十年、前十餘年之成事。所選之員之不足齒數，乃真被選者之乏才，非選舉人之誤事也。

自從前之不敢充選民者爭應調查，以承選民資格，於是前之肯充選民者，乃不屑與之爲伍，以不入選民册爲幸。入册者，乃爲純粹之賣票分子。縱有一二不肯賣票者，亦牽於群賣票之中，因其欲成就一人爲當選人，亦於衆中說價過付，以不賣票人而共爲賣票之事。《淮南》有言，狼多食人，人多食狼，其禍與今之身入政界同。凡充今政府之職官，不能同流合污，斷無存在之餘地。凡充今選舉區之選民，不能計值估價，徒爲無效之廢票，無益於選舉之得人，而徒受賣票之激刺，望望然而去之，有斷然矣。

然則再造成一度賣票之選民，將舉世界各國所賦予選民之權，而亦與此輩，令得進退總統，集散國會，存廢法律，則必亦以轎夫之資格，一聽坐轎者之指揮，而安知其雙肩承有民國國家之重。然則民國之制憲，而不認民權，豈非轉爲深悉國民之程度，祗應如此規定，尚爲弊害較少乎？吾以爲民權不徹底，終不能爲民主國。當定《約法》時，僅以選舉權予民，終不以選舉以後之參政權予民，故釀成今日之現象。真知參政之意義者，亦以爲無權監督於選舉以後，不值奮鬥於選舉之中。以多數賣票之選民，欲令少數不賣票者絗其臂而奪之食，此在青年學生，或猶有此血氣，有此閒暇，欣欣然組織監視選舉之團體，冀行其志。卒亦以利之所在，防不勝防，結果毫無實用。至於年事多而血氣定，職業重而閒暇稀，則並此監視之說而不及持，一聽其氣數之遷流而已矣。

　　吾以爲《約法》若早以較完全之參政權予國民，則國民之不欲亡國者，必不在少數，必不肯聽無意識者之悍然賣票，必不肯令監視選舉之名義僅出諸好事之青年。且即彼賣票人中，亦視僅投一選舉票爲事甚輕微，售得之價，有取不傷廉之益，故所組賣票團，亦往往用之於公益，不似議員之賣總統票，爲純充其食色之慾之比。假使知有進退總統、集散國會、存廢法律之全權盾乎其後，而特以選舉投票爲負責之始，則亦何至於悍然一賣而不顧其他？故參政權而果在民，不賣票者必不放棄選舉權，即賣票亦必不盡肯如今日之遍賣。《約法》造此禍，賴有良憲法彌補之。今之"天壇憲法"，所謂惡憲法也，縱能制裁一時，必不能奠定民主之根本。則賄選之風，吾知其未有艾也。

（1923 年 11 月 17 日）

北京公布憲法之效力用國民投票公決

旬月以前，張君君勱論北京憲法，謂憲法之良否爲一事，有憲法則有遵守之標準，又爲一事。國民不承認賄選爲一事，國民願見憲法又爲一事。國會以賄選自殺爲一事，憲法成於賄選以前之全體議員又爲一事。故主張北京所公布之憲法，非可以根本拒絕，但其應否認爲有效，仍須由國民自決。國民自決之方式，用各國憲法上所定國民投票之方式行之。國民投票之事，繁重難行。而此憲法爲已經有公布之條文，假使無賄選之瑕疵，必然有效，更無討論之餘地。即有討論，亦必在將來之修改，斷不在今此之拒絕。故所需國民之公決者，不及憲法之內容。但以憲法與賄選，應否分爲兩事，爲表決之準的，則所發表之意志爲甚簡。又條文既暫不變更，則承認即予遵守。以吾江蘇論，江蘇人爲國民之一部分，而行政區域上有可以獨立之法定資格，則發起國民投票，在蘇可以蘇爲限，由蘇省各法團共發起一公決之集會，行一次投票。若多數投承認票，即由蘇人以承認之旨，自相約束，督促其守憲而糾正其違憲。若謂承認憲法有承認賄選之嫌，則此項國民投票，正所以使憲法與賄選割開。但承認國會全體之制憲，不承認國會中賄選分子之公布，故有此投票公決之舉。張君之言如此。

余於民國以來之制憲，與時局之變遷，以及用此憲法以後所結之果，認爲憲法與民主之制相左。若在君主立憲，此憲法可謂最良，但其執行之原動力，可責之有主權者。果以主權者之誠意，施行此憲法，可以俯視唐虞，凌跨三代。較之吾夫子之祖述堯舜，憲章文武，自謂經世運之誘導，而不得不超過之，此進步之説也。若國爲民主，則此憲法之箝制主權，乃與箝制軍閥相等。其箝制軍閥，即本其前此箝制君權之成見，而不知民國國體主權在民，但能還其固有之民國主權，即軍閥爲下等之公僕。凡列於主權者之下，應以國會爲最近主權者，政府次之。軍人則政府之所屬，故曰此爲下等之公僕。制憲大事，乃對箝制一下等公僕，注其全力，而對賦予制憲權之國民，亦用全力剝奪其主權，由此被命制憲之國會，横身作梗於其間，攘奪主人之權，以與公僕爲市。此爲今所謂之憲法所必結之果。而其種因，則在民主國制憲，純用君主制憲之學問思想，以致顛倒失據，本實先撥，非枝葉所能救正。故即無賄選之頓挫，此憲法即由軍閥遵守而有效，國民仍應盡力於修正之事業，以復其國體上之主權，弗得則以革命繼之，必經此改革，而後成就民國之名義。否則不如與袁世凱、古德諾、楊度、沈雲沛等一干生死人證，重提國體之商榷書。若有主權者而許人剝奪，許人盜竊，則君主時代應以秦檜、嚴嵩、魏忠賢之流爲聖人，民主國家乃可以中華民國國會爲神聖。然則反對此憲法者，宜莫如余。然余於君勱之説，則極端贊成，而希望其爲先覺之提倡也。

　　夫吾國之未能救藥也，由於主權者之不能行使主權。主權者即欲行使主權，亦未形成行使之方式。世界民主國民之行使主權，以國民投票爲最高之決定。我國民乃未夢見。夫國民以職業爲本位，何屑與政客較其政治之識見，不得已而直接行使其主權，自有臨時之是非利害爲標準，何必問世界民主之先例，而與政客爭露面之機緣？故國民之漠然於主權，非國民之惡也，時未至也。所不可恕者，乃制憲之國會，未夢見民主國之憲法也。今從君勱之説，由代表國民之各法團，未參加於十

年以來之制憲者，表示其真知灼見，斷然爲第一次國民投票之
集合，則可知國會以利令智昏，而不及夢見民主國之憲法，國
民自然於是非利害之所在，必須行使主權之日而行使之。此即
民主國家之真諦。若投票而公決承認，即是用暫行之憲法，裁
判目前之事實，以速斷此葛藤。既有承認之一度投票，即必有
修正之再度投票從其後。吾所謂憲法非根本改正不可，亦正須
求之國民之自決。故吾之不承認北京憲法，與君勱之可以承認
北京憲法，乃爲一貫之用心爾。

　　　　　　　　　　　　　　　（1923 年 11 月 21 日）

財政整理會與憲法

近日財政整理會，發表其整理之方法，處處以北京所公布之憲法爲標準。其供職於北京者，自然注目於北京之法令。就所發表之財政，已與向來之歲出入款目大異。如田賦、契稅劃歸地方，關稅、鹽稅、印花稅、烟酒稅、其他消費稅及全國稅率應行劃一之租稅，又有郵政電報、國有鐵道則爲國家之收入。整理會之意，似謂國家之財源，大率爲歷年借債之抵品。關鹽至不能言稅而僅求其餘，亦且支節萬狀，不如地方稅之完善，此其對於開源之觀察點也。又云國家軍備費不得逾歲出四分之一，則已騰出大宗兵費。而其支出，亦分別自治經費於國家義務之外，則政費亦不似前之中央與各省併合爲國庫之負擔，此其對於節流之觀察點也。

自北京公布憲法以來，知財政之將從憲法爲變動者，惟有一財政整理會。該會發表所言之後，是否以爲整理既有標準，必將就此範圍使之符合。未合以前，所以需此整理，既合則整理之事已畢，該會更無存在之餘地。然則憲法之效力，即該會之生命，無庸疑也。夫民國以來，制憲之不善，在抹煞民主本意，妄欲以國會盡攬民權，除投票選舉議員之外，國民更無行使主權之地。名爲民主國家，目無民，安有主，目無民主，安有國家？此君政餘習，及日本憲法學之爲祟也。若其定國家地方之別，軍政民治之限，財賦性質之分配，會計制度之確定，則固應有盡有，自足爲納一時於正軌之用。以故號稱整理財政之會，首先顧念及之。而絕不顧念者，則爲標舉以制定憲法爲性命之國會，以公布憲法爲功德之軍閥。

　　參議院從憲法所定職權，有選舉審計院院長一項，是憲法上監督財政之一機關，從參議院發生之，而參議院不問也。國家歲出入之預算，於國會開會後十五日內，提出於衆議院，是憲法上成立財政之根本，從衆議院立限以課之。而衆議院能以七日之期課內閣總理之同意案，絕不以十五日之期課歲出入之預算案也。不甯惟是，議員紛紛組黨，以取津貼。如有預算，此費安出？紛紛薦人或自薦，以濫俸給，如有預算，此費何來？大選以前，所資爲號召者曰制憲，五千元入槖，驪珠已得，留櫝何爲？此議員之不便於有財政也。若夫軍閥，則苟知有憲法，早不肯作傀儡之總統。惟大選之幸成，適當憲法之公布，以此自表其維持之功。自慶其遭值之幸，使聞者見者若或疑其假正義以就私圖，有不得不踐言之勢，則竟爲憲法而作傀儡，或不過圖總統之虛榮，而孰意其以任命巡閱使，表示其於憲法之云，並未夢見。有是議員，有是軍閥，真合之雙美，離之兩傷者也。

　　於是財政整理會之計劃書，適於其時發見。殆已見破壞憲法，自有國會與軍閥尸之整理之效力，可以憲法之效力爲依據，以後永無成績，可告無罪於天下。猶之無憲法以前之審計院，逶迤進退，可作特任高級之官，與監督財政無涉，與審計院設立之本意無涉也。果如是者，又一利用違憲之機關，又一侵蝕國庫之蠹弊。其意以爲我能根據憲法以爲整理，可知其非無知識，不若軍閥以下他官僚之昏憒，又能由他人擔任違憲，以使我無從整理，可由其無事坐食，旅進旅退，享位祿之實，避尸素之名，計莫善於此矣。而其設此整理會之實用，或者謂即以整理名義，並歷次借款爲大債，以得一較鉅之找零，爲從龍之首功，登台之成績。瑣瑣姻婭之孫內閣，業與財政整理會

之顏惠慶相逐而來，既知與整理爲根本抵觸，而不自請解散該
會，以符名實，可知其着力組織整理會之意，誠在彼，不在
此。而今日之計畫書，乃宣告其整理之，本由正軌，以後之出
軌，乃時事相逼而爲之，非我之過。顏惠慶盖究爲學生，究爲
外交系人物，故有此交代。自今以前之組織成會，乃其抱負之
所在。自今以後之別有作用於該會，則其遭際之所爲也。顧吾
以爲用此爲戀棧尸位之法，則誠無上妙諦。以此而助軍閥之罪
惡，加同胞之負擔，殊可不必。若軍閥嫌其佐命無功而疏外
之，高官厚祿，坐享既久，時會有變，整理之機復動，則猶得
以尚無大過之身，再獻於國民之前。軍閥無久延之運，借憲法
而來，叛憲法而去，無爲犧牲於其間，猶彼善於此之策矣。

(1923 年 11 月 24 日)

國民爲誰之答解

近日言論，皆以從前謀國之道，假手於軍閥官僚政客，釀成今日之局，群以國民自決爲趨向，此非不佞之私言。似持論之士，皆以此爲標的，可證心理之從同，亦事實上無他道可遵。而民主國家之主權在民，抑本無避免之策，國民縱放棄而有不能也。顧論者自諄諄，聽者若甚漠然，於是憂時之士，輒作一疑問焉。曰：爾輩所責望之國民，是否已經誕生？所成何形？所居何址？何名何姓？何日起而承其責，行使其權？因此之故，旁皇求索，皆曰國民爲誰？國民爲誰，楚辭大招，秦法大索，皇皇然有如是矣。

夫此問國民爲誰者，非國民耶？徒以國民云云，乃以多數顯其功用。若其本義，則國民所指爲對敵，受其毒害。一切軍閥、官僚、政客，誰非國民，此皆有名姓、有居址之徒，而既尸今日釀禍之名矣，詬之，詈之，但聞其聲，必求其人以實之。則除達心者不屑問，事繁者不暇問，良懦者不知問以外，其尚踴躍於參政之運動者，則惟賣票之選民，當國民之任。果爾，則求國民者，求之於賣票罪惡中足矣。不自決之日賣票，自決即更賣票，不如不知國民之爲誰，尚有向空之祈禱，如在其上，如在其左右，相驚以國民將至，或可以寒軍閥官僚政客與賣票之徒之膽。國民真出現，而民國乃無望也。

問者之詞，具如上述。以下吾將以有望答之。不但有望而已，且敢言國民固皎然清潔，在賣票選民之外，而賣票之選民亦尚有多數國民在內，而直以受全體國民放棄之影響，陷彼於罪惡而不自知，全體國民亦非自放棄。吾國之美德，以有責任而後負責任，爲心安而理得。自好之士，決不願挨身露面，作越職之舉，而存出位之思。故今日問國民爲誰者，異口而一辭，即可知國民之數之衆。若應之曰：汝即國民，何勞發問？則又笑曰：吾幸而無參與國事之責任，故不任誤國之咎。欲望有健者，好勇過我，肯負國家之責，發國民爲誰之問，以寄其想望。君乃轉以此詰我，我並不敢問國民之所在焉矣。此種態度，見淺者以爲吾國人任事之不力。而不知“不在其位，不謀其政”，聖人之垂訓，深入人心。就任之不苟，乃其所以異於奔競無恥之群衆。但當思加以責任之方法，則於身負其責之日，自然不問國民之爲誰，而先自問我之是否國民矣，不以國民之責任加國民。以前之弊，弊在學法政者之僅有君主國憲法，充其腦際。國法學之辨論，無非拾日本法學家之餘唾。猶憶辛亥之變，張紹曾向清政府提“十九信條”，第一條即滿洲皇室萬世一系。日本皇室以前本屬一系，故樂得以此自豪。吾國三皇五帝，神明之冑，不能萬世一系，忽然欲以此事奉諸偶然入據漢土之異族，甯非效法日本而忘其所以之故。民國制憲，處處剝奪民權，名爲民主，無絲毫主權予民，此爲國民無責任之成於約法以來之法律者。

或者曰：世界民主國之憲法，誠以最高權予民。總統之去留，國會之集散，法律之存廢，三者爲國事之最重。立法、行政兩機關，皆國民所建設，建設立法機關，則選舉議員，建設行政機關，則選舉總統。立法、行政，互相監製，而至互相衝突，則國民以最高權裁決之。此爲民主國國民固有之主權。然以我國國民而論，縱不敢謂其果盡爲賣票之人物，但必令其承受外國國民，若德意志聯邦、普魯士等國憲法所定之民權，是否能運用如意，不生危險，不至如世所持之恒言，有程度不及之慮焉否。

　　則應之曰：吾國地大物博之國也，生其間而爲之國民，固如千金之子，以垂堂而坐爲戒。嘗見昔之以舊法保護子弟者，出必隨以童僕，居必給以供具，析產即恐其不善治生，分居即恐其不足守舍。久之，子孫亦果無能力，溫飽之後，必不如飢寒而起者之奮發有爲。迨既獲溫飽，則又誤其子孫，使恒遜於飢寒者，而與爲取代之地。自國體變而家族之制亦稍更，家塾衰而求學之路亦漸異。昔之不能離保母之手者，今皆以遠適異國爲幸。夫豈無至今尚拘束其子孫者，亦自有生理日促之制裁從其後，雖甚蔽塞之父兄，久亦不敢自誤。吾國家之於國民，則何以異是？十二年前，何以敢於改國體？國體既改，宣統安然在故宮，而除張勳外，無擁爲奇貨之人，亦無除此禍本之意。則承數千年專制之後，一旦視帝王若贅疣然，此程度之至高也。其所以得此程度者，以國體之速定也。今特尚無置國民於責任中者耳。

　　　　　　　　　　　　　　　（1923 年 11 月 28 日）

憲法與感情

民國自二年以來，即從事制憲。十年之間，事實變更，制憲者之感情，隨之而異。第一步爲希望強有力之政府，與限制政府之權力。兩派之爭，雖其中希望於政府者，不無受政府指使之人。然國民多數心理，亦以爲既已設立政府，而必令黨派之見，束縛之使一事不可爲，斷非爲國之道。故於國會有不信任政府之權，政府無解散國會之權，頗有人惋惜，謂事理不得其平者。此沿襲君主憲法之眼光，所具一種感情。在袒政府者，固有擁之使得跋扈之嫌，即裁抑政府者，亦實有畏之惟恐稍縱之意。此種無謂之爭論，至廣東制憲時，尚爲停頓憲議之主點。當時不悟民主國之憲法，於此有正當之規定。試舉普魯士憲法第五十七條言之。其文云："內閣之全體及各國務員，於其在職，須得國民之信任。國民之信任，依州議會表明之。州議會得以其議決，對於內閣或各閣員，表示不信任。不信任之議決，於有效請求州議會解散國民請願存在時，不得爲之。"所謂有效請求，即憲法第六條所定請願解散州議會，非由選民五分之一所提出，不生效力是也。請願存在，謂此請願尚未解決時也。此時議員若得不信任權，推翻政府，則是以國民所不信任之議會，反盜國民所予不信任政府之權，先發以制其敵也。國民之請願解散，正向政府提出，而政府據以提之於議會。故斯時之國民，必爲右政府而左議會，議會即不能濫用其裁抑政府之權，以是見議會之不信任政府，乃代國民表顯其不信任之心理。若國民心理不如是，則適以得自身之解散。國民握信任政府與解散議會之最高權，何所容議會與政府之各謀自利，而爭執其有無規定乎。此第一次感情之作用，今已成過眼之雲烟，然卒未以最高權還之國民，祇於政府之無解散權，無復有祖政府者爲之申理。是此種感情之結果，乃無所希望於政府之强有力，但用議員所盜得國民之權，以高壓之令其就我範圍，以爲獵官索賄之武器而已。夫此深文之言，非謂制憲之議員，人人具此意念，但其不以主權予民，則最後必至是也。

第二步爲限制中央之集權。於是有主張省憲與反對省憲之標幟。反對省憲之健將，當時亦若尊重統一，預防分裂之禍。迨經賄選之試驗，則此輩皆一落而受豬仔之美名。主省憲者未必盡不與賄選，而反對省憲之有力者，則無不在豬仔之列。是又可知此種感情之動機，爲深鑒於袁世凱之禍國，而欲增高地方之實力，以爲保障。經三年以來無國會時之醞釀，六年以來始復國會之討論，上年再復國會之奮鬪，雖主省憲者之爲數較多，而反對省憲者之力能破壞憲會，使不足議憲之法定數，則固綽有把握。當時似亦攷見之不同，其後忽然得反對派之讓步，僅以省憲易爲省自治法。所得者空文，而省務院則由民選之省務員組成之，仍符省長民選之實質。在理豈不可謂爲反對者之軟化，而不知其迫於賄選，將用公布憲法號召議員之出席，一時變態，乃非反對於政治之感情。純爲營賄者對於金錢之感情，論人格最不足道。然以賄選者自急其私，乃易得憲法上限制軍閥之大關鍵，則又不得不謂南下議員所失敗者爲不能制止其賄選，所勝利者爲促成其公布限制軍閥之憲法。以時效言，以國計言，守正派之所得，實什伯千萬於賄選之議員，深求其終始而當引爲國家之幸，與其自身之光榮者也。此三年以後裁制中央之感情，今可謂得完美之結果，而實由賄選玉成之，禍福倚伏之巧如此。無奈國民不及知，南下議員亦不自知，則今又易爲第三次之感情矣。

第三次感情之表見如何？則以渴望憲法之國民，忽然冷淡，甚且唾棄之。夫憲法隨感情而變遷，後必勝前，已事可驗。今之應責備於憲法者，謂其不具民主之本諦，將來仍不免使主權者之國民卻步，而盜竊主權之國會橫行。此誠應激動一種感情，以爲民主國憲法葉落歸根之預備。若其補救於現時之政治者，則已享大選之幸福，一切得豬仔之情讓，使苦心起草之成跡，瞬息而懸諸國門。如軍制則改爲義務民兵，則某系某系破。駐軍則定在國防地帶，則非但内爭爲憲法之罪人，即内地駐軍亦爲憲法所不許。軍費則限爲歲入中四分之一，是並海、陸而計之，所省之數何如？省務院民選，省自治法自定，地方可自謀發達。又不均一之各省漕、糧契税，劃歸地方税，均一之關、鹽、路、電、郵等一切税收，劃歸中央税，此俱可爲經久之制。據其所已得，求其所未得，乃不在軍事、財政等實質之要索，祇在主權責任之可由空文勒定者，必須經修正憲法之手續，爲之補充，得此一段落。國民固應通十年之感情而計之，不當徒以一二月内賄選之恥而疾之。則研究現有憲法之缺失，與已成立於憲法之中之成效，非冷淡與唾棄所可畢事。蓋第三次之感情，今尚未動。所動者，乃尚非應有之感情也。吾不能無望於今以後。

(1923 年 12 月 2 日)

因反運動之流行當熟察激烈之正論

民國主權在民，民不能行使其主權，乃一切落於軍閥官僚政客之手。軍閥官僚政客之交市，不外一賄之作用。賄也者，運動之主要條件也。顧既稱運動，必求有效。收賣若干服從之奴隸，從前可以集事。今則民雖無權，而輿論亦往往有力。爲運動者必並一時未定之輿論而反用之，使助我撲滅意中之所甚忌。古之善盜國者，並盜聖哲守國之具，今之善竊權者，並竊輿論裁制之權。此則最近之新發明，而舉國受其顛倒者也。試略舉事實以明之。

民國初年之軍閥官僚，行賄之手筆未嘗不鉅於今日之軍閥官僚。然收買其服從者，以對抗其桀驁者，意在造成一媚茲一人之天下，而服從者愈卑下，桀驁者愈驕橫。當時軍閥官僚之領袖所忌者，憲法之束縛，則解散國會，屏除其桀驁者，而號召服從之徒，修改約法，以代行己意，此正運動也。近則軍閥官僚之破壞憲法，乃提出桀驁之論點，痛陳軍閥官僚割據之害，不可假事權於省。而此受賄之拙者，猶高談統一，擁護中央，其說不爲輿論所贊許。其巧者乃極端分權，主張每縣制憲，以剝奪省之集中，從此立論，理直氣壯，可以毒詈軍閥官僚，使國民氣爲之振，而軍閥官僚若退縮而不敢一較其鋒鋩。故僅恃中央集權之腐論，以偏袒軍閥官僚者，必終屈於輿論而自餒，用極端分權立說，則佐以辱罵軍閥、官僚之聲勢，可以大言不慚，而軍閥官僚又得掩其賄託之跡。此反運動之一事實也，非賄選爲之試驗，至今猶唱高調而賈餘勇矣。

　　馮玉祥之逼宮，王承斌之奪印，釀成六月十三之政變。反對賄選之議員，相率南下，一哄而集者近五百人，則正氣已大伸矣。由事後觀之，安有如許不願賄選之人，當滬上第一次集會，即責難紛起，南遷手續稍不如法，宣言文字發表稍遲，輒以議會法痛繩之，使南下之正論，竟不能在會場發舒，而未開會時之正論，轉以會場之責言而消滅。其所聲言，謂留北無恥之議員，可以蔑視法律，南下高尚之議員，而亦草率從事，必無以自異於同流合污之罪。挾此挑釁之勢，無會則已，成會即使滬人士獲觀國會搗亂之醜，於是多數有顧忌者不敢輕言再會。日復一日，大選期迫，而此狺狺持法律論者，已銜枚疾走，表面不過爲貪得五千圓之罪惡，其實乃並立搗毀滬會之奇績，而別取厚價。此又一反運動之事實，經賄選之試驗而始大明者。

　　議員貪賄者之多，誠無問南北矣。然南方不受北軍閥所支配者，對於賄選議員，懲創之道，不過爾爾。清議之獲伸，恒在北軍閥勢力之下。毀議員之家，鑄議員之像，深惡痛疾，與民同欲，蓋莫北軍閥若矣。行賄者已如願以償，以常理論，與受同科，宜行賄者亦不願翹受賄者之惡。然軍閥追恨大選未成時議員之婪索，正深借輿論之劇烈，爲吐前日之氣。且知此項責難，不足搖行賄者之地位，而適可毀受賄者之身家，故反對賄選之省分，反對僅在事前，爲正運動；贊成賄選之省分，反對轉在事後，爲反運動也。議員又以被毀其家，爲要索次長、運使之代價，則安知學界之公憤，非議員故挑之。陽受排斥之損，陰享保舉之益，則亦一反運動之巧矣。

　　因大選而公布憲法，急不暇擇，未免作繭自縛。軍閥官僚政客，斯時之反對憲法，其運動又分巧拙。拙者正運動，則曰另定施行日期，以爲延宕之計。巧者反運動，則鼓吹學界鑄豬像，毀豬圈，以辱議員者間接毀憲法之信仰。又多操縱賄選議員之餘毒，使自相殘殺，而鼓動國民痛惡議員之心理，以仇視議員所公布之憲法，使國民毫無督促憲法之意。而後軍閥官僚政客任意選擇於其間，不便於我則棄之。巡閱使可任命於憲法公布之後，而裁政費以充軍費，則憲法又有效矣。預算案彼此不提，以爲軍閥官僚與政客以賄交市之地。憲法定十五日必提出於國會，此文自可虛設，而利用昏憒之孫寶琦，以抵制吳景濂。又急於有內閣爲借債之傀儡，則七日提出之憲法，奉行惟謹。以此玩弄憲法而能使輿論茫然，此反運動之力也。

（1923 年 12 月 6 日）

省 自 治 法

　　近日省議會有組織省自治法會議法之提案。提議案一起，修正案又一起，而公民請議案又一起，可知本省之議員公民，皆已注意此事。請議之張君，郵寄其請議書來。竊於此重大之本省事務，不能無一言以答張君之意。

　　蘇省有自制省憲之議，不自今始。若今猶名爲省憲，則發動在省公民之意，不必別求根據，亦不必援湘浙等省之制憲爲先例，制不制以省民多數決之足矣。若名爲省自治法，則根據在本年北京公布之憲法。憲法在蘇省官廳間，自然奉行，不生異議。在省議會則就其所表見，如今屆辦理改選，議員對此事已正式質問官廳，能否任此違憲之責。雖質問非大會所議決，然用議會法中之質問權，由議會名義發出質問書，可知省議會之奉行憲法，亦無異議。既已奉行憲法，則第一事須組織省自治法。提案議員，可謂先其所急矣。

　　顧省議會是否代表全省民意，就奉行憲法一端而論，亦頗有疑義。民意以痛惡北京之政府國會，合成賄選大罪，斥絕之意，殆不欲與同中國。雖知憲法之草案，具於十年以前，憲法之議決，什八九行於賄選未發動之前，即什一二之未議決者，亦協商妥洽於全體議員未分裂之日。但心知賄選與公布並行之惡意，不過借此爲機會，以求赦於國民。國民豈肯輕赦此罪人，且豈肯以根本大法爲賄選罪人所點染，故審量於憲法之奉行於否，輿論乃有人民總投票之主張。自今日以前，人民未表示其公決之趨向，憲法之效力未可知也。請議之張君，固亦本省公民，若在總投票之中，可信其爲主張憲法有效者，然未知其爲多數與否。則請議組織省自治法，不如呼號總投票，表決憲法效力之爲探本也。

　　且省自治法之會議，其議決之權，省議會所得甚有限。則組織此會議之法，恐亦非省議會所能專斷。何則？組織之法，當根本於憲法。則憲法已定組織之代表人數，各縣議會當最少得居半數，省議會及各法團，各最多不得過四分之一，故省議會在省自治法會議中爲少數分子，不能不推縣議會爲主體。設以省法律由省議會議決之常例行之，無論縣議會能否遵守，要先與憲法規定之意爲不合，假使省議會可獨定組織省自治法會議之法，則憲法中必不使省議會在該會議中居少數分子之地位。一種方法，竟委託省議會制定省自治法。如約法規定國會即兼憲法會議，不令他分子加入，則省議會責無旁貸。又一種方法，制定省自治法之會議中，無省議會之分子，但制定其組織會議之法。如約法會議僅制定約法，即交由臨時參議院及正式國會會議，則省議會亦應效此先事之勞。今明明爲會議中不得過四分之一之分子，豈能不謀之主體之縣議會，及同等之各法團乎？

　　故今日省議會之提案，公民之向省議會請議，即使開成大會，議決法案，不過表示省議會之遵守憲法，推出四分之一以內之代表，參與制定省自治法之事，仍聽縣議會及各公團之表示，是否共同組織，得其同意，則加入之而已。若縣議會而有此各縣之提議，各縣之公決，一致以爲應組織省自治法會議，則可信爲全省之地方團體，表示憲法之有效。而省自治之主體，亦由此完成。省議會不願放棄其共同組織之權，自然能成會，自然能推出四分之一以內之代表。至各法團之支配，應由縣議會通告各該法團，自定辦法，不必由省議會代定。張君之

請議，及議員之修正，皆不過於各法團代表人數之分配。有所
討論，其實省議會於此項省自治法會議中爲少數分子，與各法
團同等，原不當有分配之權。各法團若不急自支配，以圖加
入，則縣議會自占半數，已符會議通例。雖無各法團代表，或
並無省議會代表，亦不足牽掣其制定省自治法之事業。故組織
省自治法會議，視各縣縣議會之是否奉行憲法。張君與其向省
議會請議，而不能强省議員之是否到會，固不如別爲根本之
計也。

（1923 年 12 月 9 日）

江浙省議會之遵守憲法

憲法，一國之根本大法也，自不當以各地方情感而殊。惟人民因反對賄選，以致漠視憲法，此可見好惡之公矣。惟法團之舉措，獨不當與私人同以情感用事。今以蘇浙省議會之舉動，可以證明之。蘇之政界，在人民目中，視爲直系，直系則應有遵憲之意。然民選之議員，則非以政界之意向爲意向。觀於議員間，責難其同鄉國會議員之與賄選者，無所不至，可見省議會乃以國民地位立法，無政界黨系可言，反對賄選之事實既昭昭矣。獨於憲法，前已觀察省議會，爲有認爲應遵守之形象。乃至近日，則直以全體之議決，咨達省長，謂四屆選舉，應用憲法規定之制，而又以新選舉之詳細條文，委之省自治法，爲先決之問題。然則蘇省於選舉要政，且不惜爲憲法之急須實行，而令其停待憲法所產生之省自治法，以爲永久之計。蓋蘇省國會議員，方服從輿論，而願聽蘇人民之投票，公決憲法之效力。不意省議會已以人民代表之資格，不啻代人民投一憲法有效之票。吾蘇省人民，或未必確認省議會之決爲有效，即人民全體之決爲有效，但必爲江蘇最重要之法團，已認憲法爲有效，而既行總投票之一大部分手續矣。

若夫浙江省，在人民目中，視爲反直系。直系何所取憎而致相反，甯非以其賄選之故。政界且反對賄選，人民之訴諸公道，自更無不反對賄選之人。然浙省議會之遵行憲法，其踴躍又在蘇省之上。夫浙爲已制定省憲之省，謂以省制爲急要，而不免有所遷就，則亦何必不促行省憲，以解決省事？又況浙省長因公偶與北京通電，省議員且有不慊，謂有損獨立之尊嚴，其爲深惡痛絕北京之當局，可以推見。乃於憲法中省制之規定，絕對服從，甯舍制定之省憲，以更制憲法中之省自治法。又並於國會議員任期，本欲斥絕其自由延長者，亦以其攙入憲法，不肯投鼠忌器，使減少憲法之威信，則浙省會之愛護憲法尤甚於蘇。雖於吾蘇總投票之説無關，然憲法大體之不緣賄選而遭菲薄，則可見國民之決不以人廢言。蘇人主張總投票之決，非寬假直系，實爲尊重制憲之全體議員而起。蘇人恐連染於政界之爲直系，反不欲似浙人之直截奉行憲法，乃其遠嫌自愛而然，非於憲法真有捍格也。

惟兩省議會之内部，蘇省議會之黨爭，似烈於浙。故制定省自治法之大業，未必能出於省議會。蘇省法團組織省自治法會議，其代表額數之支配，困難甚於浙省。浙省七十五縣，縣議會代表七十五人，省議會代表三十七人，當縣議會代表之半數而微不足。又以此三十七人之同數，分配各法團，所取標準，至爲巧合。蓋省議員之複選，以舊府屬爲區域。浙分十一區，每區出農、商、教代表各一人，爲三十三人，加以省總商會、甯波總商會各出一人，省教育會、省農會各出一人，合爲三十七人，與省議會代表同數。兩共爲七十四人，較縣議會代表少一人，與法意密合。而其標準巧合，各法團似無可非難。則組織省自治法會議，雖非省議會可以專斷，然準情酌理，能得各團體之同情。則由省議會爲之代勞，有可信守之實，各法團何樂而不爲？惟蘇省以法團之難於支配，省議會之難於成會，縱欲促成省自治法，恐不能與浙省同其趨徑，此爲事實所爲，不能不重煩商権矣。

既組織省自治法之會議，則根據憲法之旨，已經確定。根據憲法，則縣議會實爲自治主體。由縣議會主動遵憲法出而組織，並不必仰仗省議會，自有過半數之代表名額，足以成立此項會議。而省議會與各法團之代表，自然不能不推出參加。在縣議會，祇有依法通知之責，並無代爲支配其名額之責。通告之而即推出，即與推到之代表，共議組織之次第。通告之而延不推出，即獨任組織，亦不爲過。其過怠之責，由受通告而不推代表者負之。如此，則省自治法之可以告成，或不致遠後於浙省。此在各縣議會加之意耳。顧蘇省既不能專恃省議會制定省自治法，則遵守憲法之表示，惟省議會已無異議，質諸縣議會，是否從同，此則未能懸揣。願各縣議會先以總投票，齊其意見，使憲法之效力確定，而後從事，以總投票卜從違。視省議會之直截承認者，更爲愼重。是在各縣議會勉之而已。

（1923 年 12 月 13 日）

京與省之財政會議

本月九日，江蘇督軍、省長開財政會議。十日，國務院開財政會議於退思堂。銅山西崩，洛鐘東應，窮無聊賴之聲，彼此一轍。顧省所召集者，爲本省士紳，意在代爲彌補不足之數。京所邀集，爲各省高級軍官代表，意在乞其稍開解款之恩。此事適當北京公布憲法之後，蘇人遵用憲法之意思，尚未決定，宜無有據以繩省政府者。而財長王克敏，則頗援引憲法，願以憲法所劃分之國稅，求各省稍稍顧名思義，勿復盡予截留。然則議憲時所恐政府不樂實行者，不過軍事、財政兩端。今軍事之必欲違憲，已於任命巡閱使見之。而財政則惟恐憲法之無效且根據之以向各省代表發言，然後知人民固將用憲法爲護符，以紓民困，財部亦且將賴憲法爲後盾，以救官艱。然則真舉國渴望立憲矣乎？一揭其隱，則一切障礙，皆在軍政當局，能使民不聊生，更能使總統、國務員之無術救死也。此物極將返之會也。

王克敏之言曰：憲法規定田賦、契稅，劃歸省有。各省得此巨款，財政有活動餘地。中央希望在各省所征國稅，如烟酒、印花、貨物稅等，不再截留，庶可紓一時之難。又依《憲法》第二十九條"國家預算不敷，或因財政上緊急處分，得比較各省稅收額數用累進率分配其負擔"，此與向來各省認解專款相似。專款始於民國四年，是年各省實解一千一百餘萬元。五年增至一千七百餘萬元。六年以後，實解雖少，然中央應行負擔之各省軍費，仍得由此款內指撥。此時恢復專款，確定爲中央之財源，亦補救之一端也云云。從表面觀之，財政當局，服從憲法，讓完善之田賦於各省，而取抵押轇轕之烟酒等稅以自予，豈不安分知足，可動人憐。乃其可笑，則不足以細按，試分別指之。

田賦、契稅在王克敏口中，爲各省新從憲法所得之大惠。試問未定憲法以前，此項田賦、契稅爲財政部之收入耶？抑尚留在民間未行完納耶？如蘇省之上年添借公債七百萬，今年又缺少三百餘萬，乃連年開此財政會議，其間無論國稅盡數截留，即田賦、契稅何嘗不一並笑納，而竭蹶乃如此。王克敏之解釋憲法，以杜各省之口，豈非佯爲童昏之態，以欺各代表乎？再用民國四年之專款，附會《憲法》第二十九條，而刪去其中“經國會議決”一語。若爲此舞文弄法之手腕，即可以取得財帛也者。夫專款之爲專款，國民痛心腐齒之事，甯可復道？！蓋此款非他，即袁世凱之帝制專款也。憑二年武力征服之威，多遣抓克之健吏，荼毒各省。三年遍布豺狼，四年得一千一百餘萬，是年末即僭號叛國。而五年雖盡天命，其所布豺狼，猶有更多於上年之貢獻，抵一千七百餘萬之巨。王克敏娓娓言之，其今日所戴真主，是否已收削平海内，掃蕩群雄之效？今各省屈於駐防軍之下，國會皆獵官索賄之徒，無暇問此專款之罪案，政府雖極茸闒無力，使此專款依前報解，猶得據以搪抵各省逼索之軍費。蓋政府不能得之於各省，而各省實已取之於人民也。《憲法》二十九條，可附會專款之性質，而其間“經國會議決”一語，即不易使財部與各省自由徵取，以快朋分。且現今所謂專款，是何理由？是否尚有軍閥叛國，指爲登極之費？國會若有人格，久應駁斥取消，相忍至今，又爲王克敏垂涎希冀之物。其實虎口覓食，任何名義，舉非王克敏所戴之真主，所能取得，則王克敏心計之工，亦但能造作此一篇入耳之言語而已。

　　王克敏於國稅中獨不提鹽、關，豈非倚賴外人，尚不爲各省所吞没，無所用哀求。故各省爲魚肉人民之財政，中央爲投靠洋員之財政。王克敏輩，何足以言"羞惡"二字?！今日乃欲借憲法，彈壓强藩。彼各省尊重憲法，而解款與王克敏。克敏未知果有此夢想否？各省之各縣，漸知尊重憲法，而截留省稅之四成，斯時則財政漸落實地矣。

　　　　　　　　　　　　　　　　（1923 年 12 月 16 日）

憲法與省自治法

　　近日江蘇輿論，趨重總投票，以解決憲法公布之效力。在主張者之意，恒慮言者自言，公民因漠視北京政府之故，而恝置不理，則於憲法之用不用為無關出入，而人民無肯參政之意思表示。究竟是否有行使參政權之國民，無從試驗，此殊為動議者之所失望。在動議總投票者之心理，希望國民之反對，與希望贊成同。反對總投票而有表示，可見厭惡賄選，出於疾惡之良心。贊成總投票而有表示，則可見厭惡賄選，而於憲法乃有自決之灼見。故此次動議而能得國民贊成、反對之表示，均足以滿動議者之意，可斷言也。

　　前日之日，一日而見江蘇各團體，對於此事有正式會議之表示。其反對者，有法治協進會，主張對於憲法無表示，而以自制省憲，決其拋棄憲法之規定。此會非法定團體，但以法治為目標，則必富於法律知識，以學問之研究為結合者。其贊成者，有縣議會聯合會，主張用憲法之規定，組織省自治法。在會全體一致，並舉組織之法定代表，於憲法之有效已無所用其投票而先決。故前一日報載該會分配議案時，猶有對憲法投票之案，及其議決，乃超過投票程度。票以決疑，不疑何票？此贊成蓋非徒認憲法之效力，並已於本身應守憲法之限度，負實行之責矣。此會為地方法定團體之總合，過半數之到會，四分三以上之委託到會，為本省法團之最普遍、為自治主體之最確定者。合兩會以當一總投票之分數，則似以憲法有效為表決點，此後不當再問憲法在本省之效力。省議會決於前，各縣議

會共決於後，但認其組織省自治法之進行，與制定省憲之成就
而已矣。

　　同時又有論蘇人之主張，以田賦本重，留作自治經費，有
利於憲法之故。此説殊可商榷。自治經費，以全國不劃一之租
稅爲標準。不劃一之租稅，何地蔑有？江蘇與浙江之田賦，獨
爲繁重，乃歷代制定爲國庫之正供，故獨以財賦之區，聞於天
下。各省之差徭雜泛，其飽官吏之囊橐，充就地之支應，何嘗
肯赦我汗血之人民。特江浙之負擔，爲贍養中央之負擔，各省
之負擔，爲中飽貪墨之負擔。江浙之自治費，待憲法劃分而後
歸省。各省之自治費，乃本在各該省而無待於劃分。東西塞
外，洪荒未闢，彌望千里，就吾所親歷，則知其徵斂之法，因
交通之不便而稅在交通，騾駄車輛，抽徵巨數，如東三省仰車
捐爲收入之大宗，其明徵也。在昔以此等款目爲外銷，部册無
徵，高下任意，尤爲地方官吏之膏潤。若其已入官吏掌握，則
江浙之田賦，與各省外銷之款何別？民國以來，袁世凱之强有
力，亦祇能布豺狼於當道，使之屬民，而取包辦之策，用中央
之威力，爲墨吏之護符，與爲朋分之短計。初未能復賦役舊
制，則亦與外銷無所甚異，特不爲滿意之貢獻，在外不得而竟
銷耳。今則軍閥已成弩末，在外之收入，一切外銷，惟與外國
人有抵押之關係者，乃藉外人監督之部分，對抗各省軍官，得
稍展其攫取之手腕。是故江浙之田賦，與各省之差徭雜泛無
別，探虎狼之口而後求之，非中央奉行憲法之虛讓所能有濟，
其致一也。若沿帝制時代之空言，謂江浙財賦之省，謂江浙於
憲法有獨利之處，故首先決憲法之有效，則何解於報載甘肅之
慶祝，發於社會，將用憲法以自顧其地方乎？

　　然則憲法之利害，爲全國之公共利害。以私意度，江蘇者
狃於故紙之言也。若必採一標準，以鞏固自治，不能不劃分國

稅、地方稅，無可疑者。劃分之標準，用各地方、各黨派、各團體、各級官吏、各機關爲之聚訟而不能決，不如取世界大同之標準。經濟學進化之標準，分全國劃一之租稅與國家，全國不劃一之租稅與地方，又無可疑者。則無論今之用憲法以組織省自治法，與舍憲法以制定省憲，根本之財政標準必同。則憲法既不背於學理，且爲贊成、反對者同不能不予采取。是可知近日對於總投票之結果，反對者仍是反對賄選之人物，非反對憲法也。則從此謂得一結論，誰曰非宜？

（1923 年 12 月 19 日）

統 一 罪 案

語曰：臟腑而能語，醫師面如土。土地而能語，葬師食無所。此醫師、葬師欺臟腑、土地不語時，胡亂説證候，胡亂講風水。一旦臟腑、土地自己開口，即有絕其搗鬼之源之懼。醫師、葬師之天良易動歟？抑醫師、葬師無有槍、階級爲後盾，故不能蔑視臟腑、土地之語，且並禁嚇而使之不語乎？今夫國家之統一與否，當以主人翁之自己承認爲斷。我各安職業之國民，是否有不統一徵兆，無論行旅往來，商貨貿易，團體集合，國内從無界限。即就裁兵廢督之主張，全國有一持異議者否？若國内有對敵之意，國民自應請求設備，繕甲厲兵，以爲固圉之計。今廢督裁兵之説，南北一致，是即統一之實狀。國家者，國民之國家。國民既自言統一矣，而擁兵割據者偏不許其統一，偏僱用少數國民，日夜以讎敵之態度相向，乃發生一種官僚政客，以統一爲職業，伺隙即動。此輩即醫師、葬師以搗鬼爲衣食之資者也。

統一之方法有二，一爲武力統一，一爲和平統一。武力統一，謂之盲行。盲行之較有效者爲袁世凱，歷兩年而後敗。且以有叛國之釁，故師袁者前有段祺瑞，後有吳佩孚，則其效可見矣。和平統一，謂之脱騙。脱騙之似有效者爲徐世昌，用北方豢養之豚犬，爲南方政府之總裁，號召徒黨，拆台送款，北京大張旗鼓，設統一善後委員會，以位置此類游魂，實際則南受其損，北初無益。師徐者有張紹曾，專用綫索，冀成統一之騙局。究竟吾國除主人翁外，孰爲願意統一之人，則應之曰：

有總統、國務員名義者，日夜希望統一善後之大借款，非但脫
騙國民，乃並欲脫騙外國人。政府既欲脫騙外人，政客乘機脫
騙政府，故凡言統一之政府、政客，其希望統一之念又不同。
政府則願借款到手，乃揭破統一之假面，政客則願於永不統一
之中，創成統一爲業之飯碗。要之，本來統一之國民，今後決
不再言統一，惟有剗除不統一之武人、政客，自然統一到題。
其言統一者，即欲欺國民以大借外債，及獵官獵食有事爲榮者
也。吾今爲國民發表此語，自居於臟腑與土地之列。無奈言統
一之官僚政客，其顏面不若醫師之自重，其飯碗不若葬師之易
破，國民然犀以燭姦，政客自蒙面以擣鬼，真不知人間有羞恥
事矣！

　　至於擁兵割據者之公然不肯統一，此如病證之襲於臟腑，
風水之着於土地。爲臟腑、爲土地之國民，誰不能鑿鑿而道？
裁兵廢督病證去矣，風水轉矣，臟腑、土地早自語矣。而踴躍
奔走於統一之醫師、葬師，則方且懸幟高呼，爲染恙者起其沈
痾、停喪者覓其吉穴。"統一"二字，向易受欺之國民，祝爲無
論成否，要非惡聲。自今而後，當知國之不祥，在有此"統一"
二字，國民之不祥，在有此稱說"統一"之人。前此之統一罪案
既定，後此之統一途徑可知。武力統一者，力盡而自斃，可以
袁世凱爲鑒。惟高唱和平統一者，爲官僚政客蟻附蠶食之憑
藉，並可靦然人面，向國民陳述，以博志士仁人之號。社會有
纖屑變故，皆志士仁人乘隙蠢動之萌。近如賄選之波累憲法，
久之人民自然覺悟，而政客則又食指大動，於此中亦可發生統
一之機緣，爲國之賢勞歟，抑謀食之急切也？

　　夫謂憲法有信任、不信任之爭，江蘇發生總投票取決之議
論。政客乃推而廣之，將以此題爲南北會議之嚆導。不知國民
早已自決，組織省自治法之會議。省議會程度較高者，省議會

決之，省議會甘心後人者，各縣議會決之。憲法之效力，無大
於省制。人民之信任憲法，無大於組織省自治。今以江浙兩省
之事實言之，臟腑、土地居然自語，而無數醫師、葬師方以爲
機會又到，呼朋引類，將扣主家之門而傾倒焉。江浙爲東南要
地，奉告諸公，已無事此，其餘各省，何不亦以此示之？非但
爲今日借題之醫師、葬師掃其興也，自治法成，正所以拔不統
一之根，將來永無醫師、葬師啟齒之處。自治成立之地，即統
一之境界，自治成立之時，即統一之期日。官僚政客果有法提
早於自治之實行，而先奏統一之效者，除非能摧毀軍閥，不待
用自治之力相繩，已臻裁兵廢督之域，此則當沐諸公之賜。若
別有借徑，以統一之名目，陽取悦於厭亂之國民，陰投合於大
借善後債之軍閥，以自霑潤於居間之活動者，過去時代已有獲
利而去者矣，恐今已非其時耳。

（1923 年 12 月 22 日）

國民今日之真黨派

民國以來，國民飫聞政黨政治之說，各本其所合意之黨綱，較信任之黨中人物，結合爲黨。迨一試之於政事，初係迷信政黨者，掩耳疾走而退，而其真實利用黨派以自營謀者，則逢利害而變，逢權勢而變，逢官而變，逢賄而變。雖在自相對抗，勢不兩立之中，而實已合併爲一黨，其總名爲非職業黨。所分部屬，爲軍閥、官僚、議員、政客四種。自餘則亦合併爲一大黨，其總名爲職業黨，所分部屬，約計之爲士、農、工、商四種，此爲民國今日黨之派別。

既分派別，即各有進行。非職業黨之進行，在日日有所作爲。職業黨之進行，在不至其時，永不作爲。作爲者之事項，爲嫉忌，爲反覆，爲火併，爲毆打，爲爭戰。雖有作爲而相抵相消，以至於無不作爲者之工夫，移其對外之作爲，爲對內之作爲。士講教育，農務墾殖，工習技術，商營貿易，除本職業之外，並以絕無其他結合者爲純潔之黨員。作爲者之病國，人盡知之，不作爲者之利國，則殊非止於發展事業、爲福利之一義。蓋其不加入作爲，而讓出空隙，以使作爲者盡量發揮其能力，自然收掃除廓清之效。此乃以不作爲爲作爲，天下之至神者也。

以前之試驗，非職業黨見職業黨之易與，無所顧忌而盡力作爲，造成直、皖之派別，而北洋之團結破。是時直與奉合也，因其作爲，而又成直、奉之派別，而軍閥之團結破。直系全盛而大有作爲，又成津、保、洛之派別，而直系破。此其舉舉者。其間軍閥、官僚、議員、政客皆參加作戰，極盡作爲之手腕，不但北京之斗大孤城如此，凡有作爲之黨徒，皆同演此一劇。職業黨人雖蒙重大之損失，衹視爲僱募內訌之代價，不須親自折衝，日日奏勝敵之捷。惟恐所僱募之健兒不盡其技，則常乘壁而觀，憑軾而視，遇一二健鬥者，不可不加以獎拔，俾如我意。職業黨之妙用在是。

故民國初年，國民見軍閥、官僚、議員、政客之偶爾奮鬥，以爲大辱，責言紛至。此時職業黨與非職業黨界限未嘗劃清，各有所分合，各有所愛憎，見其不屬所望，則痛斥之。以今相較，斥之者，愛之也。今如吳景濂輩之賄選，國民衹於賄選未成時，猶有責令保留人格之意，以盡人類之義務。賄選既成，則擁吳、反吳兩派之身手，皆國民一致之撻伐也。高凌霨、吳景濂對壘之勝負，皆國民高坐之玩賞也。銅元票、金佛郎之互相訐發，皆國民之肆諸市朝也。不但王克敏、張英華、王毓芝、邊守靖輩爲重要之配角，即孫寶琦亦爲不可少之跑龍套也。一時之娛目騁懷，其取媚於國民者猶小，紫色蛙聲，閏位餘分，不費國民毫髮之力，而自爲主人驅除，關鹽餘款之盡量支配，社會經濟之盡量犧牲，皆爲主人翁備力所給之值。吳景濂新敗，正望其掀動大波，蹶而復起，無負國民之委任。召外援以赴內難，古之能者，夫豈無人，有志者在自勉耳。

夫以津、保之一致行賄，五百餘賄選人之一致出席，同心同力，成一開闢未有之創舉。雖以無道行之，豈不可畏？未幾而情勢大變，前日目無國民之五百餘人，忽然彼此互發通電，爭告國民以曲直，前日目無國民之行賄官僚，納賄政客，忽然又彼此互發通電，爭質國民以是非。國民判斷曲直，裁決是非之力量，豈肯爲此輩用？觀於報章之岑寂，可知此中真有黨見。凡非職業之黨，在北京爲其策源地者，已在全體自相混戰，職業黨更不須加以畸輕畸重之助力。故接此通電，固無復電之任務，亦並無閒談及此之餘力也。或謂京師輿論，漸表同情於弱者，此說恐傳之未審。高凌霨奏一日之凱，繼起而敵高者大有人在。然吳景濂有浴血搗亂之能，畢竟足當國民召募中之一員健將，倘離湯步瀛而一步不可行，大選時數十百萬之賞犒，未免虛擲，輿論安得而不惜之。況吳部下亦有智勇之佐數十人，皆已棄甲曳兵，與前日反對賄選之流，繼踵於國門之外。若無收合餘燼，卷土重來之日，竟與反賄選者同其失敗。吾黨屬望之謂何？則輿論安得而不有流露也。

　　　　　　　　　　　　　（1923 年 12 月 25 日）

劃分國税地方税之來歷

二十年前，人處帝制之下，天府正供；誰敢置議。萬一有災荒之蠲免，恩詔之優復，出自特旨，非臣下所敢請也。自預備立憲，選舉議員，人民乃有主張權利之説。其時聞先進之國，屬行自治，多以地税爲應作地方税，已間有實行者，則以爲此制去我國程度尚遠。諮議局既設，旋設資政院，當時偶討論全國負擔之不均，思稍稍救濟之。而君主高在天上，尚未達此下憂，各省代議士間，先已擯不齒及，蓋以爲全國財賦之區少，受協省分多，恐一均則受協之數立減，妨及各省命脈。於是議會之中，不但自命貧瘠之省，不欲談均平，即自感不均而欲呼籲之省，亦覺口衆我寡，不敢啟齒。此始有劃分之感覺，而無從形諸口語之一時代也。

辛亥以後，政體驟改，民氣稍稍發舒，然初不料中央與各省，割裂如今日之狀。當時措置財政，但求於帝制時無謂之輸將，如任土作貢，本色漕運，御廩白糧，八旗宗禄之類，據實豁除，而於中央收入部分，不敢絲毫更變。惟就其名實太不符之負擔，裁作本省附加税。以江蘇言，則改銀兩爲銀元，所納之中央者，仍折作庫平而有餘，廢本色爲永折，仍扣足石數而無缺。惟其傾工火耗、腳費貼贈之類，人民不自吝嗇，但以充地方税名目，俾省有教育、實業等形式之預算，可以點綴共和。然且曾不幾時，袁世凱籌帝制經費，又發生五項專款，搜括於從前正供之外。此欲飾爲劃分之虛名，而受加賦之實禍之又一時代也。

　　國會第一次解散以前，正在希望中央强有力之會。其於中央收入，不欲侵犯，一如帝政舊習。負擔較重之省，不能自鳴其冤苦，一如晚清故態。西南建義，帝號冰消，各省渙散，遂無復拱衛北辰之夢想。協餉之名不存，而養兵之費各省自備。貧瘠之省，用款激增於舊，而原有外來之挹注，絕無涓滴可言。行之數年，始知各省自有各省之財力，絕不倚中央之指撥接濟，而後自活。田賦與差徭互爲輕重，人民負擔，本無大相遠者。特舊以田賦爲正課，盡由國庫吸收，差徭爲陋規，反由各省留用。總之，在中央，在各省，皆爲暴君污吏，威福玉食，宮室妻妾之奉。人民則食毛踐土，受樂輸之追比而已。中央既與各省脱離財政關係，真相乃顯。各省無所望於協餉，乃無倚賴財賦省分之心，此爲國會所以能議劃分之第一因。

　　國會之制憲也，有强有力之政府，則政府百計破壞之，限制之，若袁世凱時是也。無强有力之政府，則代政府行其實力之軍閥，百計破壞之，限制之，若黎元洪時是也。顧黎任時之軍閥，所忌者爲省憲之入綱，而不在國稅、地方稅之細目。蓋以軍閥未入中央，但懼各省民氣之發揚。初亦不願國家歲入之增進，剝奪中央，即是自肥之上策。且地方稅之名義，實際上本未饜軍閥之慾。除有外債關係，受外人之箝制外，並無絲毫顧恤中央。所不願省憲者，一有省自治，自然不能如今日，以省政府爲軍閥之鷹犬，以省收入爲軍閥之私囊。其反對之標的在是，劃分國稅、地方稅，則絕不在念。故以省長民選爲起訌之因，受僱之議員，用此爲搗亂之焦點。國稅之受劃分，乃祇緣國之名義，不能無給養之財力。其實最好併國稅劃歸地方，乃足爲維持原狀。受僱議員仰此意旨，此爲國會所以能議劃分之第二因。

　　合此二因，一爲議員間之所以能贊成，二爲軍閥之所以不反對，惟亂國乃生治法，各省獨立之久，乃得有此。否則各省皆有田賦以外之經費，江浙獨并其供億於田賦，以其爲中央所獨佔，而永無取給自治費之一日也。議者不察，以爲田賦劃歸地方，獨有利於江浙，豈非習於十年以前之耳食，而未問目前之事實乎。至江蘇之財賦，若鹽若關，亦自占重要位置。且加稅之約，整理鹽稅之效，收數與日俱進，固猶爲國稅無變也。若並無田賦爲地方稅，重賦之區，復有何款可充用耶？惟憲法之劃分地方稅，乃省政府之利。各縣以下之自治，在據憲法，各截留省稅之四成，此則決非省制不實行之所能辦。全國各縣之汗血，今皆盡於省之負擔矣，則豈有有省制而不即奉行者哉？

（1923 年 12 月 28 日）

省議會新選舉違憲與否之爭執

省議會議員，以尊重憲法之故，請省長停止現正辦理之選舉。遵《憲法》第一百二十七條第一項：“省設省議會，爲單一制之代議機關，其議員依直接選舉方法選出之”云云，不用舊時複選之制，以符憲法。此在議員主張，自在法律以內。外間或疑停止選舉，實即延長現議員之任期。觀於國會之擅議延期，人民唾棄，以故於省會請停新選之舉，亦若無所表示其贊否，以冷淡置之。官廳則以不負責任之常法，推之內務部。聞內務部亦且以不負責任之常法，咨請國會解釋。在京外官廳，以此爲辦事之圓轉，而本省之辦選，遂在惶惑之中。設有更張，則現辦將成廢棄，既滋糜費，又益糾紛，非長策也。就事理言，軍閥固無願守憲法之誠意。但於利害不甚切身之省選舉，表示憲法之可以蔑視，殊不值得，因以此委之國會，即是顯其無守憲之決心。否則憲法既已公布，直就法文答復，應改直接選舉，孰能非難，亦何慮國會之有責言？惟是今之內務部主管之官，正是對孫寶琦辦防堵，對吳景濂辦攻擊，羽書旁午，日昃不遑之會，何暇決定部務？所屬之員，無意旨可以稟承，自以推卸爲相承之衣鉢。國會即經高凌霨僱人搗毀，開會議事之月日，未卜其近遠，用此爲推宕，省選舉遂爲國民所本不承認之政府國會作犧牲品。吾省長官，若非有意與議員爲難，與全省人民開玩笑，不應無事自擾至此也。

夫使國會而果能成會，則遇內務部此項請求解釋，亦豈能謂憲法無效，儘可不理？但或意其可用省自治法未成，暫適用

舊法等詞搪塞。此則不然，若待省自治法爲規定，則憲法應爲
之保留，無庸明著條文，爲之先決。條文既著，祇知省自治法
之不能相背，斷不能謂憲法已定，反待省自治法而實行。故國
會果能行其解釋之權，亦必不能謂舊選法之不應停罷。今既已
咨請内部解釋矣，内務部可推國會，國會可自相殘殺，置職權
於不顧，吾蘇豈可以政務殉之？今各方之對憲法，在官廳本無
異議，在人民亦已無間言，即不應復有遲廻，以憲法應否奉行
爲疑問。國會既無法開會，内部即無法答復，省長應從憲法範
圍内答省議會之質問，則舍停辦新選外，無他道矣。省長苟不
能速斷，人民亦當起而要請之，以舊選法之不良，賣票爲公然
之營業，有可挽救之機會，而更不挽救，豈我全省公民之太息
痛恨於選舉行賄者，皆口是而心實不然乎？全省公團不當視此
爲省議員自身之事，當視爲維持全省風紀之事矣。

今之賣票團組織，用大包小包之法，當選爲議員者爲一
級，當選爲複選人者爲一級。其較爲純潔者，猶以初選之選民
爲慾望最小，往往以複選人與覆選當選人間公開賣買。故初選
舉人亦要求分其餘潤，而以聽董事等支配，指作公益爲多。志
在爲轎夫者，必運動作複選舉人而後可。今去複選之一級，使
選民皆爲平等，至少可使轎夫破産，而買票之野心家，對多數
之選舉人不易支配其票價，且不能對多數之選民盡以無恥之賣
買相誘導。蓋經一次運動，即廉恥經一度淘汰。有複選人而純
潔之選民已被剔去，僅留少許抱轎夫志願者，與當選人諧價。
故選民之赴投票，以爲我本無抉擇議員之資格，僅能造成若干
轎夫，何必多此一舉。由是放棄選舉權者益多，而投初選票者
已將真純潔而有意識之人，淘汰於"複選"二字之空文，又將不
甚惡濁而意識薄弱者再淘汰於選出複選人之後。是複選人出於
票匭之日，選民之天良已死，賄選之實禍已成。所得議員，烏

得而不動造大禍。故國民欲打破賄選之積弊，窺見選政之曙光，不可不自行直接選舉始。國會選舉法，反無明文改革。其故緣議員之不肖，屢次開法律專會，欲議決此重要法律，已爲熱心賄選者厭棄，竟不能成會，遂至今日。故國會選舉之適用何法尚費討論，省選舉幸有憲法可遵，省民當共請於省長，救此賣票之禍，勿徒視爲省議員之私事也。

（1923 年 12 月 29 日）

孟森著作集

孟森政論文集刊
下

中華書局

申　報

續

民國十三年之元旦

有民國紀元以來，已往者十二年矣。《左傳》晋悼公言十二年爲一終，一星終也。擾攘之局倘隨歲星周天而去，則昨日既爲一終，今日且爲元始。共和幸福，意將託始於是。又以國故言，自軒轅作甲子，歷七十七甲子，至昨日而畢。今日爲第七十八甲子，改歲之期。古有三正之不同，而甲子之紀年不改。可知用干支紀年，不因夏時之用否而異。今仍以甲子紀年，與改曆不相背也。甲子爲干支起數，亦有更新之象。人情久蟄思啟，久鬱思噓，久亂思治，閱一星之終，值紀年之始，興人之誦，皆以新歲以往，必有昭蘇之樂，則此非星曆家空言所能有濟，仍當於生人事實課之矣。

生人無不望治，但望治之説，爲舊時代用語，今當分別言之。吾民有可以求治之把握，則可望其自治。自治之綱領，已規定於憲法。吾耳目接近之江浙兩省，已亟亟謀制定省自治法，此爲最有效之自治。今日以前之自治，縣知事爭訓令之體統，以恣威福，省委竊指導之名義，以制事權。今日以後之自治，則省人民組織省務院，以指揮暫免民選之縣知事。官僚爲勝國最不祥之物，野火燒不盡，春風吹又生，與民權迭進迭退。後此省自治法實行而後，剗其根株，芟夷蘊崇，勿使能殖。今年試逖聽海內，自治之聲，傳達必甚速，自治之效，表見必甚敏。回憶軍閥深忌地方制，嗾使國會自相撟亂，以反對省憲爲標幟，使憲法永付浮沈。迨賄選事迫，受嗾者多轉而爭投票之功，反將憲法輕輕公布，地方制赫然在內。是猶盜賊騷擾，打家劫舍，日月相望，最後明火執仗，毒痛全境，倉猝之間，反將真贓實據，落於事主之手。宣誓遵守憲法，固可反汗，然從此欲令組織自治之人民，懸守憲爲厲禁，不待任命而舉出省務員，實行其省長以下之職權，則以爲大逆不道。其爲不可能，恐有甚於盜竊大位矣。此今年望治而有得治之把握者也。

吾民無可以致治之把握，則惟有望其自亂。自亂即自相驅除，授撥亂者以柄。故有不治之國會，良莠雜糅，常用國民代表之名，以相蔣惱；有不治之軍閥，盤踞要地，傀儡政府，而己則收其實而不居其名，皆其自亂未極之形象。逼近今日，國會則劃然分剖，留者得的然冠一不肖之符號，已覺大快人心，又竭其自亂之力，能使流血五步之盛事，旦夕相踵。開會無期，醜聲載道。軍閥則自請入甕，身爲衆矢之的，徵繳不應，號令不行，任命無所施，責難無所謝，爪牙心腹，一一自亂於前，瞠目直視，使世界視綫集於斗大之窮城。知吾國所謂軍閥之伎倆如是，有欲居爲奇貨，資之以餇械，而壓抑吾民者，不禁心索氣絕而退。今日以後，自亂之猛烈，方興未艾。吾輩敢於昌言，決不慮其知警而自戢。此又今年望治而得梗吾爲治者之自亂，尤有把握者也。

然則十二年之爲一終，甲子紀年之爲開始，乃非無稽之星曆家言，實有徵驗之人事，可以供國民新年之慶賞。積歲之想望，然不能不用一言以自警。蓋惟吾民有自治之實績，乃可坐承軍閥議員之自亂，而不懼牽染於羹沸之中。彼愈進行自亂，我愈進行自治，可收事半功倍之效。國民自措於磐石之固，則其洶洶相擾害者，已處於匪盜之流亞，非但喪失現在之威信，並可永絕武力之根柢，不與世界軍國民主義，同其滋長之萌。要以有自治之真象起而代之，爲根本不壞之計。否則自亂不

止，此仆彼起，恐成以暴易暴之局，而吾民乃束手待斃矣。側
聞吾國民謀自治者，尚有用憲法組織省自治法，與舍憲法制定
省憲二者之別。然又見有省憲之浙省，則又置省憲而重談憲法
上之省自治，即已實行省憲之湘省，亦將根據憲法而修改其省
憲，則省憲始未著手，及今而後為平地之覆簣者，恐有無徵不
信之患。刻章經營，猶為私家著述，適供組織省自治法之取
資。如上年滬人士所草憲法，能博學者之信仰，而不能得輿人
之奉行也。盍共趨於一途以促自治，而乘彼自亂之隙，以副十
三年甲子之嘉會乎。

（1924 年 1 月 1 日）

堅壁清野與不合作

近日輿論對於制裁軍閥政府之策，往往倡言"堅壁清野"四字，此爲國民求之在我，確有把握之一法。語其功用，最大者爲表示不信任。既爲國民所不信任，則外債自然不成，内債更無從提議。各省接濟，自有軍閥間自相斷絶。以爪牙潰其心腹，心腹既潰則爪牙失其有神經之附麗，而後經若干時期之風狂亂動，可以收廓清之功。所謂堅壁清野云者，即堅民以清國。更親切言之，即堅有職業團之根據，以清無職業分子之蔓延也。用此法爲和平之抵制，不假武力。凡武力不足恃者，惟用此可以制勝。印度之所謂不合作黨，大旨如此。吾國民已有此覺悟，而未形成此派别，要其勢不能不出於此途而後定，此則可以預言。觀於近日國民對軍閥，縱有極不合意之一方，而決無欲借他方之力，與爲血肉相搏，以求一勝之意。蓋深知用一方實力，即不過以暴易暴，以軍閥搗軍閥，徒使官僚政客出此入彼，以營其積年搗把之慣技。國民一與任何方面合作，即造成一次橫禍，前事具在。除認職業團爲可堅之壁，非職業分子爲應清之野，任何黨派，任何系屬，皆在所不與合作之列而已。

或者謂不合作之宗旨，難於貫徹，僅作理想之談無益。試觀青年學子，學成可以有職業資格，則疾走燕京，爲某部總長也，爲某任總理也，爲某事某地督辦等職也。其餘附和之者，雲合響應，分此杯羹，坑陷無數子弟，何必賭棍買辦之流，始爲蟻慕羊肉之態。反對賄選之清流，自命保全人格，曾未幾時，影影綽綽，漸發見於高凌霨等憲政黨旗下。又有不肖子弟，墮落青年，職業團之敗類，方且偃其本不合作之標幟，爲軍閥官僚之螟蛉，日與同化。此壁無純堅之日，即此野無終清之日。亦有其人，非甚惡劣，但以官迷餘毒，以爲發名成業，必以有位於朝，爲顯揚之志事，甚至一家一鄉，有一孝子悌弟，義夫節婦，亦沿古代褒獎之例，欲得軍閥官僚之一字以爲榮。語其身禍，孰不恨軍閥官僚逾於盜賊，語其國體，孰不知軍閥官僚乃國民奴才之奴才，而忍令祖先父母、親戚子弟挾其節義孝弟之美行，而受奴才民賊之玷污。此種無意識之合作，遂爲奴才民賊發生潛勢力，得竊據其軍閥官僚之地位，以久久魚肉我厭亂之國民。若使不合作黨人觀之，喜怒俱無所施，豈非一大怪事？是蓋歷史所造之罪惡，幸軍閥官僚之日夜自相搗毀，而得稍破此類虛榮之迷夢者也。

抑不合作之功效，亦豈能全國人一致。全國一致，即無所謂不合作。但以職業、非職業標其界限，令撲燈之蛾，自然加入烈燄之內。其因虛榮而空受愚者，雖增益奴才民賊之潛勢力，究非實行助惡，且可不論。自餘挾賣國鬻主、剝民病商之法律，借軍閥爲作傀儡，以爲自肥之計者，多一合作之人，即多一斮喪之具。國民當歡送入都，使此輩聚於彈丸黑子之地，以利害之異同，爲彼此之殘殺，裹脅愈多，戾氣愈聚。國民當知官僚添一生力軍，正如城已全圍，而外有援賊，開一面以納之，正使耗其供億，而益促其聚殲云爾。與軍閥官僚合作者愈多，其自相衝突之間，乃益有互不合作之妙用。功狗多而組閣於是乎不成，勳豬多而黨費於是乎難贍，職業團以不合作爲合作，非職業團以合作爲不合作，去年之已事可見矣。今年元旦，爲賄選人與被賄選人之決裂。改選一令，試問何從措手，而短兵相接，或且生鋌而走險之最後一幕。豬仔五百餘，斷不

能再向國民訴法律之曲直，其必就國民所圈禁之北京一城，盡
其倒行逆施之能事，有斷然者。凡有職業之國民，深溝高壘以
相待，有不安職業之異類，則開檻以縱之，使蠱毒聚於一器，
饑而相食，以釀成最後之一噬。此不合作之已成國粹者也。年
來佛學盛行，遙遙淨土，既以不合作爲最大之武器，而慧光照
於震旦，亦竟以不合作代撥亂反正之師。此於歲首迎祥，擒筆
以成吉語之日，特揭以示國人。所尤願求諒於同胞者，以本屬
職業中純潔之人，而於疾首痛心之中，忽然又以軍閥之褒獎爲
榮顯。忠孝節義等字樣，豈奴才民賊所夢見。奴才民賊所認爲
忠孝節義，其去忠孝節義必遠，乃至一切樂善好施，生榮死哀
之題額，能視爲奇恥大辱，不忍見於清白之門。斯不但一時助
不合作之精神，亦久遠保持其國民爲主人翁之品格者矣。民國
第一甲子，發明不合作之旨，其果來自佛國乎？抑震旦自有之
慧業也？

（1924 年 1 月 1 日）

江浙兩省之省自治法

東南文物之地，以江蘇、浙江並稱，魯衛唇齒，不相先後。今於人民最切要之自治，根據所謂省自治法，進行之程序，竟頗有不同之點。殊不思各省於省自治，尚可有緩急之不同，江浙則利害密切，尤應趨步一致。而竟視浙人之如法組織，蘇人若秦越肥瘠之比較，漠然無所動於中，是可愧也。

何以謂江浙利害之密切也？原夫地方之財力，悉索以供中央，絲毫不留餘地者，惟江浙爲最。所謂食毛踐土，以田賦爲國家惟正之供，此固古來理財幼稚之通則。而田賦之重，甲於各省，則爲江浙獨負之重累。江之蘇、松、常、鎮、太，浙之杭、嘉、湖，爲國負累者七百年於茲矣。世傳明太祖憤浙西人爲張士誠守，故平吳以後，特重其賦，此猶非原始之談。江浙賦重，蓋起於宋末。元破臨安，因其舊籍以取足。此異族入主中夏，惟利是務，豈知平天下之所謂平。且享國日淺，迨其滅宋，吃緊羊狼主之威風，業已將墜，更不足言有國大計。明祖最有經世大略，洪武初政，釐革之務，斐然可觀。然於江浙偏枯之負擔，則仍元舊，此則憤於淮張之故。清一代制作，最無足觀，《賦役全書》直用明時舊册。惟於入關之初，首免三餉，民已如慶更生。有國稍久，則但視駐防之力，足以控制漢人，利之所在，疾苦即非其所深問，此爲江浙重賦之負累至今者也。

宋時蘇、松、常、鎮、太之地，太倉爲蘇州平江府之嘉定縣，松江爲秀州嘉興府之華亭縣，止有平江、鎮江二府，常一州，江陰則自爲軍，與浙之杭、嘉、湖均爲浙江西路。賈似道公田事起，被其荼毒者，所謂浙西六郡是也。其先以括公田爲籌餉之策，猶假官荒及籍没沙田、蘆塲等名，括爲公田，則鬻之於民。此如袁世凱之設官產處，廣州之有市政廳，標賣公產。變賣既盡，乃勒民田爲公田，比較田多之家，用限田之名，勒令出賣其三之一，給價用隨意印造之交子，及僧道度牒。浙西爲當時之畿輔，毀家紓難之責，自當從輦轂之下始。史言六郡騷然，所遣劉良貴、陳訔、趙與訔、廖邦傑、成公策等，推賞有差。邦傑之在常州，害民特甚，至有本無田而以歸併抑買自經者，始以鬻公田取盈。自此則公田多不可鬻，乃以國家爲業主，分置莊官催租，州縣督莊官及時交收運發。景定五年，選官充官田所分司，蘇、嘉、湖各一員，常、鎮、江陰共一員，於是浙西輸租之田額甚鉅，而各縣有差。歷元至明，六郡呼籲不已，乃詔各縣各以租與賦併計，分攤於全縣賦額。去公田之名，令非公田者均負之。此爲昔之浙西六郡、今之江浙六府一州重賦之所由來矣。

自一條編法行，重賦之地，又併《賦役全書》中一切徵收款目，均從田賦起科。清雍正間，攤丁於地，古所謂丁鹽錢，皆併田賦。鹽課既入田賦矣，又以鹽法爲特殊之法，課釐報效，一切自有專款。一條編中之鹽錢，久已重徵而忘其所自。此等意外之苛斂，今皆無暇理論。但就憲法劃分觀之，各省非無地方稅，而無若江浙田賦之整齊明白，易於截數者。此則七百年之痛苦，所易得之一便利也。夫此項劃分，明爲省政府之利。今則不然，省政府不論何種收入，除有外人牽制外，久已攘爲己有。北京有中央政府之名，萬無能力，爭解款於方鎮，以故省政府絕無利於地方稅，而不願省自治法之實行。惟從憲法，各縣得截留地方稅之四成，並不許省政府過問。《憲法》“地方制度"章第一百二十八條，第三項"縣於負擔省稅總額有保留權，但不得逾總額十分之四"，第四項"縣有財產及自治經費，省政府不得處分之"，第五項"縣因天災事變，或自治經費不足時，得請求省務院，經省議會議決，由省庫補助之"。此其規定，蓋甚明也。

是故省自治法之為不可緩，各省所同。江浙利害之合一，則為兩省所獨。浙江之組織省自治法，既由省議會議決，循序進行。江蘇省議會，則絕不足負此責任，豈人與人之不相若耶？或者謂：議員間之爭訌，乃其枝葉，軍治、官治之下不容此自治產生，因有此種種爭訌為之阻閡。浙江豈無軍無官？惟其與直系不合作，無大軍閥為之後盾，猶有不敢蔑視地方之見。以故明為反直系，而奉行憲法則甚殷，明為直系，而搗毀憲法則無所不至。社會中反對憲法之聲，蘇高於浙，此亦有所受之耶？抑真蘇人程度之不及浙人也？顧省議會則與軍治、官治接近，而無可望矣。猶有縣議會聯合會應運而生，豈非彌補缺陷之一大幸事。雖然此事體大，縣聯會能否勝任，視其用心之誠否，用力之專否而定之。心果誠耶，力果專耶，往者不可諫，來者猶可追，吾竊願以楚狂之說進矣。

（1924 年 1 月 8 日）

自治與裁兵之消長

近日用憲法中地方制度，以期組織省自治法，輿論既頗傾向，法團亦有進行，於法理人無間言，於事實則不無疑義。以爲省自治法即可成立，是否即能使軍閥退避？軍閥不退避，是否能聽省民選舉省務員，組織省務院？且憲法所規定之自治經費，爲省民辦自治之所由藉手，得之則自治之事業興，自治之職業亦定。人材有所容納，亦何必盡爲今日投機之政客、劫奪之官僚？然軍閥不退避，則憲法所規定之經費，是否能即用"憲法"二字之名義，攫諸軍閥口中而奪之食？故不裁兵而談自治，亦紙上之自治，於國家真象無涉也。於是講實際主義者，則謂自治之辦否，當以裁兵爲先決問題。

大使軍閥知吾民願辦自治，先事裁兵，騰出兵餉，供吾民以自治經費。有此軍閥，即不自治，而治於軍閥，亦何不可？今之必定憲法以樹自治基礎，正爲不可依賴軍閥而應謀自保耳。謀自保之權在我，退讓不退讓在彼。我不自謀，彼即爲時世所迫而出於退讓，我且無以受之，此則我國民之罪也。夫謂退讓不退讓在彼，此亦我自堅壁壘，但求在我之言。其實彼之退讓，乃必然之勢，未必由自治法迫之，乃彼擁兵者自相迫而必出此途也。昔在清末，志士仁人，爭言變法，清廷靳之，雷霆萬鈞之力，方且以天澤之分，綱常之義，深閉固拒，以與談變法者爲仇。天下讀書談道理之士，方且附會忠愛，以媚一人。不似今日，全國無人不以佳兵者爲狗彘，"裁兵"二字已成天經地義。雖在擁兵自重之軍閥，亦決不敢道兵不應裁，不過挾負嵎之勢，以存觀望，以圖苟延。干名犯義，勢極脆薄，其爲必裁，不過遲早之間。故昔之言變法者，見清廷之頑抗，則警之曰變亦變不變亦變，今之言裁兵，亦曰裁亦裁不裁亦裁而已矣。

其有窮思極想，爲軍閥畫裁兵之善策者，非愚則迂，蓋與上書清廷言變法者相等，皆就變言變，就裁言裁，此爲必不能通之途徑。惟至不變亦變，則辛亥之局成，以後不裁亦裁，則或者甲子之元會，將在期月已可之列，抑尚須三年有成，此則未敢斷定者也。今之肇亂，實無元惡大憝其人，當局爲衆矢之的者，孰不知爲童昏迷夢，祇可憐憫。若其比較爲惡者，不過財政一系爲首，而外交系之不自愛惜，次之張弧、王克敏、潘復、張英華，此種循環蠢動之財政系，不過挾一個人之慾望，而必令全國以生命財產殉彼若干時期，以延長軍閥之禍。要亦必有一日，彼輩個人亦不易圖利，即有不與軍閥合作之時。彼輩尚有心計，其虛榮心，轉不似他官僚之重，抱一目的而來，九六債也，金佛郎也，化散爲整找零之大借款也，得所欲則去，至必不能償所欲亦去。今之得財希望，不過於國際間設法，因之財政系謀充掮客，而外交系即謀充通事，以從其後，此能充通事之流，於萬國交通舌人不敷應用之日，尚不似他官僚之末路。然亦如此不自愛者，不過與財系有一共同之目標，非遇合之爲難，逢此亂世，不欲失此乘亂弋獲之機會。以故視爲千載一時而不敢稍縱者此也。無奈國家爲有機體，變化決不爲少數人所逆料。國民雖弱，亦能表示不信任，以削此輩之顏面。國會雖不肖，亦能以毒攻毒，以破此輩之魔障。財盡而軍閥自滅，財系無從合作，而外交系自解體。自孫美瑤之新發明軍隊之與匪相關聯，常向世界大登廣告。昔之匪劫隨日月而發生，軍閥常隱沒其事跡，莫敢傳說，今則綁票必及外人。即使他日外人盡避難他適，亦可以顯武力統一者之伎倆，決不如前戰奉戰皖而倖獲一勝時，國內外幾欲以名將相許。且可以確知兵精處匪亦悍，兵於領餉外，以械彈爲財源，小小改編，皆爲匪添數，故無兵而後可無匪。又可知匪不悍處兵亦不精，兵本無打靶等功課，故亦無售匪之藥彈，缺額冒餉，存者無幾。故真有之兵，爲軍官之至寶，無緣常常芟汰以敺之爲匪。此皆近日真相之畢露，益促其不裁亦裁之成爲定義者也。

（1924 年 1 月 11 日）

十二年以往民國進步之速

賄選不成，憲法決不公布，非特軍閥授意，令反對省憲者永不使條文通過也。即八百羅漢之心目中，大多數以爲國會容有滿期，議憲幾爲第一屆議員之專賣品，自身縱不搗亂，有受僱於軍閥者搗亂其間，計亦良得。衹爲區區五千元，遂將專賣權售出，既掘議員盤踞之根，又納軍閥於覆亡之路。此爲十二年中第一進步。

吳景濂於賄選有大功，事前信誓旦旦，總理一席，久爲掌握中物，忽由高凌霨出死力與爭。吳景濂失敗之日，非失敗也。至十三年一月九日，卒由衆議院推翻高凌霨，而後吳景濂乃爲命盡。夫高凌霨以撤院警逐吳景濂，違法之勝利，豈足以絕吳景濂之生路。至吳黨因倒閣之故，與反吳派交換而成行政委員會，則吳景濂之窠窟，乃爲法律所毀滅。自六年以來，由北京而廣州，由廣州而北京，文有秘書廳，武有警衛，他人不得而問鼎。最不肯放過者，有一已死之尚鎮圭，卒亦無如之何。蓋稍自愛者，不屑多問，肯過問者，稍以餘潤沾丐之，無事不了。又有民憲黨爲吳景濂生命與共之徒，縱有一尚鎮圭，彼衆我寡，吳景濂挾文武兩機關對抗全院，院內預算決算，始終不可究詰，指出實蹟，亦不過一笑罵了之。行政委員會成秘書，縱不易人，院警縱盡復舊，指揮之權，已不在一人。故即請吳景濂回院，吳景濂恐未必敢往也。從今以後，兩院將不復有議長。吾且料從今以後，凡難產之議長，皆將取消行政委員必將爲議會之流行病。此爲十二年以後之第二進步。

　　國會倒一內閣，從前如彼其煩難。張紹曾之不信任案，通過一院，可以他一院爲事急現收之豬仔。衆院之退回張紹曾不信任案，此受約法之保障也。憲法公布以後，惟衆院有同意權，又有現成之孫寶琦提出在院，彈劾查辦，皆笨伯所爲。高凌霨欲絕豬仔之命，豬仔自有以報之。擁吳倒吳，前日勢不兩立，至性命繫於高閣，則同舟遇風，胡越皆成骨肉。憲政黨二百元養士之澤，僅得谷芝瑞、葛壯兩人。官僚之結黨以自固者，或可告一段落。至以大言哄嚇豬仔，謂內務部之權力，可以指派議員，令今之議員希望爲未來之議員者，爭投憲政黨以自媚，且令報效以取盈。此袁世凱之所不能爲，憲政黨員豈能相信。全國之大，何省何縣，爲高凌霨所能指派，而令議員向彼報捐上兌？此在高凌霨煙榻上之豪興，必有大政客揮扇其間，以爲之畫策，而高凌霨信之，其促成九月之同意票者宜也。大選一局，高凌霨代表買方，吳景濂代表賣方，以同意孫寶琦之日，同時過割，計時不過三月。其間延緣高閣，以取償其虛榮實利種種大慾，若黃郛、王克敏以下，一切無恥之徒，皆如聞霹靂一震。此爲十二年以後官僚喪氣之第三進步。

　　然則將謂便宜跑龍套之孫寶琦乎？觀於院咨同意案到府，府以印小退回。保派之包圍傀儡，作最後之掙扎，方興未艾。若府派果有膽量，竟能阻孫寶琦之上台，則新笑林之出版，大有可觀。即不然，孫寶琦之笑史，又將開演。夫孫寶琦之本領，莫大於以婚媾爲援繫。清室未亡，得力於奕劻。清室既亡，得力於袁世凱。袁亡而又有妹夫顏惠慶互相依倚，以占稅務之席。天益其疾而與以總理虛名，從此將倒其歷年瑣瑣姻婭之窟穴，用舅爺之資格，拉顏惠慶長財政，則並毀其財政整理會，用其私人某，則雖能同充通事，未足以彈壓財系。王克敏以銀行爲後盾，逢某派當道，即結納某方，歷來稱長袖善舞，豈不能低顏事孫。但孫即用王，王有難用孫之處。高凌霨自命爲保派要人，尚肯出身犯難，與豬仔開頑笑，而使王克敏享蔭下之福。此次用歲費勒掯豬仔，頑笑已甚，反響必洪。縱可以府之大帽壓孫，恐即能戀棧，孫決不敢作王克敏之矢盾。孫之能否上台，尚須視保派之膽氣。王之能否戀棧，又須視孫之膽氣。夫財系之能作惡者，以張弧、王克敏爲甚，張已如願而去，王尚一事無成。然王之舞弄財政上原有之罅漏，最有綫索。孫王之下落，必且爲十二年後之第四進步矣。

（1924 年 1 月 13 日）

中華民國國民對被害外僑之哀詞

新年以來，外國教士在我國爲兵匪所害者二起。綏遠之宋教士，當時飲彈身死，已無施救之餘地矣。豫鄂間之賀福夫婦及吉倫女士，被傷被掠，尚在議醫議贖。而前日路透電，賀又傷重不救，殞於醫院。哀哉！吾親愛外人之國民雖欲極力營護，而爲國內武人，直接擁兵，間接造匪，使東方通商傳教之泱泱大地，爲與國僑民之陷阱。國民無術處分，對彼僑民，且愧且痛，烏能無言？既哀逝者，亦不能不於各國外交當局，與存在之外僑，有所聲明，而並加以責望也。

賀福夫婦，上年甫結婚於我國境內，就雞公山名勝之地，爲好合之禮堂。晏爾新婚，如賓如友，其幸福方從此始。豈意衛道之人，不蒙天佑。死者已矣，生者縱傷痊出院，已失其親愛之侶，非有執干戈衛社稷之急難，徒以輕身入佳兵獎匪之國，仳離短折，受人世之至慘極酷而無可告語。吉倫想亦女友，何時出險，亦未可必。聞有弟爲之奔走營救，而未能得當。此皆有家族之情愛，介系於其間。以吾最重親屬之國風，凡有血氣，皆爲灑同情之淚。此哀襄陽之難者一也。

宋甯教士，則又以爲善而捐軀。匪僞以患病就宋診視，宋方親加手術，以療其疾苦，與匪切近，遂被槍彈所戕。人情對慈善之人，乞慈善之助，尚忍以兇暴報之，實出情理之外。又聞以宋教士主持正義，於軍人勒種雅片，以害人群，頗有責言，遭軍人之忌，嫁名於匪，以絕農民不願種煙者之倚賴，此事頗可信。非有深仇宿怨，必欲取而甘心，則必利之所在，不暇顧其天良，而後忍於為此。綏遠多匪禍，匪當猖獗之際，剿撫俱無所施。官兵之力窮，往往賴教士斡旋其間，得令匪退而民延殘喘。故知匪於教士無惡意，忍於戕教士者非匪。此哀固陽之難者二也。

本埠《泰晤士報》載北京五日通信，上年份外部檔案，外僑為盜匪侵害之案，計九十二起。其情節較輕，由各該地方解決，未在京部交涉者不計。受害者以住在內地之教士為多。分國而計之，美國人受害最多，至有四十一起，英人二十三起，日人十四起，比人七起，法人六起，意人四起，德人二起，墨人二起。肇事地方，以吳佩孚軍駐地為尤甚。此吾所謂兵精處匪必悍，兵不悍處匪必不精。證以外報之所統計，尤為歷歷不爽。且川粵湘各地之因兵而致匪者，又無一不以軍人之攘奪路款，傾國民之膏血，以釀成之。上年則統計如彼，今年則新氣象如此。豫鄂之交，自是吳軍根本所在地。綏遠亦直系之孝子慈孫，大選之踴躍報效者。此其因果相生之故，外人甯不瞭然乎？國民哀外僑，外國官商反不哀外僑，當無此理。吾得以聲明及責望二說進矣。

其聲明奈何？往時外人之游歷內地，皆恃護照為防衛之用，苟其地為保護所不及，則先事聲明，停發護照，待治安回復之日，從舊辦理。夫以巡閱使重兵所在，直系新即大位之日，欲其宣告轄境為保護所不及，似必無此情理。然事實則已如此。宮中轟傳一老洋人，豈將老資格嚇退小洋人耶？又傳老洋人已死，豈無力剿匪，而但僥天倖耶？自臨城案以來，匪中確知加害外人，有百利而無一害。孫美瑤之槍斃，乃別尋其暗通反直系之罪。若其綁外票，戕外人，則固以官職賞之。外人於臨案之責言，亦決不向孫美瑤要求抵命，祇向軍閥要求賠償，則仍使敲剝我垂涕相哀之國民，多絞其汗血，以填補軍閥之責任。於軍閥且有從中沾取之利，無絲毫之損也。我國民何罪，聞難興哀，乃其罪耶？痛恨軍閥之造匪以害外人，乃其罪耶？今特向外人聲明：凡有軍隊之處，軍隊有敢戰之虛聲之處，請外人視爲治安區域以外，軍閥可以發誘入加害之護照，吾國民不忍爲也。有此聲明，當知有軍隊處之護照，乃誘外人入阱之物。此即國民宣告停發護照之言，以後在各該處出有事故，非我國民言之不預也。

其責望奈何？匪之人馬器械，來源滴滴由於兵。兵之招募屯聚，來源滴滴由於餉。餉之羅雀掘鼠，來源大段希望於外人之承諾。買辦爲財政總長，通事爲外交人材，不過合做一外債掮客之營業。金佛郎甫阻格，俄發債票又來，以及鹽餘、關餘，種種移那，前後皆恃外人之通融，以延旦夕之命。餉之不窘，兵之不裁，匪之不絕，皆外人有權矯正，亦有權縱容。是擁兵造匪之罪，外人與軍閥分任，又何怪外僑之禍，爲時勢所迫成也？

　　　　　　　　　　　　　　（1924 年 1 月 17 日）

選舉制定省自治法之代表所謂
省法律三字之研究

　　地方制度中第一百二十六條："省自治法，由省議會、縣議會，及全省各法定之職業團體，選出之代表，組織省自治法會議，制定之。前項代表，除由縣議會各選出一人外，由省議會選出者，不得逾由縣議會所選出代表總額之半數。其由各法定之職業團體選出者，亦同。但由省議會、縣議會選出之代表，不以各該議會之議員爲限。其選舉法，由省法律定之。"此條全文，逐句皆爲制定省自治法，明白規定，制定之事，託之省自治法會議，組織此會議，託之省、縣兩議會，及省法定職業團體所選出之代表。選此代表，先之以選舉法，定此選舉法，託之省法律。至此項省法律之何由產生，則條文不言，乃爲吾儕應研究之點矣。

　　省法律必由省之有立法權者定之。省之立法權，應屬省議會，此不待再計而決者也。夫從《憲法》條文言之，第三十九條"中華民國之立法權由國會行之"，第一百二十八條第一項"縣設縣議會，於縣以內之自治事項有立法權"。國與縣之立法權，屬於國會與縣議會，既有明文，而省立法權之所屬，憲法獨無規定。但雖無規定，當以文例求之，仍應屬於省議會。何也？第一百二十七條第一項"省設省議會，爲單一制之代議機關。其議員依直接選舉方法選出之"，此所云單一制之代議機關，明其與國會之爲兩院制之代議機關，形式雖有不同，代議之職務則無異。有代議之職務，則必有立法權，此文例之可求，爲詳略互見者也。

　　然則制定組織省自治法之會議之代表，其選舉法必由省議會定之，此無疑義。但事實則有難概論。省議會而制定此項選舉法，如浙江之省議會，省民及省公團，可立即奉行之。夫又何説？省議會而不予制定此項選舉法，如江蘇之省議會，省民及省公團，將遂以無可奉行而不制定省自治乎？此其答解，仍當返而求諸《憲法》。夫使《憲法》於“組織省自治法會議制定之”句下，即云“其選舉法由省法律定之”，則空洞無限制，其法大費規定。省人民之仰賴於省法律者，爲具體之法律。今《憲法》云“前項代表除由縣議會各選出一人外”，然則全省各縣，縣議會各應選一人。此選舉法已定之第一點也。《憲法》又云“由省議會選出者，不得逾由縣議會所選出代表總額之半數”，然則江蘇有六十縣，應由縣議會選代表六十人。而省議會爲能定省法律者，《憲法》已限定其可選代表之額，不得逾三十人。夫曰“不得逾”，則三十人爲最多之限，少則聽之，故當以不及三十人之數計算。如浙江之七十五縣，縣議會代表七十五人，半數應得三十七個半，去半個而爲三十七人，足不得逾之一證也。此選舉法已定之第二點也。《憲法》又云“其由各法定之職業團體選出者亦同”，則法定職業團體，在江蘇亦應選三十人以内之數之代表。此選舉法已定之第三點也。合此兩種，可認其爲六十人以内之數，而縣議會代表則爲整六十人。故縣議會而有全數代表出席，如其他兩種代表未到，法律上可認爲已過半數，已足成會。此選舉法已定之第四點也。

　　有以上已定之四點，則奉行憲法，即成立選舉法之大部分。此大部分，爲無可更定之餘地。其須省法律爲之補充者，有必要之點一：即何等團體認定爲法定職業團體，何團體支配應選代表幾人。此認定本非必要，凡法定職業團體之名稱，社

會自有一定。農、商、教育三團體，其爲法定職業之團體，由
來已久。後更有律師公會，名實相符。然浙江即不認爲可選此
項代表之團體，揣其意，蓋謂議會之選舉代表，不以各該議會
之議員爲限，所以廣其求才之意。既求立法之才，不取之於法
律家而誰屬？律師公會爲法律家所薈萃，自是供議會選舉之地
以有被選舉資格重之，不必以選舉資格泛與之，惟其支配則必
有一確定之明文，方無爭執之弊。然使各法定職業團體，能自
相支配，舉出三十人以內之代表，則亦無要求省法律爲之支配
之餘地。其餘有不必要之點二：（甲）所謂不得逾者，究應少於
三十之數幾何；（乙）不以各該會議員爲限，應否定爲會以內若
干，會以外若干。此二點，有規定則從規定，無規定則自從憲
法爲任意之規定。然則無論必要不必要，皆可逕用憲法，以成
完具之選舉法，省議會不開會，不是阻省自治法之進行也。或
者謂“省法律”三字可不作省議會所制定者解釋，若必由省議會
定之，何不逕稱省議會，而稱省法律？“省法律”三字，不過與
國家法律相對待，謂可以各省各定，無庸劃一云爾。此亦一
說，但使省議會起而爭此立法職權，反生爭論，不如從憲法解
釋之爲有依據也。

（1924 年 1 月 18 日）

江蘇制定省自治法之中心點

省自治法之必應制定，全國無疑義矣。江蘇自有籌備組織省自治法之會，發起者爲縣議會聯合會，響應者爲各法團，而沈默者則爲省議會。省議會不幸而處於江甯地方，必不能有制定省自治法之成績。非議員之人人反對省自治也，少數不足勝多數也。且一言省自治，必爲全體所踴躍贊成，而其阻撓，則常用意外之支節也。使有過半數以上之決心，不問支節，專一以制定省自治法爲職務，夫孰能阻其進行。然此爲必不可得之數，猶之國會之制憲，非與賄選並爲一談，必不能得其草草之公布。今舉縣自治之現象以證之，各縣皆有縣議會，間有揚中等縣未成立者甚少。惟江甯爲省會首縣，則竟無之，六合雖不在省城以內，而仰省城之鼻息爲最甚，則亦無縣議會。夫省城爲各縣之表率，清季以來，有一新政，必有一粉飾之舉。雖內容至不堪問，而其名目則固較各縣爲完備。惟縣議會一物，則不使産生，省長方以蘇人治蘇爲名，於此亦毫無督策之意，其爲處心積慮，阻撓省自治之基礎，蓋灼然矣。

夫以縣議會爲組織省自治法之主體，乃規定於憲法。縣議會舉出之代表，獨居過半數。苟全數舉出，全數到會，即已足會議之法定人數。惟其然也，則苟少一縣，即可認爲不足過半數。揚中等縣，非督促不能進行，然尚可加以督促。惟江甯、六合，非督促所能爲功。故謂縣議會能獨任此組織省自治法之會議者，根本爲江甯所操縱，決無希望之一事也。江蘇六十縣，聞有縣議會者，尚止五十三縣。非有代表六十人以上，不能成會。且會議通例，不能强議員人人無一缺席，以故有法定數之規定。故非預備有若干成之缺席，亦不能成會。省議會今日態度尚如此，勢難望其合作。且今方以不成會，不議省法律，不舉加入之代表，爲消極之破壞。將來大勢所趨，或縣議會與各法團一致進行，非消極所能抵抗時，安知不用國會中破壞憲法之成法，加入分子，以爲搗亂，待有賄選之機會，而後得其屈尊，是意外之事，非江蘇所可望也。是故省議會之不足仰望，已成事實。將來至省議會，亦如法加入時，尚須其他代表之伸其正氣，有以對待而後不生他患。此雖逆億之談，然試問留心省事者，則固相視而笑，莫逆於心，以此爲十不離九之揣度也。

然則江蘇人所倚爲生命之省自治法，既不能賴庇於省議會，又非僅恃縣議會而可有成。其間舉足輕重，爲成敗之樞紐者，惟法定職業公團是望。公團之範圍，以農、商、教育及律師公會爲限，公團應舉代表之數，以三十人以內爲限。支配之權，憲法委之於省法律。夫組織省自治法之會議，其應用省法律規定，而後無庸自相爭執者，惟有此點。此點非憲法所能懸決，不得不以相委，其可以懸決者，憲法早已決之。今使法團間自相妥協，如法選出三十人以內之代表，即是用憲法爲根據。妥協之條項，已成省法律之性質，而不假第三者之平亭，此程度之至高也。至此而省議會所用以阻撓者，盡失其作用，惟有承官府之意，加入代表，以圖牽制。然有程度甚高之他代表，又占四分之三之多數。且省議會究亦有機體，一經大會推舉，決不能盡如官府之意，得二三十人之一致，効忠官府者，恰爲當選之人。故至法團之代表額數能自決定之日，即省自治法已可爲告成。今日之從旁掣肘者，不過挾一公團代表難於支配之弱點，與省議會可以舞弄之利器，制江蘇人之死命。江蘇能否不爲所制，悉由法定職業團體爲之解決。其僅能發起之縣議會，其形成破壞之省議會，兩俱退聽於無權。此之謂有中心點存焉，則法定職業公團是已。

　　職業公團與省會有關係者無幾，必不至與軍閥作機械。但爲公益之故，力圖成就，並須合全省性質不同之各團，自行支配其名額，此爲第一困難之事。加以既名省自治，所以組織此會議之代表，又必有地域主義介其間。農、商、教育各有省總會與各縣分會，總會與分會，又不相統攝。律師公會會所無多，而於制定省自治法，則又似爲知識一階之所萃。江蘇以負擔最重，江南地小，而舊設之縣甚多，自經改革以後之省併所屬之縣爲獨少。縣議會之代表，僅有六十人，各公團代表，遂被限制爲不逾三十人之數。地域用何標準而劃分？如浙江之用舊府屬，則江蘇亦有八府三州，萬不適用。無已，則用道屬。舊道屬爲國會之複選區，似爲可據。新道屬，前無所本，憲法上又早已捐除，似不足稱爲地域。就劃定之區域，配選舉之名額，得四種團體之諒解，成江蘇開闢未有之盛舉。八十縣人民實頂祝之，豈惟縣議會職合會以發起之故而呼將伯之助也？

（1924 年 1 月 21 日）

民國之敵國爲官國

中華民國之歷史，原從帝國蛻化而成。改革以來，思念帝制者甚少。雖演一度復辟，並無効忠故主之意。惟有少數官迷，試其封侯拜相之幻夢，不成即立刻混入民國。所謂二百數十年養士之澤，毫髮無存。惟有拚命做官一端，有進無退，有升無黜，明明己爲民國主人翁，偏欲作奴才之奴才，以博宗族交游光寵。宗族交游，亦居然有人光寵之。是故民國之中，別有一官國存焉。軍閥官僚，議員政客，搗亂雖有四目，其實一官迷盡之。北京爲官之聚處，故其地爲全國之公敵。果使以北京一城，劃出爲官國封域，與三殿以後，作圈禁亡國之君同，則亦可以收束穢濁於一隅。以方二萬里之幅員，剔除此方十里之一彈丸，何患不還我真面，而漸滅此醜類。無如官國之領土，與民國華離交錯，不可清理。其尤以民黨自標者，尤有獵官之興以人民代表爲業者尤以大人等醜惡之目爲稱呼。故吾欲堅壁清野，與官國不合作，然隱隱有願合作者腐蝕其中，不能立奏廓清之效。此言之而有餘痛者也。

最近如孫寶琦之作内閣總理，人孰不知其流年不利，偶爲造化小兒所苦，然而有發電稱賀者。夫民國之官，由主人而充公僕，下喬入幽，已無可重之價值。即曰吾有責任，將以加之，則訓之可也，勉之可也。恐其以屈尊爲辱，則慰之可也。若其可賀，必在一任期滿，幸告無罪，脱身羈絏，仍就主人地位之日，既無玷我民清白之素，又已復我民高貴之階。此時賀公僕之爲氓，無異賀家奴之脱籍。今之孫寶琦，以直系爲直系，捧場而致賀，不足責也，乃以反直系而賀之，已可異矣。反直系之官僚相賀，猶可曰忘其所以也，乃以人民之資格而賀之，此則不得謂非官國遺孽之多，而國民缺點之不可掩矣。

自開闢以至於今，官邪以清代爲最甚。古之良臣，固有稷契伊周，蕭曹房杜，即其敗類，亦豈無蜚廉惡來，秦檜嚴嵩。堯舜帥天下以仁，桀紂帥天下以暴，皆有明效大驗，成一代之治亂。清代則政以賄成，官職爲帝王之商品，自乾隆年間始，七項常捐，勒之會典，永遠爲國家之經入。較之諧價西園，司徒銅臭，史家載筆，猶以穢德，懲之清室之捐輸事例，則與周官制作等也。宋時士人登第，僅試之以幕職，試有成效，主者列之薦剡，乃再應科試，得爲京朝官。其由幕僚縣令改官者，必經郡守監司，京官侍從以上，七章交薦，乃爲及格。雖非鄉舉里選，帝王亦自有慎重名器之心。清之七項常捐，雙月謂之大選，白丁可以橫帶，單月謂之急選，異數可以濫邀，不論雙單月，則尤爲奇材異能之特典。至免保舉可捐，而大臣無進賢之力，分發可捐，而豺狼遍於全國，省分可捐指捐離，而登壟斷而左右望，趨避自便。自有設官分職以來，馭吏之術，至此已窮。其間水旱刀兵盜賊之禍，則更開新例，倍蓰其價格，而以通壓各班招之，此如季節之特設廉價部。冢宰之制國用，司農之掌邦計，銓曹之持衡鑒，司徒之論俊秀，不過於此較其例價之錙銖。所謂六官治事，大半爲賣官之經紀人，一朝經制如此，覺古來宦官宮妾之蹊徑，斜封墨敕之恩私，不過爲一時之變故者，猶爲日月之食更也，人皆見之矣。經此一二百年之涵養，造成根深蒂固之官國。吾親見國會議憲，於定省縣兩級制時，凡曾充亡清候補道，及民國夤緣道尹存記之議員，皆勃然大怒，附和軍閥之毀憲，以遂其私。其後亦因急欲得票價五千元，遂犧牲其所見。此皆官國之妖孽未退，往往於社會存留其潛勢力者也。孫寶琦之爲人，不足充軍閥爪牙，即亦不足稱國民仇敵，迥非王克敏等元惡大憝之比。軍閥不除，王氏當進，孫氏當退，事在目睫之間。國民既無大怨惡於孫，對於其一失敗而自拔污濁之外，未知尚有應賀而賀者否？賀王參元之失火，雖有至理，而未免矜奇，賀孫寶琦之失官，則至親好友應有之責也。吾有以觀浙中士君子發電之意向矣。孫寶琦以屈意權豪，明知組閣之非福，尚恐不爲傀儡之爲禍更烈，其意良苦。然偏作人材內閣等過時之夢，終不能見好於軍閥。跡其袍笏登場，一牽綫之功，亦爲顏惠慶所得，而本人祇任不能求媚於王克敏之咎。賠了夫人又折兵，此孫門家法然也。美髯公不足惜，官國不亡，民國不興，末日已至，而尚不自返，此則人心世道之憂爾。

（1924 年 1 月 24 日）

組織省自治法會議之經費

憲法，全國國民之所有事也。非因賄選不能公布，爲公布之事者，爲行賄、受賄之兩方。此兩方皆以破壞省制爲公共之目標，卒以急於賄選而犧牲其空文之害，以易其實獲之利。於是從事公布者，爲破壞省制之人；止從事制定，而不與公布之事，爲擁護省制之人。其分別爲直系、反直系兩種。江蘇爲直系，浙江爲反直系，上海爲兩系交界之地，坐看反對賄選者，奉行憲法惟恐不力，躬行賄選者，抵抗憲法惟恐生效。此於兩省省議會，所表徵之對於省自治法之態度，足以明之。

省議員四屆選舉，因與憲法條文抵觸，浙江則停辦在先，江蘇轉輾推宕，至近日始行停辦。是憲法之留難，江蘇實甚於浙江之明證也。停辦以後，省將何所事事？不制定省自治法，即不能辦省選舉，制定省自治法，必組織制定此法之會議。組織會議，必有經費。浙江則決定以辦理本年四屆選舉之經費，移作組織此項會議之用，名義恰當，無可改移。顧浙江能籌措井井，江蘇則否。此無他，浙江有反直系之省議會，江蘇有居於直系所在地之省議會，其心理自不同也。

江蘇縣議會聯合會，遵用憲法，發起組織省自治法會議，日惟求省議會及法定職業團體之贊同，於組織之費用，未暇議及。其將由縣議會任之乎？抑與他團體議均負擔乎？此必爲將來停滯進行之一點。賴浙江之先導，事有準繩。江蘇既與浙江同止其四屆省選舉矣，自亦同其移用之方法。及今凡已預籌備組織之法團，首當向省署解決此事。省議會令人失望之處，形形色色，皆爲抽象的。惟制定省自治法，則爲具體的。責任所在，烏能寬假？然聞一部分省議員，已以所應舉三十人以內之代表，先有妥協，而後許其成會之説。夫制定一省自治法，其間豈亦有權利可爭，不過用作阻礙之一點。果使爲權利而急爭，則應從事妥協，期得結果。今乃先於妥協之先，遇事齟齬，造成不可妥協之基址，並留其妥協時，不受妥協之搗亂，作第二步之騰挪。此其用心，不足究詰。在縣聯會及法定職業各團，有以自任其省民之責，自遵守省制之文，起而圖之。省議會之竊笑於旁者，以爲法定職業團體，如何支配其選舉代表之額。從普通國民之心理，彼此互讓，爲省而制自治法，非爲我充代表，而後制自治法，爲事實之所必不可能。以己之心，度人之心，以爲法團自身不能解決時，自轉而乞靈於省法律。至時再操縱由己，先之以省議會自推代表之故障，再及組織之法之糾纏，長此遷延，至冰山既倒，全局盡變，然後起而收拾之。則今日收阻撓省自治之利，將來仍任制定省自治之功，省議會之計得矣。未知省法團果容其算無遺策否？此則視省法團之程度矣。

　　因此又可述自治法不定，江蘇自治之笑柄日出而未已。前日報載蘇屬道尹王賡廷，催各縣解自治指導員之薪費，措詞悖謬，出人意料之外。夫需人指導，何謂自治？此省署之過舉，即如自治根本之省自治法，縣聯會受何人之指導而發起之？各法團受何人之指導而贊成之？今已明明有縣聯會、各法團之指導，而省署若罔聞知，不爲籌措其會議之經費。將來經籌備各團之聲請，尚未知其慨然了解否？則省署正賴省民之指導，何以反自居指導之人，且委其所屬之窮無聊賴之末日候補員，向省民居指導之任？省民能指導省署，無賴之候補員又能指導省民，則省署太老師，在此輩末日候補員矣。王道尹爲省署太老師索薪費，宜其詞氣洶洶。其所據論點，則謂附加稅與地方公產不同，不容地方人民把持，應由縣知事解與道署支用。試問附加稅如此，正稅則又如何？民國總統，食租衣稅，即受國民之驅策。所謂食毛踐土，具有天良，應如何對於操有主權之國民，表示其服從之意？道尹之於總統，層累之奴隸，苟知廉恥，不應有顏面見我國民，乃反能講稅與公產之別，此真坐井窺天而訝天小者也。抑吾獨疑省署與省民，既共知憲法之已公布，憲法第一百二十四條，地方劃分為省、縣兩級，此條文當作何解？蘇省財政，瀕於破產，裁併機關，別除糜費，頗有所聞。憲法已廢之官署，應否撤消？不急撤消，是否違憲？四屆省選，以違憲而停罷，五道尹公署，任其違憲而不與廢除，財政會議何為而舉行乎？直隸等省，省議會尚議及之，江蘇省議會，竟未暇及此。省議會或非蘇人所望，而各法團、各公民亦未有言者。此次組織省自治法之會議，所需經費，能從浙江之例，移四屆省選之費充之，固亦一道。但裁廢五道署，所省且不止一年，用其早裁一年之費，充省自治法制定之費，尤為遵守憲法之急務。

（1924 年 1 月 28 日）

留滬國會議員之憲法行動

制憲，無論何人皆可行動者也。憲法之效力，則生乎國家之行動。國家之行動，其確當爲國家之良能，其不確當亦爲國家之過。舉國會之變爲賄選機關，議員之變爲納賄罪犯，其始皆國民有以縱之。約法不予國民行使之權，國民既未嘗爭之於前，選舉票不可以賄賣，國民何爲以投票爲營業，而以其身爲議員之模範？種此因可以得此果。析而言之，不預賄選之議員，可以詬病賄選之議員，國民則曾賣票者，已有納賄之罪，放棄選舉權而身未賣票者，亦有縱人納賄之罪。此所以國民之視憲法，認其爲國家之行動，或不滿其爲國家之過舉，意見可有不齊。而未與賄選之議員，則一致不甘承認，公言之，固爲不欲國家僅有過舉，私言之，亦可謂爲自負守正，而不甘受回邪者之反用以相賣也。於是乎，至今又有憲法之行動。

夫憲法祖於英國，英國之憲法，即爲不成文法。視其當時之急要，制定若干事，解決當時之大計。後有需要，即有補充。此事實之所驅，非若後來各國所稱制憲大業，綱舉目張，若何完備，以相標榜。此意在日本等欽定憲法之國，固牢不可破。而吾國則尤甚，周官制作，印定三千年耳目。其實吾國憲法，早爲絡續公布之法。二年因急於選舉總統，先公布總統、副總統選舉法一章，謂非應時世所必需不可也。然非袁世凱急欲爲正式總統，抽一章爲之公布，亦可以手續不合廢棄之。近來急要，無過於軍制省制，應急而先行公布。今日視之，較總統之選舉與否，其爲與國民之利害，孰有關係，孰無關係？謂民生、教育兩章，未及同時公布，爲手續之不合，此節外生支之說也。惟條項文句之未及整理，能有原起草會爲之整理，即民生、教育之勒定條文，要皆當復以國家行動公布之。留滬議員，不過爲曾與國家行動之分子，不得以不足法數之分子，遽爲國家行動。是故今日之憲法行動，充其量亦祇爲若干議員之行動，非代表國家之行動也。

若夫現在之憲法，必需修正，固國民所共信。整理固爲修正，即其中有根本改造之處，亦在修正之範圍。問誰任此修正之事，誰完此修正之功？則曰任事者必爲於憲法有研究之人，完功者必歸之最高之決定。最高之決定何在？自以國民當之。今之議員，無所求於國民，但自歉其責任之未盡，與歷年受國民之豢養，所致力於研究憲法之功，不願爲國民虛擲，出其集合之心得，爲國民任修正之底本，以待國民之合爲國家行動，而予以施行，此亦甚善。然其根據於不認現公布之憲法，則實爲不與公布之議員所可有之主張，非未經國家行動修正以前，國民所必有之主張也。側聞議員間亦有慮否認憲法，影響於各省省自治法之進行者，此層正不勞國會分子代爲廑念。國民制有效之國憲，當出於國家行動，省民制有效之省自治法，亦當出於省行動。以江蘇論，籌備省自治法者，一爲全省縣議會，二爲全省法團，縱無他先定之法律可遵，豈謂此籌備之不出於省行動乎？出於省行動，則何以不可制定保障省民之省自治法乎？無國憲以前之省憲，能謂其不應制定乎？有國憲以後省憲之不相符合而應加改正者，非出於省民之自動，又孰可以強制之乎？以籌備省自治法爲正確之省行動，較之國會分子之未爲正確之國家行動，孰有效，孰無效乎？國憲爲有效之修正，從而修正者，奚止一二法律？此爲將來必有之事。議員之憲法行動，出於責任心爲可嘉，而有效無效，則非議員所能自主。即至修正有效之日，仍與今日省民所制定之省自治法毫無妨礙，此必爲各省人民所了解矣。

　　抑憲法完善不完善，爲一時之判斷。一時之判斷，往往爲感情所衝動。施行憲法之永久不永久，爲多歷年所之經驗。多年之經驗，則必爲時世所玉成。世界憲法，以英國之施行爲最久，惟其爲不成文之故，乃無枘鑿不相入。舍本國以仿外國，乃蔑人情以徇理論之弊也。吾國之憲法，以時世玉成，其爲不成文法，國民從需要所急而用之，已成一定之事實。或謂吾國之憲法，有利於己，則藉爲護符，無利於己，則棄爲矢橛，頗有據爲笑柄者。不知軍閥官僚爲此選擇，固爲罪惡。人民則原有此天賦之選擇權，試問自今以往，再有有效憲法之發生，尚能任口含天憲之國會，與所委任之公僕，自相結託，以爲制定乎？而國民又何庸以自行選擇爲諱乎？彼軍閥官僚，無論其不應選擇，即以實行爲標幟，若孫寶琦者，庸非昏誕之尤乎？國務總理不奉行憲法，早爲大逆不道矣，而可以實行憲法爲口語乎？！

（1924 年 1 月 31 日）

國民行使民權之動議

上年北京公布憲法之時，輿論大概以賄選爲污點。若曰苟無賄選憲法，固國民所渴望也。吾於其時，曾痛指憲法之屈於十年以上之時世，根本與民主政治有未盡相符之處。最大之屈陷，爲主權在民，而民之行使主權，僅有選舉一事。人民於所選出之議員，更無制裁之法，其善者不能加獎，其惡者不能加懲。對於所直接舉出者且然，其他總統、國務院委託議員選舉者更無論矣。於是有政治知識之國民，知無制裁之議員，必流於惡，即以放棄選舉權，爲不求有功且求無過之道。其以選舉權爲市者，乃首賣選舉議員之票，令議員取償於選舉總統選舉國務總理之時。此之謂政以賄成，爲中華民國制度上必然之因果。深望國民於此力圖修正，以救危亡。當時未有甚大之響應，惟南通張季直君則以此意爲可用，而其程度則可商。吾多數之國民，苟使予以民權完備之憲法，如德意志之法文，舉凡解散國會、罷黜總統，判斷行政立法之爭，一一以國民投票爲最高之決定，吾民是否有此能力，是否能得此有選舉權之人之法定數，正式行使此憲法賦予之權，此誠大有討論之問題矣。

舊曆年關前後，忽又有議及改正憲法之舉。留滬議員中，有多人表示於前，國民黨又宣言於後，皆以改造良憲法爲標幟。而其良否之標準，皆以國民能否行使主權爲一要義，然則由吾最少數人之言，擴爲較多數之人之言矣。國民黨以一黨派，與夫留滬議員之爲曾與國家行動之分子，不相謀而相合，鼓吹此事，使國民亦自相警醒，知此事在所必爭。凡百事實，原其始，皆從理論而生，持此理論者，已非僅執故紙之一私人，即爲由理論漸趨事實之蘄向。國民能知主權在民之義，並非謂主權即在議員，不得聽議員盜竊國民之主權，以與行政部之總統、國務員彼此爲利益之交換。此爲北京憲法公布以後，國民之新覺悟，亦爲賄選告成以後，國民之新懲創。一黨派也，若干國會分子也，皆不能認爲國家之行動，但能得國民之同情，即必能積成國家之行動，以成就之。就吾持論之初意言，亦自幸吾説之非孤立矣。然以其或者將趨於事實，則又願以事實所可行者，歛其取快一時之高論，以相商榷也。

民主國成文憲法，除行委員制，直接由人民統治者而外，若德意志之憲法，可謂民權真諦顯露之至。然德國人民是否即行使此權，行使時是否即悉如制定之法文，別無稍離軌道之内幕，亦殊無可徵信。憲法之公布，爲日尚淺，因國有外患，各州間先有毀憲之行爲，一試之於復辟，再試之於分立，雖事率無成，要其信仰憲法之心，未必全國真實一致，可斷言也。惟其能定此憲法條文，即可知立法者不似吾國之蔑視國民，立法者之所以不敢蔑視國民，即可知國民間實有能行使此權之潛勢力。夫人民程度之説，亦何常之有？既經一國之立法者，以國家行動，定爲大法，豈必舉國無一人不喻其故，而後爲民意表現之真。使吾國由動議而起草，由起草而徵國民之同意，由國民有法以表現其同意，而爲決定，此其間已幾經訓練，國民之於參政權，幾經咀嚼其意味，決不至如今日以前，僅爭一選舉投票爲獲得之參政權矣。至其行使主權之程度，高者爲德意志，國會之集散，總統之任免，法律之存廢，皆以國民爲最高之判斷；下者如俄羅斯，但以能撤回議員而止。竊謂既舉議員而無制裁從其後，與戴一君主而無憲法以束縛之，復何以異？故以撤回爲行使主權最少之限度，此必非取快一時之高論矣。

有此制裁在選舉之後，又應於選民之身有一制裁於選舉之先。凡放棄選舉權者，不能不受名譽之罰，選舉、被選舉當認爲不容規避之義務，不得認爲任便放棄之權利。竟以選舉一事規定於人民義務之中，與當兵納稅相等，雖前無成例，自我作古，亦世界之美談。能使不賣票者亦來投票，即願賣之票不足以生效，而願買票者亦無所措手。選舉議員時，國民先不賣票，然後責議員之索賄於總統、國務員者，國民可以議懲。今日議員之取盈，豈止一次著名之賄選，自三次回復國會以來，索官索勳，索津貼黨費，索援引親私，蓋朱文公所謂"無物不有，無時不然"矣。胥於此民權動議之中，有救正之望。特年關已過，未知尚有嗣音否爾。

（1924 年 2 月 9 日）

世界黨魁之模範

現代黨魁之勝利者，有二人焉，一曰俄羅斯之列甯，一曰印度之甘地。列甯爲階級壓迫之反動，甘地爲强權壓迫之反動。非列甯、甘地之能造黨，造黨者乃壓迫之對方，亦非列甯、甘地之能籠絡黨人，乃人自感覺結黨之爲必需，而不可不有列甯、甘地其人爲之眉目。黨人何以必須二人爲眉目，則以其道德操守爲真能殉其主義，而非借黨人爲敲門之磚、黨名爲終南之徑也。

世界貧苦之人之數，必多於富豪之人之數，故列甯之主義爲常勝。其常勝之影響，乃不限於俄之一國。由仇視貴族階級之故，溢而爲仇視資本階級。資本階級之勢力，彌漫於歐美，因而影響亦中於歐美。而最近乃使英國政黨鞏固之國，根本推翻，驟以工黨拔幟而代之。故列甯之反動，驟及乎世界者也。若其國可亡，民族不亡，以民族之決心，爭國權於已喪之後，又身處强權之下，無拳無勇，而與暴力爲抗衡，則甘地之成就爲不凡，而視耶教中人爭平等、爭自由、爭獨立必出於流血之一途，以爲有犧牲而後有福利者，別開一志士仁人之新天地。此民族自決之實力，其反動雖僅對於一國，實亦喚起人類之迷夢者也。

吾國既無世世長保之貴族，亦更無兼并坐大之資本家，可供人彈射者，惟有軍閥與其附屬之官僚。其餘熱心願作資本家之一流，歐戰時期，如爛火之一明，旋且顛沛流離，欲如工人之脫然無後累而不可得，而勞動界亦因此恐慌，有同舟遇風之象。故於列甯主義感覺較少，惟最無公心之議員政客，反用爲依附時髦之術，以肆其獵官索賄之能。然消極抵抗之風，則以軍閥官僚之毒害，無可呼籲，無可告戒，漸形成不合作之趨勢。甘地其人，吾信吾國爲未有。然其自然之蘄向，有職業者已大致相合，無職業者猶未改途。主義既已流露，即謂已服從甘地之黨義，亦何不可？

外人之覘黨力消長，目光殊銳於我。近日路透電傳印度議會之開會氣象，可以知之。夫印度統治之權，猶在英人之手，即爭得選舉權，其當選之人，依吾國慣例觀之，有不爲合作黨包攬而去者幾希。然卒能由不合作黨占其多數，可知苟不在強權之下，直可使合作黨無復存立之地。其能有此少數者，強權之所保存也。開會時低聲致頌，可見其方以任大責重爲危懼，不以所求已遂爲滿足。其服裝一用印度土布，正表示其不合作之本色。而黨中議員絕少缺席，亦見其負此使命而來，非若吾國議員賄買當選以後，即以軟紅塵中爲娛樂地，非給以出席費，不肯入議場少坐片時也。人民爭參政權，吾有以信印度人，而於國人之作志士口吻者，則聽其言而觀其行矣。

今者列甯已蓋棺論定，甘地甫出獄，以爲初步之成功。將來議會之所要求，正如清季人民之要求立憲，成否仍在不合作之主體，不在表示讓步之對方。合列甯、甘地而以我法語之，孔子所謂有北方之強，有南方之強，挾軍工之蠻力，剗除富貴之人，血肉狼籍，尺地寸椽，不與故主，快意者謂之天道好還，抑亦未敢謂生人之幸福耳。如甘地者，還淳反本，以身率俗，即制工商國之死命。工商國不過以中人嗜慾，導人奢侈，爲敲吸之長技。印度若未爲英人占有，數千年佛教之榮譽，回教之威力，豈不赫然於歷史，何爲以嗜慾奢侈之故，而萬劫不復以殉之。有此一覺悟，而不合作之黨成不合作之效亦顯。不過吾國鄉黨自好之士，所提倡之儉德、進德等會而已。衽金革死而不厭，北方之强也，而强者居之，列甯之謂也。寬柔以教，不報無道，南方之强也，君子居之，甘地之謂也。

　　要之世界大有造之黨，皆以患難而成。至安樂即不復存在，有如共産。産果共矣，黨復何有？有如不合作，既以不合作卻彼强權矣，又豈能不合作於獨立之後。吾國惟誤認結黨爲科舉時代之人試，捐納時代之入貲，戰爭時代之從龍，承平時代之進取。是以擾擾十餘年，曾經患難之黨，且屢變而不知所云。本爲求安樂之黨，則此買彼收，朝從暮叛，有所謂跨黨、兼黨等不可思議之名詞，亦"黨"字之厄也。近日蘇人曾有少許朋友之聚會，吾亦與坐其間，旋且開門延攬，若將以裏脅爲事。如有復我，必在汶上，附此以相告語也。

　　　　　　　　　　　　　　　　（1924 年 2 月 12 日）

選舉副總統

由今之制，苟行選舉，皆非民國之福。然所謂民國之福，若國民間主人與公僕合爲一體，則當希望其緩選，爲惜福之道。今欲奏掃除廓清之效，則事有裂縫，乃有變化，明知爲賄選議員之一筆新生意，正望有志當選者之投其羅網，吞其鈎餌，恩怨衝突於有槍階級之間，亦夷人蓄蠱，令自相吞噬之一法也。

此事主動於民憲同志會，爲吳景濂報復曹家之辣手，以前先有最高彈劾案虛現一影。夫最高彈劾之名，彈劾至總統而止，名實相符，不似上年之選舉總統，無識者競稱最高問題，不悟總統以上，尚有國會，國會之上，尚有人民。惟士、農、工、商之問題，可爲最高問題。今則公僕之受彈劾，應以彈劾總統爲最高，此吾所以仍其最高彈劾之名者也。既出現最高彈劾案，又□□參議院審判之法案，意在表示，副總統舉出有實力者以後，即彈劾總統之後盾已堅，而又示此次被選爲副總統者，不日即由法律造成其取代之實，此所以反對者爲挾曹用事之保派，而他方則無所損益者也。

議員之送禮，最好送與洛吳。吳非童騃，似不至爲此輩所弄，選而不成，有奪曹之嫌，選而成，又爲曹家將之公敵。吳固未能控制曹系，定己爲一尊也。故其主張以此餌浙盧，用爲媚段之計。是又吳之視段爲童騃，舍其反直系隆隆向上之氣勢，令天下不愜意於直而轉而恩段者，皆嗤段爲非人，而徒送一盧永祥，入直系捉鱉之甕。天下皆敵，而身爲直系之俘虜，段必不然。吳乃以此玩段，段、盧終以冷淡之結果，示反直者以如此厚賂而不受，有辭以對粵之孫、奉之張及全國洶洶惡直之心，則亦未始非吳佩孚之有造於段矣。故吳視段太低，即其知己不知彼之蔽。吾之其斷如此，若言而不中，段竟入吳之彀中，則爲反常之事，非吾之所知矣。議員之送禮於吳佩孚，吳佩孚之送禮於盧永祥，皆自命爲狡獪而以孩稚目其對方，鍥而不舍，益顯其滑稽而已。

至謂津派欲以此媚奉，奉自有關外地盤，不似段、盧之以反直爲結合。即單獨聯直，亦未至如段、盧投直之立即瓦解。然直不去吳佩孚，奉張受津派片面之奉承乎？津能號令豬仔以與多數之同情乎？其餘方上年賄選之初，頗欲乘勢自取副總統者，時移勢易，今日皆不在擬議之列，至閒談所及之無槍政客，更爲離去事實之言，不足復掛齒頰。以常理論，此次選舉爲議員覓主待售，而售主則不可得，必欲求售，而得此結果，爲豬仔之不幸，抑亦非國民求耳目之娛之所願也。

爲豬仔計，即不能得善價，亦以有事爲榮。國無副總統，豬仔之職責未盡，則此次舉動，不以賣票爲正務，但以收有力之門生爲恩威兩布之地。則惟不論價格而提出洛吳，但洛吳不悍然反對，即可視爲已得同意，放手爲之，亦是一法。其爲洛吳造何等後果，姑置不論。要之臨時會期又滿，非用此可注意之問題，亦不易爲再開臨時會之口實。從豬仔所對待之政府而言，自以阻止其臨時會爲最善。然既借名於憲法，憲法上之臨時會，原非政府所能阻止，其開臨時會之事，由兩院議員各有三分一以上之聯名通告，與大總統之牒集，各居其一。牒集固無望，三分一之聯名通告，則取諸其身而即是。外國議員有職業，有不願赴臨時會者，吾國以職員爲職業，索官索賄，皆非開會期間不辦。願聯名通告者何止三分之一，倘用此選舉副總

統爲通告之理由，既開臨時會以後，即選不選又可聽便，在彼
輩爲得計，未免使觀劇之人，苦其岑寂。但會期不過四月，以
此通告而開會，似不當不選舉而閉會，則遲早有劇可看，不過
四個月中間而已。此四個月中，自有實力之變化，未必待賄選
議員造成之。惟賄選之局既成，使豬仔功成身退，一聽獲選者
粉墨登場，驅使買辦與通事兩種人物，搜索鐵箱中冷帳，與外
人分其利，而使國民蒙其害，事太不平。賴豬仔人數太多，難
以悉數收買，永遠開會，以供牽掣之用，而待實力之自然變
化，亦未始非計。吾得而斷之曰：選舉副總統，在吳景濂派造
端之意甚毒，而其歸結，則不過爲再開臨時會之措詞。然國民
則非但無所指責，且惜其毒之不遂肆也。

（1924 年 2 月 15 日）

東洋各國社會情狀與過激主義之影響

　　赤俄之宣傳過激主義，在西洋暨美洲，有防止之急務。而近日傳聞俄黨宣傳，派熟悉中日印度語者，任此三國宣傳之業。印度近日社會之趨向，民族主義至爲有效，而其方法與過激爲相反。蓋方以無抵抗爲手腕，不合作爲骨幹，純乎消極之作用，由歷史遺傳之性質而言，未必非得力於佛教。觀其黨魁所標舉，常慮回教徒未與一致，難收不合作之全功。此可見佛教所培植之根性，與用威力加人之他教有不同也。吾國古以儒爲最尊，儒有緩意。吾所謂俄之改革，爲北方之強，印之復興，爲南方之強。而吾中國孔子之遺訓，亦明示南方之強爲君子，北方之強爲強者，抑揚之意，確然分明。就根性言，多數不易赤化，而就事實言，則中國亦恒在不轂談赤化之地位。所謂貧富不均之象，惟有軍閥與軍人間，爲可相形而見。師旅長以上之生活，較之下級軍人取給之厚薄何如？欠餉之實禍，誰受之？索餉之實利，誰受之？此中不平之端，遲早必見。有識之士所謂"督不裁兵，兵必裁督"者，此也。以故防止俄黨之宣傳者，惟軍閥爲獨勇。迎合過激之潮流者，非謬附時髦之政客，即失志橫決之黨人。惟日本則國人趨之如流水，政府防之如蛇蝎，民間秘密流行之處，雖發見而未能實在蹤跡得之者，不知凡幾。此誠有大可比較而得之者矣。

　　中國自古以工商爲末富，重本抑末，世有明訓。漢時重農貴粟之法，今固視爲陳言，不適於用。然工商之偶有發展，恒不爲政府所袒護，而遇事輒摧殘之，留難需索，視爲當然，以釐金之最礙實業而不能除。稍有贏利之業，輒責令報效，爲歷來待遇鹽商等官營業之遺策。夫吾國之凌辱商人，古有不可思議者，試舉一可笑可駭之事言之。晋令：儈賣者皆當著巾，白帖額，言所儈賣及姓名，一足白履，一足黑履。此令見《廣韻》"儈"字下。古市儈有制服如此，姓名營業書字於額，一足白履，一足黑履，以爲識別，成何形景？士大夫則隱囊紗帽，塵尾雅談，貴賤階級，懸絶如此，流極至今，卒不能鼓企業家之興。社會之蕭索由此，而社會主義之不能發達，亦由此。禍福常相倚伏，古有道者所見良然，今較之日本而顯然也。

日本自維新以來，朝野上下，醉心歐化，頗以工商立國，爲可震眩，而靡然趨之。政府以提倡實業爲職責，人民以發皇生計爲賢豪，久之政府與實業家並爲一談，政黨爲資本家之鷹犬，政府爲資本家之出官，少數人兼并坐大，漸以塗毒多數人而成就此少數人，爲行政之原則。西洋之資本家，猶有專恃心計及學識之發明者，日本則恒恃與政界之狼狽。西洋猶有工黨在立法議會之勢力爲之補救，日本則社會黨人必在政治以外作反抗之行動，而軍閥官僚、議員政客則一切聽資本家之指揮。此其醞釀，雖無赤俄之主動，國民豈能忍而終古。所以不遽爆發者，日本平民之程度，較我國爲尤低，崇拜勢力，顛倒金錢，品格固下於我國國民甚遠也。雖然水性就下，而搏而躍之，可使過顙，激而行之，可使在山。今日之事，駸駸露矣。綜計日本保護實業之政策，在我國迷信實業者言之，亦可奉爲神聖，仰爲帝天。而其歸結，則造成資本階級，以蠛平民之生計。有如日本之稅權，至今未爲完全獨立，然已有伸縮之餘地，且接近爲地大物博之我國。輸入物以取之我國爲便而多，國內普通用品，行保護稅，以排斥外來，受其利者爲資本家，而國民永無廉價之益。此其一也。日本憲法之能有效者，莫如預算案之年年成立，得量出爲入之意，於是需用多則國會承認加稅，需用少則國會即通過減稅。乃增稅之年，所增必爲普通之負擔，若消費稅是也；減稅之年，所減必爲資本家之負擔，若遺産、繼承稅，若地産稅，若營業稅等是也。間接稅，雖稅而轉嫁於平民資本家，或反有利得。直接稅，多爲資本家所應納，則輕減之，以混同體恤之美名。此其二也。公債之愼重基金，在我國目爲善政，而其實加平民之負擔，以培執有債票者之信用。資本家所投，無不獲利，而平民塡其乏。政府則與資本家裏應外合，以漁獵於其間。此其三也。又其甚者，以興盛之説，若古豐亨豫大之所云，積極爲擴張福利之舉，使財政驟高其呼吸，鼓成物價之騰貴，平民之生計不能相稱，致有覓死於溝壑者，而事業勃興，資本家回旋之地益裕。是皆犧牲多數，以袒若干資本家，政府可不從政費中舞弊，而自有取償。政黨可不向政府索費，而別有黑幕。操縱選舉，恒必由此。是以社會主義與普及選舉合爲一事，成志士仁人生命可殉之運動。凡此實狀，皆吾國所未有。政客或盲從以附識時，非國民切身之利害也。吾國以直接選舉救複選賣票之弊，當爲急務，其他非所甚迫。而俄黨之宣傳，戒心當在軍界，決非生計同盡之工商界所慮。願以此質之留心社會者。

（1924 年 2 月 18 日）

財政部奉行憲法之大慾

北京政府公布憲法，原無應不奉行之理。近日孫寶琦不知進退，妄承閣務總理之任，因標榜實行憲法，以寄其無聊之極思。此公醉生夢死，原與事實不必相照。乃財政部遇事，目中無孫，惟其實行憲法之標幟，則若與孫一轍。且設專處，派專員，勇於孫尤甚。夫北京當事諸人，孰不反對憲法之實行，尤以軍閥爲與憲法不兩存之局。然財部則以効忠軍閥之故，思借憲法以收中央應有之財權，此必有取義存焉。蓋僅恃舊歷史之財源，已爲各省把持淨盡，惟用憲法條文，取得夾縫中之財源，一時較有後盾。以王克敏之狡，乃有此手腕。國民所當注意及之者也。

就其口吻之所已流露者，如袁世凱稱帝時，所加重人民之中央專款，以本不在向來各省經入之內，多取於民，以資貢獻，各省至今尚有解納中央者。王克敏召集財政會議時，特提此款，告各省以憲法所定，業將歷來丁漕正賦歸之各省，已與各省以截留正供之新紀元，則此外凡以國稅名義徵收者，即悉數解交國庫，亦已不似清代及袁世凱時國家收入範圍之廣矣。又況專款本爲袁所用中央之威力，强取於民，非外省之力，所能頭會而箕歛，則動之以情，折之以理，皆有可以向各省啟齒之餘地。縱强者悍然不顧，必有若干較弱之軍閥，可受商量。此其利用憲法之一端矣。

顧中央專款爲各省所不應扣留，固可藉憲法以下說詞。而此款應否爲人民之所負擔，與人民負擔之後，是否爲與憲法所定國稅標準相合，則尚費研究。憲法上國稅之標準，爲關稅、鹽稅、印花稅、烟酒稅、其他消費稅，及全國稅率應行劃一之租稅。則苟爲上所列舉之外之直接稅，而稅率不能劃一者，民即負擔，亦在地方稅之列，非中央所能過問專款之目。有所謂屠宰稅、牲畜稅、田賦、附稅、釐金增加、契稅、牙稅、礦稅等等，何一爲全國劃一之稅？在憲法所規定之地方稅，其文爲田賦、契稅及其他省稅，此就專款中款目衡之，或正名色相符，或爲性質相合。而在其他省稅之內，則除印花稅、紙煙稅，照憲法應歸中央外，其烟酒牌照稅，即非國庫所能覬覦。若然，則不研究憲法則已，苟研究憲法，可取之巧甚少。根本之計，惟有用憲法所定軍制及其軍費之額，則國庫收額，自然激增。若用以誘騙專款，得款則貢獻軍閥，以廓張軍費，此則舞憲法以欺人，又極一時之能事矣。

王克敏亦知用憲法可要求各省解額外之中央專款，而亦用憲法，則專款之性質，已不屬於中央，故於會議時，即以《憲法》第二十九條爲説。二十九條者，其文曰："國家預算不敷，或因財政緊急處分，經國會議決，得比較各省歲收額數，用累進率分配其負擔"是也。國會議決一層，自有威脅利誘，先養私黨，以爲中堅等妙法，非吾輩國民所能代慮。其可以據憲法要求者，無論用預算不敷爲名，緊急處分爲名，各省分擔，不患無説。比較額數也，用累進率爲分配也，此等精細之方法，皆可不問。騙得一文，即是一文，憲法所有造於財部者如此，實行憲法之踴躍也以此。王克敏前日會議之詞，財政部今日實行憲法之舉，所可以參證而得之者。雖其巧不盡於此，此則其顯然披露者也。

夫各省之截留國稅，漫無限制，使全國軍閥所戴之中央政府收入，不敵外國一市，豈謂情理之所宜然。國民無暇反對者，以爲惟用軍閥制軍閥之死命，乃人民蘇息之希望，尚有一綫存焉者也。世界之言財政者，常謂吾國有理財之正軌而不由，輒誚吾國民之愚。近見外人發表於報端者不少，亦有囑爲譯其議論，代抒所見者。不知吾國民之真意，正不願政府之用款無正軌，而收款反有正軌。軍閥不裁兵以制人民之死命，亦正使其此軍閥不裁兵，以制彼軍閥之死命。而尤幸其外省軍閥之不裁兵，先制中央軍閥之死命，軍閥間應使自相窘迫。外人察我國國情未熟者，宜以爲怪。吾國議論之士，亦有翹外省擅留國賦之過者，此無乃與外人所見同耶。

近又聞王克敏於紙煙税事，因各省徵收特税，大鼓吹其商制官專賣主義，此爲紙煙借款之變相。公賣已設局矣，驟聞商制官專賣之名，豈非重沓王克敏之所指商制，必認定某商可制，他商即不能仿制。現在制煙之商，大約非中國人，雖有中國人，亦甚罕於此取得借墊，以收煙借款之實。而爲業煙之外商，加鞏固之保障，蒙之曰紙煙商制官專賣政策，不名之曰借款，並不須經國會議決。又聞煙商已紛紛北上浹洽，其去事實當不甚遠。爲軍閥籌款，以殺國民，王克敏之計，誠狡矣。國民何辜，乃適逢其會乎?!

（1924 年 2 月 20 日）

民國民選審計院之關係

北京公布之憲法，其第一百二十二條，審計院院長，由參議院選舉之。審計院院長，關於決算報告，得於兩院列席及發言。此其重視審計院，信任參議院，並慎重決算報告時，審計院與國會責任之互相交割，立法之條文至此而止。而其事實之可笑，則殊非法文之所拘束也。

夫審計院之稱職與否，非人之賢否問題，乃其職務來源所在之問題。未有憲法以前，爲官立之審計院，院長以作官之法作之，不願作官，即不應任審計院事。既作官矣，則趨利避害，茹柔吐剛，乃官僚之天職。款目之情弊萬狀，從無舉發，兼差兼薪之禁令，從無申明。議員之索賄於政府，什九不能逃審計院之覆核，財政部可以與議員爲仇，近且有所訐發，而審計院不敢也。間有訪諸審計院，違法兼薪之事實，欲得少許根據。審計院陽奉陰違，卒不以真相洩漏於外，深得溫樹不言之義。民國多一審計院，國民多一負擔，官僚多一位置而已。

於是乎有憲法以糾正之，以爲衆議院於預算案職責甚專，參議院干預之力甚弱，故以審計院院長之選舉，屬諸參議院。參議院得此實權，對於今日政以賄成之時局，應如何重視。此監督之職，憲法公布。第一次之選舉，爲參議院第一次行使其憲法上最大之職權，應如何踴躍，又應如何審慎出之，以慰擔心財政者之意。而參議院則固靳之。其靳之也，爲參議院方將選舉議長，競爭議長者多，非兼用汗、吐、下三方，不能去心腹之病。吐者，吐其賄選之所得；汗者，四散分表，以政府之

薪差官缺，爲安頓敵手之用；下者，使最有力之堅實分子，別
從間道而出，則審計院乃參議院之穀道，審計院院長乃參議院
議長之略經變化，自下部溢出之餘臭也。吐、汗二方未定，承
氣湯之力無所施，此爲選舉審計院院長所以停頓之故。然審計
院院長產生之路，必出乎此，則固爲參議院所排洩之宿穢，而
作國民監督財政之總樞，其不令人掩鼻而過也幾希。

　　是故制定憲法中選舉審計院院長之條文，非惡意也。參議
院之運用憲法條文，以行使此選舉之權，則心目中無絲毫觀
念，爲與國民及國家相聯屬。假使憲法中加一但書，由於由參
議院選舉之句下云"但不得選舉現在兩院中之議員"，則此弊可
略減。然而政府則又因此與參議院大開交易之路，不但現政府
而已，凡歷來經手款項之巨蠹，帝制報銷也，參戰借款也，徐
世昌之登極費也，歷任財長之內外債也，交通、外交兩部勾結
之斷，送路電也，消滅證據，顛倒事實，又皆以攫取此席爲歸
宿。若使納諸弊於尾閭，竟能代以往賣國之豪，作一總保障，
則其價值必有可觀，何止值五千元一票。而況爲參議院專利人
數不過二百，所得必更奇贏，意其時必爲眾院所垂涎，且將別
演意外之劇。然則限制審計院院長之不得選自議員，仍非國民
之真意可以行於其間者也。

　　今之論者，知國會包辦憲法之非，謂憲法會議，以制憲爲
專責。方制憲時，不能兼營他政治生涯，制定以後，並不能參
與其運用之方法，謂可以空一切弊病。然如吾國現狀，其運用
之責，付之何人，即何人尸其舞弊之事。以前之弊既積，以後
剔弊之人，即挾以舞弊之人，且即爲從前舞弊之人，挾以隱沒
所舞之弊之人，轉輾相生，雖有善者，莫如之何。又況審計院
院長之選舉，憲法定爲屬諸參議院，其撤換則無規定，是否略
適用普通官制，則一任之後，無能復免，猶之議員受國民之票

選，不受國民之撤回。是今日可以賄參院而得生，異日更無能制其死命者。即從普通官吏之例，可以由議院彈劾，而彈劾之效果，向來亦大略可見矣。故選舉以後，審計院之爲惡，憑藉又甚於官立之時。軍閥官僚、議員政客無非一丘之貉，則又何必不聽其爲參議院排洩之穢物，反於當選以前，無所甚用其政府與參院之互相狼狽也。即至選出以後，所謂赫赫之院長，仍以步武今日之官體爲光榮，民選與官立，了無殊致。其結果欲如今日之院長，其人尚稍知自愛者，反有不逮，亦正意中之事。不見夫議員之爲議員，明明民也，而必稱大人，鬧官氣。有一現成特任之衙門，員司僕役，耍其牌子，同等之國務員，壯其威風。來自田間者之手足無措，必更甚於積久之官僚，有斷然矣。此非特選舉審計院院長一事之關係，雖有良好之憲法，在我國以何人運用之，此大費討論之事矣。

（1924 年 2 月 23 日）

膠濟路會計處日本人之持正

報載北京之所謂政府者，電膠濟路局云："每月提五萬元，作爲贖路儲金，向財政部購買國庫券，款逕交海軍溫司令"云云。異哉！贖路必需儲金，正爲交與日本，收回前此所與日人國庫券之用。此時民間提倡贖路，既有現金，何不儲現，而又買財政部國庫券，將更以國庫券與日人耶？將買得財政部國庫券，即與銀行儲款無異，財政部自信有此信用耶？果有信用，一經指定款交溫司令，其爲抽提贖路之款，以供豢養殺人之具，涂我人民之肝腦，以媚軍閥。雖非今之群小執政，亦已毀棄信用而有餘。況今爲全國國民所疾，視業已投畀豺虎而豺虎不食者耶？報又載日本會計處長拒絶付款，以爲本路橋梁車輛，及各種正當急要之用，不敷尚巨，此時實無餘款，購買贖路國庫券云云。北京之敢於明目張膽，以屠殺國民之費用，向膠濟路提撥，豈不以此路之會計處有日本人主持？日人向以聯絡軍閥，延長中國內爭，負謗於世界。且使路款提空，將來無力清贖路之虧耗，此路將不免延其日本人之保留權。以此種種，故用小人之腹，度君子之心，可使日人奉令如響，而孰知日處長之能見其大，知中日之關係在國民，而不在執政之群小。國民之銳意贖路，尤未必以提空少許路款而延期。即使可以掣國民贖路之肘，而亦豈日本國際親善之本意。中國人自相殘賊，以妨礙贖路之款，款不清而日人保留之，坦然無愧。若由日人之手，與執政之群小勾通，抽空膠濟路本身之款，以堅我國民敵視日本之心，無論其爲國際間之不道德，抑非日本人愛日本之所應出也。

北京之來電，膠濟路會計處之去電，既經此一往復，此後之所致屬於膠濟路會計處日本處長者，惟願其堅持本意，勿受軍閥之勸誘，而有所遷變。夫果使橋梁車輛，正當急要之用款，盡量用之膠濟路，即是爲膠濟路增長資產。今日即不正名爲贖路之款，已培異日贖路之力。執政群小，不敢徑提路款月五萬元，充海軍軍餉，而必借贖路儲金之名，用財政部國庫券之物質作爲抵品，使會計處可以應付公事。若曰承民國政府之命，爲民國就本路籌贖路之需，用民國政府之國庫券，爲帳冊交代之物，設身處地爲日會計長謀卸責之道，亦已甚備。日人即如法行之，國民止能以惡感報日人，無從以法律與日會計長周旋也。日人惟真知國際之意義，不受北京群小之虛文，而顧民國國民之公意，然後有此斷然之覆絕矣。

若日人之與吾國政治接觸者，盡如此會計長，何至歷年紛擾，國民皆指目日本爲陰謀傾害之禍本。日本若多得如此會計長者而用之，以與我政治之事相周旋，何至釀排日之流，日日隱增其經濟絕交之心理。學界至今以不用日貨爲有骨氣，含怒宿怨，夫豈一朝一夕之故。若膠濟路日會計長之所爲，昭示一二，吾國應知日人之非無王義，至少可消弭宿憾若干成。更進一步以課其親善之有無效果，亦視此態度之是否永存，抑他事他人之是否有同等誠意。質言之，是否漸放棄其傀儡我軍閥，以壓制我國民之故態，而取合我國民之心理，以回復我國際情感之新方策也。國與國之交誼，在經濟之互相友助。經濟者，國民所結合而成，與彼執政之少數小人何與？膠濟路日人之對付群小，此次爲表示正誼之初步。吾國人不可不感其已往，而更注意其將來者也。

吾常願爲吾國國民有正告焉。若印度之屈服於英人，歷年如此其久。所謂黑種奴，紅種燼，方足形於歌咏，似乎永無振起之理。乃印度今以不合作致勝，議會已開，憲法之制定有望。不合作，即經濟絕交之意味。地大物博之我國，雖由執政不肖，累及主人，然固未受外國羈扼如彼屬地之甚。今方將以不合作對付國內之群小，而國民自尚有甘爲群小者，時時附和其間，破我國民不合作之禁。若其對外之情感，則又不同。外人果壓我太甚，蔑視我國民，而愚弄我群小，惟有以不合作之精神處之。此形勢不始於今日，抵制之聲囂然久矣。今觀膠濟路日人一舉，忽憬然悟人之未可以一概抹煞，國人勿以事涉日本人多無好果之成見，謂其持正之不足多也。

（1924 年 2 月 26 日）

國會統治之新國家

　　土耳其爲新興之國，崛起於歐亞之間，將於歐洲強國控制東方之舊勢力，發生極大之影響。最近戰勝希臘之結果，致英相勞合喬治以袒希而去位。洛桑會議媾和，又以極強硬之態度，要求列國盡去向來不平等之稅權、法權，一躍而爲完全獨立之國。列強稍予遲回，議和代表立即撤回，照會各國軍艦離土海口。列強懾於其盛氣，委曲求全，重開會議，率盡納其請而後已。所欠外債亦不專指定金幣交還，駐土之兵，於和約簽字之次日，各國一律撤退。此皆上年自一月至四月間之事。歐洲論者，頗有危詞。而吾國人以不習外情，祇知土之勃興，而不能談其政象。近日乃見鄧君和甫所輯譯之《歐戰後各國新憲法》中有土耳其現行之土耳其根本組織法，稍稍窺見其要旨。竊願介紹於研究世界大事及世界憲法之人，常注意此東西洋之大關鍵也。

　　始有人謂土興之暴也，猶之古時其教主摩哈默德，以爲回教中自有此遺傳性，將歸功於其宗教。按之彼法，乃大刺謬。今之土政府，不但政治革命，亦並行其宗教革命，截然與宗教分爲二事。而其向時土耳其之皇室，留爲回教之教主，蓋與俄之殺戮其舊君爲相反，與我之保全清室爲略相近，又與意大利之處置教皇微有同焉。正惟以土皇之尚與回教爲相維繫，不似清室之根本先亡，滿洲本土，絕無滿人根據之勢力，遠不如蒙藏之尚有種族界限，爲其政治區域之標幟，故其結果不同如此。土耳其之處置皇室特定專條，於根本組織法之外，猶之吾國之清室優待條件。然清室優待條件，訂定於遜位之初，土皇室之條件，乃由國民議會議決於根本組織法業已規定之後。蓋純爲國民對於宗教之處分，非土皇有何要索之能力矣。條件不過兩條：一則不承認皇室於國家有何職權，二則認其爲回回教主，惟其由何人踐此皇位，仍由國民議會選舉，且由國民議會政府保護之。

土耳其之新政府，謂之國民議會政府，主權屬於全國國民，而以國民議會爲之代表。其國民之如何行使主權，根本組織法法文寥寥，初無規定。以民主之國家，而民無行使主權之法，頗與吾國憲法相類。然土之法爲臨時之約法，尚未行正式之選舉。所謂議員，皆由各地方區域派出，其議長即兼行政首長之大總統。向來謂土耳其對外絕對以國會爲後盾者，猶隔膜之説也。國會即統治之機關，議長即總統，則無所謂後盾，無所謂前鋒，直接由國會議長統治之而已，此爲治人而非治法。革命不及三年，以戰則捷，以交涉則勝利，舉凡帝政時所隱忍屈抑於列强，與遠東並稱爲老大之帝國者，一旦霍然。蓋其改革，當我民國已改革後之第八年，次年始召集國民會議，制勝於列强之間，而爲世界不可思議之新興氣象，則在我民國之第十二年，此吾國民所應錯愕失驚而深考其事狀者也。

土皇室之顛覆，乃起於耶教之勢力，足與回教相抗衡。歐戰之役，土在德方，戰後處覆敗之位，變政所不能免。乃由耶教徒發難，與土政府斷絕關係，事在一千九百十九年三月九日。其間多爲歐洲人，而土耳其本國之人，則不願以宗教爲畛域，而反脫離祖國，於是有國民政府之組織。特以皇室不足有爲，於是年七月十一日，由首相達摩夫來帕沙氏宣布其君主之不法，而讓位於國民政府。國民政府之産生，固不在開議會之後，國民政府之首領，亦不在舉爲議長之後，則今日之以國民議會政府爲名義，以議長即總統爲職任，皆其運用之形勢使然，非有法理之可研究也。以耶教發難而國民起而收拾之，亦民族自決之通例。但適值其國民間有人，遂得此偉大之效果。迄今國民政府尚不在君士但丁，則因避耶、回兩教之爭，以國民處理國家，自超然於宗教之外。又以因有國民之結合，乃破耶教之範圍，則偏袒回教徒之方針，自亦不能不定。而於是回回教主之得以保留，爲國民思潮所湧現，與皇室之系統無涉也。君士但丁爲歷史永久之國都，風習之不堪，政與萬惡之北京無異，天然之機會，一舉而空之。今國都地名安勾拉，則已不在歐洲，而在亞洲。其地未必適於定都，則將來都城所在，亦尚難定。草創如此，而功烈如彼，故知國民之於國家，實苦於望治之無誠意耳。國民有誠意而國家不可侮，可於土耳其證之。紙幅所限，願續談也。

（1924 年 2 月 29 日）

煙卷税風潮之解剖

近日煙卷税風潮，久未停息。其中有爭充承商之問題，又與不願繳税之問題，各爲一事。税之問題，以上海租界内外，地近而辦法不同，爲實有周折，其餘大概爲因人之問題，而牽引煙商。然見利而爭，亦人情所不能免，無可非難。所不願見者，以此機會，令北京軍閥財系，坐得巨款，爲購械殺人之快舉也。又且令彼破壞其自行公布之憲法，濫收憲法規定於地方範圍之營業税，剥地方教育之急需，移爲購械殺我人民之用也。意國軍械六百萬元之付價，彰彰在人耳目，爲其無力付清而助之耶？抑爲其已付此一款，後來難繼而籌此以附益之耶？煙商之反對納税，亦人情之常，無可非難。奔走求減，誰曰非宜？顧何以破壞我國憲法上國税、地方税之界限，而以自身有利之故，奪我負擔消費税之人之培植教育本意，而以其款予購械殺人之人，則是煙商非抗税之行爲，乃附和兇暴，以塗毒我國民之行爲矣。豈謂我國民能忍受耶？等是納税，何故不納之於有益我人之教育，而必分半爲購械殺人之用耶？

今江蘇議決之紙煙營業税，爲值百徵二十，視世界奢侈品税，實爲煙税之至輕者。不聞吸煙人反對，以奢侈消耗，本可以寓禁於徵，無從對抗也。煙兌業貼用印花，即取償於吸户，有何反對之可言？所以鼓起風潮者，多爲爭充承商而起，因借力於煙商，借爲後盾。煙商之爲中國人者，在煙業爲九牛之一毛，祇可視爲外商之營業。外人無所愛於中國，但孰能保護其抗税，即納款於其人。得此款者，用以購械殺人，利害不相及也。煙商所許於中國官場者，爲中央得二成五，地方得二成五。江蘇以二成五計算，歲收三十萬元，若他省亦有照行者，則教育費無濟於事，而購械殺人之款獨多。加以捐款墊借，取此二成五作息，煙商墊一巨款，祇須有利，又何樂不爲？利息厚，折扣多，以每年應出之稅作抵，無所謂擔保。北京得之，則大肆殘殺。國民何辜，受此煙稅影響而肝腦塗地？教育界何辜，因取少許之費於煙稅而戕同胞多數之生命也？

省政府之於營業稅，根據憲法，收爲地方稅，本不應由中央置喙。煙酒署所與煙公司訂約抽捐，外商先經允認者，謂之煙酒稅，是爲全國劃一歸入國稅之項。該約附件聲明，暫不適用於廣西、湖南、貴州、廣東、雲南等五省，此爲事實上暫時之關係。今所由各省自徵之特稅，爲該約第五條所聲明之店舖營業稅、牌照稅，所謂不在一捐後不再捐之例者。要之，北京自公布憲法，對於舊有之稅，未能劃分國稅、地方稅界限，膠轕尚多。今以新收之稅，憑空將地方稅由外商送與北京，第一步破壞憲法，第二步化散爲整，減折預付若干年，成一種變相之煙業借款，破壞國民所希望之和平。煙商抗稅，則抗稅耳，何仇於我國民而出此？

（1924 年 3 月 4 日）

共產主義復活之試驗

共產本爲一主義，其形成主義，不始於列甯，而其形成事實，則以列甯爲標幟。列甯以共產主義改造俄國，遂以此宣傳於世界，恒以其迎合多數之心理，博人類之同情。舊有組織之國家政府，除吾國尚感覺不靈外，無不疾視之。顧政府疾視，而人民有多數表其同情，禁遏之效，等於防川，宣傳之禍，疾於加矢。各國無以相禦，乃轉而相率承認之。至是列甯改造之功成，其身則已隨功成而先逝矣。世人震於列甯之勝利，其實列甯所勝利者，乃世界之影響於宣傳，而其所失敗者乃其共產主義之根本犧牲。及其身已變爲新經濟主義，然列甯方自犧牲。世界之受其影響者，各以自身所遇之環境，爲有與相應和之故。則初不問列甯本來主義之存否，而各自發展其遞嬗而生之列甯主義焉。夫遞嬗而生者，不必合乎其本來，此可云轉傳，而不得云復活。乃前日路透傳里加電，則云蘇俄政府現復從事放逐主張新經濟政策者，及被控作金融投機業之人，俄民復起恐慌，則真共產主義之復活矣。

共產主義，爲有產與無產之爭。全國無一人能有產，其成爲產業者，皆歸之國有，人民皆執勞工於其間。不能作勞工，而平日倚產爲生者，乃其產悉被沒收，而其人則轉死溝壑，散之四方。俄國乞丐之接踵於世界，度無一地無一人不接於耳目之前矣。有產者受此報復，無產者當引以爲快。惟國有產，惟民皆工，在吾國本三代以上之所常行。所謂井田之法，三十受田，六十還田，田皆國有，民皆佃人，還授紛紜，而阡陌固定。其輸租之法，夏后氏五十而貢，殷人七十而助，周人百畝而徹。由孟子之言，貢則猶以爲病民，助爲最善。而周之不免於用徹者，誠以“雨我公田，遂及我私”之道德可見於文字，而不可實責於閭閻也。且人口之孳生無定，地畝之區域有定，地廣人稀，任意還授。古之中原，略如今之塞外，吾嘗以實物證之。車行吉林、長春之間，直至松花江以北，彌望曠野，而最足致疑者，則有邱壠成行，往往極目無際。私竊怪之，以爲生人不多見，安得有如許死人。死人即亦有顛踣於冰雪之中，以殉其出關覓食之志願者，又安得行列整然如古之北邙，如今之公墓。既而問之土人，乃曰此馬蟻墩也。恍然大悟，古人之所謂垤蓋即此物。垤爲蟻封，古云可以盤馬，固言其回旋之過小。然試問吾内地之所謂蟻封，非諦視不能辨，絶不足以礙路，何馬之可盤？古云“不蹪於山，而蹪於垤”，詩云“鸛鳴於垤”，孟子云“泰山之於邱垤”，皆必有可以蹪人，可以容鸛，可以比於邱之形質。然則孟子之主張井田，孟子時之中原，尚遍地皆垤，如今松花江流域之有土無人也。商鞅之開阡陌，爲吾國新經濟時代。俄國之新經濟，則非井田與阡陌之界畫，乃人人無產而作工。勤工，則納於國者多，身無加益；惰工，則納於國者少，身無加省。助法雖爲孟子所稱善，而周室有不能行，人類不能無自私之意識，此實無可如何。而列甯之新經濟主義，已由國有財產，而分之於私，有此列甯未死之前，共產主義已死之事實也。

共產主義與新經濟主義之交爭，則爲勤儉治產與不勤儉治產之爭。破壞之時已過，人將安居以樂其業，則不樂治生之人，未必較樂於治生之人爲多數，此新經濟主義之所以可行。以列甯原倡共產之人，忽然反其主張而不惜，不難其個人之覺悟，而難其平日崇拜共產以崇拜列甯者，不責列甯之反覆，又聽其矯枉作直，戕賊杞柳以爲桮棬。此非其道德操守爲衆所信，前之共産，以爲人群，非以博結黨之利，後之新經濟，亦以爲人群，非以圖賣黨之利，何以能出爾反爾，而使人惟意所欲乎？故列甯之犧牲共産主義，尤難於鼓吹共産主義之日。新經濟創造之始，若有力者，微有利用於其間，可以召反動之禍。今列甯之骨未寒，俄之新經濟政策又以主張爲有罪，又有業金融投機而被控之人，金融投機，即利用此成就新經濟之機會者也。主張新經濟，其始即列甯，而今則爲繼其遺志之當事也。所謂俄民復起恐慌，此非從前有産之民之恐慌，乃共産以後勤儉治産之民之恐慌也。

（1924 年 3 月 6 日）

國際漸次承認之俄國

俄以宣傳爲世界所畏忌，不得各國政府之同情，而恒得各國人民間有資本階級之憾者之同情。世以爲因此之故，各國政府終爲人民所屈，而不能不予以承認，此説似矣。然苟無列於國家之資格，雖善宣傳，人終以亂黨視之。俄以新舊交惡，四分五裂者甚久，俄固宣傳其過激之主張，各國亦何嘗不宣傳其過激之失敗，以幸其禍，而阻其列入國際乎？故非事實有統一之能力，雖愛之者，不能爲之左祖。今之覘國者，不當以俄善宣傳爲其勝利之所在，亦不當以主義相合與否，爲可於國際間託肺腑之親，當於俄之統一成績一課之。

俄於我民國十一年之歲杪，以十二月之三十日通過蘇維埃社會主義共和國大聯合根本法，是爲俄國統一之憲法。通過在莫斯科，公認莫斯科爲聯合國之首都。於是，始具有對外一致之效力。俄本大國，國内業已一致，國際烏得而歧視之。回憶吾國之改革，各國亦以爲南北未和，承認有待。自國會選舉告成，北京正式開會，美國於國會開會之次日，即首先承認，而諸國從之。當其時，固以世界普通之眼光，觀察我國，以爲南北首領之不和，爲少數私人間之恩怨，國會爲全國國民之所表現，國民統一，而國家無從分裂，此一定之理也。乃十餘年來，國民純然一致，而竟爲軍閥所把持，自稱不統一，自稱須用武力統一，或且欲避武力之名，而標榜爲和平統一，果和平，則國民早已統一千百年矣。幸而承認在先，今不遽生支節，亦地醜德齊，不足以此易彼，故不生支節。惟以此自擾，不能用"統一"二字誑外國，而借其大債以爲歟耳。由俄之成績觀之，俄之種族複雜，不似我之大體爲單純。其憲法至用六種文字爲公布，我雖名爲五族，滿之界限已泯，回亦不足以語言文字立異，蒙、藏雖尚有語文，大致亦久同化。而漢族本土，尤豐腴繁殖，足以涵蓋一切。故並無種族文字之爲難，而特以軍閥之械鬭割裂之，豈不可恨？

俄之聯合國家，有俄羅斯，有烏克蘭，有白俄，有南高加索，有塞比因，有喬治亞，有阿美尼亞，國有七名，各有文字。其南高加索與塞比因乃用土耳其文字，故所用文字則爲六種，合此凌雜，根本紛歧。東方乃其新闢之曠土，衹有舊黨蟠踞之釁，初無人種暌隔之嫌，大勢一定，霍然自合，正不在憲法團結之列。觀其憲法，首列之宣言，謂此爲平等民族自願之結合，各國可自由退出。所有現在已成立或將成立之社會主義各蘇維埃共和國，亦皆可自由加入。其云可自由加入，仍爲宣傳之本色，以主義爲號召，其云可自由退出，則爲非武力强迫之明證。吾國民苦於涂炭久矣，以正義接之，孰不歸嚮，而用如許陰謀以糜爛之，方諸蘇俄，真狗彘之不若也。

國已不國，因賺得承認在先，於今尚有承認蘇俄之資格。我之與俄，較各國之密接爲尤甚。今以犖犖大端，應先解決者，約有三事：一，中東路；二，庫倫撤兵；三，松黑航權。撤兵不應有問題，航權亦但取對等。松花江爲兩岸皆我境，黑龍江大部分爲各有一岸，而伯力以下，則兩岸皆俄境。以松花江允俄通航，易伯力以下我國之通航，亦不應有問題。中東路本由俄人交還，今蘇維埃政府似不願無償交還，有作價若干萬金盧布之説。磋商之結果，能否不大負國民之委託，此當嚴重視察之。夫中東路而作價贖還，亦吾國民委曲求全之意。度必援膠濟成例，由國庫券一次交付，先收路爲我有，逐年償現金，以取回庫券，此王正廷所手辦，無他謬巧可言。惟膠濟近有強迫提取贖路之金以充海餉一舉，軍閥舉動，令人寒心。有膠濟，即取求於膠濟，有中東路，又如何？中東之價，或且更鉅於膠濟，尚能言贖路儲金否？國民所椎心飲血，愛國之一綫希望，動為軍閥破壞之。交涉尚未可知，已不勝將來之懼，人何不幸而為我國民也?!

（1924 年 3 月 10 日）

財政整理會之末路

財政整理會之設也，外交系倡之，財政系始而思篡取之，繼而讓之。方其隆隆而起也，固以爲整理舊債，即化散爲整，找得一總債務之零數，自成一債。昔之找零爲小債，今總債之額已甚巨，即找零已可得大債，故爲蠹國之政府所逐鹿。而外交系得之，將必有以大展手腕，結新主之歡，爲墮落學生，憑藉留學資格，以獵取軍閥爪牙，作成時勢所造之最大利窟。以故開會以來，聲勢赫然，即任命以需其成效之軍閥，亦且信財蠹以外，別植一搖錢之樹，爲有無窮之希望存焉矣。

該會暫定以半年爲一結束，自上年十月初開始，與大選之盛，同時競爽。王承斌、吳景濂之流，居擁戴之功於一時，顏惠慶殆將奠磐石之固於永久，此非意外之事也。在外人亦以爲軍閥果擁其所共戴之首領，爲之干名犯義，而不顧踴躍報效，使國會悉被污染。國民愧憤而無如之何，雖以無道行之，豈不可畏？既而報解中央之款，益被截留，中央救死之策，窘於前日。攬鏡自照，是否有整理財政之面目，外人視之而匿笑，軍閥自顧而吞聲。顏惠慶適丁其時，蓋亦當攬鏡自照，是否有擔任整理之面目。日月不居，轉瞬半年，瓜期屆矣，耽耽逐逐之，大欲漸滅於無何有之鄉。一再開會報告，惟有關稅之二五附加，爲其對於國外可取之利苗；惟有祝告速決金佛郎案，以爲促進關稅會議之階級。其言曰：今日我國所恃爲整理財政之基金者，惟二五附加稅，然金佛郎問題未決，關稅會議遙遙無期，故現在欲求整理財政基金有着，自應從促進關稅會議入手。應如何促進關稅會議，本會應負向政府建議之責。此爲二月二十二日，該會開委員會，顏惠慶之主要報告語，是時蓋將以委員全體名義主張此建議矣。不意委員之答辭，滑稽至於極地，僉謂：欲解決此問題，須有真正之民意，爲政府後盾。茲事體大，一時不易討論，遂無結果而散。夫所謂真正之民意，豈非屏棄自稱民意之豬仔國會乎？豬仔國會猶不能聽其麾指，乃求諸更真於豬仔國會之民意，而用作後盾，然後敢建議以爲促進萬一取得關稅之二五附加，可以搪塞此千載一時之殊遇。然則求此真正民意之所在，該委員等殆亦升天入地，未易相逢。吾欲爲之指一途徑，以導該委員。凡國民之言裁兵廢督者，必真正民意也。該委員可告之曰：但能相助促成關稅會議，則有二五附加之巨款在，無庸裁兵。雖稍稍增兵亦無害，無庸廢督。雖再加巡閱、檢閱、副巡閱等等諸使，亦無害。倘有應之曰諾者，必即該會之後盾，而可以據之以建議。雖然解決金佛郎，是否即能使國際間疾來赴關稅之會議。關稅即開會議，是否即將二五附加雙手奉上，別無會議中提出之要求。由今軍閥之信用之實力之無理於外人，雖得此後盾而成此建議，亦且未可達茲宏願。況並此後盾不可得，而建議不可成耶？閱一旬而又開會，則云本月底已滿六個月，期內須趕辦各種表冊，實行與否，聽之政府。此則所謂末路也。六個月之後，又有六個月趕辦表冊，爲此六個月之成績。盛德大業，鍥而不舍以待之。苟屆其時，而仍不能如其初願，則真末路之末路矣。

（1924 年 3 月 11 日）

俄國憲法上共産主義之變化（上）

共産主義發源於馬克思之學説，成就於俄國之事實。事實之表徵，乃爲法律。俄自我民國六年革命，七年七月，宣布憲法，純乎共産主義。至十一年十二月，再宣布大聯合新憲法，則爲新經濟主義，始終皆由列甯在事。蓋自破壞以至收拾，時不過四五年，擾攘破碎之局，又搏挽而合爲一。惟開放一久被瓜分之波蘭，其餘仍隸屬於莫斯科政府之下。列甯功成而後逝，遂爲變易世界之偉人。其所征服，乃貫徹主義之威力，挾天然之多數以臨少數，殆比於有征無戰之師。今爲據其先後法文，破壞之可駭，與夫收拾之可異，作留心此事者之參考。

破壞非用武不爲功，俄以勞動爲神聖，則農工盡之矣。然必加兵之一種，用爲破壞之利器。其所謂兵，亦非若吾國之軍閥，其實即假暴力於農工，而農工以外之抵抗力，則務剝奪之。其憲法宣言第一條，俄羅斯宣告爲工兵農代表之蘇維埃共和國。此工兵農並重之説也。其第三條第七項，對於勞動者與以武裝，並組織紅衛軍。至資産階級，完全解除其武裝，俾勞動者常處優勝，而使剝削階級不得再握政權。又其憲法大原則之第十九條，爲保護工農革命之勝利，凡公民皆有爲兵役之義務，勞動者人人得攜軍械，以保護革命之光榮。但其他兵役義務，則非勞動者所共負。此兵即工農之説。而其組爲紅衛軍者，乃爲戰事所用之兵，其餘則凡勞動者皆爲鏟除資本者之兵而已。

公民即勞動者，亦即工、兵、農三種，名爲公民，即與選舉、被選舉之公權相應合。憲法第六十四條，俄國公民年滿十八歲，無男女、宗教、民族之別，均享有選舉權、被選舉權。但其人止有三種：一，自食其力者，自食其力之家屬，農、工、商三業之勞動者、雇傭者；二，海陸軍人；三，以上二種之一，而現時不能工作者。是蓋農、工、兵三等人，或爲其家屬而未勞動，或有事故而現不勞動，皆爲公民，限制可謂寬矣。其所限制，則除精神病及犯罪爲普通消極資格，皇族及舊政府下之警察、偵探爲政體之反動外，其足爲主義之標幟者，則有四項：一，雇傭他人以謀利者；二，恃產業以爲生者；三，商人之代理人，中間販賣者；四，教士。然則夥伴可僱，勞工不可僱，直接之商販可爲，間接之商販不可爲，是驅一國而止爲小農、小工、小商，不容大農、大工、大商之發生也。

　　尤可駭者，爲憲法之規定財政。第七十九條，在平民獨裁政治之過渡時代，所採財政政策，專在没收資本家之財產，使全國人民生產分配平等。國民代表，認爲關於特定情形，或全國公益，應侵犯私有財產之權利，本共和國當竭全力助成之。是爲舉一國而仇少數資本家。又非指土地等之没收言也，凡私有財產，皆以國力助其侵犯。其他別見於憲法宣言中者，第三條：一，土地宣告爲公產，對原地主不給價；二，森林、礦產、水道，六畜及田地附屬品，宣告爲公產；三，工廠、鐵道及生產交通之具，已批准收爲公產之法案；四，取消債務；五，一切銀行收爲國有，此皆爲列舉之條項。其餘重言聲明，不予資本階級反抗能力，不容資本階級預聞會議，而於憲法定人民之權利，惟農工有出報、印書、集會、結社之權，資本家之印刷器具移歸農工，公共集會場所及其電燈汽爐等物，盡歸農工處置。此其摧陷廓清，可謂至矣。共產主義之形成法律者如是。

　　夫果行此法律，則無有餘，無不足。技能高者，享受不得加厚。雖有教育，人弗勸也。農工皆以個人爲單位，實物交易，足以盡之，貨幣可以不用。剖斗折衡，民自不爭。居積固無益，借貸非法律所許也。此皆吾古時道家之高論，而俄以憲法行之。乃其行政機關所謂中央執行委員會者，憲法所定職權，則又有制定度量衡及幣制之權，又有發行公債之權。度量衡及貨幣，其用固微。又人無餘資，私人間不准舉債，又何以能應公債之募，則豈非公債即外債之謂耶？一時大敗決裂之效，蓋有可觀。世界洶洶，於其不認債務一端，尤視爲有意廢棄國際間之欠約。三四年間，乃以新經濟易世界之耳目矣。

　　　　　　　　　　　　　　　　（1924 年 3 月 14 日）

俄國憲法上共產主義之變化（下）

新經濟之形成於憲法，必非待憲法而後形成，乃已形成新經濟，而後於憲法流露之。且所以能流露於憲法，皆新經濟之有以團結全俄，而後得成此大聯合，以爲此新憲法也。今讀其新憲法之宣言而得之，其言曰：依多數人民平等獨裁制度，根本鏟除民族迫害能力，蘇維埃共和國因此乃能蕩平內亂，抵抗外部世界主義之襲擊，使內事得早結束，使本身得以平穩真實而存在，且可促進和平經濟之建設工作。此蓋認前此之共產方法爲結束內事。夫其結束內事，乃處俄皇以孥戮，鏟除皇室，靡有孑遺。去俄民之公敵，早已爲全俄所一致稱快，引其餘勢，盡洩壓制之毒而已也。然和平經濟政策，則目爲建設之工作，是其先固純然破壞耳。

又云：自數年經過戰爭，所有遺產，田野淹沒，工廠歇業，其出產之衰減，及戰事所生經濟之枯竭，致各分離共和國，不能以單獨努力，從事經濟上之建設，國家經濟永無恢復之日矣。此爲全俄大聯合之緣起，而以經濟爲言者也。又云：他方面鑒於國際關係狀態之不決，又有外界襲擊之新危險，於是使各蘇維埃共和國不能不建立一公共防禦綫，以抵抗資本主義者之包圍。此則以國際爲言，非承認債務，不能列入國際。不曰屈從，而曰公共防禦，抵抗包圍，立言固可以如是。又曰：最後，蘇維埃權利上之組織，因受迫於蘇維埃之勞動群衆，遂按聯合上途徑，而有一社會主義團體之結合。然則長此共產其勞動群衆，已足使權利上之組織受迫，是明言群衆之不可久久放任矣。

顧其破壞之條文，多所規定建設之條文，不能一一與之針對，自爲以矛陷盾之舉，但不復見昔日之規定，即已在廢棄之列矣。然其定大聯合最高機關之權限，爲憲法之第一條，其第八項制定大聯合國家經濟之基礎，與普通計畫，規定關於大聯合之分設各工廠，並租借之協定。由此一項之意義，至少可知其沒收之工廠，非復以國家爲廠主，而人民止爲勞動。有租借協定之明文，則容納資本家之承租，且發生債權債務之關係。至其文字所含之義，有未能盡解者，此自以他法律他事實爲斷，不在推測之列也。第十二項，規定貨幣及信託制度。貨幣之有規定，前憲法已及之，而信託制度既開，則純乎代理人之行爲。中間販賣人之窟穴，是非有資本家在其後，無從有信託事務之發生，資本家所不暇自爲，而後需信託業者承攬之。有此制度，其爲提倡大農、大工、大商又可知。至第十三項，規定大聯合全境土地之分配，及礦產、森林、水道之開採各原則，則其語意渾含，不甚露重視資本之意，但要非前憲法截然收爲國有之意。收爲國有，則國家爲業主，人民爲勞工，原則早定，無需今始遲回也。

俄羅斯之國徽，定爲一鋤一錘，鋤、錘之柄交叉，環以嘉禾，此爲農工並重，而同以食爲天。大聯合之新國徽，則定爲地球形，上插鐮刀與軍旗，架以穀穗，是又農與兵並重，而有推暨全球之意。以農立國，本旨不渝。吾國自古至今，未變此說，留意工商，乃近數年之事，而顛躓者已不知凡幾。除軍閥外，能成資本家者，經歐戰一反覆以來，殆將絕跡。商與農、工爲無產可共，若猶以共產爲疑，則惟軍閥官僚有戒心耳。宣傳之患不烈，而變化之跡可尋。俄新憲法仍號召社會主義之蔓延，而與彼之聯合體有自由加入之望。今世界已漸染其主義而立國者，尚有一匈牙利，自有匈牙利蘇維埃聯合共和國憲法。顧同一勞動神聖，乃重工而不重農，是爲工人對廠主之反動，與俄之平民對貴族之反動，根本不同。此亦可見感召之各有由來，而非可以浮慕得之也，則亦共產之變化一餘意爾。

（1924 年 3 月 15 日）

土耳其之廢教

　　土耳其自變更國體，以至發揚國威，鞏固國權，經過之神速，不可思議，今又以放逐其教主聞矣。夫此回回教主，豈尋常一主教而已，蓋即土耳其之舊帝系也。當我民國八年三月九日，土京君士但丁，始有耶穌教徒，脫離土耳其政府之事。乃釀成國民之自爲政府，組織於小亞細亞之土境，用國民爲結合，一破宗教之範圍，遂不以耶穌教之首領爲首領，國民自相推率，對宗教表示信仰之自由，而微示回教爲其向來國教之意。蓋以此奪耶教之干預政治，使之退處於宗教團體，以完成其土耳其人統治土耳其國之大義者也。至是年七月十一日，君士但丁之首相，宣布令土皇遜位，全國始合爲一國民政府，廢舊都君士但丁，而以國民政府所在之安勾拉地方爲臨時首都。明年，當我民國九年四月二十三日，始召集國民議會，旋即通過國家根本組織法。其中規定，每年以十一月一日開國民議會常會，即於是年開常會之第一日，以夜繼晝，議決處置土皇，保留教主之案。文止兩條：其第一條，自本年三月十六日起，國家政府永遠歸國民議會，其他任何政府概不承認，人民亦不承認駐在君士但丁，有何個人之職權；其第二條，回回教主之權，仍歸皇室保有，但由國民議會依道德品行才能之標準，選擇一人，作爲國王，土耳其國政府爲回回教主之主要保護者。從此兩條文釋之，國民政府於我民國九年三月十六日，始自任爲統一之政府，距土皇遜位時已逾九個月。蓋所謂任何政府概

不承認，乃非對帝政府言，正對耶教徒之自命政府言也。所謂
人民亦不承認駐在君士但丁何個人之職權，則以明消滅耶教
之政府，並非承認帝政府之復興也。所謂皇室有教主之權，其
時猶以回教繫土人之心，而耶教則已退爲純粹宗教不待言也。
國王由國民議會更選，則主教非即故君，特選之於皇族而已。
所謂土耳其國政府，自是國民政府，即爲教主之保護者，則教
主在國內之位置固已明矣。

　　迄今甫越三年耳，今年三月二日，國民議會提案，當日即
議決議案。雖有三宗，其二乃係附屬。所謂廢宗教基金部，廢
宗教學校，皆第一案廢教主之當然結果。其廢教主之條理，於
十日內永遠驅逐教主眷屬至土國境外，又剝奪彼等土耳其公民
資格。此何爲者耶？若亦爲純粹之宗教，決無此種待遇，越境
乃免，其不利於彼之在國可知；剝奪其教主本身以至其眷屬所
有公民資格，其不利於彼等之復以人民資格入國可知。給之以
三十萬里拉以內之款，而沒收彼等之宮室，然許被逐者於一年
內委託代表清理彼等之私產，則所沒收爲有帝制之形式，而非
利得其以外之資財也。尋繹提案之意，所謂廢教，豈廢教哉？
至議場之討論，以政教分立，統一教育制，澄清司法制爲言。
教育之不統一，尚曰宗教學校之旨趣不同也。司法之不澄清，
則豈非皇室之未可以常法治耶？時有少數之反對者，所提抗
議，亦祇以教主權授予總統或國會爲言，是有不忍於廢教之
心，亦已公認皇室之不復可以容假。多數否決，是爲廢教之正
文，然後再及教主。雖有免放其婦女之建議，亦不通過。四日
之晨，即由君士但丁軍警長官執行，命教主升座，向讀廢位之
文，即命降座，乘車而去，當日即攜其婦至瑞士。吾國南巢以
下，放廢之故事，宛然在目，此豈非土皇室之不謹，有以致之

耶？今國外回教徒頗有崇信教主，而思擁戴之者，然則土爲係屬宗教心理計，將來是否尚需有教主，事未可知，而其鏟除帝制之根株，則以此爲政變後第二革除矣。

（1924 年 3 月 20 日）

中俄議約中負責之顧外長

自十四日王正廷與加拉罕所議協定草案，政府以爲未盡妥洽，商令修改，加氏不肯修改，限期決定，以十九日爲期滿。於是前議在急轉直下之中，作一停頓，此在外交愼重起見，初無不合。外間習於黨派互鬪之故，或指爲倒閣之作用，或指爲奉直之暗爭，或以主義聯俄，或以速就祖王正廷，或以忌嫉疑顧維鈞，種種揣度之詞。在政客或不無此心，而在國民則但當問事之是非，不當有其他逆億，但當課將來效果，不當逞一時感情，此不能不分別言之也。

協定十五條，外交當局所指摘者，不過第四、第五兩條，其餘間有疑問，不成爭點。今但問指摘之當否，如其當也，則草草不加糾正，有協定之害，甚於無協定矣；如其不當，則直以私見凌躪王正廷，國民恭爲民國主人，豈能坐視政府之謬妄至此。查協定第四條，兩國政府，允在會議中將中國與舊俄帝政府時代訂立之一切通商條約、公約、協定、議定書等等概行廢止，俄帝政府與第三者所訂條約、協約等有妨中國主權者，亦廢止之。另由雙方本平等相互公允之原則，暨一九一九與一九二〇兩年蘇俄政府各宣言之精神，重訂條約、協定。此條文，據會議經過，初稿止有中國與舊俄帝政府所訂各件作廢，後乃加入俄帝政府與第三者所訂，有妨中國主權者亦廢止之。俄之妨我主權，恒在不由我政府與聞，而與外蒙發生各種密約，所謂俄與第三者之所訂也。協定草案既知注意蒙事，則蘇俄政府所與外蒙訂立之密約，承認外蒙爲獨立國，其事近在一九二二年，自不當以俄帝政府時代爲區別之辭，而使蘇聯政府時代之約，得影射爲有效。若云蘇俄政府自有宣言，可供依據，亦不當於協定文中明示除外，轉據協定以外之俄人籠約宣言，圖斡旋於異日。又且允在會議中廢止，則會議未開以前，反因協定，而認爲未廢，是無協定時所本應作廢者，轉由協定加以保障也。且遲延會議之終結，即保障舊約之可以作梗也。則第四條之應有糾正，當爲國民所公認也。若云本協定第五條，有"蘇聯政府視外蒙爲完全中國領土內之一部分"一語，可以釋此嫌疑，則又不然。第五條尚有本身之疑義，且當別論。況第四條舉應廢止之各約，何不可概括作廢，而必劃出俄帝政府之約則作廢，留出蘇聯政府之約，待解釋於意義不相屬之他條文乎？

　　協定第五條，蘇聯政府視外蒙爲完全中國領土內之一部分，並聲明撤兵之條件，一經於會議中商定後，即將一切軍隊，盡數撤退。此條中"條件"二字之下，據會議經過，其先有注文云"即期限及制止白黨之擔保"，後將"制止白黨之擔保"七字改爲"邊界安甯辦法"六字。夫庫恰爲我國土，俄不應駐兵，今議撤兵，尚何條件之可言？爲協定作解釋者，謂不云制止白黨之擔保，即是解除條件，其邊界安甯辦法，撤兵後自有應辦之手續，非條件也。然我國境內，俄何以擅自進兵，此應先有國際之責任。今言撤兵，而於協定中明著"條件"字樣，又云所注之非條件，終於辭理未合。此第五條之應有糾正，亦爲國民所不謂不然也。

　　夫協定既應糾正，則不糾正於未簽字之日，更待何日？王正廷本未嘗簽字，而加拉罕認其議案過目之符號爲已簽，加既有此誤會，則王之引退而別有外長當其衝，此外長之能負責也。簽字之權限，非政府一方之內定。王正廷之全權證書，所交與加拉罕審查者，原稱將來議決事項，如經本政府准其簽字，批准定予施行，則王有議決之權，無簽字之權。證書載明，早經加氏認定，即不能以未得中政府允准而留有符號，認爲簽字。所云孫寶琦不認王正廷爲全權代表，乃傳聞致誤之詞，或加氏已甚之語挑激王正廷者。孫寶琦亦不過聲明王正廷無獨立簽字之權，以明其未嘗簽字耳。王正廷本人亦自聲明並未簽字，意本一貫。路透電亦以忽改代表爲可異，其實王正廷之草案，大致亦已合應協定之事項，不能謂爲有過。徒以本非簽字，而對方誤認爲簽字，致阻其再申討論之機會，則不能不易人而除障礙。以顧維鈞爲外交當局，所指摘者，既確有理由，又不避煩難，而身任改正之責，於此一事，殊不失外交系體統，即王正廷亦應以改正爲大局之要務。幸外長之不自諉避，以竟其未竟之緒。若使因此停頓，則議約原無一定速成之望，與其草率而貽誤，不如審慎而有功。就目前而觀，實爲外交人物有進步之象。昔清光緒初年，中俄議收回伊犂，嘗下全權專使崇厚於獄，改派曾紀澤爲專使，而後定議。今茲之事，非其比也。王正廷決非崇厚顧維鈞，處此時世，自必勝於曾紀澤。國民當從議約利害之真相立論，不得偏信黨派之各祖一方，因而各搆一方之謠諑，溢出本事之外。至協定以外，尚有附帶聲明之可商者，更不在誤認簽字之列。捐除浮議，不爲政客所惑，徐觀外交當局之措注，以定其功罪，未爲晚也。

（1924 年 3 月 24 日）

中俄議約中相持之言論

自中俄議約停頓以來，言龐事雜，不可究詰，此俱可以不論。其負責發表，與外長之主張，居對待之地位者，有三種焉：一，王正廷；二，吳佩孚；三，北大教員。夫顧維鈞所持慎重之理由，當與王正廷之說相對勘，對勘既明，是非乃定。國民應持何種態度，以正告之，乃可得而言矣。

王正廷述俄代表之俄蒙條約意見，以爲此項條約，並不要求中國政府承認，此何語耶？不要求中國政府承認，即可除出廢棄各約之外。然則謂俄蒙條約乃俄之自由行動也，是明謂俄不要求我承認，我亦不須問俄有此條約也。其下乃云：“協定大綱已承認外蒙爲完全中華民國之一部分，並尊重在該領土內中國之主權”，故此約已自然消滅。此約既未經中國政府許可，而協定大綱又有以上云云，則此約且係原始無效，政府堅持廢棄須規定於協定之內，反若先已承認爲有效，而今日始議廢止之。此爲加拉罕所持之理由，而王正廷述之者。既已自然消滅，何故堅不明白規定其廢棄，而反劃出於應廢棄之俄帝政府所訂各約以外，止許自然消滅，不許規定消滅，是何理論？謂未經中國政府許可，即爲原始無效，何以協定內，又廢棄俄帝政府與第三者所訂有妨中國主權之約，豈帝政府與第三者訂約曾經中國政府許可耶？此不問而知其爲遁詞矣。又云及今始議廢棄，反嫌先已承認，則又弄巧之談。及今既議定廢棄，其先是否有承認之嫌，乃可不計。及今不議廢棄，則其先我固不予承認，俄固云本不要求我承認也。蓋就事實言之，外蒙已有駐使在俄，不於今此約中明定俄蒙廢約，何以拘束俄蒙之直接通使乎？若根據俄人一九一九及一九二○年之對華宣言，則俄蒙條約明在宣言之後，適可證明宣言之非有誠意，假使協定中但規定中俄兩國政府之舊約，及俄政府與第三者所訂妨礙中國主權之約，概行廢止，不將帝政府時代，勾勒分明，豈不簡淨易了？乃必爲此界説，明示一九二二年俄蒙約之不經廢止，轉於協定以外之空言，責備我政府之過慮，恐亦不能認爲合理也。

王正廷又謂撤兵之協定，俄代表聲明一俟撤兵之條件，即期限及彼此邊界之安寧辦法，在會議中商定後，蘇聯軍隊盡數撤退。政府主張改爲蘇聯政府聲明一切軍隊應從速盡數撤退，其撤兵時期，及關於雙方邊界安寧問題，於會議中商定，而云此項修改，與原文並無出入，不過文字上之推敲顛倒，此亦不然。王正廷之協定，乃撤兵在條件商定之後，外長之修改，乃兵之應撤，定於協定之時，會議中特商定其期日及安寧辦法，非若王正廷之協定，商定期日及安寧辦法而後允許撤兵也。

以上爲協定以内之爭點。其換文中教堂不動産一點，王正廷所持尚無甚弊，外長所糾亦不失爲慎微。此本不在加拉罕誤認爲簽字之範圍，且可不必深論。要之，王正廷並未簽字，但加拉罕誤會之後，則本人反不易再商修改。外長自行負責，而承其後，同以國事爲重，當求修改之有濟，不必先自嘵嘵也。

吳佩孚以軍人干政爲常例，内政之無所不干。國民於吳所戴之中央，本不許其有行政之名分，軍閥自相牽掣，國民以爲不足過問，遂姑聽之。若外交之關係重大，豈容任意假强權以誤國。是外間謂外蒙撤兵，於接防一端，有奉、直之暗爭，直且鞭長莫及，不如奉之業有預備。則如以不肖之心度吳佩孚，豈非幸王正廷協定中撤兵之牽於條件，俄蒙條約之不即廢棄，使外蒙成以後之懸案，而奉方無可接之防耶？此種心念，非人類所應有，吳佩孚未必至此，然不可不猛省其疑似之嫌也。

北大教員之宣言，則謂蘇聯政府應無條件予以承認。然則王正廷之協定，已爲多事。顧維鈞之修正，尤反其所主張。夫贊成俄國之主義，伸此學說可也，不能強全國民以國家之利害殉之。且鼓吹無條件承認，在未開議中俄約之先，言之可以示主義之從同。迨兩國代表正式開議，則苟尚承認有國家，即不得以無責任之人，任意發感情之論調也。

總之，回復國交，承認新國，乃條約定後之事。條約不定，即一切懸案。顧維鈞之負責，則今後之國民惟監督顧維鈞之責任可已，他勿必論也。

（1924 年 3 月 27 日）

東清鐵路公司與松黑航業之朦混

松、黑行輪，爲除華船自行外，惟俄國航商得享有之，此根據咸豐八年四月十六日之《瑷琿條約》而來者也。昔時華船不行松、黑，俄造東清鐵路之始，猶止有俄國行船。歐戰以來，俄船多有售歸華商者，而後松、黑兩江乃爲華、俄兩國行輪之域。戰事既定，俄人恃强不許華船駛至伯力以下，華船無出海之路，則斷港絕流之中，航行何利？張作霖根據《瑷琿條約》開示俄人，俄人不服，謂伯力以下，兩岸皆俄境，華船不應行駛，然則松花江自未入黑龍江以上兩岸皆華境，何以許俄國行船？當時定瑷琿之約，明以松花江之允俄行輪，與伯力以下許華船出海，爲對等互換之條件。以故張作霖因俄人之不受理諭，乃禁止俄船，不准入松花江，事至允也。中俄議約解決在即，未簽字之協定，載有第八條文云：“江河上航行之問題，應於會議中按照平等相互之原則商議之。”所謂平等相互云云，即不根據《瑷琿條約》，亦應以松花江之允俄行輪，與伯力以下之允華行輪，爲平等相互之事實。今俄船爲張作霖所禁，不得入松花江，是爲中俄間待決之懸案。而東清鐵路公司，乃影射鐵路營業而行船，張作霖再申禁令，東清路反援《瑷琿條約》爲對抗，此真所謂無理取鬧之尤矣。行輪自有船商，俄航商據《瑷琿條約》爭松花江航權，張作霖即據《瑷琿條約》爲華商爭伯力以下之航權，一經禁止俄船之入松花江，俄航商無可抗，反容鐵路公司影射相抗耶？其所影射，乃指造路合同中，有“水陸轉運之舟車夫馬，皆須盡力相助”一語。此自指造路時運輸材料而言，豈許其兼營航業？近由東清路督辦公所駁斥去後，足以杜該公司之假借營私。惟《璦琿條約》之原文，從前徒爲俄商所藉口，張作霖設督辦公所以前，直任聽俄人主張，據此約以俄船入松花江，而華船出入海口則迄未見許。往者吉林省購船兩艘，由海口駛入，圖在松花江內開行，不過假道一過。而俄人竟強行壓制，捕兩船而撲賣之。後吉省乃於松花江中設造船廠，勉造數船，爲松花江中之官輪，此事因循久矣。用將《璦琿約》原文舉示當世，庶共留意松黑航權，不但爲現在東清鐵路杜影射之妄，亦令將來議約中，知平等相互之方法，不過遵守舊約，非以廢棄舊約之故，而有新獲得之利益也。至俄人歷年之強橫，亦半由華商之先自放棄，華官之昧於條約，其能據條約以處理航權者，亦可云自張作霖始耳。

《璦琿約》僅三條，專爲規定兩國航權，及黑龍江左岸留居之中國滿洲人等而設。其第一條云：“黑龍江、松花江左岸，由額爾古訥河至松花江海口，作爲俄羅斯國所屬之地；右岸順江流至烏蘇里河，作爲大清國所屬之地。由烏蘇里河往彼至海所有之地，此地如同接連兩國交界明定之間地方，作爲兩國共管之地，由黑龍江、松花江、烏蘇里河，此後祇准中國俄國行船，各別外國船隻，不准由此江河行走。”此文據西人所印各締約國及中間一國之三國合璧原文，其間文字，似不甚順溜。要其意義，則必爲密合。所分華、俄國境黑龍江左岸，自額爾古訥河至松花江海口，爲俄屬地。其云松花江海口，乃指松花江下流，匯爲混同江以後之入海處也。右岸至烏蘇里河爲中屬地，此即伯力以上之松、黑兩江會處。以下則云，由烏蘇里河往彼至海所有之地，此地如同接連兩國交界明定之間地方，作爲兩國共管之地。詳味之，蓋言烏蘇里河以下，其陸地爲俄屬，而水道則比於連界之地，作爲兩國共管。此正以華船必須有出海之路，爲此規定，而以松花江之航路易之。黑龍江内，及烏蘇里河中，所以許華、俄兩國行船，爲其各有一岸爲屬地也。松花江則無條件許俄行船，烏蘇里以下，則條約中訂明以水道爲兩國共管，使將來行船時，根據堅確。當時意思，本極明瞭，後來松花江則如約准俄行船矣。華本無船行兩江間，俄於兩江所有行船設備，初時照會清政府各半分認，清政府竟以不需行船拒之，是爲華人之甘自放棄，使俄人生心之故。前數年華商收買俄船，即議及江中設備，不可不由政府追認半費。其時盧布已跌價，而未碍通行，照昔時要求分認之數予之，費不甚鉅，而政府亦無意於此。今張作霖知以《璦琿約》爭回華商航權，搆成懸案，以待議約中解決。其於江道設備，亦必應先時籌措，如何收回其半數設備之物，此皆議約之人之責。國民於松、黑航權熟悉者少，因其僻遠之故，特於此閒暇之時，又因東清鐵路有影射之事實發生，幸張作霖措注之尚未失當，溯往以知未來。吾人當於此事爲嚴重之監視，則不可不共明其真象也。夫俄商之見利必趨，巧爲嘗試，亦無足怪。昔時被要求認費而竟拒絶，被强制撲賣入海之船舶而竟順受，則俄人視伯力以下之不許華船行駛，久已謂爲定理矣此，豈非前政府之醜歟？！

（1924 年 3 月 30 日）

軍人破壞煙禁中日本之關東雅片法

報載外交部消息，駐義唐公使來電，義政府擬定建議於各國，請一致改變對華方針，揭中國弱點十三端，遠不如華盛頓會議時之尚有希望，此其根本爲軍閥之禍害，政客食息於軍閥之中，爲附加之毒品。其中即有一端云："軍人破壞煙禁，爲中國弱點之一。"又駐美使施肇基電："本年十一月，國際聯盟會開禁煙公會，所發議事日程，並無我國在內。此事關國際地位，應請注意。美報紛傳長江某省有雅片公賣之事，是否屬實，請示"云云。旋由部據施使電詢江蘇，蘇省復以無此事。而江西則蔡成勳專賣雅片之事實，騰載報章。北京江西會館開會反對，由江西國會議員提案查辦及質問，英使亦照會查禁。然則所謂長江某省者，殆謂贛也。夫長江省分之易遭注目，乃有此舉。邊遠之省，以勒民種煙爲業者，不知凡幾。軍人以販煙爲業者，不知凡幾。腹地省分，種煙則無曠土，販煙則無產物，坐視煙利之外溢，而不能染指，則惟有設專賣等策，以分其肥。軍閥之不除，勢必至此。烟土之價大落，人不以吸食爲艱，意志不定之人，易染煙癖，誠有如各國之所指斥。國民處此，既愧且恨，以爲無面目可以對世界之助我禁煙也。而不意同是世界之有名國家，乃爲我軍閥推波而助瀾，坐收居間轉販之利，不顧國際之道德，與國家之顏面，有如日本之制定關東州雅片法也。

日本名關東租借地爲關東州，設關東都督府，以總其政令。北起長春，南至大連，千餘里間，租借地雖有斷續，而南滿路聯而一之。日人覬覦東三省曠土私種雅片之利，久思制爲販煙之法。三年以來，遲未公布，想尚以人道有玷，未敢決然。前月乃由樞密院通過施行，蓋此爲特別法，不經國會制定者也。法文十四條，廢止向來裁判之法令，明定關東爲雅片輸出輸入之樞紐。其輸入地爲長春，而輸出地爲大連。大連出海，尚可用日本船運載，徧往沿海各處。軍人之業販煙者，僅須就海口迎提，可謂便利。夫中國軍人之不肖，誠使日人不爲參加，未必放棄販煙之利。日本人之行徑，誠使無此雅片法，未必不可參加。今乃明定法文，以爲日本國家之公益。在我固當首責軍人，次責吸煙之敗類。然當各國責難聲中，亦不能不以日本之煌煌法律，專與各國之善意相對待者，一爲此類而揭之，既告之世界，又警我同胞，此則吾所爲揭載而徵其表示者矣。

其所謂雅片法第五條“雅片煙館不得開設或維持之，亦似乎同爲禁煙之旨”，然其第二條則云“關東長官認爲限於雅片癮者之救療上有必要時，得許可其吸食”。然則家家皆可請求許可而吸食，又何用雅片煙館爲？夫東省之公然吸食雅片，與內地未禁煙以前相等，亦誠不自今始。今特舉其法文之明定，有如是之滑稽云爾。然使僅保護吸煙之人，人其租借地而可以暢吸，爲害幾何？日人之爲利亦幾何？今之定法，正意自在販煙。然其第六條云“不得以製造雅片之目的而栽培罌粟”，種煙亦明示有禁。種煙須曠土，曠土原不在租借地內，此亦一滑稽之條文。第四條爲法定販土之正文，文云：“生雅片、藥用雅片或吸食雅片器具，非受關東長官之許可，不得製造，輸出輸入，賣買授受，或私藏之。但依關東長官之所定，醫師、齒科、獸醫、藥劑師或藥種商，所應用者，不在此限。”此條云云，向來所不禁者，原未嘗因有法而加取締，其所取締乃製造及輸出入者之必由官商合作耳。又偏有第三條作一掩飾,文云:"雅片烟膏不得輸出或輸入之。"云雅片烟膏,所以別於生雅片。日人之所謂生雅片,即華人所謂土也。販土者,本不必販烟膏,猶之販米者,未聞販飯。各省有姦商販米之禁,不聞有販飯之禁。惟日人以准許販土之故,偏示其不准販膏,以博世界禁煙之同情。則姦商之私販米穀者,亦可嚴販飯之約束,以示其顧念民食矣。又恐販膏既有禁令,有礙吸食之人,則加一項云:"雅片烟膏非受關東長官之許可,不得製造、賣買、授受或私藏之",以明所禁者特烟膏之出口、入口。在界內熬膏,及販賣授受、收藏,則自有長官之許可也。彼之所謂關東長官,既有奉行此雅片法之職權,吾自有之關東長官,縱無急切禁制日人之權,然於關東雅片之來源,則固有權禁絕之,使租借地以外無雅片土之出產。日人制此法何用?軍閥於東北邊荒,興墾政不足,產烟土則有餘,日人從而生心,豈待今日?特今之抉破面目,亦殊足令世界及國人加之意耳。

(1924 年 4 月 2 日)

俄蒙事議論漸近眞實矣

中俄協定，顧維鈞所爭執之三點，其實以廢約、撤兵兩端爲重要。廢約、撤兵兩端之所以重要，因其爲外蒙之關係。外蒙之能否爭回中國主權，就條約言條約，自爲一事，條約以外之事實，又爲一事。今當分別言之。

我有統治外蒙之事實，則條約僅爲文字上之功用。然使條約上已承認非我統治，則事實難於發生。苟必從毀約以取得事實，大抵已有訴諸武力之傾向。故乘條約未定，而先行其事實，則外蒙本我國土，其條約直可以無有。若事實尚留以有待，則與其訂失敗之約，以甘自抛棄，保留作爲懸案，猶爲彼善於此。此對條約之權衡也。

進而課其事實，俄使加拉罕之言曰：世界上決無領土主權所在國，而無官吏警察駐於該領土者。由是而言，外蒙之所以發生爭點，固以我不駐兵，而俄反有兵佔領之。故俄之一佔領，聲明爲防止白黨，其時中國内爭不已，竟不甚過問。及今乃議撤俄兵，仍有擔任邊境安甯之條件。夫我於我國境内，擔任安甯，何待訂之條約，而後有此義務？軍閥留稍可恃之武力，皆待内爭時之應用，至今無一人肯開往庫倫，先以邊境安甯自任者，反由俄使用作調笑之資。則軍閥對於俄之撤兵，且無誠意之接收，又何爲爭廢約、不廢約之空文乎？

吳佩孚之言曰：蒙古俄兵不多，能派兵一團，即赴蒙籌備接收，與外交相輔而行。今計不出此，爲紙片上之爭執。上年佩孚保王廷楨爲庫倫都護使，即寓此意。吾言不用，夫復何

説。此其云云，正與加拉罕語，反正相應。然以派兵籌備接
收，爲與外交相輔是也。謂前言不用，今復何說，則大誤。今
猶是未許其不廢外蒙協約之時，若我國境內，派兵前往，又不
過曰籌備接收，其詞甚順。而實際上即擔任邊界安甯，爲國家
所應有之事，又即所以杜外人之口，何爲不急行之，而反欲速
簽協定？使廢約條文，明明將一九二二年之俄蒙條約，劃出不
問，然後使將來再欲派兵，俄反得以條約已定，承認俄蒙間有
約，蒙已在獨立自主之列。俄之撤兵與否，當問外蒙之願否。
中國之派兵與否，亦然。是協定速簽而後，爲眞無可說，今則
正大可伸說之時。或王廷楨尚不足以了此，一團之兵不足以任
此，則馮玉祥移師而往，正合名義。又不然同爲國事，張作霖
果調動便利，即商由奉軍爲之，豈不皎然一出於至正？而乃委
之奉軍則忌其分功，遠調馮軍則嫌於自弱，坐視邊界之委諸鄰
敵，反來調笑之詞，而又發電昌言，乃與段祺瑞之認爲時機已
過，同一態度。此不能爲軍閥解者也。

　　段祺瑞之所謂機會已過，乃指安福派機會之已過耳。其言
曰：華府會議所收回者，乃我已得權利。外蒙因參戰已收回，
當局失去，可歎。此尚追溯徐樹錚之籌邊時代，於事實誠如段
言，但國事之誤於內爭者，不知凡幾。安福之迷信武力，挑釁
異己，其償事亦不爲無過。夫因奉直之戰，而毀邊防軍，固爲
可歎。然及今尚未以條約明棄外蒙，則如徐樹錚之所爲，再興
籌邊之議，時機尚無不合。段以此告同鄉議員，而外間遂謂段
於此時會，保舉徐樹錚起用，段又否認之。要其爲徐張目，即
是保舉，必謂向直系求起用徐樹錚，則亦不當事理。故外間之
疑，與段之否認，皆有因而致之事也。而要之吳佩孚之保庫倫
都護，猶爲未用之言，徐樹錚之發展邊防軍，實爲已行之事，
乘今復理其緒，事猶可及。要正以保留廢約案爲根據，必從王

正廷之原文，以承認俄蒙協約，則真時機易過，而不易遽伸異
說矣。

　要而言之，爭廢約，爭撤兵，皆爲外蒙廢約，或未必爭而
即得，則聽爲懸案，即是結束。惟籌辦接防，擔任邊界安寗，
爲我分內之事。苟可以放棄內爭，同心爲國，則此事卻不可懸
宕。立派聲望紀律較好者前往，是爲以事實行條約，即吳佩孚
所謂與外交相輔而行者也。再進一步言之，即使中俄之間，因
他種利害關係，如通商等等，俄有急須利用我承認之故，竟爲
顧維鈞爭得修改協定，明定一九二二年俄蒙密約，俄允廢棄。
然我擁兵內爭，仍無得力之軍隊駐庫，或一方欲駐之。而對方
破壞使不得駐，則豈非條約爲空文，而外蒙終有委棄之事實
乎？又況民族自決之潮流，已成世界通例，俄人宣言，又明認
同其主義者。即在其大聯合範圍之內，雖蒙古王公政體，斷不
能遽與俄爲主義之從同。但我威德不足以服蒙，蒙人自懷去就
之見。疆場之間，一彼一此，安見條約之必能拘束耶？各方議
論，漸近事實，然又誤認事實，則可怪也。

（1924 年 4 月 6 日）

外蒙代表之乞兵

從北京公布之憲法，兵也者，本祇可駐在國防地帶，而不得逗留腹地者也。全國之有外蒙，外蒙之有庫倫，真所謂國防地帶矣。直皖戰後，徐樹錚之邊防軍失敗，直軍雖勝而不復顧及邊防。吳佩孚之武力主義與徐樹錚無殊，而於爲國遠圖，如放棄外蒙一事，實遠出徐樹錚之下。中俄議約事起，爭點集中於外蒙，尚不乘條約將定未定之間，先自盡邊境安甯之責。吾於前日已喚醒軍閥之沈迷，而引起國民之注意矣。曾不轉瞬，報章又宣布外蒙代表乞兵之呈文。從蒙人之欲，救邊圉之危，將執條約之空文，先紓藩服之實禍，事無急於此者。舍此不爲，而或爲王正廷鳴不平，或爲顧維鈞圖諒解，國民本不信以此大事，猶爲黨派搗亂之資。然而循此耽延，則可知互爭者，皆非爲國，而軍閥之罪通於天矣。

外蒙喀爾喀三汗，爲元之嫡裔。元盛時，俄國乃其臣屬。元亡中土，退居蒙地，猶控制俄人使爲臣僕者百餘年。至前明成化七年，俄甫復自立爲國。終明之世，與蒙爲敵，歲常被兵。清起良維，乃綏服蒙疆，要亦世爲婚媾而已。蒙承元後，汗爲皇帝之降號，其下王公世爵，階級層層，與俄舊帝制無所矛盾，而於蘇俄則根本不能相容。俄之所爲肆其宣傳於外蒙者，正欲鼓蒙人少數之平民，自爲階級之反動耳。顧蒙地習於階級制，汗王公之勢力未墜，又有黃教喇嘛輔翼之，蒙人既懾貴族之尊嚴，復堅佛教之信仰，雖在平民，及今以蒙收蒙，尚未至不易收拾之境。中國之馭蒙，馭其貴族，蘇俄之結蒙，結

其平民，而平民之可與蘇俄相結者，實爲少數。此今日千鈞一
髮之時會也。

外蒙代表之呈辭，首稱"喀爾喀蒙古種族全體汗王公，暨
衆呼圖克圖，桑綽特巴喇嘛，特派代表車林頗爾勒，爲外蒙全
體王公人民，久罹紅禍，懇乞救援"。呼圖克圖，即轉生不昧
宿因之活佛，桑綽特巴喇嘛尤其中有位號之國師，合政與教之
首領，爲民請命，即無議約之爭執，對此藩部之告急，宜如何
劍及屨及，以負宗主國之責任。果以蒙爲吾國領土，則其有
難，與徐魯之多盜，豫鄂之患匪，有何分別？而乃秦越之視，
肥瘠漠不關心。據其呈詞，稱正式內閣早經成立，馮檢閱使兼
任西北邊防。其所謂正式內閣之早經成立者，未知爲即今之孫
寶琦，抑尚爲前之張紹曾。惟在馮玉祥兼邊防督辦以後，則固
爲日未久。又其先云抵京浹洽，適值政潮多變，久滯經年，則
固在紅軍始占庫倫時，即遣代表，經年以後，又有此呈，所望
於正式內閣及馮軍者甚切，以爲不虛此行者在是耳。

呈又言："哲佛者衆所信仰，幽閉未釋，即是侮辱全蒙。
汗王公者，衆所依歸，撤其爵秩，沒其領地，數百萬蒙民，游
牧失業，老弱男婦，淫殺隨之。"然則蘇俄擾蒙之手腕，與前俄
絕異。前俄以籠絡汗王公及哲伯尊丹巴喇嘛爲作用，今以荼毒
汗王公及哲佛爲作用，此自其國體政體爲然。然蒙人之信仰，
尚在汗王公及哲佛。游牧之民，團結難散，與城郭錯處者不
同。以俄人入蒙爲殘賊，蒙人傾向者少，非若蘇維埃以全國平
民，自起而與皇室貴族爲儺殺，常得天然之多數也。吾軍迅赴
事機，誠如呈中所云"簞食壺漿，以迎我師，秣馬厲兵，起爲
內應"，決非該代表溢量之甘言。呈中尤一再指名馮檢閱使而
籲懇之，馮玉祥何以得此於蒙人，亦以其治軍尚有紀律，蒙人
尚知其所長而未覩其短耳。馮玉祥果能了此，則大義伸於藩

屬，勳績著於國家，何爲戀戀畿輔而不出此。

　　呈又言："吾國切膚之痛，不急自圖，竊恐有起而謀之者。東鄰虎視，抵隙蹈瑕，近已勾結少數不肖蒙人，有所結合。萬一乘我不備，以驅紅黨爲名，以占蒙地爲實，是甫去一虎，又進一狼。"此於國際螳螂黃雀之機心，蒙人且窺之已熟，亦可知蒙民之思抗紅軍者所在多有。特汗王公與活佛猶不欲乞憐他族，拒虎進狼，其志可嘉，其心尤苦，自非張弩奮刃，日待內爭，豈忍放棄職掌，而使邊疆重地，不委之狼，即委之虎。嗚呼！吳佩孚之黷武，不籌援蒙，而籌援川援粵，以毒同胞。馮玉祥之擁兵，專爲近畿有變，舉足輕重，以萬衆疾視之總統、副總統等醜穢之名位，爲其傾耳注目之標的。國之中軍閥以吳、馮爲較健，而無人理如此，關外負嵎之張作霖，力苟足以及此，則豈不可獨先聲義於天下，爲國紓難，內爭非所屑意，順蒙民之意，而立不世之功，拯汗王公活佛於水火，兵行境內，決不慮受俄人之詰責。且俄人早以無兵赴蒙，笑我爭協定之無謂，則情理所在，雖俄人不自矯飾以相欺，要亦蔑我已甚。知我軍閥之惟事內爭，決不以保蒙爲意，雖昌言笑我而不能發其羞惡之良也。抑顧維鈞於協定爭外蒙，如果別無黨派之醜隱，則以其國務員之地位，豈不可於外交職務之外，爭此交涉以前之先着。且吳佩孚以袒護協定難顧，顧何不可以放棄邊圉轉而責吳，並以去就爭之？使因此失位，亦與反對協定，保全外蒙，作一貫之行動，則磊磊落落，可以間執讒慝之口，孰與受無責任之指摘？而乞靈軍警，保護私邸，幸而瓦全，猶得一保系私人之雅號，此亦青年稍有志氣者之所羞也。

（1924 年 4 月 8 日）

回教與歐亞兩洲之影響

今年三月間，土耳其以回教舊國，廢棄回教，放逐教主，是爲革除帝政之徹底方法。吾既言之矣。一月以來之經過，西報路透電之消息，綜合觀之，廢教結果，於土反無甚利害之出入。所發生關係者，乃在鄰近諸國之政體，與英國長駕遠馭之政策，而回教之本體不與焉。一一揭之，亦當世變化之端倪也。

君士但丁一隅，在十五世紀間，尚爲希臘、羅馬文化薈萃之地。西一千四百八十三年，當我國前明成化十九年，突厥始占其地。突厥以回教興於唐代，其始多與東方接觸，漸徙而西。唐"回鶻傳"：回鶻本匈奴種，而臣於突厥。突厥之音，轉而爲土耳其。既入居君士但丁，迫逐希臘、羅馬之文化，播遷歐洲，是爲大有造於歐陸之起因。而至十六世紀中，土皇塞林第一，戰勝埃及，並取其最後之教主穆泰滑克爾之位，自行承繼之。自是君士但丁爲回教教主，與土國國皇，并合爲一之根據地，歷三百餘年。而遭歐戰之變，土以助德之故，居戰敗國地位。由政體之變更，而牽及教宗之顛覆，此爲三月初間之已事。

當土國加入德奧戰團之始，英相愛士葵士宣言：土之此舉，最終必令土耳其帝國被擯於歐洲諸國。此自爲警告其國之辭，非有讎視其教之意。乃會逢其適，土自廢教，而回教徒頗疑其教爲英之所不佑，英則大有不安。蓋恐因此誤會而回教徒離心，則於英大有不利。英屬地在非洲及中央亞西亞者，多奉回教，而尤以印度爲有急切之關係。印人方急謀自立，不合作黨頗足以苦英。據甘地之宣言，深以回教徒不盡一致爲憾，則不合作黨之大部分，自在非回教之列。若英更挑回教之惡感，不合作之餤，其烈可知。是故英於回教，必表示其願與接近之意。此駕馭藩屬之所不得不然，猶清代之崇拜佛教，以爲牢籠蒙藏之資矣。

土耳其變政以來，本藉回教以抵制耶教，乃不便祖國落於外人度內，則其初非有心廢教可知。但以故皇之不道，昌言廢之，而教主一職，則規定爲由國會於皇族中選任。國會所選爲前皇從弟何勃杜爾麥及特太子，是爲一八六七年逝世之土皇之子。一九二二年退位之土皇，由英軍艦保護去國。至今年被廢之教主，又放逐而出居於瑞士。夫而後土國帝王之遺象，蕩滌無遺，抑土之於教主，非但以其爲皇室之遺胤而已也。世界教宗，當以回教爲純適於帝制，此由其政教合一之醞釀而來。據近日路透電，波斯首相宣稱，共和政體與回教相抵觸，不許國民談改建共和問題，否則嚴懲。是波斯可以回教保障其帝制，即可知土耳其決不任回教搖動其共和，可以互證而明之者也。

回教徒之於土耳其廢教，自應鳴其不平，不曰將起騷亂，即曰有忤神聖，不曰濫用威權，即曰妨害文化。然教中自起紛擾，土耳其人則行所無事。阿剌伯漢志王，聲稱受各部之推戴，允任教主。而前教主則又布告全球教徒，不認土耳其國會有廢教之權，即不認漢志王胡塞有取而代之之理。是回教徒謂土耳其當因此內訌，其語未必售，而回教則反自生排擠矣。昔佛教喇嘛自稱佛菩薩轉生，清室亦嚴事之。後因達賴入朝，國內又生一達賴，致煩清室以拈鬮之法，判定其真僞，黃教從而凌夷。今之回教，何以異是？至其欲藉外援，則英國初不敢以宗教涉及政治，但明其無仇於教，絕不因此有嫌於土。近日英政府向國會宣布，對土和約，請求通過，以期恢復英土之邦交。議員有所訾議，而政府答以戰爭狀態之不可以再延，縱不滿人意，亦須批准，殖民地與印度，皆已贊成云云。可知英不祖教以薄土，即英屬地之奉回教者，亦不以教旨牽扯及邦交也。且印人不認廢教，亦不認漢志王襲爲教主，謂將召集世界回教徒，開大會決議重選，則宗教自宗教，國家自國家，不若古代之以十字軍護法也明甚。且印度回教徒，又有遣代表赴安勾拉，請願不廢教之舉。則土之威信，初不以廢教而墮，但教徒自不忘其信教之感情云爾。故曰於土無利害之出入也。

　　竊謂全世界宗教之大者，曰耶，曰佛，曰回。耶教以改革爲宗，爲歐洲政體易生變化之根本。即佛教亦高踞一切有爲法之上，籠罩帝王，而不受帝王之支配。以故印度用佛教爲國粹，而有不合作黨出其間，亦非強權所能懾服。同在印度域中，奉回教者即有不如。凡馴擾於帝制者，即服從於強權者也。吾國崇儒，或以爲即教，或以爲非教，要其宗旨，並非帝政之輔佐品。後世君主利用宋儒之拘束言論，輒借儒術爲專制之護符，是以所尊崇者，直接爲程朱，而間接乃爲孔孟。孟子之不非革命，不蔑民權，世已無異辭矣。即孔子又何嘗不以君臣爲對待，何嘗以君子之尊爲無對，而臣民爲其自由處置之物品乎？《論語》中有明言民主政治者，往時爲政體所惑，人多忽之。子曰：“夷狄之有君，不如諸夏之亡也。”舊疏謂：夷狄雖有君長，不如中國之無有。宋儒不得其說，乃增一解曰：夷狄且有君長，不如諸夏之僭亂。“且”字爲添出之義，“如”字爲似字之意，於原文遂有出入。其實舊疏當申明之，春秋之法，淪於夷狄，則夷狄之，進於中國，則中國之。用夷狄之道而有君，桀、紂、幽、厲是也；用諸夏之道而無君，周、召共和是也。此則儒家民主之真諦矣。

（1924 年 4 月 11 日）

關 稅 會 議

民國十一年，即西曆一九二二年，二月六日，華盛頓所開太平洋會議，各國全權代表，簽定九國間關於中國關稅稅則之條約。爲應中國政府之需要，增加收入起見，定約十條，上以促成一九一八年十二月十九日上海修正稅則委員會，所定切實值百抽五之進口貨海關稅表；下以訂明由中國定其日期地點，召集特別會議，以履行一九零二年中英約第八款，一九零三年中美約第四、第五款，及同年中日附加約所訂裁釐加稅，直加至值百抽十二五之數。而於未履行之先，由特別會議許定過渡辦法，對於應納關稅之進口貨，得徵收值百抽二五之附加稅。惟某種奢侈品，據特別會議意見，能負較大之增加，尚不致有礙商務者，得加附加稅至值百抽五。此所謂某種奢侈品，僅言奢侈，不包含有害，應寓禁於徵之意。則近來發生之捲烟特稅，且係營業稅性質，非中央應收之烟酒稅名義者，自不在該約文義之內。因近來外商抗議捲烟特稅，亦有誤牽華會條約者，北京農商部稅務處等機關，又有謬引憲法，以爲非各省所應徵者，故附及一言，其實不在本論之範圍也。

因切實值百抽五之修正稅則，乃將物價定爲較正確之價格，從此價格以加附稅則合成七五矣。然仍不過爲過渡辦法，所以開特別會議，爲中國增加收入之計畫，乃在實行裁釐加稅，加至值百抽十二五爲止，以符一九零二年、一九零三年中英、中美、中日各約。當馬凱會議中英約以來，裁釐加稅，值百抽十五之約定，其後續定者有中美、中日，而其他各國延宕不予改訂，迄未實行。中國若自欲邀加稅之權利，應先盡裁釐之義務，而釐稅實爲政界取盈之淵藪，亦爲任用私人之窟穴，抉其隱衷，實亦甯不加稅，以把持不裁釐。蓋裁釐之惠，受者商民，商民固非政界所恤。加稅之惠，受者國家，國家亦非政界所顧及也。今政界所最熱心者，厥爲二五附加稅。此項附加稅，既不必裁釐以易得之，而可擁作稱兵搆怨，殘民以逞之憑藉，故其望特別會議之開成，乃不在值百抽十二五之大利，獨在附加二五之小利。所謂各有心事者，此也。夫關稅之收入增加，應爲全國國民之所同欲。國民之負擔，盈於彼，可縮於此，向外商取得增加，即是爲國民減輕負擔，理固如是。然國民於二五附加稅，淡漠視之，絕不願爲政府後盾，以對外人要求，豈非以今之政府，不與以養兵之資，猶日夜驅率虎狼以噬我。若更得此五二附加稅，除外人猶能挾以要求整理債項外，國民則惟有多受荼毒耳。夫整理債項，亦豈非國民所願？然政府之本意，一面向外債整理，一面即指加得之附加稅，併所稱整理之債，化零爲整，借一大債，以供揮霍，既快其殺人之欲，又便同時軍閥、財閥及附屬之外交系等朋分捆載之資。是故關稅會議而開成，於國民有害無利。盼望會議焦急欲死者，大部分爲殺人之軍閥，而分任其尤者，乃財政當局及財政幣理會焉爾。今論國民之真意，聞法國以金佛郎相牽制則快然以爲金佛郎案不行，已少一負擔，因此又延緩關稅會議，即稍紓目前兵禍，是得二重之救濟也。又聞關稅會議之不成，各國之不願於此時輕予以華府會議之利益者，乃以中國今日之軍閥不足承受此利益之故，則又以爲公道自在人心，外人固不肯戕我國民以惠此軍閥有同心矣。

　　特別會議之能否召集，應視華府會議所定之九國間關於中國關稅稅則之條約能否實行。其能否實行，視九國之政府是否批准。除中國已於一九二二年二月六日代表簽字後，即於是年四月二十九日批准外，各國皆逐漸觀望，迭有後言。國民於各國之責言，所最以爲能得中國之隱情者，略舉一二。則有如某國陸軍中人，自中國各省考察回國，報告中國此兩年裁兵之進步，因餉缺兵逃，空額不補之故，今若實行檢閱，不裁即裁。並謂欠餉政策足以裁兵，以後可取包餉政策，使各師旅長包裁，按月減費，任其中飽，則兵額自少，主張以此案提作關稅會議條件。此指開成關稅會議而言者也。關稅會議中能爲裁兵之主張，是中國之福音也。最近巴黎電，法國會延不批准華會協定，係軍備制限問題，非金佛郎案，即承認用金，仍無批准把握，此電與前聞正相發明。又有如駐美京之某國駐使電歐本國云："關稅會議，列國均懷觀望，以擁冗兵百三十萬，專好自殺之國，華會優遇已悔孟浪，今惟執無期延期政策，促其覺省與統一，則所贈利益，比贈以二五附稅尤爲優越"云云。此真以中國國民之好意爲權衡，非以軍閥之求禱爲許予者。總之，吾國不言裁兵而言得款，皆國民之大戚。友邦若以民意爲從違，則如上所云者，真相愛之言論也。

（1924 年 4 月 14 日）

俄蒙事軍閥與國民之異趣

前數日軍閥發表其不負責任之言，謂依理應早日收蒙，今則機會過矣，無可說矣。其意似惟將協定速簽，拋棄外蒙，以便全力內爭，殺人盈野。吾嘗據事實折之。協定果簽，則爲承認俄蒙之可以訂約，可以由俄保其獨立自主之有效，屆時則出兵收蒙，俄或可以藉口蒙疆爲兩不干涉之境，橫梗其間，發生支節。賴有近日之波折，協定未簽。收蒙機會，正在今日。自此語揭破軍閥隱情，不敢再藉詞棄蒙，而日來出兵外蒙之說，乃掛於當道之口。按其實際，則蒙人之本身，及旅庫商民之目擊，逐次發布軍閥棄蒙之罪惡，與蒙疆之水深火熱，種種實情而已。包攬全國軍事之吳佩孚，身任邊防督辦之馮玉祥，稱雄關外、接近蒙疆之張作霖，在理在勢，皆應披髮纓冠，救蒙水火。而彼此觀望，似欲藉一紙條約，禁格俄人，令其撤兵而退。若問戍蒙之責，後將誰屬，則且待國內群雄，自相火併之後，或可以騰出餘力，誇張其燕頷虎頭，立功萬里之意態。殊不知今日時機，不可再得，在軍閥固非可以理喻，願與國民共喻之，心目中共鑄此軍閥之罪狀，以伸其口誅筆伐之憤，亦吾民無力救蒙，而尚有心對蒙之一表示也。

外蒙之妄稱獨立，蓋已兩次。前次爲徐樹錚所懾服，較其事勢，前次之服蒙，較今日爲難。前以活佛爲主動，汗王公和之，蒙人上下，多數一致。世爵之階級，宗教之信仰，既併爲一談，盾其後者，又爲帝燄未衰之俄黨，活佛優然坐大，竊帝號以自娛。徐樹錚邊防軍一臨，自治立即撤消，活佛就監視之嚴，俄人望氣燄而退，黔驢之技，即此可知。今之與俄相勾結者，乃蒙人向之所不齒，牧圉、負販、筆帖式之流。其聲勢萬不足以號召，徒以跡近俄之新黨，假其餘燄，以相鼓煽，安分之蒙人，多未附和。間有血氣未定之少年，受宣傳之影響，倡為青年會名目，蔑侮老人，倚恃異族，人情之所不順。俄以共產之結果，經濟能力，已消耗殆盡，所恃者獨有宣傳。宣傳之效力，與日俱進。早一日收蒙，即蒙人之心少渙散一分，遷延復遷延，雖本不以為然者，亦且以絕望之故懼禍之心，漸入其彀中而不覺。故及今而順蒙人多數之心以救蒙，則其事易於徐樹錚時倍蓰。過此以往，則未可知。此可與國人垂涕而道者矣。

以俄今日經濟之能力，決非用武之時。加以舊黨之銜冤，猶太人之肆虐，農業捐之繁苛，老頭隊之煽惑，揭竿之亂，如雲而起，東扶西倒，應接不暇，收拾綦難。阿穆爾江橋為著名之大鐵橋，去冬竟為人民炸毀，至鋪軌於江冰之上，苟且通車，轉瞬冰解，阿穆爾車即將被阻。凡此皆其暴露之弱點。由庫倫華商回者揭其實狀，詳略不一。綜而列之，俄武裝便裝之紅軍，合計不過五百餘人，而由俄人教練之蒙軍，則約有五六千人，散在各處。滿清以弱蒙為政策，二百餘年，久已化古時獷悍之氣而馴之，以腹地較有訓練之兵，旌旃所到，自然斂手，徐樹錚已事可驗。當時褚其祥、高在田兩旅，豈有赫赫之名，而使蒙人弭首帖耳，無敢喘息。今吳佩孚、馮玉祥、張作霖輩，皆自命不凡，謂必不如徐樹錚，謂所部必無褚、高之偏將，彼必不服。前日報載專電，謂洛吳、奉張合力收蒙，直軍由張家趨庫倫正面，奉軍由呼倫貝爾出庫倫側面，此蓋我主人翁之調度，所以決勝於萬里之外者。若吳若張，吾決其未嘗作此夢也。

　　張家口行京綏路之一段，距京不過半日程。由張至庫二千里，汽車五日可達。即不用汽車，往時亦以道路平坦，駛行十餘日而達，惟軍行不能與輕裝者比。呼倫貝爾，今稱海拉爾，又稱滿洲里，皆從外人口語而名之。由此趨蒙古之後地，已拊庫倫之背，合計不足千里，地尤平坦，春深冰已漸化，水草尤肥美。直、奉兩路出兵，以奉爲更便。今軍閥似已知收蒙之責，尚未脫卸，方促簽約之聲，暫爾沉默。然則其前之急於說現成風涼話，以是己而非人，真有意棄蒙，而欲借協定之約束，以杜塞國民之口也。問其何以出此行徑，夫亦曰脫卻國防之干係，然後可以傾全力於內爭耳。嗚呼，軍閥之不肖乃如是！夫吳佩孚有意棄蒙而促簽協定，保派則反對協定矣。既反對協定，則協定之所以可反對者，主要惟在外蒙。似乎保派之軍閥爲有意於蒙，而世以爲有保系臭味之顧維鈞，乃挑剔其棄蒙，而首爲國民張目，以故深疾保派者，並疑外交之含有黨爭。國民祇知有國，何暇問黨？今一言收蒙，洛固緘其祖協定之口，保亦結其反協定之舌。然則黨派之相軋爲實事，而不欲救蒙則同。俄武力之不足畏固矣，而宣傳則甚力，向我內地宣傳，吾以爲效力甚小，而蒙疆則影響極大，日復一日，坐待其蔓延。觀夫俄之學制，大學設有運動科，專司宣傳之責。海參崴遠東大學，止分五科，而運動居其一。運動專教外國語，外國語惟教中國、日本、高麗、滿洲、蒙古五種語言文字，其用意可知。訂約者必以禁止宣傳爲一條，頗師歐洲各國對俄之意。吾以爲中國之受宣傳不足畏，中國有外蒙，爲我所棄絕，而爲俄實力所浸灌，乃以宣傳濟之，嗚呼噫嘻！

（1924 年 4 月 17 日）

評判中俄事之資料

連日報紙發布文件,最重要者兩種,一爲新疆與俄所訂局部通商條件,二爲蘇俄與外蒙所訂條約。具此兩件,國民乃有進一步評判中俄交涉之資料。

前日之中俄協定,主張認爲滿意者,蓋有三點:一,取消領事裁判權;二,稅法平等;三,禁止宣傳。此當分別言之。宣傳一層,乃軍閥、官僚所談虎色變,彼蓋自覺其擁貲無算,一做壽之鋪張,亦可充若干師旅、若干時期之餉項,而下級之官兵則欠餉纍纍,上級之諸使諸長則窮奓極侈,大有應怕宣傳之價值。今由國民公判,則可怕者,在邊界交錯之蒙疆。若我內地,則共產主義,方需用爲精密之研究,以應世運之進退。禁止與否,非我國民所措意,可以勿論。

領事裁判權之爲害,往者已共見矣。其於外人有何實利?今英、美、法、日諸有領事裁判權於我國者,若斤斤以將來允我撤消,爲非常之大惠,目前遲我撤消,爲非常之奇貨可居,今外人之受我裁判者多矣,試問有冤案難伸,或牢獄瘐死等事實否?通商數十年,賓禮外人之心,已成舉國一致。外人苟以營業販賣內地雜居爲利,則自求撤消領事裁判權,與我國民脫去畛域之見,而後償其所大欲。今通商各國中,無領事裁判權者,有一二勇於經商,工於營利之國,憑藉此無領判權,以與吾國民交際,吾國民亦灼知其無領判權爲隔閡,有可共事者,即以國內平等之待遇承迎之。事實已見,吾且不暇瑣舉。但觀數年以後,有領判權者,自顧有相形見絀之勢,然後俯首自認撤消，吾國民其謹記之。此非可輕輕認許者，司法之不改良，監獄之不完備，誠如外人言，非過三十年，勿談司法獨立，持此以謝列強足矣。有暇當專論此事，今且歸宿於本題。則俄約之撤消領事裁判權，一則有彼所自發表之宣言，二則有哈爾濱特別法院之事實，三則有新疆同式之條文，四則有各國近年新與我訂約者無不撤消領判之前例。設使今日之中俄約中，反載領判權，豈非絕世之奇聞乎？

　　稅法平等，至為急務。新訂約之國，往往不提，而渾括於悉照各國通商條例之文，以成不平等之輗輵，又或明訂為"俟他國取消協定稅則之時，一律遵照"，以為不平等之保留。惟中德約第四條云："兩締約國約明關稅稅則等事項，完全由各該國之內部法令規定。惟兩國間或他國所產，未制或已制之貨物，所應繳納進口、出口或通過之稅，不得超過所在國人民所納之稅率"，此為較進一步之前例。蓋以國定稅之完全意義言之，祇應有首兩句，所謂"兩締約國約明關稅稅則等事項，完全由各該國之內部法令規定"，即此已足。其下一轉，則又微有協定之意，謂不得超過所在國人民納之稅率，則是保護稅仍不可行，待遇德商必與內國商民等也。雖約文為兩國間相互對等文字，然中外通商之實狀，今尚為彼來通我，我不能往，留此以待將來，或亦當獲對等之效益。且我國待人極恕，能以待國人之道待外人，亦本不欲多所歧視，將來俄約或亦不過如此。觀今新疆與俄所訂商約之大綱，亦正如此。

　　以上三點，為祖協定所指之優點，所可評判者如上。若其三劣點，為反協定者所糾舉。其教堂不動產一點，吾以為不必入評判之列。其外蒙之廢約、撤兵兩點，則今亦可評判如之左。

　　撤兵者，非撤俄兵之謂耶？據庫倫總商會之報告，俄有武

裝紅軍二百名，便裝紅軍三百餘名，前年驅逐恩琴而來庫。嗣
後乃有俄人教練之蒙軍五六千人，散在蒙疆各地。將來即使據
約撤兵，所撤者俄兵，俄所教練之蒙兵可撤耶？以此項蒙兵所
在，蒙之利於俄而不利於我可知也。使徐樹錚收蒙之舉不敗，
則可以有中國軍人教練之蒙軍，助我固圉。今已反主為客，非
有足震懾此項蒙軍之兵力，在協定未簽之日，論力量已不易收
蒙矣。今更就俄蒙協約之文字觀之，第一、第二條為彼此承認
為合法之政府。夫以俄承認蒙古為蒙古之政府，亦與認為我之
屬地無背。蒙古為我屬地，其在蒙之政府仍屬蒙人，故可謂為
無抵觸。惟我屬地內，何以許其自與俄國訂約，則為反於國際
公例。俄以協定誘我簽字，以開此例外，即可藉口於中俄、中
蒙兩約皆為有效。而其所謂俄蒙約之第三條：㊀不得在本國領
土內，容許仇視對方之動員，或招募本國或他國人民為軍隊；
㊁禁止並竭力預防屬於直接或間接反抗對方之團體之軍械輸
入，或經過其領土，或其聯盟國之領土。從此兩條之意義，如
果因簽字協定，不明白廢去俄蒙間約，我國兵入蒙疆，是否為
仇視蒙之對方之俄，可由俄自行認定矣。俄認定我之出兵抵
蒙，為即仇視對方，則可以據中俄約以為俄蒙約之保障而阻止
之矣。此吾所願國民評判其確鑿之受患，而乘交涉停頓，以圖
補救者也。

（1924 年 4 月 20 日）

收回領事裁判權與不准推放租界

領事裁判權，舊時與治外法權並爲一談。見之條約，至今沿誤。所謂條約中之治外法權亦是，中文誤譯耳，西文則未嘗誤也。治外法權爲國與國有交際者所共有，如一國之元首至外國旅行，及派遣駐使，派軍艦游行至外國，皆不受所在國之法律管轄，此爲治外法權。吾國亦有駐使，亦享治外法權，無收回與否之可言。所失誤於通商訂約之始者，爲外人有領事裁判權。外國商民犯事，一概不受我國法律管轄，由外國領事自行審判，是爲領事裁判權。因此之故，外人與外人之爭訟，當然歸各該國領事審理，而華人與外人之爭訟，彼此法律不同，發生種種不平等，與關提引渡之轇轕。租界內外，儼然有國界之區別，此國際之變例。昔時以盲於公法，而訂入條約，後來憬然悟其非理，而不易救正，東方諸國皆然。日本以戰勝之成績而收回之，其間亦大費改良司法、改良監獄之手續。吾國則惟以公法之知識漸開，人知有領判權之不合獨立國規制，以此要求收回，外人亦無可難我，而以彼此法律不同，審判之官、拘留之地、執行之法俱不足令外人信爲可以倚託，而使之俯首受理。自經馬凱商約以來，迭有視我司法改良之程度，允我收回之表示。華府會議，更有美、比、英、法、意、日、荷、葡八國議決，宣言一俟中國法律地位，及施行法律之辦法，並他項事宜，皆能滿意時，即預備放棄其領事裁判權。由是而有各國派員考察中國司法後，報告各國政府，以爲放棄領判權之依據，並定期於華會閉會後三個月內組織委員會。該委員會第一次集會後一年以內，呈送報告於各該國。由是愛國之士，以表示司法之優良，爲收回領判之預備，責望於政府，尅期組織委員會，速來考察，希望於各國。政府於領判權，並未嘗不願收回，於司法制度，則不肯分殺人之軍費，以充改良之用。而軍閥當道，萬萬不配言法律之共守，尤爲司法程度，無由以改良之説告人。近且以最無知識之軍人，入據高位，而其爪牙挾勢，欲以肆無理於外人，肇事之犯，又以非法袒庇，致外人於此小小鬭毆之案，亦可不信任吾國法庭之能自處斷，而必使外人得參與其審理之事。説者謂，非但領事裁判權之不允收回，直使領事裁判權推行至政府所在之地，又何催促各國派員考察司法之可言。此留心司法之士，所爲歎息痛恨者也。其間又有領判權之一小部分，爲上海會審公堂之組織。在從前已越出領判權之常格，政體改革以來，又加以吾國放失權限之事實，欲回復未革命之體制而先不可得。一言回復，即以推廣租界爲交換，此爲近來甚囂塵上之糾紛。吾以爲上海公堂與租界，乃支節中之支節，苟收回領判權，公堂自無由存在，公堂不存在，租界之表異於非租界者，復有何物？處今日而猶以推廣租界爲外人之利益者，殆以領判權之可以久留，雖有考察司法預備放棄之宣言，從我國當事之趨勢，決無履行華會議案之日，故以領判權爲奇貨，而租界之推廣爲曠日持久之經營也。夫此則外人之失計也。中國之爲中國，爲世界之大顧主，地位與日本不同。日本恃戰勝而力爭上流，以收回領判權爲勝利。中國以顧主之地位，爲各投機家競爭之場所，以放棄領判權與不放棄領判權，爲孰有利、孰無利之比較，則此爲放棄者之欲求勝利，非我中國所應以收回領判權自矜勝利也。美人近於《密勒評論報》發表一在華歐美僑民有無領判權之統計，無領判權之白色僑民，德、奧、匈、俄之人，其數爲六萬九千五百五十三人；有領判權之白色僑民，英、美、法、意、荷、比、巴西、丹麥、那威、瑞典、西班牙、墨西哥之人，其數爲二萬七千七百八十二人，是爲上年年鑒之數。俄約雖未定，要於未定之先，固爲無領判權之僑，已成事實。定約之日，他事或有爭執，此領判權決不爲俄人所保留，固可斷言。而新定約已放棄領判權之國，如瑞士、波斯、智利等將訂約之國，如波蘭等數國，亦皆必無領判權，尚不在該美人統計之內。在該美人慮中國法制之不善，有如許無領判權之白人，生息於中國法律之下，不知將若何糾紛。吾以爲能從統計而得人數之比較，該美人可爲有心，慮無領判權之人之多而發生糾紛，則猶爲未達一間。如有糾紛，豈有喧噪？彼帖然於中國法律之下者，固持此以祖然與我國民相開示，得我國民無嫌忌之利益，以平步而入內地之工商社會中矣。日僑人數最多，該美人以膚色不同，不入統計之內。其實日本爲華會議案所束縛，雖欲先放棄而有不能，實可久持其有領判權之團體態度，吾國民亦願以有領判權隔離之。有領判與無領判，變化在歐戰以後。變化未久，得利者之表著尚微，且亦尚未有營利之實力，足爲後盾，故爲該美人所未及深察。數年之後，視先放棄者所得何如，則應知今日之所爲，乃無意識之尤也。至彼此以例外之舉動，懲我軍閥，乃另爲一事，不可與向我國民，放棄無益之領判權糾結爲一事矣。

（1924 年 4 月 23 日）

收回教育權

土耳其爲新興之國，朝氣勃勃，一躍而入於獨立不羈之位置。凡東方病夫，向有之一切沈痼，若外國駐兵，若領事裁判權，若不平等之税則，洛桑議約，一舉而空之，久已動世人之驚歎。最近乃以收回教育權，爲不受投降條件中最末之一權利。君士坦丁新立之醫學校，及美人以六萬鎊經費開辦之女子專校，皆由土當道勒令停閉。外電並謂國際間尚受投降條件之支配者，現惟有中國一國，此吾國向所未聞之意義也。乃同時而有奉天收回教育權之事，至與日本人大起交涉，日人以排外爲辭，要求奉省官長封禁報館。奉天《盛京時報》本爲日人所辦，向於詆毀官場，無所顧忌。今且提出交換，使奉省勒停主張收回教育權之《東報》，日人自行取締彼報，以媚官場。而察其大勢，《東報》暫時停版爲一事，奉天之不肯放棄教育權又爲一事。日人對此之恐慌，奉人對此之堅決，皆頗有可以注意之點也。

據奉天人之觀察，以爲華盛頓會議以後，武力侵略不無忌憚，因一變而爲經濟與文化之侵掠，此説深可注意。經濟會當別論，而其經營教育，則已疊提添設公學、添設師範學堂之議，直以南滿、安奉兩路綫之各大站，推行日本風之學校，專造就日本化之國民。奉天教育廳廳長謝蔭昌，上年於奉天省教育會開常會時，曾提一案云：無中華民國國籍者，不得在奉省政權所及之地域，對於奉省人民施行師範教育、小學教育。此案全體通過，即由廳派調查員數人，調查兩路各站之前項教育

報告，結果一體認為，應予收回。於是一面籌備手續，一面發
表言論，日人色然而驚。既令領事至交涉署質問，有無對於教
育，不願日人之協助，又遣代表赴廳，協議教育事項，表示絕
不放棄在奉設立公學堂及師範學堂之意。謝廳長則謂，中國人
之教育，中國人應負其責。若日人必以不放棄為言，則中國官
廳可限制中國人之子女不入日校，自設學校以代之。否則，計
費由中國償還，收回自辦。日人於此無可爭執，乃遷怒發表言
論之報館。奉省則召集省教育會臨時會，以討論其究竟。總司
令張作霖、省長王永江則謂，社會事業應聽人民自決，最後視
教育會議為解決，以謝日人之糾纏。今尚未經過會議，而其事
實如此。

　　此事不可謂非奉省之有魄力，各省以養兵內爭為第一事，
奉亦何獨不然？然各省有養兵之事，即無暇顧及教育之事。所
恨者，無人為之代行教育權耳。北京尤以教育部為贅疣，學校
為長物，詎肯以此為國家之一種主權，分其萬急之費，以恤此
無關痛癢之事。乃至學校自行呼籲，近日趨向，若已深信政府
之必不動念，非求助於外人不為功。俄約未成，而俄代表得挾
其退還賠款，為見好學界之物。馴至對於國事，亦已兩歧之言
論。日本又以退還賠款，用之文化事業，以為一班見利爭趨者
之餌。留學生鬩於東京使館，自命為文學家者競於北京各機
關。不知外人退還賠款，為對國民之善意，由國民自支配於學
費則可，學界自向外人求乞，已為喪失顏面，又何以自命為文
人者，爭奪飯碗，以占教育普及之地位，日言提倡文化，為將
以受教育人數之多寡，與世界相比較，以爭程度之高下耶？抑
將以老朽無聊之文士，取得一二館長、所長之位置，向世界作
感恩知己之醜態耶？土耳其之收回教育權，不擇專門高等，凡
外人所設者，皆勒令停閉，直以國內煩外人設學為即投降之條

件。奉天指定師範學堂、小學堂不許日人開辦，猶衹以國體政體顯然抵觸，不欲令知識未定之青年受此先入爲主之影響，其規模自不及土耳其之宏遠。內地各省，亦多有外人教會中附屬之學校，貧苦之家，往往得受教之益。夫教育之事，而僅含有宗教之臭味，尚爲流弊較輕。滬上之外國人所設學堂，雖標舉不拘教旨，然大率爲教士所經理。總之，尚無若關東租借地之教育，直在中國國土，造成外國國民者，其必應收回無疑義矣。然非奉省當道之肯分此杯羹，亦不易舉，其已辦之多數師範學堂、小學堂一朝作收回之快舉，雖決議聽之教育會，而奉行教育會之議案，確與以收回之實力，豈不在奉省之官廳？土耳其之新猷，誠非今日吾儕之所能望。要使國人知有此義，父兄有教育之義務，子弟有受教育之權利，皆指國人之自盡其責而言。若以爲教育是善舉，文化是美名，倚賴外人，以圖苟得，縱不遠愧土耳其，獨不近慚奉省耶？夫求學外國，與尊重自國之教育權截然兩事。世界交通，以國民互相灌輸其知識爲謀國之要義，此不得與國內教育權同論。若今日之職業教育，爲中國之大問題，而求較高等之職業，不得不取資於外國學校，尤爲無可諱言者。然則奉省之教育權，以師範及小學爲限，殆亦不得已之事也。

（1924 年 4 月 26 日）

各國在中國領判權之破裂

中外之有條約，自清康熙二十八年始，是爲中俄尼布楚之約。約凡六條，其五條皆定疆界及所屬人户，並越界捕獵偷盜等事而已。第六條乃云："和好既定，以後一切行旅，有准令往來文票者，許其貿易不禁。"此時原無所謂種種不平等之條文。嗣是而有雍正五年恰克圖之約，雖益詳明，而意仍一貫。通商之事，在約中第四條文，云："按照所議，准其兩國通商。既已通商，其人數仍照原定，不得過二百人，每間三年，進京一次。除兩國通商外，因在兩國交界處所零星貿易者，在色楞額之恰克圖，尼布朝之本地方，擇好地建蓋房屋，情願前往貿易者，准其貿易。周圍牆垣柵子，酌量建造，亦毋庸取稅。均指令由正道行走，倘或繞道，或有往他處貿易者，將其貨物入官。"康熙、雍正時之條約，並無道光以來之所謂失敗，但足以表示漢、唐、宋以來華夷界劃之思想。所謂通商，亦祗恩准彼來，而我並不往。蓋如有往者，方指爲越界之姦，正其通海之罪。遷流所至，今日雖待遇華僑，不復拘捕誅戮，甚且或以其多資肯報效而敬禮之，然養成通商之有來無往，則尚未有改觀者也。

條約開不平等之例，自清道光二十二年始，是爲中英江甯之約。明年定所附之稅則，及善後事宜清冊。凡今所疾首痛心，力求補救之失敗條文，皆起於是。是其間中國失敗之大端，實惟兩種，一爲領事裁判權，一爲協定稅則。協定稅，於通商各國爲有實利，要求改約，誠宜自我發端，而各國則可遲延以難我。領判權乃歷史上之遺物，在清道、咸間固非此不能保障外商，而清廷之輿論，當時亦惟以訂約通商之具體爲辱國，初不以領判權與協定稅爲失策。稅務爲中國所不屑計較，而視外人爲非我族類，亦不願以中國法律治之，故其時之坦然許予，非盡屈於力，實亦一時士大夫所樂於如此也。降至今日，領判權於通商各國爲有實害，而各國竟若未及知之，猶囂囂然與協定稅同視。有以中國收回之說進者，亦以遲迴鄭重，故示其矜貴。殊不知各國苟共保此領判權，相與終古，則我有法權被撓之害。雖竭力改良司法，以相解說，無論軍閥禍國，事實上本不足與有爲。即果程度增高，彼方終可挑剔延宕，我亦無以證明外人受我裁判之必能折服。故如近年法學家之呼號奔走，縱有苦心毅力，孰肯坦然應之。而無如各國間已自呈破裂，則受我審判之帖然折服，可以實驗，而從放棄領判權之條文，大有實獲之利益，可以歆動。此則凡有領判權之國，不久當爽然自失，而爭先求我改約，以收回此領判權，而今方懵然，居爲奇貨。此則如我國俗諺所謂"聰明一世，懵懂一時"者矣。

今在中國之外人，無領判權之白人，倍於有領判權之白人。外人既自知之，而自言之矣。此無領判權之白人，帖然受我審判，事實具在，夫謂我國審判之絕不損害外僑固也。然外僑之帖然而受審判，果因心服我法律之善、牢獄之良、審判官之文明，則非惟外人無此心，即我亦不敢自信。吾不憚作一不自忌諱語，我國之改良司法，乃因有外人來受審判，不得不稍稍講求法律，修飾牢獄，慎選審判官，以撐場面，故不收回領判權，即永不改良司法。既有收回之領判權，乃迫之以不得不改良也。日本以多年改良，輔之以戰勝之聲勢，而後僅得收回。前之法學家，眼光局於東方之己事，其視收回領判權，謂將與日本同轍。而法學家且引此事爲己任，謂改良非彼輩莫能任之，此皆隔靴搔癢之見解。我全國爲世界大顧客之資格，足以起顧主間之競爭，以故顧主之巧者，先自脫於領判權之範圍，以逞其壟斷先登之捷足，是爲領判權破裂之眞因。此中妙諦，惟首先放棄領判權之國喻之。而後來訂約之國，相率從之。惟舊有領判權之國，方一往不返，與我國多數之法學家同其差誤之見。彼方以此難我，我亦以此自難，眞足令明者撫掌竊笑於其旁，而不肯明言道破，以洩其不傳之秘者也。

　　此其事實，因紙幅有限度，非本篇所能罄告，姑俟後日再陳。今先舉一例，以表吾意。十餘年以前之外人傳教，非以爲無國力之保障，不能安全者耶？非以爲無干與政治之勢力，不能助其發達者耶？無歲不有教案，無省不患教案，其所招徠之教徒，大率用教爲護符。在當時教士之所見，以爲如此，而可以風靡於吾國矣。傳教數十年，所得信教者極少，而徒以此賈怨於上流人士、正人君子之林。迨清末學法學者多，乃知政與教截然兩事，遇教士之以非理干我民事者，駁斥不稍貸。於是教徒干政之事少，而教士惟以教之眞理勸人，與在他國之傳教無異。而近年以來，有學問之儒，有資望之商，有身家之學生，率憑其良心之信仰，從教如響。夫教士之傳教，與商民之通商，同一有希望發達之事。教士以干政爲助力，自以爲可以號召，與商民以領判權爲後盾，自以爲有所憑藉，以增其業務之興盛，同一誤會之見。此最粗淺之事理，一言而可悟。先舉以終吾篇。條文事勢，請續竟吾說。

（1924 年 4 月 30 日）

國民對關稅會議應採之方針

催開關稅會議，全國之事也。催開關稅會議而要求二五附加稅，則所謂政府者之事也。人民近日因有公團會議，忽於會議中亦表示催開關稅會議之意見。銀行公會，亦以政府之意見爲意見，其閉會宣言，所謂惟一希望在促成二五附稅，因此一言，大受《字林報》之揶揄。此不可謂外報之阻撓關稅會議，實我公團之未了於國民所處地位也。以銀行公會不能脫離財部之影響，致有與爲表裏之言論。外報所謂此項議論，適發於財政整理會報告發表之後，其中似有關係，可謂洞見癥結之談。發言之不可不慎也如是。《字林報》最扼要之語云："此項附稅，所以爲裁釐地步，並非以整理無抵押債務爲目的。"華盛頓九國會議，規定極其明瞭。此誠我國民不可自行誤認，其取譏於外人患猶小，因此而戕賊我同胞，供軍閥殺人之費，而於中外商民一無所得，則可爲發言者垂涕而道之矣。

查附加稅之名詞，在華盛頓議定九國條約中，原指裁釐後所加至十二五之稅。該條文第二條云："由特別會議，立即設法，以便從速籌備廢除釐金，並履行一九零二年九月五日《中英商約》第八款，一九零三年十月八日《中美條約》第四款、第五款，及一九零三年十月八日《中日附加條約》第一款所開之條件，以期徵收各該條款內所規定之附加稅。"蓋謂一九零二年、一九零三年英、美、日各約，原定於進口正稅加徵一倍半之數，故以值百抽五之外，謂之附加稅。是附加之數，可以至七五。即除去本以抵釐之子口稅，二五猶應加至一倍。況通商口岸銷去，無須完子口稅者，正自不少，所免之子口稅二五決不全占十二五中之二五。而按英、美、日原約，內地土貨之專完釐金者，仍可改辦產銷稅以補之，則裁釐加稅之有益於財政，決非僅收二五附加之比。而使商民免除節節留難之買路錢，則爲外商與本國之商所同願。惟軍閥、官僚不願，乃摘去裁釐加稅之本文，而專注意於華盛頓條約之第三條。在裁撤釐金以前，得由特別會議考量過渡辦法，先加二五附加稅。當時原謂華盛頓會議後三個月內即召集特別會議，故或恐裁釐之手續，不及完備，而思及過渡之辦法。今距該約訂定後已逾二年，試問軍閥、官僚之所謂政府者，曾否有絲毫裁釐之準備？不但無此準備，方且增卡增比，爲億萬年有道之長。然則即此無意於裁釐，又何所謂過渡？過一渡即淨騙得一種二五之附加，大逞其殺人之欲。縱以整理債項爲號召，其是否用之於整理，尚視監督者之能力如何。又況寬其債務之逼迫，即騰出其殺人費用之餘地。處今日而令政府絕不籌備裁釐，白得過渡之二五稅，於政治毫無刷新，於中外商民毫無利益，但於內爭地帶，犧牲同胞之身家性命以殉之，政府可以爲此殘賊。同屬國民，奈何無惻隱之心至此？！

夫我國民之不當於華盛頓條約斷章取義，爲政府應聲之蟲，既如上說。而又謂《字林報》之持論，並非沮撓關稅會議，則就外人之地位而言，何以爲之保證？而吾初非無說也。無抵押債務，日本固爲最鉅，英亦不在少數，共數爲二萬二千二百餘萬元，英亦占二千五百萬元，英人豈無急盼其整理者？該報不以少數英人之利害，作違心之論，已可見其出於公心。且其言曰："北京財政所虧，年約百二十一兆，則雖年增二十五兆之收入，有何裨益？銀行家何不注意，年虧何以至百二十餘兆？負債何以積至七百三十餘兆？外省何以無款解往？中央何以濫發紙幣及低劣之銀銅各幣？北京言已極貧，而冗官之多，駭人聽聞。外人對此，不敢增加附稅，以重商務之阻礙，蓋爲中國人民利益計，不予政府以經濟上之援助，庶促其量入以爲出。"凡此皆吾國民所欲言者，故爲吾國内公團發言計，當云裁釐準備，已經過二年，可以無須有過渡辦法。經過二年，而絕不準備，且反爲增卡增比，以益重釐金之困，則愈寬以過渡之期，愈反於裁釐應取之辦法。自今而後，應請關稅會議中列強注意，非裁釐不可言加稅，準備之期限早過，過渡之辦法斷應取消。須知中國爲世界之市場，乃國民生計舒促之影響，非軍閥官僚殺人痛快與否之關係。軍閥官僚之殺人愈痛快，國民之生計愈促，即世界之市場愈不安。即使換得裁釐，而許其加稅，猶不過得一種政治刷新之代價，而使軍閥官僚仍得取殺人之費於其間，終未達於保全市場之本意。華盛頓會議非以限制軍備爲主要之議案者耶？一九二二年二月一日之限制軍備會議，第五次大會，非通過關於裁減中國軍隊之議決案者耶？今列強之履行華盛頓會議中裁減軍備案者，不已有汰除軍額，鑿沈軍艦者耶？不並此案同時由中國履行，雖裁釐猶未見其可加稅也。

（1924 年 5 月 5 日）

橫濱華僑之永代借地權

　　當今日上海方有反對推廣租界之聲，而在日本橫濱之華僑，又駸駸有喪失永代借地權之懼。日本《民法·物權》中規定此權，發源於收回領事裁判權，取銷租界，而於租界中外國人原有之土地權，改爲永代借地權。其性質，永遠爲外國人所借，與所有權無異。特限制其名義，謂之永代借。又限制其數量，以原有租界以内爲止，以後不更發生。此在日本之收回法權，究含有一種受外人協定之痕跡。説者謂，日本國境狹隘，土地有限，雖許外人雜居，不許其有土地權，以防止其購買國土，又有多數土地入外人之手之危險。又無奈外人於租界有既得之權，不允以他條件收回，乃遷就而創此一種物權。其實即日本法權獨立中之一缺點。華僑特租界中原有地權者之一分子，隨各國僑民之通例，保有此永代借地權。將來吾國内有撤銷租界之事，其對外僑已借之地，作何規定，今尚未可預言。而在日本，則華僑與各國之僑於此事尚無分別。此非僑民之私事，乃中國國家之保有一種門面，未肯公然落後者也。

　　橫濱自震災以後，土地狀態，頗有變更，因有從新登記換發新契之舉。以前華僑之以此永代借地權，有抵押於日本人者，日人乘此索欠，以妨礙其登記給照之事。苟逾限不償，即照債務通例，變價繳還，不足則更追餘數，以此迫收華僑之永代借地權，實即迫收中國之永代借地權耳。在華僑負債而典質其地産，本不能保其永代爲業主之效力。特向時惟華僑間自相讓渡，不歸他國人。今以震災之故，而重煩登記。其現已入日人手者，遂根本動搖，非速償所欠，此權將不可復得。橫濱華僑大約同處窘鄉，祇有同失其永代借地權之憂，並無能代他人承受此權之力。橫濱中國領事，通告華僑：非經領事館證明，不得將永代借地權售與他國人。此即以國界爲範圍，令僑民爲國保存在外一種特權之意。無如僑民爲債務所逼，無可逃免，祇有自請領事證明出售。於是領事呈報外部，請示處分，並傳言有請國內商民共圖扶助之意。此爲今日之現狀。

夫此橫濱華僑之困境，牽動國家僅存之特權。既負日人債項，烏能禁其不相逼索。日人必乘此震災變動登記之時，圖收得此華僑之特權，以彌其國家法權之缺憾。雖祇可施之於華僑，要能對我華僑吐法權之氣，亦可以相形而見華與日國家體面之高下。此其絕無所費，而爲國爭回一種特權，亦惠而不費之愛國行動也。惟其爲數並不甚鉅，不過數十萬元，可解華僑之厄。然以此望諸國內商民，則於理不合。商民以利害爲切己之事，值此百業凋敝，孰能從井救人？且亦絕非能救華僑，華僑之債務，仍爲債務，惟以此國家特權，移轉於自國之資金，不爲日人所脅取。受移轉者，如爲國內商民，何從享有此權而行使之，國家則自有專理僑事之機關，自有爲僑而設之官吏。國內對租界，有國土主權之爭，國外因人成事之租界，所餘變相之土地權，在今日情勢之下，苟猶是人情，必有不忍淪棄之意。即使出資贖自日本債權者之手，於彼僑民無絲毫之益，特免國家之顏面受損耳。則此事豈可望之國內商民哉？國內商民，如能出資而救濟華僑，雖擲多金，亦所不惜。若震災甚創之時，不但謀華僑之救濟，並未嘗不以卹鄰爲本分。若此永代借地權純爲國權，而非僑民之利益，則不能不敬謝不敏矣。政府籌款而設銀公司，收贖此權，以爲抵當，初非虛擲其資本，尚與救災之款不同。使非今日之所謂政府中人，此事不待煩言，早經區畫。乃待如此張揚，如彼告急，甚至欲以善舉乞憐之態度，告募於國民，即銀公司終告成功，已可見軍閥官僚之竊據首都，事無大小，無不剝國民之顏面者。若並虛此領事之呼號，束手不理，則亦軍閥官僚之自棄於國家而已，華僑有何得喪之可言？國民有何利害之可共？惟於領判權期望收回之際，推廣租界，同聲斥絕之時，對此不能不多一感觸耳。

（1924 年 5 月 3 日）

財政整理會辭富居貧者何故

財政整理會發生之初，本以借新債，還舊債，併散債爲整債，找一零債爲目的。果使爲國家騰挪，非爲軍閥騰挪，則以找零之款，用之於裁兵，遞減餉額，遞裁兵數，夫亦豈非正辦？但裁兵決無其事，所倚之軍閥，既無裁兵之正義，可以示人，即亦無從啟借債之口。於是整理財政之初意，已爲根本取消。退一步，乃就華盛頓會議中裁釐加稅之議案，施其羅掘之手腕。裁釐加稅之約，在二十一二年以前，已訂定者英、美、日三國，清季亦希望得此加稅之益，而其觀望裁釐之意，則與今同。但彼時之觀望，爲有説法。德、俄等國未允同訂此約，且每向一國要求訂約，無合諸國作一起改訂之法，非各強國皆允洽，英、美、日又無從責其履行。若必先示以裁釐，而後促其改約，則中間先去釐金入款之大宗，而一時未必得加稅之填補，以故因循以至革命，清廷終未獲裁釐加稅之實惠。迨歐戰以後，歐洲國際，自分爲兩派，德奧派無復把持協定稅之權利，協約國一方，盡在華盛頓會議中。當時九國公議，實行二十年未行之裁釐加稅約，無庸各國各別改訂，取決於一會之中，此亦所謂天然之機會矣。九國協約，於華會閉會後三個月內，由中國定其期日地點，召集各國派員開特別會議，以實行裁釐加稅之事。惟恐此三個月之時期，不及籌備裁釐，則許關稅先加二五，謂之過渡辦法。此約在中國於十一年四月二十九日批准，其時批准者爲徐世昌，而署名之外交總長，即今任整理會長之顏惠慶也。夫豈不知九國協約之本以促我裁釐，而酬我以加稅。然使不成立財政整理會，猶可籠統諉責於財部，以不籌備裁釐之罪坐之。既成立財政整理會，該會又專以催開關稅會議爲惟一之任務，則豈不思此所謂關稅會議，即九國協約中所謂特別會議，特別會議之本指，乃使我實行裁釐加稅者乎？既以整理財政爲名，而求各國履行其裁釐加稅之關稅會議，加稅者各國之事，裁釐者中國之事，中國正在增卡增比，以重釐金之困，而促外人先加稅，知其不可得，乃撇去九國協約裁釐加稅之本文，專要求其所許之過渡辦法。整理會及財部自以爲取巧，無如各國對於華會議案未必如我國國民之健忘，故召外報之責言，謂其拋荒裁釐加稅之本義，此固我國民所應抱愧者也。夫財政整理會，倘以爲二五附稅之過渡辦法，於目前收入，或較裁釐加稅爲合算，則猶有心計之可言。今據該會專門委員部，所研究關稅收入之表册及其說明，則固明明以裁釐加稅之稅額，大於二五加稅之稅額，不止四倍之數。其言曰："海關最近收入，據民國七年至十一年貿易册實數，五年平均總額，計關平銀四千九百零五萬五千兩。從新修進口稅則，切實值百抽五，增關平銀九百七十六萬八千兩。若更照二五附加，應增一千四百三十六萬五千兩。照裁釐加稅所加，應增五千一百九十八萬二千兩。以平均年額四千九百零五萬五千兩合計之，切實值百抽五後，每年得五千八百八十二萬三千兩。二五附加後，每年得七千三百一十八萬八千兩。裁釐加稅後，每年得一萬二千五百一十七萬兩。"然則二五附加所增之一千四百餘萬，仍包入裁釐加稅所增之五千一百餘萬中，裁釐加稅所增，乃在切實值百抽五之稅額以上，共加六千六百餘萬。蓋並二五附加所得而括之，又增益其加得之額之三倍以上也。然則何爲不從外人之本議，逕用裁釐加稅之指，以催開關稅會議，而必爲軍閥保留釐金，犯各國之不韙，以要求二五附加

乎？則又或爲之説曰：就加税一面言，有此鉅數，就裁釐一面
言，或有損失，此亦不可不計。吾請仍以財政整理會之表册説
明證之。其言又曰："常關照約仍可存留，惟停止常税中類似
釐金之部分，擬照約自辦土貨產、銷兩税，即由常關稽徵，並
擬具常關改徵產、銷兩税辦法大綱，公同討論。查農商部第六
次統計報告，僅絲茶、水產、煙、酒、糖及皮革數項，價值即
在六萬萬元以上。合之各種貨物，除當地銷售不計外，每年運
銷内外者，不下十餘萬萬元。其完全運銷國内，得以稽徵者，
姑從少數，以五萬萬元計，產、銷兩税之率，截長補短，平均
合百分之三，全年總可得銀一千五百萬元。況裁釐後，國内物
產逐漸發達，税源既裕，收入自多，前途未可限量。現在五十
里内外及内地邊陸各常關，除京師税關所徵係落地税，照約應
留外，不過年入一千三百萬元。以產銷兩税相抵，必有過之無
不及。"然則應裁之常關收入，已爲有着。設卡所抽之釐，雖未
據該會別有説明，是否占加税所增額中六千六百餘萬内之若干
數，國民當可屈指計之。該會既深明裁釐加税之利，又於裁釐
抵補本已討論產、銷兩税之辦法大綱，今乃專以二五附税爲催
開關税會議之目標，何其辭富居貧，謙讓至此！嗚呼，財政整
理會乃專承軍閥官僚之餘竅者乎？

　　　　　　　　　　　　　　　　　（1924 年 5 月 8 日）

美議會通過中國免付庚子賠款

路透華盛頓電，衆議院以本月六日由二一一票對一一四票，通過中國免續付庚子賠款之議案。此事在美國爲對我無上之盛情，我國民豈能不感其惠。顧我國內所謂握有強權之當事者，其先早對此如餓猾之見魚腥。及聞此電音，撫髀雀躍，作鸕鶿笑，行見醜態畢露。而在我人民，則愧憤憂懼與感戴之念而並集。此不能不揭而出之，以與國內國外共見者也。

二次退還賠款，相傳爲一千五百萬美金元。據外報詳其實況，謂中國人似以此千五百萬美金，已現存美國國庫之內，此實大誤。庚子賠款，原訂爲自一九零二年起，至一九四〇年止，分年分月攤付。從一九一七年十二月份起，參戰期內，約定停付五年。至一九二二年十二月份始，繼續照付。其續付之期，遂延長至一九四五年十二月止。每月應付四萬五千元，共二十三年。加一個月，爲二百七十七個月，共一千二百四十六萬五千美金，是爲從歐戰以後續付之總數。其已付去者，一九二二年十二月至本年四月，不過十七個月，爲有七十六萬五千美金，是爲退還時可得之現款。其餘尚在以後二十一年又八個月內，按月劃收。則目前本非鉅數，以後又爲長期，在我國不肖之軍閥官僚計，則但有一綫之來源，即可指抵作挪後向前之債項。又以美國輿論，對此退還款非常慎重，且稱自柯立芝總統就任，政府、國會皆力持節儉政策，從前揮霍時代，已成過去，非確有效果可收之用款案，極難通過。而財政總長梅郎氏，又爲一完全業務中人，長於綜核，故退還賠款案果得通過，必附有合於業務之切實條件，可以無疑。美人所擬該賠款用途之建議，共有五六種，而以代我導淮爲稱説較久之一種。據美人言，國會退還案成立，美總統必舉出一委員團，考慮何種用途，最有利於中國人民，並由美政府各部選出專家，造成報告。委員會憑此報告，以爲判斷。將來依委員會之判斷，而實行之時，亦即以此等專家監督之。果爾，則吾人民之所謂愧憤憂懼者，或可稍釋。蓋所愧憤，乃我國民能承友邦之善意，而不能手除此從中爲梗之徒。所憂懼，則在此從中爲梗之徒，縱受退還者極嚴重之監督，而終有移花接木之巧思，能騰出他款，爲内爭殺人之用，則無論如何惠我，恐承惠者爲殺我之人，而我民反受其倚伏之禍矣。

　　夫即以導淮而論，今亦尚非第一急務。非謂導淮之非急，有急於導淮者，且非經此根本之解決，恐導淮即爲移花接木之一端。軍閥力爭此任，而立誓不借外款之力，意必自有擘劃，可置勿論。今吾敢以國民第一急難之意，向世界聲言。而其事尤與美國有相關連，大可仗義援手，以符真正最有利於中國人民之旨者，莫如本一九二二年美國華盛頓會議中，二月一日限制軍備會議第五次大會，通過關於裁減中國軍隊議決案。其決議文云：“本會議向中國表示，切望中國政府應舉行迅速暨切實之辦法，以期裁減上開之軍隊與支出。”此所謂上開之軍隊與支出，即本議決文之前提。所云：“參與本會議之各國，深有感於中國公帑上有巨大之支出，因養各處軍隊，其數既濫，而又隸於各省軍人首領，不相統屬。又因中國今日不定之政局，似大半爲繼續養此軍隊所致。又因覺此項軍隊，立即裁減，不惟可促進中國政治統一，與經濟發展之機會，且可速中國財政之恢復。”以上云云，外人洞見我國人民之禍害，而據軍閥之把持，則謂非有大宗款項，按名給餉，不能解散。今以美國善意

退還之款，本中國人民之公意，又本美國擇其最利中國之主
張，倘能行此一事，即中國經濟能力，足以濟後此整理國內之
事，即不能百廢皆興，至時再指生利之事業以舉債，亦自易
易。腹地導淮可，邊地墾荒亦可，大造鐵路，以利交通，而興
發生產，亦無不可。請美國及各國之專家評判之，中國有利之
事，尚有過於此者乎？若以爲中國之軍隊爲中國之內政，希望
裁減爲善意，實行使之裁減，則有干涉之嫌。華會議案，表明
其非干涉，則爲希望之意云爾。加以各國之對於華會裁減軍備
案，動以國際之猜忌，時亦遲延其進行之程度，又有未便刻責
中國之隱情。不知軍隊本爲國防，因國際之猜忌而保留，正是
各國政府之顧念國家，即各國人民之要求政府，爲此保留軍隊
之事，觀其通過軍費之預算可知也。中國承華會之盛情，何從
言國際之猜忌。以全國國民之公意，請美國指此用途，則內政
云云，以全國之公意爲標準耶？抑以全國公敵之軍閥之意爲標
準耶？將來美人所以用善意爲結合者，爲與我永久之主人翁相
結合耶？抑與千夫所指無疾而死之軍閥相結合耶？何爲作此違
反人道之避嫌也。

　　　　　　　　　　　　　　　（1924 年 5 月 10 日）

勞農共産與勞工共産（上）

近日日本報載，俄共産黨來上海集會，日本黨人與焉。若開會不成，則移廣州。此説未知信否，要爲吾人可資以討論之一點。古時計口授田之經制，後世均田限田之學説，在我國非毫無故實者可比。而今世界所謂蘇維埃政府，成立者不止一國，在各國亦爲由理想竟成事實之境地。今惟俄與我鄰，時時有宣傳之影響。贊成反對，在我國民之心理，非有權力者純用壓力所能永久抵拒。夫然而吾國民大有早事商榷之需矣。

蘇維埃者，多數之義也。就吾所見各國之憲法，其以蘇維埃冠國體之首者，惟俄羅斯與匈牙利二國。其止認工兵農爲有國民資格同，而權力之所從出，必從最多數之所在。俄以農立國，匈以工立國，於是有勞農國家與勞工國家之別。所謂共産，孰共之？多數人願共而共之也。農爲多數，當由勞農，工爲多數，當由勞工。所排除者，爲資本制度及中等社會法則。夫資本家之必居少數，是爲一定而不可易。中等社會之亦居少數，則視其國之政治、風俗、智識、習慣，種種積累而異其程度。革命有社會革命、政治革命、種族革命之不同，種族革命爲吾國已行之事，政治革命爲吾國當行之事，社會革命爲學者間主張或不主張之事。革命之大原，出於民不聊生。民不聊生之故，由於社會之相迫壓，非社會革命不可；由於政治之相迫壓，則非政治革命不可。

論中國之多數，必爲農人。無論今之宣傳共産者，本爲勞農之國，即以勞工之匈牙利人，來事宣傳，不能使我工人之數駕乎農人之上，此一定之情狀也。工人又有受僱與不受僱之分，不受僱之工，本無所謂直接之壓迫，受僱之工，又有受大資本主所僱與非大資本主所僱之別。中國大資本家，除軍閥官僚而外，復有何人？軍閥官僚爲政治所產出，非社會所釀成，若以不離乎政治生活之人，反欲鼓弄社會，以逞政治之欲，此必不可得之數也。政治生活之中，無過軍閥、官僚、政客三種。今之官僚、政客非依附軍閥，無所施其身手，則共產主義之國，農與工之間無不利用兵之一種。中國之兵，所應疾首蹙額者，爲竭汗血以供餉之農工耶？抑剝奪餉需以自造大資本家之軍閥耶？兵若聽軍閥之命，軍閥能言社會革命耶？兵若不聽軍閥之命，所願以革命相報復者，當何在耶？兵與農工未能於革命事業中合作，此中國與現代言共產之國，所謂農、工、兵三要素之旨，未免有根本之不同矣。

　　俄國之農工所以造成共產之事實，則又可援以與我相證。俄革命以前，其墾熟之田畝爲三億九千三百萬餘俄畝，止有一億三千八百萬俄畝爲農人所有，是止得三之一。其餘三之二何在？則在皇家，在官僚家，在大地主家，在寺院。凡農人非種自己田畝者，所得生產物極微，爲業主者收鉅額之食糧，輸之國外。故俄國向爲供給世界食糧之國，歲有凶豐，業主之輸出食糧爲常例，固緣政治之關係。然事涉產業，其解決乃成社會問題矣，然非歐戰時期之久，猶未易破裂。業主以輸出食糧爲恒業，維歐戰之困苦，不能自輟其永久之計。至其工人，則更全受歐戰之賜。歐戰時，資本家獲暴利，而工人所入，遠不相副，其物價則隨市場激變而長。據莫斯科附近之產業調查，工人每月平均工值，在歐戰前之一九一三年爲二百十三盧布，一九一四年增至二百二十一盧布，一九一五年至二百五十一盧布。是爲開戰一年，增百分之一，又一年增百分之五，兩年共增百分之六。而七種主要生活品，如吾國所謂柴米油鹽醬醋茶者，開戰一年增百分之二十三，又一年增百分之七十九，合之在一倍以上。乃其資本家之所得，則未戰時獲利爲百分之五或六，開戰一年增至百分之十七五，又一年增百分之三十九七，合之至較其原投資之數，利息爲七分以上。其農如彼，其工如此，烏得不躍躍欲動也。然且又相忍者越二年，乃有一九一七年之舉。

俄究爲農業國，以勞農爲號召之主名，始於得農之贊助而舉事。不及兩年，仍以共產之極端方法，盡收田畝爲國有。不爲農人所願，不得已而違其本旨，有新經濟制度之改革。夫農人以全國地畝三分二不在其手，非收爲國有，不能根本推翻，其始固以此爲快。逮既已爲己所承佃，不及二年，已病業權之不鞏固，而以怠棄之力量，迫共產主義之變遷。在黨人猶向外飾辭，以爲此暫順人情之舉，終必貫澈我黨之宗旨。在農人則信不如此，我不以勞力相餉。新經濟之變化，不患其不變本而加厲，決不虞其復以國有相束縛。此爲列甯未死之前，所已犧牲其主張，而博農人之歡心，以維持其蘇維埃之名義者。

（1924 年 5 月 14 日）

勞農共產與勞工共產（下）

以勞農之國，用共產主義爲宣傳，而我又爲農國，非得農人之同意，萬不能成多數，即永無接近於蘇維埃之望。是首當取決於農夫共產主義，必以打破中等社會爲標的。俄國如是，匈牙利亦如是。若僅推翻資本家，而聽中等社會安居樂業於其間，則哀多益寡，乃治理之至隆，非破壞之事矣。吾國之農，乃眞爲中等社會，佃業相煎之害，舉國無所聞。惟有軍閥弄兵，橫征暴斂，使農人不安於南畝，此政治之應革命，與社會無涉。若今所謂將就而集合共產黨人之上海，則其附近之農，但有少許業田，皆能取饘粥於其間，游惰不事耕稼，其人或有共產之趨向。而共產主義又以勞動爲神聖，與游惰不相容，則農而非游非惰。臨其上者，非有俄之皇室、俄之大地主、俄之世擁多田之官僚、俄之寺院、城市素封之家，視田產爲畏途，間有祖遺業田，納賦則甚重，納租則視佃户之存心。以此之故，農之於社會爲平等，錯居村落之中，間有息借盤取厚利之事，要亦農與農之自相通假，不得爲農之外別有一社會，專以病農爲利也。終歲勤動，衣食必可取給，以視兵之欠餉，官之欠薪，生計或且較舒。故曰中國之農，即中國之中等社會。以排除中等社會爲宣傳，多數之農豈不駭然？

除農以外，必不成多數，但姑以可試其宣傳者言之。或有政客化名工黨，以接受此宣傳者，即亦有眞正工人受其宣傳之影響者。天相中國，有歐洲以後，企業之失敗，有軍閥爲禍，百業之蕭條。工人欲倚賴資本家，而資本家已絕跡。所謂剝削階級，但恨其無剝削之能力。則工在中國爲少數，已不成蘇維埃之同調。而又無產可共，雖與宣傳，效力可知。無已，則求之第三要素，所謂與農工相次之兵。是其上實有剝削階級，且其階級極重，不但剝削，並可以驅之於鋒鏑，威之以誅斬。此中盡力宣傳，自當有效，要亦適成爲政治問題，而社會之所甚願假手者也。共産本社會之變動，而在中國祇能成政治之變動。發源於此，收效於彼，其由來有不同矣。

抑俄之革命，當克倫斯基政府以前，原非共產主義。蓋將以立憲救國，則與清季士大夫標榜憲政者無異。其率爲列甯主義取締者，勞農之所求，與憲政不相應也。當時俄政府，以國際爲不可孤立，不敢與協約國立異，因之不敢宣言休戰。保持武力之政策，擴張領土之威權，勞農以爲救死不暇，而憲政黨把持門面，於是有所謂麵包與和平之呼聲。醞釀復醞釀，乃有一九一七年十一月七日之事。勞農要求廢止戰爭，一切權力歸勞農會。列甯提出有名之平和宣言，其後即據以爲勞農共和國憲法。是時憲法會議未散，勞農所要求，尚不爲憲法會議所採納，多數黨人至以退席相要挾。而漸進漸退，相持十餘日，至是月十九，始由議場衛兵轟散議員，而大權集於勞農會。猶閱兩月，至一九一八年一月二十六日，始正式解散憲法會議。以前瓜分所得之領土，聽其獨立，實行屏棄武力，不以强權轄制領土，俄人厭戰之心始慰。曾幾何時，而又與外蒙訂約，背棄宣言，猶曰防制白黨也。至中俄訂約，而俄使狡展，思啟於外蒙，則是以黨人玩弄勞農。雖瘡痍稍息，勞農於放棄領土，以就和平之心，不復如當時之迫切。究之爲日未久，元氣未復，謂可以武力爲後盾，以翻異前日之主張，必非真正勞農之所許。彼以勞農之旨，向我宣傳，我亦可以勞農工旨，向彼宣傳。特軍閥當道，不顧國事，畏赤化如虎。至今日而俄以宣傳爲利器，欲大行於上海、廣東。果有其事，吾人觀場之興味，恐較歡迎精神文明之詩哲，爲有加也。抑俄人之視廣東，正與中國人之自視，頗復隔膜。三月間，中俄協定之停頓，俄人竟以呼籲於廣東，意在得廣東政府促成之助力。而不知汹汹爲之促成者，乃北方軍閥之吳佩孚，廣東政府則本不承認北京，何從參與其外交之事？今又以共産黨之宣傳，視廣東爲易於容納之地，不知能合多數心理，則六年來已足宣傳，未必合多數心理，則廣東亦不能以少數人包舉社會之名義也。德國講求社會主義數十年，有所謂講壇社會主義，因此乃益不受俄之宣傳，此講明之所以不可少歟。

（1924 年 5 月 15 日）

民國之民與官

華盛頓會議中，美總統所派全權與議者四人：一曰許士，國務卿也；二曰洛治，三曰恩特華特，皆國會議員也；四曰羅脱，前任國務卿也。其條約中簽字之名，八國全權皆署官銜或議員等字於姓名之首，惟美國全權四人，一律皆署爲國民。西方原署爲聯邦之國民（Citizens of the United states），此見於外交部印行之九國會議關於中國之各條約。其時中國與議者三人：一署駐美全權公使施肇基，一署駐英全權公使顧維鈞，一署前司法總長王寵惠。以文理言，美全權在本國，我所派諸人以何原有之任務至彼，或當表明，則前司法總長之銜名，已覺無所取義矣。然此可勿論，法與葡所派亦稱駐使與官職，從其同者可也。然在共和國家，絕不以爲國民之資格，遜於國務卿之尊嚴。國民爲國家之全權代表，遜於國務卿之鄭重，則顯然可信矣。

東西半球兩大民主國，遙遙相對。我嘗以此自壯，即美亦頗以此表其同情。顧中國之不入共和正軌，軍閥紛爭，尚爲一種不相下之事實。近乃有開捐事例發生，則可見官僚之憑軍閥以爲屬者，其爲毫無意識，果出於生人感覺之外。彼殆見獵官之徒，年盛一年，以爲此臭腐之果可以爲神奇。群兒自相鬻販，可使滔滔舉國，財出於國民之手而不吝，官出於軍閥之口而無窮，夢想顛倒，尚願襲勝清亡滅之覆轍而温理之。不知國民中誠有獵官之敗類，然不需成本，可獲民脂民膏之厚利。無恥之衆優爲之，寄生於軍閥、官僚、政客之間，爲走狗，爲輿夫，爲家奴，爲小舅，爲念佛之清客，爲道院之信徒，投間抵隙，擾過涸蟲，軍閥官僚能揮去此衆而非現錢不售乎？捐闕以賣官，自有將本求利之人，捐職以賣官，安有舍現取賒之事？警捐可以勒收，官捐未必可以勒派，程克所同時並舉之兩大政。北京警捐雖無理，而猶有勢力可用。觀其警捐章程，每月應納之捐，月內不繳，罰加一倍，以捐拳警，即以警勒捐，非遭反動之禍，暫時必無如之何。官捐則徒借義賑爲名，借徑於民國九年之"義賑章程"中"獎勵"二字，造此空中樓閣。觀其條文，未能規定若干時不捐委任職，即罰捐薦任職，若干時不捐薦任職，即罰捐簡任職，若干時不捐簡任職，即罰捐特任職，則欲其自動輸將之興，而以貲來。人民雖愚，甯肯出此？

　　義賑之獎勵，在國民視之，以爲國民間自相褒美云爾。軍閥、官僚、總統、總長凡有能助義賑者，我主人翁必不以其爲公僕而少之，加以獎勵，亦固其所。九年尚在徐世昌任內，其義賑獎章之文，謂報由內務部呈請特予優加獎勵，則是以內務部爲呈請之機關，而以爲公僕尚不合法之徐世昌，覥然挾獎勵之柄，已令人作三日惡矣。今之程克，則尤特發巧思，謂"獎勵"二字可附會作簡薦實職而言。又稱憲法中未訂授勳明文，從前各種勳章已不適用，舍簡薦任職外，更無其他獎勵之法，以此爲開實官捐之把柄。想其窮思極想，以爲幹補造化，有天造地設之奇，並於呈文中指明簡薦任職之文。而章程條文，則但修改九年原文"凡捐助一萬元以上者請獎"一語，使化爲五百元以上至二萬五千元以上各級，可以暗中分別委任、薦任、簡任高下不等之價值。而初不見簡、薦、委各字樣，一渾之於特獎、優獎、嘉獎諸名，似並欲使此條文公布於法令之中，竟無清代籌餉事例之刺目。此真由司法部調任內務部之長材，乃有此舞文弄法之妙腕。自我主人翁觀之，則曰小兒之狙詐，不知人之視己，如見肺肝。自程克輩自視，則幾乎神施鬼設之能事矣。

顧於此又可爲吾國民程度之一種試驗，程克定此章程，已呈由軍閥批准，指令稱准如所擬辦理。然則自此日爲始，內務部已爲賣官之市場。若果有一人攜款纍纍，向部庫上兌者，此人之昏憒，即與軍閥官僚相等。豈不見走狗、轎夫、家奴、小舅，不費冤錢而獵官則得官闕，彼乃以爲士、爲農、爲工、爲商所得之資，充作冤錢而捐官，反徒得職名。軍閥官僚今雖作夜半公行之狐鼠，不日有主人翁過問，是否不科以與受同科之罪，既以義賑名義斂錢，是否即賑此軍閥官僚，可列入審計事項之內。明明主人翁有進退總統、國務院之天職，而花錢以充奴才之奴才，是否如勝清之籌餉事例，有與國同休之可恃？能爲走狗、轎夫、家奴、小舅，則何日不可得攫錢之官？不能爲走狗、轎夫、家奴、小舅，則今日雖以官爲贈品，何可以一朝居，而反令其出錢以易不能作之官？吾以爲改革雖未久，人心之官迷雖未盡除，利害之所在，未必其智盡出軍閥、官僚下也。袁世凱、徐世昌、馮國璋之流所不至此，懸此以爲國民之試驗，捐照即精神病之統計傳票也。

（1924 年 5 月 19 日）

今日之收回領判權不適用華府
會議時計劃(一)

　　因收回上海會審公廨一事，而牽及推廣租界之欄言。使團四月十日照會外部，尚有要求改良及發展上海商埠與租界各種希望之實現一語。外部照復，但云不能相提並論，固無不可另行商議，則僅不承認爲收回公廨之交換條件。未嘗如滬人士之意，直由部駁復以重主權也。夫租界之爲租界，領事裁判權爲之保障也。公廨之爲公廨，領事裁判之所在也。收回領判權，則一切葛藤悉斷。外人允我收回領判權，其暫時挾爲奇貨者，不過時日之久暫，有何堅定之效力，而與滬人士生不快之感？此外人狃於數十年來之成見，所謂生乎今之世，反古之道，自我出之，則可謚爲頑痼者也。惟領判權之能否收回，收回之把握何在，能將此問題解決，則公廨也，租界也，皆所謂不成問題者也。

　　近日報載董康之談話，此法學系收回領判權之計劃。其計劃在華盛頓會議時期，是時董任司法部，而前任司法總長王寵惠，則爲與會之全權代表，內外相應，於華會中提此收回領判權之議，并聯帶一實施之計劃。實施之計劃維何？即收回之前提，在改良司法，改良之前提，在有經費。其改良也，擬全國就上海、天津、廣州等處設六廳，謂之模範法院。其經費則取之今日軍閥官僚所虎視眈眈之二五附加稅，擬提其百分之五，每年可得三百萬元。當時經閣議議決，並知照華府會議，爲外交上之根據。董主持於內，以提閣議，王聯絡於外，以知照華會，在法學系不可謂非有心於此事者。顧事過情遷，外人之允予收回，以派員調查司法爲起點。至今各國不派調查員，固無論矣。假使各國而竟派員，而竟來調查司法，我之可以表示改良者何在？若曰改良尚未有費，模範法院，其生命懸於二五附加稅，則二五附加稅又以關稅會議爲起點。至今各國不派員會議，非但不派員而已，並九國協定之關稅條約，亦尚有以不批准爲把持者。此延宕之權在外人，任呼不應。我既無可如何，要其所以任呼不應之機緘，則以我國民無力自去其軍閥官僚之障礙。後此軍閥官僚之下，雖承受華府會議之利益，祇有延長我國之禍害，決不得各友國之實惠，或轉間接受其實禍。此在外人不能不慎重，而我國民亦對國家則應迫切要求，對身家性命則又不免躊躇卻顧。即如二五稅之百分之五，今之軍閥官僚手中，是否尚以民國十年之閣議爲鐵案？若數年前之議案，執政者有繼續奉行之職責，則吾國已成法治國，早可以雄飛於世界，何待日夜向外人求情叨惠，以徼倖其憐而許我。此又故障起於國內，根本不足以對外，尚不似外人之可以呼而冀其或應。軍閥官僚之對待，則惟有"時日曷喪，及汝偕亡"之洪願，可以表示吾民之真意而已矣。

夫此則外人所以一方許我收回領判權，又許我二五附加稅，並許我十二五之稅，而一方則各交滬廨，甚且求展租界爲極端抵觸之行動。外人之表示善意者，尊重此地大物博之大市場。我國民自有此祖遺之無上家業，不能不刮目相待也。外人之逐漸自相矛盾者，懲創此無拳無勇之國民，坐視軍閥官僚之喪失顏面，而徒能以頭髮黨、馬蜂黨擁此倒彼，無一不爲軍閥官僚所呼蹴。若我國民之使命本來如此也者，則又何能承外人之一諾即行也。然則將遂聽之乎？則又不然。若事果別無他望，非如法學系計劃，不能有濟，亦安能不聽其自然。今則情

勢之變化，在世界之天演，非我一國之法學系，所能操其計劃
之柄，亦非我一國之軍閥官僚，所能肆其障礙之惡。在華府會
議時，大勢雖已一定，而形狀未顯。雖善覘國者固未能早知其
至此，此則當時之法學系，所能竭忠盡智於收回領判權者，不
過如董氏所云。事隔二年，國際之實狀大異，領判權在各國間
已破裂不可復合。因勢利導，在我國民其已自放棄領判權者，
我國民當獎借之以歆動其餘，則其餘有領判權者，見其誠有可
欲，雖强授以領判權，令其終古保留，彼亦將百計嚮我收回，
以圖此均沾之利益也。夫此則非法學系所能助我國民，亦非軍
閥官僚所能阻我國民者也，國民謹識之。今之保留領判權者，
以華府會議之九國中，除去中國一國，其餘八國，乃成連雞之
勢。凡不在華會之列者，反有進退之自由。而在會之美、比、
英、法、意、日、荷、葡八國，則於議案中，反訂定各該國之
任何一國，不得直接或間接以中國給予政治上或經濟上，任何
特別讓與，或恩惠，或利益，或免除爲條件，而以放棄領判權
爲單獨之行動者也。故我國民能認明有領判權與無領判權之國
之別，即能操縱此全世界之各國，而使有領判權者自求放棄，
而我故以改良司法進之，非索條件不可。請以次畢吾説。

(1924 年 5 月 22 日)

今日之收回領判權不適用華府
會議時計劃（二）

　　領判權之破裂也，根原於歐戰之協約、非協約兩系。當戰事棘時，性命相搏，尚有何團結之可言？其間亘歲月又甚久，觀於德之化學學會，與英法美各國之化學學會，報告原子之數，俱有不同。蓋學問、經濟、政治、交涉一切國際舊時之團體，皆已劈分兩派。中德締約，德遂與我結對等之約，放棄領判權，取消協定稅。嗣是奧、匈諸國，雖未訂約，而其國人來華，有訟事必就中國審判廳取決。昔之無約國人，恒託有約國領事保護，以享其領判權。惟極無聊之竊盜等罪犯，本爲無約國人，有約國亦不願保護者，則亦驅逐遞解，使至於香港、澳門等地而已，未嘗以中國法律治之。此相沿之自失體統也。吾國人不屑以法律治外人，何嘗由外人所要求，實爲有交涉以來之踞傲根性。亦曰：法者歷代之制作，若彼外人，何足煩我以治國人之法治之。其最初已見於乾隆五十七年《中俄恰克圖市約》，第五款云：“此次通市，一切仍照舊章，已頒行你薩那特衙門矣。兩邊民人交涉事件，如盜賊、人命，各就查驗緝獲罪犯，會同邊界官員審訊明確後，本處屬下人，由本處治罪；你處屬下人，由你處治罪，各行文知照示衆。其盜竊之物，或一倍或幾倍賠償，一切皆照舊例辦理。”此約純爲中國示諭口吻。是年當恰克圖互市兩次失和之後，俄再三籲請，始允立約，由庫倫辦事大臣松筠、普福，及喀爾喀貝子遜都布多爾濟，與俄使包勒斐特議定。時當清室全盛，語氣如此，而領判權之萌芽已具焉。道光二十二年之中英約，所定種種不對等之條文，彼以是求我，正樂以是應，絕非有所吝惜，有所畏憚，不得已而後許之也。

今領判權則既破裂矣，非協約一系之無約國，亦絕不託庇有領判權之協約國領事。訟獄者，不之領事團而之我。所不可解者，我國國民，視有領判權者，與無領判權者，未嘗知有區別，猶若一例以強權畏之，則是彼已破裂，而我猶驅之使合也。夫中國向來之鄙陋，在視外國人為一體，並不知其有國別。道光二十二年之中英約，以焚其鴉片，與戰不勝，締此失敗之約。其時在事諸人，為賢為不肖，為有意賣國與否，當時之議論記載，是否持平，今姑不論。乃事閱二年，道光二十四年五月，美國援例請通商立約。是年十月，法國又來請。此二國本未失和，亦本未絕其互市，不過求訂約，以加一保障耳。五國通商大臣時駐廣州，為粵督耆英，竟以英約所有者悉與之美約，簽於望廈，謂之《望廈條約》，法約簽於黃埔火輪船中，（約文如此）謂之《廣東條約》。後來清外務部頒行官本條約，不載此二約。袁世凱在北洋任時，官修《通商約章成案彙編》，以訂約年月列表，竟以美法之訂約，為始於咸豐八年。官私紀載，及海關所印之中西文原約，二約具在，不知當時耆英與美法訂約，竟未嘗達政府耶？則約文明謂奉大清國大皇帝派為全權，有互換全權文憑等手續，且訂明簽字後，最短時期，須兩國皇帝或總統批准。是時法國尚為帝國，約文締結甚明。謂竟由耆英抄襲英約擅矯皇帝之命而訂之耶？則其交涉之為交涉，荒唐游戲，可云不可思議。要其視外國人為各國即是一國，各國之人即是一人，可許於英者，即任何國人皆可許之，則為中國人之見解，由彼時至今，尚為普通心理而未有大改者也。

此心理苟為不改，則領判權之收回，誠必待法學系之計劃。國際間自行破裂，於我熟視無覩，絶不能收操縱之效矣。夫用法學系之計劃，所謂改良司法，設模範法院六所，設在上海、天津、廣州等處，此皆租界之所在也。收回領判權，即應取消租界，聽外人內地雜居，一切以我國法律治之，能令外人仍就審判於舊日之商埠耶？則租界仍不撤消，於我爲法權仍未獨立，於外人爲雜居反不自由，其不能允我放棄領判權，反成固定之事實。夫豈不曰全國改良司法，更慮無此經費，二五附加稅之百分五，不足以徧給，姑爲此區區，以表示我實有改良之端緒乎？全國改良，以圖收回領判權，當國者果有此實心，豈應待二五附加之稅？馬凱約定於二十餘年以前，斯時即應改良矣。謂清室惟萬事不理而亡國，則革命後應改良矣。即革命後尚日不暇給，華會後已特提此案，且請各國派員來華，察我司法程度，則更無可延緩矣。乃以二五附加稅爲之牽綴，法學系之所能計劃者，止於如此。蓋法學系尚未見其破裂之狀也。破裂以後，其來受審判者，何嘗問我之改良程度若何，亦何有不改良之弊害可見？故收回領判權，今日已與改良司法爲兩事，操縱於有領判權與無領判權之國之間，惟我國民得行之。一涉於政府政治之範圍，即無從施其歧視，蓋此爲純然經濟問題，非政治問題也。法學系而有志於此也，祇可改從國民經濟方面着力。從前計劃，河清難俟，何所用之。其詳更俟續述。

（1924 年 5 月 25 日）

今日之收回領判權不適用華府
會議時計劃(三)

　　國民能分別有領判權之國，與無領判權之國，則相處間天然不能等視。往者以領判權之障礙，凡與外人有法律上之行為，動慮發生交涉。夫人與人相互之間，何事不可為交涉？顧國內人共事，明明亦交涉也，而不以交涉為防戒，何以於外人，則以交涉為慮乎？亦曰外人背後皆挾其國力為盾耳，以故劃之於租界以內，能少與發生關係，發生爭執，則姑亦相安。一涉訴訟之事，無論有無愚弄欺壓，要其便利，恒在外人。是故領判權未破裂以前，華人吞聲忍氣之日，不知凡幾。破裂以後，同一買賣，無領判權之國之商，無國力為之後盾，祇能以尋常商行為相對待。未成交以前，慎於訂約，既成交以後，一以常理行之，與本國人之賣買同。他如僱聘之合同，借欠之契約，無不如是。國民為便利計，與外人間，自後同一賣買，自然先儘無領判權之國之貨，同一僱聘，自然先儘無領判權之國之人，同一借欠，自然先儘無領判權之國之資財物品。不必獎勵，而自然之勢必至於此。

　　不甯惟是，吾國民所爭回領判權，豈非欲使各國僑民之來我國，與我國民之往各國相等，有內地雜居之便利乎？則今之領判權之有無，即內地可否聽其雜居之辨別。吾內地之民，於精神上之學問、技術、經驗種種，於物質上之機械、工作、資本種種，豈無有賴於先進之工商國民，互相提挈之處。昔時以領判權之故，依條約固阻止外人闖入內地，即間有內地事業，

與外人輾轉搆成關係者，亦必爲地方所反對，謂之漢奸，謂之
虎倀。今有無領判權之國，則苟精神上、物質上有可以互助之
處，内地人民何爲不公然與相結合，以締造正當事業乎？無領
判權國人之居住内地，但内地人樂與之居，孰能以其居住爲違
法？無領判權國人之營業内地，但内地人不病其業，孰能以其
營業爲違法？無領判權國人之在内地製造，但内地人願假其能
力以製造，孰能以其製造爲違法？近舉一事，如蘇省舉行紙煙
特稅，英美煙商一面聳其公使抗爭，一面就當地與承商交涉。
謂抗爭之有效無效，別爲一事，未有效以前，英美煙商願照特
稅繳納，但擬直接納稅，直接銷煙，不假舊日經紀之手。承商
則有辭以謝之，謂外人照約不得在内地販賣，外人來内地繳
稅，所不能收受，如來則知照地方官，派巡警保護而已，煙商
無如我何。此在吾鄉親見之事實也。吾國無盡藏之利源，其有
待開發者，多在内地。外人以領判權爲梗，不得内地人之同
情，使無一無領判權者，先踏破此關，猶爲相持之勢。今則不
然，直是吾國民未能辨今之各國，有有領判權與無領判權之
別，對於外人，依然視爲一律，深目高鼻，必一律挾强權以俱
來。此於企業上固有失算，而在收回領判權之不能促進，使有
領判權者反以許我收回爲奇貨，與許我國定稅爲同等，則尤我
國民之自誤也。夫以收回領判權，與改協定稅爲國定稅，乃我
國民所應同時抱定之主張。苟欲取消領判權，以享内地雜居之
益，則必併改協定稅爲國定稅，而後此往彼來，坦然無不平等
之痕跡。即在我國疆域之内，各國僑民，奉法與納稅，亦純然
與内國之民無異。豈非通商之本旨如是乎？商埠已有之外人租
地，河流已有之外人行航，作何歸宿，尚當明定。其相對待之
法權、稅權，則固當一次解決。無論今所示惠之二五附加稅非
法，即裁釐加稅之十二五稅亦非國民永久所當承認。改良稅

法，撤銷惡劣之釐金等，自是我之內政所應爲。而以易十二五之進口稅，則仍是蔑視我國民而以此相豢也。自主之國家，自有應收回之法權、稅權，豈苟焉受各國之相豢而已哉？而吾説則猶未已。

（1924 年 5 月 27 日）

今日之收回領判權不適用華府
會議時計劃（四）

領判權之破裂，今在事實上已有多國。美國人某曾作一上年在華白種人有領判權與無領判權之人口之統計。所謂有領判權者十三國，英、美、法、意、荷、比、巴西、丹麥、挪威、瑞典、西班牙、葡萄牙、墨西哥是也。上年在華人數，止有二萬七千七百八十二。無領判權之德、奧、匈、俄，上年在華人數，乃有六萬九千五百五十三。此外如波維亞、波斯、智利、波蘭、巨哥斯拉夫等國，有約而無領判權明文云云。此說尚有小誤，即如波斯一國，乃訂約時首先明定無領判權者。蓋以條約明定無領判權，當以中波約爲始。是約在民國九年六月一日，波斯遵用回回曆，則爲一千三百三十八年九月十四日，由駐意公使王廣圻，與波斯駐意公使伊薩剛，訂於羅馬。約共七條，第二、第五兩條，定使館及領事之待遇，得照最惠國，而皆聲明領判權爲除外。第四條又定明文云："兩締約國之臣民或人民，在他一締約國游歷或居留時，服從所在國之法律。倘遇有訴訟爭執，犯所有法律上之一切輕重罪案，歸所在國即中國或波斯國法庭審理。"是爲無領判權之明文。夫波斯究與歐美各國有別，以美人誤謂其領判權，乃放棄於無明文間，與智利等相類者，故揭之如此。至歐洲列國之放棄領判權，自當以民國十年五月中德協約爲始。

德爲歐洲戰敗之國，其國勢固不足言。然其締約一反以前所爲，非真憚我參戰之武力，實爲利我銷貨之大市場。此一念，乃通商各國之所同也。當戰後巴黎會議時，德與交戰各國訂約，中國專使陸徵祥，懾於留法之僑民學生，不敢簽字。安福派方當國，主持簽字於內，駐外各使如汪榮寶等，鼓吹簽字於外，方謂各國締和，而中國獨否，此後中德間將永爲交戰狀態，無時可有消弭之機會。危言聳聽，若持之有故者。幸而爲學生等所持，乃保留數事，得待至華府會議中，再承友邦之善意。至對德交戰狀態，德自向我求單獨媾和，以結束之。我之所以得此者，皆我祖遺地大物博之基業，自有動人之資格，決非畏段祺瑞之參戰，亦非諒陸徵祥等之銳意言和也。中德協約亦止七條，一遣使，二設領，五聲明本約爲將來正約根據，六聲明訂約所用文字，七批准效力，皆非實質條文。惟其第三、第四兩條，正爲訂明法權、稅權相互平等之兩事。此項約文，將來可爲各國改約之先例，非如此不爲外交之進步。法權與稅權當使之同時獨立，若先收回領判權，正恐國定稅不易爭得耳。

　　德約第三條云："此國人民在彼國境內，得遵照所在地法律章程之規定，有游歷、居留及經營商務或工業之權利。惟以第三國人民所能游歷、居留，及經營商務或工業之處爲限。"此即內地雜居之明文，無藉乎租界。而特設一第三國所能爲限制，其意固謂國內有防禁之地，止本國人可往者，則不許外人往彼游歷、居留或營工商業也。而在我國又一方面言，亦可云有他國人能到，德國人乃可到。然則無領判權之國，已多相提相挈，互爲第三國，自成內地雜居之事實。要之，文字不足推敲，外人惟有恪守我國法律之真相，自得我國人之容許。容許此無領判權國人，即開示彼有領判權國人。此國民之籌備收回領判權之第一要點也。

　　又前條之第二項云："兩國人民於生命以及財産方面，均在所在地法庭管轄之下。"此又申明無領判權之極度，即重至奪其生命之刑，皆由我國法庭處理。是其誠心願內地雜居之故，乃有此約法，使其國僑華之民絕無瞻顧之餘地，迫之使服從我國法律，以取得內地雜居之信用也。德人何畏乎中國？正其實利主義，自願如此。當時未聞若中俄協定，費當事者之爭持也。夫俄之爭持焦點，集於外蒙，則亦為實利主義。中國人往往有舍實利而徇虛文者，觀總統之選舉，可以出重價而購一甕中作鱉之左計，可以知之。外人之辦交涉，大概無此蠢才也。

又前條之第三項云："兩國人民應遵守所在國之法律，其應納之稅捐、租賦，不得超過所在國本國人民所納之數。"此尤為準備內地雜居之要着。其所謂稅法平等，乃下條所規定，與此無涉。此條所言，乃雜居以後，無論何項雜稅、地租、公益捐、通過稅，無不照我國民應納之數完納。即如裁釐，乃我國自動之刷新，德人則入我內地，即服從我稅法，國民所可納，德人無不可納。以此知其處心積慮之雜居我國內地，自有大欲存焉，絕非當時議約之中國特派全權顏惠慶其人本意之所能料也。夫謂德人之有大欲，有不利於我耶？則絕對無此事也。德人惟覺悟其以後立國之方針，惟有實業競爭之一途，毅然出此，首先買我世界大市場之信心也。而我之收回法權，則實自德人啟之。國民當知德人之待我國，真所謂實利主義。英美等國，猶以遲延其領判權為脅我之具，乃偏於政治而昧於經濟也。推證此義，為紙幅所限，尚當贅吾説於後一篇也。

（1924 年 5 月 29 日）

今日之收回領判權不適用華府
會議時計劃（五）

領判權與國定稅，相對待之事也。收回領判權，外人有內地雜居之利。收回國定稅之權，則爲外人拋棄其非分之利。德人惟知其爲相互之事，故中德協約之第三條，所以使我收回領判權者既如彼。而其第四條，則使我收回國定稅權，其規定又可得而言也。該約第四條云："兩締約國約明關稅稅則等事項，完全由各該國之內部法令規定。惟兩國間或他國所產未製或已製之貨物，所應繳納進口、出口或通過之稅，不得超過本國人民所納之稅率。"此條所定，吾向已言之。惟首二句，爲純粹之國定稅，以下則又不無限制。蓋限制兩國間，不能因抵制對方一國之貨，特定高於本國同等貨之稅。然此爲對等之規定，且我國待外人最恕，彼能與我國民認納稅一律之義務，即亦不復多求。又其條文明定進口、出口以外，有通過之稅，則釐金常關，凡國人所可納者，彼亦無不可納，此與放棄領判權以易得內地雜居之旨，爲相輔而行之事。裁釐與否，吾國內斷不能長此昏霾，軍閥官僚之末日，國民自有刷新之機會。德人固不必代我要求，以遲其內地雜居之欲望也。

知德人坦然訂約之意，即應知領判權之收回，我爲政治上之利，彼爲經濟上之利。世界進步，經濟之計劃愈密，政治之拘泥愈微。以我國與各國較，各國爭商利，我國爭官體，我政治而彼經濟，爲我弱彼強之根原。以各國與德國較，德國圖實利，各國徇虛文，各國政治而德國經濟，必爲德國合算、各國不合算之影響。又以法權與稅權較，法權爲政治之事，稅權爲經濟之事，若收回法權，而我視爲政治之勝利，彼視爲經濟之勝利，同時不並將稅權收回，是仍爲我之失敗也。若法學系之計劃即使有效，亦正爲國造政治之勝利，而貽經濟之失敗。失敗在政治易挽，失敗在經濟難圖，故我國民不當視收回領判權爲利益。在我當視開放內地雜居爲利益，在彼而以無領判權得內地雜居之利益，不能聽其平空得此，必以改爲國定稅爲交換之條件，而後彼此平均。今之運動方法，國民決不當倚賴法學系，當倚賴地大物博之基業，以獎勵無領判權者，以歆動有領判權者，使其自然就範。

國民有此決心，又當引伸一義。凡通商之國，其改訂之約，非從中德協約之原則，即亦無從與以無領判權之待遇。即如波斯約，固明明無領判權矣。然未嘗認我國定稅，我豈能允以內地雜居乎？彼以訴訟事件，固與我國人受同一法庭之管轄。然至納稅，即與我國人不同，我國人又何能認爲內地之住民，講比閭族黨之誼？有如釐金，我國民何嘗不急欲其裁撤，然未裁撤以前，國民不能倖逃，而外人獨能邀免，即萬無雜居之理。乃至雜居以後，所應擔負之地方自治捐稅，亦斷不能以外人之資格而可抗議。能如德約，則其人可以爲我國之住民，不能如德約，雖取消領事裁判權，未能許其內地之共同也。此非徒謂改約時條件宜然，按之事實，亦必宜爾。自今以後，賣買、僱聘、借欠之事，果日趨於無領判權國之人，內地之居住、營業、製造，果日增法權、稅權一律平等之國之人，則各國之改約在即矣。故實行督促改約，在我國民之經濟手腕，必不在法學系之政治手腕。由今之道，法學系求之愈切，有領判權者挾之愈堅，方且把持滬廨，方且要求推廣租界，甚至有領判權國人，大言不慙，謂我非三十年以後，不配談收回領判權。此或謂軍閥官僚之爲國取辱，而言不知吾國民之事，何預於軍閥官僚？經濟之行動，原在政治之外，其未能截然脫離政治者，則以不由政治方法訂定，即亦無所遵守耳。今國民奈何與法學系同一目光，轉仗法學系爲之呼籲，用無把握之呼籲，與用有把握之操縱，孰得孰失，願我國民熟權之。

（1924 年 5 月 31 日）

中俄協定之簽字

中俄協定停頓以來，四十餘日，今仍簽定。所爭三點，均有眉目。路透電中，謂衆咸稱此舉爲顧維鈞外交之勝利。此所謂"衆"，皆指北京人士。夫京人士如果有此口吻，則我國人之所愧也。外交勝利之名詞，多近於小説描畫，論其實際，止有失敗，斷無勝利。假如實力已占必勝，則約文所得之勝利，乃應得之結果。如協約戰勝，對德允和，嚴酷如彼，而世無以"勝利"二字評協約國之外交家，直以爲可以如是，而苟不如是，當正外交家失敗之罪。若云勝利，則由戰勝之日定之，決不在外交時也。吾國爲各國所爭願通商，俄惟以恢復邦交爲利，故來商締約。締約不成，邦交無由恢復，絶非來商締約之本意。此其恢復邦交之可以獲利，孰利之？豈顧維鈞能利之耶？將取利於我之地大物博之國家，即儌利於我國之主人翁。我國之主人翁，何以恒能利及鄰國？則恃此祖遺之基業，有此基業，庇此國民，偶然寄職責於承辦外交之顧維鈞，而使三月十四日以後停頓之尚有效果。相形而見，其未爲失敗，此今日之事實也。

惟於情理以外，佔有便宜，乃爲勝利。"勝利"二字，在個人爲非分，在國家亦爲失體。日本對我之外交，最喜勝利，愚弄我軍閥，搆煽我黨派，二十一條之密約，參戰借約之大慾，徐世昌登極經費之取償，無往不求勝利。論其最終之因果，果爲勝利與否，尚未可定。而彼之外交家，當其每一施展手腕之時，固未嘗不自以爲得一勝利也。吾以爲外交家而沾沾好言勝

利，即非正當之人物。國民而以勝利期望外交當局，即非正大
之國民。天下有勝利之教育，有勝利之實業，有勝利之政治，
有勝利之軍事，有勝利之形勢，有勝利之機會，憑藉此種種勝
利，以形成條約上之外交，則雖勝利而非勝利。若所憑藉者，
皆與勝利相反，則形成失敗之條約，然亦決不能以失敗歸咎於
外交。若德於戰敗之後割地賠款，屈辱忍受，論者決不謂其外
交之失敗，仍當責其拔山蓋世之雄主，刻意求勝利而不得，以
致反墮於失敗，而貽其累於外交也。若我有當得之分，故意放
棄，以召外侮，則可謂之失敗。如其分而爭，當其分而止，則
不失敗之說也，或少失敗之說也。故曰謂顧維鈞此次交涉，爲
勝利者國人之所愧也。

　　抑前日之爭協定三點，本應爭者也。而國論頗復不一，吾
固嘗以顧維鈞之爭此爲非謬舉矣。然論者頗疑其爲津、保之派
別，倒彼擁此之作用，雖日久有以明其不然。然至今日，吾轉
不能不惜顧維鈞有外交少失敗之才，而處津、保鷹犬之間，擁
此倒彼嫌疑之地，與王正廷爲一丘之貉，論事實有彼善於此之
微別，論出處則皆下流歸惡，自外於正人君子之林。故今日之
時論，不以是揚顧維鈞，亦不以是抑王正廷，此所謂三代直道
之民，是非自在人心，不以一節之高下，掩其同爲附羶逐臭之
罪也。而路透電謂，京人士已稱顧維鈞爲勝利，豈南北眼光之
不同，京人士果不及京以外之識力耶？抑外人傳之非其真耶？
此當俟後日證明之矣。

　　抑中俄之協定，非若中德之協約，可以恢復邦交爲告一段
落，而正約不妨姑付浮沉也。中德之關鍵，在邦交之復不復，
中俄之關鍵，地則犬牙相錯，事即支節橫生。外蒙之水深火
熱，不能不救，唐努烏梁海科布多部落之孤寙悠忽，不能不警
醒，中東鐵路之不能不收回，松黑航權之不能不釐正。而在俄

則以恢復邦交爲所欲已遂，一切轇轕，承我萬惡之軍閥放棄在先，延宕一日，即保留一日之非分利益，滋長一日之意外變化。故速定正約，爲我之所有事，而彼之所不必需，則邦交未恢復之先，不患其不就我範圍。如初停頓時之言龐事雜，責難紛起，絕不足爲顧維鈞慮。邦交既恢復之後，則爲我求童蒙，非復童蒙求我。國人應責難之時，正當在彼，而不在此。顧維鈞能保其終不失敗之度，亦當在後，而不在前。蓋自協定簽字，而中俄之外交方開始耳。

若夫派兵入蒙，則又非顧維鈞一身之事。俄之撤兵問題，可提議於議正約時。我之派兵於我國外蒙境内，則與中俄議約無涉。我既有兵駐蒙，俄之撤兵問題，乃不成問題。我竟無兵入蒙，則即有議定撤兵期日之正約，又有何用？俄使已云：世未見有無官無兵，無人過問之國土。自今而後，猶此旨也，我不過問，烏能禁他人問之？吳佩孚於協定未修正時，迭電促簽，諒亦誤聽人言，尚非有屏棄外蒙之本意。一經提醒，即亦不復有辭，可知其業已了解。然收蒙之應派兵，已不俟今日協定之簽字，而軍閥互相推諉，一無動靜，迨協定且簽字矣，籌蒙之策安在？以吳佩孚之好包攬，與馮玉祥之有職責，其爲功罪，國人拭目觀之。

（1924 年 6 月 4 日）

精神文明之歧點

近日自印度太戈爾來華，提倡精神文明，反對物質文明，尊之者平空稱之爲聖爲哲，藐之者視彼印人，初無所容其毀譽，而以作印人之先容者，爲逆潮流。學界演説，往往指以爲戒。此其故，吾願有以兩持之。

原精神文明之説，所以彌漫於世者，歐戰爲其導機，而非以歐戰爲物質文明之具體禍害也。物質文明之演進，新發明壓倒舊發明，良器械驅逐窳器械，大資本併吞小資本，於是截然有階級之别。物質文明所以供人類之享用，而實際能享用者，必以物質易物質。挾有資本之物質，以購取發明與器械之物質，而使從事發明者知識之精神、運轉器械者勞動之精神，皆爲物質之奴隷。數十年來，物質有文明，精神無文明，精神雖有文明，不能不屈伏於物質之下。於是因階級而起鬬爭，其鬬爭將各操所長。具有精神者，不仰求於物質，而自制勝，則馬克思主義興焉。此多數之所謂精神文明者也。

歐美之資本家，實已成爲階級，實已享用物質，而極其文明之致。物質愈演愈進，文明愈進愈高，能享用者，因愈兼併而愈少，不平於其享用者，因愈兼併則愈多。鼓吹精神文明之學説愈有力，崇拜精神文明之學説者愈一往而不返。滔天之勢，其始資本階級猶以物質遏之。歐戰以還，燎原之燄已不可縅邇，則亦自悔其純恃物質之足以肇禍。其有公心者，謂物極必反，資本將退處於無權，而享用之物質，乃在在皆成危機，不如草昧未盡開闢之坦蕩自適。至其未盡出以公心者，則亦知精神文明之不可抑遏，而特假未有物質以前之精神，與物質太盛以後之精神，兩兩相混，而揚彼以抑此，此資本階級所提倡之精神文明。試觀其處理之事實，同一對付印度，甘地則物質太盛以後之精神文明也，乃牢獄以錮之；太戈爾則未有物質以前之精神文明也，乃封爵以榮之。資本階級之威，權在歐美，未墜於地，則歡迎此生今反古之精神文明家，自必藉以自鳴其厭倦物質，愛尚精神。以詩意言之，正所謂裝點山林，附庸風雅者也。詩也者，又最宜於風雲月露，奚落一切世事而以超然鳴。一詩人招搖過市，旗亭之羅拜，團扇之圖形，正不必爲聖爲哲也。少陵野老，其得流俗之傾倒者，必不如張承吉、陸魯望一流。（團扇家家畫放翁，陸魯望詩。宋陸務觀以此自號。）至多不過爲東坡老人，扁舟半臂，被看殺於毘陵道上，正以其非聖非哲，而始有此興會耳。

　　吾國當資本階級尚未成形之日，名爲民主，純然歐洲中古封建割據之局。有斯密亞丹之學說，而後資本主義，革封建割據之命。封建割據之世，財閥之命，懸於軍閥之手，愛之則鄧通予以銅山，惡之則石崇戮於東市。自資本階級之革命，不出代議士者不納稅，以金錢操政府之死生。英之巴力門，所以有無上之勢力也。試證以吾國之事，欲成財閥，能脫離軍閥否？並無鄧通、石崇之能力，必由軍閥予以計部之名號，僅能操縱內債，以佔先於國民之投機，承攬外債，以嫁禍於國民之分擔。其人數既太少，其護符又太脆，衹能視爲封建階級之弄兒，烏能推爲資本階級之豪族。若夫有封殖資本之奢望者，無法律爲後盾，無學識爲先驅，一閧之市，如蜉蝣之朝生暮死，求資本家之產生，而未可遽言。打破資本，而用精神文明相威脅，歐戰中之希望享用物質者，今已獨留精神，堪與新人物較其文明之程度。故精神文明，在歐美爲包舉物質文明之兩端，在我則就未有物質之精神文明言，乃不知有漢，無論魏晉，桃源洞天之理想；就物質太盛之精神文明言，乃見彈而思鴞炙，見卵而求時夜，莊生所謂太早計者也。

　　然則吾國將不足言精神文明乎？是又不然。吾國之幸運，事事處他國之後，而能取他國成敗，一一作先事之鑒。馬克思，德人也。社會學盛於德國，以德皇累代之雄傑，德相俾思麥輩之沈毅，於學術中盛倡社會學而不以爲嫌。歐戰之禍，德之所被者，較甚於俄。其當變革之際者，與俄一轍。而俄以轉受於德之學說，風靡於其國，德以本國大師之說，而至今仍爲政與學取爲法鑒之用，不至湯湯洪水，一決而舉國爲魚，此學子講明之效也。故倡新文化者是也，尊信新文化者亦是也。以本倡新文化之人，而忽受歐美資本階級之蒙，取彼所借用又一端之精神文明而盲從之，則以耳爲目之過也。冬烘學究，所在皆是，撐腸拄腹，皆此精神文明，何勞聖哲降臨，開此神秘？而彼詩人遭非其際，慧光震旦，比於敗興之催租，亦小小風流之果報矣。

　　　　　　　　　　　　　　　　（1924 年 6 月 6 日）

中俄通好後之政治與經濟（一）

俄一九一七年之革命，爲政治與經濟同時並起之革命。世間惟經濟革命，事最繁重，將從全國民之間，徹底更改，是之謂大亂。政治革命次之，變易政治之重心，其居政治之重心者，固爲少數。最輕簡者爲種族之革命，但由被征服之地位，脱出羈絆，即本未嘗讎視向來之征服者，此吾國之已事也。吾國本圖以政治與種族同時解決，而豈知得一失一，反令政治之積穢宿垢，少一最高威力，爲稍稍振刷之用。論政體，將移從前之威力，於代彼君主而行主權之所謂民主，民不能人人行使主權，寄其職於所選舉之代議士。此代議士，乃純用其勢惡土豪之舊本領，媚官剥民，過錢説事，國民授以無上之威權。議員僅挾其最下之慾望，以取求於公僕，馴之則如家雞，依依肘腋之下以求食；忤之則如猘狗，猖猖籬落之外以示威。豈真國中人性與人殊，未亂而求治，其勢不順，今方藉手於軍閥官僚、政客議員，造成一可撥之亂，而後得返之於正也？

俄之爲國，一革命即造大亂，亂而後思治。謂今已日趨於治矣乎，未可知也。經濟之根本翻覆，欲其一朝奠定，乃痴人説夢之事。以前積累而成者，歷千百年，今將以一旦夕變置之，非惟吾輩不信，全世界皆不信也。特視其秩序已過急變之一境，此後爲東倒西扶，補瘡剜肉之時代。而挾其廣大之國土，多量之銷費，足爲世界行李往來百貨貿轉之一要點，決不能互相閉拒，以損人而先自損，此爲今日國際爭相承認之所由來。吾國與俄壤地相接，更不能逃此公例。今既於恢復邦交告一段落矣，其與我相接觸相形容者，在在皆是，姑先從政治一端，爲吾發論之起點。

今之政治，舉世皆以君主之制爲在淘汰之列，無不傾向於民主，而俄則獨以拋棄民主之制，爲其立國之第一點。列甯從馬克思舊說之中，截取其容或可有之一舉例，以爲欲達民主政治，或先經過無產階級之獨裁爲作過渡。在馬克思本爲縱論之所波及，而列甯即拾爲妙義之得自天成。夫治大國若烹小鮮，我先哲已言之。但有一宗旨，而事權屬之，即無不可立一統治之法。列甯於馬克思學說，斷章取義，猶儒家悟尊德性一語而成陸王，道問學一語而衍程朱。佛家割裂華嚴而創淨土，分教分宗分派，無一不出於中土古德之詮釋。反之象教本旨，則今所流布於印度，旁逮於接壤之暹羅、緬甸及我封內之西藏。凡佛法之真面目，蓋已百無一似，而決不能謂道學門戶之非儒、中土宗傳之非佛，起孔子、釋迦而問之，不愕然訝其多途，即莞爾喜其善化。列甯之於馬克思學說，則猶是也。而世界所標舉之民主政體，獨間歇於最新立國之蘇俄。袁世凱聘古德諸爲政體之商榷，將以顛覆民主，因其爲退一步之帝制，蔡松坡等數人得起而倒之。列甯附會馬克思爲政體之創造，居然閣置民主，因其爲進一步之勞農專制，全世界不得不屈己以承認之。此吾國所應加以研究者也。

列甯以爲今世之民主國，特以地方爲選舉之區畫，便自以爲普其民治矣。此在農國，不過爲地痞所壟斷，在工商國，不過爲資本家所指揮。選舉即不出民意，政治又何必徒冒民權？不如由民之最遠於閭閻官僚者，獨操政柄，雖非全民，而要能盡剷閭閻官僚之故習，由是以勞農爲國體之名，勞農不能人人參政，則納之於勞農會，而隱以提倡勞農宗旨之共產黨人總持之，此以黨救國之說也。國會謂之全俄勞農大會，會員由全國府縣鄉各自治級之勞農會及各工場推舉之，絕不用無記名投票之制。所推議員，並無任期，一年止開會二次。所推出之本機關，或不滿於該議員，或別有需用該議員之事，則隨時皆可指名召回，易人出席。此世傳憲法中，惟俄國有撤回議員之條文者也。其實俄議員之來路不同，猶之銀行公會聯合會之代表，非固定之員耳。議員中互選二百人，爲中央執行委員會，此猶昔年諮議局之常駐議員。委員長則代表全國，當他國之總統。執行委員中，又互指定十九人爲人民委員會，其十八人民委員當十八部之總長，其一委員長當內閣總理。列甯即任人民委員長者。由憲法言之，執行委員及人民委員皆由勞農大會會員而出，即原推舉之機關，皆有撤消權。然俄政治爲共產黨所獨專，黨魁即此委員中數首領，實際並不集權於原推舉之機關，則憲法其形式也。吾國選舉之弊，與議員之毒，亦已甚矣。此所可研究者一也。

（1924 年 6 月 9 日）

中俄通好後之政治與經濟（二）

　　俄之經濟革命，所用方法，不足爲訓。而其革命以後之政治組織，則可以令人猛省而深思。非惟於我國有大鑒也，全世界之政體，不能無發生影響之處。觀其憲法，半爲極無理之破壞，而其半則爲極鮮明之組織。玆先言其組織第一步之選舉。俄以極端專制之國，根本推翻以後，能將官治痕跡，掃蕩淨盡。各級政治，皆發生於勞農會。勞農會由農村及工場所推舉，有定額之代表而成，是爲議事機關。由勞農會中互推出執行委員，成執行委員會，是爲行政機關。其級數在地方者分三級，約當我之省、縣、鄉，而其上則有州與國之名。國居各州之上，即聯合國之總樞。然其統轄之權，殊有限制，蓋已化單一國爲聯邦。觀其組織中央機關，與組織各州機關同，皆由鄉、縣、省各勞農會各推代表，以成中央及各州集合之體。然州勞農會初不推代表赴中央勞農會，州機關由州以內之省、縣、鄉組成，國機關由全國之省、縣、鄉組成。州之於國，戴一憲法，以劃分其事權，初不參預其組織，則除舉舉數大端外，國固未嘗舉州之內政而干涉之。在世界聯邦國，由各邦人民舉議員爲國會之下院，由各邦政府舉議員爲國會之上院，是其政府與人民之間未泯階級，故各自舉出代表，以保其權利。俄已奉勞農爲一尊，更無所謂政府，止有勞農所委之執行委員，其本身更無特殊之權利。以故本爲聯邦，而不分國會爲兩院。由是言之，我國尚爲單一國，又爲民主國，別無階級存其間，而反設參議院，以爲無意識之模倣。此國會組織，即由議員所定，議員多爭一機關，即多一盤踞之場所。世界自無更多於兩院以上之國會，若有之，則院數最多者，必爲中國。三宮六院，未足以畢之。多宮而後多總統，多院而後多議員，何謂根本大法，不過此麵包問題。世界孰不以麵包問題而革命，但世界麵包之革命，以人民削除宮院，中華未盡爲麵包而革命，麵包問題反熾於革命以後之因利而乘便，宜其以宮院蠶食人民，此可爲正負之適相反矣。

俄之議員，其來歷不出於各個人之自由選舉，而出各級團體之機關推舉。惟其由機關所推擇，機關存在，即原推擇者之意思，永久保留。其憲法所以定撤消議員之明文，若世界各國用無記名之選舉，名爲予選舉者之自由，實予被選舉者以隱匿。使有人不信任議員，而主張撤消議員，得云我本非爾所使命，亦非爲爾代表。苟非人民能舉行全選舉區之總表示，不足以糾正選舉之非人，且即糾正選舉之非人，亦可云此非法定之集合。至多能暴露前次選舉人之過失，不能束縛被選舉人，使不頑抗也。人民之制裁議員，惟德國有全國總投票解散議院之規定，其事繁重難行，令各地分別撤換，乃較善制裁之策。然非用機關選舉之法，無由實行。即此一點，應佩俄人立法之善。吾國參議院議員大多數出於省議會所選，似亦機關選舉之萌芽。然有多數之不由機關所選之眾議員，已無由獨撤參議員而成矛盾之現象。且省議會即與國會合轍，其議員之來歷，與民意本相背馳。今世談政治學者，皆知分地選舉，普選與不普選，皆爲混亂之取材。吾向所舉職業政治，由職業教育，養職業人材，辦職業選舉，組職業之主管機關，庶成將來國家建設之本意。此非吾一人之私言也，美人有施罷戈者，亦因俄之新標本，痛陳得失，所著《布爾什維主義之心理》一書暢發斯旨。布爾什維者，日本人所譯爲“過激”二字者也。施氏之言曰：政

治愈進化，愈與經濟密合，現由地方代表制之政府，愈顯其枘
鑿之不相容。議院中之代表，縱在各地方爲德望素孚，人人仰
戴，一入議政之壇坫，今日鐵道，明日礦山，後日工場，又後
日商務，不由專門知識，何以決議？政府爲一無事事之政府，
儘可用地方代表制，溝通各地方之情誼。若以政務爲國與民之
所賴，則地方代表，何適於用？美國以法律家爲萬能，眾議院
中現有二百六十席屬之，超過全數之大半。法律家遂能代表一
切職業乎？律師之爲物，不過善於社交，長於口給，所操職
業，最能與政治之活動並行，他職業所不及耳。施氏之言，大
略如此。吾國革命之初，選舉之弊未甚，選舉人之眼光，似亦
以取法律知識爲標準，今則並無此觀念。而美爲民治之模範
國，所指摘者如彼，則固於俄之選舉法有大觸發於其中矣。吾
爲此故，不能以布爾什維之故，守金人三緘之銘。（往在京師，
或以“布爾什維黨”命屬對，余戲以“金人三緘銘”對之。）竊以爲
普及於各職業，而不專注勞農，即是緩和赤化之要義。而地方
代表之僞民治，在我民智太不齊之國，行之尤無弊不有，則略
與俄之程度相類者也。

（1924 年 6 月 12 日）

德發債票案之民意

國民反對德債票案之論點，分為兩事，一為太便宜德國，二為徒供軍閥內爭之用。此二事當分別觀之。在北京方面，政府、國會皆國民所吐棄之物。但不以人廢言，則如張我華之議案，於此應反對之兩點，雖不盡符民意，亦頗有見到處，與他人模糊影響者不同。如能以此拘束政府，猶為國民養此蠱毒，使自相攻噬之本意。特如張我華者，尚為少數，恐卒為頭髮、馬蜂所勝，而無如其何。吾不能不特伸國民判斷之力矣。國民於便宜德人一點，反對較輕。參戰一事，在我國本為投機事業。當時國論之沸騰，正義派之抵抗，歷歷在目。未幾勝敗之勢曉然，然後爭相附和。逮取得國際之利益，主戰者居以為奇功。然凡爾塞議約時，主張簽字者，即此參戰派。如果不為僑民學生所阻，則利益安在？故參戰者已功罪相消矣。今復斤斤於賠款之多少，吾以為多少之比較，對德可恕，以賠款應參戰損失之用，無論多少，應用於國民參戰之負擔，則國民所當嚴重主張者也。夫對德何以可恕？今日國際間，中國所最喪失顏面者，豈非領判權與協定稅乎？此兩事所已完全解除者，惟德與俄。德之在華商務，能與各國競爭，能利用其無領判權之地位，以占取我國民之好感。而使有領判權之國商務，相形見絀，則直接為促進收回領判權，間接並為促進取消協定稅。此吾前日既痛陳之矣。故便宜德人，論參戰之始事，猶祇心理上之空言，論國際之將來，乃有舍魚而取熊掌之實利。此為國民所能權其輕重者。

其於此案取得之九百萬元，則用途應大半同意於張我華之所論。夫謂根據凡爾塞和約二百四十四條後之附件，載明賠償問題，陸海軍費不在其內。此德人用以搪塞我，冀減輕款額之辭。張我華謂我於凡爾塞約未簽，無受拘束於該約之義務，此說是也，但對德之說也。至對我國民，則參戰之負擔，必從參戰後所取得者爲償還之用。即使簽字於凡爾塞之約，亦不能以對外之束縛，而移動此負擔之性質也。且不惟國民可如此主張而已，國民損失所不能以私人清理者，固當取償於此。即參戰借款之債權人，亦舍此無款目確當之抵品。吾以爲日本亦可出而主張之。國民於參戰借款，終須清理，不就此分一部分填還之，更復何待？有監督政府之責者，不主張其以確當之款償固定之債，又復何所用其主張？此又國民所當了解者。

張我華舉現欠日本之參戰借款軍械借款五六千萬元，本息無着，並及其編制、訓練、解散、收束等費，約其數爲何止一萬萬以上？此皆對德索賠之立言。其於事實，則參戰報銷，爲靳雲鵬、潘復之黑幕，審計院縮頸而不敢過問，國會過問而不理。張紹曾、劉恩源時代，已用此演過陸軍部失火之一幕。此編制、訓練之不可究詰者也。直皖一戰，參戰軍自然消滅，邊防營因以潰散，致外蒙至今無可收拾。則又解散、收束已歸軍閥內爭，國民加以地方之塗炭，生計之凋喪，而爲之歸結矣。今惟就債務之存在者，令其以收抵付，則張我華所舉之日本借款五六千萬是也。泰平公司軍械借款，第一次日金一千八百七十一萬六千四百二十一元十九錢，第二次日金一千三百三十六萬五千一百二十六元八十三錢，此見於財政部內外債表中。參戰借款，日金二千萬亦在其列。而在日本大藏省所發表，則泰平公司借款猶不預焉。日政府之以無抵品債款誘我國內搗亂者，則有七款。交通銀行也，電信也，森林、金鑛也，吉會路也，滿蒙四路也，高徐順濟路也，此六款雖無擔保品，猶有主借之事業。惟參戰借款，則既無他項擔保，不於參戰所得之賠款取之，又將焉取？故此次取得之德債票款，日本而不提起參戰債之取償，吾國民應認爲日人之過惡，自行放棄，以後吾國不復負償還之義務，此國民所應主張者一也。

參戰中商民之損失，德人抗議，亦以爲兩國人民間債務，應由人民自行清理，此亦其減輕賠款額之一法。據政府發表德商所欠中國人民債務，約三千萬元。張我華謂德人回國從軍以後，死亡或破產而不復東來，則政府之承諾，德人即宣告國民此項債權之天然消滅。慷他人之慨，代國民一筆勾消，德國則代其國民爭戰前之債權，吾國則代國民勾消債權，此爲理之所必無。今宜由商民自行聲明，有如張我華之說，索債而不得其主名者，即於取得之德賠款中，與參戰債款均平分配。今日先就取得之九百萬，予以確當之用途，免軍閥之挾以殺我。至參戰債與商民被德人所欠之債，不敷甚鉅之數，則尚有第二期應收德賠款之善後借款利息半數，計五十三萬八千五百三十鎊；第三期應收之善後債票，全部三百五十九萬零八百鎊；及其餘半數利息，五十三萬八千五百三十鎊，合計四百十二萬九千三百三十鎊。又有清理德僑業產之半數，協定作現款四百萬元。此皆參戰債權及參戰損失商民所應得，國民所應主張者又一也。

（1924 年 6 月 15 日）

中俄通好後之政治與經濟（三）

　　農國不應發生共產問題，若美之大農制，尚有資本主與勞工之區別。小農村落之習慣，以人力有餘之家，就人力不足之傭。受傭者非定緣無產，傭者亦非以資本役使他人，蓋出於友助之風與有無相通之義。俄爲農國，工商之進步甚緩。據其國統計，在一八六三年，都市人口占全國人口百分之十，至一九一二年，五十年間不過增至百分之十四。是年英國統計，都市人口占全國人口百分之七十六。此其比率，何可並論？然英於戰後不過工黨較爲發舒，工潮較爲繁數，其去無產階級獨專之程度尚遠，俄乃以農民屬行共產。考俄之經濟狀況，惟農民乃必需共產，亦惟俄之農民其產久已相共。特向來農與農共產，以牽連受有產階級之壓迫，其根原非一旦夕之故也。俄當一八六一年以前，業農者皆爲農奴，土地既歸大地主所有，耕者附屬於土地。法律不准移居，而准地主操生殺農奴之柄。俄皇亞歷山大三世，始解放此農奴之制。當其未解放以前，地主不能直接徵租，令農奴自集團體，謂之密爾，亦可譯之爲村會，以爲地主之徵發機關。斯時農奴之自命，尚以爲其身體爲地主所有，而土地則爲已有，永永承佃，決不無故奪之也。自解放農奴之後，生命不操之地主，而密爾之制猶存，移居之禁未弛，人口增加，而田祗此數，密爾得取各家之田而均之。其全國三分二之土田原屬地主，所解放者，不過不爲奴而爲佃。其三分一之屬於農民者，乃仍受密爾之鈐束。執業並不確定，改業又不許自由，此爲吾國經濟中意想不到之事。若云共產，此時已早共之，農民未嘗一日有不共之產，故根本推翻地主，又根本推翻密爾，皆爲人情所極順。而共產黨之學說，使產業皆歸國有，人民執勞動於國家，在俄國之民，業工者爲資本家之工，與爲國有工場之工固無區別，即業農者受國家之支配，與受業主及密爾之支配亦有何殊異乎？而適可使受田之額加多，業主與密爾束縛之苦盡弛，是安得不歸之如水就下也。逮事稍定，即所受分配者，不肯復還之國家，若必不令執業，則以懶惰不力耕相報，不得已而有新經濟之名。暫認已分配者爲民有，而取其皇室及貴族僧寺等鉅產，一時分配不盡者，組爲國有農場，定勞工待遇等法，以示寬大，而作宣傳之資料。其實田苟爲農所私有，好勞好逸，各有自由，烏能限以日程，尅其鐘點，以爲之削足而適履乎？故今之醉心於俄事，而亟提民生問題者，亦未嘗辨俄之立法，乃爲國立農場、國立工場，而設其私家之農、私家之工，本不准傭役他人而不自操作，則安得有大農之制與大工廠，而待國家強制之法，爲之規定。故歐美之勞動法，由勞動者所爭得，而適用於工廠，未嘗舉私家僱約而干涉之。吾國未畢業之憲法，其民生章草案，多有涉及工廠以外者，則由得之於俄國，而未究其所由來也。此經濟之不可不研究者又一也。

　　夫俄之工業未爲發達，而歐戰以還，資本家之獲利，與勞動者受物價驟昂之害，則與歐美無異，且多有歐美人在俄爲資本家，以乘時傲利者。是亦助成俄之革命，不可謂世界資本家不與有力。其農民以軍事調發之繁，交通益覺不便，農產無流通之路，乏食者坐待餓斃，壅積之處，則爲資本家輸出外國，以博戰時之厚值，處此情勢，在有力者以此爲天與之機會，絕無人顧及溝壑之呻吟，舉國愁痛之聲。在俄未解放農奴以前，猶注重於政治之不良。至一九一七年之變，則人民痛心於經濟之壓迫，不爲經濟革命而不得矣。然其動機，猶發生於議會，初革命者，仍係憲政黨人。列甯之流，當克倫斯基執政以前，仍爲亡命之逋客。蓋人民始猶望革命之結果，仍爲政治之改革，不自意爲社會徹底之變動也。克倫斯基之失敗，而後列甯等復返。美社會黨著《布爾什維主義》，深惜社會主義之不能平流而進，有此俄國之大禍，乃協約國辜負此克倫斯基政府。蓋克倫斯基以革命告協約國，協約國絕不諒其社會之不能不有改革，而祇狐疑於革命黨人。雖告以仍守協約，仍參戰役，猶不蒙協約之承認。是時人民已厭戰，克倫斯基不能宣布休戰，以徇協約國之情，已爲俄民所不滿，更不能得協約之承認，則是協約國必以俄之革命爲罪，而將助其皇室以復仇矣。夫使俄之皇室復興，則俄民之所大懼也。列甯於是因全國之兇懼，擠克倫斯基而踣之，與德國單獨媾和，爲罷兵息民之舉。凡所號令，有不渙然如響斯應者乎？協約國爲德所綴，固無如俄何。俄之有所憑藉而興，識者以爲協約之自以機會相奉。夫而後宣傳之患，深中於英、法、美等國。列甯破壞之緣得之天，其建設之力，則不可謂非出之自己，否則暴徒之最令人不忍道者耳。

　　　　　　　　　　　　　　（1924 年 6 月 19 日）

帝國主義

　　近日言論家，以帝國主義各大罪，發源於俄國之宣言，有所謂反帝國主義云者。乃至北京賄選機關亦有宣言，自命爲反帝國主義，以責難世界各國。夫各國之恃強不合公理，誠可非難。然此是否即爲對我之帝國主義，我國是否即可承認其爲以帝國主義對我，是當原帝國之名義所由來，與俄人所謂放棄帝國主義之意義，爲之一討論焉。

　　英吉利，本王國也。自兼印度，乃對印度則稱帝，於是謂之大英帝國。其後凡國有屬地者，皆謂之帝國。日本以兼琉球、朝鮮之故，亦曰日本帝國。我國在未革命前，則稱大清帝國。在世界以此見稱，非以我國其時之有皇帝也。正以當時各國稱我已設行省之地，爲中國本部，而蒙、藏等處爲藩屬，有合於世界帝國之體例，故以帝國名之。自五族共和以來，約法規定，憲法草案承之，由五族代表共同制定，合爲一體，無藩部之名稱。蓋今之中華民國，已非帝國，非謂其政體之爲民主也。國內不以區域爲階級，五族人民皆有公民權，皆有被選爲議員及總統之權。猶之俄之蘇維埃聯合國憲法上，不以俄羅斯共和國爲一尊，不以烏克蘭以下各共和國爲屬地，故以反帝國主義之蘇俄，未嘗不聯合諸族而成一國也。

　　若其以主義言，俄當厭戰而革命之後，波蘭、芬蘭次第分裂。蘇聯宣言，此後爲平等民族自願之結合，各國亦可自由退出，亦可自由加入。蓋已厭倦於力征經營之事，深斥從前帝國時代主義之非。初立國時之《勞動群衆宣言》第三章，專表示此反帝國主義其一條，云："此次大戰，陷世界於殺人流血之慘。
而其起因，厥在資本之財政政策，與帝國主義。本會議表示決
心，拯起世界人群，以自拔於此兩主義。故對於現在蘇維埃所
採密約公表之政策，對壘敵軍之農工交歡政策，以革命達到非
合併，非賠償與民族自決之議和政策，完全贊同。"其二條爲反
資本主義，無庸贅述。其三條爲反帝國主義，文云："本會議
對於現在人民委員宣告波蘭獨立，撤退波斯軍隊，與夫允許亞
米尼自治之政策，完全贊成。"此在俄國，所反者爲己國以前之
帝國主義，言外或亦不以世界之帝國爲然。然不云己國受他國
帝國主義之待遇，謂他國以屬地待我，與我之不願爲他國屬地
云云也。

　　若夫世界已成帝國之國，其國中思想最新之黨派，決不以
反對資本主義之故，並欲自毀其既得之殖民地。其最分明者，
英國國會，近日正討論帝國優待之案，其宗旨爲屬地之貨物，
若無花果、葡萄乾之類，可於輸入英本土時免稅，他國同種類
之物輸入時，則不予免稅之利。所謂帝國優待云者，即優待其
屬地之謂。此案據昨日路透電，已被否決。工黨執政之國，並
無放棄屬地之意。即俄人亦以反其前政府之所爲，又方盡力於
摧陷其社會，無暇拘束其因亂脫退之部族，以故爲是宣言。若
其瘡痍已復，國力已充，俄之爲俄，正未可覩。而吾國又已經
五族共和，國體正如大聯合之共和蘇俄，與世界列國之有帝國
規模者大異。則由我國民而自稱爲反帝國，對國內爲無的放
矢，對國外則又非國人所應言。若以他國之對我非理，爲帝國
主義，他國尚未之敢承，豈我國民反承其爲將以屬地視我耶？
至斥各國之未放其帝國主義者爲罪，則各國有殖民地者，將緣
世界有一俄國，世界有一中俄之協定，原有之殖民地，皆應拋
棄，不拋棄即爲罪惡。即爲我與俄既訂協定之後，必合力而與

之相反，此吾之所不能索解者矣。

　　又或以國內武人之紛爭，亦誤謂爲帝國主義。吾國自淸中葉以後，祇有日蹙其國之勢，久無帝國主義可言。惟其屢次割讓之所餘，猶有本部與藩屬之別，故在當時，尚稱爲帝國。迨入民國，約法一泯其界限，五族同合爲一共和國，從此無帝國之痕跡，更何暇發生帝國主義，於內爭不息之時。夫軍閥擅權，以黷武自喜，在理應恢張其國，使爲帝國。其於世界，爲功爲罪，乃別一義，要爲軍閥本色應爾。吾國則不然，肘腋之間，日夜自相吞噬，所犯者乃內亂之罪，國民有力，固當執刑律以處之，與帝國主義何涉？且約法以來，規定之國土，規定之五族中一部分，如外蒙之守備專責，亦坐視而不能理，曠官失職，正是蹙國主義、亡國主義，徒以其敢犯內亂罪名，乃以帝國主義褒之。吾國有帝國主義者，古稱秦皇漢武，後則唐太宗，最盛則元太祖，淸一代康、雍、乾三世，尚有可稱，皆史册所謂光榮之事。而前世之反其主義者，大約以宋儒爲持此一家之說，牛僧孺棄維州，逆悉怛謀於吐蕃而誅之，與李德裕搆黨同伐異之釁，宋儒或有袒牛而抑李者，一時之國論，未足以定是非。十餘年前之軍國民主義，及今有此反動，固亦受世界戰禍之影響。然帝國主義之云，終未可循其名而不思其義論者，以爲何如？

（1924 年 6 月 22 日）

領判權與滬廨（上）

國民爭國家之主權，自應爭收回領事裁判權。論者以此事未必旦夕收效，姑但就其近者易者爲目前紓患之計，先爭收回滬廨。自頃以來，議論多矣。吾以爲僅據情理以爲要求滬廨之未易收回，乃與領判權等，至煩多所解釋，並若慮國民之名爭收回，而實借公廨爲護符，有暗助外人之反對者，此説非也。國民方爭收回領判權，甯有反願保留公廨之理？以此立説，益生外國律師之心，以爲中國人尚待作此解釋，而後免其阻撓，可知收回公廨，非中國人全體之公意，而於領判權之延不抛棄，益有辭矣。此項解釋，決非國民所敢承也。若云純正之外商，決不反對收回公廨，理論則是，而苦無法證明其實。然外商對於不交還公廨，固無所利，然未見目前之害，則何必不姑徇本國人之意，默不表示其不反對之真情。又況外商間亦未必不利有公廨，以濟其營業上之慣例乎？縱外商非人人如此，要決無人首昌言其不如此。語云“臟腑而能語，醫師面如土”，今所謂純正外商亦然。純正外商而能語，主張不交還公廨者，面如土矣，然必不可得也。是何也？外商於不交還公廨即無利，未見其有害也，於是有操縱之説焉。今之論者則云，公廨苟不收回，從大理院前定條例，可使法庭不認其判決爲有效果，如此是華人之訴訟，當事者多一永不結案之累，於不交還公廨者無損也。若云彼爲道德計，不交還公廨，已爲非理，更因此重華人當事者之累，心何能安，因此蹙然而順我要求之旨，是視外國人皆高尚無私念之人物也。此又吾輩意志薄弱之人所不敢信者也。吾以爲政治道德之抵抗，決非有益，經濟利益之操縱，乃能見效。從經濟利益間，求操縱之策，則又非爲收回領判權，作徹底之解決，不用此割雞之牛刀。蓋操縱之所由來，以領判權之天然破裂，領判權既破裂，我國民可分別其無領判權者，以待遇國内工商之道待遇之；其有領判權者，則以待外國工商之道待遇之。此吾所謂促進領判權之收回者也。夫外人之思保持其領判權，今亦知業已破裂，而姑用無聊之逆勢，以延其反照之回光，蓋灼然矣。智利之領判權，智利人放棄之，而領團反維持之者，不過冀破裂之罅較窄，多留少許之有領判權團體，以免於孤露耳。領團所以能代智利主張有領判權者，謂其約中無撤消領判權之明文，而智利領事之受證書於北京外部時，已不自主張其有領判權。數月之前，外報載美國人紀上年外僑有無領判權國人之統計，早以智利入無領判權之列。此其無聊之逆勢一也。俄使館之交涉，以我國通好之國之使，受我國所授之館，而使團起而反抗，此不過欲促俄使直接向使團爭執，使團得以約束之説進。所進約束，不過以俄爲無領判權，懼其利用無領判之資格，受我之優待，而欲先事防範之也。俄使擯不之顧，彼以主國所認爲駐使，豈以東交民巷一館舍爲輕重？此其無聊之逆勢二也。抑外人今日之態度，自以爲能延長其管理公廨之月日，不知實促其求撤領判權之月日也。吾所言經濟利益之操縱，國民何以不即實行？是有在我國民自身之故，亦有在無領判權之國之故。國民自身，以提倡國貨爲有利，不肯遽認無領判權之國之貨亦爲國貨，此在我之故也。無領判權之國，如德本可乘我反抗領判權之機會，而彼之商民初亦不喻其原立約之人之深意，對待我國民，儼然挾其向日外國天驕之面目。最近又如柏林之搜查華僑漏稅，非理虐待國民，雖欲獎其無領判權，而無所用其善意，此在彼之故也。是故今日我國之民與有領判權之國、無領判權之國，三方皆渾渾噩噩之時代也。

（1924 年 6 月 28 日）

領判權與滬廨（下）

　　僅就收回滬廨而論，使團允收回民事，而不允收回刑事。從《洋涇浜章程》，如姚公鶴所云廢止刑訊時，已有遷變。公鶴熟精公廨沿革，其説自可信。蓋在未廢止刑訊前，刑事亦已由領事會審，此則慣例所沿，其實《洋涇浜章程》原文並無必經會審明文也。該章程第一條："一，遴委同知一員，專住洋涇浜，管理各國租地界内錢債、鬭毆、竊盜、詞訟各案。立一公館，置備枷杖以下刑具，並設飯歇。凡有華民控告華民，及洋商控告華民，無論錢債與交易各事，均准其提訊定斷，並照中國常例審訊，並准其將華民刑訊管押，及發落枷杖以下罪名。"此條文中之公館，即今所謂公廨。所舉民事、刑事皆准提訊定斷，乃指公廨有此權，所設華洋同知有此責耳，未嘗分別會審與否也。第二條云："一，凡遇案件牽涉，洋人必應到案者，必須領事官會同委員審問，或派洋官會審。若案情衹係中國人，並無洋人在内，即聽中國委員自行訊斷。各國領事官毋庸干預。"此條乃將華人與華人訴訟毋庸領事干預，劃清界限，自並民刑事而言之，何嘗有刑事本由會審之意味。公鶴所云廢止刑訊時，將"枷杖以下罪名"字樣，改爲"徒五年以下罪名"，此未知當中國例由正印官詳請臬司審轉，由督撫酌定奏咨，應仍由上海縣審斷詳辦；倘有命案，亦歸上海縣相驗，委員不得擅專。據此文，則徒罪明爲公廨所不得審斷，公廨所能審斷之枷杖，自在徒罪以外之下級刑程度。若從新刑律，爲拘留懲役，可以罰金爲代之違警罪也。廢止刑訊時，何至以枷杖當徒五年。徒五年，在徒刑中，較之舊律，當在流罪以上。蓋舊律徒罪最重，不過三年，烏可以原章所不准受理之最輕徒刑，而忽以最重徒刑所不及者換予之。原文以上海縣爲公廨之上級審判，即今之地方廳，爲公廨之上級審判。租界捕房爲地方所屬之巡警區，公廨爲地方廳所屬之警區分審判所，系統本自分明。當時所較含混者，不過公廨委員，明定爲同知官職。其實際，清代視佐貳職權，皆在正印官之下。其名分，同知乃府佐貳，論官制乃在知縣之上。設當時以縣佐貳之丞簿及巡典雜職，視便擇材而加委，則公廨性質尤分明矣。今之言收回者，於民、刑事兩歧之説，自不能承認何者爲民事，何者爲刑事，頗可以空言爲解釋，以權限爲爭執。且兩造中若有一造以公廨受理爲便，不難使民事變爲刑事。錢債也，而加一駡詈鬭毆，即入刑事範圍矣。非駡詈鬭毆，而律師於當事人詞色間決定之，亦不難闌入駡詈鬭毆之範圍矣。是名爲收回民事，實際乃一無所收回也。惟兩造皆不屑就公廨投訴者，乃歸地方廳。夫果兩造不屑投訴，公廨本不能受理，租界居民有如此愛重國權，領判權收回久矣，何但滬廨？故此次收回滬廨，固不能聽外人之保留刑事案，且不能忽略《洋涇浜章程》而僅憑慣例，以刑事漫許會審。果爲華人與華人之訴訟，當從原章，不論民、刑事，皆由華委員訊斷，毋庸領事干預。而委員訊斷刑事之權限，尤必以《違警律》爲範圍，不得侵地方廳職權。故收回革命時放棄之公廨，又必矯正革命前廢弛章程之公廨。《洋涇浜設官會審章程》原有條約性質，後來廢弛之弊，不足爲憑。各界爭收回滬廨，外人應急順衆情，使復《洋涇浜章程》之舊，則於領判權之收回，可使主張者其氣稍平，而其事稍緩。否則激而自悟，豈以不派司法調查員，不承認中國司法改良所能遏止乎？夫中國之於通商，本爲漏卮，不通商於本國，有益無損，原料萬無過賸之懼，工藝品萬無缺乏之慮。我欲拒人通商，照約有所不許。有某國甘心不與我通商，則他國之所禱祀求之而不得者，我之土貨，決無定須售之某國之事。非如日本之抵制美國工律，一計算利害不能不廢然而返。萬國熟貨恃我爲銷場，原料亦頗恃我爲產地，一言通商，皆非我求童蒙，盡屬童蒙求我。此我國民之所以爭存於世界，而與軍閥官僚之造惡，渺無地位進退之關係者也。

（1924 年 6 月 29 日）

國民對德國之搜查漏稅華僑

報載柏林華僑，因商品漏稅，爲德關吏搜查，任意沒收凌虐，經學生會等交涉，始將沒收德貨退還。而學生會要求德政府懲辦關吏，並向我使館謝罪，此項要求，未知德政府照辦與否。抑吾以爲德人固甚謬，吾國人之所以待遇德國者，亦殊不中事理也。夫通商以條約爲準，徵稅以法律爲憑，華僑入德，所攜商品，不似舶來之物，皆成大宗包件，爲稅則所明定，以故入口時報關估價，標準模糊。迨其出售時價格，與報關估計時不同，遂目爲漏稅，此可謂無理之尤。估價之不公，責在關吏，即有漏越，亦責在入國時之詰察，不能追問已入國之華僑，此以普通法律言也。若中德之條約，則於商稅有明定矣。協約第四條：“兩締約國證明關稅稅則等事項，完全由各該國之內部法令規定。惟兩國間或他國所產未製或已製之貨物，所應繳納進口、出口或通過之稅，不得超過所在國本國人民所納之稅率。”此條文爲中德兩國商民所應根據，以爲通商之保障者。德商之在華已脫出從前各國協定稅則之範圍，華商之在德亦早非昔日由彼所在國單方任意取締之可比。中德間之通商，僑德與僑華之商，貿易之額孰多，贏利之數孰鉅？德人之待遇華僑，縱盡免其商稅，但能取得對等之報酬，必爲全德國人所禱祀以求之者。反之，則我以德所待我華僑者待德商，任指其一二人、一二物施其報復，德商務即大感困難。今德人之苛待華僑者，蓋可舉矣。華僑在柏林以浙江青田人爲多，餘間有江西人，合計不過百數十人。所設雜貨鋪，不過三處，餘則攜一皮包，沿門兜售，亦有轉販德貨，不過利便居户起見。其真爲華貨者，又不過茶葉、骨器等零星小品。五月二十二日，柏林稅吏至中國人住所，盡收華人商品，退還德國所產外，餘悉拘置關署，不給收據，而指爲漏稅。華人或以報關單呈驗，被拒不理。此爲何等行徑？在他國爲之，可爲蠻野不法，然猶有强權爲後盾，特自外於人道而已。德人則自棄其來華逐利之僑商，不恤擲鉅萬之利益，以易毫釐之快意，豈非喪心病狂，不自知其地位者？雖然人必自侮，然後人侮之，非謂華僑之儉陋，不足起柏林人之尊敬也。吾國朝野上下，自十年五月二十日中德訂約以後，於對等條約應取之態度，除領判權已收回之外，對於商稅，曾否過問？既已取得國定稅之權，而不行使，是使不與我訂平等之約者，益保留其强權，而無所顧忌也。無怪其日夜求開一關稅會議而不得也。中德兩國之間，在德直可放棄對華之商稅，以易德商在華之優待，在我則或爲關稅，有外債羈絆之故，不能放棄一部分，以生抗爭之支節。但就現在稅收額内，應與德人定兩締約國商民互利之方法，使各國在華競利之商，有所歆羨，即有所忌憚，是爲自今以後交涉之原則。我之敢於無條件爭回領判權，以各國領判權已自破裂，此說吾既屢言之，當知以後之收回國定稅權，亦緣協定稅之弊，各國間早已破裂。今從條約爲據，對德貨某種加稅，某種免稅，但無礙關稅收入原額，皆可不問德人而自定之，其不欲礙稅額者，非爲德人爲債務之指抵耳。德人對我華僑，而不示好感，則我召回此百數十人，對德商一律加稅，分所加得之稅之少許，以養此百數十在德之華僑，不患其不給也。不此之務，而要求其退還，要求其服禮，是非惟放棄國權，亦實貽害德國。其貽害德國奈何？德政府既於中德協約取得在華通商特殊之地位，而爲其關吏等無意識之徒隨便破壞，不惟在德國境内之關吏爲然，即在華之僑商亦往往忘其所以，自取主國之憎惡，皆我不自伸其主權之所害也。吾所親見某公司用工程司爲德人，有事與内地人民接觸，内地人民不易了解時，德人輒悻悻欲動其蠻性。一日謂其通譯某君云：我係外國人，何所憚於此輩，非兇毆不足洩憤，雖犯人命，諒無奈我外國人何。某君不應，轉語我云：此輩可憐，經國内敗亡之痛，國際訂定之約，而尚醉生夢死，忘其生當何世也。夫此普通傲慢之天性，吾以爲一二德僑不足責。德政府不能以等於法律之條約性質，訓示其國民，而剖析其利害，以使之益趨於有利之途，是有任其過者。而我國民不以條約互利之道，照約整理，坐使舉國昏然，並德人亦相將入夢，豈非我之害德耶？中德約第三條，對於游歷居留及經營商務或工業，猶有第三國所能到之處之限制。此“第三國”之解釋，在他國以爲指普通各國而言，在德國應指爲德國以外任何一國而言。今俄約已訂矣，俄即德之第三國，德即俄之第三國，但能得我國民之諒解，則游歷、居留及經營商務或工業，德與俄皆有特殊之權利。所患者，我國民不諒解，即國際間本無不嫉視之，德、俄斷不能獨執條文爲利器。夫欲我國民諒解，爲極不易驟得之事，而德人乃猶自戕其獲有諒解之萌蘖。德人不足責，吾但責吾國民之不恤主權，而並以害彼之長夢不醒矣。鼠目寸光，世界同是一丘之貉，孰謂德人之程度較我爲高耶？！

（1924 年 7 月 3 日）

俄使館交涉之興味

歐美之所謂列强，列强之所謂外交手腕，至今日而底裏畢露矣。夫其所露之底裏，果有扼要制勝之道，能使中俄不能不屈己以相從，則雖抉破顏面，縱不使人心服，猶能使人心畏。今試問中俄復交，爲復通商遣使邊境延袤萬里之交耶？抑爲復東交民巷數十丈地段之交耶？俄使在中國進行通好事宜，保護俄人通商之利益，不入東交民巷，即無法施行耶？俄人在中國將與全國人民接觸耶？抑與東交民巷爲望衡對宇，專享下鄰之樂耶？夫列强之以使館爲要挾，不過不欲交還中國以予俄，而欲俄使直接要求，以遂其提出交換之條件。交換之條件不過援照德國之例，雖與我訂對等之約，而由列强約束德國，不許照約實行，必隨諸國之後，取齊一之步調。拋棄領判權，猶無大害於列强，然已日久而恨其羅網之抉穿，又況稅法平等由兩締約國間自行伸縮，可以求互利之道，而不必問之列强，此列强所大懼也。然德國則果帖然受此約束而不敢一掙扎者，非在華有所畏，非列强所能愚，彼蓋在歐之未能脫離協約國羈勒，生命方操於人手，不能不隱忍以有待也。俄人本非協約之戰敗國，又其國勢背負冰洋，無論何國，祇能接觸其一隅，無可攻之勢。即用經濟封鎖之策，冰洋固助其封鎖，然非合中國共行之，則全歐封鎖，不但無損於俄，適以驅魚於淵，縱雀於叢而已。俄而不與我復交，隨時可受歐洲各國挾制，一與我復交而已不可制，從此列强於對俄承認，業已勢不能緩。故俄之對我求好，乃天然之形勢。取得對等之條約，而不求加，此我國平恕待人之習慣，乃反使顧維鈞、王正廷之流攘臂爭功而相軋。王、顧不足責，此我國民之恥也。顧我國民，亦有以得俄之與我平等爲奇幸者，此則壓於積重之勢，觀列強之狃於故步而不知返，可知人類之目光其短視正相等也。雖然論目光終是外人較我爲銳，英之國會已提起此質問矣，此上月三十日之事也。不觀露透社三十日之倫敦電乎？是日之晚，下院詰問，駐華俄使加拉亨曾宣言中國任用何法，以廢除各國條約上之特殊權利者，俄必扶助之，英政府何以待此？英相則以保持現狀，暫不注意加使宣言爲答。加使此言，我尚未聞，而英已聞之。夫加非以愛我而發此言也，正以威脅列強而不得不出此。抑豈但俄應出此，列強亦何能不出乎此？苟世界各國非盡如德人之命懸人手，必有爭此先着，以圖自利者。英相之留戀現狀，正人類共同之惰性，明知之而猶爲最後之觀望，諺所謂“不到黃河心不死”也。且如駐使升格一事，俄欲改駐使爲大使，各國或取一律照升爲抵制，或取一律不許升格。若中國獨許俄升，則各使願退出團體爲抵制，此又無聊之甚者也。因俄與我復交，而各國從此絕交，未知挾何籌策，用何等珠算或筆算，以計算此利害之數也。又有傳言，各國駐使升格計程，以日本爲最近。今日使先升，可使國書迅達，占俄使之先，以取得使團領袖之位置者，此或日方面之故意宣傳。果使假日以機會，其見利必趨之勢，又非終年用約束之策之所可集事也。凡此皆國際形勢轍亂旗靡之眞相，而我國自命爲學者之流，方敦促改良司法，以招致華會各國之派司法調查員，方躊躇金佛郎等案，以僥倖華會各國之肯開關稅會議，此眞生千載之後而爲古人擔憂者也。夫華會之有惠於我，乃以惠爲餌，非滿足其交換之欲望，而不可實行者。殊不料世界自然之變化，一變化於協約、非協約之破裂，再變化於資本主義國家與非資本主義國家之牴牾。中國以龐然大物，對無一方面不爲奇貨，使中國人而清醒有常識，則向來所謂天驕之徽號，不當奉彼而當以自享也久矣，而無如國之人與世界列强同此盲行也。德國可以勢力束縛之，智利小國，新進可以氣燄籠罩之。惟俄則根本與諸國不相融和，抉破舊例，爲其安身立命之所在，非勢力所能屈，非氣燄所能取，亦斷非感情之説所能爲作解釋。蓋天演之定理，至此而自顯。我國稟賦自在先天，數千年純粹統一之民族，數萬里縱橫之幅員，數萬萬人口之銷費物品，自有牢籠宇宙、彈壓山川之實力，非軍閥所能戕賊，非官僚外交所能終究失敗也。今再就使館本題作結束，外部之去照，荷領袖使之來照，皆所謂事外之贅語，特有來必有往，飽食終日之徒，必有此舞弄筆墨之責任也。村學究讀四子書，遇圈外注不讀，吾與國民同視爲圈外之注而已矣。

（1924 年 7 月 5 日）

主義之戰勝

墨子悲素絲，爲其可朱可紫也，楊朱泣歧路，爲其可南可北也，此爲趨向不定者言也。若已染於間色，而欲自拔以返於正，已淪於昧谷，而欲自救以向於陽，則方以素絲歧路爲至幸。今日世界之趨勢，帝國主義之光榮，資本主義之繁熾，皆岌岌乎在必變之列。帝國主義之代興者，必爲民族主義，資本主義之屈伏者，必爲共產主義。各國皆已趨於兩端，惟我國方停待於素絲，方徘徊於歧路。尤難得者，幅員之廣袤與團結，超過一切帝國主義者之上，物產之鬱積而豐饒，超過一切資本主義者之上，此真大有可爲之國，絕未受光榮、繁熾之害，高踞世界兩極端之中，有進退自如之樂者也。然長此不進不退，則即墨子之所悲，楊朱之所泣，古之哲人，正非無病而呻也。今世界各國共趨於帝國主義、資本主義之一端，惟俄國兩俱反之，又自爲一端。昔威爾遜之所以爲一代偉人，沒世而人不能忘，不以一時之成敗爲指摘者，以其有超乎今日兩極端對抗之先見，於資本主義雖未能明白制裁，如俄之反乎共產，而帝國主義之制裁，則威之宣言尚在列寧宣言之先。威以一九一八年一月八日宣言於國會，所謂和平條件十四條，即用民族自決之主義，令向來被帝國主義之所瓜分割據者，一以各該國民族之本意爲應否復國之標準。是時波蘭猶與俄苦戰未已，後十日而有俄之勞農會宣言，所謂廢除對於小民族殖民地之壓制，贊同芬蘭獨立、波斯撤兵及亞美尼亞自治之聲明者也。俄於是時尚有憲法會議，此宣言經憲法會議否決，勞農會用強力解散憲法

會議，而後用其宣言爲憲法之綱領，不由地方代表之議員制
憲，直由共產黨發表其意思，即爲憲法，此則反資本主義、反
帝國主義，爲世界之曙光。以飢疲窮乏之俄，若用其財力、武
力與列國相比較，可以吹氣使僵，而反令各國畏之如虎，寢食
不安，而常有大禍臨頭之懼。其實俄之所謂紅軍，全爲破壞本
國資本勢力之用，對列國豈堪一戰？列國之民，自奮臂怒目，
以擬爲前徒之倒戈，列國政府不敢以兵戎與俄相見，此所謂主
義戰勝者也。夫帝國主義之勞師以涉遠，資本主義之剝貧以奉
富，即無歐戰之禍，馬克思學說之中於人心，民間之騣騣欲動
者久矣。列甯之所爲，乃各國之民所奉爲救世之主者也。設各
國政府欲驅其民以殘之，民間俄人何罪，政府曰罪在共產，民
以爲是非殘俄，乃殘我民也，是故率其子弟，攻其父母，未有
能濟者也。夫俄於共產之方法，蓋亦屢試而無不失敗矣。在方
法失敗，由俄人隨事扶持之。若我革命以來之失敗，國之人方
垂涕以道，而世界之視我，終不敢用對付勝清者對付民國，待
遇奕劻等者待遇民國之外交部。惟日本人最狃於故習，屢擬牽
一有力者爲傀儡，以壓我四萬萬之國民。而其受虧也最甚，無
抵押之借款獨多，排貨之風潮不息，此其舉例之小焉者也。今
自中俄通好，而深中列國之忌，西字報則大聲疾呼，謂中俄協
約之中國喪權失利，以鼓吹各國之勿遽退讓，又於華字報騰播
紅軍南下消息，若俄人之議約本無其事，至今猶屬兵秣馬，攫
奪中東路，蹂躪滿蒙，以快其帝國主義之大欲者然。則又鼓吹
我國民對俄之疑懼，冀我民有闕乏常識者之起而排俄也。夫我
民何敢過信於俄，然固不應爲情理以外之疑忌也。爲情理以外
之疑忌，俄人亦何必無鋌而走險之日。若以利害爲權衡，則俄
之紅軍方爲對內之用，本無調發遠征之力。且俄所恃以制勝
者，在其主義。昔一九一七年之末，至一九一八年之初，俄與

德單獨議和，爲德剝奪其土地，抑勒其服從，俄人一一忍受，列甯所謂彼以砲火，我以宣傳，制勝於角力之外，遂以促德國之革命。不及一年，而德皇被逐，遂開戰後之新局。而俄人所揭兩主義，如日月之麗於天。受其影響者，獨我中國爲微。而世界列強，愈光榮愈繁幟者，影響愈甚。此馬克思所謂禍由自致，因資本之膨脹，不得不用帝國主義，掠奪原料，以供其製造，轉輾相生，利集於少數人，而害中於全世界普遍之人類。故俄之失敗者方法，而主義則常操必勝之權，猶之民權之說興，而專制之勢必倒。中日戰後，我方熱心於變法，其時明哲之士，所云“變亦變，不變亦變”，不及數年，明效大驗，以成辛亥之改革。今之列強，亦猶是也。帝國主義、資本主義變亦變，不變亦變，蓋已染於間色，淪於昧谷，而自拔自救之日，求如我之尚爲素絲歧路而不可得也。故世界各國欲其驅民以讐俄，無異於迫其下喬以入幽。即我中立之中國，在理亦無仇俄之理。惟視我軍人之程度，以同國之同胞，可以窮年累月，內爭不已，而未聞倒戈之禍者，則或亦不難於與俄一周旋。雖決無此事，而似或有此理也。是故我國防止俄人之宣傳，惟軍閥爲最力。夫各國以共產爲懼者，資本家耳。勞工自與資本主爲對待，獨我國則由軍閥引爲身禍。軍閥之禍國，則舉國皆有時日曷喪之大願。若農民則方各守其田園，以長子孫，固無樂於捐棄之意。即工人亦但見工廠之破產，日移於外國資本家之手，將來有產與無產階級之爭，恐國內之所受影響爲小，而仍爲外人移殖之禍，本非此不足以稍平畛域者也。吾言至此，而未及吾國此後應趨之正的，則固非一文之所能畢也。

（1924 年 7 月 8 日）

世界眼光中之政府與國會

自吾國有國務院、國會等名詞，世界已將有廢止此政體之學說。自實現於俄以後，學者間遂成定論。而近日各國之政治，則尚有表示政府國會之具有能力者，惟吾國實行徵驗各國之學說，以吾察其趨勢，蓋皆畢其一日之大欲而止，以後固不容復有此事矣。北京之政府，戴一軍閥爲傀儡，其實乃財政、外交兩部分合夥之局。國內無法可想，故財政必與外交相依爲命。外交系人數無多，王正廷爲保派所排，僅有顏惠慶與顧維鈞一佔外交，一充總理。而財政系中逐逐者雖多，惟王克敏，內得保派所寵任，外與顏、顧能合作。其合作之目標，惟有向外國搜羅冷帳一法，顏惠慶本挾一整理財政找零借債爲專務，其事較爲宏大，非所戴之傀儡，亦有相當之信用，不足向外人啟齒。顏亦自知黔驢之技，業已告窮，甘心結束財政整理會，宣告終止。其間有張競仁、張志潭輩，咀嚼不捨，自顏視之，固已別尋可以實獲之處矣。德債票已成，惟金佛郎案未結，能將此事辦妥，外交、財政兩系，自然營業期滿，解散夥計。後此可以不問其各據地盤以事搜刮者，實力已不在北京。吾知此輩功成業就之企業家，必且左右望而別罔市利，國民責其忠於軍閥者冤也。

若夫北京國會，自賄選以後，早已不爲國民所齒。其時尚有別立一幟，以要譽於鄉黨鄰里者，久之餓死事大，紛向北京爭德債票之款。而所謂守正南下之議員，又一擁而入誓，不返顧之門矣。賄選以後之國會，又遠不如賄選以前，非賣身投靠，無歲費之可言。惟遇外、財兩系之公司，成就一宗交易，則可坐地而分一次，德債票案已了矣。其獻議謂收入非支出，可以不交院。議者，議員也，得報酬而去，視議員如敝屣，是議員之巧者，亦知此局之不可以久也。豈知營業公司，非將所企之業，一網打盡不止。雖以孫寶琦之爲私親，亦不得不賣之以求自代。所謂政府者行徑如此，而所謂國會者，則盡其於中取利之身手，不獻媚以取酬，即示威以索價，乃至國民擔負之公債，亦可以投機事業入交換條件之中。吾儕蚩蚩之氓，有絲毫愛國之行動，必爲所選之代表，掩取自利之機會，明目張膽，爲賄選以後一大變遷。此後復有以選舉投票等公民權惠與我民者，吾知除積年輦夫之外，必無人更受此老朽政治學之陳言所誑也。夫吾國民與聞世界政治之陳言，爲日尚淺。在理，外人之朽腐，吾國人猶應視爲神奇，而居然所見與世界最新之學説密合，則不能不拜此豬仔議員之賜也。

　　近來各國之政黨議員，與夫政府，則受學説之影響，反有力自振刷，以延殘局之趨向。英之以工黨執政，一洗故習，已爲晨雞一鳴，驚破長夜。而法國以右黨久占優勢之日，亦由選舉表現民意，忽移其信仰於左黨，新國會告成，一舉而倒内閣，再舉而去總統。米勒蘭之倉皇去位，形跡與徐世昌何殊？不按任期，但憑國會一語，議員之聲勢如此，而吾國之一蹶不振者，逐徐乃軍閥之應聲蟲，國會之恢復，正由走狗之資格取得之後，此之靦顏賄選者分也。夫米勒蘭亦嘗籠絡左黨首領赫里歐，以組閣相市矣，赫里歐直告，總統去位而後任事，總統以憲法任期爲後盾，而不能抗也。米勒蘭去，左黨中杜美爾繼任，本黨中亦微有競爭，然固不以一二首領之競爭，而遷延至於無政府。較之曹、吳之敦促黎元洪，尚費時日者，爲尤迅速。於是赫里歐坦然組閣，此視高凌霨、吳景濂、張紹曾扭結不解，擲骨與門外之犬，而後息爭者，情狀何如？英之工黨崛起，法之左黨代興，皆表示新潮流澎湃之有效。法以右黨不甘屈伏，又借英法首揆之會晤，就請柬以鼓風波，法總理幾不成行，而英首相慨然就見，爲解紛之上策。然則各國之當局，真能爲國爲世界以盡其身任之職責，由此言之，世界之新思潮，不能不爲當事者稍淹其狂進。而吾國則思潮之萌孽，渺不可恃。當事者自然急急營最後之害國方式，爲得手即退休之計，以拆一國政府之台，其爲功於新學說者，萬倍於各國之執政矣。謝康樂云：丈人學佛在靈運前，生天必在靈運後。中外進步之不同如此。又有一附見之軼事焉。吾國之左右黨，在國會中既一丘同葬矣，其不在賄選之列，而亦以積年冒充左黨，至此執挺爲右黨降奴之長，事雖無成，而左派爲難收之覆水。雌兔眼迷離，自此人人可辨矣。論者惜之。

（1924 年 7 月 12 日）

慎 重 名 器

北京國務院呈請限制保獎，以慎重名器爲言，此爲停做不賺錢之生意，專做賺錢生意，與恢復捐官爲一事。其做賺錢生意，謂之修正義賑獎勵章程，其停做不賺錢生意，謂之限制保獎條例，此皆官僚舞文之慣技。前日經賄選議員面詰程克，程克答稱不確，此答最妙。現政府所捐之官，本來不確，不比清代之捐輸事例，未亡國前，尚永永有效。今之當局，皆以劫奪一次，爲一次之勝利。即提交國會議決施行之法律，亦明知其不確。況此本不可告之國會者，祇要有經手分潤之黨徒，攜貲上兌之冤箇，以後之事，有誰過問？損納本與正途有別，今之正途，自有走狗、轎夫、家奴、小舅等等，與昔之世襲難蔭科甲五貢略同。其限制保獎者，即限制此不甚得力之走狗、轎夫，間接之家奴、小舅，以便騰出若干獎單，可做現錢交易，而使捐生稍視爲矜貴者也。各縣均接內務部賑務處通知，招徠冤箇。國會問內務總長，則答稱不確。而報載浙江台州議員陳某，已乘車南下，取得其親友現金萬元，代買簡任官三枚，外饒一薦任官，大約該議員即代政府收捐。國民代表原與國家一體，政府既有此生財之道，議員即以位置轎夫之名義，索官於政府，而索賄於鄉人。政府既可開捐，國會何獨不可開捐。國會即尚未開捐，議員何不可各個開捐。清代未平三藩時，平西王吳三桂可自行簡選，與清廷選授之員，往往同時並蒞一缺而爭執，西選之官半天下，究竟孰勝孰負，視一時勢力所及爲衡。議員尚假政府之名義與官，己不過從中取有限之利，夫亦大可憐矣。然而國務院尚不肯放鬆，急定限制保獎條例，以絕此輩飯碗。雖不能持作一概回絕之用，亦如文人自定潤格，儘可並無主顧，而姑以謝徵詩乞序之人，此則呈文中慎重名器之大意也。

孔子曰：惟器與名，不可以假人。器者繁纓隨葬之類，名則頒爵之等差。在君主之世，主權在君，故主權者可假人以名，錫人以器。今主權在民，民未嘗以若何之名器予人民。與民之間，即通饋問，諒亦不以若者為名，若者為器。至總統等公僕，我民以為議員已非能代我意，再由彼等賄選而出，亦決無名器可言。至公僕又以名與人，此名何名？不過二太爺、三小子之類耳。公僕又以器與人，此器何器？不過紅黑帽、野雞毛之類耳。國務員曰名器太濫，在彼等以為惟彼等之閣員，可受名器，不知我主人之視公僕以下之公僕，滿座二太爺與三小子，滿街紅黑帽與野雞毛，即此總理總長等名、大綬勳章等器，有願受者即授之，無所謂濫不濫，即濫亦祇濫在受名器者之人格。公僕之名器本為濫貨，公僕本為濫人，以濫召濫，使全國之濫崽，皆身掛濫字之符號，然後顯真主人清白之風儀，則惟恐其所謂名器之不多，乃使濫黨猶得隱身於主人之列耳。

抑吾聞之高帽、雞毛皆元代中書元帥之服色，明祖惡之，用為皂隸劊子之制服，以示革除。又於定鼎金陵時，設教坊司，令妓夫之服，為頭戴綠巾，腳着帶毛豬皮靴，使良賤不復相混。此固有特為賤者制一定之服，以區別於平人者矣。共和國家，主權在民，自必以民為最貴。美國國務總理署名自稱國民，此吾所見之華盛頓會議條約簽名者。總理雖為公僕，而國民之本質尚在，且彼總理亦未嘗自絕於國民，國民亦何必褫其原來之人格。不似我國歷任之公僕，穢氣薰天，國民除稱為總統、總理、總長、總裁等等，無以剝奪其國民之號，故除飾以大綬勳章、嘉禾文虎等等，無以表現其污濁之容。則稠人廣坐之間，有一挾公僕之名器而來者，公僕或自相榮貴，國民則有見仁見智之不同，以爲此民國之紅黑帽耳，野雞毛耳，綠巾耳，帶毛豬皮靴耳。設有一人，不知此爲何物，候其醉夢之際，橫以公僕之職名書其額，公僕之徽章佩其身，此之謂名器太濫，否則願與願受，何濫之有？

自勞農俄國，開世界之曙光，又於民之中以無産階級爲最貴。無産階級之名，在馬克思標舉之時，原用世所鄙薄之語，猶吾國常談所謂下流社會者也。列甯輩挾此以自重，向來皇帝世爵，貴族富家，一律劃之爲白黨，不輕以無産階級予之，此則防名器之太濫也。國爲勞農，即以無産階級爲名器，國爲民主，即以平民之態度爲名器，惟主權者可以名器與人。吾國主權在民，載之根本大法，則我民承認其爲民，乃是假以名，承認其用平居之服物，乃是假以器。若猶稱之爲總統、總理、總長、總裁等等，飾之以嘉禾文虎、勳位大綬等等，是未肯以名器與彼也。若有人竟向公僕捐官，此官必尚在總統等公僕之下，是爲奴才之奴才。國民愛惜名器，必不以民目之。內務部既有捐官章程，以廣其孳生。國務員復有限制條例，以防其殃及。爲國民者，惟有自愛其鼎，父詔其子，兄勉其弟，勿輕以民之嘉號與人，則名器之不濫在是矣。國體如是，慎重之道，我民當自喻之。

　　　　　　　　　　　　（1924 年 7 月 15 日）

自治學院與職業學堂（上）

仲尼之門，五尺之童，羞稱五霸。有王道而霸，功自廢也。民主之國，五尺之童，羞稱官治。執行政治之事，昔謂之官，今曰公僕。公僕之首領，古所謂紀綱之僕者，亦曰總統，則由人民選舉之。是故民國之政治，皆自治也。往者以君主所任命者爲官，官則稟命於君主，不受人民之指揮，且常指揮人民。非但指揮之，稍拂其意，則曰漸不可長。侮辱官長，遂與叛逆同科。是爲官治之一系。其有民事瑣碎，不足以勞官，行事者之職名，不足以玷君主之銓叙，則謂之自治職。自治常與官治爲對舉之名，吾國自有自治名目以來，皆用此爲標準立自治之法，著自治之書，常竊日本之緒餘。此近日反對自治學院者，所謂自治人材，隨處皆有，自治學科，各處法政學校皆具。蓋忘其生當何世，籍隷何國，而以對官治者爲自治，剽竊日本之自治，爲自治之學科。不知民國之學，五尺童子，亦應羞稱日本。今之議自治學院者，又並日本之學而無之，則無怪其侃侃而道，居然旁若無人也。

夫謂公僕之首領，出於民選，以此而知民國之治，無一而非自治。然則今之自治學院，乃全國政治之學。自憲法始，下至鄉村纖屑之公務，皆屬自治之範圍。以區區一學院，爲一國政治之母，一國操主權之人民，皆當受學，而後可作主人。一國爲公僕之總統其人等等，亦當受學而後可充主人之役使。用國庫七萬元，制造四萬萬人口，四萬萬里幅員之國之政治，較之操豚蹄而祝滿篝滿車者，費之吝而欲之奢，尤不可以道里計。此又足動議者之疑，謂何不名之爲政治學院，而曰自治學院？且國之政治，古以爲千聖百王措施所不能盡，今以一留學生獨力肩之，而價廉物美又如彼其極，言之豈不可詫？夫此則又眼光局於官治之過也。治出於官，歷千聖百王而不足治，出於民則民苟自知爲民之道，即國家也，政治也，固已指其掌而如示諸斯者也。官治之人而震驚於千聖百王，猶齊人之僅知管仲晏子而不知今皆無所用之也。

且自治之爲自治，今在歐洲，亦尚未盡成事實，特學者間已趨向一致，而最新之政治，亦已見於施行。又從學理推之，此必爲世界政治模範之最高。吾國往往處萬國之後，而所得之新知識，儘可與歐美齊驅，其實行尤往往可爭先於世界。即如民主政體，就名義而言，必爲高出於君主之上，然世界固頗有未逮於此之强國矣。自治之真諦，吾向者謂之職業政治，或者簡稱之曰業治。各國學者之書，經吾國已譯爲國文者，則或稱行會主義、行會政治、行會國家，又或以音譯之，則更不名行會，而名基爾特。基爾特之譯名最流行，是猶書院式之教育。質言之，人將視爲無奇，必曰道爾頓學制，庶教育家有研究之價值也。儒家不知此義，故不成迷信之宗教。釋家知之，有揭諦揭諦四句，而後《心經》可以度亡者之靈。無經不帶咒，無咒不秘密，此音譯之妙用也。道爾頓係人名，或非此義，然用吾國未聞其名之人，以代表其學制，而不指實其學制之何狀，何異譯印度之覺者曰佛陀。假使告人曰先覺覺後覺，充其量不過上企伊尹，告人曰成佛，則栩栩然遂與彌勒同龕，與釋迦併命。故自治學院之見輕，乃主者當時不自名爲基爾特學院之故，理或然也。

基爾特者，中古時代之所有，歐洲文藝復興之世，所謂市府政治，遂以革封建制度之命者也。論其譯文，以業治爲最簡。當行會之云，則局於字典之所致。字典爲基爾特作訓釋，自當作"行會"二字，詳之爲行業之總會。吾國商會，幾與行會爲近，苟無法定之農會、教育會、律師公會等等，與未經法定之工會等等，則商會乃包括各業，幾可以行會名之。今則非并合一切會，不得稱行會矣。吾之必用職業政治爲言者，則以對職業教育之故。若職業教育可簡稱業教，則基爾特之譯語，自當以業治爲至當。歐美學者以萬國政治之弊，不但君主國明標官治爲政治之萬惡，即民主國明標自治，治人者亦無一不積漸而成官，非但行政者積漸成官，即人民所舉之代表，亦無不接近官僚而成官化。政客常與官僚並稱，世界各國同此詬病，又豈徒吾國之議員必稱大人，必佩文虎嘉禾等章。其發祥之地，其誕降之門，必高揭報單，大書貴府大人，奉大總統令，頒給某勳或某章也。督軍省長，固官矣。議裁自治學院之財政委員，亦何莫非官。與官言自治，是奪其衣食父母也。以故歐美亦未易成就，惟俄國革地域選舉爲職業選舉，世界所謂一綫之曙光，各國勢必皆出乎此。而吾國則試問，舍此之外，復有他途可由否？此吾所謂吾國思潮在各國後，而事實必促成在各國之先者也。

　　　　　　　　　　　　　　　　（1924 年 7 月 18 日）

自治學院與職業學堂(下)

古時職業簡陋，治職業之人，程度亦低。其關係較廣大，端緒較繁複者，謂之政治。以非當時職業中人所諳，遂爲千聖百王專利之品。其後政治愈退化，而愈反乎人情。職業愈擴張，而愈侔乎國事。久之除料理職業以外，別無所謂政治。基爾特政治云者，即由職業界共組爲國家，國家非官治之人所意想之國家，乃自治之人所習見之行會。自治學院之所培養，不過使國民之接近於國家，視國家爲行會，播此種子而後傳布於全國之國民。吾以爲吾國之有自治學院，與職業學堂，實同一動機。自治學院爲有來歷之學派，職業學堂爲思潮自然之衝動，乃人類理想之聯合，非先有基爾特學說以啟之，故其一時得國民之同情，較自治學院爲烈，而名實之久未相合，乃亦較自治學院爲甚近。始有考察歐美，實驗而自悟者。報載前任中華職業學校校長顧樹森，偕其夫人汪傑梁，遍歷英、法、瑞士、義、比、德、奧、荷蘭、丹麥、瑞典、那威，考察職業教育，始知歐洲職業教育之宗旨，與我懸殊。我欲憑學問求職業，彼乃憑職業求學問，我欲求職業而職業尚爲空中樓閣，未可必得，彼之求學問在已有職業之後，益以學問補其職業之不足，故學校名稱與工廠相副。文明愈進，分工愈晰，職業學堂亦愈多。化學工業校，機器工業校，其爲籠統者勿論。至如柳條編物校，鞋匠校，理髮匠校，成衣匠校，綜合群才，建設專校。編制分五十學科，各科主任，儼然校長，規模大矣。而經費不仰於政府，由各廠各業任之。各廠各業之勞工，責令廠主業主與以時間入校學習。其本非勞工而富有資力，不急謀事者，則設特別班，以收容之，收其學費，以補校費。顧、汪之言，大率止此。此據歐美社會學者之理論言，即所謂勞工必令其享高尚之娛樂，而以高尚之教育先之。所教者初非其職業中之事，以故富家之子並不謀其職業，而亦納鉅費以就學。此歐洲職業教育之真相。吾國與此不符，然不可謂倡辦者之誤。能知職業與教育相合，已是基爾特政治之開山，其愈衍而愈近乎真，乃天然之程序，未符乎歐洲之職業教育，不足爲病。顧至今猶似以職業教育爲教育之一種，則或爲受教育之心理，未必即爲倡辦職業教育者之本心。此則目前所急應辨正者矣。

　　夫基爾特學者之言，則惟恐職業之不足以盡包國民也，將使業治之定義，不貫徹國家之政治，而致一國之民有不預於自治之人。於是深求人類之職業，是否有無職業而可爲國民者，久而知其無有。但間有獨操之業，不入業會，如特性之美術家，不由師授，亦無可傳之徒，踽踽涼涼，獨享其天賦之妙稟者。以之合乎基爾特之治體，必由各業自相推舉，以赴各業之總會，則此人未免無同業可以相推，亦無以己推他同業之事，遂將超乎基爾特之外，而基爾特政體，因有一夫不被之時。然反覆推究，不能因世界有此一二人，而更改純粹之業治，令政治之爲物，仍必操諸無職業之官僚、政客之手。彼一二有特性之美术家，可用相近相類似之職業收容之。若彼不願收容，則聽其超然物外，亦無所害基爾特中之特性美術家。即官治中之許由巢父，有巢許而無害於帥天下以仁之堯舜，有特性美術家亦何害於純粹自治之基爾特乎？學者間之推究職業，務廣其範圍，如此而職業教育，反隘之使在普通教育之外。充其弊，將使教育乃造成無職業之官僚政客，而惟職業學堂之學生獨享人格也。吾以爲必不宜爾也。今不必言歐洲之職業教育，本以已有職業之人更受教育，即就吾國之以學問求職業者爲職業教育，亦當使凡有教育皆名職業。即如師範學堂，乃教育家之職業教育也。又如自治學院，乃政治家之職業教育也。自治學院以草昧初開之故，渾括爲一，將來必分歧發達。有國自治學院，省自治學院，縣自治學院，市自治學院，鄉自治學院，村自治學院，以輻湊於基爾特之一途。職業學堂亦以草昧初開之故，轉分立爲兩，將來必翕然相合，非一切教育盡冠職業之名。即職業學堂，就其所操之職業以自名，而去籠統職業之號，亦以輻湊於基爾特之一途。則職業政治之道得，而吾國之學爲政治者，非特不當更染日本之舊習，並不當以歐美爲一成不變之先進，必待其盡改而後從之也。有志與世界頡頏者，當不河漢吾言。

（1924 年 7 月 19 日）

國語（上）

吾國向無所謂國語，有之則左氏之春秋外傳而已。歐洲國土小而種族多，語言之不同，不必以國爲界別，蓋有一國之中歧爲數種語言者。西人之言，以爲愛國之萌芽，由國語始。語言相通而後相愛，語言不通而强併爲一國，在國內固已自爲畛域，一旦有釁，分裂必起於是。今世界人道益昌，反對帝國主義，尊重民族之自決，益以種族之分立，爲人民所自認，而非武力之所可橫干。由是提倡國語，務使國力所及之土所著之民，定用一種語言，爲文化統一之上策。然至今日，轉有不能强求統一者。歐戰以前，帝國主義盛行，文化侵略，不爲世所詬病。當時猶未能泯其異言異語之隙，則民族間堅持畛域之見，不受强權之分配，以保存其向來種族之形成。逮今民族自決之潮流既已發展，世界戰後之新憲法中，多於此特定開放之主義，許一國中某州用其土語爲公文，施行於官文書之上。蓋不如此開放，並不能維繫此州之人民，尚承認與此國相隸屬也。普魯士，德國之一邦耳。合全德之幅員，不過當我數省，況其二十餘邦內之一。然普新憲法有特訂容許異種語言之文，其第一條第四項“公事上應用之語言爲德意志語”，此猶以統一爲言者也。而其第七十三條乃云“省議會得以法律允許以下言語，與德語並行：一，對於外國語的民族，許以另用他種教育上語言，但此地少數德人之保護，亦應注意之；二，外國語與本國語相間之地，得准許他種公事上之語言”，此則特爲開不能統一之例外。歐洲各國，不能融化語言之畛域，其苦如此。

夫歐洲之所謂公事上語、教育上語，皆指文牘及書籍所用，自我言之，但曰文字而已。歐洲惟言文合一，故語異者，文必異。文既異而毗尺接壤之民族，苟非經數年之教學，不能通其語與文。既不能盡人擲此時間，遂不能不藉能通者爲之傳譯。然此民族之異文異語，夫豈自開闢以來爲然。當羅馬盛時，闢地既廣，傳國又多歷年，斯時拉丁語本已統一。迨羅馬政衰，割據紛起，不數十年，各隨其方俗之語，別成方俗之文。英也，法也，丹也，荷也，德也，比也，奧也，匈也，意也，葡也，西也，國各有文。而其每國之中，又多有異同之致。此各國又地醜德齊，莫能相尚，而語文遂以永歧，但知同出於拉丁而已。蓋其文字僅爲語言之符號，植基於音母之上，別無文字之精意，經緯其間。語言既殊，文字盡變，文字既變，語言益離，橫則毗尺可以借力於舌人，縱則數百年前之名人手跡，今日無一字可辨。歐人著作稍有名者，各國傳譯，又各自再版三版，乃至無窮版，中有陳舊之字，字典剔除之，版本更改之，務隨時代遷流，並無古作者原來之真相。人之語音，隨地固有不同，歷時亦有漸異，文字即隨而變焉。此則受言文一致之影響也。

　　　　　　　　　　　（1924 年 7 月 23 日）

國語（下）

　　吾國文字爲剛性，不若拚音字之爲柔性；又爲固定性，不若拚音字之爲流動性。三代以來，禹會諸侯，則有萬國。周初尚有八百，至春秋標舉其大國爲十二，戰國乃爲七雄，要其弱小獨立者固尚夥。其時典謨墳誥，初無異本，書同文之稱盛，明揭於孔氏之遺文。周以後，惟篆變爲隸，有一小小波折，至煩漢儒說經，用今文寫定古文之本。自是以後，流轉甚微。若其分裂，則三國之鼎峙，南北之中分，五胡十六國之雲擾，五代十國之瓜剖豆分，較之羅馬失馭之禍，亦纍纍而有矣。文字之力，終能控制，列强莫能橫軼。因文字之合一，而語言亦受約束，所異者不過雙聲疊韻之間。名詞同，句法同，燕人入粵，專心察其音紐，句月之間，可以畢通。而吾國所謂種族之單純者，質言之，即此文字之單純耳。古稱蠻夷，如萊夷、淮夷，徐戎、驪戎、陸渾之戎，赤狄、白狄之類，皆在古帝都密邇之地，聖哲並起之鄉。吳楚則已爲荒服，又何論鼉叢魚鳧之國，五谿六詔之蠻，東越、甌越、閩越、南越之詭異。今試指閩越人而告以汝非漢族，其人必大憤，此之謂民族之自決，此之謂外人不敢生心。新疆爲蒙、回各半之故地，光緒間設省開科，不數年而優秀之士已受六書之支配，士首四民，民皆慕士而不欲自外。所謂五族共和，回之一族，乃强作蒙藏之陪客；滿則自行消滅，滿人略無復識滿文者；蒙藏之所以捍格，乃誤於清代之自私，欲留作豐鎬故家之禁臠。當時若乘科舉之熱，一舉而推行之，安見不與天山南北爭烈。古人之造成我偉大民族者，惟此不受言語轉移之文字。學之之時稍難，而效用則極大。今以識字人數之少，恨吾國文字之不出於拚音，其用心與外國人恨其語文之複雜，而欲創世界語以齊一之者，無乃相反。外國之世界語，基址仍築於拚音之上，是仍無固定之性質。近來學界留意蒙古之教育，此次蒙古代表之親來，益通聲氣，能由此合併文化，國民之責也。先發其意於此，吾尚將繼此有言也。

（1924 年 7 月 24 日）

四國銀行團

　日來四國銀行團在倫敦會議，有延長五年之主張，國民聞之而欣然。北京官僚政府聞之，而亦躍然。其心理乃極端相反，試述之可以發人一笑也。

　銀行團組織對華投資之團體，在歐戰以前，初爲六國銀團。自威爾遜爲美總統，以對華濫予借債，爲增長武力妨害國民之舉，令美銀行家退出是團，遂改爲五國銀行團。未幾歐戰起，五國間已成交戰之國。即就其在協約一方者而言，亦自顧不暇。而乘時獲利，思獨攬債權侵掠之策者，獨有日本。於是各國在華之債額，日本由第五位而驟躋第二位，擔保抵押，一概不求甚解，但以入資中國爲榮。前購得二十一條，後購得參戰條件，其急不可待之態，務欲取中國於頑强軍閥之手。而無奈洪憲有時而亡，歐戰有時而止，無戰可參，則參戰之約爲虛設，國人又能自摧其帝制，使無理之密約，徒爲國際之玷辱，而出借之款，適成歐戰中投機失敗之行爲。美總統威爾遜，其始本主持退出銀團之人，至是乃重組銀團，由美發起，使美國銀行要人拉門德，游說日本政府，結美、日、英、法新銀團。日本固以經濟地位之未敢孤立，亦自覺以前投機之失敗，僅磋商滿蒙除外等條件，爲狡猾之謀，卒亦並此而讓步，但反對舊有之債權併入新團而已。此亦非日本獨力所能抗，要亦得英、法之同情，美不能不取妥協之步調也。威總統之倡議，在一九一八年六月，先集合國內三十一銀行，組美國銀團，時方在歐戰甫畢耳。由美銀團徵求英、法、日銀行界，各組爲團。翌年，四國銀團會議於巴黎，定既得權除外之議，以隘日本滿蒙除外之範圍，磋磨一年而後就範，乃以一九二〇年成立新銀團。此在對華投資，一方爲獨佔性質，一方爲限制不濫借之功用。國民所不以爲忤者，以軍閥自此不易取求也。而官僚政府之視該銀團，則以爲專放華債之商號，業已開幕，向之垂涎欲滴。而整理財政之設爲專會，即自命爲承借之機關。世界有四國銀行團，北京有財政整理會，蓋以爲滴水不漏，若天施而地受，大開溝澮，以待七八月雨集之期。斯時則有財政系、外交系之爭，財政系純以投機買辦之習慣，視新銀團爲與彼同其臭味，饞吻吸張，朝不及夕，而外交系之乘機僥利，志願與財政系同。然知銀團不若是之易與，美銀團發起之本旨，不若日本前此投機心理之狂，蓋將以華府會議爲根基，二五加稅爲確實之擔保品，言之成理，行之有序，大爲軍閥所賞。以故顏惠慶奪會長之標，一時財政系莫能相競，惟自處合作之地位，以享借債之成，並伸若干爪牙，留充整理會中次等要職，以作應絃合節之勢。當顏惠慶未正位前，猶憶財系健將張競仁報告國會，謂中國非借大債不爲功，而借得大債之機會，正在目睫之近。四國銀團之有效期間已過其半，不久即將議本期之結束，其間毫無成績，彼必無以自解，則其儲款以待，予取予求而不我瑕疵者勢也。此真財政系之見解，視銀團之不成就一宗借款，與彼未賣力於軍閥相等。以故財政整理會成立以來，首領既落於外交系度內，方法亦不甚襲財政系故技，開口華會，閉口關稅會議。所取之途徑，較財政系爲持重，且稍知窺測外人之心。迨賄選大定，而各省解體益甚，各省解款中央之希望益絕。財系或依然盲人瞎馬，夜半深池，猛進而不已。外交系則已知難而退，半年期滿，已奄奄如不欲戰，由張競仁輩把持，再續半年，再續之期又滿，而保派軍師張志潭方且踴躍加入，此爲財系一系之眼光。而外交系則知華會加稅之議，非可剋期，雖其全身之希望，尚不離乎此，而欲圖現成之利，以就急切之功，自有鐵箱中冷帳在。國際間如德發債票，如金佛郎，如奧國債款，皆可將無作有，化小爲大。及應得之利益爲應受之損失，望望去之，左右望而罔市利，其知識究在諸財系上。惟冷帳亦不能脱離財部，則賴有王克敏，能謹隨外交系之後，而超出諸財系之先，日夜共與圖謀，所謀皆不與新銀團相屬。新銀團原議，如俄國經各國承認，仍邀加入，此議恐不復可行。俄之財力固可知，即俄之反資本、反帝國，其行徑亦非可與此團共事者。惟原議尚可邀比國加入，迄未有成。近來軍閥之活動，恒恃比與荷蘭，此在銀團爲小小漏卮，在軍閥爲一綫生路。而此次銀團有展期五年之説，蠢爾財系，必又作鷃鴞笑，以爲前五年一事無成之恥，必於此乎雪之。彼輩株守財政整理會者，竟已人定勝天矣。然王克敏與顔惠慶、顧維鈞輩，則又迪然笑之。

（1924 年 7 月 29 日）

立法機關賣權不賣法之優點

國會，立法機關也。既以立法爲專職，則無論法之良否，多少必列作議案，無論立法之成否，多少必列法案於議程，爲粉飾門面計，甯不當爾。吾國不然。當臨時參院時代，尚有成立之法案，尚有留心法律之議員。自有正式國會，乃全力注於政治，預算既從未編交，立法更非其所暇。第一次被解散以前，有政府黨、非政府黨之爭，此爲最盛時代。第二次被解散前，有政府黨相互之爭，遂開皖直之門户。其時則民黨之臭味已少，然猶有意見可言。至三次回復，既無袁世凱之强權，並無段祺瑞之霸氣，議員可爲所欲爲，於是民黨、非民黨冶爲一爐，實行國會職權，斯時可以立法矣。而豈知權必與利相須，選舉權、同意權爲有利之權，查辦、彈劾、不信任權爲與政府以不利而迫脅使之生利之權，立法則爲無利之權。於是擇利以行權，取有利之權，而棄無利之法，是爲兩年來世界最新發明之國會。政府未定以前，索現金爲代價，政府暫定之日，索官職爲報酬，挾勝清末造鑽營奔競之能，兼國民代表雷霆萬鈞之力。民國官缺之額，與官俸之數，增於舊帝國者數十百倍而未已。聚八百孤寒於一地，心目之所經營，手口之所表著，拳足之所格鬥，無非行使此獵官索賄之權。有心人慨焉興歎，以爲此人類之最劣者矣。立法機關，名不副實，廢法而獨用法外之權，是必世界萬國中所不足齒數者。而孰知按之世界政治學説，則吾國人之所見，於事理適得其反，議員之爲詬病，世界所同，而其肇禍釀亂，則未有如吾國議員之輕淺者。是不能不比較言之，使國之人破涕爲笑也。

國會當與政府勢不兩立之日，彼此性命相搏，議員常處於不勝之勢。即幸而獲勝，如議會制度之母國，一二一五年有小試之大憲章，一六四零年以後有捕戮其君主之長期國會，斯時行權，則權足以定一時，立法則法足以垂百世。

吾國若常爲癸丑以前相持之國會，固亦有斷頭而不悔，久繫而其後幸生者。蔡松坡之仗義，與英之克林威爾何殊？特其時間較有久暫之不同，世遂不以西南之義師，爲專代國會雪戮辱之憤。由歷史觀之，則其揆一也。降而至於段內閣時代，其進退亦非國會所能專主，索官索賄，皆非公然的或任意的，非本有淵源於當局，不易插入鷹犬之叢。迨參戰事起，而國論大有不同。政府與國會遂成破裂之局，政府不失爲專橫，國會不失爲强項，皆足與歐洲中世爭烈矣。洎夫直皖戰後，總統由呼蹴而來，賄選告成，政府非非賣之品，一時國會之盛，決不讓巴力門無上之威權。日中則昃，月盈則蝕，外國之遷流以數百年計，吾國則以數年約之。歐戰以後，社會學大行，歐美學者之書，發露其政治之腐敗，議員之納賄，其款額足駭吾國之聽聞。然後知五千元一票之低廉，降而至於同意售價更止數百，此殆乞人不屑之數。然而外國之議員所賣者法，吾國之議員所賣者權，外國議員之賄取諸資本家，吾國議員之賄取諸公僕。資本家弄法之禍，以一二人朘削億萬人而迫成社會之革命，公僕竊權之禍，以一二人自絕於億萬人而迫成政治之革命。外國議員賣法一次，資本家增一次之繁昌，吾國議員賣權一次，公僕增一次之醜穢。國民怵於社會革命之慘狀，而返觀吾國賣權之議員，決不釀全國滔天之禍，是所造革命之原因，較諸世界爲甚小，而所暴露議會制度之罪惡，反較世界爲尤彰。雖吾國之未爲資本主義國家，議員欲賣法而苦無售主，然政以賄成，實爲官僚政客之天性。政客於依附官僚之中，時時能威脅官僚，使之酒食貢獻，如水投石，猶復愉色婉容，對議員爲孝子慈孫所不能爲之恭順，伸拳切齒於私室，猶復柔聲下氣於公庭。人間縱有官迷，久而亦知其所仰總統、總理之尊嚴，不過爾爾。則議員賣權一次，更爲意志薄弱之流上共和教科書一次。則是外國議員之受賄，爲純乎造孽，吾國議員之受賄，爲並有微功。恐此八百孤寒，猶爲政治學校之校外實地演講員也。議會制度之必變，世界學者公言之。而外國議員之託命於資本家，資本主義不全然推翻，猶以逐漸開放之策，爲資本家之自贖其命，因以餘蔭庇及國會，使不立時顚殞。吾國議員之託命於公僕，公僕不過此稔惡之軍閥官僚，萬無悔罪自贖之餘地，日暮途遠，倒行逆施，皆所以爲軍閥官僚促貫盈之日者也。賣法者頗有臨危自救之道，賣權者更無餘燼復燄之時。有澄清世道之志者，必能辨此優劣矣。

（1924 年 8 月 1 日）

俄使館與辛丑條約

使團於交還俄使館一事，中外報紙皆載其異常困難，此當為宣傳者之言，在當事人非別有用意，則決不感此困難也。中政府雖不肖，未必不能供一俄大使之宿舍。俄使縱極願得有安居，北京城內尚不乏相當之邸第。俄在我國之外交任務，與東交民巷使館，決無何等影響。交還不交還，其困難在使團，既發而何以自收，前倨後恭，虎頭蛇尾，皆必有說自圓，庶可全列強門面。果也，歐登科以匆匆避暑出京，美使舒爾曼遂承其乏。美與我感情較好，與俄亦善意接觸之事實，較各國為多，又在未承認俄國之列，不與使團生異同之痕跡。使團推舒使暫為領袖，以結束此行動，可謂善變換其面目矣。顧面目雖換，實際則持之甚堅。俄非可以力脅也，以利誘之，則同利或可就範。始以使館地段之授權於使團，引據《辛丑條約》，此非真以無理之根據，借辛丑約以飾之也。蓋示俄使若曰：爾俄拋棄在華之特別權利，豈不可惜？若轉而與使團結合，使團可用辛丑公約為俄後盾，俄於本國之一切舊約皆作廢矣。倘欲與中國再肆糾葛，惟有用辛丑公約為辭，強顏謂此約屬公共性質，俄無權獨自拋棄，於是辛丑約中之各國共助之，則俄所拋棄者又可收回，此爾俄之利也。昨日路透電，則大露此意矣。電云："聞加氏曾對外交團言，蘇俄政府並未否認《辛丑條約》，故仍要求該約之權利。眾意此項發展，似可利便加氏入外交界問題之解決。此事刻仍在討論中，惟其結果已不在遠，可望利於加氏"云云。此仍為使團之宣傳，加使是否有此言，固未可必。

然使團之所期望，則盡此數語。辛丑約即由其第十一款發生英、美、日改訂之商約中之權利，即領事裁判權，許撤消而不遽撤消，協定稅永不許改爲國定稅，但以加至十二五爲餌。而又就約則易得裁釐之益，約以外仍保存其許而不與之態度，以爲無窮之市惠，無窮之索酬，以玩我於股掌之上。華盛頓會議，一本斯旨，又加一裁釐加稅未辦以前之過渡辦法，可以經中國哀乞見憐，則許我開關稅會議，而先加二五。於是國中無知識之軍閥，希望此二五附加，如蠅見血。而財政系、外交系亦群集此二五附加稅，以爲取媚軍閥，自固禄位之計。而於自主之國家應有自定之國稅，此義則久抛之夢想以外矣。故謂華會爲外人之惠我者，外交系不知恥之言。其間又牽一收回領判權，司法系亦加入歌功頌德之列。其實與辛丑約有何區別？不過辛丑約爲英、美、日所簽定，其餘各國已無法開議，華會則並爲一團，似可據以求其即派司法調查員，即開關稅會議。夫即調查，即會議，彼於調查後，大可仍主緩撤，會議中大可仍主緩加。又況八國中有一國不批准，至今華會議案仍未爲成立乎？我不自奮，而日望外人之恩我，所得不過如此。今自德約破壞列強之把持，而列強以其操縱在握，不待聲張，已脅取德之從順。若論辛丑約，德固爲庚子聯軍首領，瓦德西之名，猶在人意中。要之以共守辛丑約，德即別有大欲，而此時亦不能表示不願。今再以此束縛俄人，俄不若德之易與，列強所以用降龍伏虎之力，久而尚止有宣傳之言。以吾國民言之，俄之反帝國主義，反資本主義，與我國民相信相重之心，不應爲渺小之利益，受各國牽鼻而喪失國際宣言之人格信用，即曰萬一有此不道德之觀念，要知協定已簽，自生效力。其撤消領判權一事，列強亦未必代俄狡拒。蓋事實久已如此矣。惟平等之稅則，列強必欲誘致俄人，取各國同一步調。若德訂協約，而數年不訂正約，渾渾噩噩，彼此昏然，絕無照約改訂稅則之舉，亦無飭關員分別徵稅之文，則所謂辛丑約之約束，於焉備其能事。殊不知俄多陸路通商，西路新疆已有局部之約，東路亦頗有變化，耳目眾多，未必能聽北京政府昏昏入夢。俄雖順使團之指，狡稱辛丑約之別有支梧，而數千里壤地相接之商務，節節捍格，夫豈數月來急急通好之意？故以吾觀之，使團之所宣傳，決非俄使之所受也。

（1924 年 8 月 3 日）

江蘇之法統

自政體既爲立法、行政兩相對峙之局，有議會之痛苦，人人能言之，無議會之痛苦，自今乃漸感覺矣。蘇人對議會，似懷時日曷喪之恨，最後之葬送，乃在阻絶省自治之産生，法外延長其任期，使與永不産生之省自治，相伴以終古。觀議員中有數十人通電主張期滿，可知存此不肖之念者，亦祇其一部分。假使以公平之立法宗旨，不甚違反省民渴望省自治之心，則舊議會期滿，新自治法未成，青黄不接之交，商榷職業團體之選舉法，選舉省議會自身之代表，其事尚繁，省民必有要求省議會，終了其職責而後去者。夫延期之説出之省民爲大順，出之議員自身則爲大惡。天下事弄巧反拙，往往如此。往事已矣，凡吾蘇人，將因省議會之自殺而與之俱殉耶？將厭棄舊省議會而並不希望有新自治法耶？將自咎其上一次選舉之不得其人，遂不惜舉蘇省之政盡委諸軍閥官僚，而更不容民意之復有參與耶？此必非人民愛護參政權之本意，與其監督行政之本能。要知主權在民，惟民意之所主張，則違法可以糾繩，無法可以創造。往時用議會爲代表，本非最近政治潮流之恒向。省議會之自殺，安知非蘇人空諸翳障而徹底更張之機會乎？

省議會通過之法案，有所謂《江蘇省省自治法會議組織法》。據此標題，已爲越權無效。《憲法》第一百二十六條："省自治法，由省議會、縣議會及全省各法定之職業團體選出之代表，組織省自治法會議制定之。"則組織此會議，乃選出代表之職權。省議會縱云亦有選出四分之一以内之代表之權，其在未選出以前，省議會是否應束縛其所選之代表，姑置不論。至以束縛縣會及職業團體之代表，則根本不生效力。代表舉齊之日，一推即翻，自無疑義。此縣議會聯合會電請照案公布，意當在此，然無奈其自稱依《憲法》制定之代表選舉法，包括於組織法中者，所定選舉之條項，以籍隸本省之人民爲限，遂爲省署據《憲法》第百二十七條第四項"住居省內一年以上之中華民國人民，於省之法律上一律平等，完全享有公民權利"云云，遂指省議會選舉條項爲違憲，此則省署之誤。《憲法》第百二十七條，乃省自治法已定之後，選舉新議會及選舉省務院員之規定，不與百二十六條選舉自治法會議代表相蒙。自治法會議代表職權祇有一次，且絶不行使經制之公民權，並無應用住民資格保障權利之故，即予加嚴其限制，使代表必以占籍稍久之人爲限，夫亦何害？且《户籍法》究以住居本省若干時，取得省籍，是否亦祇須一年以上，將來視省法律規定，此時更無可的據。而斥省議會法案爲違法，且省署以省法律而咨請内務部核示，尤爲自蔑其省政府之職權。曾服官於君主時代之人，遇無法抵抗民意時，輒用京部相壓制，是爲善則歸己，過則歸君之常態。此所謂歧之又歧者也。

　　報載本省公民莫錫綸等有電主張，用舊法辦第四屆省選，造成一暫時之省議會，又限制其職權，使僅議決省自治法會議代表選舉法，及選出省議會代表爲限，意非不善。然省民既主張停辦四屆省選於前，本謂自治法即將制定，不願多此糜費。且舊選舉之毒害，業已飽嘗，更不願蹈此覆轍。今更造一省議會而限制其職權，此省議會造成，縱議員必仍沿舊法，可以買少數之複選舉人，得之於價購，但既挾民選爲後盾，用何法使其俯受限制？至時恐大有爭執。以吾觀之，省議會所議決之組織法案，可由省署公布，使其中無背於《憲法》之選舉法條文，得一標準。而其闌入組織會議之條文，自應俟代表舉出已滿半數時，開會解決。若四分三之代表願遵此法，則此法能合公意可知。若其不合公意，則代表以《憲法》所賦予之職權，自議定組織之法。豈今日譸張爲幻之省議會所能劫制？是代表選舉法實已制定，而其選出省議會代表，則應由省署定期召集最近曾任省議會議員選舉之。其人數未遽殘缺，猶爲完全之省議會。若其延不到會，延不選出，則罪有攸歸。而縣議會之代表，職業法團之代表，果已畢集，即自行議決會議之組織法，非省議會所能抗也。是無法統而有法統也，若其職業法團選舉之救濟法，是在法團自身。繼續竟吾説。

（1924 年 8 月 6 日）

江蘇省自治法會議代表選舉法（上）

江蘇省議會，議決省自治法議會組織法。其咨省長原文云：“會議之組織，憲法上僅爲規定大綱。其詳細之具體條文，似待各省於定會議代表選舉法時，自行規定。謹本斯旨，制定江蘇省自治法會議組織法，而以代表選舉方法包括其中。”據其文義，蓋明知省議會祇應議決選舉法，其詳細之具體條文，猶有所待，夫果何待？待有組織之職權者，然後規定組織之法。從《憲法》第百二十六條“省自治法由省議會、縣議會及全省各法定之職業團體選出之代表，組織省自治法會議制定之”，是則由選出之代表，組織會議，《憲法》所明定也。此代表爲制定省自治法之人，其能力可以制定永久之省自治法，斷不至一會議之組織法，而假手他人代定，省議會亦明知之，故不曰“應待各省於定會議代表選舉法時，并爲規定”，而曰“似待各省於定會議代表選舉法時，自行規定”。“似”之云者，影射附會，而有慚色也。“自行”之云者，組織者自定。組織法，本無疑義，今乃由省議會代定之，知其不可，而仍稱自行規定，固仍爲影射附會。然亦自知憲法之不可改移，祇可以代定者冒充自定也。又曰“制定省自治會議組織法，而以代表選舉方法，包括其中”，則明未嘗以所定之法，爲渾然之一法，特造一他法而取《憲法》上所賦予制定之選舉法，包括其中。然則選舉方法以外之條文，省議會本已自行區別，其可生效力者爲選舉法之一部分，其效力待組織之代表承認與否而後定者，爲組織法之一部分，取其原文，公布於全省。全省之人，自能瞭然省議會立法之本意，行用其選舉法，其餘不足以越俎代庖之草案，拘束責無旁貸之法定代表也。此代表選舉法之必應公布，不能因其被包括於附屬之條文中而沒之，且正因原咨之揭明，爲被包括於他條文中，可以確從立法者之本意，而分別觀之。"公布"云者，併其原咨而公布之，即斷無流弊之可言也。

　　惟其選舉法之有無瑕疵，則爲能否公布之根本關係。省署之指摘選舉法也，則曰"是案第八條規定代表被選舉權，與《憲法》第一百二十七條第四項規定未符"。此省署之誤會《憲法》條文，謬以百二十七條所定，拘束兩不相干之百二十六條也。百二十六條云"選舉法由省法律定之"，則代表之選舉法，《憲法》已授權於省法律。祇有省民以爲不可行用，公民全體矯正之，爲立法通例中可有之事。除此即無人能限制有立法權者之意思，而強其從我。第百二十七條云"左列各規定，各省均適用之：一省設省議會，二省設省務院，三省務院中所設之員，四省內公民之權利"，此皆制定省自治法時所不可背之原則。實行省自治法之選舉，公民直接選舉時，其資格即當從本條第四項"住居省內一年以上之中華民國人民，於省之法律上一律平等，完全享有公民權利"。今百二十六條之選舉法，選舉人既非直接之公民，乃由省議會、縣議會及法定職業團體行之，何以被選舉者獨必援用省自治法已定後之公民資格，而強求其可通，則必併駁《憲法》百二十六條所定選舉人出於公團，爲妨礙公民之權利。試爲細繹法意，豈非笑談！然省署則貿然咨覆者，勇於指摘省議會，而疎於循誦《憲法》也。且貿然咨請內務部核示，尤爲蔑視省法律，蔑視省議會，蔑視省公署自身。此咨之必應撤回，其違法程度什伯倍於省議會。雖咨內務部，內務部本無權核示，省署亦祇能聲明前咨爲違誤，而於公布議案，與有無曾咨內務部之事，不生停待之故障。其於省議會所議決之違法程序法，自應交回覆議。業已閉會，可以待有省議會之日，補咨結束。而省議會制定之代表選舉法，所附屬之組織法條文，第九條所謂"省自治法會議之集會及會期，依江蘇省省自治程序法第四條之規定"，遂本來不生効力，要爲無關於選舉法之正文，應待組織省自治會議之代表，參考棄取，悉本省議會原咨之意思，分別辦理。故省署除對省議會未嘗違法之法案，依法公布外，實無其他疑義。而省署自身之誤會，則以法律自行糾正，亦所謂"君子之過，如日月之食"，無所用其回護者矣。抑吾於省議會之議決選舉法，其第八條（凡非年滿二十五歲，完全享有公權，籍隸本省之人民，不得被選爲代表），細繹之，轉佩其對於蘇省具有深意。江蘇之法團，如上海總商會，依其歷史，乃全國商會之起源。依其性質，亦全國商務之薈萃，依其事實，亦全國商業較繁盛之業之代表所組成。其於蘇省關係，與其謂爲省民之關係，不如謂爲省軍閥、省官僚之更有關係。則苟與以選舉權，不限定選本省籍之人，則吾以上海商會選舉會長觀之，未見蘇人有當選之可能性也，則安得不加一限制也？

（1924 年 8 月 9 日）

江蘇省自治法會議代表選舉法（下）

自省署誤解憲法，停滯代表選舉法之公布，頗動蘇民之恐慌，因有莫錫綸等之通電。其所主張，不外乎救濟事實之窮。苟事實未窮，即無取乎法外之救濟。吾於選舉法之決非違法，且具有蘇省立法之精意，前既言之。則造法之法既已有效，復何窮於事實之患？抑更就莫電玩其種種救濟之美意，復有數點，非推究不能詳盡者。除財政會議之廢止與否，爲另一問題，不在本論範圍之內。有如法定職業團體之選舉方法，莫電根據《憲法會議公報》第五十九册所載説明書，有云"以省議會、縣議會，代表地方，全省各法定職業團體，如農、工、商、教育等總會，代表階級"。"總會"在"等"字之下，明不包括各縣之職業團體，以爲職業者人民之階級，與官吏等爲相對。地方者省之區域，與國家爲相對，制定省自治法，應由省之地方，並其人民之階級，故用兩種標準，選舉其代表。普及各縣者，首爲縣議會，而省議會亦源出於代表地方之選舉，此自爲一系。職業團體，則爲人民階級，其選舉又爲一系，不必復以各縣之意思爲標準，僅由一省省總會選舉之，此一階級之公意。在各該總會，用何方法徵集，可以不爲代定。莫電舉此，無非欲減少職業團體太多，不易支配代表名額之困難。然職業團體苟有意阻礙省自治法，則即用《憲法説明書》爲之限制，而從而破壞者，亦可云説明書未同憲法公布，即無拘束國民之力。且浙江已未嘗遵用説明書，而代表業已選出，尤爲説明書不必拘束之一例。吾之所信，職業團體之渴望者自治法，必不後於省議會與縣議會。其如何可以選出代表，共成省自治法之會議，職業團體自身豈無覺悟，將制成省自治法，而享人民有保障之利益耶？抑但取得一代表，以自重耶？以無數法團，而爭至多不過三十人之代表，爭而不決，甯可以此停滯會議耶？抑謀自決，謀息爭，以期省自治法會議之產生耶？一次之會議代表，與永久之有自治法之省民，孰重孰輕，職業團體必辨之已審。就吾私見言之，吾亦本省職業團體中，一商會團體所推出籌備此事之一代表。吾請上書於原委任之商會，聲明籌備之方法，至足以表明本商會決不爭選出代表之權利，而止其不爭之法奈何。通函全省各商會，各以本會所信仰之商人，推爲候選人，甯缺毋濫。推得其人，即函籌備機關登報宣布，然後委託總商會就已宣布之候選人中投票，選定各總會當推舉候選人。時亦得一例推出，而非總會之商會，決毋以不肖之心待各總會，以爲彼獨操投票權，必專投彼所推候選人之票。要知先期宣布候選人，則其人之是否能副衆望，早可以輿論定之。各總會採輿論以有適從，更無一朝盲動之弊。所可以垂涕而道者，蘇省商人經世界之影響，從前稍露頭角者，大半在救死不暇，負罪引慝之地，其猶能支持未敗者，大半墨守舊習，不知政治之作用，不耐法律之咀嚼，勤勤懇懇，以職業爲神聖，故僅能自保耳。此其人固可尊重，然彼自身必歉然於立法之非其所長，非推彼所信仗之他會員不可。而他會員之向負時望者，苟已遭近日風潮之失敗，自覺有辜負債權、辜負股東、辜負一業或一地方之處，亦決不復敢濫膺此選。故以商會論，可當選者，祇患其少，決無材多之患。工會未經法定，今猶渾合於商會之中。吾就商會一部分言之而如此，其他法團可類推也。夫自治之最高模範，莫高於自決，自決之標的，在能就法律之範圍，而拋棄自私自利之念，以成全體之公益。世界最新最高尚之學說，莫如"自決"二字。今法團之選代表，用自決之主義以集事，不用剛性之條文，以强制行之。則此次省自治法之會議代表，根本由道德之觀念所選成，非但足以自豪於全國，亦可以表示世界而增高國際地位者也。且世界政治之新趨向，方將改地方選舉制爲職業選舉制，職業團體當知以後負政治之重任，獨爲世界之主人。而在國內，則以此次組織省自治法會議，爲職業界以其職業資格參與政治之始。當第一次之盛舉，即表示第一流之高格，作道德選舉之模範，此亦職業家千載一時之機會也。莫電所舉，用以觸發吾人自決之所取準，決不用爲束縛省民、束縛立法者之具，以免召鬨而取亂。遵守省議會所定之選舉法，用自身互讓之道德，以助成之，有此道德，雖無省議會之成法，猶可以自決之上理造成省自治。況已有省議會之立法耶？莫電又以縣議會停選，慮縣議會之推代表不無影響。吾以爲此不必慮。縣議會如不能成會而選代表，則議長即其法定之代表，每縣可出一代表，不比他法團之無術支配也。

（1924 年 8 月 10 日）

不收回滬廨之窒礙與國際觀

上海公廨，經辛亥之變，以華人訴訟而授權於領事之審判，事已奇矣。歐戰以後，國際形勢變遷，新改約諸國，已由我收回領判權，而滬廨尚在領事之手。於是明為外國人，明為設有領事在滬之國，其國人在滬之訴訟，既不復歸其國所設之領事審判，亦與華人之訴訟同屬於他國領事審判之下，豈非奇之又奇？自中德協約定後，已逾三年，德人在滬之訴訟，受審判於英、美、意、日之領事，相忍而未有所別白，近乃由德使要求外部聲明德之放棄領判權，乃信任華官之審判，非謂德領事不及各國之領事，而甘以德國人民受審判於各國之領事。更退一步言之，世界各國既分為同盟、協約兩系，因中國尚未收回滬廨之故，致德人亦與華人同受屈於領判權，亦願就同系之領事得其審判，不願由協約國領事強預此事。此一爭點，今蓋有不能不暴露者。俄約未定，俄人在華無發言之餘地。今俄領已恢復矣，俄人在滬之訴訟，能帖然受審判於他國領事乎？協約、非協約之分別，本與僑民尊重所在國之主權，渺無關涉。德使為此不得已之辭，固所以愧華官，亦緣料俄人之不能默默。德雖在歐之情勢，與俄暫有不同，然固不能太無皂白，永如今日。以故俄人之抗議事實，尚未發生，德使之要求時機，已難延緩。此領判權之團體破裂以來，應有之演進程序也。然則謂撤消領判權之待我司法改良，可知為華會中故意靳我之言。而至今猶迷信華會，欲一一就其範圍，以搖尾乞憐者，真不知國際之實狀者也。吾國法典創始於李悝之《法經》，二三千

年，修明最早，因國體之異同，生系統之差別。然折衷之精
義，從造法根本言之，安得謂我國之法不及他國？又謂世界立
法，當從其多數之相同。則各國間，英美與大陸之法，已甚差
異，大陸各國，又早有法國系、德國系之不同，凡此皆所謂支
節之贅語。要之華官之審判，所以不足取重者，在不重視自國
之民。若其審判外人，則明知萬目睽睽，僑民之後，無不有其
國家爲嚴重之監視，外人來受審判，則司法自然改良，領判權
不撤消，即永無改良之日。國土如是之廣，設官如是之多，稍
有變更，而欲由中央一機關，整齊而束縛之，其能如日本之尅
期振刷，以取悅於外人，固事理之所必無者也。德之法律必不
爲各國所漠視，而其因尊重主權、受我審判既如此，世界諸
國，苟必立異，舍怙其強權以外，復有何情理可言？夫各國之
與我通商，爲有利於商務之取贏耶？抑僅爲行使其強權以取快
耶？吾國民之不惜以利予人，爲懾於其強權而奉之耶？抑互解
其善意而求兩利之道耶？各國之以強權迫我，苟團體不破，其
把持自較易。今已處處窒礙，而各國猶鍥而不舍，此不可謂非
各國之拙。然我國民不出於利害之相抵，而徒踵華會以乞人
憐，則各國又何爲而徒自讓步矣。

　　再以智利領事之強爭領判權言之。智領在外部，已受無領
判權之約束，及其抵滬，則以未有撤銷明文，空自爭執。各國
領事，乃作極冠冕之詞，謂領團非國際法庭，無從裁決中、智
間之事。中、智間之約，由中、智兩國自決之，非各國所欲過
問。准此以談，國際間縱有手腕，亦袛能使本人出面爲止。若
德人之不能受別國領事之審判，既由德使自言之矣，領團復何
辭以謝之？今各國方以團體之自裂爲大戚，日謀所以牽綴補苴
之策，公理已彰，而務抑遏之，未免蹈作勞日拙之失。有如日
本無日不昌言中日之親善，而自二十一條密約以來，近且以日

僑爲暴於吾國境内爲常事，而僑日之華民，受日政府之虐待者，又一成而不變，乃至以重税困我華商。此在一時身受其禍者，不能不據理以相抗。其實彼之恣其苛毒，乃所以深自絕於我國民，慮我國民或久而漸忘，由彼時時提撕而警覺之也。夫差之報越也，使人立於出入必由之庭，而告以不共戴天之恨，由我自相告以國恥，尚需我國民自任其勞，孰若彼自爲之之爲助我有力乎？以中日之貿易論，中國所産，需銷於日本，與日本所産，需銷於中國，孰爲重要，孰爲急迫，國民當自爲計。以世界之貿易論，與其受强權之壓迫，而又爲傾瀉不返之漏卮，孰若受公理之待遇，而與爲經濟互助之友好也。夫領判權其小焉者也，滬公廨尤其小焉者也。其鼓勵我國民，使辨別各國之交際性質，則與日本之侮我，同爲提撕警覺之資者也。

（1924 年 8 月 15 日）

蒙事最近之真相(上)

　　自帝國主義爲過去之陳言，民族自決之潮流，澎湃於世界之上。取此方針以立國者，俄也；執此理性以救世者，美之總統威爾遜也。陳義絶高，人類孰能違反？顧國内所以有出兵外蒙之説者，當中俄協定簽字時，俄人以防遏白黨爲言，非我國有軍隊接防，俄之赤軍，未肯遽言撤退。且外蒙王公及活佛之代表，哀切求援，迫於星火。凡明於五族共和之國體者，披髮纓冠，固不敢視爲鄉鄰之鬪也。荏苒數月，真相漸明，世界交通，究非百年前邊事渺茫，全憑主兵之貪夫，生事之姦宄，飛短流長，恣其謡諑之故態。國民自有耳目，而返觀身負責任之軍閥，乃正居爲奇貨，一用其百年前之慣技，不惜爲國生事，以逞其譸張爲幻之心。我五族國民，同爲民國之主人，不能不互相警告，以防此輩之爲梗於其間，而反階之屬也。

　　百年以前邊事之隔膜，國民當知其時舍一二貪夫姦宄外，別無主人翁自相接近，自相瞭解之機會。今則何如？因中華教育改進社年會，而有呼倫貝爾教育界代表福松亭，及其學務監督郭道甫之蒞會。其來也，固急欲一掃其在遠之翳障。而東南人士，亦承迎諏訪，皇皇惟恐失之。可知吾國民間，自有同胞相愛之真意在。蒙古昔時固曾入主中夏，五百年來，久爲中國捍邊固圉，以遏鮮卑窺伺之縱。觀於滿洲故地，經清代累次割棄，雍正朝已自不免，何況中葉以後？惟蒙古四部，以自爲治理之故，屹然永鎮，疆理尚未模糊。此其爲功於全國者已大，何止歐亞接觸，讀西方歷史，震悚於成吉思汗之威靈，輒引以爲吾國早年之光烈也。以故漢與蒙之感情，有史書之常識者，天然較其與滿族之感情爲摯。而蒙古教育界代表，自道其域內之情事以外，頗有疑於輿論之不廢言兵，此吾國民所可以開誠相見者。輿論之督促軍人，正爲中俄協定中接防職任之所在，決非有仇蒙之意介其間，此固無庸芥蒂者。

　　　　　　　　　　　　　　　　（1924 年 8 月 18 日）

蒙事最近之真相（下）

夫教育界之代表，猶爲蒙古一種社會之表見。呼倫貝爾之教育界，猶爲蒙古逼近黑龍江省之地方。若其青年黨之用事於中堅，直接與聞其政局者，自頃以來，先奔走於奉天，以與關外一部分相溝通，近且接踵於京津，以與全國猶認爲習慣上之首都相浹洽。觀其宗旨，不過不能聽貴族與教宗，永久把持其黑黯，於蒙與漢之合爲一體，未有間言。夫蒙古王公處此進化之時代，豈能顓己自封，挾其百年前成見以求逞。特新舊遞嬗之交，各有利害，遂分保守與進取爲二派。平亭之者，舍我全國主人翁誰屬？夫王公活佛之求援，猶可以古來熟語名之曰内嚮。青年黨之盡情開示，則真民族自決之本能。吾蒙與漢之間，自有六七百年之關係，非外人所能間也。苟以漢、蒙兩族之真主人，共商安内對外之道，則撤兵事宜，由蒙軍任接防，固無不可。慮力有不足，則以漢力助之。要之，漢族之爲力，亦當以人民之能力爲原則。學界灌輸其文化，商界聯絡其實業，自足以消外人之覬覦而有餘。若馮玉祥者，吾民始猶以留意紀律，尚爲軍閥中之佼佼。近以出兵外蒙之名義，索權索利，肆無忌憚，畢露其一年前逼宮造逆之餘兇。索開拔之費猶可，索節制三特區之權猶可，乃至索在蒙借債用“馮玉祥”三字出名，國人不能過問爲條件。此則駭人聽聞，蒙人固應慎其意存撲賣，内地同胞亦孰肯坐視此逼宮餘孽，挾漢族之錄用，而以其醜穢之姓字，遂爲蒙疆之售産主名也？軍閥之自絕於人類，終竟如此。吾漢與蒙之同胞，不起而自圖，斯事復何可問耶？吾雖足跡未至外蒙，於內蒙則東自肇州、新城，西至歸綏、河套之間，亦嘗再三游歷矣。略向蒙人詢訪其語言文字，固知除漢字外，今已無不用拚音之文字。蒙人拚定之文字，爲數尤少，不足以盡事物之繁賾，字簡而語言亦不甚繁。由漢習蒙，尚不難，由蒙習漢，則內蒙本並無絕不通漢語者。外蒙雖寫遠，究亦不以漢爲隔絕之地。庫倫商務，以內地之商爲重心。吾蒙、漢人民本無隔膜，以學與商之精神互助，稍假以時日，雖已有疎邊之跡者，猶能以六七百年之故意，用自決之道，返而還之。歐戰以後，本威爾遜之宣言，以回復數百年來已亡之故國者，僂指數之，不下十餘國矣。或且用住民投票，以決去就，民族自決之本旨如是。吾國同胞，既無乖迕，軍閥雖狡，其何隙之敢乘？恰克圖逼近西比利亞鐵道，庫倫汽車直達張家口，交通之便如此，往來固易於川黔秦隴矣。國民幸共圖之。

（1924 年 8 月 19 日）

民國十三年國慶之回顧

　　《申報》主人以十三年國慶紀念之日，徵求種種內政外交十三年以來之回顧。自頃以來，兵禍洊至，救死扶傷，日不暇給，能作回顧論文者有幾人？且內政外交，堪供人回顧者，復有何事？今日且勿談一切內政、外交，僅就國慶作一回顧，使國民咸知此一事之變遷，則於亂定以後，終必有痛定思痛，起而補救之一日。是吾説固有可資法誠者在也。

　　清宣統三年八月十九，武昌發難。明年改用陽曆，遂數上年陰曆八月十九，爲新曆十月十日，乃命爲"雙十節"，永作國慶紀念日。元年第一次行國慶儀式，其時南京臨時政府已歸併北京，袁世凱爲臨時總統，既以革命爲標幟，若不承認國慶，何以居此元首之名。然袁世凱以爲若由彼舉行國慶，是服從首事之武昌，已且居附和之列，集所曖而謀之，乃昌言武昌起義慶祝大典，第一次當就武昌舉行，由北京撥款助武昌，不嫌鋪張揚厲，以新國民耳目。斯時黎宋卿以副總統留督武昌，固受袁世凱之甘言，且紉其厚意。鄂人承辦慶典，與會颺舉，各省皆有代表馳往與會。酒食宴會，燈綵光明之中，所陳三烈士遺像，起義時殘廢之傷兵，或亡或存，皆於陳列之場，令見者蕭然觀感。吾於其時以事在京，由京入鄂，親聞袁世凱與所親之謀，親見慶祝場所移鄂之盛。蓋是時國慶乃單純政體變更之慶，所謂去專制而共和，心目中有一必至之幸福，與崇德報功之念，油然並興。然按北京政府之內容，於改革一端，陽尊尚而陰拒絕之，雙十之節，蕭然不與都人士耳目相接觸。日夜鈎距黨人姓名，以趙秉鈞任其事，養偵探，獎刺客，預儲來年暗殺宋教仁之機括矣。

二年正式國會成立，美國以國會告成，則首先承認民國。未幾有宋案發生，官僚與改革之政，顯然破裂。軍閥團結，挑民黨之釁，激起變端，而以全力懾服之，摧枯拉朽，不旬月而事定。民氣凋傷，政府黨專制，威迫國會選舉總統。《憲法》中特提"總統選舉法"一章，先行公布，以便產生總統，一日迄事，蓋有武人擅政之風。在國體為陸夷，而在世界政治之變化，則未嘗非令人注目，可出可入之一種現象。蓋以為國有強有力之政府，濟之以嚮治之公心，固亦一轉弱為強之關鍵也。總統出於票匭，形式具備，袁世凱乃特選雙十國慶之日，為就任日。大陳慶典，以正式總統第一次即位之慶，取武昌發難之紀念而代之。上年之不留痕跡於首都，與是年以後，袁世凱心理中所取得國慶代用品之物。蓋以武昌起義一事，隨癸丑兵事為轉移，所謂國慶，亦篡取為北洋正統開創之慶。由此同一國慶之名，同一紀念之日，軍閥與國民，各慶其所慶。每逢此十月十日，皆有兩種極端背離之心理，交迕於其間，有大足供人回顧者在。

民國四五年間，袁世凱知轉移國慶之未足為子孫萬世之計，則有洪憲一案。洪憲紀年，上不及四年雙十之辰，下不至五年雙十之日，遂於國慶紀念日不生影響。而國民與軍閥，遂年年作此同牀各夢之趣劇。其實人民之於國慶，常覺喜與懼交並。夫既以此日為總統每隔五年一交替之期，則交替以前，造成此就任者需經幾許風浪，交替以後，不一二年各方又醞釀下次角逐之地。在位者思久於此位，以永不交替為期。地醜德齊，力可以問鼎者，已先數年為迫令交替之準備。其間召外兵而肇復辟，賣國產而造法外之國會，醞釀成七年之國慶，以徐世昌其人當之。前乎七年雙十之苦累，國民所受者若何，而其後乎七年雙十之苦累，則直皖一戰，直奉再戰，皆徐世昌爲固位之計，而挑撥以成之。直奉之勝負既決，挑撥之伎倆，爲各方所覺悟，而一刻不能復忍，立迫下野，則猶幸徐本依草附木，起家於軍閥之清客，無切實系屬之爪牙耳。由是以黎宋卿傀儡一年，爲軍閥之緩衝。而黎亦不能不作戀棧之計，無武力可藉，則思以政客代之。官職如泥沙，勳章如糞穢，轎夫、走狗請託夤緣之禍，於斯爲極。一年中雖無塗炭生靈之事，而敗壞綱紀，養成不肖議員之嗜利無恥，北京彈丸之地，求如往日反政府黨之門面語而不可得。賄選之罪惡，固有主名，然使議員之前，人人可公然以賄相市，則固黎任一年來剗除廉恥之結穴。繼之以賄選，所醞釀者十二年之國慶，以曹錕其人當之。前乎十二年雙十之苦累，國民所受者又若何，而其後乎十二年雙十之苦累，則有今年十三年度國慶特別大紀念。伏屍流血，邑里爲墟，吳會烽塵，北起燕雲，南引嶺表，天發殺機，人塡浩劫，恐非十三年來戰事所可比。而國慶日適丁其間，國民回顧最爲真切者，莫如此紀念之日矣。

　　夫僅僅加以回顧，此豈娛目適觀之事。今之持論者，絕望於統一，以聯治爲定論，一回顧之效也。至於選舉總統一端，爲牛年雙十之癥結，或爲中間之醞釀，或在交替之節目。不有雙十，安有紀念？非永遠造作紀念，安有苦累？假使永永承軍閥之國慶，實際已篡易我國民之國慶，而國民尚自慶其慶，且與軍閥混同稱慶，則肝腦涂地，應爲祝賀之例文；易子析骸，應爲頌禱之佳語。有此十三年之回顧，吾民尚能不自有主張，以元年之慶爲慶，而與軍閥分其紀念之途乎？分途之策奈何？時賢有曰：選舉總統，以聯省爲基礎。省各選一人爲一任，循環遞轉，庶無武力兼併之禍，此一説也。又有曰：行委員制，無需元首，以絕禍本，此又一說也。要此皆知所回顧者也，吾竊參一解於此。世界之新例，日出而不窮。近英俄訂約，所用國家代表名義，英以君主，俄乃人民委員會委員長。自列甯任此以來，世祇知此委員長，當各國之國務總理。其來也，應由中央委員會任命，非有選舉為後盾，非有憲法上任期為保障，而中央委員會則由全俄大會所複選。全俄大會為國會，中央委員會若國會閉會後之常駐議員會。平時各國方以為俄之中央委員會委員長，必即若各國之總統，而以委員制行之。孰知對外行動，又並此而不復是認也。則委員制之外，又有委員制，皆前此國法學中所未聞。夫以有選舉為後盾，有憲法上任期為保障者，操任命國務員之權，面對國民之威福，對國際之體制，一切渺無關涉。其為國內奔走疏附之集中，國外聘問會同之主體，一以非選舉無任期者尸之。其人不職，歲十易之不為病，不與憲法生影響。尤不令選舉之勞擾，直接為官僚政客，發生生計問題。此亦世界政治之新發明，而為世界錯愕之奇現象。既回顧十三年之國慶，並願回顧新紀元之國法學，為痛定思痛以後，作懲前毖後之計。此吾所願與時賢增一商榷之資者也。

（1924 年 10 月 10 日）

國是會議與國是

國是也者，一國之所是也。國之所是，即凡有血氣，心知不能更改一字，如白日之爲晝，昏黑之爲夜，果腹之爲飽，乏食之爲饑，皆一國是之標準也，此事斷不需會議而決。會議也者，未議以前，莫衷一是；方議而未決，各與議人自以爲是；迨其決也，猶用多少數爲表示，則雖以取決者爲國是，而其中仍含有不以爲是之分子，屈於多數而服從之，其不橫決而獨是其是者幸也。故真國是，必定於會議之先，會議所定之國是，乃衆非爭勝，以勝者爲是之結果也。

吾國今日之國是，以吾一人，坐斗室之中，操三寸之管，大書數字，出而懸之國門。吾敢自信其有過而見之者，必曰是也。即億萬中之一二因其本身利害之關係，心不以爲是，亦且不敢公然宣之口也。此數字爲何字？曰“裁兵廢督”四大字。“督”之下又加數小字，曰巡閱、督軍、督理、檢閱、護軍、鎮守、都統等，凡有擁兵而兼轄地方區域者，皆以一“督”字括之。吾爲此言質於四萬萬同胞之前，倘有四萬萬中之數十百人以上，指斥爲不是者，請罪我，以謝四萬萬衆。

然若開一會議而提出取決，則可卜其必多數不以爲是。其不以爲是之説奈何？曰：兵有去路，而後可裁。有被裁之兵之生活之費，與其改操之業，而後可裁，此皆老成謀國之口吻。當其發言，舉然道貌，自以爲國之元老者優爲之。夫元老則何以偏右萬惡之軍人，則以武人專政十餘年，不接近握權之人，原不知有元老之名稱，與其利用元老資格之巧妙。民國之初，即以亡國大夫爲元老，厭惡科舉而又視曾濫科名者爲貴品，廢除階級，而又視曾充官僚者爲上流，是國之以不是爲是者，未嘗一日而求其是也。今則武人元老，相習十餘年，久而成精，武人所口不能言者，由元老出之，元老所力不能舉者，由武人任之。試問全國之所謂有元老臭味者，有未任軍人所授之高等官職者乎？有未受軍人所給之高等乾修者乎？故軍人而欲破壞國是，第一當召集元老會議。會議本已爲是非之所相持，而元老則尤爲有百非而無一是之產物。以軍人召集元老，不如由軍人派遣旗牌、戈什、差弁、副官之或稍真率，而無惺惺作僞之供人嘔噦也。

　　夫元老之淆亂國是，莫妙於“豫則立，不豫則廢”之説。以元老爲裁兵之預備，今年預備未周，又有明年，明年又有後年，而其間兵已不戢自焚，涂炭民命，毀傷國脈，不計次數矣。一經涂炭毀傷，則善後整軍，盡量搜括，無論其本以豫備爲搪塞也。即真有豫備，已供購械殺人之儲蓄，又作善後整軍額外搜括之張本。言豫備者，所指一度之期限，足以造數次之禍，而國則已亡，更不復勞老成之擘劃矣。夫巡閱、督理等等職名，一出口而廢之，此與兵之生計何涉。既廢此職，兵已與地方區域分離。國民此時不起而爲當兵之同胞代謀生計者，更請罪我，以謝兵同胞。舉債以遣散，點名以核實數，各招本省之退伍兵，以改編本省人指揮之警備隊，再以水利、墾殖等事業，略輔助之。此區區被裁之兵同胞，苟非爲武人教壞，以殺人劫物爲第二天性者，不能不隨時以法律糾正外，自餘皆我人親愛之職業中人。在地大物博之民國，如投盈掬之雪於函牛之鼎，絲毫無損其原有之熱度，況欲求其雪之遺跡耶？故先慮裁兵而後言廢督，即武人與元老結託之至計。先與廢督而後言裁兵，五尺之童，皆能負擔兵同胞生計之一部分。以三萬萬九千數百萬之非兵之同胞，代數百萬之兵同胞，謀甘苦與共之生計，又有民國地廣人稀之基業以容之，天下言化兵爲民之易，未有易於吾國者也。夫吾國言疆域者，不恒云縱橫二萬里乎？以縱二萬與橫二萬相乘，適得四萬萬方里。以四萬萬同胞生息其間，一人可占地一方里，生計之寬，未有過於吾國者也。徒以武人脅吾少數同胞爲兵，爭地以戰，殺人盈野，爭城以戰，殺人盈城，本已人滿爲患之蘇滬，且奔進而無死所，又何論荒涼竊遠之區，爲兵所阻而無法理其秩序者乎？多兵而棄膏腴之大半爲廢壞，裁兵而就版圖之固有爲尾閭，列強紛紛謀國外之殖民，我但安然享國內之生產，而窮年累世所不能盡，故曰生計之寬，未有過於吾國者也。

若夫委員制也，一頭總統制也，地方選舉制也，職業選舉制也，國會一院制與兩院制也。若此之類，本無一是。有如委員制，憂國者謂可以消競爭總統之萌。而據吾國試驗之前例，嘗有以黨派之盤踞，爲廣東政府首席之總裁。雖孫中山亦退避三舍，然而領北廷之乾薪，充南都之掮客，席卷而歸徐世昌，執梃爲降王之長，行政百領之醜，未有醜於民國之委員制者也。然則人也非法也，裁兵廢督，而後倖門窄。倖門窄，而後元老稀。元老稀，而後有總統之欲望者寡。即有承充委員之欲望者，亦寡。以四萬萬同胞，盡力於四萬萬方里之生產，日不暇給，烏有閑工夫爲國民充公僕耶？至其時，迫於衆意，而勉任公職，則無論用何名義，皆視爲義務之期限，與日本等國之兵役期限略同。此則待國是會議決之國是，非今日一國所公是之國是也。

今試更溯"國是"二字之起源。楚莊王問於孫叔敖曰：寡人未得所以爲國是也。孫叔敖曰：國之有是，衆非之所惡也。臣恐王之不能定也。此見劉向《新序》，是爲文字中有"國是"二字相連爲一名詞之始。古之所以謂一是不能勝衆非者，以古本有階級之制，決國是於特殊勢力者之手，與今之元老略同。若由全國之心理求是，則如饑之不可以言飽，夜之不可以言晝。待裁兵廢督之國是定，然後其他之國是會議可開。若由武人元老勾結，以賣我國民，我國民共唾之。

(1924 年 10 月 15 日)

改革後之政論

中國經一次擾亂，現狀增一次痛苦。肝腦涂地，瘡痍滿目，迭次擾亂，未有如今日之甚者。然吾於國事前途，恒持樂觀，而於此次爲尤甚。頃與湯君斐予談政見，有可記者，願以質之當世。

予以武術喻國力，中國舊有之武術，恒分內家、外家，武當爲內家，少林爲外家。黃藜洲之《子・百家》，言之綦詳。外家以善用拳足勝人，拳與拳遇，不敵則蹭，足與足遇，不勝則僵。內家以不用拳足勝人，加之以拳，則拳自廢，加之以足，則足自瘓。中國國家，其受人拳足之蹂躪者，若軍閥之黷武以逞，戕賊國家元氣，國有主人，但心知其不然，初未予以制裁之力，然而軍閥前仆後僵，自相屠戮，事實彰彰也。若列強之積威相壓，束縛國家自由，國有主人，但心知其不然，初未予以抵抗之力，然而列強形格勢禁，自相分裂，事實又彰彰也。故中國之國力，乃武術之內家也。乘軍閥屠戮之後，修我內政，則裁兵廢督，置軍隊於國防地帶，而盡棄滿洲異族之駐防毒政。乘列強分裂之後，善我外交，則速訂德俄商約，收回稅權法權，引平等待遇之國之僑民，與內國人民一律位置，大開內地雜居之禁，則不平等者，爭改爲平等，以求享此均沾之利益。事勢已明白如此，稍有常識之流，來主政局，決不肯失此機會。若猶用巡閱、督軍、護軍、鎮守之前轍，以自棄於國民，猶狙華府會議而自縛於辛丑公約，以取侮於國際，則更勞再舉而已矣。我國民猶是坐觀其成敗可也，予以此告斐予，斐予以爲然。

斐予言曰：外交一事，當別組一研究會，掃除向來言外交者成見。從中德、中俄約爲起點，與華府會議以前方針，截然隔斷，取有此知識者充會員。未知求知，未行求行，此爲一義。若内政一事，則吾不能不爲除舊布新之策矣。除舊奈何？賄選之醜，與者受者皆知之，知之而敢行之，其未敗也，以爲無奈我何，此非國民之所病也。處强力之下，隱忍屈辱，固其所也。今試問吳佩孚之强，何以遇討曹之軍？不如枯朽之耐摧拉，此擁賄選之曹錕，名不正則言不順之所致也。討曹爲國民之公意，彰彰如此，曹錕之罪第一在賄選。若不將賄選一案提交法庭，則此次戰爭之責任，討曹與擁曹者同負之，豈真以開火之先後爲戎首之所在耶？竭全國之力，犧牲全國之民命物資，於正義既昭以後，反由討曹人自行抹煞，使廉恥永爲國家之棄物，戰爭永爲權利之私鬬，此除舊一方未舉之事也。布新奈何？行政首領之取何形式，爲委員制耶？爲非委員制耶？非委員制中，爲有元首形式之舊制耶？爲並無元首形式，而委諸最高議會之新制耶？此非理論所能斷，非簡單所能論，非倉猝所能決，有事實以限制之。雖我主權所在之國民，無有形成爲一致之答解者，則其爲國民會議中待決之問題，已顯然也。若國民自爲表現其主權計，從向例不過曰選舉代議士而已，組成國會而已。此次創鉅痛深，舊選舉法之不適用，舊國會之大不愜於人心，自爲物窮必變之日，以吾（湯君自稱）所見，職業選舉說誠較善矣。然濫用立法之權以參政，枯坐議法，必不如染指政局之有味。實業未發達之國，藉法律以保障職業之觀念，弱於藉政權以發達欲望之觀念。選出之途雖別，當選以後，心理則同。而況國之中，真以職業爲神聖者，並無參政之意思；有參政之意思者，即借職業爲敲門磚。其現象與地方選舉無別

耶？故非劃分參政、立法爲兩途，不能絶憧擾之起因。國家之
有國務，不過爲國民之職業，形成法律而由國務員執行之，此
立法權之必歸職業代表，系統至瞭然也。此如俄之蘇維埃會
議，由鄉職業團體選入縣職業團體，由縣職業團體選入省職業
團體，由省職業團體選入中央職業團體。就發達職業之利益，
以立法仍恐其業務代表，衹有判斷利害之力，而無具體制定法
文之能，且會議決不能終年延長。與今國會相比，而與政府爲
終年對峙，作要求交換之局，則會期多不過數月，更無咬文嚼
字之餘暇。此必有常設之法制院，由職業團體，推有學識之人
組織專門考試，以取職業專門之人，爲終年草定法案之事，以
供立法議會之判斷。此議會令與干政絶緣，則國民職業之利
弊，有所折衷。惟行政部之不利於職業者，則有權議決糾正
之，違反於所立之法者，則有權議決懲處之。立法之權如此而
已。至政治以省爲單位，實本地方遼廓之國情，與分區而理之
歷史，由省自組省政府，以行政治，即爲自治。由省選舉政治
會議代表，以參全國之政，即爲參政權。所參之政，爲執行法
律，以保障全國職業，而免除省與省之衹牾。所執行者，爲職
業家所定之律法，其學問知識，自亦以職業爲本位。國民職業
之代表，不得挾職業團體之後盾，索位祿於政府，有則職業團
體撤回而懲治之。省政府之參政代表，亦不必捨省政府之委
任，索位祿於中央，有則省政府撤回而懲治之。若此則政治之
路清。中央之於省，若省之於縣，縣之於鄉，倖門一塞而無不
塞。官以專門供職，即以考試入官，其來也，非一二在位之人
可以任意引援；其去也，亦非一二在位之人可以任意停罷。若
此則政治之流品，亦不雜。於是政治亦成職業，所謂官僚政
客，一掃而空矣。而吾尤有保存廉恥之一觀念，則國民對於有
廉恥與無廉恥之分別，不可不有勸懲之柄。民國以來，以勳章

等物，爲安慰次等轎夫、走狗之用。故人視之如糞穢，清議不足憑，物論不足憚，故有享名譽一生，而倒行逆施於晚節，講道德爲口實，而大敗決裂於一朝者。個人自殺不足惜，使國家有此禍本，將無復有正人君子之遺萌，非徒不足與世界競生存，亦恐不能與人禽分界劃。可痛可懼，莫此爲甚。中國自周以來，人之爲全國所知者，死而有諡，使斯人之榮辱不能遁於蓋棺以後。意識較高，名業較盛者，不能不有所顧惜於百世之後，此則諡法之不可不復也。其撰擬，設專司之機關，而議決則在立法院，此則民國定諡之手續，大略如此。湯君言至此，予已心韙之，聊述以筆，就正於當世。世能正湯君之言，即可以正予所信不謬與否也。幸甚。

（1924 年 11 月 8 日）

國民對於北洋駐防軍之誤解

古無一種軍隊，遍駐全國，敲骨吸髓，以肥一系之事。惟屈於異族，以我爲戰勝之俘虜品，則有滿洲二百餘年控制漢族之前例。民國以來，以消除種族、同胞互助爲標幟。而以實力爲領袖者，恒出於北洋軍人一系，遂以滿洲駐防之制，移殖於民國。駐防所不到，若西南數省，則視爲化外，而日夜思并吞之。此諸省因亦起與相持，而武力之禍，亦與北洋軍相應。推其禍本，仍應歸獄於北洋。非北洋力征經營，西南武人，挾何説而征繕鼓勵，以作行間之氣。民國用此爲根本之癥結，財政無從而整理，民政無從而劃分，教育無從而興，實業無從而舉，一切法律，皆爲具文，此當爲國民之所知矣。顧數年以前，尚有裁兵廢督之呼籲。近日情勢，國民中日增敗類，竟有以清白之身，爭作武人之鷹犬者。軍隊以民治區域爲區域，於是有省會，即爲武人作喉舌；有省法，即爲武人作保障；有保境安民之語，即爲武人據有地盤之後盾。殊不知民政有境，軍事以國爲境，不驅武人於境外，而要求武人代保我境，是惟恐武人禍我之有已時，又於大亂之後，爲重築割據之壁壘也。然則兩三年前之裁兵廢督一言，又成三代直道之不可復見也。

夫裁兵廢督，國民尚未能自主，是誠然矣。然乘此改革之會，豈並前數年之呼籲而不能自主，所能自主者，乃代武人助長其盤踞，日夜以保境之説，爲武人張目耶？積非成是，生息於駐防制之下有年，搖尾乞憐，不少其人，遂相染而成此奇恥。有如段祺瑞爲武人所推戴，武人之爭先推戴，各爲保持其駐防舊地計也。而國民中竟亦有仰體武人之意，爲勸進之醜態者。夫段於今日，乃國民應與以希望之日。有希望，斯有責難，告段曰：民國之大患在駐防制，若能爲國鏟除，則請宣誓而後受任。若自揣不能，不如其已。又若明知不能，而姑以握權自慰，甚且保守此駐防制，以自復於十一年以前皖系秉政之舊。則國民聽若所爲，與若爲敵者自有各方新勢力，我主人不以輿論相助，此爲國民天賦之特權，不此之務，而務勸進，吾意段祺瑞受之而必愼也。其愼也奈何？洪憲之變，有娼妓勸進團，有乞丐勸進團，惟其違反人心，乃藉此妝點。今我尚爲衆所樂推，而仍以洪憲故事鄙我，是謂我又將以娼妓、乞丐自重也。國民中有無恥若斯者，推其本，亦由誤解駐防軍而來。此不能不爲同胞垂涕而道也。

　　國民若盡袪誤解，則責難之聲，當疾於勸進之聲。苟知責難於段，吾請並談前日之段之受病，與今日之段之自稱覺悟，爲進一步之忠告。夫軍人之言裁兵者，蓋有三次。袁世凱裁他人之兵，獨留所部，以造帝制，其禍往矣。繼袁以後言裁兵者，即爲段氏。至今所可爲段諒者，其裁兵非若袁世凱之別有用心，而其以爲我有兵而後可裁他人之兵，則與袁同。以段之兵，裁他人之兵，他人安肯受裁？將用武力解決武力，必就彼此之武力見一高下而後甘服，此爲一定之理。於是武力統一之夢日進，而益醞釀，爲十一年比武失敗之結果。繼段以後言裁兵者，爲吳佩孚，以慨允黎元洪裁兵之要求，始以搗亂西南，血戰東北終。依然以己之兵裁人之兵，再演武力統一之夢，再醞釀今年失敗之結果。段今復起，其以裁兵爲當然。我知段雖在北洋系中，知識尚優越於國民之仰承軍人餘竅者，然是否仍將以武力解決武力，抑自知並無兩年前可恃之武力，姑且敷衍各方之武力，以養成自己之武力，然後解決他人之武力。凡此兩解，皆段將來得焦頭爛額、身敗名裂之途徑。有此觀念，不若知難先退，下棋念佛，以樂餘年之爲愈也。

　　十一年之吳佩孚，實力優於今日之段，一言裁兵，反響四起。斯時吳之上策，應自裁所部之兵，潔身而去。既不愛財，安往而不得貧窶；既不怕死，安往而不得溝壑。留一環球崇拜之資望，以待事變之來。國民日夜禱祝，世界日夜想望，一出而爲救世之主。蓋自曹、黎津保擾攘以來，恩讎報復，權利傾軋，造成救世主援手之機會，不知凡幾。吳乃殘民以逞，盛名一落萬丈，日益墮落。而日益驕矜，自揣無指揮直系全部之宿望，遂不惜低首下心，列曹家將名籍之首，自承長子，謂他人父。即此一端，亦已不足復成爲丈夫矣。要亦從遷就於武力統一而來，段祺瑞自有本身已蹈之覆轍，再有吳之覆轍供其在野之參考。所謂覺悟，理必有之。但覺悟至何程度，吾不及知。吾以爲真覺悟在不再以武力解決武力，裁兵廢督之旨，鍥而不舍，今日不必若茹若吐，無明白之宣言。廢除一切巡閱、督軍、護軍、鎮守等職，改定軍區，絕不與省之區域相蒙混，非有邊防海防之地帶，不得駐軍。由本省人自練治安警備隊，統率給養，教練配置，皆歸本省人自理。汰軍額十之七八，劃分國稅、地方稅，以清財政。其裁兵善後之費，請國民共負之，若何籌措，惟國民之意。此舉舉數言，爲出山宗旨。有不謂然者，即謹謝不敏。正義不可不存，成功不必自我，苟爲同時之實力派所遏，即守我下棋念佛之素，爲國民呼籲裁兵廢督之首領。呼籲裁兵廢督，得一全國公認之首領，雖欲消滅其效力，而有不能。段應受此責難，國民應以此責難於段。其勸進者，娼妓、乞丐也，其哀求保境安民者，軍閥之鷹犬，而人民之蟊賊也。自非安心造孽之民賊，請速祛此誤解。

　　　　　　　　　　　　　　　（1924年11月11日）

救國與伐罪之界劃

曹錕賄選，留一供人討伐之罪狀，遲早必動天下之兵。動兵以後，正義伸矣。夫正義何爲而必伸，非爲賄選之辱國耶？則伐罪亦救國之一事。然吾國之奄奄一息，非急救不能生存者，已不由曹錕賄選而起。以往之當局，自袁世凱以來，固皆戕賊國脈之人。現在之當事諸公，其歷年對於民國之舉動，又孰不曾爲斲喪國本之事。千病萬痛，皆起於武人之擁兵。擁兵而起總統之欲望，而搆賄選之行爲，皆連雞必至之勢。故伐賄選之罪，在吾國之受病，爲標中之標。因直系犯病之標，而務摧滅之。又以他方之兵，代直系而爲病，則伐罪而非救國，其伐罪乃巧借機會以取直系病國之能事。由我身襲之，去一直系之駐防，來一他系之駐防，病本如故，徒添一治標時之瞑眩憒亂，使之趨死益近而已。

今之言伐罪者，勢必並以救國之名相號召，而國民則毫無相信之意。蓋謂救國尚未貫徹，賄選之案尚未審理，則知當事者之別有用心，汲汲於派兵四出，取敗後脆弱之直系，而奪其地盤。所謂伐罪者爲投機，而所謂救國者乃欺詐耳。以今大勢之表面而觀，不過孫、段、張三頭會議而可定。其間以武力最薄弱者，應最接近於救國，非挾此大名號，不足以壓富有武力者方張之氣也。然事亦非簡單可盡，必謂弱者求勝於公理，又豈無強者以利益爲餌，而互濟其犧牲公理之主張乎？吾爲諸公籌，救國與伐罪，果合而爲一舉也，則掃除有罪之直系勢力，固不在他系之純用強權也。

今使實力最充之當事人，以其真正救國之廢督裁兵主張，本身作則，一紙議案，即成命令，無論直系非直系，凡擁師旅長以外兼轄地方之巡閱督軍等等，一切職名，同日解除。則國民之以四萬萬衆，爲同聲之贊許，豈僅存殘喘之直系敗將所能抗？萬一有不自量之螳臂當此萬牛回首之車，則救國軍以師旅長軍職，率領偏師，所向挾興論之助，一往繳械，如沸湯之沃雪耳。夫此實力最充之一方，舍張作霖其誰屬？張於今日情勢之下，實有得天獨厚之處。他人廢督後，尚須規畫裁兵，關外則養兵本不爲兵之所利。土曠萬里，勞力不敷，發展最下之工，得資必日在半元以上，而兵餉則根於全國之軍制，每兵月餉不過九元，爲兵者何樂辭月十五元以上之工資，而受月九元之額餉？一旦若今秋之役，填屍於長城內外，而動以千萬計乎？且張作霖，以勝直，言威名貫乎國民之耳，以討曹，言義聲浹乎國民之心。今更舉根本救國之圖，成於其手，則其受環球之崇拜，當至何等？癸丑以後，袁世凱力能爲之而不爲，遂爲帝制罪人。壬戌以後，吳佩孚雖未能强人必爲，然可以獨自先爲以激人，使不能不爲，而亦不知出此，遂爲賄選罪人之附屬物。今機會全畀張作霖，乘此大亂之後，全國渴望之時，發一大順人心之言，效力足侔癸丑後之袁世凱，而非壬戌後吳佩孚之所能及。全國解兵，既永無報復之患，而東北洪荒之待啟，又爲張作霖再造蓋世勳業之丕基。蓋他省軍人之言移殖者，轉徙方艱，氣候尤不習。關東之兵，以劍易牛，以刀易犢，乃各自全軀保妻子之樂境。有張作霖之魄力勳望，爲之大興路政，大袪水潦，大展航業，大鞏邊圉，又爲東北新世界之創造主。中年以前，作世界第一仗義之軍人。中年以後，作世界第一造福之救主。恐萬國字典中，無此幸運兒之名字也。若以暴易暴，乘此一役，以伸其武力於關內，失人心而招反動，一朝騎虎，不能復下。則關外子弟，豈以此次慘死爲樂事，關內人戶，豈以換一駐防爲順情，而徒挾推廣奉票，以市近畿賑濟巨款之恩，豈足以補不裁兵不廢督之觖望乎？孰得孰失，張作霖必能辨之矣。

雖然旁觀者清，國民所見則然。當局者昧張作霖所見是否同然，吾尚未敢懸斷。且吾國民原無槍械在手，無成佛待放之屠刀，則挾此奢望，以要求於張作霖。苟非其意之所屬，必且視爲不足信之流言矣。其能以此據理以面請者，則在三頭會議中之孫、段。而段爲諸方所共推，國民尤應以此事責望於段，段亦能安必張作霖之聽從，所能告無罪於國民者，惟此事。若不得請於張作霖，則棋枰固段家故物，經卷亦段家常課，未出津門一步，猶是在山泉水，清可濯纓。勿學十一年之黎元洪，本意未嘗不求一曹吳之裁兵的證，一爲左右獵官之興所迫，畫猶堅拒，暮已飛奔，斯人各有千秋，惟爲窮乏得我之一念所誤，則聞請而入甕，更無自拔之道。前事之不忘，後事之師也。今日之政治，能否入軌，止可作爲一種希望。但政治未必入軌，且請任事者勿遽入甕。舉國勸駕之聲，皆舉國抱甕之人所作。三頭會議中，誰主救國之議，即誰契乎國民之心，有一毅然爲倡者，必無一悍然不應者，所能亂以他詞，必在總統制、委員制等枝節之爭論，國已救矣。此爭論縱經年累月而後決，正復何害？且諸公救國之後，天降之大任已盡，爲總統，爲委員，皆不過藉手以行吾救國之志。試問諸公，豈以行政首長之地位，爲萬不可少之虛榮，與曹錕之犯罪賄選，必一嘗異味者，爲同一嗜痂之癖耶？果如是，吾爲失言，請重演軍閥與國民，相醞釀相澄決之後一幕。

（1924 年 11 月 19 日）

君主先生古義

《韓詩外傳》六，問者曰：古之謂知道者，曰先生。何也？猶言先醒也。不聞道術之人，則冥於得失，不知亂之所由，眊眊乎，其猶醉也。故世主有先生者，有後生者，有不生者。昔者楚莊王謀事而居，有憂色，申公巫臣問曰：王何爲有憂也？莊王曰：吾聞諸侯之德，能自取師者王，能自取友者霸，而與居不若其身者亡。以寡人之不肖也，諸大夫之論，莫有及於寡人，是以憂也。莊王之德宜君子，威服諸侯，日猶恐懼，思索賢佐，此其先生者也。昔者宋昭公出亡，謂其御曰：吾知所以亡矣。御者曰：何哉？昭公曰：吾被服而立，侍御者數十人，無不曰吾君麗者也。吾發言動事，朝臣數百人，無不曰吾君聖者也。吾外內不見吾過失，是以亡也。於是改操易行，安義行道，不出二年，而美聞於宋。宋人迎而復之，謚爲昭。此其後生者也。昔郭君出郭，謂其御者曰：吾渴欲飲。御者進清酒。曰：吾饑欲食。御者進乾脯粱糗。曰：何備也？御者曰：臣儲之。曰：奚儲之？御者曰：爲君之出亡而道飢渴也。曰：子知吾且亡乎？御者曰：然。曰：何以不諫也？御者曰：君喜道諛而惡至言，臣欲進諫，恐先郭亡，是以不諫也。郭君作色而怒曰：吾所以亡者，誠何哉？御轉其辭曰：君之所以亡者，太賢。曰：夫賢者所以不爲存而亡者何也？御曰：天下無賢而獨賢，是以亡也。伏軾而嘆曰：嗟乎，夫賢人者如此乎？於是身倦力懈，枕御膝而臥。御自易以塊，逃行而去。身死中野，爲虎狼所食。此其不生者也。故先生者當年霸，楚莊王是也。後生者，三年而復，宋昭公是也。不生者，死中野爲虎狼所食，郭君是也。

清室優待條件，經疊次政變，及今而始修改。清理清宮之委員，尊稱廢帝爲溥儀先生。俗間以爲廢帝舊擁尊號，而先生乃鄉黨儕偶相爾汝之所用，頗覺耳目一新，此不考古者之所爲也。夫清室積數世之驕恣，得罪於漢人。當宣統間，以立憲欺國民，名爲破除滿漢界限，乃將歷代所不敢不以半數政權畁漢族者，竟由攝政及載洵、載濤、載澤諸親貴，悉行攘奪以去，握海陸軍全權，控財政命脈，自以爲足以制漢人死命。其狡獪愚弄漢人，將駕乎順、康、雍、乾而上。武昌一呼，全國之肩章皆曰，如歷朝亡國死節之士，蓋無一焉。至今猶有一二依戀宮庭者，不過因民國優待費太優，猶足豢若干清客耳。故廢帝早爲不生之一格，其去先生甚遠。清一代歷數諸帝，蓋無一足當先生之稱者。張勳不量清代之力，欲勉強使作三年而復之後生，一試不效，可知其萬無後生資格，而竟得先生之名稱，何其幸也。夫堯舜禹湯文武，皆先生也；太甲成王，皆後生也；歷朝繼世之君，皆可以不生而幸免者也。然則溥儀何以得此於委員之口乎哉？若夫鄉黨相爾汝之先生，則亦有古義矣。請附陳其説。《莊子》"天下篇"，歷舉百家，其於宋鈃、尹文則曰"其爲人太多，其自爲太少，曰：請欲固置五升之飯足矣。先生恐不得飽，弟子雖饑，不忘天下"。王弼注："五升之飯，明其自爲之少。宋鈃、尹文稱天下爲先生，自稱爲弟子也。"宋鈃即孟子書中之宋牼，孟子問宋牼曰："先生將何之？"趙岐注："學士年長者，故謂之先生。"朱文公亦用趙説，似矣而未盡也。宋牼稱天下皆先生，孟子不能不以先生之稱報之，此爲舊注家所未能見及者。然則今之泛稱先生，乃宋鈃、尹文之徒也。雖然鄉黨爾汝，可以泛稱先生，若今之有大責望於其人，如中山先生也，芝泉先生也，雨亭先生也。此不當以宋鈃、尹文所稱爲稱，而當以《韓詩外傳》所稱爲稱。中山先生，芝泉先生，雨亭先生，雖世稱先生，實已屢蹶屢起。由今而善自爲計，僅足當韓生之所謂後生。若今猶不以國民之所欲還國民，吾未見後生之可保，又何論乎長享先生之美名也。全國屬望之先生，不當與鄉黨相爾汝之先生同論。是在段先生之首先自重，與孫、張兩先生之有以輔助而成就之。

　　既徵先生古義，又不得不窮其原本。《韓詩外傳》本覶縷古今名言以説詩，此篇固有所由來矣。賈誼《新書》有《先醒篇》，大致即此文。篇首作懷王問於賈君曰，則韓生之所謂問者，乃梁懷王，而發此偉論者，則賈生也。《史記·儒林傳》："韓生，孝文時爲博士，景帝時爲常山王太傅。韓生推詩之意而爲内、外《傳》數萬言，其孫商爲今上博士。"賈誼爲梁懷王太傅，懷王墮馬死無後，賈生自傷，爲傅無狀，哭泣歲餘亦死，時猶在孝文年間。懷王爲孝文少子，《新書》成於賈生之手，其年輩較先於韓嬰。故知《外傳》爲徵引《新書》，決非賈生用韓生語。所云郭君之不生，此郭君即晉獻公所滅之虢公，傳記常以虢通郭。出亡復國之宋昭公，於傳無徵。惟《韓非》、《吕覽》、《新序》、《説苑》諸書，皆有司城子罕逐其君昭公一事。宋有兩昭公，春秋之昭公爲襄夫人所殺，在司城子罕以前，歷文公、共公、平公三君。平公中葉，乃見樂喜之名。是爲春秋時之司城子罕，其賢行不可勝數。戰國時又有宋昭公，事跡不甚著於史。傳當時必又有一司城子罕，而既逐復國，必即爲子罕所逐。自來論子罕者，頗疑其有賢名而逐君，比於齊之陳恒，則未知其時代之不相接。子罕於春秋之昭公，尚不當其與政之歲月，而昭公亦無逐而復國之事。故知此昭公乃戰國之昭公，其可互相證明者，乃即諸書所云又一子罕之所逐也。

　　　　　　　　　　　　　　　（1924 年 11 月 20 日）

此後政府亦欲財政統一否

民國言財政，率據四年、五年册報。袁世凱自二年用武力統一以後，財政亦從而就其宰制。雖橫徵暴斂，以造成帝制之經費，然其能使各省報解中央，中央能以命令支配各省之出納，則固歷歷不可没也。夫國之有中央，中央之有政府，不出於全國所供給，何以自存？全國不供給中央政府，又何以爲國？袁以帝制自斃以後，國又分崩，其以西南自爲一系，不服從北洋勢力者，財政自亦獨立無待言也。所最不可問者，名爲戴一政府，而擁兵割據，人人自爲。始以藉鹽關等款，因已抵押外債，而受外人干涉，轉爲各省所不敢放手截留，得由外人手中沾丐其餘瀝，以爲政府養命之大惠。近且藩籬更破，鹽餘、關餘亦可以任便截留。債權如何？國信如何？承其禍者，歸結在我國民，原與政府無涉，更與軍閥無涉。故最早國民以破産警告政府，而政府或稍憚，其後政府乃反以破産恫喝國民，而國民轉受政府之搜括，以不欲坐視破産之故而忍之。今則人民亦不以破産之故忍政府，政府亦無庸以破産之説脅人民，人民之輸將自輸將，政府之窮窘自窮窘，各省各自養兵，各省各自宣戰，各省各自奴虜其主人，自各有盤踞之武人，行使搜括之權。而被擁入中央之一武人，名爲得各省之共推，實乃望各省之有土有財，涎垂三尺，而能無爲染指之計。此近年財政之現象也。

報載段祺瑞之未敢輕身入京，以財政無法處理之故。必各省有解款之信約，而後可以示擁戴之誠，而後受擁戴者可相見以誠，而不爲且前且卻之羞態。是説也，果段之主張耶？身任中央政府之責者，孰不欲財政之集中？孰是受人不集中之表示，而甘爲各省不解款之中央政府者？他且不論，即如曹錕之賄選，豈不以爲身入中央，所享財權必更厚於割據直魯豫之時，且各省於賄選之穢款，猶肯報效以助其成。其於以後名分應解之政費，更何待別有要約，而始有報解之望。然至曹錕就職以後，是否能得各省分文之推解，此固全國之所知，豈段氏而有不知者。則方各省勸進之時，索其空言，承認解款，正復何用？夫從前段亦主張武力統一者，豈真好誇示其武力，非亦以武力不能統一，財政即無由統一耶？武力先統一，從而統一財政，袁世凱已行之，歷來趨向於武力統一者，皆欲得袁世凱所曾得之遭遇耳。曹錕恃有吳佩孚之武力，自以爲已經統一直系，而直系又占全國之要津，自信武力本來統一，而財政不足復慮。故曹當賄選告成之日，除心有是非之純粹國民，以天理人情決其必敗外，其餘願爲曹家奴隸者，豈不亦信其武力統一，可以望財政亦能統一，從此遂爲逆取順守，强有力之中央政府矣乎？此次戰後之事變且勿論，戰前曹於財政所不能不痛心疾首者，其願爲裁兵廢督之舉動，實較我主人翁爲尤切，不過待吳佩孚武力統一之日耳。

段祺瑞之被推也，則以標榜和平之故。以各方信其前此武力之失敗，足以醒其統一夢之故，而又灼知其本無武力，無復能再爲統一之想之故。則段之不能再談武力統一，非獨以道德信段，實亦於事實可以信段也。段既不爲武力統一，何由而使財政統一，是否憑信誓旦旦，以爲保障？段而具此信仰，是亦一黎元洪也。然則謂段別有把握乎？吾策其把握之所在，惟有以廢督爲前提，則盤踞財政者既去，財權自然集中。其劃分國與地方，乃由我授權於人，以爲長治久安之計。國民得法律上之自治經費，已額手稱頌，豈復有與國稅爭多少之心？且廢督非裁兵之謂也，目前不裁一兵，但以師旅長直轄於陸軍部，其上不別冠一督，則兵與地方已離而爲二，即與財政隔絶其關係。由陸軍部准撥之餉，恩威在部，由地方官長代撥之餉，情誼亦在地方。兵以衛國，中間無權以自衛之督，兵以衛民，中間更無挾以殃民之督。其規劃減少兵額，以輕國與民之負擔，乃異日之事，非今日倉猝中所即需並辦者也。然則督之走狗，所造作爲裁兵先有豫備之謬論，尤無所施其瞀惑也。直系新敗，苟壓以他系之武力，困獸豈能無鬥？今猶幸吳佩孚見解乖謬，以護憲爲名而相抗，將予他系以迎刃而下之機會。若一旦醒悟，改其護憲之口吻，自白其上年之賄選，本未與聞今年之用武，亦已失敗而覺悟，惟爲國民抗以暴易暴之禍，己不爲前門之虎，特爲國民拒後門之狼。以吳佩孚向來尚不以言語失信，苟有此矢言，而適動國民之聽，則今日以放棄駐防政策者，希望於段，異日可以宣言放棄駐防政策者，復占先着於吳，功與罪一反手之間耳。段久以下棋聞於國，棋最爭先。今後以駐防政策之改否，爲人心順逆之關鍵。吳佩孚不爭此着，則群肓共局，所布之子，皆俗所謂糞棋。如津之妄希財政統一，洛之妄談護憲政府皆是也。若一隙之明，獲轉敗爲勝之妙，吾以爲津與洛宜爭此一着，爲全局死生之轉折。若夫一倡廢督，亦有驟失羽黨同情之患。然四萬萬國民之同情，較羽黨之數孰多？以段本無舊存之多數部屬，不過不得同時大有力者之意，則可以身之出處，爲主張能否貫徹之標準。吳本以能治軍，自樹一幟，碌碌諸武人，稍聽其解體亦何害？挾正義爲前驅，輿論爲後盾，成敗之數，豈可逆料？即爲民請命而再失敗，要已盡洗其曹家將之污名，而仍爲國民崇拜之英雄矣。其見解能否及此，固在吳自悟，亦在段是否以此先着讓人也。嗚呼，禍福豈止相倚伏而已哉！

（1924 年 11 月 23 日）

執政政府與委員制

自歷任選舉總統之禍國，謀國者以改爲委員制，爲救國之要務。自世言段祺瑞不贊成委員制，又有反對委員制之說，並行於勸進文電之中。夫謂委員制亦一議論之點，未必可據爲定論此則是矣。若以段祺瑞所不主張，因而痛詆委員制，此未免以迎合要人之長技，施之於國，是此亦國人舊染之污也。今執政政府制公布矣，是否即委員制，姑就閒暇之日，一評論之。夫段於就任執政之始，尚有根本要務必應表見者。在其數日內，即予表見，使人心服，則吾信其執政，尚爲稱職，以後有解決根本問題，然後卸責。如其通電所言之希望，若依違不敢表見，諉之於善後會議，更諉之於國民代表會議，曠日持久，變端方起，決不我待，此即爲不稱執政之職，無執政之能力。今此之輕出，適爲段最後之犧牲而已。其急需表見者爲何事？第一下令廢督，第二爲賄選案起訴人，此二事全國所同情，與推段爲執政一事並無軒輊。既係全國同情，即不待會議而始決。如執政制六條，不經會議，公然發表，非謂已得國民同情之故耶？何以敢於不經會議，而定自身之地位，獨不敢於救全國之塗炭，與留全國之廉恥乎？就職方始，發表或自有程序，數日之內，未敢以段爲已失人望。姑拭目視之。今且以執政制之條文，釋段之正用最新委員制，以爲國人論委員制之得失者進一解焉。

蘇俄立國以委員制爲國是，其曰：人民委員評議會，會員十九人，一爲議長，餘十八人爲十八部部長。俄有十八部，而

吾國則九部。議長若內閣總理，而權限則非總理所能拘。正如
執政制第一條所謂總攬軍民政務，統率海陸軍，第二條所謂對
外國爲國之代表，皆包有之。俄之第一任人民委員長，即爲列
甯。其在國內總攬政務，固無疑義。其對外之爲代表，俄憲法
無明文。自俄與各國訂約，批准之權雖在中央執行委員會，而
名義仍由人民委員長負之。世乃知俄之人民委員長，非各國之
內閣總理，而適與段之執政權限相合，則執政政府一俄之人民
委員會之委員制也。

　　俄之委員制乃二重委員，由全俄大會選舉一中央執行委員
會，以議長爲委員長，於大會閉會之日，常執行指揮政府之
事，監督人民委員會，遵行大會所議決之事項。而人民委員，
即由此中央執行委員會所任命。如段之執政，在今日爲受全國
之公選，未有執行任命之機關，然使將來組成國民代表會議，
又使此會議正同俄之全俄大會，又使此會議亦因不能常年開
會，而選舉其中較少之數之議員，如蘇俄之限於二百名以內，
以此常年監督政府，則又國會性質之一委員會也。段之執政政
府，已悉符俄之人民委員制。假使此政府性質之委員制，亦如
俄之與國會性質之委員會，兩兩對舉，則姑以私意所擬，有如
孫中山爲中央執行委員會長，對政府爲有力之監督，於事實爲
相當。而中山於俄之委員制，尤所心契。至論孫、段之派別，
自始不同。然孫之爲革命首領，乃事實所成，非政體及法律所
制定。既爲中央委員會長，則爲議長資格，可否取決於議員之
多數，國之政事由全國人共表見其心理，亦與個人之派別無
涉。較之名爲總統，而又以出洋爲條件，種種滑稽之說，豈不
名正而言順？尤與中山所趨向之勞俄制相合，此亦今之執政
制，天然巧合之一途徑也。

　　執政之同符蘇俄人民委員長，權限既大，與以前內閣不

同。而不嫌其過大者，任免之權，出於中央執行委員會，無民選爲後盾，無任期爲保障，惟有能合國民心理與否爲去留之標準。此爲政治中徹底之意義。吾國習於數千年之專制，行政部分之目光，往往以行政首長，比於向時之皇帝，此爲最大之癥結。北京城之中央，再留一皇帝標本，尤爲復辟與帝制，種種不祥之兆所由生。今既由政變之機會，修改清室優待條件，袪除心理上之禍本，正與土耳其之廢教，東西一轍。新造之國，得此振刷，可謂天假之緣矣。傳聞段之入京，京城尚有黃土填道之擧，此未知其信否。然事理宜所必有，非段所能預料而禁止之。蓋伺應此項填道之人役，以此爲開支國帑之例差，非預有禁止明文，豈肯輕棄其衣食之計？彼輩視宮中有龐然大物之出入，爲飽身肥家之職業，烏得而不遇事一試也。黎元洪爲總統，不宿於總統府，晚歸私室，平日出入，又甚輕率，恒攜一手杖獨行，或逕入劇場，賞識其心愛之女伶。當時伺應者嘖有煩言，意謂設有事變，難於防範。黎不以屑意，久亦安之。民國之徹底刷新，非有嚴重監督之又一委員會，能折服此政府之委員會，則雖行委員制，又何補於國。猶之帝室之遺跡，不與掃除，黃土填道等笑柄，終可以遇事發生，有使人防不勝防者也。故爲民國之國民，對此次政變，當以修改清室優待條件，與改定執政制，爲有同等之功，不當復以異說參之。而執政制深爲委員制之創造點，又適出乎希段意者反對委員制之意外。輒書以質之國民。

（1924 年 11 月 26 日）

馮玉祥辭職與段吳

馮玉祥通電，解除兵權，決心下野。其云："務使軍不成閥，閥不代興，斬循環報復之根，去民治推行之障。所有部下軍隊，如何編制之處，完全聽命於國家，另呈臨時執政，懇准辭職"等語。此種徹底了解之言，正吾所謂先以廢督爲第一步，自然進行裁兵爲第二步，可以立見施行，不令軍閥鷹犬，以預備裁兵先籌兵之去路等謬說，爲軍閥固位之計。馮玉祥此舉，其因何激刺而成，可以弗問。要爲國民所急應稱賞，而必予贊同者。顧報載馮所部則懇予慰留矣。所部不足怪，長官部屬，豈無情感？又載段亦果予慰留矣。夫國民所望於段者何事，段此次所負責於國民者何事，馮玉祥辭氣如此，豈尋常稱疾乞退，如工承斌之輩所爲慰留，豈能有效，又豈國民能所諒者耶？

今夫放棄已成之權勢，而取一時至美之名人，以爲所失者甚巨，而所得者甚小，所喪者至實，而所獲者至虛，此真小人之見也。孩提之童，與以百金或飴糖數片，問其何取，必取飴糖。村野之夫，與以商彝周鼎或百金，問其何取，則必取百金矣。以軍閥輩所重視之權，與馮玉祥所謂解兵請自祥始之美名，試並舉而與一人，其人而爲滔滔天下之武人也者，必取軍權，其人而爲乘一時之機會也者，乃取美名使段而能知馮意，則當在准許辭職以後之欽佩，而不在不敢聽其辭職之慰留。夫段之爲舉國所推，豈真謂舉國無高出於段之學識道德者耶？正謂今之大患，惟有割據之武夫，段亦當年割據之領袖，失勢多年，自以念佛示其慈悲，使人信爲似有覺悟，故欲以已覺悟之武人，銷除此輩未覺悟之武人。今見馮玉祥之解兵，尚不玉成其美，則既不知馮意，又豈能知國民之意耶？

且馮之解兵，並電約吳佩孚同退，馮、吳雖相惡，此事則非不利於吳也。吳於十一年戰勝之後，早應爲之，不爲而致敗，及今憤憤於馮之見背。馮之背吳，在未解兵以前，猶曰有要利之心，至解兵，則吳復何詞可藉？吳之愛名，甯不如馮，向以治軍論能否，則吳在馮上，今更以及時下野，爲公義而忘私怨，慨然贊同，則吳亦不失爲人傑矣。馮以人傑贈吳，故曰非不利於吳也。然而吳以好勝著於國，十一年之機會已失，今遭覆敗，又解兵之主動在馮，已居被動。度吳之心，或以僅僅贊同，爲不足媲馮之美，用此之故，不無介介。吾竊有一策於此，吳受馮勸，即於所結合之十省聯防中作一致解兵之約束，有不從者，與國民共唾之，則馮僅能以所部還之國家，而吳乃以向來勢力之所及，爲國鏟除軍閥之大半。吳之報國，其功又在馮上。此有志之士競爭不朽之時會也。

（1924 年 11 月 28 日）

江蘇兵災調查記實弁言

　　傅志章先生，攜《江蘇兵災調查紀實》見示，徵一言以弁之。嗟乎！戰爭云者，國與國間未能有最高裁判以前之蠻野行爲也。世界方倡國際法庭之議，必有一日置萬國於法律之中而戢其橫暴。若夫國內之事，國體已定爲民主，則民未嘗有同胞相殘殺之惡德，獨所僱用荷槍之公僕，蔑棄主人之意旨，而尋仇損毀主人生命財産，搆成内亂之罪。國内豈無法庭，民爲立法之主人，起視執法之公僕，力亦未必能糾正此内亂之公僕，則姑以調查罪證之責自任，法律之有效與否，再視主人之能力而定之。此東南大學諸教授，獨先於各地方之調查，而首成此稿者也。稿中損失之量，皆以數字紀之，以是表示蘇人所罹内亂之禍害。據傅君言，草草創始，未盡其量，災區多未復業，訪問亦有難周，姑爲後來者隄引而已。余亦蘇民，讀之雪涕，竊不能不贅一言者。戰時殘毀之數，諸君子既以統計之法御之，方戰及既戰搜括之數，亦當應有表示之道否乎？以其略舉之。新善後公債八百萬元，一也。兑換券一百萬元，二也。既云兑換券，即現不兑換，流抵他年之租賦，以將來之肉，補今日之創矣。又派各縣兑換基金百萬元，則反以勒發空頭之券，而增攫現金百萬元，三也。預徵十四年忙漕，四也。本年漕糧，各縣多有已預備罄盡者，冬漕尚未屆開徵之期，而明年之漕已令預徵，本年所借之漕，歸欠從何設想？然此欠數，自在應紀以數字，五也。開弛米禁，每石特捐一元，六也。貨物附加税，七也。其餘未能僂指者不計，即此七項，計數當有數千萬。兵後災黎，何辜於天，省政府究竟實收幾何？用之於賑者幾何？現在民既塗炭僅存，兵亦敗亡殆盡，而招兵補缺，置械充數，則日有所聞，其費究何所出？荷槍之公僕，劫掠於前，不荷槍之公僕，攘奪於後，主人哀之，公僕悍然，不曰礙難照准，即曰應無庸議。然則不有內亂，烏從得此任便取求之會也哉？故內亂者，人民之所痛心疾首，官吏之所鼓舞歡欣者也。諸君子調查兵災，能盡災區之實狀與否未可知，不將藉災歛款之數並計之，要仍爲得半失半之道也。諸君子倘有意乎，則此事可根據案牘，坐而計之，無周歷各區之煩，而得真宰上訴之意。東南大學爲本省最高文學之府，有此一舉，蘇人將尸而祝之矣。諸君子勉乎哉。

　　　　　　　　　　　　　　（1924 年 12 月 2 日）

興 業 雜 誌

〔附《改正條約會刊》〕

興業雜誌緣起

心史曰：甚矣，世變之亟也。帝制盛時，國民禁談國事。所謂國民，豈但指耕田鑿井之流而已哉？明明受禄於國，通籍於朝，而以聲病對偶帖括之事箝制之，一言及國家之故，則群以爲不祥，此吾生以來未見之景象也。自外侮日烈，而舊日之藩籬日抉，一時風起雲湧，所謂有志之士云者，爭談政治以自豪。曾幾何時，而政治之外，又以實業爲引人入勝之具。世界大戰以後，潮流所趨，政治固爲高尚之士所厭談，而資本主義，又爲萬國所同嫉。蓋不但政治爲斷港絕流，即實業亦由資本之萬能，一轉而爲勞工之神聖。世變不過數十年耳，新學家所謂思潮，其奔騰澎湃之勢，乃亘歐洲史中上古、中古、近世之三階級，而畢集於最短之時期。閉關以前，進步之遲如彼，通市以後，過程之速如此。試思三十年以前，讀孟子“民爲貴”一章，鮮不以爲充類至義之盡，聖賢用理想爲警世之談，有若今日新學家所云，唱高調云者。未幾而派使考查憲法，又未幾而設館編查憲政，立憲云云，徧於兒童走卒之口。憲之爲憲，正我民所執以處分一國之元首者也。當時主國政者，思以立憲之名，隱行愚民之實，不數年間，遂成改革之局，迄今紛擾不已，憲政尚未落實地。要爲國民尚未盡有立憲國民資格，故以自身之孽力，爲之訓誨，爲之鞭策，爲之警醒而已。若謂吾國終可以不立憲，雖至愚極黯之人，不敢信也。然吾以爲今日自命爲不愚不黯之人，又於孟子書中，發生三十年前之疑念矣。孟子言制民之產，歷告魏惠、齊宣、滕文諸君，讀者從豪強兼併積重已成之後，孰不又以此爲充類至義之盡，聖賢又用理想爲平世之談。然而近數年間，國民駸駸以職業爲第一義，於是人知民產之果須制定，而不可聽其以勤惰勞逸爲天然之淘汰也。即以國内人口之疏密，太不平均，疏處人擁萬畝而不爲多田，密處人有二三畝而不爲無產，分田百畝之法，不復可行，然貧富適均之趨向，已緣人治一業不相依賴而定。故孟子書之逐見實行，前乎此者爲立憲，國無論民主非民主，其必有憲法同也；後乎此者爲制產，說無論共產非共產，其必有職業同也。同人意有所會，兩年以來，從事興業一舉，爰有均益興業公司之組織，爲自業而兼業人之嚆矢。以電業爲百業之原動力，首先從事，由是吾邑農工新業，雜然繁興。夫此所興之業，不過萬億之一二耳。近又挾一宏願，用新學中應用科學，爲參與百業之根柢，擬取利用電力所可興之業，與夫參用科學而後興之業，擇其淺近切實易行者，常常論列於邦人君子之前，冀有所觸發而興起焉。此則雜誌之所由作矣。抑不佞嘗就故紙中，刺取古人所言物理感應諸説，向未加以科學證驗者，就耳目所及，臚舉附載，質諸當世，冀有以審定其信否。並求邦人君子，於此類所謂秘方，裨益工事者，無論得諸故籍，抑口耳所傳，確有徵驗者，倘蒙惠賜登載，以廣其傳，則雜誌願任發表揚名之責，另設"藝事求真錄"一門，附於雜誌之後。此物此志也，即日資爲談助，亦豈不勝於怪力亂神之説乎哉？併列爲緣起如此。

（一卷一期，1925 年 10 月）

國民與改正條約

今日我國任改正條約之事者，試問誰爲主體？自外人心目中言之，方以爲此北京政府之所主持，政府所派議約委員之所指辦。是如是，則不便於此改正之舉者，所施威脅與利誘之兩方法，皆以北京政府爲標的，仍可以向日簡單之手腕行之。威脅奈何？議案肇事之始，英人直以對清代總理衙門之手腕對我，調兵調艦，意謂可使我惟命是聽。既而知我唾棄不顧，然後用關稅會議爲操縱之唯一手腕，不容我開成關稅會議。與雖容我開成，隨時齟齬，使加稅之欲望，無以相慰，此爲威脅之事。助我開成，示我加稅有望，此爲利誘之事。夫此皆所謂以政府爲標的，而未有我國民在其計慮之中者也。

我國民知要關稅會議之開成，本所反對，但無奈政府刻意謀生存之資，無法令其中止。若各國因反對改正條約，而不許北京開關稅會議，國民之大幸也。倘來之財，少入軍閥之手，則國民之生命財產，有少犧牲之望。故各國之所謂威脅，於我國民無涉也。若其開成會議，並議決加稅，無論取加爲二五，或竟加至十二五，則皆所謂利誘，然要非可以此買斷我改正條約之事。即今各國親爲買斷，已將此加稅恩惠，向我政府取得交換條件，暫時背棄國民之公意，許各國緩緩改正。自我國民視之，所失望者乃未能防止軍國之得款耳。改正條約之把握，則猶在我國民，不在政府。何也？我國之爲世界大銷場，政府中若干人，縱窮奢極欲以購置舶來品，其容納之量，決不如四萬萬人之需用一切粗制之物，爲有影響於各國之生計也。國民自以條約之能改正與否，定國際間之待遇，夫孰得而威脅之，又孰得而利誘之？

本可笑者，以條約外之非法行爲，強佔上海之會審公廨。英人思於此稍稍讓步，以緩和滬案之惡感。然正不承認爲滬案之讓步，乃繼接上年八月九日外交部有請使團交換滬廨之照會。一向不復，而今始見復，此爲使國之威信，既可表示滬案中工人、學生之生命，不足影響於國事，又可表示滬廨之可以商量。乃上年接照會後，所發生之善意，使團於此，自謂巧不可矣。若夫滬案正文，則以案初起時六國委員團之調查，爲可棄置，必用司法調查爲推翻前調查之舉。所云六國委員之調查，即盡公正，即果有利於滬案之交涉，滬案自滬案。縱賠償、道歉、懲兇等一一辦到，初於改正條約，不生連帶關係。縱即無滬案，豈不應改正條約？特一致之主張，由有所激而後動。既動之後，已以滬案爲不平等條約中一支節，決不以支節事了而忘其本根。故無論英人之對於滬案，方在極盡其譸張。即英人開誠伏罪，亦不能易我改正條約之本旨。此可以質諸我國民，是否人同此心，即可以昭示於世界萬國者也。

改正條約分稅權、法權兩大端。自餘聯帶之事，如內海、四江、內河之航權等等，皆萬不能不改正規定之事。在各國所真難割捨者，自在經濟上之利益，領事裁判權，不過表面之挾制。我國民既談改正條約，今日已將領判權置爲第二問題。苟非將條約根本改正，則僅僅由外人撤消領判權，我有斷不承受之決心，乃今日之共同覺悟也。夫外人之習爲輕薄口吻者，豈不曰領判權何嘗容許讓步，而中國人偏以不承受相對抗，人之得隴望蜀，莫此爲甚。不知我民之對各國，非以了一事爲願望，正以事之不了爲願望。但得輕薄之口吻，笑我侮我，法權稅權之收回自主，一事無成。相摩相蕩，以成永久相持之局，則感情之衝動，愈久愈烈。即無其他進步，而於鼓勵國貨一端，亦暗中取償而有餘。又況國民日益認定國與國之間，有已改正條約與未改正條約之別。即有時需得二商先進國之助，亦不患無可借重。故苟有求了事之見，則略得勝利之形式，可以空文自慰。有求其不了事之見，則非條約之根本改正，何足懈我之要求乎？

我國民之間，試彼此自相問答，中國之爲中國，固何人所有之物？則無不曰：我國民之物也。雖政府往往與國民異趣，然以民國之主權在民，亦不能不承認此一言也。而彼竭力運用手腕之各國，則于我國民熟視無睹，其意只有法馴伏我政府，即可對此修改條約之事，使之無形消滅。此無非以馴伏清代總理衙門之方法，馴伏我今日之民國。不知國民與國土相附著，欲平全國人民之心，必取全國所不平者而改正之。各國若欲求勝於我政府，而不計通商之利益，則任何方法用之皆可。若爲通商利益而圖得此大銷場，則國民之心不死，固無他巧可弄也。今日之弄巧，爲滬廨之交涉，脫離滬案。滬案之交涉，堅持司法調查，改正條約之照會，不拒絕以情理不合，而延宕以時機未至，此已爲各國經驗有得之進步。若在三個月前，則其所弄之巧，方在租界架炮，黃埔駐艦，作此片面之咆哮，有不值我人一笑者在矣。顧在今日視之，調兵調艦爲不值一笑。在閱數月而視今日，則今日之所爲，何嘗能值一笑？但我國民非以能笑外人爲天職，當提出最要緊之節目，以互相詒勉。其目如下：

一、改正條約，當根本改正，勿容許其撤回領判權等一部分之改正。至上海會審公廨之收回，尤爲領判權方面一小小支節，更不在改正條約內擬議之列。

二、改正條約，絕不望各國即予改正。各國自有手腕未至用盡之日，何肯許我改正？我但認明世界自有改正條約之國家，我可以分別待遇，以顯改正者有獎勵，而不改正者有懲戒，則願受懲戒者，正可聽其自作自受。

三、改正條約，並不可即得改正。此事甚大，我有能與各國僑民相互雜居之程度，乃可得改正之益。今日正賴各國運用手腕，延不改正而我國民自有著力之處。若其提倡國貨，即著力之見端。辨明世界各國，孰爲已向我改正條約者，即可以著力之把柄。

四、改正條約，令政府任其形式之交涉，我國民絕對不以其成敗介意。以言其成，必無此事；以言其敗，所敗者乃政府中當此局者之顏面，于我國民無關。我國養成此改正條約之知識程度，正賴政府自敗而後成。故他交涉在責外交當局，此改正條約之交涉，在自問此銷費外貨之國民本身，絕不關政府之有能力與否。

（一卷一期，附《改正條約會刊》，1925 年 10 月）

改正條約事實之演進

改正條約之動機，在外交團之自行破裂。外交團破裂之動機，在歐戰。歐戰既畢，當局狃於列強之餘威，竟不敢發改正條約之動議。巴黎和會既幸而退出簽字團，不受日本迫脅無論。至華盛頓會議，尚以不澈底之議案，爲參戰所得之報酬，或詡詡自以爲有利，豈不可憫？至中德協定，而平等之條約，始露端倪，中俄協定繼之，於是國民知改正之機會已至。雖當局意尚茫然，持論之士，已於報章屢有披露。逮滬案起而朝野上下，一致有激而後動。當局既正式交涉，國民亦合力堅持，於是改正條約一舉，爲萬不容已之事實。顧持外交之文字，與公理之糾繩，吾以爲皆表面之力量，可以示我要求之力，不足定彼服從與否之標準。吾會主旨，以國民爲改正條約之中心，以國民經濟爲改正條約之把柄，固不仰外交當局之官樣文章，亦不專賴反對帝國主義之純正理論。將舉彼我之利害，合而衡之，列強不無明達之人，當使知不改正之害，固在我國，然今日實已中於彼國。但取事實之見於報載者，抉擇緊要，醒其眼目，即於此事可明制勝在我，惟國民之自勉云爾。

北京《晨報》六月二十七日載孟森所作
時論，題爲《改正條約之真實把握》

滬案發生，國人知改正條約之舉，刻不容緩，顧前乎此者非不言改正也。在普通國民觀之，以爲非一時可就之事，不過應有此願望而已。國民心理先如此，無怪外人以我爲奢望。我方根本言改條約，彼乃正在推廣租界，霸占條約以外之上海公廨，與我國民要求之旨，極端背馳。此固各國之蔑我太甚，亦我要求改正之不從雙方利害立論，徒以求改正爲我之進取，允改正爲彼之退讓，則我何所恃而取有進取之把握，彼何所憚而有使之退讓之把握，不能不爲國民進一解也。我國爲世界之大商場，世界是否必爭在華通商之利益，此爲我自有之優越地位。自滬案發生以來，國民知以英日爲交涉之對方，與其他各與國無涉，是固然矣。

　須知條約之求其平等，乃與未改正之國爲交涉之對方，亦與已改正之國無涉。國民當知從前外交團一致把持，沿用不平等條約，純以無道行之。斯時國交無從分別厚薄，國民欲要求改正不平等之條約，祇能作爲志願，初無把握之可言。今國際間已自爲分裂矣，舊有約之國而經改正者，德與俄是也。舊無約而以改正之標準，爲新訂之約者，波斯是也。我國民之待遇各國，若不能加以分別，則何以獎勵已改正之國？既無獎勵於已改正之國，又何以懲戒於未改正之國？無獎無懲，何以使各國帖然就範？獎之奈何，許其享有改正條約後應享之利益而已。懲之奈何，限制其止能享於未改正條約應享之待遇而已。已改正條約所應享之利益，內地居住，內地販賣，內地製造是也。未改正條約所應享之待遇，圈禁於租界之內，受領事裁判，保留其協定之稅則是也。內地商業發達，華人則可舍棄租界，而聽爲限制外人之地矣。

　通商立約，歷來甚久。其形成不平等之條文，自清道光間鴉片戰爭以後，中英之約始。以後各國援例請求，清廷無不惟命。已往之荒謬，今已無從追咎。自辛丑公約以來，各國用一致之拘束，於其所不甚愛惜之領判權，則許我改良司法後，可以收回，特保留以爲要挾之具。於其實利所在之協定稅則，永不許我平等，而止以加至值百抽十二五，爲裁釐之交換條件。歐戰後華府會議，名爲因我參戰而市惠，實則爲辛丑之不平等條約，加一束縛。收回領判權，仍以調查司法之是否改良，爲居奇延宕之計。調查員至今不派無論已，即來調查，我國之司法，可以未改良爲藉口者何限？則華府爲辛丑約之束縛一也。裁釐後加稅爲十二五，不過先以七五餌我軍閥，仍用關稅會議，爲居奇延宕之計。關稅會議至今不開無論已，即開會議，是否即許我加稅，權在各國。而其歸結，仍以加至值百抽十二五爲止，永不許我有國定稅則之權。則華府會議，爲辛丑約之束縛二也。條約之不平等，不過法權、稅權兩種。各國之議案如此，國民尚有稱華府會議爲參戰之報酬者，朝四暮三，何其智識之僅與衆狙比也。

　　民國十年中德協定後，外交團對我之約束，始自行分裂，十三年中俄協定繼之。法權已由我純粹自主，充其條文之意，凡中國人所受法律上之處分，德、俄人民皆可受之，無所謂改良不改良。改良係我國之自主權，與我國民受一律處分，爲彼條約上之義務。假使我民可處斬刑，可受笞杖，彼亦決不能邀免，特我已自行廢止耳。稅權則尚非由我純粹自主，條文之意，凡中國人應納之稅，德、俄人民皆納之，無制定保護稅之權，華人在德、俄境內亦然。而國內之釐金等稅，則不以非中國人而倖免，即地方瑣屑之稅，苟居住內地以後，無不照納。以我地大物博，保護稅非所措意，但得此平等納稅制度，已無妨於內地雜居之意義。自今除國籍法中，尚有設特別之規定，如土地所有權及親族相續等法外，其居住、販賣、製造等權，德、俄人民，自當與我國人民一律。今德、俄俱未訂正約，彼此不免遲回。正約一訂，我國民自應認定此已改正條約之國，知其別無強權爲後盾，無貿易則已，有貿易，自當先儘改正條約國之貨。無傭聘則已，有傭聘，自當先儘改正條約國之人，並引而致之各内地，與之攜手於開發實業之途，所謂獎勵者如此。各國而甘以通商内地之優先權，讓諸二三國，於我何與？苟其不甘，則德、俄先例具在，聽彼自擇可矣。至若英、日之違反人道，得罪我國民，以至我民倡經濟絕交之論，則方將以拒絕改正條約爲懲戒，故有獎勵乃可言懲戒也。

或者曰：經濟絕交，乃國民暫失其睦誼耳。内地雜居，於國交上固爲當然，然因一時之事變，而倡議歡迎外僑，保無先受經濟開放之影響。外國資本勢力，流入内地，將舉國而爲外國之勞工乎？應之曰：資本主義之必不能持久，爲世界潮流之所趨。我國人不必爭作資本家，此爲有識者所公認。以我國情勢，資本家已無從產生，可以無慮。所慮者並勞工亦無從產生，則世所謂勞工神聖云云，吾國將自絕於神聖也。得工商先進之國民，爲我到處開發實業，使我神聖之勞工，有所從出，勞工之資格日益增高，其所以自尊爲神聖而與資本家處對待之地位者，自然與世界資勞相對之問題相應合。我國民決不採極端之勞工專制政策，足以緩和世界之潮流，是其有益於世界者尤大。若謂我國養成勞工之神聖，而獨受世界資本家之蹂躪，此則非蔑視我國民，乃蔑視神聖之勞工矣，請勿存此謬見。我國以前無大資本家，國之幸也，我國以後並無新事業之勞工，則國之大患也。故歡迎先進國之工商，乃彼我兩利之道也。

右論發表在政府初受國民意旨，提出改正條約照會之時。時亦有疑此照會之效力者，吾以爲無可疑也。若非國民有使之改正之決心，其效力必絲毫無有。即國民有決

心，而尚不過如今日之情狀，有氣矜之隆，而無行所無事
之勸懲方法。即其所得，不過爲得一不甚嘲謔之覆文，空
言延宕，覆如不覆而已。於是則有使團中未改正各國之互
商，遷延復遷延，果有一妙手空空之文字致我矣。

英國答復修改不平等條約文

四日北京電　華府條約簽字各國前曾接中政府六月二十四
日照會，促請修改所謂不平等條約。茲已於今晨各以同式覆文
送達外交部，覆文日期爲九月四日。英國之覆文如下：本使於
六月二十六日照會中曾通告閣下，六月二十四日閣下來文所舉
各重要問題，已經英政府審慎考慮。英政府已早知中國輿情主
張重行釐定中國與列強之條約關係，日益膨脹。凡每次修正條
約問題爲兩國所注意時，英政府輒加關心。此種具體之證據，
無庸告知中政府。英政府現準備依一種計劃考慮修改現有條約
之建議。此項計劃，即中國當道表示履行各項義務及擔任保護
各條約特別規定之外人權利與利益之願意與能力，是英政府爲
熱切徇從中政府之願望計，願正告中政府，今當有具體證據表
示中政府力能及情願屬行尊重外人生命與產業之安全，遏制騷
亂與排外之鼓動。此種騷動與鼓動，足傷感情，及引起不利於
進行關於中政府所提交列強考慮諸願望之談判之狀態。中政府
以爲附於各條約之稅則條目足爲中國訂定入口稅則以應本國內
務與經濟需要之大障礙，英政府對此意見，表示同情。惟有一
事未可遺忘者，此項稅則創始於一八四二年，訂此之原意，乃
因當時稅率及收稅手續之變易不定，中外邦交常因此發生衝
突，故藉以爲應付及補救此種狀況之方法耳。此項稅政條目，
商人多不了然。彼等商業輒因估價與征稅參差不一，及強定數

目等情，而受妨礙。英政府敢信協定的稅則不獨爲列強所歡迎，且爲中國所歡迎，蓋向爲最糾紛之問題因此得外交解決也。自一九二二年二月六日簽定之中國關稅條約第二條所述之一九零二年與一九零三年商約訂成後，英政府曾特別注意中政府傾向改革財政企圖之各種證據。蓋此足以表明舊日國際衝突之原因無復可慮，而協定的稅則可加廢棄也。當此項條約在談判中時，中政府曾表示願改革司法制，使之適合泰西各國。參與此項條約之各國曾允力助此項改革，並聲明俟中政府法律狀況，行政措施，及其他各事能令各國滿意，而可放棄各國所享之治外法權時，各國殊願放棄之。列強自此遂注視近二十二年來中政府所施建設司法獨立與頒行司法制法律之種種計劃。顧法庭之建設與法律之頒行，並不能適合大勢之各種需要。蓋法庭非得力能及願意維持法庭及屬行法庭判決之鞏固政府之助力，則不能適當或切實盡其職務或發展之也。所可惜者，中政府於近數年內不能充分屬行其命令，其權力實使所已建設之法庭與審判所難以照常盡其職務。協定的稅則、外人及寓華所享治外法權，爲中政府照會中所提重要問題之二。此二問題前曾受華會之考慮，英政府現信處置此二問題最利便之方法，厥爲永久並謹慎履行在該會議中所擔任之義務。英政府爲達此目的計，擬依一九二二年二月六日條約之規定，派代表參與中國稅務特別會議，且願在該會議或以後之各時考慮及討論中政府所提出於稅則問題上修改條約之任何合理建議。至英政府對於治外法權問題及在華英僑居住與辦理事業所受條約之特別保障將取何步驟，以應中政府之願望，須俟得視今更完全之消息，始能表示意見。處置該問題最便實行之方法，爲依照華會第五決議案遣派委員至華，希望該委員團之調查，可使條約國有所依據決定。對於放棄治外法權，應取逐步的方法，或他種方法，英政府現準備依照上述決議案遣派委員會同其他有關係國之委員集議，希望此委員團能早日開始其對於中國現有司法狀況之調查，提出報告，俾可作根據上述決議案提出條陳，以供關係國政府考慮取銷治外法權辦法之根據云云。

今使憑外交文字爲改正條約之作用，則曠日持久，所得永不過爾爾。吾國在國際間之地位，豈政府之威信，亦非國民之强悍，所取重於世界者。惟地大物博，原料多，銷費之額亦巨，爲世界無上之商場耳。英爲滬案凌蔑我國之當事人，亦爲通商最早商務最繁之國。今彼願以商場之利益，拱手讓人，我國民尚憤其遲延，彼國人已有惜其失敗者。惟彼但就不肯放棄領判權而言，尚爲所見者淺，蓋未知條約不徹底改正，領判權何必收回？姑載彼原説如下。

甘維露論英國對華之失敗

英國甘維露律師昨致函大陸報云：英國外交已在中國及遠東失敗乎？英人與中國人民通商往來，已近二百年，何以今日乃成爲中國全國人民最鄙夷及讎視之外國人乎？而在華之英官，尤爲衆矢之的乎？何以廣州痛恨香港至於極地乎？以上種種問題，誰能予以準確之答復乎？予自問能了解上海租界中曾受教育及負責任之華人之目前心理，今敢忠實質白表示吾之意見曰：苟非英國自動的早日放棄其領判權者，華人之抵制英貨及抵制英航業，將繼續至於無期。果爾，兩國人民間之惡感，必愈增而愈烈，其結果在中國之商人及他種人將同受崩壞與毀敗，可以斷言。夫領事裁判權廢止後，上海英按察使署自須早日裁撤，典簿官及其屬員亦必取消，自爲當然之事。余又敢斷言，在華之最大英商家及金融機關，若果閉擱兩年，斷斷非閉門不可。蓋無論商行或銀行，若不賴華人之合作與善意，決不能繼續營業而獲成功也。華人之加入工部局董事會，及會審公堂之歸還，乃較小問題。目下華人所最注意之大問題，乃爲廢止領判權，其意味即在華一切領事法庭取消是也。今有一語可安穩言之者，即在華英僑之任何部分，倘及今猶圖主張以强力舉動對中國，且竟昧然悍然而實行之，換言之，即重施舊時代之炮艦政策，則彼等將立陷於進退維谷之境，而遭不可挽回之喪失。自五卅事件以來，英國威望一落千丈，果然恢復，亦須期以多年，此固灼然可見者也。夫英國勢力，至今支配公共租界工部局，乃一無可否認之事實。而華人之頑强被拒加入工部局，華人被逐於大半爲華人所納稅款所造之公園，均此勢力爲之。上海跑馬總會及公共浴池之不許華人爲會員之規定，亦此勢力（即英人勢力）爲之也。夫華人並不欲爲上海總會之會員，惟就目下情形推之，似華人祇宜納稅，而不應發言，祇宜與英人作交易，而不應在公共場所與英人平等交際者。此何故耶？今可預言，倘英國官商不速改變其傳統的心理，則華人與在華英商行間，從此將不復有大量之商業往來。英商方面僅通過空言的決議案，實於事無濟。蓋華人所欲得者，乃英人好意與友誼之確實證據，華人並欲若干英官商取消其與華人交際時所抱之優秀人種的驕傲態度。總之，華人願英人立於平等地位，不願其他。據余所得可靠報告，自五卅慘案以來、美、德商行曾接華人訂購機器之大批定單，全價幾達九百萬兩。試問此種大交易，豈不值得注意乎？豈不值得保持華人之好感乎？須知美、德之所得，即英之所失也。甘維露。　　（九月六日《新聞報》）

　　甘維露以律師之身分，若無領判權，則滬公廳根本取銷，影響其切身之利益甚大。然以忠於祖國，不能不發此正論。其實於我國民之所要求，初未全部顧及。假使不將條約全部改正，但以放棄領判權姑慰我國民，我國民萬萬不能承認。蓋留此領判權，以重國民之戚，則其分別於國際間之感情，自能常保其熱烈其態度。而後待遇各國，孰爲已改正條約之國，孰爲未改正條約之國，情狀日益分明，交際日益殊異。可使今日不改正之國，隔閡之時日益久，即商務之損失益多。今更舉一已改正條約之國之人，其偶然流露之言語，可以證國民待遇外人之傾響。非若甘維露氏之言，以德與美並稱。美亦非改正條約之國，不過非滬案中讎視我國民之當事者耳。據甘氏之言，國民乃與已改正條約之德國同視，是尚爲滬案中抽象之表示，非改正條約中具體之行爲也。夫已改正條約之國，若德國其一也。報載有德人之言，更輯如下：

外報論中國法權

　　《京津時報》云：旅華德僑之受治於中國法律，頗關重要，亦極有興味。現中國擬將其他各國人民與德人處同一地位，如德人於此聞法庭顯然受有不公平之待遇，則各國人民之反對放棄治外法權，自理所應有，然德人則幸免於此。余此次來華，對此曾加以特別詢問，然確知德人對於中國法庭，雖未能深信，惟至今所受待遇，頗稱滿意。有某著名德人者，姑隱其名，謂余曰：中國法庭之手續，由我人觀之，有時雖不免奇異，然其判決則頗稱公允，並無不公平之事實發現。中國推事於案情非常注意，與其他各國之法官無異。即以奉天之薛勒爾一案言之，以誤殺一華童，初定監禁七年之罪。上訴後減輕刑期，禁錮未久，即行釋放。七年誠覺太重，我意三年亦已不輕。然即在美國城市，法官以受公衆心理之感應，或亦不免於此。綜之就經驗言之，此案與其他各案，俱能令人滿意。惟司法手續，則由我人觀之，頗覺新奇，而非所素習。試仍舉薛勒爾一案爲例，其問題爲該童之死，是否由於頭部受誤傷不與醫治而死。而法庭所堅持者，則爲無論是否如此，致此傷害之人，即有應得之罪。驟聞之，或因之有不信任法庭判決之意，然實則正欲求一公平之判詞也。當時薛氏曾否認毆擊此孩，謂該童奔避時墮入溝中，以致受傷，且有該氏之英國友人代抱不平，謂判決爲不公平。然路透社通信，謂此舉頗爲公允，即德人亦抱此見解。另一案則被控者爲天津德醫二人，有華人某，其妻死於醫院，即以此爲詞，訴於法院。二德人要求由專家證明，業已用最佳之醫法加以診治。惟法官則以爲無須由專家證明，謂之曰：爾甚富有，彼係窮人，且喪其妻，略加撫恤，不亦可乎？告我之德人謂法官之用意甚是，惟觀念則與我人不同耳。最後仍由專家證明，將案取消。余告以日本法庭亦往往有作此見解者，彼答曰誠然，東方習俗恒有設法調解之舉，而不欲深求法律之條件者。此係我人所居留國之習俗，宜加以原諒。要知我人所居者非倫敦、柏林也。我人四周之人民，其觀念與我不同，即我旅華已久，亦不能深知華人之習性也。且不僅中國爲然，即西班牙、意大利，亦有與美國不同者。在普通各國，毆擊車夫，大抵爲罪甚輕，不過罰洋十元。然在日本，則視爲侮辱全體國人。十年以前，毆一華人，是爲尋常。今則大異於昔，故對於華官之此種理想，殊無可以反對之理由。我人交換意見以後，該德人復續言曰：如能按照暹羅方法，自屬最佳。蓋暹羅審理外人時，有外國法官坐於其旁，助理一切，埃及亦然，自可免其誤會。我亦與華人述及此説，謂高等審判廳中宜聘有外國法官，然彼以爲我係要求任命德國法官，實則祇須熟諳外國法律者，不必問其爲何國人也。惟外國法官是非坐於中國法官之旁同一詢問，或僅於判決之際發表意見，則尚須討論耳。在華人觀之，外國法官同坐問案，必以爲有失體面。我嘗謂華人宜自動聘用，而不可待外人要求，以爲苟而如是，必較爲有益也。

余又繼續詢以邇來外交團提議擬將上海會審公廨歸還中國，俾華官有審理租界中德人之權力，而叩其意見以爲如何。且曰：旅日某德國通信員，積極反對此舉，謂一轉移間，德人及其他無治外法權之外人，俱將受治於華人，而享有治外法權之外人，則獨能除外，未免不合。該德人謂余曰：此種抗議，係出於誤會，我人並無反對中國法權之意。惟我儕德人，與其他享有治外法權之外人，如有訴訟，須由該國領事陪審之舉，則加以反對耳。蓋此舉不合常理，亦無此辦法。兩造訴訟、而推與一造有利益關係之領事爲陪審，此豈事理之平哉？若德人與美人訴訟，而由美領事爲陪審員；或與英、日訴訟，而由英、日領事爲陪審員，此則我人始終反對者也。爭執久之，始與上海領事團議定辦法。如控告德人或與德人有關係之訴訟，須用中立國人爲陪審員，結果頗堪滿意，惟並無反對受華人審理之意。我人所反對者，係受與一造有關係國領事之判決耳。且我人所急宜知者，所謂會審公廨，實係外國法庭，以中國會審官，係由領事團委派故也。余復詢以德人承認取消治外法權時，曾否得有特別利益。彼答曰：否。一九二一年兩國訂約時，聲明德人經商，仍以通商口岸爲限。中國之所以有此規定，諒固深恐享有治外法權各國之人民，援例要求雜居內地所致。實際中國對於此點，頗爲寬大。惟外人則深知有若干地點，其居留之久暫，當一任中國人之意志，蓋按約本無居留之權故也。該德人於是續言曰：德人並未得有特別利益，惟取消治外法權以後，頗得華人好感。上海某德國醫生，曾發表意見謂德人取消治外法權後，不僅得華人好感，商業亦頗受其益。德人商業，一日千里。其他外國商人，大爲驚異。雖此係國際商業潮流所趨，然亦足以間接證明此説之不虛。又與此舉略有關係者，即俄人自取消治外法權後，其商業亦以得有華人好感，而頗多進步。據張家口之英美商人報告，謂俄商在北滿各地，經營皮毛業，殊占優勢，以其能至內地較小城市營業，而不必如英、美人之限於張家口故也。惟據教會報告，無錢財而急待收容之俄僑，頗爲中國各城市之累，已由中國當局令其出境。各國如能以其新方法，代替治外法權，則對於內地之活動，當益形自由。惟今日俄、德人所享之利益，則出自華人之好意，而並非應有之權利也。關於德人受治於中國法律之經驗，則上述之某醫生所言，未能如他人之較爲詳盡。彼曰德人對於刑事控案，並無顧慮，惟民事則不甚信任中國法庭。如有他法，甯在外調解，或請求公斷。該德人意見，以爲中國取消治外法權後之外人損失，與昔日日本取消時大致相同。其他若租界、海關等一切權利，亦將隨之取消。政府機關服務之外人，將多數解職，然亦有若干人可以乘機而起。就關税言之，華人納税素輕，其加以外人之負擔，或不致如日本之重。惟列強如拒絕華人要求，則一時恐無和平之望云云。　（八月二十三四日《新聞報》）

　　夫我國民與各國民之間，其醞釀之程度如是。英以延宕爲得計，我國正以延宕之故而方針益定，待遇之區別益明，於事實可爲於我有利矣。乃彼方以支節中之支節，餌我以滬公廨之收回，或餌我以關稅會議之成立，且復用條件爲交換，以操縱我。此在我外交當局，是否受其操縱，我不敢必。但要問通商之利，是否在操縱外交當局數人，抑在得我四萬萬銷費貨物者之同情。方滬案起時，英以調兵調艦爲恫嚇，可知其對我國民，絕無了解之意，一以數十年前對待總理衙門之方法施之。夫總理衙門可以威脅，銷置貨物者之同情，不可以力取。吾將逐次言之。

（一卷一期，附《改正條約會刊》，1925 年 10 月）

揚子江汽船航運之發達及現狀

（日本出版調查協會原稿，孟森譯）

揚子江汽船航運，當咸豐七年（一八五七年）歐美人以位於黄浦江之上海爲根據，開廣東及天津之航路，又美商公正洋行，始由吳淞上溯揚子江行航。至同治七年（一八六八年），美商有旗昌洋行者，分配數船，開揚子江、天津及廣東之航路。後於同治十二年（一八七三年），中國招商局從事沿海岸綫及揚子江綫之航行，遂買收該行之營業全綫，於是沿海岸綫及揚子江綫，統一於招商局分航之下。雖然，此其爲時亦甚短矣。明年爲同治十三年（一八七四年），即有中華航業公司之創立，其代理店爲英商太古洋行。更後二年爲光緒二年（一八七六年），英商有麥邊洋行。其明年有印度中華航業公司，其代理店爲英商怡和洋行，逐一加入，中國航運界漸次繁忙。續有英華合辦之鴻安公司設立，從事揚子江航業。法國亦於光緒二十三年（一八九七年）興辦東方輪船公司。至光緒二十四年（一八九八年），日本大阪商船會社，亦奉該政府之命，加入此航路，爲後進之同業者。當時受先進諸汽船公司之壓迫，日本於揚子江航業，對列强遂開競爭之端。外國系之五公司，若中華行業公司，若麥邊洋行，若印度中華航業公司，若鴻安公司，若東方輪船公司，與大阪商船會社間競爭大著。大阪商船會社雖甚爲外國系五公司同盟抵制所苦，而能一面持其與五家對抗之營業，又一面更新造喫水淺、容積大之長江輪船，遂打破五家之勢力，延長上海、漢口間之航程，爲上海、宜昌間竭力吸收客貨，營業大見進展。然而揚子江航業之發達，同業者有接踵而來之勢，即於光緒二十六年（一九〇〇年），德國瑞記洋行及美最時洋行，又經加入。及光緒二十九年（一九〇三年），日本郵船會社買收前述之麥邊洋行汽船及航路，用英國旗航行。其明年，日本又於湖南航路，新創湖南汽船會社。揚子江航業之益形多事，咸注目於日本汽船之增加。而日本汽船以各立個別之計算，有必須使之統一者，乃於光緒三十三年（一九〇七年）大阪商船及日本郵船之揚子江航路，與大東、湖南兩汽船會社合併，是爲因統一日本系揚子江汽船之故，創設日清汽船會社，所轄日本汽船雖統於日清汽船會社名下，從事揚子江航行。然此外各國汽船公司競爭如故，且因有統一之勁敵出現，對方愈激而相合，所加擠軋，無所不至。至此等擠軋，於日清汽船會社之事業，根本曾無損絲毫，反似助以興奮之力，於汽船之速力或客貨之管理益加完善，後進之日清汽船會社遂能打破他公司之同盟傾軋焉。由是彼輩請加入同盟，來相交涉，一言之下，立與拒絕，日本旗章爲獨立獨步之表象，放一異彩於揚子江中。而其顯然成新地盤之開拓，則由歐戰勃興，日商因而進展，日華貿易有顯著之發達，則日清公司之功績，有足舉者。有如他公司因競爭而低減運價，則應之以回扣之規約，其對策雖不止一端，總之能與他公司對抗，所以能與日華貿易之發展相呼應。然而歐戰繼續之中，航海船舶，遇非常之幸運，海運界博得巨利。而揚子江航運船舶，因在內河航行之特殊領域，少沐此海運界之大惠。日清汽船會社，方見此外洋船之好收穫，其事業漸入進展之域，初不料排日風潮，已彌漫揚子江航運界之中心矣，中國貨客因此銳減。苦戰十餘年，今正可收全熟之果實時，不想遽罹此禍，以爲其辛苦之報酬也。雖然，排日風潮，一時之颶風耳，而排日之結果，中國商民亦自知被甚大之

損害，逐漸冷淡矣。民國二十六年之排日運動，爲最後之最激
烈者，以故日清公司之揚子江航運亦爲再度逢春，一陽來復，
以卷土重來之勢，擁護日商之發展，正當盡力開發揚子江無限
之寶庫。試查從事揚子江航運之汽船公司，各別分布之勢力如次：

公司名	國籍	上海—漢口綫 (600 浬)		漢口—宜昌綫 (358 浬)		漢口—湘潭綫 (228 浬)		漢口—常德綫 (247 浬)	
		上水 4 日	下水 3 日	上水 4 日	下水 3 日	上水 3 日	下水 3 日	上水 3 日	下水 3 日
		隻數	登簿噸數	隻數	登簿噸數	隻數	登簿噸數	隻數	登簿噸數
日清汽船	日本	9	16,222	2	2,172	2	1,400	1	580
太古	英國	8	14,608	3	3,534	2	1,458	——	
怡和	英國	6	13,156	3	3,950	1	696		
招商局	中國	8	16,608	3	1,766	1	195		
三北	中國	4	4,523	——					
甯紹	中國	1	1,920						
祥泰	中國	2	1,045			——			
計		38	68,082	11	11,422	6	3,749	1	580

公司名	國籍	宜昌—重慶—叙州綫(560 浬)上水下水日數不定				
		A 階級		B 階級		此外 C 階級 3 隻 D 階級 18 隻
		隻數	登簿噸數	隻數	登簿噸數	
日清汽船	日本	2	1,112	——		
天華洋行	日本	1	567	——		
太古	英國	2	1,144	——		
怡和	英國	1	500			
大來洋行	美國	1	563	1	328	
美華洋行	美國	1	476	1	254	

續表

公司名	國籍	宜昌—重慶—叙州綫(560浬)上水下水日數不定				
		A 階級		B 階級		此外 C 階級 3 隻 D 階級 18 隻
公　司　名	國籍	隻數	登簿噸數	隻數	登簿噸數	
亨通輪船	法國	1	563	1	495	
聚福洋行	法國	1	563	——	——	
招　商　局	法國	1	576	——	——	
康甯公司	中國	——	——	1	483	
計		11	6,064	4	1,560	

　　滔滔不斷，流經三千五百浬之揚子江，通汽船民船者，有
一萬二百浬之本支流，其流域七十萬方里，包有一億八千萬之
人口。航路如表所示，分爲上海—漢口綫，漢口—宜昌綫，漢
口—湘潭綫，漢口—常德綫，宜昌—重慶綫。就中有舊歷史之
各國競爭綫，厥爲上海—漢口綫。

　　上海—漢口綫。（本流之下流航路）由上海至漢口，爲揚子
江本流六百浬之航程。揚子江本流在漢口與漢水合。漢水俗名
爲襄河，其源出陝西省西，甯羌州北境之蟠冢山。東流經漢中
府城南，興安縣城北，東折北流而入湖北省境，經郿陽縣之
南，襄陽縣城之北，而東南流。復經安陸縣城之西，潛江縣城
之北，漢川縣城之南，而東南流，出夏口而入揚子江。此揚子
江之流，東南經黃州，又東南而由富池口之南岸，突入江西省
境，由九江稍東至湖口縣之西。鄱陽湖擁江西全省之水，北流
來會，更東流，北岸入安徽省宿松縣境，南岸流經彭澤縣之
西，由江中形如螺髻之小姑山，東流又北。北東經東流縣城之
西，通過安慶之南，而東流經至池州之城北而東北。又東北受
巢湖之水，經蕪湖之西，而北經太平縣城南，和州之東而東
北，由烏江鎮入江蘇境內，由南京之西北，東流經儀徵之南。

又東經鎮江之北時，大運河南北通過，成交叉形。更東南過江陰之北鵝鼻嘴，江水爲山所束，廣僅二華里許，由此而下，漸行漸廣，謂之南洋。於是東經蘇州之北，受太湖支流由白茆河來注之水，更東流經通州海門，挾崇明島以入海。本航路之水幅，在九江爲四千二百尺，南京及鎮江爲三千七百尺，江陰爲三千六百尺，海門爲七浬，普通在一浬以上。江口連海之處，直闊至七十浬，有面積二百七十萬方浬、人口百萬之三角洲，所謂崇明島者，介在其間。又其水之深度，當夏季發水時，亘全區可以喫水二十七呎之大船，自由航行。雖冬季水落，在上海至南京間，喫水仍有二十七呎，南京、蕪湖間有十六呎，蕪湖、湖口間有十四呎，湖口、九江間有十一尺，九江、漢口間有九呎。今以上海爲起點，至上流各港，記其浬數，吳淞十五浬，通州六十六浬，鎮江一百五十八浬，南京一百九十一浬，蕪湖二百五十七浬，九江四百四十六浬，黃石港五百十六浬，漢口五百八十八浬，上海—漢口綫之航程數浬，共爲五百八十八浬。次就各公司於本綫所配定期航行之汽船名，及噸數，建造年別，表示如下（表見下頁）：

表中所記定期航路所配之船，蓋指夏季發水時期之外。若在發水時期，上流航路通暢之時，如現在日清公司之大吉丸，即從四月至十月，七個月間，改走漢口—宜昌綫。而在揚子江所謂發水時期，則指每年從五月至十月之六個月。於此六個月中，外海航行之六千噸級以上者，亦得入揚子江，溯航即達漢口，因此而前記航行船以外，亦多溯江上行，大約爲不定期綫。除此發水期之日本近海郵船會社，及日清汽船會社所有特配船之外，太古、怡和、招商三公司，亦視貨物之需要，臨時配沿海航路船。又因運送特別貨物，以來往之帆船爲主。又有小火輪，終年在內航行。此等不定期船之中，在發水期溯江之

日清汽船會社（一周七回）

船名	登簿噸數	建造年別
鳳陽	2,803	1915
瑞陽	2,417	1904
南陽	1,968	1907
襄陽	1,984	1907
岳陽	1,957	1906
大福	1,526	1900
大貞	1,369	1901
大吉	1,072	1901
大利	1,126	1900
計	16,222	

太古輪船公司（一周七回）

船名	登簿噸數	建造年別
吳淞	2,119	1918
武昌	1,975	1914
黃浦	1,975	1920
鄱陽	1,892	1891
大通	1,882	1391
聯益	1,735	1905
安慶	1,719	—
重慶	1,311	—
計	14,068	

怡和輪船公司（一周六回）

船名	登簿噸數	建造年別
公和	2,825	—
隆和	2,386	1906
德和	2,355	1904
瑞和	1,931	1873
吉和	1,924	1895
聯和	1,735	1905
計	13,156	

輪船招商總局（一周六回）

船名	登簿噸數	建造年別
江安	3,141	—
江順	3,141	—
江華	2,331	1912
江新	2,101	1905
江裕	1,490	1883
江孚	1,488	1874
江永	1,481	1876
江天	1,435	1870
計	16,608	

三北輪船有限公司（十日二回）

船名	登簿噸數	建造年別
長安	1,306	1890
德興	1,270	1890
華利	1,150	—
之江	796	
計	4,523	

寧紹商輪公司（十日一回）

船名	登簿噸數	建造年別
寧紹	1,920	1905

祥泰公司（一日一回）

船名	登簿噸數	建造年別
祥泰一號	475	—
祥泰二號	570	—
計	1,045	—

外海航行船，二三千噸級者，從四月至十二月九個月間，均得在漢口以下航行。此種汽船，非止航業公司所屬，如三井、三菱、東亞、通商等普通商社皆有溯江之船，爲將漢口貨物直運出洋之用。是以漢口之輸出入貨物，若依普通辦法，運至上海換船，裝運出洋，則其結果，上下之費用，及其過載之傷損，必不能免矣。又此直放外洋之便利，爲何如乎？至揚子江水落之時，外海航行之深喫水船，不能溯江而上，船公司因對於通年裝載本公司船之貨主，以全不裝他社之船爲條件，而設減折收價之制。是以僅限於發水期間不定期運送他社船，其需要較爲減少。又在漢口與外洋之直通航路，嘗於一九〇五年則有大阪商船會社，一九〇六年則有日本郵船會社，以漢口爲起點，通行神户、大阪間。夏季發水期之直航，至一九〇七年，因日清汽船會社之創立而作廢。更於一九一八年，日清汽船會社遭歐戰後之財界好況，復行前記之航行，以潮州丸配爲大阪漢口綫。又有近海郵船，亦於同時期配宮浦丸、新浦丸二隻，並三井、三菱及東亞、通商之自船及傭船，皆爲日本國籍船之主要者。而此等外洋航行船之溯江，既限於夏季發水之時，其冬季常得溯江之定期航船，因專心從事揚子江航運之故，特造十二呎至十三呎之淺喫水。其客室作沃盆或盧姆之式，而因水路隨土砂而有變動，必測準航行不至中絶之深度。又外洋航行船，因水之循環較緩，若溯行於揚子江，必有泥滯於空同宿之企由蒲。故本航路之定期航行船，必有特殊搆造，始能隨便爲揚子江航行之用。此特殊搆造之本定期船既成，其裝貨之量，亦超出登簿噸數二倍半至三倍。現在定期就航各社船之登簿噸數，合計六萬八千〇八十二噸，而裝貨之量爲七萬二百五噸至二十萬四千二百四十六噸。一船一年間，假定平均爲三十五次航行，合各定期船之運貨能力有一百十九萬一千四百三十五噸至一百四十二萬九千六百九十四噸之計算。

　　漢口一宜昌綫。（本流之中流航路）漢口一宜昌間之航路，為漢口、四川間通商水路之一部。由漢口溯揚子江，經三百五十八浬之航程，而達宜昌。本水路為揚子江航行大輪船之重點，而宜昌在四川省之揚子江面，為唯一之門戶。宜昌以上，經巴蜀三峽之險，屬特殊小汽船及民船之交通區域。從事於漢口、宜昌間航路之汽船，以光緒四年（一八七八年）有英商立德洋行之使用船彝陸號為之嚆矢。明年招商局亦以江通號回航，並租彝陸號益之。一八八六年，上海海關某君，以其所轄之廣船號回航焉，明年續以寶華號回航焉。又於一八八九年，前記之英商立德洋行，以固陸號，由漢口溯航於上流七百三十七浬之重慶，為四川省民所反對，遂於其明年，為中政府所買收。以此固陸號歸入招商局本航路，為此事之歸宿。一方則於一八八九年，怡和輪船公司，於漢口、宜昌間，配以公和號之二船，是為此航路亦如漢口下流航路之有競爭之始。由是一八〇九年更有太古公司之沙市號，一八九三年更有招商局之快利號，一八九九年更有大阪商船會社之大元丸、怡和公司之柏和號，一九〇〇年更有德國米路楷思商會之美有號、大阪商船會社之大吉丸等，均配以千七百噸內外之淺喫水船，以致競爭漸盛。於是光緒三十三年（一九〇七年）商船游船湖南大東四社，合併而為日清汽船會社，以從事於本航路，有壓迫他社之概。現今尚在從事於本航路之汽船公司，日清而外，雖有怡和、太古、招商，共造千噸內外喫水七尺前後之船，為漢宜間航行之用。然各社勢力以日清為主位，順次數之，為太古、招商、怡和。又其運送比例，雖逐年增減，然其大體，合算太古、怡和、招商三社之攬載，僅有與日清一社比勁之狀態。即日清汽船會社之現狀，已攬得漢、宜間汽船運送貨物之過半，可得而言之矣。

漢口—湘潭綫。（支流之湘江航路）揚子江支流，注於洞庭湖者，在洞庭湖以南有三，即湘江、沅江、資江是也。由漢口至岳州一百二十二浬間，固四時皆便於航行。溯湘江而至洞庭湖東部水道南下之長沙，一百五十二浬間，則多淺灘，航行稍難。由長沙至湘潭，有巴焦灘及鰌潭，一年中得行汽船者，爲六月至十月五個月間。雖往往至十一月，亦有尚得航行者，至八月以後，常有水量增減不定之危險，喫水要爲六呎內外。又從十一月至翌年三月，則喫水三呎以下之小蒸汽船，亦不能航行。因此隨湖水之減落，大輪船於此航路，路綫漸次縮短，或至長沙，或至靖港，或至湘陰，或至蘆林潭即止。不但此也，設水更落，則於岳州，亦有必須換載小汽船、拖船及民船者。而本航路由合併前之日清汽船會社所開，時在光緒二十五年（一八九九年）。至光緒二十九年（一九〇三年），與長沙開埠同時，設立兩湖汽船會社，而從事本航路。明年，湖南汽船會社、太古輪船公司、怡和公司亦參加焉。現尚從事於本航路者，以合併湖南會社之日清會社爲始，而有太古、怡和、招商四社。

漢口—常德綫。（支流之沅江航路）常德位於沅江流域，當洞庭湖之西南部，在距漢口二百四十七浬之地點。而其由漢到常，則自岳州橫過洞庭湖，繞大安島，至沅江水路之洞庭水路，取爲航路。更有航行長沙常德間之小蒸氣船，則自蘆林潭及臨資口，經運河而溯沅江之航路。洞庭水路，每年止六月至十一月，六個月通汽船，餘月則除民船外，殆有水路杜絕交通之勢。長沙、常德間則小蒸汽船之航行，期間爲長，除冬季水落極甚之時外，常可通航，有如民船交通之頻繁焉。昔時雖嘗有開濟會社，及長沙汽船會社之汽船，從事本航路，因缺損之故，廢航無復存者。現除日清會社配船一隻，爲一年二回以上之航行外，太古公司則以臨時派船航行爲度。

宜昌—重慶—叙州綫。(本流之上流航路)由宜昌至重慶三百五十浬，上水四日，下水二日之水路，數年前僅有英商邁之空其(隆茂)、美商大來。(大來)之船，及歐戰後，盛稱開發川省富源。人心集注於四川之富，各國汽船之溯江，不期而增加。由是日清會社亦從一九二三年配以雲陽丸，更加宜陽、德陽二船。又如天華洋行，於其營業中，大注目於川富，以聽天、護法二船，航行此綫。新造之行地、宜慈二船，亦用於本航路，是又不獨日商之注目也。當一九二四年時，宜昌上流航業之開行重慶汽船，共有三十九隻。其有稱法國籍者，實係華人所有，因防兵險而占法籍。所云三十九船，詳列如下：

船名	社名	國籍	登簿噸數	船名	社名	國籍	登簿噸數
隆茂	太古	英	671	字水	明友公司	中	172
大來喜	大來	美	563	大佛	永順輪船公司	中	202
新蜀通	亨通公司	法	約550	益興	益興輪船公司	中	208
福源	聚源洋行	法	563	德陽	日清	日	160
江慶	招商局	中	576	蓉江	峽江論(論下作淪)	中	224
宜陽	日清會社	日	516	慶和	怡和	英	
雲陽	日清	日	596	其川	其來洋行	美	
行地	日清保管中	日	567	蜀通	太古	英	
美仁	美華	美	476	安康	康甯	中	162
萬東	太古	英	473	瑞餘	四川第二軍	中	70
福和	怡和	英	500	元清	四川第二軍	中	30
護法(宜仁)	中國軍隊	日	516	漢華	大中銀行	中	47
望茲(明德)	中國軍隊	日	495	復楚	四川第二軍	中	30

續表

船名	社名	國籍	登簿噸數	船名	社名	國籍	登簿噸數
蜀亨	亨通	法	495	川南	白理銀行	中	
美灘	美孚洋行	美	166	長慶	吉利洋行	法	37
大來裕	大來	美	328	裕川	裕蜀輪船公司	中	
吉慶	吉利洋行	法	120	江源	江源輪船公司	中	150
安瀾	亞細亞	英	142	匯通	新利洋行	日	18
夔江	吳佩孚	中	163	川東	白理銀行	英	120
峽江	峽江諭（諭上作論）	中	185				

　　四川省爲秦巴、蜀二郡之地，故稱蜀省。謂之四川云者，以岷江、雒江、白水、黑水之故。位置在本部之西，跨揚子江之上流，面積二十一萬八千四百八十方里，比之台灣、朝鮮及樺太，共二十五萬八千五百七十七方里，大約止小四萬方里。人口稱有五千四百五十萬，氣候暑熱，土地豐饒，富於物產，真爲世所喧傳之寶庫。唯因三峽之險，阻礙外部之交通，從來貨物運送，需絕高之運費，而途中史不免危險之結果，此其運輸不便，阻止四川貿易之繁盛。又虞人命之危險，人之來往亦不多，四川與外部之直接交涉，自然遲滯。從來對川貿易，除坐莊川省之外國商人，所辦理者外，僅由所謂四川幫之川商行之。彼等四川幫，運土貨來漢口或上海，尤以上海爲主，銷去土貨，買入所需外內國產品。當其出川，在宜昌上流，直至近今，反用民船，必徵高率之運費，其費或至如英國汽船一期航行之代價。夫此汽船裝貨之量，上者五萬噸，下亦三萬噸，航行期間，則止從五月至十月六個月間，餘時必用民船，須耐四十七至七十日之長期危險。是以至歐戰以後，既視四川貿易爲有望，遂一反從前，而激增汽船之數，此殆爲輪運特盛之原因。夫以水流之急，不適二十餘隻以上之汽船航行，自有天然

之限制。故以爲早一日插手於本航路，得航行上之特權，將來獲富源開發之利益，必更滿意。群起競爭，自成現狀，以致保險費之減低，至不能償向來之煤價。蓋在揚子江航運界之各社競爭，始於下流，漸轉而至上流。今於宜昌、重慶間，已爲甚激，又有雖難於汽船競爭之民船，揭反對汽船會社之旗。此其相戰，雖終不敵文明之利器，然亦爲和平主義者，不時於揚子江上卷起波瀾，表面平平坦坦，而裏面湍急之揚子江流，正同此狀況矣。更查由重慶上至叙州之水路，揚子江之西源爲金沙江，其東源爲岷江，西源之金沙江，由雷波而東北，經屏山縣，有馬湖江之別名。再東北經叙州時，東源之岷江，由岷山合大雪山中之大渡河，東南流而來會，由此而下，以揚子江爲總稱。此揚子江，東流至瀘州之東南，沱雒江東南流而注以會之。由此北至重慶之東北時，更有嘉陵江，左挾巴渠水，右受晋江，東南流來會。北之重慶、叙州間一百三十浬水路，爲揚子江上流最終之汽船水路。光緒二十九年(一九○三年)英國淺水軍艦武克，溯金沙江(在屏山馬湖江)至屏山，由此而上，謂雖小帆船不能行矣。揚子江之上流汽船水路，至叙州爲止，並就前表中限於本航路之船，而爲分級。其所以然者，因此綫爲揚子江中最難行航之路，使用於此路之船，必爲特殊之構造也。故依其大小，由大者順次如下，分 A、B、C、D 四級。又招商總局及他中國公司之所有船，特用外國船籍者，防土匪軍隊之襲擊，冀受外國國旗之保護耳。宜昌—重慶—叙州綫，雖有時可細別爲宜昌—重慶綫，與重慶—叙州綫，然宜、叙間之航運，夏季發水，固一時可達叙州，漸次止於重慶，更有停船於宜昌，以待水發期者。從事此間航運之特殊構造船，需得在宜、叙間上水爲度，此處爲揚子江上流航路之宜昌—重慶—叙州綫。而從叙州下至江口，有一千六百浬之航路，由叙州至上流之蠻夷司，民船可通者五十七浬。今若以揚子江本支流航路分區，則有如次：

第一區，（源流航路）爲金沙江航路。叙州與屏山縣間三十三浬，乃航行非常困難之水路，故僅有民船可行。但叙州上水爲日太短，旅客多舍舟就陸。其民船運送，惟裝米茶雜貨等物。本航路上下之民船，因多灘險之故，船之前後備有三四丈長柄之櫂，以助舵之使用，及入叙州下流之大江，乃去此長柄櫂焉。

第二區，（上流航路）指叙州、重慶、宜昌間。此間在叙州、重慶之水路，雖不易航行，然已能通小汽船及大號民船。至重慶宜昌間，則所謂峽江航路越三峽之險灘者也。向用民船行駛，上水四十日，少亦需三十日，水落時尚得通小汽船。萬縣下流，則不在發水期，不能行小汽船。海關亦於此期間，有航行之禁。此期間者，從一月至三月之三個月間也。而叙州下流，則亦水勢頓加，水幅較廣，因而急流不尠。水勢在冬季平均二節至二節半，夏季發水期，普通爲六節。雖亦有灘，不似重慶下流之險。然逢水漲，到處生渦，民船航行大爲所限。汽船則喫水六呎速力十二節者，於普通發水期固得上航，然至水最低時，雖此種淺水汽船亦不能逾灘矣。次至重慶下流，河身曲折，爲江岸江底巖礁相重之水路，故發生急流、急灘、渦流等等多處。所謂三峽諸灘，盡在此間，航行頗苦。又重慶至下流七十浬萬縣之間，殊爲良水路。但萬縣下流，有稍困難之灘，最著者爲大舟澄灘、新龍灘。所謂三峽者，指夔州、宜昌間之瞿唐峽、巫山峽、宜昌峽也。此間有多數峽灘，普通總稱爲三峽諸灘。而三峽航行，雖應停航於水落之時，然依此時期，則亦較有灘險之標準。蓋揚子江之水量，每年從二月下旬爲發水之始，七、八、九三個月間爲最高，從十月下旬爲漸落

之始，從十二月下旬至一二月之交爲最低。故一般所見，上水
以將發水時爲最佳，以水量未多之春季爲航行之好季節，以有
水落之兆之秋季爲次好季節。而於春季水發之速度，比秋季水
落之速度爲緩，故春季航行，不但最爲安全，且以春季水量，
日有若干增減，依此水量之增減，得有對付灘勢緩急之利點。
次至重慶、宜昌間之水幅，廣狹不定，以歸州之六百七十三碼
爲最廣，中口灘之百七十三碼爲最狹。以上爲航行三峽諸灘危
險之概況。事實上此重慶宜昌間之事故，嘗有濮烏愛而氏，統
計此間航行民船，有百分之十一，被全損或被一部分損害。三
峽舊有稱爲江船之救助船，是爲咸豐四年（一八五四年）新龍灘
附近商人等集資造民船三隻，備人命之救助。船舷塗以赤色，
使易別於普通民船，謂之康濟黨救助船。其後得官廳之補助，
增加此救助船。現在四五十隻之救助船，於各灘要所，各有一
隻光景之配置，兼勤於航行船之護衛。因於民國十三年度宜昌
重、慶航路，計各國船之事故，示之如下。內日本船合軍艦共
三隻，並有中國軍用汽船，出事故者約爲五隻云。

船名	船籍	月日	事故	船名	船籍	月日	事故
其川	美	一月十九日下水	接觸	蜀和	意	二月二十五日下水	接觸
益興	中	三月十八日同	同	其平	美	三月二十一日同	同
慶和	英	三月十五日同	同	巴江	意	三月　同	衝突
德陽	日	三月　同	坐礁	其平	美	三月三十一日同	同
其川	美	四月一日　同	接觸	巴江	意	四月十五日上水	同
萬縣	英	四月二十三日同	同	大來裕	美	四月二十四日下水	同
大來喜	美	五月九日　同	同	其平	美	四月二十六日上水	蒲洛培拉

續表

船名	船籍	月日	事故	船名	船籍	月日	事故
平安	法	五月二十六日上水	坐礁	福和	英	七月六日　同	坐礁
宜陽	日	六月二十六日同	同	保津	日	八月十六日下水	衝突
蜀通	英	六月一日上水	同	其川	美	九月十三日上水	接觸
新蜀	法	八月二十九日下水	坐礁	萬縣	英	十一月二日同	同
福源	法	十月三十一日上水	接觸	蜀亨		十一月十一日	駮呼托

第三區，（中流航路）爲宜昌—漢口綫。噸數三百噸以下，速力十四節以下之汽船，四時可行。發水時，千噸者亦可航行。

第四區，（下流航路）爲漢口—上海綫。此不但三千五百噸之大號內江輪船，得四時通航，且於發水期，則一萬噸之戰艦，二萬噸之外洋船亦得航行。以大體言，此航路至爲良好，但水量之增減無常，且發水時水速極強，挾沙而下，至水落時，水道已頗有變化，故非有多年經驗者頗難行航。而水量則在夏季發水時頗深，通全區間，喫水二十七呎之大號船亦得自由上下。冬季落水時，則不過上海、南京間，得通喫水二十七呎之汽船；南京、蕪湖間，則止十六呎；蕪湖、湖口間，止十四呎；湖口、九江間，止十一呎；九江、漢口間，止九呎矣。緣此外海輪船，凡由上海轉入內江各港者，冬季水落時，無復得至漢口。其中間淺瀨之舟，在蕪湖下流四十浬地點，太平方面，有三個沙洲，此處水落時不過深十八九呎。又蕪湖上流荻港鎮之下，約一浬，有一大洲，水落時二千五百噸之外海船頗難逾此。又此洲相近，池州方面之太子磯水道，有時僅深十三四尺。蕪湖上流約九十二浬以上，喫水之淺，雖十一二尺之喫水，亦有擱座之事。九江下流，接湖口之處有二洲，汽船行其間，水落時不過深十呎內外。九江、漢口間水道，淺處頗多，其間水落之時，喫水十呎以上之汽船，航行不易。故水落時，九江恒爲換船裝上水運貨之所，以喫水淺之船上行焉。又揚子江中之潮汐，從江口迄於三百三十五浬之大通，受長潮之影響。在狼山有大潮十二呎，小潮八呎，鎮江則大潮三呎，小潮二呎九寸，愈上愈減云。

　　心史案：內江行船，爲國權之所繫，此不但爲航商之所應研究，及各業貨主之所應注意，蓋今言改正條約者，所應列爲一要目也。夫吾國之喪權，亦豈一朝一夕之故，然不究其事之始末，又何從發其病而藥之？先譯此篇，詳其事實，嗣有論列，將登下期本雜誌，以與國之人，丁改正條約之會，參一解焉。十二月十八日譯畢，草草記此。

　　　　　　　　　　（一卷二期，1926 年 1 月）

改正條約之手續不應倒置

今試問各國通商條約，何爲而需改正乎？則曰以不平等之故。不平等者改而使之平等，此後外國僑商所應遵守於我國者，無異其遵守於世界各國矣。然則我國之待遇各國僑商者，豈能獨異於世界各國乎？故今日當預備之道，在如何待遇外僑而已。若收回上海公廨，乃改正中一小節，當隨全部自然解決，無庸着手於此支節，反使根本延閣。當事者夢夢於此，方以此爲一大事而討論之，則固未有改正條約之志願，但求挽救約外之損失。可以想見，是已爲我國當局之忘其所以矣。又有關稅會議之舉，則更將改正條約中平等自主之定義，根本推翻。先用關稅自主爲討價，以敷衍我國民，繼以二五附加爲本圖，以饜足其大慾。夫果欲自主，即不應開會議。會議即聽各國共主，所謂協定稅是也。政府公然召集關稅會議，以協定之權，授之各國，何謂自主？何謂改正條約？故此次關稅會議，各國之踴躍參加，勝於我國。我國國民固極端反對關稅會議，政府則意在賣我國民，而自乞殘杯冷炙之惠，則反與各國同情。蓋此關稅會議，正與金佛郎等案一律，乃政府欺罔國民，以圖私人之利而利外人，以自害己國者也。全國言改正條約，政府則大開協定稅之會議，若以此爲改正條約之手續焉，謂非倒置而何？

至問所應有之手續果何在？今日世界各國，名爲獨立國家，其於與國訂通商之約者，公例具在。顧國與國間，其先即未有若我國之作繭自縛，造成不平等之條約而待改正於一朝，有之則如日本、如土耳其等。土耳其則情事不同，其改正之手續亦非我國民所盡悉。日本則地近而文字又同，其改正條約之實事，歷歷可數。即如租界一端，彼所謂居留地者，改約以後，民法中遂特設永代借地權一種。夫土地所有權，各國之規定不同。今又以制產法之有別，有土地歸國有者，則私人本無土地所有權，可以不生疑問。又若不分內外國人民，一律可得土地所有權，則亦無變動之可言。今從我國民心理推之，似必不以外人得購土地於我國內爲然，殆與日本人有相同之見解。而此次改正，又以各國自出於善意之諒解，非有强權取締僑民，以爲毁約之行動，亦與日本之與各國改約相符。則對於租界外人先有已租之地，亦必有一種規定，令其可以相安。是否許其設定永租權，此宜有事前之討論者也。夫吾國內開爲商埠之地，除自開之商埠外，原有租界與租借地之不同。若上海公共租界，本爲准許外商得向業戶租地。外商租得本國業戶之地，既繳價於業戶，又須每年納地稅於國家。其租界又有九十九年之總年限，則以契約之性質，自堪就約以俟其自然之解除。惟全國各處租借地與租界，是否悉可以契約爲駕馭？如其可也，則不必別設特殊之物權，有契約者悉照契約行事。其地非租界，向未與外人發生賃貸關係者，則明定爲土地止可租用，不能購買，援照內務部所定自闢商埠章程辦理。夫自闢章程，凡商埠內土地，無論內國商民，外國商民，皆祇有租地之權利。其地當由政府整購於業戶，以國有之地，放租與中外商民，此即土地國有之小影。今未能全國悉用此制，則必規定一國籍法，凡非本國國籍之人，祇有租地權，並無購地權。其年限等條件，悉與內國人民自相租貸者一律。此應研究其手續者一也。

　　土地所有權，屬於民法之物權，既有特殊之規定，以適於我東方之習慣。其餘民事商事，大約可以用我法適用於外僑。法權既已獨立，內國民所遵守者，外國僑民亦應守之。其所以可使之共守者，以我先如是，而後使人如是，且信外人亦可以如是，而非有違乎彼此之禮與俗也。然使竟有禮俗之不同，而不可以相強，則如親族、相續之法，自當各從本國。其間有已成家屬，而其始非由一國之人相配合，則用何標準，而可定爲應從本國之法，與或從外國之法，此當在國籍法中明定之。改正條約以後，無明確之國籍法，烏足以應事變？則此又爲研究之手續二也。

　　今之言改正條約者，固多爲深明不平等之害，而欲求一平等待遇之人。然未嘗無浮慕平等者，聞改正條約，則以爲當然；聞將內地雜居，則又以爲不可，此爲常識欠缺之故。夫未改正條約之先，通商各國，尚當有租界爲外人居住營業之範圍。改正條約之後，租界既悉數收回，若不許其雜居，豈非因改正條約而變成閉關之國？此於事理，必不可通，然昧者或存此謬見。以吾所聞，乃非但鄉曲有此誤會，京朝達官，亦或以內地雜居爲諱，若萬不願其實見者然。然則我之待遇外人，自未嘗平等，何以使外人平等待我？夫我以內地雜居，與改正條約相對待，明白宣布，即外人何從延宕其改正之期？延不改正，即彼之延不雜居。果挾通商之願望而來，又甘以內地雜居之利益讓之他國，此必不然。今各國之敢於延宕，正其察我國民之心理，有憚於內地雜居者。則雖許我改約，至時仍不可通行，而其曲必且在我，謂我之改約乃拒絕通商而已耳。日本人即已有此言論，謂最終當以要求內地雜居爲抵制。不知內地雜居，已包括於“平等”二字之中，各國無不許我內地雜居者。既由我願與平等，豈復靳此雜居，而日人以爲抵制之策，豈非蛇足？而不知非日人之蛇足，乃深悉我當局之隱情也。故對外

要求平等，先對內講明內地雜居之義理，而復可以決先決之問
題。此又應研究之手續三也。

　　既欲研究內地雜居之義理，不得不問彼不願雜居者，具何
觀念。夫謂外人徧入內地，可以洞我內情，此古時對敵國之陳
言。今試問內地風俗與險要形勢，我國民之於全國，其於游歷
考訂者，孰與外人縱跡之多？孰與外人記載之確？今之世，能
通各國語言文字者日多，此層必已見及，可無生今反古之陋
矣。其或積威所劫，以爲外人常挾一強權臨我，一旦徧入內
地，徧與接觸，必有非常之擾累。此亦了無法律知識者所爲。
外人所謂強權，正緣不平等條約所授與。改約正所以取既與之
強權而返之，無條約爲後盾，而別有所謂強權，是以盜賊待外
人也。此必無之理，猶爲易於講明者也。更有人焉，常持經濟
潮流之説，以爲外人挾其雄厚集中之資本，嫻習積久之技術，
團結有法之組織，許其徧入內地，即必吸收我國之大利以去。
彼爲業主，而役我爲勞工，我國民將永受其頤指氣使之待遇，
而莫由自拔。此爲最有力之説，足以間執內地雜居之主張，而
使之不敢啟口。夫此正所謂閉關之見，正八九十年來造成不平
等條約之本旨。以我技術不如人，組織不如人，正賴彼先進之
國之民，來爲師授。一時可以得工作以資生，歷久又可賴師傅
以自立，此正實業中難得之機會。較之措甚巨之學費，赴外國
工廠實習者，勞逸何如？省費何如？若以頤指氣使爲嫌，殊非
今日勞工神聖之時代，所應措意。人必自侮而後人侮之，昔之
勞工，自以爲應受資本家之蹂躪，故安受其資本之氣燄。今之
勞工，知資本家終以愈兼并而愈成少數，資本所投之地，即已
授其生命於勞工。勞工可以不滿意於資本家之故，爲種種之刁
難。資本家豈無偶露之驕蹇，然而積久反動，終爲勞工所挾
持，非盡得其平不止。故在昔日，有資本萬能之迷夢，或不甘

讓外人之投資。今則資勞對待之心理，業已發展，不應復有深閉固拒之見解。人惟不屑爲勞工，所以自絕於神聖，持吾説而先與全國之人共喻之。此又應研究之手續四也。

若夫自定税則之預備，自行整理法庭之預備，與夫就舊約中一切不平等之點，逐一揭櫫而爲改正之要求，此似尚爲國民所注意。但願國民，果有改正條約之決心，萬勿贊成關税會議，至收回上海公廨，聽其早脱一節之覊絆，亦未嘗不可。然當知非有改約之舉動在其後，並此未易有成。此即有成，仍以改約爲歸宿。其於改約之手續，固絕無與焉。

上論屬草甫畢，適北京關税會議開幕，時爲十月二十六日。次日二十七日，內閣會議中有一案云：法部呈，條約特許之外人租建不動産，擬以永租名義登記，決指令照准。據此則改正條約之手續，政府亦知有所預備矣。夫外人租建不動産，視其原有起租之年限，應否有永租之性質，當待以事實分別定之。就近以上海租界而論，即多無需定爲永租者。法部原呈，今尚未見，亦未知其有無分別規定。但觀其提出此案，即可知爲內地雜居之事前布置，果以內地雜居爲改正條約之對待，則又何煩要求，何待議論？但明白宣布，現在已訂平等之約之國，其國僑民，准許內地雜居。其餘未訂平等約之國，聽其願否改約以享此權利。若其不願，舊約具在，租界具在，協定税則具在，領事裁判權具在，令彼永久消受。但勿與已改約之國，比較內地通商之利益，於事理得其極平，於交涉亦行所無事矣。永租登記之詳細條例，由我制定，由我公布，盡可審慎出之，不必因日本法律中有永代借地權一種法文，定爲漫無區別之板法。惟將改約與雜居之關係，併爲一談，速行正式宣示。此全國主張改正條約之真實主腦也。

日本永代租地權，華商亦有應享之一分。上年橫濱華僑，因地震之後，清理債權，知華僑此項權柄單，悉抵入日本銀行，限期取贖，過期拍賣。橫濱華商因此權將全部喪失，頗向政府求助，願政府代贖代管，保全此國民既得之權。政府方急於內爭，不暇顧及，反勸內地商家好行其德。內地商家無從收管此業，遂無應者，其後不知究如何結果。今則國內亦有制定永代借地權之事實矣。回思往事，頗以爲今日之措置得宜。其憑藉與日本不同，其輕簡亦遠勝於日本之改約時也。

（一卷二期，附《改正條約會刊》，1926 年 1 月）

改正條約後之內港行輪

舉國所望之改正條約，以法權、稅權爲兩大事。撤消領事裁判權，撤銷協定關稅權，此在政府，雖尚若明在昧，而國民則已決然自有主張，不與今之關稅會議及司法調查，爲作繭自縛之計，是固然矣。然試聞國有主權，其於領海，尚與公海有別，奈何使內地江河，多爲外人通航地域，甚且本國商船，冒用外國國旗以自庇？夫所以需改正條約者，爭主權耳。法權、稅權爲當爭，航權獨能不問乎？顧法權可以立時收回，稅權可以片言改定，獨此既損之航權，有非可以空談恢復者，正當於改正條約聲中，與國人爲事前之商榷也。

清道光間三口通商、五口通商之約，所開商埠，本在沿海。自咸豐八年中英續約，始有長江一帶俱可通商之條款。夫通商與通航，本非一事。世界各國間孰無通商之約，孰有國內河川，許外國行船之事？顧中英續約之條文，則似已將運輸之業，與通商并爲一談。該約第十款云："一長江一帶各口，英商船隻，俱可通商。惟現在江上下游，均有賊匪，除鎮江一年後立口通商外，其餘俟地方平靖。大英欽差大臣與大清特派之大學士尚書會議，准將自漢口溯流至海各地，選擇不逾三口，准爲英船出進貨物通商之區"云云。不云貨物俱可通商，而云船隻俱可通商，又於文末貨物通商之上，連綴"英船出進"四字。是時吾國議約大臣，方在醉生夢死，而彼已將外輪運物直入內地，朦朧嵌入約文之中，是爲損及航權之初步。

夫僅僅以外船載外貨，不令國內船舶得轉運之利，國內夫役受起卸之備，於彼已爲非分之利益。乃既准外船闌入內地，勢必兼攬人貨兩儎，由送貨之影射，遂爲行船之專業。同治元年《各國長江通商章程》第一款云："凡有英商之船，在長江貿易者，祗准在鎮江、九江、漢口三處貿易，沿途不准私自起下貨物。如違此例，由該關即將各該船貨，均可入官。長江出口土貨，在以上三關出口，以及無免單之進口洋貨、未完半稅之進口土貨，到以上三關進口，均由各該江關查驗，自行徵收稅餉，按照條約已開通商各口，辦理一切事宜"云云。此時長江止開三口，後來商埠愈闢愈多，長江各處皆可停泊外輪。並在長江太湖流域，所有支流內河，往往爲續開之商埠，即爲外人擴充行航之區域。有如光緒二十一年《中日馬關條約》第六款第一項云："現今中國已開通商口岸之外，應准添設下開各處，主爲通商口岸，以便日本臣民往來僑寓，從事商業工藝製作。所有添設口岸，均照向開通商海口，或向開內地鎮市章程，一體辦理。應得優例及利益等，亦當一律享受。(一)湖北省荊州府沙市，(二)四川省重慶府，(三)江蘇省蘇州府，(四)浙江省杭州府，日本政府得派遣領事官於前開各口駐紮。"第二項云："日本輪船，得駛入下開各口，附搭行客，裝運貨物。(一)從湖北省宜昌，溯長江以至四川省重慶府；(二)從上海駛進吳淞江及運河，以至蘇州府杭州府。中日兩國未經商定行船章程以前，上開各口行船，務依'外國船隻駛入中國內地水路現行章程'辦理。"夫此馬關約於內地行輪，始有附搭行客、裝運貨物之明義。外國商船，得在我國內地經營航業，蓋非以前含混其詞之比矣。光緒二十二年，中日更訂通商行船條約，第五款云："中國現已准作停泊之港，如安慶、大通、湖口、武穴、陸谿口、吳淞等處，及將來所准停泊之港，均准日本船卸載貨物客商，悉照現行各國通商章程辦理。"據此則至光緒二十二

年，長江准泊外船之處，較同治元年之鎮江、九江、漢口三
處，增添已有五處。而經日本訂約開埠之沙市、宜昌、重慶不
與焉。此外不在長江正流以內之蘇州、杭州等地，又續續未
已。自約中有片面之最惠國條款，一國所開，他國均沾利益。
則內港行輪，至此固已聽各國暢所欲爲矣。然各國又有光緒二
十四年，公共《修改長江通商章程》再將同治元年之長江統共章
程，益加詳密。其關於行船之條文，略舉如下。

《修改長江通商章程》第二款云："凡在長江貿易之商船，
現分爲三項：一爲由鎮江上江暫作貿易之出海大洋船；一爲由
長江此口赴長江彼口，或由上海赴長江各口，常川貿易之江輪
船；一爲划船、釣船及華式船隻。以上三項船隻，即照條約之
例，及各該口之分章辦理。"第四款云："凡大洋船入江，若不
過鎮江貿易者，即在鎮江辦理，照沿海各關之例無異。惟此項
大洋船，若過鎮江上江貿易者，即作爲第三條所謂之長江貿易
第一項船。此項商船，無論係輪船、夾板船，均應由船主將船
牌呈交上海或吳淞或鎮江之領事官。如無領事官，即呈交稅務
司查收。稅務司一接到船牌，或領事官行文，即立發江照一
紙，載明船名、國旗、噸數，及裝何項貨物，並攜帶何項保護
軍械等情，名爲長江專照。該船即可持赴上江行駛，無論抵何
口，所有進出報關暨起下貨物，完納稅鈔，一切事宜，俱照沿
海各口辦法，一律無異。俟回發江照之口岸時，即鎮江、上
海、吳淞等處，須將長江專照繳銷。由關查明稅鈔完清各事，
均照章辦妥，即發給紅單，准該船領回船牌出海。"據此則爲不
定歸長江營業之海輪，可以任便領照入江。其照一領，航行一
次，再航再領。又若僅至鎮江，不復上駛，可以作爲海輪，並
不須領江照等手續。

又第五款云："凡願在長江常川貿易之輪船，可將船牌呈

交上海領事官。如無領事官，即呈交江海關稅務司查收。稅務司一接收船牌，或領事官行文，即發給江照一紙，載明船名、國旗、噸數，及攜帶保護軍械等情，名爲江輪專照。其照即以本年爲限，須每年在上海換領一次。如該船不在漢口以下貿易，即在漢口換領。如不在宜昌以下貿易，即在宜昌換領。"據此則爲定歸長江營業之江輪，其領照有效之期爲一年，每年換照一次。且分長江爲三節：專航上海至漢口爲一節，專航漢口爲一節，專航宜昌以上爲一節。宜昌以上無止境，蓋以水量能通輪船爲止境。此合觀上期本雜誌"揚子江汽船航運"篇，而可互明者也。

又第七款云："一，划艇等船，如係洋商之船，持有本國之船牌，懸掛本國之旗號，若欲過鎮江上江貿易者，應於領事官或稅務司處，請領長江專照。所有呈報海關，起下貨物，完納稅鈔等事，俱照有船照之大洋船一律辦理。一，釣船等如係洋商之船，但無本國之船牌，即無懸掛國旗之理，均應於本口由洋稅務司處，請領關牌。所有呈報海關，起下貨物，完納稅鈔等事，俱照划艇等船辦法辦理。一，凡由洋商僱用之華式船隻，袛准裝載實係洋商自置之貨，由通商此口赴通商彼口，須於稅務司處請領專牌。由該洋商出具切結，載明該船所裝確係洋商之物，實係運往某口，在彼完納稅項等情。倘該船不按照辦理，即該貨非運某口在彼完稅等事，該關稅務司嗣後即可不發此項專牌，交該商執領。此項船隻，所有呈報海關，起下貨物，完納稅鈔等事，俱照划艇、釣船等辦法辦理。"據此則外商航行長江，可用輪船以外之划船、釣艇，有本國之船牌者固可通航，無本國之航牌者，向稅務司請領關牌，即亦同等辦理。再至洋商雇用華船，袛須該商具結，認爲所載係洋商之貨，所運係向通商之口，且遵章完稅，即亦通行無阻。萬一並不遵奉此條，其制裁之法，不過稅司嗣後不發此項專牌與該商執領而已。是無論何種船隻，洋商皆可領牌通航。人貨多時，原有之船不足，添僱華船以攬載，皆所優爲。吾國航權，於是悉爲外人所奪矣。

嗣是至光緒廿八年，各國又有《續改內港行輪章程》，詳定碼頭棧房之租建，堤岸閘壩之損傷，中外合股之權限。輪船拖帶之船戶、水手，尤明定爲華人。而其第五款云：“如現在或日後，有行駛內地水道之英輪，而該船業主，允願將輪船轉賣與華人公司，及掛中國旗號，英國政府應許不加禁阻。”其明年爲光緒二十九年，《中美續議通商行船條約》又於第十二款特提公約中大意云：“中國政府，既於一千八百九十八年（即光緒二十四年，約文之關於奪取航權者，已見上文），將船艘可以行駛之內港，開爲特行注册之一切華洋輪船行駛貿易，以便載運搭客及合例貨物。美國人民行鋪公司，均可經營此項貿易。其所享利益，應與給予他國人民者相同”云云。是年中日亦有通商行船續約，除添開長沙口岸，又增長沙支綫外，略與二十八年公約相同。其日輪業主將船轉賣與華人，及掛中國旗，日政府不加禁阻一條，亦如公約之規定。是爲將改正條約後收回航權之一種辦法。

案與前期本雜誌“揚子江汽船航運”篇，專航長江之輪船公司，以日本之大阪商船會社爲最巨。其船爲專航於長江，不能移用於他處，業經向我國注册，爲合法之航行。凡似此之流，皆非條約一改正而即可停止其輪運之營業。然則改正條約爲一事，收回航權乃又爲一事。惟苟不兼籌其終局，則改正之效力不全。今宜分別言之，條約上所謂大洋船之逐次領照入江者，改正條約後即可停止給照，此項海輪即不得入江，是爲最先可以收回之一項。若其注册專行長江之船，從約文一年給專照一

次，是否可以一年屆滿，後不給照，以消滅其公司？吾以爲既
注冊許其營業，而使其費此成本，不給照之外，同時須買收其
船，以副事實。從約文外商自願出賣，而後可以收買。今以改
正條約之故，自不能聽其願否，可以收買一策了之。即外商有
不願出賣之爭執，吾國民自有不與裝運之抵制。其航業既創設
於我國，所仰爲運輸之利者，日仰於中國之搭客，中國人所輸
出、輸入之貨物。中國人爲國權之故而知抵制，彼航安知用
之，故不患其不允出售，祇問吾收買之實力所在耳。此實力非
但指收買之資本，即抵制之實力，亦須問我國自有之船舶，是
否勉敷輪運，於各國同時抵制之際，揚子江流域之人貨，何以
保其交通。此則政府之交通行政中，所應總其全局而計之。至
收買之財力，乃與收買鐵路相類，此尚爲擘畫之較易爲力者。
除揚子江流域之外，松花江之行輪，舊約與俄國共之。俄爲已
改正條約之國，然以國境之交錯，松花江內華船，若欲出海，
非經俄國領土不可。則以松花江內之准與俄國共航，以易其出
海之下流，俄亦與我公其路綫，則爲相互之報酬。若彼靳其出
海之下流，我亦阻其松花江之闌入。此改正條約中，對於內港
行輪辦法，所應有之標的也。

　　再現在航權之受損，其起下貨物，已不止以通商口岸爲
限，而載客則又有加擴之範圍。從光緒二十四年《修改長江通
商章程》第二款："凡有約各國之商船，准在後列之通商各口，
往來貿易。即鎮江、南京、蕪湖、九江、漢口、沙市、宜昌、
重慶八處，並准按另訂之專章，在後列之不通商口岸，起下貨
物，即安徽之大通、安慶，江西之湖口，湖廣之陸谿口、武穴
等處。"又云："惟搭客暨隨帶之行李，准於往常搭船之處上下。
此處現時即係兩江之江陰、宜興，湖廣之黃子崗、黃州等處，
又續添江南通州之蘆涇港，泰興縣之天星橋，湖北荆河口（又

名荊河腦），及新堤，均係往常停船搭客處，所向不起卸貨物。"此在光緒二十四年間如此，後來變遷何似，更須詳檢專案以足成之。如敘州、長沙，尚不在內，及蘇州、杭州等地，更不在長江航綫中也。

（一卷三期，附《改正條約會刊》，1926 年 4 月）

改正條約與國際聯盟

代理駐英公使朱君鼎清，自倫敦以國際聯盟中演說改正條約，及各國之贊許，各報館之同情，彙印成册以見寄。朱君演辭及大會從而提議，均已先見國內各報。至國外各報之評論，已囑通各國文者譯之，以廣朱君宣傳之意。惟朱君任職言職，既出席於國際聯盟之大會，自可根據盟約，先之以演說，重之以提案。然即使全體贊同，由大會通告各國，亦但云申明盟約而已耳，無強制各國使之服從之效力。吾國不平等之條約，在今日爲各國道義上之缺點，但已視爲既得之權利，一旦放棄，非有事實上之制裁，何能使之帖然就範。如朱君之實心任事，尊重國權，非特爲國民所共聞，亦爲各國政府所深佩。然純以道義爲鼓吹，各國於言論上縱極折服，於事實上絕少挽回。蓋握使節者不過能以理折衝，其勝負之數，仍決之於國內之後盾。朱君衝折之責任不爲不盡矣，吾國中所以爲之後盾者，其道如何，此不能不有所論列也。

朱君所根據聯盟之盟約，確爲改正條約之談柄。歐戰以後，創巨痛深，殘喘甫定，正各國天良發現，夜氣尚未牿亡之日。又經美前總統威爾遜，以人道主義相號召，故於巴黎議和之會，首定聯盟公約二十六條。創始之會員國，已有二十七國之多，中國即在創始會員之列。當時被請加入之國，又有十三國，蓋風靡於地球之上。所屛不與會者，不過宗旨不同之俄羅斯，及戰敗國方聽處分之德、奧、匈、保諸國而已。德國近甫被邀加入，當時則否。夫以世界大多數國家，一致公訂之約，

豈能謂爲漫無意義，虛文酬應之比。朱君於此約，諄諄以第七
條、第十九條、第二十條之三條，標舉以令各國反省。以道義
論，此其督策，誠無所逃於天地之間。今錄其條文如下：

　　　盟約第十條　聯合會會員，擔任尊重並保持所有聯合
　　會各會員之領土完全，及現有之政治上獨立，以防外來之
　　侵犯。如遇此種侵犯，或有此種侵犯之任何威嚇或危險之
　　虞時，行政院應履行此項義務之方法。

　　　盟約第十九條　大會可隨時請聯合會會員，重行考慮
　　已不適用之條約，以及國際情勢繼續不改，或致危及世界
　　之和平者。

　　　盟約第二十條　聯合會會員，各自承認，凡彼此間所
　　有與本盟約條文抵觸之義務或協商，均因本盟約而廢止，
　　並莊嚴擔任，此後不得訂立相類之件。

　　　如有聯合會任何一會員，於未經加入聯合會以前，負
　　有與本盟約條文抵觸之義務，則應立籌辦法，脫離此項
　　義務。

以上爲朱君所根據之三條。其爲不平等條約之應予廢止，
確經約定。然定約已逾七年，開會已經六次，於我所受不平等
條約之束縛，初無何等影響。盟約自盟約，強權自強權，在各
國視盟約爲無物，固應負道義上之責任，而我國坐視其渝盟，
而猶宛轉呼號於無效之約。豈不見他國在會之代表，一有委曲
不能伸之際，即毅然有退出聯盟之表示乎？夫使中國以不得所
請而退出同盟，國論方復紛歧，政權尚未知誰屬，既非一代表
所能獨斷，則如朱君之盡其在己，已爲不辜其職矣。雖然，使
朱君踽踽至此者，今日之政府，既無責焉耳矣。嗟我國民，奈

何亦忘主權在民之義，而忍受此名爲會員，有義務而無權利，自有聯盟，又增加不平等之冤苦乎？爲代表之後盾者，惟在國家，國家之主權，今已本在我民，則奈何不引後盾爲已任，以制裁之力，加諸寒盟背約之會員國也。

　　且就條文之意義，亦明言有制裁乃有效力。蓋第十九條所謂"危及世界之和平"一語，正是制裁之本旨。苟非世界懼危及和平，何爲抛棄其既得之權利，而俯首就道義之範？方朱君輩痛切陳辭，豈不以現有之不平等條約，即是危及世界和平之物？然在各國之心目中，則以爲世界和平，非中國所能危也。內爭不已，何足對外？即論其內爭之武力，且由各國之親疏爲勝負，非得外人軍火之助，即束手坐亡已耳。以一國爲此等武人所控制，因其內潰而危及和平，理或有之。若謂對外愧憤，而致危及和平，決非現狀之下所有。然則各國之意，以爲盟約第十九條，所云已不適用之條約，及國際情勢繼續不改之時，尚不致危及世界之和平，則雖加考慮，固在可以繼續不改之程度中也。則其對朱君之演說爲鼓掌，對朱君之提案爲贊成，即是表示其已能尊重盟約，而於事實上毫無挽救，亦未始不爲盟約所容許也。

　　世界愛好和平，無過於吾國。吾國民有和平之特性，豈忍言"危及"二字？無論挾有武力之當事者，本不足危及世界和平，即幸而自相淘汰，竟有强悍者出，實力駕乎今日一丘之貉之上，吾國民亦絕不以危及和平，爲挾持世界之工具。然則將遂聽各國之相視而笑矣乎？吾以爲吾國之用其實力，當如吾國歷代相傳之武術。吾國之武術，其精者謂之內功，絕不以聲色加入，聽人橫逆之來，怡然受之，而其人力猛者得禍亦猛，其人力微者得禍亦微。蓋視其人本來之所施，轉而自受，初不費我一舉手之勞，一呵氣之忤也。各國已成工商之國，工商國之命脉在銷場，以我國爲世界之大銷場。各國之待遇我，以條約之能否改正，爲各別之施。我之待遇各國，即以條約之已否改正，爲各別之報。報施之間，適如各國之本分，而我無所加甚焉。種平等之因，自收平等之果，種不平等之因，自收不平等之果，一切聽各國自爲之，我國民但分別其相當之待遇耳。改正條約之國之商民，已有内地雜居之身分，吾引而近之，棄銷其輸入之貨，並歡迎其制貨於我國内地，以直接行銷於用户，使不肯改正條約之國，自享租界之利益，即自受租界之圈禁。此是否爲危及和平，吾亦無從判斷，要決非由我危之，實由各國之自危也。此則有聯盟而渝之，有盟約而背之，我不過以如其分之待遇爲制裁，即所以爲中國代表，折衝於聯會之後盾也。有後盾而後代表之發言不爲飄萍，有制裁而後盟約之陳義不爲附贅。若徒恃國際有此聯盟，以爲弱者即有赴愬之地，此必非朱君之意也。嗚呼！吾國民對朱君之演説提案，獨奈何視爲赴愬之用乎哉？各國中有已改正條約之國，有未改正條約之國，此而不能分別待遇，安得爲有是非之心。孟子曰：無是非之心，非人也。即不爲代表作後盾，不爲聯盟加制裁，獨可自絕於所以爲人之道乎哉？吾國民其猛省矣。

（一卷四期，附《改正條約會刊》，1926 年 7 月）

抵制英貨之具體辦法

五卅慘案以後，抵制英貨，風起雲涌，荏苒至今，日淡日忘，幾於滅跡。廣州一隅，尚有粵港絕交，足稱持久。此外各省，似未能爲繼。蓋無具體辦法，徒恃一時之氣憤，以激成之。則憤有時而平，氣有時而惰，環境有時而變更，物質有時而急需，利害有時而驅策，所謂强弩之末，勢不能穿魯縞者也。今欲以空文振作之，有如檢查也，懲罰也，焚燬也。方其慘案初激，義不容有違言。憤既漸平，氣既漸惰，環境既變更，物質既形成其急需，利害既感覺其驅策，斯時仍用其檢查、懲罰、焚燬等强制之法，不以爲救國，而以爲病商。未堪對內，何以對外，反爲外人助其氣燄，供其嫻笑，不曰五分鐘之熱度，即曰昧於事實之青年。甚且以左派臭味，騰播於世界之間，使資本主義之國家，群起疑畏之心，使馴伏於資本主義之國之武人，藉以見好，用壓力以易取己身之便利。夫如是，則抵制之結果，將必召鬧取釁，無損於對方，而徒犧牲於在我。無具體辦法之抵制，其不可久試也如是。吾於此有欲吐之言久矣，且已遇事傾吐，非一朝一夕矣。今將渾括以言之，且反覆以盡之。

一，抵制之前提。　抵制雖因慘案而發生，要知非以抵制洩一時之憤也，非有徹底之解決不可。且徹底之解決，尤非抵制不辦。以我國爲世界大銷貨場，地域之廣，人口之衆，人各多用某種貨僅以尺寸計，此業立致繁榮，人各少用某種貨僅以尺寸計，此業立呈蕭索。工商國家，民業之盛衰，即國計之紓促，非我國政府與人民，利害常相違反之比，故舍抵制外，我無所於施，彼無所於憚。且我所得挾以威嚇工商國者，正在今日，需貨多而尚無成貨之能力，尤足保持世界大顧客之資格。將來科學日益發展，物質日益文明，恐轉不爲貨主之所競趨耳。

二，英貨之意義。　當分甲乙二說：

甲，狹義之英貨。凡物質上之英貨，爲狹義之英貨。抵制狹義之英貨，反無持久之策，已具前說，蓋無具體辦法之可言也。

乙，廣義之英貨。此次抵制英貨，將以解決慘案。解決慘案，必解決英人所挾之強權。強權生於不平等之條約，非改正條約，不爲抵制之有效。故不平等條約，即爲英貨。且非但中英間不平等約爲英貨，各國所以得對我均締不平等之約者，皆以中英約爲作俑之始。則一切不平等之約皆英貨，非盡改不平等之約，仍不得爲抵制之有效。要知抵制狹義之英貨，絕無貫徹之把握。抵制廣義之英貨，即一旦盡改正不平等之約，我固有絕對可以辦到之把握。有絕對之把握，此即所謂具體辦法也。

三，抵制之天然機會。　凡先有不平等約病其國，而後來經改正者，稍前若日本，最近若土耳其，皆有非常之武功，絕特之新政，足以折服各國，而後各國甘心讓步。以我國現狀，方爲軍閥政蠱，戎賊墮落，烏足以折服列強，所恃者天然之機會耳。歐戰以還，國際團體，自行分裂。同盟與協約，結合之不同，勞農與資本，主義之各別，凡此尚不必置議。即此與我訂約之事實，明明有已改正之國出其間。昔時各國協以謀我，成連鎖之勢，彼以共同進退，箝制我國，我不能以分別待遇，隔離各國，則各國以無道行之，縱違反正義，妨害人道，然求其改弦易轍，允否之權，在彼而不在我。非待國勢既振，如日本、土耳其之有成績，別無把握，則即無具體辦法之可言。自有中德協約，而抵制英貨之機能，不必求之國內，國際間自有爲我前驅者，特在我因勢利導耳。

四，抵制之派別。　今世界以抵制貨物，爲以弱御强之策者，蓋有三派：

甲，政治之抵制。　結爲團體，互相約束，孰爲前鋒，孰爲後盾，組織完固，作戰持久，此亦民氣之極盛也。若我廣州之罷工團，爲此一派。罷工團非廣州政府所指使，何云政治？要其組織爲政治之手腕，當其前鋒者固爲工團，而居後盾之地位，因應得宜，實亦廣州政府之力。假使在廣州勢力範圍之外，英人稍稍玩弄獻媚於英之軍閥，已不知槍斃言論界幾人，逮捕領袖者幾次，整隊槍殺學生幾什伯人矣。雖以依附民黨之軍閥，懼失帝國主義者之同情，亦於槍殺學生，逮捕領袖，公然假手於傀儡，以自爲洗雪之地。此所以帝國主義之國家，欲保持其强權，以扶助我舊式軍閥爲第一義也。政治之抵制，除廣州以外，未必可行，且亦不必行。何也？國人固多數不以傾於左向爲然也。

乙，道德之抵制。　必有社會崇信之人物，爲作中堅，提倡節儉，鼓吹愛國，非國貨不用，此亦民德之至厚也。若印度之甘地主義，爲此一派。吾國非無持此議之人，而效力甚微，以其未遭英人所囚辱挫折，故未能激動社會之崇信，亦緣效力微而不足動帝國主義者之忌。惟苟動帝國主義者之忌，則所受之禍，恐不止囚辱挫折而已。在印度由英人直接處理，止能辦到囚辱挫折，在我國則以可假手於媚彼之軍閥，一舉手而戕其生命，更無養成中堅人物之餘地。故道德之抵制，僅見時流大糞主義等文字數篇，尚無大影響之可言也。又況甘地主義，在印度亦方處失敗乎？

丙，經濟之抵制。　引此國之貨，抵制彼國。國中之好華飾者，以外貨爲美觀，吾不奪其購買之自由也。國中之營商業者，以洋貨爲可獲利，吾不妨其奇贏之坐致也。即有時所需之貨，惟英國爲獨擅，亦不必禁人不用。但就已改正條約之國之貨，能與英貨相等者，儘先用之。逐利爲工商界天職，已改正條約之國之工商，利用其感情之優先權，自能遇英所特産而能投我好之貨，仿造以來售於我。則我但示以抵制之宗旨，一切抵制之事實，自有國際間任之，其代我抵制者，正其大利之所在也。天下惟利能驅使人，惟逐利能久而益奮，尚何五分鐘熱度之可慮，與不符事實之可譏乎？苟從道德之主張，專用國貨，以爲抵制，自爲最善。然國貨供不應需，未能旦暮盡取外貨而代之，儘先用已改正條約之國之貨。吾但於外貨中間，加一辨別之力足矣。此之謂經濟之抵制。

五，抵制之方法。　抵制英貨，既以廣義之英貨，爲抵制之標的，若徒恃歡迎一國輸入之貨，以漸減其他各國之貨，此其爲功殊緩，則不可不有促進之法，使一舉手而經濟之勢力，有掃除強權之效。請逐步説明如下：

甲，説明中德協約之原文。

中 德 協 約

第一條　兩締約國，有互相派遣正式外交代表之權。此項代表在所駐國，應互相享受國際公法所承認之一切權利，及豁免權。

第二條　在兩締約國境内，駐有他國領事館或副領館之處，彼此均有任命領事、副領事或代理領事之權。此項官員，應享受他國同等官員之優禮待遇。

　　第三條　此國人民在彼國境內，得遵照所在地法律章程之規定，有游歷、居留及經營商務或工業之權利。惟以第三國人民，所能游歷、居留及經營商務或工業之處爲限。

　　兩國人民，於生命以及財產方面，均在所在地法庭管轄之下。

　　兩國人民，應遵守所在國之法律。其應納之稅捐租賦，不得超過所在國本國人民所納之數。

　　第四條　兩締約國，約明關稅稅則等事項，完全由各該國之內部法令規定。惟兩國間或他國所產未製或已製之貨物，所應繳納進口、出口或通過之稅，不得超過所在國本國人民所納之稅率。

　　第五條　本日大德意志共和國聲明文件，及本協約各條件，當用爲商議正約之根據。

　　第六條　本協約用漢、德、法三文合繕，遇有解釋不同時，以法文爲準。

　　第七條　本協約應於極早期間，批准於兩國政府，彼此互相知照業經批准之日起，即行發生效力。

　　中德約文不過此七條，而其改正條件，盡在第三、第四兩條中，他條皆與改正之旨無涉。今揭其所改正之點，以爲模範。

　　其第三條，共分三項。第一項，規定僑民在國境內，但遵守法律章程，有居住、販買、製造之權，此即所謂內地雜居也。惟由我國加一保留條件，以第三國所能到之處爲限。夫華人在德國，自與他國人民，同等雜居。而德人在我國，則須停待再有一國，能享內地雜居之利益時，乃可完成其第三國能到之條件。此第三國，必是續行改正條約者。今尚無有此國。雖俄亦已訂協約，其約不過揭一總綱，謂訂正約時，以相互平等爲趨向，然無實行平等之辦法，且正約延不開議，遇事已支節叢生，虐我僑商，往往孤行其意，故並不因改訂協定，即有雜居之資格。今既未有德國以外之第三國，可予雜居，則德人遵約內保留條件，不得自請雜居，是爲彼遵守條件之義務，即我設定條件之權利。惟由我許彼不待第三國而先予雜居則可，若彼不待第三國而自請雜居則不可，蓋權利可拋棄，義務不可規避也。

第二項，爲撤銷領事裁判權。其云生命財產，皆在所在地法庭管轄之下，則我雖仍舊日之笞、杖、徒、流、斬、絞，彼亦無反對之餘地。特我自漸與世界法律同軌，非爲彼或抗議也。

第三項，規定關稅以外，一切內地雜稅、雜捐、雜租、雜賦，凡我民所納者，彼作住民，無不照所在地法規，同等完納。此爲雜居之重要關鍵。今我國民，知爭關稅當由國定。其實外人服從我國之稅法，豈惟於關稅宜然。中德約於第四條始及關稅，此條先規定遵納內地之稅。可見協約第三條全條三項，純爲相互雜居而設。

乙，說明內地雜居爲經濟抵制之根本。經濟抵制，乃取已改正條約之國。與未改正條約之國，分別待遇，儘先用已改正之國之貨，使該國自以其貨抵制英貨也。顧使仍屯貨於租界，購貨於洋行，則分別待遇之效力有限。惟接引已改正條約之國之貨，直入內地，則國民所用洋貨，皆就內地取足，更無緣與不改正條約之國之貨相接觸。此則釜底抽薪，一網打盡，是以謂之抵制之根本。

丙，說明國人對雜居之疑點。亦分四點：

子，習慣難於相洽説。　内地驟開雜居之例，語言不通，耳目不習，震於積年"交涉"二字之威，不願開放。且謂：今惟一國先改正條約，故開放猶僅一國。浸假而各國爭就範圍，則無國不應開放，人數既多，國情各異，如有桀驁詭狡之僑，不易馴伏，而其國家又好生事端，動以國力保護，種種釁端，闌入内地，豈不可慮？應之曰：果若此，則改正條約之説，應根本取消。如果國際平等，則各國皆許雜居，我國獨予圈禁，有是理乎？領判權既撤，必並租界收回，以去其擅設統治權，在我國内地之污點。既已收回租界，又不許其雜居，是必閉關禁絕通商而後可。八十餘年前人物，所以甘受此不平等之害，而締結當時之約者，正緣不敢閉關，退而謀變相之圈禁。不欲以内地民居，使彼混跡，故設租界，不欲以内地法律，使彼受治，故設領判權。今猶以此錮閉之見爲是，則耆英、伊里布、桂良、花沙納輩真聖人，而一切爭國權爭平等者皆虎倀矣，吾復何言？要知條約既改，入國即我住民，與彼國家，暫脱統治之關係。桀驁詭狡之民，國内多有，豈遂無法治理？彼之藉口保護，返諸領判權之責任，理亦宜之。改約則彼之國家，已謝責於彼僑矣。條約所以與法律同等者，當公布之日，即告彼國民，謂今後僑居中國，已照約歸中國保護云爾。更舉一近例證之，二十年前，教案之糾葛，不可嚮邇。自國民稍嫻法政，知教堂不挾强權而來，教案遂忽然絕跡。今但須知外僑因改約之故，亦不挾强權而來，則葛藤已永斷矣。

　　丑，程度難於相及説。　各國工商，藝術遠超吾國，使得入内地經營，則彼爲事業之主人翁，頤指氣使，我國民皆在勞動地位，豈不可恥？應之曰：此説若在二十年以前，外國雖早注意於勞工，吾國方驟聞"實業"二字，初生之駒，與虎爭道，有與外人競爲資本家之意。其時或以勞動爲恥，今則勞工神聖，爲世界所公認，天與以神聖之資格，尚何恥乎？彼果挾資本家之氣燄而來，我正可以神聖對付之。資勞問題，世界方炭炭日甚，早有代我解決者矣。至因程度不及，正可以工代學。國人方注重職業，不惜耗巨資，涉重洋，以謀實習於彼中之新事業矣。果得移彼事業，入我內地，徧作導師，其爲幸孰大於是。

寅，事業不免受擠說。　以我國絶未能營之業，由外人來爲倡導，固非失計。若我方始經營，而技術資本，俱感竭蹶。如綿紗之類，業中人所謂不憚外人在外國添機，祇憚外人來我國設廠。向猶專就租界設廠，已爲難敵，若更徧入內地，則我未辦之紗廠，停辦以聽之，尚無損失，已辦之紗廠，相形見絀，豈不可危？應之曰：改約之後，法由我定，爲保護一兩業計，特設專條，亦非不可能之事。如舊約即有米糧不准出境、制錢不准出境等條，外國亦有工人不准入境等條，權其利害，以供補救，此我國民之事。要之以改正條約國有自主權，爲立法補救之本。否則租界設廠，已足病我，又況今日，名爲不准闌入內地，然而窮鄉僻壤，捆載原料，內港支流，侵佔航權，久已無遠弗屆。又挾一不平等條約與俱，洋旗一掛，官民辟易，法律失效，內地受擠之事何限，獨忍掩耳盜鈴以自慰乎？改約而果有擠軋，限制之權在我，不改約則歷受擠軋，無法限制，輾轉束縛於不平等權力之下，果孰得而孰失也？

卯，最惠條款將生爭執說。　抵制英貨，應許已改正條約之國，內地雜居，吾持此議久矣。往歲在都，與一外交界人物談及，此人謂條約中有最惠國待遇條款，如許一

國雜居，他國難免援例要請。應之曰：吾惟恐其不援例
耳。援例則改正條約之例具在，爭來要請，既爭先改正，
此外吾又何求？豈仍以抵制洩憤，並改正條約亦拒之乎？
至云最惠，則莫惠於領判權，莫惠於協定稅。改正條約者
自居於最不惠矣，吾不知爭執之何由生也。

六，抵制之責任。　　以准許已改正條約之國之僑民雜居內
地，爲抵制英貨之其體辦法，宣布此准許雜居，在理當由政府
負責。然觀以前名爲有政府之日，政府未必肯宣布此言也。論
其不願宣布雜居，猶可曰見事不明，懷有疑義。如吾前節所
云，不知政府根本即不願改正條約。何以徵之？徵之於召集關
稅會議。夫將改正條約，則何爲舉關稅一端，與外人會議？會
議而定之，即協定矣。關稅會議之發生，在華盛頓會議中。華
盛頓會議，又以《辛丑條約》爲根據。《辛丑條約》與華盛頓會
議，皆限制中國永不能訂平等之條約者也。關稅則永不國定，
但許加稅率至百分之十二五。領判權則雖可撤消，惟須司法程
度，至外人滿意之日。以辛丑約爲第一道束縛，華會議案爲第
二道束縛，然且延不實行。議開關稅會議，迄未開也，議派司
法調查，迄未派也。段氏執政，始因所經手之參戰等借款，外
人急待清理，乃出承借與擔保債款之國，猛力助成。蓋於華會
所定爲裁釐抵補之二五附稅，移其大部分爲理債之用，張冠李
戴，勾結媚外，冀於其中稍分餘潤，乃乘五卅案之民氣，陽順
民意，要求改正條約，實則一一履行華會中關稅會議、司法調
查各款。夫履行華會議案，即是爲外人作不改正條約之保障。
國之中，惟廣州政府，始終不認此會議之可以召集，此調查員
之可以招待。其餘軍閥，僅有反對段氏之召集，將自取而代之
而已。以依附民黨之國民軍，猶以擁護關會，爲盤踞京師之題

目。故知一居北方政府之地位，即無不利用民氣，爲舞弄媚外於中取利之資。欲以改正條約之責任，望諸政府，何可得也？

所幸者，吾國不必用政治手腕，爲改正條約之事。蓋政治之抵制，政府終爲政治從出之原。經濟抵制，則與道德抵制略同，固由人民自動，認明已改正條約、未改正條約之國家，分別待遇而已。政府即別與各國訂明，永不改正條約，亦無如我民之分別待遇。何也？我民但取中德協約，多印刷，多解釋，多演講，一則使人知改正條約之模範，再則説明改正條約之國之民，確有可以雜居之資格。遇有工商重要事業，需藉助於先進國民者，無論設肆設廠，在内地任何處所，皆可與之提攜。甚或政府反受他國嗾使，來相阻撓，我民應據約文以應付之，此爲我民自負責之抵制英貨辦法。

如上六節，結以一言：所謂經濟絶交，呼聲至今未息，然而成效安在？吾請更其中一字，與其言經濟絶交，不如言經濟擇交之爲愈也。此則抵制英貨之具體辦法也。

（二卷一期，附《改正條約會刊》，1926 年 10 月）

改正不平等條約講義

上海學生聯合會暑期演講

一　改正條約之緒論

我國在外交上之失敗，以條約爲起點，孰不知之。顧時至今日，尚沿清季以來，朝野所喧傳之研究條文，挽回國權等說，實爲大謬。二三十年前，聞有通曉政治法律之人，倡言研究國際條約之得失所在，逐條考案，以知其利弊，不失爲國內有志之士。即外國人聞之，亦應謂中國人漸有覺悟，雖不遽重視，亦必不因此反生輕藐。今則不然，國際條約，已屆根本解除之日，解除以前舊條約之觀念，從新發生真正條約之觀念。所云"改正"二字，並非逐條修正，乃在將向來對於條約之觀念，徹底改正之，由正確之觀念，締結國際間應有之條約。此爲今日國民應了解之要義。

甲　條約之意義

凡人與人相遇，祇有介紹先容，約期通謁等等手續，斷無先訂一約，約明如何稱謂，如何接待，如何不得罵詈毆辱，以及萬一罵詈毆辱，應如何懲處等情。是何也？交際自有普通儀範，文野程度略相差等之人，自以常識爲共遵之途徑也。其有需於條約者，必其爲特定之事件，有特定之關係，必需有特定之約束，而後雙方有聲明在先，不至臨事發生支節時，始謀補救。此言個人與個人之條約也。

至團體與團體相遇，如家族團體，此一家族，與彼一家族，同居一街衢一里巷之間。善鄰修睦之道，亦恒以常識行之。非有特定之事項，亦無必用條約之理。其所謂特定之事項，大致可判爲二種：（一）利害相共，（二）利害相反。其（一）項利害既相共矣，非互相輔助，不能趨利以避害，其輔助之用何方式，即條約也。其（二）項利害既相反矣，非互相節制，不能去害以全利，其節制之取何限度，即條約也。

今世界人類知識之進步，於組織團體之局量，已超過國家主義之上。論天賦之良知，有所謂人道主義，論身受之境況，有所謂社會主義，是爲人類純然脫離獸性之標的，今尚止有圓滿之學説，未能成確定之事實也。人當原人時代，與獸性最接近時，人與人無不可相讎殺，進一步而用條約爲制裁，其時必有見面之先，即約定不相罵詈，不相鬬毆，及應如何接待等等者。擴之而爲團體，團體以内，有情誼可言，團體以外，靜則互用陰謀以相勝，動則互矜武力以相戕。歷史風土記載中，指不勝屈。以宗族爲團體本位者，家祠即積儲刀予之地，以墟落爲團體本位者，頭人即指揮剽掠之魁。由今日稍明義理之士觀之，蓋皆奉以"野蠻"二字之謚號，無所顧惜矣。其間械鬬尋釁，俱傷兩敗之後，亦必自求息肩之道，則何能指數其條約之次數乎？愈研愈密，愈演愈進，乃戴一國家爲最高之團體，使有立法糾正之權。於是下級團體以逮個人，縱有條約，皆歸納爲法律行爲之契約。不法之契約，自始即不能成立。

乙　國際條約之意義

國際云者，合各個國家，以成一團之總名也。然則謂國際即一國體可乎？如云可也，則國家非人類最高團體矣。雖然，人道主義，社會主義，固均已超乎國家主義之上，然國家與國家之間，締結法律行為，在國際可與以標準，所謂國際公法是也。若國家與國家之間，猶擅作不法行為，則國際間尚無一定有力之制裁。是國際本身，止有積極助成合法行為之作用，尚無消極禁止不法行為之作用。即不能束縛各國家，歸入一個國際，而使之必成，亦不能維持各國家，受庇於一個國際，而使之必不破。凡團體之所由成，必兼具積極、消極兩種意思與能力。如個人之肉體，能積極使其分子，一官骸，一肢節，隨本體之意思而動作。亦能消極使其分子，一官骸，一肢節，隨本體之意思而不動作。夫使意思與能力，兩俱闕乏，則直可謂為非團體。自國際間有人道主義，社會主義，業已發達完成，即不能謂國際間不具團體之意思。惟尚無團體之能力，則比之於自然，人乃一未成年者也。

今日國際團體之形式，有所謂國際聯盟，國際法庭，因其能力未充，故依託於此形式之團體者，亦皆國際意思未甚貫徹之國。如美國為首倡人道主義之國家，俄國為極端社會主義之國家，最合乎國際意思，反不肯加入此形式之國際團體，正以其能力與意思不相副耳。

國際之現狀，既如上述。即其間所訂之條約，不能盡行合法。不合法之條約，是以有事乎改正。國際既為無能力之物，則必不能請求於國際。為其分子之國家，執行改正之事，仍恃其分子之國家，自有對抗他國家之實力，而後能如其改正之意。故我國既動議改正條約，當問自國之實力何在？如無實力，則不過不平之請願，允否聽之他國。如有實力，則但從實力上着手，無庸向國際間奔走呼號也。此為今日國際條約之真相。若論我國改正條約之實力，則天賦極優，惜國民中居有政權之地位者，務反其道以行之，舍實力而行請願，以示與我民同意，未嘗不踴躍於條約之改正。而不執政權之國民，始終不脫倚賴之習，尚日望執政者之誠意改正條約，而不知改正之實力，本在我民，而不在政府，是以議論多而未有成事也。其說俟下詳之。

二 條約不平等之由來

我國民所痛心疾首於條約者，爲其不平等也。夫此不平等之責任，孰負之？非對我壓迫之各國，乃實我自以不平等之意，促令如此締結。故不平等之責任，正須由我自負，非謂訂約時簽定批准之責任也。欲明其故，仍當返言條約之原理。

前節所云條約乃特定之事件，有特定之關係，必需爲特定之約束，而後締結之。則通好條約，本不應有不平等之點。即戰敗而委屈承受之條約，亦尚就一時一事，明受虧損，如割地償款，道歉懲兇，皆極恥辱極痛苦之事。然較之撓亂全國之法權，攘奪全民之生計，則有間矣。我國之條約，乃以全國之法權，供各國撓亂，全民之生計，召各國攘奪。當締結時，並無特定之事，如寫一全國全民之賣身文契，贈與他國。此國或因有戰敗之關係而承認，餘國來請通好，則又取戰敗承受之條約，照本鈔謄。由今觀之，不知當時是何讎怨於全國全民，而出此辣手，不知皆不平等之一念實成之也。

今日中國優秀之士，以爭與外國人平等爲愛國。當清道光間，初與外人締結條約，則以甘與外國人平等，爲干名犯義，大逆不道，王法所不宥，輿論所必誅。故當時士大夫視此條約，絕不咎其內容之如何，但以堂堂中國，與外人訂立條約，爲奇恥大辱。故雖訂條約，由彼在中國設官，有公使、領事等等，中國不屑也。歷數十年，至同治中興以後，有郭嵩燾倡議遺使，即由郭嵩燾爲使赴歐。其時猶各國止派一使，並不分駐某國，但事實上認駐英爲歐洲要地耳。終清之世，派遣駐使，不屑明發上諭，以掩其既不能令又不受命之恥。其視外人，必加以醜詆之名號，方爲得體。緣此不平等之觀念，乃生不平等之條約。

（一）租界，在今日言之，有礙我國領土主權。我未嘗得此於各國，而各國得之於我，是爲不平等。然在當日，假使允彼通商，即聽彼雜居，與國民一律，各國豈復有異言。試思彼時當局，若計外人內地雜居，無論君主允否，即就輿情言之，豈不咀咒呼號，必殺此人而後快？是今日以租界爲侵權，當時實以租界爲圈禁。此其不平等一也。

（二）領事裁判權，在今日爲撓我法權，亦爲我之片面受虧，爲不平等。然在當日，所用律例，有化外人相犯專條。化外人同類相犯，各從本俗治之，異類相犯，則治以法律。假使道光時即知法律應予同等，固足以審判外人，即能各從本國法，處理外人，亦何所藉口，而敢用領事破我法律？正惟不屑多費周折，反令堂堂中國之官吏，有遵守外國法律之時，一聞彼自有領事爲裁判，深合屏諸化外之旨。是今日以領判爲喪法權，當時實以領判爲尊國體。此其不平等二也。

（三）關稅，在今日以協定關稅爲失自由，國定關稅爲能自主。當日則以免稅爲通商之原則，關市譏而不徵，爲治國之常規。道光訂約以後，外貨悉予抽稅，實予以非常之苛待，由彼協定，尤見彼之自願，不至將來借口求免。聞者疑吾言乎？請分別言之：（甲）通商之免稅，中外立約，始於清康熙二十八年黑龍江俄約。其第六款云："一和好既定以後，一切行旅，有准令往來文票者，許其貿易不禁。"此條文並不提收稅，猶可云不提收稅，未必無稅也。則再證以雍正五年之恰克圖約，第四款云："一按照所議，准其兩國通商。既已通商，其人數仍照原定，不得過二百人，每間三年，進京一次。除兩國通商外，有因在兩國交界處所，零星貿易者，在色楞額之恰克圖，尼布朝之本地方，擇好地建蓋房屋，情願前往貿易者，准其貿易。周圍牆垣棚子，酌量建造，亦無庸取稅，均指令由正道行走。倘或繞道，或有往他處貿易者，將其貨物入官。"此條已明定無庸取稅矣。直至咸豐元年，已在各國協定關稅之後，而中俄間伊犁塔爾巴哈台通商章程第三款，猶云："通商原爲兩國和好，彼此兩不抽稅"。此爲通商不收稅之明證。（乙）國内本無關稅，釐金起於咸豐三年，固非道光間所有。至國内關津，並不視爲正借所出，往往以内務府人員充關督。由户部轄者爲户關，由工部轄者爲工關，定一極微一額，尚可徵不足額。官員過關，照例可以名刺免驗，謂之討關。關督取愛所敬或所私，皆可放關。如盧見曾及曾燠之流，士子挈貨過關，連檣重載，但獻一詩一畫，立予放行。其功令所設之關稅額，以乾隆時中國全盛，物産豐盈，而據《乾隆會典》，其十八年運銷，全年關稅，不過四百三十二萬四千有五兩有奇。其中京師崇文門，獨佔八十萬二千百七十五兩。若以額徵言之，據《光緒會典》，舉其舊來海關之額，天津關正稅銀四萬四百六十四兩有奇，江蘇江海關正稅銀二萬一千四百八十兩有奇，山東東海關正稅銀五萬兩，福建閩海關正稅銀六萬六千五百四十九兩有奇，浙江浙海關正稅銀三萬一千一百五十八兩有奇，廣東粵海關正稅銀五萬六千五百十一兩有奇。吾國關徵之寬大，良可驚歎。而外人獨自定稅則以授我，我從而據以徵收，正以極不平等之法待彼矣。設當日請我自主，將不知稅則從何定起。萬一有以外國之關稅成法來告者，中朝士大夫且以與其聚斂甯有盜臣爲說，而謂夷狄苛急之政，決非聖代所宜有。中國人私出外洋，謂之通海，捕獲時格殺不論，烏有與爭錐刀之末，而中朝士大夫與外夷較量稅課之理，觀所謂"通商原在兩國和好，彼此兩不收稅"之條文，何其自命高雅。苟非稅則由彼自定，中國人肯自傷雅道乎？今日謂之協定，當時直由彼自定，是謂中國人之自尊而卑人。此其不平等三也。以上三端，爲國民最感不平等之痛苦者。吾以爲皆中國人自不平等，且不當專咎當時之政府。試以今日之最賢明士人，生當道光之世，其不持道光時之議論，恐必無其人。既成條約，則自有遵守之責，欲解除此責，非改正不爲功。以下專言改正之次第。

三　改正條約之次第

甲　改正之目標

自道光中英約以來，所有條約，較諸各國間互相締結之約，實大不類。各國間皆就特定之事件，特定之關係，而作特定之約束，決不以邦交之常識，混入約文。如聯邦國之憲法，即一國際重要條約。以至處常則有國際河流，國際鐵路，國際幣制，國際郵政等等，處變則有攻守同盟，局外中立等等。即普通商約，亦必於貿易常識之外，自有特殊之關係，需以條約規定之者，然後有所締結。試考紀載中各國約文可見，吾國當清道光中英約以前，中俄先有約數次，尚皆得立約本旨。自中英約爲始，乃將常識混入。可見彼時中國邦交常識，與世界各國截然不同。中國待各國最不平等，以外人身履國境，苟非屈膝稽首，頂戴天朝，即以叛逆間諜同論。清起北邊，與俄國尚早稔習，故常識相等，立約各有意義。大指惟劃界、通商二事，至其通商始終免稅，亦是古來不貪爲寶懷柔遠人之學說，無足深論。然至乾隆五十七年之恰克圖界約，即詞氣傲慢，不類約章，與康、雍兩朝中俄約大異。雖其間中俄文字不同，俄人取執之俄文約，未必如此，此爲官文書掩耳盜鈴、妄自尊大之慣技。然可知君主之獸性，清代以乾隆朝爲最熾。嗣後國力日耗，中不足而外益有餘。又其對於歐洲航海來東之國民，始終不信爲有固定之國家，不比俄國見聞之切，大意祇以海盜視之。如荷蘭之忽佔台灣，忽爲鄭成功所逐，當時統名西人爲紅毛，見紅毛尚不敵鄭成功，而鄭氏卒爲清兵所滅，以故本不重視。但粵省以澳門之有葡僑，已遠沿明代。歐人以澳門爲根據地，常以商貨至廣州，官民皆貪市易之利，更沿古代廣州市舶司舊制，容許歐人登陸。惟於廣州城門，嚴禁西人闌入。至掛刀城門中，西人探首入即斬首，伸足入即斬足，著爲功令。西人好奇，以不許入門之故，偏欲至門外窺覘。則有兒童戲侮，以竿挑其所戴之冠入城。西人惟有下氣鞠躬，求路人爲之拾取。此等事，尚見當日紀載，不一而足。其不入廣州城之禁，雖經道光二十二年，立割地賠款之約，其禁仍未稍弛。直至二十七年，英國交還舟山之約，始設專條弛禁。其爲邦交常識之不同，我國自以不平等待外，可想見矣。今按外務部編制中外條約分爲二十門三十一類，其“交際門”中四類，爲遣使設官儀文及優待保護，此皆邦交常識。苟爲世界並立之國家，不應訂入通商之約，止以承認與國一語了之，非待條約訂以明文者。此而訂約，何異個人相見。除介紹外，又訂有坐立言動及不得罵詈、鬥毆等條款乎？又使早許雜居，則“開埠門”不應有，一國自有法律，則“獄訟門”不應有。甚至傭役亦設一類，僱用西崽，僱用領港，皆訂入條約之內。此等約文，當時爲西人受我國極不平等之待遇，而以鴉片戰爭之武力，爭得平等之結果，其後則觸處爲我荆棘。如僱用西崽入約，亦可以西商出而

庇護，而撓我法權，僱用領港入約，又可以西人攙奪行業，而
侵我生計。今法律已與各國從同，禮節亦無拜跪等特色，當准
用邦交常識，與國際立約通例，將道光以來無常識之約，一律
廢除。故其目標，決不爲某條吃虧，某條受損，作支支節節之
討論也。

乙　改正之範圍

在今日言改正條約，當爲具體的改正，不當爲抽象的補
救。無論收回上海公廨，爲約外之支節，即撤消領事裁判權，
及關稅自主等事，苟非一總解決，亦不得爲改正，蓋改正乃改
正其向來不合條約性質之條約。不但未改正之各國條約，絕不
合條約性質，即已改正於中德協定，亦尚不免中有贅文。但於
事實無妨，則姑認定以中德協定，爲暫時之模範。蓋從有領判
權而改爲無領判權，從協定稅而改爲國定稅，須經一次解除之
聲明。故今日言改正條約，實則解除條約也。條約上之束縛，
一律解除，惟留彼此承認通好一種意味。嗣定商約，即從白地
重新建築，根據國與國特定之事件，與其特定之關係，作特定
之約束。舊約文字，一掃而空。此改正之範圍也。

丙　改正之根據

空言改正，不過一種志願，一種討論而已。夫僅結爲志
願，僅託於討論，則痛心於條約之禍國者，固已甚久。何以昔
之志士研究條約，冀去泰去甚，逐步磋磨，今之政論家，主張
改正條約，乃敢於根本推開，一切變置？世界各國，向受不平
等條約之害，而後卒改正者，前有日本，後有土耳其，此有實
力爲後盾，夫人而知之。所謂實力，則戰勝之威是也。吾國國
勢日挫，以軍閥內爭，百政不理，對內且無統一之力，對外又

安有威望可言。不知吾國之實力，不在武力之戰勝，而在世運之演進，人事之湊合。各國爲自謀勝利計，非放棄其不平等條約不爲功。顧今之力主改正條約者，共有三個根據，分述如後。總之國家主義，爲人類最後之獸性。凡不平等之意念，皆獸性之表徵。個人對個人之獸性，團體對團體之獸性，最後皆以國家之力裁制之。國家對國家之獸性，往昔如我國之自尊而卑人，即我國之獸性也。卒之所有驕慢之行動，無一不轉爲人所挾持，本圖以不平等待人，其後適供人之以不平等待我。夫國家主義者，恃其上無有更尊更有力之團體，是予以制裁，故非力屈而受他國家不平等之待遇，即必恃其力而以不平等待遇他國家。既以不平等待遇他國家，即爲國家主義之勝利者，亦即所謂帝國主義者也。今世既以帝國主義爲一種罪惡之名詞，故得三個改正不平等條約之根據。

　　子　社會主義

　　以人類哀憐弱者之同情，反對帝國主義，即必推翻帝國主義者所持之不平等態度。吾國所受於各國之不平等態度，結晶於條約，自必以改正條約，爲行其主義之起點。然社會主義之必勝帝國主義，以其同情於弱者，恒得多助，而帝國主義者恒居寡助之地位。孟子所謂多助之至，天下順之，寡助之至，親戚畔之。此必醞釀一種實力，足以盡洩不平等之憤。然在未實現以前，固猶是宣傳之作用。而望帝國主義者立知顧忌，幡然自悔，恐獸性既成，見幾未必若是之速。則雖知爲改正條約中極有力之根據，然其成就必需以時日也。

　　丑　人道主義

　　此與社會主義，本出一源。但純就悲憫立言，不張打倒帝國主義之幟，不作醜詆帝國主義之詞。自美前總統威爾遜持此主義，標榜於凡爾賽和會之上，一般帝國主義者，不敢相非，且於凡爾賽約中，首締國際聯盟公約二十六條，以爲敷衍之具。夫此聯盟公約，既盡納帝國主義者於其中，似可根據盟約，以責帝國主義者之實踐矣。今據盟約二十六條中，關於改正不平等條約者三條如下：

盟約第十條　聯合會會員，擔任尊重並保持所有聯合會各會員之領土完全，及現有之政治上獨立，以防禦外來之侵犯。如遇此種侵犯，或有此種侵犯之任何威嚇或危險之虞時，行政院應籌履行此項義務之方法。

盟約第十九條　大會可隨時請聯合會會員，重行考慮已不適用之條約，以及國際情勢，繼續不改，或致危及世界之和平者。

盟約第二十條　聯合會會員，各自承認凡彼此間所有與本盟約條文抵觸之義務或協商，均因本盟約而廢止，並莊嚴擔任，此後不得訂立相類之件。

如有聯合會任何一會員，於未經加入聯合會以前，負有與本盟約條文抵觸之義務，則應立籌辦法，脫離此項義務。

盟約中所謂聯合會會員，吾國即凡爾賽約中，發起此聯合會之基本會員也。同時爲會員者，世界帝國主義之國，對我持不平等待遇者，大率在發起之列。惟美國獨以威爾遜主張，不爲各國所實行，而用此盟約爲敷衍，始終不肯加入。固知帝國主義之國家，明知末日將屆，苟有一息可保留其不平等之效力，決不肯輕於放棄也。我國出席聯盟代表朱兆莘，當執此盟約，以提改正條約之案，演說則全場鼓掌，提議則多數贊成，然即成大會之議決案，亦不過大會之議決案而已，表示國際團體之意思而已，並無强制各國，使之奉行之力。即上所云超乎國家之上之國際團體，自今以前，猶但有意思而無能力，比之於未成年之自然人也。此爲帝國主義者自造之根據，而我國亦已有人遵用之，以冀就改正條約之業，然亦以無實力而無效。

　　寅　事實主義

　　事實之限制，較一切制裁，爲尤有力。各國之所需於我國者何物乎？已成工商國之國家，機器徧於國中，一日無原料，則有機停之患。得原料矣，製品積於國中，一日無銷場，則有貨滯之患。既成工商國，即機停貨滯，其國立傷。故以攘奪原料，開拓銷場，爲工商國最急之事。吾人當知改正條約以後，有一必須履行之事，即内地雜居是也。租界既已撤消，通商決非停止，則除與各國同等，悉准僑民内地雜居外，更有何道？今尚有聞内地雜居而疑且懼者，此即道光年間締此不平等條約之成見。若不願内地雜居，即不應反對不平等條約。若慮雜居後交涉困難，此皆以有領判之眼光，視彼外僑，改正條約之後，僑民即我民，有何可慮？其詳餘別有一説，且有定期刊行之《改正條約會刊》，按季發行，就正當世，可助諸君參考。今且言宣布内地雜居，與改正不平等條約，其相爲對待之作用。今之已改正條約者，有民國十年之中德協定。近日見報載，中奧約亦已簽字互換，大略亦與中德協定相等。民國十三年之中俄協約，則僅有廢棄舊約之概括語。其俄僑在我國境内，守法納税，成就住民資格者，尚未有所規定，故未至可以雜居之程度。德僑則不然，就中德協定觀之，明明規定生命財産，皆在我國法律管轄之下，則任犯何等罪名，即治以中國何等刑法矣。關税由我國自定之外，所有内地之通過税及一切租税捐賦，無不照納，則決不與本國住民有分別矣。以此則事實上有已改正條約之國，可以容許其内地雜居之。僑民有未改正條約之國，不能容許其内地雜居之僑民。可以容許其雜居者，立即宣布雜居，以後居住、販賣、製造等等，雜居之僑，皆可直入内地經營。試問抗不改正條約之各國，甘心讓彼一二國，獨得以其商品灌輸内地之利益否？如其甘讓，則我亦聽其保存租界，回復道光間圈禁之本意。保存領判權，以與租界之圈禁，相輔而行，保存協定稅，以圈禁其商品於租界之上。使國民所必需充用之洋貨，皆取給於内地之僑商，且可多開内地工藝知識，多使内地之資本家勞動家，與雜居之僑民合作，較之遠赴重洋實習工廠者，便利何如？則不但開發工藝，並可促進教育矣。以宣布内地雜居，爲改正條約國之獎勸，以不許内地雜居，爲不改正條約國之懲罰。獎勸與懲罰之柄，操之自我，此即我之實力。此實力爲我所自有，絕不倚賴他人。較之宣傳社會主義者，倚賴世界同情之日多，託庇人道主義者，倚賴各國天良之自動，皆理論充足，而距事實猶無接近之把握者，孰可行孰不可行，此皆彰彰見於事實者也。

四　改正條約之阻力

今吾國朝野上下，皆知不平等條約之害。試問我國人自處於平等否乎？責外人必需平等待我，我則偏以不平等待外人，試問有此理乎？今世各國，有一不准他國民入境雜居者否？然我國朝野上下，則似欲令外人廢棄不平等約，撤除租界以後，其如何再行通商，則竟不提，豈非從改正條約以後，即與各國絕交乎？夫不提則真意未可知也，或竟與我同一見解，改正條約，即許雜居，亦未可料。然吾與政府中人談，政府中人長慮卻顧，不願聞“雜居”二字也；與社會中人談，社會中人亦往往長慮卻顧，不願聞“雜居”二字也。然則果以改正條約，預備與各國絕交也，否則以改正條約爲自唱高調，幸其不生效力，而免啟雜居一問題。且吾見内地雜居一語，不由我國坦白宣布，反由外人持爲恫嚇之具，若曰：改正條約不難，祇需准我輩内地雜居耳。於是朝野上下，顧而之他，絕不接其下文矣。由是知爭言改正條約者，實仍於心目中充塞不平等意思，與道光年間人物無異。夫豈不同外人挾其强權，不雜居尚不易對付，一雜居則窮鄉僻壤，皆生交涉。非特恐難以理性折衝，即外人並不越理，我國亦安有如許交涉人材，徧布於窮鄉僻壤，而一一應付得宜乎？果爾，則何不待自有把握之日，再談改正條約。總之今日之談改正條約者，皆倖其無成，而自詡其能唱高調者也。殊不知外人之强權，何自而來？實與不平等條約俱來。條約既改，强權自滅。最易見者，昔年教民之擾，中國人疑教民亦有强權，因而各省教案，不可嚮邇。官既惕息於教民，教民益肆，平民益憤，時時可以激而生變。一變則除賠費懲犯外，甚且開闢商埠，租借港灣等事，亦由是造成。此二十年以前，人人疾首痛心之事也。未幾國内盛行學習法政之舉，士子赴日本學法政者尤夥。法政講義中，講明宗教與政治無涉，教士絕不挾强權而來。此輩學生回國，一經説明，遇教案即坦然以國内法應之。於是多年之苦痛，忽然絕跡。蓋彼教士不敢復以捏造之强權欺我，彼外交人員，亦不敢以影射之强權，借題發揮，我國民亦無所憤於教。於是反令我國上流士大夫，增其信教之心，紳商學各界，多有皈依基督教者。近來宗教之信仰，又稍薄弱，然而前數年之變遷，不可忘也。今僑民之强權，悉由不平等條約賦予。既經各國政府，明白與我重訂改正之約，則僑民固無所挾持，外交人員亦無可援引。須知外交界之祖庇僑民，利用强權，亦是條約所定。彼國官吏對僑民負此保守條約之責，既經彼政府改訂條約，即已向彼僑民，公布以後權

限，向彼官吏，解除以前責任。而我國人民，亦見此雙方政府
之公布條約，不復疑懼外僑之挾有强權。與昔日教案之驟絕，
有何分別？故吾爲改正條約，推明其阻力所在，而仍進以消除
阻力之方法焉。

五　改正條約之結論

條約之可以改正，且必需改正，具説於上。惟在去其間之
阻力，此阻力本爲朝野上下所共有，即自始遺傳之不平等觀
念，即我國人之國家主義，亦即我國境内所不甘令外人雜居之
主義也。惟此主義尚有真有僞，國民之持此主義而妨礙正條約
者，可信爲出於真誠；政府之持此主義而妨礙改正條約者，則
大約爲出於詐僞。政府當貧窘之極，而作違反民意之舉動，何
所不至，何獨於此，與民人同一主張？正其瞻徇帝國主義者之
意見，以保持其不平等條約之存在，而姑易得加税等目前有利
之條件，以延圖根本之計畫。蓋帝國主義之國家，亦即資本主
義之國家，出其資本之餘瀝，以顛倒我貧窘之政府。我政府固
公然以傾向資本主義之國家，自爲標幟，則其利用我民不願雜
居之弱點，以濟其獻媚各國，使久握其不平等之强權，固意中
事也。然則我民應如之何，吾爲之結以一言曰：高呼改正條約
之國家，歡迎其内地雜居，此今日外交上之徹底辦法也。

（二卷一期，附《改正條約會刊》，1926 年 10 月）

改正條約與收回租界同時主張之抵觸

兩年以來，全國言改正條約，近且駸駸見諸事實。然國中主張此事者，實未解條約之爲何物，改正之爲何事。於何見之？見之於昌言改正條約者，必並呼收回租界爲快。蚩蚩者不足道也，志士仁人，或且釜柯在手，中外伺其一言，以覘事之濟否。而其人所發之言論，亦往往云國之所急，在改正條約與收回租界等事，一言以爲不知，蓋無有甚於此者。國內無識之士，盲從以爲快論，而各國之環伺吾側者，有以窺吾見解之未定，不憚多方狡展，以誤我進行之標的矣。

今夫條約之必須改正，果出何因？莫不曰以其不平等之故。夫以前既訂不平等之條約，所以窮鄉僻壤，未徧遭外人強權之蹂躪者，賴有租界爲圈禁之用耳。挾條約以欺我，爲外人之不平等，設租界以限外人，爲我之不平等，事本相因。今我欲改正條約，在外人應主張改正之後，廢除租界舊法，允許彼內地雜居，以符各國通好之公例。顧既爲公例，即在彼外人，亦不須出力主張，而惟視爲當然之事實。今試問吾國改正條約之後，將遂閉關而治，盡逐諸外商而不容復履吾土乎？抑仍循國際通法，與各國往來交好，互遣使節以雜護僑民乎？度吾國之志士仁人，必非盲於世局者，謂將返太古之治，老死不相往來也。然則國與國間之所謂平等，無亦令我之商民往各國者，恰與各國商民之來我國者，待遇相等云爾。吾之商民往各國，各國並不設租界以圈禁之，而彼之商民來吾國，吾國獨能加以圈禁者，正爲不平等條約之交換品耳。吾欲改正條約，彼自不甘復受租界之圈禁，乃反勞吾當局，自呼租界之收回乎？且租界之必廢，並不得條約之全部改正也。惟治外裁判果撤，外人即不復受禁於租界。不觀法權會之報告書乎？今據外部所公表之報告書，爲前三編多指示軍閥之語，不敢公表。公表其最重要之第四編，蓋爲法權會建議之書，最可覘該會意見。而其首段云："依各委員之意見，此項建議，實行至相當程度時，各國自可放棄其享有之治外法權。治外法權放棄後，各關係國人民，在中國各處，得依照國際普通習慣，及公平之標準，以享受居住與通商之自由及私法上之權利，自屬當然諒解之事也"云云。是即明言今日之僑民，受租界之圈禁爲居住不自由，貿易不自由，而未獲私法上之權利也。彼自向我要求，應廢租界，吾能與彼同意，亦足以爲惠矣。乃亦若向彼要求者然，則以吾國之主張改正條約者，視租界亦爲外人之權利，非毅力收回不可。此其言，適足示所見之未諦。維日日言改正條約，日日言條約不平等，而意中並未知不平等之真相，並未知改正後國際間究作何狀。於是外商之狡者，欲保留此不平等條約之利益，有以乘我之回惑失據而目笑存之矣。

　　其回惑失據奈何？蓋不明內地雜居之意義，以爲條約既廢，租界或且依然，以故於改正條約外，又加以收回租界之條件。又不知收回租界以後，中國是否仍許外人通商，則通商之地點，究在何處？吾見夫國人之無常識者，一聞改正條約，則色然以喜，一聞內地雜居，則又悚然以懼。其懼也，豈不曰：今有租界以限止外人，外人强權，尚時時闖入內地。若明許其雜居，則深目高鼻之徒，無遠弗屆，一言齟齬，立成交涉。偏州小邑，荒村窄市，安得徧布如許明習國際法、通解各國語言之人材，以因應之。交涉之不調，習聞外人以船堅礮利相恫嚇。是雜居之結果，徧中國之內地，無處不可爲外人藉口保護僑民之故。通船之地，駛以鐵艦，不通船之地，亦隨以勁兵，吾國之人，尚能一日安乎？果如是，則應萬古千年，永守此租界爲保障，即永庇於不平等條約之下。聞有言改正者，誓當操戈逐之。此則清道光以來，所以結此條約設此租界之本意。當時之締約者，在今日猶當尊爲聖人，何爲叫囂隳突，忽發改正之狂言乎？

因不明內地雜居之意義，乃有收回租界之贅文。收回租界而不許內地雜居，則通商之謂何？許彼內地雜居而又言收回租界，何乃一事化爲兩事？若謂租界以內之治理權應收回，則其事包括於改正條約之中。若謂租界以內之財產亦應收回，則果爲外人投資建設之事業，亦未必能無條件而盡奪之。改正條約以後，對租界中建設之物，別有一番清理，又非"收回"二字所可該也。從前不敢言改正條約，則舍本逐末而思收回租界，其情可諒。今既以改正條約爲一定之目標矣，則我未全行改正條約，彼已要求內地雜居，尚復容租界之存在乎，而何以復勞我主張乎？

因不明內地雜居之意義，故不肯由我自言，而待外人要求。夫苟由我自言，則凡條約已改正之國，早應宣布此等國之僑民，應給予內地雜居之權利。夫以內地雜居之權利，先給予已改正條約之國家，則如德、奧等國之僑民，有在我國內地自由居住、自由貿易、自由販賣之權。凡未改正條約之國家，其國之商民，孰肯讓一二國之捷足先得者，則欲禁止其不來改正，彼必不願。乃反爲虎作倀，於德、奧等約內，設一限制。云：居住貿易，暫限於第三國所能到之地，以爲彼不改正者作連鎖之用。已改正之國，亦尚不得內地雜居，則未改正者無望塵弗及之懼，樂得從旁刁狡，故意難我。我外交系人材，不以國家利害爲前提，但以能爲軍閥求媚於帝國主義者爲前提，故與帝國主義者相勾結，暗中保持其不平等之條約。而又憚於國民要求改正之聲，乃不爲徹底改正之計，僅就改約屆期之國，分別辦理。是明知條約終必改正，而故留出多數國之條約，不談改正，專親少數改約屆期之國，與作磋磨。從此將一朝可就之事業，延作數年舉行，而又平添無數無謂之口舌，是外交系故意愚我國人。而無如國人本自極愚，口言改正條約，心不願內地雜居，使彼狡猾之外交系，得以朝四暮三之術，既爲軍閥結納帝國主義者之階梯，又顯其能從國民之要求，未嘗不搖唇鼓舌，日日爲改正條約之事。其令明眼人忍笑不禁，又百呼而莫或解，此亦天下之奇觀也。

尤可異者，志士仁人，及今尚有條約研究等社團之組織。此爲二三十年以前之要務，今則不然。要知今之改正條約，由解除不平等之束縛而來，無咬文嚼字之餘地。外人之狡展不樂改正者，乃有咬文嚼字之作用。如比約以第四十六條，所訂改約條文云："日後比國若於現行章程條款內，有欲行變通之處，應俟自章程互換之日起，至滿十年爲止，先期六個月，備文知照中國"云云。指爲惟比國片面有提議修改之權，中國無此項權限之規定，至欲提交國際法庭以奢我。又如日約以第二十六條，用居間之英文條文，與中文之異同，中文謂期滿後六個月內知照更改，若彼此均未聲明更改，則仍前辦理，復俟十年，再行更改。而英文則添出一義，謂六個月內未提議，且於改正未成立時，則舊約繼續十年云云。以此拒我自行宣布舊約之無效，但由彼方延遲使逾六月，即可再延十年。凡此皆外人研究條約之作用，若破以不平等之原則，則任何刁狡，皆可不認。若必就條約爲研究，豈非作繭自縛乎？要知改正條約之潮流，起於世界之不能不以平等爲標榜。世界之近年必標榜平等，起於歐戰以來，國際間自行破裂，對我有先行改正之條約。既有已改正條約之國家，我即可單獨許其內地雜居，果我負責任之當局，有此允許雜居之宣言，其未改正條約之國家，自然損失其把持刁難之作用。改正條約之國之民，遵我法律，從我稅則，擔負我居住地之地方義務，已完成其住民之資格，何吝而不許其內地雜居？所不敢遽允者，恐拂帝國主義者之意耳。在依賴帝國主義以壓服我民之軍閥，仰承軍閥意旨之外交系，固應如此存心。其他國民，何爲而不肯表示其允許，爲改正條約之酬報乎？改正條約者有應得之酬報，豈未改正條約者所可干預乎？

今之外交系，所爲改正條約之事業，以先後倒置，爲承奉帝國者之妙用。其一，改正應各國一併改正，若分次舉行，則支節多而期限不可知。今以滿期之條約爲入手，是取分次改正也。又其一，內地雜居應分次舉行，庶已改正條約者有所勸，而未改正條約者有所懲。懲勸既有所施，自然各國爭請改約，以成一併改正之局。今之外交系，於雜居偏束縛於一併允許，於改約偏舞弄其分次舉行，此之謂先後倒置，非外交系之智不能燭也，爲仰承軍閥以媚帝國主義者計，不得不如此也。吾獨怪不求媚於帝國主義者，不仰承於軍閥，真所謂志士仁人，竟亦不能舉內地雜居之一言，爲立促成改正條約之用，反以收回租界爲要求於外人之一事，則以灼然易解之是非，竟有迷於觀聽者，坐受外交系之玩弄而不自知，可哀也已。

（二卷二期，附《改正條約會刊》，1927 年 1 月）

關稅會議與司法調查

　　關稅會議將告一段落，司法調查未及報告之期，吾國方太阿倒持，有主權之國民，不得過問國事。公僕以主人爲市，乃召集此不應召集之關稅會議，招待此不應招待之司法調查員。一般人尚有未盡留意於此事之曲折，見公僕之殷勤奔走而莫名其妙者。今爲疏其事實，以告國人，庶共知吐棄此帝國主義者之愚弄，而一以廢除不平等條約爲歸宿也。分節釋之如下：（此爲前月之稿，今司法調查已報告矣。）

一　遠　　因

　　庚子拳禍，北京不守，辛丑爲城下之盟，懲兇賠款，惟命是從，此本爲最辱國之一事。而今日之關稅會議許加二五附稅，司法調查許考量領事裁判之能否撤消，實以辛丑約之第十一款爲始。

　　　　第十一款文云：大清國國家，允定將通商行船各條約內諸國視爲應行商改之處，及有關通商各他事宜，均行議商，以期妥善簡易。

　　次年壬寅，適屆中英訂約之六十年。蓋鴉片戰後，割香港，賠兵費，開五口爲商埠，廢粤商十三行，而令洋商得自設洋行，是爲壬寅白門條約。時當道光二十二年，正馬凱約前之

一週甲也。前壬寅爲橫被不平等之發軔，後壬寅爲解放不平等
之動機。是爲光緒二十八年壬寅，訂於上海之中英續議通商行
船十六款條約，其首段即揭明承上年辛丑約而來者也。

　　《中英續議通商行船條約》首段云：大清國大皇帝，大
　　英國大皇帝兼五印度大皇帝，因曾於光緒二十七年七月二
　　十五日，曾定議和條約之第十一款內開大清國國家，允定
　　將通商行船各條約內諸國視爲應行商改之處，及有關通商
　　各他事宜，均行議商，以期妥善簡易等因。茲欲按照該條
　　約，將各該約章事宜，分別改修商定。是以大清國特派呂
　　海寰、盛宣懷，大英國特派馬凱，各將所奉諭旨，互相恭
　　校，俱屬妥當。現將會議修增各款，開列於左云云。

　　由是可知光緒壬寅以後之改定商約，皆根據辛丑約而來。
此約一面擴張其侵占之强權，一面又表示其提攜之善意。其侵
占，若長江西江之航權，入該約第五、第十兩款；開長沙、萬
縣、安慶、江門爲口岸，入該約第八款之第十二節是也。其表
示善意，則即今日所議之海關加稅及允棄領判權之提出條件是
也。故今之關稅會議及司法調查，並非參戰以後所得之報酬，
乃辛丑城下之盟所賦與者也。由辛丑公約，移賦於各國續訂之
商約，英國首先續訂，即有此兩端之見好。錄該約文如下：

　　《中英續議通商行船條約》第八款第二節云：英國允願
　　洋貨於進口時，除按光緒二十七年所訂和約（此即所謂辛
　　丑約），內載進口貨稅增至切實值百抽五外，（辛丑約各國
　　逼我賠款至四百五十兆兩關平銀之多，此即今所謂"庚子
　　賠款"，美國首先以款數浮冒，願退還辦學者也。當時因

我國驟增此鉅額之歲出，力所不勝，特爲開其財源，允由
海關徵進口貨稅增至切實值百抽五。)再加一額外稅，照和
約所定之稅加一倍半之數，以抵裁撤釐金、子口稅及洋貨
各項稅捐，並酬此款所載各項整頓之事。凡經陸路邊界，
運入中國十八省及東三省之貨，與從海道運入中國之貨，
一律徵收此項加稅。(此即所謂由值百抽五・○加至值百
抽十二五・爲止。)

　　以上爲加稅之約，照約蓋中國關稅無自主之日。

　　又該約四十二款云：中國深欲整頓本國律例，以期與
各西國律例改同一律。英國允願盡力協助，以成此舉。一
俟查悉中國律例情形，及其審斷辦法，及一切相關事宜，
皆臻妥善，英國即允棄其治外法權。

　　以上爲撤消領判權之約。

英約訂時，英人認所允我之兩端，爲彼非常之恩惠，因於
約中留遲不實行之餘地。蓋即以國際團體協以謀我者，爲牽制
之妙用。令我逐一與各國皆訂此同樣條文，而後英約爲有效。
是名爲見好，實則永無有效之日者也。其條文如下：

　　該約第八款第十四節云：凡在中國應享優待均沾之
國，亦須與中國立約，允照英國所定，英商完納加增各
稅，並所許各項事宜，中國方能允照此條所載各節辦理。
凡各國與中國，或以前或以後，立定條約，內有優待均沾
之款者，亦須一律允立此約。又各國不得明要求中國或暗
要求中國，給以政治利權或給以獨占之商務利權，以爲允
願此條之基礎，英國方能允照此條所載各節辦理。

如上云云，其文字似乎中英兩方各設一保留之條件，實則皆爲英國保留，並設極嚴酷之留難。令當時所謂外交團者，有一國遲延，即全體停頓。故終清之世，設商約大臣，爲與國同休之職，多一糜費之窟穴，而無事可爲而已。其勉强隨英之後而訂約者，於英約訂後之翌年，尚有美與日本，繼續訂此商約。嗣是則益趨冷淡，並無從復提及此事矣。

二　近　　因

清室告終，始急於得承認，繼且非分之想，有求於外交者，不在國民之利害，商約遂不復置議。未幾而外交團自行破裂，歐戰勃興，吾國以參戰加入協約一方。戰後凡爾賽議和，協約國所以報我者，將强迫使受野心國家束縛，益鞏固戰前欺壓之待遇。此時吾國之惟一轉機，在拒絕簽約，以後乃有另議機會。而尤關改約者，爲中德和約，單獨締結，不爲各國所指揮，由此得一改正條約之模範。當中德約簽定之日，爲民國十年五月二十日。而華盛頓會議，列國所以仍縛我於《辛丑條約》之狀況者，由美總統哈定，於是年七月十日，始行倡議，至八月十三日，始由美政府發出各國正式請帖。是時吾國受國際間連結把持之局，業已分裂。何以外交當事諸人，若茫然不知有此事，俯首下心，受華會之覊勒，而事後獨盛稱華府會議之成績，若爲國爭得大勝利者，此真忘天地間有羞恥兩字矣！該會中有所謂對中國關稅問題，對中國領事裁判權問題，兩議決案，是爲今日關稅會議及司法調查之所由來矣。華會議案，一一抱定光緒二十八、九兩年之英、美、日商約，即抱定辛丑城下之盟之母約。就與會之國與辛丑與於公約之國較之：

辛丑約爲德、奧、比、西、美、法、英、意、日、荷、俄十一國對我之公約。

華會爲美、英、法、意、日、比、荷、葡八國合我共成九國之集會。

其中德、奧爲交戰團體之對方，俄爲大革命後主義特殊之異派，此時固未與會，而亦與我交際間自有特點，已非辛丑約所箝制之列矣。是故在會之國，較辛丑約中國際團體，不過少一西班牙，多一葡萄牙而已。西、葡二國，出入無關宏旨。其立意束縛我者，前後自然一貫。今試核其議案爲當時與會之外交人員，及今日急於得加稅之額，以供内爭之軍閥，所稱頌爲華府會議之恩惠者，録其條文與辛丑約所發生之商約，兩相對勘，國民應悟其爲痛上加痛、辱中加辱焉矣。

議決關稅問題之主要條款：

第一條　關於修改中國關稅，依據中國與各國所訂現行條約，使稅率合於切實值百抽五。締約國各國代表，於一千九百二十二年二月四日，在華盛頓定有決議，作爲本款附件。茲締約國承認該項決議，並擔任接受此項修改結果所定之稅率，宜從速實行，惟至早須在公布日起兩個月後。（附件規定切實值百抽五辦法從略，以省篇幅。）

第二條　由特別會議立即設法，以便從速籌備廢除釐金，並履行一九零二年九月五日中英條約第八款，一九零三年十月八日中美條約第四款、第五款，及一九零三年十月八日中日附加條約第一款，所開之條件，以期徵收各該條款内所規定之附加稅。

特別會議，應由簽字本約各國之代表組織之。凡依據本約第三條之規定，情願參與及贊成本約之政府，亦得列入，組織本會議。惟須及時知照，俾所派代表，得以加入討論。該會議應於本條約實行後三個月內，在中國會集。其日期與地點，由中國政府決定之。（此特別會議，即今之關稅會議。又所謂本約第八條之規定云者，本約第八條，凡未參與本約各國，如其政府已經締約各國所承認，且與中國現行條約，訂有進出口貨稅則，不得超過值百抽五之規定者，應請其加入本條約。因此美利堅合眾國政府，擔任為必要之通告，並將所接答復，知照締約各國。任何國家之加入，自美政府接到該國通知時起，發生效力。）

第三條　在裁撤釐金切實履行第二條所載各條約中諸條款所定條件之前，第二條所稱之特別會議，應考量所應用之過渡辦法，並應准許對於應納關稅之進口貨，得徵收附加稅。其實行日期用途及條件，均由該特別會議議決之。

此項附加稅，應一律按值百抽二‧五。惟某種奢侈品，據特別會議意見，能負較大之增加，尚不致有礙商務者，得將附加稅總額增加之，惟不逾按值百抽五。

以上為華會根據辛丑後中英等商約所規定加稅辦法。惟商約本定裁釐後可加稅至十二‧五，華會則又添未裁釐以前充作裁釐抵補之用者，可先加過渡之二‧五，使裁釐不先受無償之損失。此華會之促我裁釐，又進於辛丑約後之商約者也。

至於撤消領事裁判權，在各國本非不可許我之事。惟居奇延宕，亦決不能慨然立允，用一調查司法為伸縮之計。事已定於辛丑約後之商約，在華會中不過復述之。其議案條文如下：

　　參與限制軍備會議，討論太平洋及遠東問題之各國代表，即美利堅合眾國、英帝國、比利時國、不列顛帝國、法蘭西國、意大利國、日本國、和蘭國、及葡萄牙國。

　　因注意於一九零二年九月五日中英條約，一九零三年十月八日中美條約，一九零三年十月八日中日條約，各該國允助中國政府，以便實行其所表示改良司法制度，期副歐洲各國之志願。並宣言，一俟中國法律地位，及施行該項法律之辦法，並他項事宜，皆能滿意時，即預備放棄其領事裁判權。又因關於此事同情，促進中國代表團於一九二一年十一月十六日所表示應將中國政治上、法權上、行政上自由行動之現有各種限制，立時取消，或體察情形從速廢止之願望。又因任何決定關於達此目的之適當動作，應就中國法律司法制度及司法行政手續之複雜情形，考察詳悉，方有依據。此則本會議所不能決定者也。

　　決議　上列各國政府，應組織一委員會。（各該政府各派委員一人，考察在中國領事裁判權之現在辦法，以及中國法律，司法制度，暨司法行政手續，以便將考察所得，關於各該項之事實，報告於上列各國政府。）本議決案所擬設之委員會，應於本會議閉會後三個月內，按照上列各國政府嗣後所定詳細辦法組織之。應令該委員會於第一次集會後一年以內，將報告及建議呈送上列各國之每國，可自由取舍該委員會建議之全部或任何一部。但各該國中之任何一國，不得直接或間接，以中國給與政治上或經濟上任何特別讓與或恩惠、或利益、或免除爲條件，而採取該項建議之全部或任何一部。

以上爲華會根據辛丑後中英等商約所規定撤消領事裁判權

辦法。此其周折延宕，使我可望而不可即之作用，與辛丑後商約毫無出入。

綜此兩端，照華會議案，應組關稅會議，應派司法調查員，本以華會閉會後三個月內爲限。華會於民國十一年二月六日閉會，所云三個月以內，直至三年有餘。上年民國十四年五卅慘案以後，英人用架砲租界及調兵艦來華等威嚇之說，一一嘗試無效，中國則提出改正條約之條件。各國乃以緩和民氣之故，突然將閣置三年有餘之華會議案，自願實行矣。

三　開成關稅會議之實際

上所云遠因近因，不過事之來歷。其真能見諸事實者，非於各國本身有利害之關係，何能決然進行？所云緩和民氣，固即利害關係之一。而尤以日本與美國，促成此關稅會議爲最力。日本更在美國之上，此蓋借履行華會議案爲名，而索回無擔保借款爲實。無擔保借款，爲資助段祺瑞等軍閥殺人之痛史，國民當永永不忘者。華會所決之過渡附加二五稅則，所以資我裁釐之用。今乃變更性質，取其多數理債，又許軍閥濫用其一部分，其餘顧全裁釐原案者，爲極少之數。此中外朋比胺削我國民之真相。又以既開關稅會議，不得不並派司法調查員，以掩飾其純爲理債而利用華會議案之面目，於是又有各省招待法委之醜劇矣。

段祺瑞既遁之後，軍閥之聲勢，又變易其方向，然急於得加稅之利者一也。因急於得加稅，不得不稱頌華會。故如近日法委至湖北時，大受吳佩孚之歡迎，大感華會之恩惠。夫軍閥果稱頌華會，亦曾知華會中於關稅約簽字之前，先有一極不堪之裁兵勸告乎？夫華會中討論軍備限制問題，則中國擯不預議，其意固謂中國之軍備，祇堪自殺中國人，無與於各國之利害，故裁滅與否，不得與各國之兵同論。獨至議及中國關稅，則先之以裁兵勸告，獨對中國而發，所謂中國之兵不裁，任如何增加收入，無補於國而適以殃民。觀於華會中裁兵勸告之議案，及加拿大代表鮑騰之演說，痛詆中國武人。不知彼歡迎外人之軍閥，稱頌華會之軍閥，感激加稅之軍閥，亦知其先固有此一段關目否？如以華會爲然，第一應先解兵，第二應尊重原案用途，悉充裁釐之用。軍閥不知此二義，而惟利於加稅所得之款，外人以急於理債，亦不復深求，是爲中外朋串胺削我國民之隱情。尤可恨者，國中之外交系，在華會中爲親自列席之人，親聞裁兵勸告，親見加稅所定用途，而今日則又親助軍閥與外人鈎結，移花接木，朋分加稅之款。吾國近來政局，非賣國不足圖軍閥之存，非外交系不足成賣國之事。蓋使國民久久不見天日者，外交系與軍閥共成之也。國民今日無奈之何，願各知此顛末，永矢勿忘。軍閥終有途窮之日，外交系諸人至冰山已倒之後，請視其果作何面目，以對我父老兄弟也？

四　關稅會議與司法調查之結果

關稅會議中附一滑稽之議題，謂之關稅自主。既稱自主，何用會議？既已提議，與虎謀皮，胡能有濟？在提此議之中國當局，明爲愚弄國民，外人亦祇用延宕爲拒卻，不加嘲訕，正與中國當局合謀愚弄之證據。華會所許之過渡附加稅，既爲外人倚以理債，自必通過於會議之中。其餘關稅自主及撤消領判權，視我有改正條約之決心，自然同時解決。我國當局，方以不改正條約，爲外交系容身之窟穴，爲軍閥利己之徑竇。則除國民自動之外，倚賴政府，即倚賴軍閥外交系，烏能收改正條

約之效。故今此之結果，惟加稅至華會所許過渡之程度，爲必
可有成。關稅自主及司法調查，仍付諸無何有之鄉，此一定之
結果也。

五　關會略予加稅之利害

在政府方面之人物，以爲加外貨進口之稅，稅額由外貨負
擔，終於我國爲有利而無害，此囈言也。不觀華會議案之言
乎？所云能負較大之增加，尚不致有礙商務者，得將附加稅總
額增加之。在外人所容許之加稅，以不礙商務爲標準，即以能
轉嫁於貨價爲標準。轉嫁於貨價而我國民仍不能不購買，於外
貨之銷路無損，是爲不礙商務。夫未加稅以前之貨價，所以不
能加高者，以各國間商品自相競爭，計算成本，有利即不能不
售。今以加稅之故，各國成本同加，即無從競爭減售，而中國
人需要之程度，則必不能不購，是以謂之不礙商務云爾。然則
供政府之用者，仍出國民負擔，於外貨何與？惟國民能仿製此
貨，於成本略可企及，此或尚爲幾微之利。但外人視我國民所
能仿製者，即不輕予增加稅額。而吾國民所處之環境，仿製之
能力幾何？即使偶有仿製，政府又以關稅同等之稅課之。故加
稅之無利於國民，彰彰明甚，所利者軍閥有殺人之資耳。夫使
軍閥資以殺人，則害尚有大於此者乎？

加稅之害之更大者，爲預提以後若干年之加率。先一次蠶
發公債，便軍閥得放手殺人於目前。而可恥可痛之關會，所易
得之微末財源，已將若干年中所得，浪費盡淨。殺人既已放
手，禍端勢必蔓延，後來收拾需款，又將無中生有，假手於外
交系，再尋朋串之題目。又況禍既蔓延，且無收拾之可言？以
禍續禍，生生不已，從此軍閥殺人益勤，外交系賣國益奮。此

則以加稅起債所成無窮之害也。

六　結　論

　　國民以五卅慘案之犧牲，表面易得此關稅會議與司法調查二事，其實爲外人理無擔保之債。於我國家，於我國民，則有害無利。又使我國軍閥，添若干殺人之資本。國民不從改正條約，取根本解決之正路，而聽政府枝枝節節與外人爲市，多一爭國權、爭平等之虛文，即多一媚外人、媚軍閥之實禍。雖然我國民亦有未盡照察者矣，我國民且有與加稅等事，同其私利私害者矣，此所以除廣州之外，未見有絕對不贊成關稅會議及司法調查者。嗚呼，尚忍言哉?!

　　　　（二卷二期，附《改正條約會刊》，1927 年 1 月）

中比間改正條約事件

今年比約屆滿，北京外交當局，主張乘改約之年，廢止舊約，用平等之原則，改訂新約。此項就改約年分，分次改正，根本爲外交當局之延長他國不平等條約，仰承軍閥之意，以媚帝國主義之國。然而帝國主義者，初不以其事尚非切己，而不過問。今之比國抗議，其背後皆爲帝國主義者所指縱，此固盡人皆知矣。此次改正條約，當從世界皆向平等之潮流，爲立足點。言改正即各國一時改正，不當就滿期改約之年分立論。若從約內滿期年分立論，是猶認改正爲條約本身之效力。而條約本來爲不平等之產物，彼得舉約文與我糾纏，咬文嚼字，執該約第四十六條，謂滿期改約乃比國片面之權利，至以此要求提交國際法廷，以判決其曲直。夫國際法廷爲多數帝國主義之國家所組織，比之提出國際法廷，正是帝國主義者得以插身干與之關鍵。外部不承認平等之原則，可以交法廷審判，其說是矣。然則自始何不即以平等之原則，普令各國改正條約，而猶以約內原有屆滿之年分爲說乎？外部既不承認改正條約可提出國際法廷，猶用敷衍國際之手腕，自願提作國際聯盟會之議案，因國際聯盟規約，本以一切不平等事件，皆宜改正爲根本集會之宗旨，提作議案。雖帝國主義者無推翻盟約之方法，此在外交系，亦自以爲折衝有道矣。然不從平等原則立言，不用內地雜居爲已改正條約之國之優先酬報，務令先改正之國家，亦無異於不改正之國家，必待帝國主義者盡改正之後，始從而分享其內地雜居之酬報。今之先改正者爲德、奧等國，在德、奧爲有求於多數帝國主義資本主義之國家者，故亦不自抗議。俄國則又延不訂正約，不自完成其可以雜居之資格，故亦無從向我抗議。而外交系遂乘此間隙爲延緩改正之作用，以媚帝國主義者而利便軍閥。然而國民初無能發其覆者，可發一歎。特披露其經過如下：

一、外交總長胡致比華使照會（十五年四月十六日）

爲照會事。中比兩國邦交，向極親密。中國政府爲使前項邦交益加鞏固起見，認爲一八六五年十一月二日所訂《中比和好通商行船條約》，應予最早適當時機加以修改。蓋該約訂立已經六十年之久，現仍支配兩國間之商務關係。而在此長時期中，兩國所經之政治、社會、商務種種重大變更，實已不勝其多。體察各種情形，修改斯約，而代以雙方同意之新約，由締約國相互利益言之，不特應爲之事，實爲必要之圖。人類社會情形既時時變更，則絕無不加修改而可永久適用之條約，彰彰明甚。依國際慣例，各種國際協定，尤以通商行船條約爲最。即使關於修改並無明文規定，亦往往按照各事件之性質及情形，時時量加修改，俾必要之整理得隨時施行，以合締約雙方莫大之福利。中國政府欣悉上項所言情形，貴國政府可以完全同意。因貴國政府於一九二五年九月四日對於一九二五年六月二十四日中國照會之答覆，聲明不拘何時，甚願考量中國修約之提議也。至現在討論之《中比條約》第四十六條，明定此約以十年爲期，每屆十年期滿，可行修改。該約訂於一八六五年十一月二日，由一八六六年十月二十七日換文日起實行有效，至本年是日該約又屆十年期滿，可行修改之期。因此中國政府按照上述第四十六條之規定，謹向貴國政府聲明：中國政府擬將上述一八六五年十一月二日之《中比和好通商行船條約》重行修改，所有該約條款及出入口貨稅則表與通商章程各附件，均至本屆十年期滿本年十月二十七日止，一律失效，並應締結新約以代舊約。中國政府採此步驟，無非欲使中比從來之友睦邦交益加鞏固。平等相互之新約，一經成立，兩國政府可望開一新紀元，則從此兩國邦交必較前益加親密。中國政府深信貴國政府，亦極願樂觀其成。謹再聲明中國政府業已準備與貴國政府於最早可能之時期開始磋商，本諸上述原則之新約，以代一八六五年十一月二日所訂之舊約。除訓令本國駐比王公使照達貴國政府外，相應照會貴公使查照，即希轉達貴國政府為荷。為此照會。

二、比華使復外交總長胡照會（十五年四月二十七日）

大比國欽差便宜行事全權大臣華　為照復事。接准本月十六日來文知照，對於一八六五年《中比條約》擬加修改等語前來，本欽使立即據情電詳本國政府去後，今日奉到復電，是以本欽使可備此文照會貴總長如下：查一八六五年條約第四十六條意義，惟獨比國方面，可有提請修改條約之權。事雖如此，然本國政府於審查必須時，亦可作一度可為修改之思想，但須自當處於某某情節之需用必要時也。故此本國政府可云對此宗旨，庶可加以考慮。一俟中國政局穩定後，及關稅特別會議並調查法權委員會等予以結果後，因各該會內所主事項，於修改條約均有密切關係之故，本國政府與中國政府互邀同意，然後或可不至擯絕開始商議該約或可修改之點。用特備文奉達，須至照會者。右照會大中華民國外交總長胡。

三、外交部致駐比王公使電（十五年五月二十二日）

十九日電悉。此事希向比外部口頭聲明：中國政府現仍持四月十六日照會意見，無論關、法兩會如何結束，《中比條約》至本年十月二十七日期滿後應即失效，重行另訂新約。外交部，五月二十二日。

四、比華使致外交部節略（十五年五月三十一日）

駐比京中國公使曾通知比王政府，無論關稅會議暨法權調查委員會之結果若何，中國政府既經通知，則一八六五年十一月一日之《中比條約》，在一九二六年十月二十七日應自動失效，且新約亦應開議。比使本比王政府之訓令，願重申其前次之宣言：雖約中第四十六條僅給比政府單獨提議之權，然比政府仍願考慮修改條約之可能，將即從事於如中國政治情形，能允許其修改之時。但中國關稅問題現歸國際會議裁決，治外法權亦由調查委員會研究，此項會議暨委員會均根據一九二二年華盛頓協訂設立，而比國亦其中之一，其事甚顯。即此項工作，將應完全成就在開議新約之前。

五、外交部致比華使節略（十五年六月一日）

駐比中國公使之聲明，係重述四月十六日中國照會之內容。此照會業將中國意旨明白表示，且繼續維持之。如遇新約不能於一八六五年舊約滿期之日即一九二六年十月二十七日以前告成，即中國政府願從事研究，願覓一種能保護比國毫無疑問之利益，而又不損及中國正當之權利之臨時辦法。

六、外交總長蔡致比華使照會

　　爲照會事。關於一九二六年四月二十七日貴公使來照內稱：奉本國政府訓令，以比利時王家政府對於一九二六年四月十六日中國來照所開之修改一八六五年《中比條約》，準備予以修改一事，中國政府對於貴國政府尊重中國提議修約之精神，俾因此所能得相互利益克以實現，不勝欣感。但貴國政府所稱修約之磋議，擬待關稅特別會議及法權調查結束之後，中國政府歉難贊同。查上載之一八六五年《中比條約》至本年十月廿七日已屆十年期滿，四月十六日中國照會中業經指明，中國政府如遇新約不能於本年十月二十七日以前告竣之時，願從事研究，另覓一種能保護比國正當合法之利益，而又不損及中國當然享有權利之臨時辦法。但中國政府以爲對於一八六五年《中比條約》在本年十月二十七日以後之情狀，實有不能不將其地位予以表明者，蓋藉以免除關於此點所能有之誤會也。須至照會者。

七、比華使致外交總長蔡照會（十五年八月四日）

　　爲照會事。前准貴總長本年七月二十四日照會內稱：中華民國政府重新申明一千八百六十五年十一月二日《中比條約》至本年十月二十七日應即作廢，屆時如新約尚未訂立，中國政府當力求一臨時辦法，顧全比國必不可駁之利益，亦不損害中國正當之權利等因，當即將該照會內容電達敝國政府矣。茲奉敝國政府命令，特向中華民國政府將業經提出之宣言再爲申述：

即按一千八百六十五年十一月二日《中比條約》第四十六條，僅比利時王國有提議修改此約之權。中華民國政府於本年七月二十四日照會內，仍以爲一千八百六十五年十一月一日條約，無論如何，必須作廢。是兩國政府對於該約第四十六條之解釋，其意見不能融洽。查中華民國政府與敝國政府均經加入關於國際常設公斷法庭之條款，承認該法庭之牽制管轄權。《中比條約》情形既如前述，故奉命特向貴總長宣言，敝國政府擬將此項爭議提出於國際法庭。但敝國政府關於此事力主調和，故於前項決定未予辦理以前，仍靜待一月，望中華民國政府將本年七月二十四日照會所稱臨時辦法之基礎，先行通知爲感。須至照會者。

八、臨時辦法(十五年九月二日)

中華民國政府與比利時王國政府，茲因一八六五年《中比條約》期滿，願締結新約。茲爲慎重新約訂立起見，協議暫定下列臨時辦法，於一九二六年十月二十六日《中比條約》期滿之日起施行，其施行期以六個月爲限。第一條，兩國外交上及領事上關係，繼續存在，不因中斷。並兩國之外交及領事人員，仍互享受國際公法通常賦予一切特權及優越權。第二條，兩國茲承認彼此關稅自主之原則，但爲過渡辦法起見，比國暫時輸入中國之商品，得享受外國入口貨通用之稅率。惟比國對於中國輸入比國貨物，亦予以外國入口貨之最低稅額爲條件。第三條，兩國茲承認彼此領土管轄權之原則。但爲過渡辦法，並實行該原則起見，如比國允許於締結之新約，拋棄在中國之領事裁判權，中國允許比國現在中國享受之領事裁判權暫予容受，不即變改。第四條，關於天津比國租界問題，俟商訂新約時再決定之。第五條，凡未經上列各項規定切實包括之一切問題，均依照領土主權及平等相互之原則處理，並該原則此後互認爲兩國訂立新約之基礎。

九、比華使面交外交部備忘錄（十五年九月二十九日）

中政府於本月二日，送交駐京比國公使館之臨時辦法，其原文亦於九月三日由中國公使館送交比國外交總長。業經比政府考量，比國公使奉政府訓令，敬告中國政府：九月二日之臨時辦法，不能承允。在比國公使將九月二日之臨時辦法轉達比京之時，已經報告政府。當中國外交總長送交臨時辦法原文之時，曾經表示希望，亦可收受，比政府之或有對案，因有以上情形，比政府願自動的將該項問題和平解決，敬將下列對案提交中國政府。惟關於解釋一千八百六十五年九月二日條約之第四十六款，衹比國政府可以要求修改約內條款，則特行保留控訴海牙裁判法庭之權。比國政府深願鞏固兩國邦交，雖有一千八百六十五年九月二日條約之第四十六款，衹賦予比國政府有要求修改條款之權，而比國政府將一千八百六十五年九月二日之條約加以修改。因此之故，中比兩國政府立刻得以商議修改該項條約至修成之約及早替代一千八百六十五年九月二日條約爲止期間，所有一千八百六十五年九月二日條約各款除第四十六款外，仍舊維持。比國公使希望中國政府看重此項對案和平精神，並請查照爲荷。

十、駐比王公使致外交部電（十五年十月十六日）

景岐以私人資格，與比國政府接洽提議辦法三條，並聲明比項辦法如獲比國政府同意，當電政府核准。(一)證明此約到期不生效力。(二)關稅彼此享最惠國待遇，兩國貨物均以貨物來源證書爲準。(三)兩國僑民訴訟，應歸所在地法庭審理。另文聲明旅華比僑之訴訟，應由中國新式法庭依中國新法律審理，外國律師及譯員並准出庭，旅比華僑在司法上亦受公平待遇。景岐，十六日下午。

十一、比華使致外交部備忘録(十五年十月二十三日)

爲答復事。本月二十日中國駐比公使對於比國外交部部長所提之臨時辦法起見，比利時使署兹特通告於民國政府：以王家政府對於經一八六五年十一月二日條約所載比國單方得有廢約之權利，仍予特別保留外，願以下列之基礎訂立臨時辦法。即：(一)關於(甲)貨物(進口、出口通過及内地税)(乙)比國人民在華之地位(丙)航船宜訂明，比國得享最惠國之條款；(二)王家政府願容納司法調查會之意見，惟保留再作一度精密之審核，領事裁判權一節在各國享有此種權利時期之内，應予維持；(三)臨時辦法之有效期間，待至中國情形許可之時，關稅會議竣事揭曉之際，根據平等及尊重領土主權二主義，締結新約之日爲止。比利時使署遵照比國外交部長之訓令，並通告於民國政府，以在二國政府繼續磋商時期之内，王家政府不使用其提出於海牙國際永久法庭之權。惟以民國政府勿使比國政府遇已成之事實爲條件，自不待言。比利時使署甚望民國政府對於提出該項臨時辦法案，所抱一種調和之精神，能予了解，而加以最周密之審核也。

十二、外交部致比華使備忘録（十五年十月二十三日）

一九二六年九月二十九日及一九二六年十月二十三日比國
公使所交兩備忘録之内容，中國政府業已詳予審核。對於比
政府以一九二六年九月二日中國所擬臨時辦法之基礎難予容納
一層，深爲抱憾。惟内中所稱比國政府願締結新約，代替一八
六五年十一月二日之舊約，並願依照平等及尊重領土主權之原
則，立即從事締結新約之會商各節，中國政府已經領閲。兹中
國政府不妨礙其以前關於一八六五年十一月二日條約終了問
題，向比國政府通告之意見，對於本日比國公使受本國政府訓
令所交備忘録内之臨時辦法基礎，提出修正草案如下：（一）一
八六五年十一月二日所訂條約自一九二六年十月二十七日起，
應視爲已失拘束之能力；（二）兩國政府欲促進友誼起見，承認
依照平等及互相尊重領土主權之原則，立即從事締結新約之會
商，約定該新約自上載日期起算六個月内訂成之；（三）在締結
新約時期内，中比兩國之國交及比國人民在中國所享之待遇，
依照最惠國原則辦理，惟關於上載六個月時期内，中國法庭對
於比國在華人民之裁判問題，中比兩國政府當公同覓一雙方均
可容納之辦法。

十三、比華使致外交部備忘録（十五年十月二十六日）

本月二十三日中國政府所交草案，業經比利時使館轉達比
國政府，兹王家政府爲表示其調和之傾向及其熱望以友誼之方
法解決。因中國政府要求修改一八六五年十一月二日條約所發
生之爭執起見，向中國政府特行提出下列之提議，中比兩國政

府業經雙方同意將一八六五年十一月一日所訂條約予以終了，爰議定臨時辦法如下。第一條，此締約國外交暨領事人員以及人民、法人、貨物、船舶，在彼締約國境內，一切均得享受最惠國之待遇。第二條，本協議有效時期，至新約實行之日爲止，締約雙方約定以平等及互相尊重領土主權爲基礎，從速締結該項新約。王家政府關於終了一八六五年十一月二日所訂條約友誼之退讓，以全部承認本臨時辦法爲條件。設不能達到贊同，則比國關於廢約一節，完全維持其法律上之地位，以便提出於海牙國際永久法庭。惟無論因現在之會商，致使中比二國商務及居留之關係，發生任何之變更，關於比國以一九〇一年議定書及一九二二年華會協約簽字國之資格，對於中國所處之地位，繼續維持舊狀。且會商中之臨時辦法，其存在設因中國而發生問題或致於變更，則一八六五年十一月二日條約之各項規定，應恢復其效力。

十四、外交部面交比華使臨時辦法第二條
修正案（十五年十月二十六日）

第二條，本協定有效時期，至新約實行之日爲止，締約雙方約定以平等及互相尊重領土主權爲基礎，從速並在六個月期內締結此項新約。但在六個月期內，新約並未訂立，締約各方對於本協議自由重加考慮之權。（附注）凡畫綫各字句，皆係中國外交總長所提之條件。

十五、比華使致外交部備忘錄（十五年十月二十七日）

中國政府對於比國本月二十六日備忘錄中，向中國所提臨

時辦法草案之建議，王家政府業經閱悉。茲特通告中國政府，以對於中國之建議，已予考量。此種審核結果，爲照中國政府所擬之第二條條文，王家政府實難承認。因滿六個月時，中國若宣言將本問題重行審核，則其所發生之情狀，爲一屆指定到期時間，比國將有無約之危險。惟爲願望取悦中國政府起見，王家政府承認於第二條"速"字之下，加入"爲期不得過六個月"諸字樣。但必須於第二條之末尾，規定倘六個月期內，新約不能訂立，或不能實行締約，一方得於三個月之前，通知要求本協定再施行，六個月以後均照此限類推，至新約實行爲止。如中國政府願加入諸字樣另作附件，與臨時辦法同一效力亦無不可。至關於比國以一九〇一年議定書及一九二一年一九二二年華會協約簽字國之資格所處之地位，王家政府贊同中國之對案由比利時使館向外交部致一單方宣言書，而外交部則僅予以閱悉，王家政府並通告中國政府以根據一九二一年七月二十五日比利時與盧森堡所訂經濟聯盟協約第五條之所載，宜繕就正式文書，規定臨時辦法之條款，並施行於該項比盧聯盟，駐京比國使館奉有許可對於以上載各節爲基礎之臨時辦法，予以簽字。

十六、外交部致比華使備忘録（十五年十月二十八日）

本月二十七日，比利時公使受本國政府訓令，所交備忘録之內容，中國政府業經閱悉。關於中國政府以最調和之精神，對於一九二六年十月二十六日比國政府臨時辦法第二條所提議之修改，比國政府無法承允中國政府，殊爲抱憾。本月二十七日比國公使備忘録中關於第二條所擬增加之點，一若預測新約在六個月期內難以完成，但中國政府深信雙方願望締結擬議之新約，苟能抱同等之誠意，則擬議之期間，儘足以訂成新約。比國政府所提議之修改，將發生一種之感想，以爲比國政府傾向於無期延長審核中之臨時辦法，藉以遲緩新約之締結。是以中國政府實歉難承認此種之修改。中國政府對於以平等及互相尊重領土主權爲基礎，從速締結新約一節，甚爲重視該項原則，比國政府似亦已願予贊許。新約之訂立愈速，則其利於中比之邦交及二國人民之融洽亦愈甚，此固甚爲明著。是以擬議中之新約訂立，極宜有一切定之時期。假令第二條而無此種時期之規定，則比國備忘錄之第一條，中國政府亦殊難認可。但中國政府始終設法以友好之精神，圖本問題之解決，並爲再表示其對於比國誠心之友誼關於第二條預備再予退讓，提議加以修改如下："第二條，本協定有效時期，至新約實行之日爲止，締約雙方約定，以平等及互相尊重領土主權爲基礎，從速並在六個月期内締結此項新約。但如六個月内期滿，經雙方之同意，臨時辦法得延長之，並經任何一方之三個月預先通知，得廢止之。"因中國舉國反對單方條約無期延長之思想，中國人民一致切願中國對外之關係，須以平等及互相尊重領土主權爲基礎，上載附加之退讓，中國政府以爲彼理可退讓者已達極點。誠心希望比國政府觀察上載之退讓與上載退讓之提議，採取同之精神，並依照其現狀予以容納也。至關於比國以一九〇一年議定書，及一九二一年、一九二二年華會協約簽字國資格所處之地位，本月二十六日比國公使與中國外交部長會談時，曾經告比國公使，以中國政府不見有加述該點之必要，惟此如係比國政府所願望，則不妨用單方之宣言，而中國政府祗予以閱悉。比國答覆備忘錄中所引盧森堡問題，似完全係一種新發生之問題，中國政府對於其與現在之會商有若何之關係，不甚明了。故擬如屬比國政府所切望，則緩日再加審慮。

十七、外交部致比華使備忘錄（十五年十一月四日）

關於十月二十八日送交比使之備忘錄，內載中國政府本調和之精神，對於討論中之臨時辦法第二條提議最後修正一節，中國政府原期比國政府從速予以滿意之答復。乃自該備忘錄送達比使後，已滿一星期，尚未得比國政府之答復，中國政府殊覺失望。查《中比條約》規定之十年期限，已於十月二十七日屆滿，故急宜從速解決締結新約期內施行之臨時辦法問題。時機急迫，中國政府深盼比國政府承認中國政府之提案，不再延遲，此誠為中國政府所熱望。因若不能於相當最短期內接到此項答復，則中國政府關於中國對於一八六五年十一月二日所訂條約之態度，將不能不正式宣言，俾兩國之各種關係，不至常處於一種不定之情狀也。

☆外交部照會比使反對國際公斷

自外部發表前項文件後，中比通商條約，經我國宣告失效，即由外部電駐比公使王景岐，囑向比政府提出照會，一面由外部直接照會駐京比使華洛思。而比使即晚答復外部，亦提出一照會，謂中政府以斷然之手段，宣告比約失效，既未得比國之同意，比政府礙難承認，舊約應依然有效。至原約第四十六條之爭議，中比雙方無法解決，可交海牙國際法庭公斷云云。華洛思對顧維鈞鄭重聲明，在最短時間內，希望有明白之答復，俾轉達比政府。顧維鈞即將比使照會提交閣議，至本月十四日已決定正式駁覆。適駐比公使王景岐有急電致外部，謂：頃接比國外交部照會，比政府對於我國宣告比約失效一事，引為至憾，鄭重聲明中比商約第四十六條之條文，決交海牙國際法庭公斷，請我國協商一切提交手續，倘七日內無表示，比國政府決單獨進行云云。王景岐據此電外部請示，而駐京比使於本月十日又向外部提出照會，其內容與王電所述相同。外交當局即召重要部員磋商應付辦法，決定駁覆比使，反對提交國際法庭，該照會送達比使，外部又將原文公布。原文如下：

外交部致比使館備忘錄　准本月六日、十日貴公使來文，中國政府業已詳加考慮。查本月六日來文內開，本月五日本館備忘錄內，所稱中國如將來與內開之任何一國協訂條款，比國準備容納一節，其意非爲比國政府之擔任事項，而爲比國駐京公使對比國政府之建議等因。此項説明，中國政府業已閱悉。但就上開一節之措詞而觀之，更就貴公使於上月二十八日會晤本總長時，提議備送正式照會，以證明貴公使所稱比國政府對於此事之擔任一節而觀之，則當然使中國政府深信此爲比國政府方面之擔任事項。至比國政府擬將前清同治四年(即西曆一八六五年)《中比條約》第四十六條之解釋問題，提交國際法庭。中國政府念及該法庭規約第三十六條，本國之義務，如果比國政府表示，願以國際交涉平等、公道之公認原則，爲廣大之基礎，藉謀解決之方，則中國政府對於或能會同比國政府提交此項最高國際法庭一節，亦將預備討論。蓋兩國政府之爭點，並不在該約第四十六條之法律上解釋。此項條款，直爲全約中種種不平等之特別表記耳。況比國政府業經應允廢止該約，及締結新約，以資代替，是該政府對於此項法律問題，業已一再拋棄。真正爭點，實在平等原則之適用於中比關係，此則爲政治性質，決無國家能允以國際平等之根本原則，爲法庭審問事件也。至將該約第四十六條解釋問題提交該法庭，不過重申比國維持在華不平等制度，以爲己利之希望。而對於有礙談判告成

之障阻，仍無以排除之。中國政府之宣布，特定十年期滿廢止
該約，係爲裨益中比兩國良好諒解與合作起見。此項宣布，實
與國際聯合會盟約第十九條之明認關於不適用條約之國際情勢
變遷原則之精神相符。是以如果向國際機關提出申訴，中國政
府深信此項案件，應照該盟約第十一條，提出於國際聯合會大
會。今中國政府再行聲明其意見，如果比國亦與中國政府共抱
增進兩國公益之誠懇希望，則現在最要者無過以平等與交互爲
基礎，立即進行商訂新約。爲此中國政府準備隨時與比國政府
重行開議也。十一月十六日。

　　以上爲外部對比廢止舊約之交涉，已告約結，由我宣告其
失效，不待彼之同意。就比約一事言之，尚爲合理。閣議旋即
宣布無領判權國人民訴訟之辦法。夫無領判權國人民之受我審
判者久矣，閣議特於此時定其辦法，亦爲比約失效而發，亦所
以促比人之反省也。

無領判權國人民訴訟之辦法

　　北京政府十八日閣議例案中，有法制局呈核司法部呈擬修
正無領事裁判權國民刑事訴訟章程，又請准將民商等項法案，
暫行參酌採用，均經議決照辦，日內即以教令頒布。茲錄院方
公布之議決案，及修正無領事裁判權國人民民刑訴訟章程，暨
暫行參酌採用之各種民商法案目錄如下：

　　（甲）國務會議議決案：（一）法制局呈核司法部呈擬修正無
領事裁判權國民刑訴訟章程，妥洽可行，擬請照准，議決照
辦。（二）法制局呈核司法部呈請准將民商等項法案，暫行參酌
採用，似可照准。仍請飭修訂法律館迅將該項法案，分別妥爲
釐訂，呈請頒布，議決准如所擬，暫行參酌採用。

　　（乙）修正無領事裁判權國人民民刑訴訟章程。第一條，本章程於審理左列之訴訟適用之：一，無領事裁判權國人民爲被告之刑事訴訟；二，中國人民與無領事裁判權國人民間之民事訴訟；三，無領事裁判權國人民相互之民事訴訟；四，無領事裁判權國人民爲被告，其他外國人爲原告之民事訴訟。第二條，無領事裁判權國人民觸犯違警罰法，或海陸軍刑事條例，及其他特別刑事法令所規定之罪，均由普通法院按照通常程序辦理。第三條，法院管轄區域，由高等審判檢察廳或都統署審判處，審案地方情形，預先指定，令知所屬照辦，並呈司法部備案。距離法院遙遠地方，於案件之送致，有所不便，或有特別情形，不能移送者，由該管長官隨時呈報司法部核辦。第四條，未設法院地方之縣知事，遇有無領事裁判權國人民之刑事訴訟案件，應速爲必要之處分，並詳叙處分情形，連同卷證，移送該管法院，同時呈報高等檢察廳，或都統署審判處備案。第五條，案內應行管收及刑事執行監禁之無領事裁判權國人民，均分別收入新式監所。其無新式監所各處，得以適宜之房屋代之。第六條，訴訟程序，本章程所未規定者，適用民刑事訴訟條例，及其他法令之規定。第七條，本章程未盡事宜，由司法部隨時修訂，呈請大總統以教令行之。第八條，本章程自公布之日施行。

　　（丙）各種民商法案目錄：一，民律案總則編（十四年修訂法律館稿）；二，民律案續編（同上）；三，商律商行爲法案（清宣統元年修訂法律館稿）；四，票據法案（本年修訂法律館稿）；五，海船法案（清宣統元年修訂法律館稿）；六，破産法案（四年法律編查會稿）。

　　　　　　（二卷二期，附《改正條約會刊》，1927 年 1 月）